EINHEIT IM WANDEL

Deutsche Post DHL –
Von der Behörde zum Global Player

EINHEIT IM WANDEL

Deutsche Post DHL – Von der Behörde zum Global Player

Herausgegeben von Walter Maschke
für Deutsche Post DHL

INHALTSVERZEICHNIS

Deutsche Post
DHL
Deutsche Post DHL
Deutsche Post

EINHEIT IM WANDEL

Wandel und Einheit begleiten die Geschichte unseres Unternehmens seit nunmehr 525 Jahren, aber ganz besonders prägen sie die vergangenen 25 Jahre, die deshalb auch im Zentrum des vorliegenden Buches stehen. Die beiden Begriffe beschreiben – ob in der Politik oder in der Wirtschaft – eine Dimension, die sich zuallererst im menschlichen Erleben widerspiegelt: In Deutschland wurde „Einheit" mit dem Fall der Mauer zum Synonym für das Ende des Kalten Krieges und das Zusammenfinden von Menschen, die zwei politische Systeme über Jahrzehnte getrennt hatten. In unserem Unternehmen wurde „Einheit" zum Symbol für die Begegnung von Menschen, die in der Phase des wirtschaftlichen Aufbaus und der Fusion der Ost- und der West-Post offen und hilfsbereit aufeinander zugingen. „Post verbindet" entwickelte sich in jenen Jahren vom Kundenversprechen zu einem Prozess, bei dem die sprichwörtliche „Postfamilie" zusammengewachsen ist.

Für die Mitarbeiter der Deutschen Post hatte der Wandel bereits mit der Privatisierung und Restrukturierung kurz vor dem Mauerfall begonnen. Danach hat dieser Prozess die Deutsche Post als Unternehmen geöffnet und zu einem globalen Konzern umgestaltet. Zugleich hat er den Mitarbeitern die Bereitschaft abverlangt, sich immer wieder auf Neues einzustellen, oft mit einschneidenden Folgen für ihre eigene berufliche Situation. Dass die betroffenen Kolleginnen und Kollegen diesen Wandel nicht nur als Belastung, sondern auch als Chance wahrgenommen haben, davon zeugen beispielhaft die im Buch vorgestellten Menschen, von denen viele meine Wegbegleiter waren in den vergangenen 15 Jahren.

Als mein Vorgänger Klaus Zumwinkel 1990 den Vorstandsvorsitz übernahm, um das Unternehmen zu privatisieren, zu sanieren und zu internationalisieren, lag noch vieles im Argen und das Ziel, im globalen Wettbewerb zu bestehen und die Arbeitsplätze der Mitarbeiter langfristig zu sichern, ziemlich fern. An den Menschen lag das nicht: Wir hatten damals und haben heute motivierte und kreative Mitarbeiterinnen und Mitarbeiter. Menschen mit guter Qualifikation und hoher Bereitschaft, im Interesse unserer Kunden zu handeln. Ich bin stolz auf sie, auf uns alle, weil jeder und jede an seiner oder ihrer Stelle Verantwortung für das Unternehmen übernommen und so zum Erfolg beigetragen hat. Und weil viele von ihnen darüber hinaus durch vielfältiges gesellschaftliches Engagement zum guten Ruf des Konzerns beitragen.

Dass diese Mitarbeiter heute nicht nur in Deutschland, sondern weltweit, in mehr als 220 Ländern der Erde, für unsere Kunden tätig sind, ist ein weiterer Aspekt von „Einheit im Wandel". Die Expansion der vergangenen Jahre brachte die Aufgabe mit sich, Menschen aus allen Teilen der Welt in den Konzern zu integrieren und unter einem Dach zu vereinigen. Das ist uns gelungen. Und es gelingt uns jeden Tag neu, wenn wir den anderen mit größtmöglicher Offenheit und mit dem nötigen Respekt für die Besonderheit der jeweiligen Kultur und Persönlichkeit begegnen. Diese Offenheit im Umgang und die Kompetenzen unserer Mitarbeiterinnen und Mitarbeiter sind die Zutaten für den weiteren Erfolg des Unternehmens und das fortgesetzte Vertrauen der Kunden. Ohne die Kunden wäre die Erfolgsstory des Unternehmens nicht möglich gewesen. Sie garantieren unsere Arbeitsplätze. Indem wir unsere Kunden erfolgreich machen, sichern wir unsere eigene Zukunft.

Darüber hinaus schafft die Logistik im Zusammenspiel mit den neuen digitalen Technologien ein globales Netz, das menschliche Kommunikation verbessert und dazu beitragen kann, dass die Welt gerechter und friedlicher wird.

Den begrenzten Möglichkeiten eines Buches und der Größe unseres Unternehmens mit über 480 000 Mitarbeiterinnen und Mitarbeitern in aller Welt ist es geschuldet, dass nur einige zu Wort kommen können. Aber ich möchte die Gelegenheit nutzen, mich bei allen zu bedanken für das, was wir in den Zeiten des Umbruchs gemeinsam geleistet haben und bis heute leisten.

Ihr
Frank Appel

Die Globalisierung erfordert eine aktive Gestaltung, um von nicht nachhaltigen Trends im Ressourcenverbrauch, der Umweltnutzung und bei sozialen Standards wegzukommen. Jeder sollte seine Verantwortung wahrnehmen und den Blick auf das Ganze wahren.

RAT FÜR NACHHALTIGKEIT, 2006

I.

DIE WELT IM WANDEL

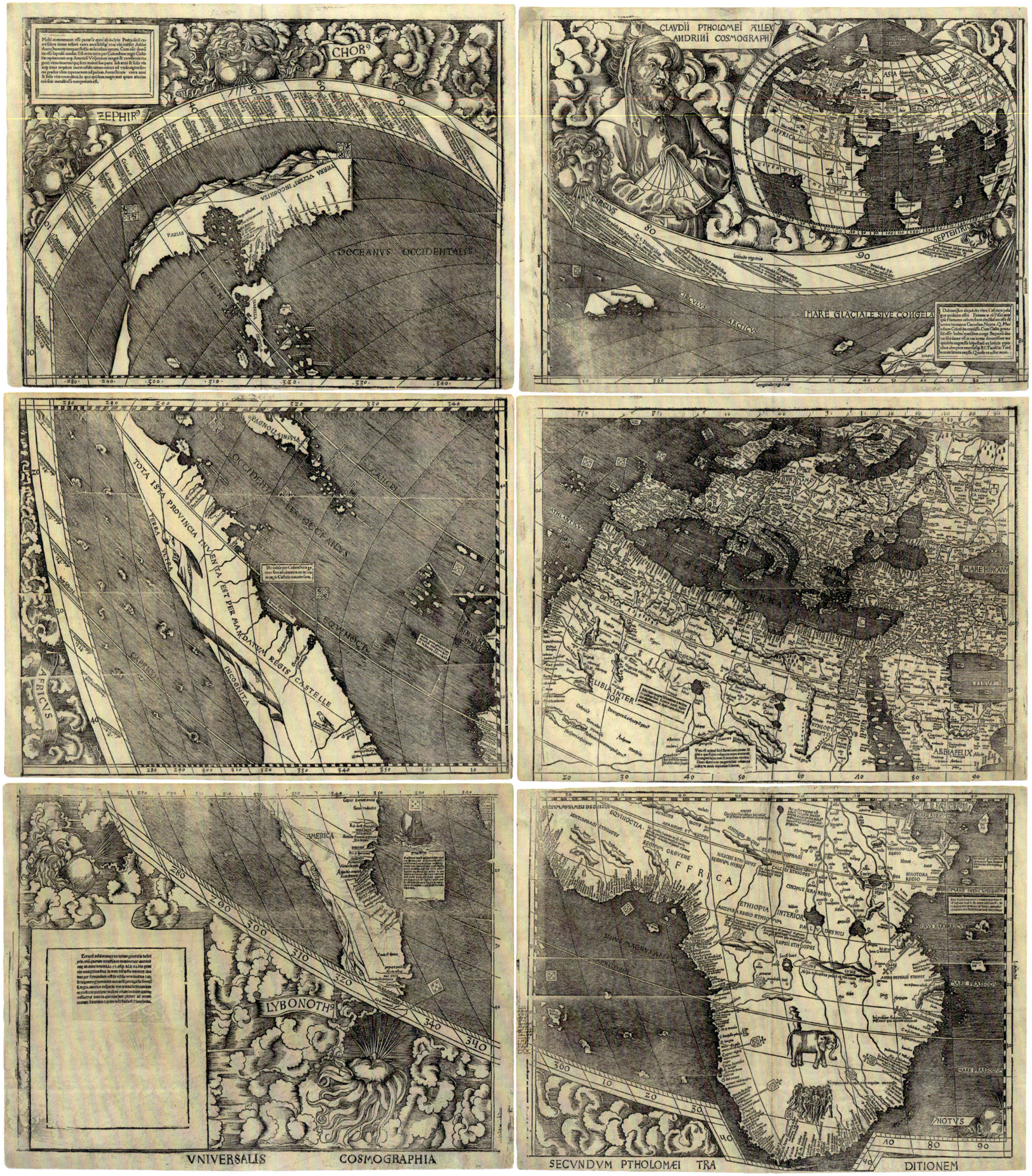

Weltkarte von Martin Waldseemüller, 1507

Es war eine Zeit des Umbruchs und des Aufbruchs, als Franz von Taxis 1490 in den Dienst des deutschen Königs und späteren Kaisers Maximilian trat, um für diesen Post- und Kurierlinien aufzubauen. Kolumbus segelte um die Welt und entdeckte im Glauben, den Seeweg nach Indien gefunden zu haben, Amerika. In Italien erdachte und entwarf Leonardo da Vinci Flugapparate. Und der Freiburger Kartograf Martin Waldseemüller zeichnete diese mehrteilige Weltkarte, auf der erstmals die „Neue Welt" als „America" bezeichnet wurde. Das einzigartige kartografische Werk wird seit 2007 in der Library of Congress in Washington, D.C., gezeigt; im selben Jahr erschien die Karte als Briefmarkenmotiv in Deutschland.

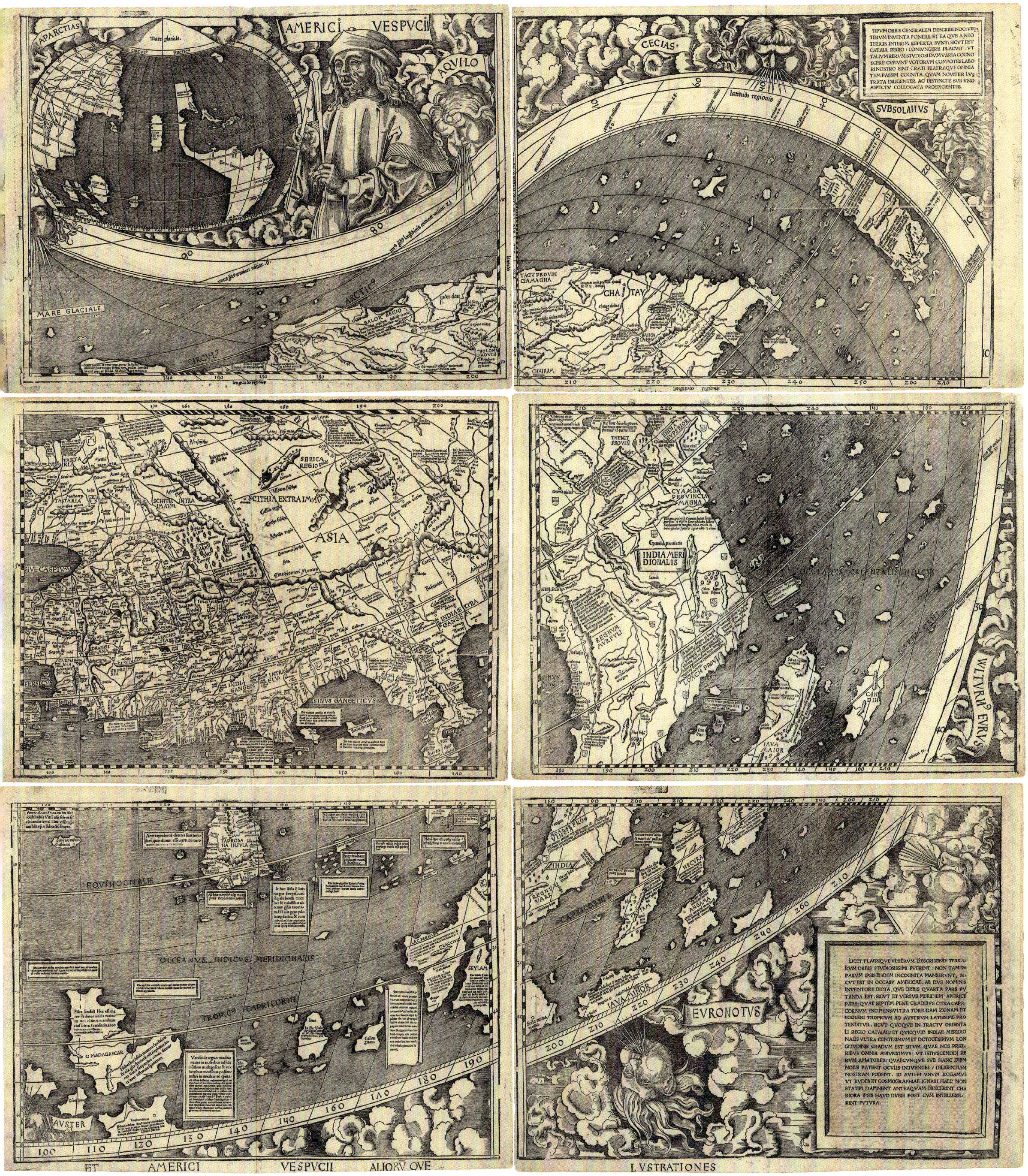
AMERICI VESPVCII
APARCTIAS
AQVILO
CECIAS
SVBSOLANVS
MARE GLACIALE
CHATAY
ASIA
SCITHIA EXTRA IMAVM
INDIA MERIDIONALIS
OCEANVS ORIENTALIS INDICVS
VVLTVRNVS EVRVS
EQVINOCTIALIS
OCEANVS INDICVS MERIDIONALIS
TROPICVS CAPRICORNI
AVSTER
EVRONOTVS
IAVA MAIOR
ET AMERICI VESPVCII ALIORV QVE LVSTRATIONES

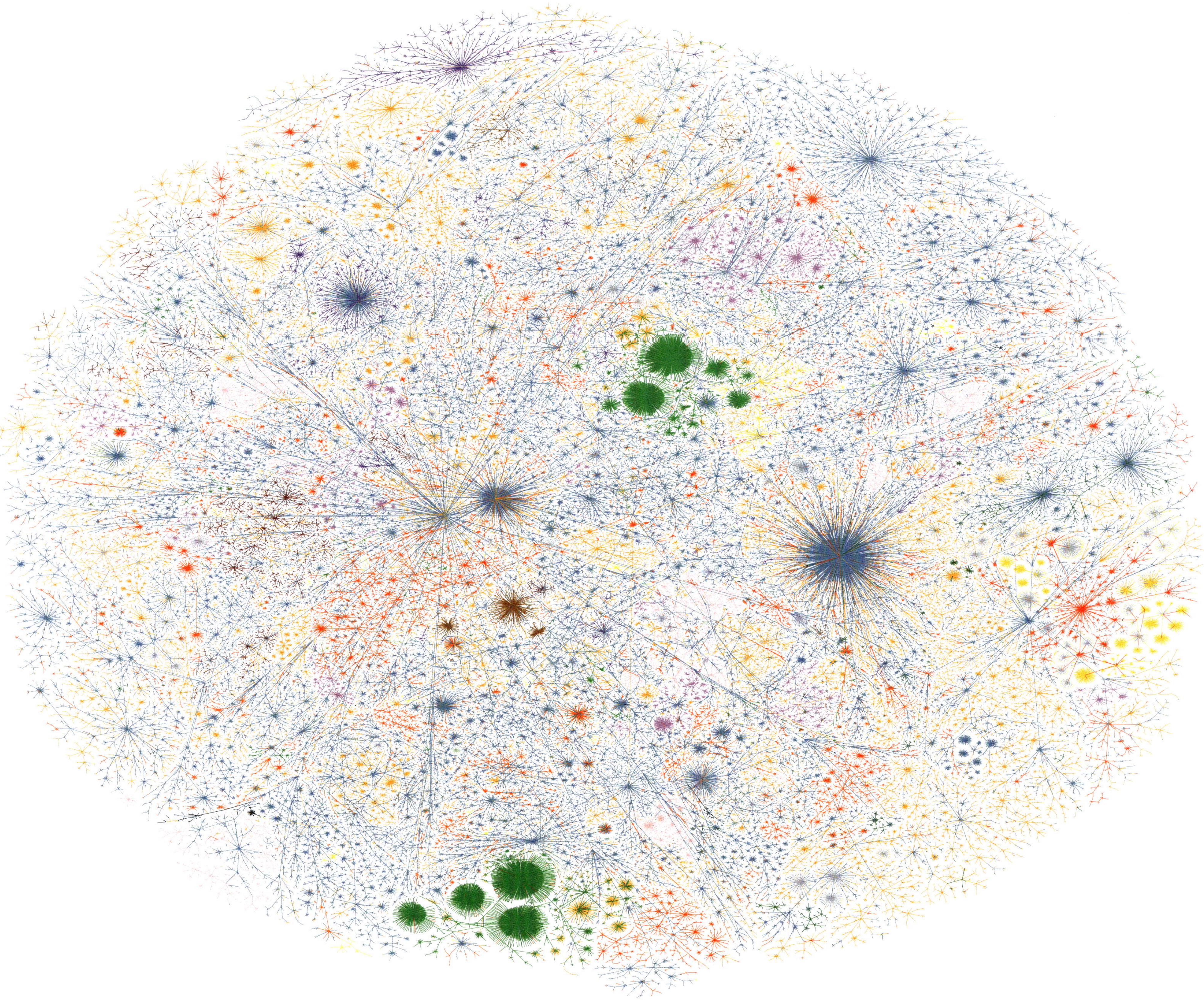

BOTSCHAFTER DER VERNETZUNG

Die Post als Treiber und Nutznießer der Globalisierung

Die Welt ist durch die Globalisierung kleiner und vertrauter geworden, gleichzeitig bleibt sie doch fern und fremd. Auf den ersten Blick besteht kein Zweifel: Wir haben uns geöffnet, sind vernetzt wie keine Generation vor uns. Das Leben hat sich beschleunigt; wir steigen in Flugzeuge in jede erdenkliche Richtung und wissen schon im Voraus, wie das Wetter am Zielort ist. Die New Yorker Börsenkurse lassen sich in Echtzeit verfolgen, Selfies jederzeit und von fast überall an die Lieben nach Hause schicken, Bankgeschäfte mit einem Mausklick erledigen. Wir konsumieren global, Turnschuhe und T-Shirts aus Asien, Obst aus Afrika oder Neuseeland und Filme aus den Vereinigten Staaten. Und das deckt nur einen kleinen Teil der Möglichkeiten ab, die Milliarden Menschen täglich – mehr oder weniger bewusst – nutzen und sich dabei in den großen Strom der Globalisierung einfügen.

Der heutige Austausch von Waren, Dienstleistungen, Kapital und Informationen über natürliche und politische Grenzen hinweg ist in dieser Intensität und Reichweite beispiellos in der Menschheitsgeschichte. Zwischen 1948 und 2011 hat sich der Welthandel vervielfacht, in vielen Regionen sind Freihandelszonen entstanden, etwa in Europa, aber auch in den Amerikas sowie in Teilen von Asien und Afrika. Genau dieser Austausch bildet eine der Grundlagen für langfristiges Wachstum und Wohlstand: Der DHL Global Connectedness Index 2014 – eine Studie zum Status der Globalisierung – kommt unter anderem zu dem Ergebnis, dass Freihandel fast immer zu Wohlstandsgewinnen führt: „Stärker vernetzte Länder sind in der Regel wohlhabender als weniger vernetzte Länder", heißt es dort.

Hat ein Land ein entscheidend höheres Bruttoinlandsprodukt je Einwohner als ein anderes, so der Bericht, ist meist auch seine globale Vernetzung deutlich höher. Oder anders ausgedrückt: Neun der zehn am meisten globalisierten Länder liegen der Studie zufolge in Europa – und alle davon belegen beim Index menschlicher Entwicklung der Vereinten Nationen einen der vorderen Ränge. Umgekehrt sind Subsahara-Afrika, Süd- und Zentralasien sowie Lateinamerika am wenigsten in den Welthandel integriert; viele ihrer Länder gehören zu den ärmsten überhaupt. Es scheint also einen messbaren Zusammenhang zwischen dem Grad der Globalisierung und wirtschaftlichem Erfolg zu geben.

Doch nicht nur in Europa leben heute viele Menschen länger, gesünder und mit höherer Lebensqualität. Inzwischen hat sich auch so etwas wie eine globale Mittelschicht herausgebildet. Nach Angaben der Weltbank hat sie sich allein in den Schwellen- und Entwicklungsländern zwischen 1990 und 2005 nahezu verdoppelt, auf 2,6 Milliarden Menschen. Und auch am anderen Ende gibt es Fortschritte zu vermelden: So haben rund 700 Millionen Menschen zwischen 1990 und 2010 den Sprung aus der absoluten Armut geschafft. Die Wahrscheinlichkeit, dass ein Kind bis zum fünften Lebensjahr stirbt, ist nach UN-Angaben heute nur noch halb so hoch wie vor zwanzig Jahren. Und die Zahl der Hungernden ist mit etwa 800 Millionen zwar immer noch viel zu hoch, aber seit den 1990er-Jahren

Visualisierung des Internets, 1998

Das Internet Mapping Project starteten William Cheswick und Hal Burch in den Bell-Laboratorien 1997, wo seither unzählige Netzwerke erforscht und dargestellt wurden, wie durch dieses Motiv von 1998.

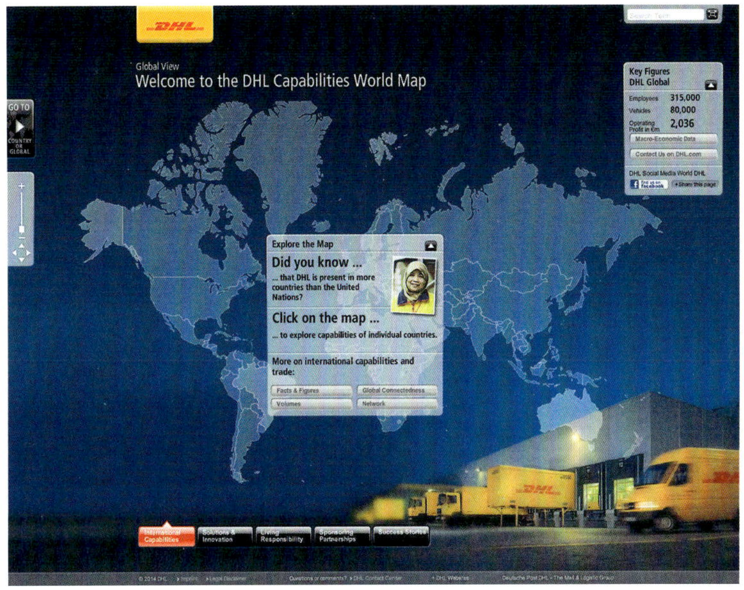

DHL Capabilities World Map, 2014

Die interaktive Internet-Karte gibt Auskunft darüber, in welchem Umfang DHL im jeweiligen Land vertreten ist, von A wie Afghanistan bis Z wie Zambia. Sie nennt die Anzahl der Stützpunkte und Kunden, den Umfang der Luft- und Seefrachtaktivitäten nach Tonnen pro Jahr und Tag und hält weitere wissenswerte Daten bereit zu Wirtschaft, Handel und Logistik des jeweiligen Landes.

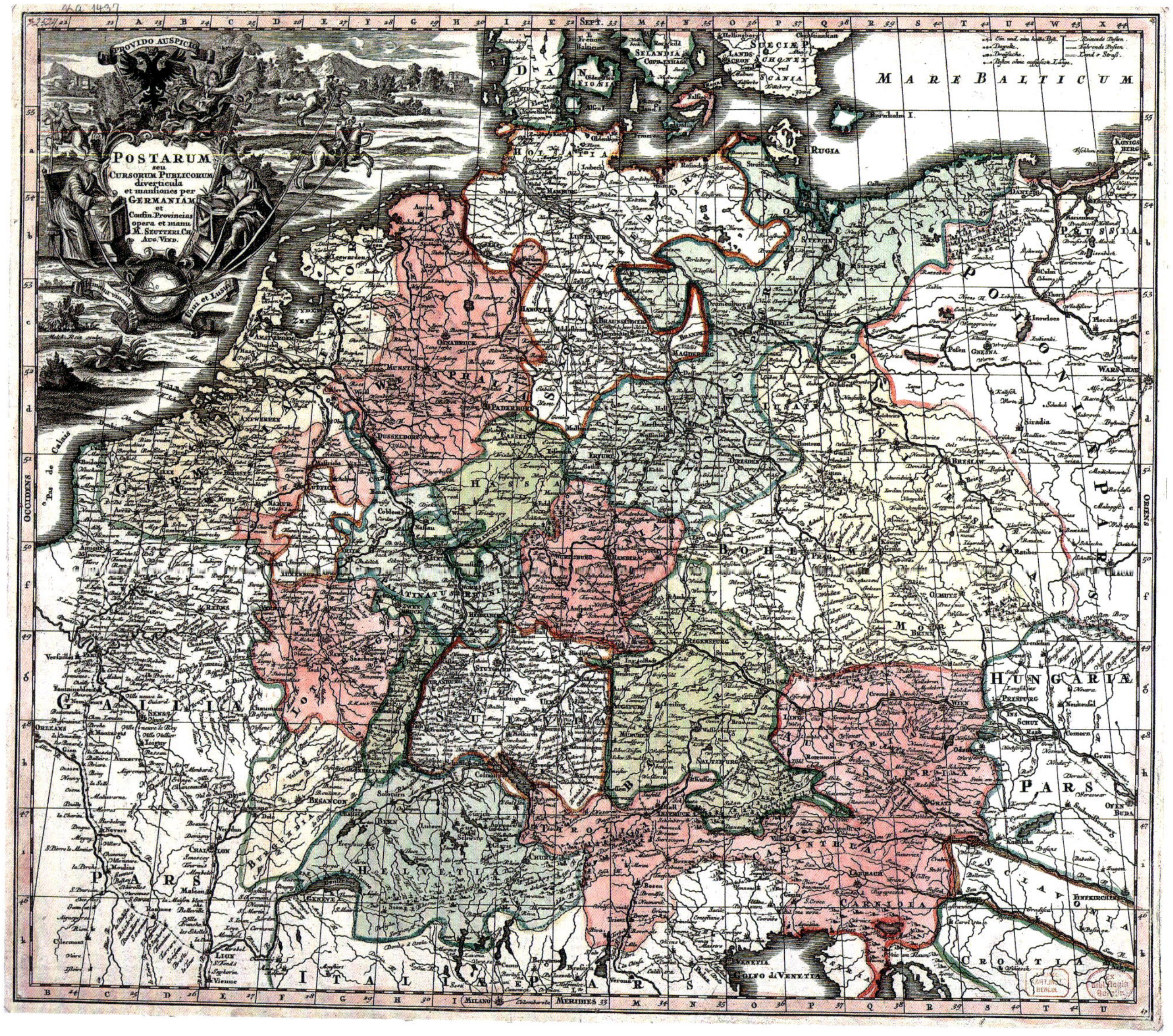

Postroutenkarte von Tobias Conrad Lotter, 1769

Die Karte zeigt den gesamten mitteleuropäischen Raum, allerdings erlaubte der Maßstab keine genaue Streckenwiedergabe oder die Kennzeichnung von Höhen. Farbig markiert sind die verschiedenen Grenzen der Herrschaftsgebiete. Der Bedarf an Karten im Postdienst veranlasste das Königlich-Preußische Generalpostamt 1817 zur Gründung eines „Bureaus für das Cours-Wesen", dessen zentrale Aufgabe in der Bearbeitung und Herausgabe von Kursbüchern und Karten zur einheitlichen Organisation und Durchführung des Post- und Postreiseverkehrs bestand.

Kolorierter Kupferstich

trotz einer deutlich gestiegenen Weltbevölkerung leicht gefallen, sodass einige Entwicklungspolitiker inzwischen sogar die Hoffnung äußern, Hunger könnte binnen einer Generation besiegt werden.

Über die Faktoren, die diese Entwicklung begünstigt haben, gehen die Meinungen im Detail auseinander, aber eines ist sicher: Ohne die neuen Möglichkeiten des Transports und der Kommunikation wäre sie undenkbar. Beides wiederum ist untrennbar mit Logistik verbunden, mit den „Aktivitäten zur physischen Raum- und Zeitüberbrückung von Gütern und Personen, einschließlich deren Umgruppierung", wie es im Lexikon heißt. „Die Logistik ist ein wichtiger Wegbereiter der Globalisierung", urteilt deshalb der Vorstandsvorsitzende von Deutsche Post DHL, Frank Appel. „Wir verbinden Menschen und verbessern ihr Leben. In diesem Sinne könnte man uns auch als aktive und begeisterte Botschafter der Globalisierung bezeichnen."

Diese Rolle füllt die Post in der einen oder anderen Form schon länger aus: Innovation, Beschleunigung, Vernetzung und wirtschaftlicher Fortschritt gehören zur stolzen Geschichte des Unternehmens, sind gewissermaßen Teil seiner DNA. Mag sich die innere Organisation der Post im Laufe der fünf Jahrhunderte ihres Bestehens auch geändert haben – vom Taxis'schen Postwesen über die Reichspost zur Bundespost bis hin zum weltumspannenden DAX-Unternehmen –, ihre Bedeutung für den gesellschaftlichen Fortschritt hat sie behalten: als Treiber und Nutznießer von Expansion und Wandel gleichermaßen.

Schübe der Globalisierung, so einzigartig die Entwicklung der letzten drei, vier, fünf Jahrzehnte auch erscheinen mag, gab es schon früher, obwohl man sie damals nicht so nannte. Die Entdeckung Amerikas 1492 und daraus folgend der Aufbau des portugiesischen und des spanischen Kolonialreichs brachte eine bis dahin nicht gekannte Dichte internationaler Vernetzung hervor. Parallel dazu entstand auch eine neue Form der Kommunikation; das uralte Botensystem, über das Herrscherhäuser privat exklusive Nachrichten übermitteln ließen, wich einer zugänglicheren Form: der Post.

Bereits im 16. Jahrhundert breitete sich ein dichtes Post(en)-Netz über Europa aus – später sukzessive auch nach Übersee. Und

Heinrich von Stephan in seinem Arbeitszimmer, um 1890

Der preußische Generalpostmeister gilt als Erneuerer des Postwesens. Seine Biografie zeugt von einer ungewöhnlich vielseitig begabten Persönlichkeit. Er verbesserte nicht nur die Situation der Post im Land entschieden, sondern schuf mit dem Weltpostverein die Basis zur Vereinfachung internationaler Verbindungen. Darüber hinaus war er ein großes Sprachtalent, wovon sowohl sein Buch über die Geschichte der preußischen Post als auch seine Reden zeugen. Der Verkehr, so betonte er bei der Eröffnung der Deutschen Postdampferlinien nach Australien und Asien im Sommer 1886, sei die „beherrschende Macht der Zeit", und nachdem die Menschheit einst vom „Nomadenthum zum Seßhaften" übergegangen sei, „scheinen wir uns wieder dem umherziehenden Leben zu nähern: Jeder vierzigste Deutsche ist immer unterwegs."

mit der Familie Taxis, die das Postwesen über mehrere Jahrhunderte nicht nur in Mitteleuropa dominierte, entstand schon während der Frühen Neuzeit eine Art „Global Player". Die Postdienste öffneten sich damals für private Nachrichten. Entsprechend beflügelten sie die Märkte, entstanden in Handelszentren wie Augsburg oder Antwerpen Posthäuser als maßgebliche Verkehrsknotenpunkte. Allein in Antwerpen trafen bereits Mitte des 16. Jahrhunderts jährlich 200 000 Briefe ein. In den folgenden Jahrhunderten beschleunigte die Post ihr Tempo kontinuierlich: Erst durch Reiterstaffeln, dann dank der Postkutsche. Im 19. Jahrhundert folgte ein weiterer Qualitätssprung in Sachen Beschleunigung durch Eisenbahn, Dampfschiffe, Telegrafie, Telefonie und neue Wasserstraßen wie den Suez- und später den Panamakanal. Die damalige Industrialisierung gilt als neue wirtschaftliche Epoche, aber auch als nächste große Phase der Internationalisierung, wobei sich die beiden Bewegungen kaum trennen lassen, sondern einander vielmehr bedingen.

Sichtbaren politischen Ausdruck fand der „Blick über den Tellerrand" in der Gründung der Internationalen Fernmeldeunion 1865 und im Weltpostverein 1874, der vom deutschen Generalpostmeister Heinrich von Stephan initiiert wurde und bis heute Grundlage internationaler Vereinbarungen im Postbereich ist. Diese beiden internationalen Organisationen, die beiden ältesten überhaupt, haben sich der Idee verschrieben, grenzüberschreitend einheitliche Regeln für die Post und das Fernmeldewesen zu entwickeln, um die Abläufe zu vereinheitlichen und zu verschlanken. Das neue Frankierungssystem, auf das man sich damals einigte, beschleunigte den Transport ganz erheblich. Mit den zugelassenen Briefmarken ließ sich jeder beliebige Punkt im Weltpostverein erreichen, und von jedem beliebigen Punkt konnten Nachrichten in die Heimat geschickt werden. Schon kurz nach seiner Gründung vereinigte der Weltpostverein ein Gebiet mit 750 Millionen Menschen.

Generalpostmeister Heinrich von Stephan, dessen Biografie enger mit der Geschichte der Post verknüpft ist als jede andere, kann im Rückblick als Protagonist der Globalisierung

Amtsvorsteher und Mitarbeiter vor dem Kaiserlich Deutschen Postamt in Jinan (Tsinanfu), 1914

Deutsche Firmen, darunter Krupp, BASF und etliche Handelsfirmen, gründeten in der zweiten Hälfte des 19. Jahrhunderts Niederlassungen in China. Auch um das „Reich der Mitte" besser zu erschließen, wurden die Reichsdampferlinien eingerichtet mit einer Route von Bremerhaven über Antwerpen und Southampton nach Singapur und Hongkong bis Schanghai. Im August 1886 eröffnete das Deutsche Reich in Schanghai die „Kaiserlich Deutsche Postagentur". 1898 zwang Deutschland China zum Abschluss eines „Schutzvertrages" für das Gebiet Kiautschou.

gelten. Nicht nur geht die Gründung des Weltpostvereins auf ihn zurück, er machte sich auch für ein dichteres internationales Netz der Post stark: So forderte er zum Beispiel eine eigene Dampferflotte, um Briefe und Pakete schneller in alle Welt zu transportieren. Nach anfänglicher Skepsis folgte ihm der Reichstag in Berlin und bewilligte 1885 Subventionen für eine solche Flotte. Daraufhin entstanden an bis dahin undenkbaren Orten Stationen der Deutschen Reichspost. Unter anderem eine auf Neuguinea, die zu Ehren „des großen Staatsmannes, welcher (...) dem Weltverkehr immer neue Wege geebnet und bis in die entlegensten Gegenden erschlossen hat", Stephansort genannt wurde.

Viele Elemente, die später mit Globalisierung in Verbindung gebracht werden sollten, markierten bereits diese Ära: ein Weltmarkt, die weitgehend ungehinderte Zirkulation von Kapital, Wanderungsbewegungen, multinationale Konzerne, internationale Arbeitsteilung und – last but not least – ein funktionierendes internationales Post- und Nachrichtensystem. Manche Wissenschaftler bezeichnen diese Phase deshalb als „archaische Globalisierung".

Die beiden Weltkriege bereiteten dieser Entwicklung dann ein jähes Ende. Die Weltwirtschaftskrise in den 1920er-Jahren führte zu einer entschiedenen Abkehr von internationalen Orientierungen. Es folgte eine Phase des Nationalismus, nicht nur in Hitler-Deutschland, sondern nahezu weltweit. Sie ging mit deutlichen Einbußen im Wirtschaftswachstum einher und führte zur Katastrophe des Zweiten Weltkriegs. Die anschließende Wiederentdeckung des Internationalen fiel dafür umso heftiger aus: Ein

Vertreter der teilnehmenden Länder beim 4. Weltpostkongress in Wien, 1891

Der Weltpostverein diene der gegenseitigen Verständigung und dem Ziel einer friedvollen Welt, erklärte Heinrich von Stephan auf dem Weltpostkongress, bei dem unter anderem Australien dem Verein als neues Mitglied beitrat.

Auslandsdienst im Postamt 2 in Frankfurt am Main, 1952

Weltkarten, Stadtpläne, Streckenpläne – nicht nur im „Auslandspostamt" in Frankfurt gehörten Landkarten zur Ausstattung der Arbeitsräume. Ob am Sortierschrank für Luftpostbriefe, im Büro für die Eilzustellung von Telegrammen oder beim Busfahrplan: Karten waren im Postdienst allgegenwärtig.

Beleg dafür mag die euphorische „Begleitmusik" der UN-Gründung sein. Allein in den Vereinigten Staaten bewarben sich damals mehrere Hundert Städte um den Sitz der neuen Weltorganisation, weil sie teilhaben wollten an dieser besseren, friedlicheren und stärker vernetzten Welt. Doch wieder war die Begeisterung nicht von langer Dauer. Der Kalte Krieg mit seinem Blocksystem machte solche Hoffnungen ebenso zunichte wie die Erwartung auf kräftigen weltumspannenden Handel. Vielmehr bremste der Ost-West-Konflikt das Zusammenrücken von Ländern und Märkten außerhalb des eigenen Blocks abermals, ehe diese sich, nach seinem Ende, verstärkt annäherten.

Schon dieser kurze Blick in die Geschichte zeigt, dass Globalisierungstendenzen weit zurückreichen (und in der Regel mit der Post verknüpft waren), aber immer wieder durch gegenläufige, nationalistische Bewegungen unterbrochen wurden. Und auch heute ist die Globalisierung keineswegs so umfassend und unumstößlich, wie manche glauben mögen. Der aktuelle DPDHL Global Connectedness Index belegt nämlich auch, dass der Grad der Vernetzung viel niedriger ist, als er sein könnte; dass die Globalisierung in den vergangenen Jahren zum Stillstand gekommen ist oder sich sogar wieder umzukehren droht. Tatsächlich handeln wir nicht annähernd so viel mit anderen Ländern, wie möglich wäre. Die meisten lesen keine Nachrichtenportale aus anderen Ländern. Viele halten Menschen aus ihrer geografisch näheren Umgebung für weitaus glaubwürdiger als jene am anderen Ende der Welt. Kurz gesagt, wir machen von den Optionen unserer internationalen Welt noch längst nicht vollen Gebrauch. „Dabei ließen sich Zuwächse von mehreren Billionen US-Dollar erzielen, wenn die weltweite Integration vertieft würde", lautet eine weitere Schlussfolgerung des Berichts.

Das mag daran liegen, dass viele Menschen den größeren Aktionsradius über ihr unmittelbares Umfeld hinaus als bedrohlich emp-

Zustellfahrzeug in New York, 2011

Deutsche Post DHL stellte die Zustellfahrzeuge im New Yorker Stadtteil Manhattan vollständig auf umweltfreundliche Antriebe um, um die Umweltbelastung im Stadtgebiet zu verringern. Die 80 Fahrzeuge umfassende „grüne Flotte" mit Transportern aus amerikanischer Produktion reduzierte den Verbrauch fossiler Kraftstoffe und damit die CO_2-Emissionen gegenüber konventionellen Fahrzeugen jährlich um über 50 Prozent.

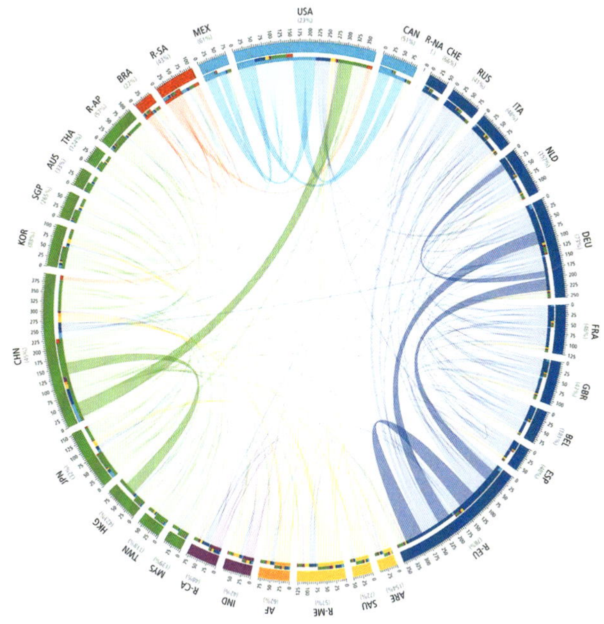

DHL Global Connectedness Index, Cover und Grafik (Ausschnitt), 2014

Im November 2014 veröffentlichte Deutsche Post DHL zum dritten Mal den Global Connectedness Index (GCI), eine detaillierte Studie zum Grad der Globalisierung. Der Bericht zeigt, dass sich die weltweite Vernetzung, gemessen am globalen Austausch von Waren und Dienstleistungen, von den Einbußen während der Finanzkrise größtenteils erholt hat.

finden. Sie nehmen von der Globalisierung eher deren Risiken als ihre Vorteile wahr und fordern in einer Art Schutzreflex, die Märkte wieder abzuschotten, die Grenzen wieder zu schließen. Die Finanzkrise erachten sie als Beispiel für unkontrollierte Kapitalströme, befürchten Lohndumping, eine Übernutzung der natürlichen Ressourcen, kulturellen Kahlschlag und manches mehr. Auch Deutsche Post DHL ignoriert solche Bedenken nicht, weil sie reale Probleme aufgreifen, aber insgesamt sieht sie im stärkeren Welthandel einen erwiesenen Nutzen. „Das Rad zurückzudrehen ist nicht die Lösung, Protektionismus der falsche Weg", sagt Frank Appel deshalb, „sondern wir müssen uns im Gegenteil noch mehr vernetzen, dabei die Globalisierung aktiv und verantwortlich gestalten."

Auch Unternehmen müssen einen Teil dieser gestalterischen Verantwortung tragen. Deshalb engagiert sich DPDHL im Bereich Bildung, etwa im Rahmen der innovativen Partnerschaft „Teach For All", beim Katastrophen- sowie im Umwelt- und Ressourcenschutz. Weil der Transportsektor nach Angaben des Intergovernmental Panel on Climate Change (IPCC) 14 Prozent der weltweiten Treibhausgas-Emissionen verursacht, trägt die Logistik auch ihren Anteil zum Klimawandel bei und hat dadurch für die Zukunft der Menschheit eine große Herausforderung zu meistern. Denn die Branche ist zwar entscheidend für wirtschaftlichen Fortschritt, aber auch beim Umstieg auf eine nachhaltige und kohlenstoffarme Wirtschaft ein besonders wichtiger Akteur.

Deutsche Post DHL hat das Thema Nachhaltigkeit – vor allem die Minderung der CO_2-Emissionen – deshalb zu einem wichtigen Teil ihrer Geschäftstätigkeit gemacht und sich mit den Programmen „GoGreen" und „Shared Value" unter anderem ein konkretes CO_2-Effizienzziel gesetzt: Bis zum Jahr 2020 will DPDHL seinen Ausstoß an Treibhausgasen um 30 Prozent je Produktionseinheit gegenüber dem Jahr 2007 senken: Jeder versandte Brief, jedes verschickte Paket und jede transportierte Tonne Fracht soll dann auf dem Weg zum Kunden fast ein Drittel weniger CO_2 emittieren. Und das ist nur einer, wenn auch ein zentraler Aspekt der „Corporate Responsibility", die „wir sehr, sehr ernst nehmen", wie Appel immer wieder betont.

Der indische Nobelpreisträger Amartya Sen hat schon vor einigen Jahren treffend festgestellt: „Die Globalisierung ist nicht an sich ein Irrweg; sie hat die Welt wissenschaftlich und kulturell bereichert. Noch vor wenigen Jahrhunderten beherrschte, abgesehen von wenigen Inseln des Reichtums, allgegenwärtige Armut die Welt." Aber wir brauchen, wie Sen es formulierte, eine „gerechtere Verteilung der Früchte". Die Globalisierung zu festigen, mehr Menschen daran teilhaben zu lassen, ihnen ein Leben in besseren Verhältnissen zu ermöglichen – bei gleichzeitig schonendem Umgang mit den Ressourcen – ist eine Mission, der es zu folgen lohnt. Deutsche Post DHL hat sich dieser Mission nicht erst jetzt verschrieben.

Plakat des Weltpostvereins, 1986

Am 9. Oktober 1874 wurde in Bern von 22 Staaten der Allgemeine Postverein gegründet (seit 1878: Weltpostverein). Er ist eine der ältesten internationalen Organisationen.

Die großen Erfindungen und Entdeckungen im 15. und 16. Jahrhundert hatten dem Verkehr die weitesten Bahnen eröffnet. (…) Und so sehen wir denn diese Einrichtung der Posten, die wir heute als eines der größten neueren Institute der Menschheit rühmen können, zusammentreffen mit den weltgeschichtlichen Ereignissen, welche die Neuzeit begründen.

HEINRICH VON STEPHAN

II.
HISTORIE

1490–1989

Posthof der Thurn-und-Taxis'schen-Post beim Roten Haus an der Zeil

Reges Treiben, Geschäftigkeit und biedermeierliche Eleganz herrschen auf dem Vorplatz des Frankfurter Taxis'schen Hauptpostamts, wo man fünf großräumige Postkutschen zur gleichen Zeit abfertigt. Hauptstädte wie Frankfurt am Main verzeichneten im frühen 19. Jahrhundert wöchentlich mehrere Hundert Fahrpost-Bewegungen.

Lavierte Federzeichnung von J. B. Bauer, 1840

CHRONOLOGIE – DIE ERSTEN 400 JAHRE

1490 Maximilian I. beauftragt den Kuriermeister Franz von Taxis mit der Einrichtung einer regelmäßigen Postverbindung zwischen den habsburgischen Landesteilen, von Innsbruck nach Mechelen

1500 Maximilian I. ist in neun Jahren 3 285 Tage unterwegs und besucht rund 1 500 Orte – er ist der Reisekaiser schlechthin. Gewöhnliche Reitposten legen zu dieser Zeit 70 bis 75 Kilometer täglich zurück. Der Pferdewechsel ermöglicht den Taxis Tagesstrecken von 130 bis 170 Kilometern

1516 Ein Vertrag zwischen Karl I. von Spanien (Kaiser Karl V.) und Franz von Taxis sowie dessen Neffen Johann Baptista regelt den Verkehr auf der Poststraße zwischen Innsbruck und Brüssel

1557 Im Zuge der spanischen Staatsbankrotte kommt der aus spanischen Staatsmitteln finanzierte Postverkehr der Taxis zum Erliegen.

1585 Auf der Postroute Mailand – Köln wird ein Postkurier überfallen und seines Felleisens beraubt. Wundersamerweise tauchen die mehr als 250 Briefe im späten 19. Jahrhundert in einem Abstellraum der Oberpostdirektion Frankfurt wieder auf

1597 Unter Rudolf II. wird die Post in den Stand eines „hochbefreiten Kaiserlichen Regals“ erhoben und somit zur Reichspost. Der Leiter des Taxis-Generalats trägt nun den Titel „Generalreichspostmeister“. Im Folgejahr eröffnet in Frankfurt am Main ein Reichspostamt

1615 Das Generalpostmeisteramt wird durch Kaiser Matthias zum Erbmannslehen erhoben, 1621 von Kaiser Ferdinand II. zum Erbweiberlehen erweitert. Man kann jetzt von einer „Taxis'schen Reichspost“ sprechen

1628 Nach dem Tod ihres Gatten Leonhard II. von Taxis übernimmt dessen Witwe Alexandrine das Amt der Generalpostmeisterin der Reichspost, das sie bis zur Volljährigkeit ihres Sohnes Lamoral über einen Zeitraum von 18 Jahren ausüben wird

1645 Der Kanoniker Julius Chifletius weist die Abstammung des Hauses Taxis vom Geschlecht der Torriani (dt. von Thurn) nach. Der Turm wird in das Wappen aufgenommen

1646 **Am 21. April richtet Brandenburgs Kurfürst Friedrich Wilhelm einen regelmäßigen Postdienst zwischen Berlin, Münster, Osnabrück, Kleve und Königsberg ein. Er möchte ständig über den aktuellen Stand der Friedensverhandlungen in Osnabrück und Münster, die den Dreißigjährigen Krieg beenden sollen, unterrichtet werden. Zugleich wird mit dem Erlass Privatpersonen das Recht eingeräumt, ihre Briefe mit der kurfürstlichen Post zu befördern. Der Kurfürst setzt sich damit über das Reichspostmonopol der Generalpostmeister des Hauses von Thurn und Taxis hinweg. Kursachsen, die braunschweigisch-lüneburgischen Staaten und Hessen-Kassel ziehen nach**

1649 Der Kasseler Postmeister Bernhard Parwein eröffnet einen ersten regelmäßigen Fahrpost-Linienverkehr nach Frankfurt. Damit wird die Personenbeförderung durch die Post institutionalisiert

1663 Brandenburg-Preußen erweitert den Ost-West-Kurs seiner reitenden Post von Memel über Berlin und Hannover bis nach Kleve um eine Fahrpost

1701 Der Spanische Erbfolgekrieg bricht aus und veranlasst das Haus Thurn und Taxis zur Verlegung seiner Residenz von Brüssel nach Frankfurt

1709 Württemberg richtet eine eigene Landespostanstalt ein, scheitert damit aber vorerst nach wenigen Jahren

1713 In Preußen wird die älteste Wohlfahrtseinrichtung der deutschen Postverwaltung, die Postunterstützungskasse, genannt „Armen-Kasse“, eingerichtet, um alte und gebrechlich gewordene Postillione zu unterstützen

1716 In Wien entsteht eine „Geheime Ziffernkanzlei", in der die von der Taxis'schen Post beförderten Briefe heimlich geöffnet, kopiert, dechiffriert (falls sie verschlüsselt sind) und ausgewertet werden. Bald gab es solche „Postlogen" an allen Kreuzungspunkten des Briefverkehrs. Diese Praxis der habsburgischen Briefspionage endet erst mit der Märzrevolution 1848

1755 Einen Monat und einen Tag dauert es, ehe die Nachricht vom Erdbeben in Lissabon, bei dem mehr als 30 000 Menschen ums Leben kommen, erstmals in einer deutschen Zeitung (Hamburg) erscheint

1792/93 Im Zuge der napoleonischen Vorstöße bricht in den linksrheinischen Gebieten die Organisation der Reichspost zusammen. J. F. Cotta, ein Bruder des Stuttgarter Verlegers, wird zum „Generaldirektor der teutschen Posten der Franken-Republik" ernannt

1800 Man schätzt, dass im 18. Jahrhundert circa 25 Prozent der Kinder zur Schule gehen und 10 Prozent der Erwachsenen schreiben und lesen können. Erst mit der Schulpflicht wird das Schreiben von Briefen eine Selbstverständlichkeit

1803 In Mainz wird der Posträuber Johannes Bückler (genannt „Schinderhannes") hingerichtet

1806 **Mit der Niederlegung der römisch-deutschen Kaiserkrone durch Kaiser Franz II. endet das Heilige Römische Reich und somit die Post des Alten Reichs**

1811 Baden übernimmt die Post als Staatsbetrieb

1813 Marie Mathias Nicolas Louis tritt in das Speditions- und Transportgeschäft ein. 1884 wird Danzas im Auftrag der Schweizerischen PTT den internationalen Postverkehr übernehmen

1817 Das Postwesen in Preußen wird direkt dem König unterstellt

1821 Preußen führt den Schnellpostverkehr ein. Im Folgejahr schließt sich Württemberg der Reform mit der Einführung eines Eilwagenverkehrs an

1835 Die erste deutsche Eisenbahn unternimmt am 7. Dezember ihre Jungfernfahrt von Nürnberg nach Fürth. Anfangs werden täglich drei Fahrten mit Pferden und zwei Fahrten mit Dampfbetrieb unternommen

1848 Baden setzt in seinem Eisenbahnverkehr als erstes Land in Deutschland einen Bahnpostwagen ein

1849 Die erste deutsche Briefmarke (der bayerische „Schwarze Einser") wird in Verkehr gebracht. Nun muss man nicht mehr das Postamt aufsuchen, um das Porto zu bezahlen. Vorher schon wurde der Briefkasten eingeführt

1850 Am 1. Juli wird der Deutsch-Österreichische Postverein gegründet

1865 An der 5. Deutschen Postkonferenz in Karlsruhe nimmt der junge Heinrich Stephan als Delegierter Preußens teil

1866 Mit dem Einmarsch preußischer Truppen am 16. Juli in Frankfurt am Main endet das Zeitalter der Thurn-und-Taxis-Post

1868 Der Norddeutsche Bund richtet eine gemeinsame Verwaltung der Post ein. Auf Vorschlag des Bundeskanzlers Bismarck wird 1870 Heinrich Stephan an die Spitze der Norddeutschen Bundespost berufen

1870 **Stephan führt eine „Correspondenzkarte" zum Groschentarif ein. Zwei Jahre später erhält sie den Namen „Postkarte"**

1871 Mit dem Reichspostgesetz vom 28. Oktober 1871 geht die Post des Norddeutschen Bundes an das Deutsche Reich über. Sie firmiert von nun an als Kaiserliche Reichspost

Kaiser Maximilian I. übergibt einen versiegelten Brief an einen Boten

Über 250 Holzschnitte, überwiegend von Hans Burgkmair und Leonhard Beck, illustrieren den „Weisskunig", einen autobiografischen Rückblick des Herrschers auf sein Leben und seine Regierungsjahre.

Holzschnitt, Ende 15. Jahrhundert

DIE ERSTEN 400 JAHRE

Von der Privatpost des Hauses Thurn und Taxis zur Post der Deutschen Bundesstaaten

Im ausgehenden Mittelalter wuchs das Bedürfnis nach einer raschen Übermittlung eiliger Nachrichten und Depeschen. Für Kaufleute, die wie die oberitalienischen Medici über ganz Europa Niederlassungen unterhielten, war es wichtig, Marktentwicklungen wie die Bewegung von Warentransporten vor der Konkurrenz zu überblicken. Herrscherpersönlichkeiten, die ihr Reich wie die Mailänder Herzöge Visconti oder der französische König Ludwig XI. mit eiserner Strenge regierten, erwarteten ohne Verzug die Unterrichtung über sämtliche Vorgänge und Entwicklungen in ihrem Land. Mit der gleichen Dringlichkeit waren die täglichen Befehle und Anordnungen auszuführen.

Während sich die Kaufmannschaften zu ökonomisch und logistisch effektiven Botengemeinschaften verbanden und ihre Wege aufeinander abstimmten, beschleunigten die absoluten Herrscher ihren Informationsfluss mithilfe organisierter Reiterstafetten. An die Stelle des Ritts eines einzelnen Boten trat der regelmäßige Austausch der Pferde an unterwegs eingerichteten Stationen – sogenannten „Posten“. Vorerst bezeichnete der Begriff der „Post“ nicht mehr als ein Lager zum Wechseln von Tier und Mensch. Auf den Post-Wegen konnte die Zustellung der Mitteilungen aber auf einen Schlag um ein Vielfaches beschleunigt werden. Ludwig XI. galt nicht zufällig als der am besten informierte Mensch seiner Zeit. Mit dem Tod des Königs im Jahr 1483 geriet seine fortschrittliche Kommunikationseinrichtung jedoch in Vergessenheit.

Einen erneuten Anlauf zu einer Reform des altgedienten Botenwesens unternahm der römisch-deutsche König und Kaiser Maximilian I. von Habsburg. Sein Bedarf an Eilkurieren erwuchs aus einer rasanten territorialen Machtentfaltung seines Reiches. Dieser Landgewinn war das Resultat kriegerischer Expansion, beruhte aber auch auf des Habsburgers geschickter Heiratspolitik. Im Jahr 1477 vermählte sich Maximilian mit Herzogin Maria von Burgund, der Erbtochter Karls des Kühnen. Aus der kurzen Verbindung – im Alter von nur 25 Jahren erlag Maria den Folgen eines Reitunfalls – gingen die Kinder Philipp der Schöne und Margarete von Österreich hervor, die sich später beide mit Spanien verbinden sollten. Mit dem Tod Marias fiel das burgundisch-niederländische Erbe an das Haus Habsburg.

Der politischen Neuordnung hatte sich auch der Nachrichtenverkehr zwischen den nunmehr weit entfernt liegenden habsburgischen Besitzungen anzugleichen. Auf der Suche nach geeigneten Fachleuten wurde Maximilian im oberitalienischen Bergamo fündig. Mitglieder der Bergamasker Kurierfamilie Tassis hatten sich als Eilboten in Diensten des Papstes einen Namen gemacht. Bereits unter Kaiser Friedrich III. waren erste Kontakte zu einem gewissen Janetto de Tassis geknüpft worden. 1490 berief Maximilian den Italiener als Postmeister an seinen Hof nach Innsbruck. Neben Janetto zeichneten dessen Bruder Franz und ein Neffe, Johann Baptista, für den Aufbau der habsburgischen Postverbindungen verantwortlich. Allgemein gilt Franz von Taxis als Gründervater der Post.

Der erste Taxis'sche Postkurs nördlich der Alpen führte von Innsbruck über Memmingen, Ulm, das württembergische Cannstatt, Knittlingen und Rheinhausen an Speyer vorbei über Hunsrück und Eifel bis Mechelen bei Brüssel. In Brüssel bezog Franz von Taxis seinen Hauptsitz zu Beginn des 16. Jahrhunderts unter Philipp dem Schönen. In einem Vertrag von 1505 beauftragte der spanische König seinen Hofpostmeister gegen eine jährliche Pauschalvergütung aus der niederländischen Staatskasse mit Einrichtung, Unterhalt und Ausbau der Postlinien.

Bei der Ernennung Johann Baptista von Taxis' zum Generalpostmeister durch Kaiser Karl V. im Jahr 1530 umfasste das Taxis'sche Postwesen bereits Spanien, Frankreich und die Niederlande, neben zusätzlichen, nach Rom und Neapel unterhaltenen Linien.

Ihren raschen Erfolg im Postgeschäft verdankten die Taxis einem ausgeprägten Familiensinn. Wichtige Posthaltereien an den Schnitt- und Endpunkten der Poststrecken, darunter die Posthäuser in Augsburg, Antwerpen und Rheinhausen, in Rom, Mailand und Venedig, besetzte das Unternehmen ausnahmslos durch Familienmitglieder. Das Oberhaupt der Brüsseler Dynastie übte in Personalunion das Amt des spanisch-niederländischen Generalpostmeisters aus. Auf Franz von Taxis folgte als Seniorchef 1517 sein Neffe Johann Baptista. Nicht weniger als 69 Jahre stand ab 1543 Leonhard von Taxis, ein Großneffe des Gründers, dem Unternehmen vor.

Der Abwicklung des Postbetriebs lag eine Art Franchise-Verfahren zugrunde. Entlang

MAXIMILIAN I.

Kaiser Maximilian I. leitete im 15. Jahrhundert Habsburgs Aufstieg zur europäischen Großmacht ein. Seine Verbindung mit Maria von Burgund sicherte der Dynastie das burgundisch-niederländische Erbe und die reichen Provinzen Flandern und Brabant, seine beiden Kinder verheiratete er gewinnbringend mit dem spanischen Königshaus.
Maximilian war den überwiegenden Teil seines Lebens in kriegerische Auseinandersetzungen verstrickt und litt schon allein deshalb notorisch unter Geldmangel. Er war gleichzeitig ein ebenso frommer wie vielseitig gebildeter Herrscher, der bedeutende Künstler und Gelehrte seiner Zeit um sich scharte und förderte, darunter den Maler Albrecht Dürer.
Auf die Kurierfamilie Taxis war Maximilian wohl anlässlich einer Reise nach Italien aufmerksam geworden. Als er 1490 begann, die habsburgischen Nachrichtenwege neu zu ordnen, erinnerte er sich an die Kommunikationsexperten. Deren wirtschaftlicher und gesellschaftlicher Aufstieg wäre ohne seine Politik der Machterweiterung kaum denkbar gewesen.

Maximilian I. (1459–1519), römisch-deutscher König und Kaiser des Heiligen Römischen Reiches (seit 1508)

Kaiser Maximilian I.
Ölgemälde von Albrecht Dürer, 1519

HOFPOSTMEISTER FRANZ VON TAXIS

Franz von Taxis, dessen Familie ursprünglich aus der Lombardei stammte und sich „Tasso" (Dachs) nannte, wuchs im Umfeld der Stadt Cornello in Oberitalien auf. Seine Vorfahren hatten sich über die Region hinaus als Eilkuriere einen Namen gemacht. Der Habsburger Herrscher Maximilian I. berief ihn neben seinem jüngeren Bruder Janetto und dem Neffen Johann Baptista in dieser Funktion an den Innsbrucker Hof.
1490 traten die Taxis in habsburgische Postdienste. Zur Jahrhundertwende wechselte Franz unter Maximilians Sohn Erzherzog Philipp dem Schönen nach Mechelen und Brüssel, um dort ein neues Postzentrum zu errichten. Philipp ernannte ihn 1501 zu seinem Hauptpostmeister. Nach einem Vertrag von 1505 erhielt die Unternehmerfamilie für ihre Aufwendungen eine Pauschalvergütung aus der niederländischen Staatskasse. Fünfeinhalb Tage waren im Sommer für den Transfer der vorerst ausnahmslos amtlichen Depeschen zwischen Innsbruck und Mechelen vorgesehen. Kaiser Maximilian I. verlieh und bestätigte Franz und seinen Brüdern 1512 die erbliche Adelswürde. In der Gründerzeit der Post paraphierte gewöhnlich Franz von Taxis bei Vertragsvereinbarungen mit dem Haus Habsburg.

Franz von Taxis (1459–1517) war Hofpost- und Kuriermeister unter Maximilian I., König Philipp d. Schönen und unter König Karl I.

ALEXANDRINE VON TAXIS

Als ihr Mann, Leonhard II. von Taxis, im Alter von nur 34 Jahren während einer Dienstreise starb, wurde seine etwas ältere Frau Alexandrine mit gerade erst 39 Jahren Witwe. Noch einen Tag vor seinem Tod hatte Leonhard testamentarisch verfügt, seine Ehefrau möge die Amtsgeschäfte des Familienunternehmens für diesen Fall bis zur Volljährigkeit des gemeinsamen Sohnes Lamoral fortführen.
Mit Zustimmung des Kaisers trat Alexandrine 1628 das Amt der Generalpostmeisterin an, das sie über einen Zeitraum von nicht weniger als 18 Jahren ausübte. Die anspruchsvolle Aufgabe übernahm sie in der besonders schwierigen Zeit des Dreißigjährigen Krieges. Da dieser Krieg ein Glaubenskrieg war und sie selbst dem Bund der katholischen Reichsstände angehörte, war ihre Einstellung in politischen Fragen vorgeprägt. So soll sie in ihrer Amtszeit protestantische Mitarbeiter entlassen oder zumindest gemieden haben. Doch wurde Alexandrine als kluge und tatkräftige Person geschätzt. „Tüchtigkeit und Umsicht" attestierte ihr der Kaiser. Als Oberhaupt der Familie war sie für sich und alle Mitglieder erfolgreich um die Sicherung gesellschaftlicher Reputation bemüht. Mit der Amtsübergabe an den Sohn Lamoral verlieren sich ihre Spuren.

Alexandrine von Taxis, geborene de Rye, Comtesse de Varax, getauft in Brüssel 1589, war Generalpostmeisterin von 1628 bis 1646; sie starb 1666

POSTMEISTERIN KATHARINA HENOT

Katharina Henot entstammte einer angesehenen Kölner Unternehmerfamilie. Ihr Vater Jacob hatte sich als Herbergsbesitzer einen Namen gemacht, bevor er zur Zeit ihrer Geburt die Leitung der kölnischen Posthalterei übernahm. Ihr Bruder Hartger war Jurist und Domherr zu Köln. Im späten 16. Jahrhundert verstrickte sich der einflussreiche Vater in heftige Machtkämpfe, die unter städtischen Botenanstalten und mit den Obersten des Hauses Taxis entbrannt waren. Mehrfach wurde Jacob Henot vom Dienst suspendiert und nur unter Mithilfe des städtischen Rats und des Kaisers wiedereingesetzt. Nach seinem Tod im Jahre 1625 führte Katharina die Postgeschäfte ihres Vaters fort. Im Amt war ihr jedoch nur eine kurze Zeit beschieden. Im Januar 1627 wurde sie der Hexerei bezichtigt und angeklagt. Vergeblich bemühte sich ihr Bruder um eine Aufhebung der Haft und Anklage. Am 19. Mai 1627 endete das Leben Katharinas auf dem kölnischen Galgenberg zu Melaten. Dass Katharina Opfer einer Verschwörung wurde, an der die Konkurrenz des Hauses Taxis beteiligt gewesen sein soll, ist nicht erwiesen. Im Jahr 2012 wurde Katharina Henot – wie weitere Opfer der Hexenprozesse – durch den Rat der Stadt Köln rehabilitiert.

Katharina Henot (um 1575–1627) war Postmeisterin in Köln

Aller Botten Ordnung võ welichem ort dieselwigen alle Wochen gen Nürnberg kommen/vnd wo die jur Herberg liegen/ auch an welchem Tag die alle Wochen wider weg Räisen/ allen Kauffleuten Handelsleuten Nützlich zu gebrauchen.

1610.

Waß die Boten gen Nürnberg kommen.	An welchem Tag.	Wo die Potten zur Herberch ligen.	Waß die Potten wider auß Nürnberg gehn
Von Andorff.	Alle Sambstag.	Wonen hie.	Alle Mittwochen,
Auß Colln.	Alle Sambstag,	Wonen/ hie.	Alle Mittwochen.
Franckfort.	Alle Sambstag.	Wonen hie.	Alle Mittwochen,
Hamburg.	Alle Montag.	Wonen hie.	Alle Sontag.
Von Breßlaw.	Alle Freytag.	Zwen frembt bey der Gulden Ganß/ vñ zwen hie.	Alle Mittwochen.
Von Prag.	Alle Donerstag.	Bey dem Bitterholt.	Alle Sontag.
Von Wien.	Im Somer am Donerstag Im winder/am Ertag.	Wonen hie.	Alle Sontag.
Auß Venedig	Alle Freytag.	Bey der gulten Ganß	Alle Mittwochen.
Võ Augspurg.	Alle Ertag. Freitag. vnd Sambstag.	Bey der gulten Ganß	Alle Mittwochen/Donerstag vnd Sontag
Von S. Galln.	Alle Freytag.	Bey der gulten Ganß.	Alle Ertag.
Auß Lehon.	Alle vierzehen Tag/am Donerstag.	Bey der gulden Ganß.	Alle 14. Tag / am Sontag.
Von Vlm.	Alle Donerstag/vnd Freytag.	Bey der gulten Ganß.	Alle Sambstag.
Auß Leibzig.	Alle Ertag	Wonen hie.	Alle Freytag
Salzburg.	Alle 14. Tag / am Donerstag.	Wonen hie.	Alle 14. Tag / am Sontag.
München.	Hat kein ordnung/ ist Nöttig so schickt mã post Augspurg	Wonen hie.	Hat kein ordnung ist Nöttig so schickt mã Post Augsprug
Regenspurg.	Hat kein Ordnung.	Bey dem Bitterholt.	Hat kien Ordnung.

Gedruckt zu Nürnberg/bey Wolff Drechssel.

Nürnberger Botenordnung, 1610

Auf dem Höhepunkt des traditionellen Botengewerbes erschien im Jahr 1610 eine Nürnberger Botenordnung. Der „Fahrplan" weist Verbindungen der Reichs- und Handelsstadt nach 16 europäischen Städten auf, die je nach Entfernung bis zu dreimal pro Woche aufgesucht wurden. In der dritten Spalte sind die einzelnen Gasthöfe genannt, in denen die jeweiligen Boten Quartier bezogen.

den Botenkursen nahmen die Taxis ortsansässige Gastwirte und Pferdeverleiher als Posthalter unter Vertrag. Diese Posthalter traten im Namen der Taxis und unter dem Firmenzeichen des Posthorns auf, doch wirtschafteten sie als selbstständige Unternehmer. Als Eigenkapital brachten sie ihr Anwesen, den Gasthof, Knechte und Pferde in das Geschäft mit ein. Der Pferdeverleih an Durchreisende verhalf ihnen zu einem lukrativen Nebenverdienst.

ÖFFENTLICHE POST

Während die Taxis'sche Post in ihren Gründerjahren ausschließlich im Auftrag des kaiserlichen Hofs verkehrte, entwickelte sie sich im Laufe des 16. Jahrhunderts zunehmend zu einer öffentlichen Einrichtung. Hohe Betriebskosten zwangen das Kaiserhaus zur Preisgabe seines Alleinanspruchs. 1520 räumte Karl V. in einem Bestallungsbrief Johann Baptista von Taxis ausdrücklich Nebeneinkünfte ein. Doch war der Kreis privater Nutzer anfangs verschwindend gering. Einen Großteil deckten vermögende Kaufleute ab. Auf dem niederländischen Kurs zählten zu den ersten Privatkunden die Augsburger Handelshäuser von Anton Welser und Jakob Fugger.

Mitte des 16. Jahrhunderts hatten die Taxis zu einem Katalog verbindlicher Leistungen gefunden. Die Post verkehrte regelmäßig, bei festgesetzten Abgangs- und Ankunftszeiten, sie zeichnete sich durch ein geordnetes Tarifsystem aus und garantierte eine zuverlässige und pünktliche Auftragsbearbeitung. Durch den regelmäßigen Wechsel der Pferde und Kuriere setzte sie beim Beförderungstempo völlig neue Maßstäbe. „Es gehet wie auf der Post", lautete jetzt ein Sprichwort für Geschäfte, die sich besonders rasch abwickeln ließen.

„Nürnberger Bote, Kurier und Postwagen"

Laufender Bote, berittener Kurier und Postwagen bilden hier im Straßenbild eine Einheit. Die Reisenden sitzen auf einem karg ausgestatteten, zweispännigen offenen Stuhlwagen.

POSTKRISE

Unterbrochen wurde der kometenhafte wirtschaftliche und gesellschaftliche Aufstieg der Taxis durch anhaltende Krisen im politisch instabilen 16. Jahrhundert. Durch seine Nähe zur spanischen Krone geriet das Unternehmen in den Strudel spanischer Staatsbankrotte, die zur Einstellung der regelmäßigen Subventionsleistungen durch die niederländisch-spanische Staatskasse führten. Die Folge waren aussichtslose Zahlungsrückstände gegenüber den einzelnen Poststationen im Reich. Wachsender Unmut aufseiten der Postmeister äußerte sich in Beförderungsboykotten und organisierten Streiks. Der Postverkehr der Reichspost kam praktisch zum Erliegen. Verschiedentlich nutzten Kaufleute die aussichtslose Lage der Taxis, um einen eigenen internationalen Kurierdienst auf die Beine zu stellen.

Nur mit Rückendeckung des Kaisers gelang es den Taxis gegen Ende des 16. Jahrhunderts, ihre Vormachtstellung zurückzugewinnen. Rudolf II. untersagte den städtischen Boteninnungen die Briefbeförderung mit Pferdewechsel und erklärte die Post zum „hochbefreiten kaiserlichen Regal". Leonhard von Taxis ernannte er 1597 zum Generalreichspostmeister. Schließlich erhielten die Taxis das Amt des Generalpostmeisters als Erbmannlehen und endlich als Weiberlehen zugesprochen. Als erste Frau und Vertreterin ihres minderjährigen Sohnes Lamoral stand von 1628 bis 1648 Gräfin Alexandrine von Taxis an der Spitze des Unternehmens. Unter Berufung auf einen Abstammungsnachweis konnte sich die Familie 1650 offiziell in Thurn und Taxis umbenennen.

Für alle Beteiligten entwickelte sich das Postwesen zu einer gewinnbringenden Einrichtung. Leonhard II. von Taxis, der 1628 verstorbene Ehemann Alexandrines, verglich die Post gelegentlich mit einem Brunnen, in dem sämtliche denkbaren Quellen zusammenflössen. Die stolze Summe von 100 000 Dukaten erwirtschafteten die Taxis jährlich als Gewinn aus dem Postbetrieb. Der preußische Staat Friedrichs des Großen sollte ein Jahrhundert

Das Taxis'sche Posthaus zu Augsburg, 1646

In den Anfängen des Postverkehrs kam dem Knotenpunkt Augsburg eine zentrale Rolle zu. Mitsamt seinen Stallungen lag das kaiserliche Posthaus am „Pfannenstil", einer Landzunge außerhalb der Stadtbefestigung. Für das regieführende Haus Taxis war die Niederlassung so wichtig, dass es stets nur Mitglieder der eigenen Familie als Postmeister berief.

Uniformrock, Umhängetasche und Speer zeichnen in der frühen Neuzeit einen Fuß-Postboten aus. In dem Kupferstich von Paulus Fürst aus dem Jahr 1650 winkt dieser dazu mit einer „guten Zeitung“, überbringt also eine frohe Botschaft.

Posthausschild Hessen-Kassel, um 1750

Entscheidend für die Entwicklung der Post und ihrer verschiedenen Administrationen war der Friedensschluss von Münster, der den Dreißigjährigen Krieg beendete. Die Friedensverträge von 1648 bestätigten den Ländern des Heiligen Römischen Reiches Deutscher Nation ihre Souveränität. Auf dieser Grundlage gründeten die mächtigen unter den Reichsständen, wie etwa Hessen-Kassel, eigene Postanstalten.

darauf nicht weniger als die Hälfte seiner gesamten Staatseinnahmen durch die Postkasse bestreiten.

LÄNDERPOSTEN

Im 17. Jahrhundert verloren die Taxis ihren Alleinanspruch auf die Ausübung des Postrechts, denn 1648 beendete der Westfälische Friede den Dreißigjährigen Krieg mit einem folgenreichen Ergebnis: Den einzelnen Fürstenstaaten im Alten Reich bestätigte der Friedensschluss ihre Souveränität. Für sie war damit der Weg frei zur Gründung eigener Postanstalten. Ein autonomes Postwesen beanspruchten die überwiegend protestantischen Länder Brandenburg-Preußen und Kursachsen, Braunschweig-Lüneburg und Hessen-Kassel. In ihnen stieß das Haus Taxis erstmals auf eine ernst zu nehmende Konkurrenz. Auf Dauer behaupten konnte es sich nur im Westen des Alten Reiches mit seinen zahllosen Kleinstaaten sowie im reichsergebenen katholischen Süden.

In Brandenburg-Preußen entstand unter der Ägide des Großen Kurfürsten Friedrich Wilhelm eine Ost-West-Achsenverbindung gigantischen Ausmaßes. Dieser Postkurs verband das Memelland im heutigen Litauen mit Berlin und führte von dort aus weiter bis nach Kleve an der holländischen Grenze. Unter dem ersten Preußenkönig Friedrich I. wurde 1712 eine „Allgemeine Preußische Postordnung“ erlassen. Im gleichen Jahr leitete Kursachsen die Post in eine Staatseinrichtung über. Hessen folgte 1724 mit einem Landespostgesetz. Dagegen vermochte das Haus Thurn und Taxis seinen Besitzstand bis auf Weiteres auf den württembergischen und den badischen Poststrecken zu wahren. 1702 verlegten die Taxis ihre Zentrale unter dem Druck des spanischen Erbfolgekrieges von Brüssel nach Frankfurt am Main und 1748 nach Regensburg.

MIT DER POST REISEN

Ein bedeutsamer Schritt zeichnete sich in der Entwicklungsgeschichte der Post nach dem Ende des Dreißigjährigen Krieges ab, als zum Briefverkehr die fahrplanmäßige Beförderung von Personen trat. Die Postanstalten bauten ihre Briefbotenlinien jetzt systematisch zu Wagenkursen aus. Im Jahr 1649 wurde zwischen Kassel und Frankfurt erstmals der vierzehntägige Linienverkehr einer fahrenden Post aufgenommen.

Lange Zeit war das Reisen in einem Kutschwagen verpönt, weil es als unmännlich galt, verweichliche und obendrein die Pferdezucht ruiniere, doch jetzt kam es in Mode. Land und Leute kennenzulernen, um sich einen eigenen Eindruck von der Fremde zu verschaffen, wurde zum Programm einer breiten Bewegung vor allem junger Bildungsreisender.

Das Handwerk des Wagenbauers erlebte eine Blütezeit. England, das durch seine Erfindung der Stahlfederung im Kutschenbau führend war, fertigte Mitte des 18. Jahrhunderts jährlich rund 40 000 Kutschen an. Die Hälfte davon exportierte es ins kontinentale Europa.

Das Bild der öffentlichen Personenbeförderung prägte der sogenannte Ordinari-Postwagen. Auf den regulären Kursen verkehrte die Ordinari-Fahrpost regelmäßig, zu festgesetzten Zeiten, unabhängig von der Tagesnachfrage und zu mäßigen Preisen. Ihre Fahrpläne schufen eine neue Zeitordnung, Reiseführer und Routenkarten ein neues Verhältnis zu den durchreisten Regionen. Im Zuge der Verbreitung der Personenpost entwickelte sich eine ausgefeilte Reise-Infrastruktur der Herbergen und Gasthöfe, der Straßen und zu Chausseen ausgebauten Wege. Zwar erschwerten viele Hundert Zollschranken das Reisen allein schon innerhalb der Grenzen des Heiligen Römischen Reiches. Und wer selbst stolzer Besitzer einer Kutsche war, hatte unterwegs mit erheblichen Mehrkosten durch Wegegelder und Akzisen, Chaussee-, Pflaster- und Brückengeld zu rechnen. Doch bereitete die Post einer bürgerlichen Reisebewegung nie zuvor gekannten Ausmaßes den Weg.

VERNETZUNG UND VERDICHTUNG

Noch vor dem Ausbruch des Dreißigjährigen Krieges hatten die Taxis neue Verkehrsrouten angelegt. Mit der Eröffnung eines Reichspostamts und einer Verbindung nach Rheinhausen wurde 1598 die Messestadt Frankfurt an den niederländischen Hauptkurs angebunden. Bald folgten Kurse von Frankfurt nach Nürnberg und nach Leipzig, ein rechtsrheinischer Anschluss an Köln sowie ein Kurs

Reiseführer, 1729

Der am weitesten verbreitete Reiseführer des 18. Jahrhunderts waren die ab 1700 erschienenen „Vornehmsten Europäischen Reisen" des Hamburger Hauslehrers Peter Ambrosius Lehmann. Darin werden Routen und Entfernungen zu wichtigen Städten genannt und durch Wissenswertes ergänzt. Insgesamt 17 autorisierte Neuauflagen erreichte der Reiseführer.

„L'attaque du chariot"

Mit wachsendem Reiseverkehr häuften sich Überfälle raubender und mordender Banden. Die Straßen, auf denen Kauf- und Handelsleute zu den Märkten und Messen unterwegs waren, versprachen reiche Beute. Im Bild des flämischen Malers Pieter Snayers wird ein niederländischer Mantelwagen überfallen.

„Sicherheit und Bequemlichkeit zu reisen"

Das angenehme Verkehrsleben in Friedenszeiten, Handel und Botentätigkeit ohne Angst vor Überfällen werden in diesem Gedicht beschworen.

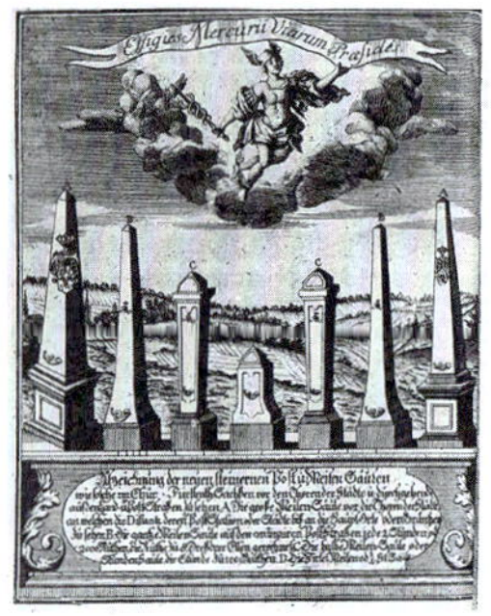

„Abzeichnung der neuen steinernen Post u. Meilen Säulen"

Wie kein anderer ließ Sachsens Kurfürst Friedrich August der Starke sein Land systematisch vermessen. Auf der Grundlage der Messwerte wurden auf allen Land- und Poststraßen Postmeilensäulen errichtet. Den Reisenden dienten sie als wichtige Orientierungshilfe.

Titelkupfer aus Joachim Ernst von Beust, Erklärung des Post-Regals, 1747

Kaufleute bildeten eine erste private Stammkundschaft der Post. Auf dem Stich von 1755 empfängt ein Kaufmann einen uniformierten und mit Felleisen und Posthorn ausgerüsteten Postillion in seinem Kontor. Die Postmeilensäulen im unteren Viertel des Bildes stehen symbolisch für die exakte Vermessung Mitteleuropas.

von Köln nach Hamburg. Seitdem das Reichspostmeisteramt 1615 zum Erbmannlehen erhoben worden war, lohnten sich Investitionen in die postalische Infrastruktur für die Taxis erst recht. Zahlreiche Querverbindungen zwischen den einzelnen Kursen optimierten jetzt die Routenplanung. War eine Briefsendung zwischen Augsburg und Hamburg ohne postalischen Pferdewechsel am Ausgang des Mittelalters rund 30 Tage unterwegs, verkürzte sich die Laufzeit unter Ausnutzung erster Postkurse auf 18 Tage. Doch konnte auch dieser Wert bei wachsender Verdichtung des Streckennetzes bis zum Jahr 1800 erneut um die Hälfte auf neun Tage verringert werden.

Mit dem Aufkommen der Personenbeförderung erschlossen die Verkehrsanstalten neu geplante Kurse sogleich für die Brief- wie für die Fahrpost. Brandenburg-Preußen baute seinen Ost-West-Reitkurs von Memel bis Kleve binnen weniger Jahre zu einer Tag und Nacht verkehrenden Wagenpost aus. Allein die Taxis misstrauten dem Erfolg der neuen Verkehrseinrichtung. Nur zögerlich nahmen sie die Personenbeförderung in ihr Programm auf – dauerhaft zuerst 1690 auf der Strecke Nürnberg–Frankfurt.

Vor allem in den Flächenstaaten entstand im Laufe des 18. Jahrhunderts ein dichtes Postnetz. Zwischen 1700 und 1740 steigerte Preußen die Zahl seiner Posthaltereien von 120 auf 300 und bis ins letzte Jahrhundertdrittel erneut auf stolze 700 Einheiten. Auch die Kursfrequenz wurde schrittweise erhöht – bis 1800 von zunächst zwei- auf viermal in der Woche befahrene Kurse. In Nürnberg trafen um 1750 138 und in Frankfurt 129 Reit- und Fahrposten pro Woche ein, die Fahrpläne Augsburgs wiesen zur gleichen Zeit 77 Bewegungen auf.

Parallel zu den Kursen der Post entstand ein professionelles Zeitungswesen. Postmeister nutzten ihren Informationsvorsprung bei der Beschaffung von Nachrichten und gaben Zeitungen selbst heraus. Die ab 1616 aufgelegte *Frankfurter Postzeitung* zählte über einen Zeitraum von 250 Jahren zu den führenden Nachrichtenorganen im Alten Reich. Ihr Gründer war der kaiserliche Postmeister Johann von den Birghden. In Anlehnung an den Postlauf erschien die Zeitung unter mehrfach wechselnden Namen anfangs wöchentlich, bald aber mehrmals in der Woche. Dem Frankfurter Beispiel folgten Postmeister in Berlin, Wien, Hamburg, Leipzig und Regensburg. In Leipzig erschien 1650 die erste Tageszeitung.

Die Leitung einer Posthalterei wurde gewöhnlich vom Vater an den Sohn vererbt. Ähnlich wie bei den Taxis in deren Generalat behaupteten sich auch auf Länderpostebene einzelne Familienclans über viele Generationen. In Stuttgart lag das Amt in Händen der Familie Reinöhl, in Köln hatte die Posthalterfamilie Maurenbrecher ihren Stammsitz, in Tübingen die Verlegerfamilie Cotta. Im späten 18. Jahrhundert verfügten die Reinöhls über ein knappes Dutzend Postbedienstete und ebenso viele Postwagen.

BRIEFKULTUR

Seit dem späten 17. Jahrhundert erfuhr auch das Briefaufkommen einen spürbaren Anstieg. Zu den Geschäftsbriefen und Amtsschreiben trat jetzt vermehrt die Korrespondenz von Privatleuten. Ein wachsendes Mitteilungsbedürfnis ließ die Menschen, Künstler und Schriftsteller, Forscher und Gelehrte, vermehrt zur Feder greifen.

Der Austausch von Briefen schuf eine neue Form des Zusammenlebens und der Geselligkeit. Frauen bildeten Zirkel, in denen sie ihre Niederschriften einander vorlasen. Der Dichter Johann Wolfgang von Goethe bezeichnete Briefe als die wichtigsten Denkmäler, die ein Mensch hinterlassen könne. Selbst schrieb er in seinem Leben geschätzte 30 000 Briefe, Liselotte von der Pfalz, eine Schwägerin Ludwigs XIV., gar das Doppelte.

Über die Organisation des Brieffalltags bestimmten Takt und Frequenz der Postbeförderung. Stets hatten sich die Menschen nach dem Posttag zu richten – dem Tag, an dem die Post eintraf oder abging. Man schrieb sich „posttäglich" und antwortete „postwendend".

POSTMEISTER JOHANN VON DEN BIRGHDEN

Zu den großen Persönlichkeiten der älteren Postgeschichte zählt der Frankfurter Johann von den Birghden. Wie kein anderer hat dieser Unternehmer und Organisator der Handels- und Messestadt zu europaweiter Verkehrsanbindung verholfen. Von seiner Geburtsstadt Aachen führte den Sohn evangelisch-lutherischer Eltern ein steiler Karriereweg an den Main. Nach dem Militärdienst und der vorübergehenden Beschäftigung als Schreiber in einem Speyerer Anwaltsbüro erhielt Birghden als Verwaltungssekretär am Postamt Rheinhausen tieferen Einblick in die postpolitischen Verhältnisse seiner Zeit.
Als Birghden ins Frankfurter Postmeisteramt berufen wurde, war er 32 Jahre alt und der Mann der Stunde. Mit ungebremstem Eifer erschloss er einen Postkurs nach dem anderen. Für die Reichspost, die neben der Brüsseler Route kaum weitere Verbindungen aufzuweisen hatte, waren seine raschen Erfolge nicht mit Gold aufzuwiegen. Mitte der 1620er-Jahre verband er für die Thurn-und-Taxis-Post Frankfurt mit Leipzig, mit Köln und mit Nürnberg sowie im Norden Köln mit Hamburg. Erstmals waren Postverbindungen in einem Netz an Straßen und Kursen zusammengeführt.
Birghden verfolgte seine Ziele mit eisernem Durchsetzungswillen – mit der Kehrseite Eigensinn, Streitlust und einer gehörigen Portion Grobheit. Nicht nur unter den alteingesessenen Boten, die ihm mehrfach nach dem Leben trachteten, schuf er sich Feinde. Als ein kaiserliches Edikt von 1627 die Besetzung führender Positionen bei der Reichspost an den katholischen Glauben des Stelleninhabers knüpfte, kostete der Beschluss ihn das Amt. Dann wendete sich aber im Verlauf des Dreißigjährigen Krieges das Blatt mit dem Vormarsch der Schweden erneut. Unter König Gustav Adolf kehrte Birghden 1631 an die Spitze der Frankfurter Post zurück, und auf dem Höhepunkt seines Schaffens unterhielt der Postmeister von Frankfurt aus annähernd ein Dutzend Postkurse.

Johann von den Birghden (1582–1645) war Postmeister in Frankfurt am Main

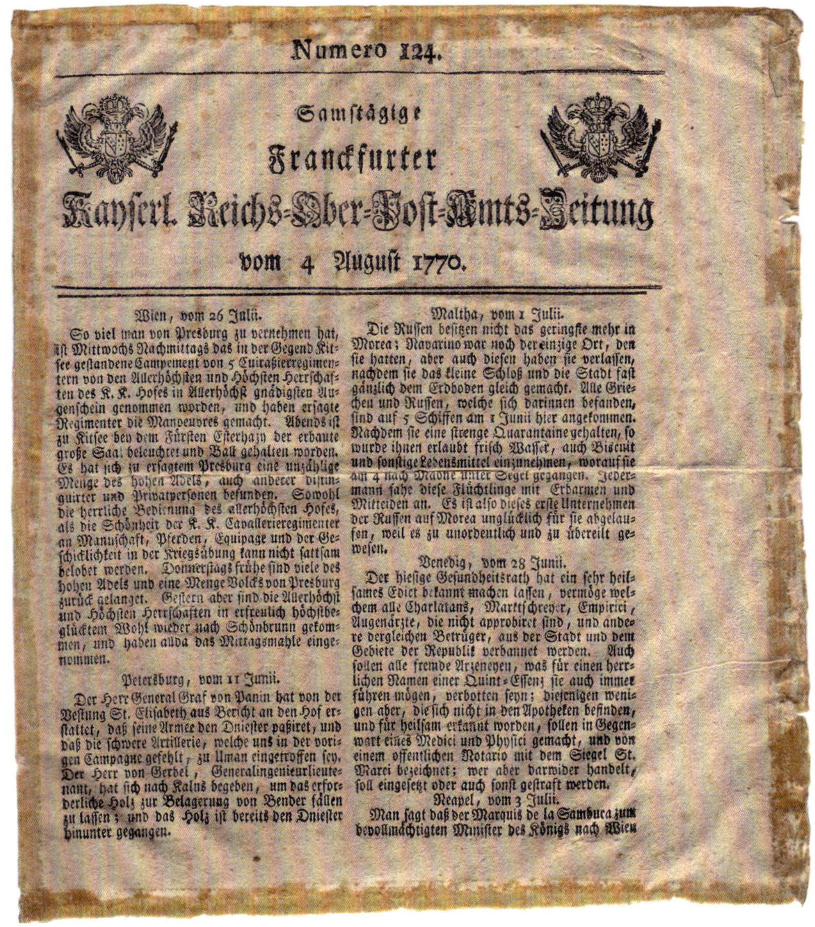

Numero 124.

Samstägige Franckfurter Kayserl. Reichs-Ober-Post-Amts-Zeitung vom 4 August 1770.

Wien, vom 26 Julii.

So viel man von Presburg zu vernehmen hat, ist Mittwochs Nachmittags das in der Gegend Kitsee gestandene Campement von 5 Cuirasierregimentern von den Allerhöchsten und Höchsten Herrschaften des K. K. Hofes in Allerhöchst gnädigsten Augenschein genommen worden, und haben ersagte Regimenter die Manoeuvres gemacht. Abends ist zu Kitsee bey dem Fürsten Esterhazy der erbaute große Saal beleuchtet und Ball gehalten worden. Es hat sich zu ersagtem Presburg eine unzählige Menge des hohen Adels, auch anderer distinguirter und Privatpersonen befunden. Sowohl die herrliche Bedienung des allerhöchsten Hofes, als die Schönheit der K. K. Cavallerieregimenter an Mannschaft, Pferden, Equipage und der Geschicklichkeit in der Kriegsübung kann nicht sattsam belobet werden. Donnerstags frühe sind viele des hohen Adels und eine Menge Volcks von Presburg zurück gelanget. Gestern aber sind die Allerhöchst und Höchsten Herrschaften in erfreulich höchstbeglücktem Wohl wieder nach Schönbrunn gekommen, und haben allda das Mittagsmahle eingenommen.

Petersburg, vom 11 Junii.

Der Herr General Graf von Panin hat von der Vestung St. Elisabeth aus Bericht an den Hof erstattet, daß seine Armee den Dniester paßiret, und daß die schwere Artillerie, welche uns in der vorigen Campagne gefehlt, zu Uman eingetroffen sey. Der Herr von Gerbel, Generalingenieurlieutenant, hat sich nach Kalus begeben, um das erforderliche Holz zur Belagerung von Bender fällen zu lassen; und das Holz ist bereits den Dniester hinunter gegangen.

Maltha, vom 1 Julii.

Die Russen besitzen nicht das geringste mehr in Morea; Navarino war noch der einzige Ort, den sie hatten, aber auch diesen haben sie verlassen, nachdem sie das kleine Schloß und die Stadt fast gänzlich dem Erdboden gleich gemacht. Alle Griechen und Russen, welche sich darinnen befanden, sind auf 5 Schiffen am 1 Junii hier angekommen. Nachdem sie eine strenge Quarantaine gehalten, so wurde ihnen erlaubt frisch Wasser, auch Biscuit und sonstige Lebensmittel einzunehmen, worauf sie am 4 nach Mahone unter Segel gegangen. Jedermann sahe diese Flüchtlinge mit Erbarmen und Mitleiden an. Es ist also dieses erste Unternehmen der Russen auf Morea unglücklich für sie abgelaufen, weil es zu unordentlich und zu übereilt gewesen.

Venedig, vom 28 Junii.

Der hiesige Gesundheitsrath hat ein sehr heilsames Edict bekannt machen lassen, vermöge welchem alle Charlatans, Marktschreyer, Empirici, Augenärzte, die nicht approbiret sind, und andere dergleichen Betrüger, aus der Stadt und dem Gebiete der Republik verbannet werden. Auch sollen alle fremde Arzeneyen, was für einen herrlichen Namen einer Quint-Essenz sie auch immer führen mögen, verbotten seyn; diejenigen wenigen aber, die sich nicht in den Apotheken befinden, und für heilsam erkannt worden, sollen in Gegenwart eines Medici und Physici gemacht, und von einem öffentlichen Notario mit dem Siegel St. Marci bezeichnet; wer aber darwider handelt, soll eingesetzt oder auch sonst gestraft werden.

Neapel, vom 3 Julii.

Man sagt daß der Marquis de la Sambuca zum bevollmächtigten Minister des Königs nach Wien

Frankfurter Ober-Post-Amts-Zeitung

Nicht weniger als 250 Jahre erschien – unter wechselndem Titel – zwischen 1615 und 1867 die durch Postmeister Johann von den Birghden gegründete *Frankfurter Ober-Post-Amts-Zeitung*. Das Bild zeigt die Ausgabe vom 4. August 1770.

Der Kaufmann Georg Giese

Giese stammte aus einer Familie erfolgreicher Danziger Handelsleute. Neben dem Brief in seiner Hand und weiteren Briefen kennzeichnen ihn Siegel und Waage als Kaufmann.

Holzstich nach einem Ölgemälde von Hans Holbein dem Jüngeren von 1532

Selbst Goethe, gewöhnlich ein geselliger Mensch, war an Posttagen für niemanden zu sprechen. Bis ins 18. Jahrhundert wurde die eintreffende Post im Postamt öffentlich zum Aushang gebracht. Innerhalb einer bestimmten Frist nicht abgeholte Briefe wurden gegen ein zusätzliches Entgelt zugestellt. Aus der innerörtlichen Botenleistung erwuchs das Amt des Briefträgers.

Bereits seit dem späten 16. Jahrhundert enthielten Briefe Frankierungsvermerke. Verbindliche Taxverzeichnisse brachten als Erste die traditionellen Postzentren Augsburg, Frankfurt am Main und Köln zum Aushang. Allgemein unterschieden die Entgeltordnungen zwischen „Franco", der bei der Absendung bezahlten, und „Porto", der beim Empfang beglichenen Gebühr. Ein Frankierungszwang bestand nicht. Wurden Ländergrenzen überschritten, kamen Mischvarianten ins Spiel. Waren die Postanstalten zu wechseln, konnte sich das Porto erheblich verteuern. Errechnet wurde es gewöhnlich nach Entfernung und Gewicht der Sendung. Um 1800 kostete ein Brief von Nürnberg nach Hamburg 12 Kreuzer und von Mannheim nach Kassel 10 Kreuzer. Deutlich mehr, nämlich 27 Kreuzer, war dagegen für den Weg von Nürnberg nach Berlin mit der Post der Taxis und Preußens zu entrichten. Der Kaufkraft von 12 Kreuzern entsprach eine einfache Mahlzeit mit Bier, auf 45 Kreuzer bezifferte sich die Wochenmiete in einer guten Herberge.

Jenseits der geschäftlichen Nutzung profitierte vor allem eine kleine bürgerliche Elite vom wachsenden Angebotsspektrum der Post. Noch war ein vergleichsweise geringer Teil der Bevölkerung des Schreibens und Lesens kundig. Zwar hatte sich das Gros der Länder im 18. Jahrhundert zur Einführung einer allgemeinen Schulpflicht durchgerungen. Doch lagen die Quoten der Schriftkundigen und der Analphabeten um 1800, statistisch betrachtet, noch auf gleicher Höhe bei jeweils 50 Prozent.

Ungeachtet seiner beispiellosen fortschrittlichen Entwicklung wies das ältere Postwesen auch dunkle Flecken auf. Auf den Landstraßen mehrten sich mit wachsendem Verkehrsaufkommen die Überfälle auf Postkutschen. Deren Gesamtzahl erreichte im 18. Jahrhundert gar einen mittleren dreistelligen Bereich. Auf nicht weniger kriminelle Weise wurde zur gleichen Zeit die Briefpost in großem Stil von Staats wegen ausspioniert. Bei der Einrichtung geheimer Logen zur Briefüberwachung spielte im Alten Reich die Post der Thurn und Taxis eine Hauptrolle. Die Wiener Postzentrale stieg im 18. Jahrhundert zum führenden europäischen Geheimdienst auf. Postkunden verschickten zunehmend verschlüsselte Briefe.

UMBRÜCHE UND NEUAUSRICHTUNG

Auf dem Weg in die Moderne des 19. Jahrhunderts veränderte sich das Gesicht Deutschlands von Grund auf. In vielerlei Hinsicht traten die Menschen in ein neues Zeitalter. Politisch erschütterten die Französische Revolution und Napoleon die Länder und Staaten nachhaltig. In verlustreichen Kriegen rangen sie über Jahrzehnte um die Vormacht. Allein in der 1813 bei Leipzig ausgetragenen „Völkerschlacht" ließ an nur vier Tagen ein Fünftel der 500 000 Mann starken Armeen ihr Leben. Zuvor hatte durch Napoleon das Heilige Römische Reich Deutscher Nation sein Ende gefunden. Sämtliche kirchlichen und kleineren weltlichen Staaten hob der Reichsdeputationshauptschluss von 1803 auf. 1806 löste Kaiser Franz II. das Alte Reich formal auf, Napoleon zog in Berlin ein. Das Blatt wendete sich mit dem Desaster des Russlandfeldzugs 1812, nach dem der französische Kaiser im Zuge der Befreiungskriege durch die verbündeten Armeen Österreichs, Preußens, Russlands und Englands zurückgedrängt wurde und endlich abzudanken hatte. An die Stelle des Alten Reiches trat jetzt der Deutsche Bund, ein 1815 gegründeter und über ein halbes Jahrhundert bestehen sollender Zusammenschluss größerer Fürstenstaaten und Freier Städte. Ihm gehörten, neben den Reichsstädten Frankfurt, Hamburg, Lübeck und Bremen, unter anderen Ländern Österreich und Preußen an.

Mit der Auflösung des Alten Reiches endete die Reichspost des Hauses Thurn und Taxis. Die großen Staaten im Deutschen Bund – neben den Genannten auch Bayern, Sachsen und Baden – führten nach 1815 jeweils eine eigene staatliche Post ein. Einen geringen Teil ihrer Verkehrseinrichtungen behielten die Taxis über Lehensverträge in den kleineren Ländern

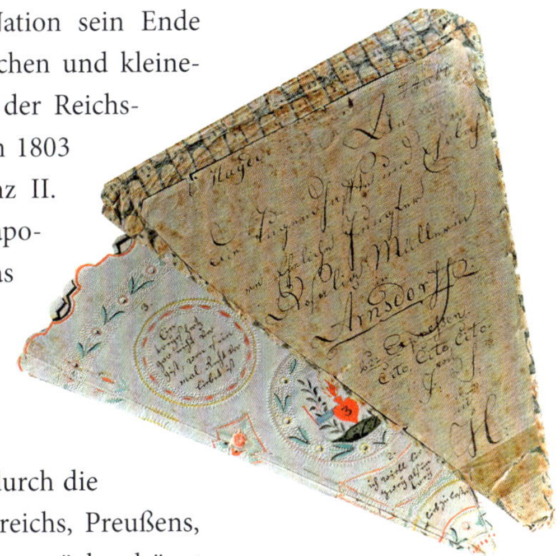

Liebesbrief, 19. Jahrhundert

Dieser liebevoll verzierte Brief ging an „die tugendhafte und eheliche Jungfer Rosalia Müllerin in Arnsdorff".

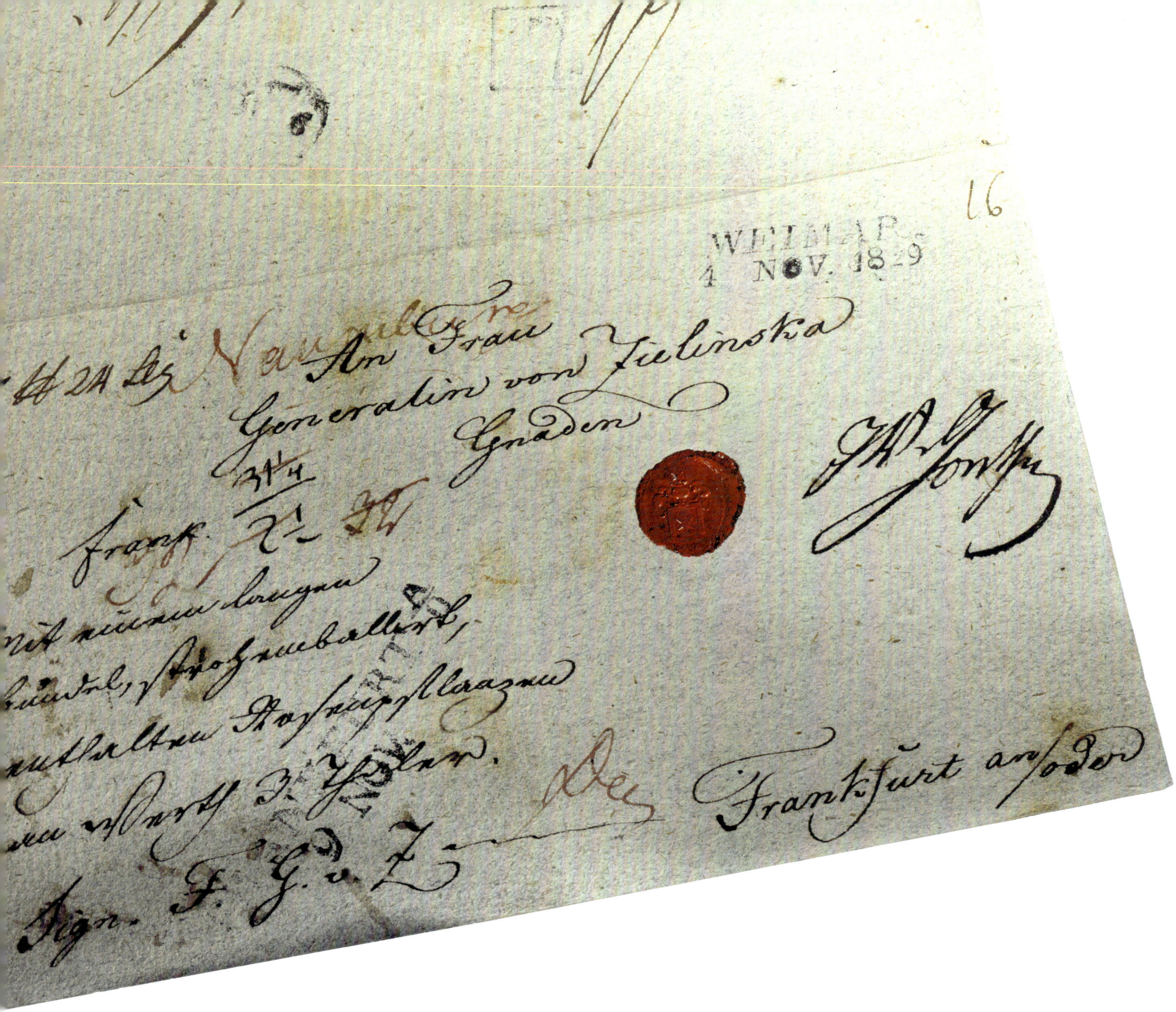
WEIMAR
4 NOV. 1829
An Frau
Generalin von Zielinska
Gnaden
frank.
Frankfurt an/Oder

Paketbegleitadresse mit Siegelabdruck und eigenhändiger Unterschrift Goethes, 1829

Die Sendung Goethes war an „Frau Generalin von Zielinska“ in Frankfurt/Oder gerichtet, „mit einem langen Bündel, strohemballiert, enthalten Rosenpflanzen an Werth 3 Thaler“. Frau Zielinska war im September mit einer Reisegesellschaft, darunter der Schriftsteller Karl August Varnhagen von Ense, bei Goethe zu Gast gewesen, der sich im Februar des folgenden Jahres in einem Brief an Varnhagen erkundigte, ob „die liebenswürdige Reisegefährtin“ die Rosenzweige erhalten habe.

„Eichstätt-Brief“, 1850

Der sogenannte „Eichstätt-Brief“ ist mit dem einzigen bekannten Sechserblock aus Schwarzen Einsern eine ganz besondere philatelistische Rarität. Er wurde in Straubing am 13. November 1850 aufgegeben an das „Comité für die Gewerbeausstellung in Eichstaett“.

Die erste Briefmarke Deutschlands, „Schwarzer Einser“, 1849

Die erste Briefmarke der Welt, die „One Penny Black“, erschien im Mai 1840 in England. Die Grundidee war, dass nicht länger der Empfänger, sondern der Verfasser eines Briefes das Porto bezahlen sollte, und auch die vielfältigen Gebührenstufen wurden dadurch vereinfacht. Die erste deutsche Briefmarke wurde am 1. November 1849 in Bayern ausgegeben und wird als „Schwarzer Einser“ bezeichnet.

GOTTLOB HEINRICH SCHMÜCKERT

Gottlob Heinrich Schmückert (1790–1862) war preußischer Generalpostdirektor

Gottlob Heinrich Schmückert, der als Offizier während der Befreiungskriege gegen Napoleon eine schwere Verletzung davongetragen hatte, stieß 1816 zur Generalpostverwaltung in Berlin. Schon als junger Postrat schlug er in einem Memorandum vor, die Postwagendienste wie Briefposten zu behandeln. Eine Fahrt mit der Postkutsche sollte demnach nicht mehr als die Zeit in Anspruch nehmen, die gewöhnlich für den Versand von Briefen zu veranschlagen war. Nur wenige Monate nach Bekanntwerden seiner Denkschrift schritt Preußen zur Tat.
Eine erste Schnellpostverbindung konnte im September 1821 in der Provinz Westfalen eröffnet werden. Weitere Eilverbindungen folgten Schlag auf Schlag. Einige Jahre später, als sich mit den ersten Dampfeisenbahnen eine neuerliche Verkehrsumwälzung anbahnte, förderte Schmückert die Einführung von Bahnpostwagen und eine mit der „Bearbeitung der Briefe und Pakete unterwegs" verknüpfte Reform der Postexpedition.
Unter König Friedrich Wilhelm IV. wurde Schmückert 58-jährig als Generalpostdirektor an die Spitze der Preußischen Post berufen, der er annähernd 15 Jahre vorstand. Hatte er sich zuletzt um internationale Beziehungen verdient gemacht, reformierte er jetzt als Postchef die eigene Verwaltung. Nicht zuletzt zur Entlastung des Generalpostamts führte Schmückert ab 1850 Oberpostdirektionen als Mittelbehörden ein. Vertragliche Vereinbarungen mit Österreich schufen endlich die Grundlage für einen künftigen Postverein mit einem einheitlichen Tarif- und Beförderungswesen.

und Freien Städten wie Frankfurt bei. Die Versammlung der Ständigen Vertreter des Deutschen Bundes tagte zwischen 1816 und 1866 in Frankfurts Palais Thurn und Taxis an der Großen Eschenheimer Gasse. Die Taxis selbst hatten ihr Generalpostamt 1811 von Regensburg nach Frankfurt zurückverlegt und ihre Residenz im Roten Haus an der Zeil bezogen. Dort hatte auch die Redaktion der Frankfurter *Ober-Post-Amts-Zeitung* ihren Sitz.

AUFBRUCH IN DIE VERKEHRSMODERNE

Noch in der Postkutschen-Ära bewährte sich die Post als Logistik-Unternehmen. Eben noch hatte der Dichter Ludwig Börne eine Satire auf die deutsche „Postschnecke" veröffentlicht und darin die für Reisende ermüdend langen Aufenthalte an den Wechselstationen beklagt, da überraschten die Postanstalten ihre zahlreichen Kritiker mit der Einführung eines beschleunigten Eilwagenverkehrs. Die neue Organisationsweise beruhte auf einer tiefgreifenden Reform bei der Verkehrsabwicklung. In Preußen reiften unter Gottlob Heinrich Schmückert, einem jungen Postbeamten und späteren Generalpostdirektor, Pläne, um Kutschenreisende mit der Geschwindigkeit reitender Kuriere zu befördern.

Insofern wurden sämtliche Abläufe an den Stationen in jeder nur erdenklichen Weise gestrafft. Detaillierte Fahrpläne boten dafür den Rahmen, ihre minutiöse Einhaltung galt als oberste Pflicht. Erstmals wurden die Abfahrtszeiten auf die Minute genau festgelegt und die Aufenthalte an den Stationen auf ein Minimum beschränkt. Ein strenges Reglement schloss vermeidbare Wartezeiten aus. Personenbeförderung und Pakettransport wurden getrennt, das Handgepäck limitiert, die Fahrkarte war bereits am Vortag der Abreise zu lösen.

Als erstes Land eröffnete Preußen 1821 einen Schnellpostkurs auf der Strecke Koblenz–Köln–Düsseldorf. In Baden und Württemberg verkehrte der Eilwagen ab 1822, in Sachsen ab 1824 und in Bayern ab 1828. Die Postreform brachte es mit sich, dass die Fahrzeiten auf den überregionalen Kursen einmal mehr um nahezu die Hälfte reduziert werden konnten. Den preußischen Ost-West-Kurs zwischen Tilsit und Aachen, für dessen über 1 300 Kilometer mit der Ordinari-Fahrpost um 1800 noch rund zwei Wochen zu veranschlagen waren, bewältigte die Schnellpost jetzt in gerade einmal sieben Tagen. Preußen verfügte 1837, ein Jahr vor Eröffnung seiner ersten Eisenbahn-Linie zwischen Berlin und Potsdam, über 182 Schnellposten, die sich gleichmäßig über das Staatsgebiet verteilten. Allein von Berlin gingen pro Woche 93 Schnellposten neben weiteren 137 Ordinari-Fahrposten und 22 Ordinari-Reitposten ab. Mit der täglichen Postversorgung der größeren Städte endete im frühen 19. Jahrhundert der in gebildeten Kreisen ehedem gepflegte Kult des Posttags. Auch der Brief war jetzt endgültig im Alltag der Menschen angekommen.

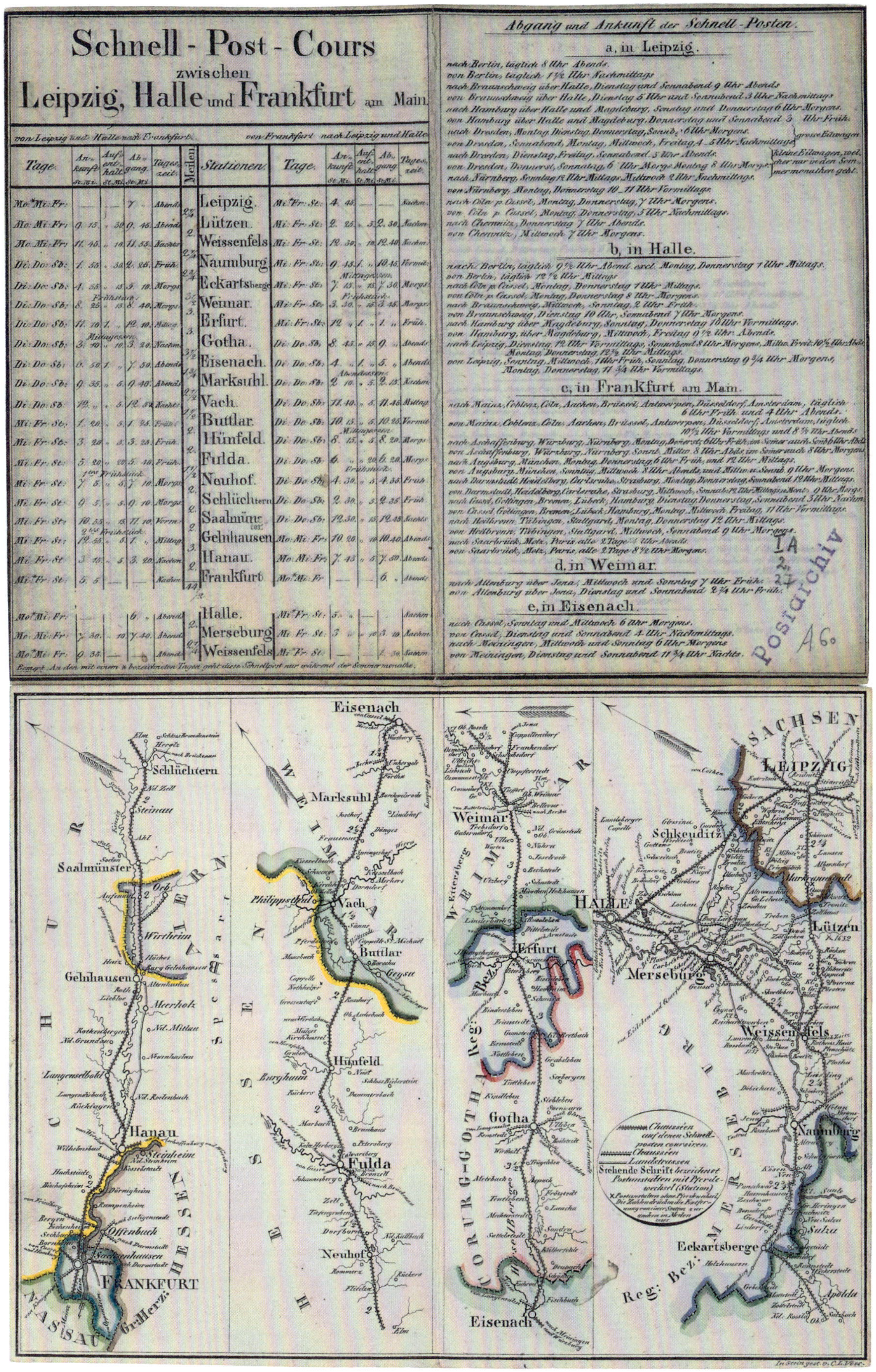

Karte des Schnellpostkurses von Leipzig nach Frankfurt am Main, 1830

Die Wegekarte ist zur besseren Handhabung während der Kutschenfahrt in einzelne Teilabschnitte gegliedert. Auf diese Weise lenkt sie den Fokus auf die Route selbst und ihren Verlauf mit verschiedenen Wegen und Straßen, unterwegs anzutreffende Poststationen und zu erwartende Zollgrenzstationen.

Eil-Wagen.

Reise-Schein

von REUTTLINGEN nach

Einschreib-Nummer

Geht ab präcis um Uhr den 184

Der Passagier hat bezahlt für den Platz

für seine Person . . . . fl. kr.

für Pfund Uebergewicht . . . . fl. kr.

im Ganzen fl. kr.

REUTTLINGEN den ten 184

Königl. Württemb. Expedition fahrender Posten.

Unterzeichnet

Beachtenswerthe Notiz für das Reisende Publikum.

Eilwagen-Reiseschein, 1847

Die modernen Verkehrsmittel Eilwagen und Schnellpost zwangen Reisende zu nie gekannter Pünktlichkeit und Disziplin. Ausführlich listet der Fahrschein aus dem Jahr 1847 die Konditionen für eine Fahrt aus dem schwäbischen Reutlingen in das rund drei Stunden entfernte Tübingen auf, darunter die exakte Abfahrtszeit, eine Limitierung des Handgepäcks sowie das Verbot der Mitnahme von Tieren.

ZEITALTER DER DAMPFEISENBAHN

Parallel zur Ausbreitung des Schnellpostsystems begann auch die Personenbeförderung mit der Eisenbahn. Seine Premiere feierte der Dampfzug 1825 auf einer 40 Kilometer langen Strecke zwischen den britischen Städten Stockton und Darlington. Auf deutschem Boden verkehrte die erste Eisenbahn ab Dezember 1835 zwischen den Handelsstädten Nürnberg und Fürth. Drei Jahre später wurde das erste preußische Teilstück zwischen Berlin und Potsdam in Betrieb genommen. Im beginnenden Eisenbahnzeitalter trat die Post ihr jahrhundertealtes Monopol auf die Personenbeförderung Schritt für Schritt an das neue Verkehrsmittel ab. Rund eine Generation nahm dieser Ablösungsprozess in Anspruch. Auf der Landkarte Mitteleuropas kamen sich die Städte so immer näher. Hatte man 1835 mit der Schnellpost für eine Reise von Berlin nach Frankfurt noch etwa drei Tage zu veranschlagen, war die Mainmetropole auf einer durchgehenden Schienenverbindung ab 1852 in einem Tag zu erreichen.

DIE POST IM 19. JAHRHUNDERT

In nie gekannter Weise beschleunigte das 19. Jahrhundert Leben und Arbeiten der Menschen. Die Industrialisierung fasste in allen Bereichen Fuß. Manufakturen entwickelten sich zu Fabriken, Städte zu Ballungsgebieten, die Verkehrs- und Kommunikationsräume wurden dichter und immer rascher durchdrungen. Weithin sichtbare Symbole der Industrialisierung waren die rauchenden Schornsteine der Fabriken und die auf Schienen gesetzte Dampflokomotive mit ihren aneinandergereihten Kutschwagen. In zunehmend kürzeren Abständen verdoppelte sich die Zahl der Einwohner in den Städten. Lebten in Berlin um 1800 annähernd 200 000 Einwohner, war die Zahl Ende der 1850er-Jahre auf eine halbe Million angewachsen, doch bereits 1880 wurde die Millionengrenze überschritten. Parallel zu dieser Entwicklung verkürzten Schnellpost und Eisenbahn die Dauer einer Reise, aber auch den Versand von Briefen und Paketen um ein Vielfaches. Teilte man seine Korrespondenz um 1800 noch in Wochenzyklen ein, so rechnete man um 1850 beim Postversand nurmehr in Tagen.

Rasch machten sich die Postanstalten das technische Potenzial der Eisenbahn zunutze. Noch in den 1840er-Jahren versahen sie die Bahnhöfe mit Postexpeditionen und ließen die Sendungen während der Fahrt in eigens entwickelten Bahnpostwagen bearbeiten. Insofern trafen die Briefe und Pakete bei der Ankunft am Zielort bereits fertig sortiert ein. Die Verknüpfung des Transports der Briefe und Pakete mit ihrer „Unterwegsbearbeitung“ war zuerst 1837 in England erprobt worden. Ab 1848 verkehrte in Baden ein erster regulärer Bahnpostwagen. Es folgten bis 1853 Preußen, Bayern und Sachsen, Württemberg und Hannover.

Angesichts der modernen Verkehrsbeschleunigung machte die Post sich zur gleichen Zeit die „Eilbehandlung“ von Briefsendungen zur Aufgabe. Die Zustellung solcher Expressbriefe – in den 1830er-Jahren erstmals erwähnt – war ab 1842 verbindlich geregelt. Briefkästen wurden seit den 1820er-Jahren vereinzelt aufgestellt. Ein Handicap war zunächst, dass die Behälter ausschließlich nicht freigemachte Briefe aufnehmen konnten, sodass stets der Empfänger für die Gebühr aufzukommen hatte. Das änderte sich mit der Einführung von Postwertzeichen (in England 1840, bei den deutschen Postverwaltungen ab 1849). Die Kombination aus Briefmarke und Briefkasten führte zu völlig neuen innerbetrieblichen Abläufen. Preußen brachte seine erste Briefmarke am 15. November 1850 in Umlauf.

Station auf der Eisenbahn

Die Milieustudie des Berliner Genremalers Jacob Munk aus den Anfängen des Eisenbahnverkehrs zeigt eine Abfahrtsszene auf dem Berlin-Anhaltischen Bahnhof. Zahlreiche Reisende säumen den Bahnsteig vor dem abfahrtbereiten Zug mit der Lokomotive „Borsig". Rechts im Bild steht neben einem knienden Gepäckträger ein preußischer Postillion.

Ölgemälde, 1844

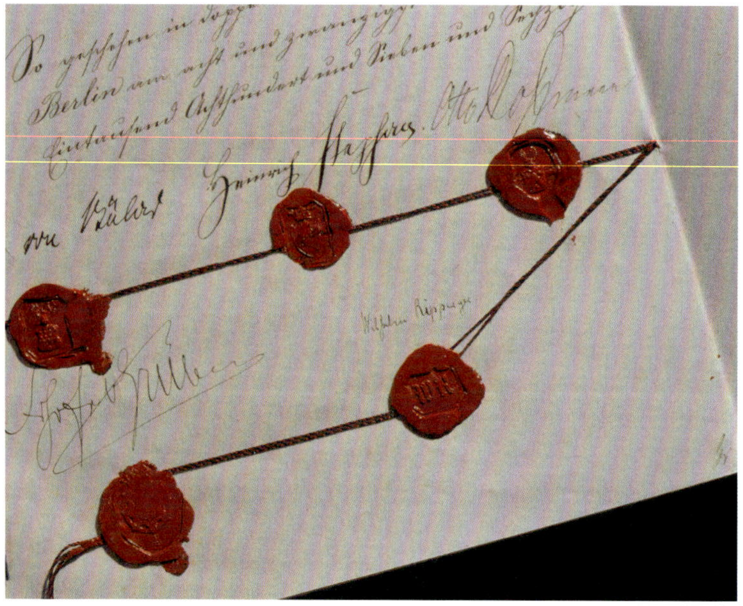

Ratifikationsurkunde zum Postablösungsvertrag Preußens

Die Schlussseite der Urkunde zu Preußens Übernahme der Thurn-und-Taxis-Post vom 16. Februar 1867 ist unterzeichnet unter anderem von Ernst von Bülow und Heinrich Stephan.

Unter den auf den Postbetrieb anwendbaren technischen Errungenschaften des frühen 19. Jahrhunderts fand sich bald auch das Dampfschiff. Bereits im Jahre 1824, als der Verkehr mit Dampfschiffen noch in den Kinderschuhen steckte, richteten Schweden und Preußen gemeinsam einen ersten Post-Liniendienst auf der Ostsee ein. Ab 1847 verband ein Postdampfschiff im Transatlantikverkehr die Städte Bremen und New York. In den späten 1850er-Jahren nahmen der Norddeutsche Lloyd von Bremen aus und die Hamburg-Amerikanische Paketfahrt-Aktiengesellschaft (HAPAG) mit Sitz in Hamburg jeweils einen regelmäßigen Übersee-Postdienst auf.

AM VORABEND DER DEUTSCHEN REICHSPOST

1850 war das Jahr großer Verwaltungsreformen. Preußen und Österreich fanden vorübergehend in einem Deutsch-Österreichischen Postverein zusammen. Fruchtbares Ergebnis des Zusammenschlusses, dem fünfzehn weitere selbstständige Postverwaltungen folgten, war ein „ungeteiltes" Postwesen mit einheitlichen Gebühren. Zur gleichen Zeit reorganisierte Preußen sein Postwesen grundsätzlich. Auf Initiative Schmückerts richtete es Oberpostdirektionen ein und folgte damit dem Beispiel Bayerns und Sachsens. Ebenfalls 1850 wurde in Dresden ein Deutsch-Österreichischer Telegrafenverein gegründet. Auf einer Konferenz, die 1865 die Postvereinsmitglieder nach Karlsruhe führte, schlug der 34-jährige Heinrich Stephan als preußischer Abgeordneter die Einführung einer „Correspondenzkarte" vor, fand damit unter den Delegierten vorerst jedoch keine Mehrheit.

Im folgenden Jahr 1866 überstürzten sich die politischen Ereignisse – Preußen und Österreich standen sich in einem innerdeutschen Einigungskrieg gegenüber. Am 16. Juli des Jahres marschierten preußische Truppen in Frankfurt ein und besetzten die Stadt und die Postzentrale. Die Annexion bedeutete das Ende der Thurn-und-Taxis-Post. Nicht zuletzt hatte auch die Frankfurter Oberpostamtszeitung nach 250 Jahren ihr Erscheinen einzustellen. Stephan führte als Bevollmächtigter Preußens souverän die Regie bei der Abwicklung der Taxis-Post und der Übernahme des Taxis'schen Personals. Das Haus Thurn und Taxis erhielt eine finanzielle Entschädigung in Höhe von drei Millionen Talern.

Am Vorabend der Reichsgründung trat 1868 die gemeinsame Verwaltung der Norddeutschen Bundespost in Kraft. In das Amt des Generalpostdirektors wurde Stephan 1870 auf Vorschlag des Bundeskanzlers des Norddeutschen Bundes, Fürst Bismarck, berufen. Noch im gleichen Jahr führte die Bundespost die Korrespondenzkarte zum Groschentarif ein. Wenig später bewährte sie sich während des Krieges mit Frankreich (1870/1871).

Der Generalpostdirektion des Deutschen Bundes unterstanden 35 Oberpostdirektionen, ein Postzeitungsamt und ein Postzeugamt. Die Vereinigung verfügte über 4 300 Postämter, Postverwaltungen, Postexpeditionen, Postagenturen und Eisenbahn-Postämter zur Versorgung des rund 30,5 Millionen Einwohner zählenden Bundesgebiets. Zum Personal der Bundespost gehörten 1870 insgesamt etwas mehr als 42 000 Beamte, Unterbeamte, Posthalter und Postillione.

Ausnahmslos handelte es sich dabei um Männer. Für eine Beschäftigung weiblichen Personals war Stephan nicht zu gewinnen. Als die Schriftstellerin Fanny Lewald-Stahr ihn 1870 zu dem heiklen Thema befragte, gab Stephan nüchtern zur Antwort, das „Postfach" sei „nicht geeignet zu Versuchen der Lösung der socialen Frauenfrage". Freilich hatte zu diesem Zeitpunkt das Land Baden zur ablehnenden Haltung des norddeutschen Postchefs bereits einen Kontrapunkt gesetzt. Großherzogin Luise von Baden, und mit ihr ausgerechnet eine Preußentochter, hatte bereits 1863 mit der Einstellung erster Telegrafistinnen Postgeschichte geschrieben.

Die Teilnehmer der 5. Deutschen Postkonferenz, Karlsruhe 1865

Heinrich (von) Stephan ist auf diesem Foto unter den Sitzenden als Vierter von rechts zu erkennen.

Kaiserliches Reichspostamt und Reichspostmuseum, Berlin, 1897

Als neue Zentrale der Reichspost wurde in den 1870er-Jahren das neue Generalpostamt in der Leipziger Straße in Berlin errichtet. Es ist eng verknüpft mit dem Aufstieg der Deutschen Post nach der Reichseinigung 1871. Generalpostmeister Heinrich von Stephan vertrat die Ansicht, dass sich das junge Deutsche Reich mit „kraftvollen" Bauten angemessen präsentieren solle, und zwar jeweils im Stil der betreffenden Stadt. Ab 1893 entstand als Erweiterungsbau des bestehenden Generalpostamts von 1867 das Reichspostmuseum mit der Gigantengruppe und den Allegorien des Verkehrs und der Wissenschaft über dem Eingang. Der Plan des Baus wurde von Kaiser Wilhelm II. persönlich abgenommen: „Sehr schön. Einverstanden. Wilhelm."

Druck nach einer Zeichnung von O. Frenzel

CHRONOLOGIE – DIE DEUTSCHE REICHSPOST 1871–1945

1871 Die Verfassung des neu gegründeten Deutschen Reiches regelt auch die Gestaltung des Postwesens. Zum 1. Januar 1872 nimmt die Kaiserliche Reichs-Post- und Telegraphenverwaltung ihre Tätigkeit auf

Baden verzichtet – anders als Bayern und Württemberg – auf die Postselbstständigkeit

1872 Die Post-Spar- und Vorschussvereine werden zur Unterstützung der Beamten ins Leben gerufen

Als Maßnahme gegen die Landflucht wird statt bisher in 14 000 jetzt in 65 000 Orten täglich die Post zugestellt

Das Reichspostmuseum wird gegründet. Zweck eines der ersten technikhistorischen Museen der Welt ist es, „die Entwicklung des Verkehrswesens von den Völkern des Altertums beginnend bis zur neuesten Zeit kulturgeschichtlich zu veranschaulichen“

1874 Mit dem sogenannten „Neujahrserlass“ verfügt Heinrich von Stephan, dass dienstliche Fremdwörter wie Couvert oder Signatur eingedeutscht werden. 1887 ernennt ihn der Allgemeine Deutsche Sprachverein zum Ehrenmitglied

Der Allgemeine Postverein, ab 1878 Weltpostverein (UPU), wird in Bern gegründet. Galten zuvor zwischen den 22 Nationalstaaten, die den „Allgemeinen Postvereinsvertrag“ zunächst unterzeichnen, 1 200 verschiedene Posttarife, war es danach nur noch ein einziger

1876 In Berlin wird die Rohrpost fertiggestellt, die 15 Rohrpostämter über ein 26 Kilometer langes Netz verbindet

1881 Die erste Fernsprechvermittlungsstelle wird in Berlin ins Leben gerufen – mit acht Teilnehmern

1885 Das Unfallversicherungsgesetz tritt in Kraft – die Postämter zahlen zum ersten Mal Unfallrenten aus

1889 Das Gesetz zur Altersversicherung passiert den Reichstag: Ab dem 70. Lebensjahr soll eine Rente ausbezahlt werden. Damals sind allerdings nur rund 5 Prozent der Gesamtbevölkerung älter als 65 Jahre

1890 6 901 Eisenbahnverbindungen werden im Deutschen Reich zur Postbeförderung genutzt, 1910 werden es 15 701 sein

Als erste gewerkschaftliche Organisation wird der Verband Deutscher Postassistenten gegründet. Ein Briefträger in München erhält 110 Mark im Monat. Ein Pfund Butter kostet 95 Pfennig, ein Pfund Roggen 15 Pfennig und ein Liter Bier 23 Pfennig

1895 400 Millionen Postkarten werden in Deutschland befördert

1905 Der erste Postautobus verkehrt in Oberbayern zwischen Bad Tölz und Lenggries

1906 427 Millionen Zeitungsexemplare werden über Verlags-Postanstalten abgesetzt, die größte Anzahl davon in Berlin

1909 Der Postscheckdienst mit zunächst 13 Postscheckämtern in großen Städten wird eröffnet

1911 Über 10 Millionen Mark zahlt die Reichspostverwaltung an deutsche Dampfergesellschaften für die weltweite Postbeförderung

1912 Der erste genehmigte Postflug der Deutschen Reichspost erfolgt zwischen Mannheim und Heidelberg

1914 Mindestens 2 600 Postbeamte rücken mit der Mobilmachung ins Feld, bis zum Ende des Ersten Weltkriegs wächst ihre Zahl auf über 8 000. Nun besetzen Frauen Stellen bei der Reichspost, die bisher Männern vorbehalten waren

1918 Zeitweilig sind während des Ersten Weltkriegs 121 000 Brieftauben zur Nachrichtenübermittlung im Einsatz

1919 60 000 Frauen werden von der Reichpost nach Kriegsende entlassen

Als neue Sendungsform wird – wie bereits in einigen anderen Ländern – das Päckchen eingeführt

Der zivile Luftpostdienst mit regelmäßigem Flugplan beginnt mit Sendungen von Berlin zur Nationalversammlung in Weimar

Die Postverwaltung wird in ein Reichspostministerium mit einem Reichspostminister an der Spitze umgewandelt

1920 Für Briefmarkenfreunde richtet die Reichspost eine Versandstelle für Sammlermarken ein

1921 Von den 644 Kraftwagen, die die Deutsche Reichspost im Stadtpostbetrieb verwendet, sind 504 mit Elektroantrieb ausgestattet

1923 Der Rundfunk in Deutschland wird vom Vox-Haus in Berlin aus eröffnet

Mehr als 100 neue Briefmarken erscheinen im Inflationsjahr 1923, zum Teil mit Milliardenbeträgen. Am 25. November beträgt der Fahrpreis pro Person und Kilometer auf den Kraftpostlinien 40 Milliarden Mark

1924 Mit dem Reichspostfinanzgesetz vom 18. März wird die Post finanzwirtschaftlich selbstständig

1926 Die Versorgungsanstalt der Deutschen Reichspost wird gegründet

1928 Das Luftschiff LZ 127 „Graf Zeppelin" befördert zum ersten Mal Luftpost nach Nordamerika

1929 An Bord der Schnelldampfer „Bremen" und „Europa" werden Katapulte eingebaut, die Wasserflugzeuge mit der Schiffspost rund 500 Kilometer vor der amerikanischen Küste von Bord „schleudern" – eine Zeitersparnis von 12 bis 20 Stunden

1930 Die Reichspost besitzt 540 Landkraftwagen, 300 Leitpostämter, 1 150 Postagenturen und 7 231 Poststellen

1932 90 Prozent der mehr als 350 000 Beschäftigten der Deutschen Reichspost sind gewerkschaftlich organisiert, allerdings zersplittert in zehn Verbänden

1933 Mithilfe des „Gesetzes zur Wiederherstellung des Berufsbeamtentums" werden politisch missliebige Beamte aus dem Postdienst entlassen

Die Zahl der Postsportvereine steigt auf 210, mit 82 000 statt wie im Vorjahr 46 000 Mitgliedern

1939 Der Postsparkassendienst wird in Deutschland eingeführt, bei allen Postämtern sind Ein- und Rückzahlungen möglich. 1,5 Millionen Deutsche sparen bei der Post

Mit dem deutschen Angriff auf Polen am 1. September beginnt der Zweite Weltkrieg. 81 512 Frauen sind bei der Post tätig, 1944 werden es fast 290 000 sein

1941 Im Deutschen Reich werden zweistellige Postleitgebietszahlen, zunächst für den Paket- und Päckchendienst, eingeführt

1943 Vom 1. April 1933 bis zum 10. Juni 1943 hat das Reichspostministerium rund 430 diskriminierende Erlasse herausgegeben

1945 Mit der Kapitulation wird der Post- und Fernmeldedienst von den Alliierten verboten

Graf Zeppelin

MODERNISIERUNG IM SCHATTEN DER KRIEGE

Die Deutsche Reichspost 1871–1945

Die Reichsverfassung vom 16. April 1871 schuf die nationale Einheit in einem neuen, ganz Deutschland umschließenden Bundesstaat. Der Reichstag, der aus freien Wahlen hervorging, vertrat nun das Volk. Auf Grundlage der Reichsverfassung wurde auch das Postwesen umgestaltet, der Norddeutsche Bund zur Deutschen Reichspost erweitert. Diese profitierte vom Aufschwung, den die Gründung des Reiches nach sich zog, war zugleich aber auch treibende Kraft dieser Entwicklung. Bis zum Ersten Weltkrieg nahm die Zahl der verschickten Briefe, Einschreiben und Pakete kontinuierlich zu. Der Personalbedarf stieg stetig, und allein zwischen 1876 und 1897 verdreifachte sich die Zahl der Mitarbeiter auf 160 000 – damit war die Reichspost der größte staatliche Arbeitgeber. Selbstständige Postverwaltungen gab es nach 1871 weiterhin nur noch in Bayern und Württemberg.

1876 wurden das Generalpostamt und die Generaldirektion der Telegrafen zu einer eigenständigen „Reichs-Post- und Telegraphenverwaltung“ zusammengelegt, die nicht mehr dem Reichskanzleramt untergeordnet war. Diese Neuorganisation brachte große wirtschaftliche Vorteile: Telegramme, von Firmen und Privatkunden bereits seit 1849 genutzt, konnten jetzt auch am Postschalter aufgegeben werden. Die Gewinne aus den Postdiensten wiederum flossen direkt in den weiteren Ausbau des Telegrafennetzes. Doch während die Anforderungen weiter stiegen, schränkte das uneinheitliche, wenig transparente Gebührenwesen die Leistungsfähigkeit der Post ein; dabei, so das Ziel, sollte die Postverwaltung kostendeckend arbeiten.

Entscheidend trieb Heinrich von Stephan, ab 1876 im Rang eines Generalpostmeisters, die Modernisierung der Verwaltung voran und beseitigte alte Betriebsformen. Das Gesetz über das Posttaxwesen vom 28. Oktober 1871 hatte das Gewicht eines einfachen Briefes auf 15 Gramm festgelegt, eine zweite Gewichtsstufe erlaubte maximal 250 Gramm. Bei Warenproben galt ein Einheitstarif, bei Drucksachen wurden die Gebühren nach Gewicht bemessen. Völlig verwirrend waren die Tarife im Paketverkehr. Berücksichtigte man sämtliche Gewichtsstufen und Entfernungsbereiche, mussten die Beamten sage und schreibe 1 705 verschiedene Gebührensätze beachten. Stephan ließ die Entfernungsstufen von 18 auf sechs verringern und die Gewichtseinheiten nicht mehr von Pfund zu Pfund, sondern in Schritten zu 5 Kilo berechnen. Das Fünf-Kilo-Paket, das oft nachgefragt wurde, begründete dann auch den Massenpaketverkehr der Post und setzte sich auch im Auslandsverkehr durch. Kostendeckend ging das nicht, aber die Eisenbahnen waren zur unentgeltlichen Mitnahme von Postgütern verpflichtet; und weil ein stetig ausgebautes Schienennetz immer mehr Zustellbereiche erreichte, ließen sich die Einnahmeverluste auffangen.

Durch die zunehmende Verbreitung von Briefkästen und die Bearbeitung der Sendungen in den Ämtern wurden ganze Arbeitsvorgänge überflüssig; die Unterteilung in Posteingangs- und Postabgangsstellen sowie Zustellwesen folgte bereits der Idee der Arbeitsteilung. Neben der Vereinheitlichung von Gebühren und Arbeitsprozessen stand der richtige Umgang mit den Kunden, damals noch „Verkehrsteilnehmer“ genannt, in regelmäßigen Abständen zur Debatte. In sogenannten „Höflichkeitserlassen“, wurden die Beamten, meistens als Reaktion auf öffentliche Kritik, zum „rücksichtsvollen Verhalten dem Publikum gegenüber“ ermahnt. Der umfänglichste seiner Art war der „Höflichkeitserlass“ vom 2. Dezember 1875, in dem Generalpostmeister Stephan die Anforderungen an die postalische Dienstleistung genau skizzierte. Es war aber auch davon die Rede, dass die Behörde die Beamten vor unbilligen Anforderungen des Publikums schützen müsse.

Seit der offiziellen Einführung der neuen Reichswährung – Mark und Pfennig – im Herbst 1875 wuchs auch der Postanweisungsverkehr stark an. Der Ausgleich zwischen Überschüssen und Bedarf an Barmitteln gestaltete sich für die Post jedoch immer schwieriger, 1879 wurden deshalb die Oberpostämter an den Giroverkehr mit der Reichsbank ange-

Das Großluftschiff LZ 127 „Graf Zeppelin“

Insgesamt 590 Fahrten, darunter die Weltfahrt 1929 und die Arktisfahrt 1931, brachten diesem Luftschiff weltweite Berühmtheit ein. Ab August 1931 verrichtete die „Graf Zeppelin“ einen fahrplanmäßigen Flugdienst zwischen Friedrichshafen und Rio de Janeiro. An Bord führten die Luftschiffe Post mit sich, und nahezu für jeden Flug gab es speziell gestaltete Flugbestätigungsstempel; bei Passagierflügen war teilweise ein Bordpostamt eingerichtet.

ERNST HEINRICH WILHELM VON STEPHAN

Der bedeutende Organisator und Verwaltungsfachmann der Deutschen Reichspost wuchs als Sohn eines Schneidermeisters und Gastwirts in Stolp in Hinterpommern auf. Nach dem Besuch der Ratsschule trat Stephan 1848 als Schreiber in den Postdienst ein. Auf die Ausbildung zum Postassistenten in Marienburg und Danzig folgten erste Verwendungen bei den Postdirektionen in Köln und Frankfurt an der Oder. In der Kölner Gesellschaft hinterließ der junge Postassistent auch durch schriftstellerische Tätigkeit und als geistreicher Plauderer Eindruck.

1858 wechselte der zum Postrat Ernannte an das Generalpostamt in Berlin, wo er mit der Pflege internationaler Beziehungen betraut war. Als Bevollmächtigter Preußens leitete er 1866 die Verhandlungen zur Aufhebung der Thurn-und-Taxis-Post in Frankfurt, von wo aus er am 22. Juli den Fall des „300-jährigen Instituts" nach Berlin melden konnte. Für drei Millionen Taler gingen ein Jahr später Postgebäude und für den Postbetrieb erforderliche „Realitäten" an den preußischen Staat. Vier Jahre später wurde Stephan als Generalpostdirektor an die Spitze der Norddeutschen Bundespost und 1874 in den Preußischen Staatsrat berufen; 1895 erhielt er im Reichspostamt den Rang eines Staatsministers.
Die Amtszeit des Postobersten war von einer überwältigenden Fülle an Reformen und Initiativen getragen. Als Leiter der Bundespost führte Stephan 1870 die „Correspondenzkarte" zum Groschentarif ein und zeichnete während des Krieges mit Frankreich in den Jahren 1870/71 für die Feldpost-Versorgung der mobilen Truppen verantwortlich, der er große Bedeutung beimaß. Als Chef der Reichspost gründete er Reichspostdampferlinien nach Übersee und gemeinsam mit dem Ingenieur Werner von Siemens den Elektrotechnischen Verein.
Den neu entstehenden Telefonbetrieb ordnete er dem Postmonopol unter und erreichte eine Gleichstellung der Generalpostverwaltung mit allen übrigen Reichsämtern. 1874 tagte unter seinem Vorsitz in Bern erstmals der Weltpostverein mit dem Ziel einer Vereinheitlichung der vormals vielen verschiedenen Posttarife. Die Internationalisierung würde die Menschheit weiterbringen, durch Kommunikation sollten die Menschen ihre Vorurteile ablegen und einen kosmopolitischen Geist entwickeln, davon war er überzeugt. Und schließlich legte er eine umfangreiche Sammlung postalischer Erinnerungsstücke an, aus der das Reichspostmuseum hervorgehen sollte.
Stephan war Träger zahlreicher Auszeichnungen und Ehrungen, darunter die Ehrenbürgerrechte der Städte Stolp, Köln und Bremerhaven. 1873 verlieh ihm die Philosophische Fakultät der Universität Halle die Ehrendoktorwürde, Wilhelm II. erhob ihn im Jahr 1885 in den erblichen Adelsstand.
Als Vorgesetzter und im Kreis der Kollegen und Freunde erfreute sich Stephan großer Beliebtheit: Der Maler Anton von Werner schilderte ihn als lebhaften, begeisterungsfähigen Menschen, Wilhelm II. schätzte ihn als klugen Ratgeber. Reichskanzler von Bismarck pries seine Begabung als Politiker, verübelte ihm jedoch seinen Geltungsdrang. Anlässlich seines Todes im Jahr 1897 urteilte die Berliner *National-Zeitung*, Stephan habe „der ganzen Welt unermesslichen Nutzen gebracht und unserer Zeit mit ihr Gepräge gegeben".

Heinrich von Stephan (1831–1897), geadelt 1885, war Generalpostdirektor des Deutschen Reichs und Staatssekretär des Reichspostamts sowie Staatsminister

THEODOR COLLMANN

Am 30. November 1890 traf Postassistent Theodor Collmann, 23 Jahre jung, in Bangkok ein. Gemeinsam mit einem Kollegen übernahm er die Leitung der beiden Hauptpostämter in Bangkok und sie sollten auch den Aufbau des siamesischen Post- und Telegraphenwesens unterstützen. Unter 150 Bewerbern waren sie dank ihrer Fremdsprachenkenntnisse und ihrer Ausbildung ausgewählt und zunächst für fünf Jahre für den Dienst unter der siamesischen Krone beurlaubt worden. Beim Abschied, so steht es später in einer Zeitschrift der Post, habe Heinrich von Stephan, der damalige Staatssekretär des Reichspostamts, sie ausdrücklich zu einem respektvollen Umgang mit der fremden Kultur ermahnt, die schließlich viel älter sei als die deutsche: „Nach dem Respekt, den Ihr dieser alten Kultur erweist, wird sich die Wertschätzung richten, die die Siamesen Euch entgegen bringen!"
Collmann und sein Kollege waren nicht die einzigen Deutschen, die Ende des 19. Jahrhunderts ihre Heimat verließen, um ihre Laufbahn in Siam fortzusetzen. Das Land befand sich damals mitten im Umbruch. König Rama V. verstand sich als Reformer und wollte das Land mit Hilfe deutscher Experten modernisieren. Seit 1882 halfen sie dort bei der Einrichtung eines regelmäßigen Postdienstes. Ein Jahr nach Collmann traf der Ingenieur Karl Bethge ein, der den König beim Ausbau des Eisenbahnnetzes beriet.
Collmann, ein Hesse, war ein pflichtbewusster Beamter und ein Pionier. Der Sohn eines Tierarztes aus der Nähe von Hanau bekam schon zur Vorbereitung auf eine höhere Lehranstalt

Privatunterricht, auch in Französisch und Englisch. Er besuchte die Realschule und trat mit sechzehn Jahren als Schreibgehilfe in den Postdienst ein. Im Lauf der Ausbildung versetzt ihn die Reichspost in diverse Dienststellen in Hessen und Rheinhessen, zuletzt nach Darmstadt. Nach der Prüfung zum Postassistenten führte ihn sein beruflicher Weg über das Postamt Bingen zur Kaiserlichen Oberpostdirektion Berlin. Zusammen mit anderen Postlern gründete er dort Anfang Juni 1890 den Verband Deutscher Postassistenten. Das war bei der Postverwaltung nicht gern gesehen, und so entging Collmann durch seinen Wechsel nach Siam auch einer Versetzung.
In der neuen Heimat wurde sein Vertrag 1895 um weitere Jahre verlängert, und wegen seines Sprachtalents hieß Collmann bald „der alte Siamese". 1908 reiste er nach Europa, um an Kongressen teilzunehmen, wurde aber krank und musste seinen Dienst in Asien beenden. Der, schreibt er später, habe ihm mehr bedeutet als die Gesundheit. Das Schicksal, so bedauert er in einem Schreiben an das Reichspostamt, habe seine Zukunftspläne „mit rauher Hand zerstört" – aber fast 40 Jahre später war er immer noch bei der Post. Als nach dem Zweiten Weltkrieg tatkräftige und unbelastete Menschen (Collmann war 1927 in den Ruhestand gegangen) gesucht wurden, übernahm er mit 79 Jahren die Leitung des Postamtes Marburg.

„Das Buch von der Weltpost", 1885

Anlässlich des zehnjährigen Jubiläums der Gründung des Weltpostvereins im Jahr 1874 erschien im Verlag Meidinger in Berlin, prunkvoll aufgemacht, *Das Buch von der Weltpost*. Es sollte dem Leser die Entwicklung und das „Wirken" der Post und der Telegrafie als „Triebkräfte des Weltverkehrs" nahebringen.

Theodor Collmann (1867–1949) wurde 1904 Generaldirektor des thailändischen Post- und Telegrafenwesens

Rentenauszahlung im Hamburger Hauptpostgebäude, um 1900

Im Rahmen der Sozialversicherungsgesetzgebung durch Otto von Bismarck wurde zum 1. Januar 1891 durch den Reichstag die Rentenversicherung der Arbeiter eingeführt, die nach mindestens 30 Jahren Beitragszahlung eine Altersrente ab dem 70. Lebensjahr vorsah. Gleichzeitig wurde bei jeder Oberpostdirektion eine Reichsrentenstelle eingerichtet. Die Auszahlung der Renten am Schalter erfolgte nach Beauftragung durch die Versicherungsträger.

Holzstich nach einer Zeichnung von Karl Müller

schlossen. 1888 dehnte man den bargeldlosen Verkehr auch auf Einzahlungen durch Reichsbankgiroschecks und Privatschecks aus.

Zu einem Prestigeobjekt der Reichspost entwickelten sich subventionierte Reichspostdampferlinien, man demonstrierte im Zeitalter des Imperialismus Stärke in der Welt. 1886 wurden die Linien nach Ostasien und Australien eröffnet, 1890 startete die Deutsche Ost-Afrika-Linie, 1900 wurde der Dienst „Rund um Afrika" eingeführt.

FINANZDIENSTE DER REICHSPOST

Reichskanzler Bismarck begründete in Deutschland die Sozialversicherung und führte ab 1883 die gesetzliche Krankenversicherung, die Unfallversicherung und schließlich die Rentenversicherung ein. Bei der Umsetzung konnte er sich auf die funktionierenden Organisationsstrukturen der Post verlassen. Für die Unfallrente, die am 1. Oktober 1885 zum ersten Mal ausgezahlt wurde, stellte die Post nicht nur Personal und Ämter zur Verfügung, sondern gab aus eigenen Mitteln einen Vorschuss, ohne Zinsen zu verlangen. Ab 1891 übernahm die Post auch die Auszahlung von Invalidenrenten.

Dass die erste Postscheckordnung erst 1909 in Kraft trat, war vor allem in den Widerständen der Banken begründet, die eine Verringerung ihrer Umsätze fürchteten. Mit der Einführung des Postscheckdienstes entstanden Postscheckämter in zunächst 13 Städten, darunter Berlin, Hamburg, Frankfurt am Main und München. Der Erfolg übertraf alle Erwartungen. 1909 gab es 43 929 Postscheckkonten, über die fast 24 Millionen Buchungen liefen, 1915 war die Zahl der Konten auf 131 351 gestiegen und die Zahl der Buchungen auf 129 Millionen.

TELEFONIE UND POSTPALÄSTE

Als der Fernsprecher erfunden wurde – Alexander Graham Bell bekam am 7. März 1876 ein US-Patent für seine Erfindung „Improvements in Telegraphy" –, bewies Stephan großen Weitblick. Aus London ließ er sich zwei „Bell'sche Apparate" kommen, die er im Herbst 1877 mit Erfolg testete. Der Telefonverkehr wurde als Sonderform der Telegrafie definiert und damit zur alleinigen Aufgabe der Postverwaltung. Doch obgleich das System technisch bereits dialogtauglich war, setzte die Reichspost das Telefon, das billiger war als Morseapparate, bis 1881 ausschließlich zur Übermittlung von Telegrammen ein. Dann fiel die politische Entscheidung für den staatlichen Alleinbetrieb, und noch im selben Jahr nahmen ausgehend von Berlin Fernsprechvermittlungsstellen in ganz Deutschland ihren Betrieb auf. Für das neu entstandene, stetig wachsende Arbeitsgebiet warb die Reichspost jetzt gezielt weibliches Personal an; Ende 1900 waren 7 500 Frauen im Fernsprechdienst beschäftigt. Das „Fräulein vom Amt", wie der Volksmund die Vermittlungsbeamtin nannte, war zum Inbegriff der berufstätigen unverheirateten jungen Frau geworden.

Durch die stete Zunahme des Postverkehrs, das steigende Kundenaufkommen an den Schal-

Reichspostdirektion Dortmund, 1895

Am 14. August 1895 weihte Generalpostmeister von Stephan das neue Direktionsgebäude in Dortmund ein, das zugleich auch das Postamt und das Telegrafenamt beherbergte. Oberpostdirektionen waren 1849 durch eine Kabinettorder gegründet worden, nach der in jedem der 26 Regierungsbezirke Preußens eine Mittelbehörde einzurichten sei. Ihre Zahl variierte im Lauf der Jahrzehnte, 41 waren es 1897, nach Gründung der Deutschen Bundespost blieben 20, 17 waren es noch beim Inkrafttreten der Postreform 1990.

Zustellerinnen des Briefpostamts Berlin C2 zur Zeit des Ersten Weltkriegs

Um fast 87 000 Kriegsaushelferinnen vergrößerte sich die weibliche Belegschaft der Kaiserlichen Reichs-Post- und Telegraphenverwaltung von 1914 bis 1918 auf insgesamt rund 127 000 Frauen im Dienst der Post. Die meisten wurden nach Kriegsende wieder entlassen.

Briefmarken und Briefumschlag mit Briefmarken, Dauermarkenserien, 1923

Zu einer Zeit, als Arbeiter ihren Lohn in der Schubkarre heimfahren mussten und ein Dollar bis zu 4,2 Billionen Papiermark kostete, verfiel auch der Wert der Briefmarken rasant. 1922/23 behalf man sich mit dem Überdrucken vorhandener Marken. Allein 1923 erschienen bis zur Währungsreform am 1. Dezember 13 Sondermarken und 81 Dauermarken.

tern und vor allem aufgrund neuer Dienstleistungen wie Telegrafie und Telefonie reichten die räumlichen Kapazitäten der Reichspost in Berlin bald nicht mehr aus. Es musste gebaut werden. Das Generalpostamt an der Leipziger Straße, das im italienischen Renaissance-Stil errichtet wurde, war 1871 der erste große Neubau. Die Gebäudefassade bestach durch reiche Ausgestaltung, die Schalterhalle war beeindruckend weitläufig. Vor allem die Oberpostdirektionen, so die Gestaltungsrichtlinien der Reichspost, sollten einen repräsentativen Charakter haben und damit auch den Staat würdig vertreten. Daneben besaßen diese „Postpaläste", wie sie aufgrund des Prunks und der hohen Kosten mancherorts kritisiert wurden, eine hohe Funktionalität: Der Postbereich, der leicht zugänglich sein musste, befand sich in der Regel im unteren, die Telegrafie im oberen Stockwerk. Eigens für deren Bau wurde 1875 eine eigene Postbauverwaltung einberufen und mit der Durchführung beauftragt, bis 1896 entstanden 1 667 neue Posthäuser. Wert gelegt wurde bei der Baupolitik der Reichspost darauf, Baumaterialien aus der Region zu beziehen; Gleiches galt für die Arbeitskräfte, in der Absicht, das traditionelle Handwerk vor Ort zu stärken.

KRIEG UND NEUBEGINN

Der Erste Weltkrieg stellte die Reichspost – wie die Postverwaltungen weltweit – vor gewaltige Herausforderungen. Im August 1914 nahm die Kaiserliche Deutsche Feldpost ihre Arbeit auf. In den folgenden vier Kriegsjahren sprengte das Postaufkommen alle bisher gekannten Grenzen: Tägliche Spitzenleistungen von mehr als 10 Millionen Briefen Richtung Feld und rund 8 Millionen Briefen gen Heimat brachten die beteiligten Posteinrichtungen, darunter auch Tausende von Kriegsschreibstuben und Verpackungsstellen, in denen Freiwillige aushalfen, an den Rand ihrer Möglichkeiten. Allein in den Feldpostsammelstellen waren bis zum Ende des Krieges mehr als 11 000 Hilfskräfte beschäftigt, die meisten von ihnen Frauen; insgesamt stieg die Anzahl der Frauen bei der Reichspost um fast 87 000.

Nach dem Ersten Weltkrieg wurde die Postverwaltung in ein Reichspostministerium mit einem Reichspostminister an der Spitze umgewandelt. Durch einen Erlass vom 21. März 1919 wurden die drei bislang separaten Post- und Telegrafenverwaltungen des Reiches zusammengefasst. Der Neubeginn war schwierig, nicht zuletzt aufgrund kriegsbedingter Zerstörungen. Die Einrichtungen der Post waren größtenteils heruntergewirtschaftet, der Schienenverkehr war stark eingeschränkt, das Postkurswesen abseits der Bahn lag völlig darnieder. Brief-, Paket- und Zeitungspost waren rückläufig. Aus den Gebieten, die gemäß den

Dienstbetrieb beim Postamt 77 in Berlin, 1927

Zu Beginn des 20. Jahrhunderts reichten die Umschlageinrichtungen für Post im Anhalter und Potsdamer Bahnhof nicht mehr aus, daher wurde an der Luckenwalder Straße eine Paketverladestelle gebaut. Von 1917 bis 1935 wurden die Pakete vom Postamt SW 77, wie es seit 1914 hieß, teilweise auch mit der Straßenbahn weiterbefördert.

Bestimmungen des Versailler Vertrags abzutreten waren, mussten Postbeamte ins Postwesen der Weimarer Republik aufgenommen werden, obwohl es keine freien Stellen gab. Gebührenerhöhungen reichten nicht aus, um mit der Inflation Schritt zu halten. Die Post, die keine Überschüsse mehr erwirtschaften konnte, war auf Zuschüsse aus der Reichskasse angewiesen. Um diesen Missstand zu beheben, stellte die Reichsregierung die Deutsche Reichspost mit dem Reichspostfinanzgesetz vom 18. März 1924 wirtschaftlich auf eigene Füße. Sie musste ihren Haushalt jetzt aus eigener Kraft ausgleichen, jedoch andererseits einen Teil der Einnahmen jährlich an den Reichsfiskus abführen. Als Kontrollgremium diente ein unabhängiger Verwaltungsrat.

DIE ÜBERWUNDENE „SCHMACH"

Insgesamt erlebte die Reichspost in den Jahren der Weimarer Republik in mehrerlei Hinsicht einen Modernisierungsschub, und wie überall in der Wirtschaft war man bestrebt, die „Schmach" des verlorenen Krieges hinter sich zu lassen. Für Furore über die Ländergrenzen hinaus sorgte im Sommer 1925 die Internationale Verkehrsausstellung in München, zu der nahezu drei Millionen Besucher anreisten, bis zu 65 000 am Tag. Zu bestaunen gab es unter anderem das Leistungsspektrum der Reichspost, die Fahrzeuge, Rundfunkanlagen, aber auch – auf der Ausstellung bereits im Film vorgeführt – neue Produkte wie Päckchen und die Postwurfsendung, die ohne konkrete Adressaten auskam, ebenso der Rundfunk.

1919 hatte Hans Bredow, der spätere Staatssekretär im Reichspostministerium, die Übertragung von Musik und Sprache über einen Funksender demonstriert und seine Idee vom „Rundfunk für alle" formuliert. Am 29. Oktober 1923 wurde der Rundfunk in Deutschland vom Vox-Haus in der Potsdamer Straße in Berlin aus eröffnet. Acht regionale Sendegesellschaften entstanden, die sich 1926 zur „Reichs-Rundfunk-Gesellschaft" zusammenschlossen. Von einer Million im Jahr 1926 stieg die Zahl der Rundfunkteilnehmer bis 1930 schon auf über drei Millionen. Seit den 1920er-Jahren war die Rationalisierungswelle, aus den Vereinigten Staaten kommend, auch in den Postbetrieb geschwappt. Steigerung der Effizienz und Erhöhung der Wirtschaftlichkeit waren die angestrebten Ziele. In den Postversuchsabteilungen der Oberpostdirektionen untersuchte man Betriebsabläufe, entwickelte für die Postdienste zweckmäßige Arbeitsweisen und erprobte die Möglichkeiten von Mechanisierung, Technisierung und Motorisierung. Es waren die Ergebnisse dieser Studien, die nun in den Hallen und

Postamt 77, Berlin 1927

Am „laufenden Tisch“, so die historische Bezeichnung des Fotos, wurden die Pakete in Luckenwalde vorsortiert.

Hof der Posthalterei in der Melchiorstraße, Berlin 1925

Bereits Ende des 19. Jahrhunderts gab es nur noch in Köln, Düsseldorf und Berlin reichseigene Posthaltereien mit zusammen 695 Pferden, 10 000 weitere Pferde im Postdienst hatten private Besitzer. Im Berliner Postfuhrwesen waren 1905 die ersten Kraftwagen eingesetzt worden; zwanzig Jahre später, im Dezember 1925, sind die Bespannwagen mit Pferden zum letzten Mal auf Zustelltour.

Hof des Paketpostamts in Berlin, Beladen der Fahrzeuge, Juni 1926

Bis in die Anfänge der Motorisierung reichen die Versuche der Post, Alternativen zum Verbrennungsmotor zu entwickeln. Es wurden Elektrodreiräder getestet, Elektrokarren bei der Bahnpost eingesetzt, und bei der Paketzustellung in der Stadt bewährten sich die Zustellfahrzeuge der Firma Bergmann.

KARL STINGL

Der Oberpfälzer Karl Stingl machte nach Abschluss seines Ingenieurstudiums 1885 eine steile Karriere bei der Postverwaltung in Bayern. 1920 war er als Staatssekretär federführend an den Verhandlungen zum Poststaatsvertrag beteiligt, der die Überführung des bayerischen Post- und Telegrafenwesens in das Reich regelte. Zwischen 1922 und 1927 amtierte er als Postminister. Seine erste Amtszeit war von politischen und aufgrund der Inflation von wirtschaftlichen Turbulenzen geprägt. Als französische und belgische Truppen im Januar 1923 das Ruhrgebiet besetzten, weil das Deutsche Reich seinen Reparationsverpflichtungen angeblich nicht nachkam, unterstützte Stingl den passiven Widerstand seiner Postler.
In seiner zweiten Amtsperiode 1925 bis 1927 nahm die von Stingl initiierte Versorgungsanstalt der Deutschen Reichspost in Dresden ihre Tätigkeit auf, und die mit dem Reichspostfinanzgesetz von 1924 einhergehende Neustrukturierung des Postwesens wurde etabliert. Mit dem „Höflichkeitserlass" gab er den Postbediensteten eine richtungweisende Maßnahme an die Hand. Der „immer freundliche" Minister schuf sich jedoch auch Feinde, unter anderem, weil er bei der Wertzeichenserie „Bedeutende Männer der deutschen Geschichte" eine Briefmarke mit einem Porträt Friedrichs des Großen befürwortete, was selbst bei seinen eigenen Leuten, der Bayerischen Volkspartei, die loyal zur Weimarer Republik stand, auf Ablehnung stieß – Stingls politische Karriere war beendet.

Karl Stingl (1864–1936) war 1922/23 und 1925–1927 Reichspostminister

PAUL FREIHERR VON ELTZ-RÜBENACH

Mit dem Pflichtbewusstsein eines korrekten, doch weitgehend farblosen Beamten diente der Rheinländer, Katholik und Maschinenbauingenieur Paul Freiherr von Eltz-Rübenach dem Postwesen in gleich drei Regierungen. Kanzler Franz von Papen machte ihn 1932 zum Verkehrs- und Postminister, das war er wieder im Kabinett von Kurt von Schleicher und ab 1934 auch unter Hitler. Innerhalb seines Doppelministeriums kümmerte sich der parteilose von Eltz-Rübenach in erster Linie ums Verkehrsministerium, er hatte seine Kompetenzen vor allem im Bereich der Schiene.
In seine Amtszeit fiel die „Verordnung des Reichspräsidenten zum Schutz von Volk und Staat" vom 28. Februar 1933, mit der das Grundrecht auf Unverletzlichkeit des Post- und Fernmeldegeheimnisses faktisch abgeschafft wurde. Große Aufmerksamkeit errang von Eltz-Rübenach am 1. März 1936, als er am Eröffnungstag der Leipziger Messe das erste öffentliche Ferngespräch mit Bildtelefon führte – und zwar von Berlin nach Leipzig.
Seine Loyalität zum Nazi-Regime war nicht unbegrenzt. Als ihm am 20. Januar 1937, dem Jahrestag der Machtübernahme, auf einer Kabinettssitzung das Goldene Parteiabzeichen überreicht werden sollte, verweigerte von Eltz-Rübenach die Annahme aus Protest gegen die antikirchliche Politik der Regierung. Hitler fühlte sich brüskiert, und von Eltz-Rübenach wurde genötigt, umgehend von seinem Ministeramt zurückzutreten.

Paul Freiherr von Eltz-Rübenach (1875–1943) war von 1932 bis 1937 Reichsverkehrs- und Reichspostminister

Fahrpläne und Prospekte der Deutschen Reichspost, 1920/1930er-Jahre

Bereits in den 1920er- und 1930er-Jahren betrieb die Reichspost viele Buslinien, die auch für den Fremdenverkehr beworben wurden. Für 30 Reichsmark konnte man mit der „Alpenpost" vom Königsee nach Lindau reisen, für jede Region gab es Sommer- und Winterfahrpläne.

Räumen der Deutschen Reichspost als deutsche Qualitätsarbeit gezeigt wurden.

Unter den Innovationen der Reichspost war unter anderem ein neues Briefverteilverfahren, das 1922 in Berlin eingeführt wurde. Es sah drei Verteilgänge vor und konnte auch von Arbeitskräften ohne besondere geografische Kenntnisse bewältigt werden, da man nach Anfangsbuchstaben sortierte. Auch das Stempeln wurde dank einer Briefstempelmaschine beschleunigt. Während per Handstempel bis zu 65 Briefe pro Minute bearbeitet wurden, schaffte es die Maschine in der Zeit, Tausende Briefe zu entwerten.

Die erste Briefverteilmaschine namens „Transorma", die 1927 in deutschen Postämtern eingesetzt wurde, kam allerdings aus den Niederlanden. 1934 entstand im Postamt Berlin SW 11 das größte Briefverteilwerk der damaligen Zeit mit Flach-Förderbändern, fünf Jahre später wurde im Postamt Köln die erste Briefverteilanlage mit Hochkantförderung aufgebaut – der zukünftige Standard.

NEUE WEGE DER BRIEFBEFÖRDERUNG

Doch nicht nur die Erweiterung des Produkt- und Dienstleistungsspektrums bestimmte das Handeln der Postminister in dieser Zeit, sondern auch zeitgemäße Strategien für mehr Effizienz.

Stetig wachsende Mengen an Briefen und Paketen sowie die steigenden Ansprüche an die Geschwindigkeit der Zustellung ließen die Post neue Wege der Briefbeförderung testen. Am 6. Februar 1919 startete der zivile Luftpostdienst mit einem regelmäßigen Flugplan, nachdem erste Testflüge schon vor dem Krieg stattgefunden hatten. Mit dem Luftverkehrsgesetz vom 1. August 1922 griff der Staat dann zum Vorteil der Post in den Betrieb ein: Wer Fluglinien betreiben wollte, wurde dazu verpflichtet, gegen eine Vergütung auf den Strecken Post zu befördern. Dieses „Outsourcing" war kostengünstiger als der Aufbau oder die Anschaffung einer eigenen Postflotte. Luftverbindungen ins Ausland konnte die Reichspost nur schleppend aufbauen. Die Auflagen der alliierten Siegermächte untersagten es deutschen Unternehmen, ausländische Territorien mit Flugzeugen aus dem Bestand des deutschen Heeres zu überqueren. So begann der Boom der Luftpostdienste „erst" 1926, als sich die beiden noch verbliebenen großen Betreiber von Fluglinien, die Deutsche Aero-Lloyd AG und die Junkers Luftverkehr AG, zur Deutschen Lufthansa AG zusammenschlossen. Das Reichspostministerium war sowohl im Aufsichtsrat als auch im Bilanzausschuss vertreten und konnte sich so seinen Einfluss sichern. Bereits im Sommer 1928 bestanden über 100 innerdeutsche und europäische Flugverbindungen in einem Streckennetz von 33 000 Kilometern.

Auf dem Boden profilierte sich die Post seit 1920 als Vorreiterin im Überlandverkehr. Im Zuge der „Landpostverkraftung" wurde

Schmuckblatt-Telegramme, 1920er-Jahre

Die Telegrafie wurde im 20. Jahrhundert vom Telefon verdrängt, aber noch lange war es üblich, für dringende oder besondere Nachrichten ein Telegramm aufzugeben, das per Eilzustellung zum Empfänger gelangte. Schmuckblatttelegramme wurden erst 1926 eingeführt.

Frauen vor einer Litfaßsäule, Sommer 1942

Seit Beginn des Krieges fehlte es der Reichspost an Personal, im Sommer 1943 standen über 160 000 Postler im Militärdienst. Wie andere Institutionen warb die Reichspost um Frauen, die jetzt für die Zustellung, im Kraftfahrdienst oder für Hilfsarbeiten benötigt wurden.

die von den Zustellern zurückgelegte Kilometerleistung, soweit es die Wege gestatteten, durch Fahrten mit dem Kraftwagen ersetzt und ergänzend wurden kleine Postanstalten eingerichtet. Vor allem in Regionen fernab der Eisenbahn dehnte die Reichspost ihr Omnibus-Liniennetz aus. Zwar konkurrierte sie hier mit Bahn und privaten Transportunternehmen, doch die Kombination von Post- und Personenbeförderung verschaffte ihr einen Wettbewerbsvorteil und die Möglichkeit, rentabel zu arbeiten.

DIE DEUTSCHE REICHSPOST NACH DER MACHTÜBERNAHME

Im Dritten Reich wurde die Deutsche Reichspost nicht mehr als Wirtschaftsunternehmen verstanden, wie es seit 1925 gesetzlich verankert war, sondern als „Reichsverwaltung mit Hoheitsaufgabe" gemäß der „nationalsozialistischen Auffassung vom Wesen des Staates". Schon wenige Wochen nach der Machtübernahme durch die Nationalsozialisten erließ der Reichspräsident am 28. Februar 1933 eine „Verordnung zum Schutz von Volk und Staat", mit der das Post-, Telegrafen- und Fernsprechgeheimnis praktisch aufgehoben wurde. Die Nationalsozialisten rühmten sich, durch eine enge Verbindung vieler Beamter mit der Partei eine „Vertiefung des nationalsozialistischen Gedankengutes innerhalb der Verwaltung" der Post erreicht zu haben. Wichtigstes Mittel zur Gleichschaltung des Postapparats war eine Personalpolitik, die sicherstellte, dass nur dem neuen Regime Zugetane Dienst ausführten. Mit dem sogenannten Berufsbeamtengesetz vom 7. April 1933 hatten die Nationalsozialisten die rechtliche Grundlage dafür geschaffen, Mitarbeiter der Reichspost zu entlassen, wenn es sich um „wesensfremde", „politisch unzuverlässige" oder „blut- und rassenfremde Kräfte" handelte. Im März 1933 übernahm das Reichsministerium für Volksaufklärung und Propaganda die vollständige Kontrolle über das Rundfunkprogramm. Jüdischen Bürgern wurde im Juli 1940 die Rundfunkempfangsgenehmigung entzogen. Mitarbeiter der Deutschen Reichspost waren sie zu diesem Zeitpunkt schon lange nicht mehr.

Nach Ausbruch des Zweiten Weltkriegs wurden Abertausende Angehörige der Post eingezogen. Für sie wie die übrigen Soldaten war die Feldpost die einzige Möglichkeit, der Familie ein Lebenszeichen zu schicken. Entsprechend groß waren der Feldpostverkehr und die Leistung der Postbeamten, die unter den sich fortwährend verändernden Bedingungen des Krieges für die Zustellung zu sorgen hatten. Insgesamt wurden von 1939 bis 1945 über 30 Milliarden Feldpostsendungen, also Briefe und Päckchen, verschickt. „Verzagte Briefe schreibt man nicht: die Front erwartet Zuversicht", hieß es 1942 auf einem Propaganda-Flugblatt, mit dem die deutsche Zivilbevölkerung unterwiesen wurde. Niemals zuvor und niemals danach haben Deutsche in einem vergleichbaren Zeitraum mehr Briefe geschrieben als in den Jahren des Zweiten Weltkriegs.

WILHELM OHNESORGE

Der riesenhafte Nachrichtenapparat der Reichspost spielte für Hitler und den nationalsozialistischen Staat eine bedeutende Rolle. Herausgehoben war damit auch die Stellung des Reichspostministers. Wilhelm Ohnesorge, Sohn eines Telegrafenbeamten, begnadeter Ingenieur und begeisterter Nazi, hatte für diesen Posten ideale Voraussetzungen. Dank seinem technischen Sachverstand fand er heraus, wie sich Ferngespräche über große Strecken verstärken ließen, und die ideologische Nähe zum Nationalsozialismus war ebenfalls früh gegeben: 1920 gründete Ohnesorge in Dortmund die erste außerbayerische Ortsgruppe der NSDAP.

Nachdem er 1929 Präsident des Reichspostzentralamtes geworden war, wechselte er 1933 als Staatssekretär ins Reichspostministerium und übernahm dort faktisch schon die Leitung, lange bevor er Paul Freiherr von Eltz-Rübenach als Postminister ablöste. In seine eigene Amtszeit fielen Gesetze und Verordnungen, die jüdische Bürger in Bezug auf ihre Teilnahme an den Diensten der Post diskriminierten und entrechteten.

Der überzeugte Nationalsozialist unterstützte zudem den herrschenden Kult um die Person des „Führers" mit vielen Sonder- und Serien-Briefmarken und verschaffte ihm so zudem eine lukrative Einnahmequelle: Für jeden Abdruck seines Konterfeis bezog Hitler Honorarzahlungen. Bei der Entnazifizierung wurde Ohnesorge als „Hauptschuldiger" eingestuft, das Urteil wurde jedoch später revidiert.

Wilhelm Ohnesorge (1872–1962) war Staatssekretär im Reichspostministerium und von 1937 bis 1945 Reichspostminister

Soldaten an der Front schreiben Briefe, Oktober 1942

Mit Beginn des Zweiten Weltkriegs nahm die Feldpost als Teil der Wehrmacht offiziell ihren Dienst auf und sorgte für den Postverkehr zwischen Front und Heimat innerhalb der Wehrmacht. 12 000 Feldpostbediensteste sicherten mit 400 Feldpostämtern die Postzustellung in Deutschland und im okkupierten Europa, 30 Milliarden Feldpostsendungen wurden befördert. Der Inhalt: Die Welt der Soldaten, die Welt der Heimat, die Zukunft und die Vergangenheit – angesichts der fehlenden gemeinsamen Gegenwart der Briefpartner.

Zerstörte Bahnpostanlagen und Waggons in Stuttgart, Dezember 1942

Ab 1940 wurden durch Luftangriffe die meisten deutschen Groß- und Mittelstädte zu Ruinenfeldern. Die Moral der Bevölkerung sollte gebrochen werden, das Vertrauen in die Regierung und der Glaube an den „Endsieg" zerstört. Auch die meisten Post- und Fernmeldeeinrichtungen fielen den Angriffen zum Opfer.

Paketpostamt in der Arnulfstraße in München, 1957

Mit Bezeichnungen wie „Pantheon der Post“ und „Post-Kathedrale“ versuchte man dem neuen spektakulären Gebäudekomplex gerecht zu werden, der wie andere Postgebäude in den 1920er-Jahren in Bayern unter Leitung des Hochbaureferenten Robert Vorhoelzer entstand. Die Sortierhalle war als große Verteil-Maschine konzipiert, von der aus das Chaos unsortiert angelieferter Pakete über Rutschen und Förderbänder vom Innersten nach außen sortiert wurde. Nach dem Krieg wieder in Betrieb genommen, gelang in den 1950er-Jahren dem berühmten Fotografen Herbert List diese Aufnahme mit den sternförmig angeordneten Elektrofahrzeugen, auch sie im Dienst seit den 1920er-Jahren. Heute ist das Gebäude zum Event-Tempel umgebaut, nachdem es zwischenzeitlich die Kantine der Oberpostdirektion (OPD) München beherbergt hat.

CHRONOLOGIE – DIE DEUTSCHE BUNDESPOST 1945–1989

1945 Von den 2 500 Kraftfahrzeugen, die die Reichspost in Berlin zu Beginn des Krieges besaß, ist am 8. Mai, dem Tag des Kriegsendes in Europa, keines mehr gebrauchsfähig

Schrittweise werden die Post- und Fernmeldedienste in den Besatzungszonen wieder aufgenommen

Im September 1945 liefert das Volkswagenwerk bereits das erste Fahrzeug an die Post – einen ursprünglich militärisch genutzten Kübelwagen, dem ein offener Blechkasten aufgesetzt wurde. Im November 1951 das erste Jubiläum: Volkswagen Nummer 2 000 wurde an die Bundespost ausgeliefert. 1969: 50 000, 1972: 80 000, 1974: 100 000, 1978: 125 000, 1980: 150 000, 1986: 200 000

1947 2,8 Milliarden Briefsendungen werden schon wieder auf der Eisenbahn befördert. Zwei Jahre später werden die ersten neuen Schnellzugbahnpostwagen in Betrieb genommen

1949 Das Grundgesetz der Bundesrepublik Deutschland tritt in Kraft

1950 Die (westliche) Hauptverwaltung für das Post- und Fernmeldewesen des vereinigten Wirtschaftsgebietes erhält die Bezeichnung Bundesministerium für das Post- und Fernmeldewesen. Am 1. April tritt die Deutsche Bundespost ins Leben

1952 Etwa drei Millionen Pakete werden ins Ausland geschickt, 1964 werden es rund neun Millionen sein

1953 **Es gibt 15 Millionen Haushalte in der Bundesrepublik, aber nur 320 000 Hausbriefkastenanlagen. Mit 10 D-Mark je Briefkasten subventioniert in den folgenden Jahren die Post ihre Einführung, um den Zustellern das Treppensteigen zu ersparen. Von 1956 bis 1968 werden 40 Millionen Mark investiert und dadurch rund 2 000 Arbeitskräfte eingespart**

1957 Mit der Eingliederung des Saarlands in die Bundesrepublik wird dessen bisher eigenständige Post- und Telegrafenverwaltung zur Oberpostdirektion Saarbrücken

1958 In Frankfurt am Main wird das Bundespostmuseum eröffnet

1959 In diesem Jahr überbringen Geldbriefträger 120 Millionen D-Mark

1960 Die 1950 gegründete „Postfachschule“ hat mit ihren Orts- und Fernlehrgängen in den ersten zehn Jahren 200 000 Menschen erreicht

1961 Das vierstellige numerische Postleitzahlensystem wird eingeführt und mit einer Kampagne beworben. Bis dahin waren 25 000 Fachkräfte mit verkehrsgeografischer Spezialausbildung für die Briefverteilung eingesetzt

Die Bundespost nimmt das Nachtluftpostnetz in Betrieb. Zentrum des sternförmigen Netzes ist der Frankfurter Flughafen.

1963 Mit 308 Millionen D-Mark muss der Paketdienst bezuschusst werden

1964 Eine erste Sachverständigenkommission befasst sich mit der wirtschaftlichen und strukturellen Lage der Deutschen Bundespost

1965 Die erste vollautomatische Briefverteilanlage geht in Pforzheim in Betrieb

1969 Adrian Dalsey, Larry Hillblom und Robert Lynn gründen in San Francisco das Unternehmen DHL – die drei Buchstaben stehen für die Initialen ihrer Nachnamen. Die Geschäftsidee: der schnelle Transport von Dokumenten per Flugzeug

1970 Die Bundespost bearbeitet täglich 30 Millionen Briefe und eine Million Pakete und sie verkauft täglich 14 Millionen Briefmarken. Sie befördert pro Tag mehr als eine Million Fahrgäste in 4 100 Reisebussen und legt dabei 620 000 Kilometer zurück – einmal zum Mond und retour. Jeder dritte Einwohner über 18 hat ein Postsparkonto, insgesamt 15,5 Millionen. 22 Oberpostdirektionen verwalten 740 Postämter mit Verwaltungsdienst, darunter gibt es 8 671 Poststellen I, 11 061 Poststellen II und 552 Posthilfsstellen

1971 **Kadmiumgelb ersetzt das bisher vorherrschende Honiggelb der Postfahrzeuge. Wegen des hohen Schwermetall-Anteils erfolgt 1982 eine Umstellung auf Ginstergelb**

1973 39 Millionen D-Mark beträgt der Werbeetat der Bundespost, 1969 waren es erst 1,3 Millionen

1974 Es gibt 330 Postsportvereine mit 136 699 Mitgliedern, 1952 waren es 77 Vereine mit 25 000 Mitgliedern

1977 Mittelständische Unternehmen erhalten 366 Millionen D-Mark an Auftragsvolumen von der Bundespost

1978 17,8 Milliarden D-Mark zahlt die Bundespost als Gehälter und andere Leistungen an das Personal, das entspricht etwa 55 Prozent des Gesamtaufwands

1979 7,9 Millionen Telegramme werden in der Bundesrepublik aufgegeben

DHL erweitert seinen Service um die Paketzustellung

1980 Aus den Ablieferungen der Post hat der Bund seit 1948 einen Gesamteinnahmenüberschuss von rund 34 Milliarden D-Mark erzielt

1984 Der Datapostdienst Ausland wird eingeführt – trotz des Namens eine Art Kurierdienst für herkömmliche Sendungen mit zeitgenauer Zustellung

Die Deutsche Bundespost hat 180 000 weibliche Beschäftigte und ist damit zu diesem Zeitpunkt der größte Arbeitgeber für Frauen in der Bundesrepublik, insgesamt sind es 543 200 Mitarbeiter. 15 485 Nachwuchskräfte werden eingestellt

Bei der Deutschen Bundespost werden im Jahr rund 300 Millionen Papierkopien auf 718 Kopiergeräten hergestellt; im Jahr 1969 waren es erst zwei Millionen

1985 Bei einer Auktion werden 2,7 Millionen D-Mark für einen „Baden-Fehldruck" geboten. Das Postwertzeichen aus dem Jahre 1851 kostete ursprünglich 9 Kreuzer

1987 799,7 Millionen Postkarten hat die Deutsche Bundespost in diesem Jahr befördert (davon im Inland 577,7 Millionen)

1988 Mit 180 000 neuen Postsparkonten verzeichnet die Postsparkasse dank neuer Produkte ein Rekordjahr

1989 Der Postkurierdienst für Briefe, Päckchen und Pakete bis 20 Kilogramm wird eingeführt

Die Postschalter werden umgerüstet auf Elektronische Datenverarbeitung (EPOS). So sollen an jedem Schalter die rund 285 anfallenden Fachvorgänge zu erledigen sein

Die Deutsche Bundespost ist mit mehr als 95 000 Kraftfahrzeugen der größte Fahrzeughalter in Europa; sie hat so viele Fahrzeuge wie Zusteller. Täglich rund 600 000 Kilometer legen die Zusteller im Postdienst zurück, mit rund 30 Kilogramm Postsendungen. In jeder Sekunde werden 500 Briefe und acht Pakete zugestellt, insgesamt 15 Milliarden Briefe und 250 Millionen Pakete im Jahr, dazu über 250 Millionen Päckchen. Die Post leert täglich rund 125 000 Briefkästen und versorgt 72 000 Wertzeichenautomaten und 623 000 Postfächer

Postzustellung in den Trümmern der Stadt Frankfurt, 1945

Der Eschenheimer Turm, ein Wahrzeichen Frankfurts seit vielen Jahrhunderten, hat den Zweiten Weltkrieg überstanden, mehr als 50 Prozent der Stadt aber waren zerbombt. Eine schwierige Situation für die Zusteller, die oft Post mit Schicksale entscheidendem Inhalt bei sich hatten – Menschen fanden sich wieder oder waren für immer verloren. An den Ruinen der Postämter hinterließen Menschen auf Mauern oder kleinen Zetteln Suchanzeigen oder die Nachricht über eine neue Unterkunft oder Adresse.

ZWISCHEN NEUBEGINN UND REFORM: TURBULENTE POSTJAHRZEHNTE

Die Deutsche Bundespost 1945–1989

Mit Kriegsende im Mai 1945 war auch der Post- und Fernmeldeverkehr zum Erliegen gekommen. Die wichtigsten Einrichtungen lagen meistens in der Nähe von Bahnhöfen und waren ebenso zerbombt wie die Verkehrswege insgesamt zerstört. Der Alliierte Kontrollrat mit Vertretern der vier Besatzungsmächte USA, Großbritannien, UdSSR und Frankreich übte die oberste Staatsgewalt aus. In seine Zuständigkeit fiel auch das Post- und Fernmeldewesen. Die ersten Bestimmungen waren rigide: Technische Einrichtungen mussten eingestellt, Geräte abgeliefert werden, auch Brieftauben waren als Boten untersagt. Die Besatzungsmächte verboten jede private Nachrichtenübertragung. Dabei hatten die Menschen, die nach Angehörigen, Freunden und Bekannten suchten, ein großes Informationsbedürfnis und waren auf funktionierende Nachrichtenkanäle angewiesen. Im Herbst 1945 lockerten die Militärverwaltungen die Restriktionen und ließen das Versenden von Postkarten zu, kurze Zeit später dann auch wieder Briefpost.

Briten und Amerikaner einigten sich schließlich darauf, die Post- und Fernmeldesysteme ihrer Besatzungszonen zusammenzuführen und unter die Leitung einer gemeinsamen Hauptverwaltung zu stellen. Diese Hauptverwaltung nahm Anfang 1947 ihre Arbeit in Frankfurt am Main auf und wurde nach dem Inkrafttreten des Grundgesetzes damit beauftragt, die Geschäfte des Postministeriums für das vereinigte Wirtschaftsgebiet wahrzunehmen. Am 1. April 1950 entstand daraus die Deutsche Bundespost mit Hans Schuberth als erstem Minister für das Post- und Fernmeldewesen in der Regierung von Konrad Adenauer.

Die Entwicklung im Osten folgte einer eigenen Dynamik. Mit der Gründung der Deutschen Demokratischen Republik am 7. Oktober 1949 wurde die Hauptverwaltung Post- und Fernmeldewesen in der Deutschen Wirtschaftskommission für die sowjetische Besatzungszone in das Ministerium für Post- und Fernmeldewesen umgebildet. Mit der Leitung der Deutschen Post wurde hier der ausgewiesene Postfachmann Friedrich Burmeister beauftragt.

Im Jahr davor war in den westlichen Besatzungszonen die Währungsreform durchgeführt worden. Am 20. Juni 1948 stellten die Postämter Schalterhallen und Mitarbeiter zur Verfügung, damit das sogenannte „Kopfgeld" von 40 Mark möglichst schnell an möglichst viele Menschen ausgegeben werden konnte. Im regulären Postbetrieb mussten zudem alle Schalterplätze mit der neuen Währung versorgt werden, vor allem mit Münzen. Im Postscheck- und Postsparkassendienst wurden die alten Konten geschlossen und D-Mark-Konten eingerichtet.

Bevor die Deutsche Bundespost in der noch jungen Republik zu einem Motor des ökonomischen Aufschwungs wurde, hatte sie einen wertvollen Beitrag zur sozialen Integration geleistet. Ehemalige Kriegsgefangene, Flüchtlinge und Vertriebene fanden hier den Einstieg in die Erwerbstätigkeit und damit eine berufliche Heimat. Rund 5,7 Millionen alte Postsparbücher wurden erfasst und anerkannt, darunter rund eine Million Sparbücher von Flüchtlingen – für diese oft alles, was ihnen geblieben war. Dem Prinzip, für das Allgemeinwohl Verantwortung zu übernehmen, blieb die Post auch in den folgenden Jahrzehnten treu. Bei der öffentlichen Auftragsvergabe wurden Flüchtlinge aus der DDR und Werkstätten für Behinderte besonders berücksichtigt.

Telegramm für Angehörige aus dem Lager Friedland, 1955

Am 20. September 1945 eröffnete die britische Militärverwaltung das Lager Friedland, um Flüchtlinge, Vertriebene, Evakuierte und Rückwanderer zu versorgen. In den 1950er-Jahren wurde Friedland zur bedeutendsten Einrichtung dieser Art und spielte vor allem für die Kriegsheimkehrer aus sowjetischer Gefangenschaft eine große Rolle. Sie wurden hier betreut und konnten per Telegramm die Angehörigen über ihre Heimkehr informieren.

HANS SCHUBERTH

Einer musste den Anfang machen, und das war Hans Schuberth, der erste Postminister der neu gegründeten Bundesrepublik. Vier Jahre lang, von 1949 bis 1953, diente der CSU-Politiker unter Bundeskanzler Konrad Adenauer, bis er aufgrund des konfessionellen Proporzes im Kabinett durch den Protestanten Siegfried Balke ersetzt wurde.
Schuberths fachliche Qualitäten waren unbestritten. Der zweifach diplomierte Ingenieur trat mit 26 Jahren in den Dienst der Reichspost ein und stieg rasch zum Postrat auf. Da er sich weigerte, der NSDAP beizutreten, wurde er 1934 an das Reichspostzentralamt in Berlin zwangsversetzt und mit Beförderungsstopp bestraft.
Nach dem Krieg schlug Schuberths große Stunde. Bei Wiederaufbau und Neuordnung des Post- und Fernmeldewesens spielte er eine maßgebliche Rolle, zunächst als Staatssekretär in Bayern, dann mit erweiterten Kompetenzen als Verwaltungsdirektor für das „Vereinigte Wirtschaftsgebiet". Als Bundespostminister musste er zu den oft komplizierten Entnazifizierungsangelegenheiten vieler Postbeamter Stellung beziehen. Dass zu dieser Zeit selbst ein Minister nicht auf Rosen gebettet war, zeigt sein Schreiben an den Schweizer Amtskollegen, in dem er sich für Seife bedankt – die sei in Deutschland „in diesen schweren Tagen" nicht zu bekommen.

Hans Schuberth (1897–1976) war von 1949 bis 1953 Bundesminister für das Post- und Fernmeldewesen der Bundesrepublik Deutschland

Nach der Währungsreform kann auch die Post wieder investieren: Minister Hans Schuberth besucht 1950 die Firma Hansa-Waggonbau in Bremen und lässt sich an einem Modell die Bauweise des Bahnpostwagens erklären. Zwar verlagerte sich bereits Anfang des Jahrhunderts mit der „Verkraftung" bei der Reichspost der Verkehr auf die Straße, aber bis 1997 behauptet sich die langjährige Verbindung von Bahn und Post.

JOSEFINE DÖRNER

Geboren 1895 in Köln, besuchte Josefine Dörner das Ursulinen-Lyzeum in ihrer Geburtsstadt. Als 17-jähriges Mädchen trat sie als „Gehilfin" in den Dienst der Deutschen Reichspost ein, wo sie nach dem Ersten Weltkrieg, von 1919 bis 1924, dem Hauptbeamtenausschuss beim Reichspostministerium angehörte. Ihr Leben lang war es der intelligenten und politisch interessierten Frau ein Anliegen, sich für andere, vor allem aber für ihre Geschlechtsgenossinnen einzusetzen. Sie engagierte sich im Bezirks- und Hauptvorstand des Verbandes der Deutschen Reichspost- und Telegrafenbeamtinnen und arbeitete im Bund Deutscher Frauenvereine mit. Den Nationalsozialisten waren politisch aktive Frauen ein Dorn im Auge, und so wurde die überzeugte Demokratin 1941 in den Ruhestand versetzt. Vorübergehend. Nach dem Krieg nahm Josefine Dörner ihre sozialen und politischen Aktivitäten wieder auf und kehrte auch in den Postdienst zurück. Im Jahr 1948 übernahm sie in der Hauptverwaltung das Referat für den weiblichen Dienst, initiierte Studien über die Arbeitssituation von Frauen bei der Post und kämpfte für deren Rechte, bis sie 1960 als Ministerialrätin in den Ruhestand ging. Für ihr Engagement erhielt Josefine Dörner das Große Bundesverdienstkreuz.

Josefine Dörner (1895–1968) war seit 1912 bei der Post, zuletzt als Ministerialrätin bei der Deutschen Bundespost in Bonn

Busse am Busbahnhof in Münster brechen auf Richtung Preußenstadion, 1951

Direkt nach dem Krieg war das Leben in Münster wie vielerorts in Deutschland unendlich schwierig. Nur 3 Prozent der Häuser waren unversehrt geblieben, von mehr als 140 000 Menschen lebten nur noch 25 000 in den Trümmern der Stadt. Der Blick in die ersten Fahrpläne der Post nach dem Krieg bietet einen ernüchternden Eindruck. Die Situation besserte sich dann mit der Währungsreform, neue Fahrzeuge erschienen auf den Straßen, das Liniennetz wurde zügig erweitert.

Verteilungsstelle der „Cooperative for American Remittances to Europe" (CARE) in Stuttgart, September 1946

CARE-Pakete wurden als Initiative amerikanischer Wohlfahrtsverbände und des US-Militärs ab 1946 an notleidende Menschen in Europa geschickt, vor allem aber nach Deutschland. Die Zahl individuell gepackter und verschickter CARE-Pakete wird auf rund zehn Millionen geschätzt. Neben CARE gab es auch die von Quäkern initiierte Aktion CRALOG.

Zustellung auf dem Land in Bayern, 1954

Während des Krieges war die Landzustellung ganz zum Erliegen gekommen, denn sogar für die Zustellung durch Briefträger waren keine Kräfte mehr zu bekommen. Nach dem Krieg wurde der Landpostdienst allmählich wieder aufgebaut, und bereits 1951 versorgten rund 1 400 Landkraftposten die rund 11 Millionen Landbewohner, auch in den entlegensten Winkeln, mit Post.

VERGISSMEINNICHT

DIE POST IM WIRTSCHAFTSWUNDER

In der Aufbauphase, in der die anhaltend gute Wirtschaftslage für eine weitere Zunahme des Briefaufkommens sorgte, wurde nach Möglichkeiten gesucht, den Informations- und Warenaustausch weiter zu beschleunigen. Der Abgangsdienst fand weitgehend dezentralisiert in den sogenannten Einlieferungspostanstalten statt, die Feinsortierung hingegen in der Bahnpost. Das war ein zeitraubendes Verfahren, und die Mitarbeiter bei der Briefsortierung waren oft überlastet. Als Reaktion darauf begann die Post ihr Betriebsverfahren systematisch zu rationalisieren. Die großen Postverwaltungen entwickelten zusammen mit der Industrie automatische Briefverteilanlagen. Im Herbst 1954 erhielt das Postamt in Dortmund das erste serienfertige Modell, das an einem Tag durchschnittlich 575 000 Sendungen in 100 Richtungen verteilen konnte. 1955 nahm in Darmstadt die Fachgruppe „Automatisierung des Briefdienstes" ihre Arbeit auf.

Auch die Bedürfnisse des Kunden rückten in den Fokus der Aufmerksamkeit, man suchte nach einem zeitgemäßen Umgang. Die Klapp- und Schiebefenster an den Schaltern wichen halbhohen oder geschlossenen Glasfenstern. Damit war der erste Schritt hin zu einer partnerschaftlichen Kommunikation vollzogen. Umgekehrt wurden die „Postbenutzer" um Mithilfe bei der Zustellung gebeten. Nachdem das Bundespostministerium beschlossen hatte, Hausbriefkästen einzuführen, mussten die Bundesbürger vom Nutzen dieser Einrichtung überzeugt werden, denn dazu zwingen, etwa per Gesetz, konnte die Post niemanden. 1955 startete deshalb eine mehr als zehn Jahre währende Kampagne. Hauptargument war die Entlastung der Zusteller. „Wir helfen unserem Briefträger", „Viele Stufen, schwere Lasten" oder „Kein Gipfelsturm der Briefträger mehr" hießen die Slogans.

Gleich zu Beginn der 1960er-Jahre stellte die Bundespost der Öffentlichkeit ein neues vierstelliges numerisches Postleitzahlensystem vor und startete eine Werbekampagne unter dem Motto „Vergiß mein nicht – die Postleitzahl". Zum ersten Mal nutzte man dabei das Fernsehen als Werbeträger. Viele Quizfragen in der von Peter Frankenfeld konzipierten und moderierten Spielshow „Vergißmeinnicht" drehten sich um das Erraten von vier Ziffern oder einer Stadt, deren Postleitzahl dem Kandidaten genannt wurde.

Die automatische Briefbearbeitung baute auf den neuen Postleitzahlen auf, und es konnten jetzt auch Hilfskräfte ohne gute geografische Kenntnisse im Sortierdienst eingestellt werden. Das war hilfreich, denn das Personal war knapp in jenen Jahren, auch bei der Post. Und der Werbefeldzug für die „Vierstellige" hatte Erfolg: Schon nach einem Jahr waren 85 Prozent der verschickten Sendungen mit den korrekten Postleitzahlen beschriftet.

Seit 1956 wurde nur noch einmal am Tag zugestellt, doch dieser Wegfall an Dienstleistung wurde schnell ausgeglichen, nachdem die Bundespost Anfang der 1960er-Jahre ein funktionierendes Nachtluftpostnetz aufgebaut hatte. Das Netz war sternförmig angelegt, alle

WALTER SPAHRBIER

Er war nicht nur persönlich allgemein bekannt in Deutschland, er verhalf auch seinem Berufsstand – was schon kaum möglich war – zu weiterer Popularität: Der Geldbriefträger Walter Spahrbier war der Showmaster-Sidekick der 1950er- bis 1970er-Jahre in Deutschland, streng korrekt und dafür beliebt, seit ihn Peter Frankenfeld in Hamburg für die Fernsehshow „1:0 für Sie" entdeckte. Da Spahrbier „ein wünschenswertes Bild des deutschen Beamten" vermittle, wurde er regelmäßig für einige Tage freigestellt, um in Sendungen wie „Vergißmeinnicht", „Drei mal Neun" und „Der große Preis" mit Showmaster Wim Thoelke die Gewinner zu verkünden. Das gediegene Flair historischer Postuniformen steigerte noch seine Popularität, die er als erfolgreicher Spendensammler für die „Aktion Sorgenkind" nutzte. Zu seinem 75. Geburtstag wurde ihm dafür das Bundesverdienstkreuz am Bande verliehen.

Walter Spahrbier (1905–1982) war Geldzusteller in Hamburg und Glückspostbote in verschiedenen Shows der deutschen Fernsehgeschichte

„Vergiß mein nicht – die Postleitzahl", 1960er-Jahre

Die Post fordert nicht – sie wirbt! Anfang der 1960er-Jahre warb die Deutsche Bundespost gemäß Postminister Stücklens Devise bei den Bürgern um Aufmerksamkeit für die neuen vierstelligen Postleitzahlen. Eine breit gefächerte Kampagne unter dem Signet kleiner Vergissmeinnicht-Blüten trug zur Popularisierung der vier Zahlen bei, die 1962 eingeführt wurden. Mit der gleichnamigen Quiz-Sendung, die von 1964 bis 1969 im ZDF lief, festigte sich deren Bekanntheit in der Bevölkerung.

Die Post präsentiert sich auf der Verkehrsausstellung, 1953

Mit einigen Tagen Überschneidung zum Oktoberfest lockte die Deutsche Verkehrsausstellung 1953 in München viele Besucher an. Auf 560 000 Quadratmetern Ausstellungsgelände und in 14 Hallen bot sich ihnen ein Überblick über den Bahn-, Straßen-, Wasser- und Luftverkehr sowie das Post- und Fernmeldewesen.

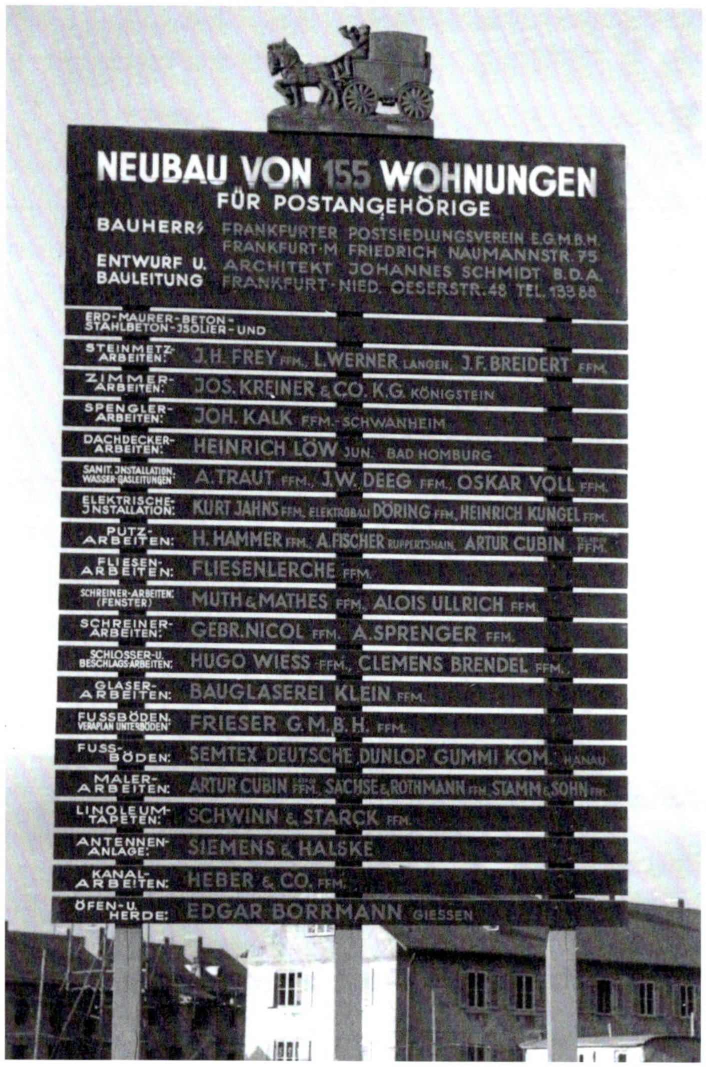

Neubauprojekt des Postsiedlungsvereins in Frankfurt, 1950er-Jahre

1919 entstand der Frankfurter Postsiedlungsverein, der als Genossenschaft Bauprojekte für Postangehörige realisierte. Für viele Beschäftigte gehörte es früher zu den Vorzügen einer Tätigkeit bei der Post, günstig zu wohnen oder während der Ausbildung in einem Wohnheim untergebracht zu sein.

Sendungen wurden zunächst nach Frankfurt am Main geflogen, dann an die Zielflughäfen weitergeleitet. Durch den Anschluss an die Bahn- und Straßenposten erfolgte die Zustellung am nächsten Morgen. Damit erreichte ein Brief, der nachmittags eingeworfen wurde, bereits am Tag darauf seinen Zielort.

Mit einer enormen Steigerung des Produktionsvolumens war die Post zu einem maßgeblichen Teil des deutschen Wirtschaftswunders geworden. 1960 beförderte sie doppelt so viele Briefe und zweieinhalbmal so viele Reisende wie noch zehn Jahre zuvor. Auch wickelte man fast dreieinhalbmal so viele Ferngespräche ab und zwanzigmal mehr Fernschreiben im Auslandsverkehr. Seit 1955 war die Deutsche Bundespost wieder Mitglied im Weltpostverein und hatte so auf dem internationalen Parkett wieder Fuß gefasst.

Die Postminister der Adenauer-Ära mussten jedoch die Erfahrung machen, dass sie die Post- und Fernmeldegebühren nicht unabhängig festsetzen konnten. Vielmehr galten diese Gebühren als Politikum, mit denen der Staat Signale gegenüber seinen Bürgern setzen konnte. Eine stabile Gebührenpolitik wurde als wesentlicher Beitrag zur Stützung der allgemeinen Preispolitik empfunden. So lehnte Konrad Adenauer Anfang der 1960er-Jahre den ausdrücklichen Wunsch des damaligen Postministers Richard Stücklen nach einer Gebührenerhöhung ab.

Oft ein wenig pflichtschuldig und manchmal mit pathetischem Gestus gedachten die Westdeutschen wenigstens zu den Feiertagen der „Brüder und Schwestern in der Sowjetzone“, die freilich auf tatkräftige Unterstützung durch Freunde und Verwandte angewiesen waren – vornehmlich mit Hilfe der Post. Keine Litfaßsäule der 1950er-Jahre, auf der nicht an die „Gesamtdeutsche Brücke“ erinnert und gemahnt wurde: „Oft schicken, viel schreiben, beisammen bleiben“. Nicht nur zur Weihnachtszeit schickten Bundesbürger ih-

Werkzettel mit der Aufforderung, ein Buch in die DDR zu schicken, o. J.

„Lasst sie nicht allein“ oder „Baue eine Brücke“ – die Bundesregierung animierte ihre Bürger regelmäßig, die Landsleute in der „Ostzone“ nicht zu vergessen.

RICHARD STÜCKLEN

„Ein parlamentarisches Urgestein“, so hat man Bundespostminister Richard Stücklen zu Recht genannt. Der geborene Mittelfranke und diplomierte Elektroingenieur leitete nach dem Krieg zunächst die väterliche Schlosserei. 1949 zog er als CSU-Mitbegründer für den Wahlkreis Weißenburg/Roth in den ersten Deutschen Bundestag ein – und blieb dort für 41 Jahre. Von 1979 bis 1983 war er Präsident des Bundestages, wo er sein Amt „mit Bonhomie und fränkischem Frohsinn“ führte. Stücklens Vorschlag, Abgeordneten ein „politikfreies Wochenende“ pro Monat zu gönnen, fand den folgenlosen Applaus aller Fraktionen.

Auch seine Zeit als Bundesminister für das Post- und Fernmeldewesen, erst unter Konrad Adenauer, dann unter Ludwig Erhard, behält die Nachwelt in guter Erinnerung. Richard Stücklen erwarb sich große Verdienste bei der Verbesserung und Erweiterung des Selbstwählferndienstes, der das „Fräulein vom Amt“ in den Ruhestand entließ. In seine Amtszeit fiel zudem die Revolutionierung der Briefzustellung durch das neue vierstellige Postleitzahlensystem.

Stücklen war auch sonst seiner Zeit voraus, denn schon damals wollte er aus der „hoheitlichen“ Post einen Dienstleistungsbetrieb machen, der nicht „Postbenutzer“ bedient, sondern Kunden.

Richard Stücklen (1916–2002) war von 1957 bis 1966 Minister für das Post- und Fernmeldewesen

Deutsche und dänische Busse treffen im dänischen Kruså aufeinander, 1950er-Jahre

Von Nord nach Süd, von Flensburg bis nach Berchtesgaden, wurden ab Ende der 1950er-Jahre wieder Reise- und Erholungsfahrten mit dem Kraftpostomnibus angeboten. In gut bebilderten Prospekten hatten Interessenten die gesamte Bandbreite landschaftlicher und kultureller Schönheit vor Augen; Landkarten hoben die jeweiligen Routen mit ihren Sehenswürdigkeiten hervor.

Luftpost-Maschinen am Frankfurter Flughafen, 1950er-Jahre

An der Lackierung der Flugzeuge war in den Jahren nach dem Krieg leicht zu erkennen, welcher „Vogel" die Post nach West-Berlin brachte. Die Lufthansa, die den Luftpostverkehr in Westdeutschland abwickelte, durfte wegen des Viermächte-Status der Stadt nicht in Berlin landen, also übernahm der amerikanische PanAm-Clipper diesen „Job".

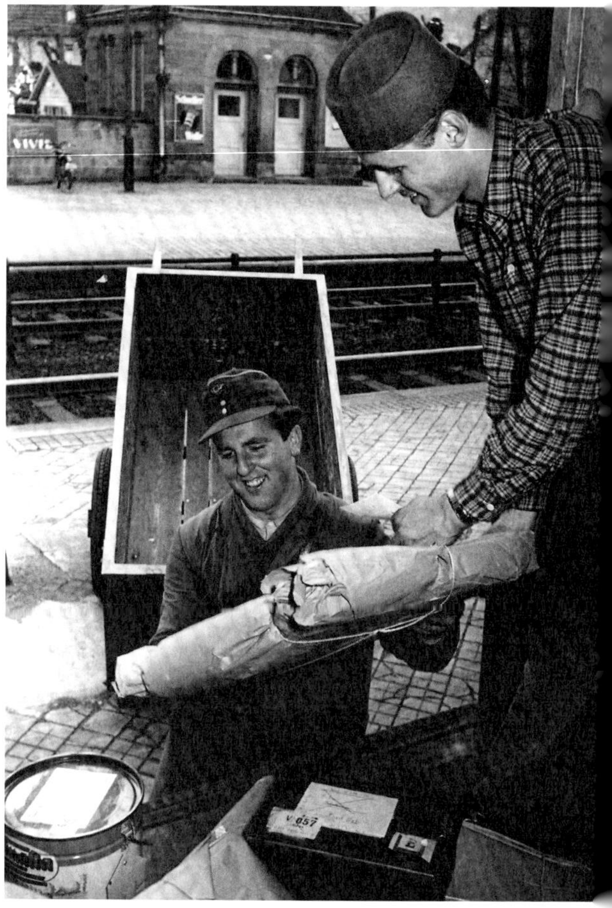

Mitglieder der Kommission „Deutsche Bundespost", 1969

In seiner Regierungserklärung im Oktober 1969 wies Willy Brandt darauf hin, dass sich die ministerielle Aufsicht im Post- und Fernmeldebereich auf das Nötigste beschränken solle. Georg Leber, Bundesminister für Verkehr und für das Post- und Fernmeldewesen, berief daraufhin eine Kommission ein, die sich mit der Unternehmensverfassung der Bundespost beschäftigte.

ren Freunden und Verwandten in der DDR Geschenkpakete mit Lebensmitteln und Gebrauchsartikeln, die im Ostteil knapp waren.

INNOVATION UND RATIONALISIERUNG

Für die Post in Westdeutschland waren die 1960er-Jahre eine Phase der Konsolidierung. Die neuen automatischen Verteilanlagen stabilisierten die Brieflaufzeiten und senkten in der Folgezeit die Personalkosten. Am 31. Mai 1965 wurde in Pforzheim die erste vollautomatisierte Briefverteilanlage in der Bundesrepublik eingeweiht. In drei Arbeitsphasen codierte sie die Sendungen, sortierte vor und dann fein. Sie konnte die vierstelligen Postleitzahlen lesen, wenn diese maschinell erstellt waren. Standardformate für die Briefpost, fluoreszierende Briefmarken und eine zur Norm erhobene Postaufschrift trugen in den kommenden Jahren weiter zur Maschinenlesbarkeit bei. Bis 1990 richtete die Bundespost flächendeckend Standorte zur Briefautomation ein.

Anfang der 1970er-Jahre hatte die Bundespost den Stand eines modernen, technisch hoch entwickelten öffentlichen Dienstleistungsunternehmens erreicht. Im Jahr 1970 wurden 4 252 Millionen Briefsendungen befördert, das waren mehr als doppelt so viele wie noch 1950. Die Paketzustellungen stiegen im selben Zeitraum um gut 90 Prozent auf 323 Millionen. Trotzdem machte das Unternehmen große Verluste und geriet deshalb in die öffentliche Kritik. Notwendig wurden, wie es der damalige Postminister Kurt Gscheidle formulierte, „Anstrengungen sparsamster Wirtschaftsführung". Eigenwirtschaftlichkeit zu erreichen und zu behalten, war das Ziel, das man sich auf die Fahnen schrieb. Zu den Sparmaßnahmen gehörten Strukturveränderungen im Ministerium sowie eine regionale Neuordnung der Oberpostdirektionen, deren Größe und Zuschnitt häufig der Zufälligkeit historischer Umstände geschuldet waren und vielerorts nicht mehr zu den aktuellen Ansprüchen passten. Ende 1980 war dieser Prozess der Umgestaltung und Zusammenlegung weitgehend abgeschlossen, und von den ehemals über 700 Postämtern mit Verwaltungsdienst bestanden jetzt nur noch 409.

War man Anfang der 1960er-Jahre händeringend auf der Suche nach Personal, waren jetzt von den Rationalisierungsmaßnahmen,

Bahnpostmitarbeiter beim Versacken der Ladung, um 1970

Anfang der 1960er-Jahre war der Arbeitsmarkt so leer gefegt, dass der Bundespost in allen Bereichen Mitarbeiter und Verteil-Kräfte fehlten. Das Ministerium startete Nachwuchskampagnen für alle Dienstzweige mit Plakaten, Broschüren und Anzeigen. Wie hier bei der Bahnpost zählten ab den 1960er-Jahren auch ausländische Mitarbeiter zum Kreis der Beschäftigten bei der Bundespost.

Automatische Briefverteilanlage, 1965

Nach Einführung der Postleitzahlen nahm die Automatisierung rasant Fahrt auf: Am 31. Mai 1965 wurde in Pforzheim die von Siemens hergestellte erste automatische Briefverteilanlage offiziell in Betrieb genommen. Zu Werbezwecken engagierte die Post ein Heer junger Frauen in modischer Kleidung, die das „Arbeiten" vorführen durften.

69
59
57
79
877
878
89
885–
889

die in den 1970er-Jahren zu einem massiven Personalabbau führten, vor allem Frauen betroffen, die 94 Prozent der Beschäftigten im Teilzeitbetrieb stellten. Nicht zuletzt aufgrund der Konjunktureinbrüche als Folge der Ölkrise von 1973 stimmte die Bundesregierung einer Gebührenerhöhung zu – einer der Hauptgründe, warum die Bundespost ab 1975 zunächst wieder Gewinne erwirtschaftete.

KAMPF UM PÄCKCHEN UND PAKETE

Zur großen Herausforderung der nächsten Jahre wurde das Geschäft mit Päckchen und Paketen. Anders als im Briefdienst hatte die Deutsche Bundespost hier kein Monopol. Sie stand im Wettbewerb mit anderen Anbietern wie Speditionen und der Deutschen Bundesbahn, vor allem aber mehr und mehr mit privaten Kurierdiensten wie DHL, DPD und UPS. Die Konkurrenz konzentrierte sich auf die gewinnträchtigen Verbindungen zwischen Großstädten, während die Post Sendungsaufträge und Kunden nicht frei wählen konnte, sondern ihrer Beförderungspflicht nachkommen und

Paketsortierung am Förderband, o. J.
Auch im Bereich der Paketbeförderung und Paketverteilanlagen wurde modernisiert. 1968 entstand in Braunschweig die erste weitgehend automatische Paketverteilanlage. Dennoch musste am Förderband noch von Hand sortiert werden – vielfach Frauenarbeit.

EVA LEITHÄUSER

Nach bestandenem Abitur 1943 durfte die kluge junge Frau nicht an die Hochschule, weil ihre Mutter „halbarischer Abstammung" war. So arbeitete die Tochter – der Vater war Professor für Hochfrequenztechnik – zunächst als Sekretärin und Prokuristin. Doch nach dem Krieg holte Eva Leithäuser nach, was man ihr verwehrt hatte, und studierte Rechtswissenschaft in ihrer Heimatstadt Berlin. 1957 stieg sie bei der Deutschen Bundespost als Juristin ein und machte schnell Karriere.
Sie leitete unter anderem das Postamt 12, damals eines der größten der Stadt. 1970 gelang ihr der Sprung ins Bundesministerium nach Bonn, fünf Jahre später, im Alter von 50 Jahren, schrieb Eva Leithäuser dann endgültig Postgeschichte: Als erste Frau wurde sie Präsidentin einer Oberpostdirektion – bei der OPD Hamburg als Chefin von 35 000 Postbediensteten. „Sind wir wirklich schon der vorbildliche Arbeitgeber für weibliche Beschäftigte?" Das Nein, mit dem sie diese rhetorische Frage in einer Zeitschrift 1975 beantworten musste, parierte sie im Job auf ihre Weise: Zu einer Zeit, als bundesweit bei der Post der Anteil der Frauen abnahm, setzte sie bei der Hamburger OPD einen Frauenanteil von rund 40 Prozent durch.
Als resolute und pragmatische Verwaltungsfrau verschaffte sich Eva Leithäuser bei der Post großen Respekt. Für viel Aufsehen sorgte in der Hansestadt allerdings 1978 eine unpopuläre Maßnahme, als sie das Projekt „Großrohrpost Hamburg", das in mehr als 20 Jahren Entwicklungszeit viele Millionen Mark verschlungen hatte, stoppte und öffentlich begrub. Allerdings trug nicht sie die Schuld an dem Debakel, denn das ehrgeizige Unterfangen hatte ihr der Vorgänger überlassen.
Als Eva Leithäuser 1978 bei der Post ausschied, war ihre Karriere nicht zu Ende. Sie wurde Justizsenatorin von Hamburg und blieb es bis zu ihrem Rücktritt 1986.

Eva Leithäuser (*1925) war von 1975 bis 1978 Präsidentin der Oberpostdirektion Hamburg

Alle Jahre wieder: Plakat, um 1970
Ein seit Jahrzehnten wiederkehrendes Ritual: Die Aufforderung der Post an ihre Kunden, Pakete rechtzeitig aufzugeben, um die pünktliche Auslieferung vor Weihnachten zu garantieren. Der Lohn für die Post: Rekordumsätze im Dezember.

KURT GSCHEIDLE

Kurt Gscheidle (1924–2003) war ab 1939 bei der Post, von 1974 bis 1982 war er Bundesminister für das Post- und Fernmeldewesen, bis 1980 auch Verkehrsminister

„Kurt Gscheidle begann seine Laufbahn mit 14 Jahren als Postlehrling in Stuttgart, ist nunmehr seit 8 Jahren Bundespostminister – ein kompetenter und weltblickender Chef dieses Unternehmens im Spannungsfeld von Politik und Wirtschaft, das er aus den roten Zahlen führte und bei dem er mit den Methoden modernen Managements Wirtschaftlichkeit, Leistungskraft und Kundenfreundlichkeit wesentlich gefördert hat" – so lautet der naturgemäß wohlmeinende Klappentext eines von Gscheidle verfassten Buches über die Bundespost. Als es 1982 erschien, stand das Ende seiner Amtszeit schon kurz bevor.
Gscheidle hatte den Ruf, wirklich etwas vom Fach zu verstehen. Dafür erwarb er sich Respekt, aber auch Gegner, wenn er Fragen aufwarf wie: Können Briefträger durch Roboter ersetzt werden? Nach einem Poststreik 1980 mussten fürs Erste Beamte genügen – das war unzulässig, entschied 1993 das Bundesverfassungsgericht. Dass er den Finger in die Wunde „Elefantenfriedhof" – hochrangige und auf ihren Posten träge gewordene Beamte – legte, die nur durch „Wegloben" – mit Beförderung – zu mobilisieren seien, nahm die Beamtenschaft auch nicht für ihn ein. Einen guten Klang hat der Name Gscheidle bei Philatelisten:
Der Minister hatte in seinem privaten Besitz nicht ausgegebene Sondermarken zu den Olympischen Sommerspielen 1980 in Moskau, die seine Frau zur Frankierung benutzte: der „Gscheidle-Irrtum". 2008 erzielte ein Exemplar auf einer Postkarte 85 000 Euro.

die Gebühren moderat halten musste. Um im Wettbewerb bestehen zu können, verbesserte die Bundespost ihre Dienstleistungen beim nationalen und internationalen Paket- und Päckchenversand. 1982 bot sie „Datapost-Inland" an. Auf Kundenwunsch wurden Briefe und Pakete abgeholt und über fest vereinbarte Verbindungen zu festen Zeiten ausgeliefert. Damit erfüllte die Bundespost die Leistungsmerkmale eines nationalen Fernkurierdienstes, der Laufzeit und Auslieferung der Sendungen für Großkunden wie Banken, Versicherungen und Handelsunternehmen kalkulierbar machte. Über das Portfolio der Post hieß es Mitte der 1980er-Jahre: „Die Stärke des postalischen Kleingutdienstes liegt in dem dichten, flächendeckenden Netz von Annahmestellen, die zumeist zugleich Auslieferungsstellen für angekommene Güter sind, und in der täglichen Zustellung der Güter an die Empfänger. Kein anderer Beförderungsdienst verfügt über eine ähnliche Annahme- und Auslieferungskapazität." Dennoch lag der Marktanteil der Bundespost im Kleingutverkehr 1985 lediglich bei 40 bis 50 Prozent – mit leicht rückläufiger Tendenz. Dieser Wettbewerb sollte sich in den folgenden Jahren noch weiter verschärfen.

AKTIVE MARKTKOMMUNIKATION

Der Rückgang bei der Nachfrage nach Telefonanschlüssen Ende 1973 und eben die schnelle Etablierung neuer Konkurrenten im Paketdienst führten bei der Bundespost seit Mitte der 1970er-Jahre zu einer verstärkten Hinwendung zum Markt, zur aktiven „Marktkommunikation". Immer mehr Geld wurde investiert in Werbung, Verkaufsförderung, Public Relations und Kundenberatung. Es war die Geburtsstunde des Post-Marketings. Kampagnen für das Telefonieren („Ruf doch mal an") und für den Privatbrief („Schreib mal wieder") fanden in der Bevölkerung wie in der Fachwelt große Beachtung. Aber auch auf anderen Wegen versuchte man, den Konsumenten zu erreichen und über neue Produkte und Dienstleistungen zu informieren. Die Zeitschrift *Postbrief* richtete sich an alle Nutzer der Deutschen Bundespost, das *Postbuch* war ein Nachschlagewerk für Kunden aus Wirtschaft und Verwaltung.

Auch bei ihren Finanzdienstleistungen setzte die Bundespost verstärkt aufs Marketing. Um im Postbankbereich besser Fuß zu fassen, hatte man bereits Ende der 1960er-Jahre mit Erfolg zentrale Werbekampagnen durchgeführt, denen intensive Marktforschung vorausgegangen war. Auch die Einführung des allgemeinen Btx-Dienstes 1983 – Postbankkunden konnten erstmals rund um die Uhr Überweisungen erteilen, Kontostände abrufen und Daueraufträge einrichten – wurde von zahlreichen Werbe- und Informationsmaßnahmen flankiert, auch wenn das in diesem Fall nicht gefruchtet hat. Ende der 1980er-Jahre hatte der Btx-Dienst nur 300 000 Nutzer und wurde dann schnell vom einfacher zu handhabenden Online-Banking abgelöst.

Veränderungen gab es auch in der direkten Kommunikation mit dem Kunden. Die bloße

Mitarbeiterwerbung, Plakat, um 1970

Kein bisschen von gestern war die Post in der Gestaltung ihrer Werbematerialien, darunter Plakate und Broschüren. Zeittypisch im Pop-Art-Stil richtete sich dieses Plakat, sichtlich inspiriert von der *Yellow Submarine*-Ästhetik des Grafikers Heinz Edelmann, an junge Berufseinsteiger.

Abfertigung des Postkunden am Schalter war endgültig passé. Mit Schulungsmaterialien versuchte die Bundespost den Mitarbeitern im Umgang mit schwierigen Kunden Geduld und Gleichmut anzutrainieren, sie aber auch in die Lage zu versetzen, Produkte und Dienstleistungen selbstbewusst vorzustellen. 1975 wurde in 1 100 Postämtern die „Diskretionszone" eingeführt, welche die wartenden Kunden am Schalter der Postbank durch eine Acrylsäule und Fußbodenmarkierung auf Abstand hielt. Gut 15 Jahre später verschwanden auch die Schalterverglasungen, die massive, sichtbare Trennung zwischen Kunden und Beamten wurde aufgehoben.

VOR DER GROSSEN REFORM

Mitte der 1960er-Jahre stand wegen der hohen Verluste im Postdienstbereich die Notwendigkeit von Reformen zur Diskussion. 1964 beschloss die Bundesregierung, eine Sachverständigenkommission einzurichten, die die Deutsche Bundespost einer gründlichen Analyse unterziehen sollte. Das Gutachten, das Bundeskanzler Ludwig Erhard Ende 1965 vorgelegt wurde, enthielt Empfehlungen wie die Trennung von Hoheits- und Betriebsaufgaben, die Trennung von Post- und Fernmeldewesen in zwei Betriebszweige oder die Überführung in ein öffentliches Unternehmen – es blieb aber weitgehend folgenlos. Erst nach den Wahlen im Herbst 1969, unter der sozialliberalen Koalition, kam wieder Bewegung in die Sache. Bundeskanzler Willy Brandt sprach

DAISHOWA VOYAGEUR
KOCKS
Schreib mal wieder

LKW mit Werbeaufschrift „Schreib mal wieder", 1980er-Jahre

48 Prozent aller Bundesbürger schrieben schon 1975 weniger als einen Brief pro Monat, 54 Prozent waren es vier Jahre später. „Werbung tut not", erkannte Minister Gscheidle. Die Agentur Lintas komponierte daher ab 1980 für die Kampagne „Schreib mal wieder" Schreibanlässe zur Inspiration der „Wenigschreiber"; Fahrzeuge der Post trugen das Motto der Kampagne.

Postamt in Illingen, 1984

Rund 25 000 Gebäude besaß die Post vor der Postreform oder hatte sie gemietet, mehr als die Hälfte davon war nach dem Zweiten Weltkrieg entstanden und nicht wenige in den 1980er-Jahren, als Ecken und Kanten und Beton en vogue waren.

gleich in seiner Regierungserklärung die Lage des Post- und Fernmeldewesens an. Wenig später fand sich unter Staatssekretär Kurt Gscheidle eine weitere „Kommission Deutsche Bundespost" zusammen, die ein Gesetz über die Unternehmensverfassung der Deutschen Bundespost entwarf, das im November 1970 dem Bundestag zur Beratung zugeleitet wurde. Postminister Georg Leber gab sich im Postjahrbuch 1971 zuversichtlich, dass das Ziel einer neuen Unternehmensverfassung in absehbarer Zeit erreicht werde. Aber er sollte sich ebenso täuschen wie Gscheidle, der bereits ein Unternehmen vor Augen hatte, das flexibel agieren und planen könne. Tatsächlich wurde der Gesetzentwurf von 1971 bis 1976 über zwei Legislaturperioden hinweg diskutiert und schließlich von Kanzler Helmut Schmidt ad acta gelegt. Die Deutsche Postgewerkschaft hatte bei der Besetzung des Aufsichtsrats die paritätische Mitbestimmung wie in der Montanindustrie gefordert, was in der sozialliberalen Koalition nicht einmal bei den Sozialdemokraten mehrheitsfähig war, und so blieb es beim Postverwaltungsgesetz von 1953.

Einen neuen Anlauf wagte dann schließlich die CDU/CSU-FDP-Koalition unter Bundeskanzler Helmut Kohl. Der Reformdruck kam jetzt maßgeblich von der „grauen" Post, dem Fernmeldebereich, denn die Telekommunikation war massiv im Umbruch: Datenverarbeitung, Bürokommunikation, Telekommunikation und Unterhaltungselektronik wuchsen zusammen, und Deutschland lief Gefahr, im wahrsten Sinne des Wortes den Anschluss zu verpassen. Die Fortschritte in der Mikroelektronik verlangten ebenso wie der wachsende Bedarf an Telekommunikationsleistungen seitens Wirtschaft und Verbrauchern nach modernen, stärker wettbewerblichen Strukturen. Würde man den Markt öffnen – so hingegen die Bedenken der Postgewerkschaft –, könnten sich neue Anbieter die Rosinen herauspicken und die flächendeckende Versorgung würde ebenso auf der Strecke bleiben wie die Arbeitsplätze bei der Post.

Im Jahr 1984 kam Bewegung in die Angelegenheit, als die EU-Kommission empfahl, den Telekommunikationsmarkt zu liberalisieren. Auch für den Postbereich zeichneten sich bereits Ende der 1980er-Jahre, ausgehend ebenfalls von Brüssel, Liberalisierungsschritte ab, die 1990 in einem sogenannten „Grünbuch Post" mündeten. Schon im März 1985 hatte Christian Schwarz-Schilling eine neue Kommission aus Vertretern von Politik, Wirtschaft und Wissenschaft unter Vorsitz von Professor Eberhard Witte eingesetzt, die sich aber ausschließlich mit dem Telekommunikationsmarkt befasste. Sie griff viele Ideen der Vorgänger auf, und ihre Empfehlungen mündeten schließlich im Poststrukturgesetz, das am 9. Juni 1989 vom Deutschen Bundestag beschlossen wurde. In Folge wurden neben dem Fernmeldebereich auch die gelbe Post und der Postmarkt in ähnlicher Weise reformiert.

Wenn der Wind des Wandels weht, bauen die einen Mauern

und die anderen Windmühlen.

CHINESISCHES SPRICHWORT

III.

EINHEIT UND WANDEL

1990–2014

Deutschlan
Reformhau

Es ist keine einfache Sache, aus einer Behörde ein gewinnbringendes Unternehmen zu machen. Schon gar nicht, wenn einem gewisse Vorurteile ständig hinterherlaufen. Stichwort Schneckenpost.

Als wir vor fünf Jahren unser Ziel veröffentlichten, 1995 schwarze Zahlen zu schreiben, haben viele gesagt: „Das packen die nicht." Stimmt, wir haben es schon '94 geschafft. Geholfen haben uns dabei zwei umfassende Reformen, die die Basis schafften für privatwirtschaftliches Management.

Wir haben Milliarden investiert in unsere Frachtlogistik, die als modernste Europas gilt. Und wir investieren weiter: in kundenfreundliche Filialen und in den Ausbau von 83 neuen Briefzentren, in denen 20 Milliarden Briefe pro Jahr noch effizienter befördert werden.

Langsam, aber sicher müßten nun eigentlich auch die letzten Kritiker einsehen: So schnell kann uns keiner mehr zur Schnecke machen.

Wir werden jeden Tag besser.

Anzeige der Deutschen Post, um 1995

Die ironische Anzeige, gespickt mit Wortspielen, führt im Text ad absurdum, was das Bildmotiv vielleicht als Assoziation auslöst: dass die „Schneckenpost“ langsam vorankomme. Tatsächlich hat die Post bereits nach dem ersten Reformschritt nicht nur die eigenen Erwartungen übertroffen.

CHRONOLOGIE – POSTREFORM UND WETTBEWERB

11/1965 Die „Sachverständigen-Kommission für die Deutsche Bundespost“ legt ihr Gutachten vor. Sie hat untersucht, wie die Post ihre Aufgaben auf die Dauer ohne Defizit erfüllen kann

12/1969 Für die neue sozial-liberale Bundesregierung unter Willy Brandt beruft Bundespostminister Georg Leber die „Kommission Deutsche Bundespost“ ein, geleitet von Staatssekretär Kurt Gscheidle, dem späteren Postminister. Ziel ist es, der Bundespost eine neue Rechtsform zu geben

3/1985 Die Bundesregierung setzt die Regierungskommission Fernmeldewesen unter Leitung des Wirtschaftswissenschaftlers Eberhard Witte von der Universität München ein

6/1987 Die Europäischen Gemeinschaften beschließen das „Grünbuch über die Entwicklung des gemeinsamen Marktes für Telekommunikationsdienstleistungen und Telekommunikationsgeräte“. Ziel ist die Abschaffung von Monopolen und die Liberalisierung der Märkte

9/1987 Die „Witte-Kommission“ legt dem Bundeskanzler ihren Bericht vor

9/1988 Die Bundesregierung bringt ihr Poststrukturgesetz in Bundesrat und Bundestag ein. Es sieht die Trennung von Postdienst, Postbank und Telekom vor

7/1989 **Das Poststrukturgesetz tritt in Kraft (Postreform I): Hoheitliche Aufgaben werden von unternehmerischem Handeln getrennt; ab 1. Januar 1990 entstehen drei öffentliche Unternehmen**

9/1989 Klaus Zumwinkel wird zum Vorstandsvorsitzenden der Deutschen Bundespost POSTDIENST berufen und tritt sein Amt am 1. Januar 1990 an

7/1990 Mit der deutsch-deutschen Postunion und schließlich dem Einigungsvertrag vom 20. September findet das Poststrukturgesetz nun auch auf das Beitrittsgebiet Anwendung

6/1991 Der SPD-Postexperte Arne Börnsen bringt im Bundestag erstmals die Privatisierung der Postnachfolgeunternehmen und die dazu erforderliche Verfassungsänderung ins Gespräch. Postminister Christian Schwarz-Schilling (CDU) greift dieses Startsignal für die Postreform II sofort auf. Bisher hatte die SPD eine Verfassungsänderung immer abgelehnt

6/1992 **Das „Grünbuch über die Entwicklung des Binnenmarktes für Postdienste“ der Europäischen Gemeinschaften fordert eine schrittweise Öffnung der nationalen Postmonopole in Europa**

12/1992 Eine interfraktionelle Arbeitsgruppe des Bundestags legt ein „Eckpunkte-Papier zur Postreform II“ vor

Postminister Christian Schwarz-Schilling tritt aus Protest gegen die Bosnien-Politik der Bundesregierung zurück

1/1993 Wolfgang Bötsch (CSU) wird neuer Bundespostminister

6/1993 Die interfraktionelle Verhandlungsgruppe legt ihre Empfehlungen für eine Neuordnung des Postwesens vor

Die EU-Kommission legt die „Leitlinien für die Entwicklung der gemeinschaftlichen Postdienste“ vor, in denen vor allem Hinweise zu Umfang und Qualität des Universaldienstes enthalten sind

1/1995 **Nach notwendigen Änderungen im Grundgesetz kann das Postneuordnungsgesetz in Kraft treten (Postreform II): Die drei öffentlichen Unternehmen werden privatisiert, bleiben jedoch zunächst noch in Staatsbesitz**

Mit der Privatisierung werden die Postmuseen in Berlin, Frankfurt am Main, Hamburg und Nürnberg zusammengefasst und schließlich in die neu gegründete Museumsstiftung Post und Telekommunikation überführt, finanziert zu gleichen Teilen von Deutscher Post und Deutscher Telekom

1/1997 Die Postdiensterichtlinie der Europäischen Gemeinschaft verlangt die weitgehende Liberalisierung des Postmarkts, aber auch die Verpflichtung zum Universaldienst

12/1997 Das Bundesministerium für Post und Telekommunikation wird aufgelöst, die Amtszeit von Minister Bötsch ist beendet

1/1998 **Das Postgesetz tritt in Kraft: Der Postmarkt ist jetzt Wettbewerbsmarkt. Die Regulierungsbehörde für Telekommunikation und Post (RegTP) nimmt ihre Arbeit auf**

12/1998 Die EU-Kommission bewertet das REIMS-II-Abkommen zwischen den europäischen Postunternehmen als positiv

11/1999 Der Deutsche Bundestag verabschiedet die Post-Universaldienstleistungsverordnung (PUDLV). Laut Postgesetz ist die Deutsche Post als Universaldienstanbieter verpflichtet, wichtige postalische Dienstleistungen flächendeckend und zu erschwinglichen Preisen zu erbringen

20.11.2000 **Die Deutsche Post AG geht an die Börse und privatisiert 29 Prozent des Aktienkapitals. Die 319,93 Millionen „Aktien gelb" kosten jeweils 21 Euro. Das entspricht einer Marktkapitalisierung des Unternehmens von 23,4 Milliarden Euro**

6/2002 Die Änderungsrichtlinie der Europäischen Kommission verlangt eine weitere Marktöffnung im Postbereich

12/2002 Die Bundesregierung ändert auf Initiative von Wirtschaftsminister Werner Müller das Postgesetz, sodass das Briefmonopol nicht Ende 2002, sondern erst Ende 2007 ausläuft. Die Einigung zwischen der damaligen CDU-Opposition und der rot-grünen Regierung kommt erst kurz vor Ende der Frist zur Verlängerung des Monopols zustande

2003 Der Umsatz im Postmarkt liegt nach dem Jahresbericht der RegTP für 2002/2003 bei 23 Milliarden Euro. Auf die Deutsche Post entfallen zwei Drittel. Das verbleibende Drittel teilt sich eine Vielzahl von Kurier-, Express-, Paket- und Briefdienstleistern

5/2005 Die Deutsche Post schließt die ersten Teilleistungsverträge mit sogenannten Briefkonsolidierern und setzt damit eine Verfügung des Bundeskartellamts um: Dienstleister erhalten den Großkundenrabatt, wenn sie Briefe mehrerer Absender einsammeln und vorsortieren

12/2007 Mit dem Ende der Exklusivlizenz ist der deutsche Postmarkt vollständig geöffnet

2/2008 Vorstandschef Klaus Zumwinkel tritt zurück, Frank Appel wird sein Nachfolger

1/2013 Der Briefmarkt in der gesamten Europäischen Union ist für den Wettbewerb geöffnet

WAS LANGE WÄHRT …

Die Reform der Post in Deutschland

Die Deutsche Bundespost war bis zum Start der Postreform am 1. Januar 1990 eine Behörde, die gesetzlich vorgeschriebene Aufgaben zu erfüllen hatte und insbesondere der Daseinsvorsorge verpflichtet war. Ein dreistufiger Verwaltungsaufbau mit dem Ministerium als oberster Dienstbehörde, Oberpostdirektionen, Landespostdirektion Berlin, Post- und Fernmeldetechnischen Zentralämtern und dem Sozialwerk als mittlerer Ebene sowie darunter angesiedelten Ämtern des Post- und Fernmeldewesens gliederte die Bundespost. Das Grundgesetz von 1949 bestimmte, dass sie „in bundeseigener Verwaltung mit eigenem Verwaltungsunterbau“ zu führen sei, das Gesetz über die Verwaltung der Deutschen Bundespost von 1953 definierte die Aufgaben der Post, die Zusammensetzung des Verwaltungsrats sowie das Haushalts- und Kassenwesen.

Der Postminister war sowohl Politiker mit parlamentarischer Verantwortung als auch Leiter der Betriebsverwaltung Deutsche Bundespost und musste dafür sorgen, dass die Post kostendeckend arbeitete und sich ausschließlich aus ihren Einnahmen finanzierte. Aber im Unterschied zu Unternehmen, die nach betriebswirtschaftlichen Regeln wirtschaften, konnte die Bundespost Preise und Gebühren für Produkte und Dienstleistungen nicht frei gestalten. Sie musste ein flächendeckendes Netz mit Post- und Fernmeldedienstleistungen vorhalten, ihre Leistungen zu sozialpolitisch vertretbaren Preisen erbringen und dabei bis zu 10 Prozent der Betriebseinnahmen an den Bundeshaushalt abführen. Dafür hielt sie ein weitgehendes Monopol im Post- und Fernmeldebereich und hatte das alleinige Recht, „Einrichtungen zur entgeltlichen Beförderung von Sendungen mit schriftlichen Mitteilungen oder mit sonstigen Nachrichten von Person zu Person“ aufzubauen und zu betreiben.

Mit einem „Blick in die Zukunft“ schilderte schon 1975 eine Broschüre der Bundespost die Schwierigkeiten, die sich aus den politischen und organisatorischen Einschränkungen für die Post ergaben und die ein neues Postverfassungsgesetz beheben sollte: Das

Die „Köpfe“ der Deutschen Bundespost POSTDIENST, um 1990

Von links: Der Vorstandsvorsitzende Klaus Zumwinkel, der Minister für das Post- und Fernmeldewesen Christian Schwarz-Schilling und der Aufsichtsratsvorsitzende des Postdienstes, Walter Trux

Blick in die Schalterhalle des Postamts Marburg, um 1980

Die Telefonbücher unter den grünen Design-Tischen wurden jetzt viel gebraucht, denn Millionen Neuanschlüsse Anfang der 1970er-Jahre führten zur Expansion des Netzes, die Werbekampagne „Ruf doch mal an“ zur Explosion der Zahl von Gesprächen. Dank dem Acht-Minuten-Takt, der den Rhythmus anfallender Gebühren bestimmte, war der Fernmeldebereich als Monopol für die Post lukrativ. Ganz anders sah es im Postdienst aus, wo der Paketbereich tief in den roten Zahlen steckte.

Vorstands- und Aufsichtsratsvorsitzende der drei Unternehmen mit Minister Schwarz-Schilling, um 1990

Nach dem Inkrafttreten der Postreform am 1. Juli 1989 musste Postminister Schwarz-Schilling die Neuorganisation der drei Generaldirektionen Postdienst, Telekom und Postbank vornehmen. Im September konstituierten sich die Aufsichtsräte mit, von rechts nach links, den Vorsitzenden Hans Friderichs (Postbank), Walter Trux (Postdienst) und Rolf-Dieter Leister (Telekom). Sie bestätigten die vom Minister vorgeschlagenen Vorstandsvorsitzenden, auf dem Bild von links nach rechts Günter Schneider (Postbank), Klaus Zumwinkel (Postdienst) und Helmut Ricke (Telekom).

„Personalproblem" wurde festgemacht an der Verpflichtung der Bundespost, sich strikt an die Gesetzgebung für Beamte und die Tarifverträge für Arbeiter und Angestellte halten zu müssen. Das „Finanzproblem" hatte unter anderem mit großen Investitionen, hohen Personalkosten und politischen Beschränkungen in der Gebührenpolitik zu tun. Und das grundsätzliche „Organisationsproblem" sollte künftig durch die Abgrenzung von politischem Einfluss und die Neureglung der Finanzverfassung und Gebührenpolitik gelöst werden.

Es blieb aber wieder einmal bei Diskussionen in Kommissionen, und noch Anfang der 1980er-Jahre wurden bei der Post die Vorteile der Zusammengehörigkeit von Post- und Fernmeldebereich beschworen, da neue Telekommunikationsformen – wie der Telebrief – sich auf beide Bereiche stützten.

Im Lauf des Jahrzehnts mit rasanten technischen Entwicklungen wurde aber offensichtlich, dass sich die Segmente Post- und Fernmeldedienst, die Gelbe und die Graue Post, zunehmend auseinanderentwickelten. Im Fernmeldewesen, so der Wirtschaftswissenschaftler und Wegbegleiter der Postreform Eberhard Witte, schafften Innovationszwänge im Telekommunikationsnetz, die Vielfalt der neuen Dienstleistungen und die bedarfsgerechte Differenzierung der Endgeräte einen Handlungsbedarf, dem die traditionelle Fernmeldeverwaltung nicht gerecht werden konnte. Jetzt waren – und das galt vergleichbar für den Postbereich – neben der flächendeckenden Grundversorgung Sonderwünsche bestimmter Zielgruppen und Käufer zu berücksichtigen, was nicht mehr Sache einer der Gleichbehandlung verpflichteten Staatsverwaltung war. Nach den Vorschlägen einer von Witte seit 1985 geleiteten Regierungskommission Fernmeldewesen bereitete die Bundesregierung die Postreform vor – und zwar für alle drei Bereiche: Post, Postbank und Telekommunikation.

DIE POSTREFORM I

Im Herbst 1987 legte die Witte-Kommission Bundeskanzler Kohl, der die Bedeutung der Postreform bereits in seiner Regierungserklärung hervorgehoben hatte, ihre Ergebnisse vor. Unverzüglich erarbeitete daraufhin das Ministerium für das Post- und Fernmeldewesen einen Gesetzentwurf, der auch die Reform des Postbereichs berücksichtigte. Im Mai 1988 wurde der Gesetzentwurf zur Neustrukturierung des Post- und Fernmeldewesens und der Deutschen Bundespost von der Bundesregierung verabschiedet und ging dann in die parlamentarischen Beratungen. Im September

CHRISTIAN SCHWARZ-SCHILLING

Umstände als gegeben hinzunehmen war seine Sache nie: Christian Schwarz-Schilling hat sich immer seine eigene Meinung gebildet. Ob als Unternehmer, Abgeordneter, Bundespostminister oder, wie in den letzten Jahren, als Streitschlichter und Vermittler im ehemaligen Jugoslawien: Der promovierte Kulturwissenschaftler hat seine Positionen stets vehement vertreten und dann auch durchzufechten versucht. Die Zeiten, als Schwarz-Schilling wegen seiner Liberalisierungspolitik noch die Schlagzeilen dominierte, sind zwar länger vorbei, aber auch heute, mit über 80, ist er noch immer ein freimütiger Zeitgenosse. Es spricht nicht mehr für die Post und Telekom wie früher, obwohl er auch dazu noch gerne und regelmäßig Stellung nimmt, etwa wenn es um die Zukunft der Regulierungsbehörde geht („muss erhalten bleiben") oder um neue Investitionen in Hochgeschwindigkeitsnetze („dringend nötig"). Vor allem aber äußert er sich zu den Themen Menschenrechte, Flüchtlinge und Zuwanderung.
Verstehen kann man seine unbeugsame Haltung am besten vor dem Hintergrund seiner Familiengeschichte: Christian Schwarz-Schilling ist der Sohn eines deutschen Komponisten und einer polnischen Pianistin, von der er spät erfahren hat, dass sie Jüdin war. Als Halbwüchsiger musste er miterleben, wie seine Eltern ins Visier der Gestapo gerieten, was ihn zutiefst verstörte. „Das war für mich alles sehr prägend, ich habe es nie vergessen", sagt er im Rückblick. Kontrolle von oben, Monopole und einseitige Machtkonzentration waren ihm seither zuwider. Schon als junger Mann gelobte er deshalb, einen Beitrag dazu zu leisten, um solche Systeme auch in abgeschwächter Form zu verhindern.
Gelegenheit dazu erhielt er 1982, als Bundeskanzler Kohl ihn in sein Kabinett holte. Als Bundespostminister verfolgte Schwarz-Schilling anfangs vor allem zwei Ziele: Er wollte Deutschlands technischen Rückstand in der Telekommunikation aufholen. „Beim Kabelfernsehen hatten wir eine Anschlussdichte von 2 Prozent, in anderen Ländern lag sie bei 50 bis 70 Prozent." Und er wollte das Monopol des öffentlich-rechtlichen Rundfunks brechen. Dafür trieb Schwarz-Schilling die Verkabelung der Bundesrepublik und damit die Privatisierung des Rundfunks voran. Sein Anliegen: weniger Staat, dafür mehr Freiheit und mehr Vielfalt für die Bürger.
Die gleiche Motivation trieb ihn dann einige Jahre später dazu, die Postreform in Angriff zu nehmen. Wieder wollte er ein Staatsmonopol beseitigen. „Es ging darum, den Koloss Bundespost schleunigst an die Zeit der Globalisierung heranzuführen." Und wieder stieß er auf erbitterten Widerstand, setzte sich am Ende aber durch – nicht zuletzt dank der Rückendeckung des Kanzlers. Es folgten die Postreformen I und II, die aus dem alten Staatsbetrieb die drei Aktiengesellschaften Post, Telekom, Postbank und aus dem Ministerium eine Regulierungsbehörde machten.
Die Politik der Liberalisierung hält Schwarz-Schilling für eine „einzigartige Erfolgsgeschichte" und sieht sich durch die spätere Entwicklung – Stichwort: Internet, Kommunikationsrevolution – auf ganzer Linie bestätigt. Dass er 1992 nach zehn Jahren trotzdem aus dem Kabinett ausschied, hat andere Gründe, die wiederum mit seiner festen Überzeugung zu tun haben: Diktaturen seien in keiner Form zu dulden. Schwarz-Schilling trat aus Protest gegen die zurückhaltende deutsche Balkan-Politik von seinem Amt zurück. „Jeden Tag geschahen dort schreckliche Dinge, und wir verhielten uns, als würden wir ein Katasteramt verwalten", empört er sich noch immer darüber. Seither hat er sich auf vielerlei Weise für Frieden und Menschenrechte engagiert. Ein Blatt vor den Mund nimmt der rüstige Ex-Minister, der immer noch viel durch die Welt reist, bis heute nicht. Da ist er sich treu geblieben. Geändert haben sich nur die Themen.

Dr. Christian Schwarz-Schilling (*1930) war von 1982 bis 1992 Bundespostminister und ist seither als Berater und Vermittler tätig

Postminister Ost und West, Klaus Wolf und Christian Schwarz-Schilling, März 1990

Mitten in die Postreform „platzte" der Fall der Mauer. Am 12. Dezember kam es zu einem ersten Treffen der Postminister der zwei deutschen Staaten, bereits Anfang Februar tagte eine gemeinsame Arbeitsgruppe „Postverkehr", und am 13. März 1990, bei einem Treffen in Leipzig, wurde die Postunion auf den Weg gebracht.

1988 kam es zur ersten Lesung im Bundestag, der eine öffentliche Anhörung folgte. Minister Schwarz-Schilling betonte abermals, dass keine Privatisierung geplant sei, sondern eine „sinnvolle Neuordnung", auch im Hinblick auf die bereits erfolgten Reformen in Ländern wie den USA, Japan, Großbritannien und Frankreich.

Als grundlegende Änderung wurde vorgeschlagen, die Bundespost in drei öffentliche Unternehmen Deutsche Bundespost POSTDIENST, Deutsche Bundespost POSTBANK und Deutsche Bundespost TELEKOM zu teilen. Trotz dieser Aufgliederung sollte die Bundespost in bundeseigener Verwaltung bleiben; der Grundsatz der Eigenwirtschaftlichkeit der drei Unternehmen wurde durch deren Verpflichtung zum Finanzausgleich eingeschränkt.

Die SPD-Opposition war in der Beurteilung des Gesetzes gespalten. Während Peter Paterna, Vorsitzender des Postausschusses, für „diese Art von Reformwerk" keine Notwendigkeit sah, da die Bundespost ja hervorragend dastehe, befürwortete sein Kollege Arne Börnsen den Reformansatz grundsätzlich, mahnte jedoch insbesondere für den Bereich der Gelben Post die „Pflicht zur Daseinsvorsorge, zur Versorgung aller Bürger mit gleichen Dienstleistungen und gleichen Gebühren überall im Land" an. Der Historiker Wolfgang Lotz schreibt in einem Buch über die Postreform, dass seinerzeit niemand daran zu glauben schien, dass die Postdienste künftig billiger und besser sein könnten.

Im April 1989 fanden die zweite und die dritte Lesung im Bundestag statt. Minister Schwarz-Schilling fasste die wichtigsten Punkte der Reform zusammen, darunter die Trennung von unternehmerischen und politisch-hoheitlichen Aufgaben, die Möglichkeit des Finanzausgleichs zwischen den drei Unternehmen, personal- und dienstrechtliche Veränderungen sowie die Einführung von Wettbewerb bei allen Diensten des Post- und Fernmeldewesens – Monopole sollten nur als besondere Ausnahme erhalten bleiben.

Die Abstimmung erbrachte eine deutliche Mehrheit für die Reform, und nachdem auch der Bundesrat seine Zustimmung gegeben hatte, trat das Gesetz zur Neustrukturierung der Deutschen Bundespost am 1. Juli 1989 in Kraft. Mit Wirkung vom 1. Januar 1990 übernahmen die drei Generaldirektionen Postdienst, Postbank und Telekom ihre Aufgaben, nachdem noch 1989 die Aufsichtsräte und Vorstände gebildet worden waren. Auch das Bundesministerium für Post und Telekommunikation (BMPT) trat in neuer Organisationsform auf. „Das Unternehmen Postdienst erhält durch die Postreform neue Perspektiven", heißt es im Geschäftsbericht der Bundespost von 1989, und für die Mitarbeiterinnen und Mitarbeiter eröffneten sich außerordentlich positive Möglichkeiten.

CDU-Parteibüro mit Wahlplakaten, 1990

Statt wie geplant im Mai fand die letzte Volkskammerwahl der DDR am 18. März 1990 statt, da man aufgrund der Ereignisse dringend eine handlungsfähige Regierung brauchte. Sieger war das Wahlbündnis Allianz für Deutschland mit der ehemaligen Blockpartei CDU unter Lothar de Maizière, der Deutschen Sozialen Union und dem Demokratischen Aufbruch. Emil Schnell (SPD) folgte nach der Wahl als Postminister auf Klaus Wolf.

Plakat der Deutschen Postgewerkschaft, nach 1985
Um die öffentliche Diskussion und den Widerstand gegen die Reform des Post- und Fernmeldewesens zu befeuern, beschloss der Hauptvorstand der Deutschen Postgewerkschaft die Aktion „Sichert die Post – Rettet das Fernmeldewesen". Seit der Auftaktveranstaltung am 4. Oktober 1986 in Köln trug der Hai, Brief und Telefon verschlingend, das Thema in die Öffentlichkeit, unter anderem auf Demonstrationen in den darauffolgenden Jahren.

GEGEN DIE „ZERSCHLAGUNG"

Diese Ansicht teilte die Deutsche Postgewerkschaft (DPG) nicht. Die einflussreiche Vertreterorganisation der Postbeschäftigten widersetzte sich den Reformbemühungen heftig. Albert Stegmüller, stellvertretender Vorsitzender der DPG, gehörte zur Witte-Kommission, schloss sich aber später ihren Empfehlungen nicht an.

Die Vorstellungen der Gewerkschaft kumulierten schon früh im Modell einer „Bürgerpost", bei der die Förderung technischer Kommunikation einhergehen sollte mit der Förderung sozialer Betreuungs- und Beratungsdienste, „einer personalen, direkten und maschinenlosen Kommunikation". Die Vorbereitungsphase des Gesetzes begleitete die DPG mit zahlreichen Veranstaltungen und Demonstrationen, zu der auch die Aktion „Sichert die Post – Rettet das Fernmeldewesen" gehörte. Zum Symbol für den Kampf gegen die „Zerschlagung der Bundespost" wurde ein Hai mit weit aufgerissenem Maul, in dem Brief und Telefon zu verschwinden drohten. Zur Auftaktveranstaltung im Oktober 1986 kamen mehr als 20 000 Reformgegner in die überfüllte Sporthalle nach Köln. Es sei von Markt die Rede, aber gemeint sei Profit, argumentierte der Gewerkschafter Emil Bock in seiner Eröffnungsrede und wusste damit den Gewerkschaftsbund an seiner Seite. Die Wirtschaftsverbände vertraten dagegen die Ansicht, die bestehenden Gesetze seien veraltet.

Im November 1987 folgte die nächste große Aktion der Postgewerkschaft, bei der Funktionäre die Zeitung *bürgerpost*, deren Auflage bei 16 Millionen Exemplaren lag, öffentlichkeitswirksam an Haushalte verteilte. Doch der Reformprozess ließ sich nicht aufhalten. Daran änderten selbst bundesweite Proteste wenige Tage vor der Verabschiedung des Gesetzes im Bundestag nichts. Auch 35 000 beteiligte Gewerkschafter erzielten nicht die von der DPG erhoffte Wirkung: Die Entscheidung wurde nicht ausgesetzt, sie blieb bestehen. Nach der Abstimmung äußerte sich Kurt van Haaren im Gewerkschaftsblatt *Deutsche Post* enttäuscht, aber kämpferisch: Man werde keineswegs in Kleinmut, Resignation oder Frust verfallen, sondern die „starke und einheitliche Interessenvertretung der Post bleiben".

DIE POSTREFORM II

Im Unterschied zum Fernmeldewesen brachte die Reform dem Postwesen zunächst relativ wenig marktwirtschaftlichen Handlungsspielraum. Zwar blieb der Beförderungsvorbehalt im Briefdienst unangetastet, aber tatsächlich stand dieser im latenten Wettbewerb mit modernen Telekommunikationsmedien. Massendrucksachen konkur-

KURT VAN HAAREN

Mit gerade 15 Jahren kam der Sohn eines Betriebsschlossers nach dem Zweiten Weltkrieg zur Deutschen Bundespost: Er arbeitete zunächst im Postdienst, später als Beamter im einfachen Dienst. Früh ergriff er als Personaljugendvertreter bei der Ortsverwaltung seiner Heimatstadt Emmerich Partei für die Arbeitnehmerschaft. Nach einem Studium an der Sozialakademie in Dortmund wurde Kurt van Haaren 1964 Gewerkschaftssekretär bei der Deutschen Postgewerkschaft in Düsseldorf, vier Jahre später wechselte er zum Hauptvorstand der DPG nach Frankfurt; ab 1977 war er auch Mitglied des Hauptvorstands. 1982 war van Haaren mit 44 Jahren der jüngste Gewerkschaftsboss in Deutschland, als er 2001 abtrat, war er der Dienstälteste.

Als sich bei der Bundespost die Reformen abzeichneten, sah der Gewerkschafter vor allem die Sicherheit der Arbeitsplätze in Gefahr und befürchtete, mit der Privatisierung gehe die Orientierung aufs Gemeinwohl verloren. Vehement bekämpfte er deshalb zunächst den Prozess, der von Gewerkschaftern als „Zerschlagung und Ausverkauf der Deutschen Bundespost" bezeichnet wurde, und hoffte darauf, dass den Reformbefürwortern im Parlament die nötige politische Mehrheit versagt bliebe. Es sollte anders kommen. „Aber dass der Kanzler sich gezwungen sah, mit der Deutschen Postgewerkschaft über ein wichtiges Vorhaben seiner Regierung stundenlang zu verhandeln, zeigt, wie wirkungsvoll die Politik und die Stärke dieser Gewerkschaft sind", kommentierte das Gewerkschaftsorgan *Deutsche Post* damals den Gang der Verhandlungen.

In der politischen Öffentlichkeit wich van Haarens strikte Ablehnung in zögerlichen Schritten einer zurückhaltenden Billigung der Reformidee. Der leidenschaftliche Gewerkschafter, dessen Geradlinigkeit und Zielstrebigkeit auch seinen Gegnern Respekt abverlangten, wurde 1989 als stellvertretender Vorsitzender in den Aufsichtsrat von Deutsche Bundespost POSTDIENST gewählt und setzte sich in den folgenden Jahren vor allem dafür ein, die Besitzstände der Postbeschäftigten zu sichern. Seine Forderung, die Mitarbeiter in den drei neuen Unternehmen sozial abzusichern und ihnen erkennbare Mitbestimmungsrechte zu gewähren, gipfelte 1994 in einem erfolgreichen Warnstreik.

Er habe in seiner Ungeduld und Unbeherrschtheit Menschen auch zu Unrecht verletzt, räumte van Haaren, ab 2001 im Ruhestand, eigene Schwächen ein; aber selbst seine Widersacher bescheinigten ihm auch Ausdauer und Beharrlichkeit. „Polemik ja, aber nur in der Sache", nannte er als Devise.

Dass schließlich 2001 die Postgewerkschaft in der Dienstleistungsgewerkschaft ver.di aufging, gelang auch dank der integrativen Kraft van Haarens.

Kurt van Haaren (1938–2005) war langjähriger Vorsitzender der Deutschen Postgewerkschaft und viele Jahre Mitglied im Aufsichtsrat der Deutsche Post AG

WOLFGANG BÖTSCH

Wolfgang Bötsch, von 1993 bis 1997 Bundesminister für Post und Telekommunikation, war der Letzte seiner Zunft in Deutschland. Es sei sein weltweites Alleinstellungsmerkmal, die eigene Funktion überflüssig gemacht zu haben, scherzt der bekennende Franke und „Fußballnarr".

Mit der Post hatte er bis dato wenig Berührung, als ihm Helmut Kohl nach dem Rücktritt Schwarz-Schillings das Ministerium anbot. Der Kanzler traute ihm aber zu, die Postreform zu vollenden. „Ich habe nicht lange überlegt und zugesagt. Ich hatte schließlich vorher Außenpolitik gemacht, Innenpolitik, Rechtspolitik, hatte das ganze politische Spektrum abgedeckt. Und dass eine Postreform im Gange war, das wusste ich", schildert der studierte Jurist die Ereignisse aus dem Jahr 1992. „Es hat sich gewissermaßen so ergeben, dass ich Postminister wurde."

Überzeugt davon, dass Post und Telekommunikation aus der staatlichen Obhut gelöst und in den Wettbewerb gestellt werden sollten, begleitete er die Post auf dem schwierigen Weg zur Aktiengesellschaft. „Meine Aufgabe war es, die Rahmenbedingungen zu schaffen für die Leute, die das operative Geschäft beherrschen." Deren Leistung, ob Manager von außen oder langjährige Postbeamte, zollt er bis heute Respekt. Und ist davon überzeugt, dass Menschen auch in ferner Zukunft Briefe schreiben und einander Pakete schicken.

Dr. Wolfgang Bötsch (*1938) war von 1993 bis 1997 Bundesminister für Post und Telekommunikation

Die Vorstandsvorsitzenden der drei Nachfolgeunternehmen der Bundespost mit Postminister Wolfgang Bötsch, 1994

Auf die Postreform I folgte die Postreform II, um die Unternehmen national wie international wettbewerbsfähig zu machen. Ihren Abschluss fand sie mit der Gründungsveranstaltung der drei Aktiengesellschaften Deutsche Post AG, Deutsche Telekom AG und Postbank AG am 20. Dezember 1994 in Köln, bei der die Vorstandsvorsitzenden die Urkunden in den Händen halten.

rierten mit anderen Werbemedien wie Zeitungen, Hörfunk- und Fernsehwerbung, und private Zusteller konnten Postwurfsendungen verteilen.

Auch bei den Nachfolgeunternehmen hatte der Postminister umfangreiche Eingriffsrechte. Auf der finanziellen Seite erwies sich die weiterhin bestehende umsatzabhängige Ablieferungspflicht als nachteilig. So schloss der Postdienst das Geschäftsjahr 1992 bei einem Umsatz von 25,6 Milliarden nach einer Ablieferung von 2,1 Milliarden Mark an den Bund mit einem Defizit von 2,6 Milliarden Mark ab.

Es waren tiefergreifende Einschnitte erforderlich, um die Post zu einem wettbewerbsfähigen Unternehmen umzugestalten. Ende 1991 diagnostizierte der Vorstandsvorsitzende Klaus Zumwinkel eine Reihe von Schwächen, zu denen er ein in der Industrie unübliches Führungssystem zählte, eine kaum konkurrenzfähige Kostenstruktur, eine uneinheitliche Produktpalette und die mangelnde Qualität der Dienstleistungen.

Wenige Monate zuvor hatte Arne Börnsen, der postpolitische Sprecher der SPD-Fraktion im Bundestag, beklagt, die Postunternehmen unterlägen „weiterhin zu sehr politischen Einflüssen“. Als Beispiel nannte er die Vorgabe der Bundesregierung, die Post-Unternehmen dürften in den Jahren 1991 und 1992 die Gebühren nicht erhöhen.

Deshalb legte Börnsen nach und sprach von der Auflösung des Bundesministeriums, um diesen Zustand zu beenden. Doch was als Kritik an Schwarz-Schilling gemeint war, kam dessen Interessen entgegen. Der Postminister sah die Chance, den nächsten Schritt zu gehen und die Postunternehmen zu privatisieren. Dazu bedurfte es einer Änderung des Grundgesetzes, das einer echten Privatisierung des Staatsbetriebs im Wege stand. Jetzt zog sich der Widerstand quer durch die Fraktionen, weshalb 1992 eine interfraktionelle Verhandlungskommission gebildet wurde. Diese erarbeitete bis zum Ende des Jahres ein „Eckpunkte-Papier zur Postreform II“, das vorsah, die drei Unternehmen in Aktiengesellschaften umzuwandeln.

Dieses Ansinnen stoppte Peter Paterna (SPD), Vorsitzender des Bundestagsausschusses für Post und Telekommunikation, der sich der Deutschen Postgewerkschaft verpflichtet sah – er ging gegenüber Börnsen auf Konfrontationskurs. Im Dezember 1992 zog der SPD-Fraktionsvorsitzende Hans-Ulrich Klose beide ab: Nachfolger Paternas wurde Gottfried Bernrath, der vor seiner Abgeordnetenzeit die Personalabteilung im Bundespostministerium geleitet hatte.

Wenige Tage zuvor hatte auch Schwarz-Schilling seinen Sessel geräumt – aus Protest gegen die Haltung der Bundesregierung im Bosnien-Krieg. Wolfgang Bötsch (CSU) wurde sein Nachfolger. Im März 1993 nahm die interfraktionelle Verhandlungskommission ihre Gespräche wieder auf, ihrem Ergebnisbericht vom Juni 1993 stimmten zunächst nur die Regierungsfraktionen CDU/CSU und FDP zu. Erst Ende des Jahres kam es zur Einigung in den wesentlichen Punkten, darunter die Änderung der Artikel 87 und 143 des Grundgesetzes, um die drei Unternehmen in Aktiengesellschaften umwandeln zu können.

Eine besondere Hürde für die Privatisierung war das Beamtenrecht. Wie konnte die Überleitung der Beamten in eine Aktiengesellschaft und wie deren Weiterbeschäftigung gelöst werden? Nach vielen hitzigen Diskussionen, insbesondere mit den Innenpolitikern aller Parteien, wurde schließlich das sogenannte Beleihungsmodell entwickelt, bei dem die Vorstände der Aktiengesellschaften als Dienstherren gegenüber den Beamten fungieren. Ohne diese Lösung, bei der die

BUNDESMINISTERIUM FÜR
POST UND TELEKOMMUNIKATION

URKUNDE

UNTER BEZUGNAHME AUF §1 ABSATZ 1 UND 2
DES GESETZES ZUR UMWANDLUNG DER UNTERNEHMEN
DER DEUTSCHEN BUNDESPOST IN DIE RECHTSFORM
DER AKTIENGESELLSCHAFT (POSTUMWG)
BESTÄTIGE ICH NACH VOLLZUG DES NOTARIELLEN
ERRICHTUNGSAKTES HIERMIT DIE GRÜNDUNG DER

DEUTSCHE POST AG

DURCH DIE BUNDESREPUBLIK DEUTSCHLAND

DR. WOLFGANG BÖTSCH
BUNDESMINISTER FÜR POST UND TELEKOMMUNIKATION

20.12.1994

Die Gründungsurkunde der Deutsche Post AG, 1994

Rechtsstellung der Beamten als unmittelbare Bundesbeamte erhalten blieb, wäre die gesamte Postreform gescheitert. Dazu gehört auch die Einrichtung und Finanzierung der sogenannten Unterstützungskassen, mit denen die künftige Bezahlung der Beamtenpensionen geregelt wurde. So wurde sichergestellt, dass die Post nicht so stark belastet werden würde, dass die Privatisierung und der spätere Börsengang unmöglich geworden wären.

Außerdem wurde durch die Verfassungsänderung nicht nur eine Organisationsprivatisierung erreicht; das gesamte Erbringen von Postdienstleistungen wurde danach eine privatwirtschaftliche Tätigkeit. Die flächendeckende Postversorgung wurde durch ein differenziertes Regulierungsregime als hoheitliche Aufgabe des Ministeriums, später dann der Regulierungsbehörde, gesetzlich festgeschrieben.

Nach der Änderung des Grundgesetzes konnte das Postneuordnungsgesetz Anfang 1995 in Kraft treten. Auch dieser Entwicklung hatte sich die Deutsche Postgewerkschaft widersetzt und im härtesten Arbeitskampf in der Geschichte der Deutschen Postgewerkschaft innerhalb weniger Wochen bis zu 100 000 Menschen zu Protestaktionen mobilisiert. Die SPD sorgte am Ende dennoch für die erforderliche Zweidrittelmehrheit. Es war das erste Mal überhaupt, dass die Sozialdemokraten einer befreundeten Gewerkschaft die Gefolgschaft verweigerten.

DEUTSCHE POST
RP
5277

DER EINTRITT IN DEN WETTBEWERB

Liberalisierung, Privatisierung, Regulierung

Die Postreform II des Jahres 1995 brachte für die Monopolfrage nur eine vorläufige Regelung bis Ende 1997. Eine endgültige Lösung erfolgte erst kurz vor Ablauf dieser Frist, als sich Bundestag und Bundesrat Ende 1997 auf ein neues Postgesetz einigten, das nun auch Wettbewerbern einen chancengleichen Marktzutritt gewähren sollte „Die Weichen zur Liberalisierung sind gestellt!", kommentierte Bundespostminister Wolfgang Bötsch das sogenannte Postneuordnungsgesetz. Es trat Anfang 1998 in Kraft und legte fest, was bereits bei der Gründung der Deutsche Post AG vorgesehen war: „Dass künftig Postdienstleistungen als privatwirtschaftliche Tätigkeit durch die Deutsche Post AG und andere private Anbieter erbracht werden." Damit war ein wichtiges Reformvorhaben der deutschen Wirtschaftsgeschichte, die Privatisierung und Liberalisierung des Post- und Telekommunikationssektors, erfolgreich abgeschlossen.

Diesem Gesetz, das einerseits den Rahmen für Wettbewerb auf dem deutschen Postmarkt bildete und gleichzeitig die flächendeckende Versorgung mit Postdienstleistungen bekräftigte, waren zahlreiche Reformschritte vorausgegangen: Wie der Postsektor wirtschaftlicher arbeiten könnte, darüber debattierte man nicht erst seit den 1990er-Jahren in Deutschland, als mit der Postreform I die Trennung von betrieblichen und hoheitlichen Aufgaben sowie von Telekommunikation und Post erfolgt war. Tatsächlich tummelten sich damals bereits verschiedene private Firmen auf den Märkten Kommunikation, Werbung und Logistik, die ohne Einschränkungen im Wettbewerb standen und gegen die sich die Post zu behaupten hatte.

Nach dem Vorbild aus dem Telekommunikationsbereich legte die EU-Kommission 1992 auch für den Postsektor ein Grünbuch vor, das die programmatische Grundlage für die spätere Liberalisierung und marktwirtschaftliche Ausrichtung bildete. Die Bundesregierung bestätigte die Inhalte, legte aber Wert auf die Feststellung, dass die flächendeckende Postinfrastruktur von allgemeinem Interesse sei und deshalb bestimmte Bereiche auf absehbare Zeit der Post vorbehalten bleiben sollten, um ihren Universaldienst finanziell abzusichern. In den Jahren danach wurden verschiedene europäische Postdienste-Richtlinien in nationales Recht überführt, die die bisherige Monopolstellung schrittweise einschränkten.

Ein Vorschlag des Postministers vom Sommer 1996, der vorsah, die Exklusivlizenz der Deutschen Post bis 2002 zu verlängern, führte zu heftigen Debatten. Allen voran die FDP und Wirtschaftsminister Günter Rexrodt forderten, diese Vorrechte aufzuheben und das Briefmonopol sofort abzuschaffen. Dagegen formierte sich die Postgewerkschaft, die den Verlust von Arbeitsplätzen fürchtete. Im Oktober 1997 organisierte sie eine Großdemonstration in Bonn, der sich 43 000 Postlerinnen und Postler anschlossen.

Wolfgang Bötsch, der „Lokführer" der europäischen Liberalisierungsbewegung, war zu neuen Verhandlungen gezwungen, die im Dezember 1997 schließlich besagten Kompromiss im Vermittlungsausschuss hervorbrachten. Demnach konnte die Post zwar ihre Exklusivlizenz bis Ende 2002 behalten, danach sollte der Markt aber vollständig freigegeben werden und fortan dem Wettbewerb überlassen bleiben. Dieses Datum wurde dann von Bundeswirtschaftsminister Werner Müller auf Ende 2007 verschoben. Er sehe dem Wettbewerb in Europa gelassen entgegen, kommentierte Postchef Zumwinkel die Entwicklung, die sich dann doch noch weiter hinziehen sollte: Erst Ende 2013 gaben schließlich die letzten der 27 Mitgliedstaaten den Postmarkt vollständig für den Wettbewerb frei.

REGULIERUNG

Die Rahmenbedingungen für die Marktöffnung zu schaffen, dabei Kunden und Wettbewerber zu schützen sowie die notwendige Infrastruktur zu sichern, dafür war das Ministerium für das Post- und Fernmeldewesen zuständig. Doch sobald sich die Post dem allgemeinen Wirtschaftsleben angepasst habe, werde sein Ministerium nicht mehr gebraucht, erklärte Postminister Wolfgang Bötsch und kündigte folgerichtig für Ende 1997 des-

Postzustellung im Gebirge, 1946

Wie zu Bundespostzeiten blieb die Deutsche Post auch nach der Privatisierung dem Universaldienst verpflichtet und damit der Bereitstellung einer umfassenden postalischen Infrastruktur – von den Halligen im Norden bis in den tief verschneiten Schwarzwald.

HELMUT BENNO STAAB

Informationsfaltblatt zum PackSet, 1996

„Ich habe viel von ihm gelernt" – nicht wenige, die bei der Post heute in verantwortlichen Positionen sind, sagen dies mit Hochachtung über ihn. Benno Staab war bei der Deutschen Post von Dezember 1994 bis Herbst 1999 Vorstand „Marketing Brief" und davor Zentralbereichsleiter „Zentrale Aufgaben und Strategie". 1976 kam er aus Bayern nach Bonn, und er kreierte im Ministerium einen neuen Bereich: Marketing im Postwesen. Als Ein-Mann-Betrieb baute der Jurist, den der postalische Werdegang vom Gutachter beim Posttechnischen Zentralamt in Darmstadt über das Amt des Referatsleiters Presse und Öffentlichkeit bei der Oberpostdirektion Regensburg an den Rhein geführt hatte, ein Ressort auf, das sich mit möglichen neuen Dienstleistungen befasste.
In den Jahren 1983 bis zur Postreform leitete Benno Staab das Referat „Werbung, Messen und Ausstellungen" und war mit Unternehmenskommunikation befasst.
Telekom oder Post? Das war für den Miterfinder des PackSets dann die Frage. Die Antwort ergab sich nach einem Gespräch mit Klaus Zumwinkel: Post! „Man trifft einen Menschen und spürt, wir liegen auf einer Wellenlänge", erinnert sich Benno Staab an die erste Begegnung mit dem Vorstandsvorsitzenden, dessen Arbeit er in den folgenden Jahren eng begleitet hat: „Die Geschäftspolitik für die herkömmliche Post, das hat er perfekt gemacht", ist seine Einschätzung der Entwicklung von der Behörde zum Konzern.

Dr. Benno Staab (*1940) kam 1968 zur Deutschen Bundespost. Von 1994 bis 1999 war er Mitglied des Vorstands der Deutsche Post AG

sen Auflösung an, als die Postneuordnung spruchreif wurde. Stattdessen wurde eine neue Behörde im Geschäftsbereich des Wirtschaftsministeriums geschaffen, die für Preis- und Qualitätsregulierung bei marktbeherrschenden Unternehmen, die Regulierung des Zugangs zu den Telekommunikations- und Postnetzen und die Festlegung von Standards für die Infrastruktur zuständig sein sollte. Diese „Regulierungsbehörde für Telekommunikation und Post" bekam im Juli 2005 den neuen Namen Bundesnetzagentur, um den erweiterten Befugnissen im Energie- und Eisenbahnbereich Rechnung zu tragen. Postregulierungsaufgaben nehmen darüber hinaus auch das Bundeskartellamt, die EU-Kommission sowie im Streitfall auch europäische und deutsche Gerichte wahr.

ZUM UNIVERSALDIENST VERPFLICHTET

Um den Universaldienst aufrechtzuerhalten, verständigten sich die EU-Mitgliedstaaten auf Einheitstarife, eine angemessene Erreichbarkeit der Postämter und ein Minimum von fünf Zustelltagen pro Woche. In Deutschland sichert die Post-Universaldienstleistungsverordnung (PUDLV) vom 15. Dezember 1999 unter anderem die Beförderung von Briefen, Paketen und Zeitungen sowie Einschreiben, Wertsendungen, Nachnahme- und Eilsendungen. Darüber hinaus sollte es bundesweit „12 000 stationäre Einrichtungen" geben, in zusammenhängend bebauten Gebieten maximal 2 000 Meter entfernt vom Kunden. Klare Vorgaben wurden auch hinsichtlich der Laufzeiten und Preise gemacht. Die Preisregulierung, deren Grundsätze in der Postentgeltverordnung festgelegt wurden, ist für das Unternehmen von besonderer Bedeutung, da es sich um einen Eingriff in die freie unternehmerische Betätigung handelt. In einem sogenannten Price-Cap-Verfahren, das sich an der Inflationsrate orientiert und gleichzeitig Anreize für Produktivitätsfortschritte bietet, hat die Bundesnetzagentur ein international anerkanntes Verfahren implementiert, das in seiner Grundstruktur bis heute gültig ist.

Zu Diskussionen über die Einzelheiten des Universaldienstes, den Briefvorstand Hans-Dieter Petram als „Anachronismus aus vergangenen Behördenzeiten" bezeichnete, kam es vor dem Auslaufen des Briefmonopols Ende 2007. Es stelle sich zwangsläufig die Frage, in welchem Umfang und um welchen Preis eine postalische Grundversorgung längerfristig erbracht werden könne, sagte Petram vor der Presse. Die Welt hatte sich verändert, das Internet Einzug gehalten. Private Haushalte gaben schon 2002 für Brief- und Paketdienstleistungen monatlich nur noch 4,44 Euro aus, und der Briefmarkt drohte weiter zu schrumpfen. Zum Vergleich: Für Telekommunikation gaben die Deutschen seinerzeit etwa zehnmal so viel aus. Trotzdem bekräftigte Petrams Nachfolger Jürgen Gerdes den Willen der Post, am Universaldienst festzuhalten. Auch eine Verkleinerung des Filialnetzes stehe nicht zur Debatte. Im Gegenteil: Die Zahl von 12 000 Standorten, die der Gesetzgeber ver-

Werbeanzeige der Deutschen Bundespost POSTDIENST, um 1995

Der in Holland gebürtige Illustrator Braldt Bralds gestaltete für die Post Mitte der 1990er-Jahre dieses Anzeigen- und Plakatmotiv, mit dem die Öffentlichkeit über die neuen Frachtzentren informiert wurde.

„Wir helfen unserem Briefträger", Faltblatt, 1950er-Jahre

Die Deutsche Bundespost hatte das Monopol im Fernmeldedienst und auch für viele Bereiche des Postdienstes, stand aber mit den Finanzdiensten, beim Postreisedienst und auch mit dem Paketdienst im Wettbewerb. Mit Broschüren, Plakaten und Anzeigen warb man für diese Dienste, aber auch, seit den 1950er-Jahren, für das Anbringen angemessen großer Briefkästen.

langte, wurde längst erfüllt und sogar übertroffen. Heute gibt es insgesamt über 27 000 Filialen, Verkaufsstellen und DHL-Paketshops.

WETTBEWERB

Beim Briefdienst besaß die Post das Monopol, aber in anderen Bereichen war ihr Marktkonkurrenz keineswegs fremd. So befand sich bei der Post bereits 1986 ein guter Teil – er entsprach etwa einem Drittel des Gesamtumsatzes – im Wettbewerb, und damit deutlich mehr als im Fernmeldebereich.

Tatsächlich aber gingen die Überlegungen zu Markt und Wettbewerb noch weiter zurück: Schon in den 1920er-Jahren, als die prekäre Wirtschaftslage nicht nur der Reichspost zu schaffen machte, wurde darüber nachgedacht, wie sich die Wettbewerbsfähigkeit des Postdienstes erhöhen ließe. Es sei nicht mehr angebracht, mit „Stephan" zu glauben, die Post sei eine Wohlfahrtseinrichtung und kein Geschäftsinstitut, äußerte sich ein Beamter 1922 im Postjahrbuch. Bereits damals musste sich die Reichpost etwas einfallen lassen, um gegen die Konkurrenz der Bahn bei der Personenbeförderung mitzuhalten.

Bei der Bundespost folgten in den 1950er- und 1960er-Jahren große Kampagnen, die dafür warben, Hausbriefkästen anzubringen und die neuen vierstelligen Postleitzahlen zu verwenden – beides Mittel zur Rationalisierung der Zustellung. Ende der 1970er-Jahre hielten dann Begriffe wie Markt und Marketing endgültig Einzug im Ministerium. So forderte Benno Staab, später Mitglied des Vorstands, schon früh eine „aktive Marktpolitik" für den Postbereich. Als man aber versuchte, über das traditionelle Angebot hinaus Brief- und Paketzubehör in das Sortiment aufzunehmen, regte sich Widerstand in Wirtschaft und Politik. Staab konnte seine Idee eines PackSets nur über eine Tochtergesellschaft verwirklichen, da Wirtschaftsminister Otto Graf Lambsdorff den Papierhandel durch diese Eigenerfindung der Post bedroht sah.

Heute führt Deutsche Post DHL den boomenden und hart umkämpften Paketmarkt mit einem Anteil von rund 42 Prozent an. Bei den Geschäftskundenbriefen hatte sie Mitte 2014 einen Marktanteil von rund 65 Prozent. Ungeachtet der Tatsache, dass die Bundesnetzagentur seit 1995, als erstmals private Anbieter zugelassen wurden, mehrere Tausend Lizenzen vergeben hat, stellt die Post heute täglich 64 Millionen Briefe zu. „Einfach. Immer. Überall."

Auftraggeber für die Wirtschaft, Broschüre, 1997

Die Deutsche Post präsentierte sich als Auftraggeber für – unter anderem – die Bau- und Automobilindustrie, Speditionen und Handwerksbetriebe. Rund 80 000 Aufträge gingen allein 1996 an Firmen in den neuen Bundesländern.

Feier am Tag der Deutschen Einheit
in Berlin am 3. Oktober 1990

CHRONOLOGIE – DDR UND POSTUNION

1949 Die „Provisorische Volkskammer“ beschließt die Verfassung der Deutschen Demokratischen Republik

1953 14 Bezirksdirektionen übernehmen die Aufgaben der bisherigen fünf Oberpostdirektionen

Die Bestimmungen des Weltpostvertrages treten in der DDR in Kraft

In der Abteilung M (Postkontrolle) des Ministeriums für Staatssicherheit sind im Jahr 1953 640 Personen mit dem „Auswerten“ der Post befasst. Im Jahr 1989 hat die Abteilung M 2 200 Mitarbeiter in 15 Abteilungen

1959 Das „Gesetz über das Post- und Fernmeldewesen“ verpflichtet die Deutsche Post, grenzüberschreitende Postsendungen, die der Zoll- und Warenkontrolle unterliegen, den entsprechenden Dienststellen „vorzuführen“

13.08.1961 Die DDR beginnt in Berlin damit, die Mauer zu errichten. Die Grenze zur Bundesrepublik wird abgeriegelt

1970 Die Deutsche Post der DDR und die Deutsche Bundespost verständigen sich über eine jährliche Postpauschale zum Ausgleich von Mehrleistungen der DDR-Post

1976 Nach 23 Verhandlungsrunden wird ein deutsch-deutsches Postabkommen zwischen der Bundesrepublik und der DDR beschlossen

1983 Im Zuge der Neufestsetzung der Postpauschale erhält die DDR von der Bundesrepublik jährlich 200 Millionen D-Mark

Zwischen 1984 und 1989 werden 320 000 private Briefe, Päckchen und Pakete ausgeraubt, die aus der Bundesrepublik in die DDR geschickt werden. 32,7 Millionen D-Mark beträgt der Wert der Zahlungsmittel und Wertsachen, die in diesem Zeitraum aus Postsendungen meist westdeutscher Absender entwendet werden. 10,7 Millionen D-Mark Ersatz muss die Deutsche Bundespost für verloren gegangene Pakete bezahlen

1989 Die Post der DDR gibt 859 Millionen Mark (Ost) für Investitionen aus, die Deutsche Bundespost 20,3 Milliarden D-Mark

850 Mark (Ost) verdienen Zusteller pro Monat bei einem Durchschnittsverdienst eines DDR-Bürgers von rund 1 000 Mark

1 697 eigene Verkaufsstellen betreibt der Postzeitungsvertrieb der DDR 1989, darunter 1 282 eigene Kioske

633,8 Millionen Mark (Ost) geben DDR-Bürger 1989 für Spieleinsätze bei den Toto-Lotto-Stellen der Post aus

436 Millionen D-Mark Begrüßungsgeld wurden allein in den wenigen Wochen bis Ende 1989 in Postfilialen ausbezahlt

09.11.1989 Nach einem Beschluss des Ministerrats der DDR können „ab sofort“ Ausreisen über alle Grenzübergangsstellen der DDR in die Bundesrepublik beziehungsweise nach Berlin (West) erfolgen – die DDR öffnet die Mauer

12.11.1989 Ein Treffen der Postminister Klaus Wolf und Christian Schwarz-Schilling findet in Berlin statt

25.01.1990 Die deutsch-deutsche Regierungskommission Post/ Fernmeldewesen konstituiert sich

13.03.1990 Die Zielvereinbarung über eine Postunion wird festgelegt und Expertenkommissionen werden eingesetzt

14.05.1990 Auf dem Postforum in Köln wird von führenden Vertretern der Deutschen Bundespost und des Ministeriums für Post- und Fernmeldewesen eine „Gemeinsame Erklärung über die Erweiterung des Dienstleistungsangebotes im Verkehr zwischen beiden Teilen Deutschlands“ unterzeichnet

17.05.1990 Die Postminister Emil Schnell und Christian Schwarz-Schilling unterzeichnen in Berlin eine gemeinsame Erklärung über die Postunion, nach der mit sofortiger Wirkung gearbeitet wird

18.05.1990 Der Staatsvertrag zur Wirtschafts-, Währungs- und Sozialunion wird von den Finanzministern Theodor Waigel und Walter Romberg unterzeichnet

01.07.1990 Die Währungsunion tritt in Kraft. Gleichzeitig werden die Sondervermögen beider Postdienste zusammengeführt und die Eröffnungsbilanz in D-Mark wird dargelegt. Auf Briefmarken entfällt die Staatsbezeichnung „DDR“ und wird ersetzt durch den Begriff „Deutsche Post“

03.10.1990 Nach dem Beitritt der Deutschen Demokratischen Republik zur Bundesrepublik Deutschland wird die Deutsche Einheit vollzogen

Zum Zeitpunkt der Wiedervereinigung betreibt die Deutsche Post in der DDR 12 000 Ämter und Amtsstellen, die Deutsche Bundespost POSTDIENST 6 608 Postämter und 10 711 Poststellen

01.11.1990 Der Organisationsbereich der Deutschen Postgewerkschaft wird auf die fünf neuen Bundesländer und Berlin (Ost) ausgedehnt, die Postgewerkschaft hat damit rund 576 000 Mitglieder

Ende 1990 Der Briefverkehr ist seit November 1989 auf das Dreifache gestiegen, der Paketverkehr aufgrund des Versandhandels auf das Fünffache

DHL verschickt nach dem Mauerfall mehrere Tonnen der Berliner Mauer an Sammler von Erinnerungsstücken in aller Welt

01.07.1991 Die Allgemeinen Geschäftsbedingungen von Deutsche Post POSTDIENST treten auch in den neuen Bundesländern in Kraft

In den fünf neuen Bundesländern werden 15 Millionen Kataloge zugestellt

2,17 Milliarden D-Mark betragen im Jahr 1991 die Erträge der Post in den neuen Bundesländern, 3,01 Milliarden D-Mark die Kosten

April 1992 30,6 Prozent der Briefe in West-Ost-Richtung werden am nächsten Tag (E+1) zugestellt, 53,7 Prozent sind es im November

Nov. 1992 Für die Post in den neuen Bundesländern wurden etwa 10 000 Fahrzeuge angeschafft

01.07.1993 Ein neues fünfstelliges Postleitzahlensystem wird für ganz Deutschland eingeführt; bis dahin gab es etwa 800 Doubletten, die deshalb ein W und ein O vorangestellt hatten

Achtung!
Sie verlassen
nach 70m.
West-Berlin
YOU ARE NOW
LEAVING
BRITISH SECTOR
FERNSPRECHER
FERNSPRECHER

DIE POSTUNION

Integration der DDR-Post: wirtschaftliche Herausforderung und gelungener Kraftakt der Postmitarbeiter

Wäre man abergläubisch, dann hätte der 3. Oktober 1990 für die Post in Deutschland ein Unglückstag werden müssen. Christian Schwarz-Schilling, Minister für das Post- und Fernmeldewesen, stand wie alle anderen Spitzenpolitiker während der nächtlichen Feierlichkeiten zur Wiedervereinigung auf dem Balkon des Reichstags, als genau fünf vor zwölf eine Feuerwerksrakete auf seinem Arm landete – und seine Uhr zum Stehen brachte. Trotz des Zwischenfalls hielt er am folgenden Tag vor den Postführungskräften aus Ost und West die geplante Rede und präsentierte dabei den verbundenen Arm wie eine Trophäe. Um das Gelingen der postalischen Wiedervereinigung, die sogenannte Postunion, musste er sich keine Sorgen machen, denn die war bereits im Juli vollzogen und danach in den Einigungsvertrag integriert worden.

Briefkasten an der Sektorengrenze in Berlin, 1960

Nach dem Krieg teilten die Alliierten Deutschland in vier Besatzungszonen und Berlin in vier Sektoren auf, die von Großbritannien, Frankreich, den USA und der Sowjetunion kontrolliert wurden. Den Bewohnern der drei West-Sektoren Berlins wurde 1952 das Betreten des Umlandes grundsätzlich verboten, die Stadtgrenze wurde mit Stacheldraht gesperrt. Dennoch flüchtete bis zum August 1961 ein Sechstel der DDR-Bevölkerung. Mit dem Bau der Mauer und der Teilung der Stadt in West- und Ostberlin wurde es ganz unmöglich, die Grenzen zu überwinden. Die Sektoren gab es bis zum Tag der Deutschen Einheit.

Damit waren auch im Postbereich vier Jahrzehnte der Teilung beendet, in deren Verlauf sich Menschen und Institutionen auseinanderentwickelt hatten. 1949, nach Gründung der zwei deutschen Staaten, waren die Startbedingungen im Osten und im Westen ähnlich schlecht: Postgebäude und Verkehrs-Infrastrukturen waren vom Krieg zerstört, Betriebseinrichtungen verschwunden, Material war Mangelware und das Personal knapp. Allerdings demontierten die sowjetischen Besatzer, anders als in den westlichen Zonen, alles, was noch irgendwie verwendbar schien, und transportierten es ab.

Die Deutsche Bundespost entwickelte sich trotz der katastrophalen Ausgangslage innerhalb weniger Jahre zur Stütze des Wirtschaftswunders. Schon bald nach den Anstrengungen des Wiederaufbaus gelang es hier, die Qualität der Dienstleistungen voranzubringen. Automatisierte Brief- und Paketverteilanlagen, die Optimierung von Betriebsabläufen und der Aufbau eines dichten Annahme- und Auslieferungsnetzes trugen ihren Teil zur Verbesserung bei. Die Post investierte in Arbeitsmittel und moderne Fahrzeuge und bot, obwohl ein Staatsunternehmen, innovative Produkte für Geschäfts- und Privatleute an. Aus den Postbenutzern von einst waren Kunden geworden.

Im Osten des geteilten Landes folgte die Post vor allem den Vorgaben des politischen Systems. Auch hier gab es die klassischen Dienstleistungen Brief und Paket, und auch hier wurden nach 1945 die NS-roten Briefkästen gelb übertüncht. Wie im Westen war die Telekommunikation Aufgabe der Post – und das Netz in einem desaströsen Zustand. Da nicht ausreichend Mittel für den Ausbau der Leitungen und Vermittlungstechnik bereitgestellt wurden, blieben private Telefone auch in den folgenden Jahrzehnten ein begehrtes und seltenes Gut – im Jahr der Wende warteten 1,3 Millionen DDR-Bürger auf ein Telefon.

Vor allem die Verbesserung dieser Situation stand im Mittelpunkt eines Treffens zwischen DDR-Postminister Klaus Wolf und Christian Schwarz-Schilling am 12. Dezember 1989 in Berlin.

POST- UND POSTZEITUNGSWESEN

Die Klagen der Bevölkerung galten aber nicht nur dem Mangel an Telefonen, die Post insgesamt war Ende 1989 in einem jämmerlichen Zustand: Die Gebäude waren stark renovierungsbedürftig oder sogar baufällig, das Betriebsmaterial zerschlissen. Nur 1 Prozent der Fahrzeuge konnte pro Jahr ersetzt werden, und vor den Plattenbausiedlungen gaben die Paketzustellanlagen ein trauriges Bild ab. Bei den Ämtern häuften sich Eingaben und Beschwerden über Mängel aller Art, als deren Ursachen das Ministerium wenige Tage nach dem Fall der Mauer fehlende Arbeitskräfte, unzureichende technische Voraussetzungen und das Fehlverhalten von Mitarbeitern ausmachen konnte. Eine ganze Reihe postalischer Dienstleistungen galt es daher schnellstmöglich neu zu strukturieren. Der kundenfreundliche Service bei der Geldversorgung – man konnte sich

Logo des Postzeitungsvertriebs der DDR

Rund 45 Prozent der Beschäftigten bei der Deutschen Post der DDR waren im Postzeitungsvertrieb (PZV) tätig. Die Post hatte die alleinige Zuständigkeit für die Beförderung und den Vertrieb aller „fortlaufenden Presseerzeugnisse". Der Großteil aller Tageszeitungen wurde im Abonnement bezogen; in Städten mit mehr als 10 000 Einwohnern bekamen die Leser ihr Blatt frühmorgens, die Briefpost wurde später getrennt zugestellt.

Kinder an einem Zeitschriftenkiosk, 1980er-Jahre

Süßigkeiten gab es nicht an den Zeitungs- und Zeitschriftenkiosken in der DDR, aber es gab schon für Kinder und Jugendliche Zeitschriften, die zum Teil die politisch-ideologische Beeinflussung der Kleinen außerhalb der Schule übernehmen sollten. Die *ABC-Zeitung* war wie die *Schulpost* und später die *Trommel* für Kinder der ersten drei Schuljahre konzipiert, die *Junge Welt* übernahm bei den älteren die ideologische Bildung.

Zeitungsverkauf in einer HO-Verkaufsstelle in Rostock, um 1972

Schon seit den 1950er-Jahren bot der Postzeitungsvertrieb auch Handelsware wie Bücher, Kalender oder Broschüren an, vor allem aber wurden Zeitschriften vertrieben. Um Kunden zu gewinnen, waren Berufswerber unterwegs, die von den Hauptpostämtern Fahrzeuge gestellt bekamen: „So konnten im Landbereich des HPA Aue an zwei Tagen 100 Bezieher für die Zeitschriften *Sowjetunion* und *Sowjetfrau* gewonnen werden", lobte ein Sektorenleiter in der Mitarbeiterzeitung *Deutsche Post* dieses Verfahren.

in allen Postfilialen Bargeld und Schecks sämtlicher Banken bis 500 Mark besorgen und kostenlose Ein- und Auszahlungen auf Sparbücher anderer Banken und Geldinstitute vornehmen – fiel da kaum noch ins Gewicht.

Das Postzeitungswesen war besonders häufig Gegenstand von Klagen: Die „rückstandsfreie Bearbeitung" war nicht gewährleistet, die Leser warteten oft vergeblich auf ihre Zeitung oder Zeitschrift, das bestätigte sogar das Ministerium wenige Tag nach dem Mauerfall den Kritikern. Sie pünktlich zu liefern, war in der DDR Aufgabe der Post. Über den Postzeitungsvertrieb (PZV) wurde die gesamte Pressedistribution abgewickelt, und zwar nicht nur die Zustellung an die Abonnenten: Der PZV betrieb zudem rund 1 700 Kioske und Läden für den Einzelverkauf, und auch an circa 4 500 Postschaltern gab es Zeitungen zu kaufen. Die Dienststellen des PZV entschieden darüber, ob ein Bürger eine Zeitung oder Zeitschrift abonnieren durfte. Wenn nicht, war er gezwungen, sein Glück am Kiosk zu versuchen – wo es die begehrten Titel oft nicht gab.

Insgesamt waren rund 45 Prozent der Postbeschäftigten der Deutschen Post in der DDR im Pressevertrieb tätig, der vielen sogar als das Kerngeschäft der Post galt. Der Staat hatte so die Möglichkeit, zu kontrollieren, was seine Bürger lasen, und sie vor westlichen Presseerzeugnissen zu „schützen". Über die sogenannte Postzeitungsliste sicherte er sich die umfassende Kontrolle über die periodischen Druckerzeugnisse. Was nicht in die Liste aufgenommen wurde, war auch nicht verfügbar. 1989 standen 783 Presseerzeugnisse aus der DDR und 6 257 aus anderen sozialistischen Staaten darauf, aus allen übrigen Ländern jedoch nur 193. Wie dieses System funktionier-

DEUTSCHE POST
PZV
ZEITUNGSVERTRIEB
Ihr Vorteil
Zeitschriften
aus Ihrer
Verkaufsstelle
pramo

Briefzustellung an der Zonengrenze in Mödlareuth bei Hof, 1955

Das 50-Einwohner-Dorf am Ende der Welt war wie Berlin ein Symbol der deutschen Teilung. Das thüringische Mödlareuth-Ost in der sowjetischen und das bayerische Mödlareuth-West in der amerikanischen Besatzungszone gehörten ab 1949 entsprechend zum Territorium der DDR respektive, ab 1952 getrennt durch einen übermannshohen Bretterzaun, zur Bundesrepublik. 1966 errichteten DDR-Grenztruppen eine 700 Meter lange, 3,40 Meter hohe Betonmauer quer durch den Ort, die bis 1989 das Dorf teilte. Über 37 Jahre war es nicht möglich, die Grenze zu überschreiten, und sogar das Winken von Ost nach West war verboten.

te, erfuhr alle Welt spätestens 1988, als sogar das Magazin *Sputnik* aus dem Bruderland Sowjetunion von der Liste gestrichen wurde. Der Staats- und Parteiführung war in der Zeitschrift zu viel von Glasnost und Perestroika die Rede. Am 18. November 1988 wurde die Auslieferung der Oktoberausgabe durch den Postzeitungsdienst untersagt, was die Bevölkerung unverhohlen kritisierte.

KONTROLLE UND DEVISEN

Einen besonders großen Aufwand betrieb der Überwachungsstaat DDR bei der Kontrolle des deutsch-deutschen Postverkehrs. Zwar garantierten sowohl die erste Verfassung der DDR von 1949 sowie Artikel 31 der Verfassung von 1968 die Unverletzlichkeit des Post- und Fernmeldegeheimnisses, es wurde aber vom Ministerium für Staatssicherheit (MfS) fortwährend gebrochen. Zur „Sicherheit des Staates" betrieb man in den Briefverteilämtern, unterstützt von leitenden Angestellten der Post und unbemerkt von anderen, die systematische Postkontrolle. Mit Röntgentechnik wurden Briefe durchleuchtet, mit Kalt- und Heißdampfanlagen oder chemischen Lösungsmitteln die Umschläge geöffnet. Der Inhalt wurde kopiert und ausgewertet, die Briefe danach wieder verschlossen – oder vernichtet. Das entnommene Geld und Wertgegenstände wurden dem Staatshaushalt zugeführt, allein aus Briefen in den Jahren 1984 bis 1989 waren es rund 33 Millionen Mark. Aber auch die Mitarbeiter des MfS selbst waren Opfer ihres Systems, wurden kontrolliert und überwacht und mittels präparierter Briefe der Versuchung ausgesetzt, sich zu bereichern – was sie nicht selten auch taten.

Nicht besser als bei der Briefpost ging es im streng reglementierten Paketversand zu. In den 1980er-Jahren waren es jährlich rund 25 Millionen Pakete, die aus dem Westen „nach drüben" gingen, in umgekehrter Richtung geschätzte 10 Millionen. Die geschnürten Kartons wurden kontrolliert und beschnüffelt, Absender und Empfänger gerieten unter Generalverdacht. Paketfahnder der Staatssicherheit, getarnt als Postzollfahndung, kontrollierten am Tag rund 4 000 Sendungen mit besonderem Augenmerk auf bereits verdächtige Absender oder Adressaten. Auf die MfS-Kontrolle folgte die durch den Zoll, wo in der „Knibberstelle" mit viel Geschick und unter Strahlenbelastung Pakete geröntgt und bei Verdacht unverzüglich beschlagnahmt wurden.

Ganz offen um harte Devisen ging es bei der sogenannten Postpauschale, einer sicheren Geldquelle für den maroden DDR-Staatshaushalt. Wegen der sehr viel größeren Brief- und Paketmenge in die DDR hatte sich das Bundespostministerium unter Postminister Dollinger bereit erklärt, ab 1970 eine jährliche Pauschale von 30 Millionen Mark zu bezahlen; nach der letzten Erneuerung des Vertrags am 15. November 1983 erhöhte sich die Summe auf rund 200 Millionen Mark.

Eine weitere postalische Einnahmequelle ergab sich aus dem Briefmarkenhandel, den die DDR in Millionenhöhe mit Sammlern aus dem Westen betrieb. Der VEB Philatelie

„F kommt wieder"
1951/52 organisierte die DDR-Massenorganisation „Nationale Front des demokratischen Deutschland" zusammen mit dem Amt für Information der DDR die Kampagne „Schreibe auch Du – Dein Brief nach Westdeutschland", wobei die Briefe ein Beitrag sein sollten im fortwährenden „Kampf um Verständigung, Einheit und Frieden". Die Außenstelle des Ministeriums in Bonn reagierte mit diesem Plakat, auf dem das „F kommt wieder" Freiheit als Perspektive verheißt.

Sonderschalter der Post zum VIII. Pioniertreffen in Karl-Marx-Stadt, August 1988

Nicht alle Wünsche konnten sich DDR-Sammler erfüllen, denn viele Marken wurden gegen Devisen in den Westen verkauft. Die Jungen Pioniere haben hier Glück, es werden Sonderbriefmarken und Ersttagsbriefe ausgegeben und Postsendungen mit Sonderstempeln versehen.

Wermsdorf, gegründet als privater Großhandel und 1972 zum volkseigenen Betrieb umgewandelt, zählte gegen Ende der DDR zum Devisen bringenden Bereich „Kommerzielle Koordinierung" von Alexander Schalck-Golodkowski. Was gut und teuer war, Bestände aus der ehemaligen Reichsdruckerei oder unrechtmäßig beschlagnahmte Marken und Belege, wurde in den Westen verschoben. Offizielle Umsatzzahlen von zehn bis zwölf Millionen Mark jährlich, so schrieb der *Spiegel* 1991 über den VEB Philatelie, seien nach Ansicht eines ehemaligen Mitarbeiters deutlich untertrieben. Exportiert wurde überwiegend in die Bundesrepublik, wo Grossisten und Auktionshäuser auch Abnehmer für die Marken aus dem „Dritten Reich" fanden, deren Besitz und Handel in der DDR streng verboten war. Weniger attraktiv und schlecht abzusetzen waren Propaganda-Marken sozialistischer Ausrichtung; zu viel Klassenkampf sei Kassengift, beschwerten sich die Händler aus Wermsdorf.

Für den gewöhnlichen DDR-Bürger allerdings war es kaum möglich, eine ausgeprägte Sammelleidenschaft zu befriedigen, denn Sondermarken waren zunächst den internationalen Interessenten vorbehalten und im Land selbst nur beschränkt zu haben.

Besser stand es um das Spiel- und Wettvergnügen, dem man in der DDR im Postamt frönen konnte. Der Toto-Lotto-Dienst war seit 1954 fester Bestandteil des Postbetriebs, ein populäres Geschäftsfeld lag damit in den Händen der Deutschen Post der DDR. Von Dienstag bis Freitag wurden Spielscheine angenommen, die Gewinnauszahlung begann am darauffolgenden Mittwoch, bis 20 000 Mark direkt am Schalter. Ob Berliner Bären-Lotterie oder Fußball-Toto, ob 5 aus 90 oder 6 aus 49, ob Cash am Schalter oder per „Dauerspiel" – die DDR-Bürger spielten je länger, desto mehr, im Jahr 1989 für 1,57 Milliarden Mark, davon bei der Post für 634 Millionen. Das Ziel allerdings, „über den Weg der Befriedigung von Spielbedürfnissen der Bürger Kaufkraft abzuschöpfen" zugunsten von Sport und Kultur, erreichte man nur bedingt. Denn obwohl nur 60 Prozent der Einsätze wieder ausbezahlt wurden – die letzten bei den Postämtern im Oktober 1992 –, schrieb das Glücksspiel wie der Postzeitungsvertrieb tiefrote Zahlen.

DER KLEINE POSTVERKEHR

Die Einstellung des Toto-Lotto-Dienstes am Schalter war nur eine von vielen Veränderungen, die die Bürger der neuen Bundesländer verkraften mussten. Nach dem 9. November hatte sich alles in atemberaubendem Tempo geändert, auch bei der Post. Am 12. Dezember 1989, beim ersten Treffen der zwei Postminister Christian Schwarz-Schilling und Klaus Wolf, hatte noch niemand an eine schnelle Wiedervereinigung gedacht. Doch schon am 25. Januar 1990 konstituierte sich die deutsch-deutsche Regierungskommission zur weiteren Ausgestaltung der Post- und Fernmeldebeziehungen samt Fach-Arbeitsgruppen. Vom 7. bis 9. Februar tagte erstmals die Arbeitsgruppe Postverkehr. Es wurde beschlossen, Dienstleistungen und Produkte, darunter Wertbriefe, Werbeantworten, Büchersendungen sowie die Installierung eines Schnellpostdienstes (EMS), anzugleichen und weitere Ergebnisse bis Ende März vorzulegen; als innerdeutsche Brieflaufzeit war E+2, in grenznahen Gebieten E+1 vorgesehen.

Fast zur gleichen Zeit entstanden spontane Partnerschaften zwischen einzelnen Ämtern in Ost und West, und eine Welle unbürokratischer Hilfsbereitschaft trug ausgemusterte, aber noch funktionsfähige Posträder, Zustellkarren, Rollbehälter und Taschen Richtung Osten. Auf Basis dieser improvisierten kollegialen Kontakte, die auf Anweisung aus Bonn im Spätherbst 1990 aus Eigen- und Partnerschaftsinitiativen in formale Bahnen gelenkt wurden, entstand ab 1992 der größte Personalaustausch in der Geschichte der Wiedervereinigung. Allein im Folgejahr wechselten 3 230 Postler vorübergehend die Seiten, 2 197 in Richtung Ost, 1 033 kamen aus dem Osten in das alte Bundesgebiet.

Zunächst aber organisierten Postämter in den grenznahen Bereichen eine Art „kleinen Postverkehr". Um die ersten Herausforderungen bewältigen zu können, stellte die Bundespost 500 Fahrzeuge und 30 Bahnpostwagen als Soforthilfe bereit. Doch schon bald waren auch diese Kapazitäten mehr als ausgelastet, denn die Menschen in der DDR wollten sich lang gehegte Wünsche erfüllen und bestellten erst Kataloge, dann die Waren aus den Katalogen.

Der Versandhandel boomte, und die dadurch entstehende Paketflut dauerte auch 1991 an. Die Wachstumsraten im Paketverkehr schnellten um 500 Prozent hoch, aber es fehlte das Personal an der richtigen Stelle, um die Mengen zu bewältigen. Dieter Wöhlert, da-

Emil Schnell und Christian Schwarz-Schilling im Gespräch, 1990

Zur Orientierung der Arbeitsgruppen beider Postverwaltungen unterzeichneten die Minister im Mai 1990 in Berlin eine Vereinbarung zur Postunion. Nach den ersten freien Wahlen in der DDR am 18. März 1990 war Emil Schnell von Lothar de Maizière zum Minister für Post- und Fernmeldewesen berufen worden. Der Diplomphysiker Schnell hatte mit Freunden in Potsdam die Sozialdemokratische Partei (SDP) organisiert, die sich Ende September 1990 mit der SPD vereinigte. Bereits am 20. August zog die SDP ihre Minister und Staatssekretäre aus der Regierung ab und beendete die Koalition mit der CDU (Ost), Schnells Nachfolger wurde Hans-Jürgen Niehof.

U-Bhf. Kurfürstendamm
Linie 3 Uhlandstraße
Linie 9 Osloer Straße - Rathaus Steglitz
Andere Richtungen
Berlin (West)
Andere Richtungen
Berlin (West)

mals bei Deutsche Bundespost POSTDIENST Präsident der Direktion Berlin, beschreibt den Start seiner Tätigkeit als eine Art Schock: Im völlig überfüllten Postamt 77 standen 300 Güterwagen, es war aber eigentlich nur Platz für 60; die dadurch entstehenden Konflikte wurden zudem überlagert von Querelen zwischen Amtsleitung und Personalvertretung.

Als am 7. Februar 1990 die Regierung in Bonn der DDR erstmals die Schaffung einer Wirtschafts- und Währungsunion in Aussicht stellte, hatten die beiden Postminister bereits Fakten geschaffen. Am 13. März 1990, fünf Tage vor der ersten freien Volkskammerwahl, aus der die Regierung Lothar de Maizière hervorging, vereinbarten sie bei einem Treffen in Leipzig, möglichst schnell eine Postunion zur Vereinheitlichung des Post- und Fernmeldewesens zu bilden. In einer gemeinsamen „Projektorganisation Postunion" bereiteten mehr als 400 Experten mit Hochdruck die Fusion der beiden Unternehmen vor. „Die Postunion war eine Gemeinschaftsleistung von Postlern in Ost und West. Es hat sich gezeigt, dass man nicht ohne Grund von einer großen Postfamilie spricht, die auch viele Jahrzehnte Teilung

Berlin (West)

stand während der Teilung auf einem der Einwurf-Schlitze der Briefkästen im westlichen Teil Berlins. Zunächst war West-Berlin oder Westberlin die Bezeichnung für den Teil Berlins, der nach dem Krieg von den Westmächten kontrolliert wurde; 1982 ordnete der Senat für das von ihm regierte Gebiet die amtliche Bezeichnung „Berlin (West)" an.

HANS-JÜRGEN NIEHOF

Hans-Jürgen Niehof war in Ostberlin dabei, als die Minister Christian Schwarz-Schilling für die Bundespost und Emil Schnell für die DDR-Post die gemeinsame Erklärung zur Postunion unterzeichneten. Als Parlamentarischer Staatssekretär der Regierung de Maizière war er mit zuständig für die Zusammenführung der Postverwaltungen West und Ost. Davor hatte Niehof den Posten als Stellvertreter des Ministers für Post- und Pressevertrieb inne, im August 1990 wurde er als Nachfolger von Schnell geschäftsführender Minister für Post- und Fernmeldewesen.

Die politische Laufbahn – drei hohe Ämter innerhalb weniger Monate – kam für Hans-Jürgen Niehof recht unerwartet. Der Exportbeauftragte im Organisations- und Rechenzentrum der Post war fast 50 Jahre alt, als mit der Wende seine politische Karriere begann – und mit der Einheit ein schnelles Ende fand. „Es gab in der DDR diejenigen, die sich angepasst und vom System profitiert haben, es gab die, die Widerstand geleistet und dafür teuer bezahlt haben, und es gab Menschen wie mich, die mit dem System nicht einverstanden waren, aber ihre Nische gefunden haben", beschreibt Niehof seine Haltung. Um dem Drängen der SED zu entgehen, wurde er in den 1960er-Jahren Mitglied einer Blockpartei, die nach der Wiedervereinigung mit der FDP fusionierte. Sein Wunschfach Außenhandel hatte er nicht studieren dürfen, aber als Fachmann für Datenverarbeitung kam er doch in die Fremde; ein halbes Jahr Irak, einmal eine Reise nach China, immer wieder Bulgarien.

Nach dem Fall der Mauer sind unbescholtene Insider gefragt, und Niehof übernahm Verantwortung für den Prozess der postalischen Zusammenführung. Bei der Post in Bonn erkannte man sein Geschick. Ob er weiter Politik machen wolle? Klaus Zumwinkel, Vorstandsvorsitzender der Deutschen Bundespost POSTDIENST in Bonn, machte ihm ein anderes Angebot, und die ungewöhnliche Karriere „vom IT-Experten zum Minister" setzte sich fort in der Außenstelle der Generaldirektion in Berlin. Danach wurde Hans-Jürgen Niehof Präsident der Direktion in Erfurt und später in Potsdam.

Hans-Jürgen Niehof (*1941) war 1990 geschäftsführender Minister für Post- und Fernmeldewesen in der DDR, danach unter anderem Präsident der Direktionen in Erfurt und Potsdam und Geschäftsführer von Tochtergesellschaften

Schlange stehen für das Begrüßungsgeld am Postamt Berlin 36 am 11. November 1989

Selten habe er so disziplinierte Menschen gesehen, meinte ein Schalterbeamter, der im Postamt in der Osloer Straße in Berlin wie so viele Kollegen freiwillig Überstunden absolvierte. In Banken, Postämtern und sonstigen Ausgabestellen fanden sich nach dem Mauerfall Besucher aus der DDR ein, um ihr Begrüßungsgeld in Empfang zu nehmen. 1970 eingeführt, hatte man 1988 die jährlich einmalige Zahlung auf 100 Mark erhöht, nachdem die DDR den zum Umtausch erlaubten Betrag für Westbesucher auf 15 Mark gekürzt hatte.

überstanden hat", kommentierte Hans-Jürgen Niehof, damals verantwortlicher Verhandlungspartner Ost, das Geschehen.

Schon am 1. Juli 1990 wurde festgelegt, das Sondervermögen der Deutschen Post der DDR mit der Deutschen Bundespost POSTDIENST zu verschmelzen. Mit einem geradezu historischen Kraftakt war es gelungen, die Postunion bereits vor dem Einigungsvertrag vom 31. August 1990 zu vollziehen.

PERSONAL UND POSTLEITZAHL

Eine der größten Herausforderungen dieses Prozesses war der unvermeidbare Personalabbau. Die Deutsche Postgewerkschaft war noch dabei, sich von den harten Verhandlungen zur Postreform zu erholen, als der Mauerfall ihr nach der Auflösung der Ostgewerkschaften neue Mitglieder, aber auch neuen Zündstoff lieferte. Was sich für die Unternehmensführung in Erkenntnissen darstellen ließ wie denen, dass ein Viertel des Postpersonals im Osten nur ein Zehntel zum Umsatz beitrug und dass im Verkehrsgebiet Ost die Zahl der Direktionen, der Postämter und Zusteller drastisch gesenkt werden müsste, bedrohte den Status quo vieler Menschen, die bei der Post ihr Auskommen hatten. Mit zahlreichen Warnstreiks verliehen die organisierten Postler in den neuen Bundesländern ihren Forderungen nach einer Teuerungszulage und nach Rationalisierungsschutz Nachdruck. Dass aber die Umstellung des Zeitungsvertriebs, die Einstellung des Toto-Lotto-Dienstes, der Abbau der Ämter und der kontinuierliche Rückgang im Postverkehr ohne Personalabbau undenkbar waren, dem musste auch die Gewerkschaft Rechnung tragen. Durch Vorruhestandsregelungen und Abfindungen gelang es bis Anfang 1992, die Zahl der Postbeschäftigten in den neuen Bundesländern von knapp 80 000 auf 67 000 zu senken; die Zahl von nur 300 Kündigungen blieb angesichts der sonstigen Größenordnung unerwartet niedrig.

Aber natürlich mussten einstige Mitarbeiter der Staatssicherheit, denen es gelungen war, bei der neuen gesamtdeutschen Post unterzuschlüpfen, das Unternehmen verlassen. Im Buch *Einheitsfarbe Ginstergelb* erinnert Franz Schöll an die Situation, dass allein im Bereich des Bahnpostamts Berlin, dessen zeitweiliger Leiter später selbst als Stasi-Spitzel enttarnt wurde, 140 ehemalige Stasi-Bedienstete untergebracht worden waren. Dass unter diesen Kollegen der Abteilung „Horch und Guck" auch Menschen waren, die nicht aus Überzeugung oder um ihres Vorteils willen, sondern aus Not oder unter Zwang den staatlichen Kontrolleuren gedient hatten, brachte diejenigen, die ein Urteil fällen mussten, immer wieder in Gewissensnöte.

Zu den naturgemäß vielfältigen Schwierigkeiten der Riesenfusion sah sich die Deutsche Bundespost POSTDIENST in der Übergangszeit mit einem speziellen Problem konfrontiert, das finanzielle Einbußen von rund 200 Millionen Mark nach sich zog: Beim sogenannten „Remailing" profitierten findige Versender, unter ihnen öffentliche Institutionen, Versicherungen und Versandhäuser, vom

FRANZ SCHÖLL

Als der neu gebildete Aufsichtsrat von Deutsche Bundespost POSTDIENST im Herbst 1989 über die Vorstände entschied, gehörte Franz Schöll neben Richard Wohlfart und Wolfhard Bender zu den Männern, die aus dem Ministerium berufen wurden. Der „altgediente Postler", der dort die Abteilungsleitung Organisation innehatte, wurde Finanzvorstand.
Ein ruhiger Start war ihm jedoch nicht vergönnt, denn der Fall der Mauer brachte unerwartete Herausforderungen mit sich.
Nach der 1990 vollzogenen Einheit war klar, dass die anstehenden Aufgaben, unter denen die Planung neuer Betriebe, die Erneuerung des Fuhrparks und die Zusammenführung des Kassen- und Abrechnungswesens nicht die geringsten waren, von Berlin aus begleitet werden mussten; mit Schöll an der Spitze wurde dort eine Außenstelle der Generaldirektion Post eingerichtet.
Franz Schöll selbst zeigte sich in der Rückschau verwundert, dass der Umbau überhaupt gelingen konnte: auf der einen Seite die Notwendigkeit zum Personalabbau, um im Wettbewerb zu bestehen, auf der anderen Seite fehlte geeignetes Führungspersonal. Überdies stand die neu geeinte Deutsche Post in der ständigen Kritik der Bevölkerung – das um 300 Prozent gestiegene Sendungsaufkommen war kaum zu bewältigen. Dass es doch gelang, wie die praktische Umsetzung der Postunion insgesamt, ist maßgeblich Franz Schölls Verdienst – der nie vergaß, die Leistung und das Improvisationstalent der Postler im Osten zu würdigen.

Franz Schöll (1927–2011) trat 1954 in den Postdienst ein. Er war von 1990 bis 1991 Mitglied des Vorstands

Pakete über Pakete

Infolge der neu erwachten Konsumbegeisterung stapelten sich die Pakete in den Post- und Umschlagämtern meterhoch, es kam nicht zuletzt in Berlin zu Rückständen und Verzögerungen in der Zustellung. Das alte Vorurteil vom Schneckentempo der Post drängte in die Schlagzeilen, sodass man eilig externe Firmen, deren Mitarbeiter auf das Postgeheimnis vereidigt wurden, heranzog.

Fünfstellig!

Bundespost-Vorstandschef Klaus Zumwinkel, Postminister Wolfgang Bötsch, Reck-Weltmeister Eberhard Gienger, Berlins Senatorin für Arbeit und Frauen Christine Bergmann und Boxweltmeister Henry Maske: Sie alle warben am 30. Juni 1993 im Berliner „Roten Rathaus" für die Reform der Postleitzahlen, ehe diese am folgenden Tag in ganz Deutschland eingeführt wurden.

Gebührengefälle zwischen Ost und West. Weil Briefe, aus dem Osten verschickt, zum Teil nur halb so teuer waren wie Briefe in umgekehrter Richtung, lieferten sie große Mengen von Werbedrucksachen und anderen Sendungen, die für Westdeutschland bestimmt waren, bei Ost-Postämtern ein.

Auch dass plötzlich Briefe aus dem Westen mit dem Konterfei Walter Ulbrichts in Umlauf kamen, führte zu Irritationen: Für kurze Zeit durften Briefe im Westen auch mit Ost-Postwertzeichen frankiert werden, und westdeutsche Briefmarkenhändler, die postfrische Marken „gebunkert" hatten, nutzten die Gunst der Stunde.

Ein besonders kniffeliges Thema, das es nach der Wende zu lösen galt, war die Vereinheitlichung der zwei unterschiedlichen Postleitzahl-Systeme. Eine Arbeitsgruppe in Darmstadt machte sich an die Lösung des Problems, dass beispielsweise die Postleitzahl 5300 für Bonn genauso stand wie für Weimar. Rund 500 dieser Doubletten gab es, und fürs Erste behalf man sich damit, ein „W" oder ein „O" vor die Zahl zu setzen. Bereits bei der Deutschen Bundespost hatte es Überlegungen gegeben, die Postleitzahlen zu reformieren, aber jetzt konnte und musste ein ganz neues System geschaffen werden. Man entschied sich für ein numerisches fünfstelliges Modell, bei

LISALOTTE HEMPEL

Lisalotte Hempel ist eine der wenigen weiblichen Führungskräfte, die sowohl bei der Deutschen Post der DDR als auch bei der geeinten Deutschen Post Karriere gemacht haben.
Ihren Traum, Leistungssportlerin zu werden, machte eine Verletzung zunichte, und so folgte sie dem Rat der Mutter: Geh doch zur Post! Nach einem Studium an der Fachhochschule Leipzig eröffneten sich dort gute Aufstiegschancen – wenn man flexibel war und mobil. Sie nutzte diese Chancen und stieg auf bis zur Abteilungsleiterin „Arbeit" in verschiedenen Ämtern der Ost-Post.
Als sich nach den folgenreichen Worten von Günther Schabowski am 9. November 1989 die Mauer öffnete, hat Lisalotte Hempel das, in Beschlag genommen von den Vorbereitungen für eine große Familienfeier zu ihrem 50. Geburtstag am folgenden Samstag, nur beiläufig mitbekommen. Erst am Tag nach dem Fest pilgerte dann die versammelte Familie nach West-Berlin.
Beruflich hat sie sich damals, nach einer Reihe von Gesprächen mit Verantwortlichen im Postministerium und bei der Generaldirektion POSTDIENST, für die Praxis entschieden und war bis zum Ruhestand in der Ressourcensteuerung tätig.
Wolfhard Bender, bei der Post zu der Zeit Personalvorstand, schätzte ihre offene und resolute Art und, was besonders wichtig war, dass sie zum DDR-System die nötige Distanz gehalten hatte. „Mir kam zugute, dass die Normen für den Personaleinsatz und die Arbeitsorganisation der Ost- beziehungsweise West-Post sehr ähnlich waren", kommentiert sie die Zeit nach der Fusion der beiden Unternehmen. „Allerdings mit dem Unterschied, dass sie im Osten nur auf dem Papier standen und nicht eingehalten wurden." Heute lebt sie als aktive Ruheständlerin in Berlin. An den Wochenenden besucht die leidenschaftliche Pilzsammlerin ihre Söhne auf ihren „Datschen", und sehr gern fährt sie noch weiter weg: Reisen nach Neuseeland, Australien, Indien und Mexiko, demnächst Südamerika – das ist ihr großes Hobby.
„Mein Lebensweg hat mir große Erfüllung gebracht", resümiert die Berlinerin auch im Hinblick auf die Postkarriere in zwei Welten. „Nach der Wiedervereinigung bin ich immer fair behandelt worden, und solange es mir gesundheitlich gut geht, genieße ich meinen Ruhestand."

Dr. Lisalotte Hempel (*1939) war zuletzt als Geschäftsbereichsleiterin für Ressourcensteuerung bei der Post tätig, seit 2007 ist sie im Ruhestand

ANGELIKA ADAM

Angelika Adam kann auf fast 50 Jahre im Postdienst zurückblicken, davon etwa eine Hälfte bei der Deutschen Post in der DDR, die andere bei der wiedervereinigten Deutschen Post. Als junges Mädchen, so erinnert sie sich bis heute, hat sie ihren Vater aufs Postamt begleitet und war dort sehr beeindruckt vom Schalterdienst. Deshalb fing sie nach ihrer Schulzeit 1965 in Görlitz bei der Post an, wo sie zunächst eine zweijährige Ausbildung absolvierte. Später besuchte sie eine Fachschule und erlangte den Abschluss „Meister für Post- und Fernmeldebetriebstechnik". 1981 übernahm Angelika Adam die Leitung eines Postamts und war bis 1994, dann im Rang einer Oberinspektorin, mit großer Freude „an der Basis" tätig.
Als sich nach der Wende die Strukturen veränderten, wurde sie gefragt, ob sie mitarbeiten wolle im Qualitätsmanagement für den Filialbetrieb. Interessiert an neuen Aufgaben, kam sie über Schulungen in Bonn zu ersten Kontakten mit der Stadt am Rhein. Als sich wenig später die Chance bot, in die Zentrale zu wechseln, ergriff sie die Gelegenheit beim Schopf.
Viele Jahre war sie danach in einem Zentralbereich des Vorstandsvorsitzenden tätig. „Nie hätte ich mir träumen lassen, dass ich einmal so eine Chance bekommen würde", erzählt Angelika Adam über diese Zeit, als sie mit ihrem Mann nach Bonn zog – seit einigen Jahren lebt auch die Tochter in der Region. Und ja, seit dem Börsengang ist sie auch Aktionärin, schließlich weiß sie aus eigener Erfahrung, dass die Post ein gutes Unternehmen ist.

Angelika Adam (*1949) kam 1965 zur Deutschen Post in der DDR. Sie war zuletzt Sachbearbeiterin im Zentralbereich Politik und Regulierungsmanagement, seit April 2014 ist sie im Ruhestand

Rolf

Auf 29 000 Postautos und 140 000 Briefkästen, auf Plakaten, Fahnen, Aufklebern und nicht zuletzt in einigen Werbespots verbreitete Rolf, die Werbefigur aus der Werkstatt des Hamburger Karikaturisten Ully Arndt, seine Botschaft zur Einführung der fünfstelligen Postleitzahl am 1. Juli 1993: Fünf ist Trümpf! Die Gebühren gering halten und die Laufzeiten beschleunigen, das waren – wie schon 1962 bei der Einführung der vierstelligen Postleitzahl in der BRD und 1965 bei der DDR-Post – die Ziele der Umstellung auf die „Fünfstellige". Jetzt war die Zeit reif, die beiden Systeme zu vereinheitlichen.

dem, so der Wunsch der Bevölkerung, die geografische Lage des Postortes anhand der Zahl sofort zu erkennen ist. Postchef Zumwinkel versprach ein einfaches und übersichtliches System, das den Postbetrieb „zuverlässiger, rationeller und schneller" mache. Ab Mai wurden die neuen Postleitzahlenbücher, insgesamt rund 34 Millionen, an die Haushalte verteilt, und ab 1. Juli 1993 hatten die neuen Postleitzahlen bundesweit Gültigkeit. Im Hintergrund lief jetzt bereits die Neuorganisation des Briefdienstes mit den Briefzentren, die nun Zug um Zug entstanden.

95 625 000-mal Deutsche Einheit:

Die Sondermarken im Wert von 50 und 100 Pfennig, entworfen vom Kaarster Gestalter Paul Effert, wurden zusammen fast einhundertmillionenmal gedruckt.

FUSION IM EILTEMPO

Den letzten Akt der Fusion hatte man bereits zwei Jahre zuvor, Anfang Juli 1991 vollzogen, als die Allgemeinen Geschäftsbedingungen im Beitrittsgebiet in Kraft traten, mit denen das Dienstleistungsangebot in Ost und West vereinheitlicht wurde. Der Geschäftsbericht 1993 schlüsselte letztmalig die Geschäftszahlen nach den beiden Verkehrsgebieten auf.

Es war vollbracht, was Klaus Zumwinkel in seiner Rede am Tag nach der Wiedervereinigung vor den Angehörigen der neuen Außenstelle der Generaldirektion POSTDIENST als posthistorische Herausforderung beschrieben hatte: die Zusammenführung der jahrzehntelang getrennten Postsysteme. Diese Außenstelle, die als Schaltzentrale zwischen den Generaldirektionen POSTDIENST und den Direktionen und Ämtern im Beitrittsgebiet fungierte, leistete unter Franz Schöll und Hans-Jürgen Niehof, nicht selten im Sperrfeuer der aus Bonn vorgetragenen Interessen und der Gegebenheiten vor Ort, in der Folgezeit herausragende Arbeit. Schließlich war der Aufgabenkatalog mit Posten wie „Kostenrechnung anpassen", „Revisionen planen", „Ertragspotenziale erarbeiten", „Finanzplan prognostizieren" oder „Kontrolle des Geldumlaufs" so umfangreich wie unpopulär, und der Aufbau neuer Führungsebenen sollte im Eiltempo bewerkstelligt werden.

Vom Ziel der Wirtschaftlichkeit aber war man auch 1993 noch weit entfernt. Für die Deutsche Bundespost POSTDIENST wuchs zwar mit der Vereinigung das Versorgungsgebiet um 44 Prozent, die Zahl der Kunden um 26 Prozent, die Zahl der Filialen um 68 Prozent und die der Beschäftigten um 30 Prozent. Doch der Umsatzanstieg betrug gerade einmal 10 Prozent. Dennoch sollte sich der einmal eingeschlagene Weg als richtig erweisen. „Die sofortige Fusion hat uns in die Lage versetzt, die Konzepte für Brief und Paket sofort auf die neuen Bundesländer auszurollen. Damit wurde das Dienstleistungsniveau direkt von der Steinzeit in die Neuzeit gehoben", begründet Klaus Zumwinkel im Nachhinein seine Strategie. Dass dies glückte, war dem Engagement und der Kreativität der Postler in Ost und West zu verdanken, die bereit waren, sich an die neue Situation anzupassen.

Und während die Uhr von Minister Schwarz-Schilling am 3. Oktober 1990 stehenbieb, hat sich der postalische Fortschritt rasant entwickelt, viel schneller und umfassender als damals vorhersehbar.

Festakt zu „500 Jahre Post" in der Beethovenhalle in Bonn, Januar 1990

Die Post hatte mit der anstehenden Postunion im Jahr 1990 nicht nur ein historisches Ereignis zu feiern. Es fanden auch die Feierlichkeiten zum Jubiläums „500 Jahre Post" statt, das ebenfalls 1990 begangen wurde. Auftakt war am 19. Januar in Bonn, wo an der Eröffnungsveranstaltung neben Postminister Schwarz-Schilling auch der Bundespräsident Richard von Weizsäcker und Bundeskanzler Helmut Kohl teilnahmen.

Briefzentrum in Leipzig mit Depot des Express-Logistik-Netzes sowie Paketzentrum, Juni 1997

Nach der Postreform wurden zunächst Konzepte entwickelt zur Sanierung des Paket- und Briefdienstes der Post. Der Umschlag der Sendungsmengen sollte nicht länger in den Innenstädten erfolgen, stattdessen wurden verkehrsgünstig gelegene Grundstücke „auf der grünen Wiese" erworben. Ab 1993 entstanden 33 Fracht- und 83 Briefzentren mit modernster Technik in den Größen S, M, L, XL und XXL. Das Briefzentrum Leipzig ging im April 1996 in Betrieb. Ein weiteres Paketzentrum mit Anbindung an das 2008 eröffnete internationale DHL-Luftfrachtnetz befindet sich heute direkt am Flughafen Leipzig/Halle.

CHRONOLOGIE – DIE SANIERUNG DER DEUTSCHEN POST

7/1990 Nach der postalischen Wiedervereinigung gibt es rund 29 000 Postfilialen in Deutschland

1/1991 **Der Vorstand der Deutschen Bundespost POSTDIENST verabschiedet ein neues Frachtpostkonzept mit 33 standardisierten Frachtpostzentren und 486 Zustellbasen. Der „Rund-um-die-Uhr-Betrieb" stellt sicher, dass künftig 80 Prozent aller Pakete am Tag nach der Einlieferung beim Empfänger eintreffen. Von 1991 bis 1995 werden dafür zwei Milliarden Euro investiert. Die benötigten Grundstücke in Gewerbegebieten müssen rund 100 000 Quadratmeter groß sein**

10/1991 Die Ausschachtung für das erste Frachtpostzentrum Hagen-Fley beginnt

3/1992 „Jahrhundertauftrag" für Siemens: Für eine Milliarde DM bestellt die Post Paketverteilanlagen mit Computersteuerung und Codiertechnik; rund 30 Prozent der Summe geht an Zulieferer in den neuen Bundesländern

5/1992 **Das Konzept „Brief 2000" wird vom Vorstand beschlossen und zielt auf Qualitätssteigerung, Kostenreduzierung, Stärkung der Ertragskraft und Wettbewerbsfähigkeit ab. Insgesamt werden 83 standardisierte Briefzentren „auf der grünen Wiese" errichtet, die die gesamte Produktion sowohl ankommender als auch abgehender Sendungen übernehmen. Die neuen Briefzentren ersetzen über 1 000 Briefbearbeitungsstellen mit rund 150 000 Transportfahrten pro Tag. Der Automatisierungsgrad steigt von 24 auf 85 Prozent**

1/1993 Mit einer umfassenden Reorganisation in den Sparten Brief, Fracht und Filialen will die Deutsche Bundespost POSTDIENST mehr Kundenorientierung und Kostentransparenz erreichen und dabei den Personalbedarf verringern

1/1993 Siemens beginnt mit der Installation der Verteiltechnik samt elektronischer Steuerung für die Paketzentren. Für den Probebetrieb in Hagen-Fley sind 50 000 Testpakete erforderlich. Sie werden als Dummys von den Nordeifel Werkstätten hergestellt und sind mit Stroh, Holzklötzen und Altpapier gefüllt

3/1993 Die ersten „Open Service"-Filialen werden in Bad Honnef und Grömitz eröffnet. Hier weicht die abweisende Schalterverglasung einer offenen Thekenlandschaft. Bis Ende 1995 wird die Post 120 dieser neuen Filialen einrichten

4/1993 Das neue übersichtliche und transparente Preiskonzept für den Briefbereich der Post tritt in Kraft: Standard-, Kompakt-, Groß- und Maxibrief kosten 1, 2, 3 und 4 DM

7/1993 Das neue fünfstellige Postleitzahlensystem als wichtiger Baustein des Konzepts „Brief 2000" wird in ganz Deutschland eingeführt

8/1993 Der bundesweite Betriebsversuch mit der Einrichtung von zunächst 500 Postagenturen wird unter dem Motto „Mehr Post fürs Land" gestartet

2/1994 Das elektronische Briefsystem „ePost" wird nach zweijähriger Testphase in den Regelbetrieb überführt

5/1994 In Hagen-Fley startet als erstem Frachtpostzentrum der reguläre Betrieb

8/1994 Postminister Bötsch eröffnet das erste Briefzentrum in Straubing

1/1995 Nach der Privatisierung wird aus der Deutschen Bundespost POSTDIENST die Deutsche Post AG. Der Staat hält allerdings noch 100 Prozent der Aktien

3/1995 Das Agentur-Konzept im Filialbereich wird flächendeckend ausgerollt

7/1995 **Das letzte von 33 neuen Frachtpostzentren geht in Bielefeld in Betrieb; das modernste Paketlogistiksystem Europas ist damit komplett. Der 24-Stunden-Rhythmus garantiert, dass 80 Prozent aller Paketsendungen am nächsten Tag zugestellt werden. Dafür wurden auch 8 720 neue Zustellfahrzeuge angeschafft**

7/1995 Die fünf Internationalen Frachtstationen (IFS) werden in Betrieb genommen (in Hannover, Köln, Leipzig, Nürnberg, Speyer)

1/1996 Zehn Briefzentren in Deutschland gehen gleichzeitig an den Start

2/1996 Das Post-Kundentelefon wird offiziell im baden-württembergischen Crailsheim eröffnet

4/1996 Der Testbetrieb von „PostPlus"-Filialen startet an 19 Standorten; zusätzlich zu Postdienstleistungen können die Kunden auch postnahe Produkte wie Schreibwaren erwerben

4/1996 Für Briefmarkensammler wird mit der Niederlassung Postphilatelie in Frankfurt/Main eine zentrale Anlaufstelle eröffnet

9/1996 Deutsche Post AG stellt in Hannover ihr erstes Direkt Marketing Center speziell für die Bedürfnisse des Mittelstands vor

12/1996 **Das neue Filialkonzept der Deutschen Post garantiert bis zum Jahr 2000 mindestens 12 000 und bis zum Auslaufen der Exklusivlizenz und darüber hinaus mindestens 10 000 stationäre Vertriebspunkte. Tatsächlich werden diese Zahlen stets übertroffen**

12/1996 Bereits 38 von 83 neuen Briefzentren sind am Netz

12/1996 In einem Baden-Badener Kaufhaus eröffnet die erste Shop-in-Shop-Filiale in Kooperation mit dem Handel

1/1997 Das Internationale Postzentrum (IPZ) in Frankfurt am Main nimmt den Probebetrieb auf

5/1997 Mit dem Fahrplanwechsel bei der Deutschen Bahn stellt die Deutsche Post die letzten Bahnposten ein

8/1997 Im Städtedreieck Nürnberg-Fürth-Erlangen testet die Deutsche Post Paketkästen. Der Kunde kann mit FreeWay-Marken freigemachte Pakete in den Paketkasten einwerfen

9/1997 Der Regulierungsrat fordert die Deutsche Post auf, ein länder- und regionalbezogenes Filialkonzept vorzulegen

10/1997 Post und Postbank vereinbaren eine neue Ära der Zusammenarbeit im Filialbereich

12/1997 Die Modernisierung und Optimierung des Filialnetzes durch Open-Service-Filialen, Agenturen und Shop-in-Shop-Konzepte ist weitgehend abgeschlossen

3/1998 Die Post erwirbt die Papier- und Schreibwarenkette McPaper

4/1998 Mit der Eröffnung von bundesweit 14 Center-Filialen startet die Deutsche Post ein Pilotprojekt für Kompetenzzentren in Sachen Post- und Finanzdienstleistungen

12/1998 **Mit der Einweihung des letzten Briefzentrums in Regensburg – ein Jahr früher als geplant – ist der Aufbau des Netzes im Briefbereich abgeschlossen. Die modernen Briefsortieranlagen können bis zu 36 000 Briefe pro Stunde automatisch lesen und sortieren. Nun können über 85 Prozent aller Briefe maschinell bearbeitet werden**

7/1999 Frachtpost wird zu Produktion PAKET, statt „Frachtpostzentrum" heißt es jetzt „Paketzentrum"

1/2000 Die Post-Universaldienstleistungsverordnung (PUDLV) tritt in Kraft. Sie enthält genaue Vorgaben für Umfang und Qualität des Filialnetzes und der darin angebotenen Dienstleistungen

Frachtzentrum bei Nacht, 1990er-Jahre

Bahnpostamt oder Paketbahnhof – oft in engster räumlicher Nähe von Post und Bahn ging früher der Versand von Paketen vonstatten. Mit dem Frachtkonzept wurde in neue Fahrzeuge investiert, die Schiene spielte eine immer geringere Rolle.

AUF ZU NEUEN UFERN

Die Fracht-, Brief- und Filialkonzepte zur Sanierung der Deutschen Post

Wir haben uns viel vorgenommen", so lautete der programmatische Titel eines kurzen Informationsfilms der Post Anfang der 1990er-Jahre, der die Ziele des soeben reformierten Unternehmens auf den Punkt brachte: in Bezug auf die Service-Qualität im internationalen Vergleich die Führung übernehmen, die Behörde in einen modernen und erfolgreichen Wettbewerber umwandeln und drittens ein einheitliches Angebotsspektrum und Qualitätsniveau für alle 79 Millionen Einwohner und für die Wirtschaft entwickeln. Die Umsetzung sollte auf dem Weg der Sanierung der Kernbereiche des Postdienstes, Fracht, Brief und Filialen, erfolgen, parallel dazu galt es, den Rückstand der DDR-Post aufzuholen und die Angebote in Ost und West zu harmonisieren. Allein in den neuen Bundesländern waren Investitionen von vier Milliarden DM und der Bau von 17 Briefzentren und acht Frachtzentren vorgesehen. Zur Finanzierung dieses gigantischen Vorhabens wurde die ISP Immobilien Service POSTDIENST GmbH gegründet, um die „wirtschaftliche Nutzung des umfangreichen Immobilienbestandes" optimal zu gewährleisten.

Das neue Frachtkonzept, so der Film, kombiniere ein neues Marketingkonzept mit modernster Logistik im Hinblick auf das Ziel, Sendungen innerhalb von 24 bis 48 Stunden auszuliefern. Insgesamt sollten die Produkte in allen Bereichen bedarfsgerecht vereinfacht und der Betrieb in den Postfilialen, die mit Computern ausgestattet wurden, übersichtlich gestaltet werden. Innerhalb des Unternehmens würde der Weg in den Wettbewerb durch Neuorganisation und Umstrukturierungen unter den Gesichtspunkten „weniger Bürokratie, mehr Leistung, weniger Amtsweg, mehr Flexibilität, weniger Vorschriften, mehr Eigeninitiative" unterstützt. Höchstleistung von einer Post, die „noch schneller, noch zuverlässiger" sei, war das Versprechen an die Kunden.

„AUF DER GRÜNEN WIESE" – DAS NEUE FRACHTKONZEPT

Die Sanierung begann im Bereich Fracht, für den bereits der Geschäftsbericht 1990 den Neubau von 33 „optimal verteilten" Frachtzentren mit neuester Technik und Gegebenheiten für hocheffiziente Arbeitsabläufe vorsah. Es war der erste Bereich, der, so der zuständige Vorstand Dieter Seegers-Krückeberg, analysiert wurde und den es – das jährliche Defizit belief sich auf zwei Milliarden Mark – dringend zu erneuern galt. Die Analyse hatte ergeben, dass die Pakete zu oft und von zu vielen Menschen in die Hand genommen wurden, rechnerisch ein Verlust von durchschnittlich 4,43 D-Mark pro Sendung. Die Qualität insgesamt war schlecht, die Paketämter inmitten der Innenstädte waren unrentabel. „Das Problem der historischen Postamtsgebäude liegt in einem Endgültigkeitsanspruch ihrer Standorte und Dimensionen", äußerte sich Vorstand Hans-Dieter Petram damals zur Lage der großen Postgebäude. Diese befanden sich meist in unmittelbarer Nähe von Bahnhöfen im Stadtzentrum.

Die Pläne für den Umbau wurden zügig beschlossen. Im März 1993 waren bereits 29 Grundstücke für die neu zu bauenden Frachtpostzentren im Besitz der Post, die ersten 13 Zentren befanden sich im Bau, weitere vier standen unmittelbar vor Baubeginn. Engpässe bei der Beschaffung der Grundstücke, die den Plan gefährden konnten, bis zum Jahresende 1995 das Frachtkonzept fertigzustellen, gab es lediglich in einigen Ballungszentren. Ende 1993 – die anhaltende Kauflust im Osten trug zu einem Umsatzzuwachs von 4 Prozent bei, und mit 670 Millionen Frachtstücken hielt die Deutsche Bundespost POSTDIENST einen Marktanteil von gut 26 Prozent – waren 25 der 33 Frachtpostzentren fertiggestellt, fünf im Bau und drei weitere kurz vor Baubeginn. Die neue Zustellflotte von 10 000 Fahrzeugen, ausgestattet mit umweltfreundlichen Dieselmotoren, leicht zugänglichen Innenräumen und größerem Ladevolumen, war zu Teilen bereits im Einsatz. Zwischenzeitlich hatte man die Frachttarife um 4,95 Prozent erhöht, der Preis für ein Paket war nicht mehr von der Entfernung, sondern vom Gewicht abhängig.

Im Mai 1994 ging in Hagen-Fley das erste Frachtzentrum in Betrieb, das in mehrfacher Hinsicht ein Pilotprojekt sei – so Vorstand Hans-Dieter Petram in einer Rede. „Wir sind zu neuen Ufern aufgebrochen und müssen das System jetzt durch harte Praxistests optimieren." Man biete ein standardisiertes Gebäude an, keine individuelle Struktur, erläuterte er das Konzept, nach dem für die riesige Halle mit einem Grundriss von 110 000 Quadratmetern auch andere Nutzungen denkbar seien.

„Das schnelle Post-Paket", Broschüre, 1997

Die Broschüre informiert über die neuen standardisierten Frachtpostanlagen und stellt neue Angebote wie das Selbstbuchen, die Abholung oder den hängenden Versand von Kleidung vor.

Zustellfahrzeuge vor einem Frachtzentrum, 1990er-Jahre

480 Zustellbasen ergänzten das Netz der Frachtzentren, im Osten Deutschlands wurden 80 neue Betriebsstätten für den Frachtdienst geplant. Dadurch wurde es möglich, Pakete im Radius von 550 Kilometern innerhalb 24 Stunden zuzustellen, an weiter entfernte Orte am zweiten Tag.

Mit der Herstellung der technischen Anlagen hatte man für ein Investitionsvolumen von rund einer Milliarde Mark – es war der größte Gesamtauftrag, den die Post bis dato vergeben hatte – die Firma Siemens beauftragt. Diese lieferte die Anlagen schlüsselfertig für alle 33 Frachtzentren und gewährleistete so, dass überall mit identischer Technik gearbeitet wurde. Für 95 000 Sendungen täglich, im Ein- und Abgang, waren die Hightech-Anlagen mit Vor- und Hauptsortern gerüstet. Die bisherige Verteilarbeit am Band konnte durch Codierung am PC ersetzt und bewerkstelligt werden. Jetzt durchlief ein Paket nur noch zwei „Hände“ und nicht mehr wie früher sieben bis neun.

Als das letzte der 33 Frachtzentren im Juni 1995 in Bielefeld in Betrieb ging, hatte die Deutsche Post das modernste Frachtlogistiknetz Europas. Die Laufzeiten hatten sich verbessert, im Umkreis von 550 Kilometern um ein Frachtpostzentrum erreichten die Sendungen ihr Ziel innerhalb von 24 Stunden. Auch die Kunden wussten die neue Qualität des aufstrebenden Logistikers zu schätzen: „Die Post hat sich gewandelt, wir erkennen das an, deshalb werden wir weiterhin Kunden bleiben“, kommentierte Klaus Mangold, der Vorstandsvorsitzende des Großkunden Quelle, die Entwicklung.

EFFIZIENT UND INTERNATIONAL

In den Jahren danach gelang es, die Verluste in dem Bereich weiter zu reduzieren, die rückläufige Tendenz beim Absatz wurde 1997 gestoppt. Bereits 1996 hatte man das Projekt „FiT“ – Frachtpost in Topform, ins Leben gerufen: Unter dem Motto „Umsatz rauf, Kosten runter“ waren verschiedene Projektgruppen in den Betrieben damit befasst, nach Verbesserungsmöglichkeiten bei den Produktionsprozessen zu suchen. Auf dem Markt herrschte ein heftiger Preiskampf, in dem die Post mithalten musste; zugleich stiegen Lohn- und Personalkosten jährlich an, die ohnehin um bis zu 40 Prozent höher lagen als bei den Wettbewerbern. Und schließlich galt immer noch der Auftrag zur flächendeckenden Versorgung. All das erforderte konsequentes Handeln: Um Kosten zu sparen, führte man auf dem Land schrittweise die Verbundzustellung wieder ein, die kombinierte Zustellung von Briefen und Paketen. Bis Ende der 1990er-Jahre stieg die Zahl der Briefträger, die auch Pakete auslieferten, auf 26 000, das war rund ein Drittel aller Zusteller.

Im Januar 1997 einigten sich Deutsche Post und Deutsche Postgewerkschaft auf ein Maßnahmenpaket zur weiteren Sanierung der Frachtpost. Eine neue niedrigere Lohngruppe für ungelernte Aushilfskräfte sparte dem Unternehmen Kosten. Im Gegenzug erklärte sich der Konzern dazu bereit, in der Sparte bis Ende 2000 auf betriebsbedingte Kündigungen zu verzichten; auch Outsourcing würde erst danach in kontrolliertem Umfang zugelassen, so die Vereinbarung.

Neu eingeführt wurde die Paketmarke „FreeWay“, die wie Postwertzeichen für Briefe die Einlieferung von Paketsendungen vereinfachte und den Aufwand am Schalter reduzierte. Die IT-gestützte Betriebssteuerung – 1997 wurden zunächst 10 000 Frachtpostzusteller mit Handscannern ausgestattet – diente der Optimierung des Tracking & Tracing-Systems; schon ab 1998 war die elektronische Sendungsverfolgung von Paketen über das Internet in 14 europäischen Ländern möglich. Parallel zur Sanierung und Rationalisierung in Deutschland wurde ab 1996 in rasantem Tempo das europäische Paketnetz aufgebaut: „Die Postkunden erwarten auch im internationalen Frachtgeschäft komplette Dienstleistun-

Klaus Zumwinkel bei einer Besichtigung im Frachtzentrum Hagen-Fley, Februar 1994

Als erstes Frachtzentrum nahm Hagen-Fley den Probebetrieb auf. Der Einsatz von Personal wurde deutlich reduziert, die Technik war EDV-gestützt und die Arbeit körperlich weniger anstrengend. Am 2. Mai 1994 war nach mehrmonatigem Probebetrieb offizieller Betriebsbeginn in Hagen-Fley.

Bearbeiten von Sendungen für Osteuropa in der Frachtstation Radefeld, 1990er-Jahre

Auch wenn vieles automatisch abläuft in den modernen Paketzentren, gibt es für die Mitarbeiter noch genug zu tun: An Codierplätzen, Vorsortern, Teleskopbändern und an den Ladetoren sind menschliche Arbeitskraft und menschlicher Verstand gefragt.

Endstelle der Kommissionieranlage in einem Briefzentrum, 1996

Mit dem Konzept „Brief 2000" stellte die Deutsche Post in den 1990er-Jahren die Weichen für eine schnellere Briefbeförderung. Die Standardisierung in vier Briefgrößen zum 1. April 1993 und die Einführung der fünfstelligen Postleitzahlen im Sommer 1993 ermöglichten die automatische Verarbeitung der Sendungen in den neuen Briefzentren.

Mitarbeiterin im Briefzentrum Greven, August 1995

Das Arbeitstempo gibt die Maschine vor, hier die Standard- und Kompaktbriefsortieranlage

gen aus einer Hand und einen nachweisbaren Transportverlauf bis hin zum Empfänger", lautete die Argumentation, die innerhalb weniger Jahre den Ausbau des Netzes auf 18 europäische Länder vorantrieb.

Mit der Neuorganisation der Deutschen Post zum Juli 1999 wurde die „Frachtpost" durch den Begriff „PAKET" ersetzt, aus der „Niederlassung Frachtpost" wurde die „Niederlassung Produktion PAKET". Die neue Paketpost war auch für Geschäftskunden mit großen Einlieferungsmengen wieder attraktiv. So gelang es zum Beispiel, den bis dahin größten Logistikauftrag sowie das gesamte Auftragsmanagement des Versandhandelsbereichs von Tchibo und Eduscho „an Land zu ziehen".

„BRIEF 2000": VOM POSTAMT ZUR BRIEFFABRIK

„Die Beteiligten" lautet schlicht das letzte Kapitel einer Publikation über die Entstehung der Briefzentren der Post in den 1990er-Jahren und die Realisierung des Konzepts „Brief 2000". Es führt in alphabetischer Reihenfolge rund 1 750 Personen auf, die ihren Teil zu diesem großen Turnaround beigetragen haben, den der Konzern im Herbst 1998 erfolgreich abschloss. Begonnen hatte dieser Anfang der 1990er-Jahre mit der Einsicht, dass bald Milliardendefizite zu erwarten wären, verursacht durch immense Personalkosten bei sinkendem Briefvolumen, wenn nicht einschneidende Veränderungen passierten. Noch hatte die Post das Monopol, noch war der Briefdienst mit 67 Prozent der Gesamterlöse ertragreich, noch stieg die Zahl der Sendungen dank Massendrucksachen und Werbung, aber die Perspektiven waren nicht rosig. Das Verteilsystem war hoffnungslos veraltet und das Angebot mit 150 Sendungsarten und Gewichtsstufen allein im Inland völlig unübersichtlich.

Ein neues Briefkonzept, das im April 1993 in Kraft trat, schaffte Abhilfe: Es enthielt einfachere Produktangebote und eine überschaubare Gebührenstruktur – 1, 2, 3 und 4 DM für Standard-, Kompakt-, Groß- und Maxibrief. Dazu vereinfachte die fünfstellige Postleitzahl den Arbeitsablauf.

Der wesentliche Faktor aber waren 83 neue Briefzentren – von denen 82 bis heute in Betrieb sind. Die ersten Zentren gingen 1994 in Münster und Straubing in Betrieb, 1996 folgten zehn weitere. Das Schlusslicht bildete Regensburg Ende 1998. Auch die Briefzentren folgten nun standardisierte Größen: von S mit 450 000 täglich bearbeiteten Briefen über verschiedene Stufen bis XXL mit bis zu 2,25 Millionen Sendungen. Mehr schaffte nur das Internationale Postzentrum in Frankfurt mit einem Gesamtaufkommen von bis zu fünf Millionen Briefen Tag für Tag. Der „E+1-Strom" ergoss sich nun unablässig, in Gang gesetzt von Förderanlagen, Bändern und automatischen Entlade-Stationen, in die handlichen „Transportbetriebsmittel" aus Kunststoff – die gelben Postbehälter.

In den Briefzentren wurden rund 90 Prozent aller Sendungen vollautomatisch bearbeitet; 95 Prozent der Briefe innerhalb Deutschlands erreichten nach nur einem Tag ihre Empfänger. Nicht mehr benötigt wurde jetzt die Bahnpost, über Jahrzehnte Dreh- und Angelpunkt der Beförderung und seit Mitte des 19. Jahrhunderts Garant für Pünktlichkeit, Schnelligkeit und Zuverlässigkeit der Post. Doch kaum zehn Jahre später erhöhte sich das Tempo in den „Brieffabriken" weiter: Ab 2009 wurden alle Briefzentren modernisiert und mit der neuesten Generation von Sortieranlagen ausgerüstet, um die Qualität der Briefbeförderung in Deutschland auch zukünftig zu gewährleisten.

Broschüre zum Postdienst, Innenseite, 1991

Die Broschüre enthält Informationen über die Brief-, Fracht- und Kurierdienste der Post und zur Servicequalität im Postdienst. Abgebildet ist der Lesekopf einer vollautomatischen Briefverteilanlage, die etwa 30 000 Briefe pro Stunde bearbeitet.

KLAUS ZUMWINKEL

Offiziell übernahm er den Chef-Posten am 1. Januar 1990 – doch Klaus Zumwinkel war bereits Wochen vorher da. Der schon damals erfolgreiche Manager wollte sich gründlich einarbeiten und die Gelegenheit, am Weltpostkongress teilzunehmen, nicht verpassen. Schließlich bietet sich diese Chance, international Kontakte zu knüpfen, nur alle vier Jahre. „Typisch", sagen die, die mit ihm gearbeitet haben. Er war immer früh da, pflegte einen akribischen Arbeitsstil und überließ nichts dem Zufall. Grüne Tinte – bei der Post traditionell dem Chef vorbehalten – und schwarze Kladden sind die charakteristischen Utensilien, mit denen er beispiellose Unternehmsgeschichte schrieb. Dass Klaus Zumwinkel den Konzern, inzwischen Deutsche Post World Net, im Jahr 2008 auch früher als geplant wieder verließ, war nicht weniger konsequent: Als ein privates Steuerdelikt dem Unternehmen zu schaden drohte, trat er umgehend von seinem Posten als Vorstandsvorsitzender zurück.
Mit den Worten: „Der Grund, warum ich im Jahr 2000 zur Deutschen Post gekommen bin, waren Sie!" dankte sein Nachfolger Frank Appel dem Mann, der binnen weniger Jahre aus einem defizitären Staatsmonopolisten einen profitablen, an der Börse notierten Weltkonzern geformt hatte. Als Manager vielfach ausgezeichnet, steht Klaus Zumwinkel bis heute für einen Transformationsprozess, in dessen Verlauf aus einer mitleidig belächelten verstaubten Behörde ein innovatives Vorzeigeunternehmen wurde.

Geboren 1943 im niederrheinischen Rheinberg, besuchte der Sohn eines Kaufmanns das Gymnasium in Moers, studierte dann Betriebswirtschaft in Münster und in den USA. Nach dem frühen Tod des Vaters übernahm er zusammen mit seinem Bruder das elterliche Unternehmen, das sie dann einige Jahre später verkaufen konnten. Es folgten, nach der Promotion, zehn erfolgreiche Jahre bei der Unternehmens- und Strategieberatung McKinsey & Company, dann der Vorstandsvorsitz bei Quelle. Viele Optionen in der Geschäfts- und Finanzwelt standen ihm damals offen, er hatte das bekannte Versandhaus aus der Verlustzone gelenkt. Warum dann die Post?
„Ich habe mich überzeugen lassen, dass die Privatisierung politisch wirklich gewollt war und dass die Freiheiten da waren, etwas gestalten zu können", erinnert sich Klaus Zumwinkel an seine Anfangszeit. Mit einem Vorstandsteam aus externen Managern und internen verbeamteten Führungskräften der Bundespost gelang ihm, was viele nicht für möglich gehalten hatten: entlang neuer Brief-, Paket- und Filialkonzepte und durch die Akquisition internationaler Unternehmen wie Danzas, DHL und Exel die Vision eines globalen Logistik-Dienstleisters in die Tat umzusetzen, eine einstige Behörde erfolgreich an die Börse zu bringen – und dabei die Mitarbeiter auf seiner Seite zu wissen. Naturgemäß hatte es im Zuge der Privatisierung massiven Widerstand vonseiten der Gewerkschaften gegeben, die in Klaus Zumwinkel zunächst weit mehr den skrupellosen „Kostenkiller" sahen als einen Reformer mit Weitblick. Doch einige Jahre später zollte ihm sogar der Vorsitzende der Deutschen Postgewerkschaft, Kurt van Haaren, seine Anerkennung.
Den Weg frei gemacht für Zumwinkel hatten die beiden Postreformen 1989 und 1995. Sie eröffneten Spielräume, die er konsequent nutzte, um die „gelbe Post" unabhängig von den Gewinnen des Fernmeldebereichs auf eigene Beine zu stellen. „Quersubventionierung macht träge und wirkt ideenhemmend", war sein Credo. Wenn Deutsche Post DHL heute mehr denn je als ein Stabilitätsanker in einer gesunden deutschen Volkswirtschaft fungiert, so ist das seinem Können und seinem Mut zu verdanken. Klaus Zumwinkel lebt und arbeitet heute in London. Dort ist er als Investor tätig. Den Sommer verbringt der leidenschaftliche Bergsteiger auf seiner Burg am Gardasee in Italien, am liebsten im Kreis seiner internationalen Freunde und der Familie. Tochter, Sohn und das Enkelkind sind sein ganzer Stolz. Klaus Zumwinkel ist außerdem seit mehr als 15 Jahren ehrenamtlicher Präsident des Instituts zur Zukunft der Arbeit (IZA), das er 1998 gegründet hat. Mit mehr als 70 Mitarbeitern und 1 200 assoziierten Wissenschaftlern und Fachleuten weltweit erforscht dieser Think Tank die Arbeitsmärkte, zum Beispiel in Bezug auf die Globalisierung der Arbeitswelt.

Dr. Klaus Zumwinkel (*1943) war von 1990 bis 2008 Vorstandsvorsitzender der Deutschen Post

HANS-DIETER PETRAM

Der gebürtige Zittauer, ein enger Weggefährte des langjährigen Postchefs Klaus Zumwinkel, hat in seiner mehr als 17-jährigen Vorstandstätigkeit, mit wechselnden Zuständigkeiten, das gesamte nationale Geschäft verantwortet und geprägt: Immobilien, Filialen, Einkauf, Finanzen, Organisation sowie Marketing und Vertrieb BRIEF. Wie Zumwinkel hat er in Münster studiert, mit ihm kam er 1990 vom Versandhändler Quelle, und bei der Post war er von Anfang an der engste Vertraute des Chefs. Was dieser mit dem Kopf entschied, spiegelte ihm Petram mit Instinkt, Gespür und ausgeprägter Menschenkenntnis.

Wenn es Probleme anzusprechen galt, war Hans-Dieter Petram gefragt, besonders im Bereich BRIEF, den er seinem Nachfolger gut gewappnet für den Wettbewerb übergeben wollte. Dass Maßnahmen wie Outsourcing oder Teilzeit ihm Feinde bei der Gewerkschaft einbrachten, nahm der Manager ebenso gelassen wie die Reaktionen der Wettbewerber auf seine Vorwürfe, die Konkurrenz picke sich die Rosinen aus den Kuchenstücken der Postversorgung.

Ganz besonders am Herzen lag Petram das Thema Qualität – er sei ein Fan von Qualität, so drückt er sich aus. So wurden in seiner Vorstandszeit die Öffnungszeiten der Filialen erheblich ausgeweitet, die Mitarbeiter wurden geschult in Sachen Dienstleistung, und die abweisenden Panzerglasscheiben wichen kundenfreundlichen offenen Bedientheken.

Zu den Lieblingsprojekten des Immobilien-Experten gehörte neben dem Bau des Managementzentrums am Ammersee der Post Tower in Bonn, der maßgeblich den neuen, globalen und transparenten Auftritt des Konzerns symbolisiert. „Der Bau des Post Towers war keine Arbeit, das war schon fast Hobby, auch wenn es damals viele Widerstände in Bonn gab", erinnert sich Petram. Heute sind die Bonner stolz auf diesen Solitär, der den wirtschaftlichen Erfolg der Stadt am Rhein weithin sichtbar symbolisiert.

Nach seinem Ausscheiden aus dem Vorstand im Jahr 2007 verlegte Hans-Dieter Petram seinen Wohnsitz nach Oberbayern. Seine Mitarbeiter haben ihm zum Abschied ein Saxophon geschenkt – wie es klingt, ist nicht bekannt. Der Musik ist er in jedem Fall verbunden: Sein Engagement für die Post beim Bau eines neuen Konzerthauses in Bonn garantiert schon fast, dass das Projekt ein Erfolg werden wird.

Dr. Hans-Dieter Petram (*1943) war von 1990 bis 2007 Vorstandsmitglied bei der Deutschen Post und verantwortete zuletzt den Unternehmensbereich BRIEF

„MEHR POST FÜRS LAND" UND „OPEN SERVICE"

„Von derzeit rund 29 000 Filialen hat etwa die Hälfte weniger als 50 Kunden am Tag. Damit könnte kein Einzelhändler überleben, Drogerien haben rund 135 Kunden am Tag, Blumenfachgeschäfte mehr als 80", erklärte 1990 Lothar Rogg, Marketing-Direktor Postfilialen bei der Deutschen Bundespost POSTDIENST. Der Aufschrei in der Bevölkerung Anfang der 1990er-Jahre war groß, als die Post ankündigte, sie plane, Filialen zu schließen. Tatsächlich hatte eine Umfrage ergeben, dass rund die Hälfte aller Kunden weniger als ein Mal jeden Monat „auf der Post" war. Erkenntnisse, die Lothar Rogg gute Argumente für das neue Filialkonzept lieferten, das das Unternehmen Anfang der 1990er-Jahre als Teil 3 seiner Qualitätsoffensive in Angriff nahm. Das Filialnetz war in seinen bisherigen Ausmaßen – insbesondere nach der Übernahme der rund 12 000 Filialen der ehemaligen DDR-Post – einfach nicht mehr zu finanzieren. Trotzdem erfüllte die Post weiterhin den gesetzlichen Auftrag, flächendeckend präsent zu sein.

Deshalb besann sich die Post ihrer Tradition mit Posthaltern. Selbst Postagenturen kannte sie schon seit der Reichsgründung, früher betrieben von pensionierten Beamten oder Kaufleuten. Jetzt wurden Inhaber von Lebensmittel- und Schreibwarengeschäften, Toto-Lotto-Annahmestellen oder Tankstellen als Agenturpartner gewonnen. Bereits 1993 wurden 500 dieser „Partner-Filialen" eingerichtet. Das „Partner-Modell" wurde ausge-

„Unser neuer Auftritt", Broschüre, 1994

Neu waren im Postdienst das Einrichtungskonzept „Open Service" sowie der Betriebsversuch mit zunächst 500 Postagenturen; außerdem informierte das Faltblatt über den Post-Shop-Service und das Terminalsystem EPOS.

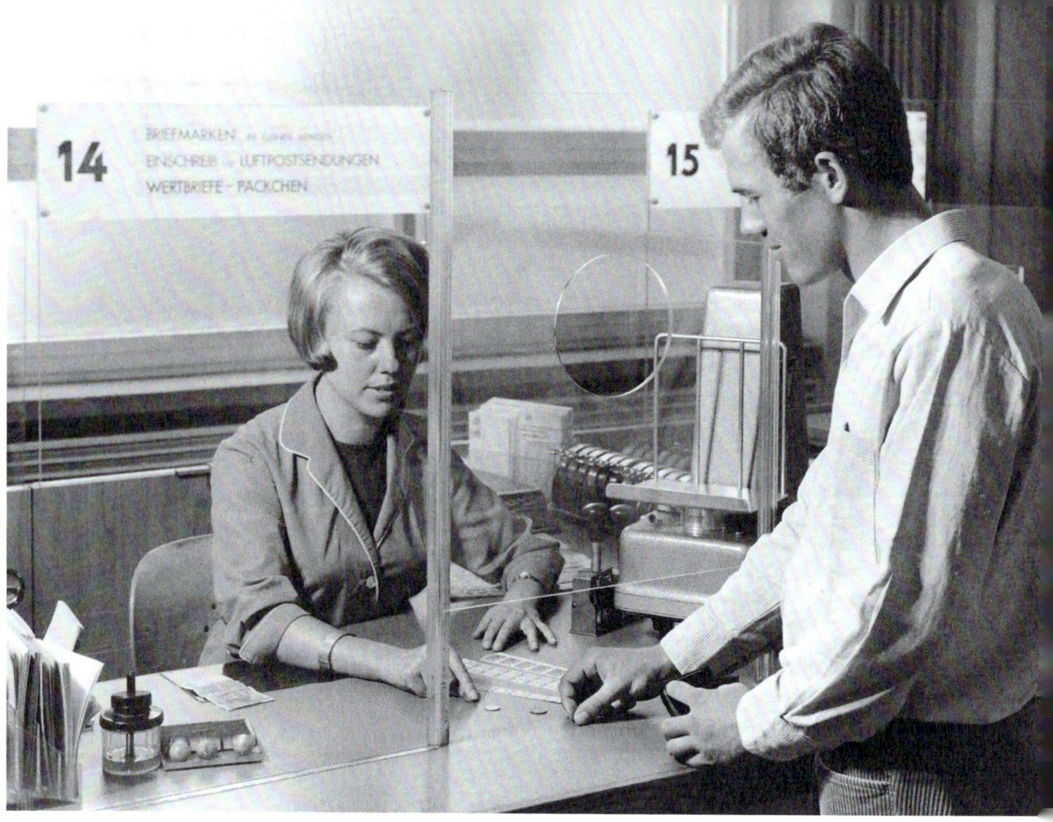

Schalterhalle im alten Postamt in Königstein, Taunus, 1950er-Jahre

Der Frontalschalter mit Fenster zum Schließen symbolisierte das Obrigkeitsprinzip und versetzte Kunden in die Rolle des Bittstellers. Entsprechend oft kam es zu Klagen über lange Wartezeiten und unhöfliche Beamte.

Geldschalter im Postamt 9 in Stuttgart, 1966

1966, die Banküberfälle waren in den vergangenen Jahren dramatisch angestiegen, führte die Verwaltungs-Berufsgenossenschaft der Banken eine „Unfallverhütungsvorschrift Kassen" ein; auch in Postämtern wurde daraufhin schusssicheres Panzerglas eingebaut.

Open-Service-Schalterhalle, 1995

Automatische und zeitgesicherte Tresore ermöglichen den „ungeschützten" Face-to-Face-Kundenkontakt, den das neue Schalterkonzept vorsah. Automaten für Geld und Briefmarken erweiterten den Service auf 24 Stunden am Tag.

baut, während sich die Post bei ihren Filialen auf den „Open Service“ in den „Center-Filialen“ konzentrierte.

„Open Service“ bedeutete, dass die Kunden nicht mehr von Postbeamten hinter Panzerglas bedient werden sollten, sondern im direkten Kontakt an offenen Theken. Auch das lästige Anstehen an speziellen Schaltern hörte auf, denn die moderne EDV ermöglichte den „Universalschalter“, an dem alle Produkte und Dienstleitungen angeboten werden konnten.

Nachfrageunabhängig verpflichtete sich die Post, mindestens 12 000 Filialen zu betreiben. Das gilt bis heute, auch wenn die Post seit 2011 nur noch partnerbetriebene Filialen steuert – mit Ausnahme einer Filiale im Abgeordnetenhaus des Bundestags in Berlin und einer in der Konzernzentrale in Bonn. Dass die Kunden mit den Partner-Filialen zufrieden sind, belegt regelmäßig eine große Privatkundenstudie.

1 100 der großen Postfilialen übernahm nach 2008 die Postbank, die neben ihren Finanzdienstleistungen auch das komplette Post-Sortiment im Angebot hat. Papeteriewaren wie Geburtstagskarten oder Briefumschläge sowie Büroartikel ergänzen das Sortiment.

Mitte 2014 umfasste das Vertriebsnetz der Post wieder mehr als 29 000 Verkaufsstellen, darunter 13 000 Filialen, 12 000 DHL-Paketshops und rund 4 000 Marken-Verkaufspunkte, die täglich von zwei Millionen Kunden genutzt werden. Viele von ihnen bemerken bis heute nicht, dass sie ihre Briefe und Pakete in einer Filiale der Postbank abgeben und nicht bei „der Post“.

LOTHAR ROGG

Lothar Rogg kam im Juli 1991 als einer der ersten externen Manager zur Post. Gespräche mit Klaus Zumwinkel hatten Rogg, zuvor Vertriebsmanager bei Metro, überzeugt: „Wir hatten von Anfang an dieselbe Wellenlänge, er kannte sich auch im Retailgeschäft exzellent aus. Und in Bezug auf meine zukünftigen Mitarbeiter hatte ich gleich nach dem ersten Meeting ein gutes Gefühl und wusste, dass man mit ihnen etwas bewegen kann", erinnert sich Rogg an seinen Start bei der Post. Dabei waren die Erwartungen an ihn als neuen Leiter für das Privatkundengeschäft hoch, die Ausgangslage schwierig: Die Post betrieb fast 30 000 Filialen mit Öffnungszeiten von durchschnittlich nur drei Stunden pro Tag und einem vergleichsweise schlechten Image. Die Kosten waren mehr als doppelt so hoch wie die zurechenbaren Erträge, eine Situation, die umgehend angepackt werden musste.

Der Auftrag an Rogg: Die Kosten im Filialbetrieb „dramatisch" senken, gleichzeitig die Qualität und die Kundenzufriedenheit deutlich verbessern. Detaillierte Analysen und Studien, auch im Ausland, hatten gezeigt, dass dies nur durch die Etablierung von Postagenturen im Partnerbetrieb realisiert werden konnte.

Rogg sah sich deswegen manchmal als „Plattmacher" denunziert und war mit massivem politischem und gewerkschaftlichem Druck gegen die geplanten Änderungen konfrontiert; trotzdem wurden die avisierten Ziele konsequent verfolgt. Um das vorgesehene neue Modell mit Postagenturen für Kunden und Politiker attraktiver zu machen, wählte man unter dem Motto „Mehr Post fürs Land" zunächst zusätzliche Standorte aus, überwiegend im ländlichen Raum; ab 1994 begann dann die schrittweise Umwandlung. „Wenn man zum damaligen Zeitpunkt bereits gesagt hätte, dass eines Tages nur noch ganz wenige von der Post selbst betriebene Filialen übrig bleiben (...), dann hätten uns die Verantwortlichen in der Politik und bei den Sozialpartnern geteert und gefedert", meint Lothar Rogg heute. Tatsächlich aber waren viele Kunden dank der längeren Öffnungs- und geringeren Wartezeiten schnell von den Post-Agenturen überzeugt.

Durch die 1999 vollzogene vollständige Übernahme der Postbank, die Rogg damals als Projektleiter verantwortete, konnten jetzt im Filialbereich auch vertriebliche Akzente gesetzt werden. Er und sein Führungsteam hatten nun zusätzlich zu ihren Aufgaben bei der Post auch bei der Postbank, die 2004 erfolgreich an die Börse ging, die Vertriebsverantwortung.

Ende 2005 legte Rogg, nach dem Verkauf von 850 großen Filialen an die Postbank, seine Vorstandstätigkeit dort nieder und organisierte den Verkauf weiterer 270 Filialen.

Im Frühjahr 2011 übergab Lothar Rogg die Verantwortung für den Bereich Privatkunden/Filialen im Vorstand BRIEF Deutschland in jüngere Hände und ging Ende 2012 in den Ruhestand. Er nutzt heute seine Zeit für die Familie – sein ganzer Stolz ist sein erstes Enkelkind –, aber auch für das Engagement in kirchlichen und sozialen Projekten. Daneben vertieft er sein Interesse für neuere Geschichte in Vorlesungen an der Universität Bonn.

Lothar Rogg (*1950) kam 1991 zur Post und war bis zum Eintritt in den Ruhestand 2012 verantwortlich für den Bereich Privatkunden/ Filialen im Vorstand BRIEF Deutschland

Beladenes Containerschiff im Hafen, 2009

Mit einer breiten Auswahl an Seefrachtprodukten, die verschiedene Containertypen und Konsolidierungsdienste abdecken, stellt DHL Global Forwarding sicher, dass die Fracht der Kunden zuverlässig den Zielort erreicht. Die Zusammenarbeit mit großen Reederei-Allianzen bietet die Gewähr für einen globalen Tür-zu-Tür-Service für jeden Containerhafen weltweit, inklusive regionaler Vereinbarungen zur Binnenlogistik.
1956 vom Reeder Malcom McLean für den Güterverkehr eingeführt, entwickelte sich der Frachtcontainer zu einem wesentlichen Element der Globalisierung, denn er kann dank der genormten Form schnell umgeschlagen und mit allen Transportmitteln befördert werden. Das Be- und Entladen der Schiffe mit bis zu 18 000 Containern wird am Computer berechnet und muss minutiös nach Gewicht und Reihenfolge der Entladung geplant sein.

MAERSK TAIKUNG
SINGAPORE
Tragfähigkeit

CHRONOLOGIE – DIE INTERNATIONALISIERUNG DER DEUTSCHEN POST

1997 Das Globalisierungszeitalter der Deutschen Post beginnt: Nach erfolgreicher Umstrukturierung des Unternehmens im Inland setzt die Deutsche Post AG die Hebel für eine globale Expansion in Bewegung

4/1997 Erster großer Schritt zum eigenen europäischen Logistiknetz: Mehrheitsbeteiligung am polnischen Marktführer Servisco und in Belgien an der Belgian Parcel Post

6/1997 Deutsche Post gründet drei Tochtergesellschaften: International Postal Service (IPS), International Parcel Post (IPP), International Mail Service (IMS), zur Stärkung der Wettbewerbsfähigkeit im internationalen Geschäft

9/1997 Das Internationale Postzentrum (IPZ) am Frankfurter Flughafen wird in Betrieb genommen

3/1998 Die Deutsche Post beteiligt sich mit einem Anteil von rund 25 Prozent am Express-Unternehmen DHL International Ltd., dem weltweiten Marktführer für internationale Kuriersendungen

9/1998 Deutsche Post übernimmt Global Mail (USA), den größten privaten Anbieter internationaler Briefdienste in den USA

2/1999 **Die Deutsche Post übernimmt das schweizerische Logistikunternehmen Danzas. Der im Jahre 1815 gegründete Konzern mit circa 16 000 Mitarbeitern gilt als eines der führenden Logistikunternehmen und hat ein weltweites Logistiknetz**

2000 Durch die Fusion der rasch wachsenden britischen Unternehmen Ocean Group und NFC (National Freight Consortium) entsteht Exel plc, einer der weltweit größten globalen Logistikkonzerne. John Allan, CEO der Ocean Group, wird Chef des neuen Unternehmens

2/2000 Komplettübernahme des größten internationalen Luftfrachtdienstleisters Air Express International (AEI)

9/2001 Die Terroranschläge vom 11. September 2001 verunsichern die Welt und lösen für Importverfahren in den USA erheblich verschärfte Sicherheitsbestimmungen aus

1/2002 Mit der Einführung des Euro entsteht für 320 Millionen Menschen einer der weltweit größten Wirtschaftsräume mit einer gemeinsamen Währung

12/2002 **DHL wird nach dem Erwerb von 24,3 Prozent Anteilen eine 100-prozentige Tochtergesellschaft der Deutschen Post. Die Partnerschaft mit DHL International, die mit einer Minderheitsbeteiligung im Jahre 1998 begann, wird im Lauf der Jahre erweitert. Ab Januar 2002 hat der Konzern eine Mehrheitsbeteiligung, im Juli 2002 erwirbt er dazu den 25-prozentigen DHL-Anteil von Lufthansa Cargo. Zu diesem Zeitpunkt hat DHL Worldwide Express über 71 000 Mitarbeiter, das internationale Netz verbindet über 220 Länder und Territorien**

2003 Für insgesamt 1,9 Milliarden Euro kaufen DHL Express, DHL Danzas Air & Ocean und DPGlobal Mail Luftfrachtkapazitäten ein; über 400 Flugzeuge sind exklusiv im Einsatz für DHL-Kunden

2/2003 DHL erwirbt für 52,5 Millionen Euro bei dessen Börsengang 5 Prozent am führenden chinesischen Logistikkonzern Sinotrans

4/2003 DHL wird die einheitliche Marke für das weltweite Express- und Logistikgeschäft

7/2003 Das Corporate Intranet startet unter dem Motto: Integration braucht Kommunikation. Die bisher rund 40 Intranets werden in die Informationsplattform integriert

8/2003 DHL übernimmt den US-amerikanischen Expressdienstleister Airborne, Inc. Der Erwerb ist ein strategischer Meilenstein für die Deutsche Post, die damit mit einem Anteil von 21 Prozent (vorher DHL 2 Prozent) Nummer drei im US-Markt wird, nach UPS (33 Prozent) und FedEx (46 Prozent)

Die Deutsche Post öffnet ihren internationalen Briefclub LETTERNET für Erwachsene. Bei Kindern und Jugendlichen kommt der Club für weltweite Brieffreundschaften sehr gut an. 2003 gibt es rund 250 000 aktive LetterNetties in mehr als 100 Ländern. Bis Januar 2014 wird das Projekt fortgesetzt

10/2003 DHL gibt ein Investitionsprogramm in Höhe von 200 Millionen US-Dollar für den chinesischen Logistik- und Expressmarkt bekannt; das Investitionsvolumen seit 2000 beträgt damit 1,1 Milliarden US-Dollar

9/2004 Das Global IT Services Center in Prag wird eröffnet. An den DHL-Standorten sind zu dem Zeitpunkt 600 Server in Betrieb; nach und nach werden die Netze und Daten der akquirierten Unternehmen zentralisiert

11/2004 DHL kauft 68 Prozent der Anteile am indischen Expressunternehmen Blue Dart. Später wird die Beteiligung aufgestockt und 2008 Blue Dart ganz übernommen

12/2005 **Für 5,5 Milliarden Euro übernimmt die Deutsche Post den britischen Logistik-Konzern Exel und wird damit die weltweite Nummer eins in der Logistik. Rund 111 000 Mitarbeiter sind für Exel in 135 Ländern tätig. Exel bietet vor allem Transport- und Logistiklösungen für Großkunden. Das erste Halbjahr 2005 hat das Unternehmen mit einem Gewinnsprung um 55 Prozent auf 172 Millionen Pfund (251 Millionen Euro) abgeschlossen**

2006 Von rund 500 000 Mitarbeitern arbeiten mehr als die Hälfte im Ausland

3/2006 Deutsche Post World Net beteiligt sich mehrheitlich am britischen Brief- und Dokumentendienstleister Williams Lea (London)

7/2007 DHL wird exklusiver Logistikpartner der Welttournee von Placido Domingo

5/2008 Deutsche Post World Net restrukturiert das US-Expressgeschäft und spart dadurch jährlich eine Milliarde US-Dollar ein

DHL nimmt das europäische Luftfrachtdrehkreuz am Flughafen Leipzig/Halle in Betrieb. Fast 50 000 Menschen bewerben sich um einen Job am Drehkreuz, 2 000 werden zunächst beschäftigt. Die Sortieranlage im Warehouse ist rund fünf Fußballfelder groß und mit mehr als sechs Kilometern Gesamtlänge die größte und modernste in Deutschland. Im Hangar finden nebeneinander zwei Flugzeuge vom Typ Airbus 380 Platz. Verbaut wurden für das Projekt mehr als 6 000 Tonnen konstruktiver Stahl, 4 500 Tonnen Bewehrungsstahl, 48 000 Kubikmeter Beton und 1 500 Betonfertigteile. Insgesamt waren knapp 100 Firmen am Bau der Gebäudekomplexe und Außenanlagen beteiligt

2009 **Die Deutsche-Post-Tochter DHL feiert 40-jähriges Jubiläum. Mit viel Pioniergeist und Can-do-Spirit entstand in wenigen Jahren aus einer kleinen Firma ein Weltkonzern**

7/2012 DHL Supply Chain eröffnet einen Megahub in Hongkong

5/2013 DHL startet den schnellen Zugtransport zwischen chinesischen Metropolen und Europa

6/2013 Vorstandschef Frank Appel eröffnet das globale DHL-Drehkreuz am Flughafen Cincinnati

Beladen einer Boeing 757 am Hub in Brüssel, um 2001

Als „Special Freighter" werden Frachtmaschinen bezeichnet, die als Passagierflugzeuge gebaut wurden, dann aber durch das Entfernen der Sitze und die Verstärkung des Bodens umgebaut werden zu Frachtern. Ab 2001 wurden für DHL auf diese Weise 44 Maschinen des Typs Boeing 757-200, die zuvor für British Airways geflogen waren, umgerüstet; im März 2001 wurde die erste Maschine an DHL übergeben.

DAS NETZ DEHNT SICH AUS

Die Internationalisierung der Deutschen Post 1997–2005

Globalisierung und Digitalisierung haben die Welt seit den 1990er-Jahren dramatisch verändert: Getrieben vom Internet, beschleunigte sich der internationale Handel von Waren und Geld in einem bis dahin nicht gekannten Ausmaß. Auch die Deutsche Post wollte in diesen größeren Markt einsteigen und ein verlässlicher Partner für Kommunikations- und Transportlösungen weltweit werden. Schon im Jahr seines Amtsantritts 1990 gehörte für Klaus Zumwinkel deshalb zu den wichtigsten Zielen des Unternehmens nicht nur, bis Mitte der 1990er-Jahre schwarze Zahlen zu schreiben, sondern sich auch konsequent auf den Kunden und den zunehmend globalen Markt auszurichten. Die Postunternehmen müssten neu denken und eine Führungsrolle im internationalen Geschäft übernehmen, so formulierte er seine Vision. Allerdings seien dafür auch einige Veränderungen notwendig: „Nur wer zu Hause stark ist, kann international erfolgreich agieren."

Wenige Jahre später, bei der offiziellen Gründung der Deutschen Post AG am 20. Dezember 1994, stieß Bundespostminister Wolfgang Bötsch in dasselbe Horn: „Postunternehmen erhalten durch die Privatisierung den nötigen Freiraum für flexibles unternehmerisches Handeln. Als AG können sie uneingeschränkt auf Auslandsmärkten aktiv werden." Damit warf er einen Blick in die Zukunft – die eigentlich schon längst begonnen hatte, nur war es damals noch nicht so offensichtlich: Während die Mitarbeiter auf die Bedeutung der Kunden eingeschworen wurden, machte das Unternehmen mächtige Schritte in Richtung Global Player. Zwei Milliarden Mark setzte es 1994 international um – und schrieb zum ersten Mal schwarze Zahlen. Zu diesem Zeitpunkt begann die Deutsche Post mit privaten Anbietern weltweit zu kooperieren. Ein weiteres Jahr später waren mit dem Satz „Wir denken und handeln global" dann schon das Leitbild der neuen Aktiengesellschaft und die Expansion als Ziel ausformuliert.

AUF DEM WEG ZUM GLOBAL PLAYER

Basierend auf der jahrhundertelangen Erfahrung beim Transport von Nachrichten, Gütern, Geld und Personen, sollte der Bereich Logistik massiv ausgebaut werden. In Deutschland waren die Strukturen und Produktionssysteme jetzt erneuert, modernisiert und standardisiert; neue Frachtzentren ermöglichten weit mehr als den Umschlag von Paketen bis 31,5 Kilogramm – das traditionelle Gewichtslimit in diesem Bereich. Ins Visier der expansionsfreudigen Manager bei der Post gerieten deshalb bald auch Spediteure, Transport- und Frachtfirmen. Zwar fehlte noch ein internationales Netz für die ehrgeizigen Pläne, aber man besann sich der uralten Post-Tugenden Zuverlässigkeit, Schnelligkeit und Pünktlichkeit, die im beschleunigten Transportsektor eine große Rolle spielen, und revitalisierte sie.

„Um auf dem Weltmarkt als Logistiker erfolgreich zu sein, muss ein weltweites Beförderungsnetz aufgebaut werden. Und dazu bedarf es einer bestimmten Unternehmensgröße", begründete Postchef Zumwinkel die Akquisitionen, Beteiligungen und Kooperationen, die er in den nächsten Jahren in die Wege leitete. 1997, im „verflixten siebten Jahr" seiner Vorstandstätigkeit, startete Klaus Zumwinkel eine Offensive zum Global Player. Die Mittel dafür standen zur Verfügung; sie kamen aus den Verkäufen von Gebäuden und Grundstücken in guten Innenstadtlagen, die nach der Umsetzung der Betriebskonzepte für Paket und Brief nicht mehr benötigt worden waren. Im Rückblick sollte sich dieses halbe Jahrzehnt als eine Phase des dynamischen Wandels herausstellen: Die sinkenden Einnahmen von Deutsche Post AG bei traditionellen Postdienstleistungen, insbesondere im Bereich Brief, wurden aufgefangen vom Aufwärtstrend der Sparten Logistik und Express. Es war eine Zeit, in der sich die Geschäftstätigkeit deutlich auf den internationalen Markt verlagerte und die Deutsche Post ihrem erklärten Ziel, die Nummer eins des weltweiten Logistikgeschäfts zu werden, erheblich näher kam.

Der Weg dahin begann 1997 in Europa – wo nach dem Wegfall von Zollbeschränkungen das Transportgeschäft wuchs – mit der Gründung dreier Tochtergesellschaften: International Parcel Post (IPP) für den Aufbau des europaweiten Frachtpostnetzes und den Vertrieb Frachtpost international, International Mail Service (IMS) für das internationale Briefgeschäft, und International Postal Service (IPS) für die Entwicklung maßgeschneiderter Marketing- und Logistikkonzepte. Von da an ging es Schlag auf Schlag. Die ersten Schritte zu einem paneuropäischen Logistiknetz

Werbe-Faltblatt, 1953
Bereits auf der Internationalen Verkehrsausstellung in München 1953 hatte sich die Post als erfahrene Expertin für den Transport in der Luft vorgestellt.

Euro-Express-Fahrzeug, London, um 2000

Durch gezielte Akquisitionen wurde die Internationalisierung im europäischen Kurier-, Express- und Paketmarkt ab 1997 vorangetrieben und ein leistungsfähiges europaweites Netz aufgebaut.

„Post ohne Grenzen", 1993

Ab Januar 1993 erleichterten neue vereinfachte Zollbestimmungen den Handel innerhalb der Europäischen Gemeinschaft. Die Post informierte ihre Kunden über neue Produkte und Preise in dieser umfangreichen Broschüre.

machte der Konzern durch Mehrheitsbeteiligung an bereits erfolgreichen Unternehmen in Polen und Belgien. Ab 1998 baute die Deutsche Post mit Beteiligungen in fast allen europäischen Staaten ein Distributionsnetz unter der Marke Euro Express auf. Im Konzern trug die Neuorganisation des Bereichs „Kurier-Express-Paket, Internationale Post" (KEP/I) den Entwicklungen Rechnung. Die bislang klassischen Teilmärkte, unterschieden nach den Merkmalen Gewicht, Größe und Dringlichkeit der Zustellung, wuchsen im KEP-Markt zusammen.

Es folgten Akquisitionen in Übersee: Im Jahr 1998 erwarb die Post zunächst 22,5 Prozent am US-amerikanischen Express-Unternehmen DHL – die gelbe Post hatte damit nicht nur einen Fuß im amerikanischen Markt, sondern auch Zugang zum DHL-Netz in Asien. Bis zur völligen Übernahme im Jahr 2002 wurde die Beteiligung schrittweise aufgestockt. 1998 unterbreitete Klaus Zumwinkel den Eigentümern der schweizerischen Firma Danzas ein Kaufangebot, im März 1999 war die Übernahme inklusive 16 000 Mitarbeitern für 1,85 Milliarden Mark schon vollzogen. Zunächst aber sollte das Traditionsunternehmen im klassischen Speditionsgeschäft „zu Lande, zu Wasser und in der Luft" als eigenständiges Unternehmen innerhalb des Konzerns Deutsche Post AG erhalten bleiben und deren Aktivitäten auf dem Weltmarkt stärken. „Danzas hatte aus finanziellen Gründen selbst keine Wachstumsperspektive, aber sie haben uns zunächst die Kompetenz abgesprochen, ein Logistikunternehmen zu führen", schildert Bernd Boecken, der die Übernahme von Postseite aus begleitet hat, die Lage damals. Auch bei DHL konnten sich die Manager, „150-prozentige Unternehmertypen", zunächst nicht vorstellen, Teil einer ehemaligen Staatspost zu sein. Dessen ungeachtet wurden sie 2002 vollständig von der Post übernommen, die seither in über 220 Ländern und Territorien vertreten ist.

INTERNATIONALE POST

Das Ziel, den Konzern international auszurichten, verfolgte Klaus Zumwinkel mit seinem Team auch bei der Briefkommunikation. Entsprechend wurde der Bereich Internationale Brief- und Paketpost (IP) ab Mitte der 1990er-Jahre umstrukturiert, Produkte und Produktion neu ausgerichtet: „Um die Dienstleistungsqualität im grenzüberschreitenden Verkehr und damit die Wettbewerbsfähigkeit weiter zu verbessern, ist die Deutsche Post AG dabei, den gesamten Postaustausch mit dem Ausland neu zu strukturieren", hieß es seinerzeit. Außerdem dokumentiere man mit der Aufwertung des Bereichs zur Sparte – neben Frachtpost, Briefpost und Postfilialen – den Willen, in neue Märkte einzutreten. In Frankfurt am Main wurden Niederlassungen der Internationalen Post eingerichtet, als Außenstellen waren bundesweit fünf internationale Frachtstationen in Betrieb; ebenfalls als Außenstelle wurde in Hamburg eine internationale Seepoststation eingerichtet. Im Herbst 1997 weihte Postvorstand Günter W. Tumm das Internationale Postzentrum (IPZ) in Frankfurt ein, wo nach zweijähriger Bauzeit und erfolgreichem Probebetrieb rund 1 800 Mitarbeiter die Arbeit aufnahmen. An sieben Tagen die Woche und rund um die Uhr werden dort seither Briefe codiert und sortiert, Pakete und Päckchen an Fluggesellschaften übergeben.

Im September 1998 übernahm die Deutsche Post auch noch die amerikanische Firma Global Mail: ein „Brückenkopf" für den internationalen Versand von Geschäftsbriefen, wie es damals hieß. Ein halbes Jahr später folgte die Übernahme von YellowStone in Chicago, wiederum ein Jahr später Letterbox und Skymail in Australien. Die Post-Tochter International Mail Service forcierte derweil in

BERND BOECKEN

Bei einem internationalen Chemieunternehmen hatte er leitende Funktionen im Finanz- und Rechnungswesen im In- und Ausland bekleidet. Von daher musste er einfach der Richtige sein, um der Deutschen Post als Finanzchef zur Börsenreife zu verhelfen. Am Ende war Bernd Boecken mehr als das: Er war eine Idealbesetzung in der schwierigen Zeit der Unternehmensakquisitionen, durch die sich die Deutsche Post in einen weltweit vernetzten Konzern verwandelte. Rund 150 dieser Akquisitionen – darunter Danzas und DHL – hat er seit 1995 an maßgeblicher Stelle begleitet. „Die Grundstrategie von Klaus Zumwinkel war absolut richtig. Dennoch gab es viele Diskussionen, denn als Finanzchef musste ich bei jeder Akquisition auch kritische Fragen stellen und gelegentlich den Advocatus Diaboli spielen", resümiert Boecken die spannendste Zeit seines Berufslebens. Auch an den Börsengang selbst denkt er gern zurück. Es gab viele Probleme zu lösen damals – zum Beispiel das der Beamtenpensionen –, die nur bei der Privatisierung von Staatsunternehmen auftauchen. Außerdem kam es zu Interessenkonflikten mit dem Bund als Alteigentümer. Während der Finanzminister einen möglichst hohen Eröffnungspreis für die neue Aktie erzielen wollte, musste das Unternehmen darauf achten, Luft nach oben zu lassen. Dass dies alles geglückt ist, kann sich Finanzexperte Boecken zugutehalten. Sein Meisterstück allerdings hatte er noch vor sich: den Verkauf der Postbank an die Deutsche Bank. Mit viel Geschick und noch mehr Glück beim Timing gelang es, diese Operation wenige Tage vor der Lehman-Pleite über die Bühne zu bringen. Finanzen beschäftigen Bernd Boecken, Vater dreier erwachsener Kinder und inzwischen 71, auch noch im Ruhestand: als Mitbegründer und Schatzmeister des „Bürgerrechtsforums Brühl", in dem sich Bürger der Max-Ernst-Stadt für ihre Interessen einsetzen. Die Stadt sei hoch verschuldet zulasten kommender Generationen, erzählt er über sein Engagement. „Viele denken, dass Bürgerbegehren nicht in die Landschaft passen. Das Gegenteil ist der Fall!"

Dr. Bernd Boecken (*1943) war von 1995 bis 2009 bei Deutsche Post DHL, zuletzt als Zentralbereichsleiter Konzernfinanzen

JOHN ALLAN

Seine aktiven Jahre bei Deutsche Post DHL liegen schon eine Weile zurück, aber John Allans Wertschätzung für das Unternehmen ist unverändert hoch. Eine „tolle Company", sei sie, „mit einer starken Marktposition, einem großartigen Management und einer klaren Strategie". Dabei war seine Zeit als Finanzvorstand zwischen 2007 und 2009 alles andere als einfach: Er hatte den Rückzug aus dem nationalen Express-Markt der USA genauso zu meistern wie den Verkauf der Postbank. Und dann wehte Allan auch noch der raue Wind der Finanzkrise ins Gesicht. „Das war eine Phase ökonomischer Unsicherheit", resümiert er, „aber letztlich haben wir alle großen Entscheidungen richtig getroffen, auch wenn der Rückzug aus dem US-Geschäft etwas früher hätte erfolgen sollen."
Den Aufkauf der britischen Firma Exel, die er zehn Jahre lang geleitet hatte, ehe sie 2005 in der Post AG aufging, betrachtet er ebenfalls als gelungen. „Das war ein erfolgreiches Match", sagt der Brite und führt als Beleg die große Zahl an früheren Exel-Mitarbeitern an, die bis heute fürs Unternehmen tätig sind. Allan selbst, der zwei erwachsene Töchter und eine Reihe von Enkeln hat, befindet sich mittlerweile im aktiven Ruhestand. Er lebt wieder in der Nähe von London, sitzt im Aufsichtsrat verschiedener Unternehmen und leitet die britische DHL-Stiftung, die unter anderem benachteiligten talentierten Jugendlichen ein Studium finanziert. „Auch das ist eine schöne Aufgabe, genau wie mein Job früher in Bonn."

John Allan (*1948) war Finanzvorstand des Unternehmens von 2007 bis 2009

Verladen von Danzas-Containern im Hafen Köln-Niehl, um 2000

Im größten Kölner Hafen werden Container zwischen Schiff, Schiene und Straße umgeschlagen. In der Geschichte der Post ist der Hafen auch insofern von Bedeutung, als hier 1927 und 1928 Katapultflugzeuge, die beim Postdienst auf Überseedampfern eingesetzt wurden, stationiert waren. Die Traditionsfirma Danzas wurde 1999 von der Deutschen Post übernommen und blieb als eigenständige Marke bis 2003 erhalten.

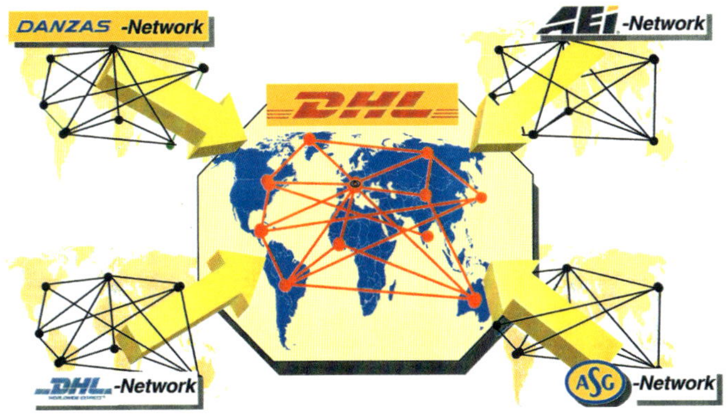

DHL-Logistik-Netze, 2003

Im Jahr 2003 wurde der Express- und Logistik-Bereich von Deutsche Post World Net zur Marke DHL zusammengefasst, und nach und nach wurden die Netze der akquirierten Firmen zu einem einzigen Netz vereint.

über 15 Vertriebsbüros, unter anderem in den USA, Singapur und Hongkong, das Wachstum grenzüberschreitender Briefpost.

EINKAUFSTOUR 2.0

„Deutsche Post World Net ist heute bereits Europas führendes Logistikunternehmen und in unserem Sektor auf dem Weg zur Nummer eins weltweit", verkündete Klaus Zumwinkel im Jahr 2000. Zu dem Zeitpunkt hatte das Unternehmen noch Air Express International in den USA und unter anderem Nedlloyd in den Niederlanden und ASG in Schweden übernommen. Der neue Name „Deutsche Post World Net" (DPWN) trug diesem Anspruch sichtbar Rechnung. Die Post sollte nicht zuletzt beim bevorstehenden Börsengang zu einem international klingenden Namen werden – getragen von den „vier starken Marken" Deutsche Post, Danzas, DHL und Postbank. Schon damals hatte die Post mehrere Milliarden Euro in Zukäufe investiert. Schlagzeilen wie „Die Post kauft ein" oder „Der gelbe Riese auf Einkaufstour" begleiteten den dynamischen Expansionskurs der Bonner Manager, obwohl sie den größten „Happen", das britische Logistikunternehmen Exel, noch gar nicht im Visier hatten.

Noch war das Briefgeschäft in Deutschland das wichtigste Standbein des Konzerns. Doch mit einem Sprung von 2,1 Prozent 1998 auf 21,6 Prozent 1999 hatte der Umsatzanteil des internationalen Brief-, Express- und Logistik-Geschäfts drastisch zugelegt.

DHL baute in den folgenden Jahren seine Präsenz in China aus, wo 200 Millionen US-Dollar in ein Fünfjahresprogramm investiert wurden. Das aufstrebende Land, in dem DHL höchstes Ansehen genießt, entwickelte sich mit Wachstumsraten von über 40 Prozent bald zum weltweit wichtigsten Markt für DHL, das bereits Mitte der 1980er-Jahre ein Joint Venture mit Sinotrans, dem führenden chinesischen Logistikunternehmen, vereinbart hatte. Auch die Logistik-Tochter Danzas, das erste Unternehmen, das in China eine Lizenz für den Gütertransport erhalten hatte, war dort seit langem aktiv. 2004, der Konzern erwirtschaftete inzwischen rund 48 Prozent seines Umsatzes im Ausland, festigte DHL seine Marktposition in Indien durch eine Mehrheitsbeteiligung an Blue Dart. Auch weitere Kooperationen und Joint Ventures mit Japan und Neuseeland dehnten das Netz aus.

Unterdessen war die DHL-Zentrale von Brüssel nach Bonn umgezogen, um von hier aus die neuen Firmen in den Konzern zu integrieren. Mit der „Traumhochzeit" der Giganten DPWN und Exel im Jahr 2005 verwandelte sich die einstige Behörde dann endgültig in den größten Logistikanbieter weltweit. Entsprechend stolz informierte Klaus Zumwinkel die Mitarbeiter von der Übernahme: „Es ist ein kleiner Schritt für die Menschheit, aber ein gigantischer Sprung für die Logistikwelt." Mit dem größten Kauf in der Konzerngeschichte, für rund 5,5 Milliarden Euro, übernahm die Post mit dem britischen Unternehmen rund 111 000 Mitarbeiter in 135 Ländern. Frank Appel und John Allan, im Vorstand zuständig für die Fusion, äußerten sich als erfahrene „Merger" zuversichtlich über den weiteren Prozess: „Deutsche Post World Net und Exel sind auf einer Linie", sagte Frank Appel. Und: „Im Kern geht es darum, die jeweils besten Aspekte der beiden Unternehmen zusammenzuführen." Ein weiteres Jahr später übernahm der deutsche Postkonzern dann auch noch die Mehrheit am internationalen Brief- und Dokumentendienstleister Williams Lea in London. Damit wurde er zum führenden Komplettanbieter in der internationalen Brieflogistik. Im ersten Halbjahr 2006 generierte die Deutsche Post mit 59 Prozent zum ersten Mal mehr als die Hälfte ihres Umsatzes außerhalb des Heimatmarktes, und von den rund 500 000 Mitarbeitern waren 260 000 außerhalb Deutschlands tätig.

Lagerhalle der Firma Exel, nach 2005

Mit der Übernahme von Exel im Jahr 2005 entstand aus der einstigen Behörde Bundespost endgültig das größte Logistik-Unternehmen der Welt.

Flughafen in Wilmington, Ohio

Mit gut 8 000 Arbeitsplätzen war der DHL-Hub in Wilmington einst der größte Arbeitgeber in der Region. 2005 hatte Deutsche Post World Net 310 Millionen Euro in den Ausbau des Luftdrehkreuzes investiert, doch der Versuch, im US-Expressmarkt Fuß zu fassen, scheiterte.

DER US-MARKT

„Bei 150 Akquisitionen in wenigen Jahren wäre es fast ein Wunder, wenn alle erfolgreich verlaufen wären", sagt Klaus Zumwinkel im Rückblick über jene Zeit. Und tatsächlich ist seine Erfolgsbilanz auch nicht lückenlos. Den größten Misserfolg musste er in den USA verbuchen: Nach jahrelangen Verlusten in Milliardenhöhe aus dem inländischen Express-Geschäft der USA entschied sich der Vorstand 2008 schweren Herzens zum Rückzug. Ab 2009 stellte DHL sein nationales Produktangebot ein und beschränkte sich auf internationale Expressdienste aus den und in die USA. Um die Verluste so schnell wie möglich zu begrenzen, wurden die meisten Niederlassungen geschlossen und rund 15 000 Arbeitsplätze eingespart.

Strategisch getragen war der Einstieg in den amerikanischen Inlandsmarkt ursprünglich von der Überlegung, dass ein Global Player auch im größten nationalen Markt mitspielen müsse. Marktanalysen und Befragungen hatten ergeben, dass ein dritter Wettbewerber neben UPS und FedEx durchaus erwünscht sei. Folglich übernahm der Konzern im Jahr 2003 den Kurier- und Luftfrachtlogistiker Airborne und besaß damit ein Transportnetz in den USA. Der Marktanteil im Expressgeschäft sprang von 2 auf 21 Prozent; DPWN landete auf Rang 3 hinter FedEx (46 Prozent) und UPS (33 Prozent).

Trotzdem gelang es nicht, die Gewinnzone und langfristig den dritten Platz im US-amerikanischen Overnight-Geschäft zu erreichen. „Es gab Probleme mit dem Management, es gab Qualitätsprobleme und es gab Probleme mit dem Marktauftritt", analysiert Bernd Boecken im Nachhinein. Edgar Ernst, damals Finanzvorstand, spricht inzwischen sogar davon, man habe die Konkurrenz falsch eingeschätzt. Pech im Unglück war außerdem eine IT-Panne auf dem Hub in Wilmington: Hunderttausende Sendungen mussten per Hand sortiert werden – mit entsprechendem Zeitverzug. Natürlich habe die Botschaft der Wettbewerber danach gelautet, die können es nicht, wie Ernst resümiert. „Um unsere Kunden zu halten, haben wir Preisnachlässe gegeben. Das führte zwar zu mehr Umsatz, aber letztlich auch zu unrentablen Geschäften", ergänzt er eine weitere Ursache für den Misserfolg. „Wir haben Fehler gemacht, die Milliarden gekostet haben. Aber wir haben auch daraus gelernt", kommentierte Klaus Zumwinkel später das Scheitern in den USA.

Frank Appel, der Nachfolger Zumwinkels, setzte dann schließlich einen Schlussstrich unter das Minusgeschäft. Bereits wenige Monate nach seinem Amtsantritt kündigte er folgenreiche Schritte an: Man werde sich von Airborne trennen und den Hub von Wilmington zum Flughafen Cincinnati/Northern Kentucky verlegen. Geräuschlos vollzog sich der Rückzug allerdings nicht; die Gewerkschaften protestierten, auch Politiker jeder Couleur versuchten noch zu intervenieren. Die Entscheidung war mitten in den amerikanischen Präsidentschaftswahlkampf gefallen, sodass sich sowohl der heutige Präsident Barack Obama als auch sein konservativer Rivale John McCain in die Diskussion einschalteten. Aber der Beschluss war gefasst, die Entscheidung stand: Anfang 2009 endete das inneramerikanische Engagement – ausgerechnet in dem Jahr, in dem DHL sein 40-jähriges Firmenjubiläum beging. Und der Konzern hatte beträchtliches Lehrgeld gezahlt. Der Rückzug aus dem US-Inlandsgeschäft besiegelte zugleich das Ende der geschäftigen Expansionsära und läutete den Beginn einer Phase der Konsolidierung ein. Von jetzt an, so Frank Appel damals, solle das Unternehmen nur noch „organisch" aus sich heraus wachsen, große Zukäufe werde man künftig vermeiden.

Bürogebäude beim Hub Cincinnati, 2013

Nach der Schließung des US-Geschäfts 2009 wurde der Flughafen Wilmington der Gemeinde überlassen; DPDHL verlagerte die US-Aktivitäten auf den kleineren Flughafen Cincinnati/Northern Kentucky. Im Jahr 2013, DHL hatte unterdessen in einen neuen Hub mit modernster Sortieranlage investiert, war dort der Durchlauf an Sendungen von 50 000 auf 150 000 täglich angestiegen.

MARIE MATHIAS NICOLAS LOUIS DANZAS

Die Geschichte des Schweizer Logistik-Unternehmens Danzas beginnt mit der Schlacht bei Waterloo, das damals zum Vereinigten Königreich der Niederlande gehörte. Louis Danzas, Sohn eines Anwalts, gehörte zum elsässischen Zweig der Familie mit Vorfahren in der Gascogne; mit 25 Jahren war er als Offizier in Napoleons Armee eingetreten. Danzas hatte Glück im Unglück: Zwar wurde die Schlacht bei Waterloo 1815 verloren, doch er blieb unverletzt und konnte sich nach einem bürgerlichen Beruf umsehen. Den idealen Einstieg fand er im Unternehmen von Michael l'Evêque im elsässischen St.-Louis. Zolldienstleistungen und Transporte waren die Geschäftsfelder. Durch die Heirat mit der Tochter eines italienischen Geschäftsmanns konnte Louis Danzas weitere wichtige Kundenbeziehungen aufbauen. 1840 wurde er Teilhaber, die Nachfrage nach ihren Dienstleistungen wuchs. Eisenbahn und Dampfschiff brachten die Nationen einander näher und boten neue Möglichkeiten der Beförderung. Das Unternehmen expandierte, im elsässischen Mulhouse wurde eine Zweigstelle eröffnet, eine Filiale in Basel folgte. Ab 1846 betreute „Danzas & l'Evêque" den transatlantischen Postverkehr zwischen Le Havre und New York. Doch Louis Danzas, längst unbestrittener Führungskopf des Unternehmens, sorgte sich um den Fortbestand des Geschäfts. Sein Sohn Emile Jules strebte eine militärische Karriere an und wurde prompt eingezogen, doch der Vater setzte Himmel und Hölle in Bewegung, um den Sohn freizubekommen. Schließlich kaufte er sich seinen Erben frei. Als Louis Danzas im März 1862 starb, war die Nachfolge geregelt.

Marie Mathias Nicholas Louis Danzas (1788–1862) gründete das Transportunternehmen Danzas & l'Evêque. Die Firma Danzas gehört seit 1999 zu DPDHL

DANZAS

Obwohl Danzas als weltweit tätiges Schweizer Logistik-Unternehmen bekannt ist, hat der Konzern französische Wurzeln. Nach Frankreichs Niederlage im deutsch-französischen Krieg von 1871 verlegte der Sohn des Firmengründers den Unternehmenssitz nach Basel. In den nächsten zwei Jahrzehnten reichten die Geschäfte bis nach Italien, Osteuropa, Nahost und Nordafrika. 1903 erfolgte die Umbenennung in „Aktiengesellschaft Danzas & Cie".
Nach dem Ersten Weltkrieg eröffnete Danzas seine erste Niederlassung in Deutschland.
Man transportierte jetzt auch Luftfracht und etablierte 1920 eine Verbindung zwischen Frankreich und England. Der Passagiertransport entwickelte sich zu einem eigenständigen Geschäftsfeld, und während des Zweiten Weltkriegs organisierten die Reiseagenturen von Danzas in Frankreich und Italien die Emigration überwiegend jüdischer Flüchtlinge.
In der Nachkriegszeit wuchs das LKW-Transportgeschäft ebenso wie die Luftfracht und die Güterbeförderung über den kombinierten Straßen-Schienen-Verkehr.

1985 brachte der Vorstand die bis dahin private Aktiengesellschaft an die Börse, und 1999 erwarb die Deutsche Post AG die Aktienmehrheit an der Danzas Holding und machte Danzas unter der Marke „Deutsche Post World Net" zum Teil des Konzerns. Im Zuge eines Re-Brandings fasste man DHL, Deutsche Post EuroExpress und Danzas zur Weltmarke DHL zusammen; die historische Marke Danzas als Qualitätsgarant für Logistik wurde noch bis Januar 2006 von der Luft- und Seefrachtsparte des Konzerns verwendet. Als Fazit bleibt: Die globale Aufstellung von Danzas ergänzte ideal die Strategie der Deutschen Post. Die Übernahme von Danzas bildete den Grundstock für die Globalisierung und Diversifikation des Konzerns.

AIR EXPRESS INTERNATIONAL (AEI)

Das Netz wächst: Im Jahr 1999 hat die Deutsche Post AG gleich mehrere ausländische Unternehmen aufgekauft. Neben der Schweizer Firma Danzas übernahm sie auch für etwas mehr als eine Milliarde Euro den amerikanischen Luftfrachtanbieter Air Express International (AEI), um ihn dann in Danzas einzugliedern. AEI beschäftigte damals 7 700 Mitarbeiter und war auf Cargo-Logistik samt dazugehörigen Dienstleistungen spezialisiert, von der Zollabfertigung über das Lagerwesen bis zum Vertrieb von Waren und Gütern. Zu dem Zeitpunkt schrieb die Firma einen Jahresumsatz von rund 2,8 Milliarden Euro und unterhielt 705 Niederlassungen in 135 Ländern. Damit vergrößerte die Deutsche Post ihren Aktionsradius binnen Kurzem ganz erheblich.

Das Traditionsunternehmen mit Sitz im amerikanischen Bundesstaat Connecticut hatte seine Wurzeln in den 30er-Jahren des letzten Jahrhunderts, als Luftfracht zu einem Geschäftsfaktor wurde, die Fluglinien mit der Abwicklung aber überfordert waren. AEI besetzte diese Nische und bot zunächst PanAm, später auch anderen Fluglinien den entsprechenden Service an. Mit dem Luftverkehr wuchs auch AEI ständig weiter und expandierte kräftig ins Ausland. Wegen der härteren Konkurrenz in der Branche musste die Firma ihr Geschäftsmodell im Laufe der Jahre allerdings immer wieder fortentwickeln und anpassen. So führte sie zum Beispiel frühzeitig ein Monitoring-System ein, mithilfe dessen der Weg einer Fracht zu jedem Zeitpunkt ihrer Reise nachverfolgt werden konnte, und zwar in jedem Land der Welt – damals ein Novum. Neben dem größeren Netz konnte die Deutsche Post bei der Übernahme nicht zuletzt von solchen Innovationen und Erfahrungen profitieren. Klaus Zumwinkel, der damalige Post-Chef, pries den Deal als weiteren „Meilenstein" in der Strategie, das führende Logistikunternehmen der Welt zu werden.

Rollfeld bei Nacht, um 2000

Von einem Danzas-LKW wird in der Nacht die Fracht umgeladen in ein Transportflugzeug.

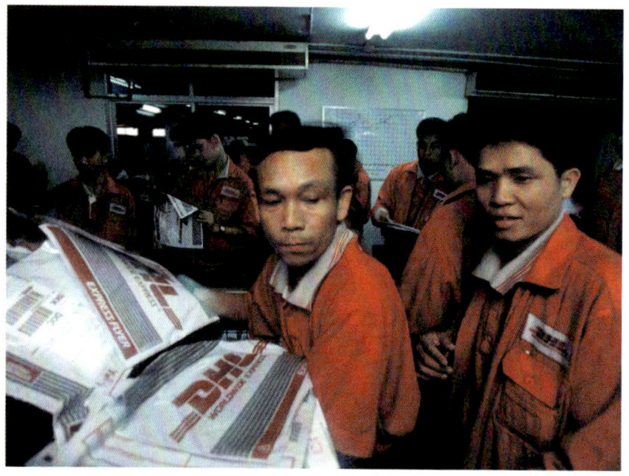

Kuriere bei der Verteilung von Dokumenten in Bangkok, um 2000

Beim 30-jährigen Jubiläum im Jahr 1999 arbeiteten für DHL weltweit rund 60 500 Menschen und es gab weltweit 635 000 Ziele, die von der rot-weißen Flotte angesteuert wurden.

DHL

DHL-Kurier in Istanbul, Türkei, um 2000

Im Jahr 1980 wurde bei DHL für Mitarbeiter die Unternehmenskleidung eingeführt, aber auch vorher gab es schon ein Minimum an Dresscode: Wer in Paris zustellte, sollte immer eine Krawatte tragen, denn im Zweifel würde für den Kunden auch das Outfit eine Rolle spielen.

Als Neil Armstrong 1969 den Mond betrat, sprach er die legendären Worte: „Das ist ein kleiner Schritt für einen Menschen, aber ein großer Sprung für die Menschheit." Im selben Jahr vollbrachten noch drei Amerikaner eine fulminante Pionierleistung, die sich aber erst später als historisch entpuppen sollte: In Kalifornien gründeten Adrian Dalsey, Larry Hillblom und Robert Lynn die Kurierfirma DHL. Anders als häufig angenommen stehen die drei Buchstaben deshalb nicht für „Deutsche Handels-Lieferungsgesellschaft" oder gar „Deutsche Haus-Lieferungen", sondern für die Nachnamen der Gründer.

Trotz mancher Unterschiede einte die drei vor allem die Überzeugung, dass die reguläre Post für die moderne Geschäftswelt einfach zu langsam sei. Sie wollten wichtige Dokumente wie Zollformulare und Verträge deutlich schneller und von Haus zu Haus befördern, um Unternehmen wertvolle Zeit zu sparen. Daraus müsste sich doch zusätzlicher Umsatz generieren lassen, schlossen die drei bis dahin völlig unbekannten Amerikaner: Wenn die Kunden die Chance dieser Geschäftsidee für sich erst einmal erkannt hätten, so der Plan, könnte DHL damit das ganz große Geld verdienen. Sie behielten Recht, wurden steinreich – und bereicherten die Welt mit einem neuen Geschäftsmodell: (internationale) Kurierdienste, zunächst nur im pazifischen Raum, nach und nach in der ganzen Welt.

Doch der Anfang war bescheiden. Die drei starteten in einem Wohnzimmer, und mindestens Hillblom bestieg die Flugzeuge am Anfang meist noch selbst, um Dokumente von A nach B zu befördern. Robert Lynn schied schnell wieder aus, weil er der Firma unter diesen Umständen keine Überlebenschancen gab – eine grobe Fehleinschätzung, wie sich bald herausstellen sollte. Denn das Geschäft zog schnell an. Zwischen 1969 und 1971 stieg der Umsatz um 1 000 Prozent, von 65 000 auf 660 000 Dollar. Schon im dritten Jahr war DHL ein Millionenunternehmen; selbst Microsoft brauchte länger.

Anfang der 70er-Jahre kontrollierte DHL bereits 70 Prozent des Kuriergeschäfts zwischen San Francisco und Hawaii. Zu den Kunden gehörten jetzt so klingende Namen wie die Federal Reserve Bank, IBM oder Standard Oil. Die Zahl der Mitarbeiter und das Netz wurden permanent vergrößert: Damals eröffnete DHL alle zwei Monate ein Büro in einem neuen Land, alle acht Tage in einer neuen Stadt. 1975 expandierte das Unternehmen dann nach Europa, startete in Amsterdam und Paris. Schon ein Jahr später kamen Länder wie Mexiko, Bahrein und Saudi-Arabien hinzu, 1977 dann Kanada, Korea, Norwegen, Deutschland, die Vereinigten Arabischen Emirate und Kuweit. Zugleich arbeitete DHL ständig daran, seine Abläufe zu optimieren. Wo am Anfang nur verschiedenfarbige Beutel den Bestimmungsort einer Fracht signalisierten, kam bald ein ausgeklügeltes Dokumentationssystem dazu, das heute als Vorläufer des computergestützten „Track and Trace"-Systems gelten kann.

Zehn Jahre nach Geschäftsstart verfügte DHL über 360 Service-Zentren, eine stattliche Flugzeugflotte, die in alle Welt unterwegs war, unzählige Lieferwagen und mehr als 85 000 Kunden. Mittlerweile existierte auch das weltweit bekannte DHL-Logo, damals noch in weißen Buchstaben auf rotem Grund, später Rot auf Weiß. Mitgründer Larry Hillblom zog sich Anfang der Achtziger aus dem Tagesgeschäft zurück, blieb aber ein hektischer Unternehmer, immer auf der Suche nach neuem Business. So fädelte er zum Beispiel 1990 strategische Partnerschaften unter anderem mit Lufthansa und Japan Airlines ein, die jeweils 25 Prozent der Aktien übernahmen. Dadurch hatte er sein Vermögen auf einen Schlag um Dutzende von Millionen vergrößert – und zwei sehr potente Miteigentümer gefunden.

Den Lufthansa-Anteil kaufte 2002 die Deutsche Post World Net, wie sie damals hieß, die 1998 bereits ein Viertel der DHL-Aktien erworben hatte und damit zum größten Teilhaber von DHL wurde. Ende 2002 übernahm Deutsche Post World Net dann auch noch die restlichen Anteile, unter anderem von Japan Airlines, und integrierte DHL vollständig in den Konzern. Sechs Jahre später änderte DPWN den Firmennamen in Deutsche Post DHL.

All das geschah lange nach Larry Hillbloms Tod, der 1995 bei einem Flugzeugabsturz im Pazifik ums Leben gekommen war. Aber die heutigen Geschäftssparten Express und Global Forwarding, Freight gehen direkt auf seine Pionierleistung zurück, die 1969 kurz nach der Mondlandung begann – und der Menschheit bis heute einen großen Dienst erweist.

DHL-Helikopter auf Zustelltour in New York, um 2000

Bis heute bewährt sich in Amerikas Metropole New York die Zustellung mit dem Hubschrauber für eilige Express-Sendungen, seit 2014 bietet DHL auch in Los Angeles diesen staufreien Service an.

LARRY HILLBLOM

Mit seinem Lebensweg vom Farmersohn zum Millionär, vom Inhaber einer Wohnzimmerfirma zum Global Player verkörpert Larry Hillblom wie kaum ein anderer den American Dream. Er steht für das „H" in DHL. Hinter dem weltbekannten Kürzel verbergen sich die Namen der drei Gründer des Unternehmens Adrian Dalsey, Larry Hillblom und Robert Lynn. Hillblom aber galt als der visionäre Treiber und Kopf der Firma. „Voller Neugierde und sehr intelligent", so charakterisierte ihn einmal ein Freund.
Geboren 1943 in Kingsburg, Kalifornien, aufgewachsen in ärmlichen Verhältnissen, nahm sich Hillblom früh vor, es zu etwas zu bringen. Das Streben nach Erfolg war seine Triebfeder, der Unternehmer Howard Hughes sein Vorbild. Noch während des Studiums an der renommierten Berkeley Law School heuerte Hillblom bei MPA an, einem kleinen Kurierdienst im Raum San Francisco. Hier lernte er Adrian Dalsey kennen. Die beiden waren sich schnell einig, dass MPA Geschäftschancen verpasste, weil zum Beispiel auch Schiffsunternehmen viel Geld sparen könnten, wenn ihre Zollunterlagen vor der Ware am Bestimmungsort ankämen. Damit war die Idee für DHL geboren, die offizielle Gründung folgte im September 1969.
Dalsey und Hillblom ergänzten sich perfekt. Der eine war der geschliffene Verkäufertyp, der andere das ideenreiche Genie, das „nie still sitzen konnte", wie *Times Magazine* den umtriebigen Entrepreneur später beschrieb. Robert Lynn, der Dritte im Bunde, schied bald wieder aus – er sah für die Firma keine Überlebenschancen.

Larry Hillblom (r.) vor einem DHL-Flugzeug, 1980er-Jahre

Seine Mitarbeiter trugen Unternehmenskleidung, oft mit Anzug und Jackett, der Chef selbst war immer leger in Jeans und T-Shirt gekleidet.

Die erste DHL-Route deckte das Dreieck San Francisco–Los Angeles–Hawaii ab. „Sie beförderten die Dokumente selbst über Nacht …", heißt es in einer DHL-Broschüre über die Anfangsjahre. „Damit begründeten sie nicht nur DHL, sondern auch das internationale Luftexpress-Geschäft." Umsatz und Kundschaft wuchsen rasant; schon im dritten Jahr hatte sich DHL zu einem Millionenunternehmen entwickelt und expandierte von da an ununterbrochen in aller Herren Länder.
Anfang der 1980er-Jahre zog sich Hillblom, dessen Markenzeichen auch als Millionär eine große Brille, abgerissene Jeans und ausgebeulte T-Shirts waren, aus dem Tagesgeschäft auf eine pazifische Insel zurück. Aber trotz seines unglaublichen Reichtums blieb er ein ruheloser Tycoon – immer auf der Suche nach neuem Business. 1995, mit nur 52 Jahren, kam Hillblom bei einem Flugzeugabsturz ums Leben. Man gehe davon aus, dass die kleine Privatmaschine in ein Unwetter geraten sei, lautete die offizielle Stellungnahme von DHL. Larry Hillbloms Leiche wurde, anders als die sterblichen Überreste seiner beiden „Mitflieger", nie gefunden.

Larry Hillblom (1943–1995) gründete 1969 zusammen mit Adrian Dalsey und Robert Lynn DHL

DHL Exel Supply Chain (DESC)-Sattelschlepper, um 2012
Mit rund 47 000 Mitarbeitern an mehr als 500 Standorten in Nord- und Südamerika sowie in Kanada ist Exel Teil der Supply Chain Division von DPDHL.

EXEL

Im Dezember 2005 gelang Deutsche Post World Net ein echter Coup: Nach Danzas und DHL übernahm der frühere Staatsbetrieb mit Exel noch eine dritte bedeutende internationale Firma. Dadurch entstand endgültig das größte Logistikunternehmen der Welt, denn das britische „Powerpaket" brachte in die Verbindung mehr als 100 000 Angestellte aus 135 Ländern und einen Umsatz von über sechs Milliarden Pfund ein. Der Spezialist für Lieferketten ergänzte die damaligen Aktivitäten von DPWN auf hervorragende Weise und ging im Geschäftsfeld DHL Supply Chain auf, unter dem es noch heute firmiert.
Zum Zeitpunkt der Übernahme hatte Exel nicht nur Jahre stürmischen Wachstums hinter sich – 2001 war der Umsatz noch um ein Drittel geringer –, sondern auch eine wechselvolle Geschichte von Übernahmen und Zukäufen: Exel geht zurück auf das britische „National Freight Consortium" (NFC), eine staatliche Transportfirma, die Anfang der 1980er-Jahre unter der Ägide von Premierministerin Margret Thatcher privatisiert worden war. In der Folge kaufte NFC verschiedene kleinere Warenhaus- und Transportfirmen in den Vereinigten Staaten auf und verschmolz sie 1992 zur Firma Exel mit Sitz in Westerville, Ohio. Von dort aus expandierte das Unternehmen kontinuierlich und kräftig, vor allem nach Kanada und Lateinamerika, denn mit der Globalisierungswelle der 1990er-Jahre wuchs auch der Bedarf an Logistik für komplexe Produktions- und Lieferketten. In Großbritannien fusionierte im Jahr 2000 schließlich das bisherige NFC mit dem britischen Transportunternehmen Ocean Group ebenfalls zu Exel, das von John Allan als CEO geführt wurde.
Keine fünf Jahre später ging Exel für rund 5,6 Milliarden Euro in Deutsche Post World Net auf, Allan wechselte in die Führungsspitze des neuen Eigentümers. Der damalige Vorstandsvorsitzende, Klaus Zumwinkel, bezeichnete die Übernahme seinerzeit als einen „historischen Schritt", weil sich hier „zwei leistungsstarke Unternehmen von hoher Qualität gefunden" hätten. Dem waren kurze, intensive Gespräche und ein überwältigendes Votum von 98 Prozent Ja-Stimmen der Exel-Aktionäre vorausgegangen. Die anschließende Eingliederung verlief nahezu reibungslos und vollzog sich schneller als erwartet. Finanzvorstand Edgar Ernst konnte jedenfalls schon wenige Monate später vermelden, die Integration sei „auf einem sehr guten Weg".
John Gilbert, der DHL Supply Chain heute vorsteht, seit 1994 bei Exel arbeitete und mit der Firma zu DPWN wechselte, hält die Akquisition auch im Rückblick für „extrem intelligent gemanagt". Kein überhebliches Auftreten der Bonner, sondern viele Vorschusslorbeeren und Vertrauen – das habe die Sache so erfolgreich gemacht. Inzwischen sind fast zehn Jahre vergangen, in denen sich Supply Chain gut entwickelt hat. Und wenn es nach John Gilbert geht, ist das Ende der Fahnenstange, beziehungsweise der Logistikkette, noch lange nicht erreicht, er sieht gute Wachstumschancen.

WILLIAMS LEA

Im Jahr 1820 eröffnete John Wertheimer in der 54, Leman Street, London E1, eine Druckerei. Aus dieser Firma ging später Williams Lea hervor. Durch kontinuierliche Expansion in neue Geschäftsfelder und Märkte entwickelte sich Williams Lea zu einem führenden internationalen Anbieter für brief- und dokumentenbezogene Mehrwertleistungen.
In den 1990er- und frühen 2000er-Jahren erweiterte Williams Lea sein Service-Angebot und seine globale Präsenz durch mehrere Übernahmen. 2006 übernahm die Deutsche Post World Net eine Mehrheit an Williams Lea. 2007 folgte die Gründung der Williams Lea Germany GmbH in Bonn. Zugleich begann Williams Lea damit, die eigene Präsenz in London auszubauen: Noch im gleichen Jahr übernahm das Unternehmen mit The Stationery Office (TSO) den britischen Marktführer im Druck- und Dokumentenmanagement für den öffentlichen Sektor.
Im Jahr 2011 kam die Tag Group dazu, ein führender internationaler Anbieter von Marketing-Dienstleistungen. Mit seinem breiten Angebot von der Beschaffung und Produktion von Marketing-Inhalten bis hin zu Kreativleistungen stellte Tag eine ideale Ergänzung der Kompetenzen von Williams Lea dar. „Williams Lea und DHL Supply Chain passen gut zusammen, weil der eine Teil das Marketing übernimmt, der andere dagegen die eigentliche Logistik: So sieht eine perfekte Verbindung aus. Wir haben die Marke Williams Lea bewusst behalten – nicht nur, um den Markt nicht zu verwirren, sondern auch, weil sie so eine lange und stolze Tradition hat", sagte Vorstandsmitglied John Gilbert.

Börsenstart der Post-Aktie, 20. November 2000

Zum Börsenstart der Deutschen Post belagerte eine Herde gelber Bullen die Frankfurter Börse. Sie leisteten dort vorübergehend Bulle und Bär Gesellschaft, zwei Bronzeskulpturen, die als Symbole für Hausse und Baisse dauerhaft vor der Börse stehen. Der optimistische Bulle kauft Aktien in der Hoffnung auf den Aufschwung.

AKTIE GELB
AKTIE GELB
AKTIE GELB
AKTIE
GELB
IE GELB

CHRONOLOGIE – BÖRSENGANG, POSTBANK, MARKENENTWICKLUNG UND PROGRAMME

– **20.12.1994** Mit einem Festakt in Köln startet die Deutsche Post AG in das Zeitalter der Privatwirtschaft

– **1/1995** **Die Aktiengesellschaft Deutsche Post AG wird unter der HRB-Nummer 6792, die Deutsche Postbank AG unter 6793 in das Handelsregister beim Amtsgericht Bonn eingetragen**

– **10/1997** Deutsche Post und Deutsche Postbank vereinbaren eine enge Kooperation. „Wo Post drauf steht, ist auch Postbank drin", bringt Dieter Boening (Postbank) das gemeinsame Konzept auf den Punkt

– **1998** Die Zusteller der Deutschen Post erhalten neue Unternehmenskleidung in Blau-Gelb, das Posthorn hat ein neues Design – ohne Blitze

– **12/1998** Die Deutsche Post übernimmt 100 Prozent des Postbank-Aktienkapitals

– **1999** Bereits rund 650 000 Kunden der Postbank nutzen den Online-Banking-Service, das Telefon-Banking nutzen rund 74 000 Menschen täglich

– **12/1999** Der Bund veräußert für rund 7 Milliarden DM ein Aktienpaket – rund 50 Prozent des Grundkapitals der Deutsche Post AG – an die bundeseigene Kreditanstalt für Wiederaufbau (KfW)

– **1/2000** **Die Post schafft einen einheitlichen Markenauftritt als Deutsche Post World Net (DPWN)**

– **5/2000** Postbank und DSL-Bank werden verschmolzen

– **8/2000** Die Brüder Thomas und Christoph Gottschalk werben für den Börsengang der Deutschen Post

– Grundsteinlegung für den PostTower, die neue Konzernzentrale in Bonn

– **11/2000** **Börsendebüt an der Frankfurter Wertpapierbörse. 80 Prozent der Mitarbeiterinnen und Mitarbeiter haben die Aktie Gelb gezeichnet. 32 Prozent der rund 1,1 Milliarden Aktien der Deutschen Post AG befinden sich in Streubesitz**

– **2001** Einstieg der Postbank in das Leasing- und das Factoring-Geschäft und Erwerb der BHF Holding in New York

– **3/2001** **Die Postaktie wird in den Deutschen Aktienindex (DAX) aufgenommen**

– **6/2001** Erste Hauptversammlung der Deutsche Post AG in Köln

– **2002** Die Postbank Financial Services GmbH wird in Frankfurt gegründet; das Wertpapiergeschäft und die Risikomanagement-Aktivitäten werden strategisch weiterentwickelt

– **1/2002** **Kick-off des konzernweiten Integrations- und Wertsteigerungsprogramms „STAR"**

– **4/2002** Für Forschung und Wissenstransfer im Direktmarketing wird das Siegfried Vögele Institut gegründet

– **2003** In einem Kompetenzcenter werden die rund 5 000 Markenrechte der einzelnen Konzerntöchter gebündelt; gesichert ist auch die abstrakte Farbmarke Gelb (RAL 1032)

– **3/2003** Der erste Capital Markets Day findet statt, Deutsche Post World Net informiert Analysten und Investoren über den Stand von „STAR"

– **4/2003** **Der Relaunch und das Rebranding der Marke DHL wird gestartet. DPWN bündelt die Express- und Logistik-Aktivitäten von Euro Express, DHL und Danzas unter der Marke DHL. Am 2. Mai startet die internationale Werbekampagne**

2004 Die Postbank bietet als erste deutsche Bank die Möglichkeit an, Bankgeschäfte mit dem Handy durchzuführen

5/2004 5 500 Aktionäre besuchen die Hauptversammlung der Deutschen Post in Köln

DHL wird offizieller Logistik-Partner der Formel 1

6/2004 **Die Postbank geht an die Börse, der Ausgabepreis beträgt 28,50 Euro, der erste Kurs 29 Euro; insgesamt rund 54,5 Millionen Aktien werden platziert; auch zwei Drittel der 9 000 Beschäftigten der Postbank haben die Aktie gezeichnet; rund 48 Prozent der Aktien gehen an institutionelle Anleger im Ausland**

9/2004 Die neue Unternehmenskleidung von DHL wird vorgestellt

2005 320 Mitarbeiter der Postbank legen das Spielfeld des Borussia-Parks in Mönchengladbach mit rund 142 000 Bällen aus und sichern der Postbank damit einen Eintrag im *Guinness-Buch der Rekorde*

Das Jahr markiert den Schlusspunkt der Drei-Phasen-Strategie, mit der die Deutsche Post innerhalb von 15 Jahren neu aufgestellt wurde. DPWN ist Nummer eins im Logistiksektor

6/2005 Die Kreditanstalt für Wiederaufbau verkauft einen Teil ihrer Postaktien – der Streubesitz erhöht sich dadurch auf 55,3 Prozent

8/2005 Die Auslieferung der neuen Unternehmenskleidung in Rot und Gelb beginnt; 110 000 Mitarbeiter erhalten „als Markenbotschafter" in neun Monaten 1,4 Millionen Kleidungsstücke

10/2005 Die Postbank übernimmt 850 große Filialen von der Post

2006 2,3 Milliarden Euro ist der 2006 abgeschlossene Zehnjahresvertrag von DHL mit der britischen Gesundheitsbehörde über Logistikleistungen im britischen Gesundheitswesen wert

Der Kurs der Aktie der Deutschen Post steigt um 12 Prozent

Die Post initiiert das Programm „First Choice" – Erste Wahl für die Kunden

Die Postbank schafft den Sprung in den DAX

1/2006 Die Postbank erwirbt den Baufinanzierungs-Spezialisten BHW

11/2007 DPWN präsentiert Kapitalmarktprogramm „Roadmap to Value"

12/2007 Mit einer Kopfzahl von mehr als 536 000 Beschäftigten am Jahresende hat das Unternehmen den Höchststand erreicht

2/2008 Der Vorstandsvorsitzende Klaus Zumwinkel tritt zurück; Frank Appel wird vom Aufsichtsrat zum Nachfolger bestellt

9/2008 **Einigung der Deutschen Post mit der Deutschen Bank: Diese übernimmt zunächst 22,9 Prozent der Deutsche Postbank AG, der gesamte Verkaufsprozess wird 2012 abgeschlossen**

2009 Die Postbank feiert ihren 100. Geburtstag

Das Transportwesen ist stark von der allgemeinen Rezession betroffen

3/2009 **Der Konzern nennt sich Deutsche Post DHL**

2013 Die Deutsche Post wird in den EURO STOXX 50 aufgenommen

Die Marktkapitalisierung des Konzerns ist von rund 20 Milliarden Euro 2012 auf rund 32 Milliarden Euro gestiegen

ZEITPUNKT: „GOLDRICHTIG"

Der Börsengang der Deutschen Post

Lange Arbeitstage war Postchef Klaus Zumwinkel gewohnt, aber dieses Pensum überstieg auch sein übliches Maß: von München nach London, zurück nach Frankfurt, dann New York, Boston, Mailand, Zürich und Amsterdam. In den Wochen vor dem 20. November 2000, dem Tag des Börsengangs, war er auf Werbetour für die Postaktie, besuchte Banker und Fondsmanager persönlich und beantwortete Journalistenfragen zum bevorstehenden Börsengang, dem zweitgrößten in der bundesdeutschen Wirtschaftsgeschichte. Nach Gründung der Aktiengesellschaft Deutsche Post AG, die 1995 unter der Nummer 6792 in das Handelsregister beim Amtsgericht Bonn eingetragen worden und mit einem gezeichneten Kapital von zwei Milliarden Mark – verteilt auf 40 Millionen Aktien mit einem Nennwert von je 50 Mark – gestartet war, sollte ein weiterer Meilenstein in der Geschichte der Postprivatisierung gesetzt werden.

Pressekonferenz zum Börsenstart der Deutschen Post, November 2000

Es war in diesem Jahr der größte Börsengang in Deutschland und der drittgrößte der Welt, und entsprechend groß war das Interesse der Medienvertreter. Die Post hatte ein erfolgreiches Jahr hinter sich, der Umsatz hatte sich im Vergleich zum Vorjahr fast verdoppelt.

Durch Sanierungsmaßnahmen und Akquisitionen in den Jahren davor hatte das Unternehmen die Börsenreife erlangt. Zumwinkel selbst bezeichnete die Internationalisierung und Konsolidierung als wesentliche Grundpfeiler des geplanten Börsengangs. Bei den Kunden, das hatte eine Studie seinerzeit ergeben, lag die einst träge Behörde in puncto Qualität und Schnelligkeit deutlich vor den Konkurrenten. Um den Konzern global vermarkten zu können, war im Jahr 1999 ein einheitlicher Markenauftritt geschaffen worden, und nach der hundertprozentigen Übernahme der Postbank und dem Ausbau des Logistikbereichs durch mehrere Zukäufe fungierte Deutsche Post World Net nun als Konzerndach über den Leistungsmarken Deutsche Post, DHL, Danzas und Postbank. Der Bund hatte im Vorgriff auf den Börsengang im Jahr 1999 50 Prozent des Grundkapitals an die Kreditanstalt für Wiederaufbau (KfW) veräußert, da diese für den geplanten „materiellen Privatisierungsprozess" die nötige Flexibilität habe – so die Bundesregierung in ihrer Stellungnahme damals.

Der Countdown begann im Februar 2000: Die Deutsche Bank und Warburg Dillon Read wurden als „globale Koordinatoren" des Börsengangs benannt und fungierten als Konsortialbanken. Ab Mai glühte der „Gelbe Draht", der für interessierte Anleger unter der „Null-Achtzehn-Null-Achtzehn, fünfmal die Fünf" in das Call-Center mit Börsengang-Informationen führte. Ab Spätsommer 2000 waren Showmaster Thomas Gottschalk und sein Bruder Christoph, „der Lustige und

Ein Post-Bulle in der Frankfurter Börse, November 2000

Dieser Bulle hat sich im Innern der Börse und dort passend zur Branche hinter dem Briefkasten postiert. Das Zustellvolumen der Post betrug zu der Zeit täglich 72 Millionen Sendungen, der Großteil davon Geschäftspost.

Bundesfinanzminister Hans Eichel und Klaus Zumwinkel präsentieren zum Börsengang die Aktie der Post, November 2000

Nicht nur der Vorstandsvorsitzende der Post, auch der Bundesfinanzminister zeigte sich zufrieden mit dem Börsenstart. Der Bund als Eigentümer brachte in einer ersten Tranche rund 29 Prozent seiner Anteile auf den Markt.

„Jetzt zeichnen!", Faltblatt, 2000

Die schmale Broschüre zur AKTIE GELB informierte über die Vorteile für Frühzeichner, die Zeichnungsfrist und in Kürze über die Geschäftsentwicklung der Deutschen Post.

der Seriöse", als Botschafter der AKTIE GELB in Werbespots TV-Dauergäste in deutschen Wohnzimmern. Das zunächst als P-AKTIE geplante Wertpapier war kurzfristig umbenannt worden, denn die Telekom hatte sich die Marken B-AKTIE und P-AKTIE wie die T-AKTIE schützen lassen und die bereits angelaufene Werbekampagne dazu vorübergehend gestoppt.

Weitere Risiken, die die Presse im Vorfeld ausmachte, erwiesen sich als nicht so gravierend, dass sie den Börsengang ernsthaft gefährden konnten: Weder ein anhängiges Verfahren bei der EU wegen angeblicher Quersubventionierung vom Briefdienst zur Paketpost noch Unsicherheiten bezüglich des Briefmonopols und des Portos im Briefbereich und auch nicht drohende Mehrwertsteuerzahlungen im Kerngeschäft stoppten das Prozedere. Zumal die Halbjahresbilanz der Deutschen Post zusätzlich Schub verlieh: Sie hatte die erfolgreichsten Monate ihrer Geschichte hinter sich gebracht. Dank der verschiedenen Übernahmen war der Umsatz im ersten Halbjahr 2000 um 58 Prozent gegenüber dem Vorjahreszeitraum gestiegen. Das Ergebnis der betrieblichen Tätigkeit hatte sich sogar um sagenhafte 141 Prozent verbessert; die Post erhöhte ihr Grundkapital auf 1,1 Milliarden Euro zu 1 112 800 000 Stückaktien.

Für Edgar Ernst konnte es nicht besser laufen; der Post-Finanzvorstand fand den Zeitpunkt für den Gang an die Börse nun „goldrichtig gewählt". Am 20. November war es dann so weit: Die AKTIE GELB der Deutschen Post World Net wurde erstmals an der Börse notiert: Die 319,93 Millionen Aktien, zu einem Emissionspreis von 21 Euro auf den Markt gebracht, waren achtfach überzeichnet und brachten dem Bund einen Erlös von fast 6,6 Milliarden Euro ein. An institutionelle Anleger ging die eine Hälfte des Angebots, die andere an Privatanleger in Deutschland, Europa und Japan. Bei der Deutschen Post selbst hatten insgesamt 145 000 Mitarbeiter von einem speziellen Beteiligungsprogramm Gebrauch gemacht und für fast 400 Millionen Euro Aktien gezeichnet; das entsprach rund 6 Prozent des Emissionsvolumens. Angesichts des schwierigen Umfelds und einer allgemeinen Börsenflaute zeigten sich alle Beteiligten zufrieden, zumal der Kurs schon am ersten Zeichnungstag auf zwischenzeitlich 22, am zweiten Tag sogar auf 23,45 Euro stieg. Am letzten Handelstag des Geschäftsjahrs 2000 schloss die AKTIE GELB mit einem Kurs von 23,05 Euro.

Die Postaktie werde sicherlich nichts für hochspekulative Anleger, aber eine langfristig sichere Geldanlage, hatte Vorstandsmitglied

Wolfhard Bender schon 1998 vorhergesagt. Aber obwohl die AKTIE GELB schon im März 2001 vorzeitig in den Deutschen Aktienindex (DAX) aufrückte und bei der ersten Hauptversammlung desselben Jahres gefeiert wurde, mussten die Anleger zunächst Geduld bewahren: Die Terroranschläge vom 11. September beeinträchtigten auch die Logistikbranche, besonders die weltweite Frachtlogistik. Und kurz davor hatte der Einbruch der New Economy einen Börsencrash verursacht.

Bitter für Deutsche Post World Net, die sich gerade international aufgestellt hatte und hoffnungsvoll an der Börse gestartet war. Die Aktie verlor an Wert. Es sollte fünf Jahre dauern, ehe sie den Ausgabekurs wieder erreichte. Einen massiven Einbruch gab es dann noch einmal in den Jahren 2010 und 2011, nachdem sich die Deutsche Post vom nationalen Express-Geschäft in den USA zurückgezogen hatte. „Damals bestand eine große Diskrepanz zwischen der internen Wahrnehmung, dass wir die richtigen Entscheidungen getroffen haben, und der Wahrnehmung von außen, die von klassischem Liebesentzug geprägt war. Nach einer Serie von enttäuschenden Jahren, unter anderem eben wegen des US-Geschäfts, war das Frustrationspotenzial vieler Anleger offensichtlich ausgeschöpft“, kommentiert Börsenfachmann Martin Ziegenbalg von DP-DHL die Entwicklung. Letztlich aber sollte Wolfhard Bender Recht behalten: Das Jahr 2012 markierte die Wende, und im April 2014 durften sich die Aktionäre über einen vorläufigen Höchststand von 28,47 Euro freuen.

EDGAR ERNST

Edgar Ernst bezeichnet sich selbst als „beruflichen Ziehsohn“ Klaus Zumwinkels. Die beiden waren gemeinsam bei McKinsey, dann ab 1986 beim Versandhändler Quelle, 1990 folgte Ernst Zumwinkel zur Post – und zweifelte schon nach wenigen Wochen an der Entscheidung: Die Strukturen waren ungewohnt, bei Verträgen spielte noch das Beamtenbesoldungsgesetz eine Rolle. „Die Denke war einfach anders, weniger unternehmerisch, das konnte ein neuer Vorstand allein nicht ändern“, erinnert sich Ernst.

Auf seinen Einstand bei der Post mit einem „Sammelsurium“ an Funktionen wie Revision, strategische Planung und Marktforschung und einer Zeit als „Vorstands-Edelassistent, der die Protokolle der Vorstandssitzungen schrieb“, folgte dann, ab 1992 als Vorstand, zunächst der Aufbau des Finanzbereichs und des Controllings. Anschließend gewannen die Themen Internationalisierung, Internet und Globalisierung an Bedeutung – nach anfangs gerade mal 2 Prozent Auslandsumsatz. „Wir hatten eine klare Strategie, eine gute Börsenstory und eine nachhaltige Agenda für die Zukunftssicherung“, resümiert der Finanzexperte, der die Börsengänge der Post und des damaligen Tochterunternehmens Postbank als die „absoluten Highlights“ seines beruflichen Werdegangs bezeichnet.

Nach seinem Ausscheiden aus dem Postvorstand wurde er in den Aufsichtsrat mehrerer Unternehmen bestellt, seit Mitte 2011 ist Ernst, der mit seiner Familie in Bonn lebt, Präsident der Deutschen Prüfstelle für Rechnungslegung in Berlin; als Honorarprofessor lehrt er an der privaten Hochschule WHU in Vallendar.

Professor Dr. Edgar Ernst (*1952) kam 1990 zur Post und war von 1992 bis 2007 Finanzvorstand

„Die Farbe Gelb geht um die Welt“, Infobrief, 2000

„Ja, ich interessiere mich für den Börsengang der Deutschen Post …“ Der Infobrief zum Börsengang der Post enthielt eine Antwortkarte an „Der Gelbe Draht“, über die der Empfänger Informationsmaterial bestellen konnte.

Die Segel gehisst zur Fahrt Richtung Börse, 2004

Das größte Medienecho in der Geschichte der Postbank löste im Vorfeld des Börsengangs der Deutschen Postbank ein Dreimaster aus, der auf dem Weg von Bonn nach Frankfurt auch einen Abstecher zum Kölner Dom machte. Der weithin sichtbare Eye-Catcher lehnte sich als Motiv an das bestehende Logo der Postbank mit den drei stilisierten Segeln an.

DER PRIVATKUNDE ALS KÖNIG

Finanzwesen und Postbank

Im Jahr 1990, nach der ersten Postreform, wurde die Postbank in ein eigenständiges Institut überführt, zu dem später auch die Postbank der DDR kam. Damit begann eine neue Epoche in der Geschichte des Postfinanzwesens, die 1909 mit der Einführung des Postscheckdiensts begonnen hatte: Erst seit damals konnte jeder – nicht nur Unternehmer und Wohlhabende – ein Konto eröffnen und Geld überweisen. Nach der zweiten Postreform entließ Minister Wolfgang Bötsch das Institut, das mit der Umwandlung in eine Aktiengesellschaft 1995 die Vollbanklizenz erhielt, dann endgültig in die Selbstständigkeit. Jetzt konnte die Bank ihr Leistungsspektrum um Privatkredite, Baufinanzierungen und Investmentfonds erweitern, ohne das ursprüngliche Geschäft aufzugeben.

Trotzdem blieben die Verflechtungen von Postbank und Deutsche Post über die Filialen bestehen, was zu ständigen Konflikten zwischen beiden Unternehmen führte – bis der Bund als Eigentümer die Postbank schließlich 1999 für 4,3 Milliarden Mark an die Post veräußerte. Wulf von Schimmelmann übernahm den Vorstandsvorsitz, Klaus Zumwinkel wurde Vorsitzender des Aufsichtsrats. Die erprobte Verbindung von Post und Finanzdienstleistungen bewährte sich für einige weitere Jahre, ehe die Post das Bankinstitut dann schließlich selbst wieder verkaufte – kurz vor seinem hundertsten Geburtstag.

Mit ihrem kundenfreundlichen Angebot war sich die Postbank auch nach der Privatisierung treu geblieben: 1993 führte sie als erste bundesweite Bank das kostenlose Girokonto ein. Ihren Ruf als führende Sparbank behauptete sie mit leicht verständlichen Angeboten wie dem Sparbuch 3000 plus, das 1992 mit 10 000 Abnehmern in wenigen Wochen ebenso zum Bestseller avancierte wie die Postbank SparCard ab 1998 zum beliebten Zahlungsmittel auf Reisen. Neben diesen „Klassikern“ bot die Postbank bereits 1998 das verschlüsselte Online-Banking an.

„Aufbruch zu einer neuen Bank“ war das Motto im Geschäftsbericht DPWN Postbank 1999: Die Deutsche Post hatte soeben die Aktien der Postbank übernommen und noch im selben Jahr die DSL Bank, ein Institut mit einer langen Tradition in der Finanzierung von Immobilien. Der engen Verzahnung von Deutscher Post, Postbank und DSL Bank sollte die Zukunft gehören. Für Klaus Zumwinkel lagen die Vorteile der neuen Situation auf der Hand: Das Filialnetz konnte gemeinsam genutzt und dadurch ausgelastet werden, das würde ihre Position im Wettbewerb stärken. Als Chef des Logistik-Riesen war es ihm nützlich, Zugriff auf eine Bank zu haben und damit nicht nur Waren-, sondern auch Finanzströme lenken zu können.

In den Folgejahren verlief die Entwicklung rasant: Dem steigenden Kundeninteresse zollte die Bank durch Zukäufe und neue Produkte Rechnung. Durch die Einführung des „Direct Brokerage“ ließen sich Wertpapiere per Internet bequem von zu Hause verkaufen oder Depots am eigenen Computer verwalten. Ende 2006 führten bereits 2,8 Millionen Kunden ihre Konten bei der Postbank online.

Nach dieser Phase der Modernisierung und Diversifizierung wagte man 2004 schließlich den Gang an die Börse – er wurde zum Meilenstein der jüngsten Geschichte des Instituts. Der Ausgabekurs betrug 28,50 Euro; danach entwickelte sich die Aktie erfreulich. Schon 2006 schaffte die Bank den Sprung in den DAX und hatte damit ihr öffentlich-recht-

SparCard und VisaCard der Postbank, um 2000

Nach der Aufspaltung der Bundespost in drei Unternehmen und der folgenden Privatisierung blieben Deutsche Post und Postbank eng verflochten durch das Filialsystem. Ein Kooperationsvertrag regelte die Zusammenarbeit. Im Unterschied zu Post- und Fernmeldewesen brachte die Postbank kein Monopol aus der Vergangenheit mit, dem Wettbewerb stellte sie sich mit neuen Produkten wie der erfolgreichen SparCard.

liches Image weitgehend abgeschüttelt. Sie stand nun als börsennotiertes Unternehmen gut sichtbar im Marktgeschehen und gewann mit dem Dreimaster als Symbol weiter an Fahrt. Ebenfalls 2006 übernahm die Postbank die 850 attraktivsten Filialen der Deutsche Post AG und verfügte damit über das dichteste Netz an Bankfilialen in Deutschland.

Zwei Jahre später folgte der Verkauf an die Deutsche Bank. Mit 14,2 Millionen Kunden war sie zu dem Zeitpunkt Deutschlands größte Privatkundenbank. Das Institut führte allein fünf Millionen Girokonten und erledigte mit 21 000 Mitarbeitern rund sieben Milliarden Transaktionen pro Jahr. Die „Bank der kleinen Leute", wie sie gelegentlich bespöttelt wurde, hatte mit den Jahrzehnten deutlich an Profil gewonnen und zählte selbst die Mehrzahl der DAX- und MDAX-Unternehmen zum Kreis ihrer Geschäftspartner.

Obwohl Postchef Frank Appel das Institut damals als „wahres Juwel" bezeichnete, entschied er sich dennoch für den Verkauf: Mit dem Erlös ließ sich die vorangegangene Krise abschwächen, die Deutsche Post finanziell stabilisieren. Im Herbst 2008 veräußerte die Deutsche Post 29,75 Prozent ihrer Anteile an die Deutsche Bank, mit der Option, diese könne künftig auch die verbleibenden Aktien noch übernehmen. Das geschah dann sukzessive in den folgenden Jahren. Die Deutsche Bank beließ die Postbank jedoch als eigenständige Aktiengesellschaft mit eigener Marke. Bis heute setzt das Institut auf die traditionellen Werte der Post: „vertrauenswürdig und sicher".

WULF VON SCHIMMELMANN

Mit der Post hatte Wulf von Schimmelmann die meiste Zeit seines Lebens nicht mehr zu tun als jeder andere Deutsche, der gelegentlich mal einen Brief in einen gelben Postkasten steckt. Heute ist er Aufsichtsratsvorsitzender des inzwischen globalisierten Logistik-Konzerns – und das schon einige Jahre. Den größten Teil seines Berufslebens aber verbrachte von Schimmelmann in einer Unternehmensberatung und in Banken, darunter als Partner bei McKinsey, Vorstandsmitglied bei der Landesgirokasse Stuttgart und der DG Bank. Seinen Weg zum Aufsichtsrat fand er über die Postbank, die neben Telekom und Post als dritte Säule aus dem Prozess der Liberalisierung hervorgegangen war.

Wie man „dieses Juwel" zum Glänzen bringen könnte, darin sah von Schimmelmann eine Aufgabe, die ihn reizte. Deshalb übernahm er 1999 die Funktion des Vorstandvorsitzenden, kurz nachdem die Post die Postbank vom Bund gekauft hatte. Damals glich das Geldinstitut noch mehr einem Giro-Amt, mit Millionen Kunden zwar, aber auch mit bescheidenen Erträgen. Also erweiterte er die Produktpalette und das Filialnetz, kaufte Banken wie die BHW oder die DSL Bank, brachte das Geldinstitut erst auf Renditekurs und 2004 schließlich an die Börse. All das tat er, wie ihm die Presse seinerzeit attestierte, unauffällig, lautlos und mit ruhiger Hand. „Ich glaube nicht daran, dass man als Manager ständig in der Zeitung stehen muss", beschreibt er seinen Führungsstil, „sondern man sollte die Richtung vorgeben und solide arbeiten."

Auf dem Höhepunkt seines Erfolges zog sich von Schimmelmann, für manche überraschend, im Jahr 2007 aus dem Vorstand zurück. Wenig später wurde er gebeten – es war die Zeit, als man den Verkauf der Postbank vorbereitete –, seine Finanz-Expertise in den Aufsichtsrat der Deutschen Post einzubringen. „Das habe ich gerne gemacht", erinnert er sich an die Entscheidung von damals. Wenig später übernahm von Schimmelmann dann auch noch den Vorsitz des Gremiums. Sein Mandat, das bis 2018 läuft, versieht der studierte Ökonom „mit großer Freude", weil er die Logistikbranche „spannend" findet und „das Unternehmen auf gutem Kurs" weiß. Den größten beruflichen Erfolg aber sieht der passionierte Segler darin, das „Boot Postbank" regattafähig gemacht zu haben.

Professor Dr. Wulf von Schimmelmann (*1947) war Vorstandsvorsitzender der Postbank von 1999 bis 2007, danach Mitglied des Aufsichtsrats der Post. Seit 2009 ist er Aufsichtsratsvorsitzender

Filiale der Postbank, um 2000

Durch die Zunahme des Online-Bankings – dank Btx war die Postbank Vorreiter bei elektronischen Bankgeschäften – verringerte sich der Arbeitsaufwand für Finanztransaktionen an den Schaltern der Post. Zu Bundespostzeiten war der Finanzdienstleistungsbereich der Post stark reglementiert, nach der Privatisierung hat die Postbank zahlreiche neue Angebote wie Investmentfonds, Privatkredite und Baufinanzierung in ihr Programm aufgenommen.

10/1
CAM A

„NICHT VON HEUTE AUF MORGEN"

Marke, Image und Werte im Wandel

Image ist etwas Stabiles, und 500 Jahre sind eine lange Zeit – da kann man nicht erwarten, dass sich sofort etwas verändert, auch wenn die Vision klar vor Augen steht. Ende der 1990er-Jahre – die Post hatte den Sanierungsprozess weitgehend abgeschlossen und durch erste Zukäufe die Weichen in Richtung Europa und Übersee gestellt – präsentierte der Kommunikationsdirektor der Deutschen Post Gert Schukies eine neue Kampagne: „Wir wollen unser Image ändern, die Post will der moderne Logistikpartner für die Bevölkerung und für die Unternehmen werden", lautete das Ziel. Die „gute alte Post" sollte „Altes" abstreifen – gemeint waren abweisende, hinter Schaltern verbarrikadierte Beamte, lange Wartezeiten, das Schlangestehen und komplizierte Formulare. Dass sich etwas verbessern ließe, darüber waren sich Schukies und mit ihm Markenexperten einig, „aber nicht von heute auf morgen". Es galt, Altes aufzugeben, aber gleichzeitig das zu erhalten, was der Post seit Jahrhunderten Sympathien eingebracht hatte: deren sicheren und zuverlässigen Transport des ihr Anvertrauten, freundliche und hilfsbereite Zusteller und nicht zuletzt die gelbe Farbe und das Posthorn, die bewährten Markenzeichen.

Es bedurfte einiger Anläufe, um unter dem Dach einer neuen Markenarchitektur Bewegung in das Image der Post zu bringen. Ein erster Schritt war das von Klaus Zumwinkel 1996 formulierte Leitbild, nach dem das Unternehmen nicht nur strategisch auf den Wettbewerb ausgerichtet wurde, sondern zugleich auch gesellschaftliche Verantwortung übernehmen sollte. Zu Jahresbeginn 1998 folgte die Einführung des neuen Markenzeichens mit den Wörtern „Deutsche Post" – ohne AG, daneben das Posthorn in neuer Form. Das gesamte Logo stand im Unterschied zum bisherigen „AG"-Logo im postgelben Feld; das Posthorn, als Musikinstrument, Signalinstrument und Hoheitszeichen weithin bekannt, kam jetzt ohne Blitze aus, die als Symbole des Fernmeldewesens das Emblem bisher elektrifiziert hatten. Das bewährte Logo zierte auch die neue Unternehmenskleidung der Zusteller, die 1998 mit dunkelblau-gelben Jacken aus Hightech-Fasern ausgestattet wurden.

Dreharbeiten zu einem Werbespot für die Deutsche Post, um 2000

Thomas Gottschalk ist als Radio- und Fernsehmoderator und als Showmaster eine Größe im deutschen Fernsehen, sein Bruder Christoph war bis zur Werbung für die Post eher der Mann im Hintergrund, doch dann wurde er zum seriösen Sidekick für den berühmten lustigen Bruder. Im Vorfeld des Börsengangs wurden sie gemeinsam zu den Werbegesichtern für die AKTIE GELB, wie die Postaktie damals hieß.

DEUTSCHE POST WORLD NET

Ab dem Frühjahr 2000 wurde nach der Konzernorganisation auch die Markenarchitektur der globalen Logistikkompetenz des Unternehmens angepasst. Unter dem neuen Konzernnamen „Deutsche Post World Net" standen die Leistungsmarken Deutsche Post, Postbank und Danzas für die Unternehmensbereiche BRIEF und EXPRESS mit den Vorständen Hans-Dieter Petram und Rolf Uwe Dörken, LOGISTIK mit dem Vorstand Peter Wagner und FINANZDIENSTLEISTUNGEN mit Wulf von Schimmelmann. Neben dem Vorstandsvorsitzenden Klaus Zumwinkel mit den Zentralbereichen Konzernführungskräfte und Konzernentwicklung – unter anderen – war Walter Scheurle ab April 2000 für Tarifpolitik, Personalverwaltung und Bildung zuständig und Edgar Ernst für die Zentralbereiche Controlling, Rechnungswesen, IT-Entwicklung und IT-Infrastruktur sowie Investor Relations und Recht.

Mit der neuen Markenarchitektur stelle man sich auf die Herausforderungen der Märkte ein, begründete der Konzern die Veränderung: das Aufbrechen nationaler Grenzen, die Globalisierung der Wirtschaft und die

Rentnerin am Postschalter, Cartoon, 1990er-Jahre

Der Zeichner Thomas Körner macht seit 1991 täglich einen Comic für die Tageszeitung *taz*; zu den amüsanten Charakteren mit Kult-Charakter gehört die Rentnerin am Postschalter, als deren Gegenspieler ein bedächtiger Beamter das alte Image der „Schneckenpost" verkörpert.

DHL-Zusteller in Unternehmenskleidung, 2009

Nachdem DHL ab Dezember 2002 zu 100 Prozent zur Deutschen Post gehörte, beschloss der Konzern, sich im Logistikbereich auf die Marke DHL zu fokussieren. Um einen einheitlichen Auftritt zu gewährleisten, wurden bis Ende 2004 weltweit 60 000 Fahrzeuge neu lackiert, die Mitarbeiter bekamen rot-gelbe Unternehmenskleidung.

Werbeanzeige, um 1998

Die Agentur Jung von Matt entwickelte für die Deutsche Post parallel zur Internationalisierung eine Anzeigenkampagne in Zeitungen und Zeitschriften, die unter anderem die Übernahme des US-Briefdienstes Global Mail publik machte. Einige Jahre später, im Mai 2004, kamen die US-Briefdienstleister SmartMail und QuikPak dazu.

immer größere Bedeutung der Technologie – Deutsche Post World Net (DPWN). „World" für die weltweiten Konzern-Angebote, „Net" für die internationalen Transport-, Distributions- und Informationstechnologie (IT)-Netzwerke, aber auch für die Zukunftsperspektiven Internet und E-Business.

REBRANDING IM REKORD

Drei Jahre später hatte das Programm „STAR" die Integration der Marken DHL, Danzas und Deutsche Post Euro Express unter die Dachmarke DHL im Eiltempo vorangebracht. In einem gigantischen Relaunch bekam der Konzern ab April 2003 ein einheitliches Outfit: „Marken (…) transportieren das Image, senden Botschaften an die Kunden und bilden eine klar unterscheidbare Abgrenzung im Wettbewerb. Top-Marken tun dies global, weshalb Deutsche Post World Net, die mit DHL eine international bekannte Marke hat, sich nun stärker auf diese ausrichten wird", argumentierte Wolfgang Giehl, Abteilungsleiter Konzernwerbung, angesichts des Mammut-Vorhabens, alle visuellen Markenelemente „orchestral zusammenzuführen". Vom Briefpapier, von Broschüren und Mailings über Fahrzeuge, Kleidung und Kampagnen bis zu Messeauftritten und Gebäuden galt es, alles umzugestalten. „DHL ist die Coca-Cola-Marke der Logistik", brachte Klaus Zumwinkel das Markenideal auf den Punkt, wohlwissend, dass da, wo eine Leistung anstelle des greifbaren Produkts tritt, ein einheitliches Branding umso wichtiger ist. In Josef Hattig hatte er außerdem einen Aufsichtsratsvorsitzenden an seiner Seite, der die Zutaten prägnanter Markenauftritte bestens kannte.

Mit einer Werbekampagne in Deutschland, Europa, den USA und Asien gelang es im Rekordtempo, die Bekanntheit von DHL zu steigern. Ab 2003 wurden allein in Deutschland rund 20 000 Fahrzeuge neu lackiert, und schon im Herbst 2004 war auch die Unternehmenskleidung der Marke DHL angepasst. „„Spitzenklasse – in Aussehen und Qualität“, sagte Konzernvorstand Peter E. Kruse anlässlich einer Modenschau in Berlin begeistert – das baumwollene Rot-Weiß der DHL-Zusteller sollte im Laufe des folgenden Jahres der funktionalen neuen Dienstkleidung weichen. Der zentrale Einkauf beschaffte die rund 100 000 Ausstattungen, denn schon 1997 hatte man die Postkleiderkasse aufgelöst, die seit 1873 für Fragen der Dienstkleidung zuständig war. Da die DHL-Kleidung unterschiedlichsten klimatischen Bedingungen gerecht werden musste, wurde sie eingehend geprüft, ehe über 1,4 Millionen Kleidungsstücke in alle Welt gingen. Leger war es und lässig, das „neue Gesicht“ von DHL, weit entfernt von der einst steifen Uniform der Post.

2004 schlüpfte dann auch die internationale Brieftochter Global Mail mit einem neuen Headquarter in Fort Lauterdale unter das Markendach DHL, was, so das Unternehmen, neue Cross-Selling-Perspektiven eröffnete. „Wir haben mit DHL eine starke multinationale Marke mit exzellenten Image-Werten“, urteilte der neue Zentralbereichsleiter Kommunikation Manfred Harnischfeger seinerzeit. Wie stark, das erwies sich im Verlauf der nächsten Jahre. 2007 machte eine weltweite Kampagne potenzielle Kunden mit DHL-Mitarbeitern bekannt, die mit „Can-do-Spirit“ und „Know-how“ stellvertretend für ihre Kolleginnen und Kollegen in Szene gesetzt wurden. Im Jahr 2008 wurde der Konzern, der positiven Entwicklung der DHL-Geschäftsbereiche entsprechend, umbenannt in Deutsche Post DHL.

JOSEF HATTIG

Zu falscher Bescheidenheit hat er keinen Grund: Als Josef Hattig bei der Post zum Aufsichtsratsvorsitzenden berufen wurde, hatte sich bereits „rumgesprochen“, so seine Worte, dass er aus einer regionalen Brauerei die Weltmarke Beck’s geformt hatte. So jemanden konnte man gut brauchen beim künftigen Logistik-Riesen: einen, der weiß, was Markt und Wettbewerb bedeuten und wie aus Qualität und Emotion eine Marke entsteht. Von 1996 bis 2006 hatte der gebürtige Westfale Josef Hattig den Aufsichtsratsvorsitz bei der Deutschen Post. Dabei verließ er sich nicht nur auf das, was ihm der Vorstand vortrug, sondern pflegte sich, beispielsweise vor großen Akquisitionen, selbst ein Bild von der Lage zu machen: „Richtig denken kann man nur, wenn man die Sachverhalte kennt. Und die Sachverhalte kennt man nur, wenn man konsequent darauf besteht, Informationen zu bekommen“, erläutert er seine Prinzipien. Klaus Zumwinkel als Vorstandsvorsitzender war ihm deswegen nicht gram, im Gegenteil: „Wir arbeiten toll zusammen. Die geradlinige Persönlichkeit von Herrn Hattig, gepaart mit seiner Marken- und Wirtschaftserfahrung, ist sehr wertvoll“, kommentierte er die gemeinsamen Jahre, als Hattig mit fast 75 endgültig die Segel Richtung Heimat hisste. Wenig zielführende Reden waren dem Aufsichtsrat, der gern „erstens“ klar, „zweitens“ direkt und „drittens“ präzise strukturiert vorging, immer ein Graus. „Bloß nicht den Quark breittreten!“ Aber mit einem passenden Zitat oder einer spitzen Bemerkung gelang es Josef Hattig regelmäßig, in den Sitzungen für Konzentration zu sorgen, denn der studierte Rechts- und Staatswissenschaftler ist nicht nur geradeheraus, sondern auch wortgewaltig und belesen. Ob Hannah Arendt oder Karl Popper – er kennt ihre Werke, und das nicht nur oberflächlich.

Josef Hattig, mit den Denkwelten von Politik und Wirtschaft gleichermaßen vertraut, war in jedem Sinne des Wortes ein Glücksfall für die Post. Er hat den Börsengang und die entscheidenden Weichenstellungen zum Weltkonzern optimal unterstützt und dem Vorstandsvorsitzenden mit unternehmerischem Mut und kühlem Kopf den Rücken freigehalten. Dass heute auch Themen wie Unternehmensverantwortung im Blickfeld stehen, sieht er dem Geist der Zeit geschuldet, nicht zu verwechseln mit zeitgeistiger Beliebigkeit: „Die Post ist ein Dienstleister, und wer heute Dienste leistet, muss die humanen Erwartungen der Gesellschaft erfüllen und gleichzeitig ein wirtschaftliches Ergebnis erzielen – ein schwieriger Vorgang.“

Heute lebt Josef Hattig, der von 1997 bis 2003 auch Senator in Bremen und von 2000 bis 2012 Vorsitzender des Aufsichtsrats der BLG Logistics Group war, zurückgezogen in seiner Heimatstadt. „Ob ich noch wichtig bin, ist mir piepegal“ – so gelassen hat er einst seinen Rückzug aus dem Senat kommentiert, aber in der Hansestadt kennt und schätzt man ihn. Die Leistungen seines Clubs Werder Bremen verfolgt er immer noch mit Interesse, die politischen Entwicklungen in Berlin eher mit kritischer Distanz.

Josef Hattig (*1931) war von 1996 bis 2006 Aufsichtsratsvorsitzender der Deutschen Post

Nachhaltigkeitsbericht der Deutschen Post, 2006

Mit der weltweiten Führungsrolle im Bereich der Logistik positionierte sich die Deutsche Post auch mit gesellschaftlichem Verantwortungsbewusstsein. Im Jahr 2005 unterzeichnete sie eine umfassende Partnerschaftsvereinbarung mit dem Entwicklungsprogramm der Vereinten Nationen und dem UN-Büro für die Koordinierung humanitärer Angelegenheiten im Bereich des Katastrophenmanagements, 2006 erschien der erste Nachhaltigkeitsbericht.

„DIE POST FÜR DEUTSCHLAND"

„Deutsche Post POSTIDENT", „Deutsche Post CONSUMERCHECK", „Deutsche Post STAMPIT" und mehr als 350 weitere Marken sind beim Deutschen Patent- und Markenamt als Wortkombination mit „Deutsche Post" registriert. Bereits 2003 ließ die Deutsche Post auch den Begriff „Post" beim Patent- und Markenamt als sogenannte Wortmarke eintragen. Für mehr als 80 Prozent aller Verbraucher, so ein Gutachten, war – und ist – „Post" nichts anderes als das Unternehmen Deutsche Post. In einer bemerkenswert deutlichen Entscheidung bestätigte das Amt 2006 und erneut 2008 den rechtlichen Schutz der Marke und bescheinigte der Deutschen Post einen Bekanntheitsgrad, wie ihn kaum eine andere Marke vorweisen könne, sowie eine außergewöhnlich „einhellige Verkehrsdurchsetzung". Pünktlich vor der Liberalisierung des Briefmarktes griff die Deutsche Post in einer Kampagne auf, was ihr das Patentamt bescheinigt hatte, und präsentierte sich mit einem Heer an Zustellern und einer beeindruckenden Fahrzeug- und Flugzeug-Flotte als „Die Post für Deutschland". Die Kampagne „heroisierte" den Aufwand, den täglich 80 000 Briefträger auf sich nehmen, damit jeder Deutsche seine Post erhält. 1 000 dieser Markenbotschafterinnen und Markenbotschafter, Zustellerinnen und Zusteller aus verschiedenen Teilen Deutschlands, trafen sich im Oktober 2007 zu einem großen Fest in Berlin – sie hatten sich bei der Aktion „Deutschland sucht den Postboten des Jahres" qualifiziert. Fast vier Millionen Kunden der Post hatten ihre Stimme abgegeben, um „ihrem" Briefträger eine Gewinnchance zu ermöglichen, und sie machten zudem unzählige Geschichten von mutigen, reaktionsschnellen und hilfsbereiten Zustellern bekannt. „Die Aktion war ein Riesenerfolg", kommentierte Konzernvorstand Jürgen Gerdes diesen Teil der Kampagne, an der sich in einigen ländlichen Gebieten Bewohner fast aller Haushalte beteiligt hatten.

Unternehmenskleidung der Deutschen Post, Detail, nach 1998

Dunkelblau-gelbe Jacken aus Hightech-Material gehörten nach der Umwandlung in eine Aktiengesellschaft zum neuen Markenauftritt der Deutschen Post. Das Posthorn wurde modernisiert, blieb aber als uraltes Symbol der Post erhalten.

WERTE UND GESELLSCHAFTLICHES ENGAGEMENT

Parallel zu Wandel und Stabilisierung der Marken Deutsche Post und DHL präzisierte das Unternehmen sein Verständnis von gesellschaftlicher Verantwortung; „Gesellschaftliche Verantwortung übernehmen" war dann auch einer von sieben Unternehmenswerten, die 2004 aus einer Fülle an Ideen herausgefiltert und danach in unterschiedlichen Projekten umgesetzt wurden. Themen wie „Exzellente Qualität liefern", „Kunden erfolgreich machen", „Offenen Umgang pflegen", „Nach eindeutigen Prioritäten handeln", „Unternehmerisch handeln", „Integrität nach innen und außen leben" waren weitere der „Seven Corporate Values", für die einzelne Vorstandsmitglieder als Paten zur Verfügung standen.

Umweltschutz, wenngleich erst später als Programm ausformuliert, stand als ein Element gesellschaftlicher Verantwortung schon mit der Jahrtausendwende auf der Agenda des Unternehmens. „Wir setzen uns zum Ziel, unsere Umweltleistungen zu verbessern, die Ressourceneffizienz zu steigern und ökonomische, soziale wie ökologische Aspekte bei unserem wirtschaftlichen Handeln gleichermaßen zu berücksichtigen", hieß es im Geschäftsbericht 2001. Das entsprach den Erkenntnissen der Analysten des Dow-Jones-Sustainability-Index, die belegen konnten, dass nachhaltig wirtschaftende Unternehmen langfristig am Markt erfolgreicher waren. 2006 kam mit dem „GoGreen"-Pluspäckchen das erste CO_2-neutrale Produkt auf den Markt, ein Jahr zuvor hatte die Post ihr „grünes" Programm gestartet. „Es ging bei ‚GoGreen' von Anfang an nicht nur um alternative Fahrzeugantriebe", erinnert sich Michael Lohmeier, der 2005 aus der Autoindustrie zur Deutschen Post kam, „es ging grundsätzlich um grüne Lösungen."

Regelmäßig informierte ab 2001 der damals neue Zentralbereich „Politik und Umwelt" unter Leitung von Monika Wulf-Mathies Aktionäre und Kunden über die Maßnahmen im Bereich Umweltschutz. 2003 erschien mit *Natürlich vernetzt* erstmals der Umweltbericht des Konzerns. Nachhaltigkeit bedeute für Deutsche Post World Net mehr als Umweltschutz. Dazu gehöre auch, Hilfsprojekte in Entwicklungsländern zu fördern, hieß es in diesem Zusammenhang: „Wo der Konzern gebündelt, langfristig und effektiv seine Kernkompetenzen einsetzen kann, engagiert sich

MONIKA WULF-MATHIES

Sie kam nicht als unbeschriebenes Blatt zur Post: Monika Wulf-Mathies hatte bereits einen klingenden Namen und viele exponierte Posten, ehe sie in den Bonner Post Tower zog. Dazu gehörten so bedeutsame Funktionen wie jene der EU-Kommissarin, der Kanzler-Beraterin, mehr aber noch der ÖTV-Chefin. Ein Amt, in das sie 1982 als erste Frau aufgerückt war und das sie zwölf Jahre lang ausübte, sodass man die Gewerkschaft in den 1990er-Jahren fast ausschließlich mit ihrem Gesicht verband. Warum nach dieser steilen Karriere dann ausgerechnet zur Post? Zur „langweiligen Post", wie man damals noch gerne urteilte?
Weil Wulf-Mathies es reizvoll fand, den Übergang von einem deutschen öffentlichen Unternehmen zu einem dynamischen Weltkonzern zu begleiten. Und weil sie nach ihrer Zeit bei der Gewerkschaft und in der Regierung auch die Seite der Wirtschaft kennenlernen wollte. Also begann sie Ende 2000 bei Deutsche Post World Net, wie die Post damals hieß, und leitete dann für acht Jahre den Zentralbereich „Politik und Nachhaltigkeit", den man frei übersetzt auch als das Amt der „Außen- und Umweltministerin" bezeichnen könnte. Zu ihren wichtigsten Aufgaben gehörte, Kontakte zur Politik zu pflegen und das Unternehmen in Richtung Umweltfreundlichkeit zu steuern.
Bei der Lobbyarbeit war zunächst eher an Berlin, eventuell auch Brüssel gedacht, doch bald stellte sich Washington als erste Nagelprobe heraus. Es ging darum, dort den Markteintritt der Deutschen Post zu ermöglichen. Eine „harte Nuss", wie sie noch heute sagt, denn FedEx und UPS wollten die deutsche Konkurrenz auf dem heimischen Markt um jeden Preis verhindern. Also hat Wulf-Mathies ihre ganze Energie in den Job gelegt, ein Büro in Washington eröffnet, selbst jede Menge Senatoren gesprochen – und am Ende „tatsächlich obsiegt". Der Zugang zum US-Markt war offen.
Zu weiteren Highlights ihrer Bonner Zeit zählt sie den Mindestlohn, der auch durch ihr Engagement branchenweit mit 9,80 Euro eingeführt wurde und das Abrutschen in Dumping-Löhne verhinderte. Außerdem den ersten Umweltbericht, später den ersten Nachhaltigkeitsbericht sowie verschiedene strategische Partnerschaften mit den Vereinten Nationen, unter anderem zur schnelleren Reaktion auf Naturkatastrophen. „Es war eine sehr spannende Zeit. Besonders hat mir die Internationalität gefallen", sagt sie rückblickend und ist dem Unternehmen bis heute wohlwollend verbunden. Nur mit einer Sache ist die promovierte Germanistin überhaupt nicht zufrieden: mit der Zahl von Frauen in Führungspositionen. „Die Wirtschaft braucht die Quote, sonst geht es nie voran", urteilt Wulf-Mathies unumwunden, obwohl sie Quoten eigentlich ablehnt.

Dr. Monika Wulf-Mathies (*1942) hat von 2001 bis 2008 den Zentralbereich „Politik und Nachhaltigkeit" geleitet und war danach bis 2011 als Beraterin des Vorstandes von DPDHL tätig

Rennfahrer Heinz-Harald Frentzen und der Kommunikationschef der Deutschen Post Gert Schukies beim Börsengang, November 2000

Zum neuen Image der Deutschen Post gehörte das Engagement in der Formel 1. Bis zur Saison 2002 lief der Sponsoring-Vertrag mit dem Jordan-Team, für das auch Heinz-Harald Frentzen fuhr.

Deutsche Post World Net in Partnerschaften und internationalen Hilfsorganisationen" – neben der Ernsthaftigkeit in der Sache auch eine Form der Image- und Markenpflege für das Unternehmen.

Ebenfalls 2001 hatte man sich dem UN Global Compact angeschlossen, einer von Kofi Annan ins Leben gerufenen UN-Initiative für Unternehmen, die sich beim Beitritt verpflichteten, ihre Geschäftstätigkeit an einer Reihe von universell gültigen Prinzipien auszurichten. Gesellschaftliche Verantwortung sei kein Modethema und kein Trend, betonte Wulf-Mathies, es gehe um Glaubwürdigkeit in der Unternehmenskultur, und das Ziel sei, den Konzern „in den Themenfeldern Umwelt, Mensch und Gesellschaft deutlich zu positionieren".

WOLFGANG GIEHL

„Marke, das ist die Summe aller Vorstellungen, die ein Verbraucher oder Konsument mit einem Produkt, mit einem Unternehmen verbindet." Wolfgang Giehl kann es wohl im Schlaf aufsagen, so lange und so intensiv hat er sich mit dem Thema befasst. Der Werbemann wie aus dem Bilderbuch – rauchige Stimme, lässiger Auftritt, gewürzt mit etwas Pathos – hat fast zwanzig Jahre lang mit seinen Mitteln versucht, das Image der Post positiv zu beeinflussen. „Als Werber oder Marketeer ein Unternehmen mitzugestalten ist die Chance deines Lebens", schwärmt er von seinen Anfängen bei der Post. Obwohl damals – er wechselte 1995, nach vielen Jahren bei renommierten Agenturen, zur neuen Aktiengesellschaft – niemand verstehen wollte, warum, am wenigsten seine Frau.

Warum? Weil er sich begeistert hat für die Vision, die gute alte Post in eine Zukunft als modernes Unternehmen zu führen. Mit Gelb als markanter Farbe, mit neu designtem Posthorn als Icon und mit dem Namen Deutsche Post AG wurde die Marken-Basisarbeit erledigt. Für den Börsengang fand man die Brüder Gottschalk, die mit kleinen Geschichten rund um die Aktie für gute Stimmung sorgten. Storytelling nennt es Wolfgang Giehl.

Gute Stimmung und gute Gefühle – das sind die Pfunde, mit denen der Markenexperte wuchern kann. Er assoziiert sie mit Sicherheit und Nähe und kann sie zur Kundenbindung nutzen. „Customer branding, internal branding, branded content" – wenn es um Methoden und Bedeutung der Markenbildung geht, ist Wolfgang Giehl in seinem Metier. Dass ein Unternehmen gute Leistungen erbringt, dass Deutsche Post DHL immer und überall präsent ist, das ist die Basis. Aber Werbung und Marke, das ist Kultur!

Aufregend auch die Jahre 2003, 2004, der große Relaunch nach der Akquise von DHL. Die Markenarchitektur wurde erneuert, der Color-Code rot-gelb, der Schriftzug dynamisch. „Post goes global" nennt Wolfgang Giehl diese Jahre, in denen die Marke die Entwicklung des Konzerns zum größten Logistikdienstleister begleitet hat. Dazu schloss man, strategisch wohlbedacht, Partnerschaften wie mit der Formel 1 oder der Fashion Week, und über multinationale Sender wie BBC liefen passende Kampagnen wie „Speed of Yellow" unter dem Slogan: „DHL. Excellence. Simply Delivered."

Das zukünftige Markenpremium aber ist für Wolfgang Giehl „Responsibility": früher „nice to have", heute ein relevanter Faktor.

Nach fast zwanzig Jahren hat Wolfgang Giehl die Post verlassen, seit Ende 2013 ist er „raus", im Unruhestand. Daran muss er sich erst noch gewöhnen. Denn eigentlich, das gibt er unumwunden zu, eigentlich ist er noch ganz tief drin.

Wolfgang Giehl (*1950) war von 1995 bis 2013 bei Deutsche Post DHL, zuletzt als Senior Vice President Corporate Brand Marketing

Die Zentrale von Deutsche Post DHL in Bonn, um 2009

Nach 1995 hieß der Konzern „Deutsche Post“, mit der Internationalisierung kam dann der neue Name „Deutsche Post World Net“, ehe 2008 die zwei Marken „Deutsche Post“ und „DHL“ unter dem Markendach „Deutsche Post DHL“ zusammenfanden.

NICHT NUR EINE NUMMER! DIE FARBEN VON DEUTSCHE POST DHL

Der griechische Sonnengott Helios fuhr in einem gelben Gewand auf einem von vier Feuerrossen gezogenen Wagen über den Himmel, und das strahlend gelbe Licht der Sonne und ihrer Götter verkörperte für die Griechen göttliche Intelligenz. Wagen = Postwagen, strahlende Sonne …? Ganz so einfach ist es nicht mit den Farben und mit der Post, denn die Herkunft des Postgelbs lässt sich keineswegs bei den alten Griechen verorten.

Es werde noch gerätselt über den Ursprung der Postfarbe Gelb, hieß es 1990 in Unterlagen zur Corporate Identity von Deutsche Bundespost POSTDIENST über die ungewisse Vergangenheit der dominanten Farbe. Sollte etwa nicht mehr dahinterstecken als das Schreiben eines Dr. Düll an alle Oberpostdirektionen, Verteiler D II vom 5. August 1982, Betreff „Einheitliches äußeres Erscheinungsbild im Bereich der Öffentlichkeitsarbeit und der Werbung: Die Postfarbe ist Ginstergelb, RAL 1032“? Damals änderte sich der Ton, nicht die Farbe, denn bis dato wurde als „Postgelb“ die Farbe RAL 1005 verwendet, auch als Honiggelb bekannt; die Fahrzeuge aber waren im helleren RAL 1021 lackiert – „aus Gründen der Verkehrssicherheit“.

Was in Deutschland anmutete wie ein Naturgesetz – die Post ist gelb! – war wohl einst der Signalwirkung der Farbe Gelb geschuldet: man erkennt sie gut, auch aus der Ferne, genau wie Rot und Weiß. Rot war der einheitliche Anstrich für Postfahrzeuge, Briefkästen und Telefonzellen zur Zeit des Nationalsozialismus in Deutschland, die Post sollte farblich in enger Abstimmung zu Staat und Partei in Erscheinung treten. 50 Jahre vorher aber war Heinrich von Stephan in Köln zu Besuch, um das Postgebäude An den Dominikanern gebührend einzuweihen. Man sang ihm ein Lied, das die Postfarben pries: Blau für die Treue und Orange als Verkörperung der Freude. Tatsächlich waren bis zur Reichsgründung alle Farben und Farbkombinationen für Postkutschen und Uniformen im zersplitterten Land verbreitet, ehe Preußens Minister für Handel, Gewerbe und öffentliches Arbeiten 1850 normierte Bestimmungen für Postfahrzeuge einführte; der gelbe Anstrich der Kutschen war einer davon.

Kurz nach der Jahrhundertwende wurden mit der Motorisierung der Reichspost auch die Kraftfahrzeuge gelb lackiert, in einer Mischung aus Chromgelb und Bleiweiß. Die Farbe bekam leicht einen unschönen Stich „ins Braune“, und es musste laufend nachgebessert und erneuert werden. Das hatte seinen Preis: 68 Mark für 100 Kilo Postgelb war die Regel.

Bei den Farben der Briefkästen war wie bei den Uniformen im 19. Jahrhundert alles vertreten, von Blau und Bronze über Gelb, Grün und Silber bis zum Weiß der Kästen in Württemberg um 1830. Erst ab 1874 bekamen die Briefkästen der Reichspost einen blauen Farbanstrich, der mit preußischer Gründlichkeit immer wieder erneuert wurde; ganz zum Leidwesen derer, die ihre Post in den frisch lackierten Briefschlitz stecken mussten.

Heute sind das Gelb der Deutschen Post mit dem auf das Wesentliche reduzierten Posthorn wie auch der rote Schriftzug DHL auf gelbem Grund Bestandteil komplexer Markenauftritte, die weltweit für Aufmerksamkeit sorgen. 2003 hat sich der Konzern nach zahlreichen Unternehmensakquisitionen entschlossen, den Logistik- und Express-Bereich unter der Marke DHL zu bündeln. Ein Rebranding sollte ihr zu einem neuen Outfit verhelfen. Ehe 60 000 Fahrzeuge, Gebäude und andere Oberflächen ab April 2003 gebrandet wurden, hatten ausführliche weltweite Tests die Strahlkraft der neuen Farbkombination belegt: Gelb-Rot stehe für Energie und Kraft, der DHL-Schriftzug für Modernität und Dynamik. Das war mehr, als das Rot-Weiß der bisherigen DHL-Flotte von sich behaupten konnte, die zwar in aller Welt stationiert, aber etwas in die Jahre gekommen war. Mit Pantone 116 yellow und Pantone 200 red war das zu ändern, und DHL strahlte bald in neuem, kraftvollem Glanz.

„Zeit Ist Gelb“, Broschüre, 1994

Ob in den Medien oder beim Unternehmen selbst – an Wortspielen rund um das charakteristische Gelb mangelte es nie: Zum Börsengang war von „Gelb-Fieber“ die Rede, in der Broschüre „Zeit Ist Gelb“ ging es um schnelle neue Angebote für PressePostkunden.

„STAR"-Logo, Titelblatt einer Magazinbeilage, Ausschnitt, 2003

Das Wertsteigerungs- und Integrationsprogramm „STAR" beschleunigte von 2002 bis 2005 – nach der Phase extremer Expansion und Internationalisierung – den Prozess, bei dem aus der Deutschen Post ein globales Unternehmen wurde – mit entsprechenden Konsequenzen für viele Mitarbeiter. Als konkretes finanzielles Ziel wurde ein Ergebnisbeitrag für den Konzern von 1,4 Milliarden Euro festgelegt.

ERSTE WAHL AUF LANGE SICHT

Programme zur Qualitäts- und Wertsteigerung

An der Erfolgsgeschichte von Deutsche Post DHL haben viele Menschen mitgeschrieben, darunter Strategen, die von den ersten Schritten der Privatisierung an Programme und Konzepte entwickelt haben, um die Qualität zu verbessern, Kosten zu senken und das Unternehmen auf den Kunden auszurichten. Nach dem Börsengang im Jahr 2000 gehörte die Aufmerksamkeit der Analysten und Konzernstrategen dann vor allem den Kapitalmarktprogrammen zur Wertsteigerung des Konzerns.

Zunächst aber stand nach der Postreform und der Wiedervereinigung die Wettbewerbsfähigkeit des Briefdienstes im Fokus, der dringend einer Qualitätssteigerung bedurfte. Das höhere Postaufkommen nach der Wende hatte die Laufzeiten verlängert, und zum Ziel von Einlieferung plus ein Tag (E+1) klaffte bei 75 Prozent der Sendungen eine nicht zu übersehende Lücke. Mit der „Qualitätsoffensive Brief" ergriff man daher 1991 eine erste dreimonatige Maßnahme zur Laufzeitverbesserung, zentral gesteuert von der Generaldirektion in Bonn. Die durchweg positiven Ergebnisse gingen ein in das Konzept „Brief 2000", das im Frühjahr 1992 verabschiedet und in den folgenden Jahren durch ein neues Produktions-, Preis- und Produktsystem umgesetzt wurde. Das Ergebnis: 1998 erreichten 95 Prozent aller Briefe ihre Empfänger am Tag nach der Einlieferung.

Mit der Umstellung auf fünfstellige Postleitzahlen zum 1. Juli 1993 bewältigte die Post eine Mammutaufgabe: Der Wechsel musste nach außen und innen klug kommuniziert werden, um das Ziel, den Anteil maschinell zu sortierender Sendungen von 25 auf 80 Prozent zu steigern, nicht zu gefährden. Für die Umstellung im Betrieb wurden 900 Berater geschult, außerdem konnten sich die Beschäftigten mithilfe eines computergestützten Programms an die neuen Abläufe gewöhnen. Als schließlich im Paderborner Rechenzentrum die größten Parallelrechner Europas mit einer Leistung von vier Milliarden Operationen pro Sekunde die Neuerung bewältigt hatten, bestätigten sich alle vorher getroffenen Maßnahmen als richtig: Das von vielen prophezeite Chaos blieb aus, und die Bevölkerung akzeptierte und verwendete binnen weniger Tage die neue „Fünfstellige".

KUNDE UND SERVICE

Die Orientierung auf den Kunden war ein zentrales und unablässig wiederholtes Anliegen, das über alle Ebenen getragen wurde und Mitte der 1990er-Jahre auch Eingang fand in das neue Leitbild der Post: „Wir stellen den Kunden in den Mittelpunkt unseres Denkens und Handelns" und „Unsere kundenorientierte Organisation macht uns flexibel und innovativ" waren Sätze, die das Wort „Postbenutzer" endgültig verbannen sollten. Es stand damit ein Thema zur Debatte, das zurückging bis zu den Zeiten Heinrich von Stephans. Schon damals hatte es Höflichkeitserlasse mit Anweisungen darüber gegeben, wie die „Verkehrsteilnehmer" oder „das Publikum" genannten Kunden zu behandeln seien. Als Reaktion auf öffentliche Kritik über „mangelndes Entgegenkommen der Beamten im Verkehr mit dem Publikum" wurden diese zur Höflichkeit ermahnt – damit nicht der Eindruck entstehe, „als würde die Verwaltung ihre Dienstleistungen, unbekümmert um die im freien Wirtschaftsleben üblichen Verkehrsformen (…), lediglich nach eigenem Gutdünken und zum eigenen Vorteil ausüben".

Diese Anweisungen hatten sich in erster Linie auf die Schalterbeamten bezogen, und

„STAR" – Grafik zum Wertsteigerungs- und Integrationsprogramm

In der ersten Phase des Programms im Jahr 2002 ging es darum, organisatorische Strukturen zu entwickeln und einzuführen, danach stand die Umsetzung der Projekte im Vordergrund: Es wurden IT- und Transportsysteme vereinheitlicht, technische Neuerungen wie automatische Sortier- und Frankieranlagen installiert, einheitliche Datenbanken aufgebaut und Vermarktungspotenziale erschlossen; auch die Transparenz unterschiedlicher Prozesse wurde verbessert.

First Choice, Anzeige, 2008
Im Mittelpunkt des Programms „First Choice" stand zunächst das Bestreben, eine Kultur der Kundenorientierung im Konzern zu etablieren, die das Unternehmen als erste Wahl für bestehende und neue Kunden auszeichnen würde. Zentrale Elemente der Umsetzung waren konzernweit einheitliche Change-Management-Tools und -Prozesse.

auch 70 Jahre später wollte man bei der reformierten Post den Service in den Postämtern verbessern und sich den Kundenwünschen anpassen. Der verantwortliche Vorstand, Hans-Dieter Petram, kündigte eine Service- und Qualitätsoffensive an, für die Mitte der 1990er-Jahre „Qualitätsteams" ausgebildet wurden. Entscheidend aber war ein neues Filialkonzept, das mit offenen Thekenlandschaften eine freundliche Atmosphäre schaffen, die Kommunikation mit den Kunden verbessern und die Wartezeiten verkürzen sollte.

STAR, ROADMAP TO VALUE UND FIRST CHOICE

Eine neue Dimension der Orientierung an Kundenwünschen erreichte Deutsche Post World Net ab 2002 über das Programm „STAR", das mit mehr als 100 international ausgerichteten Einzelprojekten darauf ausgelegt war – so der Geschäftsbericht 2004 –, den Markenauftritt zu vereinheitlichen, die Vertriebsstrukturen zu harmonisieren, das Produktsortiment zu standardisieren, bestehende Netzwerke zu integrieren und Querschnittfunktionen wie Einkauf und IT zu optimieren. Beim Start hatte Klaus Zumwinkel die Ziele des Programms vor der Presse erläutert: Nach dem Expansionskurs der vorangegangenen Jahre – insgesamt hatte das Unternehmen nach der vollständigen Übernahme von DHL weltweit mehrere Hundert direkte und indirekte Firmenbeteiligungen – sei es jetzt an der Zeit, DHL, Danzas und Deutsche Post Euro Express vollständig zu integrieren und unter der Dachmarke DHL zusammenzuführen. Diese umfasste ab Anfang 2003 sowohl das nationale und internationale Paketgeschäft als auch die Logistik. Die drei bis dahin parallel operierenden Transportnetze wurden weitestgehend zusammengefasst, um Synergie-Effekte zu nutzen.

Im Unterschied zu bisherigen Programmen betraf „STAR" den gesamten Konzern, alle Funktionen, alle Bereiche und alle Standorte. Neu strukturiert und optimiert wurden die Rechenzentren, die Vertriebsnetze wurden konzentriert, und allein die Neustrukturierung des Einkaufs sollte dank einer künftig zentralen Beschaffungssteuerung eine Ersparnis von 200 Millionen Euro bringen. Es war, so das Nachrichtenmagazin *Der Spiegel*, eine Herkulesaufgabe, die unter der Federführung des neuen Vorstandsmitglieds Frank Appel zu bewältigen war mit dem Ziel, den Konzerngewinn bis zum Jahr 2005 auf 3,1 Milliarden zu steigern. Für die Bedürfnisse der Top-Kunden wurde der Geschäftsbereich „Global Customer Solutions" (GCS) geschaffen, in dem die Kompetenzen der drei DHL-Marken exakt auf

THOMAS VON MITSCHKE-COLLANDE

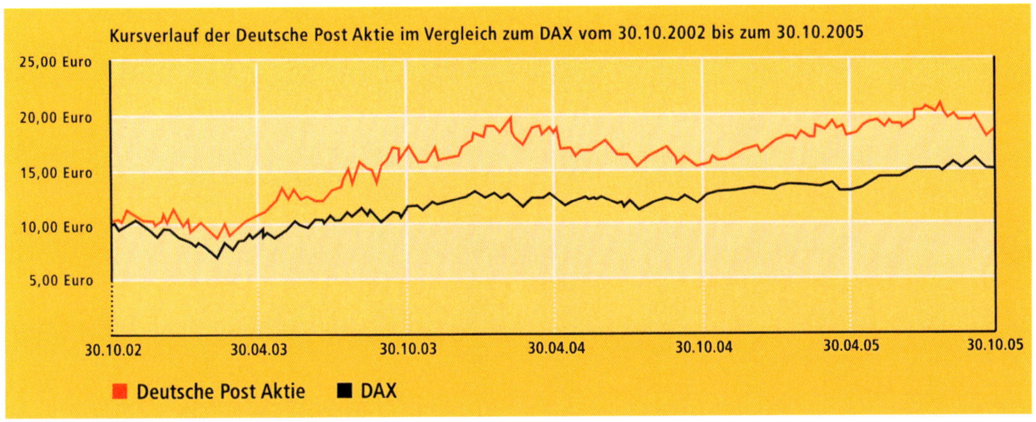

Kursverlauf von Postaktie und DAX, 2005

Das Diagramm zeigt den – im direkten Vergleich zum DAX – relativ guten Verlauf des Kurses der Deutsche-Post-Aktie für die „STAR"-Zeit, insgesamt aber lag sie weit unter dem Ausgabekurs von Ende 2000. Nach der Krise der IT-Branche und den Terror-Anschlägen im September 2001 war nicht nur die Logistikbranche in einer schwierigen Lage; die Wirtschaft insgesamt erholte sich nur langsam.

die Bedürfnisse der Kunden hin ausgerichtet wurden, unabhängig von deren Standorten oder den Produkten. „Branchenwissen global verfügbar machen" lautete das erklärte Ziel von GCS.

Ende 2005 übertrafen die Ergebnisse von „STAR" mit einem Konzerngewinn (EBIT) von 3,7 Milliarden Euro nicht nur die ursprünglichen Erwartungen deutlich, das Unternehmen hatte es auch geschafft, „Nummer eins in der Logistik" weltweit zu werden.

Kein Grund, sich auszuruhen: Umgehend folgte ab 2006 das Programm „First Choice" – Erste Wahl: für den Kunden, als Teil einer Konzernstrategie zur stärkeren Kundenorientierung. „Kunden erfolgreich machen" war einer der Slogans, mit denen die Mitarbeiter von Deutsche Post World Net mobilisiert und sensibilisiert wurden, um Qualität und Produktivität des Konzerns weiter zu steigern – „auf Weltklasseniveau", wie es Postchef Zumwinkel ausdrückte. Parallel startete Deutsche Post World Net 2007 das Kapitalmarktprogramm „Roadmap to Value" mit einer Fülle an Maßnahmen, darunter der Veräußerung weiterer Immobilien und der Ausgliederung der globalen IT-Funktionen, um, so Zumwinkel, „zusätzlichen Wert für seine Aktionäre zu schaffen".

Mit den Vorbereitungen zur Sanierung des Fracht-, Brief- und Filialbereichs kamen 1990 die ersten externen Berater in die Postzentrale nach Bonn. Thomas von Mitschke-Collande, Director bei McKinsey, war einer dieser Experten, die zunächst mit einer Gesamtdiagnose der Kosten- und Qualitätssituation beauftragt wurden. „Anfänglich gab es einige Vorbehalte, aber die Erfolge haben auch die Skeptiker von unserer Arbeit, die wir gemeinsam mit einem kompetenten und sehr engagierten Postteam geleistet haben, überzeugt. Wichtig war der enge Schulterschluss mit dem Management", erinnert sich von Mitschke an diese turbulenten Jahre. McKinsey setzte neue Abläufe wie die Ein- und Ausgangsbearbeitung von Briefen in einem Briefzentrum um und unterstützte den Prozess der Internationalisierung sowie die Integration der zugekauften Unternehmen.

„Der Weg in den Logistikbereich war von Anfang an gesetzt. Solange man materielle Güter nicht beamen kann, ist die Logistik vor dem Hintergrund der Globalisierung und Digitalisierung ein sicheres, zukunftsfähiges und wachsendes Geschäft", erläutert von Mitschke die damals eingeschlagene Strategie. Mit Klaus Zumwinkel hat er ebenso zusammengearbeitet wie mit Frank Appel, der für ihn eine neue Generation von Führungspersönlichkeiten verkörpert. „Beide waren und sind auf ihre Art für das Unternehmen in der jeweiligen Epoche Erfolgsgaranten", resümiert der langjährige Berater. Er selbst hat sich im Jahr 2010 aus dem operativen Geschäft zurückgezogen, ist aber ein gefragter Ratgeber in diversen Verwaltungs- und Aufsichtsräten.

Dr. Thomas von Mitschke-Collande (*1950) war bis 2010 Director bei der Unternehmensberatung McKinsey

Pressekonferenz zur „Strategie 2015", März 2009

Der Schriftzug „Unlocking our Potential" für die Pressekonferenz zur „Strategie 2015" wird montiert. Vision und Mission für die kommenden Jahre, Kernziele und Kundenversprechen sowie bestehende Programme wie „First Choice", „Roadmap to Value" und „GoGreen" fanden Eingang in die Unternehmensstrategie.

CHRONOLOGIE – „STRATEGIE 2015"

2/2008 Frank Appel wird vom Aufsichtsrat zum Vorstandsvorsitzenden bestellt

12/2008 Professor Dr. Wulf von Schimmelmann folgt Jürgen Weber an die Spitze des Aufsichtsrats der Deutschen Post

2009 Es werden 2 000 Initiativen und Process Improvement Workshops durchgeführt

3/2009 **Die „Strategie 2015" wird den Mitarbeitern und der Öffentlichkeit vorgestellt. Das bereits etablierte Programm „First Choice" wird darin fortgesetzt**

7/2009 Die „People Strategy" wird eingeführt, unter anderem um bereichsübergreifende Karrieren zu fördern

2010 Der Bereich Brief hat 1 000 First-Choice-Maßnahmen abgeschlossen

Die Teilnehmerquote an der Mitarbeiterbefragung beträgt 79 Prozent

Mit dem Top-Azubi-Programm werden die besten 5 Prozent der rund 3 600 Auszubildenden in Deutschland durch spezielle Seminare gefördert

Das Förderprogramm „Perspektive Gelb" eröffnet Jugendlichen mit schwierigen Startchancen auf dem Ausbildungsmarkt die Aussicht auf eine Ausbildung

Um sich als bevorzugter Arbeitgeber bei Studierenden zu positionieren, wird das Programm „JOIN" aufgelegt, das Praktikanten Projektverantwortung überträgt und einen Mentor zur Seite stellt

Rund 120 000 Bewerbungen jährlich treffen über das Internet im Konzern ein

Der Konzern beteiligt sich am Pilotprojekt „Anonymisiertes Bewerbungsverfahren" der Antidiskriminierungsstelle des Bundes

75 000 Mitarbeiter weltweit nutzen die mehr als 2 000 Trainingseinheiten umfassende Plattform mylearningworld.net, um sich beruflich oder persönlich weiterzuentwickeln

24,8 Prozent der internen Stellenbesetzungen von Top-Führungskräften erfolgen bereichsübergreifend

Ausgewählte Leistungsträger werden unter anderem durch Talentprogramme wie „ACTIVATE" gefördert

Im Bereich Global Forwarding, Freight hat sich die Zahl der Kursteilnahmen am weltweiten E-Learning-Programm von 48 000 auf 124 000 erhöht

Die Bemühungen um eine Verbesserung der Service-Qualität werden in China mit dem „Best Call Center Award 2010" belohnt

Im Rahmen des „First Choice"-Programms wurden die Rechnungsstellung und die Verzollung von Sendungen nach Ankunft im Zielland verbessert

19 000 Kunden in 49 Ländern werden nach ihrer Zufriedenheit mit den Dienstleistungen von DPDHL befragt

2011 DHL ist Partner der Rugby-Weltmeisterschaft in Neuseeland und transportiert die Ausrüstung der 20 teilnehmenden Mannschaften zwischen den 48 Trainings- und 13 Austragungsstandorten. Für das Volvo Ocean Race gewährleistet DHL den Transport von Segelausrüstung zwischen den zehn Häfen auf allen fünf Kontinenten

Mehr als 20 000 Mitarbeiter wurden im Unternehmensbereich BRIEF im Rahmen eines „Trainings on the Job" spezifisch geschult

Der Anteil der Teilzeitbeschäftigten bei der Deutschen Post AG beträgt 37,5 Prozent, das sind 63 126 Mitarbeiter

12/2011 Die Zahl der Mitarbeiter beläuft sich auf 423 348, 0,5 Prozent mehr als im Vorjahr

2012 **Am Ende des Jahres sind in mehr als 220 Ländern 428 129 Mitarbeiter beschäftigt**

Die Ergebnisse der Mitarbeiterbefragung verbessern sich in allen Kennzahlen, die Kennzahl „aktive Führung" hat eine Zustimmungsquote von 69 Prozent erreicht. Die Befragung belegt, dass das Engagement mehr als doppelt so hoch ausfällt, wenn Mitarbeiter im Vorjahr einen guten Folgeprozess mit spürbaren Veränderungen erlebt haben

Unter dem Namen MyDHL startet DHL ein neues, webgestütztes E-Commerce-Portal

Über den Hilfsfond „We Help Each Other" wurden aus Spenden von Mitarbeitern 183 Kolleginnen und Kollegen mit insgesamt rund 75 000 Euro unterstützt

1/2012 DHL unterstützt die „Champ19ns Trophy Tour" des britischen Fußballvereins Manchester United als offizieller Logistikpartner

2/2012 **Der Vorstandsvorsitzende von Deutsche Post DHL ist Mitglied einer Delegation von rund 30 deutschen Top-Managern, die die deutsche Bundeskanzlerin Angela Merkel während ihrer fünften China-Reise begleiten. Das Ziel der Reise ist es, Chinas Vertrauen in die deutsche Wirtschaft und die Eurozone zu stärken**

2/2012 Personalvorstand Walter Scheurle nimmt in Frankfurt den Innovationspreis der Deutschen Wirtschaft entgegen, den das Konzernideenmanagement für mehr als 200 000 im Jahr 2011 eingereichte Ideen gewonnen hat

3/2012 Das Projekt „Schatzsuche" der Vertriebssteuerung Paket brachte seit dem Start 2010 1 800 neue Verträge und generierte 14 Millionen Euro Neuumsatz für den Paketbereich

10/2012 Zum fünften Mal in Folge erhält der Konzern das Prädikat „Total E-Quality" für die Förderung der Fähigkeiten und die Qualifizierung von Frauen

2013 Rund 8 000 Mitarbeiterinnen und Mitarbeiter beschäftigt der Konzern in Bonn, dem Standort der Zentrale

Für sein vorbildliches Personalmanagement erhält DPDHL 57 Auszeichnungen weltweit

Mehr als 2 000 DHL Mitarbeiter leisten beim Bau von Notunterkünften in Lateinamerika 30 000 Stunden ehrenamtliche Arbeit

Innerhalb von zehn Wochen haben sich Tausende Mitarbeiter weltweit an der Kampagne „Ihr Beitrag zählt" beteiligt, 1 300 haben ihre Geschichte zur „Strategie 2015" im Internet erzählt

4/2014 **Das Unternehmen stellt in Frankfurt am Main die „Strategie 2020" vor**

8/2014 DHL und FC Bayern München starten eine internationale Partnerschaft für Logistik- und E-Commerce-Komplettlösungen

11/2014 **25-jähriges Jubiläum des Falls der Berliner Mauer**

DHL
DHL
Magdeburg
Halle
14
14
München
Erfurt
Berlin
Dessau
9
U 91
Magdeburg
Halle
14
14

„EIN FUNDAMENT FÜR ECHTEN WANDEL"

Die „Strategie 2015"

Die Jahre 2007 bis 2009 brachten der Welt und auch Deutschland eine Wirtschaftskrise von historischem Ausmaß. Auf die US-Immobilienkrise folgte die Banken- und Finanzkrise mit dem Zusammenbruch der amerikanischen Großbank Lehman Brothers im Herbst 2008; andere große Banken überstanden die Krise nur dank hoher staatlicher Kapitalspritzen. Im Jahr 2009 führten die Folgen dieser Ereignisse in Deutschland zu einem drastischen Abschwung der Wirtschaft: Für Investitionsgüter fanden sich keine Käufer, die Exporte gingen zurück. Ab Herbst 2009 füllte zudem die Haushalts- und Staatsschuldenkrise in Ländern der Eurozone die Schlagzeilen.

Bei der Post, als Logistiker untrennbar mit dem internationalen Handel und dessen Entwicklung verzahnt, verliefen diese Jahre entsprechend turbulent. Frank Appel hatte nach dem Rücktritt seines Vorgängers Anfang 2008 kurzfristig den Chefposten übernommen. Man sehe in ihm den Garanten dafür, dass das Unternehmen strategisch gestärkt und anstehende Herausforderungen konsequent angepackt würden, begründete der Aufsichtsrat seine Entscheidung, ihn zum neuen Vorstandsvorsitzenden zu bestellen. Was Appel seinen Mitarbeitern beim „Amtsantritt" mit auf den Weg gab, galt nicht weniger für ihn selbst: „Das steigende Tempo des Wandels ist die einzige Konstante."

Kurz nach seiner Ernennung gab er die Geschäftszahlen für 2007 bekannt, die mit einem Plus von 8 Prozent zum Vorjahr durchaus positiv waren; das Kapitalmarktprogramm „Roadmap to Value" zeigte erste Erfolge. Im Interesse eines größeren Handlungsspielraums wurden dann im Juli 2008 rund 1 300 Immobilien an einen US-Investor verkauft – für eine Milliarde Euro.

Aber auch zu den wunden Punkten, die es anzugehen galt, darunter das schwierige und verlustreiche US-Geschäft von DHL Express, äußerte sich Appel unverzüglich – und er handelte schnell: Ab Ende Januar 2009 wurden keine nationalen Express-Dienstleistungen in den USA mehr angeboten, die Region blieb aber Bestandteil des globalen DHL-Express-Netzwerks im Kerngeschäft „Sendungen in die USA" und „aus den USA heraus". Den ehemaligen DHL-Flughafen Wilmington überließ das Unternehmen umsonst der Gemeinde. Es verlagerte seine Aktivitäten auf den kleineren DHL-Flughafen bei Cincinnati, der später zu einem großen internationalen Hub ausgebaut wurde.

Die vom Aufsichtsrat erhoffte Stärkung des Unternehmens brachte Frank Appel mit der „Strategie 2015" ab März 2009 auf den Weg, in die auch bereits vorhandene Programme und Initiativen wie „First Choice" eingingen. Im Vorfeld der Strategieentwicklung hatte man einmal mehr die Themen Globalisierung, Outsourcing, Digitalisierung und den Klimawandel in den Blick genommen; man wusste, sie würden das Logistikgeschäft auch in den folgenden Jahren maßgeblich bestimmen, und das für alle Bereiche: Brief, Paket, Express und Logistik.

EIN HAUS AUF ZWEI SÄULEN: DEUTSCHE POST DHL

Ein neuer Name bekräftigte ab 2009 die Verbundenheit der zwei Unternehmensbereiche des Konzerns: Deutsche Post DHL. „Wir stehen künftig auf zwei Säulen, einem integrierten, konsequent qualitäts- und kundenorientierten internationalen Logistikgeschäft und einem starken Briefgeschäft mit dem klaren Bekenntnis zum umfassenden Versorgungsauftrag der Deutschen Post – erweitert um neue elektronische Mehrwertdienste", erläuterte Appel die Veränderung damals. Der neue Name stehe für übersichtliche Strukturen, eine neue Durchlässigkeit im Konzern, integrierte Lösungen für die Kunden und eine offene Führungskultur. Mit dem Ziel, „*Die* Post für Deutschland" zu bleiben und „*Der* Logistikdienstleister für die Welt" zu werden, wolle man das Unternehmen nun so ausrichten, dass ein organisches Wachstum möglich sei, beschrieb er seine Vision. Dazu müsse man den Konzern nicht neu erfinden, aber mehr aus der bestehenden Logistik-Plattform machen – nicht nur im In-

DHL-Flugzeug auf dem Weg zum Start, 2006

2008, in wirtschaftlich schwierigen Zeiten für die Deutsche Post, war die Eröffnung des europäischen Luftfrachtdrehkreuzes am Flughafen Leipzig/Halle mehr als ein Lichtblick. 2006, in der Bauphase, hatte auch Bundeskanzlerin Angela Merkel Europas größte Baustelle besucht, und schon damals nutzten zwölf DHL-Maschinen täglich den mitteldeutschen Airport.

Broschüre zur „Strategie 2015", Juli 2012

Broschüren, Poster, das Corporate Intranet und das Internet wurden genutzt, um die Unternehmensstrategie zu vermitteln, die ein DHL-Song, so heißt es im Inhalt, sogar vertont „auf den Punkt brachte" – „Ain't no mountain high enough!"

DHL Service Center in New York, USA, November 2008

Der Anblick des New Yorker Service-Centers hat Symbolcharakter. Kurz zuvor hatte die Deutsche Post bekannt gegeben, dass sie sich aus dem amerikanischen Inlandsgeschäft zurückziehen werde – nicht nur diese Rollgitter sollten bald für immer geschlossen bleiben.

teresse des Geschäfts, sondern auch aus Verantwortung für die Prosperität der Welt, in der sich DPDHL als Logistiker bewege, begründete Appel seine Strategie, die im Wesentlichen eine auf die Deutsche Post und DHL ausgerichtete Konzernstruktur und eine engere Verzahnung der DHL-Geschäftsfelder beinhaltete.

POTENZIAL ENTFALTEN

Das Leitmotiv der „Strategie 2015", „Unser Potenzial entfalten", zielte darauf, über Veränderungen und ein neues Bewusstsein innerhalb des Unternehmens den äußeren Herausforderungen zu begegnen. Es galt, „hausgemachte" Probleme zu beseitigen, um Kunden, Mitarbeitern und Investoren zum Erfolg zu verhelfen. „Eine Million Kundenkontakte in der Stunde" benannte Frank Appel die unendliche Zahl der Möglichkeiten, den Kunden von der Qualität der Leistung zu überzeugen und durch Engagement zu beweisen, dass er bei DPDHL an der richtigen Adresse ist. Zum Leitprinzip der neuen Strategie wurde „Respekt und Resultate": „Die Ausrichtung des Unternehmens auf Leistung und Erfolg geht einher mit einer Unternehmenskultur, bei der nicht schnelle Resultate auf Kosten des ehrlichen und vertrauensvollen Umgangs miteinander erzielt werden", präzisierte er das Motto.

Um die Unternehmens- wie auch die Führungskultur weiterzuentwickeln und um die Beschäftigten an der Gestaltung ihres direkten Arbeitsumfelds zu beteiligen, hatte man 2008 die Mitarbeiterbefragung eingeführt. Deren Ergebnisse gaben jetzt nicht nur Aufschluss über die Qualität von Prozessen, Systemen und Strukturen des Konzerns, sie ermöglichten den Beschäftigten auch, ihre Zufriedenheit – oder Unzufriedenheit – mit der Unternehmenskultur und der „Stategie 2015" zu äußern.

GUTER SERVICE, NACHHALTIGE LÖSUNGEN

Die Konzern- und Führungsstruktur von DPDHL wurde in den Jahren ab 2009 dem Strategieziel „Zusammenarbeit der DHL-Geschäftsfelder fördern" angepasst. Die konzernweite Zentrale richtete sich mit dem neuen Corporate Center stärker an den Geschäftsanforderungen aus. Der bereits 2004 geschaffene Geschäftsbereich Global Customer Solutions (GCS), der die Kompetenzen der DHL-Marken Express, Global Forwarding, Freight und Supply Chain bündelte und auf die Bedürfnisse der Kunden zuschnitt, wurde ausgebaut, DHL Solutions & Innovation (DSI) neu geschaffen. Als DHL-übergreifender Innovationsmotor schuf DSI Grundlagen für zukunftsorientierte und standardisierte Logistiklösungen.

Der Bereich Global Business Services (GBS) – eine der größten konzerneigenen Dienstleistungsorganisationen der Welt – wurde ebenfalls erweitert. Er bietet heute in mehr

Frank Appel im Briefzentrum Troisdorf, 2011

Der Vorstandsvorsitzende von Deutsche Post DHL besucht nicht nur regelmäßig die Betriebsstätten des Unternehmens. Er nutzt auch von Zeit zu Zeit die Möglichkeit, Mitarbeiter beispielsweise bei ihren Touren zu begleiten, um auf diese Weise unterschiedliche Arbeitsbereiche hautnah kennenzulernen.

als 220 Ländern mit über 11 000 Mitarbeitern ein breites Spektrum an Support-Leistungen für alle Geschäftsbereiche des Konzerns an.

Nach einem erfolgreichen Start entwickelte sich die „Strategie 2015“ mit den Kernthemen „Respekt & Resultate“, „Vereinfachung“ und „Kundenorientierung“ trotz Wirtschaftkrise positiv weiter. Durch die Schulung aller Mitarbeiter mit dem „Certified International Specialist“ (CIS)-Trainingsprogramm investierte DHL Express verstärkt in die weitere Verbesserung des Kundenservice, und um das kundenorientierte Geschäftsmodell voranzutreiben, wurde für DHL 2012 die Funktion eines globalen Chief Commercial Officers (CCO) geschaffen. Das DHL-Management für die wichtigsten Kunden sowie die Innovationsaktivitäten wurden im Verantwortungsbereich des erfahrenen Managers Bill Meahl gebündelt, jetzt zuständig für Customer Solutions & Innovation (CSI) und das zugehörige Sektormanagement der strategischen Kernbranchen von DHL. Für die Schlüsselsektoren Automotive, Engineering & Manufacturing, Life Sciences & Healthcare sowie Technology war damit eine einheitliche DHL-Schnittstelle geschaffen; ihr Leitmotiv: „Die Kraft der Divisionen zum Wohl der Kunden“.

Ebenfalls als Teil der „Strategie 2015“ konzentrierte sich Deutsche Post DHL unter dem Motto „Living Responsibilitiy“ mit seinen Nachhaltigkeitsprogrammen „GoGreen“, „GoHelp“ und „GoTeach“ auf Umweltschutz, Katastrophenmanagement und Bildung. Diese Programme tragen der Verantwortung Rechnung, die der Konzern als „Corporate Citizen“ für die Menschen, die Gesellschaft und für die Umwelt übernimmt.

Just als Frank Appel zusammen mit Vorstandskollegen im Frühjahr 2014 die neue „Strategie 2020“ verkündete, stieg das Börsenbarometer auf einen historischen Höchststand und unterstrich den Erfolg der letzten Jahre; seine Prognose von 2009 hatte sich erfüllt: „Die ‚Strategie 2015‘ wird uns helfen, unser Unternehmen auf Hochtouren zu bringen.“

Eröffnung „Die Blaue Mauritius. Das Treffen der Königinnen in Berlin", 2011

Die Kuratorin der Museumsstiftung Post und Telekommunikation (MSPT), Lieselotte Kugler, begrüßte im Berliner Museum für Kommunikation die Gäste der spektakulären philatelistischen Ausstellung, bei der 18 von weltweit 27 existierenden Mauritius-Marken gezeigt wurden. In der Regel sind es weniger Briefmarkenfreunde, die das Museum aufsuchen, als Schülerinnen und Schüler. Mehr als 4 500 Schulklassen, insgesamt fast 75 000 Kinder und Jugendliche, haben allein 2013 an Führungen und Workshops in den drei Museen der MSPT teilgenommen. Die Stiftung entstand im Zuge der Postreform und wird finanziell getragen von der Deutschen Post und der Deutschen Telekom.

RESPEKT UND RESULTATE

Ziele, Motivation und Miteinander

Im Kern wohnt jeder unternehmerischen Tätigkeit eine grundlegende menschliche Komponente inne. Auf diesen Nenner gebracht, lohnt sich für jedes Unternehmen das Bemühen um alle Menschen, die jenseits ihrer Reduzierung auf den Homo oeconomicus mit ihren unterschiedlichen Fähigkeiten und Interessen an seinem Gesamtgefüge beteiligt sind. Für Führungskräfte stellt sich die Aufgabe, Werte zu entwickeln, zu kommunizieren und vorzuleben, als Basis der Beziehungen zwischen diesen Menschen und den Gruppierungen, die als „Stakeholder" von Bedeutung sind.

Seit 1973 auf dem European Management Forum mit dem „Davoser Manifest" Grundlagen für die Erstellung von Führungsgrundsätzen im Sinne einer Führungsethik entwickelt wurden, werden Themen wie die soziale Verantwortung von Unternehmen für die Gesellschaft, der Interessenausgleich zwischen Arbeitgebern und Arbeitnehmern sowie Qualitätsansprüche an Produkte und Produktionsprozesse neu diskutiert. Weniger die unterschiedlichen oder sogar gegensätzlichen Interessen beteiligter Gruppen und Personen stehen dabei im Fokus, als vielmehr der offene Austausch miteinander, in einem ausbalancierten Verhältnis von Kooperation und Konkurrenz, von reinem Eigeninteresse und Altruismus.

Innerhalb dieses großen Gefüges interner und externer Stakeholder – Christof Ehrhart zählt dazu für Deutsche Post DHL unter anderem Lieferanten, politische Entscheider, Verwaltungen, Medien, Nichtregierungsorganisationen (NGOs) und Gewerkschafter rund um den Globus, die man beliebig ergänzen könnte um Sponsoring-Partner, Stipendiaten oder Inhaber von Stiftungslehrstühlen der Post – stehen die drei Kernziele, für Mitarbeiter, Kunden und Investoren erste Wahl, „first choice", zu sein, im Mittelpunkt. „Um ehrlich zu sein", räumte das Unternehmen in einem Statement zur „Strategie 2015" ein, „gab es auch eine Zeit, in der Deutsche Post DHL zu sehr auf Wachstum fokussiert war." Jetzt sollte es darum gehen, die richtige Balance zwischen den Interessen der Investoren, den Wünschen der Kunden und den Belangen der Mitarbeiter zu finden. Die ausschließliche Orientierung am Shareholder Value und am Profit, das hatten negative Beispiele der jüngeren Wirtschaftsgeschichte belegt, sei nicht die Ultima Ratio der Unternehmensführung, vielmehr bestehe die Herausforderung darin, alle drei Kernziele „fest im Blick zu behalten". Diese Überlegungen erfolgten durchaus schlüssig vor einem wirtschaftlichen Hintergrund, denn es galt als erwiesen, dass die Zufriedenheit der Mitarbeiter, die Loyalität der Kunden und der Gewinn eines Unternehmens in einem unmittelbaren Zusammenhang stehen.

KEEP IT SIMPLE

Abgesehen also von den Interessen der Investoren, denen selbstverständlich ein langfristig attraktives Investment geboten werden sollte mit Kurssteigerungen, die auf Nachhaltigkeit basieren, stand das uralte und seit Postgedenken diskutierte Kundenversprechen im

Glücksatlas 2014

Bereits zum vierten Mal wurde der „Deutsche Post Glücksatlas" im Jahr 2014 veröffentlicht, die umfangreichste Bestandsaufnahme zur Lebenszufriedenheit in Deutschland. Im Ergebnis waren die Deutschen noch nie über einen so langen Zeitraum so glücklich wie heute.

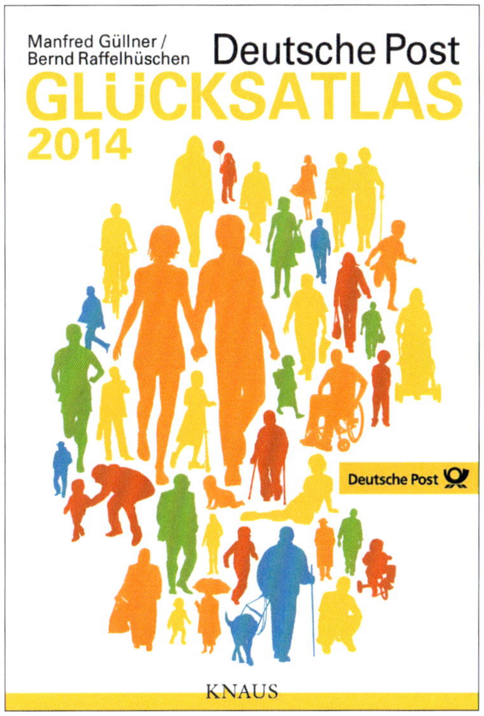

Fokus: „Der Kunde ist König". Um dieses Versprechen in die Tat umzusetzen, verständigte man sich auf einige Kernpunkte, darunter als erstes das Prinzip „keep it simple" – die Geschäftsbeziehung mit Deutsche Post DHL sollte so einfach wie möglich sein. „Wir wollen ein Unternehmen sein, mit dem man entspannt Geschäfte machen kann, kein Partner, der für Kopfschmerzen sorgt", heißt es dazu in einer Strategiebroschüre. Vereinfachung, Standardisierung und exzellenten Service nannte diese als Ingredienzien dieser so menschenfreundlichen wie gewinnbringenden Geschäftspraxis,

WALTER SCHEURLE

Mitarbeiterbefragung, Plakat, 2014

Die jährliche Mitarbeiterbefragung ist bei Weitem nicht die einzige Form des Dialogs zwischen Konzernleitung, Mitarbeitern und ihren Vertretern. Neben dem ständigen direkten Austausch spielen interne Printmedien, CR-Seiten und Diskussionsforen im Intranet, Mitarbeiterversammlungen, der Employee Trend Monitor, Schulungen, Betriebsratsversammlungen und der lokal determinierte Jour fixe eine große Rolle, um im Gespräch zu bleiben.

Außergewöhnlich, einzigartig und erfolgreich – so heißt es über seine Karriere. Und über seine Person: engagiert, kollegial, mit dem Herzen bei der Sache. „Er hat in seiner ausgleichenden Art Brücken gebaut, wo andere nur einen tiefen Graben sahen", attestierte ihm ein Vorstandskollege. Walter Scheurle selbst garniert die Eigenschaften, die er über sich beim Abschied von der Post im Jahr 2012 zuhauf lesen durfte, mit einem „guten Quäntchen Glück" und ergänzt: „Natürlich hat man als Personalvorstand eine Vermittlerfunktion; man muss sich einfühlen können, die Argumente aller Parteien kennen."

Zwölf Jahre lang war er Arbeitsdirektor des Konzerns, insgesamt 45 Jahre dabei. Zwischen den markanten Eckpfeilern seiner beruflichen Laufbahn – dem Start als Postjungbote in seiner Heimatstadt Schwäbisch Gmünd und der Berufung in den Postvorstand – sah sich der engagierte Postler vor immer neue Herausforderungen gestellt. „Ich hatte das nicht geplant", sagt Walter Scheurle häufig im Hinblick auf Karriereschritte, zu denen Kollegen ihn auffordern mussten. Aber immer nahm er die Aufgaben mutig an, erarbeitete sich das, was ihr „Du wärst doch geeignet dafür" ihm dann abverlangte. „Meine Arbeit ordentlich machen", beschreibt er seinen Beitrag, „egal, was es war."

Es war zunächst die Ausbildung, der Aufstieg in den Mittleren Dienst. Verschiedene Funktionen als Jugendvertreter, dann Jahre als Vollblutgewerkschafter. Auf der Sozialakademie in Dortmund lernte er weiter und war dann, 26 Jahre jung, bei der Hauptverwaltung der DPG in Frankfurt. Es folgte eine Zeit praktischer Gewerkschaftsarbeit in Stuttgart, wo Walter Scheurle mit seinem Wissen um Eingruppierungen, Ansprüche und Entschädigungen viele Kollegen persönlich unterstützte und sich weiter qualifizierte, learning by doing.

Mitte der 1980er-Jahre – im Ministerium befasste man sich mit der unternehmerischen Neuausrichtung der Post – kehrte er zurück zum Hauptvorstand nach Frankfurt und verhandelte mit für die DPG, als die Postreform I zur Debatte stand: „Ja, am Anfang hat es geknallt", erinnert er sich an die teils heftigen Auseinandersetzungen, „aber dann waren die Vereinbarungen verlässlich." Ihm war es vor allem wichtig, dass die Transformation zum privatrechtlichen Konzern sozialverantwortlich geschah.

1995 wurde Walter Scheurle, als Nachfolger von Horst Kissel, Mitglied im Aufsichtsrat der Deutschen Post AG, und Ende 1999 kam der Anruf, der seine Laufbahn krönen sollte: Er wurde ab 1. April zum Arbeitsdirektor und Personalvorstand bestellt. Wie schon so oft im Leben, sah er sich vor neue Herausforderungen gestellt: Börsengang, Internationalisierung, Integration der neuen Kolleginnen und Kollegen, 2009 die Neuorganisation des Personal-Bereichs. „Die Aufgaben, die mir anvertraut wurden, sagten mir inhaltlich zu und waren mit meinem Gewissen in Einklang zu bringen", betont der einstige Vorstand im Gespräch. „Bei mir war nicht nur willkommen, wer schon die Lösung parat hatte", erklärt er seinen Arbeitsstil. Dass 2012 eine Frau seine Nachfolge antrat, war ganz im Sinne des erfolgreichen Managers, der sich mit den Worten verabschiedete: „Ich war, ich bin und ich bleibe ein Postler!"

Walter Scheurle (*1952) war von 1967 bis 2012 bei der Post, von 2000 bis 2012 Mitglied des Vorstands, Arbeitsdirektor

Ein DHL-Kurier in Prag im Gespräch mit einer Kundin, 2011

Bereits im Herbst 2007 eröffnete DHL zusammen mit dem Tochterunternehmen PPL ein neues Umschlag- und Distributionsnetz in der Nähe von Teplice in der Tschechischen Republik. Es ergänzte bereits bestehende Umschlagzentren in Pilsen und Ceské Budejovice und diente als Hub für die Distribution von Sendungen in den Regionen Ústí nad Labem und Liberec sowie Teilen von Mittelböhmen. Im Herbst 2013 folgte ein neues Paketzentrum in Rícany-Jazlovice als zentrales Verteilzentrum und Drehkreuz für Paketsendungen sowie als regionales Depot für die Region östlich von Prag und Mittelböhmen. Im Vergleich zum vorherigen Drehkreuz stieg die Kapazität sortierter Sendungen von 4 000 auf 14 000 Pakete pro Stunde. Das Ziel: den Kunden einen noch schnelleren, flexibleren und weiterhin zuverlässigen Service anzubieten und die führende Position des Unternehmens im Paketgeschäft signifikant stärken.

und es blieb auch kein Geheimnis, wie dieser Service aussehen sollte: „Wir kümmern uns aktiv um die Bedürfnisse der Kunden.“ Dafür waren eine Reihe von „First Choice“-Initiativen, Maßnahmen und Tools entwickelt worden, aber vor allem sollte die kontinuierliche Beschäftigung mit den Interessen der Kunden fester Bestandteil des Arbeitsalltags jedes Mitarbeiters werden.

Dazu gehöre auch, so Prinzip Nummer zwei, den Service über innovative Produkte zu verbessern und parallel dazu, dies als Kernpunkt Nummer drei, die Modularität der vorhandenen Produkte und Lösungen zu erhöhen, um Systeme und Prozesse noch anpassungsfähiger zu machen.

Bill Meahl, ab September 2011 Chief Commercial Officer bei DHL, betonte darüber hinaus, dass DHL bei den Kunden „als Einheit“ auftreten müsse bei bereichsübergreifenden Belangen, aber auch die Notwendigkeit bestehe, Mitarbeiter zu entwickeln im Hinblick auf spezifische Erfordernisse des Kundenmanagements und die Innovationskompetenz stärker an die Bedürfnisse der Kunden zu koppeln.

ERSTE WAHL ALS ARBEITGEBER

Für Deutsche Post DHL als Dienstleister war und ist es von zentraler Bedeutung, gute Mitarbeiter zu gewinnen und diese auch in Zeiten steigender Mobilität und sinkender Loyalität den Arbeitgebern gegenüber zu halten, um Kunden einen exzellenten Service bieten zu können. Um DPDHL weltweit für Universitätsabsolventen als dynamisches Unternehmen interessanter zu machen, das den Mitarbeitern spannende berufliche Herausforderungen, aber auch Karrierechancen bietet, entstand ein Programm, das die berufliche Mobilität zwischen den Konzerneinheiten erhöht, das „Strategic Talent Management“. Auch aus interner Sicht wurden darüber neue Karrierepfade für Mitarbeiter geschaffen.

Organisatorisch wurde mit der „Strategie 2015“ die Human Resources Organisation neu ausgerichtet: DHL HR International übernahm die bereichsübergreifende Personalentwicklung, HR Deutschland konzentrierte sich auf den Unternehmensbereich Brief. Unter dem Stichwort ONE DHL wurde die geschäftsübergreifende Zusammenarbeit vorangebracht, von Angela Titzrath als ONE HR für den Personalbereich neu strukturiert.

Angela Titzrath (*1966) war von 2012 bis 2014 Personalvorstand bei Deutsche Post DHL

ANGELA TITZRATH

Mit Angela Titzrath kam nach über 500 Jahren zum ersten Mal eine Frau in den Vorstand des Unternehmens. Zwar gab es auch in früheren Jahrhunderten einige Frauen in oberen Positionen bei der Post, darunter eine Generalpostmeisterin. Sie waren aber als „Ersatz" für den verstorbenen Ehemann oder einen minderjährigen männlichen Nachkommen im Amt. Insofern hatte die Berufung Angela Titzraths 2012 eine wahrhaft historische Dimension, zumal sie eines der wenigen weiblichen Vorstands-Mitglieder in DAX-Unternehmen überhaupt war. Für die Aufgabe als Personalchefin bei der Post tauschte sie 2012 den Mercedes-Stern gegen das Posthorn ein. Beim Autokonzern Daimler hatte sie zuvor ihr gesamtes Berufsleben zugebracht: Nach einem Studium der Wirtschaftswissenschaften und der Romanischen Philologie hatte Angela Titzrath, die ursprünglich Musikerin werden wollte, 1991 als Controllerin in der römischen Niederlassung des Unternehmens begonnen. Von da an ist sie über verschiedene Posten – darunter Stationen in Spanien, Italien, Asien und Nordamerika – zwanzig Jahre lang kontinuierlich aufgestiegen, gehörte zuletzt dem Vorstand der Daimler-Tochter EvoBus an. Dann nahm sie die Herausforderung aus Bonn als Vorstand für Personal und Arbeitsdirektorin bei DPDHL an. Als zentrale Aufgabe einer nachhaltigen Personalpolitik erachtete sie: jeden Mitarbeiter seinen Neigungen und Talenten entsprechend einzusetzen. Anfang Juli 2014 legte sie ihr Mandat aus persönlichen Gründen nieder.

Inzwischen hat sich die Personalverantwortung unter „Connect HR" wieder stärker in die Divisionen verlagert, und das konzernweite Personalressort übernimmt beratende und konzeptionelle Aufgaben, allerdings weiterhin unter dem Aspekt der Vernetzung innerhalb der Familie der Divisionen.

Im Hinblick auf das Ziel der „Strategie 2015" – „Erste Wahl als Arbeitgeber" – wurden außerdem einige Kernpunkte formuliert wie „Mitarbeiter ernst nehmen", „Standards setzen durch Führungsrichtlinien" und „Mitarbeiter aktiv einbeziehen und ihnen zuhören". Frank Appel, der schon vor seinem Start als Vorstandsvorsitzender von seinen Führungskräften den Mut einforderte, Vertrauen zu ihren Teams zu haben, weil größere Freiheiten und mehr Eigenverantwortung die Zufriedenheit aller Mitarbeiter steigerten, legte den Führungskräften beim Antritt als Postchef die Frage nahe: „Was kann ich tun, um die Zufriedenheit der Mitarbeiter zu erhöhen?" Und er nannte die Antwort: „Die Freiheit gewähren, auch mal zu experimentieren, Mitarbeiter mit Schulungen und Entwicklungsmaßnahmen in ihren Vorhaben zu unterstützen." Seine Vorstellung, dass sich Führungskräfte in der modernen Geschäftswelt mehr als Förderer denn als Vorgesetzte sehen und vertrauen sollten, anstatt zu kontrollieren, teilte auch, wenngleich unter etwas anderen Vorzeichen, der Betriebsratsvorsitzende Andreas Schädler, der es 2009 so formulierte: „Unter guter Arbeit verstehe ich eine Führung, die nicht nur fordert, sondern auch fördert." Konkret wurden im Jahr 2010 fünf Kompetenzen definiert, die eine Führungskraft des Unternehmens aufweisen oder ausbilden sollte: „Kunden erfolgreicher machen, die Richtung vorgeben und vorleben, ein Umfeld für Höchstleistungen schaffen, die Entwicklung anderer fördern und die Bereitschaft zeigen, sich selbst weiterzuentwickeln." Das Programm „Certified International Manager" bringt weitere Aspekte auf den Punkt: sich selbst kennen, sein Geschäft kennen, seine Mitarbeiter kennen und seine Zahlen kennen. Und es wird auch persönlich, denn Kopf, Herz und Bauch sind gefragt.

RESPEKT & RESULTATE

Das Leitbild „Respekt & Resultate" der „Strategie 2015" betont das „Wie" des Umgangs der Mitarbeiter intern sowie den Kunden gegenüber und greift auf, was bereits 2006 im Verhaltenskodex des Unternehmens festgelegt worden war: dass Respekt, Toleranz, Ehrlichkeit und Offenheit sowie Integrität das Miteinander bestimmen sollten, und das unabhängig von Hierarchiestufen bei allen Beschäftigten. Keine schnellen Resultate auf Kosten des Umgangs miteinander, und doch bei allem den wirtschaftlichen Erfolg im Auge behalten, so wurden die zwei Grundpfeiler der Leitlinie Respekt & Resultate ins Verhältnis gesetzt.

Wir brauchen ein gemeinsames Verständnis dessen, was Respekt bedeutet, sagte Frank Appel auf einem Führungskräftetreffen im Juni 2009, das die Inhalte der noch jungen

Strategie präsentierte. Mit „Respekt“ als wichtigem Element des Leitprinzips der drei Kernziele der „Strategie 2015“ war weder gemeint, anderen Menschen gegenüber „ein wenig nett“ zu sein, noch Autoritäten Ehrerbietung oder Hochachtung zu zollen. Gemeint sei vielmehr, so ein Strategiebericht, über den Tellerrand zu blicken, auch innerhalb des Unternehmens, und Mauern zwischen einzelnen Geschäftsbereichen abzubauen: „Wenn in einem anderen Bereich an einer guten Idee gearbeitet wird, sollte sie aufgegriffen und weiterentwickelt werden, damit am Ende alle davon profitieren.“ Als Respekt gegenüber den Aktionären wurde definiert, „Herausforderungen offen zu benennen und deutlich zu machen, wie wir sie angehen wollen“. Die goldene Regel: Grundsätzlich mit anderen so umzugehen, wie man selbst behandelt werden möchte. Abgeleitet vom Leitprinzip „Respekt und Resultate“ wurden die drei Führungswerte Offenheit, Verantwortung und Leidenschaft formuliert. Offenheit im Umgang mit Mitarbeitern genauso wie mit Zahlen und Fakten, Offenheit gegenüber neuen Ideen wie unterschiedlichen Kulturen. Verantwortung als Rückgrat des Unternehmens und als Motivationsanreiz für Mitarbeiter, und Leidenschaft, um zusätzliche Energien für die Arbeit freizusetzen.

ANDREA KOCSIS

Gewerkschaftsarbeit in herausragender Funktion war bei der Post lange eine Männer-Domäne – bis sie kam: Andrea Kocsis. Geboren und aufgewachsen in Mülheim an der Ruhr, hat sie dort auch Abitur gemacht und danach in Essen und Duisburg Sozialarbeit und Sprachen studiert.
Wenn die Gewerkschaftsfrau über die harte körperliche Arbeit bei der Post redet, „bei jedem Wetter draußen Briefe und Pakete zuzustellen“, dann weiß sie genau, wovon sie spricht, denn sie war selbst ab 1991 zehn Jahre lang Zustellerin. Nebenher engagierte sie sich ehrenamtlich in der Gewerkschaft, ehe sie 2001 hauptamtlich für die Postgewerkschaft in Düsseldorf tätig wurde. Ab 2005 leitete Andrea Kocsis bei ver.di den Landesfachbereich Postdienste, Speditionen und Logistik in Nordrhein-Westfalen, wurde 2007 in den ver.di-Bundesvorstand gewählt und stieg schließlich zur stellvertretenden Vorsitzenden auf. Mit dem Generationenvertrag war sie an einem Vorzeigeprojekt zum gleitenden Übergang in den Ruhestand bei Deutsche Post DHL beteiligt. Dort ist sie auch stellvertretende Aufsichtsratsvorsitzende. Wie passt das zur Gewerkschafterin?
„Die Deutsche Post AG hat sich auch wegen der Mitbestimmung im Unternehmen zu einem erfolgreichen globalen Konzern entwickelt. Als stellvertretende Aufsichtsratsvorsitzende nutze ich die Möglichkeit, Einfluss auf Entscheidungen im Sinne der Beschäftigten zu nehmen“, erklärt sie und ergänzt, dass das nicht im Widerspruch zu den Interessen der Shareholder stehe: „Weil gut bezahlte Beschäftigte, die gute Arbeitsbedingungen vorfinden, motiviert sind und gern in ihrem Unternehmen arbeiten.“

Andrea Kocsis (*1965) kam 1991 zur Post; seit 2007 ist sie Mitglied und stellvertretende Vorsitzende im Aufsichtsrat von DPDHL

EIN STARKES, MODERNES UND GLOBALES UNTERNEHMEN

Klaus Zumwinkel im Interview

Herr Zumwinkel, wie kamen Sie zur Post?

KLAUS ZUMWINKEL Ich kam aus der freien Wirtschaft, war vorher, bis Mitte 1989, Vorstandsvorsitzender beim Versandhändler Quelle. Danach habe ich mich umgesehen. Es war insbesondere der damalige Minister für das Post- und Fernmeldewesen, Herr Schwarz-Schilling, der mich überzeugt hat, diesen damals ungewöhnlichen Schritt an die Spitze der gelben Post zu gehen.

Erinnern Sie sich an die Anfangszeit?

KLAUS ZUMWINKEL Ich hatte das Glück, schon einige Monate vor meinem offiziellen Start eine „Lehrzeit" absolvieren zu können. So konnte ich zum Beispiel beim Weltpostkongress in Washington wichtige internationale Kontakte knüpfen. Aber die wesentliche Aufgabe bestand darin, noch vor meinem offiziellen Antritt am 2. Januar 1990 den Vorstand zusammenzustellen. Das geschah in enger Abstimmung mit dem Minister. Richard Wohlfart wurde Briefvorstand, Wolfhard Bender Vorstand für Personal und Franz Schöll Finanzvorstand. Günter Tumm, vorher Chef bei AEG, kam von außen dazu, wie auch Hans-Dieter Petram, mit dem ich schon bei Quelle zusammengearbeitet hatte. Als Paketchef konnten wir Dieter Seegers-Krückeberg vom Deutschen Paketdienst gewinnen. Es war nicht einfach, gute Manager zu bekommen, denn die Post galt immer noch als eine verstaubte Behörde mit vielen Beamten.

Wie war Ihr Eindruck von den Führungskräften der Post?

KLAUS ZUMWINKEL Positiv. Ich dachte ursprünglich, wie so viele, dass man in einer Behörde nicht so effizient arbeitet wie in der freien Wirtschaft und dass das an den Führungskräften liegt. Aber ich habe ziemlich schnell erkannt: Nicht die Menschen waren dafür verantwortlich, sondern es lag am System.

Was waren denn die ganz konkreten Probleme am Anfang?

KLAUS ZUMWINKEL Es gab bei der Post die kameralistische Buchführung, wie sie in öffentlichen Verwaltungen üblich war. Diese Cash-Flow-Rechnung reichte aber nicht, um ein Unternehmen zu steuern. Niemand konnte zum Beispiel schnell die Frage beantworten, wie hoch der Umsatz im letzten Monat war, wie viel Eigenkapital wir hatten oder wie hoch der Schuldenstand war. Es fehlten einfach alle normalen Management-, Planungs- und Kontrollsysteme. Gewerkschaft und Politik hatten sehr großen Einfluss; man hatte mir zwar gesagt, die Aufgabe bei der Post sei eine politische, aber man fühlt das erst, wenn man tatsächlich damit konfrontiert wird.

Wie beurteilen Sie den Prozess im Nachhinein? Mit dem Abstand von über 20 Jahren?

KLAUS ZUMWINKEL Letztlich war die deutsche Postreform die beste auf der ganzen Welt. Der einsetzende Erfolg reduzierte den Einfluss der Politik, und dadurch wiederum wurde die Post noch erfolgreicher. Es gab viele Kämpfe, aber weil wir erfolgreich waren, hat uns die Politik mehr und mehr Freiheiten gegeben. 1990 war die britische Royal Mail für uns noch das Vorbild in puncto Produktivität. Heute steht die Deutsche Post am besten da.

Sie haben immer versucht, auch politische Kontakte zu nutzen, um das Beste für die Post zu erreichen.

KLAUS ZUMWINKEL Ich hatte in den fast 20 Jahren bei der gelben Post nur ein Ziel: das Wohl der Post zu steigern. Und dazu gehört die politische Arbeit. Dabei muss man jeden Menschen, auf den man trifft, zu 100 Prozent respektieren. Man sagt nicht: „Der steht mir ideologisch fern oder er ist anderer Meinung oder ist Gewerkschafter." In großen Bürokratien kann ein Referent oft Entscheidendes bewegen, weil er den Paragrafen in der Postverordnung tatsächlich schreibt. Und dann ist das Gespräch mit diesem Referenten viel spannender, als ein Thema unter ideologisch verbrämten Globalbegriffen auf den oberen Ebenen zu besprechen.

Wann haben Sie erste Entscheidungen getroffen?

KLAUS ZUMWINKEL Ich habe mir zunächst relativ viel Zeit für eine Bestandsaufnahme genommen. Ganz wichtig war die Struktur, also im Wesentlichen die Organisation, ganz wichtig waren die Mitarbeiter – ohne sie ist alles nichts – und ebenfalls sehr wichtig war die Strategie. Bezüglich der Struktur mussten wir uns zunächst von der Telekom trennen. Wir haben die Post dann nach Divisionen organisiert, also in Brief, Paket und Schalter, und in die Querschnittsfunktionen Finanzen und Personal.

Wegen der hohen Defizite bestand doch im Frachtbereich der dringendste Handlungsbedarf?

KLAUS ZUMWINKEL Bei der Strategie war von Anfang an klar, dass Frachtpost – Pakete und Päckchen – die Schwachstelle war. Die einen argumentierten, die Verluste seien so enorm, dass man dieses Geschäftsfeld am besten einstellen sollte. Die anderen sagten, das kriegen wir nicht durch, weil es Teil des Universaldienstes ist. Ich hatte Erfahrung mit dem Paketdienst der Post aus meiner Zeit bei Quelle, und diese Erfahrung war gut. Deshalb war ich sicher, dass wir den Bereich saniert bekommen. Im Bereich Strategie war daher die Sanierung des Paketbereichs eine der ersten Aufgaben. Und heute in Zeiten des Internet-Booms wäre eine Deutsche Post ohne Pakete arm dran. Dann gab es das Konzept mit den Frachtzentren, das auch gegen den Widerstand vieler umgesetzt wurde. Wir brauchten Fabriken, keine eindrucksvollen „Paket-Kathedralen".

Hatten Sie damals schon vor, die Innenstadtgrundstücke zu verkaufen, um mit den Erlösen die Internationalisierung voranzutreiben?

KLAUS ZUMWINKEL Diese Überlegungen ergaben sich im Rahmen der Strategieentwicklung, zusammen mit Hans-Dieter Petram, einem der großen Immobilien-Experten in Deutschland. Mir war klar, wenn wir auf der grünen Wiese bauen, beispielsweise in einem Gewerbegebiet vor Köln, dann können wir ein wertvolles Innenstadtgrundstück verkaufen. Dabei kommt mehr heraus, als der Bau einer neuen Fabrik – mit Arbeitsplätzen in einer schönen ebenerdigen Halle und geheizt im Winter – kostet. Man kann sich die schlechten Arbeitsbedingungen zum Beispiel an Bahnhöfen heute nicht mehr vorstellen, genauso wenig die Unproduktivität der Organisation. Damals liefen die Förderbänder über mehrere Etagen und die Leute mussten hin und her, rauf und runter laufen. Heute undenkbar.

„Die Post ist ein Substanzriese, aber ein Ertragszwerg", so haben Sie es formuliert. Bezog sich das auf diese Immobilienthemen?

KLAUS ZUMWINKEL Ja, vor allem. Die Post besaß nicht nur wertvolle Innenstadtgrundstücke, sondern auch Bürogebäude plus Abertausende Wohnungen. Trotzdem schrieb man hohe Verluste, die durch die Telekom ausgeglichen werden mussten.
Wir haben dann die Mittel freigesetzt, um neben dem Aufbau der Frachtzentren auch im Bereich Brief moderne Technologien einzuführen: Briefsortieranlagen, Anschriftenleser und vieles mehr. Alles standardisiert; das ist wichtig für ein Massengeschäft.

Waren höhere Preise auch Teil der Strategie?

KLAUS ZUMWINKEL Eine neue Preisstruktur war auch wegen der Standardisierung der Produkte notwendig. Es herrschte Preis- und Produktwirrwarr. Für die neuen Maschinen in den Briefzentren aber brauchten wir standardisierte Produkte. Damit ließ sich auf längere Sicht viel Geld sparen. Um die Verluste auszugleichen, haben wir zusätzlich die Preise umstrukturiert und erhöht. Dadurch hatten wir für viele Jahre Ruhe. Auf Dauer konnten die Telefonkunden ja nicht für die Defizite der Briefe aufkommen.

Durch die Wiedervereinigung waren Sie gleich am Anfang völlig unerwartet mit dem Problem zweier Posten konfrontiert. War es klar, dass man diese sofort fusioniert?

KLAUS ZUMWINKEL Das war der wohl wichtigste Punkt beim gesamten postalischen Wiedervereinigungsprozess. Minister Schwarz-Schilling stimmte mit mir überein, dass wir die zwei Unternehmen wie in der Privatwirtschaft üblich schnellstmöglich fusionieren mussten, damit die Organisation eine Leitung hat, außerdem die gleiche Buchhaltung und die gleichen Management-Systeme. Und entscheidend war auch hier die Besetzung der Posten.

Sie konnten im Prinzip die Konzepte, die im Westen schon auf dem Tisch lagen, geografisch ausweiten.

KLAUS ZUMWINKEL Das war der große historische Glücksfall für die Post, aber ich hatte damals schon einige schlaflose Nächte. Die Postinfrastruktur im Osten war eine einzige Katastrophe. Die Statistiken und das Rechnungswesen waren Lug und Trug. Aber wir hatten die Konzepte und konnten die Briefzentren ohne viel Vorlauf bauen. Um des gigantischen Anfalls an West-Paketen Herr zu werden, haben wir einige der ersten Frachtzentren gleich im Osten gebaut, sodass es dort einen riesigen Qualitätssprung im Paketdienst gab. Und weil wir im Osten qualifizierte Führungskräfte benötigten, die eine Paketfabrik oder die Zustellsortierung beherrschten, haben wir an die Mitarbeiter im Westen appelliert, für einige Zeit dorthin zu gehen. Das war trotz finanzieller Anreize schwierig. Aber von den Managern, die dann drüben waren, haben viele am Ende sogar verlängert und gesagt: „Das war die schönste Zeit in meinem professionellen Leben."

Bei der Post wurde dann schneller als bei der Telekom deutlich, dass sich etwas zum Positiven verändert.

KLAUS ZUMWINKEL Bis man Kabel verlegt hat, das dauert. Und wer noch keinen Anschluss hatte, beschwerte sich, das stand dann in der Zeitung. Den Pakettransport, vor allem der Versandhäuser damals, konnte man schneller organisieren.

Auf die Postunion und die Sanierung folgte die Internationalisierung mit vielen Akquisitionen. Wie gingen Sie da vor?

KLAUS ZUMWINKEL Solange wir mit den Postreformen, mit den Fracht- und Briefzentren noch nicht fertig waren, war die Hauptaufgabe die Sanierung. Das Thema Internationalisierung kam auf, nachdem fünf Postgesellschaften inklusive der Deutschen Post mit TNT ein Joint Venture eingegangen waren. Der Grund war ganz einfach: Die Posten schafften das mit den globalen Expressdiensten innerhalb der traditionellen Postorganisationen nicht, also von einer Post im Land A zur anderen im Land B. Und drittens drohten Rückgänge beim Brief, E-Mail zeichnete sich schon ab, was dann?
So fing es an. Wir fragten uns, warum wir nur in Deutschland Briefe, Pakete oder Expresssendungen befördern sollten, warum nicht auch Container und warum nicht im Ausland? Das war die klassische Portfolio-Fragestellung. Die Stichworte lauteten, sehr komprimiert: internationalisieren und die Produkt- und Dienstleistungspalette verbreitern. Als Erstes

übernahmen wir einen Paket- und Kurierdienst in Polen – Servisco, heute natürlich in DHL eingegliedert. Bei der Akquise von Danzas wollten wir mit einem Schlag in viele Länder hineinkommen und so eine internationale Präsenz aufbauen. Danzas arbeitete hauptsächlich im Forwarding-Geschäft; genau das macht die Architektur einer Logistikkette aus. Wir konnten den Danzas-Leuten eine relativ autarke Weiterentwicklung in einem Großkonzern anbieten. Wir kannten Forwarding ja noch nicht. Aber mit unseren Ressourcen konnten wir diese Division nach vorne bringen.
Dazu kam AEI, ein amerikanisches Unternehmen, beheimatet in Massachusetts, aber auf der ganzen Welt vertreten. Mit Exel sind wir dann später die Nummer eins in Forwarding und Contract Logistik geworden. Der beste und schwierigste strategische Schachzug war die Akquisition des Expressunternehmens DHL – über mehrere Jahre und damals schon international vorne.

Im Dezember 1998 hat Deutsche Post die Postbank zu 100 Prozent übernommen, Sie wurden im Januar Aufsichtsratsvorsitzender.

KLAUS ZUMWINKEL In den ersten Jahren hat man sich auf Postseite nicht um die Postbank gekümmert, aber im Laufe der Zeit wurde immer deutlicher, dass die Postfilialen nur mit den Produkten der Postbank ausgelastet sein würden. Und sie mussten ausgelastet werden, um möglichst viele davon zu erhalten, trotz aller Rationalisierung, schon aus Gründen des Service. Hätte die Postbank die Filialen verlassen, wäre das eine Katastrophe für die Dichte des Filialnetzes gewesen. Die Post hätte es nicht aufrechterhalten können.
Später mussten wir den Investoren mühsam erklären, dass wir nicht unbedingt eine Bank haben wollten, sondern ein gemeinsames Vertriebsnetz. Nach dem Kauf konnten wir das Filialnetz nach unseren Vorstellungen gestalten. Entscheidend für den großen Erfolg der Postbank, der in Börsengang und DAX-Listung gipfelte, war die großartige Arbeit des Postbank-Vorstands unter der Leitung von Wulf von Schimmelmann.

Nicht gelungen ist Ihnen das Express-Geschäft in den USA. Woran lag das?

KLAUS ZUMWINKEL Es gab zwei maßgebliche Gründe: Erstens haben wir einen großen Fehler gemacht, als wir zwei Geschäftskonzepte und zwei unterschiedliche Kulturen verschmolzen haben. Da war DHL Express USA mit krisenhaften Verlusten, die wir durch die Fusion mit Airborne beseitigen wollten. Das Geschäftskonzept Express – hohe Qualität, schnelle Lieferung, teure Preise – haben wir zusammengelegt mit dem Discounter Airborne: unter den Preisen von UPS und FedEx, schlechtere Qualität, alte Flugzeuge. Das war der eine Fehler. Und zweitens haben wir die Macht von FedEx und UPS in Kombination mit der Politik unterschätzt – ein weiterer großer Fehler, der Milliarden gekostet hat. Im Nachhinein ist man schlauer; heute würde man vieles anders machen. Aber letztlich haben wir mit DHL die Nummer eins in der Expresswelt und einen vielfachen Milliarden-Mehrwert geschaffen.

Wenn Sie zurückblicken auf die 18 Jahre bei der Post, was ist Ihre größte Leistung in der Zeit? Der Börsengang, die Sanierung, die Internationalisierung oder etwas ganz anderes?

KLAUS ZUMWINKEL Dass eine so großartige Institution wie die Deutsche Post – aus einem zwar wichtigen, aber relativ kleinen Land – Millionen von Unternehmen und Milliarden von Menschen auf dem ganzen Globus logistisch verbindet, das ist ein von niemandem erwarteter Erfolg. Hunderttausende Menschen haben Arbeit und sichern ihren Familien einen guten Lebensstandard. Dass man eine Behörde so hat umgestalten können, mit viel Rückendeckung aus der Politik, ist die große Leistung der Menschen dieser Institution – meiner Wegbegleiter und vieler, die heute Führungspositionen bekleiden. Ich war lange Jahre der Chef, aber der macht das nicht allein. Mit großer Freude sehe ich, dass die Deutsche Post DHL ein starkes, breit aufgestelltes, modernes und globales Unternehmen mit deutschen Wurzeln ist. Es ist so gut aufgestellt, dass es mit Sicherheit die nächsten 100 Jahre überstehen wird.

Wir fokussieren uns auf das, was uns erfolgreich gemacht hat, wir stärken gezielt die Vernetzung innerhalb unserer Organisation, wir expandieren in neue Segmente. Und wir setzen unser Wissen und unsere globale Präsenz ein, um einen positiven Beitrag für Umwelt und Gesellschaft zu leisten.

DEUTSCHE POST DHL

IV.

POST FÜR DEUTSCHLAND, LOGISTIK FÜR DIE WELT

2015

DEUTSCHE POST DHL AKTUELL

Der weltweit führende Post- und Logistik-Konzern

„Strategie 2020", Grafik

Die neue Konzernstrategie steht auf den Säulen „Focus" – Konzentration auf die Stärken des Unternehmens, „Connect" – Verbesserung der Vernetzung innerhalb der Organisation, um Qualitätsführer zu werden durch Spitzenleistungen, und „Grow" – Erschließen neuer Segmente, um auch künftig stärker zu wachsen als der Markt.

Die Entwicklung verlief in Riesenschritten, die das defizitäre Staatsunternehmen Deutsche Bundespost innerhalb von 25 turbulenten Jahren zunächst in einen profitablen europäischen Brief- und Paketdienstleister umformte und danach in den weltweit führenden Post- und Logistik-Konzern verwandelte. Das Fundament für massives Wachstum wurde von 1990 bis 1997 gelegt, die Expansion durch Akquisitionen erfolgte bis 2008; mit Programmen wie „STAR" und „First Choice" wurde der Konzernwert gesteigert, und mit der „Strategie 2015" wurden ab 2009 vielfältige Kräfte im Unternehmen freigesetzt – im Interesse der Kunden, Mitarbeiter und Aktionäre. Das Ergebnis: deutliches Umsatzwachstum und ein erheblich höherer Gewinn. Heute kann der Konzern sein Ziel, das mit der „Strategie 2020" als „beschleunigtes organisches Wachstum" – ohne weitere große Akquisitionen – festgelegt wurde, durch ein einzigartiges Portfolio verwirklichen: Die Gruppe bietet ihren Kunden sowohl Standardprodukte als auch maßgeschneiderte innovative Lösungen.

Die Marken DHL und Deutsche Post stehen für ein breit gefächertes Angebot im grenzüberschreitenden Express-Geschäft, beim nationalen und internationalen Paketversand, bei Luft- und Seefracht, im Straßen- und Schienentransport, in der Kontraktlogistik sowie bei E-Commerce-bezogenen Lösungen entlang der gesamten Lieferkette. Der Konzern ist außerdem der einzige Universaldienstleister von Postdiensten in Deutschland, befördert Briefe und Waren bundesweit sowie international und ist Spezialist für Dialogmarketing und Gesamtlösungen für die Unternehmenskommunikation. Mit rund 480 000 Mitarbeitern ist DPDHL einer der größten Arbeitgeber weltweit – das globale Netzwerk des Konzerns umspannt mehr als 220 Länder und Territorien. Nachweislich zunehmend zufriedene Kunden und Mitarbeiter wie auch der Verlauf des Aktienkurses untermauern den Aufwärtstrend des Logistik-Riesen.

VORSTAND UND UNTERNEHMENSBEREICHE

Der Vorstand von Deutsche Post DHL besteht aus sieben Mitgliedern. Zusammen mit dem Vorstandsvorsitzenden Frank Appel leiteten Lawrence A. Rosen (Finanzen, Global Business Services), Jürgen Gerdes (Post – eCommerce – Parcel), Ken Allen (Express), Roger Crook (Global Forwarding, Freight), John Gilbert (Supply Chain) und Melanie Kreis (Personal) den Konzern. Die erfahrenen Manager und ihre weibliche Vorstandskollegin sind seit vielen Jahren beim Konzern und garantieren die Stabilität und Zuverlässigkeit des Unternehmens.

Im Bereich Post – eCommerce – Parcel befördert die Deutsche Post Briefe und Pakete in Deutschland, bietet mehrere Hundert Produkte im Bereich Dialog Marketing, außerdem Angebote zur Pressedistribution und Gesamtlösungen für die Marktkommunikation von Unternehmen. In Deutschland unterhält die Post ein flächendeckendes Transport- und Zustellnetz, befördert grenzüberschreitend Briefe und Pakete, bedient Inlandsmärkte im Ausland und erbringt Zusatzleistungen über den reinen Transport hinaus. Im Geschäftsfeld Post werden das nationale Briefgeschäft mit seinen Kernprodukten Brief Kommunikation, Dialog Marketing und Presse Services, das Filialgeschäft sowie das Import-/Exportgeschäft zusammengefasst, außerdem neue Dienste wie die sichere digitale Kommunikation der E-Post und der Postbus. Die nationalen Paketgeschäfte und den grenzüberschreitenden Paketversand bündelt der Konzern im Geschäftsfeld eCommerce – Parcel. Künftig will DPDHL Chancen erschließen, in ausgewählten Märkten weltweit E-Commerce-Dienstleistungen anzubieten und auf den attraktivsten internationalen Handelsrouten Marktführer zu werden.

DHL Express ist führender Anbieter internationaler Express-Dienstleistungen und bedient über drei Hauptdrehkreuze und ein globales Netz mit über 40 000 Service-Points, 31 000 Fahrzeugen und über 250 Flugzeugen rund 2,7 Millionen Kunden.

Der Unternehmensbereich Express befördert eilige Dokumente und Waren zuverlässig von Tür zu Tür. Das Kerngeschäft sind zeitgenaue internationale Kurier- und Express-Sendungen; das Hauptprodukt – Time Definite International (TDI) – bietet Dienste mit schnellstmöglicher Zustellung. Viele Produkte sind exakt auf die Bedürfnisse der Kunden zugeschnitten, so Thermoverpackungen für temperaturkontrollierte, gekühlte oder gefrorene Inhalte im Sektor „Life Sciences & Healthcare". Mit 3,1 Millionen durchschnittlich im Jahr

Pressekonferenz zur „Strategie 2020", April 2014

Kein schlechter Zeitpunkt, um die neue Strategie vorzustellen: Am 2. April 2014 erreichte die Aktie der Deutschen Post den Höchststand ihrer Geschichte von 28,47 Euro, und Lawrence A. Rosen, im Bild zwischen Vorstand Jürgen Gerdes (links) und dem Vorstandsvorsitzenden Frank Appel, gab sich zuversichtlich: Er gehe davon aus, dass die Profitabilität auch künftig weiter gesteigert werde, meinte der Finanzvorstand.

transportierten Tonnen gehört DHL zu den international führenden Luftfrachtgesellschaften. Das weltweite Expressgeschäft profitiert vom Boom des E-Commerce und der steigenden Bedeutung von kleinen und mittleren Unternehmen im internationalen Handel.

Die Geschäftsfelder Global Forwarding und Freight sind im Konzern für Luftfracht, Seefracht und Straßentransporte zuständig. Dabei umfassen die Speditionsleistungen nicht nur standardisierte Transporte, sondern auch multimodale und branchenspezifische Lösungen sowie individualisierte Industrieprojekte. Mit weltweiter Präsenz optimieren die Bereiche ihr Netzwerk und erfüllen die steigende Nachfrage nach effizienter Routenführung und multimodalen Transporten.

Im Unternehmensbereich Supply Chain erbringt DHL Lager-, Transport- und Mehrwertleistungen entlang der gesamten Lieferkette für Kunden verschiedener Branchen und bietet speziell auf diese zugeschnittene Gesamtlösungen für das Informations- und Kommunikationsmanagement in Unternehmen. Er umfasst die beiden Geschäftsfelder Supply Chain und Williams Lea. Zusammen erwirtschafteten die vier Sparten von DPDHL zuletzt einen Umsatz von 55 Milliarden Euro.

STRATEGY 2020
Focus.Connect.Grow.

Mit der „Strategie 2020: Focus.Connect. Grow." untermauert Deutsche Post DHL den globalen Führungsanspruch in der Logistikbranche und definiert die strategischen Prioritäten für die kommenden Jahre. Im Mittelpunkt stehen unter anderem der konsequente weitere Ausbau des Logistikgeschäfts in den „Emerging Markets" sowie die internationale Expansion des erfolgreichen Paketgeschäfts, um auch außerhalb Deutschlands noch stärker vom anhaltenden E-Commerce-Boom zu profitieren.

„Wir bauen mit der ‚Strategie 2020' auf dem bisher Erreichten auf und haben den klaren Anspruch, bis 2020 weltweit die treibende Kraft in der Logistik zu werden und die Maßstäbe in unserer Branche zu definieren", kommentierte Frank Appel die Ziele, die finanziell als Ergebniswachstum von 8 Prozent pro Jahr gesteckt wurden: *Focus* – auf das, was zum Erfolg führte, um die Margen weiter zu steigern.

Im Interesse dieser Ziele sollen sich Qualität und Service durch die stärkere Vernetzung innerhalb der Organisation weiter verbessern: *Connect*. Die Fülle des Know-hows im Unternehmen für alle nutzbar zu machen, ist dabei nur einer von vielen Aspekten.

Zum *Grow*, dem avisierten Wachstum des Konzerns, soll die Expansion in neue Segmente beitragen. Weil sich der Brief-Bereich dank des erfolgreichen Ausbaus zukunftsträchtiger Geschäftsfelder wie des Paketmarkts bereits positiv entwickelt, will man jetzt die Chance nutzen und auch hier international expandieren. Der Bereich Post – eCommerce – Parcel – früher BRIEF – soll sich zur zentralen Konzerneinheit für internationale E-Commerce-Logistik entwickeln. Zudem trägt die gute Positionierung von DHL in den Schwellenländern der Verschiebung des globalen Wachstums in Länder wie Indien, China oder Brasilien Rechnung.

Auch die Investitionen in nachhaltige Technologien und Produkte tragen Früchte, denn der gesellschaftliche Wertbeitrag eines Unternehmens ist für eine steigende Zahl von Kunden von Belang, wenn sie einen Logistik-Dienstleister beauftragen; DPDHL ist startklar für die Zukunft.

Der „Post Tower", die Unternehmenszentrale von Deutsche Post DHL

Der Post Tower in Bonn, gläserner Blickfang unweit des Rheins, symbolisiert in unmittelbarer Nähe zum deutschen Hauptsitz der Vereinten Nationen den Wandel von Deutsche Post DHL – von der Behörde zum weltoffenen und global agierenden Logistikkonzern. Nach der Fertigstellung – errichtet wurde der Bau in den Jahren 2000 bis 2002 – belegte der Tower beim „Emporis Skyscraper Award" 2002 unter 350 nominierten Gebäuden den zweiten Platz.

CHRONOLOGIE – UNTERNEHMENSKULTUR UND GESELLSCHAFTLICHE VERANTWORTUNG

12/2007 Deutsche Post DHL unterzeichnet die „Charta der Vielfalt" und setzt sich für eine stärkere Verankerung von Vielfalt und die Entwicklung einer wertschätzenden und offenen Unternehmenskultur ein

4/2008 **Deutsche Post World Net startet das weltweite Klimaschutzprogramm „GoGreen". Als erstes großes Unternehmen der Branche legt der Konzern ein messbares Ziel fest: Der CO_2-Ausstoß des Gesamtkonzerns soll bis 2020 um 30 Prozent je Produkteinheit gegenüber 2007 gesenkt werden**

2009 Unter dem Motto „Vielfalt leben" wird ein Netzwerk für schwule, lesbische, bi- und transsexuelle Menschen im Konzern gegründet

1/2009 Die Deutsche Post bezieht nahezu 100 Prozent ihres Bedarfs an elektrischem Strom in Deutschland aus regenerativen Quellen und spart jährlich rund 400 000 Tonnen CO_2 ein – der jährliche Ausstoß einer Stadt mit 30 000 Einwohnern

7/2009 Durch ein neues gemeinsames Freimachungskonzept für Pakete und Päckchen werden mehr als 200 Tonnen Papier im Jahr eingespart

8/2009 **DHL und das Entwicklungsprogramm der Vereinten Nationen (UNDP) rufen das Trainingsprogramm „Get Airports Ready for Disaster" (GARD) ins Leben, um Flughäfen auf Katastrophen vorzubereiten**

10/2009 DPDHL schickt Katastrophenhilfsteams nach Indonesien und auf die Philippinen

2010 Deutsche Post DHL startet eine Partnerschaft mit TECHO. Die 1997 gegründete Organisation hilft Familien aus Elendsvierteln durch kommunale Entwicklungsprogramme, ihre Armut zu überwinden. Mitarbeiter von DPDHL helfen freiwillig beim Bau von Unterkünften

Deutsche Post DHL gründet eine globale Partnerschaft mit der Bildungsinitiative Teach For All, die das Ziel verfolgt, weltweit bessere Bildung und mehr Bildungsgerechtigkeit zu schaffen

11/2010 DPDHL legt unter dem Titel „UPstairs" ein Stipendienprogramm für Kinder von Mitarbeitern auf. Es beginnt mit vier Plätzen in Südafrika – bis Ende 2014 ist das Programm auf 127 Länder ausgeweitet, mehr als 1 500 Stipendien sind gewährt worden

Eine neue Anzeigen- und Plakatkampagne von DHL wird in 21 Ländern, 16 Sprachen und 250 Titeln gestartet. Der neue Slogan lautet „Excellence. Simply Delivered."

12/2010 **DPDHL startet in Lesotho mit Brennholzkochern das erste eigene Klimaschutzprojekt**

In den folgenden Jahren engagiert sich Deutsche Post DHL unter anderem bei diesen Projekten: Haushalts-Biogasprogramm in China, Biosand-Wasserfilter in Honduras, alternative Bewässerung in Indien, Keramik-Wasseraufbereiter in Kambodscha, Windkraftwerk in Nicaragua, Wiederaufforstung in Panama, Deponiegaskraftwerk in der Türkei und Wiederaufforstung in Uganda

DPDHL startet eine „GoTeach"-Partnerschaft mit SOS-Kinderdörfern, um junge Menschen beim Übergang in das Berufsleben zu begleiten

2/2011 In Bonn findet der erste Nachhaltigkeitstag von Deutsche Post DHL statt

3/2011 DHL Express stellt seine Flotte von Lieferfahrzeugen für die Zustellung im New Yorker Stadtteil Manhattan um auf Elektro-Lieferwagen und Transporter mit Hybridantrieb

9/2012 Wie schon seit vielen Jahren ist DPDHL Hauptsponsor des Beethovenfests in Bonn

12/2012 — 2012 wurden über 2,4 Milliarden „GoGreen"-Sendungen verschickt und damit 180 000 Tonnen CO_2 für die Kunden ausgeglichen – eine Steigerung gegenüber dem Vorjahr von 30 Prozent

5/2013 — **Die Deutsche Post DHL stellt die Zustellung in Bonn und im Umland auf Elektrofahrzeuge um und macht die Stadt damit zum bundesweit ersten Standort mit einem CO_2-freien Fahrzeugkonzept**

6/2013 — Deutsche Post DHL beteiligt sich am ersten Deutschen Diversity-Tag

11/2013 — DPDHL erhält als erstes Logistikunternehmen das Öko-Siegel „Green Bands" für sein Umweltschutzprogramm „GoGreen"

11/2013 — **Nach dem Taifun Haiyan auf den Philippinen hilft ein lokales Disaster Response Team (DRT), die Logistik der Hilfsgüter, die die internationale Gemeinschaft auf dem Luft- oder Seeweg bereitstellt, zu organisieren. Seit 2005 gibt es das Einsatzteam von DHL mit inzwischen weltweit 400 Freiwilligen**

12/2013 — Fast 400 000 Euro hat der ehrenamtliche Grußkartenverkauf von Deutsche Post und UNICEF Deutschland erbracht

— 450 000 Tonnen CO_2 hat der Konzern allein 2013 durch die Nutzung von Ökostrom eingespart

2/2014 — Deutsche Post DHL spendet rund 250 000 US-Dollar an die gemeinnützige Organisation TECHO. Damit können 100 neue Häuser für Familien aus Armenvierteln in Lateinamerika und der Karibik gebaut werden

5/2014 — DHL tritt der „Green Power Partnership" der US-Umweltbehörde EPA bei; der Postkonzern nutzt weltweit mehr als 11 500 Fahrzeuge mit umweltfreundlichem Alternativantrieb

6/2014 — DPDHL-Mitarbeiter, die mit dem Rad zum Dienst kommen, haben seit 2009 rund 4,4 Millionen Kilometer zurückgelegt und 738 Tonnen CO_2 eingespart

7/2014 — 60 Prozent des weltweiten Stromverbrauchs bei DPDHL kommen bereits aus regenerativen Quellen; 2010 waren es erst 37 Prozent

8/2014 — UN-Generalsekretär Ban Ki Moon beruft zwölf Experten aus aller Welt in eine neue Kommission der Vereinten Nationen für nachhaltigen Transport, darunter den Vorstandsvorsitzenden der Deutschen Post DHL, Frank Appel

— 5-jähriges Jubiläum das für gemeinsame Programm „Get Airports Ready for Disaster" (GARD) von Deutsche Post DHL und Vereinten Nationen. 430 Teilnehmer an 25 Flughäfen wurden für den Einsatz von Logistik im Katastrophenfall trainiert – unter anderem in Indonesien, Nepal, den Philippinen, Panama, Bangladesch

9/2014 — Deutsche Post DHL wird in die führenden Nachhaltigkeitsindizes des „Dow Jones Sustainability Index" (Welt und Europa) aufgenommen

— **Am „Global Volunteer Day" engagieren sich mehr als 100 000 Mitarbeiter in über 1 600 gemeinnützigen und sozialen Projekten in 127 Ländern**

10/2014 — Am Flughafen Las Américas in der Dominikanischen Republik findet ein GARD-Workshop statt

11/2014 — In zwei Tests der Stiftung Warentest unter Paketdienstleistern ist DHL Paket Sieger. Besonders positiv bewertet die deutsche Verbraucherorganisation im erstmals durchgeführten Corporate-Social-Responsibility-Test die Arbeitsbedingungen, das Engagement für den Umweltschutz sowie die Transparenz bei DHL Paket und dem Konzern Deutsche Post DHL insgesamt

Paketzustellung in Mexiko City, 2014

In Deutschland stehen Mitarbeiter der Post einer Umfrage nach an dritter Stelle der vertrauenswürdigsten Berufe, weltweit an vierter Stelle. Für Deutsche Post DHL sind die Mitarbeiter und ihr respektvoller, offener und freundlicher Umgang mit den Kunden Basis des Geschäfts; für Deutsche Post wie für DHL sind sie – gegenüber Geschäftskunden wie privaten Empfängern von Briefen und Paketen – Botschafter von Marken mit weltweit gutem Ruf.

VIELFALT ALS STÄRKE, DIALOG ALS PRINZIP

Unternehmenskultur und gesellschaftliche Verantwortung bei Deutsche Post DHL

Das Karriereportal „Job World" von Deutsche Post DHL offeriert Jobs und Arbeitsplätze weltweit. Auf den Philippinen wird ein Manager gesucht, Bereich Strategie, in Los Angeles Mitarbeiter für die Verwaltung; in Philadelphia gibt es Aushilfsjobs als Fahrer bei DHL und in Singapur könnten Berufseinsteiger im Inhouse Consulting Fuß fassen: Die Chance, fremde Länder kennenzulernen, gehört zu den Vorzügen eines global agierenden Arbeitgebers. „Nach meiner Tätigkeit im Nahen Osten wollte ich gerne zurück nach Malaysia, und als sich die Gelegenheit bot, wechselte ich zu DHL IT Services. Das Team ist multikulturell zusammengesetzt, man trifft Kolleginnen und Kollegen aus den unterschiedlichsten Nationen", beschreibt ein Mitarbeiter seine berufliche Situation und deutet damit an, was wesentlich zur Unternehmenskultur von Deutsche Post DHL beiträgt: die Offenheit gegenüber Menschen aller Kulturen. Diese drückt sich jeden Tag im persönlichen Kontakt der Mitarbeiter untereinander sowie mit Geschäftspartnern und Kunden aus, ist aber zur Orientierung auch festgelegt in einem konzernweit für alle Beschäftigten gültigen Verhaltenskodex. Der „Code of Conduct" befasst sich mit den Themen Menschenrechte, Gleichstellung, Diskriminierung, Transparenz und Korruption und gehört in allen Unternehmensbereichen und in allen Regionen verbindlich zur Grundlage der Leitlinien und Regelwerke des Konzerns.

„Teach For All": Lehrer mit Schülerinnen, um 2013

Seit 2010 unterstützt DPDHL die Bildungsinitiative „Teach For All", ein Netzwerk unabhängiger Länderorganisationen mit dem gemeinsamen Ziel, weltweit bessere Bildung und mehr Bildungsgerechtigkeit zu schaffen. Der Kooperationsvertrag wurde 2013 um drei Jahre verlängert. Die Deutsche Post unterstützt die Dachorganisation und Länderorganisationen in acht Ländern, darunter Argentinien, Peru, Chile und Ecuador.

Bei DPDHL, in 220 Ländern und Territorien mit rund 480 000 Mitarbeitern vertreten, sind Menschen aus einer Vielzahl von Kulturkreisen mit unterschiedlichsten Fähigkeiten, Erfahrungen und Sichtweisen vereint, und diese breite Vielfalt ist im Unternehmen nicht nur Status quo, sondern darüber hinaus seine ganz besondere Stärke. Der Begriff „Vielfalt", so der Vorstand in einem Statement, umfasse „all die Unterschiede, die uns zu einzigartigen Individuen machen. Unser Verständnis von Vielfalt reicht damit über Geschlecht, nationale oder ethnische Herkunft, Religion, Alter, sexuelle Orientierung, Behinderung oder weitere durch Gesetze geschützte Merkmale hinaus."

So, wie gegenseitiger Respekt, Offenheit und Aufrichtigkeit die Zusammenarbeit der Mitarbeiter prägen und Grundlage sind von Produktivität, Kreativität und Effizienz, ist das integre und faire Verhalten gegenüber Geschäftspartnern und Kunden die Basis des täglichen Geschäfts. Christof Ehrhart, der Kommunikationschef des Konzerns, sieht dauerhafte wirtschaftliche Stärke im engen

FRANK APPEL

Dr. Frank Appel (*1961) ist seit 2000 bei der Deutschen Post AG, seit 2008 Vorstandsvorsitzender

„Ich sehe meine Aufgabe nicht darin, für andere Menschen die Entscheidungen zu treffen." Frank Appel schlägt ganz neue Töne an, als er im Frühjahr 2008 den Vorstandsvorsitz des traditionell hierarchisch geprägten Unternehmens übernimmt. „Vertrauen in die Fähigkeiten der Mitarbeiter haben und mehr Förderer als Vorgesetzter sein", benennt er gleich zu Beginn seine Leitlinien für eine offene Unternehmens- und Führungskultur.

Daneben gibt es drängende Themen. Der Aufsichtsrat hat Frank Appel buchstäblich über Nacht zum Nachfolger von Klaus Zumwinkel ernannt. Für ihn selbst überraschend steht er plötzlich an der Spitze eines Unternehmens mit gut 500 000 Mitarbeitern und muss schnellstmöglich handeln: Die Geschäftsstrategie von Deutsche Post World Net in den USA steckt in der Krise, Tausende Menschen verlieren ihren Arbeitsplatz. Damals, sagt der Vorstandschef heute, habe er sich geschworen, den Konzern so zu führen, dass er nie wieder in eine solche Situation gerate. Schon deshalb hat Frank Appel wenig Zeit und Lust, über Vergangenes zu sinnieren; er macht das, was anliegt, und blickt grundsätzlich lieber nach vorn.

Was er als Vorstandsvorsitzender unbedingt können muss? „Dreisatz und ein vernünftiges Englisch", lautet die Antwort prompt, und: „Man braucht vor allem einen gesunden Menschenverstand." Ja, seine Arbeit sei manchmal anstrengend, „aber wenn überhaupt stressig, dann im positiven Sinn", berichtigt er die Vorstellung von einer harten Sieben-Tage-Woche mit 16-Stunden-Tagen. Allerdings war er beim Start in jedem neuen Bereich, und das waren einige, durchaus zu 150 Prozent gefordert.

Und jeden Tag zehn Termine nacheinander wahrnehmen, ständig wechselnde Gesprächspartner und Themen? Das erfordere zwar einige Übung, aber er schätze den persönlichen Kontakt, den Dialog – sagen Mitarbeiter. Er hat die Gabe zuzuhören, telefoniert außerdem viel und nimmt sich sogar, passend zum Metier und weil es ihm ein Anliegen ist, Zeit für handgeschriebene Briefe. Diese, so glaubt er, werde es noch in hundert Jahren geben.

Um aktuelle Themen zu besprechen und den Mitarbeitern seine Wertschätzung auszudrücken, besucht er regelmäßig die Länder, in denen Deutsche Post DHL vertreten ist; in fast 70 von über 220 war er schon. Kulturellen Besonderheiten vor Ort begegnet er so wie den Menschen generell: freundlich, interessiert und mit gleichbleibender Offenheit.

Die meisten Termine finden aber im Post Tower statt, in Bonn. Die Frage, ob er gerne hier lebt und arbeitet, erübrigt sich bei diesem Büro. Es liegt hoch über dem Rhein, mit Blick weit ins Siebengebirge. Tief unten bewegen sich Lastkähne wie Spielzeugschiffe über den Strom.

Die Begeisterung für Logistik war es nicht in erster Linie, die Frank Appel an die Spitze des Unternehmens führte. Obwohl in Hamburg groß geworden, stand weder Kapitän noch Logistikchef auf der Liste seiner Berufswünsche. „Ich wollte eigentlich gerne Professor für Neurobiologie werden", beschreibt er die Anfänge seiner Laufbahn. Er wollte verstehen, was Menschen zum Handeln bewegt. Aufgewachsen in einem liebevollen Elternhaus in Hamburg-Bergedorf, blieb ihm der Rat seiner Mutter, man müsse in den eigenen Erfolg investieren, ein lebenslanger Begleiter. Ein guter Schüler war er auch. So gerüstet, schien das Berufsziel nach dem Chemiestudium und der Promotion in Neurobiologie greifbar. Nur leider, der akademische Betrieb entpuppte sich als Elfenbeinturm. Was jetzt? In der chemischen Industrie wurden kaum Leute eingestellt. Stattdessen bei McKinsey anzufangen, mit über 30, war ein riskanter Schritt, denn wäre er als Berater gescheitert – was dann?

Die Arbeit lag ihm, und er stieg zum Partner auf. Der nächste Wechsel war mit dem neuen Jahrtausend der zu Deutsche Post World Net. Schon nach zwei Jahren wurde er Vorstand, verantwortete in den folgenden Jahren unterschiedliche Ressorts und sollte als Nachfolger von John Allan als Logistikchef von London aus das internationale Transportnetz steuern. Der Traum, mit der Familie in einem anderen Land zu leben, sollte sich aber nicht erfüllen, stattdessen machte man ihn unerwartet zum Vorstandschef.

Frank Appel mit Teilnehmern des Programms „Teach First Deutschland"

Während der Sommerakademie des Programms an der Uni Lüneburg sprach Frank Appel zu Teilnehmern des Programms „Teach First Deutschland" (TFD). Seit ihrer Gründung im Jahr 2009 ist DPDHL der größte Förderer an der Seite der Organisation. Bereits 200 der sogenannten „Fellows", engagierte Hochschulabsolventen aller Fachrichtungen, haben ihre jeweils zweijährige Zeit an Schulen in sozialen Brennpunkten abgeschlossen.

Bündeln, integrieren, Synergien schaffen, Effektivität und Effizienz – das waren die Schlagworte dieser Jahre, als immer neue Firmen das Unternehmensportfolio der Post in Richtung Internationalität erweiterten. Aber Frank Appel wollte nicht nur den Konzernwert steigern, sondern die Mitarbeiter wirklich einbeziehen, sie sollten sich zugehörig und zusammengehörig fühlen.

Wie das alles zu schaffen war? Mit harter Arbeit, einem guten Händchen für seine Mitarbeiter – und seine Frau war ihm dabei eine große Stütze. Ihren Rat schätzte er schon immer, so sehr wie das fast normale Leben, das sie mit ihm und den zwei Kindern teilt.

Ob ihn seine heutige Position verändert habe? Nein, er sei der Alte geblieben, sagt er und ergänzt ein „hoffentlich". Dieser „Alte" hat Esprit, ist von hanseatischer Gelassenheit, passionierter Familienvater und gern mit dem Mountainbike unterwegs. Er wirkt weder misstrauisch noch abgehoben, gilt unter den Mitarbeitern als bodenständiger und nahbarer Chef, dem es sogar Spaß macht, gelegentlich Pakete, Briefe oder Lebensmittel zuzustellen. Offenheit – er betont es oft – ist ihm ein hoher Wert, Menschen befähigen, nicht disziplinieren, seine Devise.

Als Wirtschaftsführer bezieht Frank Appel auch zu politischen oder gesellschaftlich relevanten Themen Stellung. Seit der Konzern die Wirtschaftskrise gemeistert hat, liegt der Fokus stärker auf der gesellschaftlichen Verantwortung des Unternehmens. Mit „GoTeach" und „UPstairs" werden zwei Programme gefördert, die benachteiligten Kindern und Jugendlichen Bildungschancen bieten. „Nur eines ist teurer als Bildung – keine Bildung", lautet die pointiert vorgebrachte Forderung Appels nach Chancengerechtigkeit, die ihm, dem Mittelstandskind aus Hamburg-Bergedorf, diese steile Karriere ermöglicht hat.

CHRISTOF EHRHART

Bericht zur Unternehmensverantwortung, 2013

Das schlichte und prägnante Cover bringt auf den Punkt, dass unternehmerischer Erfolg und gesellschaftliche Verantwortung für Deutsche Post DHL untrennbar miteinander verbunden sind.

Prof. Dr. Christof Ehrhart (*1966) ist seit 2009 bei DPDHL, er ist Direktor Konzernkommunikation und Unternehmensverantwortung

Kommunikationsstrategen für große Unternehmen sind rar. Christof Ehrhart ist einer davon. „Einer der führenden Köpfe der internationalen Unternehmenskommunikation mit fundiertem akademischem Hintergrund", so wurde er im Februar 2013 als Professor an der Universität Leipzig eingeführt. Den Blick von außen auf die eigene Profession zu richten und die Möglichkeit, die junge Disziplin Kommunikationsmanagement wissenschaftlich mitzugestalten, empfindet er als Bereicherung, auch wenn seine Aufgabe als Leiter des Zentralbereichs Konzernkommunikation und Unternehmensverantwortung bei Deutsche Post DHL der Zeit, die er in Leipzig unterrichtet, enge Grenzen steckt. Im Tower am Rhein zieht der Kommunikationschef, bildlich gesprochen, die Jalousien frühmorgens hoch, und er lässt sie spätabends erst wieder runter. In den Stunden dazwischen spricht Ehrhart mit seinen Teams in Singapur oder Plantation im Süden Floridas, aber natürlich auch mit dem internationalen Mitarbeiterteam im Haus. Meist auf Englisch, präzise und druckreif und so, dass noch die kleinste Geste das Gesagte unterstreicht, betreibt er sein Kerngeschäft „Communications": interne und externe Kommunikation, Medienarbeit, Marke. Er ist außerdem zuständig für die Programme „GoGreen", „GoHelp" und „GoTeach" im Bereich Unternehmensverantwortung, stellt den Austausch aller Beteiligten sicher und steht Rede und Antwort für DPDHL.
Wegen seines analytischen und sprachlichen Talents zog Ehrhart nach dem Politikstudium zunächst eine journalistische Laufbahn in Betracht, doch ein Praktikum bei Bertelsmann während der Promotion lockte ihn auf die Unternehmensseite. So bewahrheitete sich, was sein Vater ihm während des wenig aussichtsreichen Studiums prophezeit hatte: „Mach das, was dir Freude macht, dann wirst du Erfolg haben!" Vielleicht hat zum Erfolg auch die Herkunft ihren Teil beigetragen? Christof Ehrhart, Saarländer mit Leib und Seele und gern zu Besuch in der alten Heimat, will es nicht ausschließen: „Dieses Völkchen zwischen zwei Kultur- und Sprachräumen hat ein Talent dafür, sich zwischen Fronten zu bewegen, zu vermitteln und hier wie da klarzukommen."
Nach Karrierestationen unter anderem bei der Schering AG und beim Raumfahrtkonzern EADS ist er seit 2009 bei Deutsche Post DHL. Im Besprechungsraum hoch oben im Tower bezeugen Urkunden die Erfolge seines Teams bei der Kommunikationsarbeit für den Konzern. Nach einem Traumstart mit der aktuellen „Strategie 2020" wird es wohl auch dafür Preise geben. Ein Grund, stolz zu sein? Ja, weil die Kommunikation ihren Anteil am hohen Ansehen des Unternehmens hat, das als reputation leader hoch gelistet ist. Dafür arbeitet er hart, von montags früh bis freitagabends.
Dann fängt das andere Leben an, als Familienvater in Oberbayern. Zeit für die zwei Söhne, Zeit, das Mountainbike aus der Garage zu holen. In enger und bodenständiger Nachbarschaft mit Menschen, die nicht zu beeindrucken sind von Geschäftsreisen in alle Welt und Büros in gläsernen Wolkenkratzern. Fast wie Urlaub.

Schulterschluss zur offenen Haltung, mit der ein Unternehmen seinem Umfeld begegnet: Austausch ist ein Türöffner für Kreativität und Ideen, die sich als erfolgsentscheidend erweisen können. Dazu gehört es, den Dialog mit Mitarbeitern, Kunden und Investoren, aber auch mit politischen Entscheidern, Gewerkschaften, Medien, NGOs und Verwaltungen rund um den Globus zu pflegen – sollten sie auch abweichende Interessen oder gegensätzliche Positionen vertreten.

Um externe Impulse aufzunehmen und sicherzustellen, dass ethische Standards in allen Geschäftsfeldern eingehalten werden, aber auch um geschäftliche Risiken schneller zu erkennen und Maßnahmen einzuleiten, wurde jüngst das Netzwerk „Responsible Business Practice" mit Vertretern aller Divisionen und Konzernbereiche eingerichtet.

LIVING RESPONSIBILITY – CORPORATE CITIZENSHIP UND SHARED VALUE

Die nachhaltige und dialogorientierte Unternehmenskultur steht in engem Zusammenhang mit der Strategie zur Unternehmensverantwortung von DPDHL, deren Motto „Living Responsibility" ist. Im Feld von „Corporate Citizenship" setzt sich Deutsche Post DHL mit den unternehmenseigenen Stärken und Kompetenzen für die Förderung gesellschaftlicher Belange ein. Kern der Aktivitäten sind die Konzernprogramme „GoHelp" und „GoTeach", die jeweils mit erfahrenen Partnern durchge-

Schulung von Mitarbeitern des Flughafens von Chittagong in Bangladesch, 2011

Mit dem Trainingsprogramm „Get Airports Ready for Disaster" (GARD) bereitete Deutsche Post DHL zwei Flughäfen in Bangladesch auf die logistischen Anforderungen nach einer Naturkatastrophe vor. Ziel des Programms ist es, die logistischen Rahmenbedingungen so zu verbessern, dass im Notfall schnelle Hilfe möglich ist.

Mitarbeiterin des DHL-Disaster-Response-Teams, 2010

Nur wenige Tage nach dem Ausbruch des Vulkans Pacaya in Guatemala verursachte der Tropensturm „Agatha" in der Region schwere Überschwemmungen und Erdrutsche. Viele Menschen kamen ums Leben, Zehntausende verloren ihre Häuser. Die Regierung rief den Notstand aus und die lokale Katastrophenschutzbehörde bat das DHL-Katastropheneinsatzteam (DRT) um Unterstützung. 20 freiwillige DRT-Helfer richteten am Flughafen La Aurora in Guatemala-Stadt ein temporäres Distributionszentrum für die Bestandsaufnahme und effiziente Weiterleitung von Hilfsgütern ein.

führt werden. „GoHelp" engagiert sich in Kooperation mit den Vereinten Nationen beim Katastrophenmanagement an Flughäfen. „Get Airports Ready for Disaster" (GARD) leistet eine wichtige Vorsorge an Flughäfen in Regionen, die von Naturkatastrophen bedroht sind, und die Mitglieder der freiwilligen „Disaster Response Teams" (DRTs) leisten ganz konkrete Hilfe an den Flughäfen vor Ort und stellen ihre Erfahrung als Logistikexperten dort zur Verfügung.

Das Programm „GoTeach" hat sich der Verbesserung von Bildungs- und Berufschancen junger Menschen verschrieben, weltweit. Mit den Partnern „Teach For All" und den SOS-Kinderdörfern werden Kinder aus benachteiligten Verhältnissen unterstützt und gefördert.

Ebenfalls dem gleichberechtigten Zugang zur Bildung dient das vom Personalbereich gesteuerte Stipendienprogramm „UPstairs", das Kinder von Mitarbeitern finanziell und durch persönliches Mentoring unterstützt und auf diesem Weg einen höheren Bildungsabschluss ermöglicht; bis Ende 2014 wurden mehr als 1 500 Stipendien vergeben. „Nachhaltigkeit hat immer auch den Nutzen für die Gesellschaft im Blick", betont Konzernchef Frank Appel, und dieser Nutzen sei auch die Antriebsfeder der „Living Responsibility"-Programme „GoTeach" und „GoHelp".

Neben diesen Engagements fördert Deutsche Post DHL die Freiwilligenarbeit der Mitarbeiter. So nahmen an den „Global Volunteer Days" im Jahr 2013 fast 100 000 Beschäftigte in 127 Ländern teil und leisteten einen Beitrag für Gemeinschaftprojekte.

Bei den Aktivitäten im Bereich Umweltschutz orientiert sich Deutsche Post DHL am Shared-Value-Ansatz, der Nachhaltigkeitsbestrebungen und ökologisches Bewusstsein sinnvoll und glaubwürdig mit den geschäftlichen Interessen verbindet. Zum Portfolio nachhaltiger Dienstleistungen von DPDHL, die von den Kunden sehr geschätzt und in steigendem Maße genutzt werden, gehören Lösungen zum nachhaltigen Versand. Die Zahl der CO_2-neutral versandten Pakete stieg 2013 innerhalb eines Jahres von 157 auf 175 Millionen, die der „Green" verschickten Express-Sendungen nahm von vier auf neun Millionen zu. Mit seinem Know-how für „grüne" Lösungen hat sich DPDHL zum Spezialisten entwickelt, der seinen Kunden maßgeschneiderte Lösungen anbieten kann zur Optimierung der Lieferketten und Minimierung der Emissionen.

Mit dem Programm „GoGreen" werden die aus dem Geschäft zwangsläufig resultierenden Umweltauswirkungen bei gleichzeitiger Senkung der Kosten reduziert. Im Vergleich zum Referenzjahr 2007 konnte die CO_2-Effizienz 2013 um 18 Prozent verbessert werden, das Ziel sind 30 Prozent im Jahr 2020.

Ebenfalls im Rahmen des Umweltschutzprogramms „GoGreen" engagiert sich Deutsche Post DHL für ein Projekt in Lesotho, wo die Menschen üblicherweise ihre Mahlzeiten auf dem offenen Feuer in ihren Hütten zubereiten. Die umweltfreundliche Alternative ist ein hocheffizienter Brennholzkocher, den der Konzern den Bewohnern zur Verfügung stellt. Dafür werden Emissions-Zertifikate gutgeschrieben, die ausschließlich für den Emissionsausgleich des CO_2-neutralen Versandes genutzt werden.

Über die drei strategischen Programme hinaus initiierte und fördert die Deutsche Post eine Reihe von Projekten wie das Deutsche

KATHRIN MOHR

Erdbeben, Tsunamis, Vulkanausbrüche und Tropenstürme – die meisten von uns kennen Naturkatastrophen nur aus den Schlagzeilen. Für die Menschen in betroffenen Gebieten aber ist schnelle Versorgung mit Hilfsgütern lebenswichtig. Deutsche Post DHL hat in den vergangenen Jahren ein Netz mit über 400 Mitarbeitern aufgebaut, die sich freiwillig in sogenannten Disaster Response Teams engagieren. Diese kommen im Katastrophenfall – in Absprache mit dem UN-Büro für die Koordinierung humanitärer Angelegenheiten (UNOCHA) – am betroffenen Flughafen zum Einsatz.

„Wir stellen der Gesellschaft die Kernkompetenz des Unternehmens zur Verfügung, und das ist unser Logistik-Know-how", erläutert Kathrin Mohr, die den Bereich „GoHelp" leitet. Sie koordiniert die Zusammenarbeit mit den UN und die Vernetzung der Helfer und kümmert sich um die Kommunikation des Programms. Es ist ein weltweites Netz, mit „GoHelp"-Managern in Panama, Singapur und Dubai, die vor Ort Schulungen durchführen und die Freiwilligen-Einsätze leiten. Während der Aktionen steuert sie im Tower die Koordination zwischen den Helfern vor Ort und den Verantwortlichen im Haus, denn für das Unternehmen zahlt sich das humanitäre Engagement in hoher Mitarbeitermotivation und auch in guter Presse aus.

Die Betriebswirtin ist seit fast zwanzig Jahren bei der Post. „Um die Kundenorientierung war es damals noch schlecht bestellt", erinnert sie sich an ihre Anfangsjahre im Bereich strategische Planung. Sie war dort mit Marktforschung befasst, mit Regulierung, mit innovativen Filial-Projekten. Nach dem Börsengang arbeitete sie sechs Jahre bei Investor Relations und jetzt im siebten Jahr bei „GoHelp".

„Dass ich es mit Menschen zu tun habe, die so offensichtlich in ihrem Job einen Sinn sehen, darüber bin ich sehr glücklich", bemerkt die Mutter zweier Kinder. Oft treffen E-Mails bei ihr ein, wenn die Freiwilligen-Teams im Einsatz sind: „I have seen DHL helping on the ground" oder „Go, Boys, Go!" Mitarbeiter aus der ganzen Welt identifizieren sich mit diesem Engagement des Unternehmens und dem der Kollegen.

Neben diesen Hilfseinsätzen – über 25 waren es in zehn Jahren – umfasst „GoHelp" mit „GARD" ein präventives Programm für den Katastrophenfall. GARD, dahinter verbirgt sich „Get Airports Ready for Disaster": Flughafenmitarbeiter in Krisenregionen werden von DHL-Flughafenexperten für den Ernstfall geschult. „Die Flughäfen sind ja Dreh- und Angelpunkt für die Versorgung mit Hilfsgütern", erklärt Kathrin Mohr.

Ob sie selbst viel unterwegs sein muss, beruflich? Nein, sie ist selten vor Ort, das „Doing" liegt in den Händen der lokalen Experten weltweit. Aber sie schätzt die internationalen Kontakte, und ja, sie reist sehr gern, auch privat, mit der Familie. „Sonst wäre ich nicht die Richtige für diesen Job!"

Kathrin Mohr (*1965) ist Leiterin „GoHelp" Team bei DPDHL

KATHARINA TOMOFF

Katharina Tomoff (*1979) ist seit 2010 Abteilungsleiterin für „GoGreen", das inzwischen in der von ihr geleiteten übergreifenden Abteilung Shared Value aufgegangen ist

Katharina Tomoff ist „mit Feuer und Flamme" bei der Sache. So jedenfalls drückt sie sich aus, wenn es um ihre Aufgabe bei DPDHL geht. Obwohl sie eigentlich das genaue Gegenteil macht – sie verhindert Feuer und Flammen: Denn Katharina Tomoff ist unter anderem dafür zuständig, den Ausstoß von Kohlendioxid zu reduzieren, um das Unternehmen auf seinem grünen Pfad weiter voranzubringen. Damit möchte der Konzern nicht nur einen Beitrag zum Klimaschutz leisten, sondern auch sein eigenes Geschäftsmodell für die Zukunft sichern. Denn Logistik braucht Energie, „das ist das Blut in unseren Adern", wie Katharina Tomoff sagt.

Aus all diesen und einigen weiteren Gründen hat DPDHL im Jahr 2008 das Programm „GoGreen" begründet, das mit dem konkreten Ziel verbunden wurde, den CO_2-Ausstoß pro Produktionseinheit bis 2020 um 30 Prozent gegenüber dem Jahr 2007 zu senken. Dass dieses Ziel erreicht wird, dafür trägt Katharina Tomoff global die Verantwortung. Dabei arbeitet sie von der Bonner Zentrale aus Hand in Hand mit den Teams der verschiedenen Geschäftseinheiten vor Ort. Nach den Mottos „burn less" und „burn clean" suchen sie jeweils die beste Lösung, um Treibstoff zu sparen. Dank einer genauen Erfassung des Verbrauchs über das Finanzsystem des Unternehmens kann der Stand dazu – genau wie andere aktuelle Umsatzzahlen – regelmäßig an den Vorstand berichtet werden. Bisher hat DPDHL seine Zwischenziele alle erreicht, die ersten 10 Prozent CO_2-Minderung sogar zwei Jahre vor dem gesetzten Datum. „Dieser Kraftakt ist nur zu schaffen, wenn das ganze Unternehmen mitzieht, vom Fahrer bis zum Vorstand", sagt Katharina Tomoff. Dafür hat der Konzern seine Flotte konsequent auf Energieeffizienz und grüne Energie umgestellt, bei den Flugzeugen genauso wie bei spritsparenden Lieferwagen. „Wir haben schon viel erreicht", sagt die studierte Wirtschaftspsychologin nicht ohne Stolz. „In der Logistikbranche sind wir Vorreiter, trotzdem sehe ich noch einiges mehr an Potenzial, zum Beispiel im Bereich Kundenlösungen." Dieses Potenzial weiter zu heben ist Katharina Tomoffs ehrgeiziges Ziel für die nächsten Jahre. Und wenn sie sich gerade mal nicht um die Umwelt kümmert, dann versorgt Tomoff ihre acht Monate alte Tochter, geht hinaus in die Natur oder arbeitet ehrenamtlich in einem Verein zugunsten von benachteiligten Kindern und Familien in Nepal. Doch egal, wie die Aufgabe auch aussieht, Katharina Tomoff brennt für ihre Sache.

Elektrozustellfahrzeug an einer Ladestation, 2013

In Bonn und im Bonner Umland sind Zusteller mit Elektrofahrzeugen unterwegs; die Post macht die Stadt damit zum bundesweit ersten Standort mit einem CO_2-freien Fahrzeugkonzept. Bis 2016 sollen 141 Elektrofahrzeuge im Einsatz sein.

Institut für Vertrauen und Sicherheit im Internet oder den Glücksatlas, der mithilfe groß angelegter Studien die Lebenszufriedenheit in Deutschland untersucht. „Wer für sich in Anspruch nimmt, belastbare Aussagen über die Befindlichkeit der Menschen zu treffen, sollte sehr eng mit diesen Menschen verbunden sein. Als Post für Deutschland sind wir das!", kommentiert Postvorstand Jürgen Gerdes das Engagement der Deutschen Post in Sachen „Glück". Am Hauptsitz des Unternehmens ist Deutsche Post DHL willkommener Förderer in den Bereichen Bildung und Kultur, darunter als Hauptsponsor des Bonner Beethovenfests und als Finanzier einer neuen Konzerthalle. „Als Beethovenstadt sollte Bonn mit seinen Bürgern und Unternehmen alles daransetzen, zu dem bevorstehenden Beethoven-Jubiläum 2020 eine würdige Spielstätte vorweisen zu können", begründet Frank Appel das Engagement.

Zubereitung einer Mahlzeit auf einem Save80-Kocher, Lesotho 2013

Haushalte können mit dem Save80-Kocher bis zu 80 Prozent Brennholz einsparen; dadurch werden Abholzung und Bodenerosion verringert und die Menschen schützen ihre Gesundheit. Das Projekt – 2011 wurden die ersten Kocher geliefert – wird von Deutsche Post DHL finanziert. Der Konzern erhält dafür Emissions-Zertifikate, die für den Emissionsausgleich des CO_2-neutralen Versands genutzt werden.

MARKE, IMAGE, MARKENIMAGE

Die Bedeutung des gesellschaftlichen Engagements von Deutsche Post DHL lässt sich an vielen Faktoren messen: steigende Zufriedenheit der Mitarbeiter, gute Umfragewerte bei den Kunden und, gelistet von der Agentur Interbrand, ein Platz unter den Top 100 der wertvollsten Marken der Welt für DHL. Es ist ein exklusiver Club, zu dem DHL seit 2014 gehört, mit einem großen Sprung von null auf Rang 81 als bestes Logistik-Unternehmen. Belohnt werden damit der langjährige systematische Markenaufbau, konsequentes Branding bei den Dienstleistungen und, so die für das Ranking verantwortliche Agentur, kontinuierliche Investitionen in Produktinnovationen. Betont wird aber auch die Kombination innovativer Produkte in Verbindung mit dem Nachhaltigkeitsanspruch, der die Glaubwürdigkeit und Bedeutung des Konzerns steigere. Denn auch im emotional vermeintlich wenig ergiebigen Logistiksektor, ein klassischer B2B-Markt, steigt der Anteil derjenigen Kunden, die sich bewusst für eine Marke entscheiden und nicht nur für schnell oder günstig: Mit DHL haben sie einen Anbieter, der sein Geschäft seit Jahren nachhaltig ausrichtet und seine Unternehmensbereiche konsequent vernetzt. Für die relativ junge Marke unter dem Dach Deutsche Post DHL stellen engagierte Mitarbeiter lokales Know-how im globalen Netz zur Verfügung und nehmen jede Herausforderung im Interesse der Kunden an: „Wir liefern nicht nur Päckchen und Pakete und stellen sicher, dass Container ihren Bestimmungshafen erreichen; wir liefern Wohlstand, wir transportieren Gesundheit, wir fördern Wachstum, wir liefern Freude“, lautet der hohe Anspruch des weltweit agierenden Dienstleisters.

Seit 2009 untermauert der Slogan „Excellence. Simply Delivered.“ den Status des Unternehmens als Nummer eins in der Logistikbranche weltweit, konkret: Nummer eins in der Luftfracht, Nummer zwei in der Seefracht und unter den führenden Landfrachttransporteuren Europas. Außerdem Weltmarktführer in der Kontraktlogistik mit vielfältigen Leistungen entlang der gesamten Lieferkette für unterschiedliche Branchen und mit DHL Global Mail Spezialist für internationale Geschäftspost und andere postalische Lösungen.

Deutsche Post
Natürlich unterwegs mit Elektroantrieb.
Deutsche Post DHL
Natürlich unterwegs mit Elektroantrieb.
zero emission

Fahrzeuge aus der „Grünen Flotte" von DPDHL, 2013

Zum StreetScooter (zweiter von links), der von der Deutschen Post gemeinsam mit der RWTH Aachen entwickelt wurde, gesellen sich auf der grünen Wiese der Mercedes-Benz Vito E-Cell, der Iveco Daily Electric und ein Renault Kangoo Z.E. sowie Zustellfahrräder mit Elektro-Power. Insgesamt umfasst die Flotte des Unternehmens mit alternativen Antrieben und aerodynamischen Modifikationen rund 8 500 Fahrzeuge.

DHL-Mitarbeiter beim Transport von Musikinstrumenten, 2014

Seit über fünf Jahren ist DHL der offizielle Logistikpartner des traditionsreichen Leipziger Gewandhausorchesters. Der Logistikspezialist erleichtert dem Ensemble die Planung und transportiert Instrumente und weitere Ausrüstung bei Konzerttourneen durch Europa, Asien und Amerika. Die Sicherheit der sensiblen Instrumente muss dabei stets gewährleistet sein.

DIE POST FÜR DEUTSCHLAND

Die ältere „Schwester" Deutsche Post unter dem gemeinsamen Dach DPDHL ist mit ihrer mehr als 500 Jahre währenden Geschichte eine der traditionsreichsten Marken in Deutschland. Fast 100 Prozent aller Deutschen kennen diesen „Leuchtturm im Markenmeer", für den mehr als 80 000 Zusteller als Botschafter unterwegs sind – eine unschätzbar wertvolle „Flotte". Sie garantieren Markenwerte wie persönliche Nähe, Verbindlichkeit und Verlässlichkeit. Und sie leisten ganz konkrete „Markenarbeit", indem sie pünktlich, unkompliziert und schnell agieren und dadurch Qualität erlebbar machen für die Kunden. Das ohnehin gute Image der Zusteller hat sich in den vergangenen Jahren sogar gesteigert, und einer Umfrage nach sind sie vielen Menschen nicht nur als Briefträger, sondern auch als vertrauenswürdige Gesprächspartner an der Haustür oder im Treppenhaus willkommen.

Von 195 000 Beschäftigten in diesem Unternehmensbereich arbeiten rund 150 000 unter der Marke Deutsche Post. Sie tragen zum guten Ansehen der Marke bei, die unter den 50 wertvollsten deutschen Marken weit vorne rangiert. Aber auch das anspruchsvolle Leistungsangebot für Privat- und Geschäftskunden gehört dazu: Die Deutsche Post stellt Briefe und Pakete zu, ist Spezialist für Dialogmarketing und die Verteilung von Presseerzeugnissen und Gesamtlösungen für die physische und elektronische Unternehmenskommunikation. Sie betreibt ein flächendeckendes Annahme-, Transport- und Zustellnetz und bietet mit der E-Post Privatpersonen und Unternehmen eine Plattform für sichere digitale Kommunikation und Prozesse. Dank dieser einzigartigen Infrastruktur, der beständig hohen Qualität im Briefgeschäft und innovativen Produkten und Angeboten im Dialogmarketing erzielt das Unternehmen seit Jahren steigende Zufriedenheitswerte. Und ist mit mehr als einer Milliarde 2013 ausgelieferten Paketen kein bisschen altersmüde.

GLOBALE PARTNERSCHAFTEN

In Szene gesetzt werden die Dienstleistungen des Konzerns durch internationale und regionale Werbekampagnen. Darüber hinaus engagieren sich DHL und Deutsche Post auf vielfältige Weise als Sponsoren, oft in Form von Partnerschaften. Mit seiner Logistik-Kompetenz ermöglicht das Unternehmen Events und Auftritte anderer Top-Marken in den Bereichen Sport, Kunst oder Mode, umgekehrt profitiert DHL von der Aufmerksamkeit, die die-

SUSANNE MEIER

Susanne Meier ist seit Ende 2013 verantwortlich für die globale Markenstrategie von DHL; eine sehr spannende Aufgabe für die erfahrene Managerin, die sagt: „Marke ist für mich die Königsdisziplin im Marketing." Seit über zwanzig Jahren ist die Volkswirtin bei „der Post". Ihre Karriere startete sie in der Abteilung „Strategische Planung" in der Konzernzentrale. Zuvor hatte sie sich bei der Monopolkommission intensiv mit regulierten Märkten wie dem Post- und Telekommunikationsmarkt befasst. „Am Anfang", so erzählt Susanne Meier, „da hieß es noch: Warum gehst du zur Post?" Die hatte damals noch viel mehr das Image einer Behörde als das eines dynamischen Unternehmens. Das hat sich inzwischen dramatisch verändert, und für sie war es „faszinierend und beeindruckend", hautnah mitzuerleben, wie sich das Unternehmen zu einem globalen Logistiker entwickelt hat.
Stetiger Wandel und die damit verbundenen Herausforderungen und Chancen haben auch ihr Arbeitsumfeld stark geprägt. „Ich persönlich hatte vielfältige Gelegenheiten, Dinge aktiv und in Verantwortung zu gestalten und neu aufzubauen", kommentiert die gebürtige Schwäbin ihre berufliche Laufbahn. Nach dem Start in der Strategieabteilung wechselte sie in den Unternehmensbereich Brief und leitete dort über zehn Jahre verschiedene Abteilungen im Bereich Marketing und Vertrieb. „Das war eine spannende Zeit, weil wir vieles neu entwickeln und mit aufbauen konnten, darunter die Wettbewerbsbeobachtung, die Preisstrategie oder die Direktmarketingschulungen für den Vertrieb", erinnert sie sich. Danach war Susanne Meier für das Unternehmen in Brüssel bei der Internationalen Post Corporation – der Einstieg in die internationale Welt. Ein Jahr später nahm sie das Angebot aus Bonn an, die globale Partnerschaft mit den Vereinten Nationen im Bereich Katastrophenmanagement („GoHelp") aufzubauen und dann die Leitung der Abteilung „Corporate Social Responsibility" zu übernehmen. „Unsere Partnerschaft mit den Vereinten Nationen gilt heute als ‚Showcase' für gutes gesellschaftliches Engagement von Unternehmen. Darauf können wir wirklich stolz sein", kommentiert sie die langjährige Zusammenarbeit.
Durch die Verantwortung für die Markenstrategie DHL ist Susanne Meier jetzt wieder näher am Marketing tätig. Die Herausforderung der Zukunft sieht sie darin, die Marke DHL – mit einem Markenwert von 13,7 Milliarden US-Dollar in 2013 als sehr starke globale Marke etabliert – noch deutlicher vom Wettbewerb zu differenzieren, indem die emotionale Bindung der Kunden an DHL gestärkt wird. „Einen entscheidenden Beitrag", so die Managerin, „leisten dabei die Mitarbeiter als Markenbotschafter. Sie lösen das Markenversprechen von DHL ‚Excellence. Simply delivered.' in ihrer täglichen Arbeit ein, sei es als Zusteller, als Mitarbeiter im Kundenservice oder Vertrieb oder auch als Top-Manager."
Die Begeisterung der Kunden für die Marke DHL starte bei der Begeisterung der zahlreichen Mitarbeiter für ihr Unternehmen und seine Marken, meint sie. „So können wir unsere Marken nachhaltig abheben. Dieses Ziel ist auch Teil der „Strategie 2020", und ich freue mich, daran verantwortlich mitzuwirken."

Susanne Meier (*1962) ist Abteilungsleiterin Brand Strategy in der Konzernzentrale

DHL
EXCELLENCE. SIMPLY DELIVERED.

Musiker des Leipziger Gewandhausorchesters, 2014

In diesem Jahr unterstützte DHL die Tournee des Ensembles durch die USA, wo das Orchester unter Leitung von Riccardo Chailly sechs Konzerte gab. DHL verantwortete die logistische Planung der Tournee, den Transport und die Zollformalitäten.

CHRISTIAN MAYBAUM

DHL-Formel-1-Videos auf YouTube, 2014

Deutsche Post DHL ist auf einer Vielzahl von Social-Media-Plattformen vertreten. Der Formula 1 Backstage-Kanal liefert Freunden des Rennsports exklusive Hintergrundinformationen und das Aktuellste aus dem Netz.

Ein wenig hat er sich gefühlt wie ein Exot, „aber nicht in schlechter Gesellschaft". Christian Maybaum kennt einige Kollegen, die wie er zwei Monate Elternzeit genommen haben. So konnte er seinen Sohn bei der Eingewöhnung in die Kita begleiten, während seine Frau, die ihr Büro auch im Post Tower hat, ihre Arbeit wieder aufnahm. Seine Vorgesetzte Silje Skogstad hat ihn darin unterstützt, einmal nur Vater zu sein: „Mach das, diese Zeit kannst du nur jetzt erleben."

Christian Maybaum gehört als Social Media Manager zur externen Kommunikation des Konzerns, denn für Kundenkontakte sind Plattformen wie Facebook, YouTube oder Twitter heute unverzichtbar; andere wie LinkedIn spielen auch für den Personalbereich eine große Rolle, und über Blogs tauschen sich Experten aus.

Die Beschäftigung mit Social Media bei DPDHL war für ihn insofern kein Sprung ins kalte Wasser, als er das Unternehmen bereits gut kannte. Er kam im Jahr 2000 für klassisches Direktmarketing im Bereich Brief zur Post, war im Ausland bei DHL Express in Brüssel, dann wieder in Bonn, Marken- und Konzernwerbung. Social Media war im Unternehmen Neuland, als er eine erste Analyse vorlegte und 2010 das Thema offiziell übernahm. „Man findet in diesen Medien sowieso statt", ist seine Erfahrung, „da ist es besser, die Diskussion aktiv mitzugestalten."

Seine Kenntnis des Konzerns war beim Aufbau des Regelwerks und der Struktur wie bei der wohlüberlegten Einrichtung der Internet-Präsenzen von großer Bedeutung, denn jeder Kontakt beispielsweise über einen der rund 30 Facebook-Auftritte kann der Kontakt mit einem Kunden sein. Deshalb müssen die Mitarbeiter nicht nur die Kanäle zu füttern verstehen, sondern auch emphatisch kommunizieren können: Schon ein falsches Wort kann böse Folgen haben. Alle Mitarbeiter sind aufgefordert, sich in den sozialen Netzwerken den Social Media Guidelines entsprechend zu verhalten. Denn jeder von ihnen ist immer auch Markenbotschafter.

Er selbst kann sich keine spannendere Arbeit vorstellen. Einem Social-Media-Expertennetzwerk, das er maßgeblich mitinitiiert hat, haben sich inzwischen 60 große Unternehmen angeschlossen. Tendenz steigend. Social Media, da ist er sicher, „das ist es, wo die Reise hingeht". Ob sich dank Intra- und Extranet und internen Social-Media-Plattformen wie Yammer die „Postfamilie" modern reorganisiert? Christian Maybaum würde es begrüßen, und immerhin, es kommt schon vor, dass ein Top-Manager mit dem Azubi jenseits des Ozeans fachsimpelt – hierarchien-, länder- und bereichsübergreifend.

Christian Maybaum (*1972) ist seit 2001 bei DPDHL, er ist Global Social Media Coordinator

se erlebnisorientierten Partnerschaften nach sich ziehen. Schon seit zehn Jahren bewährt sich auf dieser Basis die Zusammenarbeit mit der Formel 1, die, so DHL-CEO Roger Crook, perfekt in das Weltklasse-Portfolio ihrer globalen Partnerschaften passe. Gemeinsame Werte wie Geschwindigkeit, Präzision und das Überwinden immer neuer Grenzen festigen den Deal, in den DHL ein Vierteljahrhundert Logistik-Erfahrung im Motorsport einbringt und dafür seine Marke der leidenschaftlichen Rennsportgemeinde präsentieren kann.

Einen Boliden in einen Container zu verstauen und dann ab ins Flugzeug, damit ist es bei der Rennsport-Logistik nicht getan. Allein der Motor eines Formel-1-Wagens besteht aus rund 5 000 Einzelteilen, und Material und Ausrüstung für jedes Übersee-Rennen füllen 100 Lkw. Eine breite Palette logistischer Dienstleistungen stellt die Logistik-Experten auf die Probe, darunter Express-, See- und Luftfrachttransporte, Zollabwicklung sowie weitere Spezialaufträge an den Rennstrecken. Die einander ergänzenden DHL Logistik- und Express-Geschäftsbereiche erfordern Teamwork und garantieren den Transport der hochwertigen und sensiblen Bauteile, des Treibstoffs und auch der Übertragungstechnik. Und im eigens an den Rennstrecken eingerichteten Logistikzentrum können Teams und Dienstleister vor Ort vom einfachen Dokument bis zu kompletten Containerladungen alles auf den weltweiten Weg bringen.

Weitere Sport-Sponsoring-Partnerschaften gibt es in anderen Rennsport-Serien, beim Fußball, beim Rugby oder vor Ort in Bonn,

Transport eines Formel-1-Rennwagens

Im Rahmen der derzeitigen Partnerschaft mit der Formel 1 übernimmt DHL den Transport der Fahrzeuge und des Equipments. Auch mit seinen Sponsoring-Aktivitäten folgt DPDHL dem Grundsatz, neben finanzieller Unterstützung die logistische Kompetenz des Unternehmens herauszustreichen. Über globale Logistikpartnerschaften hinaus wurde das Unternehmen 2013 im Umfeld von 130 Veranstaltungen in mehr als 40 Ländern präsentiert.

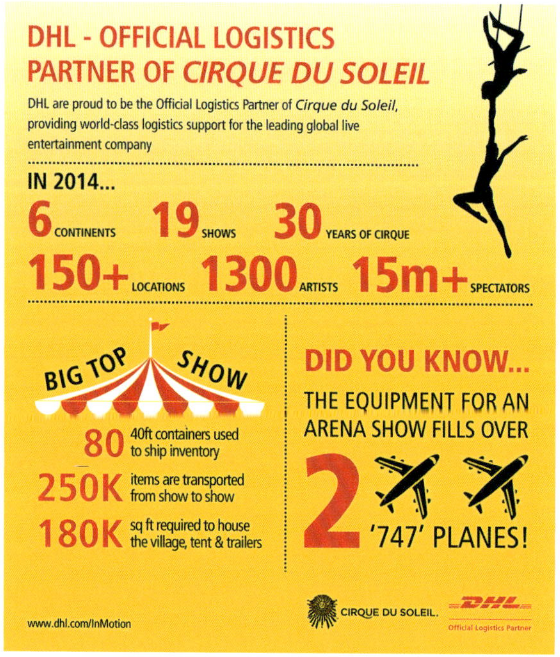

Infografik zur Zusammenarbeit von DHL und Cirque du Soleil, 2014

Eine einzige Big-Top-Show kann die Verladung und den Transport von bis zu 80 Frachtcontainern erfordern. Insgesamt erwartete das Unternehmen im Jahr 2014 rund 15 Millionen Besucher.

Auftritt des Cirque du Soleil, 2014

Seit Januar 2014 ist DHL Partner der hochkarätigen Live-Show. CEO Ken Allen und Cirque du Soleil-CMO Mario D'Amico unterzeichneten das Partnerschaftsabkommen. Weltweit unterstützt DHL Global Trade Fairs & Events, eine Spezialeinheit von DHL Global Forwarding, Freight, die Event-Logistik des Cirque du Soleil bei den Tourneen und erbringt zudem globale logistische Dienstleistungen für den Hauptsitz des Cirque du Soleil im kanadischen Montreal.

WILFRIED KREISCHER

„Automatiktür außer Betrieb." Ein kleines Schild kann sehr verwirrend sein, der irritierte Besucher schaut sich nach einem anderen Eingang um. Dabei funktioniert nur die Automatik nicht, die Drehtür braucht einen Schubs. Aber sofort ist jemand zur Stelle und klärt das Missverständnis freundlich auf. Wilfried Kreischer weiß, dass schon Kleinigkeiten auf die Stimmung eines Besuchers schlagen können. Deshalb unternehmen er und seine Kollegen alles, um für ein gutes Klima im Entrée zu sorgen. Kreischer – der Name entspricht so gar nicht dem Temperament des zuvorkommenden Herrn am Empfang in der Bonner Postzentrale. Dort gehört er zum Team der 15 Mitarbeiter, die in wechselnden Schichten Besucher begrüßen und Auskunft geben, täglich von 5 Uhr bis 22.30 Uhr. Scheu vor „hohen Tieren" hat er keine. Respekt, natürlich, das hat man den Chefs gegenüber, aber er hat beide Vorstandsvorsitzenden – Klaus Zumwinkel und Frank Appel – als sehr natürlich erlebt.

Wilfried Kreischer war 50 Jahre bei der Post, Ende 2014 ist er in den Ruhestand gegangen. Zum Jubiläum im Frühjahr 2014 gab es einen kleinen Empfang bei der damaligen Personalchefin Angela Titzrath hoch oben im Turm. Angefangen hat er als Lehrjunge, seit 2003 sitzt er am Empfang in der Zentrale. Der Umgang mit Menschen, das liegt ihm, selbst wenn heftiger Trubel herrscht. Ob es stressig ist manchmal? Kein Vergleich mit dem Schalterdienst von früher, winkt er gelassen ab.

Zur Post kam er durch Zufall. Er war ein schmächtiger Junge und der Hausarzt der Meinung, der Schulstress sei zu groß für ihn. „Der Bub muss einen Beruf lernen", hieß es damals. Deshalb bewarb er sich bei der Post – sonst nirgends.

Er ist in seiner Heimatstadt Bonn geblieben, hat hier gelernt, später den Aufstieg in den mittleren Dienst geschafft. Zehn Jahre hat er am Schalter im Bahnhofspostamt Dienst getan, von 7 bis 22 Uhr war geöffnet. „Das war ja damals noch so. Man hatte kein Handy, die Kunden kamen zur Post zum Telefonieren oder wenn sie schnell einen Brief oder ein Telegramm wegschicken mussten."

Danach wechselte er zur Hauptpost am Münsterplatz in Bonn; das Telefax hielt Einzug, Geld wurde in aller Herren Länder verschickt, es gab Dienst rund um die Uhr, an 365 Tagen im Jahr. Wilfried Kreischer hat viele Veränderungen miterlebt, wie zum Beispiel die Center-Filialen, wo er, Filiale Bonn 3, als Postdienstleistungsberater tätig war. Aber gerade das fand er spannend bei der Post, und er bedauert ein wenig, dass er die Chance nicht genutzt hat, auch mal zu wechseln. München 1972, zu den Olympischen Spielen, das hätte ihn gereizt, aber es kamen Prüfungen dazwischen. Dann hatte er auch bald eine Familie, und so blieb er in Bonn. Die Arbeit im Tower ist allerdings etwas Besonderes. Vor allem am Anfang wollten alle Bekannten wissen, wie es da drin so sei. Inzwischen hat sich die Aufregung um die gläserne Postzentrale gelegt, der schlanke Bau gehört zum Bonner Stadtbild wie der Rhein. Den Tower hat er auch jetzt noch im Blick, aber die Kollegen am Empfang und die Besucher, die vermisst er.

Wilfried Kreischer (*1949) war von 1964 bis 2014 bei der Deutschen Post tätig, zuletzt als Empfangssekretär im Post Tower

wenn während des Bonn-Marathons Läuferinnen und Läufer aus aller Welt die Stadt mit gelben Tupfen schmücken.

Weniger sportaffine Zielgruppen erreicht das Unternehmen durch die Partnerschaft mit dem kanadischen Cirque du Soleil, für dessen große Shows bis zu 80 Frachtcontainer bewegt werden, mit den IMG Fashion Weeks, nicht nur in Berlin, sondern überall auf der Welt, für die DHL passend zur Mode Logistiklösungen maßschneidert, oder mit dem berühmten Gewandhausorchester in Leipzig: Für den Transport der wertvollen Musikinstrumente stehen luftgefederte Fahrzeuge und wohltemperierte Koffer bereit, und eine kontinuierliche Standortüberwachung gewährleistet die Sicherheit der kostbaren Fracht. Hier haben sich zwei Institutionen gefunden, deren Wurzeln ins 15. Jahrhundert zurückreichen, und beiden ist es gelungen, ihr Renommee über die Jahrhunderte zu bewahren.

Post Tower, 2014

Zunächst von vielen Bonnern kritisch beäugt, ist der „Tower" inzwischen zu einem Wahrzeichen Bonns avanciert, und die Karten zur Besichtigung des Gebäudes am Tag der offenen Tür sind immer schnell vergriffen.

TRANSPARENZ UND DYNAMIK

„Bauplatz Zukunft" lautete das Motto bei der Grundsteinlegung für die Konzernzentrale von Deutsche Post DHL im August 2000, und in nur zwei Jahren Bauzeit entstand der gläserne Post Tower in den Bonner Rheinauen, nahe am Strom. Rund 2 000 Beschäftigte von DPDHL lenken von hier aus seit 2002 die Strategie und die Aktivitäten des größten Logistikkonzerns der Welt. Offen, kommunikativ und vernetzt, außerdem ökologisch bewusst und umweltschonend gebaut, spiegelt die Architektur des Hauses die Kultur des Unternehmens wider. Neben der Höhe ist die Transparenz das herausragende Merkmal des Gebäudes, die Glasfassade steht für Offenheit nach innen wie außen. „Wir wollen zeigen, was im Gebäude passiert, wollen dokumentieren, dass wir neuen Ideen, neuen Herausforderungen und Entwicklungen gegenüber genauso offen sind wie Kritik oder Kundenwünschen", erläutert der Konzern das Konzept des Baus, der nach einem Entwurf des deutschamerikanischen Architekten Helmut Jahn zu Beginn des Jahrtausends realisiert wurde. Zwei gegeneinander verschobene ellipsenförmige Gebäudeteile geben von der Stadt aus den Blick frei auf die Rheinauen, den Fluss und das Siebengebirge. In unmittelbarer Nachbarschaft zum „Langen Eugen", dem ehemaligen Abgeordnetenhaus und heutigen Hauptsitz der UN in Deutschland, symbolisiert das Gebäude neben dem Wandel des Unternehmens auch den der Stadt Bonn, die sich von einem nationalen politischen Zentrum zum Standort für global operierende Organisationen entwickelt hat. Im Innern des Gebäudes begrüßen Mitarbeiter des Empfangs Besucher aus aller Welt, die sich in gläsernen Panorama-Aufzügen nicht nur bewegen, sondern auch die atemberaubende Aussicht genießen können.

Weithin sichtbar signalisieren am oberen Ende des Gebäudes der Schriftzug DHL und das Posthorn die zwei Marken des Konzerns, die hier spätestens mit dem Umzug der DHL-Weltzentrale aus Brüssel zusammengefunden haben. Zu besonderen Ereignissen erfreut die Gestaltung der variablen Nachtbeleuchtung Bewohner und Besucher. Insgesamt 5 775 Hochspannungsleuchtstoffröhren in den Farben Rot, Gelb und Blau verwandeln den Tower in das leuchtende Porträt Ludwig van Beethovens, einen Weihnachtsbaum zum Heiligen Abend oder, wie 2014 zum Gewinn der Fußball-Weltmeisterschaft, in einen Siegespokal.

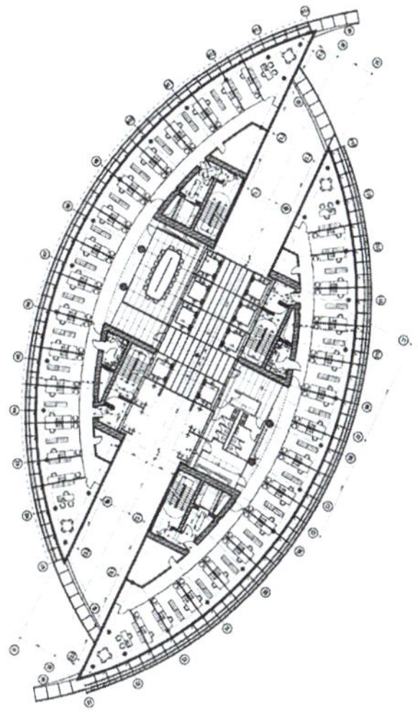

3
C 3
C 5
D
V-043-25
D 3

Das Internationale Postzentrum in Frankfurt am Main, 2014

Drei Millionen Briefe, dazu rund 20 000 Pakete und Päckchen, werden täglich im Internationalen Postzentrum am Frankfurter Flughafen umgeschlagen, 1 600 Mitarbeiter sind hier beschäftigt. Und weil es immer noch zu einem richtigen Urlaub gehört, Kartengrüße zu schicken, kommen an Spitzentagen bis zu 500 000 Urlaubspostkarten aus aller Welt dazu – rund 63 Millionen im Jahr.

CHRONOLOGIE – DAS GLOBALE NETZ VON DEUTSCHE POST DHL

5/2008 **Der neue Vorstandsvorsitzende Frank Appel kündigt den Rückzug aus dem inländischen Express-Geschäft in den USA an**

2/2009 Für den Valentinstag liefert DHL 1 300 Tonnen Schnittblumen aus Lateinamerika in die USA und andere Länder, in denen der 14. Februar gefeiert wird: 15 Millionen Rosen, Nelken, tropische Blumen und Grün aus Kolumbien, Ecuador und Costa Rica

6/2009 DHL nimmt in Schanghai den neuen DHL Eastern China Domestic Transportation Hub in Betrieb; die Anlage umfasst 25 000 Quadratmeter und ist Teil einer 25-Millionen-US-Dollar-Investition. Das inländische Transportnetz deckt jetzt mehr als 400 chinesische Städte ab

9/2009 DHL Express verstärkt die eigene Flugzeugflotte durch sechs neue Boeing 767 „Extended Range Freighter“; mit einer Kapazität von 59 Tonnen und einer maximalen Reichweite von 6 025 Kilometern eines der modernsten Mittelstrecken-Großraumfrachtflugzeuge

1/2010 Deutsche Post DHL schenkt den nicht mehr benötigten Flughafen Wilmington Air Park der Clinton County Port Authority

2/2010 DHL Global Mail baut ein Briefverteilzentrum in Windhoek: Sendungen vom südlichen Afrika in alle Welt werden künftig schneller, sicherer und kostengünstiger transportiert

3/2010 Der Flughafen Leipzig/Halle wird Heimatflughafen für elf DHL-Frachtflugzeuge. Die neue Fluggesellschaft European Air Transport (EAT) Leipzig GmbH bringt 130 neue Arbeitsplätze nach Schkeuditz, den Flughafenstandort. EAT Leipzig beschäftigt dort jetzt rund 90 Piloten und 430 weitere Mitarbeiter

4/2010 Der isländische Vulkan Eyjafjallajökull legt den europäischen Flugverkehr lahm. Gesperrt ist ab 16. April auch der Flughafen Leipzig/Halle. Nationale Sendungen werden über den Landweg transportiert; ein Teil der internationalen Sendungen wird nach Bergamo gefahren und von dort per Luftfracht in die Zielländer geflogen

10/2010 Der Konzern hat in China 15 000 Mitarbeiter und 180 000 Kunden, 15 Prozent des Umsatzes macht DPDHL in China

11/2010 DHL erweitert die Straßentransporte nach Nordafrika durch Transportlösungen für Stückgut von und nach Tunesien. Dank dem regelmäßigen Linienverkehr nach Marokko und Tunesien kann Deutsche Post DHL Sammelguttransporte zu jedem beliebigen Ort innerhalb des Straßentransportnetzwerks anbieten, das mehr als 50 Länder in Europa, dem Nahen Osten und Nordafrika umfasst

3/2011 Nach dem Erdbeben der Stärke 9 und dem Tsunami mit verheerenden Zerstörungen im Nordosten Japans am 11. März sowie der folgenden Atomkatastrophe von Fukushima ist die Infrastruktur in Nordjapan weitgehend zusammengebrochen. DHL versucht den Logistikservice außerhalb der direkt betroffenen Regionen so gut es geht aufrechtzuerhalten

4/2011 DHL nimmt ein neues Logistikzentrum in der Ukraine in Betrieb

7/2011 **Am Luftfrachtdrehkreuz Leipzig wird der 3 000. Mitarbeiter eingestellt**

8/2011 In der indischen Großstadt Bangalore testet DHL Express den SmartTruck erstmals außerhalb Deutschlands

10/2011 DHL bietet neue Seefrachtverbindungen für Lebensmittel von Deutschland nach Übersee

2012 Rund 700 Flugverbindungen werden pro Tag von den vier asiatischen Drehkreuzen Schanghai, Hongkong, Bangkok und Singapur durchgeführt

Im DHL-Wein-Hub in Hongkong werden jährlich 180 000 Flaschen Wein umgeschlagen

07/2012 **DHL eröffnet ein neues Drehkreuz in Schanghai: Der North Asia Hub Shanghai kann auf 88 000 Quadratmetern Fläche, was rund 13 Fußballfeldern entspricht, 40 000 Sendungen pro Stunde verarbeiten. Investiert werden 175 Millionen US-Dollar**

9/2012 DHL eröffnet das Energy Center in Houston

2013 Rund 89 000 Fahrzeuge hat DPDHL weltweit im Einsatz

Bis 2013 wurden achtzehn Frachtmaschinen vom Typ Airbus A300-600 in Betrieb genommen. Bei größerer Zuladung und Reichweite verbrauchen die Maschinen bis zu 20 Prozent weniger Treibstoff und sind leiser als der Vorgängertyp

DHL Express ist in mehr als 220 Ländern und Territorien der Welt aktiv. Mehr als 44 Millionen Tonnen befördert DHL Freight 2013, 3,949 Millionen Tonnen Luftfracht DHL Global Forwarding. Rund 23 Millionen Quadratmeter Lagerfläche werden von DHL Supply Chain weltweit betrieben

5/2013 DHL startet den schnellen Zugtransport zwischen chinesischen Metropolen und Europa

6/2013 **Feierlich wird das Luftfrachtdrehkreuz in Cincinnati/Northern Kentucky (CVG) neu eröffnet. 105 Millionen US-Dollar hat der Konzern in die Erweiterung investiert. 2 000 Mitarbeiter sind hier beschäftigt. Zusammen mit den globalen Hubs in Hongkong und Leipzig bildet CVG das Rückgrat des interkontinentalen DHL-Netzwerks**

6/2013 Der Luftfrachtdienst DHL Thermonet bietet Kunden der Healthcare- und Life-Sciences-Branche einen Service für temperaturempfindliche Pharmazeutika und medizinische Geräte an

7/2013 DHL Express eröffnet in Chile sein modernstes Distributionszentrum in Lateinamerika

9/2013 DHL Freight eröffnet das größte Paketzentrum in der Tschechischen Republik

12/2013 DHL investiert in den kommenden fünf Jahren insgesamt 150 Millionen Euro in neue Gebäude und Sortieranlagen am Drehkreuz Leipzig. Dadurch wächst die Bearbeitungskapazität um mehr als 50 Prozent auf 150 000 Express-Sendungen pro Stunde, es entstehen bis zu 400 neue Arbeitsplätze.

2014 DHL Supply Chain übernimmt das Catering für die Westküstenroute der britischen Eisenbahngesellschaft Virgin Rail – mit Speisen aus frischen regionalen Zutaten

4/2014 Das Know-how von DHL Paket wird künftig auch international genutzt, DHL verlagert einige europäische und indische Paket-Aktivitäten auf den Bereich Post – eCommerce – Parcel

8/2014 DHL gewinnt einen Auftrag der Lufthansa Technik Logistik Services mit jährlich 25 000 Sendungen von Deutschland in die USA, nach Kanada und Mittelamerika

2015 177 Millionen US-Dollar investiert DHL in fünf neue Standorte in Nahost und Nordafrika

Ab 2015 80 000 Tonnen Frachtvolumen jährlich wird DHL für die Flugzeugmontage von Airbus in die USA transportieren

Entladen einer Frachtmaschine am Hub Leipzig

„Ein logistisches Zentrum von Weltformat" nannte Frank Appel das Luftdrehkreuz Leipzig/Halle in seiner Eröffnungsrede im Mai 2008 im Beisein von Bundesaußenminister Frank-Walter Steinmeier sowie weiteren Gästen aus Politik, Wirtschaft, Kultur und Medien. Die Nähe zu den Wachstumsmärkten im Osten Europas und eine umfassende Nachtflugerlaubnis waren ausschlaggebend für den Standort, dessen Infrastruktur eine zukunftsorientierte Kombination der Verkehrsträger Luft, Straße und Schiene ermögliche – so der Postchef. Inzwischen wächst das Drehkreuz weiter. Durch neue Gebäude und Sortieranlagen wird die Bearbeitungskapazität um mehr als 50 Prozent auf 150 000 Express-Sendungen pro Stunde gesteigert.

ZU WASSER, ZU LAND UND IN DER LUFT

Das globale Netz von Deutsche Post DHL

Deutsche Post DHL bewegt die Welt. Das Netzwerk mit fast einer halben Million Mitarbeiterinnen und Mitarbeitern umspannt den Globus und erreicht praktisch jede Ecke des Planeten. Als größtes Logistikunternehmen weltweit beliefert es die Halligen in der Nordsee genauso wie die bayerische Zugspitze, entlegene Orte am Nil oder Yangtse, Kunden in Ouagadougou oder Lusaka in Afrika, transportiert Sendungen nach Chittagong in Asien oder Asunción in Südamerika so zuverlässig wie nach London, Rom oder Berlin. Deutsche Post DHL ist so international, dass zu seinem weltweiten Netz sogar mehr Länder und Territorien gehören, als die Vereinten Nationen Mitgliedstaaten haben. Während die Weltorganisation 193 Mitglieder zählt – zuletzt kamen die unabhängig gewordenen Staaten Südsudan und Montenegro hinzu –, ist Deutsche Post DHL in über 220 Ländern und Territorien präsent. „Wir sind zweifellos das internationalste Unternehmen der Welt", bemerkt Ken Allen, Chef der Express-Sparte von Deutsche Post DHL.

Dieser Weltkonzern, wie er heute besteht, ist vor allem durch Zukäufe und Übernahmen zwischen 1995 und 2005 entstanden. Damals kamen neben vielen kleineren Firmen – weit über einhundert insgesamt – das schweizerische Speditionsunternehmen Danzas, die amerikanische Kurier-Firma DHL und der britische Spezialist für Lieferketten Exel zum früheren deutschen Staatsunternehmen hinzu. Mit den Akquisitionen dieser drei Schwergewichte der Logistikbranche wuchs die Deutsche Post in kurzer Zeit um mehr als 200 000 internationale Mitarbeiter und ihr Netz um Standorte in aller Welt. Allein DHL steuerte damals schon rund 120 000 Punkte auf der Erde an. Inzwischen sind alle drei Firmen vollständig in Deutsche Post DHL integriert und – grob skizziert – für die Sparten Express (früher DHL), Global Forwarding, Freight (früher Danzas) und Supply Chain (früher Exel) verantwortlich, aber sie firmieren unter der Dachmarke DHL. Konzernchef Appel nennt dieses große Unternehmen mit seinen verschiedenen Einzelteilen deshalb gerne eine „Familie der Divisionen".

UMFASSENDES INTERNATIONALES ANGEBOT

Die drei Sparten bieten den Kunden ein umfassendes Angebot an Logistikdienstleistungen in der ganzen Welt: Express liefert eilige Dokumente und Waren zuverlässig und zeitgenau von Tür zu Tür – für inzwischen 2,7 Millionen Kunden. Global Forwarding, Freight ist für Luftfracht, Seefracht, Eisenbahn und Straßentransporte zuständig. Die Speditionsleistungen umfassen neben standardisierten (Container-)Transporten auch individuelle und maßgeschneiderte Lösungen und Einzelprodukte. Supply Chain schließlich bedient die gesamte Lieferkette für Kunden verschiedener Branchen und übernimmt bei Bedarf auch deren Informationsmanagement – über die Tochter Williams Lea. Diese drei Geschäftsfelder bilden im Großen und Ganzen den internationalen Teil des Unternehmens Deutsche Post DHL.

Zusammen verfügen sie über eine Luftflotte, die ihresgleichen sucht: Mit mehr als 250 Flugzeugen, darunter 170 eigenen Düsenflugzeugen und mehr als 80 kleineren Zubringermaschinen, bedient das Unternehmen gut 500 Flughäfen in aller Welt. Über Partnerschaften mit Drittanbietern besteht zudem die Möglichkeit, diese Kapazitäten nach Bedarf anzupassen und zu erweitern. Insgesamt verfügt Deutsche Post DHL über die „größte virtuelle Fluglinie der Welt", erklärt Ken Allen. „Wir selbst haben 250 Flieger, aber dazu kommen täglich noch etwa 3 000 Flüge in kommerziellen Maschinen", sodass allein DHL-Express mehr Cargo bewegt als einige der großen Fluglinien dieser Welt zusammen.

Umgeschlagen werden die Luftfrachtgüter in erster Linie über drei große internationale Drehkreuze, die in den letzten Jahren errichtet oder ausgebaut wurden: Leipzig, Cincinnati und Hongkong. Sie bilden das Rückgrat des interkontinentalen Luftverkehrs. In Leipzig ist auf zwei Millionen Quadratmetern Brachland nicht nur Europas modernstes Zentrum für Luftfracht, sondern auch ein neues Tor zur Welt entstanden. Weil der bisherige Hub in Brüssel dem gestiegenen Frachtaufkommen nicht mehr genügte, aus politischen Gründen aber nicht vergrößert werden durfte, hat sich Deutsche Post DHL im Jahr 2004 entschieden, sein europäisches Luftdrehkreuz nach Leipzig zu verlegen und dort ein komplett neues Zentrum auf der grünen Wiese in unmittelbarer Nähe zum Flug-

Broschüre der Post, um 1960

Güter können ihr Ziel per Straße, Schiene, Luft oder Wasser erreichen; die Wahl des geeigneten Verkehrsmittels hängt unter anderem ab von der Flexibilität, den Kosten und dem Transportvolumen. Unterschieden werden der Straßengüter-, Schienen- und Rohrleitungsverkehr, die Binnen- und Seeschifffahrt und der Luftverkehr, wobei häufig eine Kombination der Transportmittel sinnvoll ist.

Paketverteilanlagen im DHL-Hub am Fluhafen von Schanghai, 2012

Im Sommer 2012 eröffnete DHL sein größtes Express-Drehkreuz in Asien. Auf einer Fläche von insgesamt 88 000 Quadratmetern können am Nordasien-Drehkreuz von DHL Express bis zu 20 000 Dokumente und 20 000 Pakete pro Stunde bearbeitet werden. Das Sortiersystem des Hubs identifiziert automatisch nicht genutzte Komponenten und schaltet diese in einen energiesparenden Stand-by-Modus.

hafen Leipzig/Halle zu errichten. Innerhalb von weniger als drei Jahren sind unter anderem ein riesiger Hangar und ein gigantisches Warenhaus mit Deutschlands größter Sortieranlage für Pakete und Dokumente entstanden, das unglaubliche 100 000 Sendungen pro Stunde schafft. Jede Nacht treffen dort rund 60 Flugzeuge aus aller Welt ein, um Güter nach Europa zu bringen und andere von dort weiter zu transportieren.

Mit Hongkong in Asien und Cincinnati in den USA verfügt Deutsche Post DHL noch über zwei weitere große Luftfrachtzentren. Hongkong ist seit 2004 in Betrieb und war bereits damals das modernste in der Region. Seither hat das Unternehmen den Hub mehrfach vergrößert und zum Beispiel 2007 ein neues Abfertigungszentrum mit dem Namen Kowloon South Service Center eröffnet. Hongkong bildet das Tor zum wichtigen und wachsenden Markt in Asien. Das globale Drehkreuz Cincinnati/Northern Kentucky ergänzt Leipzig und Hongkong und verbindet Kunden aus allen Ländern der Welt mit jedem Winkel in den USA. Es wurde erst kürzlich erweitert und in neuer Größe 2013 eröffnet. „Die Fertigstellung unseres vergrößerten Logistikcenters am Flughafen in Cincinnati ist ein weiterer Meilenstein in der kontinuierlichen Erweiterung unseres internationalen Expressnetzwerks", sagte Vorstandsvorsitzender Frank Appel damals.

FAST DREI MILLIONEN CONTAINER IM JAHR

Zur Luftfracht kommen Seetransporte, für die im Konzern Global Forwarding, Freight verantwortlich zeichnet. Die Sparte arbeitet mit sehr geringem Anlagevermögen, fungiert als Reederei, hat aber selbst keine Schiffe. Das Geschäftsmodell beruht darauf, Transporte zwischen Kunden und Frachtunternehmen zu vermitteln, sodass Sendungen gebündelt und Frachtraum zu günstigen Konditionen eingekauft werden kann. Auch hier entstehen permanent neue Angebote und Routen für die Kunden, etwa durch Schiffsverbindungen zwischen Deutschland und dem Nahen Osten. Eine neue direkte Verbindung zwischen Bremen und Doha beispielsweise, die 2011 eingerichtet wurde, verkürzte die Transportzeit gleich um vier Tage. Insgesamt hat Global Forwarding, Freight im Jahr 2013 mehr als 2,8 Millionen 20-Fuß-Container-Einheiten transportiert.

Die Schiene ergänzt das internationale Netz von Deutsche Post DHL, denn nicht

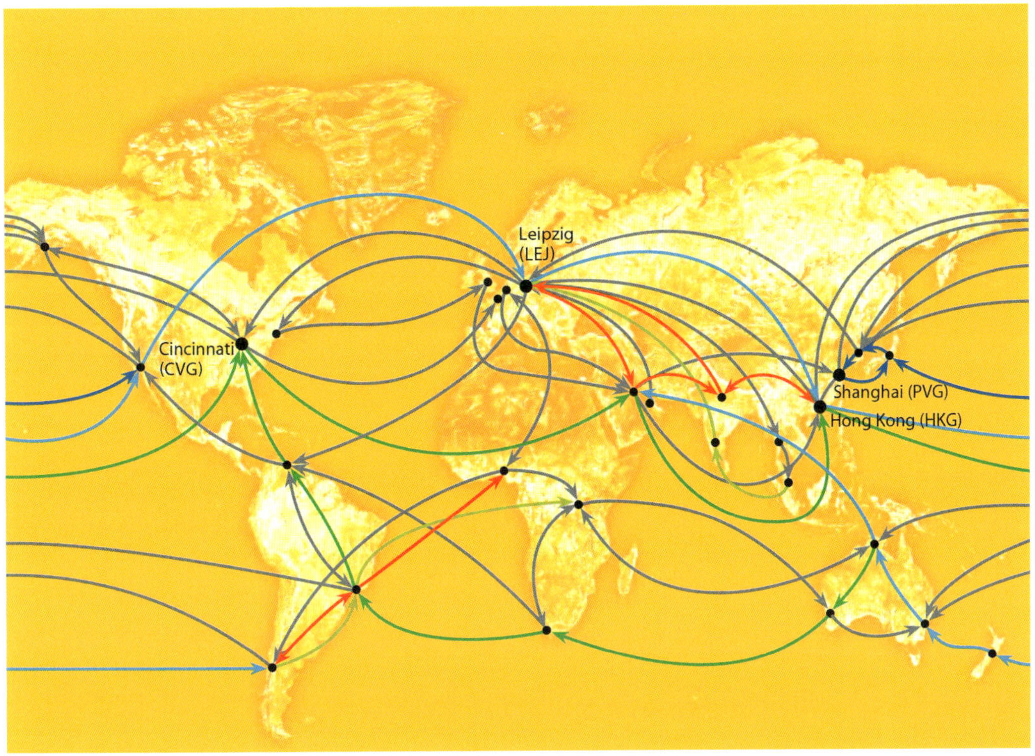

Das weltweite DHL Express-Netzwerk, 2014

Um den Versand von Express-Sendungen für die Kunden so einfach und schnell wie möglich zu gestalten, nutzt DHL ein einzigartiges Multi-Hub-Netzwerk mit Drehkreuzen in Schanghai, Hongkong, Bangkok und Singapur und mehr als 70 Gateways im gesamten asiatisch-pazifischen Raum. 100 000 Mitarbeiter an 4 000 Stützpunkten in aller Welt stellen jährlich rund eine Milliarde Sendungen zu.

Feierliche Eröffnung des DHL-Luftdrehkreuzes in Cincinnati, Juni 2013

Der Gouverneur von Kentucky Steve Beshear, der Vorstandsvorsitzende von Deutsche Post DHL Frank Appel und Stephen Fenwick, CEO von DHL Express Americas, bei der Eröffnung des Luftdrehkreuzes CVG, das DHL erlaubt, schneller und effektiver auf die wachsenden internationalen Aktivitäten kleinerer und mittlerer Unternehmen einzugehen.

nur innerhalb von Ländern kommt die Bahn regelmäßig zum Einsatz, sondern auch über Grenzen und weite Strecken hinweg. So gibt es mittlerweile sogar einen kombinierten Straße-Schiene-Transport entlang der alten Seidenstraße zwischen Asien und Europa. Für die Kunden ist dieser Landweg schneller als die Verschiffung und preislich günstiger als der Lufttransport – insofern interessant. Auf einer nördlichen Route von Schanghai über Russland nach Polen rollen täglich Züge, und auf einer südlichen, die von Chengdu über Kasachstan und Weißrussland nach Polen führt, bietet das Unternehmen wöchentliche Transporte an. Kunden können einzelne Container oder ganze Züge buchen. Vorstandsmitglied Roger Crook, zuständig für Global Forwarding, Freight, berichtet jedenfalls von „sehr schnell wachsendem Umsatz" auf dieser Strecke. „Theoretisch könnten wir, wie an einer Perlenkette aufgereiht, einen Zug nach dem anderen auf die Schiene schicken", sagt er, „da ist also noch allerhand möglich."

Zum weltweiten Netz gehören schließlich auch insgesamt 89 000 Fahrzeuge, mehr als zwei Drittel davon sind Transporter, jeweils etwa 17 Prozent machen Lastwagen und Pkw aus. Meist, aber nicht immer, verbinden sie Knotenpunkte und Logistikzentren mit dem Kunden, kommen also vor allem für kürzere Strecken zwischen Entladung und Auslieferung oder zwischen Eingang und Weitertransport zum Einsatz. Darüber hinaus hat DHL auch hier auf bestimmten – längeren – Strecken einen festen Linienverkehr eingeführt, wie zum Beispiel für den Straßentransport nach Georgien. Über Umschlagzentren in Wien und Frankfurt transportiert DHL

Glossar von Deutsche Post World Net, 2004

Die kleine Broschüre erläutert zentrale Fachbegriffe aus der postalischen Welt und aus dem Logistikbereich – von After-Sales-Logistik über Postgesetz und Price-Cap-Verfahren bis Verbundzustellung. Der kleinere Teil der Begriffe ist deutsch – die internationale Logistikwelt spricht englisch.

Freight regelmäßig Sammel- und Stückgut von und in die Kaukasus-Region. Ein ähnlicher Service existiert nach Marokko und Tunesien, um den Austausch von Waren zwischen Europa und angrenzenden Ländern zu intensivieren.

FAST JEDER PUNKT DER ERDE ERREICHBAR

Alle Kapazitäten zusammen in der Luft, zu Wasser, zu Lande – auf Straße und Schiene – versetzen Deutsche Post DHL in die Lage, fast jeden Punkt der Erde beliefern zu können. Nicht überall ist das Unternehmen mit eigenen Mitarbeitern präsent, aber es verfügt über etablierte Geschäftsbeziehungen zu kleineren Transport- und Lieferfirmen, die immer wieder einen Teil der logistischen Leistung übernehmen. Auf diese Weise lässt sich auch bei Giganten wie etwa Brasilien, dessen Fläche fast die Hälfte Südamerikas ausmacht und das rund 5 500 Städte beherbergt, eine möglichst hohe Abdeckung erzielen. „Von Stadt zu Stadt brauchen wir in der Regel einen Tag", erzählt Mirele Griesius Mautschke, stellvertretende Ländermanagerin von DHL Express in Brasilen, „für die meisten anderen Plätze innerhalb Brasiliens maximal sechs oder sieben Tage. Aber wenn es in den Amazonas reingeht und wir einen Teil der Strecke mit dem Boot zurücklegen müssen, kann es auch mal zwanzig Tage dauern, bis wir eine Sendung zustellen." Deshalb ist das DP-DHL-Team in Brasilien auch darum bemüht, seine Reichweite und Geschwindigkeit weiter zu verbessern. „Wir arbeiten permanent daran", so Mirele Griesius Mautschke.

Weder in Brasilien noch sonst irgendwo ist dieses Netz statisch; es lebt und wächst ständig weiter. Allein im Jahr 2014 kamen unter anderem ein neues Logistikzentrum im dänischen Taulov, ein neuer Standort in Kairo, ein neues Life-Sciences-Zentrum in Leipzig, elf neue Terminals für das europäische Eurorapid-Netzwerk sowie ein neuer temperaturkontrollierter Frachtservice zwischen Europa und den USA hinzu. Und das ist nur ein kleiner Teil der permanenten Anstrengungen, die Deutsche Post DHL unternimmt, um seine weltweite Präsenz zu erhöhen, Lieferzeiten zu beschleunigen und neuen Entwicklungen gerecht zu werden.

Das geschieht nicht zuletzt durch standardisierte Abläufe und Produkte, wie dem Hauptprodukt von Express, genannt Time Definite International (TDI), das eine Zustellung bis zu einem genauen Zeitpunkt garantiert, meist bis zum nächsten Vormittag. DHL Freight wiederum hat zum Beispiel mit DHL Euroconnect einen Stückgut-Komplettservice für Fracht und Güter mit speziellen Anforderungen geschaffen, etwa für Gefahrgut oder temperaturempfindliche Waren und hochwertige Sendungen. Dafür bietet das Unternehmen feste Lieferzeiten von Haus zu Haus auf mehr als 2 000 internationalen Strecken in über 50 Ländern an. Wenn also ein Museum ein besonders wertvolles Gemälde vorübergehend von Berlin nach New York verlagern möchte, dann wäre dieser Service wahrscheinlich die richtige Wahl. Und selbst Supply Chain, von dem der zuständige Vorstand John Gilbert sagt, es sei naturgemäß „sehr kundengetrieben", arbeitet derzeit daran, seine Angebote weiter zu straffen und zu optimieren. „Wir wollen weiterhin auf die individuellen Bedürfnisse unserer Kunden eingehen, aber dort, wo sich Prozesse wiederholen, mehr Standards einführen."

GIRAFFEN NACH ISRAEL, PANDAS NACH BELGIEN

Doch neben festen Routen, Zeiten und Abläufen gehört es zur Natur des Business, dass manches dann doch nicht nach Schema F gehen kann, sondern immer wieder Einzellösungen vonnöten sind: wie im Mai 2014 beim Transport der Giraffe Jengo vom belgischen Lüttich nach Tel Aviv in Israel, wo das Tier im zoologischen Zentrum Ramat Gan ein neues Zuhause fand und in eine bestehende Herde eingegliedert wurde. Für dieses höchste auf dem Land lebende Tier nutzte DHL eine besondere Box beim Transport und brachte Jengo dann mit einem Frachtflugzeug vom Typ Boeing 747-400 der israelischen Fluglinie El Al sicher übers Mittelmeer. An Bord befand sich neben einem Team von Tierpflegern und Veterinären auch eine Tagesration Futter mit einem Gewicht von immerhin 100 Kilogramm. Im selben Jahr leistete DHL auch beim Umzug zweier Riesenpandas von China nach Belgien Unterstützung. Und es fungierte als offizieller Logistikpartner des Gewandhausorchesters in Leipzig bei dessen Tournee durch China und Japan. DHL verantwortete die logistische Pla-

Güterzug mit DHL-Containerwaggons, 2010

Häufig ist der Bahntransport Teil einer multimodalen Transportlösung, in jedem Fall aber ist die CO_2-Emission weitaus geringer als bei Luftfracht. Viele Kunden schätzen an DHL die Flexibilität beim Einsatz der Transportmittel: „Sie können diese gezielt auf ihre logistischen Anforderungen abstimmen und die unterschiedlichsten Kapazitäten buchen – vom Einzelcontainer bis zum ganzen Güterzug“, erläutert Amadou Diallo, CEO DHL Freight.

Produkt- und Servicebroschüre von DHL Express, 2014

Internationale Spezialisten – das sind geschulte Mitarbeiter auf der ganzen Welt, die unter dem Motto „Excellence. Simply delivered." für die Qualität der Dienstleistung von DHL einstehen.

KEN ALLEN

Ken Allen ist DHLer durch und durch. Von Haus aus Wirtschaftsprüfer, kam er vor fast dreißig Jahren ins Unternehmen und kann sich bis heute kein anderes Tätigkeitsfeld vorstellen. Der gebürtige Brite fing 1985 als Finanzmanager im Nahen Osten an, hatte dort mit Ländern wie Saudi-Arabien, Bahrein, Ägypten, Syrien, Libyen oder dem Jemen zu tun. Es folgte ein stetiger Wechsel von Aufgaben und Standorten, zu denen auch Asien, Amerika und dann die Zentrale in Bonn zählten. Seit 2009 gehört er dem Vorstand von Deutsche Post DHL an.

In all den Jahren ist ihm die Branche zu einer Art zweiten Familie geworden, zumal er im Unternehmen auch privat seine Liebe fand: Bei DHL lernte Allen seine Frau kennen – sie arbeitete damals im Vertrieb –, und auf „DHL Mission" in Bahrein und Singapur sind seine Kinder geboren. Die „internationalste Company der Welt" ist DHL für ihn, aber darüber hinaus auch die „interessanteste und attraktivste". Heute sind die vier Kinder erwachsen. Doch wenn die Familie früher auf Reisen war, erzählt er, dann haben sie beim Anblick eines DHL-Autos immer gejubelt.

Hingabe und Loyalität zur Firma sollte man bei Allen aber nicht verwechseln mit übertriebener Nachsicht oder falscher Toleranz. Er ist ein anspruchsvoller Manager, der auch von seinen Mitarbeitern Höchstleistungen verlangt. „Genau da liegt der Unterschied zwischen gut und spitze", sagt er, „und um spitze zu werden, braucht es den extra Einsatz." Dass er selbst stets bereit war, Zusätzliches zu leisten, hat er auf seinen verschiedenen Posten längst bewiesen. Immer wieder gelang es ihm, schwierige Situationen zu meistern und einen negativen Trend umzukehren. In der Region EMEA, das steht für Osteuropa, Naher Osten und Afrika, verdoppelte er innerhalb von zwei Jahren die Marge. In Kanada drehte er ein Minus in Millionenhöhe ins Plus. Und schließlich führte er die Wende im USA-Geschäft herbei – eine Aufgabe, die ihm „allergrößtes Kopfzerbrechen" bereitete.

Neben dem Verkauf der Postbank gehört der Rückzug vom inländischen US-Express-Geschäft zu den schwierigsten Management-Entscheidungen bei Deutsche Post DHL überhaupt. Allen war maßgeblich an Letzterer beteiligt. Er übernahm die Leitung der defizitären amerikanischen Express-Sparte 2008 und kam nach Prüfung aller Optionen zu dem Schluss, dass nur der Ausstieg bleibe. Schweren Herzens kommunizierte er diese Einsicht weiter nach Bonn. Im Nachhinein hält er die Entscheidung nicht nur für richtig, sondern für existenziell. „Ich mag mir gar nicht ausdenken, was andernfalls passiert wäre", schaudert es ihn noch heute. Damals war Express das schwächste Mitglied der Post-Familie, inzwischen bringt es dem Unternehmen einen Jahresgewinn von über einer Milliarde Euro.

Zu Allens Erfolgsrezepten gehören drei eherne Regeln. Punkt eins: Der Kunde ist König. Zweitens: Verkäufe sind gut, Cash ist besser. Und drittens: Ein gutes Unternehmen braucht motivierte Mitarbeiter. Entsprechend hat er das Express-Geschäft in den letzten Jahren konsequent auf Kunden, Kosten und Mitarbeiter fokussiert. Und wenn es dabei gilt, eine Botschaft klar und deutlich rüberzubringen, greift er auch schon mal zu unorthodoxen Mitteln: Eingängigen Songs unterlegt er selbst gereimte Texte, wie zum Beispiel: I wanna be a billionaire, so freaking bad. UPS and FedEx will be sad."

Obwohl Ken Allen so gut wie alles erreicht hat, was man in der Branche erreichen kann, wird es dem sportbegeisterten Briten kein bisschen langweilig in seinem Beruf. „Ich könnte das noch fünfzig Jahre weitermachen und immer noch Neues lernen." Und wenn ein Kunde eines Tages eine Lieferung zum Mond bräuchte? „Dann würde ich selbstverständlich auch das organisieren", verkündet er gewohnt enthusiastisch.

Ken Allen (*1955) ist seit 1985 bei DHL Express und seit 2009 Mitglied des Vorstands von Deutsche Post DHL

DHL-Mitarbeiter beim Entladen am Flughafen von Mexiko City, 2014

Große Fahrzeughersteller wie Chrysler, Ford, Renault und Volkswagen haben Standorte in Mexiko, das Land ist der zehntgrößte Autobauer der Welt. Auch die Pharmaindustrie hat sich angesiedelt, für die DHL gekühlte Lager betreibt. Die Express-Experten sind seit 1979 im Land, und der Konzern investiert derzeit Millionen, unter anderem in ein Drehkreuz für den Landverkehr, das das größte in Lateinamerika werden soll.

nung der gesamten Tour und den Transport der 155 empfindlichen Musikinstrumente sowie der kompletten Orchesterausstattung.

Im Jahr 2013 hat es DHL sogar ins *Guinness-Buch der Rekorde* geschafft – mit der weltweit größten Pizzalieferung für gemeinnützige Organisationen in Afghanistan. Dafür hatte das Unternehmen sein globales Expressnetz zur Verfügung gestellt und rund 30 000 belegte Teigfladen von Chicago nach Kandahar, Bagram und Camp Bastion geliefert. Dieser ganz spezielle Pizzaschnellservice brach in puncto Größe alle Rekorde und überwand die Entfernung von 11 000 Kilometern innerhalb von 36 Stunden.

Nicht immer sind Spezial-Lieferungen gleich so anrührend. Oft geht es auch um besondere Industriegüter oder hochsensible Geräte, die von A nach B gelangen sollen. So transportierte DHL 2014 einen riesigen MRT-Scanner über Land und per Schiff von Großbritannien in die USA, genauer: von Oxford nach Minneapolis. Dieser 100-Tonnen-Gigant war sechs Wochen unterwegs. Wegen seines hohen Gewichts mussten unter anderem der Boden eines Warenlagers verstärkt, extra starke Sattelschlepper und ein Mega-Liftsystem eingesetzt werden. Das zuständige Team plante zwei Jahre lang, ehe es den Riesenmagneten auf die Reise schickte.

WEITER AUF WACHSTUMSKURS

Die weiteren Aussichten für DHL schätzt der Vorstand für die nächsten Jahre insgesamt als äußerst günstig ein. Vor allem aufstrebende Länder wie China, Indien, Brasilien, Mexiko und Südafrika, aber auch Staaten wie Thailand, die Philippinen, Vietnam, Indonesien, die Türkei, Ghana oder Nigeria lassen auf weitere kräftige Wachstumsimpulse hoffen. In der „Strategie 2020" vom Frühjahr 2014 strebt der Konzern eine durchschnittliche Steigerung des Ergebnisses um 8 Prozent pro Jahr an. DHL soll dazu mit rund 10 Prozent EBIT-Zuwachs jährlich am stärksten beitragen. „Wir wollen wachsen und wir werden wachsen", beurteilt Vorstand Roger Crook von Global Forwarding, Freight die Lage. Auch John Gilbert von Supply Chain sieht weiterhin ein „riesiges Wachstumspotenzial". Und Ken Allen von der Express-Sparte sagt schlicht: „Wir können überall noch zulegen."

Eine der größten Unsicherheiten sind Krisen und Konflikte, von denen ein Weltkonzern wie Deutsche Post DHL natürlich nicht unberührt bleibt. Der Nahe Osten ist so ein Krisenherd, bei dem Konflikte mal mehr, mal weniger stark aufflackern und DHL auf aktuelle Entwicklungen flexibel reagieren muss. Im Irak zum Beispiel haben sich die militärischen Auseinandersetzungen 2014 wieder ausgeweitet, sodass es zu Straßensperrungen, Flugausfällen und vielen zusätzlichen Sicherheitskontrollen kam. Trotzdem hält DHL auch in solchen Situationen seine Büros möglichst geöffnet und versucht, seine Sendungen selbst unter erschwerten Bedingungen abzuholen und zuzustellen. In Libyen musste DHL in kurzer Zeit ebenfalls eine alternative Route aufbauen, weil militante Islamisten den Flughafen in Tripolis besetzt hatten. Die Liste ließe sich noch weiter fortsetzen.

„Wir sind als Erste drin und als Letzte draußen", fasst Ken Allen die gängige Praxis von DHL zusammen, „sogar noch vor beziehungsweise nach den großen Hilfsorganisationen." Das konzerneigene Netz ist so ausgedehnt, dass DHL manche Krise sogar schon heraufziehen sieht, ehe sie über die Ticker läuft. „Wir können Entwicklungen ziemlich genau beobach-

DHL Global Mail-Zusteller in Hongkong, 2012

Bis 2017 will DHL ein Drittel seiner Erlöse in der Region Asien-Pazifik erwirtschaften. In den letzten drei Jahrzehnten hat das Unternehmen in den asiatischen Märkten eine solide Plattform aufgebaut und die Basis für weitere Erfolge gelegt; hohe Investitionen tragen dazu bei, Produkte und Dienstleistungen zu verbessern.

DHL-Werbung entlang der dritten Ringstraße in Peking, 2006

China wird auf Jahre hinaus der wichtigste regionale und globale Wachstumsmotor bleiben, daher treibt DHL den Ausbau der Aktivitäten dort weiter voran. 2012 erwirtschaftete DHL mit über 4,2 Milliarden Euro mehr als die Hälfte seiner asiatischen Umsätze in China.

ten“, so Crook, „manchmal sogar schneller als die Medien.“ Das funktioniert deshalb so gut, weil DHL trotz seiner internationalen Präsenz zugleich ein „lokales“ Unternehmen ist, das seine Leute in der Regel vor Ort rekrutiert – und nicht so sehr Deutsche, Briten oder Amerikaner in alle Welt verschickt. Mittlerweile kommen fast zwei Drittel der knapp 500 000 Mitarbeiter aus Ländern außerhalb Deutschlands, ist die Umgangssprache im Konzern nicht mehr Deutsch, sondern längst Englisch.

So sind es heute vor allem Faktoren außerhalb der Branche, die die insgesamt guten Zukunftsaussichten von DHL eintrüben könnten, mit Krisen und Konflikten ganz oben auf der Liste. Aber solange der Welthandel gedeiht, Rückfälle in Nationalismen die Ausnahme bleiben, „müssen wir uns wenig Sorgen machen“, sagt Ken Allen. Denn die vielen Milliarden, die das Unternehmen in den letzten zwanzig Jahren in seine internationale Präsenz investiert hat, bilden eine solide Basis für die nächsten Jahre – und das Spinnen am Netz hört nie auf.

請上二樓
學生書屋
買賣課本
請上二樓
永成
攝影器材
Nikon
Nikon Authorized Dealer
OPEN 24 HOURS
銀龍粉麵茶餐廳
Ngan Lung Restaurant
買賣中學課本
高價收舊書
請上二樓
漫畫全部 $10 起
Laguna
MATRIX
DHL
DHL
高價收機

ROGER CROOK

Für Roger Crook ist Globalisierung weit über das reine Geschäft hinaus ein Lebensmotto. Der gebürtige Brite mag das internationale Leben, den Wandel und Wechsel. Viele Male ist er umgezogen und immer wieder von Kontinent zu Kontinent gesprungen, zuletzt von Miami nach Singapur. Dort übernahm er 2010 zunächst die asiatische Express-Sparte, wenig später den Vorstandsposten von DHL Global Forwarding, Freight (DGFF), im Konzern zuständig für Luftfracht, Seefracht und Straßentransporte.

Einen großen Teil seiner Arbeitszeit verbringt Crook auch heute auf Reisen. Was anderen Menschen Stress bereiten würde, scheint ihn erst richtig auf Touren zu bringen: ein Leben in Bewegung. Genau wie die Container, die DHL täglich tausendfach zu ihrem Zielort befördert. Insofern steht Crook mit seiner Person für das Business, das er antreibt. Und jeder, der ihn kennt, weiß, wie sehr er dieses Leben genießt.

Angefangen bei DHL hat er in den 1980er-Jahren, zunächst in Europa – auch dort auf verschiedenen Posten in London, Brüssel und Oslo. Dabei erinnert er sich besonders gerne an die Zeit als Ländermanager in Norwegen, wo er nicht nur einen spektakulären geschäftlichen Turnaround erlebte, sondern auch die Vorteile eines skiverrückten Landes genoss. Danach folgten San Francisco, Miami und schließlich Singapur.

Obwohl seit fast dreißig Jahren in der Logistikbranche tätig, findet Crook seinen Job immer noch interessant: Weil seine Arbeit nicht nur alle Winkel der Erde abdeckt, sondern auch mit nahezu allen Branchen des Wirtschaftslebens zu tun hat. „Unser Geschäft ist äußerst vielfältig", beschreibt er seine ungebremste Faszination. Und: „Es macht mir Spaß, mich immer wieder neuen Herausforderungen zu stellen." Davon gibt es bei Global Forwarding, Freight genügend. Waren um die Erde zu schicken, ob per Flugzeug, Schiff, Lkw, Zug, einzeln oder kombiniert, dafür braucht es große Koordinationskünste und ein tiefes Verständnis für die Bedürfnisse der Kunden. Ob Naturkatastrophen wie der Tsunami in Japan, das Erdbeben in Haiti, politische Turbulenzen wie in der Ukraine oder in Syrien – das Tagesgeschäft bei DHL bleibt von solchen Faktoren nicht unbeeinflusst. „Wir verlassen ein Land nur, wenn unsere Leute gefährdet sind. Sonst bleiben wir dort", fasst Crook die generelle Linie des Konzerns zusammen. Denn gerade in Notsituationen werden Güter von außen meist noch dringender gebraucht; die liefert dann oft DHL, zum Beispiel in Form von Trinkwasser, Decken oder Nahrungsmitteln. Crook selbst eilte bereits wenige Tage nach dem verheerenden Erdstoß 2010 nach Haiti. Was er damals sah, hat er bis heute nicht vergessen: „Es war grauenhaft." Dort an der Seite seines Teams gewesen zu sein, hat ihn nachhaltig beeindruckt. Einen Notfallplan für solche Ausnahmesituationen gibt es nicht, weil jede Lage anders ist: „Wir reagieren flexibel", sagt er, hier genauso wie zu Friedenszeiten und bei jedem einzelnen Kunden sowieso.

Aber nicht nur draußen in der Welt sind Offenheit und Flexibilität gefragt, sondern auch im Konzern selbst: DHL Global Forwarding, Freight durchläuft derzeit einen fundamentalen Modernisierungsprozess, der jeden Mitarbeiter betreffen wird. Mit dem sogenannten „New Forwarding Environment" ändert sich der gesamte Arbeitsalltag; vieles läuft danach transparenter und automatisiert; Informationen können an jedem Standort gleichermaßen abgerufen werden. Sind die neuen Systeme 2015 erst eingeführt, bringen sie dem Unternehmensbereich einen weiteren Effizienzschub und geben ihm einen Vorsprung vor der Konkurrenz, da ist sich Crook sicher. Überhaupt sieht er noch reichlich Wachstumspotenzial für seine Sparte und für die weltweite Logistik generell: „Die Globalisierung lässt sich nicht zurückdrehen. Denn die Menschen brauchen eher noch mehr Waren und Güter, und sie möchten bestimmen, woher die kommen."

Wenn Crook mal nicht die größte Freight Forwarding Company der Welt führt, bewegt er sich selbst fort, am liebsten im Wasser: als Surfer, Segler oder Schwimmer. Und wenn dann noch freie Zeit bleibt, hört er Rockmusik. Zu seinen Lieblingsgruppen gehören Pink Floyd, Phoenix, die Rolling Stones und Coldplay, Bands, die er viele Male live auf der Bühne gesehen hat – natürlich nicht nur in Großbritannien, sondern auf drei verschiedenen Kontinenten.

Roger Crook (* 1957) ist seit 2011 Vorstand von DHL Global Forwarding, Freight

AMADOU DIALLO

Amadou Diallo hat einen weiten Weg zurückgelegt und wirkt doch kein bisschen angestrengt. Geboren wurde er in Senegals Hauptstadt Dakar als ältestes von zehn Kindern, heute ist er CEO der DHL-Sparte Freight und damit zuständig für alle internationalen Straßen- und Schienentransporte im Unternehmen. Zwischen seiner Kindheit in Afrika und der Chefetage in Bonn liegen nicht nur Tausende von Kilometern, sondern auch etliche höhere Bildungsabschlüsse, verschiedene Ortswechsel und viele Beförderungen.
Seine Eltern stammten noch aus einem kleinen senegalesischen Dorf ohne fließend Wasser und Strom, ihr Sohn ist mittlerweile ein mehrfach ausgezeichneter internationaler Manager. Er hat auf vier Kontinenten gelebt und spricht sechs Sprachen, kann dazu einen Abschluss in International Business und diverse akademische Zusatzqualifikationen vorweisen. Geschafft hat er diese unglaubliche Karriere mit dem festen Glauben an die Macht von Bildung, großer Flexibilität, enormem Fleiß und einer guten Portion Optimismus.
Entsprechend gehören zu seinen Vorbildern neben seiner Großmutter, „die so schöne Geschichten erzählen konnte", auch Buddha, Bill Gates und Che Guevara. Dessen Devise „ein wahrer Revolutionär gibt nie auf" hat er früh zu seinem Lebensmotto erklärt. In einer ärmeren Region aufzuwachsen habe ihn gelehrt, sagt Diallo, auch in schwierigen Situationen nicht zu kapitulieren, sondern immer nach einem Ausweg zu suchen. Diese Fähigkeit kommt ihm bis heute zupass.

Nach Deutschland verschlug es Amadou Diallo 1990, damals arbeitete er für die Deutsche Bank. Später heuerte er beim Schweizer Unternehmen Danzas an und wechselte mit ihm 1999 zur Deutschen Post. Seither hat Diallo diverse Posten bekleidet, in Afrika, Asien und jetzt in der Bonner Zentrale, wo er 4,7 Milliarden Euro Umsatz verantwortet und 15 000 Mitarbeiter in 51 Ländern führt. Trotz seines kometenhaften beruflichen Aufstiegs hat er seine afrikanischen Wurzeln nie vergessen und sich stets auch sozial engagiert: in Stiftungen für junge senegalesische Mädchen zum Beispiel oder bei AMREF Flying Doctors. Als seinen wichtigsten persönlichen Erfolg betrachtet er deshalb, die Bodenhaftung nicht verloren zu haben und jemand zu sein, „der auch zum Wohle anderer beiträgt".

Amadou Diallo (*1964) ist seit 1999 bei DPDHL, er ist CEO der DHL-Sparte Freight

STEFAN ALFTER

Stefan Alfter ist „unser Mann bei den UN": Er vertritt das Unternehmen beim Weltpostverein, international Universal Postal Union genannt. Die UPU regelt unter anderem die Endvergütungen, also, wie viel die Postgesellschaften einander für das grenzüberschreitende Befördern von Briefen und Paketen zu zahlen haben. Insofern ist diese UN-Sonderorganisation für Deutsche Post DHL mit ihrer globalen Reichweite äußerst bedeutsam. „Wir brauchen internationale Standards", sagt Alfter, „sonst müssten wir unzählige bilaterale Verträge schließen."
Allerdings hat die Aufgabe auch ihre Tücken, denn Alfter repräsentiert dort ein privates Unternehmen, die UN sind aber eine Organisation, in der eigentlich nur Staaten Sitz und Stimme haben. Früher kümmerte sich das Postministerium um die internationalen Verhandlungen bei der UPU, doch das hat sich mit der Privatisierung geändert. Heute sind Alfter und sein Team daher Teil einer größeren deutschen Delegation unter Federführung des Bundeswirtschaftsministeriums. Nach mehr als acht Jahren bewegt sich der studierte Betriebswirtschaftler mittlerweile äußerst routiniert auf dem internationalen Parkett – und ausgesprochen gern. „Je länger man dabei ist, desto mehr kann man erreichen", sagt Alfter, der 2001 ins Unternehmen kam. Vieles geht dann auch international auf dem kleinen Dienst- oder besser: „Post-Weg".

Plakat zum Weltposttag, o. J.

Am 9. Oktober 1874 wurde in Bern der Weltpostverein gegründet. Zur Feier dieses Anlasses wird an diesem Tag seit 1969 der Weltposttag begangen.

Stefan Alfter (*1972) ist seit 2001 bei DPDHL, er ist Senior Director Aviation Security & UPU Affairs

JOHN GILBERT

John Gilbert langweilt sich nicht gerne. Deshalb hat er immer sofort eine neue Herausforderung gesucht, sobald Eintönigkeit in seinem Leben drohte. In der Regel wurde er schnell fündig, manches ergab sich auch von allein oder kam auf ihn zu. Wie der Posten im Vorstand bei der Deutschen Post DHL, wo er seit März 2014 zuständig ist für die Sparte Supply Chain. Seinen Vorgänger, Bruce Edwards, kennt er seit seinem ersten Tag bei Exel, dem britischen Logistikunternehmen, das 2005 zu DPDHL kam. Edwards war es sogar, der ihn vor mehr als zwanzig Jahren eingestellt hatte. Seitdem blieben sie sich kollegial verbunden, stiegen miteinander auf. Dass Gilbert seinem Mentor eines Tages im Vorstand nachfolgen würde, hatte er so nicht planen können, aber angesichts der langen und produktiven Arbeitsbeziehung war der Schritt dann irgendwie auch logisch.

Überlegen musste Gilbert jedenfalls nicht lange, als er gefragt wurde. „Es ist mir eine große Ehre, dem Konzern auf diese Weise zu dienen", sagt der Amerikaner bescheiden. Überhaupt ist John Gilbert nach eigener Aussage eher ein bodenständiger und handfester Typ. Er geht selbst ans Telefon, schreibt seine E-Mails, braucht keine Nobelrestaurants und war sich nie zu schade für einfache Jobs – ob auf dem Bau oder in der Bowlingbahn, wie zu College-Zeiten. „Ich empfinde große Wertschätzung für harte Arbeit", sagt er.

Vielleicht liegt ihm die Logistikbranche deshalb so besonders, und zwar schon seit dem Studium: Ein Sommerkurs an der Universität reichte aus, um seine Begeisterung zu entfachen. Seither findet er die Branche „wahnsinnig faszinierend", weil „wir es mit einer Vielzahl Weltklasse-Unternehmen zu tun haben". Und weil sich die Dinge immerzu ändern, alles ständig in Bewegung ist. Das liegt dem sportbegeisterten Amerikaner, der von sich selbst sagt, er sei gerne aktiv und könne selbst im Urlaub kaum stillsitzen.

Raum für Tatkraft bietet seine neue Stelle mehr als genug. Da wäre zunächst der Umsatz, den er in den nächsten Jahren kontinuierlich nach oben schrauben will. Schon für das Ziel 2014 – 460 Millionen Euro EBIT – muss sich die Division mächtig ins Zeug legen. Und danach geht es gerade so weiter. Aber die Sparte bietet auch jede Menge Wachstumspotenzial, denn durch die Globalisierung bauen immer mehr Firmen komplexe Lieferketten auf, fertigen Teile eines Produkts in Asien, weitere in den Amerikas, um am Ende in Europa alles zusammenzusetzen. Genau bei solchen komplizierten logistischen Prozessen, bei denen ein Rädchen passgenau ins nächste greifen muss, kommt DHL Supply Chain ins Spiel. „Wir helfen Unternehmen, profitabler zu wirtschaften, indem wir ihnen bestimmte Teile ihrer Arbeit abnehmen, damit sie sich auf ihr Kerngeschäft konzentrieren können."

Um die ehrgeizigen Wachstumsziele zu erreichen, hat Gilbert eine Reorganisation seiner Sparte angestoßen. Die Abläufe sollen international angeglichen werden. Während ein und derselbe Kunde früher in Frankreich zum Beispiel einen anderen Service bekam als in Brasilien, soll er künftig möglichst überall gleiche Bedingungen vorfinden. Das ist effizienter für den Anbieter und transparenter für die Kunden.

Es gibt also viel zu tun in den nächsten Jahren für den Aktivposten John Gilbert. Und neben der beruflichen Seite bringt sein Aufstieg auch privat neue Herausforderungen mit sich: Zusammen mit seiner Familie siedelt er von Columbus, Ohio, nach Bonn um und hat sich fest vorgenommen, nicht nur auf dem Rhein zu rudern und in den Alpen Fahrrad zu fahren, sondern auch Deutsch zu lernen. „Das unmittelbare Risiko der Langeweile ist also gering", sagt er, und man merkt ihm die Erleichterung darüber regelrecht an.

John Gilbert (*1963) ist seit 2014 Vorstand von Supply Chain und CEO von Williams Lea

Designer-Schuhe von Vivienne Westwood, 2011

DHL gehört zu den führenden Logistikdienstleistern in der Modebranche. Der Service reicht von der Materialbeschaffung über das Mustergeschäft bis hin zum Direktversand in Ladengeschäfte und Modeboutiquen, aber auch Mehrwertleistungen übernimmt das Unternehmen. 2011 war DHL offizieller Partner der internationalen Schuhausstellung von Vivienne Westwood, die in Moskau, Beirut, Beijing, Hongkong und Tokio zu sehen war.

DHL-Mitarbeiterin bei der Qualitätskontrolle, 2013

Seit 2008 arbeitet DHL Supply Chain erfolgreich mit der TOM TAILOR GROUP zusammen. Im Hinblick auf eine langfristige Zusammenarbeit mit TOM TAILOR errichtete DHL 2013 ein Logistik-Center in Hamburg. Das Lager entspricht den neuesten technologischen Standards und mit fast 40 000 Quadratmetern vorrangig dem Großhandelswachstum. Logistisch bearbeitet werden von DHL Supply Chain über 40 Millionen Teile im Jahr für die TOM TAILOR GROUP, bis 2020 sollen es über 100 Millionen werden.

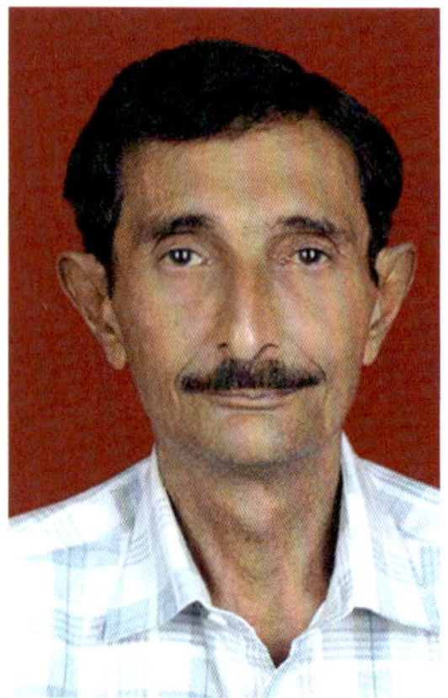

VIRAF BILLIMORIA

Er hat eine kleine Familie – dazu gehören seine Eltern, seine Frau und seine beiden Töchter. Und er hat eine große Familie: DHL. So jedenfalls beschreibt Viraf Billimoria das innige Verhältnis zu seinem Arbeitgeber. Der Familienvater arbeitet in einem DHL-Servicezentrum in Mumbai – und das schon viele Jahre. 1990 hat er dort als Kurier angefangen, seither intern mehrfach die Stelle gewechselt, aber eines ist geblieben: die Hingabe an seine Firma. Er mag diese Mischung aus Gesprächen mit Kunden, Fahrten mit dem DHL-Lieferwagen und dem Zupacken beim Ein- und Ausladen der Ware. Dazu die schönen Büros, die vielen netten Kollegen, seine verständnisvollen Manager und die vergleichsweise guten Arbeitsbedingungen. An die unterschiedlichen Schichten hat er sich längst gewöhnt, auch an den dichten Verkehr in Mumbai. „Wir haben immer einen Fahrer dabei, der so lange um den Block fährt, bis wir vom Kunden zurück sind, weil Parken praktisch unmöglich ist." Im Schnitt beliefert er täglich zwischen 25 und 35 Kunden im Süden Mumbais, darunter viele Banken, Textilunternehmen oder Pharmafirmen. Alles sei „lovely", sagt er. Danach gefragt, ob ihm denn wirklich gar nichts Negatives über seine Arbeit einfalle, meint er: „Doch. Es sind nur noch ein paar Jahre bis zur Rente, dann beschäftigt DHL mich nicht weiter." Am liebsten würde er nämlich arbeiten bis zum Lebensende.

Viraf S. Billimoria (*1961) ist seit 1990 Operations Agent bei DHL Express in Indien

Straßenverkehr in der indischen Hafenstadt Mumbai

Schon im Jahr 2011 testete DHL in Indien den SmartTruck, der durch seinen effizienten Betrieb Energieressourcen schont – in indischen Großstädten von großer Bedeutung. In Mumbai, mit 12,5 Millionen Einwohnern und 18,4 Millionen in der „Mumbai Metropolitan Region" eine der größten Metropolregionen der Welt, sind nicht nur der Verkehr und die hohe Luftverschmutzung eine Herausforderung für die DHL-Zusteller. Auch der Monsun, der regelmäßig Überschwemmungen verursacht, führt in der viermonatigen Regenzeit zu Problemen.

MIRELE GRIESIUS MAUTSCHKE

Am meisten mag Mirele Griesius Mautschke an ihrem Beruf, dass jeder Tag anders ist. Langeweile kommt bei ihr nicht auf, denn sie ist für das operative Geschäft von DHL Express in Brasilien zuständig. „Wir gehen von einer Herausforderung zur nächsten", beschreibt sie ihren Arbeitsalltag, „und genau das liebe ich." Deshalb würde sie ihren Job auch um nichts in der Welt tauschen wollen.

Wer sich das Land, für das sie von São Paolo aus die Geschäfte lenkt, bildlich vor Augen führt, ahnt sofort, welche Hürden und Hindernisse dort permanent zu überwinden sind: Brasilien ist nicht nur das fünftgrößte Land der Welt, sondern es beherbergt mit dem Amazonas-Fluss auch den wasserreichsten Strom der Erde und mit dem gleichnamigen Tropenwald eines der größten Urwaldgebiete der Welt. Topografische Superlative allenthalben. Genau die muss Express täglich meistern auf dem Weg zum Kunden – und das möglichst schnell. Manche Ziele sind weit abgelegen und nur per Boot zu erreichen; viele Städte wiederum stehen kurz vor dem Verkehrsinfarkt. „Unser Business ist verrückt, es ist tough", sagt die Brasilianerin, „aber genau das fasziniert mich."

Eigentlich ist Mirele Griesius Mautschke Chemie-Ingenieurin. Doch schon ein Praktikum während des Studiums bei einer Keramikfirma im Sanitär-Bereich reichte ihr für den Entschluss, lieber im Dienstleistungssektor zu arbeiten. „Als Frau ist man dort besser aufgehoben, in der Industrie bevorzugen sie Männer", urteilt sie nüchtern. So kam sie zur Logistik, zunächst für ein Consulting-Unternehmen, dann 1998 zu DHL Express. Heute ist sie zuständig für 600 Mitarbeiter und steht in der Hierarchie an zweiter Stelle nach dem Länder-Manager. „Ich bin ein bisschen ein Workaholic", gesteht die Mutter von dreijährigen Zwillingen, die trotz ihrer Kinder immer hart gearbeitet hat. Effizient ist sie übrigens nicht nur im Job, sondern auch im Privatleben: Schließlich habe sie für zwei Kinder, sagt die Brasilianerin augenzwinkernd, nur eine Schwangerschaft und eine Elternzeit gebraucht – ausgesprochen arbeitgeberfreundlich.

Mirele Griesius Mautschke (*1974) ist seit 1998 bei DPDHL, sie ist Senior Director Operations Brazil

ESSETE GEBRIEL

Essete Gebriels Tage sind angefüllt mit Terminen, Treffen und Gesprächen. Trotzdem macht die DHL-Ländermanagerin für Äthiopien keinen verzagten Eindruck. Im Gegenteil, ihre Lebensfreude ist mitreißend, ihre Leidenschaft ansteckend. Das Etikett Powerfrau muss für sie erfunden worden sein. Auf jeden Fall sind ihr seit Übernahme des Chefpostens in Äthiopien 2012 schon einige wichtige Deals gelungen. So hat sie zum Beispiel einen neuen Vertriebspartner gewonnen – mit dem sich das DHL-Netz schlagartig um 500 Filialen vergrößern kann. Oder daran gearbeitet, die Marke DHL noch bekannter zu machen, manchmal auch mit ungewöhnlichen Mitteln, wie einer Frühstücksaktion mitten im Großstadtverkehr von Addis Abeba.

Angefangen bei DHL hat die erst 37-jährige Managerin 1998 als Kundenberaterin und sich dann über Jahre mit großer Zielstrebigkeit nach oben gearbeitet – spätes Studium inklusive. Zwischendurch suchte die dynamische Afrikanerin ihr berufliches Glück auch mal anderswo, als Geschäftsfrau mit eigenem Betrieb oder als Managerin bei anderen Unternehmen – der Logistikbranche allerdings blieb sie immer treu. Bei diesen „Ausflügen" in benachbarte Gefilde hat sie Erfahrungen gesammelt und Einblicke gewonnen, die ihr nun zugute kommen und wahrscheinlich einen Teil ihres heutigen Erfolges ausmachen. Dass Essete Gebriel auch noch einen Mann und zwei Jungs im Grundschulalter hat, mit denen sie abends Fußball spielt, überrascht da kaum noch.

Essete Gebriel (*1977) ist seit 2012 Ländermanagerin von DHL in Äthiopien

ELLEN SEKHOETSANE

Vor knapp zwanzig Jahren war Ellen Sekhoetsane eine junge Mutter ohne Schulabschluss, mit äußerst begrenzten Berufsaussichten. Deshalb begann sie als Putzfrau bei DHL Express in Johannesburg. Doch sie hatte Ambitionen, wollte mehr erreichen im Leben. Also beobachtete sie ihr Arbeitsumfeld ganz genau, achtete auf die kleinsten Details. „Bei jeder möglichen Gelegenheit habe ich mir angeschaut, wie die Rezeptionistin arbeitete", erinnert sie sich. Und eines Tages, als sie genügend Eindrücke gesammelt hatte, fragte sie keck, ob sie nicht in die Rezeption wechseln könnte. Sie durfte – und bewies weiterhin Tatkraft und Lernwillen, sodass sie 2007 schließlich zur Betriebsassistentin aufstieg. In dieser Position schlug Ellen Sekhoetsane dem Management vor, in Soweto einen DHL-Vollservice zu etablieren. Die Idee fand Anklang, und seit Mitte 2013 leitet sie dort mit einem Kollegen den ersten DHL Express Service Point. Doch Sekhoetsane wäre nicht sie selbst, wenn sie damit zufrieden wäre. Als Chefin will sie weiter expandieren und mehr neue Arbeitsplätze schaffen, um etwas von dem weiterzugeben, was sie selbst auch erlebt hat: „Die Chance, die eigenen Fähigkeiten zu entwickeln."

Ellen Sekhoetsane (*1971) leitet seit 2013 den DHL Express Service Point in Soweto

QIAN SHEN

Die Chinesin Qian Shen hat eine Aufgabe, die nicht jedem liegen würde: Sie arbeitet als Kundenbetreuerin, auf Englisch „Customer Service Agent", bei DHL in Peking. Acht Stunden am Tag sitzt sie am Telefon, beantwortet Fragen und löst Probleme, immer in dem Bemühen, den bestmöglichen Service zu bieten. Das umfasst natürlich auch, mal mehr, mal weniger aufgebrachte Kunden zu beschwichtigen, wenn sich eine Sendung verspätet hat oder irgendwo auf der Strecke geblieben ist. Zuhören gehört deshalb zu ihren Haupttugenden, aber wenn sie das Anliegen ihres Gesprächspartners erst einmal verstanden hat, muss Qian Shen rasch handeln. Dann heißt es, den Weg der Ware nachzuvollziehen, Transportzeiten zu kontrollieren oder mit den Auslieferern zu sprechen. Sollte sich eine Sendung tatsächlich einmal als verloren herausstellen, „muss ich die Kunden sofort benachrichtigen, weil sie meinen Anruf erwarten". Und dann erklärt Qian Shen die aktuelle Situation, entschuldigt das Malheur und versucht das Problem so gut und so schnell wie möglich zu lösen. „Obwohl das manchmal schwierig ist, lohnt sich die Mühe, wenn der Kunde am Ende zufrieden ist."
Etwa 35 neue Anfragen erledigt sie am Tag, immer freundlich, immer höflich. Ob sie nie die Beherrschung verliere? „Ich bin ein sehr sanftmütiger Mensch", sagt Qian Shen von sich selbst, „very sweet-tempered." Seit vier Jahren schon kümmert sich die 26-Jährige am Telefon um die Belange der Kunden. Nach einem Studium der Betriebswirtschaftslehre mit dem Schwerpunkt Logistik hat sie sich nirgends außer bei DHL beworben, weil „DHL die perfekte Firma für mich ist". Eines Tages, so ihr nächster Berufswunsch, möchte sie dort Trainerin werden und anderen beibringen, wie man Kunden weiterhilft – oder sie höflich besänftigt.

Qian Shen (*1988) arbeitet seit 2010 bei DHL China, sie ist Customer Service Agent

KENTO IMAZATO

Er hat bereits als Kind von einem Job mit Flugzeugen geträumt, weil er diese technischen Wunderwerke immer faszinierend fand. Ganz verwirklicht hat Kento Imazato seinen Traum noch nicht, aber in der Logistik-Branche ist er immerhin schon angelangt: Der 25 Jahre alte Japaner arbeitet als Kurier in Tokio. Dort gehört er dem größten Servicezentrum Japans an, dem zweitgrößten in ganz Asien. Morgens liefert er Pakete und Dokumente an japanische Kunden in der Chiyoda-Gegend von Tokio aus, nachmittags holt er Ware ab, die nach Übersee gehen soll. So in etwa sieht sein typischer Arbeitstag aus. Bei DHL hat sich Kento Imazato nach seinem Bachelor in Internationaler Kommunikationswissenschaft und Englisch ganz bewusst beworben, denn die Firma ist nicht nur Branchenprimus in Japan, sondern genießt auch als Arbeitgeber „einen exzellenten Ruf". Von Rating-Agenturen werde sie regelmäßig top eingestuft, erzählt der junge Kurier, der seinen Job als ein Sprungbrett sieht. Er möchte weiterlernen, sich intern fortbilden und möglichst rasch aufsteigen. Am liebsten würde er eines nicht allzu fernen Tages im sogenannten „Qualitätskontroll-Zentrum" Tokios arbeiten. Seine Tätigkeit wäre dann verantwortungsvoller, mit mehr Management-Elementen. Dort könnte er zum Beispiel die Lieferqualität und -geschwindigkeit von DHL weiter verbessern helfen. Außerdem würde er Cargo-Kapazitäten bei Fluglinien buchen – und wäre seinen geschätzten Flugzeugen damit noch ein ganzes Stück näher.

Kento Imazato (*1989) arbeitet seit 2013 als Kurier bei DHL Japan

Förderband im Briefzentrum in Offenbach am Main, 2014

In den neuen Briefverteilzentren, die in den 1990er-Jahren in Deutschland entstanden, wurden dank neuer Technik bereits weit mehr Sendungen bearbeitet, als das zuvor möglich war. Ab 2008 wurden die Anlagen erneut modernisiert, neue Maschinen wie die Integrierten (Anschriften-)Lese und Videocodiermaschinen (ILVM) läuteten ein neues Zeitalter in der Briefsortierung ein, in Sekundenschnelle gelangen Briefe in das Sortierfach.

Deutsche Post
627

CHRONOLOGIE – INNOVATIONEN BEI DEUTSCHE POST DHL

3/2007 Das DHL Innovation Center in Troisdorf bei Bonn wird eröffnet. Aus logistischen Zukunftstrends heraus werden neue marktfähige Produkte entwickelt

2008 Durch 222 500 Verbesserungsvorschläge der Beschäftigten spart das Unternehmen 274 Millionen Euro ein

11 250 „grüne Ideen" werden von Mitarbeitern im Bereich Brief eingereicht

6/2008 In Leipzig wird die erste neue „Integrierte Lese- und Videocodiermaschine" (ILVM) aufgestellt, deutschlandweit werden es bis 2012 insgesamt 288 sein

9/2008 B2C Paket Europa wird gegründet und entwickelt innovative Retourenlösungen

10/2008 Mit einer Sojus-Rakete wird erstmalig ein Paket ins All und dort zur internationalen Raumstation ISS befördert – ein eigens von DHL und dem Deutschen Zentrum für Luft- und Raumfahrt (DLR) entwickeltes Experiment, mit dem das Beschleunigungsverhalten von Paketen im Weltraum erforscht werden soll

11/2008 DPDHL präsentiert die Gewinner des ersten DHL Innovation Awards. Ausgezeichnet werden Kunden, Mitarbeiter und Forscher für Kreativität und unternehmerisches Denken

2009 Das „First Choice"-Projekt „Postfinder" wird erfolgreich abgeschlossen

DHL, Erfinder der internationalen Express-Industrie, feiert 40-jähriges Jubiläum. Die Zeit für die Auslieferung wichtiger Dokumente wurde reduziert von einigen Tagen auf weniger als 24 Stunden

3/2009 Pilotprojekt SmartTruck in Berlin: Der SmartTruck nutzt RFID und eine neuartige Tourenplanungssoftware, die Express-Fahrzeuge unter anderem an innerstädtischen Staus vorbeinavigiert

5/2009 Wechselbrücken (Container) von DHL Freight werden mit neuen, im Konzern entwickelten GPS-Sendern ausgestattet, dadurch lassen sie sich leicht lokalisieren. Die Daten werden im Innovation Center gesammelt und Freight zur Verfügung gestellt

6/2009 **Die Deutsche Post DHL verfügt über rund 1 400 Patente weltweit. Urkunden aus den Vereinigten Staaten, aus Rumänien, Australien, Südafrika und Hongkong sichern dem Konzern weltweit die Schutzrechte auf eigene Erfindungen. Jährlich meldet Deutsche Post DHL über 200 Patente an. Für die Technik der Packstation hält der Konzern 22 Patente**

6/2009 Deutsche Post DHL veröffentlicht die Studie „Delivering Tomorrow – Kundenerwartungen im Jahr 2020 und darüber hinaus"

12/2009 Die Deutsche Post meldet ein Patent an für ein Logistikfahrzeug mit RFID-Erfassungssystem

2010 In deutschen Briefniederlassungen finden mehr als 1 000 Prozessverbesserungs-Workshops statt

7/2010 Wenige Stunden nach dem offiziellen Start hat der E-Postbrief 13 000 Anmeldungen

12/2010 Beim DHL Innovation Day werden zukunftsfähige Ideen von Kunden, Wissenschaftlern und Mitarbeitern ausgezeichnet

2011 Die Idee, Briefmarkensets zu verkleinern, spart 421 000 Euro im Jahr – und viel Papier

1/2011 Patentanmeldung für ein System und Verfahren zur Lagerung und Überwachung von Gütern mittels RFID-Technologie

3/2011 **Das kosten- und werbefreie Online-Portal Clixmix wird als Preisträger des Wettbewerbs „365 Orte im Land der Ideen" der Bundesregierung ausgezeichnet, es wird „Ausgewählter Ort 2011". Kinder lernen bei Clixmix den sicheren und spielerischen Einstieg ins Internet. Das Portal wurde 2010 von der Deutschen Post und der Stiftung Lesen gegründet**

8/2011 Der SmartTruck wird auch außerhalb Deutschlands, in der südindischen Großstadt Bangalore, getestet

2012 Neue Ideen im Briefbereich sind Thema eines Führungskräftetreffens in Rostock

2/2012 Mit der Zukunfts-Studie „Delivering Tomorrow: Logistik 2050" wirft Deutsche Post DHL in fünf Zukunftsbildern einen umfassenden Blick auf die Zukunft von Handel, Wirtschaft und Gesellschaft

3/2012 Mit 21 Patentanmeldungen wird Frank Josefiak als innovativster Mitarbeiter mit dem Innovation Award ausgezeichnet

7/2012 DHL startet das Online-Portal MyDHL

12/2012 DocWallet heißt die neue Lösung der Deutschen Post für hohe Datensicherheit beim Einsatz mobiler Endgeräte. Es handelt sich um eine persönliche elektronische Dokumentenmappe für iPad und Windows-PC. Die Vertraulichkeit der Dokumente ist durch eine Ende-zu-Ende-Verschlüsselung (AES/RSA) über eigene, dedizierte Server in Deutschland sichergestellt

2/2013 Eine Tagung im Innovation Center widmet sich dem Thema 3D-Druck und den Konsequenzen für die Logistikbranche

3/2013 Auf der CeBIT werden neue Produkte und Lösungen zur E-Post vorgestellt

5/2013 **Bonn wird Musterstadt für CO_2-freie Zustellfahrzeuge**

6/2013 Am internationalen Umwelttag nehmen Zusteller in Heidelberg die ersten neuen E-Trikes, Dreiräder mit Elektro-Support, in Empfang

11/2013 Die Post knüpft an ihre Tradition im Personenbeförderungsgeschäft an, sie bringt den ADAC Postbus auf die Straße

2/2014 Die Deutsche Post hat eine mobile Payment-App zum Bezahlen mit dem Smartphone entwickelt und bietet sie im Raum Köln/Bonn an

5/2014 In San Diego findet die DHL Global Technology Conference zu Supply Chain Technology mit dem Fokus auf „Growth, Efficiency & Innovation" statt

5/2014 Nach New York führt DHL nun auch in Los Angeles einen Helikopter-Service ein, um eilige Lieferungen trotz innerstädtischen Verkehrsstaus zuzustellen

5/2014 **„Der Paketkasten ist die größte Erfindung seit dem Briefkasten. Damit können unsere Kunden genauso einfach und selbstverständlich Pakete zu Hause empfangen wie ihre tägliche Post", kommentiert Jürgen Gerdes die Einführung des DHL-Paketkastens, der für Kunden in Deutschland zum Kauf oder zur Miete zur Verfügung steht**

9/2014 Der DHL-Paketkopter geht nach der Genehmigung für autonome Transportflüge zu Forschungszwecken „in Dienst" und transportiert Arzneimittel auf die Insel Juist

DHL
md4-1000
DHL

VON NICHTS KOMMT NICHTS

Innovative Produkte und Dienstleistungen von Deutsche Post DHL

„Entschleunigt" – ein Wort als Versprechen. Die Nordseeinsel Juist wirbt damit um Feriengäste, die im Wattenmeer Entspannung und Erholung suchen. Schon im Jahr 1900 kamen mehr als 4 500 Besucher auf die Insel, darunter viele Kurgäste, um deren Wohl sich schon damals auch eine Apotheke sorgte. Bis heute gibt es nur diese eine, die Seehund-Apotheke. „Das reicht, weil alles Notwendige vorhanden ist oder sofort am nächsten Tag kommt", verspricht ein Werbeflyer. Wie Obst und Gemüse gelangen normalerweise auch Arzneimittel mit der Fähre auf die autofreie Insel, vom Hafen aus beliefert ein Pferdefuhrwerk die Geschäfte. Ein gemächliches Tempo, aber die Notfallversorgung mit Medikamenten geht jetzt schneller, denn seit Ende September 2014 ist der gelbe DHL-Paketkopter „im Dienst".

Der Paketkopter der Deutschen Post, 2014

Seit September 2014 transportiert der DHL-Paketkopter Arzneimittel vom Festland auf die Insel Juist und legt dafür eine Wegstrecke von 12 Kilometern zurück. Aus Sicherheitsgründen wird der Flugapparat während seines Flugs von einer mobilen Bodenstation in Norddeich überwacht. Die Starts vom Festland finden dort auf dem Hafengelände statt.

Die Medien überschlugen sich und berichteten weltweit, denn nicht Amazon oder Google hatten mit ihren Projekten „Prime Air" oder „Project Wing" das Wettrennen um die viel diskutierte Zustellung per Drohne gewonnen – es war der deutsche Konkurrent, dem es als Erstem gelang, einen Linienbetrieb mit einem Paketkopter zu starten. Nachrichtenagenturen, aber auch Zeitungen wie die *Washington Times* und der britische *Guardian* berichteten, dass Deutsche Post DHL die großen Technologie-Konzerne „geschlagen" habe – ganz so, als sei David Goliath zuvorgekommen.

Ganz unerwartet kam dieses Projekt der „kleinen" Deutschen Post nicht, die ihre mächtigen Konkurrenten damit unter Zugzwang setzte. Bereits im Dezember 2013 hatte der Jungfernflug stattgefunden, danach wurde der DHL-Paketkopter speziell für die Belieferung der Insel-Apotheke weiterentwickelt. Das Forschungsteam, dem neben DPDHL das Institut für Flugsystemdynamik der RWTH Aachen und die Microdrones GmbH angehören, optimierte Flugdauer, Flugreichweite und Geschwindigkeit, um die speziellen Herausforderungen durch Wind und Seewetter an der Nordseeküste zu meistern. „Unser DHL-Paketkopter 2.0 ist schon jetzt eines der sichersten und zuverlässigsten Flugsysteme seiner Klasse", kommentierte Postvorstand Jürgen Gerdes das Projekt, bei dem erstmals ein unbemanntes Luftfahrzeug außerhalb der Sichtweite eines Piloten eine Transportaufgabe erledigt. Der Premiere war ein langwieriger Abstimmungs- und Genehmigungsprozess vorausgegangen, den das niedersächsische Ministerium für Wirtschaft, Arbeit und Verkehr geleitet hatte: Das Bundesministerium für Ver-

Paketkopter der Deutschen Post, 2013

Am 9. Dezember 2013 landete ein Paketkopter der Deutschen Post unweit des Towers in Bonn. Der DHL-Paketkopter lieferte in einem fünftägigen Probelauf in Bonn Päckchen aus, brachte sie von einer Apotheke auf der anderen Rheinseite zur Unternehmenszentrale. Noch gibt es wie in den USA auch in Deutschland keine Zulassung für die zivile Nutzung von Drohnen im Luftraum.

Flyer zur eFiliale, um 2001

Um die Jahrtausendwende starteten verschiedene Internet-Angebote der Post, darunter 2001 die eFiliale, die bis heute Postprodukte feilbietet.

JÜRGEN GERDES

Jürgen Gerdes ist 50 und seit 30 Jahren bei der Post. Ursprünglich hatte er andere Pläne.

Er träumte vom Profifußball, von Autos und der großen, weiten Welt. Aber der Familienrat war der Meinung, Post passt – ein sicherer Arbeitsplatz für den freiheitsliebenden Nachwuchs. In Dieburg, auf der Postfachschule, nahm so 1984 eine Karriere ihren Anfang, die bis hinauf in die Chefetage führte. Als Vorstand Post – eCommerce – Parcel hat er heute den Sprung ins globale Geschäft und das Ziel vor Augen, „bester Paketdienstleister der Welt zu werden".

Neues macht ihm keine Angst. Zwar spürt auch ein robuster Westfale die Verantwortung für fast 200 000 Beschäftigte und ihren Arbeitsplatz als Druck, der einem den Schlaf rauben kann.

Er bleibt aber gern rund um die Uhr am Ball, wenn es gilt, der Stagnation des Briefgeschäfts durch innovative Konzepte und Produkte Paroli zu bieten.

Herausforderungen schrecken den studierten Betriebswirt nicht, er ist daran gewöhnt: Gerdes war erst 32, als Klaus Zumwinkel ihn zum Präsidenten der Postdirektion Hannover mit 20 000 Beschäftigten ernannte; zuvor hatte er in Bonn die Marketing-Organisation der jungen Post AG aufgebaut.

Als er im Mai 2007 den Vorstandsposten Brief übernahm, war die Lage schwierig: „Brief war rückläufig, Paket funktionierte nicht", erinnert sich der Manager an diesen entscheidenden Punkt seiner Karriere. Die Presse prophezeite dem kommenden „Herrn der gelben Kästen" damals, kurz vor dem Wegfall des Briefmonopols, „heftigen Gegenwind".

Bei Sturm, wie überhaupt im Leben, vertraut Jürgen Gerdes auf die Lebensweisheit seiner Großmutter: einen klaren Kopf behalten, beherzt bei der Sache sein und sich auf keinen Fall vom Weg abbringen lassen. Nach dem ersten Gegenwind brachte die E-Commerce-Welle – tatkräftig gefördert durch neue Services der Post – den Boom des Paketgeschäfts. Dank eines hochmodernen und weit verzweigten Netzes mauserte sich das einst ungeliebte, weil nicht profitable Stiefkind Paket unter der Ägide Gerdes' zum Quotenbringer.

„Wenn es gilt, einen Brief oder ein Paket von A nach B zu bringen, dann wollen wir das machen." Jürgen Gerdes identifiziert sich zu 100 Prozent mit den Interessen des Konzerns. Wettbewerb findet er spannend, das gilt auch für elektronische Post und neuerdings den Personenverkehr, mit dem der Konzern an seine jahrhundertealte Tradition anknüpft. Und wenn andere sagen: „Das klappt nie, das geht nicht", bleibt er umso hartnäckiger dran und verfolgt sein Ziel.

Dabei sieht er sich als Teamplayer und ist stolz auf die Leute, mit denen er zusammenarbeitet, auf allen Ebenen. Ob Brief, E-Post, E-Commerce oder Paket, Jürgen Gerdes hat „seine Truppe", die mit ihm an einem Strang zieht, Kollegen, die er schätzt und denen er vertraut. Zusammen bringen sie Innovationen voran und setzen Ideen durch wie die Packstation oder den StreetScooter, ein Zustellauto mit Elektro-Antrieb. Leute motivieren, sie dazu bringen, alles zu geben wie er selbst, das macht ihm Freude. Viele Wochen im Jahr tourt der Familienvater durch Deutschland und trifft jährlich Abertausende Mitarbeiter, die ihn während dieser Roadshows „individuell und ungefiltert" nach allem fragen können, was sie im Job bewegt. Er steht Rede und Antwort und ist voll mitreißender Begeisterung dabei. Als sei er da, wo er immer schon hinwollte.

Jürgen Gerdes (*1964) ist seit 1984 bei der Post, seit 2007 ist er Mitglied des Vorstands

kehr und digitale Infrastruktur richtete in Abstimmung mit der Deutschen Flugsicherung (DFS) für das Forschungsprojekt ein exklusives Fluggebiet ein. Neben der Inselgemeinde Juist und der Stadt Norden musste auch die Nationalparkverwaltung Niedersächsisches Wattenmeer den Einsatz des Kopters genehmigen. Weitere konkrete Pläne zur Zustellung von Paketen mit Drohnen gibt es derzeit bei DPDHL nicht, aber dem Image als innovativem Unternehmen verlieh der Kopter Auftrieb.

LOGISTIK UND INNOVATION

Der Konzern versteht sich nicht zuletzt mit diesem Projekt als Vordenker und herausragender Akteur in einer Branche, die selbstkritisch zugibt, nicht unbedingt die innovativste zu sein. „Die Logistik steht am Wendebereich zu mehr Innovationen. Nur so können die Unternehmen des Wirtschaftsbereichs künftigen Herausforderungen wie einem sich wandelnden Konsumentenverhalten, globalem Konkurrenzkampf, steigendem Kostendruck oder Anforderungen an die Energieeffizienz erfolgreich begegnen." Eine Mitgliederbefragung der Bundesvereinigung Logistik kam 2013 zu diesem Schluss, derzufolge sich das Geschäftsfeld derzeit im Umbruch befinde: von einem eher innovationsscheuen hin zu einem innovativen Wirtschaftsbereich. Innovationen, so die Befragten, seien ein Schlüsselfaktor, um künftige Herausforderungen in der Logistik zu bewältigen, ein Großteil der Unternehmen habe dies mittlerweile erkannt und betreibe

PETRA KIWITT

„Wir wollen wachsen, neue Services für unsere Kunden etablieren!" Petra Kiwitt, seit April 2014 im Bereich Produkt- und Geschäftsentwicklung E-Post, ist zuversichtlich, denn das ist ihre Expertise: Produkte auf den Markt bringen, nah am Kunden, den Blick auf spezifische Anforderungen gerichtet. Als sie 1997 in der Konzernentwicklung anfing, ging es genau darum: für den Bereich eBusiness auf Nutzer und Kunden zugehen, offen für Neues. Sie war mitten im Geschehen, als die internationalen E-Commerce-Welten bei der Post Einzug hielten. Der Vorstand hatte das Potenzial des Internets erkannt; junge Leute wie sie konnten Kontakte knüpfen und neue Geschäftsfelder entwickeln. Nach Gründung der eBusiness GmbH im Jahr 2000 wurde Petra Kiwitt, gerade 30, Geschäftsführerin von E-Post Portal, einem kostenlosen E-Mail-Dienst.

„Ich habe mich schnell mit dem Konzern identifiziert", kommentiert die Managerin diese Zeit im Rückblick. Als Teil eines innovativen Teams hatte sie keine Zweifel, beim richtigen Unternehmen zu sein. Dass E-Business-Geschäftsfelder nach dem Zusammenbruch des Neuen Marktes damals wieder eingestellt wurden, sieht sie professionell, wie es überhaupt ihrem Temperament entspricht, nach vorne zu blicken und nicht dem nachzutrauern, was gestoppt oder vom Kunden nicht angenommen wurde.

„Innovationsmanagement bedeutet nicht, eine Neuheit nach der anderen auf den Markt zu werfen!" Bis ein Produkt erfolgreich entwickelt ist, bis es „fliegt", hat man vieles andere ausprobiert. Scheitern gehört dazu. „Man muss erkennen, dass Dinge nicht immer funktionieren, manches muss man beenden, kann es vielleicht später wieder aufgreifen." Nur eine von vielen Ideen funktioniert, diese gilt es zu finden und nachhaltig im Markt zu etablieren. Dass das im Konzern möglich ist, dass man offen ist für neue Technologien und Geschäftsmodelle und dass man Veränderungen als Chance begreift und nicht nur als Gefahr fürs Geschäft, das entspricht Petra Kiwitts optimistischer Haltung. „Offen für Neues", das betrifft auch den Verlauf ihrer Karriere. Auf E-Commerce folgte der Bereich Dokumentenservice online, 2003 der Wechsel zu „Brief", wo sie den klassischen Postbereich im Produktmanagement kennenlernte. 2009 wechselte sie als Leiterin des neuen Zentralbereichs DHL Solutions & Innovation nach Troisdorf. „Es geht um neue Technologien und darum, sich Gedanken um die Welt von übermorgen zu machen. Aber es ist genauso innovativ, bestehende Ansätze zu verknüpfen und besser zu vermarkten", kommentierte sie damals den Bereich, dem sie dann viereinhalb Jahre lang vorstand und Lösungen für DHL auf den Weg brachte.

Und, eine weitere Priorität, sie ist Mutter zweier kleiner Kinder. Wie das geht, und ob sie als erfolgreiche Karrierefrau alles unter einen Hut bringt? „Ich arbeite schnell und effizient", antwortet sie prompt, verhehlt aber nicht, dass dieser Spagat oft anstrengend ist. Sie will nicht nur am Wochenende für ihre Kinder da sein, sondern es auch abends möglich machen: „Da hilft es, dass es neue Kommunikationswege gibt."

Petra Kiwitt (*1969) ist seit 1997 bei der Post, sie ist Geschäftsbereichsleiterin Produktentwicklung E-Post & Business Development

Teilansicht des Showrooms im DHL Innovation Center

Schon bald nach der Eröffnung im März 2007 wurde das Innovation Center mit dem iF communication design award in der Kategorie „Corporate Architecture" ausgezeichnet. Das in Hannover ansässige International Forum Design würdigte das gestalterische Zusammenwirken von Architektur, Exponat- und Mediendesign des Showrooms im DHL Innovation Center.

aktives Innovationsmanagement: Die meisten haben in den vergangenen Jahren neue Produkte, Prozesse oder Dienstleistungen implementiert.

Zu ihnen zählt Deutsche Post DHL. Der Konzern hat mit der Packstation, dem E-Postbrief und dem StreetScooter bereits vor dem Paketkopter zukunftsweisende Projekte entwickelt und realisiert. Außerdem hat er moderne Technologien wie das Global Positioning System, die Barcode-Erkennung oder die Radio Frequency Identification vorangebracht, die inzwischen längst fester Bestandteil des logistischen Alltags sind und zum Ruf des Unternehmens als innovativem Dienstleister und Arbeitgeber beitragen.

Was genau aber bedeutet „innovativ"? Mit der zündenden Idee, dem göttlichen Funken oder der unerwarteten Eingebung aus dem Nichts allein lässt sich ein Unternehmen nicht voranbringen. Ideen müssen sich auf dem Markt behaupten, deshalb gilt es vor allem, den Transfer von der Idee zur marktreifen Innovation zu bewältigen. Dabei kann es sich ebenso um neue Güter und Produkte handeln wie um Produktions- und Transportmethoden oder neue Formen der industriellen Organisation. Die Erfindung muss nach der Markteinführung vom Kunden auch angenommen werden, sie braucht Anerkennung.

„Innovative Manager (…) schauen sich ihre eigenen Verantwortungsbereiche bewusst und immer wieder aus anderen Blickwinkeln an. Sie suchen das Gespräch, auch mit ganz und gar artfremden Personen, um aus deren Sicht- und Denkweise Ideen für die eigenen Probleme abzuleiten. Sie beschäftigen sich intensiv mit branchenfremden Ideen, um neue Lösungen für eigene Probleme zu finden", so formuliert es ein Innovationsexperte. Deutsche Post DHL macht genau das. Auch wenn es im Geschäftsbericht heißt, dass der Konzern als Dienstleistungsunternehmen keine Forschung und Entwicklung im engeren Sinn betreibe – für das Unternehmen spielen Innovationen innerhalb der vier operativen Unternehmensbereiche Post – eCommerce – Parcel, Express, Global Forwarding, Freight und Supply Chain eine entscheidende Rolle. Institutionalisiert vorangetrieben werden sie unter anderem vom Bereich DHL Customer Solutions & Innovation, der das Unternehmen darin unterstützt, Ideen in marktfähige Lösungen zu übersetzen. Außerdem arbeitet die Post in vielen Bereichen mit Hochschulen und Forschungseinrichtungen zusammen.

DHL INNOVATION CENTER

Um aus logistischen Zukunftstrends heraus neue, marktfähige Produkte mit hohem Innovationsgrad zu entwickeln, wurde 2007 in Troisdorf bei Bonn das DHL Innovation Center eingeweiht, das in den folgenden Jahren das technische Innovationsmanagement des Konzerns unter einem Dach vereinte. Im Zuge der Entwicklung der Deutschen Post zum Logistiker Nummer eins war das Zukunftslabor Teil der Konzernstrategie. „Wir werden unsere Kunden mit immer neuen und zukunftsgerichteten Produktangeboten überraschen", versprach

Deutsche Post DHL Innovation Center in Troisdorf bei Bonn

2007 eröffnet, wurden in den folgenden Jahren im Innovation Center von Deutsche Post DHL eine Reihe erfolgreicher Logistik-Lösungen entwickelt und auch am Markt platziert. Genutzt wird die kreative Umgebung auch von Kunden, um in Innovations-Workshops Best Practices zu teilen, Industrie- und industrieübergreifende Anwenderszenarien zu untersuchen sowie einen Blick in die Zukunft zu werfen.

ANJA LUDWIG

Schon bald, nachdem Anja Ludwig 1986 bei der Post ihre Ausbildung begonnen hatte, war der jungen Frau klar, dass ihr der Umgang mit Kunden liegt und Freude macht. Seit Oktober 1997 ist sie, nach einer Umorganisation, in einem Call-Center im baden-württembergischen Crailsheim beschäftigt. „Ich verstehe mich als Helferin in allen postalischen Lebenslagen. In jeder Reklamation steckt ein Verbesserungsvorschlag", erklärt sie ihr Selbstverständnis – und das der Post – bei der Kundenbetreuung. Es gehe aber nicht nur um Reklamationen, sondern sie beantworte auch Fragen zur umfangreichen Produktpalette von Deutsche Post DHL, beschreibt die Mutter zweier Kinder ihr Arbeitsfeld. „Die Anfragen der Kunden erreichen das Call-Center per Telefon, E-Mail und über das Kontaktformular auf der Homepage der Deutschen Post. Gearbeitet wird im Schichtdienst, um kundenfreundliche Öffnungszeiten von 7 bis 20 Uhr zu ermöglichen." Anja Ludwig weiß auch von skurrilen Fällen zu berichten. So hatte ein Kunde einmal einen ganzen Briefkasten geschickt, weil sich ein von der Post eingesteckter Katalog dermaßen verkantet hatte, dass er nicht mehr rauszubringen war. Die Post zeigte sich kulant, der Kunde erhielt einen neuen Briefkasten. Routine gibt es in ihrem Job sowieso keine, denn jeder Tag birgt neue Überraschungen und erfordert kreative Lösungen.
In ihrer Freizeit nutzt sie ihre Kreativität beim Stricken, verbringt sie aber auch gern mit Lesen und als ehrenamtliche Erste Vorsitzende des örtlichen Gesangvereins.

Anja Ludwig (*1966) kam 1986 zur Post und arbeitet als Call-Center-Agentin

FRANK JOSEFIAK

„Es hat großen Spaß gemacht, etwas Neues zu lernen und auszuprobieren", begründet Frank Josefiak die Existenz einer von ihm selbst erstellten Internet-Seite, die in regelmäßigen Abständen kurze Laute von sich gibt und unter anderem zu Überlegungen inspiriert, wie und warum uns etwas perfekt erscheint – oder auch nicht. Was anmutet wie die private Spielerei eines Computer-Tüftlers und Hobby-Künstlers, ist nur eine von vielen kreativen Ausdrucksformen, deren sich der Wirtschaftsingenieur bedient. Entgegen dem in seiner Profession verbreiteten Spruch, Wirtschaftsingenieure seien wie Enten, die zwar schwimmen, laufen und fliegen können, aber eben nichts davon so richtig, war sein vermeintliches Dilemma eher eine ausgeprägte Begabung sowohl im kreativ-innovativen wie im systematisch-analytischen Bereich. Eine Kombination, die sich dann für seine Tätigkeit bei Deutsche Post DHL als durchaus nützlich erweisen sollte.
Dass man viele Ideen verwerfen muss, ehe man eine verwirklichen kann, ist eines der Grundprinzipien des Innovationsmanagements. Hilfreich ist es, wenn man wie Frank Josefiak zu unterscheiden versteht zwischen zu visionären Ideen und denen, die sich produktiv umsetzen lassen. Außerdem gehe es bei komplexen Problemstellungen nicht immer nur darum, für ein einzelnes Problem die Lösung zu finden, sondern häufig müsse man dieses in viele Teile zerlegen und dafür jeweils nach optimalen Antworten suchen, erklärt der Erfinder, der 2012 als „innovativster Mitarbeiter" des Konzerns zu den Gewinnern des DHL-Innovationspreises zählte. „Er erreichte die beeindruckende Zahl von 21 Patentanmeldungen", lautete unter anderem die offizielle Begründung.
Im Jahr 2008 war Josefiak aus der Forschung als Projektmanager zu DHL Solutions & Innovation gewechselt und hatte bald erste Patente angemeldet, darunter eine Methode für den bargeldlosen Zahlungsverkehr und eine Hightech-Erfindung, um Luftfrachtsendungen in Echtzeit zu verfolgen. Unter anderem aus einer dieser Erfindungen entstand der Telematik-Dienstleister Agheera, dem Frank Josefiak als Gründer und technischer Direktor ab 2010 ins Leben verhalf. Nach einem kurzen Ausflug zu Vodafone Ende 2013, wo er als Six Sigma Black Belt dabei half, die Digitale Transformation voranzutreiben, konzipiert und entwickelt er nun im Top-Trend-Bereich DHL eCommerce neue Produkte und Dienstleistungen.
Parallel zu einer aufregenden, aber auch anstrengenden beruflichen Phase gelang es dem Vater zweier Mädchen dann im Jahr 2013, die Promotion im Fachbereich Unternehmensführung und Logistik abzuschließen. Für Hobbys wie Malerei, Motorradfahren oder Fliegenfischen bleibt da, wie er zugibt, wenig Zeit: „Joggen fällt ganz aus." Leicht vorstellbar, dass er lieber seiner Frau, einer Schreinermeisterin, zur Hand geht – an Ideen mangelt es sicher nicht.

Frank Josefiak (*1978) ist seit 2008 bei DPDHL; er ist Senior Expert im Bereich Cross Border Solutions bei DHL eCommerce

Konzernchef Klaus Zumwinkel den Gästen bei der Eröffnungsveranstaltung, unter ihnen als Redner der amerikanische Soziologe und Publizist Jeremy Rifkin und der nordrhein-westfälische Ministerpräsident Jürgen Rüttgers.

Zu den Themenfeldern, mit denen sich die Logistik auseinandersetzen müsse, meinte 2011 die damalige Leiterin des Innovation Centers Petra Kiwitt, gehörten Nachhaltigkeit, aber auch die weltweite Urbanisierung und damit verbunden der Einsatz von Elektrofahrzeugen und die Zustellung von Gütern abends oder nachts. Außerdem gehöre das Thema Sicherheit wegen Problemen wie Diebstahl und Produktfälschungen dazu, für die durch entsprechende Logistiklösungen Vorsorge getroffen werden müsse. Als weitreichendes Entwicklungsfeld nannte sie zudem das Sichtbarmachen von Transportketten: „Anbieter und Kunde wollen jederzeit genau wissen, wo ihre Güter sind, wann sie ankommen, warum sie möglicherweise irgendwo festsitzen."

Um diesem Bedürfnis zu entsprechen, wurden Systeme zur Radio-Frequenz-Identifikation, kurz RFID, entwickelt. Sie stellen Informationen über ein Produkt, eine Palette oder ganze Lagerbestände bereit und sind dem Barcode in vielerlei Hinsicht überlegen. Vom RFID-Etikett, einem Microchip, werden per Funk Informationen zu einem Lesegerät übermittelt. Auf dem Chip lassen sich mehr Informationen speichern als auf einem Barcode-Etikett, und sie müssen nicht mehr mit einem Scanner ausgelesen werden.

Das DHL Innovation Center brachte unter anderem einen RFID-Sensor mit speziellen Fühlern auf den Weg, der temperaturempfindliche Sendungen während des gesamten Transports überwacht. Absender, Empfänger oder Kontrolleur können den Zustand der Waren überprüfen, ohne dass die Sendung geöffnet werden muss. Weiter entwickelte man dort den Prototyp eines intelligenten RFID-überwachten Containers und arbeitete an der Idee des Internets der Dinge: Ein Paket wird mit Wissen ausgestattet, sodass es sich seinen eigenen Weg suchen kann. Die Zielinformationen werden in einem RFID-Tag gespeichert, das am Paket angebracht ist. Nicht die Anlage steuert das Paket, das Paket steuert die Anlage und bewegt sich zielsicher von allein in einem riesigen Logistik-Netzwerk. Erfolgreich realisiert wurde auch der DHL SmartTruck, ein intelligentes Zustellfahrzeug, „das Terminzustellungen koordiniert, Abholaufträge integriert, Staumeldungen berücksichtigt und automatisch die beste Route berechnet".

Neben der Funktion als Zukunftslabor waren im Ausstellungsbereich des Innovation Centers die Prototypen von Entwicklungsprojekten zu sehen, darunter ein Roboter zur Entladung von Zustellfahrzeugen, der Pakete unterschiedlichster Form erkennen, greifen und auf ein Förderband entladen kann.

2013 beschloss der Konzern, innovative Prozesse wieder in die Geschäftsbereiche zurückzuverlagern, aber das Innovation Center ist weiterhin die zentrale Plattform, um Kunden, Forschungs- und akademische Institute, Industriepartner und Logistikexperten zusammenzubringen. So diskutierten beim fünften jährlichen DHL Innovation Day im April

SmartTruck – Intelligente Technologie für die Zustellung, 2009

Die Technik des DHL SmartTruck berechnet den effizientesten Lieferweg. Das intelligente Management von Verkehrsstaus, Umleitungen und Ad hoc-Aufträgen führt zu einer Verringerung des Stadtverkehrs und der Einsparung von CO_2-Emissionen. Darüber hinaus informiert das System den Empfänger über die Ankunft einer Lieferung. Nach Tests in Deutschland wurde die Technologie 2011 verfeinert für die Besonderheiten der Zustellung im indischen Bangalore.

Zweite Auflage des „Logistics Trend Radar", 2014

Der Trend Radar stellt einen 360-Grad-Panoramablick über die gesamte Breite der Logistik-Landschaft dar und geht auf Lösungsansätze ein, die aktuell entwickelt werden. „Wir kombinieren unsere eigene umfassende Expertise mit dem Input von Recherche-instituten und Branchenfachleuten", erklärt Markus Kückelhaus, Direktor „Trend Research" von DHL Customer Solutions & Innovation.

2013 die Teilnehmer unter dem Motto „Reaching for the sky" darüber, wie sich Logistik und unser Leben in den kommenden Jahren verändern werden. „Der Antrieb für Innovation und die Suche nach Lösungen für die heutigen Probleme sind wesentliche Elemente zur Überwindung von Hindernissen und um zukünftiges Wachstum zu fördern", sagte Gastgeber Bill Meahl, Chief Commercial Officer bei DHL, und präsentierte anlässlich des Jubiläums auch den neuen Trend Radar.

ZUKUNFTS-STUDIEN, TREND RADAR UND DIALOGE

Bereits im Jahr 2009 veröffentlichte Deutsche Post DHL eine globale Zukunfts-Studie mit dem Titel „Delivering Tomorrow". Sie stellt Megatrends vor, und das nicht nur für die Logistikbranche, sondern für Wirtschaft und Gesellschaft insgesamt. Im Rahmen der Veranstaltungsreihe „Delphi Dialog" setzten Frank Appel und Jürgen Gerdes die Diskussionen um die Trends von morgen mit renommierten Wissenschaftlern fort. Mega-Citys, demografischer Wandel sowie Nachhaltigkeit und gesellschaftliche Verantwortung nannte der dänische Zukunftsforscher Johan Paludan bei der ersten Veranstaltung in Frankfurt als wichtigste Herausforderungen der Zukunft. Die folgende Veranstaltung befasste sich mit globalen Sicherheitsfragen, denen sich die Logistik stellen muss: Wenn es darum gehe, mit Unvorhergesehenem fertigzuwerden und eine innovative Lösung zu finden, dann seien seine Mitarbeiter in ihrem Element, meinte dazu Postchef Frank Appel. Im Oktober 2010 diskutierte eine Runde in Schanghai, wo zu der Zeit die Expo stattfand, über Klimawandel und Mega-Citys, und 2012 lud Post-Vorstand Jürgen Gerdes Experten nach Berlin zum Gespräch über E-Commerce und Shopping 2.0. „Wir sind einer der Gründerväter von Versandhandel und E-Commerce, der geborene Anbieter für sichere digitale Information und mit unserer flächendeckenden Infrastruktur ein Treiber der Vernetzung von Ländern und Menschen", erklärte Gerdes damals. Außerdem sei Deutsche Post DHL mit der Shopping-Plattform „MeinPaket.de" und den Online-Marketingtöchtern nugg.ad und Adcloud auch selbst Akteur und Partner im Online-Handel und habe daher gute Gründe, sich mit dem Thema näher zu beschäftigen. Eine von der Post und TNS Infratest veröffentlichte Studie hatte belegt, dass E-Commerce „in der Mitte der Gesellschaft" angekommen sei: „E-Commerce macht unser Leben einfacher, beruflich wie privat." Ebenfalls 2012 stellte die Post ihre Zukunfts-Studie „Delivering Tomorrow: Logistik 2050" vor, in der fünf Zukunftsbilder zu Handel, Wirtschaft und Gesellschaft aufgezeigt werden.

Im Mai 2014, gleichzeitig mit der Veröffentlichung der Studie „Global E-Tailing 2025", stand das Thema E-Commerce erneut im Mittelpunkt der Diskussion einer Expertenrunde. Die Fachleute waren sich einig, dass E-Commerce ein Spielfeld der Kreativen und Innovativen sei, die Förderung des Innovationsgeistes daher für Erfolge in diesem Bereich eine wichtige Voraussetzung darstelle.

Der Trend Radar, parallel zu den genannten Studien und Veranstaltungen entwickelt, fasst wichtige soziale, wirtschaftliche und technologische Trends zusammen, „um im sich ständig wandelnden Geschäftsumfeld den Vorsprung zu halten", wie es aus dem Konzern heißt. Entworfen als „dynamisches Werkzeug", könne er Organisationen dabei helfen, Strategien zu entwickeln und Projekte voranzutreiben.

INNOVATION UND TRADITION

Diese Studien und Diskussionen sind für DPDHL keineswegs nur graue Theorie. Viele der zur Diskussion gestellten Themen, darunter auch Inklusion, finden sich im Unternehmensalltag wieder. Während aber Erfindungen und neue Produkte innerhalb der Logistik als einem B2B-Bereich weitgehend unbeachtet von der Öffentlichkeit ihren Weg bis zur Anwendung durchlaufen, richten sich Neuerungen wie die Packstation, der E-Postbrief, der Postbus oder der Paketkasten an mehr oder weniger jeden, werden daher breiter beworben und erregen weit mehr Aufmerksamkeit. Die Integrierte Lese- und Videocodiermaschine, flexible IT-Strukturen oder eine umweltverträglichere Flugzeugflotte bleiben dagegen unsichtbar, sie haben vor allem für Mitarbeiter und Geschäftskunden spürbare Konsequenzen.

Mit dem StreetScooter, dem von der Post entwickelten Zustellfahrzeug, haben sie gemein, dass sie auf neuester Technik basieren und doch verankert sind in der Tradition des Unternehmens. Im Mai 2013 stellte die Deutsche Post ihr Projekt „Bonn als Musterstadt

Umsatz des Online- und Versandhandels nach Warengruppen, 2012

Zum digitalen Lifestyle gehört es, dass wir im Durchschnitt zwei Stunden täglich online sind, mit Konsequenzen auch für das Einkaufsverhalten. Der deutsche Einzelhandel vertreibt mittlerweile fast 10 Prozent seiner Produkte über das Internet. 2012 waren es beispielsweise für 4 080 Millionen Euro Elektroartikel, für 10 780 Millionen Euro Bekleidung, für 2 590 Millionen Euro Bücher und für 2 520 Millionen Euro Computer und Zubehör – beachtliche Zuwachsraten werden in den nächsten Jahren erwartet. Die Post profitiert von diesem Trend, der nicht nur für Menschen in ländlichen Gebieten eine höhere Lebensqualität mit sich bringt.

Bergmann-Elektro-Zustellwagen, 1920er-Jahre

Zu Beginn der Entwicklung des Automobils spielten Fahrzeuge mit Elektromotor eine große Rolle. Sie belasten die Umwelt weitaus weniger als Autos mit Verbrennungsmotor, aber ihr Hauptproblem wird auf diesem Bild anschaulich vor Augen geführt: Die große und schwere Batterie musste beim Bergmann-Paketzustellwagen (BEM 2500) aus den 1920er-Jahren zum Aufladen ausgebaut werden.

für CO_2-freie Zustellfahrzeuge" vor. In Bonn und Umgebung setzt sie Elektrofahrzeuge in der Paket- und Verbundzustellung ein und wird dabei gefördert von der Bundesregierung durch das Programm „Elektromobilität". Bis Ende 2013 waren 79 dieser Fahrzeuge im Einsatz, bis 2016 soll die Zahl auf über 140 steigen. Er erhoffe sich von dem Projekt „einen Startschuss für eine breite Innovationswelle in der Logistik insgesamt", sagte der damalige Bundesumweltminister Peter Altmaier (CDU) bei der Vorstellung in Bonn. Der Verkehr brauche eine Energiewende, deshalb wolle die Bundesregierung bis 2020 eine Million Elektrofahrzeuge auf Deutschlands Straßen bringen, formulierte er ein hoch gestecktes Ziel.

Die Post selbst steht mit ihren Elektrofahrzeugen in einer langen Tradition, erprobte doch schon die Deutsche Reichspost ab 1899 erste elektrische Wagen, darunter in Berlin einen „Paketbestellwagen" – die Batterie wog 850 Kilo. 1914 belief sich die Zahl der Elektrofahrzeuge schon auf rund 220, und nach dem Ersten Weltkrieg stieg sie kontinuierlich bis auf 2 648 Elektrowagen im Jahr 1938. Dank der größeren Reichweite und der immer einfacheren Möglichkeit, günstig Benzin zu beschaffen, setzte sich jedoch der Verbrennungsmotor durch. Nicht zuletzt scheute man auch bei der Post den Riesenaufwand, die hochsensiblen Akkus immer neu laden und bei vielen Fahrzeugen dafür sogar ausbauen zu müssen. Auch als die Bundespost Ende der 1970er-Jahre neue Versuche mit Elektrofahrzeugen startete, blieb der Energiespeicher das Problem.

Heute hat Deutsche Post DHL weltweit Fahrzeuge mit alternativem Antrieb im Test, darunter eine „Grüne Flotte" in New York. In Deutschland sind es unter anderem der Mercedes-Benz Vito E-Cell in der Brief- und Verbundzustellung, der Iveco Daily Electric in der Paketzustellung sowie der Renault Kangoo Z.E. (Zero Emission). Für das umfangreichste Projekt unter dem Titel „Erprobung von E-Mobilität im Flottenbetrieb, CO_2-neutrale Zustellung in Bonn" entwickelte die Post in Zusammenarbeit mit der Firma StreetScooter GmbH und der Rheinisch-Westfälischen Technischen Hochschule Aachen sogar ein eigenes Fahrzeug. Da weder VW noch andere große Autobauer Interesse daran gezeigt hatten, ein passendes Zustellfahrzeug mit Elektroantrieb zu entwickeln, wagte man im Bonner Tower einen mutigen Schritt: „Wir bauen es selbst!" In Aachen fand man die geeigneten Partner. Auf der Internationalen Automobil-Ausstellung (IAA) in Frankfurt 2011 wurde das „Short Distance Vehicle (SDV)" erstmals vorgestellt, das mit einer Reichweite von 120 Kilometern ideal ist für die Zustellung. Im Juli 2013 bekam der erste von 50 StreetScootern die Einzelbetriebserlaubnis, im Frühjahr 2014 kurvten bereits 20 seines Typs lautlos durch Bonn, 30 weitere waren bundesweit im Einsatz. „Mit einer Ladung komme ich durch den ganzen Bezirk", bestätigt ein Bonner Zusteller die Reichweite des Akkus, der über Nacht wieder aufgeladen wird. Er werde oft angesprochen auf sein Zustellfahrzeug, berichtet er, und freut sich über die Aufmerksamkeit, die er mit seinem stillen Gefährt auf sich zieht.

Präsentation des StreetScooters in Bonn, 2013

Bei der Pressekonferenz nahm der damalige Bundesumweltminister Peter Altmaier im neuen Zustellfahrzeug von Deutsche Post DHL Platz. In Bonn und im Umland wurde die Zustellung völlig auf Elektrofahrzeuge umgestellt, und auch weiterhin baut Deutsche Post DHL die grüne Fahrzeugflotte von derzeit rund 11 500 Fahrzeugen mit alternativem Antrieb und aerodynamischen Modifikationen kontinuierlich aus.

Die „elektronische Adresse" von der Post, 2000

Die Deutsche Post bündelte ab dem Jahr 2000 vielfältige Internetaktivtäten in einer E-Business-Holding und bot unter anderem eine kostenlose „elektronische Adresse" an: @epost.de – „die Adresse fürs Leben".

Werbeflyer zum Telebrief, 1995

„Besonders lohnt sich Ihr Anruf" – so der Text auf der Rückseite des Flyers –, „wenn Sie mit einer Groß-EDV arbeiten und den aufwendigen Postversand abgeben wollen". Im Unterschied zum Telebrief, einer Fernkopie, war für die Nutzung des E-Post-Dienstes die EDV-Anlage Voraussetzung.

DIE KOMMUNIKATIONS-REVOLUTION

Ungefähr zu der Zeit, als der Club of Rome mit seiner Studie *Die Grenzen des Wachstums* das Thema begrenzter Ressourcen in die Öffentlichkeit trug, neue Organisationen wie Greenpeace auf die Zerstörung der Umwelt aufmerksam machten und die Sorge um die Zukunft der Menschheit sich nicht länger auf kriegerische Zerstörung beschränkte, fanden auch erste Versuche statt, Computer zu vernetzen und auf diese Weise zu kommunizieren. Noch waren es riesige Geräte in klimatisierten Räumen von Universitäten, Firmen oder Behörden, aber der Schritt zur Popularisierung hin zum Personal Computer vollzog sich innerhalb weniger Jahre. Digitalisierung war die Basis des Wandels, der sich in den folgenden Jahren zur „Kommunikationsrevolution" ausdehnte. Ray Tomlinson, ein Computertechniker, trug seinen Teil dazu bei: Er entwickelte ein Programm, mit dem man elektronische Briefe von Rechner zu Rechner schicken konnte, und er erfand das Zeichen @, um die Adresse zu teilen. Rund zehn Jahre später, im August 1984, traf in Deutschland die erste E-Mail ein.

An der Post war die Entwicklung nicht vorübergegangen. Mit den 1980er-Jahren führten die Innovationen in der Telekommunikation zu neuen Diensten wie dem Telefax, Teletex und Bildschirmtext. Anders als beim klassischen Briefdienst erforderten diese neuen Technologien entsprechende Geräte, und nicht jeder konnte ohne weiteres Sender oder Empfänger sein. So entwickelte die Post eine Neuerung, die sich aus der Kombination des klassischen Briefdienstes mit den neuen Techniken ergab: Übermittlung von Nachrichten via Fernmeldetechnik, die Post übernahm Auslieferung und Annahme. Ab Juni 1980 bot die Bundespost diese Dienstleistung als Telebrief an: Der Kunde lieferte seine Vorlage bei einem Postamt mit Telebriefstelle ein, sie wurde an die Empfängertelebriefstelle übermittelt und die Kopie gelangte wahlweise durch Eilzustellung, normale Briefzustellung oder Abholung, wenn gewünscht im Schmuckblatt, an den Empfänger. Mitte der 1990er-Jahre waren mehr als 60 Länder an den Telebriefdienst angeschlossen.

Für Geschäftskunden, die ihre Mitteilungen mit EDV-Anlagen herstellen konnten, gab es ab 1994 die e-Post, bei der die Einlieferung „online" – über Telefon mit Modem, Datex oder ISDN erfolgte, „offline" über Magnetband oder Diskette. Wieder übernahm die Post die elektronische Übermittlung und speiste das Schreiben am Zielort in das Briefsystem ein, inklusive Zustellung. Der Dienst, so die Post auf der CeBIT 1998, verzeichne hohe Wachstumsraten, 165 Millionen Briefe wurden 1997 darüber versandt, mit garantiertem Datenschutz und Fernmeldegeheimnis.

Inzwischen hatten sich Personal Computer weiter verbreitet; der britische Informatiker

Werbeflyer zur eFiliale, um 2002

Seit Dezember 2001 gab es das Internet-Angebot mit Postprodukten, das Brief-, Päckchen- und Paketmarken ebenso feilbot wie Verpackungen für den Versand oder schwarz-gelbe und gelb-rote Fanartikel.

Werbeflyer zum Internet-Frankierdienst STAMPIT, 2002

Ab Herbst 2001 bot die Post ihren Kunden die Internet-Frankiersoftware STAMPIT an, mit der sich ein Etikett oder ein Brief direkt frankieren ließ. Das Frankieren werde so zur einfachsten Sache der Welt – „Markenablecken und -aufkleben" entfalle, so die Post.

Tim Berners-Lee hatte das World Wide Web erfunden, und seit 1993 gab es Browser, mit denen man mittels einer grafischen Oberfläche durchs Web surfen konnte. Immer neue Software erlaubte das Komprimieren von Daten, die Geräte wurden günstiger, die Anwendungsmöglichkeiten vielfältiger. Und die Deutsche Post stieg in das Geschäft mit dem Internet ein: Mit eVITA bot sie einen virtuellen Marktplatz für Produktanbieter und Kunden, ab Ende 1999 gab es das Angebot einer „Digitalen Signatur", die im Rechtsverkehr als Ersatz für die Unterschrift galt; ein „Trustcenter" erstellte für registrierte Kunden eine elektronische Verschlüsselung und vergab Zertifikate. Ab dem Jahr 2000 bündelte man die Internet-Aktivitäten bei der Post in einer E-Business-Holding, zu der auch „Deutsche Post Ventures" gehörte: „Mit einem Fondsvolumen von 100 Millionen Mark unterstützt der Logistik-Konzern den Geschäftsaufbau junger, Erfolg versprechender StartUp-Unternehmen der Internetbranche", teilte das Unternehmen mit, das dann ab Juni 2000 auch eine „elektronische Adresse" anbot. Dieser elektronische Briefkasten, so Postchef Zumwinkel, solle einmal genauso selbstverständlich sein wie die klassische postalische Anschrift. Weitere Angebote folgten fast im monatlichen Rhythmus: Im Sommer 2001 testete die Deutsche Post ihre PC-Frankiersoftware STAMPIT, die patentiert und ab September bundesweit angeboten wurde. Im Dezember ging die eFiliale an den Start – unter www.efiliale.de kann man bis heute Briefmarken, Packsets, Plusbriefe und andere Produkte online bestellen.

„SIE MACHEN KLICK, WIR ÜBERNEHMEN DEN REST"

Wer gewinnen will, muss auch verlieren können – das ist eine Erkenntnis, die jedes Innovationsmanagement kennt. „Nicht jede

Sondermarken-Block mit Früchtemotiven, 2010

Trotz inzwischen vielfältiger Möglichkeiten, Briefe über das Internet mit eigener Marke und individuellen Motiven zu frankieren, behauptet sich die Briefmarke auch 175 Jahre nach dem Erscheinen der Black Penny in Großbritannien. Duftmarken wie die Früchte-Marken werden beim Druck mit winzigen Geruchskapseln überzogen.

Katja Herbst (*1969) ist seit 1997 bei DPDHL, sie ist Chief Sales Officer DHL Vertrieb Paket

KATJA HERBST

„Glauben Sie mir, es ist ein Traum. Es gibt heute einen Kurierdienst, der Ihnen abends die Lebensmittel ins Haus bringt." Mühelos gelingt es Katja Herbst, Vertriebschefin Paket, ihrem Gegenüber die Vorzüge der Posttochter Allyouneed.com schmackhaft zu machen. Sie selbst ist beruflich viel unterwegs und bestellt alles online, statt kostbare Zeit im Supermarkt zu verbringen.

Ihre offene Art und ihr Verkaufstalent, das sich aus der Freude am Umgang mit Menschen speist, haben Katja Herbsts Karriere begründet. Dazu kommen Marktkenntnis, langjährige Erfahrung und das Verständnis für die Interessen der Kunden: „Beim Vertrieb im Geschäftskundensegment stiften wir einen Mehrwert. Wir können Unternehmen beim Wachstum helfen, indem wir ihre Kunden glücklich machen."

Wenn Katja Herbst von ihrem Arbeitsalltag spricht, scheint sich Erfolg an Erfolg zu reihen. Dabei waren ihre Anfangsjahre gar nicht so einfach: Im Frachtbereich summierten sich die täglichen Verluste damals millionenfach.

Am 1. September 1997 ist die gebürtige Rheinländerin vom Wettbewerber TNT zur Post gewechselt. Als eine der ersten Frauen gehörte sie zur oberen Management-Ebene des Konzerns und setzte sich in der Männerdomäne durch, lang bevor von Frauenquote auch nur die Rede war. Die Post suchte damals erfahrene Leute aus der Branche, um einen nationalen Expressdienst auf die Beine zu stellen. „Man merkte einfach, die Post hat Großes vor, und wenn du schlau bist, gehst du hin", erinnert sich die Vertriebschefin an diese Anfangszeit. Nach dem erfolgreichen ersten Projekt schloss sich Katja Herbst mit der Postexpress-Gruppe dem Frachtpostvertrieb an: zur Unterstützung des Aufbaus und der anschließenden Integration von DHL, die sie „in der Fläche" begleitet hat. Anschließend zwei Jahre als Marketing- und Vertriebsleiterin für Express und Paket in Österreich, die Rückkehr nach Hamburg, dann Bonn.

Nach inzwischen 24 Jahren in dem Geschäft ist Katja Herbst, die durch puren Zufall in die Branche kam, Chefin von mehr als 4 000 Mitarbeitern. 28 Vertriebsniederlassungen, ein Telesales-Center, das Key-Account-Management für Industrie und Handel sowie für E-Commerce in ganz Deutschland gehören zu ihrem Bereich, außerdem der Kundenservice für Paket und Brief. Und E-Commerce sei in Deutschland nur so erfolgreich, weil DPDHL die logistische Infrastruktur geschaffen habe, räumt sie mit dem Vorurteil auf, das Internet spiele den Logistikern Geld und Kunden von alleine zu. „Die Pakete fallen nicht automatisch auf unsere Autos", begründet sie ihr Beharren auf stetiger Verbesserung. „Wir gewinnen Marktanteile durch Struktur und Fleiß, und weil wir unsere Arbeit mit Leidenschaft machen." Wo die Konkurrenz punkten kann durch niedrigere Lohnkosten, setzt sie auf Qualität. „Dienstleistung kommt von Dienen und Leisten", ist ihr Credo, mit dem sie sich gewappnet sieht für die Angriffe der Konkurrenz. Dass sie ein seit vielen Jahren stabiles Team um sich weiß, macht die Arbeit um einiges leichter und erfüllt sie mit Stolz. Wenn dann noch Zeit bleibt für eine Bergwanderung – auf dem Gipfel die Anstrengung vergessen –, ist auch das für sie ein Traum.

Zusteller mit Lebensmittellieferung, 2014

Mit Allyouneed.com, einem Online-Supermarkt, bietet die Deutsche Post ihren Kunden die Chance, neue Formen des Einkaufens auszuprobieren und zu etablieren. „Den Handel mit Alltagsgütern neu definieren", ist das erklärte Ziel der Betreiber.

Idee fliegt", formuliert es Petra Kiwitt, die bei DPDHL seit vielen Jahren maßgeblich an der Entwicklung neuer Produkte beteiligt ist. Manches fliegt auch hoch und stürzt dann tief, manches wird ad acta gelegt und später wieder aufgegriffen, manches dümpelt vor sich hin und wird später zum „Renner". Vielen Angeboten, die bei der Post im Gründerrausch des Internet-Zeitalters entstanden waren, erging es so: eVITA wurde verkauft, die „lebenslange" elektronische Postadresse erwies sich als Lebensabschnittsphänomen, den Frankierdienst STAMPIT löste nach 10 Jahren ein anderes Angebot der Post ab; SignTrust wurde ganz aufgelöst. Bei der Post konzentrierte man sich vorerst auf konzerninterne Aufgaben, und das, was vom E-Business übrig blieb, wurde in den Unternehmensbereich BRIEF integriert: um dort nach einigen Jahren als E-Postbrief fröhliche Wiederauferstehung zu feiern.

Jürgen Gerdes hatte mit seinem Team ein Produkt entwickelt, das auf den Grundsätzen der Deutschen Post „sicher, zuverlässig und vertraulich" aufbaut. Bei der Vorstellung auf der CeBIT 2010 konnte man schon mit Partnern wie der DekaBank, Lotto Hessen und dem ADAC aufwarten, potente Kunden wie die Allianz und Daimler kamen bald dazu. „Was viele nicht wissen", verkündete Postvorstand Gerdes dem interessierten Publikum, „dass es sich bei der Post um eines der größten IT-Unternehmen im Land handelt, einen der größten IT-Nutzer und Anbieter in Deutschland." Mit dem Brief im Internet, so Gerdes, könnten in Zukunft Privatpersonen, Unternehmen und Behörden auch in der elektronischen Welt verbindlich, vertraulich und verlässlich miteinander kommunizieren. Er sei einfach, sicher und vor allem nicht anonym: „Alle Nutzer müssen sich eindeutig identifizieren. Absender und Empfänger wissen daher zweifelsfrei, mit wem sie kommunizieren. Und dank modernster Verschlüsselungstechnologien kann der Schriftwechsel nicht von Dritten eingesehen oder verändert werden!" Mit großem Werbeaufwand ging der E-Postbrief dann im Sommer 2010 an den Start, und Schritt für Schritt hat er sich inzwischen zu einem Vorzeigeprodukt gemausert. „2015 stehen wir vor dem Break-even", erklärt Martin Dopychai vom Informationsmanagment Post – eCommerce – Parcel, „wir erwarten für das Jahr 2014 mehr als 300 Millionen Euro Umsatz."

Ebenfalls zur Erfolgsgeschichte wurde für die Deutsche Post das Phänomen E-Commerce. In Kalifornien gründete 1995 Pierre Omidyar das Internet-Auktionshaus eBay, damals AuctionWeb, das bald auch nach Europa expandierte. Zur selben Zeit verkaufte Jeff Bezos über seine Firma Amazon.com sein erstes Buch online, ein Jahr später betrug der

UWE BRINKS

Auf seine Laufbahn trifft tatsächlich der Begriff „Bilderbuchkarriere" zu: Uwe Brinks' Weg ging stetig nach oben, und heute ist der verheiratete Vater dreier Kinder Bereichsvorstand und Produktionschef bei der Deutschen Post. Angefangen hat er 1983 im gehobenen Dienst – als Inspektor beim Postamt Oberhausen. 1995 wechselte er als Stabsleiter nach Bonn in das Vorstandsbüro von Hans-Dieter Petram, übernahm danach die regionale Geschäftsbereichsleitung in Hannover und Köln, und seit Mai 2004 ist er Chief Production Officer bei Post – eCommerce – Parcel. Damit ist Uwe Brinks zuständig für Produktion und für technische Neuerungen, vor allem aber für 150 000 Mitarbeiter der Post.
Weit oben auf der Liste seiner Erfolge stehen der mit der Gewerkschaft ausgehandelte Generationenvertrag für die Beschäftigten und die aktive Hilfe bei der Sanierung des Paketgeschäfts in den vergangenen Jahren. Wenn Uwe Brinks neue Paketzentren vorstellt, ob in Hessen oder im Ruhrgebiet, wird in Fußballfeldern gemessen, und es fehlt nicht an Superlativen, was Laufzeiten und Stückzahlen angeht. Ausruhen auf den Erfolgen kann sich der Manager trotzdem nicht: „Schon seit einigen Jahren können wir die Steigerung der Personalkosten durch höhere Produktivität kaum noch ausgleichen", nennt er eines der zentralen Probleme, das die Deutsche Post künftig lösen muss. Und ergänzt nicht ohne Stolz, dass sie ohnehin die produktivste sei, weltweit – auch dank vieler Innovationen wie StreetScooter, E-Trike oder Paketkasten. Zurzeit lässt er ein Fahrzeug entwickeln, das ganz ohne Fahrer auf Zustelltour gehen kann und per Robotik die Paketkästen füllt. Bis diese Vision allerdings umgesetzt ist, das wird noch eine Weile dauern.
Für Uwe Brinks sind ein randvoller Terminkalender und Reisen quer durch Deutschland Teil des Jobs; wenn er Zeit hat, ist der bekennende Bayern-Fan im Schützenverein und Karneval aktiv.

Uwe Brinks (*1964) ist seit 1983 bei der Post und seit 2004 Chief Production Officer

Anzeigen für den E-Postbrief, 2011

„Sicher, zuverlässig und vertraulich" – so präsentiert sich der E-Postbrief als elektronische Alternative zum Brief. Nach vielen Skandalen ist es inzwischen weithin bekannt, dass E-Mails zu verschicken eher dem Versand einer Postkarte als dem eines Briefes entspricht. Mit dem E-Postbrief hat die Deutsche Post ein Angebot entwickelt, das eine vertrauliche elektronische Korrespondenz garantiert.

Packstation XXL im Hauptbahnhof in Frankfurt am Main, 2014

Im Frankfurter Hauptbahnhof steht die größte Packstation Deutschlands: 22 Meter lang, mit 374 Fächern. Bereits rund 2 650 Automaten standen den Kunden im Mai 2014 zur Verfügung, mit insgesamt rund 250 000 Fächern. Damit konnten bereits 90 Prozent der Bundesbürger eine der DHL-Packstationen innerhalb von zehn Minuten erreichen.

Präsentation „Paketkonzept 2012", Hamburg 2011

Andrej Busch und Uwe Brinks vom Bereichsvorstand Post – eCommerce – Parcel stellen in Hamburg das neue Paketkonzept vor. Der boomende Internet-Handel erfordert Investitionen in das Paketnetz, in vielen Städten entstehen neue Stützpunkte. Das vorläufig größte Paketzentrum entsteht in Obertshausen mit einer Sortierkapazität von 50 000 Paketen je Stunde.

Umsatz schon 15,7 Millionen Euro, 1998 trat er in den deutschen Markt ein. „Sie machen Klick – wir besorgen den Rest", präsentierte sich die Post wenig später in einem Spot als zuverlässiger Partner der „Internet-Heroes": Yahoo, Amazon, eBay und Dell, der Computerhersteller, dessen Tagesumsätze über das Internet im Jahr 2000 bei fünf Millionen US-Dollar lagen, vertrauten ihre Sendungen der Deutschen Post an – so die Message. Und es sollte noch besser kommen. Um Synergien zu schaffen, wurden 2006 die Bereiche BRIEF und PAKET zusammengelegt und 2014, mit der neuen Strategie, in Post – eCommerce – Parcel umbenannt. Inzwischen positioniert sich Deutsche Post DHL weltweit als Top-Logistiker im Service um den E-Commerce und erobert auch ausländische Märkte. Das Paketnetz wird ständig ausgebaut und gilt als eines der leistungsfähigsten der Welt. Es gibt Fulfillment-Zentren für Kunden wie Amazon, neue Zahlungslösungen und neue Produkte und Services – so ist MeinPaket.de eines der größten Shopping-Portale im deutschen Markt und Allyouneed.com übernimmt die Versorgung mit Lebensmitteln. Thomas Kipp, CEO DHL eCommerce, ist davon überzeugt, dass es noch einiges zu tun gibt – zum Beispiel für die Schwellenländer leistungsfähige Adresssysteme zu entwickeln. Und Andrej Busch, CEO DHL Parcel Europe, sieht E-Commerce sogar in vielen Ländern noch am Anfang der Entwicklung. Hier biete sich dank der fortschrittlichen Technik des Unternehmens eine „historische Chance", Märkte zu erobern.

BORIS MAYER

Die Zeiten, in denen einer sein ganzes Leben bei einer Firma bleibt, sind schon lange vorbei – den Satz hat Boris Mayer schon so oft gehört. Aber er kann sich das vorstellen, „auch wenn es altmodisch klingt". In Bonn fühlt er sich wohl, und der Post ist er sehr verbunden. Geboren in Bayern, hat er sich nach einem Studium in Dresden und dem Berufsstart in Wien längst eingelebt im Rheinland. Hier ist er glücklich mit seiner Frau und den drei kleinen Kindern. Und was immer jemand mit „Work-Life Balance" gemeint haben könnte, Boris Mayer scheint es zu verkörpern: das Familienleben, das ihm große Erfüllung bringt, ein Beruf mit Aufgaben, die ihm Freude bereiten. Als Extra montags Klavierunterricht und dazu, unbedingt, Schokolade. Jeden Tag.

Bei der Post eilt ihm ein Ruf als Erfinder voraus, der ihn heraushebt aus der Schar erfolgreicher Führungskräfte. Mit einem jungen, kreativen Projektteam von 50, 60 Leuten, deren Lebenswege sich Anfang des neuen Jahrtausends in Bonn kreuzten, hat er die Packstation entwickelt. Innerhalb der Konzernstrategie, gegen Kritik abgeschirmt durch Frank Appel, gelang es ihnen, das Projekt auf die Beine zu stellen. Von dieser Zeit und der „verschworenen Clique", die gemeinsam an einem Automaten tüftelte, spricht Boris Mayer mit großer Begeisterung: Nicht nur bei ihm und seiner heutigen Frau, die Teil des Teams war, schlugen die kreativen Funken um in Liebe.

Die Packstation, für die Post patentiert, wurde allein in Deutschland rund 2 500-mal aufgestellt und erleichtert vielen Kunden das Leben. Ob er selbst sie nutzt? „Nur für Retouren." Auch einen Paketkasten braucht die Familie nicht. Weil Boris Mayer alles, aber auch alles online bestellt, hat der Zusteller Zugang zur Garage.

Das Thema Packstation hat er vor einigen Jahren, damals nicht ohne Wehmut, hinter sich gelassen – das Thema Pakete nicht. Schon zu seinen Wiener Zeiten war er mit der Internationalisierung im Paketbereich befasst. In den letzten Jahren hat er dafür gesorgt, dass Transportströme ins europäische Ausland „vernünftig laufen" – nämlich gewinnbringend für die Deutsche Post. 2014 dann der Strategiewechsel, hin zu eigenen Firmen im Ausland. Benelux, Polen, Tschechien. Europa, das ist Boris Mayers Revier, da ist er in Sachen Paketgeschäft unterwegs. Weiter weg, warum? Von der Familie getrennt zu sein, „das ist es nicht wert". Er schätzt die Vielfalt und Schönheit des Kontinents, und er sieht „ein dramatisches Wachstumspotenzial" in fast allen europäischen Ländern.

Boris Mayer (*1967) ist seit 1997 bei DPDHL; er ist Senior Vice President B2C, Parcel Europe, Market and Products

HARALD ULRICH

Die Suche in der Recherche-Datenbank des Deutschen Patent- und Markenamts unter „Deutsche Post" liefert den rot unterlegten Satz: „Trefferliste zu lang, schränken Sie Ihre Recherche ein!" Unter dem Aktenzeichen 101 49 622.2 der langen Liste verbirgt sich „eine elektronische Paketfachanlage und Verfahren zu ihrem Betreiben", angemeldet im Herbst 2001. Zu der Zeit war Harald Ulrich bei der Deutschen Post zuständig für die Umstellung auf den Euro. Nachdem dieser Prozess erfolgreich abgeschlossen war, übernahm Ulrich, der als Diplomkaufmann und Organisationsprogrammierer 1988 zur Post gekommen war, den neuen Bereich Patentmanagement. „Zunächst ging es darum, zu prüfen, ob im Briefbereich aus Bundespostzeiten Patente existierten", erläutert er im Gespräch. Es zeigte sich aber, dass dem nicht so war; selbst postintern entwickelte Verbesserungen, etwa an Sortieranlagen, waren im Zweifel auf dem Konto der Hersteller zu Buche geschlagen. Auch DHL besaß keine Patente. Jetzt aber wurde die Erfolgsgeschichte der Packstation unter neuen Aktenzeichen auf Patenturkunden und Lizenzvereinbarungen weitergeschrieben. Andere Erfindungen kamen hinzu und mussten betreut werden, wie das Navigationssystem NiZA (Navigation in Zustellung und Abholung), das die Post 2004 als Patent anmeldete.

Mit der Gründung des Innovation Centers wurde das Patentmanagement, zu dem neben dem Kaufmann Harald Ulrich einige Ingenieure zählten, dann der internationalen DHL-Welt zugeteilt.

Tatsächlich ist das Geschäft mit Erfindungen, Patenten und Lizenzen kompliziert, unter anderem, weil Patente nach Ländern erteilt werden. So besaß der Konzern im Jahr 2008, als der Wert des Patent-Portfolios zum ersten Mal ermittelt wurde, rund 1 400 Patente beziehungsweise Patentanmeldungen für rund 220 Erfindungen. „Das Tempo, in dem neue Erfindungen gemacht werden und wieder veralten, steigt ständig", erklärt Harald Ulrich, inzwischen bei der Post wieder im Briefbereich tätig. „Das Verfahren des Patentierens dagegen dauert lange, sodass gut überlegt sein muss, was sich zur Anmeldung eignet." Wie viel das ist, belegt der Satz: „Trefferliste zu lang!"

Harald Ulrich (*1957) ist seit 1988 bei der Post und war einige Jahre lang verantwortlich für das Patentmanagement

ANMELDENUMMER 02781121 – DIE PACKSTATION

Ihren Teil zum Erfolg der letzten Jahre trug eine Erfindung bei, die dem Kunden eine sichere, komfortable und zeitgemäße Alternative zur Zustellung frei Haus bietet – unter „elektronische Paketfachanlage und Logistiksystem" beim Deutschen Patent- und Markenamt 2002 angemeldet. 2001 erprobt, hatte die Packstation 2008 schon eine Million Kunden überzeugt. Diese Zahl unterstreiche, dass die Packstation mittlerweile so alltäglich sei wie die Postfiliale oder der Briefkasten, kommentierte Projektleiter Christian Borger den Erfolg. Die Rund-um-die-Uhr-Verfügbarkeit der Packstationen und ihre Verbreitung auch im ländlichen Raum habe sogar, so eine Studie, positive Auswirkungen auf das Konsumverhalten der DHL-Kunden und stärke den Versandhandel. Im zehnten Jahr nach ihrer Einführung an ersten Pilotstandorten in Mainz und Dortmund hatte die Packstation zwei Millionen Kunden überzeugt, und rund 2 500 Automaten mit mehr als 200 000 Fächern standen den Kunden in über 1 600 Städten und Gemeinden für Versand und Abholung zur Verfügung. Die Anlagen – inzwischen fast 3 000 Stück – sind einfach zu bedienen; die Kunden erhalten eine SMS oder E-Mail, wenn ein Paket eingetroffen ist. Als patentierte Erfindung hat die Packstation außerdem mit dazu beigetragen, das Patentmanagement der Deutschen Post als sichtbaren Ausdruck und Gradmesser für Innovation und technischen Fortschritt zu etablieren.

GÜNTER RAFFEL

„Betriebliches Vorschlagswesen gibt es in Deutschland schon seit 150 Jahren." Günter Raffel kennt die Geschichte des Ideenmanagements, die 1872 bei Krupp begann: Anregungen und Vorschläge der Belegschaft zu Verbesserungen seien stets dankbar entgegenzunehmen und zu prüfen, hieß es damals. Mit einer Zettel- und Kummerkastenkultur hat das moderne Ideenmanagement bei DPDHL allerdings nicht mehr viel zu tun. Als 2009 das Europäische Jahr der Kreativität und Innovation ausgerufen wurde mit dem Ziel, durch die „Förderung der menschlichen Begabungen und der menschlichen Innovationsfähigkeit Europa zum Besseren zu gestalten", da hatten die Mitarbeiter der Post in den vorangehenden zehn Jahren bereits rund 1,5 Millionen Ideen eingereicht und dem Unternehmen damit 1,4 Milliarden Euro gespart.

Günter Raffel hatte das Innovationsmanagement der Deutschen Post in dieser Zeit – wie zuvor bei Porsche – in neue Bahnen gelenkt und das behäbige Vorschlags- oder Neuerer-Wesen, wie es in der DDR hieß, zu einem effizienten Instrument geformt. Von rund 8 000 Vorschlägen jährlich explodierte die Zahl eingereichter Ideen auf bis zu 220 000. Wer sich die Mühe macht, seinem Vorschlag eine Wirtschaftlichkeitsberechnung beizugeben, hat bei erfolgreicher Umsetzung die Chance auf bis zu 100 000 Euro Prämie. Für kleinere „Erfinder" gibt es ein Punktekonto und als Anreiz für alle die Mitgliedschaft im „Club der Denker". Nummer eins zu sein über Jahre, und das nicht nur in der Logistikbranche: Günter Raffel kann für seinen Bereich auf unzählige Auszeichnungen stolz sein. Die kleine Denker-Skulptur auf seinem Schreibtisch, verliehen vom Deutschen Institut für Betriebswirtschaft, ist eine davon. „Es geht darum, ein offenes und kreatives Klima zu schaffen" – darin sieht er die Basis für Erfolg. Ohne die Unterstützung der Personalabteilung ginge das nicht. „Ideenmanagement ist Führungsaufgabe", lautet sein Credo. Es sei Aufgabe der Führungskräfte, die Mitarbeiter zum Nachdenken über positive Veränderungen zu motivieren. Das lässt sich auch messen, vergleichen – und honorieren.

Ob sie Prozesse vereinfachen oder Energie sparen, durch pfiffige Vorschläge die Kosten für den Konzern senken – Günter Raffel freut sich über die Ideen „der Praktiker", weltweit.

Günter Raffel (*1951) ist seit 1998 bei DPDHL, er ist Abteilungsleiter Ideen- und Wissensmanagement

KATEŘINA ZRCKOVÁ

Sie ist der beste Beweis, dass schon kleine Dinge Großes bewirken können: Die Tschechin Kateřina Zrcková, die seit 2008 beim DHL-Kundendienst in Prag arbeitet, kam eines Tages auf die Idee, dass man Schadensberichte doch routinemäßig einscannen könnte. Davor wurde zwar zu jeder Schadensmeldung auch ein Report angefertigt, aber dann als Papierdokument abgelegt. Das fand sie umständlich, denn bei jeder Nachfrage musste man sich auf die Suche machen: Rausfinden, wo genau der Schaden entstanden war und den Bericht anfordern, der meist noch aus Handordnern gezogen wurde. Wäre es nicht viel einfacher, jeden Schadensbericht gleich einzuscannen? Das würde viel Mühe ersparen, den Ablauf beschleunigen und wäre insgesamt billiger. Die Idee fanden die Mitglieder der „Global SOP Group", zuständig für globale Abläufe, so gut, dass sie die Neuerung bald auch in anderen Ländern einführten – und Kateřina Zrcková im Jahr 2013 für ihren Verbesserungsvorschlag auszeichneten.

Sie freut sich über die Anerkennung, sagt aber auch: „Das war noch nichts Revolutionäres oder Bahnbrechendes, einfach nur eine Lösung für ein kleines Ärgernis, ganz normal." Inzwischen ist Kateřina Zrcková nach fünf Jahren Kundendienst in die Marketingabteilung gewechselt. Dort kümmert sich die studierte Ökonomin nun unter anderem um Werbung, den Online-Auftritt von DHL sowie die Aktivitäten kleiner und mittlerer Unternehmen. „Ich will das gut machen und habe noch viel zu lernen", sagt sie bescheiden. Bestimmt versieht Kateřina Zrcková ihre Aufgabe auch hier mit offenen Augen. Und vielleicht dreht sie bald wieder ein kleines Rädchen mit großer Wirkung.

Kateřina Zrcková (*1983) ist seit 2008 bei DHL in Prag und dort seit 2013 in der Marketing-Abteilung

„50 Jahre Kraftpost", Plakat, 1955

Festlich begangen wurde das 50-jährige Jubiläum der Kraftpost im Jahr 1955. Faltblätter, eine Briefmarke und Plakate wie das des Hamburger Künstlers Kurt Kranz würdigten den Postreisedienst, der in dem Jahr rund 314 Millionen Fahrgäste beförderte.

2002 hatte der Bereich BRIEF im Rahmen von „STAR" eine Einheit „Patente" eingerichtet und in kurzer Zeit rund 100 Patente angemeldet. Als zentrale neue Instanz für Erfindungen übernahm das Patentmanagement 2005 alle Aufgaben auf diesem Gebiet, unter denen die Entscheidung, ob die Anmeldung einer Erfindung beim Patentamt sinnvoll ist, nur den Anfang macht. Sinnvoll meint in diesem Zusammenhang entweder verhindern, dass ein Konkurrent eine nicht geschützte Erfindung nutzt, oder es kann bedeuten, nach der Anmeldung eines Patents über Lizenzverträge Geld zu verdienen – wie bei der Packstation der Fall.

DAS INNOVATIVE KLIMA

Die Auseinandersetzung mit Neuem gehört für viele Mitarbeiter bei DPDHL zur täglichen Arbeit; es müsse nicht immer um bahnbrechende Innovationen wie das Internet gehen, meint Chief Commercial Officer Bill Meahl und verweist auf den einfachen Versandcontainer, der sich ebenfalls revolutionär auf den Warentransport auswirkte. Und aktuell der 3D-Druck, der das Potenzial habe, Lieferketten zu verändern – denn was passiert, wenn Kunden ihre Ersatzteile selbst drucken? Clemens Beckmann, Leiter des Innovations-Bereichs bei BRIEF, beobachtet mit seinem Team auch andere Märkte und ihre Trends systematisch, um relevante Geschäftsmodelle zu identifizieren und entsprechende Produkte und Services zu erarbeiten. Die Entscheidung, den ADAC Postbus einzuführen, fiel zum Beispiel auf Basis einer Studie über den Mobilitätsmarkt.

Zu den Aufgaben der Führungskräfte zählt auch, ein innovatives Umfeld zu schaffen und das Engagement der Mitarbeiter zu fördern. Denn nicht nur die Entwickler haben in den letzten Jahren zum Ruf des Konzerns als innovativem Unternehmen beigetragen. „Unsere Mitarbeiterinnen und Mitarbeiter sind in der Regel die besten Experten für den eigenen Bereich und wissen am ehesten, wie sich Optimierungen erzielen lassen", ermunterte Personalchef Walter Scheurle 2007 die Beschäftigten, Ideen und Verbesserungsvorschläge einzureichen. 257 Millionen Euro sparte die Deutsche Post allein in jenem Jahr durch die Umsetzung von Vorschlägen der Mitarbeiter. Ein riesiger Sprung seit 1999, als das Corporate Idea Management eingeführt wurde; damals sah es mit 17 800 Vorschlägen noch anders aus.

Seine Wurzeln hat das Ideenmanagement im Betrieblichen Vorschlagswesen, das es bei der Bundespost seit 1960 gab. Auch damals war das Personal aufgefordert, Vorschläge zu machen um die Arbeit zu vereinfachen und zu erleichtern und zu beschleunigen.

Das Geheimnis des Erfolgs sieht Günter Raffel, der Leiter des Ideenmanagements von Deutsche Post DHL, im Engagement der Mitarbeiterinnen und Mitarbeiter, von denen beispielsweise 2011 rein rechnerisch jeder zweite eine Idee eingebracht hatte. Darunter war der Vorschlag, eine zentrale Druckerwerkstatt einzurichten, oder die Idee eines effektiven Reflektionsschutzes für Computermonitore. Man müsse das Einreichen so einfach wie möglich gestalten, erklärt Raffel, „damit die Hemmschwelle sinkt, sich zu melden".

Im Jahr 2010 bekam DPDHL vom unabhängigen Deutschen Institut für Ideen- und Innovationsmanagement den Preis für das beste Ideenmanagement in Deutschland. Die besten Kreativen werden außerdem eingeladen in den „Club der Denker" und für ihre Ideen besonders prämiert. Auch konzernweit gewinnt das Ideenmanagement an Bedeutung und wird in vielen Ländern genutzt, um Abläufe zu verbessern, den Wert von Produkten und Dienstleistungen zu steigern und Kosten zu sparen. Einige der „Erfinder" haben hunderte Ideen eingereicht und sind lebende Beispiele für die These: Kreativität ist Übungssache.

ADAC Postbus

Seit November 2013 gehören gelbe Busse der Post wieder zum Straßenbild in Deutschland. Nach der Liberalisierung des Fernbusmarktes startete die Deutsche Post ihren Buslinienbetrieb, der auf Qualität, Komfort und Sicherheit setzt – zunächst mit dem ADAC, nach dessen Ausstieg alleine. Inzwischen, so der Geschäftsführer der Deutsche Post Mobility GmbH Joachim Wessels, „hat der Postbus sein Versprechen eingelöst, nicht der billigste, aber der beste Fernbus am Markt zu sein". Das Streckennetz wurde kontinuierlich erweitert.

Zustellung an der Küste, Mallorca 2010

Wie entlegen der Zielort auch sein mag und wie kurvenreich oder unwegsam die Anfahrt – es gehört zur Qualität von Deutsche Post DHL, für jeden Kunden eine passende Lösung zu finden. Und auch wenn sich der Fahrer hier auf die Strecke konzentrieren muss – der Blick in die malerische Umgebung entlang der Route ist ein Genuss.

CHRONOLOGIE – ZUVERLÄSSIG, VERTRAUENSWÜRDIG, SICHER

5/2009 Deutsche Post digitalisiert eingehende Korrespondenz für die Bundesagentur für Arbeit: täglich 700 000 Blatt. Dazu kommen in den folgenden fünf Jahren noch 300 Millionen Blatt Bestandsakten

6/2009 Die 2001 eingeführte DHL-Packstation ist eine Erfolgsgeschichte: An 2 000 Stationen deutschlandweit kann man jederzeit und sicher sein Paket abholen

4/2010 Der neue Service „DHL High Value“ bietet Versendern hochwertiger Hightech-Produkte oder anderer wertvoller Güter eine sichere Transportlösung für den europaweiten Warentransport auf der Straße

7/2010 **Die Deutsche Post bringt mit dem kostenpflichtigen E-Postbrief die Qualitätsmerkmale der Briefbeförderung „sicher, verbindlich und verlässlich" in die Welt der elektronischen Kommunikation**

1/2011 DHL Global Forwarding hat für die Automobilindustrie zwei neue Transportlösungen entwickelt. Die zusammenklappbare Transportbox C3SB und das Doppel-Car-Rack vereinfachen die Verladung von Fahrzeugen in Containern und bieten bei Luft-, See- und Landtransport Schutz vor Beschädigungen aufgrund äußerer Einflüsse

2/2011 Konzernweite Datenschutzrichtlinie: Der Bundesbeauftragte für den Datenschutz und die Informationsfreiheit billigt die „Deutsche Post DHL Privacy Policy“

9/2011 DHL ist mit dem DHL SmartSensor GSM zur lückenlosen Kontrolle von Temperatur, Luftfeuchtigkeit und Lichtveränderungen bei hochsensiblen Sendungen Vorreiter auf dem Markt

10/2011 **Der E-Postbrief erhält TÜV-Siegel für seinen hohen Standard an Rechtskonformität, Datenschutz und Sicherheit**

11/2011 DHL hat die DHL Secure Box entwickelt zum Versand hochwertiger Waren, speziell für den Technologiesektor. Die Verpackung ist robust, der Verschlussmechanismus computergestützt

2012 Eine Million Nutzer pro Monat verzeichnet der Postfinder im Internet, mit dem Postkunden stationäre Posteinrichtungen inklusive deren Öffnungs- und Leerungszeiten finden

DHL entwickelt ein Frühwarnsystem, das 20 verschiedene Risiken in den Kategorien Betriebsrisiken, Naturkatastrophen, Unfallgefahren und sozio-politische Risiken misst und bewertet, um die Störungsanfälligkeit von Lieferketten zu minimieren

6/2012 DHL führt eine neue Logistiklösung für umfangreiche Rückrufaktionen in der Automobilindustrie ein

11/2012 Das mTAN-Verfahren wird für Packstationen eingeführt; um eine Sendung abzuholen, sind ein Mobiltelefon und die Registrierung der Mobilfunknummer erforderlich

2013 In der Woche vor Weihnachten sind jeden Tag über sieben Millionen Paketsendungen im Netz, an regulären Tagen sind es drei Millionen

112 000 Quadratmeter Lagerfläche (16 Fußballfelder) im niederländischen Beringe garantieren Technologiekunden von DHL Supply Chain den besten Service

Rund 16 Milliarden Euro an Renten und Pensionen gehen monatlich durch den Rentenservice der Post an Empfänger. 294 000 Zahlungen an Betriebsrentner der DPAG und an Post-Pensionäre. 2,7 Millionen Datenänderungen fallen jährlich an

15 823 Arbeits- und Wegeunfälle verursachten 359 778 Ausfalltage; 81 Prozent der Unfälle ereigneten sich bei der Zustellung

Rund 30 Millionen Anliegen, die per Telefon, Brief, E-Mail oder über Soziale Medien vorgebracht werden, bearbeitet der Kundenservice Brief und Paket im Jahr

– DHL Global Mail ist weiterhin ein zuverlässiger Dienstleister im internationalen Briefgeschäft: Der Umsatz ist gegenüber 2012 um 4,1 Prozent gestiegen

– 486 Mercedes-Sprinter verstärken die Paket-Zustellflotte der Deutschen Post

– 1 500 E-Trikes führt die Post in der Briefzustellung ein

– **6/2013** Hackern gelingt es nicht, das E-Post-System zu knacken. Durch die Analyse der Angriffe beim „Security Cup" können weitere Schutzmaßnahmen abgeleitet werden

– **9/2013** DHL führt nach Köln und dem Ruhrgebiet die Paketzustellung am Abend und die taggleiche Zustellung in Berlin ein. Ab 2/2014 wird dieser Service auch in Hamburg und Stuttgart angeboten

– **11/2013** **Der ADAC Postbus geht mit 30 Fahrzeugen an den Start, das Netz wächst kontinuierlich**

– **12/2013** DPDHL befördert in diesem Jahr 7,816 Milliarden Briefe (davon 6,672 Milliarden Geschäftskundenbriefe) und 1,026 Milliarden Pakete (davon 902 Millionen Geschäftskundenpakete)

– **12/2013** In die neue Postfachanlage in Frankfurt am Main werden rund 50 000 Sendungen für circa 3 000 Kunden in 1 470 Postfächer verteilt

– **2014** Rund 4 000 deutsche Soldaten sind derzeit im Auslandseinsatz; die Feldpost wird über die Feldpostleitstelle in der Major-Karl-Plagge-Kaserne bei Darmstadt, Postleitzahl 64298, geleitet, sortiert und auf die Einsatzgebiete verteilt. Anschließend geht die Post – jährlich etwa 1,5 Millionen Sendungen – entweder per Luftfracht oder Spedition in die Einsatzgebiete. Die Feldposttruppe hat rund 500 Mitarbeiter

– Das Information Security Committee sorgt dafür, dass DPDHL gegen Angriffe auf das IT-System geschützt ist

– DHL Global Forwarding kann Sendungen von Life-Sciences- und Healthcare-Kunden bis minus 150 Grad gekühlt transportieren

– DPDHL hat über 29 500 Verkaufsstellen – Filialen, Verkaufspunkte und DHL-Paketshops – mit rund zwei Millionen Kunden pro Tag. Die durchschnittliche Wochenöffnungszeit der Filialen beträgt 47 Stunden. Das ist eine Steigerung von 160 Prozent gegenüber 1990, als diese bei nur 18 Stunden lag

– Rund 21 Millionen Mitteilungen zur Rentenanpassung hat die Deutsche Post in diesem Jahr an Rentenempfänger im In- und Ausland verschickt

– **3/2014** DHL fliegt die Giraffe Jengo von Frankfurt nach Tel Aviv, damit sie dort in eine Herde eingegliedert wird. DHL transportiert seit 2012 vielerlei bedrohte oder seltene Tiere, darunter Pandas, Gorillas und ein Nashorn. Insgesamt steigt die Zahl der Lebendtier-Transporte von 2 729 im Jahr 2011 auf 4 141 im Jahr 2013

– **5/2014** **2 650 Packstationen mit 250 000 Fächern stehen in 1 600 Orten mehr als fünf Millionen registrierten Kunden in Deutschland zur Verfügung. Neu hinzu kommt jetzt der Postkasten, der am Haus steht und mit einem Chip geöffnet werden kann**

– **6/2014** Zum Gewinn der Fußballweltmeisterschaft stellen die Zusteller der Post 420 000 Bunde mit 42 Millionen Ausgaben der BILD-Extra-Ausgabe zu

– **7/2014** Deutsche Post startet den neuen Service WERT NATIONAL für den Versand von Bargeld und Wertsachen

– **8/2014** DHL liefert auch Möbel und schwere Güter bis zu 4 Kubikmeter und 100 Kilogramm zur Wunschzeit nach Hause

Der Zusteller Wolfgang Gieze-Miezal, Berlin 2012

Es ist sein Traumberuf. Wolfgang Gieze-Miezal verbrachte einige Jahre seines Berufslebens nur im Büro, umso mehr weiß er die Abwechslung zu schätzen, die das Zustellerleben mit sich bringt. Ein paar Stunden drinnen, ein paar Stunden draußen – seit vielen Jahre ist er für die Post und ihre Kunden in Berlin unterwegs. Sein Bezirk in der City West, unweit der Gedächtniskirche, führt ihn die Tauentzienstraße entlang vieler Geschäfte; hier ist es noch so, dass man sich kennt und schätzt, und auch wenn er ein straffes „Programm" zu absolvieren hat, Zeit für ein paar Worte – das muss sein.

POSTTUGENDEN, DIGITAL VERSTÄRKT

Zuverlässig, vertrauenswürdig, sicher

Sendungen zuverlässig und sicher an ihren Bestimmungsort zu befördern gehört seit jeher zu den Tugenden der Post. Darauf beruht ihr Geschäftsmodell: Weil erst Zuverlässigkeit und Sicherheit das Vertrauen schaffen, das Kunden brauchen, um sich täglich millionenfach für Deutsche Post DHL zu entscheiden. Denn die Geschäftspartner müssen sich – für ihre jeweiligen Zwecke – darauf verlassen können, dass Briefe, Dokumente, Päckchen oder heute auch Paletten und Container bei DPDHL in besten Händen sind, dass sie unversehrt und pünktlich ihr Ziel erreichen. Das galt vor 500 Jahren genauso wie heute, für die Postkutsche wie für den Airbus A 300-600, und wird auch morgen ein elementarer Bestandteil der weltweiten Logistik bleiben. Deshalb sind Sicherheit und Zuverlässigkeit bei DPDHL ein sehr hohes Gut. Sie immer wieder aufs Neue zu schaffen und zu garantieren, dafür investiert das Unternehmen nicht nur viel Geld, sondern setzt auch Manpower, großen Sachverstand und modernste Technik ein.

Den historischen und gesetzlichen Rahmen dafür bildet das Briefgeheimnis, ein nicht nur in Deutschland verbrieftes Grundrecht. Auch Artikel 12 der Allgemeinen Erklärung der Menschenrechte aus dem Jahr 1948 schützt den Schriftverkehr gegen willkürliche Eingriffe und bekräftigt den Anspruch auf rechtlichen Schutz bei Zuwiderhandlung. Entsprechend gilt das Briefgeheimnis heute in allen demokratischen Staaten. Dass trotzdem immer wieder gegenteilige Fälle Schlagzeilen machen, nicht zuletzt die DDR das Briefgeheimnis systematisch verletzte, ist nur eine Bestätigung der Regel – und weit mehr als ein Kavaliersdelikt.

Wer das Briefgeheimnis missachtet, macht sich strafbar, das gilt für Behörden wie für Unternehmen und für jeden einzelnen Zusteller. Schon im 17. Jahrhundert wurden dafür drakonische Strafen verhängt. In Deutschland erhielten Delinquenten Schläge am Pranger und wurden des Landes verwiesen. In Frankreich sah eine Verordnung aus dem Jahr 1742 gar die Todesstrafe vor, wenn Postbeamte Briefe und Pakete aufbrachen und darin enthaltene Gegenstände zum eigenen Nutzen unterschlugen. Das alles ist zum Glück Vergangenheit, aber der Straftatbestand gilt unverändert weiter und kann auch Freiheitsstrafen nach sich ziehen. Entsprechend groß ist seit jeher das Interesse der Post an zuverlässigem Personal – die beste Garantie für ihren guten Ruf.

GESETZLICHER UND WIRTSCHAFTLICHER ANSPRUCH

Während das Briefgeheimnis alle schriftlichen Mitteilungen zwischen einem Absender und Empfänger schützt, ist das Postgeheimnis, ebenfalls im Grundgesetz niedergelegt, noch weiter gefasst. Es schützt sämtliche von der Post übermittelten Sendungen, also auch Päckchen und Pakete. Zwar ist Deutsche Post DHL heute keine Bundesbehörde mehr mit hoheitlichen Aufgaben, aber sie bleibt natürlich dem Grundgesetz und damit dem Brief- und Postgeheimnis unterworfen. Was sie zum Zwecke der Beförderung in Obhut nimmt, unterliegt diesen Regelungen. Entsprechend muss auch das private Unternehmen DPDHL sicherstellen, dass es den gesetzlichen Rahmen einhält. Doch hier trifft Pflicht auf Tugend: Schon aus wirtschaftlichen Gründen liegt DPDHL an einem sicheren und verlässlichen Umgang mit den ihr anvertrauten Transportgütern, sodass gesetzliche Vorgaben und Selbstverpflichtung

Halligen-Zusteller Fiede Nissen und sein Nachfolger Johann Petersen, 2014

Nach 37 Jahren und sechs Monaten im Dienst übergab Fiede Nissen im Herbst 2014 sein „Amt" an Johann Petersen. Seither fährt dieser unter „gelber Flagge" und versorgt die Halligen Gröde, Langeneß, Oland und Habel mit Briefen und Paketen. Mitarbeiter der Post aus Bredstedt übergeben ihm die Sendungen am Hafen von Schlüttsiel, was aufs Festland geht, nehmen sie im Gegenzug mit. Bei Ebbe fährt der Halligschipper über den Lorendamm, damit die „Nordsee-Bewohner" rechtzeitig ihre Post bekommen.

WOLFGANG KOCH

Wolfgang Koch fing am 1. März 1990 als Fahrer bei der Deutschen Bundespost an. Er leerte Briefkästen, entlud Flugzeuge und war für die Versorgung der Postfilialen unterwegs. Aber schon ganz am Anfang stellte man ihm in Aussicht, dass er bald zum Chauffeur aufsteigen könnte. Und so kam es auch. Minister, Staatssekretäre, Präsidenten und Vorstände zählten bald zu seinen Fahrgästen. Aktuell fährt er Ken Allen, den Vorstand von DHL Express.
„Absolute Verschwiegenheit, ein sicherer Fahrstil und ständige Präsenz" nennt er als wichtigste Eigenschaften für seinen Job. Und welche Erwartungen hat er an seine Fahrgäste? „Respekt und ab und zu ein Dankeschön", sagt er bescheiden. Einen Unfall hatte er noch nie, selbst eine Panne ist ihm in all den Jahren erspart geblieben – was hoffentlich auch weiterhin so bleibt.
In seiner Freizeit spielt der Vater dreier erwachsener Kinder gern Tennis oder er fährt zum Tauchen. Vor allem im Urlaub in Asien bewegt er sich gern unter Wasser. Im Sommer 2014 hat es ihn nach Vanuatu in die Südsee verschlagen, und natürlich hat er die Gelegenheit genutzt, in den weltweit einzigen Unterwasserbriefkasten Grüße an den Chef und die Kollegen von der Fahrbereitschaft einzuwerfen.

Wolfgang Koch (*1963) ist seit 1990 bei der Post und arbeitet als Vorstandsfahrer

Briefsortierung, 2014

Die Hauptarbeit des Sortierens erledigen Maschinen, die von Mitarbeitern in den Briefzentren bedient werden, aber einige Arbeitsschritte werden „von Hand" ausgeführt.

zusammenkommen und beides zu einem überragenden Ziel des Konzerns machen.

Mit dem internationalen Fokus und einer viel größeren Produktvielfalt als noch vor kaum einem Jahrzehnt haben sich die Anforderungen an Sicherheit und Zuverlässigkeit im Unternehmen in den vergangenen Jahren deutlich erhöht. Ging es früher – vereinfacht ausgedrückt – im Wesentlichen darum, Briefe und Pakete, die durch viele Hände gereicht wurden, ungeöffnet und heil an den Zielort zu befördern, gilt es heute, moderne Technik angemessen in die Logistik einzubauen und dabei trotzdem ein Höchstmaß an Sicherheit zu garantieren. Um diesen Anspruch zu erfüllen, hat DPDHL in den letzten zehn bis fünfzehn Jahren viel unternommen – und dafür auch zahlreiche neue Angebote entwickelt. So gibt es schon seit 2001 die Packstation, die die Sicherheit früherer Paketzustellungen mit den Erfordernissen der heutigen Zeit verbindet, indem sie den Zugang zur Post individualisiert und von Öffnungszeiten entkoppelt hat. Möglich machen das sichere Schließtechniken und Kommunikationsmittel wie SMS, mit deren Hilfe der Kunde eine mTAN zum Öffnen des Packstationsfachs erhält. Über diese insgesamt 250 000 Fächer in Deutschland lassen sich nicht nur Päckchen und Pakete empfangen, sondern auch frankieren und versenden – ebenfalls zu jeder beliebigen Tages- und Nachtzeit.

Seit Mai 2014 ist außerdem der DHL-Postkasten neu im Sortiment, eine Art privatisierte Packstation. Man kann ihn mieten oder kaufen und damit Pakete empfangen wie die tägliche Post im Briefkasten. Er optimiert den Empfängerservice – bei mehr als einer Milliarde Pakete, die DPDHL allein 2013 zugestellt hat, für viele Kunden eine interessante Alternative. Die Paketkästen, in verschiedenen Größen und Designs erhältlich, sind außerdem diebstahlgeschützt. Der Zusteller nutzt einen Schlüsselchip, um den Kasten zu öffnen, und hinterlegt dort die Sendung. Der Empfänger öffnet den Kasten mit dem gleichen Schlüsselchip zu einem Zeitpunkt seiner Wahl: „Die Nachfrage übertrifft alle Erwartungen", beschrieb Frank Appel

STEPHANIE ZACHER

„Sie haben das Abitur in der Tasche und wollen endlich durchstarten? Sie wollen beides, Theorie und Praxis? Sie möchten gerne von Anfang an mitarbeiten und schon während des Studiums finanziell unabhängig sein?" Stephanie Zacher wollte all das, was Deutsche Post DHL mit dem dualen Studiengang anbietet, aber die Plätze sind heiß begehrt: „Es war ein Glücksfall, dass ich angenommen wurde!", meint die junge Chefin der Zustellbasis München 01 mitten im Herzen der bayerischen Hauptstadt. Vielleicht war es doch eher Können als Glück? Schon auf dem Gymnasium in Raubling bei Rosenheim hatte sie eine Schwäche für Mathe, Wirtschaft und Recht. Das passte genau zu einem Studium, das neben der Praxis bei der Post die entsprechende Theorie zu Transport- und Distributionslogistik, aber auch im Bereich Controlling und Finanzmanagement vermittelte – und darüber hinaus bot es die Gelegenheit, in Florida bei DHL Global Mail das internationale Postgeschäft kennenzulernen.

Die Bachelor-Arbeit zum Qualitätsmanagement in der Zustellung war schon der erste Karriereschritt, danach sammelte Stephanie Zacher praktische Erfahrungen als Sachbearbeiterin in einem Münchner Zustellstützpunkt. Nach einer intensiven Vorbereitungsphase übernahm sie im Sommer 2011 die Leitung der Zustellbasis München 01. Dass Pakete „ihr Ding" sind, das wusste sie vom Studium. Aber 120 männliche Mitarbeiter aus aller Herren Länder zu führen, die diese Pakete zustellen – war das nicht eine große Herausforderung? „Die Männer sind mir ohne Vorurteile begegnet", meint Stephanie Zacher bestimmt. Man braucht schon Durchsetzungskraft, aber sie gibt ja keine Kommandos, sondern bespricht Neuerungen in Ruhe. Zusätzlich betreut sie einen Service-Partner mit 30 Angestellten, aber auch das bereitet ihr keine Probleme. Es ist einfach mehr zu organisieren, aber sie liebt diese Arbeit: Sie ist „die Grundlage dafür, dass es gut läuft", davon ist sie überzeugt. Der Rückhalt der Mannschaft ist ihr sicher, und das Thema „Frauen in Führungspositionen" bei der Post sieht sie gelassen: Sie wurde nicht wegen der langen blonden Haare eingestellt, sondern weil sie das fachliche Know-how mitbrachte, und bewähren muss sie sich ja jeden Tag. Von Frauen, die bei der Post Abteilungen übernehmen oder Führungsaufgaben, hört oder liest sie ständig. Und die Aussicht, im Unternehmen weiterzukommen, ist auch für Stephanie Zacher – die sich privat, als leidenschaftlicher Fan der Starbulls Rosenheim, gern mit Freunden zum Eishockey verabredet – eine schöne Perspektive.

Stephanie Zacher (*1987) ist seit Herbst 2010 bei DPDHL und seit Sommer 2011 Leiterin der Zustellbasis München 01

SIMONE SCHULZ

Im Jahr 2007 wurden auf Initiative der Post in allen Teilen Deutschlands die beliebtesten Briefträgerinnen und Briefträger gewählt, insgesamt 1 000 an der Zahl. Simone Schulz ist eine von ihnen. Wer ihr zuhört, wenn sie über ihren Beruf spricht, versteht sofort, warum die Wahl auf sie gefallen ist: Sie mag die Menschen und liebt den Kontakt zu ihren Kunden, denen sie auf ihrem Zustellgang in Biesdorf, einer gutbürgerlichen Gegend in Berlin, oft auch persönlich begegnet.

Seit 2008 macht sie diese Route mit rund 900 Haushalten auf einer Strecke von mehr als 20 Kilometern; da kennt man die Leute mit ihren Wünschen natürlich mit der Zeit. Und vor allem für viele ältere Menschen ist „ihre" Briefträgerin ein Lichtblick, manchmal der einzige am Tag. Die Arbeit ist anstrengend, trotzdem nimmt sich Simone Schulz hier und da Zeit für ein kurzes Gespräch. Ursprünglich hat sie ab 1987 bei der Deutschen Post in der DDR eine Lehre im Fernmeldebereich gemacht, aber nach der Wende und der Geburt ihres Sohnes wechselte sie 1992 in die Zustellung. Gerade in Berlin – ob sie da nicht schlechte Erfahrungen mit Hunden macht? Nein, überhaupt nicht: Es ist nie etwas vorgefallen, und deshalb hat sie auch keine Angst. Ihre Strecke und die tägliche Last von 150 bis 200 Kilogramm bewältigt Simone Schulz mit dem Fahrrad, was dank der praktischen Dienstkleidung bei jedem Wetter möglich ist. Auch nach Dienstschluss oder am Wochenende ist sie gerne an der frischen Luft – dann im eigenen Garten.

Simone Schulz (*1971) ist seit 1987 bei der Post und seit 1992 in Berlin als Zustellerin tätig

KARIN SCHNARR

Wenn andere abends auf dem Heimweg nach Hanau im Stau stehen, fährt Karin Schnarr auf der A3 stadteinwärts Richtung Frankfurt. Meist um 17 Uhr beginnt ihre Schicht, ab Ausfahrt Offenbach-Süd sind es kaum fünf Minuten bis zum Briefzentrum in der Sprendlinger Straße. Dort werden unter dem hell erleuchteten Posthorn die ganze Nacht hindurch Briefe sortiert, wird Post angeliefert und abgeholt. In drei Schichten geht es rund um die Uhr, an sechs Tagen die Woche.

Karin Schnarr ist seit über 25 Jahren bei der Post; seit jeher in der Spätschicht, seit 1997 im Briefzentrum in Offenbach. Als sie anfing, wurde noch alles von Hand sortiert. Das war 1988, beim Postamt in Hanau, wo es einen „kleinen Briefabgang" gab. Ein Bekannter hatte ihr erzählt, dass sie da Leute suchten. Sie war zuerst aushilfsweise da, wurde aber bald übernommen. Als in den 1990er-Jahren die großen Briefzentren gebaut wurden, hat man die kleinen Standorte aufgelöst, auch den in Hanau. Für die Mutter zweier Kinder war es keine Frage, dass sie mit „umziehen" und bei der Post bleiben würde. In der Spätschicht zu arbeiten, fand sie praktisch; so konnte sie tagsüber die Kinder versorgen, ihnen bei den Hausaufgaben helfen, und wenn sie abends zur Arbeit fuhr, war ihr Mann daheim. Außerdem verdiente sie deutlich besser als in ihrem erlernten Beruf als Friseurin.

Leicht ist ihre Arbeit an der Maschine nicht – einer ILVM, der „Integrierten Lese- und Videocodiermaschine". Die typischen gelben Kunststoffbehälter, die bis zu 7 Kilo fassen, werden gekippt, um die Sendungen in die Maschine einzuspeisen, die sie automatisch liest, codiert und dann in 128 Fächer sortiert. Das alles muss die zierliche Frau unter Kontrolle haben: „Vorne sollte die ILVM nicht leer, und hinten sollten die Fächer nicht übervoll laufen" – das ist der Rhythmus, der ihre Arbeit bestimmt.

Ob es Tage gibt, an denen mehr zu tun ist? Karin Schnarr muss nicht lange überlegen: montags, vor allem aber vor Weihnachten ist viel mehr los. Deshalb arbeite sie, wie viele Mitarbeiter des Briefzentrums, in einem flexiblen Arbeitszeitmodell: im Sommer weniger, im Winter mehr. So sei es möglich, den Personalbedarf den Sendungsmengen anzugleichen, erläutert Betriebsleiter Frank Hahn die Regelung, während Karin Schnarr einen gelben Behälter in die Maschine kippt.

Karin Schnarr (*1960) ist seit 1988 bei der Post; sie arbeitet als Sortiererin im Briefzentrum

Briefbehälter, 2014

Transportbetriebsmittel (TBM) ist die offizielle Bezeichnung des gelben Behälters, über den es in der Postwelt heißt: „Der Behälter muss kreisen." In den TBM-Zentren in Deutschland werden sie gesammelt, gesäubert, gestapelt und zurückgeschickt in den Postkreislauf.

unlängst die Reaktionen auf die Neuerung, die 2014 mit dem Kunden-Innovationspreis in der Kategorie Technik ausgezeichnet wurde.

DER E-POSTBRIEF – ELEKTRONISCH UND SICHER

Innovativ in puncto Sicherheit zeigt sich DPDHL auch beim elektronischen Pendant zum herkömmlichen Brief, dem E-Postbrief. Er ist genauso verlässlich und vertraulich wie sein Vorfahr ganz in Papier und Tinte, dabei aber schnell wie eine E-Mail. „Wir machen sichere Schriftkommunikation im Internet für jedermann möglich – das ist eine Revolution", sagte Konzernchef Frank Appel beim Launch des neuen Produktes im Jahr 2010. Vorstandsmitglied Jürgen Gerdes ergänzte seinerzeit: „Wir bringen das Briefgeheimnis ins Internet."

Kunden erhalten, nachdem sie sich registriert haben, eine E-Post-Adresse und können damit Briefe elektronisch verschicken, auch an Adressaten, die selbst kein solches Konto haben. Dann druckt die Post den Brief aus und stellt ihn auf klassische Weise zu – natürlich unter Wahrung des Briefgeheimnisses. Das System, das eine Kombination von Kennungen, Benutzernamen und persönlichem Passwort auf unterschiedlichen Kanälen verwendet, bietet einen sehr hohen Grad an technischer Sicherheit. Die Briefe sind verschlüsselt und mit einer elektronischen Signatur der Deutschen Post versehen, die eine Integritätsprüfung ermöglicht. Damit bestätigt DPDHL dem Empfänger, dass die Nachricht tatsächlich vom angegebenen Absender stammt und ihr Inhalt unverändert ist.

Seit der Einführung 2010 hat der Konzern den E-Postbrief ständig verbessert und

KEMAL GÜNDÜZKANAT

Der Postbote Kemal Gündüzkanat in Frankfurt hat einen ganz besonderen Zustellbezirk, und der besteht aus einem einzigen Gebäude: dem Einkaufszentrum Skyline Plaza. Sein Arbeitstag beginnt frühmorgens in einer der größten Zustellbasen Deutschlands in Frankfurt-Fechenheim, wo rund 120 Zusteller ihre Sendungen sortieren und die Fahrzeuge beladen, erst dann geht es für Kemal Gündüzkanat mit dem 7,5-Tonner vom Posthof Richtung Kundschaft ins Europaviertel. „Frankfurt ist meine Stadt", meint der gut gelaunte Zusteller, der sich vom Verkehr nicht aus der Ruhe bringen lässt, weder morgens noch am Nachmittag. 1977 kam er von Südanatolien nach Deutschland, seit 1992 ist er bei der Post. Das Skyline Plaza kennt er in- und auswendig; von der Tiefgarage aus, wo er das Auto parkt, führt ihn seine Tour durch alle Winkel des Hauses, entlang den Restaurants und dem Wellness-Bereich, dann sind die Läden dran und zum Schluss die Etage mit den Seminarräumen. Zwischen 150 und 200 Päckchen und Pakete hat er an den Mann oder die Frau zu bringen, bewältigt dafür täglich eine Gesamtstrecke von 12 Kilometern – und möchte mit niemandem auf der Welt tauschen. Er war hier im modernen Europaviertel von Frankfurt von Anfang an dabei, und die Tour gefällt ihm so gut, dass er sie bis zur Rente – das ist noch etwas hin – behalten möchte. „Ich kenne hier die Leute fast in jedem Laden", strahlt der sportliche Ü-Fünfziger übers ganze Gesicht und macht sich auf den Weg zum nächsten Kunden.

Kemal Gündüzkanat (*1961) ist seit 1992 bei der Post und arbeitet als Paketzusteller in Frankfurt am Main

Wartung eines Flugzeugs am Hub Leipzig, 2014

Der Unternehmensbereich Express bietet seinen Kunden den zuverlässigen Transport zeitkritischer Dokumente und Güter von Tür zu Tür. Dafür betreibt DPDHL in diesem Bereich ein eigenes Luftnetzwerk mit 155 Düsenflugzeugen. Um den Kunden häufigere Verbindungen und kürzere Laufzeiten zwischen Europa, Asien und Amerika bieten zu können, wird zusätzlich auf Ladekapazitäten von Drittdienstleistern zurückgegriffen.

DHL-Mitarbeiterin am Flyer-Sort, Hub Leipzig

Zurzeit arbeiten 3 500 Menschen am Hub Leipzig, in den kommenden Jahren werden weitere Arbeitsplätze entstehen, denn DHL investiert am Standort Schkeuditz in den nächsten Jahren weiter: in neue Gebäude und Sortieranlagen. Dadurch wächst die Bearbeitungskapazität um mehr als 50 Prozent auf 150 000 Express-Sendungen pro Stunde.

Joachim Gauck und Postvorstand Jürgen Gerdes, März 2011

Auf der CeBIT in Hannover stellte Jürgen Gerdes das „Deutsche Institut für Vertrauen und Sicherheit im Internet" vor. Es klärt über Risiken im Internet auf und fördert Maßnahmen zur Sicherung vertraulicher Kommunikation und sicherer Online-Transaktionen. Joachim Gauck war vor seiner Wahl zum Bundespräsidenten Schirmherr des Instituts, als Nachfolger konnte die Post den früheren Bundespräsidenten Roman Herzog gewinnen.

Übergabe des ULD-Datenschutz-Siegels, 2012

Antonius Sommer, Geschäftsführer der TÜV Informationstechnik GmbH (l.) und Henry Krasemann, Projektleiter vom Referat Datenschutz-Gütesiegel des Unabhängigen Landeszentrums für Datenschutz Schleswig-Holstein (ULD), rechts im Bild, bei der Verleihung des ULD-Datenschutz Gütesiegels an Ralf Wiegand (Mitte), CEO E-Postbrief bei DPDHL, auf der CeBIT 2012. Das ULD bescheinigte damit, dass der E-Postbrief die geltenden Bestimmungen des Datenschutzes und der Datensicherheit erfüllt.

weiterentwickelt: Im Jahr 2013 folgte der erweiterte E-Postbrief, mit dem Träger von Berufsgeheimnissen wie Ärzte oder Anwälte sensible personenbezogene Daten rechtssicher verschicken können. Möglich wurde das durch eine durchgehende sogenannte „Ende-zu-Ende-Verschlüsselung", mit der das Unternehmen zudem einer Forderung des Bundesbeauftragten für den Datenschutz entsprach. Ebenfalls 2013 wurde der E-Postscan eingeführt, ein digitaler Nachsendeauftrag, bei dem Briefe oder Karten auf Papier zunächst eingescannt und dann per E-Post oder einer entsprechenden App auf ein Smartphone oder Tablet zugestellt werden können. Die Vertraulichkeit und das Briefgeheimnis bleiben auch hier gewahrt. Alle E-Postangebote lassen sich zwar vom Ausland aus abrufen, aber ins Ausland verschickt werden können sie – bisher – noch nicht. Früher oder später wird es aber wohl auch für den grenzüberschreitenden Briefverkehr Standards geben. Frank Appel bezeichnete die E-Post auf der Hauptversammlung 2014 jedenfalls als „ein Angebot mit Zukunft". Sie entwickle sich „erfreulich, aller Skepsis zum Trotz".

DATENSCHUTZ ALS VERKAUFSARGUMENT

Beim E-Postbrief genau wie beim klassischen Brief ist der Datenschutz gewissermaßen ein eingebautes Leistungsmerkmal. Doch mit zunehmender Technisierung spielt er generell und bei jedem Kundenkontakt eine immer größere Rolle. Deutsche Post DHL speichert und bearbeitet bei ihrer Arbeit naturgemäß eine Fülle von Daten, auch personenbezogen, von Kunden, Mitarbeitern, Investoren und Geschäftspartnern. Diese Daten gilt es zu schützen, aus Gründen der Compliance, also des gesetzlich angemessenen und sachlich korrekten Umgangs mit solchen Informationen, aber auch, um einen möglichen Imageverlust zu vermeiden. Der sorgsame Umgang mit Daten und Informationen gehört – schon historisch – zum Markenkern von DPDHL, und das Unternehmen setzt alles daran, um diese besondere Qualität in Zeiten umfassender Digitalisierung und zunehmender Globalisierung zu bewahren. Dass das eine ständige Herausforderung bleibt, zeigt allein schon die NSA-Affäre. Der Konzern verfolgt daher permanent eine Fülle von Maßnahmen, um seinem Ruf als sicherer und zuverlässiger Dienstleister gerecht zu bleiben. Unter anderem verpflichtet sich DPDHL, personenbezogene Daten nur zur Abwicklung von Verträgen und in keiner Weise darüber hinaus zu verwenden, weiterzugeben oder gar zu verkaufen.

Außerdem hat das Unternehmen 2011 eine konzernweite Datenschutzrichtlinie verabschiedet, die Grundsätze zum Datenschutz samt Kontrollmechanismen definiert. Die EU-Aufsichtsbehörden haben die Richtlinie geprüft, genehmigt und offiziell anerkannt, sodass nun personenbezogene Daten auf einer abgesicherten und anerkannten Grundlage auch ins Ausland übermittelt werden können. Für ein weltweit agierendes Unternehmen eine Voraussetzung der Geschäftstätigkeit, die aber gleichwohl datenschutzkonform vonstatten gehen soll. „Datenschutz ist ein gutes Verkaufsargument", ist Gabriela Krader, die Datenschutzbeauftragte des Konzerns, überzeugt. „Dem Kunden zeigen zu können, DPDHL nimmt den Datenschutz ernst, ist ein wichtiger Bestandteil unserer Produkte und Dienstleistungen."

Seit 2011 unterstützt DPDHL auch das Deutsche Institut für Vertrauen und Sicherheit im Internet (DIVSI). Diese gemeinnützige GmbH mit Sitz in Hamburg hat die Aufgabe, über Risiken im Internet aufzuklären. In direkter Verbindung dazu steht eine ebenfalls von der Post geponserte Stiftungsprofessur

DETLEV RULAND

Hockey ist schnell, technisch anspruchsvoll und es lehrt Disziplin und taktische Fähigkeiten; ein ausgefeiltes Regelwerk dient dem Schutz der Spieler. Detlev Ruland schätzt diesen Sport, von dem sich vieles auf seine Arbeit übertragen lässt: Als CIO der Division „Post – eCommerce – Parcel" ist er verantwortlich für erfolgreiche IT-Projekte sowie den reibungslosen Betrieb der IT-Systeme und der IT-Infrastruktur – eine zentrale Aufgabe in fast jedem Unternehmen. Detlev Ruland trägt damit auch die Verantwortung für die IT-Sicherheit der Division. Risiken minimieren und so aufgestellt sein, dass eventuelle Angreifer keine Lücke finden, aber auch einen Notfallplan haben, wenn doch etwas passiert – beides ist unerlässlich in seinem Metier. „Es gibt keine hundertprozentige und dauerhafte Sicherheit, jeder Schutz wird irgendwann geknackt" – trotz oder gerade wegen dieser Gewissheit ist der Informatiker weder zu überraschen noch aus der Ruhe zu bringen.

Dass man sich fachlich ständig auf dem Laufenden halten muss, ist für den IT-Chef selbstverständlich, aber er gehört sowieso nicht zu den Menschen, die sich auf Erreichtem ausruhen. Ein Blick auf seinen Karriereweg belegt das: Er studierte Mathematik und Informatik. Auf den Abschluss an der Technischen Hochschule in Aachen folgte die Promotion an der Universität Würzburg, mit knapp 30 hatte er sich habilitiert.

Ob ihm die Erfolge zugefallen sind? Die akademische Karriere habe er weniger seinem Intellekt als vielmehr konsequenter Arbeit zu verdanken, beantwortet Detlev Ruland diese Frage. Nach einem Forschungsaufenthalt im Silicon Valley bei IBM und einer Lehrtätigkeit in Kiel traf er dann die Entscheidung, den akademischen Betrieb um neuer Herausforderungen willen zu verlassen. Ein mutiger Schritt und ein Risiko: Wer sich nicht schnell bewährt in der Wirtschaft, ist bald wieder draußen; Detlev Ruland blieb. Zunächst bei der Siemens AG, danach leitete er das Deutsche Forschungszentrum für Künstliche Intelligenz, dann verbrachte Ruland fast zehn Jahre bei McKinsey & Co. Zur Deutschen Post AG wechselte er 2011 vom Energie-Konzern RWE. Die Arbeit begeistert ihn, es macht ihm Freude, stets nach Verbesserungen und Neuem zu streben. Dass er hohe Maßstäbe anlegt, an sich und seine Mitarbeiter, daraus macht Detlev Ruland keinen Hehl: Man vermeide unnötige Fehler und erfülle die Erwartungen – und gewinne damit das Vertrauen seiner Kollegen und Vorgesetzten. Und dies ist für ihn „der größte Genuss!".

Dr. habil. Detlev Ruland (*1959) ist seit 2011 CIO und Mitglied des Bereichsvorstands der Division „Post – eCommerce – Parcel"

Werksinterne Dienstleistungen im Automotive-Sektor, 2009

Der Sektor Automotive spielt für den Bereich DHL Supply Chain eine wesentliche Rolle. DHL beauftragte in diesem Zusammenhang 2011 eine Studie zur Neubewertung des Lieferketten- und Logistikkonzepts in der Automobilbranche. Dabei ging es auch um die Frage, wie Unternehmen gerüstet sind, um Krisen standhalten zu können.

für Cyber Trust an der Technischen Universität München. Beide beschäftigen sich mit Fragen nach Werten, Spielregeln und Verantwortlichkeiten im Netz. Dabei geht es um einen Balanceakt zwischen Kontrolle und Freiheit, zwischen Sicherheit und Vertrauen, den auch DPDHL ständig vollführen muss, um die Vorteile des Internets in Wert zu setzen und gleichzeitig die Persönlichkeitsrechte zu schützen.

SICHERHEIT AUCH IM AUSLAND

Auch im Ausland ist DPDHL stets um Sicherheit und Zuverlässigkeit bemüht. Das gilt für Standardprodukte wie „Time Definite International" von Express, die bis zu einem bestimmten Zeitpunkt zugestellt sein müssen. Es gilt aber auch für den gesamten Ablauf spezifischer Lieferungen, bei dem der Zoll eine wichtige Rolle spielt. Denn Zollfragen können Beförderungen stark behindern, daran hat auch die größere Freizügigkeit im internationalen Warenverkehr wenig geändert. „Die Zollbelastungen der Waren selbst sind zwar gesunken", sagt der Leiter Zoll und Außenwirtschaft, Reinhard Fischer, „aber gleichzeitig sind die administrativen Anforderungen der Zollverwaltungen gestiegen." Um die restriktiven Vorschriften zu erfüllen, die in zahlreichen Ländern immer noch gang und gäbe sind, muss viel Aufwand betrieben werden, weil die Strafen bei Abweichungen „oft drakonisch" sind, wie Zoll-Experte Fischer erläutert. „Das ist dann sofort ein Riesenkostenblock."

WILLENBORG
Arbeitssicherheit
Businessplan
BI-Bereich
FM 2

DHL-Mitarbeiter mit Transportbehälter

DHL und Deutsche Post halten für den Transport der unterschiedlichsten Güter passende Behälter bereit, seien es Medikamente, Fahrzeuge oder Flüssigkeiten. Seit 2013 bietet Global Forwarding beispielsweise für die Chemie- und Getränkeindustrie mit dem Flexitank ein Produkt zum Transport von unverpackten, nicht gefährlichen Flüssigkeiten an.

Deshalb kümmern sich bei DPDHL weltweit fast 9 000 Mitarbeiterinnen und Mitarbeiter um Zollangelegenheiten, um eine möglichst reibungslose Zustellung bei grenzüberschreitenden Sendungen zu garantieren.

Spezielle Sicherheitsanforderungen bringen auch die modernen und komplexen Lieferketten mit sich, weil schon ein Ausfall irgendwo auf der Welt genügt, um die gesamte Kette brechen zu lassen. Das kann ein Streik in einem Land verursachen, ein Naturereignis, ein Feuer in einem Lager oder der Zusammenbruch eines IT-Systems – und schon ist ein ganzer Wirtschaftszweig gefährdet. Nach der jüngsten Studie „Supply Chain Resilience“ haben 2013 etwa 75 Prozent der befragten Firmen irgendeine Unterbrechung ihrer Produktion erlebt. Solche Risiken zu analysieren und durch alternative Pläne im Vorfeld zu mindern – auch dabei hilft DPDHL ihren Kunden. Etwa, indem die Lieferstruktur verbreitert wird. Im Notfall kann es aber auch ein rasches Umschwenken auf andere Zulieferer bedeuten. „Hier sind wir dann tatsächlich eine Art Katastrophenhelfer“, sagt Mark Parsons von DHL Supply Chain in Großbritannien.

KÜHLER KOPF UND GROSSE WENDIGKEIT GEFRAGT

Unter unvorhersehbaren Einflüssen von außen leiden natürlich nicht nur die Abläufe, sondern auch die Mitarbeiterinnen und Mitarbeiter. In vielen Ländern, in denen DPDHL Geschäfte macht, ist der Ausnahmezustand die

Regel und Unsicherheit Teil des Arbeitsalltags. Ob im Irak, in Libyen oder Syrien, in Afghanistan, Pakistan, Mali, im Südsudan, Jemen oder in der Zentralafrikanischen Republik – überall dort herrscht mindestens latente Krisenstimmung. Und das ist nur ein Ausschnitt der weltweiten Konflikte. In solchen Situationen braucht es neben einem guten internen Informationssystem viel Erfahrung und oft eine Portion Pioniergeist, denn auch dort soll der Betrieb so lange und so sicher und zuverlässig wie möglich aufrechterhalten werden.

Im Irak zum Beispiel haben DHL-Mitarbeiter im Außendienst ihre Scanner, sonst ein übliches Arbeitsinstrument, abgelegt, weil diese immer wieder für Waffen gehalten wurden. Stattdessen verwenden sie die alten Papierformulare und erfassen die Daten später im Büro. Nicht immer sind die Anpassungen so einfach und wirkungsvoll, aber fast immer ist große Flexibilität gefragt. Und es braucht komplexe Sicherheitskonzepte, um die sich im Konzern rund 600 Leute kümmern. Bachi Spiga, zuständig für Express-Operationen im Nahen Osten, fasst die professionelle Herangehensweise in Krisensituationen folgendermaßen zusammen: „Wir sind über die aktuellen Entwicklungen gut informiert. Wir reden mit Leuten vor Ort – und finden Alternativen, wenn es nötig ist."

REINHARD FISCHER

Der Zoll hat es ihm angetan: Reinhard Fischer beschäftigt sich schon sein ganzes Berufsleben lang mit Zollfragen, wenn auch immer wieder an anderer Stelle. Nach einem Studium zum Diplom-Finanzwirt begann er ganz klassisch bei der deutschen Zollverwaltung und blieb dort zehn Jahre, in denen er unter anderem am Düsseldorfer Flughafen arbeitete. Danach folgte ein radikaler Wechsel, von der Beamtenlaufbahn in die freie Wirtschaft: Fischer ging zu Porsche, um dort eine Zollabteilung aufzubauen – „eine attraktive Sache".

Es waren die Jahre nach Ende des Kalten Krieges, als auch eine international geachtete Edelmarke wie Porsche sich rund um den Globus noch neue Märkte erschließen konnte – und dabei natürlich auch viele Zollfragen zu klären hatte. Nach zehn „aufregenden Jahren" mit schnellen Dienstwagen kehrte Reinhard Fischer auch dem schwäbischen Autobauer den Rücken, um bei der Post wiederum eine Zolleinheit aufzubauen. „Das reizte mich, weil das Betätigungsfeld hier einfach größer ist." Also wechselte er nach Bonn, zurück in seine alte Heimat. Der Zollexperte ist in Wevelinghoven aufgewachsen, im Dreieck zwischen Köln, Düsseldorf und Mönchengladbach. Deshalb war Bonn für ihn zwar beruflich eine neue Herausforderung, aber kulturell durchaus vertraut.

Seit 2001 kümmert sich Fischer nun mit seinem Team um alle Zollangelegenheiten im Unternehmen. Er setzt den Rahmen für das operative Geschäft, achtet darauf, dass der Konzern dabei keine Fehler macht, die Schäden und damit Kosten verursachen könnten. Der Zoll gehört bei einem globalen Unternehmen wie DPDHL zum Alltagsgeschäft, weil er immer ins Spiel kommt, wenn Waren Landesgrenzen passieren. Und ständig ändern sich dabei die Vorgaben. Beispiel Russland-Ukraine-Krise: Die Embargo-Beschlüsse aus Brüssel, etwa jene, dass bestimmte Waren nicht mehr befördert werden dürfen, muss DPDHL innerhalb kürzester Zeit umsetzen. Damit das auch geschieht, halten Fischer und seine Mitarbeiter das Unternehmen „kaskadenartig" informiert.

„Da kann keine Langeweile aufkommen", sagt Fischer, der den sicheren Beamtenstatus aufgegeben und das nie bereut hat. Wenn der verheiratete Familienvater trotz der vielen Dienstreisen – gut die Hälfte der Woche ist er unterwegs – noch Zeit findet, dann widmet sich Reinhard Fischer seiner Sammlung alter Motorräder, an denen er „leidenschaftlich gerne herumschraubt".

Reinhard Fischer (*1961) ist seit 2001 Leiter Zoll und Außenwirtschaft

Start der neuen DHL-Zustellbasis in Norderstedt, 2013

Im April 2013 wurde mit dem ersten Spatenstich der Bau einer neuen DHL-Umschlaghalle im Gewerbegebiet Harkshörn in Norderstedt bei Hamburg begonnen, und noch im selben Jahr ging die moderne Zustellbasis in Betrieb. Im Neubau mit rund 4 700 Quadratmetern sind circa 80 Mitarbeiter tätig, die sich zur Eröffnung dem Fotografen stellten. Die Sortierkapazität beträgt rund 40 000 bis 70 000 Pakete wöchentlich.

CHRONOLOGIE – DER ARBEITGEBER DEUTSCHE POST DHL

2008 RainbowNet entsteht, das Netzwerk für lesbische, schwule, bi- und transsexuelle Beschäftigte. Ungeachtet von sexueller Orientierung und Identität sollen die Beschäftigten von DPDHL ihrer Arbeit nachgehen und ihre beruflichen Ziele verfolgen können

11/2010 Deutsche Post DHL erhält den Corporate Health Award 2010 für das Gesundheitsmanagement. Rund 44 000 Maßnahmen jährlich fördern allein in Deutschland die Gesundheit und Sicherheit der Beschäftigten systematisch und nachhaltig

2011 Die fünfte Mitarbeiterbefragung wird durchgeführt. 80 Prozent der Mitarbeiter beteiligen sich. Am besten bewertet werden die Kategorien „Kundenversprechen“ mit 80 Prozent (Vorjahr 77 Prozent), „Zusammenarbeit“ mit 77 Prozent und „Arbeitsbedingungen“ mit 76 Prozent. Auch im Bereich „Aktive Führung“ hat sich das Unternehmen positiv entwickelt

Zum ersten Mal beteiligt sich Deutsche Post DHL weltweit am „Global Volunteer Day“

10/2011 **Deutsche Post DHL führt einen Demografie-Fonds als Säule des „Generationenvertrags“ ein, seines zukünftigen Modells für altersgerechte Arbeit**

11/2011 Der Konzern erhält zum zweiten Mal in Folge den Corporate Health Award in der Kategorie Verkehr/Logistik. Mit der Auszeichnung prämieren *Handelsblatt*, TÜV SÜD Life Service und EuPD Research Unternehmen, die deutschlandweit Standards setzen

Deutsche Post DHL erhält für sein Diversity-Management den Deutschen Diversity Preis 2011, der von *WirtschaftsWoche*, McKinsey & Company und Henkel vergeben wird

Deutsche Post DHL erhält den Award des Human Capital Club, einer 2001 gegründeten Institution mit zahlreichen Partnerorganisationen im deutschsprachigen Raum, darunter die Deutsche Gesellschaft für Personalführung und das Deutsche Netzwerk Wirtschaftsethik. Der Preis zeichnet DPDHL als das DAX-Unternehmen mit der größten personalpolitischen Transparenz aus

2012 DPDHL bietet 2 100 Ausbildungs- und Studienplätze, 1 300 Auszubildende erhalten ein Angebot zur Festanstellung

4/2012 Eine mit ver.di ausgehandelte Lohnerhöhung von 4 Prozent wird wirksam. Zusätzlich stellt die Deutsche Post weitere 0,5 Prozent als Beitrag für den Demografiefonds

5/2012 Angela Titzrath wird erstes weibliches Vorstandsmitglied und übernimmt das Personalressort

9/2012 Mit der feierlichen Eröffnung der betrieblichen Kindertagesstätte „Kiku Kinderland“ bietet der Konzern seinen Beschäftigten in Bonn insgesamt 86 Krippenplätze für Kinder unter drei und 60 Kindergartenplätze für Kinder von drei bis sieben Jahren

2013 Die Deutsche Post DHL ist mit rund 480 000 Beschäftigten einer der zehn größten Arbeitgeber auf der Welt. Von ihnen sind rund 36 Prozent weiblich und 64 Prozent männlich. Etwa 133 000 arbeiten in Deutschland, 183 000 im restlichen Europa, 79 000 in Nord- und Südamerika, 68 000 in Asien/Pazifik und 17 000 in weiteren Regionen

Die Deutsche Post beschäftigt 14 170 Menschen mit einer Behinderung, was einer Beschäftigungsquote im Jahresdurchschnitt von 8,7 Prozent entspricht. Die vergleichbare Quote der privaten Wirtschaft in Deutschland betrug im Jahr 2011 4,0 Prozent

Deutsche Post bietet 2013 in Deutschland 2 160 Ausbildungsplätze in 22 Berufen beziehungsweise 17 Studienfachrichtungen an

Vor zwölf Jahren, 2001, startete das erste Einstiegsqualifizierungsprogramm für benachteiligte Jugendliche. Mit „Perspektive Gelb" werden 2013 im Unternehmensbereich BRIEF rund 500 Praktikumsplätze für junge Menschen zur Verfügung gestellt. In der zwischen sechs und zwölf Monate dauernden Praktikumsphase bereiten qualifizierte Ausbilder die Jugendlichen auf ihre Berufsausbildung zur Fachkraft für Kurier-, Express- und Postdienstleistungen (FKEP) vor. 84 Prozent dieser Jugendlichen werden in die Ausbildung zur FKEP übernommen

3/2013 **Das Erfolgsmodell „Generationenvertrag", die einzigartige und zukunftsweisende Lösung für altersgerechtes Arbeiten, wird mit dem Innovationspreis der deutschen Wirtschaft in der Kategorie „Innovative Personalkonzepte" ausgezeichnet. Mehr als 16 700 Mitarbeiter haben Zeitwertkonten**

5/2013 DPDHL erhält die Auszeichnung „Helfende Hände" vom Deutschen Roten Kreuz. Seit 54 Jahren ist der Konzern Partner des DRK-Blutspendedienstes, insgesamt 42 000 Mitarbeiter haben in diesem Rahmen Blut gespendet

6/2013 Deutsche Post DHL beteiligt sich am ersten Deutschen Diversity-Tag. Allein in Deutschland arbeiten Menschen aus über 150 Nationen für DPDHL

8/2013 **Die Gehälter der rund 130 000 Tarifbeschäftigten steigen mit dem neuen Tarifabschluss um 3,1 Prozent. Im zweiten Schritt werden die Gehälter zum 1. Oktober 2014 um 2,6 Prozent angehoben. Jeder Mitarbeiter erhält über die Laufzeit des Tarifvertrages mindestens einen Bruttobetrag von 2 200 Euro an zusätzlichem Gehalt**

9/2013 Mehr als 100 000 Mitarbeiter, die sich in über 1 600 Projekten in 127 Ländern engagieren: die Bilanz des Freiwilligentages, des weltweiten „Global Volunteer Day" von DPDHL

11/2013 Die Deutsche Post beteiligt sich an der Aktion „Blind Applying". Studenten können sich auf einen dreimonatigen Praktikumsplatz bewerben, wobei sie sich überraschen lassen müssen, wo auf der Welt dieser Platz ist

2014 Angela Titzrath unterzeichnet eine Kooperationsvereinbarung zwischen Deutsche Post AG und der Betriebskrankenkasse (Deutsche BKK). Andreas Schädler, der Vorsitzende des Gesamtbetriebsrats, begrüßt den „Schulterschluss" im Interesse der Gesundheitsförderung

4/2014 Das Top Employer Institut würdigt die Verbesserungen der Arbeitsbedingungen bei DHL in verschiedenen europäischen Ländern. DHL Express hat in den letzten Jahren vielfach Auszeichnungen als vorbildlicher Arbeitgeber erhalten

11/2014 **Aus den zwei Tests der Stiftung Warentest zu Paketdienstleistern ist DHL Paket als Sieger hervorgegangen. Besonders positiv bewerteten die Experten der Verbraucherorganisation im erstmals durchgeführten Corporate Social Responsibility-Test die tariflich geregelten Arbeitsbedingungen der überwiegend fest beschäftigten Mitarbeiter**

4/2015 In Ergänzung des Trainee-Programms „GROW", bei dem exzellente Auszubildende für 18 Monate auf verantwortungsvolle Aufgaben im Konzern vorbereitet werden – beim internationalen Programm im Ausland –, gibt es ab April 2015 für die Fachbereiche Leadership Operations und Sales einen zusätzlichen Programmstart

Zustellerin bei der Hundeschulung, 2013

Mehr als fünf Millionen Hunde leben in Deutschland. Die meisten – wie dieser – sind normalerweise friedliche Tiere, aber wenn eine unbekannte Briefträgerin ihr Territorium betreten will, kann sich das ändern. Um Probleme oder gar Unfälle zu vermeiden, werden die Zusteller von Hundetrainern im Umgang mit den Vierbeinern geschult. Der Erfolg ist messbar: Obwohl die Zahl der Hundebesitzer in Deutschland gestiegen ist, haben sich die Unfälle deutlich verringert.

DIE MENSCHEN MACHEN DEN UNTERSCHIED

Der Arbeitgeber Deutsche Post DHL

CD zur Mitarbeiterbefragung, 2008

Auch akustisch konnten sich Mitarbeiter und Management auf die Mitarbeiterbefragung 2008 einstimmen. Inzwischen wurde diese zum sechsten Mal in Folge durchgeführt. Die Beschäftigten sind konzernweit eingeladen, ihre Meinungen zu äußern und so das direkte Arbeitsumfeld mitzugestalten. Neben den Themenbereichen „Mitarbeiterengagement" und „Aktive Führung" gibt es Fragen zur Akzeptanz der Konzernstrategie und zur Kommunikationskultur im Unternehmen. Auf die jährliche Befragung folgt eine Diskussion der Ergebnisse auf Teamebene, um Verbesserungspotenziale zu nutzen.

Die Logistik ist ein „People Business" – sie verbindet Menschen und ist zugleich angewiesen auf Menschen. Nur mit qualifizierten und engagierten Mitarbeiterinnen und Mitarbeitern lassen sich täglich Millionen von Sendungen durch die ganze Welt befördern. Deshalb ist Deutsche Post DHL nicht nur einer der zehn größten privaten Arbeitgeber weltweit, sondern will auch zu den attraktivsten gehören. Das hat der Vorstand in der „Strategie 2015" als Ziel formuliert und im Jahr 2014 mit der „Strategie 2020" bekräftigt: „Erste Wahl für die Mitarbeiter" lautet der Anspruch. Denn „es sind die Menschen, die den Unterschied machen", wie der langjährige Personalchef Walter Scheurle einst urteilte. Nur so „sind wir in der Lage, die Leistung zu erbringen, die uns auch zur ersten Wahl für unsere Kunden und Investoren macht". Und wenn Frank Appel die Menschen immer wieder als „den entscheidenden Erfolgsfaktor" des Geschäfts bezeichnet, dann stützt er sich dabei auch auf Forschungsergebnisse, die belegen, dass die Motivation der Mitarbeiter weit mehr ist als ein reiner Stimmungsfaktor – sie ist außerdem eine wichtige Voraussetzung für finanziellen Erfolg. Die Personalarbeit zählt deshalb zu den entscheidenden Handlungsfeldern des Unternehmens.

Bei Deutsche Post DHL hat sie sich in den vergangenen Jahren genauso weiterentwickelt wie der Konzern selbst. Ein breites Spektrum an Maßnahmen, Programmen und Aktivitäten zielt darauf ab, das Arbeitsumfeld für die rund 480 000 Mitarbeiter in aller Welt möglichst förderlich und motivierend zu gestalten. Dazu gehört zuallererst eine Unternehmenskultur, die von „Respekt und Resultaten" geprägt ist. Gute finanzielle Ergebnisse sind also nicht die einzige Zielgröße – es geht ebenso um einen offenen und vertrauensvollen Umgang miteinander. Beide Prinzipien bedingen einander und sind zentrale Voraussetzung für langfristig gute Bilanzen. Denn ein Unternehmen, das sich in 220 Ländern und Territorien bewegt, kann ohne gegenseitige Rücksichtnahme und ein respektvolles Miteinander auf Dauer nicht gewinnbringend arbeiten. Dazu gehört auch die Achtung für andere Kulturen und Denkweisen. „Wir haben die ganze Welt in unserer einen Post-Welt", beschrieb die frühere Arbeitsdirektorin Angela Titzrath einmal die Herausforderung, „das müssen wir abbilden."

VIELFALT ALS BEREICHERUNG

Tatsächlich hat sich die Struktur der Mitarbeiterschaft seit der Privatisierung und dem Zukauf von Unternehmen wie DHL, Exel oder Danzas deutlich verändert: Nur noch ein knappes Drittel der Belegschaft arbeitet heute

DHL-Mitarbeiter mit Mentee, 2014

Wer eine herausfordernde Aufgabe sucht und Interesse an einer internationalen Karriere hat, kann diese als Teilnehmer am „International Mentoring Program (IMP)“ voranbringen. Kern des Programms ist ein Zweiergespann aus Mentor und Mentee. Mitarbeiter, die sich durch Kompetenz, internationale Mobilität, Gestaltungswillen, Kritikfähigkeit und hohes Engagement auszeichnen, werden ein Jahr lang von erfahrenen Mentoren begleitet und auf eine Aufgabe als Führungskraft vorbereitet.

in Deutschland. Weit mehr als die Hälfte ist in anderen Ländern beschäftigt. Den größten „Personalblock“ bilden dabei europäische Staaten, gefolgt von Amerika und Asien. Aber es ist nicht nur die kulturelle Vielfalt, die Deutsche Post DHL pflegt und als besondere Stärke betrachtet, sondern auch die persönliche. Niemand soll aufgrund seines Geschlechts, Alters, seiner Hautfarbe, Religion, sexuellen Orientierung, Behinderungen oder sonstiger individueller Merkmale diskriminiert werden. So steht es ausdrücklich im Verhaltenskodex, den das Unternehmen 2006 verabschiedet hat und der seither den „ethischen Kompass“ für den Umgang im Konzern bildet. Untermauert wird dieser Anspruch zum Beispiel durch den Anteil der Mitarbeiter mit Schwerbehinderung in Deutschland, der mit über 8 Prozent auch 2013 deutlich über der vergleichbaren Quote der privaten Wirtschaft lag.

FAIRE LÖHNE, GUTE SOZIALLEISTUNGEN, AUFSTIEGSCHANCEN

Was motiviert Mitarbeiter? Eine spannende Aufgabe, ein sicherer Arbeitsplatz, ein angemessenes Gehalt, gute Sozialleistungen und die Möglichkeit, sich beruflich weiterzuentwickeln. All das sind nach Erkenntnissen der HR-Consulting-Firma Aon Hewitt wichtige

MELANIE KREIS

Als Melanie Kreis 2004 zur Post kam, konnte sie noch nicht ahnen, auf welchen spannenden Posten sie in den nächsten Jahren tätig sein und wie schnell sie aufsteigen würde. Die Physikerin mit Diplom und MBA hat ihr berufliches Rüstzeug zunächst bei der Unternehmensberatung McKinsey erlernt. Dann gelangte sie über ein Private-Equity-Unternehmen zur Post, um – zunächst – im Bereich Konzernentwicklung internationale M&A-Projekte zu betreuen. „Das war für mich ein wirklicher Glückstreffer. Abgesehen von den spannenden beruflichen Perspektiven kam ich von London aus auch zu meinem Mann, der damals schon in Bonn wohnte."

Aus den ersten zwei Akquisitionsprojekten, die sie zu verantworten hatte, wurde erst einmal nichts – auf ihre eigene Empfehlung hin: „No deal is better than a bad deal", ließ sie den damals etwas überraschten Vorstandsvorsitzenden Klaus Zumwinkel wissen. Danach hat sie dann aber maßgeblich an der Akquisition und Integration von Exel, dem größten Zukauf in der Geschichte des Konzerns, mitgewirkt – nur kurzzeitig unterbrochen von der Geburt ihrer ersten Tochter.

Im Jahr 2006 folgte dann die Leitung des Konzernbüros direkt beim Vorstandsvorsitzenden – ein Sprungbrett für höhere Aufgaben. In dieser Funktion beauftragte Frank Appel sie, den schwierigen Verkaufsprozess der Postbank voranzutreiben und zu ordnen. Zusammen mit dem Finanzexperten Bernd Boecken, der eigentlich schon im Ruhestand war, bildete die damals ihr zweites Kind erwartende Managerin das scherzhaft „Der Pensionär und die Schwangere" genannte Expertenteam. Mit wie viel Geschick – und Glück – sie diese Transaktion managten, zeigt allein schon ein Blick auf den Kalender: Der Vertrag mit der neuen Eigentümerin, der Deutschen Bank, wurde am Freitag, dem 12. September 2008, unterzeichnet. Am Wochenende danach folgte die Lehman-Pleite. Und am Montag ging Melanie Kreis in Mutterschutz. Besser konnte man den Verkauf nicht timen.

Die Zutaten für ihren beruflichen Erfolg brachte Melanie Kreis von zu Hause mit: Bescheidenheit, respektvoller Umgang mit anderen und die Gabe, hart arbeiten zu können. Mit der tatkräftigen Unterstützung ihrer Familie hat sie dann auch mit zwei Kindern bald wieder neue, verantwortungsvolle Aufgaben im Konzern übernommen: Nach drei Jahren Corporate Controlling leitete sie ab 2013 den Finanzbereich von DHL Express mit mehr als 5 000 Mitarbeitern in 150 Ländern.

Ende Oktober 2014 ist Melanie Kreis in den Vorstand aufgerückt und dort verantwortlich für Personal. Die neue Herausforderung als Personalchefin von fast 500 000 Mitarbeiterinnen und Mitarbeitern geht sie analytisch und systematisch an, wie jede ihrer Aufgaben zuvor. „Mein Ziel ist es, die Personalarbeit eng an den Anforderungen der Geschäftsbereiche auszurichten – natürlich immer im Einklang mit unserer „Strategie 2020". Entscheidend wird sein, dass wir mit unserer Zuverlässigkeit, Servicebereitschaft und Expertise stetig die Erwartungen unserer Business-Partner übertreffen", beschreibt Kreis ihre neue Aufgabe. Gute Arbeit im Personalbereich könne gerade bei einem Unternehmen wie Deutsche Post DHL ganz wesentlich zum Geschäftserfolg beitragen. „Als Dienstleistungsunternehmen definieren wir uns nämlich maßgeblich über die Qualität und Motivation unserer Mitarbeiter", betont sie.

Dem Unternehmen generell sagt sie weiterhin eine erfolgreiche Zukunft voraus. „Da geht noch mehr nach oben, denn nach 14 Jahren als börsennotiertes Unternehmen befinden wir uns ja erst an der Schwelle zum Erwachsensein."

Dass Melanie Kreis ein gutes Gespür für Trends hat, gilt spätestens seit dem Postbank-Verkauf als bewiesen.

Melanie Kreis (*1971) ist seit 2014 Mitglied des Vorstands und verantwortlich für das Ressort Personal

Auszubildende bei Deutsche Post DHL, 2014

Die Vielfalt der Beschäftigten gehört zu den besonderen Stärken von Deutsche Post DHL. Menschen aus einer Vielzahl von Kulturkreisen und mit den unterschiedlichsten kulturellen Hintergründen arbeiten in einem toleranten Arbeitsumfeld zusammen – einer der Gründe, die das Unternehmen als Arbeitgeber für Auszubildende oder Berufseinsteiger attraktiv machen.

SUSANNA NEZMESKAL-BERGGÖTZ

„Ich bin eine Überzeugungstäterin", sagt Susanna Nezmeskal-Berggötz über sich und ihre Arbeit. Sie sprüht förmlich vor Energie, wenn sie von ihrem Zuständigkeitsgebiet – dem Diversity Management – erzählt. Für sie steht außer Zweifel, dass es dabei nicht nur um die bunte Vielfalt menschlicher Lebensformen und respektvolles Miteinander geht, sondern dass „Diversity" längst auch ein ökonomischer Faktor und Wettbewerbsvorteil ist. „Mit Diversity Management fördern wir die Vielfalt unter den Mitarbeitern, und die sind natürlich motivierter, wenn sie sich eingebunden fühlen. Gleichzeitig werden wir von unseren Kunden, etwa bei Ausschreibungen, und von Rating-Agenturen gefragt, wie wir mit Vielfalt und Chancengleichheit im Konzern umgehen", beschreibt sie die rationale Seite ihrer Aufgabe.

Aber es gibt auch eine persönliche: Die studierte Juristin mit dem ungewöhnlichen Namen ist selbst „ganz klar divers". Ihr Vater stammt aus dem tschechischen Brünn, ihre Mutter aus Italien. Kennengelernt haben sich die beiden in Freiburg. Dort ist Nezmeskal-Berggötz geboren und aufgewachsen, hatte aber wegen der besonderen Familienkonstellation immer schon einen Hang zu kultureller Abwechslung.

Genau das hat sie später am Arbeitgeber Deutsche Post gereizt, bei dem sie nach einer Tätigkeit als Rechtsanwältin Ende der 1990er-Jahre anfing. Es folgten verschiedene operative Aufgaben in Süddeutschland, bis 2005 ein Angebot vom damaligen Arbeitsdirektor Walter Scheurle kam. Ob sie den Bereich „Chancengleichheit", der seinerzeit noch hauptsächlich das Thema Frauen in Deutschland abgedeckt hatte, nicht zu „Diversity" mit internationaler Geltung ausbauen wolle. Sie wollte: „Ich war sofort Feuer und Flamme." Und ist es bis heute, obwohl sie den Job jetzt schon viele Jahre macht. „Es gibt noch so viel zu tun hier", sagt Nezmeskal-Berggötz und kann beim Aufzählen aller bestehenden und künftigen Maßnahmen kaum Luft holen: „Ein Diversity Council, Diversity-Trainings für Führungskräfte, ein Diversity Statement, flexible Arbeitszeitmodelle, Rückkehrmanagement für Eltern, RainbowNet." Sie ist einfach überzeugt von ihrer Sache – und dadurch vollkommen überzeugend.

Susanna Nezmeskal-Berggötz (*1971) ist seit 1999 bei der Post, seit 2005 ist sie Abteilungsleiterin für Corporate Culture und Diversity

Faktoren einer guten Personalpolitik. Attraktiv waren die Arbeitsplätze bei der Post von jeher – sie boten vom hoch qualifizierten Akademiker bis zum Arbeiter jedem ein verlässliches Auskommen. Wer es einmal dorthin geschafft hatte, blieb bis zur Pension. „Einmal Post, immer Post", hieß die Devise. Allein im Jahr 2014 feierten beispielsweise 420 Beschäftigte ihr 50-jähriges Dienstjubiläum. Mit der Umwandlung in ein privates Unternehmen hat sich zwar vieles geändert. Aber Deutsche Post DHL ist weiterhin ein sicherer Arbeitgeber, der seinen Angestellten eine langfristige Perspektive bietet. Der aktuelle Beschäftigungspakt, der in Deutschland betriebsbedingte Kündigungen ausschließt, gilt bis Ende 2015.

Entsprechend treu sind die Mitarbeiter ihrer Post in den vergangenen Jahren geblieben. Das hat nicht zuletzt mit den Gehältern zu tun, die trotz der harten Konkurrenz im Brief- und Paketgeschäft immer noch deutlich über dem Branchenschnitt liegen. „Wir zahlen heute unseren Mitarbeitern teilweise doppelt so viel wie unsere Wettbewerber", kommentierte Frank Appel das Gehaltsgefüge von Deutsche Post DHL im Herbst 2014. Dabei sind die Löhne der meisten Arbeitnehmer in Deutschland in Firmen- oder Branchentarifverträgen geregelt; Von den rund 51 000 Zustellbezirken sind maximal 990 im Paketbereich an Subunternehmer vergeben, die ebenfalls an den Mindestlohn für die Postbranche gebunden sind, der höher liegt als der allgemeine Mindestlohn.

Neben ihren monatlichen Bezügen erhalten viele Mitarbeiter von Deutsche Post DHL eine leistungsbezogene Prämie, die in der Re-

Deutsche Post und ver.di einigen sich über einen Generationenvertrag, 2011

Stephan Teuscher und Andrea Kocsis für ver.di sowie Frank Appel und Uwe Brinks von DPDHL (v. l. n. r.) stellten sich nach den Tarifverhandlungen im Oktober 2011 den Fotografen. Mit der Einführung von Zeitwertkonten und Demografiefonds in das System der bestehenden Tarifverträge betrat man Neuland. Für ältere Mitarbeiter schafft der „Generationenvertrag" die Möglichkeit, mit reduzierter Arbeitszeit bis zur Rente zu arbeiten, gleichzeitig gibt es mehr Möglichkeiten zur Aufnahme junger Menschen in den Betrieb.

gel zwischen 5,0 und 17,5 Prozent vom Jahresgrundgehalt beträgt. Außerhalb Deutschlands richtet sich die Vergütung nach den nationalen Gesetzen und – soweit vorhanden – ebenfalls nach Tarifverträgen. Darüber hinaus bietet Deutsche Post DHL seinen Mitarbeitern in vielen Ländern Altersversorgungssysteme und Pensionspläne. „Wir setzen auf faire Löhne, überdurchschnittliche Sozialleistungen und gute Arbeitsbedingungen", sagt Melanie Kreis, seit Oktober 2014 im Vorstand und dort zuständig für den Personalbereich. Da die Personalkosten bei Deutsche Post DHL den größten Kostenfaktor bilden, müssen sie sich allerdings stets in einem angemessenen Verhältnis zum Umsatz bewegen, um „unser Geschäft und damit Arbeitsplätze auf Dauer zu sichern", sagt Frank Appel in diesem Zusammenhang. „Es geht um eine vernünftige Balance zwischen den berechtigten Ansprüchen der Mitarbeiter nach Lohnerhöhungen und dem Wohl des Unternehmens als Ganzem."

Gute Aufstiegs- und Veränderungsmöglichkeiten machen einen Arbeitgeber ebenfalls attraktiv. Die sind bei Deutsche Post DHL schon durch den weltweiten Aktivitätsradius gegeben. Wer möchte und die passenden Voraussetzungen mitbringt, kann sich innerhalb Deutschlands, aber ebenso global auf Stellenausschreibungen bewerben. Auch die Arbeitszeiten lassen sich dem individuellen Lebensrhythmus anpassen: Die Post bietet eine Vielzahl an Teilzeit-, Elternzeit- und Home-Office-Modellen, die es nicht zuletzt Mitarbeitern mit Kindern oder zu pflegenden Angehörigen ermöglichen, berufliche und private Verpflichtungen zu verbinden.

Dass diese Ansätze erfolgreich sind, zeigt sich unter anderem am steigenden Anteil von Frauen in Führungspositionen. Er liegt aktuell bei rund 20 Prozent weltweit. Ein Wert, der immerhin zwei Prozentpunkte höher als noch 2011 ist. Allerdings sind Frauen auch bei der Post – wie in den meisten Unternehmen – noch nicht ihrem tatsächlichen Beschäftigungsanteil entsprechend auf den Führungsebenen vertreten. Aber das Unternehmen will ihren Anteil weiter steigern und verfolgt dieses Ziel durch eine Vielzahl an Maßnahmen. Dazu gehören Mentoringprogramme und Frauennetzwerke genauso wie flexible Arbeitszeiten und eine wachsende Zahl an Kindertagesstätten.

INNOVATIVER GENERATIONENVERTRAG

Jungen Menschen hat Deutsche Post DHL ebenfalls einiges zu bieten: In über 20 Berufen bildet das Unternehmen aus. Die Bandbreite ist größer als meist bekannt und reicht vom

Zusteller über Bürokaufleute, Mechatroniker, Elektroniker bis hin zur Servicekraft für Dialogmarketing sowie Speditions- und Luftverkehrskaufleuten. Rund 2 000 junge Menschen beginnen hier durchschnittlich jedes Jahr eine Ausbildung oder ein duales Studium, sodass Deutsche Post DHL in Deutschland einer der größten Ausbildungsbetriebe ist. Im Jahr 2015 wird das Unternehmen sogar fast 2 400 Ausbildungsplätze anbieten. Auch das dokumentiert den eigenen sozialen Anspruch.

Damit das Unternehmen angesichts des demografischen Wandels das Know-how seiner Beschäftigten möglichst lange nutzen und jungen Menschen zugleich eine dauerhafte Perspektive bieten kann, wurde inzwischen ein Generationenvertrag geschlossen. Über Zeitwertkonten, auf denen über Jahre ein Teil des Bruttolohns angespart wird, können ältere Mitarbeiter ihre Arbeitszeit gegen Ende ihres Berufslebens reduzieren und danach ohne Abschläge in Rente gehen. Gleichzeitig eröffnet der Generationenvertrag auch zahlreichen jungen Menschen eine dauerhafte Perspektive. Seit 2011 haben rund 5 000 Nachwuchskräfte ein unbefristetes Übernahmeangebot erhalten. „Der Generationenvertrag wird von unseren Mitarbeitern hervorragend angenommen. Bislang legten über 18 000 Kolleginnen und Kollegen ein Zeitwertkonto an", berichtet Melanie Kreis vom Erfolg des Programms. Mehr als 2 000 Beschäftigte haben bereits mit der Altersteilzeit begonnen. Wegen seines zukunftsweisenden Charakters wurde der Generationenvertrag 2013 mit dem Innovationspreis der deutschen Wirtschaft ausgezeichnet.

PETER WORTMANN

Peter Wortmann ist ein „Personaler" im besten Sinne: konstruktiv, nicht konfrontativ; er integriert, grenzt nicht aus. Dazu seine ruhige und besonnene Art. All das hat ihm immer wieder geholfen bei Konflikten zwischen dem Unternehmen auf der einen und den Gewerkschaften und Betriebsräten auf der anderen Seite. Denn Wortmann ist Bereichsleiter Industrial Relations/Beamte und dabei unter anderem für Mitbestimmung, Tarifpolitik sowie Arbeitgeber- und Arbeitnehmerbeziehungen zuständig. Dass es bei Personalfragen auch heikle Themen zu bearbeiten gibt, liegt in der Natur der Sache, macht aber auch den Reiz der Aufgabe aus. Begonnen hat Wortmann seine Karriere bei der Post nach einem Jurastudium 1991 in Lübeck. Danach folgten Einsätze in Siegen und Köln, ehe er schließlich in die Generaldirektion Post nach Bonn wechselte, wo Wortmann noch heute tätig ist. Die Orte änderten sich, der Bereich nicht: Er blieb stets Personaler.

Als er 1995 nach Bonn kam, war der Umbruch des Unternehmens schon in vollem Gange. Die Sanierungskonzepte Fracht, Brief und Filialen begannen zu greifen, hatten aber einen Stellenabbau und die Verlagerung von Arbeitsplätzen zur Folge – und stellten die Personalabteilung vor große Herausforderungen. Das alles hat Peter Wortmann genauso bewältigt und miterlebt wie die spätere Expansion des dann privatisierten Unternehmens ins Ausland. Er hält die Post für einen äußerst attraktiven Arbeitgeber, „der heute Jobs auf der ganzen Welt bieten kann". Dazu kommen gesellschaftliche Programme aller Art. Besonders stolz ist

Wortmann auf das Gesundheitsmanagement bei DPDHL, für das er seit 2013 ebenfalls verantwortlich ist und das den Mitarbeitern auch eine umfassende Vorsorge bietet – von Check up-Untersuchungen bis zur systemischen Beratung. „Wir bearbeiten das Thema ganzheitlich, nachhaltig und systematisch, weil gesunde Mitarbeiter für einen Dienstleister besonders wichtig sind."

Er selbst geht mit gutem Beispiel voran. In seiner Freizeit joggt Wortmann im beschaulichen Königswinter – wo er mit seiner Familie lebt – am Rhein entlang. Die Region Köln/Bonn schätzt er mittlerweile sehr, nicht zuletzt wegen ihres hohen Freizeitwerts und vielfältigen Kulturangebots.

Peter Wortmann (*1962) ist seit 1991 bei der Post. Er ist seit Anfang 2013 Zentralbereichsleiter Industrial Relations/Beamte

BARBARA SCHAGEN

Barbara Schagens Markenzeichen sind die Papierberge; sie verwandeln ihr Büro fast in eine Festung. Wer das für Chaos hält, irrt gewaltig: „Ich habe ein Gedächtnis wie ein Elefant“, kommentiert sie die Stapel, „aber ich muss meine Papiere vor mir sehen, dann weiß ich, was wo drinsteht. Ordner im Schrank nutzen mir nichts.“

Sie spricht mit Leidenschaft über ihren aktuellen Job und ihre Karrierestationen bei der Post – und das waren viele. Im September 1970 startete ihre Laufbahn bei der Deutschen Bundespost, wo es nach der Ausbildung im gehobenen Dienst möglich war, unterschiedliche Bereiche kennenzulernen. 1984, im Jahr, als der Weltpostkongress in Hamburg tagte, kam sie für eine Sommervertretung vom Niederrhein in die Pressestelle des Postministeriums – und blieb in Bonn hängen. Content und Change Management sind seither ihr Metier.

„Meine spannendste Zeit war die, als ich verantwortlich war für die Mitarbeiterkommunikation“, erinnert sie sich an ihre Anfangsjahre bei der reformierten Post und nach dem Mauerfall. „Neue Betriebskonzepte für Paket, Brief und Filialen wurden eingeführt. Kein Stein blieb auf dem anderen, und meine Aufgabe war es, den Mitarbeitern diese Veränderungen zu erklären und schmackhaft zu machen.“

Inzwischen ist sie, nach gut eineinhalb Jahren in der Weiterbildung, unter anderem für die Mitarbeiterbefragung und das Relocation-Management zuständig, das für die Integration der Führungskräfte entscheidende Bedeutung hat. So sorgte sie im Team dafür, dass der Umzug der DHL-Zentrale von Brüssel nach Bonn für alle betroffenen Mitarbeiter problemlos verlief.

Und Papier spielt auch in ihrer Freizeit eine große Rolle, dann allerdings gebunden: Barbara Schagen liest für ihr Leben gern.

Barbara Schagen (*1952) ist seit 1970 bei der Post und seit 2010 Projektleiterin EOS CC (Employee Opinion Survey)

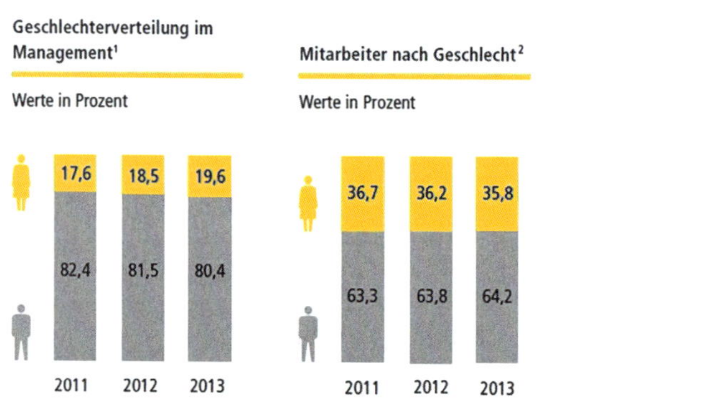

[1] Bezogen auf das obere und mittlere Management

[2] Frauenanteil 2013 deckt 94,3 % der Mitarbeiter (Kopfzahl) ab (2012: 96,3%, 2011: 95,6%)

Geschlechterverteilung der Mitarbeiter bei DPDHL, 2013

Die 30 DAX-Unternehmen, darunter DPDHL, lösten 2011 mit der Festlegung auf konkrete Ziele ihr Versprechen ein, das sie im März desselben Jahres in ihrer Erklärung „Frauen in Führungspositionen“ gegeben hatten. Darin verpflichteten sie sich zu einer nachhaltig ausgerichteten Personalentwicklung, um eine angemessene Vertretung von Frauen in Führungspositionen, insbesondere auch im Top-Management, zu gewährleisten und eine größere Transparenz bei Personalauswahl und Talentmanagement zu schaffen.

ANDREA KRUSE

Andrea Kruse gehört zweifellos zu den erfolgreichen Frauen in Führungspositionen bei der Post, doch abgehoben wirkt sie nicht. Das mag mit ihrer Herkunft zusammenhängen – sie kommt vom Land, aus Niedersachsen –, aber auch mit ihrer Aufgabe: Seit 2010 leitet Andrea Kruse die Niederlassung in Koblenz. Und als wäre das mit 3 300 Mitarbeitern und 60 Standorten nicht schon genug, ist sie seit Anfang 2014 auch noch für die Niederlassung in Saarbrücken zuständig – mit noch einmal 2 200 Beschäftigten.

Was sie zu tun hat, ist sehr konkret: „Ich muss schauen, dass der Laden läuft und dass die Sendungen in einer vernünftigen Zeit von A nach B kommen", sagt sie. Da bleibt wenig Raum für Luftschlösser. Sondern es gehe darum, die Mitarbeiter zu motivieren und auf die gemeinsame Sache einzuschwören. Das macht Andrea Kruse am liebsten im direkten Kontakt: „Ich gehe zu den Leuten, auch morgens um sieben zu den Zustellern, und rede mit ihnen, denn Kommunikation ist wichtig." Ihr Konzept ist offenbar so erfolgreich, dass sich die Mitarbeiter in den regelmäßigen Befragungen zuletzt äußerst zufrieden über ihre Arbeit geäußert haben. Und der Vorstand hat Koblenz schon mehrfach als „Deutschlands beste Niederlassung" ausgezeichnet.

Dass sich ihr Berufsleben einmal so entwickeln würde, hatte sich Andrea Kruse nicht träumen lassen. Nach einer Ausbildung zur Fremdsprachenkorrespondentin fing sie 1989 bei der Post an, die damals noch staatlich war, „weil ich was Sicheres suchte". Sie begann ganz klassisch eine Ausbildung im gehobenen nichttechnischen Dienst. Die Anfangszeit fand sie dann „eher furchtbar", den späteren Wandel von der Behörde zum weltumspannenden Konzern dagegen „einfach genial": weil das privatisierte Unternehmen ihr immer neue Chancen bot. Die nutzte sie gern und gründlich, wechselte häufig die Standorte und stieg dabei fast kontinuierlich auf. Nachteile als Frau hat Andrea Kruse nie empfunden. „Im Gegenteil, es gibt hier immer neue Möglichkeiten, wenn man gut arbeitet und ein bisschen flexibel ist."

Andrea Kruse (*1967) kam 1989 zur Post und leitet die Niederlassungen in Koblenz und Saarbrücken

Eingabe von Briefen in die maschinelle Verarbeitung, 2014

Für Karin Schnarr im Briefzentrum in Offenbach wie für viele Mütter ist die Arbeit in Teilzeit in der Abend- oder Spätschicht eine willkommene Möglichkeit, die Kinder zu versorgen und ein regelmäßiges Einkommen zu erwirtschaften. Seit im 19. Jahrhundert die ersten Beamtinnen bei der badischen Telegrafenverwaltung eingestellt wurden, sind Frauen bei der Post beschäftigt.

ALEX SCHNEIDER

Alex Schneider findet seine Branche äußerst attraktiv: „Weil die Logistik entscheidend zum Wohlstand der Menschen beiträgt." Er meint damit nicht nur die Millionen Pakete und Päckchen, die täglich an Haushalte in aller Welt ausgeliefert werden. Er denkt auch an die Medikamente für Krankenhäuser, das Wasser für Notstandsgebiete, die Decken für Flüchtlinge und die vielen Produkte als Teil langer Herstellungsketten, die DPDHL sicher und zuverlässig rund um den Globus transportiert. Ohne Logistik ist kein wirtschaftlicher Fortschritt und damit kein Wohlstand möglich, lautet seine Überzeugung, etwas verkürzt dargestellt. „Dass sich hier Geschäft mit Sinn verbindet, macht diesen Arbeitgeber so attraktiv", ist Schneider überzeugt.
Und überzeugen muss Alex Schneider auch. Denn er ist zuständig für das sogenannte „Employer Branding", das Personalmarketing: Zusammen mit seiner Abteilung arbeitet er die Stärken der Post als Arbeitgeber heraus und sorgt so dafür, dass der Konzern auf dem Arbeitsmarkt sichtbar ist. Dass Jobsuchende ihn „auf dem Schirm" haben. Bisher scheint das ziemlich gut gelungen zu sein, auch wenn immer noch einige mit der Post eher eine Verwaltung als einen dynamischen Großkonzern verbinden. Aber die Zahl der Bewerber ist in den letzten Jahren kontinuierlich gestiegen, im In- wie im Ausland. „Wer sich mit dem Unternehmen erst einmal beschäftigt", so Alex Schneider, „merkt schnell, dass es ein Universum an Möglichkeiten bietet."

Schneider selbst, studierter Diplomhandelslehrer, ist seit 2003 bei DPDHL und hat sich, obwohl immer Personaler, schon reichlich ausgetobt in diesem Post-Universum. Von der reinen Verwaltung über den direkten Personalbereich und das Recruiting bis hin zum Employer Branding war schon alles dabei. Dass zu den Attraktionen des Arbeitgebers Post neben den Wechselmöglichkeiten, dem sinnstiftenden Geschäft und dem internationalen Ambiente auch die vielen netten Kollegen gehören, dafür ist Alex Schneider selbst der beste Beweis: Er hat dort seine Frau kennengelernt – im Bonner Post Tower.

Alex Schneider (*1971) ist seit 2003 bei der Post und seit 2013 Abteilungsleiter für Personalmarketing und Nachwuchskräfte

LEISTUNGEN FÜR DIE MITARBEITER

Insgesamt geht es dem Unternehmen darum, die eigenen Mitarbeiter „systematisch zu entwickeln und zu fördern", wie es im Geschäftsbericht 2013 heißt, um sie ihren Stärken, Neigungen und Talenten entsprechend möglichst gut im Unternehmen einzusetzen. Dazu gibt es verschiedene Programme und Aktivitäten, um Talente zu fördern und Mitarbeiter und Führungskräfte weiterzuentwickeln. Zu den Leistungen, die Deutsche Post DHL seinen Mitarbeitern bietet, gehört auch ein umfassendes und systematisches Gesundheitsmanagement, das sich am Modell „Healthy Workplace" der Weltgesundheitsorganisation orientiert. Es integriert die vier Bereiche Arbeitsplatzgestaltung, Unternehmenskultur, Stärkung der individuellen Gesundheitsressourcen sowie Unterstützung der Gesamtgesellschaft.

Die diversen Maßnahmen der vergangenen Jahre, um Arbeitgeber erster Wahl zu werden, zeigen Wirkung: Inzwischen ist Deutsche Post DHL ein vielfach als vorbildlich ausgezeichnetes Unternehmen. Vom Top Employers Institute, das weltweit Unternehmen zertifiziert, wurde DHL 2014 in Deutschland, Belgien und Italien als sogenannter „Top Arbeitgeber" prämiert. Dazu kamen allein 2013 insgesamt 57 Preise im Bereich Personalmanagement, davon 24 in Asien und 19 in Europa. Auch das Gesundheitsmanagement wurde häufig ausgezeichnet – unter anderem mit dem renommierten „Corporate Health Award

2013“ in der Branchenkategorie Verkehr/ Handel/Logistik sowie mit dem „Deutschen Unternehmenspreis Gesundheit“. Auch die Medien erkennen das Erreichte zunehmend an. So urteilte zum Beispiel *Die Welt* unlängst, Deutsche Post DHL zähle zu den größten und „zu den besten Arbeitgebern“ in Deutschland. Jenseits der Grenzen scheint sich das ohnehin längst herumgesprochen zu haben. „In vielen Ländern gilt DHL als Garant für berufliche Entwicklung, gutes Einkommen und soziale Sicherheit“, sagt Vorstandsmitglied Melanie Kreis. Ähnlich und doch anders drückt es der japanische Kurier Kento Imazato aus, wenn er stellvertretend für viele andere sagt: „DHL ist eine super Adresse.“

Nächtlicher Blick auf und in ein Briefzentrum, 2014

Nicht nur in den Brief- und Paketzentren von Deutsche Post DHL sind Mitarbeiter rund um die Uhr im Einsatz. In den Lkws sind Fahrer unterwegs, um die Sendungen zur Zieladresse zu befördern. Und überall auf der Welt muss die Sicherheit der IT-Anlagen an 24 Stunden und sieben Tagen in der Woche gewährleistet sein. Für diese Arbeit unter besonderen Bedingungen bietet die Deutsche Post „eine attraktive Entlohnung und die Sozialleistungen eines Großunternehmens“.

Global Road Safety, Plakat, nach 2007

Die Verkehrssicherheit spielt beim Logistikkonzern Deutsche Post DHL eine herausragende Rolle. 2007 startete die Global Road Safety-Initiative, nachdem das Unternehmen die Europäische Charta für Verkehrssicherheit unterzeichnet hatte; 2008 bekam DPDHL den DuPont Safety Award in der Kategorie „Innovativster Ansatz“.

ERSAMMLUNG 2014
Das Leben der Kunden
einfacher machen
Deutsche Post DHL

Hauptversammlung von Deutsche Post DHL, 2014

Bei der Hauptversammlung am 27. Mai 2014 in der Frankfurter Jahrhunderthalle schlugen Vorstand und Aufsichtsrat den Aktionären vor, für das Geschäftsjahr 2013 eine Dividende von 0,80 € je Aktie (Vorjahr: 0,70 €) auszuschütten. Die Ausschüttungsquote betrug bezogen auf das Konzernergebnis 46,2 Prozent.

CHRONOLOGIE – DIE WIRTSCHAFTLICHE ENTWICKLUNG

11/2008 Frank Appel kündigt den Rückzug aus dem nationalen Express-Geschäft in den USA für Ende Januar 2009 an

2009 Die Deutsche Bank übernimmt 29,75 Prozent an der Postbank, mit der Option auf weitere Zukäufe. Die Deutsche Post zieht sich aus dem Bankengeschäft zurück

3/2009 **Der Konzern tritt unter dem Namen Deutsche Post DHL auf. Die neue Konzernstrategie „Strategie 2015" wird vorgestellt, die Konzernstruktur auf Deutsche Post und DHL ausgerichtet**

9/2009 Zusammenbruch von Lehman Brothers – weltweite Finanzkrise und globale Wirtschaftskrise

4/2010 Die Hauptversammlung entlastet Vorstand und Aufsichtsrat mit großer Mehrheit. Es gibt Forderungen der Aktionäre, den Briefbereich abzuspalten, um das Wachstum von DHL zu stärken

8/2010 Das Briefgeschäft hat im ersten Halbjahr 2010 weiter an Gewicht verloren, die DHL-Bereiche haben zugelegt.

2011 Die E-Filiale feiert ihren 10. Geburtstag

10/2011 Die Deutsche Post DHL führt die Funktion eines globalen Chief Commercial Officers (CCO) für DHL ein und bündelt das bereichsübergreifende DHL-Kundenmanagement für die wichtigsten Kunden

2/2012 DPDHL schließt erfolgreich den Ausstieg aus dem Bankgeschäft ab. Die letzten Anteile an der Deutschen Postbank AG werden an die Deutsche Bank AG übertragen

5/2012 Die im Rahmen der „Strategie 2015“ formulierten Ziele werden erreicht

8/2012 Die Deutsche Post DHL wird aufgrund der finanziellen Stabilität und der herausragenden Marktposition im globalen Logistikgeschäft sowie im deutschen Brief- und Paketmarkt von der Rating-Agentur Standard & Poor's mit BBB+ und stabilem Ausblick eingestuft: Die Rating-Agentur Moody's stuft das Unternehmen mit einem entsprechenden Baa1 ein

12/2012 Deutsche Post DHL platziert drei Anleihen über insgesamt zwei Milliarden Euro, um einen weiteren Teil seiner Pensionsverpflichtungen langfristig auszufinanzieren. Das günstige Kapitalmarktumfeld erlaubt dem bonitätsstarken Unternehmen eine Entlastung des operativen Cash-Flows

2013 **Die Jahres-Performance der Postaktie beläuft sich auf 63,9 Prozent (inklusive Dividende). DPDHL zahlt 967 Millionen Euro Dividende an die Aktionäre (gezahlt 2014)**

13,8 Prozent der Postaktionäre kommen aus den USA, 14,8 Prozent aus Großbritannien (2013), 79 Prozent der Postaktien befinden sich im Streubesitz (davon 21 Prozent bei der KfW). Pro Tag werden durchschnittlich 41 Millionen Postaktien gehandelt

DPDHL setzt 55,085 Milliarden Euro um, der Gewinn beträgt 2,1 Milliarden Euro

Im Jahr 2013 wurden in Deutschland 373 737 774 Tonnen Güter auf der Schiene transportiert, 2,1 Prozent mehr als im Vorjahr

— Die Zahl der Mitarbeiter (Durchschnitt, auf Vollkräfte umgerechnet) beläuft sich auf 435 520, der Personalaufwand beträgt 17,8 Milliarden Euro. Fast 20 Prozent der Beschäftigten im Management sind Frauen; der Frauenanteil insgesamt beträgt 35,8 Prozent; 61 Prozent aller Mitarbeiter sind außerhalb Deutschlands tätig

— Fast 100 Millionen Euro Umsatz macht der Konzern mit der Internetbriefmarke zum Selbstausdrucken

— Die Sendungsmenge im Briefbereich steigt insgesamt um 3,1 Prozent auf 7 816 Millionen Stück

— Die Sendungsmenge im Bereich Paket Deutschland steigt um 7,9 Prozent auf 1 026 Millionen Stück

— Der Konzern hat Waren und Dienstleistungen im Wert von rund 9,4 Milliarden Euro zentral eingekauft

— **6/2013** Unter der Nummer 0800 7238604 ist die neue Compliance-Hotline zu erreichen

— **9/2013** **Die Deutsche Post steigt in den Aktienindex EURO STOXX 50 auf, in dem die 50 wichtigsten börsennotierten Unternehmen der Eurozone vertreten sind. Die Postaktie steigt im DAX um 2,9 Prozent auf 22,53 Euro**

— **11/2013** Die britische Royal Mail geht an die Börse

— **2014** DHL ist der wichtigste Logistikpartner von Zalando, der Internet-Händler verschickt über eine Million Pakete im Monat

— 93 Prozent aller Kunden von DHL Express sind Mittelständler

— Die Fahrradzusteller der Deutschen Post legen an jedem Arbeitstag in der Woche rund 243 000 Kilometer zurück

— Die Maut für Containerschiffe, die den Panamakanal passieren wollen, liegt zwischen 50 000 und 250 000 US Dollar. Rund 50 Schiffe nutzen den Kanal täglich

— Durch die Einführung der New Global Tax Function hat DPDHL die eigene Steuerabteilung gestärkt, um Steuerrisiken zu mindern

— **1/2014** 500 000 Euro haben Kollegen seit 2010 für den DPDHL-Hilfsfond gespendet, mit dem in Not geratene Mitarbeiter unterstützt werden

— **4/2014** Deutsche Post DHL hat die erfolgreiche „Strategie 2015“ neu ausgerichtet, um frühzeitig die Weichen für eine weitere positive Entwicklung zu stellen. Die neue „Strategie 2020: Focus.Connect. Grow.“ untermauert den globalen Führungsanspruch des Konzerns in der Logistikbranche und definiert seine strategischen Prioritäten für die kommenden Jahre

— **4/2014** 30 Städte, 60 Busse: Der ADAC Postbus baut sein Angebot weiter aus

— **5/2014** **Die Hauptversammlung beschließt eine Dividendenerhöhung um 10 Cent auf 0,80 Euro, was einer Gesamtsumme von 967 Millionen Euro für die Aktionäre entspricht**

— **1/2015** Das Porto für den Standardbrief national wird auf 62 Cent erhöht, das für den Kompaktbrief national von 90 auf 85 Cent gesenkt

— **Prognose** **Der boomende Online-Handel ist der Megamarkt schlechthin. Prognosen zufolge beträgt das weltweite Volumen allein im B2C-Bereich 2017 1,73 Billionen Dollar; DPDHL ist aktiv dabei**

Die Aktie der Deutschen Post, Erstausgabe November 2000

Rund 400 000 Privatanleger hat Deutsche Post DHL derzeit, die im Schnitt 250 Aktien halten. Sie sind damit im Besitz von rund 10 Prozent der Aktien, die Mehrheit sind institutionelle Investoren aus Deutschland, Europa und den USA, etwa 5 Prozent sind asiatische Investoren.

DER MARKT HONORIERT DIE ERFOLGE

Die wirtschaftliche Entwicklung von Deutsche Post DHL

Sechs Jahre nach der Finanzkrise stellte Konzernchef Frank Appel bei der Hauptversammlung 2014 selbstbewusst fest: „Für Deutsche Post DHL war 2013 ein sehr erfolgreiches Jahr." Mit einem Umsatz von 55 Milliarden Euro, steigenden Gewinnen, einem wachsenden Cash-Flow und einer guten Aktienperformance präsentierte sich das Unternehmen stärker denn je. Zeichen einer wirtschaftlichen Abkühlung trüben die Prognosen zwar kurzfristig ein, auch scheint die Welt äußerst krisenanfällig. Doch in den letzten Jahren ist die Logistik eineinhalb- bis zweimal so schnell gewachsen wie die globale Wirtschaft. „Wir glauben, dass die Tendenz weiterhin stimmt, auch wenn sich das Verhältnis ein bisschen angenähert hat", beurteilt Finanzvorstand Larry Rosen die Lage.

Nach turbulenten Jahren ist die Deutsche Post DHL damit insgesamt gut aufgestellt. Die Zeiten, als alle zwei, drei Monate große Neuigkeiten zu verkünden waren, sind offenbar vorbei. Das Unternehmen hat sein Geschäftsmodell aufgebaut, seinen Platz in der Branche gefunden – und es schreibt inzwischen beachtliche Gewinne. Das heißt nicht, dass sich das Unternehmen nicht ständig weiterentwickeln und den Geschehnissen des Marktes anpassen müsste, aber der große Umschwung, der mit der Umwandlung von einer Behörde zu einem weltumspannenden Unternehmen verbunden war, ist geschafft. Jetzt geht es darum, das Erreichte zu bewahren, durch kluges Wirtschaften zu sichern und zu verbessern. Entsprechend lautet ein Leitspruch des Konzerns heute: „Wir setzen auf unsere Stärken."

Konzernchef Appel spricht in dem Zusammenhang gerne von „organischem Wachstum", manchmal auch von „beschleunigtem organischem Wachstum". Akquisitionen seien jedenfalls auf absehbare Zeit kein Thema, sagt Finanzvorstand Larry Rosen. „Wir haben keine großen strategischen Schwachpunkte mehr, weder bei den Produkten noch geografisch", fasst er die Situation des Unternehmens zusammen. „Deswegen haben wir auch keinen Bedarf für große Akquisitionen." Ein Zufallstreffer hier und da, eine „opportunistische Akquisition", wie Rosen es ausdrückt, wäre allenfalls denkbar, wenn eine Firma, die ins Profil passe, aufgrund eigener Schwierigkeiten günstig zu haben sei. Aber die großen Übernahmen gehören der Vergangenheit an.

Kursverlauf der Aktie der Deutschen Post, 2000 bis 2014

Auf der Bilanzpressekonferenz vor dem Börsengang hatte die Deutsche Post ihr bis dato erfolgreichstes Halbjahresergebnis vorgestellt, und entsprechend positiv verlief der Start an der Börse: Die AKTIE GELB, wie sie zunächst hieß, war achtfach überzeichnet. Danach kam eine schwierige Phase, von der sie sich nur langsam erholte, ein Tief mit der allgemeinen Wirtschaftskrise und dem Ende des Amerika-Inlandsgeschäfts von DPDHL, ehe der Kursverlauf wieder nach oben zeigte und im Frühjahr 2014 auf ein Allzeithoch kletterte.

DAS ENDE DER EXPANSION

Damit bestätigt er das Ende einer Ära, die sich von Mitte der 1990er-Jahre bis zum Jahr 2011 erstreckte – einer Ära, in der sich Deutsche Post DHL einmal um sich selbst gedreht und komplett gewandelt hat. Die Stichworte lauten: Reorganisation des Unternehmens, Übernahme der Postbank, Zukäufe von DHL, Exel und Danzas, Expansion in die ganze Welt, Börsengang, Abschied vom inländischen Amerika-Geschäft, Verkauf der Postbank und Finanzkrise. Diese und viele andere Aktivitäten haben zwar dazu beigetragen, das Unternehmen angesichts des schrumpfenden Briefgeschäfts nachhaltig zu sichern, aber sie haben auch die Kräfte der Mitarbeiterinnen und Mitarbeiter stark beansprucht und das Unternehmen finanziell belastet.

Allein der Rückzug aus dem inländischen DHL-Geschäft in den USA im Jahr 2008 kostete mehrere Milliarden Dollar; fast 15 000 Arbeitsplätze gingen dabei verloren. Das „USA-Abenteuer", wie das Engagement in Nordamerika gelegentlich heißt, hat das Unternehmen finanziell geschwächt und damals auch seinem Ruf geschadet. Im Jahr des Rückzugs, mit dem Zusammenbruch der Lehman Bank zugleich Höhepunkt der Finanzkrise, schrieb der Konzern beim EBIT einen Verlust von 567 Millionen Euro. Ken Allen, seinerzeit für DHL in den USA zuständig, geht davon

		2007	2008	2009	2010	2011	2012	2013
Jahresschlusskurs	€	23,51	11,91	13,49	12,70	11,88	16,60	26,50
Höchstkurs	€	25,65	24,18	13,79	14,46	13,83	16,66	26,71
Tiefstkurs	€	19,95	7,18	6,65	11,18	9,13	11,88	16,51
Anzahl der Aktien	MIO Stück	1.208,2[1]	1.209,0[1]	1.209,0	1.209,0	1.209,0	1.209,0	1.209,0
Marktkapitalisierung zum 31. Dezember	MIO €	28.388	14.399	16.309	15.354	14.363	20.069	32.039
Durchschnittliches Handelsvolumen je Tag	Stück	6.907.270	7.738.509	5.446.920	5.329.779	4.898.924	4.052.323	4.114.460
Jahresperformance mit Dividende	%	6,9	−45,5	18,3	−1,4	−1,3	45,6	63,9
Jahresperformance ohne Dividende	%	2,9	−49,3	13,3	−5,9	−6,5	39,7	59,6
Beta-Faktor[2]		0,68	0,81	0,91	0,95	1,19	0,88	0,86
Ergebnis je Aktie[3]	€	1,15	−1,40	0,53	2,10	0,96	1,36[7]	1,73
Cashflow je Aktie[4]	€	4,27	1,60	−0,48	1,59	1,96	−0,17	2,48
Kurs-Gewinn-Verhältnis[5]		20,4	−8,5	25,5	6,0	12,4	12,2[7]	15,3
Kurs-Cashflow-Verhältnis[4, 6]		5,5	7,4	−28,1	8,0	6,1	−97,6	10,7
Ausschüttungssumme	MIO €	1.087	725	725	786	846	846	967[8]
Ausschüttungsquote	%	78,6	–	112,6	30,9	72,7	51,6	46,2[9]
Dividende je Aktie	€	0,90	0,60	0,60	0,65	0,70	0,70	0,80[8]
Dividendenrendite	%	3,8	5,0	4,4	5,1	5,9	4,2	3,0

[1] Erhöhung aufgrund der Ausübung von Aktienoptionen
[2] Beta drei Jahre; Quelle: Bloomberg
[3] Bezogen auf das Jahresergebnis nach Abzug von nicht beherrschenden Anteilen
[4] Cashflow aus operativer Geschäftstätigkeit
[5] Jahresschlusskurs ÷ Ergebnis je Aktie
[6] Jahresschlusskurs ÷ Cashflow je Aktie
[7] Nach Anwendung von IAS 19R angepasst
[8] Vorschlag
[9] Ohne außerordentliche Effekte: 48,9 %

Mehrjahresübersicht Deutsche-Post-Aktie, 2013

Nicht zuletzt dem boomenden Internet-Handel und florierenden Geschäften in Schwellenländern verdankt die Aktie der Post ihre positive Entwicklung in den vergangenen Jahren. Bis Ende des Jahrzehnts soll ein durchschnittliches jährliches EBIT-Wachstum von rund 8 Prozent erreicht werden. Wichtigster Gewinntreiber mit Blick auf die Ziele bis 2020 bleiben für die Post die DHL-Sparten.

aus, dass sich die Verluste weiter addiert hätten: „Wir haben diese Entscheidung gerade noch im richtigen Moment gefällt." Das Jahr 2008, Frank Appels erstes als neuer Vorstandsvorsitzender, war der bisherige Tiefpunkt von Deutsche Post DHL seit der Privatisierung; es gilt als absolutes Krisenjahr.

Der damalige Finanzvorstand John Allan schwor Mitarbeiter und Aktionäre sofort auf „harte Zeiten" ein. Um das Unternehmen wieder profitabel zu machen, verordnete der Vorstand dem Konzern einen konsequenten Sparkurs. Der Verkauf der Postbank, der auch in diese Phase fiel, brachte DPDHL – verteilt über einige Jahre – immerhin fast fünf Milliarden Euro ein und schuf etwas finanziellen Spielraum. Im Folgejahr stellte Frank Appel die „Strategie 2015" vor, die das Unternehmen fit machen sollte für die Zukunft. Sie beinhaltete neben einer stärkeren Verzahnung der verschiedenen Sparten einen Dreiklang, der bis heute gilt und kürzlich in der „Strategie 2020" eine Fortführung erfahren hat: Indem man der bevorzugte Anbieter für Kunden, ein attraktives Investment für Aktionäre und die erste Wahl für Mitarbeiter werde – „First Choice" für jede der drei Gruppen –, sei es möglich, „DIE Post für Deutschland" zu bleiben und „DER Logistikdienstleister für die Welt" zu werden. Ein neuer Name ergänzte ab März 2009 den inneren Genesungsprozess von außen: Aus Deutsche Post World Net wurde Deutsche Post DHL.

STETIGER AUFWÄRTSTREND

Die Maßnahmen zeigten bald Wirkung: Schon im Jahr 2009 schrieb das Unternehmen mit einem EBIT von 1,47 Milliarden Euro wieder Gewinne. Auch wenn die moderate Erholung zum Teil auf die Erlöse aus dem Postbank-Verkauf zurückzuführen war, so konnte Frank Appel am Ende seines zweiten Amtsjahres doch einigermaßen zufrieden verkünden: „Wir haben die Krise erfolgreich gemeistert." Von da an ging es stetig bergauf: 2,2 Milliarden EBIT im Jahr 2010, 2,4 Milliarden 2011, 2,67 Milliarden 2012 und 2013 schließlich 2,86 Milliarden. Und für 2014 ist ein EBIT von zwischen 2,9 und 3,1 Milliarden geplant. Entsprechend zuversichtlich resümierte Frank Appel bei der Jahreshauptversammlung 2014 in Frankfurt: „Die Finanzsituation von Deutsche Post DHL ist solide. Wir konnten das Konzernjahresergebnis von rund 1,6 Milliarden Euro im Vorjahr auf knapp 2,1 Milliarden Euro im Jahr 2013 verbessern. Das ist ein Zuwachs von einem Drittel." Das EBIT von 2,86 Milliarden Euro soll bis Ende 2016 noch einen weiteren kräftigen Schub erhalten und auf einen Betrag zwischen 3,4 und 3,7 Milliarden Euro steigen.

Maßgeblich beigetragen haben zu den Ergebnissen der letzten Jahre die Bereiche Paket – durch den schwunghaften Internethandel – und Express – durch Sendungen in der ganzen Welt. Insgesamt gehen inzwischen rund drei Viertel des Geschäfts auf das Konto von DHL. Damit haben sich die Gewichte der Geschäftstätigkeit in nicht einmal fünfzehn Jahren deutlich verschoben und zeigen noch einmal, welch fundamentalen Wandel das Unternehmen in dieser Zeit durchlaufen hat: Im Jahr des Börsengangs 2000 entfielen noch rund ein Drittel des Umsatzes und etwa 75 Prozent des operativen Gewinns auf das klassische Geschäft mit dem Brief, das durch die sukzessive Abschaffung des einstigen Briefmonopols und das unaufhaltsame Vordringen

LAWRENCE A. ROSEN

Larry Rosen liebt es direkt und schnörkellos. Deshalb kommt er in der Regel auch sofort zur Sache. Und seine Sache sind die Finanzen bei Deutsche Post DHL: Als Chief Financial Officer ist er der Meister der Zahlen. Er wacht darüber, dass das Unternehmen solide wirtschaftet und erfolgreich an den Kapitalmärkten unterwegs ist. Bei Kennzahlen und Kursen macht ihm deshalb so schnell niemand etwas vor. Damit jongliert der gebürtige Amerikaner mühelos hin und her, kennt alle wichtigen Daten aus dem Kopf und könnte sie wahrscheinlich auch noch im Schlaf aufsagen.

Dass der Aktienkurs 2013 ein Plus von 60 Prozent erzielt hat und damit etwa 30 Prozent besser lag als der DAX-Durchschnitt, ist so ein Zahlen-Beispiel, das Rosen gerne anführt. Aber es geht auch komplizierter: Wer im Jahr des Börsengangs 10 000 Euro investiert habe, rechnet er ebenfalls geschwind vor, verfüge heute inklusive Dividenden über 22 000 Euro. „Das ist kein schlechter Total Shareholder Return", sagt Rosen und freut sich sichtlich über die Erfolge des Unternehmens in den letzten Jahren – und über die Aussichten in den kommenden. Denn Rosen sieht für Deutsche Post DHL wirtschaftlich noch einige „Luft nach oben".

Das war auch der Grund, warum er 2009 die Pharmabranche hinter sich gelassen hat und von Frankfurt nach Bonn gezogen ist. „Ich habe das unglaubliche Potenzial und die innere Stärke des Unternehmens gesehen", sagt er rückblickend. Dieses Potenzial mit zu heben und nach außen sichtbar zu machen betrachtete er als lohnende Herausforderung für sich. Bis dahin hatte der studierte Betriebswirtschaftler mit Logistik nichts zu tun gehabt, sondern fast sein gesamtes Berufsleben in der Pharma- und Gesundheitsbranche zugebracht, zuletzt als Finanzvorstand bei Fresenius Medical Care. Dort hatte er unter anderem die milliardenschwere Übernahme einer amerikanischen Kette von Dialysekliniken begleitet.

„Auch wenn eine Bilanz immer eine Bilanz bleibt, musste ich doch zuerst einiges lernen, über die Branche und die Wettbewerber", erzählt er von seinen Anfängen bei DPDHL. Dieser Aufgabe hat sich Rosen vom ersten Tag an mit viel Einsatz, harter Arbeit und – wie Kollegen erzählen – einer ordentlichen Portion Humor zugewandt. Jetzt, nach fünf Jahren, fühlt er sich „absolut heimisch" bei Deutsche Post DHL, nicht zuletzt, weil er eine „solide und zukunftsträchtige" Finanzstrategie für den Konzern entwickelt hat, die sich auch bei den Investoren allmählich auszahlt. Sichtbarstes Zeichen sind ein wachsender Cash-Flow, ein kontinuierlich steigender Aktienkurs und eine höhere Dividende. „Ich kann mit Fug und Recht sagen, dass wir Kapital und Liquidität effizient managen", fasst er das Erreichte – auch mal ohne Zahlen – kurz zusammen.

Die Logistiksparte zählt für ihn heute zu den interessantesten und attraktivsten Branchen weltweit. Mangel, wenn überhaupt, empfindet der Amerikaner, der seit zwanzig Jahren in Deutschland lebt und fließend Deutsch spricht, höchstens in der Freizeit: Er vermisst seine Familie, die größtenteils in den USA lebt, amerikanische Football-Abende und gelegentlich „auch mal ein gutes Steak". Bei Deutsche Post DHL aber schöpft der CFO aus dem Vollen.

Lawrence A. Rosen (*1957) ist seit 2009 bei Deutsche Post DHL Mitglied des Vorstands, Bereich Finanzen

Geschäftsberichte der Deutschen Post, 2014

Nicht nur beim Geschäft mit den Kunden, auch bei dessen Darstellung im Geschäftsbericht legt der Konzern Wert auf Qualität: Mehrfach belegte er den Spitzenplatz bei Bewertungen der DAX-Konzern-Geschäftsberichte durch ein großes Wirtschaftsmagazin.

Martin Ziegenbalg (links) und Frank Appel, 2014

Vor der Hauptversammlung 2014 unterhalten sich Martin Ziegenbalg, der seit vielen Jahren den Bereich Investor Relations bei DPDHL verantwortet, und Konzernchef Frank Appel. Seit einigen Jahren ist die Hauptversammlung live im Internet zu verfolgen.

der digitalen Kommunikation seither stark unter Druck geraten ist. Das gesamte Logistik- und Expressgeschäft machte damals nur rund 42 Prozent des Umsatzes und gerade einmal 7 Prozent des operativen Gewinns aus, den Rest steuerte die Postbank bei. Inzwischen ist das Bild ein gänzlich anderes: Die Logistik mit den drei DHL-Bereichen Express, Global Forwarding, Freight sowie Supply Chain ist längst zum Hauptumsatz- und -ergebnisbringer des Konzerns geworden – und mit ihrem einzigartigen globalen Netzwerk auch der wichtigste Wachstumstreiber des Unternehmens, vor allem in aufstrebenden Schwellenländern wie China, Brasilien, Mexiko und einigen mehr. Der Briefbereich, inzwischen Post – eCommerce – Parcel, hat das sinkende Briefaufkommen durch den vom Internet-Boom getriebenen Pakethandel und Innovationen, die kundenfreundliche Lösungen ermöglichen, aber auch zur Kostensenkung beitragen, weitgehend wettgemacht.

„Der physische Brief bleibt ein Sorgenkind", sagt Finanzvorstand Larry Rosen, denn es würden immer weniger geschrieben und verschickt – „die E-Substitution geht weiter". Gleichzeitig wächst der Pakethandel, um 5 bis 7 Prozent bis zum Jahr 2020, so Rosens Prognose. „Deshalb müssen wir den Ausgleich dieser gegenläufigen Trends zwischen einem leicht schrumpfenden Briefmarkt und einem schnell wachsenden Paketmarkt gut managen." Bisher ist das gelungen, die Geschäftsergebnisse der vergangenen Jahre sprechen für sich.

SOLIDE AUCH BEI DER LIQUIDITÄT

Erfolge zeigen sich vor allem auch in einem wachsenden Cash-Flow – ein wichtiger Indikator für die Liquidität eines Unternehmens. Die Verwandlung zum Weltkonzern hat Deutsche Post DHL zu einem guten Teil mit Erlösen aus Immobilienverkäufen finanziert: von Postämtern, Lagern und Briefzentren in attraktiven Innenstadtlagen, die das Unternehmen bei der Privatisierung bekommen, aber nicht länger benötigt hat. Dank steigender Immobilienpreise konnten sie gut verkauft werden.

Über die Jahre habe die Post, so berichtet Rosen, immer mehr investiert, als das operative Geschäft selbst generiert habe: zunächst für die großen Akquisitionen, später verschlang die Umstrukturierung in den USA, aber nicht nur dort, große Beträge. „Irgendwann wird das kritisch. Man kann als Privatperson nicht 30 000 Euro im Jahr verdienen und immerzu 40 000 Euro ausgeben." Deshalb habe man sich auch in dieser Hinsicht dringend konsolidieren müssen, erklärt der Finanzvorstand. „Wir mussten zeigen, dass wir ohne diese Sondereffekte genug verdienen können, um unsere Kosten samt Dividenden zu decken." Das öffentlich erklärte Ziel für 2013 lautete daher, mehr Cash-Flow zu erwirtschaften, als für die Dividenden des Vorjahres gebraucht worden waren. Das ist Deutsche Post DHL dann auch gelungen.

Der operative Cash-Flow hat sich 2013 auf knapp 3 Milliarden Euro verbessert, während der Vorstand 2012 noch einen Mittelabfluss zu berichten hatte. Die gute finanzielle Lage zeigte sich an den günstigen Konditionen zur Refinanzierung am Kapitalmarkt. So konnte Deutsche Post DHL im Jahr 2013 eine langjährige Kreditlinie vorzeitig und zu verbesserten Bedingungen erneuern sowie zwei Anleihen in einem Gesamtvolumen von 1 Milliarde Euro platzieren. Für das Jahr 2014 erwartet die Unternehmensspitze, dass sich der Cash-Flow weiterhin positiv entwickelt und tendenziell der jeweiligen Entwicklung des EBIT folgt – damit die beiden Messgrößen nicht, wie in früheren Jahren, zwei auseinanderklaffende

Linien bilden. „Das war sehr wichtig, für die Mitarbeiter und für unsere Zukunft als Unternehmen", sagt Finanzvorstand Rosen.

DER MARKT HONORIERT DIE ERFOLGE

All diese Erfolge haben im Laufe der Zeit auch das Vertrauen der Investoren wachsen lassen. Die Aktie hat sich 2013 zum dritten Mal in Folge stärker als der deutsche Leitindex DAX entwickelt, und zwar um rund 30 Prozent. Im September wurde sie in den EURO STOXX 50 aufgenommen. Der Schlusskurs lag Ende 2013 bei 26,50 Euro – ein Plus von fast 60 Prozent im Vergleich zum Vorjahr. Im selben Jahr schloss die Aktie im DAX und im EURO STOXX 50 als zweitstärkster Wert ab, Analysten empfahlen das Wertpapier mehrheitlich zum Kauf. Die Dividende erhöhte sich von 70 auf 80 Cent, die dritte Steigerung seit 2009. Damit hatte sie fast wieder den Spitzenwert für das Jahr 2007 erreicht. Damals, kurz vor dem Krisenjahr 2008, betrug der Dividendenwert 90 Cent. „Wir können damit zufrieden sein, dass der Markt die Arbeit inzwischen honoriert, die wir in den Jahren der Restrukturierung geleistet haben", beurteilt der Leiter von Investor Relations Martin Ziegenbalg die Kursentwicklung. „Die Bewertungsabschläge, die wir lange Zeit erfahren mussten, schwinden jetzt langsam."

Nach dem erfolgreichen Börsenstart war die Aktie lange Zeit „auf der Stelle getreten", wie Ziegenbalg es formuliert. Doch parallel

MARTIN ZIEGENBALG

Martin Ziegenbalg ist ein Wandler zwischen den Welten. Er erklärt der einen Seite die andere – den Investoren den Konzern – und nimmt damit eine unverzichtbare Vermittlerfunktion ein. Als Leiter des Bereichs Investor Relations hat er vor allem die Aufgabe, den Analysten auf den Kapitalmärkten das Innenleben des Unternehmens näherzubringen, ihnen die jüngsten Geschäftszahlen und die Strategie des Vorstands zu erläutern. Investoren brauchen solide Informationen für ihre Anlageentscheidungen. Deshalb ist der Kontakt dorthin so wichtig. Das gilt neben den großen institutionellen Anlegern auch für jeden der etwa 440 000 „kleinen" Aktienbesitzer. Auch sie wollen wissen, wo das Unternehmen heute steht und morgen hinsteuert. Und deshalb setzt Martin Ziegenbalg mit seiner Abteilung alles daran, die Investoren so gut und so schnell wie möglich über die neuesten Entwicklungen im Konzern zu unterrichten: „Wir erklären ihnen unser Geschäftsmodell. Wir erzählen die Equity-Story."

Wie das geht, weiß er aus langjähriger Erfahrung. Bevor Ziegenbalg im Jahr 2002 den neu geschaffenen Zentralbereich Investor Relations übernahm, war der studierte Betriebswirt nämlich selbst jahrelang als Investmentbanker und Analyst tätig. Zuerst bei der Dresdner Bank in New York und London, später bei der Deutschen Bank in Frankfurt. Dort hatte er unter anderem mit dem Börsengang der Deutschen Post zu tun – so kamen der Kontakt zu seinem heutigen Arbeitgeber und später der Seitenwechsel zustande. „Bei Familie und Freunden gab es da zuerst ein bisschen Erklärungsbedarf", erinnert sich Ziegenbalg, „denn die Post hatte damals noch nicht so den dynamischen Anflug." Die Stelle reizte ihn dennoch, weil das Unternehmen ein Börsenneuling war und die Aufgabe erst noch mit Leben erfüllt werden musste, also kreatives Potenzial bot.

Doch sein Auftrag endet nicht bei den Investoren. Er ist auch Nachrichtenübermittler ins Haus, gewissermaßen Anwalt der Investoren im Unternehmen. Was er und seine Leute von den Kapitalmärkten hören, welchen Trends man dort nachspürt, wo man Probleme heraufziehen sieht – all das sind wertvolle Informationen, die seine Abteilung aufbereitet und in den Konzern zurückspielt. „Ich habe eine aufklärerische Aufgabe nach außen – und innen", fasst Ziegenbalg seine Tätigkeit zusammen, die ihn mehr als ein Drittel des Jahres auf Reisen um die ganze Welt führt. Ob Roadshow oder Einzelgespräch, Vortrag oder Namensartikel, sein Job ist immer ein Spagat zwischen geschliffener Kommunikation und belastbarer Fachinformation. Und diesen Spagat beherrscht Martin Ziegenbalg deshalb so gut, weil er nicht nur zwischen zwei Welten wandelt – sondern auch beide kennt.

Martin Ziegenbalg (*1964) ist seit 2002 bei DPDHL, er ist Zentralbereichsleiter Investor Relations

DHL-Zustellung mit dem Boot, Venedig, 2010

Auskunft über den Umfang der Geschäfte von DHL in einzelnen Ländern gibt im Internet die „DHL Capabilities World Map“, auf der Italien Ende 2014 mit 850 Stützpunkten, 73 702 Kunden und 90 590 pro Tag umgeschlagenen Containern, Paketen und Briefen vertreten war.

zum Konsolidierungskurs Appels erholte sich der Kurs sukzessive. Die Dividende stieg von 60 Cent im Jahr 2008 auf 80 Cent 2013. Wer durchgehalten hat, konnte schöne Gewinne machen, wie folgendes Rechenbeispiel zeigt: Wer beim Börsengang 2 050 Euro für 100 Aktien angelegt hat, hätte beim Verkauf am 27. Juni 2014, inklusive reinvestierter Dividende und Bonusaktien, einen Betrag von 4 692 Euro erzielt. Das entsprach zum damaligen Zeitpunkt einer Rendite von insgesamt 128 Prozent oder jährlich etwa 6,3 Prozent. Zum Vergleich: Der DAX stieg im gleichen Zeitraum um 45 Prozent.

INSTITUTIONELLE ANLEGER IN DER MEHRHEIT

Etwa 20 Prozent der Aktien werden stellvertretend für den Bund immer noch von der Staatsbank KfW gehalten. Die große Mehrheit mit weit über 60 Prozent aber liegt bei institutionellen Investoren, gleichmäßig verteilt mit einem Drittel auf Deutschland, einem im restlichen Europa und einem weiteren Drittel in den USA. Die letzten 10 Prozent halten Kleinaktionäre, etwa eine halbe Million an der Zahl. Sie seien eher konservativ, sagt Ziegenbalg, wollten ihr Geld sicher anlegen – „und nachts gut schlafen". Dieses Profil hat sich über die Jahre nicht geändert, außer dass die „Gelegenheitsaktionäre" mit fünf bis zehn Papieren im Depot eher abgenommen haben. Im Schnitt besitzen die Aktionäre heute relativ konstant 250 Stück – auch das ist ein Zeichen für Solidität.

BERND SCHARTMANN

Seine „gesunde Skepsis" im Beruf hat die Lebensfreude des Rheinländers Bernd Schartmann kein bisschen getrübt. „Ich gehe optimistisch durchs Leben und blicke auch so in die Zukunft", bekräftigt der Chefrevisor von DPDHL seine positive Einstellung.

Seit Anfang 2004 leitet er den Zentralbereich Konzernrevision und Konzernsicherheit, der damals eingerichtet wurde. Mit ihm kam ein erfahrener, international bewanderter Wirtschaftsprüfer ins Haus. „Der Start in einem sich wandelnden Unternehmen, bei dem das internationale Wachstum mit großen Schritten voranging, das hat mich gereizt", erinnert er sich an seine Anfangszeit in Bonn. Das Angebot des Vorstands, für den Konzern ein weltweit einheitliches, ein „world-class" Internal Audit aufzubauen, war verlockend. Nach der Phase der strategischen Neuausrichtung sollten jetzt Themen wie „Compliance" und „Corporate Governance" stärker ins Blickfeld rücken.

Heute führt Bernd Schartmann mit rund 180 Revisoren, die mit den unterschiedlichsten Kulturen vertraut sind, circa 400 Prüfprojekte im Jahr durch. „Keine weißen Flecken auf der Landkarte", lautet der erklärte Grundsatz der Revisionsexperten; je nach Größe und Bedeutung wird jährlich oder in größeren Zeitabständen geprüft. Dass er bei fast 5 000 Prüfungen in zehn Jahren mit seinen Einschätzungen kaum danebenlag, darauf ist Bernd Schartmann ein wenig stolz; ein Erfolg, der nicht zuletzt den hohen Qualitätsstandards zu verdanken sei.

Was ihn neben Menschenkenntnis, analytischem Verständnis und der Gabe, Dinge diplomatisch auf den Punkt zu bringen, für seinen Job qualifiziert? „Gesundes Misstrauen, gepaart mit einem Schuss Empathie", beschreibt Schartmann sein Fingerspitzengefühl für heikle Situationen. Natürlich werde bei Verdacht auch schon einmal unangemeldet geprüft, „aber wir haben im Konzern ein konstruktives Miteinander etabliert und werden als Governance-Partner gesehen", korrigiert der Revisionschef die Vorstellung, fast alle gerieten in Panik, wenn er oder seine Leute sich ankündigen.

Von Beginn an gehörte auch die Konzernsicherheit zu Bernd Schartmanns Verantwortungsbereich, also konzernübergreifende, strategische Sicherheitsthemen. „Die operative Sicherheit ist dagegen Sache der einzelnen Business Units", grenzt er dieses Tätigkeitsfeld ab. Vielleicht ein Drittel der Arbeitszeit ist er unterwegs, auch über Kontinente hinweg. „Alles eine Frage der Organisation – dann ist trotzdem ein geregelter Arbeitstag möglich." Wenn er frei hat, erkundet Bernd Schartmann gemeinsam mit seiner Frau das Land – und zwar auf dem Rad. Selbst vor den Alpen schrecken sie nicht zurück: Positiv denken, Venedig im Blick.

Bernd Schartmann (*1962) leitet seit 2004 bei DPDHL den Zentralbereich Konzernrevision und Konzernsicherheit

„Goldene Regeln", 2013

„Goldene Regeln" stand auf dem Cover der Unternehmenszeitschrift *Network* im Jahr 2013, deren Inhalt sich mit den Regeln, Normen und Prozessen befasste, die unter dem Begriff „Compliance" das ethisch einwandfreie und rechtmäßige Verhalten der Mitarbeiter sicherstellen.

Solange die Weltwirtschaft brummt, werden Container in den Nahen Osten verschifft, rollen Züge von Asien nach Europa, fliegen DHL-Maschinen von Leipzig in alle Welt und werden allein in Deutschland jeden Tag 3,4 Millionen Pakete zugestellt. „Gefahren sehe ich höchstens von außen, von Aschewolken bis Handelskriegen. Für die Themen, die wir beeinflussen können, haben wir eine klare Agenda", urteilt Martin Ziegenbalg. Und Finanzvorstand Larry Rosen sagt über die Entwicklung der vergangenen Jahre: „Man ist nie perfekt. Aber wir sind sehr weit gekommen."

Preisentwicklung Alltagsprodukte im Vergleich zum Briefporto

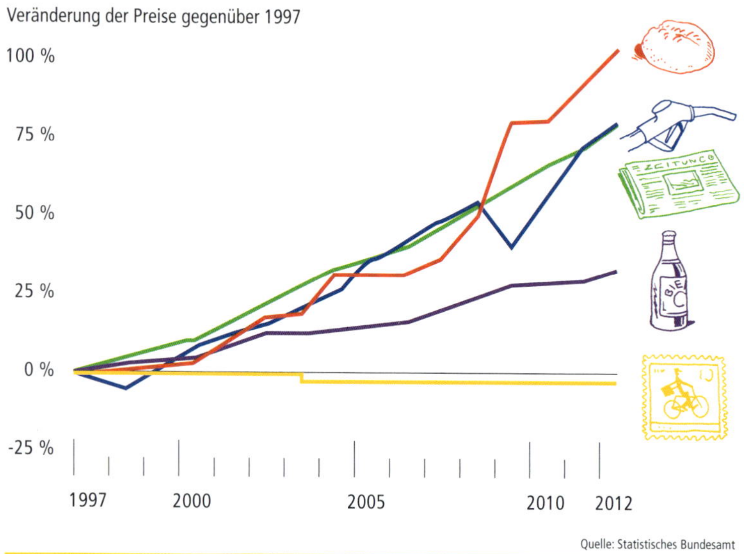

Preisentwicklung beim Briefporto

Um das Briefporto der allgemeinen Preisentwicklung annähernd anzugleichen, hat die Bundesnetzagentur genehmigt, das Porto für den Standardbrief ab 2013 in mehreren Schritten auf jetzt 62 Cent anzupassen.

KATJA KOLLMEIER

Schon früh hatte Katja Kollmeier eine besondere Vorliebe für Internationales. Einen Teil ihrer Schul- und Studienzeit verbrachte sie im Ausland und blickte auch sonst gerne über den eigenen Tellerrand hinaus. Als die Juristin 1997 zur Post kam, war allerdings noch nicht absehbar, dass sich das Unternehmen einmal zum globalsten Logistikanbieter überhaupt entwickeln würde. Damals befand sich die Post noch in der harten Phase des Übergangs von einem ehemaligen Staatsunternehmen zu einem Weltkonzern. Kollmeier, spezialisiert auf europäisches Wettbewerbs- und Beihilferecht sowie Regulierungsrecht, hatte vom ersten Tag an viele Herausforderungen zu meistern. Für das Unternehmen rechtliche Spielräume ausloten, um Risiken zu minimieren und Chancen zu maximieren, darin sieht sie bis heute ihre wichtigste Aufgabe.

Um diesem Ziel so nahe wie möglich zu kommen und um die europäische Wettbewerbsbehörde besser kennenzulernen, arbeitete sie ab 2002 für zwei Jahre bei der EU-Kommission in Brüssel, wo sie für den Pharmabereich zuständig war. Auf den ersten Blick ein ganz anderer, allerdings ein ebenfalls stark regulierter Sektor. Die Dynamik der Veränderungen im Konzern und der Umgang mit unterschiedlichsten Rechtssystemen und -kulturen beanspruchen Katja Kollmeier täglich auf immer neue Weise. „Die Marktentwicklungen haben ein so großes Tempo angenommen, dass die Regulierung und das Wettbewerbsrecht kaum folgen können", resümiert sie nach fast 20-jähriger Berufserfahrung auf einem spannenden Rechtsgebiet.

Trotzdem hat es die Mutter einer neunjährigen Tochter geschafft, Beruf und Familie gut unter einen Hut zu bringen. Bereits vier Monate nach der Geburt ihrer Tochter kehrte sie ins Büro zurück – und zwar Vollzeit. „Ich hatte immer Freude an meiner Arbeit", begründet sie diese Leistung, „und außerdem die Unterstützung vom Unternehmen und von den Kollegen."

Katja Kollmeier (*1965) ist seit 1997 bei der Post. Sie ist Senior Expertin Regulierungsstrategie

MARTINA AGTE-SANDER

Mit dem Thema „Compliance" konnte die Juristin Martina Agte-Sander im Unternehmen nicht auf Anhieb punkten. Zunächst gab es Bedenken und Vorurteile, die Abteilung würde Umsatz verhindern oder gar als „Spaßbremse" auftreten. Denn der sperrige Begriff, für den es im Deutschen kein passendes Wort gibt, bedeutet nichts anderes als regelgerechtes und rechtskonformes Verhalten im Unternehmen im Umgang mit Kunden, Dienstleistern, Investoren und Beschäftigten. Agte-Sander ist also eine Art oberste Gesetzeshüterin in ihrem Bereich Post – eCommerce – Parcel. Nach einer Zeit als Trainee, Syndikusanwältin im Bereich Personal und fast acht Jahren als Personalleiterin im Geschäftskundenbereich übernahm sie 2011 diese neu geschaffene Abteilung. Doch wer will sich schon mit den „Wachhunden" der Firma einlassen?

Soweit jedenfalls der erste Eindruck. Inzwischen hat sich das Blatt allerdings gewendet. Ihr genauer Auftrag lautet: die entsprechenden Richtlinien des Konzerns in diesem Geschäftsbereich verankern und durchsetzen. Daran arbeitet sie seither als Leiterin der Abteilung, genau wie ihre drei Kolleginnen und Kollegen in den anderen Divisionen des Konzerns. Unermüdlich kommuniziert sie ins Haus hinein und platziert dort vor allem die eine Botschaft: Compliance ist kein Luxus, sondern eine Notwendigkeit. Damit erwirtschaftet man vielleicht keinen Umsatz, schützt ihn aber und trägt dazu bei, das Image des Unternehmens zu verbessern. Schon eine kleine Ordnungswidrigkeit kann zu einem Eintrag ins Gewerbezentralregister, dann zum Ausschluss und womöglich zum Verlust einer Millionen-Ausschreibung führen.

„Rechtlich und ethisch korrektes Verhalten ist deshalb genauso wichtig wie das Geschäftsergebnis selbst", wiederholt sie beharrlich – und steigert so kontinuierlich das Bewusstsein für das Thema im Unternehmen. Doch Agte-Sander predigt diese Leitsätze nicht nur, sie und ihr Team stehen den Mitarbeitern auch in allen Zweifelsfragen mit Rat und Tat zur Seite, im direkten Gespräch oder über eine Hotline. Da geht es dann zum Beispiel um rechtskonforme Formate für Kundenevents oder um Anfragen von Kunden zum Compliance Management System der Deutschen Post AG. „Das machen wir inzwischen häufig und gern", beschreibt sie diesen Teil ihrer abwechslungsreichen Aufgabe.

Den Schritt von einer Anwaltskanzlei zu einem Großkonzern im Jahr 1999 hat die Mutter von Zwillingen deshalb nie bereut. Weil das Arbeitsspektrum interessanter und die Vielfalt größer sei und „weil vollzeitbeschäftigte Mütter es nach meiner Beobachtung anderswo viel, viel schwerer haben".

Martina Agte-Sander (*1971) leitet seit 2011 das Compliance Office im Unternehmensbereich Post – eCommerce – Parcel

Plakat zu Compliance, DHL 2013

Energie sei das Blut in den Adern der Logistik, so formulierte es eine Mitarbeiterin im Zusammenhang mit dem Klimaschutz bei DPDHL. Dieser Vampir aber hat es auf den guten Ruf des Unternehmens abgesehen, der durch unbedachtes oder falsches Verhalten der Mitarbeiter in Gefahr geraten könnte.

Die Zukunft soll man nicht voraussehen wollen, sondern möglich machen.

ANTOINE DE SAINT-EXUPÉRY

V.
DIE ZUKUNFT IM BLICK

VORKEHRUNGEN TREFFEN FÜR DIE WELT VON MORGEN

Frank Appel im Interview

Sie gehören einer neuen Generation von Führungspersönlichkeiten an. Früher sind diese – in der Wirtschaft wie in der Politik – oft dominant aufgetreten. Wie haben Sie Ihren besonderen Stil gefunden?

FRANK APPEL Jedes Zeitalter fordert einen eigenen Führungsstil. Der heutige ist der Globalisierung geschuldet. Ein globales Unternehmen muss man mit Delegation und Vertrauen führen. Es gibt keine Kausalität nach dem Motto: Die Welt verändert sich, weil die Führungskräfte anders werden. Umgekehrt wird ein Schuh daraus: Die Welt verändert sich, und deswegen müssen die Führungskräfte heute anders sein als vor 20 Jahren. Die Management-Generation vor uns ist mit anderen Methoden erfolgreich gewesen. Und in 30 Jahren werden vielleicht wieder ganz andere Kompetenzen entscheidend sein.

Mussten Sie sich für Ihre Funktion als Vorstandsvorsitzender ändern?

FRANK APPEL Nein, überhaupt nicht. Meine engsten Mitarbeiter im Unternehmen werden mich nicht anders wahrnehmen als meine Familie. Ich gehe nicht morgens ins Büro, um mich dann in den Vorstandsvorsitzenden zu verwandeln und abends wieder nach Hause zu kommen und Ehemann und Papa zu sein. Ich versuche, immer der gleiche Mensch zu bleiben, unabhängig von Familie, Freundeskreis oder Büro. Dazu gehört bei mir, dass ich Leuten relativ leicht vertraue, aber ich rede nicht permanent über meine Person. Deswegen nimmt man mich manchmal als kühl und eher zurückhaltend wahr.

Sie selbst bezeichnen sich als Chief Energy Officer. Was genau ist darunter zu verstehen?

FRANK APPEL Egal ob ich eine Sitzung im kleineren Kreise leite oder zu vielen Mitarbeitern spreche: Mein Ziel ist immer, dass der Großteil der Menschen anschließend mit höherer Motivation und größerer Begeisterung an den Arbeitsplatz zurückkehrt. Das gelingt besonders gut in Ländern, die ich als Vorstandsvorsitzender nicht so oft besuchen kann und wo die Mitarbeiter daher besonders neugierig auf den Menschen an der Spitze des Unternehmens sind. Wenn meine Kollegen anschließend sagen: Unsere Firma ist super und wir haben einen begeisternden Chef, dann habe ich meinen Job richtig gemacht. Wenn die Leute dann noch sagen, ich bin am richtigen Ort und an der richtigen Stelle beschäftigt, dann hilft das auch dem Manager vor Ort. Mehr kann ich an einem Besuchstag nicht erreichen. Meine Rolle sehe ich vor allem darin, andere zu befähigen, gute Entscheidungen für das Unternehmen zu treffen.

Glauben Sie, dass erfolgreiche Menschen mehr Spaß am Leben haben?

FRANK APPEL Auf jeden Fall. Erfolg definiert sich aber nicht über den monetären Ertrag. Menschen erzielen Erfolge, indem sie etwas leisten. Für mich persönlich heißt Erfolg, durch unser Unternehmen einen positiven Beitrag für viele Menschen zu leisten – für Kunden, Mitarbeiter und Investoren. Die Chance, das Leben anderer Menschen verbessern oder bereichern zu können, ist ein Geschenk des Himmels und übrigens unabhängig von Rolle und Hierarchie. Auch eine Mutter ist sehr erfolgreich, wenn ihre Kinder glückliche Menschen werden. Das ist vielleicht sogar eine größere Leistung, als einen Konzern zu führen. Nelson Mandela hat gesagt, dass der Erfolg eines Lebens nicht daran gemessen wird, wie lange man gelebt hat, sondern welchen positiven Einfluss man auf andere hatte. Das stimmt. Und weil ich die Chance dazu habe, bin ich auch ein zufriedener und glücklicher Mensch.

Sie leiten ein Logistik-Unternehmen. Was ist für Sie das Interessante an Logistik?

FRANK APPEL Logistik wirkt. Als Logistikunternehmen sind wir Treiber und Rückgrat der globalisierten Wirtschaft und halten unsere Welt so in Bewegung. Wenn die Logistik nicht funktioniert, dann können Sie noch so leistungsfähige Produkte haben, Sie bringen sie nicht an den Mann oder die Frau. Deswegen sind wir für die Entwicklung unseres Planeten von entscheidender Bedeutung. Das sage ich auch immer unseren Mitarbeitern: Ihr verbindet Menschen weltweit, macht ihr Leben besser und einfacher und auch friedlicher, obwohl immer noch zu viel Krieg geführt wird.

Globalisierung hat aber doch auch negative Begleiterscheinungen. Schlechte Arbeitsbedingungen oder Kinderarbeit in Entwicklungsländern.

gleichzeitig für das Unternehmen. Die allerwichtigste unternehmerische Verantwortung sehe ich dennoch darin, Arbeitsplätze zu schaffen und vernünftige Löhne zu zahlen.

Sie beziehen häufig Stellung zu politischen oder gesellschaftlichen Themen – Umweltschutz, Bildung, Europa –, und es scheint, dass Sie zu vielen Dingen eine klare Meinung haben. Bringt das die Funktion als Vorstandsvorsitzender mit sich?

FRANK APPEL Meine Position als Vorstandsvorsitzender eines sehr großen Unternehmens macht mich automatisch zu einem Meinungsführer in unserem Land und manchmal auch darüber hinaus. Dem kann und will ich mich nicht entziehen. Daher bilde ich mir auch zu vielen Themen eine Meinung, von industrie- und handelspolitischen Themen über Europa bis hin zur Chancengleichheit auf dem Bildungs- und Karriereweg. Dazu gehört für mich auch, dass ich gerne bessere Argumente aufgreife und meine Meinung dann ändere. Damit überrasche ich gelegentlich sogar meine Führungskräfte.

Sie lassen Zukunftsstudien erstellen. Wie weit denken Sie für das Unternehmen voraus? Kann man beispielsweise Innovationen systematisch und lange vorausplanen?

FRANK APPEL Der Erfolg eines Vorstands und eines Vorstandsvorsitzenden misst sich viel stärker daran, was nach seiner Amtszeit kommt als während seiner Amtszeit. Die

FRANK APPEL Da, wo die Kritik berechtigt ist, zielt sie eher auf die Produkte als auf den Transporteur. Unsere Arbeitsbedingungen werden von uns selbst definiert. Bei Produzenten ist das teilweise anders. In der Textil- oder Hightech-Industrie nimmt der Anteil der Eigenproduktion ja immer stärker ab. Wir verlangen von den Kunden eine Bestätigung, dass bestimmte Standards eingehalten werden. Hierzu gilt bei uns ein Code of Conduct, auf den wir auch unsere Lieferanten verpflichten. Wenn sie dagegen verstoßen, arbeiten wir nicht mehr mit ihnen zusammen. Das hat aber nichts damit zu tun, eine Position der moralischen Überlegenheit gegenüber jedem Kunden und Partner aufzubauen. Letztlich geht es darum, gemeinsam das Richtige zu tun und von wechselseitigen Beobachtungen und Hinweisen zu profitieren.

Sie haben auch die Aktivitäten des Konzerns im Bereich gesellschaftliche Verantwortung verstärkt und zu einem Kernanliegen gemacht. Sind Programme wie „GoGreen“, „GoTeach“ und „GoHelp“ altruistisch, oder nützen sie auch dem Unternehmen?

FRANK APPEL Alle genannten Programme nützen auch dem Unternehmen und haben zugleich positive Wirkung für die Gesellschaft. Es ist gerade die Aufgabe von Unternehmen, diese beiden Dimensionen der Nutzenstiftung miteinander zu verknüpfen. Wenn man das gesellschaftliche Engagement sinnvoll mit der Geschäftstätigkeit verbinden kann, dann funktioniert das am besten. Bei uns ist das so. Beispiel Umweltschutz: Die CO_2-Reduktion führt etwa über den geringeren Verbrauch teurer Rohstoffe automatisch zu Kostensenkungen, deswegen hat das Unternehmen auch etwas davon. Auch die „GoHelp“-Initiative, mit der wir Menschen nach Naturkatastrophen helfen, hat positive Auswirkungen im Unternehmen, denn die Mitarbeiter sind stolz auf unser Engagement und fühlen sich zusätzlich motiviert. Wir geben nicht Geld, um unser schlechtes Gewissen zu beruhigen, sondern um Dinge zu tun, die gut für die Gesellschaft sind, aber

Hauptverantwortlichkeit liegt darin, Strukturen anzulegen, mit denen dann auch die folgenden Generationen erfolgreich sein können. Bei der Personalplanung denke ich in extrem langen Zeiträumen. Im Geschäft denke ich eher in Zeitscheiben von sechs, sieben Jahren, so, wie wir das momentan mit „Strategie 2015" und „2020" handhaben.

Trotz intensiver Vorbereitungen, Planungen und Analysen sind Sie offenbar nicht vor Fehlentscheidungen gefeit – Beispiel USA.

FRANK APPEL Ich habe mir geschworen, dass ich alles tun werde, um nie wieder Tausende von Mitarbeitern nach Hause schicken zu müssen. Aber es gab damals keine Alternative. Wenn wir falsch entscheiden, dann trifft es die Menschen vor Ort natürlich viel härter als die obersten Führungskräfte und mich. Deshalb müssen wir heute Vorkehrungen treffen und unser Geschäft optimieren, solange es uns gut geht, und nicht warten, bis das Kind in den Brunnen gefallen ist – mit dramatischen Folgen für den Einzelnen. Deswegen müssen wir als Führungskräfte insgesamt und der Vorstand insbesondere permanent nah am Geschehen sein, uns ständig auf Veränderungen einstellen. Das ist natürlich nicht besonders bequem, aber es ist ehrlich und richtig, also im Interesse des Unternehmens und damit letzten Endes auch dem der Mitarbeiter. Wenn es dem Unternehmen gut geht, geht es den Mitarbeitern gut, und umgekehrt geht es den Mitarbeitern auf Dauer schlecht, wenn die Lage des Unternehmens prekär ist.

Gibt es Methoden, mit denen man Fehlentscheidungen minimieren kann?

FRANK APPEL Unsere „Strategie 2020", im Rahmen derer wir aufgrund verschiedener Trends versucht haben, ungefähr abzuschätzen, wie hoch die Wachstumspotenziale verschiedener Märkte sind, verfolgt genau dieses Ziel. Dabei haben wir festgestellt, dass sich einige Bereiche abschwächen, wie die Luftfracht. Und andere, wie E-Commerce – was nicht sehr überraschend war –, werden sich beschleunigen. Wo sich das Wachstum abschwächt, verstärkt sich der Kostenwettbewerb. Weil der Markt nicht weiter wächst und die Anzahl an Anbietern gleich bleibt, wird um das zusätzliche Wachstum intensiver gekämpft. Im Bereich E-Commerce hingegen gibt es einen Wachstumswettbewerb, das heißt, man muss die besten Ideen haben, um möglichst viel vom Wachstum abzuschöpfen. Dort müssen wir schnell Märkte besetzen. Wenn uns das gelingt, werden wir erfolgreich sein. Letztlich ist die Zukunft nicht vorhersagbar, aber Projektionen der beschriebenen Art geben uns eine gewisse Orientierung.

Welcher der von Experten identifizierten Megatrends ist für das Unternehmen Post am bedeutendsten?

FRANK APPEL Sicherlich das ganze Thema Internet, was immer man darunter fasst. Und das Zweite ist die sich weiter fortsetzende Globalisierung des Geschäftsmodells.

Könnte Ihre Geschäftstätigkeit unter den Verkehrsinfarkten in den Megacitys leiden, wenn Sie nicht intelligente Lösungen für die Zustellung dort finden?

FRANK APPEL Wir arbeiten an vielerlei Innovationen, um diese Themen anzugehen. Für mich ist klar: Der Brief hat als erfolgreiches Kommunikationsinstrument mehr als 500 Jahre überlebt und wird auch weiter überleben, weil er ein genial einfaches Produkt ist. Und Veränderung bedeutet immer auch Chance. Es ist aber nicht ausgeschlossen, dass wir in zwanzig Jahren oder auch erst in fünfzig Jahren 3D-Drucker im Massenmarkt haben, die Produkte direkt herstellen. Oder autonome Fahrzeuge erledigen die Zustellung. Bereits Anfang 2014 haben wir die automatische Be- und Entladung von Zustellfahrzeugen und die Beladung von Paketkästen vorgestellt. Das

Auto hat einen Greifarm, mit dem es das Paket rausnimmt und dann in die Paket-Box einlegt. Es wird sicherlich lange dauern, bis es selbst fliegende Passagierflugzeuge gibt, aber es wird nicht so lange dauern, bis wir selbst fliegende Frachtmaschinen erleben. Das ist ja nichts anderes als eine Drohne. Warum soll das nicht funktionieren? Wir machen uns überhaupt keine Vorstellung davon, wie schnell die künstliche Intelligenz Fortschritte macht!

Wird Deutsche Post DHL Ihrer Ansicht nach auch auf lange Sicht ein Post- und Logistikunternehmen bleiben?

FRANK APPEL Wir haben sehr viele Hinweise darauf, dass diese Märkte bis zum Jahr 2020 weiter wachsen werden; wenn auch vielleicht mit geringeren Wachstumsraten als in den letzten 20 Jahren. Deswegen werden wir mit unserem Geschäftsportfolio weiter erfolgreich sein. Natürlich können sich Veränderungen ergeben, die vielleicht nicht bis 2020 wirken, aber danach deutlichere Auswirkungen haben, als wir uns das derzeit vorstellen. Darauf muss man reagieren. Man kann natürlich jetzt schon überlegen, welche Trends ab 2050 wirken, aber es sind sehr wahrscheinlich die gleichen, über die wir schon gesprochen haben.

Gab es bei Ihren Studien Ergebnisse, die Sie überrascht haben?

FRANK APPEL Eine Sache hat mich bei der ersten Delphi-Studie, die wir gemacht haben, sehr überrascht: dass die Begeisterung für umweltfreundliche Lösungen in den asiatischen Ländern höher ausgeprägt war als in Zentral- oder Nordeuropa. Ich hätte erwartet, dass die Europäer deutlicher sagen: Umweltschutz ist gut.

Sie bezeichnen Deutsche Post DHL als eine Familie starker Divisionen. Im Moment scheint es eher ein etwas heterogener Clan. Glauben Sie, dass daraus, um im Bild zu bleiben, irgendwann auch eine liebevolle Großfamilie entsteht?

FRANK APPEL Beim heterogenen Clan muss ich widersprechen. Wie in jeder Familie – und das ist gut so – können deren Mitglieder sehr unterschiedlich sein. Die einzelnen Geschäftsmodelle sind sehr verschieden, obwohl wir alle mit Logistik zu tun haben. Die Dynamik einer Familie ändert sich immer wieder. So ist das auch bei uns, zum Beispiel, wenn ein neuer Vorstand kommt, wenn wir neue Geschäfte anfangen oder wenn sich die Geschäfte verändern. Wir haben Händler, die ständig wie auf einem Marktplatz stehen und ihre Produkte verkaufen. Mitarbeiter, die für Netze verantwortlich sind, ticken aber ganz anders.

Sie sagten bei der Hauptversammlung 2014, DPDHL wolle das Logistikunternehmen Nummer eins für die Welt werden. Was fehlt jetzt noch, um diesen Titel mit Fug und Recht tragen zu können?

FRANK APPEL Hier orientieren wir uns an unseren übergeordneten unternehmerischen Zielen – den drei Bottom Lines Kundenzufriedenheit, Mitarbeiterzufriedenheit und Anlegerzufriedenheit – sowie der sozialen Verantwortung, die wir stets vor Augen haben. Weder haben wir die beste Kundenzufriedenheit unserer Industrie weltweit erreicht, noch erzielen wir die besten Werte bei der Mitarbeiterzufriedenheit. Und auch von den Margen einiger unserer Konkurrenten im Brief- und Logistikgeschäft sind wir noch entfernt. Solange wir in all diesen Dimensionen nicht führend sind, können wir nicht sagen, dass wir das beste Unternehmen in unserer Industrie sind. Ich bin aber zuversichtlich, dass wir bis 2020 einen Riesenschritt in diese Richtung tun können.

Gibt es bei den internationalen Aktivitäten etwas, was Ihnen Sorge bereitet?

FRANK APPEL Wir haben immer noch erhebliche Veränderungsprozesse vor uns, zum Beispiel bei der Division Post – eCommerce – Parcel, wo die Internationalisierung unseres Geschäftsmodells im Bereich E-Commerce ansteht. Das beunruhigt mich aber nicht, das sind Veränderungen, die unser Geschäft eben mit sich bringt. Was mich aber wirklich beun-

ruhigt, ist das zunehmende Problem des Terrorismus und neuer kriegerischer Konflikte, die nicht nur den Menschen schaden, sondern auch unsere Geschäftsmodelle dramatisch beeinflussen könnten. Mich beunruhigen also eher externe als interne Faktoren.

Wo werden Sie in den nächsten Jahren international am meisten investieren?

FRANK APPEL Die Investitionen werden im Wesentlichen so bleiben wie bisher. Viele Investitionen werden natürlich in den Ausbau unserer Sortierkapazität bei Post – eCommerce – Parcel und bei Express gehen, aber auch in den Ausbau der Flotte. Wir werden außerdem in den aufstrebenden Nationen überproportional mehr investieren als in den reifen Märkten.

Deutsche Post DHL ist das globalste Unternehmen der Welt. Der Vorstand bildet diese Diversität aber nicht ab. Dort sitzen überwiegend Männer aus reichen Industrienationen. Planen Sie, diese Situation zu ändern?

FRANK APPEL Ich habe keinen Zweifel daran, dass wir irgendwann auch mal einen asiatischen Vorstand bei uns sehen werden. Man bestellt ja nicht nur deshalb einen neuen Vorstand, weil man unbedingt etwa einen Chinesen in diesem Gremium haben möchte, sondern man setzt ihn ein, weil er spezifische Erfahrungen mitbringt und genügend Leistungsnachweise erbracht hat. Wir werden in diesen Regionen weiter wachsen. Die Führungskräfte dort werden schnell Erfahrungen sammeln, die sie dann auch befähigen werden, in den Vorstand aufzurücken. Das ist alles nur eine Frage der Zeit.

Wie wahren Sie selbst den Überblick über dieses riesige weltweite Unternehmen? Wie viele Länder und Niederlassungen haben Sie schon bereist?

FRANK APPEL Die Zahl der Länder kann ich genau benennen, das sind 68. Ich zähle mit, um den Überblick zu behalten. Im Schnitt bin ich einmal im Monat irgendwo in der Welt unterwegs, um Vertrauen aufzubauen bei den Führungskräften, die dort arbeiten. Wichtig ist, dass man auch den Menschen vor Ort, selbst wenn dort vielleicht „nur" tausend Leute arbeiten, entsprechende Wertschätzung entgegenbringt, denn sie arbeiten genauso hart wie die Menschen hierzulande. Das betrachte ich einfach als Respekt gegenüber Leistung. Gerade in kleinen Ländern sind die Menschen dankbar, wenn der „Oberste" mal kommt.

Wie kommen Sie mit den immer neuen Kulturkreisen und fremden Traditionen zurecht?

FRANK APPEL Bestimmte Dinge sind auf der ganzen Welt gleich. Man muss respektvoll und freundlich sein, man muss den Willen haben zuzuhören und man muss fragen, wie es den Menschen geht, Interesse zeigen für die Menschen, die man trifft – egal welcher Kultur sie angehören – auf die Leute zugehen und geduldig sein. Das funktioniert in China genauso wie in Deutschland, Südafrika oder Chile. Das funktioniert auf der ganzen Welt.

ANHANG

DIE VORSTÄNDE VON DEUTSCHE POST DHL

Dr. Klaus Zumwinkel
Januar 1990 bis Februar 2008
Vorstandsvorsitz

Wolfhard Bender
Januar 1990 bis März 2000
BRIEF KOMMUNIKATION:
Produktion, Recht

Prof. Dr. Günter W. Tumm †
Januar 1990 bis März 2000
PAKET / EXPRESS / LOGISTIK / INTERNATIONAL

Richard Wohlfart
Januar 1990 bis Dezember 1994
BRIEFPOST

Franz Schöll †
Januar 1990 bis Dezember 1991
FINANZEN UND RECHT

Dr. Hans-Dieter Petram
April 1990 bis Juni 2007
BRIEF

Dieter Seegers-Krückeberg
April 1990 bis Januar 1997
FRACHTPOST

Prof. Dr. Edgar Ernst
Januar 1992 bis September 2007
FINANZEN

Dr. Helmut Benno Staab
Dezember 1994 bis September 1999
BRIEF KOMMUNIKATION:
Marketing und Vertrieb

Horst Kissel †
Januar 1996 bis März 2000
PERSONAL

Uwe Rolf Dörken
Juni 1999 bis November 2004
EXPRESS Amerika, Asien, Emerging Markets

Peter Wagner
Juni 1999 bis Dezember 2001
LOGISTIK

Prof. Dr. Wulf von Schimmelmann
Oktober 1999 bis Juni 2007
FINANZDIENSTLEISTUNGEN

Walter Scheurle
April 2000 bis April 2012
PERSONAL

Dr. Peter Kruse
Januar 2001 bis September 2006
EXPRESS Europa

Dr. Frank Appel
seit November 2002
seit Februar 2008 Vorstandsvorsitz

John Mullen
Januar 2005 bis Februar 2009
EXPRESS

John Allan
Januar 2006 bis Juni 2009
FINANZEN, GLOBAL BUSINESS SERVICES

Jürgen Gerdes
seit Juli 2007
Post – eCommerce – Parcel

Dr. Wolfgang Klein
Juli 2007 bis November 2008
FINANZDIENSTLEISTUNGEN

Hermann Ude
März 2008 bis März 2011
GLOBAL FORWARDING, FREIGHT

Bruce Edwards
März 2008 bis März 2014
SUPPLY CHAIN

Ken Allen
seit Februar 2009
EXPRESS

Lawrence Rosen
seit September 2009
FINANZEN, GLOBAL BUSINESS SERVICES

Roger Crook
seit März 2011
GLOBAL FORWARDING, FREIGHT

Angela Titzrath
Mai 2012 bis Juli 2014
PERSONAL

John Gilbert
seit März 2014
SUPPLY CHAIN

Melanie Kreis
seit Oktober 2014
PERSONAL

DIE VORSITZENDEN DES AUFSICHTSRATS

Dr. Walter Trux
1989 bis 1995

Prof. Dr. Helmut Sihler
1995 bis 1996

Josef Hattig
1996 bis 2006

Dr. Jürgen Weber
2006 bis 2008

Prof. Dr. Wulf von Schimmelmann
seit 2009

Bei aktiven Vorständen: aktuelle Ressortbezeichnung; bei ausgeschiedenen Vorständen: Ressortbezeichnung zum Zeitpunkt des Ausscheidens

PERSONENREGISTER

Die **fetten** Seitenzahlen verweisen auf ein Porträt der Person

LITERATUR (AUSWAHL)

QUELLEN

Bundesministerium der Justiz und für Verbraucherschutz und juris GmbH: Post-Universaldienstleistungsverordnung (PUDLV)

Bundeszentrale für politische Bildung (Hg.): Zahlen und Fakten zur Globalisierung, online unter www.bpb.de

Martin Dallmeier: Quellen zur Geschichte des europäischen Postwesens 1501–1806, Teil 1 und 2, Kallmünz 1977, Teil 3, Kallmünz 1987

Europäisches Dokumentationszentrum der Universität Mannheim: Grünbücher/Weißbücher der EU

POSTEIGENE PUBLIKATIONEN

(in chronologischer Reihenfolge)

Karl Sautter: Geschichte der deutschen Post, Teil 3, Geschichte der Deutschen Reichspost 1871 bis 1945, Frankfurt/Main 1951

Bundesministerium für das Post- und Fernmeldewesen (Hg.): Handwörterbuch des Postwesens, bearbeitet von Hans Rackow, Frankfurt/Main 1953

Hans Steinmetz: Die Deutsche Bundespost im Schatten des Wohlstands, in: Jahrbuch des Postwesens, Bad Windsheim 1965

Werner Dollinger: Ansprache zur Feierstunde zu „50 Jahre Postministerium", in: 50 Jahre Postministerium (Broschüre zur gleichnamigen Ausstellung), September 1969

Jahrbuch des Postwesens, Bad Windsheim 1971

Dieter Kühn: Die neue Unternehmensverfassung der Deutschen Bundespost, in: Jahrbuch des Postwesens, Bad Windsheim 1971

Bundesministerium für das Post- und Fernmeldewesen (Hg.): Die Bundespost, Bonn 1975

Bundesminister für das Post- und Fernmeldewesen (Hg.): Jahrbuch der Deutschen Bundespost 1977, 1982

Hans Steinmetz und Dietrich Elias: Geschichte der deutschen Post, Band 4, 1945 bis 1978, Bonn 1979

Bundesminister für das Post- und Fernmeldewesen (Hg.): Die Deutsche Bundespost heute und morgen, Bonn 1981

Bundesministerium für das Post- und Fernmeldewesen (Hg.): Unternehmen Post. Die Post verbindet mit der Zukunft, Bonn 1988

Bundesministerium für das Post- und Fernmeldewesen (Hg.): Die Post macht sich fit für die Zukunft, Remagen-Rolandseck 1988

Bundesministerium für das Post- und Fernmeldewesen (Hg.): Postbauten, Stuttgart 1989

Geschäftsberichte von Deutsche Bundespost POSTDIENST 1989 bis 1994

Generaldirektion Postdienst (Hg.): Statistische Jahrbücher 1989 bis 1991

Bundesminister für Post und Telekommunikation (Hg.): Verbindungen. 500 Jahre Post, Bonn 1990

Dieter Kühn und Bernhard Reinke: Materialien zur Postreform, in: Jahrbuch des Postwesens, Erlangen 1992

Franz Schöll: Zur Vereinigung der Postdienste der Deutschen Bundespost und der Deutschen Post. Entwicklung, Stand, Perspektiven, Teil 1–5, in: PostPraxis, Nr. 1–5/1993

Klaus Zumwinkel: Die Deutsche Bundespost POSTDIENST drei Jahre nach der Postreform, in: PostPraxis, Nr. 3/1993

Geschäftsberichte der Deutschen Post AG, DPWN und Deutsche Post DHL 1995 bis 2013

Geschäftsbericht Deutsche Post World Net Postbank, 1999

Deutsche Post World Net: Wir bewegen Welten. Dokumentation der Posttage 2000, Bonn 2000

Stefan Jütte: Die neue Postbank, Business-Lösungen für Firmenkunden, in: Deutsche Post World Net: Wir bewegen Welten. Dokumentation der Posttage 2000, Bonn 2000

Deutsche Post AG: Einheit in der Vielfalt. Die Filialen der Deutschen Post, Bonn 2001

Uli Schulte Döinghaus: PostModern. Von der Behörde zum Weltkonzern, Bonn 2003

Konzern stärkt Position in Nordamerika, in: Management Mail, Nr. 3/2003

Konzern startet DHL Relaunch-Kampagne, in: Management Mail, Nr. 5/2003

Deutsche Post Global Mail: Die Zukunft liegt in neuen Märkten, in: Management Mail, Nr. 6/2003

Eberhard Lippmann: Entwicklung zum Weltkonzern Deutsche Post World Net, ZB Corporate Finance/Finance Participations, 30. Juli 2003

Zu Hause auf allen Meeren. Danzas Air & Ocean, in: Management Mail, Nr. 7–8/2003

Airborne-Deal schließt letzte Lücke im globalen Netzwerk, in: Management Mail, Nr. 9/2003

Zollexperten überwinden Grenzen, in: Management Mail, Nr. 11/2003

Values. Sonderausgabe der Management Mail zum Top Executive Meeting 2005

Exel. Das Angebot steht, in: Network, Nr. 3/2005

DHL Asien Pazifik. Motor des Expressgeschäfts, in: Management Mail, Nr. 3–4/2005

Eine Nacht in Wilmington, in: Network, Nr. 8/2006

Ganz klar die beste Option. Interview mit Frank Appel zum Vertragsabschluss mit der Postbank, in: Network, Nr. 20/2008

Deutsche Post AG: Our Brand. DHL, Bonn 2008

Deutsche Post AG: Unsere Marke Deutsche Post, Bonn 2008

Deutsche Post AG: Deutsche Post DHL 1990–2009. Meilensteine auf dem Weg zum wirtschaftlichen Erfolg, Bonn 2009

Deutsche Post AG: GoGreen – gemeinsam Verantwortung zeigen. Der CO_2-neutrale Versand mit der Post, Bonn 2010

Deutsche Post AG: GoGreen – unser Weg. Das Umweltschutzprogramm von Deutsche Post DHL für nachhaltige Logistik, Bonn 2011

Deutsche Post AG: Bericht zur Unternehmensverantwortung 2013

Deutsche Post AG: Delivering Tomorrow. Zuhören, gestalten, Wert schaffen, Bonn 2014

MONOGRAFIEN, TEXTSAMMLUNGEN

Hendrik Ammoser: Das Buch vom Verkehr. Die faszinierende Welt von Mobilität und Logistik, Wissenschaftliche Buchgesellschaft, Darmstadt 2014

Olaf Bach: Die Erfindung der Globalisierung. Entstehung und Wandel eines zeitgeschichtlichen Grundbegriffs, Frankfurt/New York 2013

Margret Baumann/Helmut Gold (Hg.): Image und Information. Post und Telekommunikation im Film (Kataloge der Museumsstiftung Post und Telekommunikation, Bd. 25), Heidelberg 2007

Wolfgang Behringer: Im Zeichen des Merkur. Reichspost und Kommunikationsrevolution in der Frühen Neuzeit, Göttingen 2003

Heinz Berger/Peter Knauth: Liberalisierung und Regulierung der Postmärkte. Ansatzpunkte für eine Neugestaltung der staatlichen Postpolitik, München/Wien 1996

Klaus Beyrer (Hg.): Kommunikation im Kaiserreich. Der Generalpostmeister Heinrich von Stephan (Kataloge der Museumsstiftung Post und Telekommunikation, Bd. 2), Heidelberg 1997

Klaus Beyrer/Hans-Christian Täubrich (Hg.): Der Brief. Eine Kulturgeschichte der schriftlichen Kommunikation (Kataloge der Museumsstiftung Post und Telekommunikation, Bd. 1), Heidelberg 1996

Werner Blaser: Post Tower. Helmut Jahn, Werner Sobek, Matthias Schuler, Basel 2004

Jürgen Bräunlein: Ästhetik des Telefonierens, Berlin 1997

Lutz Michael Büchner (Hg.): Post und Telekommunikation. Eine Bilanz nach zehn Jahren Reform, Heidelberg 1999

Benedikt Burkard/Gundula Bavendamm (Hg.): Globalisierung 2.0 (Kataloge der Museumsstiftung Post und Telekommunikation, Bd. 23), Frankfurt am Main 2007

Der Präsident des Bundesrechnungshofes als Bundesbeauftragter für Wirtschaftlichkeit in der Verwaltung (Hg.): Die Postreform in Deutschland. Eine Rückschau, Stuttgart 2009

Margot Eilers: Ein Gang durch die Bonner Postgeschichte, Bonn 1988

Carmen Furger: Briefsteller. Das Medium „Brief" im 17. und frühen 18. Jahrhundert, Köln u. a. 2010

Hermann Glaser und Thomas Werner: Die Post in ihrer Zeit. Eine Kulturgeschichte menschlicher Kommunikation, Heidelberg 1990

Roland Gööck: Post. Dokumentation über das Post- und Fernmeldewesen, Gütersloh 1965

Siegfried Grillmeyer: Habsburgs Diener in Post und Politik. Das „Haus" Thurn und Taxis zwischen 1745 und 1867, Mainz 2005

Kurt Gscheidle: Damit wir in Verbindung bleiben. Portrait der Deutschen Bundespost, Stuttgart 1982

Ernst Herrmann: Die Deutsche Bundespost. Kommunikationsunternehmen zwischen Staat und Wirtschaft (Schriften zur öffentlichen Verwaltung und öffentlichen Wirtschaft, Bd. 99), Baden-Baden 1986

Input Consulting (Hg.): Universaldienst, Marktzutritt und soziale Aspekte im liberalisierten Briefmarkt. Die Umsetzung der dritten Postdiensterichtlinie 2008/6/EG in ausgewählten EU-Ländern im Vergleich, Stuttgart 2012

Joachim Kallinich/Sylvia de Pasquale (Hg.): Ein offenes Geheimnis. Post- und Telefonkontrolle in der DDR (Kataloge der Museumsstiftung Post- und Telekommunikation, Bd. 13), Heidelberg 2002

Lieselotte Kugler/Oliver Götze (Hg.): In 80 Dingen um die Welt. Der Jules-Verne-Code (Kataloge der Museumsstiftung Post und Telekommunikation, Bd. 36), Berlin 2014

Florian Langenscheidt (Hg.): Marken des Jahrhunderts, Sonderausgabe „Leuchttürme auf dem Markenmeer", Köln 2012

Le Monde diplomatique (Hg.): Atlas der Globalisierung, Berlin 2009, überarbeitete Auflage Berlin 2012

Wolfgang Lotz: Die Deutsche Post von der Postreform I bis zum Börsengang 1989–2000, Frankfurt am Main 2007

Wolfgang Lotz (Hg.): Deutsche Postgeschichte. Essays und Bilder, Berlin 1989

Jürgen Osterhammel/Niels P. Petersson: Geschichte der Globalisierung, München 2007

Dieter Rehfeld: Neustrukturierung der Deutschen Bundespost (Schriften zum Genossenschaftswesen und zur öffentlichen Wirtschaft, Bd. 28), Berlin 1990

Franz Schöll (Hg.): Einheitsfarbe Ginstergelb. Die Postler in West und Ost als Praktiker der Einheit, Berlin 1995

Bernhard Siegert: Relais. Geschicke der Literatur als Epoche der Post, Berlin 1993

Joseph E. Stiglitz: Die Schatten der Globalisierung, Taschenbuchausgabe, München 2004

United Nations (Hg.): The Millennium Development Goals Report 2014, New York 2014

United Nations Development Programme (Hg.): Human Development Report 2014, New York 2014

Waltraud Wiethölter/Anne Bohnenkamp (Hg.): Der Brief – Ereignis & Objekt. Frankfurter Tagung, Frankfurt am Main/Basel 2010

World Trade Organization: World Trade Report 2014, Genf 2014

AUFSÄTZE

Heinz Berger: Die Diskussion um die Errichtung der Regulierungsbehörde für Telekommunikation und Post, in: DAS ARCHIV, Magazin für Post- und Telekommunikationsgeschichte, Heft 2/2001

Klaus Beyrer: Brief/Post, in: Jens Schröter (Hg.): Handbuch Medienwissenschaft, Stuttgart/Weimar 2014

Christina Deckwirth: Die Europäische Union als Triebkraft der Privatisierung, in: WSI-Mitteilungen, Nr. 10/2008

Alex Dieke/Antonia Niedeprüm: Liberalisierung der Briefmärkte in Europa, in: Die Volkswirtschaft, Heft 5/2007

Frank Dohmen: Gelb-Fieber an der Börse, in: Der Spiegel, Nr. 46/2000

Jürgen Fahnie: Die Stellung der Deutschen Post im System der ehemaligen DDR, in: Archiv für Deutsche Postgeschichte, Nr. 1/1993

Maren Kebbel: Immer auf dem richtigen Kurs. Ein Porträt der Postbank, in: DAS ARCHIV. Magazin für Post- und Telekommunikationsgeschichte, Nr. 3/2007

Walter Maschke: Bundespost. Die Informationskampagne zur Einführung der neuen fünfstelligen Postleitzahlen, in: Gusti Arendt (Hg.): PR der Spitzenklasse. Die Kunst, Vertrauen zu schaffen, Landsberg/Lech 1993

Walter Maschke: Transformation at Deutsche Post World Net using the example of socially compatible workforce adjustment, in: Michael A. Crew/ Paul R. Kleindorfer (Hg.): Postal and Delivery Services. Delivering on Competition, Boston/ Dordrecht/London 2002

Cornelius Neutsch: Gelb – Tradition der Post? Postfarben seit dem 18. Jahrhundert, in: Archiv für Deutsche Postgeschichte, Nr. 1/1994

Hans-Jürgen Niehof: Der Postdienst in der DDR, in: DAS ARCHIV. Magazin für Kommunikationsgeschichte, Nr. 3/2011

Hans-Jürgen Niehof: Die postalische Vereinigung 1989/90, in: DAS ARCHIV. Magazin für Kommunikationsgeschichte, Nr. 3/2011

Hans-Jürgen Niehof: Die Presselandschaft der DDR zur Zeit der politischen Wende, in: DAS ARCHIV. Magazin für Kommunikationsgeschichte, Nr. 2/2012

Post-Aktie kratzt am Ausgabepreis, in: Frankfurter Allgemeine E-Paper, Nr. 180, 5.8.2005

Helmut Schwertler: Logistik bestimmt unser Leben, in: DAS ARCHIV. Magazin für Post- und Telekommunikationsgeschichte, Nr. 1/2006

Amartya Sen: Zehn Thesen zur Globalisierung, in: Die Welt, 18. Juli 2001

Hartmut Winkler, Übertragen – Post, Transport, Metapher, in: Jürgen Fohrmann (Hg.), Rhetorik. Figuration und Performanz, Stuttgart/Weimar 2004, S. 283–294

Hermann Wolpert, Schrifttum über das deutsche Postwesen, in: Archiv für das Post- und Fernmeldewesen, Heft 7/1950, S. 465–586, und Heft 4/1952, S. 177–272

Michael P. Zerres, Ingolf Riedel: Die DDR, ein Land vor dem Neubeginn. Aspekte zur wirtschaftlichen Entwicklung, in: Archiv für das Post- und Fernmeldewesen, Heft 3/1990

Martin Ziegenbalg: Wir spielten in einer komplett neuen Sportart, in: DAS ARCHIV. Magazin für Kommunikationsgeschichte, Nr. 3/2014

„GRAUE" LITERATUR

(in chronologischer Reihenfolge)

Deutsche Post West-Ost, Themen – Service für Presse, Hörfunk und Fernsehen, Beilage im „journalist", Juli 1992

Deutsche Bundespost: Brief 2000, Themen – Service für Presse, Hörfunk und Fernsehen, Beilage im „journalist", Dezember 1992

Die neuen Postleitzahlen, Themen – Service für Presse, Hörfunk und Fernsehen, Beilage im „journalist", April 1993

Post International, Themen – Service für Presse, Hörfunk und Fernsehen, Beilage im „journalist", Dezember 1994

Frachtpost, Themen – Service für Presse, Hörfunk und Fernsehen, Beilage im „journalist", Januar 1995

Megatrend Logistik, DANZAS, Themen – Service für Presse, Hörfunk und Fernsehen, Beilage im „journalist", August 1999

DHL. Im Expresstempo um die Welt, Themen – Service für Presse, Hörfunk und Fernsehen, Beilage im „journalist", Mai 2001

Let's go east! Themen – Service für Presse, Hörfunk und Fernsehen, Beilage im „journalist", November 2004

10 Jahre Aktiengesellschaft. Deutsche Post innovativ auf Kurs, Themen – Service für Presse, Hörfunk und Fernsehen, Beilage im „journalist", Februar 2005

Geschichtsbüro Reder, Roesling & Prüfer: Chronik Deutsche Post World Net, unveröffentlichtes Manuskript, Köln 2005

Claus Zanker/Michael Schwemmle: Liberalisierung, Regulierung, Beschäftigung. Weichenstellungen im europäischen Postsektor (ver.di Fachkonferenz 2.4.2009), Stuttgart 2009

Adrian Klein: Privatisierung, Regulierung und ihre Folgen verdeutlicht am Beispiel der Deutschen Post AG, DPVKom, Bonn 2011

ABBILDUNGSNACHWEISE

6 Bert Bostelmann
10/11 Library of Congress, Washington DC
12 Patent & Copyright © Lumeta Corporation 2000–2015
13 DPDHL (Screenshot)
14–17 Museumsstiftung Post und Telekommunikation (MSPT)
18 DPDHL
19 o DPDHL
19 u Weltpostverein (Entwurf: Claude Kuhn-Klein)
22/23 Historisches Museum Frankfurt
26 MSPT
28 Kunsthistorisches Museum Wien
29 Fürst Thurn und Taxis Zentralarchiv/Hofbibliothek/Museen
30–37 m MSPT
37 r Mormau/Wikipedia
38–45 MSPT
46 Fürst Thurn und Taxis Zentralarchiv/Hofbibliothek/Museen/Fred Peer
47–66 MSPT
68 Bildarchiv Preußischer Kulturbesitz/Arthur Grimm
69 MSPT
70/71 MSPT/Herbert List
72–77 MSPT, **74** MSPT/Bohnacker
78 pa/dpa
79–88 MSPT, **82 r** MSPT/Roehl
89 o Michael Zapf
89 u–91 MSPT
92 MSPT/Fred Peer, Studio 2
93 MSPT
96/97 DPDHL (Entwurf: Rempen und Partner)
100 MSPT/Gabriele Pée-Seidel
101 DPDHL/Christian Dalchow
102 DPDHL/Christian Dalchow
103 pa/dpa/Ursula Düren
104/105 DPDHL/Christian Dalchow
106 Deutsche Postgewerkschaft/ver.di
107 l DPDHL
107 r DPDHL/Christian Dalchow
108 pa/dpa/Roland Scheidemann
109 DPDHL
110 MSPT/Fotohaus Damm
112 DPDHL
113 DPDHL (Entwurf: Brald Braldts)
114 MSPT
115 DPDHL
116/117 pa/dpa/Jörg Schmitt
120 MSPT/Harald Stohbach
121–125 MSPT, **124** MSPT/Foto Marx
126 pa/dpa/Wolfgang Thieme
127 MSPT
128 MSPT/Fred Peer, Studio 2
129 Ina Steiner
130 Klaus Peter Festel
131 DPDHL/Christian Dalchow
132/133 MSPT/Max Malsch
134 pa/dpa/Andreas Altwein
135 Ina Steiner
135 privat
136 DPDHL
137 DPDHL/Christian Dalchow
138/139 DPDHL/Knut O. Laubner
142 DPDHL/WA Puetz
143 DPDHL
144/145 o DPDHL/Christian Dalchow
145 u DPDHL/Armin H. Kühne
146 DPDHL/Globus-Press
147o DPDHL/Christian Dalchow
147 r DPDHL
148/149 l DPDHL/Mareike Foecking
149 r DPDHL
150 ol und or MSPT
150 u DPDHL
151 Christian Dalchow
152/153 DPDHL/Rüdiger Nehmzow
156 DPDHL/Walter Tjantelé
157 MSPT
158/159 DPDHL
160 DPDHL/Reinhard Felden
161 DPDHL
162 Dayton Daily News
163–165 DPDHL
166/167 DPDHL/Walter Tjantelé
168/169 DPDHL
170/171 DPDHL/Christian Dalchow
174–176 DPDHL/Christian Dalchow
176 l /177 DPDHL
178/179 Deutsche Postbank
180 Bert Bostelmann
181 DPDHL
182 DPDHL/Christian Dalchow
183 Thomas Körner
184 l DPDHL (Entwurf: Jung von Matt)
184 r–187 DPDHL
188 l DPDHL/Christian Dalchow
188 r–193 l DPDHL
193 privat
194/195 pa/dpa
198/199 DPDHL
200 pa/dpa/Justin Lane
201 pa/dpa/Oliver Berg
202 Dulcinéia Gomes
203 Knaus Verlag/DPDHL
204/205 DPDHL
206 DPDHL/Andreas Kühlken
207 ver.di/Kay Herschelmann
208–211 DPDHL/Christian Dalchow
214/215 DPDHL
216/217 pa/dpa/Westend 61/Dieter Heinemann
220 DPDHL/Ebo Fraterman
221 DPDHL/Publicis
222 DPDHL
223 DPDHL/Publicis
224–228 DPDHL
229 DPDHL/Publicis
230/231 DPDHL/Ebo Fraterman
232/233 r DPDHL/Dirk Krull
233 l DPDHL
234/235 DPDHL
236/237 © 2014 Cirque du Soleil/Martin Girard/shootstudio.ca/Kostüme: Eiko Ishioka
238 DPDHL/Christian Dalchow
239 l DPDHL/Helmut Jahn
239 r Margret Baumann
240/241 Bert Bostelmann
244 DPDHL/Ebo Fraterman
245 MSPT
246–248 DPDHL
249 DPDHL/Rüdiger Nehmzow
250 DPDHL
251 DPDHL/Ebo Fraterman
252 Marianne Friese
252/253 DPDHL/Rüdiger Nehmzow
254–255 or DPDHL
255 ur UPU (Entwurf: G. Sárkics, Budapest)
256/257 DPDHL
258 l DPDHL
258/259 Jörg Böthling
259 Luiz Maximiano
260/261 DPDHL
262/263 Bert Bostelmann
266 pa/dpa/Oliver Berg
267/268 DPDHL
269 Angelika Zinzow
270/271 DPDHL
272 l privat
272 r DPDHL
273/274 DPDHL
275 doc robert/2 Agenten
276 MSPT
277 DPDHL
278/279 DPDHL
279 ur Entwurf: Karen Scholz
280 l DPDHL
280 r DPDHL
281 o DPDHL/Anna Schneider
281 u DPDHL
282 o Bert Bostelmann
282 u DPDHL
283 Matthias Jung
284/285 DPDHL
286 MSPT/Entwurf: Kurt Kranz
287 DPDHL
288/289 DPDHL/Rüdiger Nehmzow
292 Ina Steiner
293 pa/dpa/Carsten Rehder
294 l privat
294 r Bert Bostelmann
295 l Armin Brosch
295 or Ina Steiner
296 Bert Bostelmann
297 DPDHL
298 DPDHL/Ebo Fraterman
299–301 DPDHL
302/303 DPDHL/Rüdiger Nehmzow
304/305 DPDHL
306/307 pa/dpa/Bodo Marks
310 pa/dpa/Bernd Settnik
311 DPDHL
312 DPDHL/Ebo Fraterman
313 DPDHL
314 DPDHL/Kay Herschelmann
315 Rudolf Wichert
316/317 DPDHL
318 DPDHL/Christian Dalchow
318/319 Bert Bostelmann
319 DPDHL
320 DPDHL
321 o Bert Bostelmann
321 u DPDHL
322/323 Bert Bostelmann
326–328 DPDHL
329 o DPDHL
329 u Margret Baumann
330 Bert Bostelmann
331 Cornelis Gollhardt
332 DPDHL/Rüdiger Nehmzow
333 DPDHL
334 l Zeichnung: Heribert Schulmeyer
334 r DPDHL
335 l Theodor Barth
335 r DPDHL
338–343 DPDHL/Christian Dalchow

DER HERAUSGEBER

Walter Maschke (*1952) war nach dem Studium zunächst freiberuflich als Journalist tätig. Ab Anfang 1982 arbeitete er für den Vorsitzenden der Enquête-Kommission „Neue Informations- und Kommunikationstechniken", Christian Schwarz-Schilling, dem er im selben Jahr ins Postministerium folgte. Dort war er unter anderem als Pressesprecher und Leiter des Leitungsstabs tätig. Nach dem Rücktritt des Ministers wechselte er 1993 in die Generaldirektion POSTDIENST, wo er die Kommunikationskampagne zur Einführung der neuen Postleitzahlen betreute. Danach war er als Zentralbereichsleiter verantwortlich für Unternehmensverbindungen und das Regulierungsmanagement, bevor er 2012 den Bereich Konzerngeschichte und Wirtschaftsverbände übernahm. Er ist zudem für Deutsche Post DHL Vorsitzender des Kuratoriums der Museumsstiftung Post und Telekommunikation und im Kuratorium der Filmuniversität Babelsberg.

DIE AUTORINNEN UND AUTOREN

Friederike Bauer (*1963) arbeitet als freie Journalistin, Autorin und Redenschreiberin in Frankfurt am Main. Nach vielen Jahren als Redakteurin und Korrespondentin bei der *Frankfurter Allgemeinen Zeitung* und einem kurzen Abstecher in die Welt der Entwicklungszusammenarbeit hat sie sich vor einigen Jahren selbstständig gemacht. Seither schreibt sie für diverse Medien, Verlage und Auftraggeber, vor allem – aber nicht nur – über internationale Themen. Sie ist Autorin verschiedener Bücher, unter anderem der ersten Biografie über Kofi Annan. In diesem Band hat sie den Artikel zur Globalisierung, verschiedene Texte zum Konzern heute und viele der Porträts verfasst.

Margret Baumann (*1958) ist Kommunikationswissenschaftlerin, ausgebildet als Gestalttherapeutin und arbeitet unter anderem als freie Autorin und Ausstellungsmacherin zu kultur- und kommunikationsgeschichtlichen Themen. Sie hat Ausstellungen konzipiert zur AIDS- und Suchtprävention und zur Kulturgeschichte des Telefonierens. Als Chefredakteurin des *Magazins für Kommunikationsgeschichte DAS ARCHIV* befasst sie sich seit vielen Jahren mit der Geschichte der Post, die Geschichte der Filme von Post und Telekom hat sie im Katalog *Image und Information* vorgestellt. Im Buch stammen von ihr Beiträge zu den Themen Einheit und Wandel, zum Konzern heute sowie Porträts der Mitarbeiter.

Dr. Jürgen Bräunlein (*1964) ist Medien- und Literaturwissenschaftler und arbeitet als Buchautor, Lektor und Journalist; unter anderem hat er für den *Rheinischen Merkur* (jetzt: *Christ & Welt*), Deutschlandradio Kultur, die *Nürnberger Zeitung*, die *Neue Zürcher Zeitung* und für *DAS ARCHIV* Artikel und Essays zu kultur- und medienwissenschaftlichen Themen geschrieben. 1998–2002 war er Lehrbeauftragter am Institut für Deutsche Sprach- und Literaturwissenschaften an der Universität Erlangen-Nürnberg. Zu seinen Publikationen zählen *Ästhetik des Telefonierens* und *Der sprechende Knochen. Perspektiven von Telefonkulturen* (mit Bernd Flessner). Für das vorliegende Buch hat er über die Geschichte der Reichs- und der Bundespost geschrieben.

Dr. Klaus Beyrer (*1953) hat Geographie und Germanistik studiert und an der Universität Tübingen im Fach Volkskunde/Empirische Kulturwissenschaft promoviert. Nach Tätigkeiten als wissenschaftlicher Mitarbeiter am Deutschen Literaturarchiv Marbach sowie an der Universität Karlsruhe wirkt er seit 1988 als Wissenschaftler und Leiter der Abteilung Öffentlichkeitsarbeit am Museum für Kommunikation Frankfurt; er ist Autor und Herausgeber zahlreicher Buchveröffentlichungen und Forschungsbeiträge zur Geschichte der Post und des Reisens sowie zur Kommunikations- und Technikgeschichte. Im vorliegenden Buch schrieb er über die Post in der Frühen Neuzeit.

Ulrich Rosenbaum (*1945) ist Journalist. Seine Laufbahn begann bei der *Bonner Rundschau*. Danach war er bis 1977 politischer Redakteur bei der Wochenzeitung *Vorwärts*, dann Chefredakteur der von Willy Brandt begründeten Wochenzeitung *Berliner Stimme*. Ende 1981 wechselte er als stellvertretender Politikchef zum *Stern*, war dann stellvertretender Büroleiter zunächst bei *BILD* und dann bei der *Welt* in Bonn, danach beim Fernsehmagazin *Panorama* und Hauptstadtkorrespondent für die *Hamburger Morgenpost*. 2004 bis 2010 war er Herausgeber des *Slow Food Magazins* und 12 Jahre lang, bis Ende 2014, verantwortete er das *Postforum*. Für diesen Band schrieb er zum Themenkomplex Einheit und Wandel.

EINHEIT IM WANDEL

Deutsche Post DHL – Von der Behörde zum Global Player

Herausgegeben von Walter Maschke für Deutsche Post DHL

Konzept: Margret Baumann und Friederike Bauer
Recherche, Text- und Bildredaktion: Margret Baumann
Autorinnen und Autoren: Friederike Bauer, Margret Baumann, Klaus Beyrer, Jürgen Bräunlein, Ulrich Rosenbaum
Lektorat: Beate Bücheleres-Rieppel, Benedikt Burkard, Günter Neeßen
Sekretariat: Petra Steinert
Bildrecherche: Margret Baumann, Dieter Herwig, Annerose Knoch, Tanja Neumann, Bettina Oesl, Marialuisa Plassmann, Sandra Schorr
Gesamtgestaltung und Satz: Karl-Heinz Best, mind the gap! design, Frankfurt am Main
Druck und Bindung: Firmengruppe APPL, aprinta druck, Wemding

Michael Imhof Verlag GmbH & Co. KG | Stettiner Straße 25 | 36100 Petersberg
Tel.: 0661 2919166-0 | Fax: 0661 2919166-9
www.imhof-verlag.com | info@imhof-verlag.de

ISBN 978-3-7319-0166-2

MIX
Papier aus verantwortungsvollen Quellen
FSC® C004592

Rebecca
Donner

MILDRED

Die Geschichte der Mildred Harnack und ihres leidenschaftlichen Widerstands gegen Hitler

Aus dem Englischen von Laura Su Bischoff, Sabine Franke und Erich Ammereller

kanon verlag

Die Originalausgabe erschien erstmals 2021
unter dem Titel *All the Frequent Troubles of Our Days*
bei Little, Brown and Company, New York.

ISBN 978-3-98568-047-4

1. Auflage 2022

First published by Little, Brown and Company
Translation rights arranged by The Clegg Agency, Inc., USA
Umschlaggestaltung: Anke Fesel / bobsairport
Unter Verwendung eines Fotos aus Privatbesitz.
Herstellung: Daniel Klotz / Die Lettertypen
Satz: Marco Stölk
Druck und Bindung: Pustet, Regensburg
Printed in Germany

www.kanon-verlag.de

Rebecca Donner
Mildred

Für Mildred und Don

Inhalt

MILDRED

I

II

DER JUNGE

III

MILDRED

IV

DER JUNGE

V

MILDRED

VI

VII

DER JUNGE

VIII

MILDRED

IX

X

XI

DER JUNGE

XII

Anmerkung der Autorin

Das Folgende habe ich mir nicht ausgedacht.

Alles, was in Anführungszeichen steht, stammt aus einem Brief, einer Postkarte, einer Autobiografie, einer handgeschriebenen Notiz, einem freigegebenen Geheimdienstbericht oder anderen von mir in einer Sammlung oder einem Nachlass aufgespürten Dokumenten.

Mildred taucht in Büchern, Zeitungsartikeln und Archivunterlagen abwechselnd als Mildred Harnack, Mildred Fish-Harnack und Mildred Harnack-Fish auf. Dieses Durcheinander geht auf Mildred selbst zurück. In den Vereinigten Staaten von Amerika nannte sie sich Mildred Fish-Harnack, in Deutschland wählte sie Mildred Harnack-Fish. Der Einfachheit halber bezeichne ich sie auf den folgenden Seiten als Mildred Harnack.

Mildred war vielen als eine Frau bekannt, die ihre Worte mit Bedacht wählte. »Über das, was wirklich ihr Herz bewegte, sprach sie wenig«, erinnerte sich eine Deutsche, und »[i]hre Äußerungen waren spröde, oft von einer überraschenden Klarheit«. »Sie hörte ruhig zu«, entsann sich eine Amerikanerin. »Wenn sie dann etwas sagte, verlangte sie Aufmerksamkeit.« Am Ende dieses Bandes finden Sie die Quellen zu diesen Äußerungen. Zur Kennzeichnung meiner Nachweise habe ich mich in diesem Werk für Endnoten statt Fußnoten entschieden.

Dieses Buch folgt zwei Erzählungen: Die eine berichtet von Mildred, die andere von einem Jungen namens Don. In Dons Kapiteln verwende ich Kursivschrift statt Zitationszeichen, um Gedanken und Gespräche zu markieren, an die er sich aus jener Zeit erinnerte. Im Zweiten Weltkrieg wurde Don im Alter von elf Jahren zu Mildreds Kurier.

Der Originaltitel dieses Werks, *All the frequent troubles of our days* – »Zu unsres Lebens oft getrübten Tagen« – stammt aus einem Gedicht von Johann Wolfgang von Goethe, das Mildred in ihrer Gefängniszelle übersetzte. Es ist durchaus strittig, ob am Ende des Wortes *trouble* in Mildreds handschriftlicher Übersetzung ein »s« erkennbar ist oder nicht. Wir müssen uns vor Augen halten, dass Übersetzen eine Kunst und keine Wissenschaft ist, Mildreds Übertragungen waren oft recht locker und weniger wortwörtlich als die akademischen Bearbeitungen von Goethes Gedichten, auf die man so stoßen mag. Außerdem sollten wir bedenken, dass Mildred diese Zeilen mit einem Bleistiftstummel in einer feuchten Gefängniszelle niedergeschrieben hat.

Harald Poelchau erinnerte sich an den Anblick Mildreds, über den Band mit Goethe-Gedichten gebeugt, den Stiftstummel in der Hand, als er sie in ihrer Zelle besuchte. Poelchau war als Gefängnispfarrer tätig und als Mitglied einer geheimen Widerstandsgruppe aktiv, die in der ländlichen Ortschaft Kreisau in Schlesien gegründet worden war. Wir haben es Poelchau zu verdanken, dass uns Mildreds Goethe-Übersetzungen vorliegen. Am 16. Februar 1943 ließ er das Buch in die Falten seines Gewands gleiten und schmuggelte es hinaus.

Fragment

Fragebogen
Strafanstalt Berlin-Plötzensee
16. Februar 1943

Familienname	Harnack geb. Fish
Sämtliche Vornamen	Mildred
Tag, Monat und Jahr der Geburt	16.09.02
Geburtsort	Milwaukee, USA
Haben Sie Vermögen? Wieviel ist es und worin besteht es?	8.47 in der Tasche 1 Schiffskarte (Contract ticket) United States Lines $127 (in Mark eingezahlt – in meiner Handtasche) etwas Geld in der Deutschen Bank die Wohnungseinrichtung, vor allem die Einrichtung der beiden Vorderzimmer Woyrschstr. 16, Berlin W 35, mit zwei orientalischen Teppichen, einem hellen und einem dunklen mit ungleichmäßigen Sternen und Farben
Weshalb sind Sie jetzt bestraft? Gestehen Sie die Ihnen zur Last gelegte Tat? Unter welchen Umständen und aus welcher Veranlassung haben Sie die Tat begangen?	Beihilfe zum Hochverrat

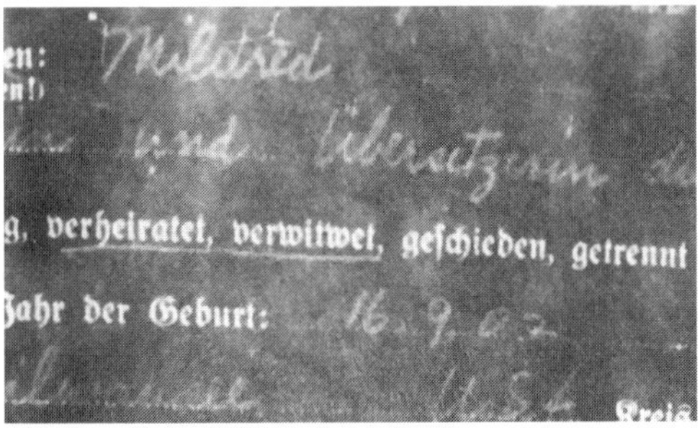
en: Mildred
und übersetzerin
g, verheiratet, verwitwet, geschieden, getrennt
Jahr der Geburt: 16.9.02
Kreis

Einleitung

Ihr Ziel war Selbstauslöschung. Je unsichtbarer sie war, desto größer waren ihre Überlebenschancen. In ihrem Tagebuch zeichnete sie auf, was sie aß, dachte, las. Das Erstgenannte war harmlos. Das Zweit- und Drittgenannte waren es nicht. Deshalb versteckte sie das Journal. Als sie den Verdacht hegte, dass die Gestapo ihr dicht auf den Fersen war, vernichtete sie es. Wahrscheinlich verbrannte sie es.

Sie stand auf erschütternde Weise im Zentrum des deutschen Widerstandes, doch war sie keine Deutsche und auch keine Polin oder Französin. Sie war Amerikanerin – auffällig amerikanisch. Die von ihr angeworbenen Männer erhielten Decknamen: »Einarmiger«, »Funker«, »Arbeiter«. Sie operierte ohne eine solche Tarnung. Dennoch war sie schwer fassbar. Das Wesen ihrer Arbeit bedurfte strikter Geheimhaltung. Sie getraute sich nicht, ihrer Familie davon zu erzählen, die verstreut in den Ortschaften und auf den Milchviehbauernhöfen des Mittleren Westens lebte. Es blieb ihren Angehörigen vollkommen unbegreiflich, dass ausgerechnet sie mit sechsundzwanzig Jahren an Bord eines Dampfschiffes gestiegen war und den Atlantik überquert hatte, um all ihre Lieben zurückzulassen.

Ihre Familie ist meine Familie. Uns trennen drei Generationen. Sie bevorzugte die Anonymität, weshalb ich ihren Namen flüstern werde: *Mildred Harnack.*

1932 hielt sie ihr erstes Geheimtreffen in ihrer Wohnung ab – dort versammelte sich eine kleine Gruppe aus Politaktivisten, die bis zum Ende des Jahrzehnts zur größten geheimen Widerstandsorganisation Berlins anwachsen sollte. Im Zweiten Weltkrieg kollaborierte ihr Kreis mit einem sowjetischen Spionagenetzwerk, das einen Komplott schmiedete, um Adolf Hitler zu besiegen, und dafür Agenten und Genossen in Paris, Genf, Brüssel und Berlin beschäftigte. Im Herbst 1942 schlug die Gestapo zu. Mildred wurde ins Gefängnis geworfen. Ihre Mitverschwörer ebenfalls. Während einer hastig einberufenen Verhandlung vor dem Reichskriegsgericht hämmerte ein Staatsanwalt, der sich den Spitznamen »Hitlers Bluthund« erworben hatte, mit Fragen auf sie ein.

Sie saß auf einem Holzstuhl im hinteren Teil des Gerichtssaals. Auf anderen Stühlen hatten hohe Nazifunktionäre Platz genommen. In der Mitte des Raumes thronte ein Gremium aus fünf Richtern. Bis auf Mildred waren alle Deutsche.

Als sie an der Reihe war, ging sie auf den Zeugenstand zu. Sie war ausgemergelt, ihre Lungen von der Tuberkulose angegriffen, die sie sich im Gefängnis zugezogen hatte. Wie lange sie dort stand, weiß man bis heute nicht, erhaltene Dokumente nennen den Zeitpunkt nicht, an dem der Staatsanwalt ihre Befragung begann oder zu dem er sie beendete. Bekannt ist Folgendes: Ihre Antworten waren Lügen, faustdicke Lügen.

Die Richter glaubten ihr. Sie erhielt eine verhältnismäßig milde Strafe: sechs Jahre Zwangsarbeit in einem Zuchthaus. Zwei Tage später setzte Hitler das Urteil außer Kraft und ordnete ihre Hinrichtung an. Am 16. Februar 1943 wurde sie unter ein Fallbeil geschnallt und geköpft.

Nach dem Krieg leitete das Spionageabwehrkorps der U.S. Army eine Ermittlung ein. »Mildred Harnacks Taten sind lobenswert«, merkte ein Beamter des Abwehrkorps 1946 an und wies auf die »recht ausführliche Akte« hin, die der Nachrichtendienst über sie besaß. »Es ist durchaus wahrscheinlich, dass eine Ermittlung ein Kriegsverbrechen enthüllen wird«, schrieb ein anderer. Ein Kollege höheren Ranges rügte die beiden später in einem knappen Memo: »Dieser Fall wird als *S/R* [*secret/restricted* – »Geheim/Nur für den Dienstgebrauch«] eingestuft und *hätte nicht* zur Ermittlung herangezogen werden dürfen. Entfernen Sie den Fall aus der Einheit ›D‹ und setzen Sie die Ermittlung *nicht* fort .«

Und so begrub das Spionageabwehrkorps Mildreds Fall. Der Grund dafür kam erst über fünfzig Jahre später ans Licht.

Dennoch sickerte Kunde darüber an die Öffentlichkeit durch. Am 1. Dezember 1947 erschien in der *New York Times* ein Artikel mit der Schlagzeile HITLER LÄSST 1943 AMERIKANERIN AUS POLITISCHER VERGELTUNG KÖPFEN. »Mit umfassendem Wissen über den untergetauchten deutschen Widerstand ausgestattet, bot Mildred Harnack mutig der Folter durch die Gestapo die Stirn und verriet gar nichts«, hieß es dort. Später in derselben Woche lobte die *Washington Post* Mildred als »eine der Anführerinnen des gegen die Nazis tätigen Untergrunds«. Die Leser der *New York Times* und der *Washington Post* waren wahrscheinlich überrascht, dass es einen aktiven im Geheimen operierenden Widerstand in Deutschland überhaupt gegeben hatte.

Ein grundlegendes Problem für alle, die über Mildreds Gruppe schreiben wollten, waren die fehlenden dokumentarischen Belege. Erst 1989, als die Berliner Mauer fiel, kam eine Fundgrube an Unterlagen zum Vorschein, die in den ostdeutschen Archiven lagerten. Einige Jahre später gestattete Russland Historikern einen Blick in das Ausland betreffende Geheimdienstakten, während die CIA, das FBI und die U.S. Army 1998 unter dem *Nazi War Crimes Disclosure Act* mit der Freigabe einst streng vertraulicher Aufzeichnungen begannen – ein Vorgang, der bis heute nicht abgeschlossen ist. Inzwischen verfügen wir über ein differenzierteres Verständnis des geheimen Widerstands in Deutschland, obwohl es weiterhin Ungenauigkeiten gibt. Informationen zu Mildred Harnack sind rar und häufig falsch. Die Asche ihrer Tagebücher kann nicht zur Korrektur dienen.

Trotz ihres Wunsches, unsichtbar zu bleiben, hinterließ sie für uns eine Spur.

Auf dieser Spur finden sich offizielle Dokumente – knöcheldicke britische, US-amerikanische und sowjetische Geheimdienstordner. Dann sind da die inoffiziellen Unterlagen, die tiefere Wahrheiten offenbaren: Die Briefe, die Mildred schrieb. Die Briefe, die andere an sie und über sie schrieben. Familie und Freunde hinterließen Notizen, Kalender, Tagebücher, Fotografien, Zeugnisse. Man kann nicht behaupten, dass Einigkeit über die Frau herrschte, die diese Menschen kannten oder die sie zu kennen meinten. Für viele war sie ein Rätsel, das eine Reihe widersprüchlicher Schlussfolgerungen über ihr Wesen und ihre Beweggründe zuließ.

So gut wie alle, die ihr vertraut waren, sind inzwischen verstorben. Wer noch lebt, ist mittlerweile weit über neunzig Jahre alt. Einen von ihnen wollte ich dringender finden als jeden sonst.

Er war noch ein Kind, als er Mildred kennenlernte, jung genug, um ihr Sohn zu sein. Ich spürte ihn auf und beschwor ihn: *Was hat sie Ihnen erzählt? Wie betrat sie einen Raum? Haben Sie sie weinen gehört? Singen? Hat sie Ihnen vertraut?*

Der Junge mit dem blauen Ranzen

1939

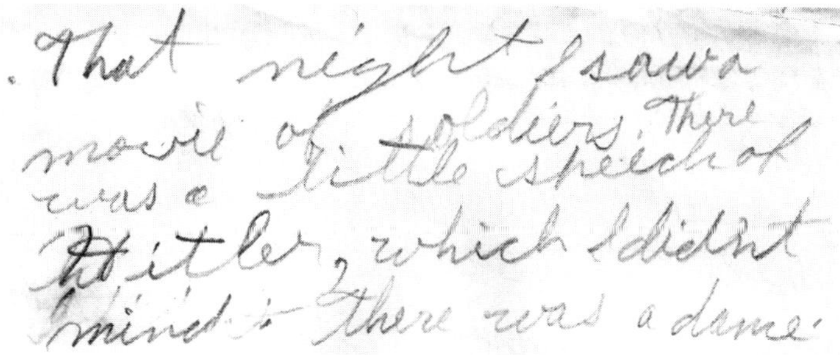
That night I saw a movie of soldiers. There was a little speech of Hitler, which I didn't mind. There was a dame

Schnee. Angst. Licht. Eines Morgens im Dezember 1939 springt ein elfjähriger Junge aus der mit einem gewölbten Sturz versehenen Vordertür eines Wohnhauses in Berlin und fragt sich, ob er wohl geschnappt werden wird. Auf seinem Rücken trägt er einen blauen Ranzen. Vor ihm erstreckt sich der schneebedeckte Stadtpark Schöneberg. Er schlottert. Er hat einen wollenen Mantel und eine schwarze Kappe an. Die Kappe lässt ihn wie einen deutschen Buben aussehen.

Vier Schritte, und er ist die Treppe hinab, vier weitere, und er überquert die Straße. Der Junge ist auf dem Weg zur U-Bahn-Station. Er hat es nicht weit. Zehn Minuten Fahrt bis zum Nollendorfplatz, ein kurzer Fußweg bis zur Woyrschstraße 16. Sein Vater hat es ihm vorgemacht. Er sagte: *Pass gut auf!* Und: *Sprich mit niemandem!*

Der Junge sieht einen hochgewachsenen Mann mit Kaiser-Wilhelm-Bart, eine Frau mit Fellmütze, zwei Knaben mit roten Fäustlingen und ein im Paradeschritt marschierendes Mädchen. Bald ist Weihnachten. An den Straßenrändern stehen Händler hinter ihren Karren und läuten Glocken. In einem der Karren geröstete Kastanien. Im nächsten welker Kohl. In einem dritten Steinzeug. In einem weiteren Trupps Marzipansoldaten. Irgendwo stehen Gebäude in Flammen und gehen Bomben in die Luft. Der Junge weiß, die Kämpfe sind weit weg, doch stellt er sich vor, er kann den Krieg riechen.

Verbrannt. Wie Röstkastanien.

In jenem Monat berichten Schlagzeilen auf den Seiten der Berliner Zeitungen in schwarzen Lettern ALLE ENGLISCHEN LUFTANGRIFFE WAREN ZUM SCHEITERN VERURTEILT, beklagen eine JUDENPLAGE IN BELGIEN und versprechen DER SIEG IST UNS GEWISS! Die Zeitungen sind voller Lügen. Das weiß der Junge von seinem Vater, der die meisten seiner wachen Stunden an seinem Schreibtisch verbringt und Geheimdienstberichte schreibt, die er als Telegramm nach Washington schickt, wenn sie vertraulich sind, und als Diplomatenpost, wenn sie streng vertraulich sind. Mehrmals begleitet der Junge seinen Vater nach Bremerhaven, eine Hafenstadt an der Nordsee, wo der Vater das Diplomatengepäck einem Mann im Auslandsdienst übergibt, der dann ein Dampfschiff besteigt. Manchmal ist der Bericht in der Post an den Finanzminister Henry Morgenthau adressiert, manchmal an den Außenminister Cordell Hull.

Der Junge hebt das Kinn, sucht den Himmel ab. Deutsche Bomber. Er sieht sie nicht, weiß aber dennoch, dass sie da oben sind. Ihr Donnern lässt seine Zähne klappern, aber vielleicht ist er auch nur nervös, weil er an seine Aufgabe denkt.

Eine wichtige Aufgabe, sagte sein Vater.

Wie deine?, fragte der Junge.

Wie meine, yessir, erklärte sein Vater, der in Kansas geboren worden war und zwei Posten bekleidet, einen an der US-amerikanischen Botschaft in Berlin und einen in den Reihen eines Amtes, das keine offizielle Bezeichnung oder organisatorische Struktur besitzt, obgleich es bald unter die Schirmherrschaft eines hastig zusammengestellten Kriegsgeheimdienstes namens Office of the Coordinator of Information gestellt werden wird, dem Vorläufer dessen, was später einmal – nach einigen Durchläufen, Umbrüchen und Turbulenzen – die Central Intelligence Agency (CIA) sein wird.

In der U-Bahn-Station wartet der Junge am Bahnsteig. Der Zug fährt ein, die Türen öffnen sich weit.

Er springt hinein, findet einen Platz. Nollendorfplatz. Nur zehn Minuten entfernt.

Vor gut dreieinhalb Monaten, kurz bevor die deutsche Luftwaffe 560 Tonnen scharfer Bomben auf Polen abwarf, drängte das Außenministerium alle Männer an der amerikanischen Botschaft in Berlin, ihre Frauen und Kinder zurück nach Hause in die Vereinigten Staaten zu schicken. Der Junge und seine Mutter gingen stattdessen nach Norwegen. Sie nahmen sich ein Zimmer in einem Osloer Hotel und warteten dort auf eine Nachricht vom Vater des Jungen.

Die Nachricht kam im November, früh am Morgen. Hastig packten sie ihre Sachen.

Wo gehen wir hin?, fragte der Junge.

Zurück nach Berlin, entgegnete seine Mutter.

Warum?, wollte der Junge wissen. Krieg war im Anmarsch. Eine Rückkehr nach Berlin ergab keinen Sinn.

Wir müssen ein paar Leuten helfen, lautete die Antwort seiner Mutter.

Sie bestiegen einen Dampfzug, der sie an Bauernhöfen und Feldern und zugefrorenen Seen vorbeitrug. Schneebedeckte Berge lagen zusammengedrängt da, als würden sie sich aneinanderschmiegen, um sich zu wärmen. Der Junge legte seine Stirn ans Fenster und schaute zu, wie alles an ihm vorbeisauste, während er sich fragte *Wie helfen?*

Nollendorfplatz.

Der Junge schultert seinen Ranzen und steigt aus der Bahn aus, indem er behände über den Spalt zwischen Tür und Bahnsteigkante springt. Er geht die Treppen hinauf und tritt aus einer Glastür hinaus. Sobald er die U-Bahn-Station hinter sich hat, zählt er seine Schritte auf Deutsch: *eins*, *zwei*, *drei*. Bei *zwanzig* bückt er sich. Seine Schnürsenkel sind zu, aber er tut so, als wären sie offen, und bindet sie wieder zu, damit er einen Blick über seine Schulter werfen kann. Zwei Männer. Einer hat eine Glatze, der andere trägt eine Nickelbrille. Er erinnert sich an die Worte seines Vaters: *Pass auf, dass keiner dir folgt!*

Er überquert die Straße. An der Ecke steht ein gewaltiges Kaufhaus, das Kaufhaus des Westens. Berliner nennen es KaDeWe. Er geht hinein.

Im KaDeWe riecht es nach Parfüm und Krapfen. Es gibt sieben Stockwerke. Bald wird bei einem Luftangriff ein amerikanischer Bomber in das Gebäude fliegen und eine spektakuläre Explosion auslösen, doch im Augenblick ist das Haus ebenso intakt wie einladend. Der perfekte Ort, weiß der Junge, um jemanden loszuwerden. Er überspringt jede zweite Stufe bis in den zweiten Stock, geht an einem Karussell mit Wintermänteln vorbei, huscht in einen Aufzug, der ihn bis ganz nach oben und dann zurück hinab ins Erdgeschoss bringt, wo er das Gebäude durch einen Seiteneingang verlässt. Draußen läuft er unvermittelt los, der Ranzen schlägt an seinen Rücken.

An diesem Tag folgt ihm keiner.

Aber nehmen wir einmal an, Sie wären ihm gefolgt. Sie hätten einen elfjährigen Jungen mit einem blauen Ranzen den ganzen Weg bis zur Woyrschstraße 16 rennen sehen, ein paar Häuserzüge südlich des Tiergartens. Hätten Sie ihn gefragt, warum er in die Woyrschstraße 16 unterwegs sei, hätte er Ihnen geantwortet, dass seine Lehrerin ihn dort unterrichte. Das ist nur die halbe Wahrheit.

Er betritt das Gebäude und rast die Treppen hinauf, sein Ranzen schwer mit Büchern beladen. Ganz oben öffnet eine junge Dame in einem schlichten, für Berliner Nazifrauen typischen Kleid die Tür. Ihr honigfarbenes Haar hat sie zu einem Knoten zusammengebunden.

Sie würden nicht ahnen, dass auch sie Amerikanerin ist. Ebenso würden Sie nicht darauf kommen, dass der Ranzen des Jungen etwas Wertvolleres als Bücher enthalten wird, sobald er die Wohnung eine Stunde später wieder verlässt.

Der Junge ist ihr Kurier, wie man in der Sprache der Spionage sagt. Ein elfjähriger Spion. Zweimal die Woche besucht er die Wohnung der Frau, wo die beiden nebeneinander auf einem Sofa mit hölzernen Armlehnen sitzen und über die Werke sprechen, deren Lektüre sie ihm aufträgt. Die Bücher sind unterschiedlich und unvorhersehbar: Klassiker und Schmöker, Shakespeare und Western. Sie befragt ihn zur Handlung, zu den Figuren, den Themen. Ihre Stimme ist tief und freundlich. Sie sagt: *Erzähle mir, worum es in diesem Buch geht.* Sie sagt: *Erkläre mir, was du denkst, nicht, was du meinst, denken zu müssen.* Sie ist anders als alle Lehrer, die er je hatte.

Eine Stunde dauert ihr Unterricht, manchmal auch zwei. Ist er vorüber, fragt sie ihn: *Welchen Weg nimmst du heute nach Hause?* Jedes Mal geht er eine andere Strecke – dafür sorgt sie.

Sie sieht dem Jungen in die Augen, ihr Blick fest und ernst, und bittet ihn, die Straßennamen zu wiederholen. Falls er abgelenkt ist, nimmt sie seinen Kopf in ihre Hände, so wie es seine Mutter tut, und fordert ihn auf, die Namen noch einmal zu nennen.

An der Tür hilft sie ihm in seinen Mantel und lässt ein Stück Papier in seinen Ranzen gleiten. Manchmal sieht das Papier aus wie eine Leseliste. Manchmal ähnelt es einem Rezept. Manchmal schaut es aus wie ein Brief, den sie mit *Mildred* oder einfach nur *M.* unterschreibt.

MILDRED
I

Wir müssen diese Verhältnisse so schnell wie möglich ändern

1932

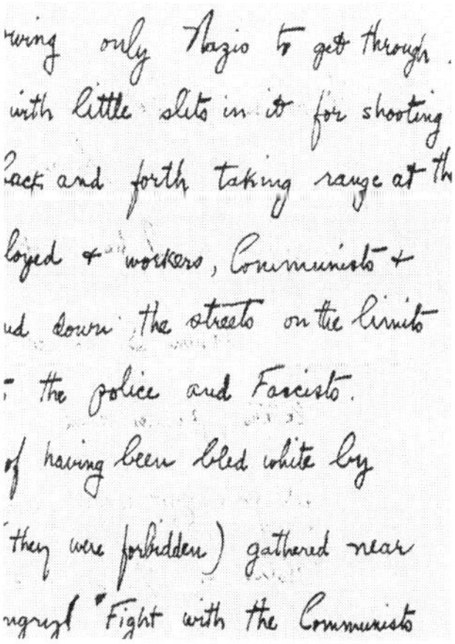
-wing only Nazis to get through.
with little slits in it for shooting
back and forth taking range at th
loyed & workers, Communists &
ud down the streets on the limits
; the police and Fascists.
of having been bled white by
they were forbidden) gathered near
ngry! "Fight with the Communists

1.

Am 29. Juli 1932 verlässt Mildred die U-Bahn-Station und geht auf der Friedrichstraße Richtung Norden, eine Ledermappe in der Hand. Heute ist Freitag. Sie ist auf dem Weg zur Universität Berlin, wo sie zweimal die Woche Vorlesungen hält.

Sie ist zügig unterwegs. Berlin ist geschäftig, die Gehwege sind voller Fußgänger, auf den Straßen drängen sich Autos, Straßenbahnen, Busse und Fahrräder. Überall, wo sie hinblickt, sieht sie Menschen, Junge und Alte, Arme und Reiche. Vor allem Arme. Sie betteln, schlafen, streiten, verkaufen Schnürsenkel oder alte Zeitungen und lassen aus der Gosse gefischte Zigarettenstummel herumgehen.

Vor zwei Jahren hat Mildred von der Universität Berlin den Lehrauftrag für einen Kurs namens Amerikanische Literaturgeschichte erhalten. Der Institutsleiter hatte möglicherweise die Erwartung, dass sie Vorlesungen über Schriftsteller des vergangenen Jahrhunderts halten würde, über Herman Melville oder Nathaniel Hawthorne oder James Fenimore Cooper, doch Mildred hat kein Interesse daran, Bücher über Seemänner, Ehebrecherinnen oder Grenzsiedler zu besprechen. Sie möchte über Werke reden, die von Menschen verfasst wurden, die *jetzt* leben, ganz besonders solche von Autorinnen und Autoren, die über die Armut schreiben. Sie steht vor einem Raum mit deutschen Studenten und will deren Wissen über die Unterdrückten vertiefen, und das zu einer Zeit, als so viele im eigenen Land unaufhörlich um das tägliche Brot kämpfen. Seit vier Semestern spricht sie nun also über amerikanische Farmer und Fabrikarbeiter und Einwanderer, über William Faulkner und John Dos Passos und Theodore Dreiser.

Ihre politischen Ansichten verbirgt sie nicht. In ihren Vorlesungen wechselt sie fließend von amerikanischen Romanen zur gewaltigen Armut in Deutschland und dem besorgniserregenden Aufstieg der Nationalsozialistischen Partei.

»Deutschland macht solch schwere Zeiten durch«, schrieb sie kürzlich in einem Brief an ihre Mutter. »Alle spüren die Bedrohung, aber viele stecken ihren Kopf in den Sand.«

Sie erreicht eine breite Prachtstraße: Unter den Linden. Sie wendet sich nach rechts.

Der Name der Straße stammt von den Lindenbäumen, die in Hülle und Fülle an ihren Rändern wachsen und im Augenblick voll erblüht sind. Kleine weiße Blüten ergießen sich in Kaskaden und erfüllen die Luft mit ihrem Duft. Aber all diese Schönheit vermag die Hässlichkeit hier nicht zu verbergen. Hakenkreuze, wohin man sieht: auf Plakaten an den Wänden der U-Bahn-Stationen, auf Flaggen, Bannern und Pamphleten. Ein weißhaariger Mann mit Schnauzer führt im Augenblick das Land, wenn auch nur notdürftig. Reichspräsident Paul von Hindenburg ist vierundachtzig Jahre alt und torkelt in die Senilität. Ein gerade einmal halb so alter Politiker wird immer beliebter – ein Schulabbrecher namens Adolf Hitler, der, so prognostiziert Mildred, »sehr viel mehr Elend und Unterdrückung« bringen wird.

Sie biegt nach links ab. Vor ihr liegt die Universität Berlin.

Sie geht hinein. In den Fluren drängeln sich die Studenten. Sie nähert sich der Tür eines Seminarraumes, wohlwissend, dass ihre heutige Vorlesung die letzte sein wird. Ein Mitarbeiter der Universität hat sie bereits darüber informiert, dass sie im nächsten Herbst nicht zurückgebeten werden wird. Mildred kann es kaum fassen. Die ganze Zeit hat sie es für selbstverständlich gehalten, ihre Meinung frei zu äußern.

2.

In den Briefen an ihre Mutter schreibt Mildred einfach und klar, da sie sehr genau weiß, dass die zehnjährige Schulbildung von Georgina Fish nicht für die Komplexität deutscher Politik ausreicht.

> *Es gibt hier eine große Menge Menschen, die ein Gespür für die Ungerechtigkeit der Lage haben – ihre eigene Armut oder die Gefahr, in Armut zu geraten – und deshalb zum Schluss kommen, dass es eine gute Idee wäre, wenn es wieder eine uneingeschränktere Regierungsform gäbe, weil die Dinge vorher besser waren.*

Der offizielle Parteiname der Nazis lautet Nationalsozialistische Deutsche Arbeiterpartei (NSDAP), erklärt Mildred, »obwohl die Partei nichts mit Sozialismus am Hut hat und der Name an sich schon eine Lüge ist. Sie hält sich für höchst moralisch und macht wie der Ku Klux Klan aus dem Hass auf Juden eine Kampagne.«

Mildred verfasst die meisten dieser Briefe mit einem Füller und schwarzer Tinte. Manchmal schreibt sie einen Teil in der U-Bahn auf dem Weg zum Unterricht und beendet die Briefe zu Hause an ihrer Schreibmaschine. Manchmal ist es umgekehrt, zuerst tippt sie die Briefe, schreibt sie in der U-Bahn zu Ende und entschuldigt sich dann für ihre schlampige Handschrift.

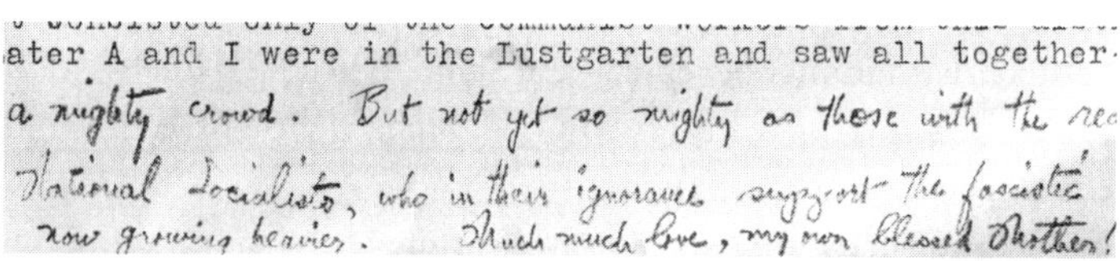
ater A and I were in the Lustgarten and saw all together·
a mighty crowd. But not yet so mighty as those with the rec
National Socialists, who in their ignorance support the fascistic
now growing heavier. Much much love, my own blessed Mother!

Mildred erzählt ihrer Mutter nicht sofort, dass sie ihre Anstellung bei der Universität Berlin verloren hat. Sie wird ein Weilchen warten. Vielleicht eine Woche. Vielleicht zwei. Sie möchte Georgina Fish nicht in Sorge versetzen, die in einem kleinen, braun tapezierten Zimmer auf der anderen Seite des Atlantiks lebt und dazu neigt, sich Sorgen zu machen.

3.

Gefeuert. Rausgeschmissen. Vor die Tür gesetzt.

Welche Bezeichnung man auch wählt, das Ergebnis ändert sich nicht. Der übereifrige Verwaltungsbeamte wollte keinen Grund für die Entlassung nennen. Lehraufträge werden aus unterschiedlichen Gründen bei unterschiedlichen Leuten zu unterschiedlichen Zeiten nicht verlängert.

Mildred ist neunundzwanzig Jahre alt, immer noch Doktorandin und mit ihrer Dissertation halb fertig. Ihr Plan war, bis zur Erteilung der Doktorwürde als Lektorin für Amerikanische Literaturgeschichte zu arbeiten. Und nun? Sie darf an der Universität Berlin Seminare belegen, aber selbst keine mehr geben. Einige Studenten lassen eine Petition kreisen, die von der Universität verlangt, ihre Entscheidung zu überdenken. Es nützt allerdings nichts. Das geschäftige Treiben auf den Gängen, das Geräusch der Schritte auf den Fluren, der Türknauf in der Hand, das Gefühl kalten Metalls – das alles sind Andenken an ihre Zeit hier, die sich miteinander verschworen haben, um sie daran zu erinnern, dass sie nicht mehr zurückkehren darf.

Sie öffnet die Tür zum Seminarraum und geht mit großen Schritten hinein.

Ihre Studenten, die in den Reihen vor ihr sitzen, stehen auf. So ist es an deutschen Universitäten Brauch, als Zeichen des Respekts. Als Mildred sieht, was sie mit ihrem Pult gemacht haben, wird sie von ihren Gefühlen übermannt. Er ist mit Blumen bedeckt, lavendel- und goldfarbene Blüten im Überfluss, ein ganzer Berg und wunderschön. Mit feuchten Augen macht sie einen unbeholfenen Scherz.

Das ist so hoch, ich kann Ihre Gesichter ja gar nicht sehen!

4.

Nur einen Katzensprung von der Universität Berlin entfernt liegt der Opernplatz, ein großer öffentlicher Platz. Studenten mit Ledermappen voll Büchern halten sich zwischen ihren Kursen hier auf und schlendern an den großen milchkaramellfarbenen Säulen der Staatsoper vorbei. Abends bevölkern wohlhabende Opernbesucher den Platz, während Bettler in schäbiger Kleidung neben ihnen herlaufen und ihnen geöffnete Hände entgegenstrecken. Auf dem Opernplatz findet sich die gesamte deutsche Gesellschaft in konzentrierter Form.

Nächstes Jahr werden die Mitglieder einer Nazi-Burschenschaft 25.000 Bücher dort in der Mitte des Platzes auf einen gewaltigen Scheiterhaufen werfen und zu Asche verwandeln. Die Studentenverbindung wird ähnliche Bücherverbrennungen an Universitäten in ganz Deutschland abhalten und Listen mit Autorinnen und Autoren zirkulieren lassen, die als entartet, nicht rein, »undeutsch« gelten. Diese Liste wird Nobelpreisträger und unbekanntere Schriftsteller ebenso enthalten wie Philosophen und Bühnenautoren, Romanschreiber und Physiker. Werke von Juden, Christen und Atheisten werden neben Bänden von Kommunisten, Sozialisten und Anarchisten geächtet. So gut wie jedes Buch, das Mildred in den zwei Jahren ihrer Lehre an der Universität Berlin durchgenommen hat, wird in den Flammen enden.

5.

Der Reichstag – Sitz des deutschen Parlaments – ist ein Grundpfeiler der Demokratie und dient zur Gewaltenteilung mit der Exekutivgewalt des Reichspräsidenten Paul von Hindenburg. Das Parlament steht einem schwindelerregenden Spektrum politischer Parteien offen, von den etablierten bis hin zu denen am irrwitzigen äußersten Rand.

Im Jahr 1928 erhielten die Nazis bei der Reichstagswahl weniger als 3 Prozent der Stimmen.

Im Jahr 1930 erreichten sie 18 Prozent.

Und 1932? Der Faschismus ist in Deutschland auf dem Vormarsch, doch noch scheint ein Sieg gegen ihn möglich. Es gibt sehr viel mehr linke Politiker als Nazis.

Am 31. Juli 1932 – zwei Tage nachdem die Universität Berlin Mildred vor die Tür gesetzt hat – findet die nächste Wahl statt. Wenn Mildred durch Berlin geht, sieht sie überall dort, wo die Armen und Arbeitslosen sich sammeln, Nazipropaganda: auf Plätzen, in Parks, an Bahnhöfen, in öffentlichen Toiletten. Plakate mit Hakenkreuzen versprechen »Arbeit! Freiheit! Brot!«. Hitler nutzte dieselbe Parole, als er im März zur Präsidentschaftswahl antrat und verlor. Reichspräsident Hindenburg hat gerade seine zweite siebenjährige Amtszeit begonnen. Was Hitler als Nächstes tun wird, ist unklar.

Mildred erwartet die Ergebnisse der Reichstagswahl mit wachsender Sorge. Ihre Nachbarn warten ebenfalls und versammeln sich um die Zeitungsstände, die das Karree sprenkeln.

6.

Die NSDAP erhält 37 Prozent aller Stimmen. Zum ersten Mal in der Geschichte ist sie die stärkste Kraft im Reichstag. Die Sozialdemokratische Partei liegt mit 22 Prozent weit zurück. Die Kommunistische Partei ist mit 15 Prozent sogar noch weiter abgeschlagen. Die restlichen 26 Prozent der Stimmen verteilen sich auf einen zankenden Mischmasch aus Parteien. Jeder nur denkbare Standpunkt ist vertreten. Die Parteien tragen Namen wie »Radikaler Mittelstand« oder »Reichspartei des deutschen Mittelstandes« oder »Freiheitliche National-Soziale Deutsche Mittelstandsbewegung« oder »Deutsche Bauernpartei« oder »Christlich-Sozialer Volksdienst« oder »Gerechtigkeitsbewegung für Parteienverbot – gegen Lohn-, Gehalts- und Rentenkürzungen – für Arbeitsbeschaffung« oder »Höchstgehalt der Beamten 5000 M. Für die Arbeitslosen und bis jetzt abgewiesenen Kriegsbeschädigten«.

Kurz nach dem Sieg der Nazis verlangt Hitler von Reichspräsident Hindenburg, ihn zum Reichskanzler zu ernennen. Hindenburg weigert sich.

7.

Mildred liest *Mein Kampf*. Hitlers Buch ist in zwei Bänden erschienen, der erste 1925, der zweite 1926. Bis 1932 haben nicht viele in Deutschland das Werk gelesen – noch nicht. Eine englische Übersetzung steht bislang gleichfalls aus. Mildred befürchtet, dass die Amerikaner nicht begreifen, wie gefährlich Hitler ist.

Die Deutschen verstehen es auch nicht. Zu viele sind daran nicht interessiert. Die meisten großen deutschen Zeitungen lehnen es ab, zum Erscheinen von *Mein Kampf* Rezensionen zu drucken. Ein Blatt prophezeite, Hitlers politische Karriere sei nach der Lektüre seines Gefasels »vollends [...] erledigt«. Eine andere zog über die »Verirrung dieses krausen Kopfes« her. Selbst Nazis und rechte Nationalisten konnten sich Seitenhiebe nicht verkneifen. Die den Nationalsozialisten zugeneigte *Deutsche Zeitung* verhöhnte Hitlers »unsachliches Schimpfen«. Das nationalistische Blatt *Neue Preußische Zeitung* schäumte: »Man sucht nach Geist und findet nur Arroganz, man sucht nach Anregung und erntet Langeweile, man sucht nach Liebe und Begeisterung und findet Phrasen, man sucht nach gesundem Haß und findet Schimpfworte [...] Ist das das Buch der Deutschen? Schlimm wäre das!« Als Hitler prahlte, ganz Deutschland erwarte sein Werk, zog die antisemitische Zeitung *Das Bayerische Vaterland* über Hitlers Egomanie her. »[O] wie bescheiden! warum nicht vom gesamten Weltall?«

Karikaturen verspotteten Hitler hämisch. Die beliebte Zeitschrift *Simplicissimus* druckte auf dem Titelblatt ein verächtliches Schmähbild Hitlers, der *Mein Kampf* den desinteressierten Gästen eines Bierkellers feilbietet.

In einem solchen Bierkeller in München, dem Hofbräuhaus, hatte Hitler mit dreißig Jahren eine seiner ersten wichtigen Reden gehalten. Anlass war ein am 24. Februar 1920 stattfindendes Treffen der Deutschen Arbeiterpartei gewesen, einer unbedeutenden politischen Partei mit gerade einmal 190 Mitgliedern, darunter Hitler selbst. Hitler hatte im Ersten Weltkrieg gekämpft und war noch für die Armee tätig, als V-Mann für die Reichswehr. Er hielt nicht viel vom Präsidium der Deutschen Arbeiterpartei, einem zankenden Haufen Mitläufer, die einen selbstgefälligen Doktor als Erstredner auswählten.

Als der Doktor fertig war, sprang Hitler auf einen der langen Tische inmitten der Menge. Sein rhetorischer Stil war provokativ, sein Ausdruck umgangssprachlich und zuweilen vulgär. Er brüllte Beleidigungen gegen Politiker, Kapitalisten und Juden. Er verurteilte den Reichsfinanzminister aufs Schärfste, weil der den Versailler Vertrag unterstützte, ein demütigendes Zugeständnis an die Gewinner des Krieges, das die Deutschen in die Knie zwingen werde, warnte Hitler, sollten sie nicht zurückschlagen. »Unsere Parole heißt nur Kampf«, rief Hitler. Die Gäste des Brauhauses, eine quirlige Mischung aus Männern der Arbeiter- und Mittelklasse, brachen in Jubel aus – manche klatschten, andere johlten. Hitlers kontroverse Reden trieben die Teilnehmerzahlen zukünftiger Zusammenkünfte der Deutschen Arbeiterpartei in die Höhe, die bis Ende 1921 auf 3.300 Mitglieder anwuchs. Zu diesem Zeitpunkt hatte die Partei sich in »Nationalsozialistische Arbeiterpartei« umbenannt, deren Anhänger den Spitznamen »Nazi« erhielten. Die Partei hatte außerdem einen neuen Vorsitzenden, Hitler selbst, der sich einen neuen Titel gab: »Führer«.

Der *Simplicissimus* nahm den Führer als eine Nebenfigur auf der Bühne der deutschen Politik aufs Korn. Von 1921 bis 1932 erschien er in der Zeitschrift als harmloser Idiot. Eine Karikatur von 1930 verspottete ihn als tölpelhaften Schuljungen, der Passagen aus *Das Kapital* abschreibt, während der Geist von Karl Marx mit ihm schimpft: »Adolf, Adolf! Gib den Sozis meine Theorien wieder!«. Ein weiteres Bild zeigte zwei Polizisten, die den gähnend leeren Inhalt von Hitlers Schädel inspizieren und ein so winziges Gehirn darin entdecken, dass sie eine Pinzette benötigen, um es hervorzuziehen.

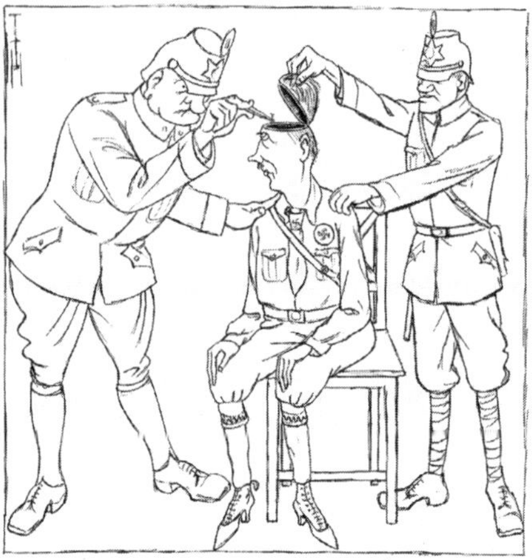
„Merkwürdig, mit wie geringen Mitteln sich viel Unheil anrichten läßt!"

Die *Münchener Post* veröffentlichte über ein Jahrzehnt lang höhnische Tiraden gegen Hitler sowie seine Bande speichelleckender Kumpane und brachte sie mit Sexskandalen und Saufgelagen in Luxushotels in Verbindung. »Hitler«, prahlte das Blatt, »hat kein Geheimnis vor uns.« Hitler behauptete, die öffentliche Aufmerksamkeit zu genießen (»Ganz gleich, ob sie über uns lachen oder schimpfen«, schrieb er in *Mein Kampf*, »ob sie uns als Hanswurste oder als Verbrecher hinstellen; die Hauptsache ist, daß sie uns erwähnen«), doch verärgerte ihn das Gespött der Zeitung so sehr, dass er 1923 eine Gruppe Schläger losschickte, die Räume der *Münchener Post* zu überfallen und alles in Reichweite zu verwüsten. Die Schläger waren Hitlers persönliche Leibgarde, der »Stoßtrupp Adolf Hitler«.

Als Hitlers Beliebtheit wuchs, schlug die *Münchener Post* Alarm ob seiner mörderischen Agenda. In einem Artikel mit der Schlagzeile DIE JUDEN IM DRITTEN REICH berichtete sie 1931 von einem »Geheimplan« zur »Lösung der Judenfrage«. Eine anonyme Quelle aus den Reihen der Nazis hatte eine detaillierte Auflistung aller Beschränkungen durchsickern lassen, die den Juden auferlegt werden sollten, falls die NSDAP sich durchsetzte; es gab auch das Vorhaben, »die Juden in Deutschland zum Arbeitsdienst [...] zu verwenden«. In diesem Jahr, 1932, veröffentlicht die Zeitung eine Meldung über »Zelle G«, eine geheime Todesschwadron innerhalb der Nazipartei, die Hitlers Gegner ermordet. Die Journalisten bei der *Münchener Post*, den Lesern als Sprachrohr der Sozialdemokratischen Partei bekannt, nehmen Hitler ernst, selbst als viele andere das noch nicht tun.

8.

Auf dem Alexanderplatz beobachtet Mildred eine blutige Auseinandersetzung. Ein Zug aus schäbig gekleideten erwerbslosen Fabrikarbeitern marschiert über den Platz und ruft »Wir haben Hunger!«, während Polizeibeamte mit Schlagstöcken auf sie einprügeln. Ein Armeepanzer taucht auf – eine Bestie von Gefährt, erinnert sich Mildred später, »mit kleinen Schlitzen zum Schießen und einem Maschinengewehr, das vor und zurückschwang und die Menge ins Visier nahm«.

Der Panzer wird von Männern geführt, die der sogenannten »Schutzstaffel« angehören – oder einfach bloß SS. Sie tragen schwarze Uniformen und sind weder Teil der deutschen Polizei noch sonst irgendwie mit dem deutschen Staatsapparat verknüpft. Sie sind ein Elitekorps aus Offizieren einer privaten paramilitärischen Einheit, die der NSDAP untersteht. Diese Privatarmee – zu der auch einige der Leibwächter im Stoßtrupp gehören, der Hitler beschützte, als er Reden in Bierkellern brüllte – wächst seit Mitte der 1920er Jahre stetig an. Das Gleiche gilt für ein anderes paramilitärisches Privatheer, dessen Mitglieder braune Uniformen anziehen und umgangssprachlich als »Braunhemden« geläufig sind; formeller wird diese Armee »Sturmabteilung« oder einfach nur SA genannt. Bis 1932 ist die Zahl der SA-Männer auf erstaunliche 400.000 angewachsen. Beide paramilitärischen Einheiten sind bewaffnet und stehen jederzeit bereit, die Befehle der NSDAP auszuführen, die sich allem Anschein nach auf eine gewaltsame Revolution von rechts in Deutschland vorbereitet.

9.

Überall, wo Mildred hinschaut, erkennt sie Zeichen der Brutalität und des Leids.

Sie schreibt:

Vielen der Arbeitslosen sieht man an, dass sie von Hunger und Kälte zermürbt sind.

Und:

Tag für Tag essen sie Kartoffeln und sonst nichts.

Und:

Die Lage wird immer schlimmer.

Als sie zur U-Bahn geht, fällt ihr Blick auf eine deutsche Frau, die ungefähr im Alter ihrer eigenen Mutter zu sein scheint und die

im scharfen Wind an der Straßenecke stand. Sie trug keinen Mantel, ihre Kleidung war dünn und abgewetzt; es war mitleidserregend, wie sie versuchte, Zeitungen zu verkaufen. Jedes Mal bei einem solchen Anblick, und deren gibt es viele, denke ich Wir müssen diese Verhältnisse so schnell wie möglich ändern.

Yankee Doodle Dandy

1902–1919

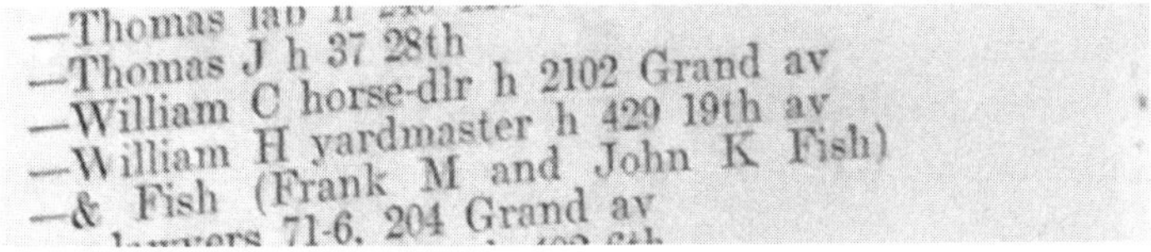
—Thomas lab h
—Thomas J h 37 28th
—William C horse-dlr h 2102 Grand av
—William H yardmaster h 429 19th av
—& Fish (Frank M and John K Fish)
lawyers 71-6, 204 Grand av

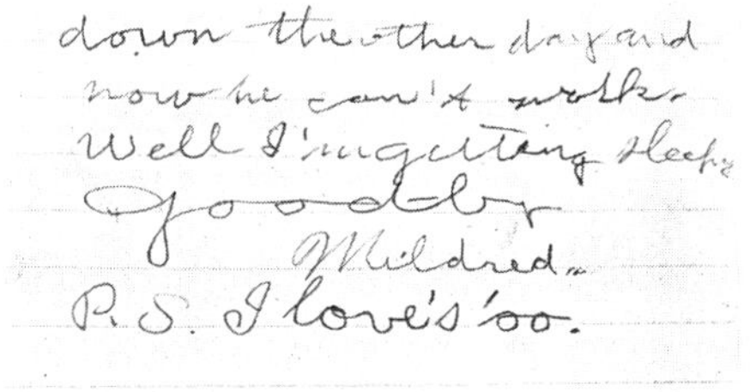
down the other day and
now he can't walk.
Well I'm getting sleepy
Goodby
Mildred.
P.S. I love's 'oo.

1.

Mildred erblickte am 16. September 1902 das Licht der Welt. Sie wurde zu Hause geboren, im ersten Stock einer in Milwaukee gelegenen Pension mit leckendem Dach und ohne gebäudeeigene Sanitäranlagen. Sie war das vierte Kind ihrer Mutter. Georgina Fish hatte die Schwangerschaft nicht geplant. Drei Sprösslinge waren mehr als genug.

Meistens war Mildreds Vater vollkommen pleite. William Fish fand eine Anstellung als Fleischer. Er gab Salate und Mehlsäcke beim örtlichen Lebensmittelhändler aus. Er überzeugte einen Mann in der Stadt, ihn als Kaufmann für Lebensversicherungen anzuheuern. Lange behielt er diese Arbeitsstellen nie. Wenn der Reiz des Neuen abklang, reichte William kurzfristig die Kündigung ein und kehrte zu der einzigen Beschäftigung zurück, die sein Interesse zu wecken vermochte: dem Pferdehandel.

Ich sollte mal lieber nach Rustler schauen, sagte er dann zu Georgina und löste sich tage- oder manchmal sogar wochenlang in Luft auf. William brachte Rustler und seine anderen Pferde in wohlhabenden Vierteln weit weg von den Unterkünften Milwaukees unter, wo er leere Scheunen von gutbetuchten Villenbesitzern mietete, die sie nicht mehr benötigten, weil sie ihre Pferde gegen Automobile eingetauscht hatten. William hielt bis zu sechs Tiere auf einmal, um mit ihnen zu handeln und sie zu verkaufen, damit er seine Schulden begleichen konnte. Wenn die Zeiten hart waren, veräußerte er alle Pferde bis auf Rustler, den Hengst mit dem Senkrücken, für den er so schwärmte.

Sobald William die Miete nicht zusammenkratzen konnte, zog er mit seiner Familie in eine andere Pension. In den zehn Jahren vor Mildreds Geburt wechselten William, Georgina und ihre drei Kinder – Harriette, geboren 1893, und die Zwillinge Marion und Marbeau, geboren 1895 – beinahe jährlich die Wohnung.

Georgina hatte das Ganze irgendwann satt und brachte sich das Schreiben in Kurzschrift bei. Ihre zehnjährige Schulbildung sollte zur Vorbereitung auf eine Anstellung als Sekretärin vollkommen genügen, fand sie. Also trat sie in einem unauffälligen, hochgeschlossenen Kleid aus der Tür und nahm die Straßenbahn in die Stadt, wo sie für Geschäftsleute Texte eintippte und Briefe aufsetzte.

Wenn sie nach einem langen Arbeitstag nach Hause zurückkehrte, machte sie ihre Kinder durch ein Pfeifen auf sich aufmerksam. Manchmal war William da, manchmal nicht.

Als Jüngste war Mildred häufig allein. Sie streunte auf den Schotterwegen ihrer Nachbarschaft umher und wich den Straßenbahnen aus. Sie kletterte auf die höchsten Äste einer gigantischen Ulme, deren Wurzeln sich durch den Vorgarten gruben. Sie saß rittlings auf einem Ast und sang Lieder – *I'm the kid that's all the candy, I'm a Yankee Doodle Dandy* –, während sie zum Takt mit den Beinen wippte. Im Winter ging sie alleine Eislaufen und borgte sich dazu Schlittschuhe von einer Nachbarin, deren Tochter an Scharlach gestorben war.

Als Mildred sieben Jahre alt war, zog ihre ältere Schwester zu Hause aus. Als der Zulassungsbescheid der Universität von Wisconsin eintraf, konnte es keiner in der Familie fassen, am wenigsten die sechzehnjährige Harriette selbst. Harriette war ein Bücherwurm mit einer Vorliebe fürs Fluchen und einer beachtlichen Intelligenz, die so gut wie allen entging, denen sie begegnete. Sie erklärte jedem in Hörweite, dass sie keinerlei akademische Ambitionen hege, sie sei hinter einem anständigen Ehemann her, einem, der kein mit Pferden handelnder Säufer sei.

2.

Im folgenden Jahr zog William mit seiner Familie in eine Herberge aus rotem Backstein, in der es nach Mäusen roch.

Zwei Jahre später wechselten sie in eine Unterkunft auf der Chestnut Street.

Ein Jahr später zogen sie auf die Twentieth Street.

Ein weiteres Jahr später zogen sie auf die Twenty-First Street.

Noch ein Jahr später zogen sie zurück auf die Twentieth Street.

Eines nasskalten Morgens, als Mildred vierzehn Jahre alt war, packte Georgina ihren Koffer. Sie hatte die Nase voll, sie wollte William verlassen. Mildreds Geschwister waren inzwischen ausgezogen: Marbeau arbeitete auf einer Farm, Marion hatte einen Mann aus Evanston, Illinois, geheiratet, und Harriette hatte an der Universität von Wisconsin einen Bachelorabschluss und einen Ehemann erlangt. Georgina und Mildred zogen nach Madison, wo Georginas Schwester ein freies Zimmer mit einem ausreichend großen Bett besaß, um Mutter und Tochter gemeinsam darin unterzubringen. William flehte seine Frau an, nach Milwaukee zurückzukehren, und versprach, er habe sich geändert, er habe jetzt einen guten Job.

Georgina wappnete sich für einen allerletzten Versuch der Aussöhnung und ging zurück. Sie fand eine einfache Bleibe auf der Prairie Street mit ein paar freien Zimmern zur Miete und meldete Mildred an der örtlichen Schule an. Innerhalb von ein paar Monaten verlor William das Interesse an seiner neuen Anstellung und häufte abermals Schulden an.

Er verschwand, dieses Mal für immer.

William verkaufte alle seine Pferde, sogar Rustler, den Hengst mit dem Senkrücken, den er so liebte. Ein paar Wochen später starb er am 7. Januar 1918 während eines der schwersten Schneestürme jenen Winters alleine in einer leeren Scheune. Ein Nachbar fand ihn zusammengesunken in seinem Stuhl, der Kohleofen eiskalt.

3.

Georgina und Mildred zogen wieder um, dieses Mal nach Chevy Chase, Maryland, wo Harriette in einem behaglichen zweistöckigen Haus auf der Brookville Road wohnte. Ihr Ehemann war ein freundlicher, bürgerlicher Anwalt namens Fred – eine merkwürdige Partie für einen fluchenden Bücherwurm, aber das war Harriette verdammt egal. Sie hatte ihren Weg gemacht.

Harriette hatte inzwischen eigene Kinder, zwei kleine Mädchen. Im Vorgarten pflanzte sie eine Ulme für die beiden, als Andenken an den gewaltigen Baum in Milwaukee, auf den Mildred so gerne geklettert war.

Mildred war sechzehn Jahre alt. Das ständige Umziehen in ihrer Kindheit hatte ihre Schulbildung durcheinandergebracht. Harriette ließ verlauten, Mildred habe – zum Teufel nochmal – nicht die geringste Chance, ans College zu kommen, wenn sie nicht auf der Stelle die bestmögliche Ausbildung erhielt. Es stand also fest: Fred würde ein paar Fäden ziehen.

Am ersten Schultag wachte Mildred in der Morgendämmerung auf, schlang hastig ihr Frühstück hinunter und eilte aus der Tür, um die Straßenbahn nach Washington, D.C., zu kriegen. Western High lag in Georgetown; ihre Klassenkameraden waren die Söhne und Töchter von Senatoren und Diplomaten. Die Kantine war eine fremde Welt aus Porzellantellern, Stoffservietten und poliertem Silber. Mildred tat ihr Bestes, um sich anzupassen. Sie trat dem Französischclub bei, obwohl ihr Französisch fürchterlich war. Sie bewarb sich beim Schwimmteam und ertrank fast. Sie schrieb sich für Basketball ein und verabscheute die Mannschaftskleidung, die aus einem Blusenkittel mit großer Schleife um den Hals und knielangen, an der Taille mit einer Kordel festgezurrten ballonförmigen Pumphosen bestand. Sie versuchte es mit Hauswirtschaft, doch war das Nähen eine blutige Angelegenheit, und sie ließ einfach alles anbrennen, was sie auf den Herd stellte. Erst als sie der Schulzeitung beitrat, entdeckte sie, wo sie wirklich hingehörte.

Wenn Mildred aus der Schule heimkam, wurde sie von Harriettes kleinen Mädchen umringt, die so neugierig waren wie Katzen. Besonders beliebt war Mildred bei der Jüngsten. Wo immer Mildred hinging, da wollte auch Janey hin. Eines Winternachmittags nahm Mildred Janey mit zum Schlittschuhlaufen. Als die beiden sich der Seemitte näherten, hörten sie ein gewaltiges Krachen und den Schrei einer Frau. Ein Junge war durchs Eis gebrochen. Das Eis um das Loch herum barst. Ein weiteres Kind brach ein. Dann noch eines und noch eines. Nun schrie nicht mehr nur die Frau – aus allen Mündern auf dem Eis ertönte ein schriller Chor des Entsetzens.

Janey brach in Tränen aus.

Beweg dich nicht!, befahl Mildred. Erst löste sie Janeys Schnürsenkel, dann die eigenen. *Jetzt halt meine Hand!* Zentimeter für Zentimeter schlitterten sie in Socken aufs Ufer zu, während das Eis unter ihren Sohlen splitterte und knirschte.

Guten Morgen, Sonne

1932

ID: 3879384 ~~TOP SECRET~~

DF 232

HARNACK, Mildred

Wife of Arwid HARNACK. American by birth. Maiden name FISH. Carried on illegal training of workers and Marxist propaganda. Member of the German group of the "Rote Kapelle". Was called on by KENT. Fetched her husband from the office. Was present during the conversation with KENT. Helped her husband with cipher work. Procured information by pumping GOLLNOW. Did liaison work. Was executed

1.

Es ist der 1. September 1932.

In genau sieben Jahren wird der Zweite Weltkrieg beginnen.

Dieser Morgen ist im Vergleich dazu nicht gerade denkwürdig. Für Mildred fängt er wohl an wie jeder andere. Sie erwacht in ihrem einfachen Holzbett, steht auf und zieht die Vorhänge zurück, um das Tageslicht hereinzulassen. Weil die Wohnung große, breite Fester hat, gibt es davon mehr als genug, selbst im tiefsten Winter, wenn die Luft in Berlin körnig wirkt und die Konsistenz und Farbe von Kreide annimmt. Ein schmaler Flur führt ins Wohnzimmer, wo Mildred von Fenster zu Fenster geht und die Vorhänge öffnet. An den Wänden stehen Regale voll heißgeliebter Bücher. Ölgemälde von dichten Wäldern bringen Gold und Smaragdgrün in einen ansonsten schlicht eingerichteten Raum. Hier steht ein Sofa mit hölzernen Armlehnen. Dort liegen zwei ausgefranste Teppiche. Ein massiver runder Tisch, zwei robuste Stühle. Die Holzdielen sind abgenutzt, an manchen Stellen löchrig und knarren unter Mildreds Sohlen, wenn sie ans andere Ende des Zimmers geht, wo ein weißer Kachelherd steht, dessen dickes Ofenrohr bis unter die Decke reicht. Manchmal gibt es Kohle, manchmal nicht. Heute gibt es vielleicht welche. Mildred schürt die Kohlebrocken mit einer Eisenstange, damit frische Funken fliegen. Das Wasser im Kessel, den sie auf den Herd stellt, reicht für zwei Tassen Kaffee, eine für sie und eine für Arvid.

Sie macht das aus Gewohnheit. Sie ist allein, jedoch nicht mehr lange. Schon bald wird Arvid von seiner Russlandreise zurückkehren, rechtzeitig zu ihrem Geburtstag. In gut zwei Wochen wird sie dreißig Jahre alt werden – *Ist es denn die Möglichkeit?*

Das Frühstück ist einfach und besteht normalerweise aus nicht viel mehr als einer dicken Scheibe Brot, bestrichen mit dem, was gerade da ist – Marmelade, Butter, Senf, sie ist da nicht wählerisch. In der Mitte des Tisches stellt sie gerne eine oder zwei Blumen in ein Glas Wasser. Tulpen im Frühjahr, Flieder im Sommer, Almrosen im Herbst, Heckenkirschen im Winter. Manchmal kommen die Blumen von ihren Studenten. Manchmal sind sie von Arvid.

Er ist ein Romantiker. Diese Seite kennen andere nicht. Andere sehen einen Mann, der eine Brille mit großen runden Gläsern trägt, die ihn wie eine Eule wirken lassen, und der das Haus kaum je ohne Krawatte verlässt. (Hinter verschlossenen Türen reißt er sie freudig ab.) Andere sehen einen Mann, der stundenlang an seinem Schreibtisch sitzt. (Aber nichts liebt Arvid so sehr, wie an einem Sonntagnachmittag in den Bergen wandern zu gehen, die Gedanken schweifen zu lassen und die frische, belebende Luft einzuatmen.) Und obwohl es durchaus stimmt, dass Arvid ein Mensch ist, der die Sicherheit kalter, harter Fakten schätzt, steckt sein Kopf voller Poesie. Als Kind musste er Goethe lesen und kann nun, mit einunddreißig, lange Gedichte aus dem Kopf aufsagen, die er Mildred ins Ohr flüstert.

Die beiden haben sich an der Universität von Wisconsin kennengelernt, wo Arvid in den falschen Vorlesungssaal spaziert war. Eigentlich wollte er Professor John Commons und dessen Vorlesung über amerikanische Gewerkschaften hören, doch die Person am Pult war nicht Commons. Stattdessen stand dort Mildred, damals eine fünfundzwanzigjährige Masterstudentin. In ihrer Stunde befasste sie sich mit amerikanischer Literatur, und Arvid blieb bis zum Schluss. Dann ging er zum Pult und stellte sich vor.

Sie hatte einen Bachelor in Geisteswissenschaften und gerade ihr Masterstudium begonnen. Er hatte einen Abschluss in Rechtswissenschaft und promovierte in Philosophie. Nachdem diese Formalitäten geklärt waren, erzählte er ihr mit einer süßen, gutherzigen Förmlichkeit, die sie bis ins Herz traf, sein Elternhaus stehe in Jena, einer kleinen Universitätsstadt an der Saale in Deutschland. Sein Englisch war unbeholfen, aber ernsthaft. Wie sehr er sich von den Jungs aus dem Mittleren Westen an der UW unterschied; Jungs, die sich gegenseitig auf Maisfeldern und Footballfeldern zu Boden rangen, Jungs, die mit dem Geld prahlten, das sie dank ihres Abschlusses verdienen würden, Jungs, die mit lärmenden Scherzen um Mildreds Aufmerksamkeit buhlten – *Hardee-har-har!* – und die überhaupt nicht witzig waren, zumindest fand das Mildred, und dennoch erwartete man von ihr, dass sie lächelte und errötete und mit der Hand wedelte und rief: *Ach, was bist du nur für ein Schuft!*

Bei ihrem zweiten Treffen brachte Arvid ihr eine Handvoll Wildblumen. Er hatte sie selbst gepflückt. »Einen großen Strauß dicker, weißer, duftender Blüten, dazwischen lilafarbene Glockenblumen«, schrieb Mildred später und erinnerte sich an jedes Detail.

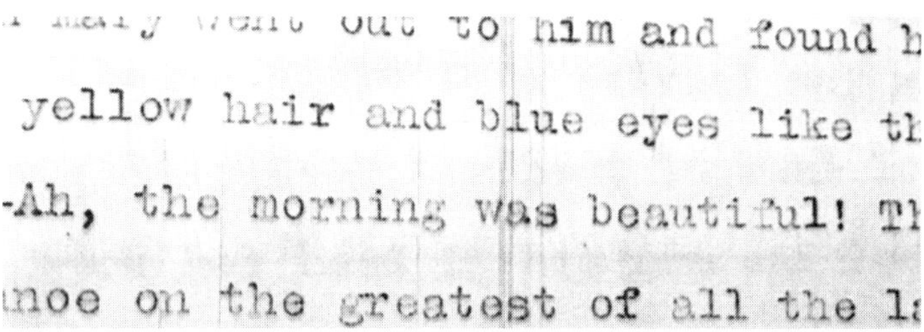
out to him and found h
yellow hair and blue eyes like th
-Ah, the morning was beautiful! Th
noe on the greatest of all the l

Es war morgens – ein »wunderschöner« Morgen. Arvid stand auf der Veranda des zweistöckigen Hauses, in dem Mildred ein Zimmer angemietet hatte. Es lag in der Nähe des Universitätsgeländes und gehörte einem Professor, der dort mit seiner Frau und seinen beiden Kindern wohnte. Die Frau schaute hinter den Vorhängen hervor und betrachtete den blauäugigen Arvid und seine Wildblumen. Sie nahm regen Anteil an Mildreds Privatleben. Während Mildred beharrlich an ihrem Masterabschluss arbeitete, konnte die junge Dame ein wenig mütterliche Führung bestimmt gut gebrauchen, mag die Professorengattin gedacht haben, während sie darauf achtete, dass Mildred nicht durch einen falschen Mann auf Abwege geriet. Vielleicht war sie auch einfach nur neugierig. Endlich zog sie die Vorhänge zu und nickte mit aufrichtiger Zustimmung. »Männer von der Nordsee«, sagte sie, »geben sehr gute Ehemänner ab.«

Ein Ehemann – ob gut oder schlecht – war *nicht*, wonach Mildred suchte. Jetzt nicht. Sie erholte sich noch von einer herzzerreißenden Trennung von einem angehenden Anthropologen aus Kansas City namens Harry, trotzdem ging sie auf die Veranda hinaus und schloss die Tür hinter sich. Arvid gab ihr die Wildblumen und meinte, er hoffe, Mildred habe einen guten Morgen. Er strengte sich an, seinen deutschen Akzent weicher klingen zu lassen, und sie erkannte, dass er, bevor er an ihre Tür getreten war, viele Male geübt hatte, was er als Nächstes sagen würde. Er wolle mit ihr einen Ausflug mit dem Kanu machen, auf Lake Mendota, erklärte er, »dem großartigsten aller Seen«.

Seine zurückhaltende Galanterie gefiel ihr.

Also gut, antwortete sie ihm, gleichfalls scheu lächelnd. Sie werde mit ihm Kanu fahren.

Sechs Monate später gaben sie sich an einem Samstag unter einem improvisierten Hochzeitsbogen auf einer maroden Milchviehfarm das Jawort.

Arvid kehrte nach Deutschland zurück, um seine Doktorarbeit zu beenden. Bald würde Mildred ihm folgen, das Goucher College in Baltimore hatte ihr für das Studienjahr 1928–1929 einen Lehrauftrag für englische und amerikanische Literaturgeschichte erteilt. Wenn sie nicht beisammen waren, schrieben sie sich lange Briefe. Sie berichteten von den Büchern, die sie gerade lasen, oder umrissen ihre Pläne für die Zukunft. Beide würden eine Professur anstreben und an deutschen Universitäten lehren, vielleicht auch noch an amerikanischen Hochschulen. Mildred beendete ihre Briefe mit der Zeichnung einer Sonne. Arvid schloss seine mit derselben Sonne.

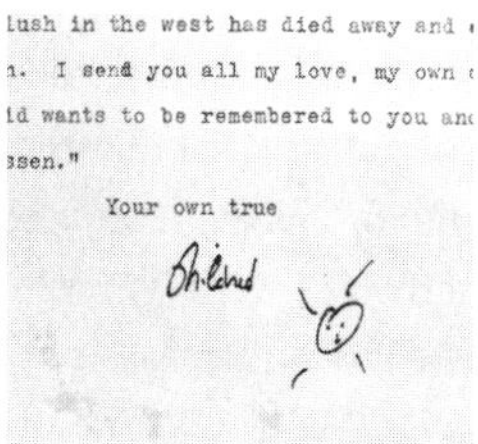
lush in the west has died away and
I send you all my love, my own
id wants to be remembered to you an
ssen."
Your own true
Mildred

Endlich bestieg Mildred gemeinsam mit zweitausend anderen Passagieren am 2. Juni 1929 die *SS Berlin* und überquerte den Atlantik. Es war eine lange Reise auf windgepeitschter See. Der Atlantische Ozean ging in die Nordsee über, die kalt und unergründlich dalag. Mildred stand an Deck und schlotterte unter ihrem Mantel. Am Horizont konnte sie zwischen Himmel und Wasser Deutschland erkennen, dünn wie ein Bleistiftstrich.

Mildred schrieb sich als Doktorandin an der Justus-Liebig-Universität in Gießen ein, während Arvid seiner Dissertation den letzten Schliff verlieh. An den Wochenenden gingen sie im Harz wandern, die Rucksäcke voller Bücher und belegter Brote. Arvid las seine Lieblingsgedichte von Goethe vor und Mildred ihre Lieblingsgedichte von Walt Whitman. Unter einem dichten Baldachin aus Nadelbäumen folgten sie ausgetretenen Pfaden und schlugen eigene Wege ein. Fichten, Kiefern, Tannen; Arvid konnte die Bäume anhand der Nadeln auseinanderhalten, die entweder lang oder kurz waren und locker am Zweig oder dicht wie die Borsten eines Pinsels wuchsen.

»Wir waren so glücklich miteinander«, notierte Mildred. »Er ist wie ein Weihnachtsbaum, an dem alle Kerzen leuchten.«

Es gibt Augenblicke, und an diesem Morgen mag es einen davon geben, in denen vermisst Mildred Arvid mit einer Kraft, die ihr den Atem raubt. Wahrscheinlich verspeist er jetzt gerade ebenfalls sein Frühstück, während er mit einer Gruppe an einem Tisch in Moskau sitzt, deren Name allein schon ein Zungenbrecher ist: Arbeitsgemeinschaft zum Studium der sowjetischen Planwirtschaft. (Mildred bevorzugt es, die Gruppe bei ihrem weniger sperrigen Kürzel zu nennen – ARPLAN.) Zu den Mitgliedern zählen Ökonomen, Politikwissenschaftler, Literaturkritiker, Politiker und Bühnenautoren, darunter bekennende rechte Ultranationalisten und eingefleischte Kommunisten. Unter anderen Umständen würden diese erstaunlichen Bettgenossen sich wohl nicht einmal die Hand geben, geschweige denn gemeinsam um einen Frühstückstisch herumsitzen, aber Arvid ist optimistisch – sie mögen sich in den Methoden unterscheiden, doch verbindet sie ein gemeinsames Ziel.

Deutschland steckt in der Krise. Etwas muss geschehen. Arvid hofft, durch das Studium einer anscheinend neuen wirtschaftlichen Lösung für die Sorgen der Sowjetunion ein Gegenmittel gegen die Krise im eigenen Land zu finden. Er ist Erster Sekretär der ARPLAN. Er erhält dafür kein Gehalt, aber sein Mitgefühl für die Armen in Deutschland und sein Wunsch, ein neues Wirtschaftsmodell zu entwerfen, das dieses Problem beseitigt, treiben ihn Tag und Nacht an den Schreibtisch.

In der Wohnung gibt es zwei Tische. Arvids Schreibtisch ist ausladend und groß, aus Holz geschnitzt und hat einst seinem Vater gehört. Der andere, ebenso eindrucksvoll, war einmal im Besitz seines Großvaters mütterlicherseits – Arvid nennt jenen Großvater »Großvater Reichau«. Dieser Tisch gehört nun Mildred. Eine gewaltige Tafel aus Mahagoni. Vorlesungen, Artikel, Übersetzungen, das alles verfasst sie handschriftlich und füllt Seite um Seite, bevor sie diese mit der Schreibmaschine abtippt.

Hier, an Großvater Reichaus riesigem Tisch, hängt Mildred ihren eigenen kolossalen Träumen nach. Eines Tages wird sie eine große Literaturwissenschaftlerin sein, sie wird herrliche Bücher verfassen. Der Tisch verleiht Stärke, Gewicht und Stabilität, Qualitäten, die Mildred vollkommen fremd sind. Sie selbst besitzt keine Familienerbstücke. Welche dürren Möbelstücke auch immer die engen, zugigen Zimmer ihrer Kindheit zugerümpelt haben mögen, sie hat sie schon lange hinter sich gelassen.

Mildred hält sich nicht lange mit dem Frühstück auf. Ein letzter Schluck Kaffee, und sie ist schon wieder auf den Beinen, stellt Tasse und Untertasse in die Spüle und wischt sich Krümel vom Mund. Dreckiges Geschirr wird sich dort tagelang anhäufen, bevor sie es bemerkt, ein schaukelnder Stapel aus Tellern, Tassen und Besteck. Es gibt immer Besseres zu tun als den Abwasch.

Sie trägt noch den Morgenmantel über ihrem Nachthemd und lange Strümpfe aus Walkwolle, die ihre Mutter gestrickt und in einem ordentlich verschnürten Päckchen zusammengelegt hat, das zwei Monate brauchte, um mit einem Dampfschiff über den Atlantik bis zu ihrer Wohnungstür zu gelangen. Ihre Füße berühren die knarrenden Dielen nur flüchtig – die Sohle eines Strumpfes wird dünn –, während sie zum breiten Fenster geht und es öffnet. Die Luft, frisch und knackig wie ein kalter Apfel, belebt sie. Sie wirft ihren Morgenmantel ab.

Nun beginnt sie eine Reihe Übungen, dabei folgt sie den Anweisungen aus einem Buch, das sie für ein paar Pfennige erstanden hat. »Die meisten Übungen sind auf die Stärkung der Bauchmuskulatur ausgelegt«, schrieb sie ihrer Mutter letztes Jahr, als sie ihr hastig versicherte, Arvid und sie würden »so bald wie möglich« Kinder kriegen. Die Übungen – Beinheber und Rumpfbeugen nach vorn und hinten – dauern zwanzig Minuten. Mildred ist schlank wie eine Tänzerin, wirkt aber eher angestrengt als anmutig, wenn sie mit den Armen rudert und die Beine in die Luft wirft. Ihr Nachthemd wölbt sich. Ihre bestrumpften Sohlen schlittern und rutschen über den Holzfußboden.

Nach dem Sport nimmt sie schnell ein Bad und verwendet dafür Kernseife, dann zieht sie sich um.

Obwohl im Verhältnis zum großen Ganzen der Geschichte nichts Besonderes, ist der heutige Tag für Mildred ein wichtiger Wendepunkt. Heute tritt sie ihre neue Anstellung als Lektorin am Berliner Städtischen Abendgymnasium für Erwachsene an, das kurz BAG genannt wird. Dort wird sie auf neue deutsche Schüler treffen, diese Aussicht beflügelt sie. Die Schüler werden sich von den Studenten, die sie an der Universität Berlin unterrichtete, unterscheiden – sie werden ärmer sein, vor allem aus der Arbeiterklasse stammen und in den meisten Fällen arbeitslos sein. Genau die Art von Menschen, die von den Nationalsozialisten unaufhörlich mit Propaganda bombardiert werden.

Hier sehen wir Mildred, wie sie aus der Tür schreitet, die Ledermappe in der Hand, und die vier Treppen bis zum Erdgeschoss hinabsteigt. Hier sehen wir sie auf dem Weg zur U-Bahn, die Mappe baumelt an ihrem Arm. In den Augen der Nachbarn ist sie nichts weiter als eine amerikanische Doktorandin.

2.

Früher einmal mochte Mildred die weite, offene Prärie des amerikanischen Mittleren Westens, aber inzwischen schätzt sie auch den Trubel Berlins.

Man lebt hier wie am Drehkreuz Europas. Jeden Tag rauschen zweihundertfünfzig Züge aus Nah und Fern in die fünf Bahnhöfe der Stadt ein. Wenn Mildred die kopfsteingepflasterten Straßen entlanggeht, hört sie eine Symphonie verschiedenster Sprachen – Russisch, Polnisch, Italienisch, Französisch. Die Prachtstraßen sind voller Fahrräder, Doppeldeckerbusse, elektrischer Straßenbahnen, Taxis und Automobile, die sich um die besten Plätze drängeln. Zwischen und neben den Straßen zieht sich ein verschachteltes Netz aus Wasserwegen und Kanälen hin, die sich jenseits der Stadtgrenzen bis zu der Ostsee, der Nordsee und bald auch dem Rhein erstrecken. In Berlin, so heißt es, gibt es mehr Brücken als in Venedig, mehr Statuen als in Rom und mehr Theater als in Athen. Hier wurde die erste Verkehrsampel Europas in Betrieb genommen, auf der Kreuzung am Potsdamer Platz, auf der fünf Straßen zusammenlaufen. Berlin dehnt sich weiträumig in alle Richtungen aus und ist neunmal größer als Paris, dennoch gibt es hier mehr Platz für Grünflächen und Forstanlagen als in allen anderen europäischen Metropolen. Im Zentrum der Stadt liegt der Tiergarten, eine dicht mit Bäumen bepflanzte Fläche, beinahe doppelt so groß wie der Londoner Hyde Park.

Mildred war noch nie in Italien oder Griechenland oder Frankreich und bis vor Kurzem auch nicht in London. In Milwaukee hatte sie nie ein Museum oder ein Konzert besucht, und die einzigen Theaterstücke, die sie je gesehen hatte, waren auf dem dick laminierten Boden der Sporthalle ihrer High School aufgeführt worden.

Jetzt lebt sie in einer Wohnung über einem Café voller Künstler, die sich leidenschaftlich den Ideen des Expressionismus oder Dadaismus oder Konstruktivismus oder Bauhaus oder sonstiger Bewegungen verschrieben haben, wie sie hier seit mehr als zehn Jahren aufeinanderprallen. Möchte sie ein Stück von Bertolt Brecht oder ein Musical von Kurt Weill oder ein Konzert von Arnold Schönberg oder ein Gemälde von Marc Chagall sehen, muss sie dafür nur ihre Wohnung verlassen und die vier Treppen bis zur Straße hinunter gehen, wo ein Taxi, eine Tram oder eine Bahn sie zum Theater, Konzerthaus oder zur Galerie ihrer Wahl bringen kann.

Zensur ist in Deutschland verboten. Nach der Niederlage im Ersten Weltkrieg kam eine radikale Gruppe aus fünfundzwanzig Männern, darunter Historiker, Soziologen und Theologen (unter ihnen Arvids Onkel, Adolf von Harnack), im Deutschen Nationaltheater in Weimar zusammen, um die Weimarer Verfassung zu erarbeiten, die Männern und Frauen das Wahlrecht, das Recht auf Religionsfreiheit sowie das Recht einräumte, ihre »Meinung durch Wort, Schrift, Druck, Bild oder in sonstiger Weise frei zu äußern«. Daraufhin explodierte das intellektuelle und künstlerische Leben und brachte vielfältige Leistungen auf dem Gebiet der Wissenschaft, der Architektur, der Malerei, der Bildhauerei, der Musik, des Films, des Theaters und der Literatur hervor.

Die Züge der U-Bahn und der S-Bahn, die Mildred nimmt, um in Berlin von A nach B zu gelangen, sind voller Deutscher mit Büchern in der Hand – Klassiker und Groschenromane oder dicke Wälzer über Geschichte und Philosophie. Auch eine breite Auswahl an Zeitungen ist zu sehen, von Klatschblättern bis hin zu Pamphleten, die ein weites Spektrum politischer Ansichten repräsentieren. Kommunistische Zeitungen wie *Die Rote Fahne* mischen sich mit Blättern für Sozialdemokraten (*Vorwärts*), konservative Deutschnationalisten (*Die Deutsche Allgemeine Zeitung*) und Nazis (*Völkischer Beobachter*).

Im Deutschen Reich erscheinen im Augenblick mehr Zeitungen als in jedem anderen industrialisierten Land. Darunter sind 4.700 Tages- und Wochenzeitungen, viele davon mit einer eigenen Morgen-, Tages- und Abendausgabe. Die *Berliner Morgenpost* hat die größte Auflage und wird von Ullstein herausgebracht, dem größten Verlagshaus Europas. Dieses in Berlin ansässige Unternehmen gehört einer jüdischen Familie, beschäftigt 10.000 Menschen und verwaltet Dutzende Publikationen, darunter die *Berliner Allgemeine Zeitung*, eine Tageszeitung für Arbeiter; das *Blatt der Hausfrau*, eine Zeitschrift für Hausfrauen; *Die Koralle*, ein Wissenschaftsmagazin; *Sieben Tage*, eine Zeitschrift über den Rundfunk; und *Der Quer-*

schnitt, eine Kunstzeitschrift, in der Texte von Ernest Hemingway und James Joyce erscheinen.

Allein in Berlin kann man zwischen 90 Tageszeitungen wählen. Sie füllen die Zeitungsstände auf den Gehwegen, und wenn es auffrischt, flattern ihre Seiten wie Fahnen im Wind.

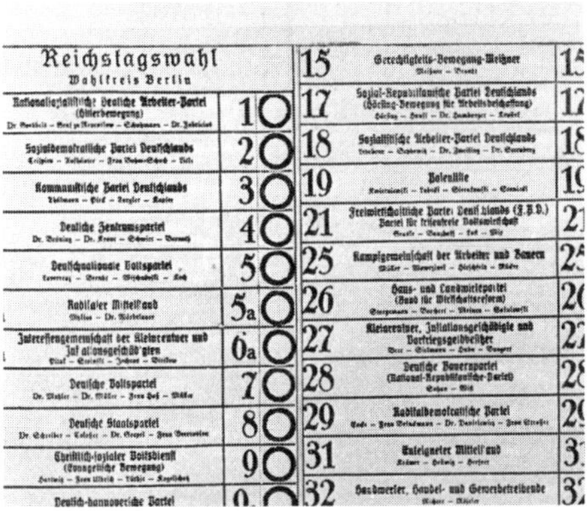
Reichstagswahl
Wahlkreis Berlin
Nationalsozialistische Deutsche Arbeiter-Partei (Hitlerbewegung) 1
Sozialdemokratische Partei Deutschlands 2
Kommunistische Partei Deutschlands 3
Deutsche Zentrumspartei 4
Deutschnationale Volkspartei 5
Radikaler Mittelstand 5a
Interessengemeinschaft der Kleinrentner und Inflationsgeschädigten 6a
Deutsche Volkspartei 7
Deutsche Staatspartei 8
Christlich-sozialer Volksdienst (Evangelische Bewegung) 9
Deutsch-hannoversche Partei
15 Gerechtigkeits-Bewegung-Meißner
17 Sozial-Republikanische Partei Deutschlands (Höring-Bewegung für Arbeitsbeschaffung)
18 Sozialistische Arbeiter-Partei Deutschlands
19 Polenliste
21 Freiwirtschaftliche Partei Deutschlands (F.W.P.) Partei für krisenfreie Volkswirtschaft
25 Kampfgemeinschaft der Arbeiter und Bauern
26 Haus- und Landwirtepartei (Bund für Wirtschaftsreform)
27 Kleinrentner, Inflationsgeschädigte und Vorkriegsgeldbesitzer
28 Deutsche Bauernpartei (National-Republikanische-Partei)
29 Radikaldemokratische Partei
31 Enteigneter Mittelstand
32 Handwerker, Handel- und Gewerbetreibende

Wahlzettel, Berlin 1932

Deutschlands dynamische freie Presse spiegelt das Mehrparteiensystem der Weimarer Republik wider. Bei einer Wahl präsentiert sich eine schwindelerregende Vielzahl an Parteien – bis zu 62 – auf den Wahlzetteln.

Zum ersten Mal in der Geschichte ist nun eine große Bandbreite unterschiedlicher Stimmen im Reichstag zu hören. Manche dieser Stimmen sind weiblich, da Artikel 109 der Weimarer Verfassung ihnen dieselben Grundrechte und -pflichten einräumt wie Männern, darunter das Recht auf Bekleidung öffentlicher Ämter. Die Reichstagsabgeordneten werden ebenso gewählt wie der Reichspräsident.

Kaiser Wilhelm II. ist weg – der Mann, dessen Familie Deutschland seit dem 11. Jahrhundert regierte und der mit einer ganzen Reihe anderer Monarchen in ganz Europa verwandt ist, darunter Königin Victoria von England, seiner Großmutter. Wie so viele Herrscher lebte Wilhelm II. in einem gewaltigen Schloss, obwohl er, anders als seine Vorgänger, in voller Montur mitsamt Pickelhaube auf einem Thron in Form eines Kavalleriesattels saß und einen verkrüppelten lahmen linken Arm in seinen Mantelfalten verbarg. Wilhelm II. litt an der sogenannten Erb-Lähmung, einer neurologischen Verletzung, die außerdem dafür sorgte, dass sein Kopf immer wieder zur Seite fiel. In seiner Kindheit hatte er eine Reihe ebenso ineffektiver wie bizarrer Behandlungen mit Elektroschocks und Bädern in Hasenblut über sich ergehen lassen müssen. Trotz seiner körperlichen Beeinträchtigungen entwickelte der Kaiser eine militaristische Großmannssucht, bestand auf dem Titel »Oberster Kriegsherr« und stürzte Deutschland in den entsetzlich blutigen Ersten Weltkrieg.

Doch die alte Ordnung ist nun vergangen, und an ihre Stelle ist eine zerbrechliche Demokratie getreten, die auf so wackeligen Beinen steht wie ein junges Fohlen.

»Das Leben erschien mir freier, moderner, erregender als irgendwo anders […] Der alte, autoritäre preußische Geist schien tot und begraben«, schrieb der amerikanische Journalist William Shirer in Erinnerung an die Zeit, die er als junger Auslandskorrespondent in Berlin verbracht hatte. Unzählige amerikanische und europäische Auswanderer dachten ebenso wie er. Eine Gruppe britischer Schriftsteller, darunter W. H. Auden und Christopher Isherwood, verfasste diverse Gedichte, Stücke und kaum verhüllte autobiografische Romane über ihre Abenteuer in der Stadt. Der Dichter Stephen Spender erklärte: »Vielen meiner Freunde und auch mir kam Deutschland vor wie ein Paradies, in dem es keine Zensur gab, und die jungen Deutschen führten ein außerordentlich freizügiges Leben.« Dennoch hegten manche den heimlichen Verdacht, dass dieses »außerordentlich freizügig[e] Leben« irgendwann vorbei sein werde. »In den Straßen Berlins«, so schrieb ein junger deutscher Autor, »überfällt einen nicht selten für Augenblicke die Erkenntnis, das alles platzt unversehens eines Tages entzwei.«

Die Luft ist hier, wo die Avantgarde sich am Establishment reibt, mit sprühender Energie geladen. Außerdem gibt es hier noch eine weitere Art von Spannung. Mildred spürt sie immer dann, wenn sie Frauen in Pelzmänteln an knochendürren Bettlern auf dem Kurfürstendamm vorbeigehen sieht, eine Prachtstraße gesäumt von einer langen, glitzernden Reihe hell erleuchteter Läden, die an eine kitschige Perlenkette erinnert.

3.

Inzwischen ist es später Nachmittag. Draußen neigt sich die Sonne dem Horizont zu, die Schatten werden länger, doch Mildred kann sie nicht sehen, da die U-Bahn unter der Erde fährt. Sie ist nach Westen unterwegs, zu einem Bahnhof namens Wittenbergplatz. Ihre Ledermappe enthält ihre Bücher und ihre Vorlesungsmaterialien. Im November wird abermals eine Wahl stattfinden, gerade einmal vier Monate nach der letzten. Die Zusammensetzung des Reichstages wird sich wieder ändern. Kommunisten werden mit Sozialdemokraten zusammenprallen. Nazis werden sich mit beiden streiten. So kann es nicht mehr lange weitergehen.

Wittenbergplatz. Mildred hat ihr Ziel erreicht.

Sie erhebt sich von ihrem Platz und steigt aus der Bahn aus. Mit großen Schritten geht sie die Treppe hinauf und aus dem Bahnhof hinaus.

Westlich davon thront das KaDeWe an der Straßenecke. Gutbetuchte Kunden schlendern am Pförtner mit seiner schwarzen Kappe vorbei und verschwinden im Inneren des Kaufhauses.

Mildred entfernt sich vom KaDeWe und geht nach Süden. Die breite Straße vor ihr heißt Lietzenburger Straße. Sie biegt nach links ab, geht dann noch einmal nach links und folgt der schmalen Gasse bis zur Wormser Straße 11. Die Ledermappe fest in der Hand, öffnet sie die Tür und tritt ein.

Das BAG

1932–1933

HANDBUCH
DES
BERLINER
ABEND
GYMNASIUMS

ZWEITE AUSGABE

BERLIN W 62
WORMSER STR. 11
FERNSPRECHER: BARBAROSSA B 5 2471

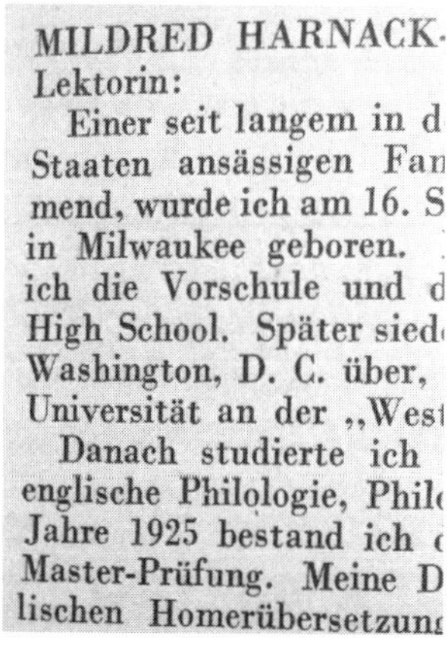
MILDRED HARNACK-
Lektorin:
Einer seit langem in d
Staaten ansässigen Fan
mend, wurde ich am 16. S
in Milwaukee geboren.
ich die Vorschule und d
High School. Später sied
Washington, D. C. über,
Universität an der „West
Danach studierte ich
englische Philologie, Phil
Jahre 1925 bestand ich
Master-Prüfung. Meine D
lischen Homerübersetzun

1.

Vor drei Jahren, am 2. September 1929, öffnete das BAG in der Wormser Straße 11 seine Pforten. Es ist die erste Schule seiner Art in Berlin. In Deutschland herrschte traditionell die Ansicht, dass die mittleren bis unteren Gesellschaftsschichten nicht mehr als eine berufliche Ausbildung benötigten, weshalb Arbeiter und Büroangestellte wenig über Mathematik, Philosophie, Naturwissenschaft, Geschichte und Literatur wussten, Fachgebiete, die vom Adel und anderen höheren Klassen als ihre ureigensten Bereiche betrachtet werden konnten. Das BAG bricht mit dieser Tradition. Seine Mission ist die Bildung der Arbeiterklasse.

Bücher sind am BAG kostenlos, Gleiches gilt für warme Mahlzeiten. Manche Schüler in den überfüllten Klassenräumen sind so bettelarm, dass Mildred sich fragt, ob der Besuch des Gymnasiums wirklich dazu führen wird, dass sie der Armut entrinnen können. Sie »sind hier, weil sie hoffen, mehr Freiheit und Bedeutung im Leben zu erlangen«, schreibt Mildred, denn

> *allergrößtenteils sind sie dazu verdammt, auf der gesellschaftlichen Leiter nach unten zu stürzen, statt sie zu erklimmen. Es gibt nur wenig Arbeit, sie verlieren ihre Anstellungen, ihre Arbeitslosenunterstützung wird nach einiger Zeit eingestellt, und sie werden in den Schoß der Wohlfahrt geworfen, was für den Fall, dass sie keine andere Form der Unterstützung haben, den langsamen Ruin und nach und nach den Hungertod bedeutet.*

Ein buntgemischter Haufen Fabrikarbeiter, Elektriker, Bauarbeiter und Büroangestellter sitzt an den Tischen, als Mildred das Klassenzimmer betritt. Plötzlich kommt Bewegung auf, Stühle schrammen über den Boden, die Schüler erheben sich. Mildred geht mit großen Schritten zum Pult. Die Schüler nehmen Platz. Im Handbuch des BAG haben sie bereits das Foto ihrer neunundzwanzigjährigen Lektorin gesehen und vielleicht genau unter die Lupe genommen – die einzige Amerikanerin und die einzige Frau im Lehrkörper.

»Nie hörte man sie kommen«, erinnerte sich eine ihrer Schülerinnen Jahre später. »Sie war da; rasch mitten im Raum, ebenso leicht wie bestimmt ihr Gang wie ihre Bewegungen.«

Mildreds Kurs heißt einfach nur »Englisch«. Ihr Unterricht reicht jedoch über Grammatik und Satzbau weit hinaus. Die Werke, die sie ihren Schülern aufgibt, stammen aus Literatur, Philosophie und Politikwissenschaften, hier und da unterbrochen von einem Limerick oder einer Fabel. Sie steht am Pult und möchte ihre Schüler inspirieren, ihnen die Welt mit anderen Augen zeigen, sie möchte diese Männer und Frauen *erreichen*, wie sie noch niemand zuvor erreicht hat. Und so hält sie Vorträge über Ralph Waldo Emerson und die Lehren des Transzendentalismus, wobei sie die Bedeutung der Eigenständigkeit und der mutigen Unabhängigkeit im Handeln und Denken betont; sie diskutiert Mahatma Gandhis Heldentaten und die Heimtücke der Monarchie, wie sie in Charles Dickens' Romanen und William Shakespeares Tragödien dargestellt werden; sie bespricht die Tyrannei der Mehrheit, dargelegt in den philosophischen Schriften von John Stuart Mill, und macht deutlich, wie eine kleine Gruppe von einer größeren Gruppe unterdrückt werden kann, und sie ermuntert ihre Schüler dazu, über aktuelle Parallelen zu Deutschland nachzudenken. Wieder und wieder kehrt Mildred zu ihren Kernthemen zurück: dem Schicksal der Armen und der Dringlichkeit des politischen Wandels.

Am letzten Tag im November leitet sie den Unterricht mit einer Frage ein. Normalerweise spricht sie mit den Schülern auf Englisch, aber heute möchte sie sicherstellen, dass jeder sie einwandfrei verstehen.

»Hitler soll Kanzler werden?«

Die Frage ist provokant. Einer ihrer Schüler, ein Einunddreißigjähriger namens Samson Knoll, ist davon und von der daraus entstehenden Debatte so verblüfft, dass er das Ganze am Abend in seinem Taschenkalender notiert.

Montag, 21. November 1932: "10 Uhr B.A.G. Mrs. Harnack. Hitler soll Kanzler werden?"

2.

Mildred wohnt im Grenzgebiet zweier Berliner Bezirke, Kreuzberg und Neukölln. Die Umgebung zeichnet sich durch eine Mischung aus Arbeiterklasse und Bohème aus. Die Gehwege werden von Geschäften, Restaurants und Zeitungsständen gesäumt. Jazzmusik dringt von morgens bis abends aus einem belebten Café an der Ecke auf die Straße, die in Mildreds Worten »ein Fluss aus kleinen Lichtern« ist. Nun, da es Herbst geworden ist, färben sich die

Blätter im Park nahe dem Wohnhaus weinrot, goldfarben, zitronengelb und kürbisorange. Mildreds breites Fenster bietet einen weiten Ausblick, einer der Gründe, warum sie die Wohnung so mag. Sie kann die Natur und ihre Schönheit von ihrem Ausguck hoch oben im vierten Stock aus betrachten und gleichzeitig die wilden Klänge der Stadt in sich aufnehmen. Außerdem kann sie ein Gefühl für die Lage gewinnen und genau sehen, wer kommt und wer geht.

Mildred hält inzwischen Treffen in ihrer Wohnung ab. Sie lädt ihre Schüler vom BAG zu sich ein, darunter Samson Knoll. Nach dem Unterricht nehmen sie gemeinsam die U-Bahn und steigen am Südstern aus. Von dort aus sind es nur fünf Minuten zu Fuß bis zur Hasenheide 61, wo alle zusammen in Mildreds Wohnzimmer sitzen und Deutschlands politisches Klima diskutieren. Bald werden sie in den Untergrund gehen. Sie sind jetzt schon vorsichtig. Die Treffen müssen geheim bleiben, da sind sich alle einig.

1932 steckt der Widerstand in Deutschland noch in den Kinderschuhen und wird gerade erst flügge. Nein, noch nicht einmal das. Er ist ein Embryo, nicht viel mehr als ein Zellhaufen.

3.

Mildred leitet außerdem einen von ihr so genannten »English Club«. Alle Schüler können ihm beitreten. Sie hält Zusammenkünfte in einem Café nahebei ab und lädt Gastredner ein, die zwanglose Vorträge halten.

Der Englischklub konzentriert sich nicht auf Sprache, sondern auf Politik.

Ein amerikanischer Journalist spricht über »Amerika und die Weltpolitik«. Ein anderer diskutiert »Amerikanische Außenpolitik und den Mukden-Zwischenfall«. Ein Professor von der Universität Berlin analysiert »Das gegenwärtige Indien« und teilt seine Gedanken über den britischen Kolonialismus und das Kastensystem. Arvids Cousine Elisabeth von Harnack erzählt von ihrer Doktorarbeit und präsentiert ihre Recherche über »Das Hull House und die Sozialarbeit in Chicago«.

Am 23. Januar tritt Generalkonsul George Messersmith als Gastredner auf. Es ist Montagabend und so kalt in Berlin, dass Mildred und ihre Schüler ihren Atem in weißen Wolken sehen können, als sie zum Café gehen. Drinnen nehmen sie Platz. Mildred stellt Messersmith vor, der am Kopfende des Tisches sitzt. In sechs Monaten wird er bei der Beschreibung Hitlers gegenüber einem Kollegen im Weißen Haus klare Worte wählen:

> Mit wenigen Ausnahmen sind die Männer an der Spitze des Staates von einer Mentalität, die Sie und ich nicht verstehen können. Manche sind Psychopathen und würden anderswo normalerweise in Behandlung sein.

Heute Abend in seiner Rede vor dem Englischklub erwähnt er Hitler allerdings nicht. Er hält sich streng an das Thema, seine Arbeit an der US-Botschaft. Vielleicht erklärt er sie den Anwesenden so schlicht und einfach wie folgt: *Sind Sie Amerikaner, der nach Deutschland möchte, bin ich dafür zuständig, dass sie ins Land hineinkommen; und sind Sie Amerikaner, der Deutschland verlassen möchte, bin ich dafür zuständig, dass sie aus dem Land herauskommen.* Die Mitglieder des Englischklubs hören höflich zu. Keiner ist Amerikaner. Und was ist mit Deutschen, die Deutschland verlassen möchten? Samson Knoll stellt diese Frage nicht, aber vielleicht tut das jemand anderes am Tisch. Samson kam in einer kleinen Ortschaft in Polen zur Welt. Er mag das BAG sehr gern und möchte Deutschland nicht verlassen. In letzter Zeit fragt er sich jedoch, ob er hier noch sicher ist. Schließlich ist er Ausländer und Jude.

Manchmal nimmt Mildred ihre Schüler vom BAG mit ins Theater.

Manchmal überzeugt sie ihre Schüler davon, Kostüme anzuziehen und selbst ein Stück aufzuführen. Und manchmal singt Mildred für sie.

Ja, sie singt.

Die Schüler sitzen an ihren Tischen, erschöpft von einem langen Arbeitstag auf einer Baustelle oder in den unteren Abteilungen eines Bürogebäudes oder von der Arbeit mit einem heißen Schweißbrenner in einer Fabrik.

Sie steht am Pult. Sie räuspert sich, holt tief Luft und singt »Clementine«:

In a cavern, in a canyon,
Excavating for a mine
Dwelt a miner forty-niner,
And his daughter Clementine

und »John Brown«:

John Brown died that the slaves might be free,
John Brown died that the slaves might be free,
John Brown died that the slaves might be free,
His soul goes marching on.

Zunächst war das ihren Schülern vor allem »peinlich«, wenn sie hören, wie Mildreds einzelne Stimme trällernd den Saal erfüllt.

Sie haben noch nie einen ihrer Lehrer singen hören.

Die Lieder sind melancholisch, und sie singt auf Englisch. Hin und wieder übersetzt sie schwierigere Begriffe und Sätze ins Deutsche, damit ihre Schüler sie verstehen. Im ersten Lied, erklärt sie ihren Schülern, geht es um den Tod eines amerikanischen Arbeiters während des Goldrausches 1849 in Kalifornien – a »miner fortyniner« – und dessen Tochter.

Im zweiten Lied geht es ebenfalls um den Tod eines Amerikaners der Arbeiterklasse, eines Abolitionisten. Sie erzählt die Geschichte John Browns, eines weißen Mannes, der 1859 einen Sklavenaufstand anzuzetteln versuchte. Er rekrutierte eine kleine Bande aus einundzwanzig Leuten, die sich ihm anschlossen, darunter Hochschüler, Landarbeiter und entflohene Sklaven. Sein Plan, ein bundesstaatliches Waffenarsenal zu überfallen, so viele Gewehre und Musketen wie möglich zu ergreifen und an die Sklaven zu verteilen, wurde von örtlichen weißen Milizen und einer Kompanie der U.S. Marines vereitelt. John Brown wurde zum Schafott geführt und wegen Hochverrats gehängt.

Mildred singt »Clementine« und »John Brown« im Winter 1932 sehr oft. Jedes Mal steht sie am Pult und schaut auf den Raum voller von der Arbeit erschöpfter oder wegen der Arbeitslosigkeit ausgelaugter Deutscher. Sie ist vollkommen unbefangen und singt so »frei« und »ungezwungen«, wie eine Schülerin sich Jahre später erinnert, dass aus Verlegenheit Erleichterung und schließlich liebevoller Respekt geworden sei.

4.

Eines Morgens packen Mildred und Arvid einen kleinen Koffer, steigen in einen Zug Richtung Süden nach Baden und quartieren sich in einen Gasthof am Rande des Schwarzwaldes ein.

Arvid ging hier früher mit seinem Vater wandern.

Otto Harnack war Literaturhistoriker an der nahegelegenen Technischen Hochschule in Stuttgart. Er war anspruchsvoll, pflichtbewusst und ernst, doch hatte er auch eine weiche Seite und weckte in Arvid eine Liebe zur Natur und zu Goethe-Gedichten. Als Arvid zwölf Jahre alt war, ging Otto Harnack in den Neckar. Sein Selbstmord stellte Arvid vor ein Rätsel. War er nachts in den Fluss gewatet oder im hellen Morgenlicht? Hatte er seine Taschen zunächst mit Steinen gefüllt? Arvid wusste es nicht oder sprach nicht darüber.

Mildred dagegen war sich sicher, dass ihr Vater nicht im Geringsten wie Otto Harnack war. Und dennoch hatten der Pferdehändler und der Professor etwas gemeinsam. Beide verspürten eine tiefe Traurigkeit, die wie eine kalte Flüssigkeit durch ihre Adern rann. *Der Blues* – so hätte William Fish diese Traurigkeit wohl genannt.

Und Otto? Er war mutterseelenallein. Jemand, der an dieser Art von Traurigkeit leidet, fühlt sich so einsam, als wäre die Seele seiner Mutter seiner eigenen entrissen worden. Wenn Mildred das deutsche Wort ausspricht, ist es so viel reichhaltiger und zugleich klagender als jede englische Bezeichnung für »traurig«.

Der schneebestäubte Schwarzwald ist zauberhaft. Mildred und Arvid tragen Rucksäcke und folgen einem engen Pfad, der durch dunkle, dichte Waldstriche führt. Arvids Orientierungssinn ist hervorragend, und das nicht etwa trotz seiner geringen Sehkraft, sondern gerade wegen ihr. Arvid ist auf einem Auge nahezu blind.

In seiner Jugend traf ihn der Stock eines Raufboldes, so dass seine Brille zerbrach. Arvid ging zu Fuß zum städtischen Krankenhaus, wo ein Chirurg neun Glassplitter aus seinem linken Auge entfernte, eine heikle Prozedur, die er ohne Betäubung ertrug.

Nun nimmt Arvid sein Umfeld akribisch genau wahr – das ist die einzig verlässliche Möglichkeit für ihn, sich in der Welt zurechtzufinden.

Die Wälder, die sie erkunden, sind bekannt dafür, die Märchen der Gebrüder Grimm inspiriert zu haben. Sie wandern stundenlang und saugen die kalte, nach Tannen duftende Luft in sich ein. Sonntagabend kehren sie gestärkt nach Berlin zurück.

5.

Es ist Januar 1933. Mildred lebt seit sechs Monaten in der Hasenheide 61. Ihr gefällt die Wohnung sehr. Die monatliche Miete entspricht 17 US-Dollar – mehr als Arvid und sie eigentlich zahlen wollen, doch sind sie gut darin, mit wenig zurechtzukommen. So viele in Deutschland verfügen über sehr viel weniger. Während Arvid seinem ersten Buch den letzten Schliff verleiht – es soll im kommenden Jahr erscheinen –, übersetzt Mildred ein deutsches Werk über Sport, einen 500 Seiten starken, mit einfachem Zeilenabstand bedruckten Band. Das Projekt ist gewaltig, und sie erhält für ihre Arbeit kaum Honorar. Um ihr Einkommen aufzustocken, unterrichtet sie an der Handelshochschule, einer fantasielosen Einrichtung, die mit der Vision des BAG nichts gemein hat.

Am 29. Januar 1933 setzt sich Mildred an Großvater Reichaus große Tafel und schreibt einen Brief an ihre Mutter.

> *Es gibt heutzutage so viel, auf das es sich hinzuarbeiten lohnt. Niemals hat es herrlichere Aussichten gegeben …*

Sie legt ihren Stift auf dem Papier ab. Was geht ihr gerade durch den Kopf? Ein kurzer Augenblick der Unsicherheit, ein Anflug von Selbstzweifeln? In letzter Zeit ist sie zuweilen unkonzentriert gewesen. Sie hat nicht immer vorausgedacht. In früheren Briefen hat sie zugegeben, dass sie Tagträumen nachhängt. »Ich versuche, alte

Angewohnheiten abzulegen«, notiert sie. Um »meinen Weg klarer vor mir zu sehen.«

Falls sie einen Deut Selbstzweifel verspürt hat, ist der nun verflogen. Sie setzt den Brief fort und schreibt entschlossen:

Ich bin dreißig Jahre alt und eine freie Frau. Ich habe die Arbeit, die ich möchte, es gibt keine unüberbrückbaren Hindernisse, um darin voranzukommen [...] Das Leben ist gut.

Am nächsten Abend geht Mildred mit großen Schritten ins Klassenzimmer am BAG, ihre Ledermappe fest in der Hand. Heute werde im Unterricht nicht gesungen oder Literatur durchgenommen, erklärt sie der Klasse. Stattdessen werden sie ein historisches Ereignis diskutieren.

Es ist der 30. Januar 1933. Hitler ist gerade zum Reichskanzler ernannt worden.

[Montag, 30. Januar 1933: "Hitler Kanzler."]

II

Fragment

Fragebogen
Strafanstalt Berlin-Plötzensee
16. Februar 1943

Name des Vaters	William Cooke Fish
Vorname und Geburtsname der Mutter	Georgina Hesketh Fish
Stand? Beruf? Gewerbe?	Lektorin und Übersetzerin
Wie hoch war Ihr Einkommen zur Zeit der Begehung der Tat?	Nicht unter 100 Reichsmark im Monat
Waren Sie in einer Anstalt oder einer Schule für geistig zurückgebliebene Kinder?	Nein.

Reichskanzler Hitler

1933

1.

Berlin brennt. Flammen züngeln, winden sich, springen in die Luft, doch ist die Feuersbrunst kein Akt des Vandalismus oder des Krieges – noch nicht. Es wurde kein Gebäude oder Haus in Brand gesteckt, obwohl die Luft von dichtem Rauch erfüllt ist. Am 30. Januar 1933 brennen Fackeln – 20.000 Stück.

Es findet ein Siegesmarsch der Nazis statt. Die Feierlichkeiten beginnen um 19 Uhr abends und dauern sechs Stunden.

Ein unaufhaltsamer Strom aus Männern, die mit gen Himmel gereckten Fackeln im Gleichschritt durch die Straßen Berlins marschieren; die SA in braunen Uniformen, die SS in schwarzen. Sie werden von Militärkapellen begleitet, deren Blechinstrumente im Fackelschein glühen. Milchgesichtige Knaben laufen ebenfalls mit, sie sind in die braune Kluft der Hitlerjugend gekleidet. Jungen oder Männer, SA, SS oder Hitlerjugend, sie alle tragen eine Stoffbinde mit einem Kreuz mit abgewinkelten Armen auf dem Oberarm, ein Abzeichen, das in alten Zivilisationen als heiliges Glückssymbol galt. Die Nazis haben es sich zu eigen gemacht, es pervertiert und in ein Sinnbild des deutschen Nationalismus und einer angeblichen rassischen Überlegenheit verwandelt. Inzwischen ist es zu einem Propagandainstrument geworden, einem Emblem, das nicht nur Armbinden, sondern auch Anhänger, Kappen, Abzeichen, Plakate, Flaggen und Banner ziert. Es ist das Hakenkreuz, sonst »Swastika« genannt.

Hier sehen wir sie marschieren und mit ihren Stiefeln stampfen. Hier hören wir das Kreischen der Trompeten, die Schläge der Becken, das Hämmern der Trommeln, aufdringlich wie Artilleriefeuer, *rat-a-tat-tat*.

Sie marschieren auf den von Bäumen gesäumten Wegen des Tiergartens bis zum stattlichen Brandenburger Tor westlich des Pariser Platzes, ziehen weiter an vier imposanten Botschaften vorbei – der amerikanischen, der französischen, der russischen und der britischen – und dann die Wilhelmstraße hinunter bis zur Reichskanzlei. Dort ist Reichspräsident Hindenburg hinter einem verschlossenen Fenster zu sehen, eine gebeugte Gestalt, die auf den donnernden Zug blickt. Hindenburgs Gesicht ist starr, »wie aus Bronze gegossen«, stellt eine deutsche Journalistin fest, die ihre Eindrücke stichwortartig notiert. Der Gesichtsausdruck des alten Mannes erscheint ihr als »bestürzt und erschrocken«. Keine fünfzig Meter weiter südlich steht vor einem anderen, weit geöffneten Fenster Adolf Hitler.

Jahrelang war er als Amateur, Spinner, Hanswurst oder ungebildeter Narr mit Charlie-Chaplin-Schnurrbart abgetan worden. Er ist ein Schulabbrecher, der zweimal von der Akademie der bildenden Künste Wien abgelehnt wurde; der in seinen Zwanzigern eine Reihe Erniedrigungen ertragen musste, als er das Dasein eines am Hungertuch nagenden Künstlers fristete und in einer Obdachlosenunterkunft schlief; der es in seinen Dreißigern zum Vorsitzenden der Nationalsozialistischen Partei brachte, nachdem er entdeckt hatte, dass er Menschen mit seiner populistischen Rhetorik in den Bann zu ziehen vermochte, zunächst die in einem Raum, dann die in einem Saal und schließlich die in einem ganzen Stadion; und der mit dreiundvierzig Jahren gerade von Reichspräsident Hindenburg zum Reichskanzler ernannt worden ist.

Hitler blickt hinaus auf den zu seinen Ehren abgehaltenen Fackelzug und ist »vor Aufregung und Freude außer sich«, schreibt ein amerikanischer Journalist, der nahe dem Fenster der Reichskanzlei steht. Hitlers blassblaue Augen, die ebenso zornig wie eiskalt und grausam sein können, strahlen an diesem Tag und füllen sich immer wieder mit Tränen. Hin und wieder hebt Hitler den durchgestreckten rechten Arm in die raucherfüllte Luft. Die Tausenden im Umkreis der Reichskanzlei recken ebenfalls den rechten Arm und geben seinen Gruß zurück.

2.

Arvid Harnack ist auch dort und schaut zu. Er steht auf der Straße nahe dem Fenster der Reichskanzlei.

Die Menge bricht in Gesang aus: »Deutschland, Deutschland über alles!«

Arvid hebt nicht den Arm, er jubelt und singt auch nicht.

Arvid ist nicht allein. Er hat seinen neunzehnjährigen Neffen Wolfgang dabei. Der Rauch der Fackeln brennt ihnen in den Augen und bringt sie zum Tränen. Ein scharfer Geruch hängt in der Luft. Die drängelnden Menschen in der Menge sind ohrenbetäubend laut, jeder singt und brüllt und skandiert im Chor. Nun stimmen sie ein anderes Lied an – »Die Fahne hoch! Die Reihen fest geschlossen! SA marschiert mit ruhig festem Schritt!«. Während Reihe um Reihe Nazis vorbeizieht, murmelt Arvid: »Das sind Schlächtertypen. Mit den heruntergezogenen Sturmriemen und den Dolchen sind die zu allem fähig.«

Wolfgang ist dreizehn Jahre jünger und geht noch zur Schule. Er ist hochgewachsen wie ein Stock, hat jugendlich zerzaustes Haar und eine oberflächliche Ähnlichkeit mit seinem Vater, einem recht bekannten Geiger und Dirigenten namens Gustav Havemann, der kürzlich noch einmal geheiratet und Arvids jüngere Schwester Inge zu seiner dritten Ehefrau gemacht hat. Hier hören die Gemeinsamkeiten auch schon auf. Wolfgang ist schüchtern, sein Vater dominant. Wolfgang spricht mit leiser Stimme, sein Vater füllt mit seinem Organ einen ganzen Raum. Wolfgang ist sich seines beruflichen Werdegangs nicht sicher, sein Vater war bereits als Junge musikalisch tätig und wurde mit neunzehn Jahren Konzertmeister. Am deutlichsten unterscheiden sie sich in ihren politischen Ansichten. Wolfgang ist dem Antifaschismus zugeneigt, sein Vater schmeichelt sich bei den Nazis ein. Gustav Havemann ist Mitglied beim Kampfbund für deutsche Kultur, einem vor vier Jahren von Nationalsozialisten gegründeten Verein, der gegen Aspekte der Weimarer Kultur vorgeht, die der Verein für korrumpiert hält, darunter jedes jüdische Machwerk. Im vergangenen Mai weigerte sich Gustav, ein Orchester zu dirigieren, bis alle jüdischen Musiker entfernt worden wären. Ein von einem Juden erzeugter Geigenstrich sei »zu weich und sinnlich«, behauptete er beharrlich.

Arvid verabscheut Gustav Havemann. Wie kann seine Schwester diesen Mann nur ertragen? Das Scheitern von Inges erster Ehe schmerzt Arvid. Er hat Johannes Auerbach immer gemocht, der mittlerweile aus Deutschland geflohen ist und in Paris lebt. Jedes Mal, wenn er Inge in diesen Tagen besucht, liefert er sich ein erhitztes Wortgefecht mit Gustav, bei dem beide Männer hochrote Köpfe kriegen, weil Gustav es ablehnt, seine Ansichten zu überdenken, obwohl Inges erster Ehemann Jude ist und die beiden Söhne – Gustavs Stiefkinder – zur Hälfte jüdisch sind.

Deshalb hat Arvid Wolfgang heute Abend zum Fackelzug mitgenommen. Er ist wild entschlossen, ihn vom schlechten Einfluss seines Vaters zu befreien.

Wolfgang sieht zu, wie die Männer, die Arvid Schlächtertypen nennt, Reihe um Reihe vorbeiziehen.

In den Gläsern von Arvids Brille lodern die Flammen.

»Du wirst noch erleben, wie sie mit ihren Fackeln erst Deutschland und dann Europa in Brand setzen«, sagt er. »Wart es nur ab, dir werden sie auch bald eine Uniform anziehen.«

Wolfgang fragt sich, ob Arvid Recht behält. Wird Deutschland in den Krieg ziehen? Wird er gezwungen sein, zu kämpfen?

Zu töten? Er verabscheut den Gedanken.

Als er an diesem Abend nach Hause zurückkehrt, sinnt er wie an vielen kommenden Tagen und Nächten darüber nach, was er tun soll. Sein Heimatland bricht vor seinen Augen zusammen.

Natürlich sieht sein Vater die Sache anders. Gustav Havemann glaubt, dass Deutschland sich im Aufschwung befindet, nun, da Hitler an der Macht ist. Endlich, nach so vielen Jahren des ehrlosen Stolperns und Strauchelns in Folge der schmählichen Niederlage des Ersten Weltkriegs, damals »der Große Krieg« genannt, werden die Deutschen wieder auf die Beine kommen. Das Deutsche Reich wird wieder erstarken.

3.

»Eine Nacht des Schreckens«, schreibt die deutsche Journalistin Bella Fromm in ihr Tagebuch. »Ein Ungeheuer in Gestalt von 20 000 Fackeln.«

»Deutschland ist erwacht«, kritzelt der Propagandachef der Nazis, Joseph Goebbels, in sein Tagebuch. »In einer spontanen Explosion bekennt sich das Volk zur Revolution der Deutschen.«

4.

Am 1. Februar 1933, zwei Tage später, sitzt Mildred an ihrem Schreibtisch und setzt einen Brief auf.

Die steilen Dächer und breiten Straßen, die wie mit Sternen übersät erscheinen, schimmern heute Abend leicht im Schnee, während ich sie aus meinem Fenster betrachte – aus meinem großen bogenförmigen Ausguck.

Hinter dem Wohnhaus steht eine von Bäumen umsäumte Kirche und gleich dahinter liegt ein offenes Feld, auf dem die Polizei Schießübungen abhält. Hin und wieder kann Mildred das an Böller erinnernde Knallen ihrer Gewehre hören. Der Gedanke daran, wie nah die Polizei ist, beunruhigt sie, doch berichtet sie ihrer Mutter nicht davon. Sie möchte mit Schönheit anfangen. Mit Ruhe. Mit steilen, schneebedeckten Dächern und Lichtern wie Sternen.

Was sie sagen möchte – sagen *muss* –, wird nicht einfach sein. Wie soll sie die richtigen Worte finden? Sie schreibt:

Arvid und ich haben gerade zu Abend gegessen. Er ist müde. Ich werde ihn ins Bett bringen und ihm aus John Dos Passos' neuem Roman vorlesen – er heißt »1919«.

Dos Passos ist Sozialist und wird von den Nazis verachtet, aber das erzählt sie ihrer Mutter nicht.

Wir sind sicher, uns geht es sehr gut und wir sind glücklich.

Das ist eine Seite der Wahrheit. Sie ist glücklich, genauso wie Arvid. Glücklich in dem Sinne, dass die beiden einander lieben und jeden Morgen mit der süßen Gewissheit erwachen, dass sie zusammen sind. Sie haben Glück: Sie sind am Leben, es geht ihnen gut und sie arbeiten auf ein gemeinsames Ziel hin. Doch diese Wahrheit ist von einer Lüge durchdrungen, so scharf wie ein Splitter. Sie ist nicht sicher, und Arvid ist es auch nicht.

> *Denke ich an meinen letzten Brief zurück, habe ich das Gefühl, ich könnte Dich verängstigt haben […]*
> *Mach Dir um uns keine Sorgen.*

Letztes Mal hat sie zu viel verraten. Ihr Brief war zu politisch, sie war zu offen über ihre Abscheu für die NSDAP.

> *Wir sind politisch nicht aktiv.*

Überhaupt nicht wahr. Gänzlich ungeniert führt sie ihre Mutter hinters Licht.

> *Wer interessiert sich schon für zwei Akademiker, die abseits in der Ecke sitzen und über die Zukunft der Welt nachdenken? Also, mach Dir um uns keine Sorgen. Und sag am besten nichts. Wenn sich irgendwer bei Dir nach uns erkundigt, erzähle, wir seien aus philosophischer und nicht aus politischer Sicht an der Welt interessiert. Mehr brauchst Du nicht tun.*

5.

Am selben Tag, an dem Mildred den Brief schreibt, betritt ein Mann mit blonden Haaren ein Gebäude in der Potsdamer Straße. Im Haus ist ein Radiosender ansässig, der ihn als Gast zu einer beliebten Sendung eingeladen hat. Der Mann geht die Treppen in den fünften Stock hinauf.

Der Mann, ein rebellischer sechsundzwanzigjähriger evangelisch-lutherischer Theologe aus Berlin, heißt Dietrich Bonhoeffer. Er ist Arvids Cousin. Heute spricht er ins Mikrofon mit der ernsten Autorität eines doppelt so alten Herren. Historiker werden seine Rede als eine der ersten öffentlichen Widerstandshandlungen gegen Hitler begreifen.

Mitten in seiner Rede wird seine Stimme kraftvoller. Es sei entscheidend, so Bonhoeffer, zwischen einem »Führer« und einem »Verführer« zu unterscheiden –

Abrupt wird das Mikrofon abgestellt. Überall in Deutschland hören die Menschen bloß noch dichtes Rauschen.

Zwei Nazi-Minister

1933

1.

Gerade einmal fünf Stunden nach seiner Ernennung zum Reichskanzler ruft Hitler seine erste Kabinettssitzung ein.

Über ein Dutzend Männer in dunklen Anzügen, darunter der Reichsjustizminister, der Reichwehrminister, der Reichsarbeitsminister, der Reichsfinanzminister und der Reichsaußenminister, marschieren in Reih und Glied in die Reichskanzlei. So gut wie alle gehören der konservativen Deutschnationalen Volkspartei (DNVP) an; Vorsitzender dieser Partei ist Alfred Hugenberg, Reichsminister für Wirtschaft, Landwirtschaft und Ernährung, ein rundlicher, stinkreicher Medienmogul mit Schnurrbart, der die parlamentarische Demokratie verachtet und sich nach der Monarchie in Deutschland zurücksehnt. Hugenberg wird vom Adel und den wohlhabenden Geschäftsleuten unterstützt, die bei der populistischen Rhetorik der NSDAP erschaudern. Hugenberg ist der Meinung, er könnte Hitler kontrollieren. Das denken auch Vizekanzler Franz von Papen und Reichspräsident Hindenburg.

Der inzwischen parteilose von Papen kommt ursprünglich aus der rechten katholischen Zentrumspartei. Er hat den parteiunabhängigen Reichspräsidenten Hindenburg davon überzeugt, dass ein Kabinett voller Konservativer, die den Nazis unterschiedlich stark misstrauen und sie sogar verachten, Hitler mit Sicherheit in Schach halten wird.

Die Protokolle dieser Kabinettssitzung werden über zwölf Jahre lang unter Verschluss bleiben und der deutschen Öffentlichkeit und dem Rest der Welt erst nach dem Zweiten Weltkrieg zugänglich gemacht. Dann wird ein internationales Tribunal, das in Nürnberg eine Reihe von Prozessen gegen Kriegsverbrecher führt, enthüllen, dass Hugenberg, von Papen und Hindenburg nicht falscher hätten liegen können.

2.

Hitler beginnt, indem er die Männer am Tisch herzlich begrüßt. Im darauffolgenden Gespräch achtet er sehr genau darauf, die Minister nicht zu verprellen, deren Vertrauen er braucht. Er bittet um ihre Sicht auf die aktuelle politische Lage und tut das mit freundlicher Neugier und Respekt. Der Reichsfinanzminister, ein parteiloser Konservativer, ist erfreut und stellt fest, Reichskanzler Hitler sei »höflich«, »ruhig« und gegenüber der Meinung anderer aufgeschlossen, selbst wenn sie nicht der eigenen entspreche. Andere Minister beobachten, dass der aufrührerische Vorsitzende der NDSAP erstaunlicherweise sanfter geworden zu sein scheint, nun, da er einen einflussreichen Posten in der deutschen Regierung bekleidet.

Als die Männer sich dem Gespräch öffnen, erwähnt Hitler, dass der Reichstag am folgenden Tage nach zweimonatiger Unterbrechung zusammenkommen werde, weshalb er den Vorschlag machen möchte, die NSDAP möge mit der DNVP und dem Zentrum koalieren. Wenn die Parteien sich zusammenschließen würden, könnten sie die Linksparteien verdrängen.

Hitler meint, »man könne vielleicht daran denken, die Kommunistische Partei zu verbieten, ihre Mandate im Reichstag zu kassieren und auf diese Weise die Mehrheit im Reichstag erreichen«.

Nahezu allen anwesenden Ministern erscheint das als ein vernünftiger Vorschlag. Darum zu zanken, wie Hitlers Agenda sich von der anderer rechter Parteien unterscheidet, scheint müßig.

Doch Hugenberg, Vorsitzender der DNVP, kann riechen, dass da etwas faul ist. Mehrfach hat er bereits versucht, mit Hitler zu koalieren, zum ersten Mal 1929 und dann noch einmal 1931 – fragile Allianzen, die unter dem Druck unablässiger Machtkämpfe zerbrachen. Er hört Hitler zu, während dieser die anderen Anwesenden gewandt in Richtung eines weiteren Gedankens lenkt, der vielen im Saal ebenfalls als vernünftig erscheint: Sie könnten die morgige Reichstagssitzung absagen und stattdessen Neuwahlen anberaumen.

Hugenberg erhebt Einspruch.

Hitler macht sich für seinen Vorschlag stark. Die Wahlen werden ihrem rechten Bündnis gewiss eine parlamentarische Mehrheit einbringen und ihnen die Verabschiedung eines Gesetzes ermöglichen, das ihre Rivalen auf der Linken erfolgreich zerschlägt.

Hugenberg denkt über Hitlers Vorschlag nach. Während der Wirtschaftskrise in den 1920er Jahren hat er ein Vermögen damit gemacht, einen Haufen Lokalzeitungen aufzukaufen und ein Medienimperium aufzubauen, das den Verlag August Scherl, einen der wichtigsten Großverleger Berlins, ebenso umfasst wie die Allgemeinen Anzeigen, eine Werbegesellschaft; die Telegraphen-Union, eine Nachrichtenagentur; und die UFA, Deutschlands größtes Filmunternehmen, das mit den enorm erfolgreichen Hollywoodstudios Paramount und Metro-Goldwyn-Mayer Vertriebsrechte teilt. Der DNVP-Vorsitzende mag über ein Quasimonopol in der deutschen Medienlandschaft verfügen, doch sind seine Pläne, auch in der Politik an Einfluss zu gewinnen, stets durchkreuzt worden, vor allem von dem Emporkömmling aus den Reihen der Nazis, der es unerklärlicherweise bis zum Reichskanzler geschafft hat. Wenn Hugenberg Hitler in der Kabinettssitzung seinen Willen lässt, nur dieses eine Mal, dann wird er den Naziführer von niedriger Geburt mühelos manipulieren und sich selbst für seinen eigenen Griff nach der Macht in Stellung bringen können.

Hugenberg zieht seinen Einspruch zurück.

Später wird er sagen: »Ich habe gestern die größte Dummheit meines Lebens gemacht.«

3.

Reichskanzler Hitler ist ein Werkzeug in den Händen der Nationalkonservativen. Zumindest glauben das viele, auch liberale und konservative Politiker im Reichstag sowie die Redakteure großer deutscher Zeitungen und der internationalen Presse. Hitler mag die Kabinettssitzungen leiten, das Sagen hat er dort aber nicht.

»Das Kabinett heißt Adolf Hitler, aber das Kabinett ist Alfred Hugenberg«, bemerkt ein prominenter Sozialdemokrat im Reichstag. Ein Mitglied der DNVP notiert in seinem Tagebuch: »Sitzt Hitler im Sattel, bekommt Hugenberg die Peitsche.«

Die amerikanische Demokratische Partei glaubt nicht daran, dass Hitler »den gewieften Kapitalisten Hugenberg« überlisten kann.

Die französische Tageszeitung *Le Temps* weist darauf hin, dass Reichspräsident Hindenburg »nie seine Gefühle zu Hitler verborgen hat, die auf echte Abneigung hinauslaufen«, und prophezeit, dass Hitler »schnell die Puste ausgehen wird«.

Die *New York Times* erinnert ihre Leser daran, dass Hitler »letztes Jahr zweimal abgelehnt wurde«, als er sich um den Posten bemühte, den er inzwischen bekleidet. »Die Zusammensetzung des Kabinetts lässt Herrn Hitler keinerlei Handlungsspielraum, um irgendwelchen diktatorischen Ansprüchen gerecht zu werden.«

4.

Zwei Tage nach seiner ersten Kabinettssitzung beruft Hitler eine zweite ein. Er begrüßt die in dunkle Anzüge gekleideten Minister am Tisch mit derselben Freundlichkeit wie immer. Er informiert sie darüber, dass der amtierende Reichstag aufgelöst sei und die nächsten Wahlen im März stattfinden würden.

Hitlers Ziel ist die Zerschlagung der parlamentarischen Demokratie und die Abschaffung des Reichstages, damit er sich selbst diktatorische Vollmachten verleihen kann. Das sagt er den Ministern jedoch nicht. Stattdessen behauptet er, ihre Koalition aus rechten Kräften werde das Deutsche Reich wiedererstarken lassen und ihrem großartigen Land zu alter Größe verhelfen.

Die nationalkonservativen Minister müssen sich nur in der Runde umschauen, um sich zu versichern, dass sie noch die Zügel der Macht in der Hand halten. Reichspräsident Hindenburg und Vizekanzler von Papen brachten sie in Amt und Würden, um sicherzustellen, dass die Nationalkonservativen die einflussreichsten und mächtigsten Posten erhielten, darunter die Zuständigkeitsbereiche Wirtschaft, Justiz und Militär.

Unter ihnen sind bloß zwei Nazis, die einzigen beiden Minister, die Hitler ernennen durfte: Wilhelm Frick, Reichsminister des Innern, und Hermann Göring, der aktuell als Reichstagspräsident fungiert. Göring hat in Hitlers Kabinett noch keine spezifische Aufgabe und ist daher unter der einigermaßen unscharfen Bezeichnung »Reichsminister ohne Geschäftsbereich« tätig.

5.

Am selben Abend hält Reichskanzler Hitler seine erste Rundfunkrede. Die Minister stehen hinter ihm, um Geschlossenheit zu demonstrieren.

Hitler beschreibt zunächst die schwierigen Zeiten der Weimarer Republik, als Hunger und Armut viele schwächte.

> Zwietracht und Haß hielten ihren Einzug. In tiefster Bekümmernis sehen Millionen bester deutscher Männer und Frauen aus allen Lebensständen die Einheit der Nation dahinsinken und sich auflösen in ein Gewirr politisch-egoistischer Meinungen, wirtschaftlicher Interessen und weltanschaulicher Gegensätze.

Hitler identifiziert die Kommunisten als Grund für das Chaos und die Gewalt auf den Straßen und erklärt, Deutschland werde weiterhin in Trümmern liegen, sollten linke Mächte die Kontrolle über die Regierung erhalten. Er lobt Reichspräsident Hindenburgs Tapferkeit als Feldmarschall im Großen Krieg von 1914–1918 und bittet die Männer und Frauen Deutschlands, ihm vier Jahre Zeit zum Aufbau des Landes zu geben.

> Binnen vier Jahren muß der deutsche Bauer der Verelendung entrissen sein. Binnen vier Jahren muß die Arbeitslosigkeit endgültig überwunden sein […] Nun, deutsches Volk, gib uns die Zeit von vier Jahren, und dann urteile und richte uns!

Hitler tritt vom Mikrofon zurück. Die Minister in den dunklen Anzügen gratulieren ihm.

6.

Nun setzt Hitler seinen Plan um. Die beiden von ihm ernannten Nazi-Minister werden ihn dabei unterstützen.

Reichsinnenminister Wilhelm Frick wird Gesetze verfassen, die es Hitler ermöglichen werden, noch mehr totalitäre Macht über die

Wirtschaft und alle anderen Bereiche der politischen und kulturellen Landschaft zu erlangen.

Reichsminister ohne Geschäftsbereich Hermann Göring wird noch mehr illustre Titel anhäufen (Reichskommissar für das preußische Innenministerium, Reichskommissar für den Luftverkehr), darunter einen besonders exzentrischen (Reichsjäger- und Reichsforstmeister). Die meisten Konsequenzen wird die Gründung der Gestapo (kurz für »Geheime Staatspolizei«) haben, die schnell zu einem der verheerendsten und effektivsten Werkzeuge der brutalen Verfolgung in Deutschland werden wird.

Reichskanzler Hitler wird in der Zwischenzeit die Weimarer Verfassung außer Kraft setzen, die parlamentarische Demokratie des Landes zerstören und dessen komplette und totale Umwandlung zur Diktatur einleiten.

Und das alles in gerade einmal sechs Monaten.

Ein Flüstern, ein Nicken

1933

1.

1933 sind die Deutschen, die mit den Prinzipien des schwarz schlagenden Herzens des *Dritten Reiches* nicht einverstanden sind, in den Gewerkschaften und rivalisierenden Linksparteien verstreut. Es ist kein Geheimnis, dass zersplitterte Fraktionen der Kommunisten und der Sozialdemokraten seit den frühen 1920er Jahren gegen die Nazis agitieren, doch werden sie bald in den Untergrund gedrängt werden. Der Widerstand in seinem augenblicklichen Zustand ist weit entfernt von einer vereinten Front.

Mildred nennt die Gruppe, die sich in ihrer Wohnung trifft, einen »Gesprächskreis«. Mit der Zeit werden Arvid und sie den Namen abkürzen und nur noch vom »Kreis« sprechen. Manche Mitglieder sind Schüler oder Studenten von Mildred. Manche sind mit ihr befreundet. Manche sind mit Freunden befreundet. Es sind Fabrikarbeiter und Schriftsteller, Anwälte und Professoren. Es sind Juden, Katholiken, Protestanten und Atheisten.

Und so nimmt der Kreis seinen Anfang – als ein Flüstern hinter verschlossenen Türen, als ein Nicken auf dem Gehweg.

Sie treffen sich in Cafés. Sie spazieren durch den Tiergarten. Sie besuchen Mildred und Arvid in ihrer Wohnung, verteilen sich auf dem Sofa und den Stühlen und sitzen auf dem Holzfußboden, wenn kein Platz mehr frei ist. Stundenlang diskutieren sie, oft bis spät in die Nacht hinein.

Was geschieht hier?, fragen sie. *Was können wir tun?*

2.

Wie können wir junge Deutsche anwerben?

Der Kreis debattiert diese Frage häufig. Mildred meint, die Antwort gefunden zu haben: *Wir gehen dahin, wo die jungen Deutschen sind.* Die Schulen sind voller Jugendlicher und junger Erwachsener, die davon überzeugt werden könnten, sich den Nazis entgegenzustellen.

Manche im Kreis sind skeptisch. Ziemlich viele dieser Jugendlichen und jungen Erwachsenen sind Nazis.

»Nazis« oder »piekfeine Leute«, höhnt eine von ihnen, eine junge Frau aus Frankfurt. So reserviert und zuweilen ätzend sie ist, könnte man sie mit ihrer edlen hohen Stirn fälschlicherweise selbst für piekfein halten, obwohl sie eine leidenschaftliche Streiterin für die Arbeiterklasse ist. (Jahre später wird die Frau, die Greta Lorke heißt, über diesen Tag schreiben und sich an das Gespräch und Mildreds »forschenden Blick« erinnern.)

Sie könne Nazis und piekfeine Leute nicht ausstehen, meint Greta.

»Sieh dir mal ihre Gesichter richtig an«, erwidert Mildred.

Greta versteht die Andeutung klar und deutlich. Mildred wirft ihr Kurzsichtigkeit vor, wenn nicht sogar vollkommene Blindheit.

Eine Woche später taucht Greta am BAG auf. Widerwillig schaut sie sich um. Dort sieht sie keine piekfeinen Leute oder Nazis, sondern Menschen in zerschlissener Kleidung mit dürren Gliedmaßen und fahlen Gesichtern.

»Ich gab Mildred beschämt recht«, schreibt Greta in ihrer Autobiografie.

Als Mildred eine Gruppe Schüler vom BAG im Tiergarten trifft, geht Greta mit. Der Tiergarten passt gut zu ihren Gesprächen. Die bloße Schönheit des winterlichen Parks wirkt anregend. Kahle Zweige heben sich dunkel vom Himmel ab. Ein Netzwerk aus Wegen, manche unbefestigt, manche asphaltiert und manche mit Kopfsteinen gepflastert, zieht sich schneebestäubt durch die Grünanlage. Doch die Schönheit ist versehrt. Hakenkreuze sind auf Laternenpfosten geschmiert und in Baumrinden oder auf Latten von Holzbänken geritzt.

Sie gehen von Denkmal zu Denkmal, von Statue zu Statue und sprechen über das, was Greta »bröckelnd[e] Helden« nennt. Sie folgt Mildred, die Umwege einschlägt, während sie sich mit ihren Schülern unterhält, ihnen unverfängliche Fragen stellt, die zu konkreteren werden, um die Gespräche gewandt auf die Gefahr des Faschismus zu lenken.

Anwerbung getarnt als Geschichtsunterricht.

3.

Von allen Mitgliedern des Kreises kennt Greta Mildred am längsten. Zum ersten Mal sind sie sich an der Universität von Wisconsin begegnet.

Greta erfuhr nach und nach mehr über Mildred, nachdem sie die junge Frau zunächst nur aus der Ferne wahrgenommen hatte. Anfänglich kannte sie Mildred nur vom Sehen: eine ernste Studentin, die ihren Masterabschluss machte und sich zurückhaltend kleidete, am liebsten lange Röcke und langärmlige Blusen und die Haare aus dem Gesicht trug. Zugeknöpft, wenn auch nicht immer. Freitagabends ging es mit einer Gruppe studentischer Revolutionäre weiter, einer sprudelnden, quirligen Mischung aus Suffragetten, Sozialisten, Marxisten und Leninisten. Vorsitzender dieser Gruppe, die sich die »Friday Niters« nannte, war Professor John Commons, dem man nachsagte, mitreißende Vorträge über die Verderbtheit des Kapitalismus zu halten.

Damals wusste Greta nicht, woran sie glaubte. In der Hoffnung, ebendies herauszufinden, schloss sie sich den Friday Niters an. Greta sprach Englisch stockend und mit einem starken deutschen Akzent. Sie kannte nur einen anderen Studenten aus Deutschland, Arvid Harnack. Sie hatten im Gras Platz genommen, die Pappteller auf dem Schoß voller Kartoffelsalat und heißer Würstchen. Ein Picknick im amerikanischen Stil war ihr vollkommen fremd. Um sie herum saßen lebhaften Grüppchen anderer Friday Niters – alle, oder zumindest so gut wie alle, Amerikaner. Greta war sich ihrer selbst unangenehm bewusst. Sie mochte es nicht, wenn Arvid auf Deutsch mit ihr sprach, wo sie sich doch anzupassen versuchte.

Aber Arvid plapperte einfach weiter. Und prahlte weiter. Er hatte einen Abschluss in Rechtswissenschaft und arbeitete gerade an seiner Doktorarbeit. Er erzählte von seinem berühmten Onkel und von seiner Dissertation, die von Professor Commons betreut wurde, der seine Ansichten über amerikanische Gewerkschaften prägte. Greta brauchte keine solch lange Auflistung von Arvids Leistungen, nicht jetzt, wo sie doch bloß ein Würstchen zu essen versuchte.

Eines Winterabends sah sie Arvid beim Schlittschuhlaufen auf einem zugefrorenen See. Dieses Mal wurde er von einer jungen Dame begleitet. Einen Augenblick später glitten die beiden schon aufs Ufer zu, wo Greta stand. Greta fand, dass Arvids Freundin »ausnehmend schön war«. Ihr dichtes blondes Haar lag ihr ungeflochten um den Kopf. Ihre Haut war blass, Nase und Kinn von der Kälte rosig. Sie hatte fein modellierte Wangenknochen. »Das Schönste aber waren ihre großen blauen Augen«, fand Greta. Arvids Freundin stellte sich als Mildred Harnack vor.

Greta war es nicht gewohnt, Mildred so zu sehen, das Haar vom Dutt befreit. Und sie war auch nicht Arvids Freundin, sie war *seine Frau.*

In der Nähe brannte auf einem schneebedeckten Hügel ein Feuer. Eine Gruppe Studenten hatte sich darum versammelt und röstete auf Stöcke gespießte Hammelkoteletts. Mildred und Arvid schlenderten hinauf, um sich ihnen anzuschließen. Greta folgte ihnen. Die Gruppe machte eine unterschwellige Veränderung durch. Alle schienen von dem Pärchen angezogen zu sein und um Mildreds und Arvids Aufmerksamkeit zu buhlen. Besonders um Mildreds Aufmerksamkeit. Jemand brachte ihr eine Decke, ein anderer bot ihr einen Stock an, ein Dritter spießte ein Stück rohes Fleisch für sie auf.

»Niemand schien zu erwarten, dass sie, wie wir, ihre Fleischportion selbst briet.«

Schwärmten sie etwa für Mildred, weil sie so hübsch war? Nein, am Feuer gab es viele schöne Mädchen. Greta verschwendete dank ihres pragmatischen Wesens kaum Zeit mit sinnloser Grübelei. An diesem Abend wetteiferte sie nicht um Mildreds Aufmerksamkeit. Sie brachte ihr keine Decken oder Stöcke. Sie schmeichelte sich nicht bei Mildred ein, und von Mögen konnte schon gar nicht die Rede sein.

Greta sagte es frei heraus: »Es war keine Freundschaft auf ›den ersten Blick‹.«

Mildreds literarische Ader stieß sie ebenfalls ab, da sie Greta als irritierend sentimental erschien. Manchmal zitierte Mildred aus dem Stegreif Homer oder Shakespeare, und das mit so sanfter Stimme, als spräche sie mit sich selbst. Es spielte keine Rolle. Laut oder leise, das Rezitieren von Gedichten bedeutete nur eins.

»Mir war es fatal«, schrieb Greta.

Ein oder zwei Wochen später war Greta nicht darauf gefasst, als Mildred sie zum Abendessen einlud. Wider besseres Wissen nahm sie die Einladung an.

»Ich musste mich überwinden«, notierte Greta.

Das Abendessen übertraf alle Erwartungen. Gleiches galt für die Gastgeberin. Mildred, die auf Schlittschuhen so elegant gewesen war, stellte sich für Greta als eine Katastrophe auf zwei Beinen heraus,

> weil sie ungeschickt war in allen praktischen Dingen des Lebens. Sie konnte keine Bluse bügeln, ohne dass sie krauser war als zuvor, oder sie zeigte Sengflecke. Sie lud Gäste zum Abendessen ein, um ein neues wundervolles Rezept auszuprobieren – nur hatte sie vergessen, die wichtigsten Gewürze daran zu tun. Der Reis quoll aus dem Topf, der Kuchen ging nicht auf, das Gemüse wurde nicht gar. Auf jeder Wanderung rissen ihr die Schnürsenkel. Sie hatte feingliedrige schmale und ausdrucksstarke Hände – aber es waren zwei linke Hände, die niemals Herr wurden über die Tücken des Objekts.

Ebenfalls verblüfften Greta die Fragen, die Mildred ihr während des Essens stellte: Wolle sie nicht die Betriebe von Ford und Chevrolet ansehen? Interessierten sie nicht die Organisationsformen, die ein hochentwickelter Kapitalismus geschaffen hatte? Genügten ihr die Berichte der Zeitungen über den Kampf der amerikanischen Arbeiter um erweiterte Rechte?

Mildred, die mit bebender Stimme flüsternd Shakespeare und Homer zitierte, wollte über Politik sprechen und nicht über Poesie.

4.

Eine Wanderung. Eine ganz normale Wanderung. Das hatte Greta erwartet.

Wenn sie nicht gerade auf den Seen Kanu fuhren, machten sich ihre Kommilitonen von der UW in die Berge auf. Eines schönen Frühlingstages schloss Greta sich ihnen an. Der Schnee war geschmolzen, und überall, wo man hinsah, bahnten sich Wildblumen ihren Weg durch den tauenden Matsch. Greta folgte ihren Kommilitonen, darunter Mildred, einen Berg hinauf.

Wie sich zeigte, war das keine ganz normale Wanderung. Sie hatte einen Namen: »Immer der Nase lang durch dick und dünn gehen.«

Es gab Regeln. Man musste eine direkte Route einschlagen. War da ein Zaun, kletterte man darüber. War da ein See, schwamm man hindurch. War da ein Haus, klopfte man an die Vordertür und informierte denjenigen, der die Tür öffnete, dass man sein Haus zu durchqueren und durch den Hintereingang wieder zu verlassen habe. Welchen Hindernissen man auch begegnete, man musste weitergehen, *durch dick und dünn.*

Greta, die Regeln mochte, war entzückt.

Das Regelwerk engte sie nicht ein, paradoxerweise erlaubte es ihr sogar, loszulassen. »Immer der Nase nach durch dick und dünn gehen« war eine verrückte Reise durch die ländliche Gegend. Manchmal, wenn Greta an eine Haustür klopfte, wurde sie zu Pfannkuchen oder Zimttoast »oder einem der herrlichen Eiscremes eingeladen, die auf größeren Farmen selbst hergestellt wurden«. Nach der Wanderung lagen sie und ihre amerikanischen Freunde »im Schatten der Nußbäume« im Gras, diese »ließen im Frühjahr die raupenähnlichen wunderbar würzigen Blüten [...] hinabfallen.« Sie erzählten einander Geschichten. Lustige oder traurige, solche aus ihren Heimatorten, Geschichten über ihre Eltern oder ihre Kindheit. Dort, inmitten der Blütenhäufchen, lag auch Mildred.

»Langsam ergab sich aus Mildreds Erzählungen ein Bild«, entsann sich Greta.

Mildred war keine verwöhnte amerikanische Eislaufprinzessin. Sie war in Armut aufgewachsen. Das überraschte Greta, die ebenfalls mittellos groß geworden war. Gretas Vater war Metallarbeiter und ihre Mutter Näherin.

5.

Irgendwann im Jahr 1933 trifft Arvid Greta zufällig auf der Straße in Berlin. Zum letzten Mal haben sie sich in Wisconsin gesehen. Seitdem ist Greta nach Deutschland zurückgekehrt und nach Frankfurt gezogen.

Was sie in Berlin mache? Das möchte Arvid wissen. Was für ein Zufall, dass er mit ihr zusammengestoßen sei! Später wird sie sich fragen, ob es wirklich ein Zufall war.

Greta weiß nicht, wie lange sie in der Stadt sein wird. In Frankfurt hatte sie an ihrer Dissertation gearbeitet und war als Hilfswissenschaftlerin eines bekannten Professors für Soziologe an der Goethe-Universität tätig gewesen. Der Professor war entlassen worden. Er war Jude. Das gesamte jüdische Lehrpersonal war von der Goethe-Universität vor die Tür gesetzt worden.

Arvid erzählt ihr, dass Mildred und er eine Gruppe aufbauten, ein loses Netzwerk von Leuten mit ähnlichen Ansichten. »Einen Kreis von Bekannten«, wie er es nennt. Er möchte wissen, ob sie irgendwelche Kontakte zu Arbeitern pflege. Er möchte mit den armen Berlinerinnen und Berlinern der Arbeiterklasse in Kontakt treten, findet es aber schwierig. Greta kann erkennen, woran das liegt. Arvid Harnack, Nachfahre des großen Gelehrten Adolf von Harnack, des berühmten Theologen und früheren Beraters Kaiser Wilhelms II., ist nicht gerade jemand, dem die Armen ihr Ohr schenken werden. *Ihr* dagegen würden sie sehr wohl zuhören. Ihre Arbeiterwurzeln könnten von Vorteil sein. Wofür, ist nicht sofort klar.

Greta stimmt einem Treffen zu.

6.

Inzwischen ist Greta zu einem der wichtigsten Mitglieder des Kreises geworden. Seine Treffpunkte ändern sich ständig. So ist es sicherer. Manchmal versammeln die Mitglieder sich »in einem kleinen Reihenhäuschen, derart, wie sie nach dem Ersten Weltkrieg überall entstanden waren«, erinnerte sich Greta. »Wir hockten auf allen aus dem ganzen Haus herangebrachten Stühlen im größten der kleinen Zimmer und sprachen über die bisherigen Maßnahmen der Nazis.«

Manchmal kommt der Kreis auf dem Weg zu »einem Bootshaus in Pichelswerder« zusammen. Hier sind sie weit weg von neugierigen Augen und Ohren, während sie an der Havel entlangspazieren. Hier haben sie, was sie am dringendsten benötigen: Privatsphäre und einen Ort, um Strategien zu entwickeln.

Der Volksempfänger

1933–1934

1.

Nun, da Hitler die Macht ergriffen hat, muss er daran festhalten. Es reicht nicht, dass die Nationalsozialisten die größte Fraktion im Reichstag stellen. Die Mehrheit der Deutschen muss Hitler unterstützen. Um die zu gewinnen, muss der Staat den gesamten Medienapparat beherrschen. Zu diesem Zweck ruft Hitler das Reichsministerium für Volksaufklärung und Propaganda ins Leben, das er Joseph Goebbels unterstellt.

Früher einmal wollte Goebbels Schriftsteller werden. 1921 machte er mit vierundzwanzig Jahren seinen Doktor (er schrieb eine Dissertation über einen unbekannten Dramatiker des 19. Jahrhunderts), jahrelang gelang es ihm nicht, ordentlich Karriere zu machen. Er verfasste einen Roman, den kein Verleger herausgeben wollte, zwei Bühnenstücke, die niemand produzieren wollte, und nachdem er sich auf den Journalismus verlegt hatte, wollte ihn keine Zeitung einstellen. Als er auf sein Idol Hitler traf, wendete sich das Blatt. 1926 hielt Goebbels bei einem Parteitreffen der NSDAP in Weimar eine Rede über Propaganda. Hitler war so beeindruckt, dass er den neunundzwanzigjährigen gescheiterten Schriftsteller zum NSDAP-Gauleiter von Berlin ernannte. In den sieben Jahren, die seitdem vergangen sind, hat Goebbels bewiesen, dass er zu Hitlers treuesten Gefolgsmännern gehört. Sein neuer Posten in Hitlers Kabinett bestärkt seine Entschlossenheit, den Mann zu unterstützen, den er in seinem Tagebuch ein »Genie« nennt.

2.

Goebbels verliert keine Zeit und richtet sieben Abteilungen der Reichskulturkammer ein, um Presse, Film, Rundfunk, Musik, bildenden Künste, Theater und Schrifttum des Deutschen Reichs zu kontrollieren.

Deutschlands gefeierte freie Presse gibt es nicht mehr. Hunderte Zeitungen und Zeitschriften werden verboten, Verlage in jüdischem Besitz müssen schließen. Die Nazis übernehmen Ullstein, das größte Verlagshaus des Landes, und zwingen die jüdische Familie, die es besitzt, die Geschäftsführung zu verlassen und ihre Anteile zu verkaufen. Ein »Schriftleitergesetz« untersagt jüdischen Autoren und Redakteuren die Arbeit. Die Reichskulturkammer diktiert unter Goebbels' skrupelloser Hand, was veröffentlicht werden darf und was nicht.

Aus der deutschen Film- und Theaterindustrie werden alle jüdischen Autorinnen, Darstellerinnen, Produzentinnen und Regisseurinnen beseitigt.

Aus den deutschen Museen werden alle Kunstwerke entfernt, die nicht *germanisch* sind. Gemälde von Cézanne, Picasso, van Gogh, Gauguin und Matisse sind nicht mehr wert, ausgestellt zu werden, da Hitler sie für zu modern, zu dekadent, zu *entartet* hält. Der Mann, der zweimal von der Kunsthochschule abgelehnt wurde, wird eine »Große Deutsche Kunstausstellung« kuratieren, die in dem Gebäude eröffnet werden wird, das er selbst mitgestaltet hat, eine Großtat der Architektur, die Hitler prahlend als »unvergleichlich und unnachahmbar« bezeichnet.

Die Beseitigung alles Jüdischen wird von der Eliminierung aller Kulturschaffenden aus gegnerischen politischen Parteien begleitet. Maler, Schriftsteller, Musiker, Architekten, Produzenten, Regisseure – kein Kommunist oder Sozialdemokrat und alle, die man dafür hält, dürfen in diesen Branchen noch tätig sein.

Während alle Medien in den Dienst der Verbreitung von Hitlers Ideologie gestellt werden, ist es der Rundfunk, der zum mächtigsten Propagandainstrument des nationalsozialistischen Staates werden soll.

3.

Was wäre, wenn jeder Deutsche, ob jung oder alt, reich oder arm, in der Stadt oder auf dem Land, Hitlers Stimme hören könnte, selbst wenn er kilometerweit weg von dessen Mikrofon lebte? Das fragte sich Goebbels, der sehr wohl erkannte, dass die Wochenschauen, die in den Kinos liefen, nur die Menschen erreichten, die sich Filme ansahen; und dass gedruckte Worte nur bis zu denen vordrangen, die Zeitungen lasen; und selbst dann war die Lektüre von Hitlers Reden nicht damit zu vergleichen, sie mit eigenen Ohren zu hören. Goebbels griff den Gedanken auf, dass er den Rundfunk nutzen könnte, um Ideen in die Köpfe der Bevölkerung zu pflanzen, indem er die Grundbotschaften von Hitlers Ideologie immer und immer wieder wiederholte. Zum ersten Mal in der Geschichte waren auch die in den abgelegensten Winkeln des Landes lebenden Deutschen erreichbar, selbst die Mittellosen und Ungebildeten und sogar die Unpolitischen. Alles, was es dazu brauchte, war ein Radio in deren Besitz.

Und so gab Goebbels den Herstellern vergnügt den Befehl, ein Gerät zu produzieren, das jeder sich leisten konnte. Das erste Modell kostete 35 Reichsmark – das entsprach dem Wochenlohn eines Fabrikarbeiters oder Arbeiters – und konnte in Raten bezahlt werden. Goebbels gab dem günstigen Radiogerät einen Namen – »der Volksempfänger« – und eine Seriennummer, die mit dem Datum korrespondierte, an dem Hitler zum Reichskanzler ernannt worden war.

Innerhalb eines Jahres gingen sechs Millionen Apparate über den Ladentisch.

Der Volksempfänger empfing nur einen begrenzten Wellenlängenbereich, um sicherzustellen, dass man bloß deutsche Sender hereinbekommen konnte. Drehte man das Rad auf eine Frequenz, auf der ein Sender aus London sendete, endete das Ganze zwangsläufig in Frustration, da das knisternde Rauschen daran erinnerte, dass der nationalsozialistische Staat seine Bürger davon abhielt, Nachrichten aus anderen Ländern zu hören.

Nun, da die Deutschen vom Rest der Welt abgeschnitten waren, würde die Propaganda der Nazis noch erfolgreicher sein.

4.

»Sowohl die Eroberung als auch die Ausnutzung der Macht wäre ohne Rundfunk […] in dieser Form gar nicht denkbar gewesen.«
– Joseph Goebbels, 18. August 1933

5.

Mildred besitzt keinen Volksempfänger und wird das auch nie tun. Sie nennt ein Blaupunktradio ihr Eigen, ein Geschenk von Arvids Bruder, Falk Harnack. Das Gerät hat ein glänzend poliertes Holzgehäuse. Es ist wunderschön. Damit kann man Kurz- und Langwellensender empfangen, es verfügt über ein Rädchen, mit dem sich ein dünner horizontaler Zeiger auf noch dünneren quer verlaufenden Linien, die Radiofrequenzen darstellen, hin und her bewegen lässt. Dreht man das Rad, kann man einer donnernden Symphonie Beethovens oder den zarteren Klängen einer Violinsonate von Bach lauschen. Doch das ist nicht der Grund, warum Mildred das Blaupunkt so mag. Auf Kurzwelle kann man ausländische Sender empfangen. Rundfunksendungen aus anderen Ländern werden rasch zur einzig zuverlässigen Nachrichtenquelle. Falk weiß, wie wichtig Mildred die Nachrichten sind. Falk wird im März zwanzig Jahre alt werden. Mildred nennt ihn ihren »kleinen Bruder«.

Die Blaupunktradios werden an einem Ort in der Nähe von Berlin hergestellt. Der erste Typ wurde 1923 produziert, also in dem Jahr, als Hitler – damals ein vierunddreißigjähriger Sonderling – eine Gruppe von zwanzig Männern davon überzeugte, einen Umsturz in München anzuzetteln, in dessen Folge in einem Münchner Bierkeller eine Pistole abgefeuert wurde. Der fehlgeschlagene Umsturzversuch ging als »Hitler- oder Bierkellerputsch« in die Geschichte ein und brachte Hitler ins Gefängnis. Dort schrieb er sein Manifest *Mein Kampf* und formulierte seine Pläne für eine weitere, umfassendere Revolution.

Auch Hitlers jüngster Revolutionsversuch wird erfolglos sein – davon ist Mildred überzeugt. Damit ist sie nicht allein. Arvid glaubt das auch, ebenso wie viele ihrer Freunde, die sich für politisch klug halten. Sie sind sich sicher, dass die Deutschen gegen diesen geistesgestörten Politiker aufbegehren werden. Es ist nur eine Frage der Zeit.

Der Reichstagsbrand

1933

1.

»Nun ist es leicht, den Kampf zu führen«, kritzelt Goebbels in sein Tagebuch. »Auch an Geld fehlt es natürlich diesmal nicht.«

Am 20. Februar – zweieinhalb Wochen nach Hitlers Ernennung zum Reichskanzler – sitzen vierundzwanzig der führenden Industriellen Deutschlands um einen langen rechteckigen Tisch herum. Gustav Krupp, Magnat an der Spitze des Schwerindustrieunternehmens Friedrich Krupp AG, ist zugegen. Ebenfalls anwesend sind Georg von Schnitzler, Vorstandsmitglied der I. G. Farben, dem größten Chemiekonzern der Welt; Albert Vögler, Generaldirektor der Vereinigten Stahlwerke, einem gewaltigen Montankonzern; August Rosterg, Generaldirektor der Wintershall AG, Deutschlands größter Rohölproduzent; Hugo Stinnes jr., Aufsichtsratsmitglied eines der wichtigsten deutschen Kohlesyndikate, und Ludwig von Winterfeld, Vorstandsmitglied der Siemens & Halske AG, dem größten Hersteller von Elektrotechnik in ganz Europa.

Hitler sitzt am Kopfende des Tisches. »Privatwirtschaft im Zeitalter der Demokratie ist nicht aufrechtzuerhalten«, beginnt er, »sie ist nur denkbar, wenn das Volk eine tragende Idee von Autorität und Persönlichkeit besitzt.« Hitler verspricht die Ausschaltung aller politischer Gegner auf der Linken und die Zerschlagung der Gewerkschaften. Er versichert, die Wiederbewaffnung einzuleiten und dem Militär zu altem Glanz zu verhelfen.

Die vierundzwanzig Unternehmer hören ihm zu. Vielleicht nicken sie hin und wieder.

Hitler erwähnt die bevorstehenden Reichstagswahlen. Die NSDAP müsse noch dreiunddreißig Mandate erringen. »Das ist, wenn wir alle Kräfte einsetzen, nicht unmöglich.«

Als Hitler zu Ende gesprochen hat, bittet der Gastgeber der Zusammenkunft, ein gerissener Ökonom namens Hjalmar Schacht, die Industriellen darum, tief in die Taschen zu greifen und die Sache der Nazis zu unterstützen.

Die Unternehmer blättern über drei Millionen Reichsmark hin.

2.

Hitler möchte der uneingeschränkt herrschende Führer des Deutschen Reiches werden, hat dazu aber nicht die Macht. Zwischen ihm und dieser Stellung steht die Weimarer Verfassung.

Wie stürzt ein Diktator die Demokratie? Üblicherweise mit Blut und Kanonen. Mit einem gewaltsamen Umsturz, einem Militärputsch.

Hitler schlägt einen anderen Weg ein.

3.

Manche nennen es Glück. Andere geben dem Ganzen einen anderen Namen. Weniger als einen Monat nach Hitlers Ernennung zum Reichskanzler setzt ein Brandstifter den Reichstag in Flammen.

Der Brandstifter kommt nicht aus Deutschland. Er ist aus den Niederlanden eingewandert. Er ist vierundzwanzig Jahre alt, Maurer von Beruf, und wird später vom Chef der preußischen politischen Polizei, Rudolf Diels, wie folgt beschrieben: »Mit nacktem, verschmiertem und schwitzendem Oberkörper sass er, schwer atmend, vor ihnen [den Polizisten, die ihn festgenommen hatten] [...] Ein wilder Triumph lag in den brennenden Augen des blassen, ausgemergelten jungen Gesichtes.« Diels, der einen Drang zum Theatralischen hat, will beobachtet haben, wie der ungewaschene junge Mann »mit seinem brennenden Hemd, das er in der Rechten wie eine Fackel schwang, durch die großen Korridore gerast« sei. Diels weist eigens darauf hin, dass die Taschen des Brandstifters voller kommunistischer Pamphlete gewesen seien.

Die Feuerwehr trifft mit jaulenden Sirenen ein. Berliner stürzen auf die Straße, die Mäntel rasch über ihre Nachthemden geworfen, um zuzusehen, wie die Feuerwehrmänner ihre Schläuche auf die gewaltige Kuppel aus Stahl und Glas richten, die den Reichstag krönt und die erbaut worden ist, als noch ein Kaiser über das

Deutsche Reich herrschte. Die Kuppel und der Großteil des Gebäudes stürzen ein.

Hitler ist vor Ort. Ebenfalls anwesend sind Reichspräsident Hindenburg, Vizekanzler von Papen, Josef Goebbels und Hermann Göring.

Göring tritt nach vorn. Mit seinem aufgeblähten Bauch sowie seinem Appetit auf Speis, Trank und Kleidung ist er in jeder Hinsicht ein überdimensionaler Mann. Er ist bekannt für die Jagdgesellschaften, die er auf seinem luxuriösen Landgut gibt. Dort empfängt er seine Gäste, wie einer von ihnen sich später erinnert, »in hohen Landsknecht-Lederstiefeln, ein Lederkoller um den Oberkörper, mit weißen Hemdsärmeln, einem breiten Jägerhut auf dem Kopf und einen zwei Meter langen Jagdspeer in der Faust«. Heute trägt Göring ein ebenso exzentrisches Ensemble: eine Uniform voll glänzender Medaillen, die prahlerisch von seinen zweiundzwanzig Siegen als Kampfpilot im Großen Krieg von 1914–1918 berichten.

Das sei ein Angriff der Kommunisten auf die neue Regierung, brüllt er.

Die Worte, die er in die raucherfüllte Luft schreit, werden von Vizekanzler von Papen aufgezeichnet, der bemerkt, dass Göring in heller Aufregung ist und heftig schwitzt. Der eingewanderte Maurer sei *eindeutig* Teil eines kommunistischen Komplotts, erklärt Göring, weshalb der heutige Tag den »Beginn des kommunistischen Aufstandes« markiere.

»Es gibt jetzt kein Erbarmen«, ruft Hitler. »Jeder kommunistische Funktionär wird erschossen, wo er angetroffen wird. Die kommunistischen Abgeordneten müssen noch in dieser Nacht aufgehängt werden. Alles ist festzusetzen, was mit den Kommunisten im Bunde steht. Auch gegen Sozialdemokraten und Reichsbanner gibt es jetzt keine Schonung mehr.«

Das Feuer schwelt noch, als Göring den Chef der preußischen politischen Polizei in die Enge treibt und ihm befiehlt, die Opposition zu verhaften. Der dreiunddreißigjährige Rudolf Diels wird seine Sache so gut machen, dass er eine Beförderung erhalten wird. Göring wird ihn zum Chef der Geheimen Staatspolizei ernennen.

Etwa gegen Mitternacht beginnen die Massenverhaftungen.

Die SA bricht in Wohnungen ein, zerrt Männer aus ihren Betten und sperrt sie in Kasernen und Gefängniszellen ein. Mehr als 4.000 Kommunisten und Sozialdemokraten werden festgenommen, darunter auch Reichstagsabgeordnete.

Am nächsten Morgen schiebt Hitler den Brand vor, um den landesweiten Notstand auszurufen und Reichspräsident Hindenburg zur Unterzeichnung einer Verordnung zu bewegen, nach der die sieben Abschnitte der Weimarer Verfassung, die allen Deutschen grundlegende Bürgerrechte einräumen, sämtlich auf unbestimmte Zeit außer Kraft gesetzt werden.

Die Verordnung schafft die Meinungs- und Pressefreiheit ab. Die Deutschen dürfen sich nun nicht mehr auf Kundgebungen versammeln oder Demonstrationen gegen den nationalsozialistischen Staat abhalten, da die Verordnung die Versammlungsfreiheit beseitigt. Briefe und Telefonate dürfen jetzt vom nationalsozialistischen Staatsapparat überwacht werden, da die Verordnung das Recht auf den Schutz der Privatsphäre abschafft. Die SA, die Gestapo und jeder mit einer Hakenkreuzbinde am Arm darf nun auch ohne Durchsuchungsbefehl in eine Wohnung eindringen.

Die Verordnung heißt »Verordnung des Reichspräsidenten zum Schutz von Volk und Staat«, sie räumt den Nazis das Recht ein, die gesamte Opposition zum Schweigen zu bringen.

4.

Verordnung des Reichspräsidenten zum Schutz von Volk und Staat.

Auf Grund des Artikels 48 Abs. 2 der Reichsverfassung wird zur Abwehr kommunistischer staatsgefährdender Gewaltakte folgendes verordnet:

§ 1

Die Artikel 114, 115, 117, 118, 123, 124 und 153 der Verfassung des Deutschen Reichs werden bis auf weiteres außer Kraft gesetzt. Es sind daher Beschränkungen der persönlichen

Freiheit, des Rechts der freien Meinungsäußerung, einschließlich der Pressefreiheit, des Vereins- und Versammlungsrechts, Eingriffe in das Brief-, Post-, Telegraphen- und Fernsprechgeheimnis, Anordnungen von Haussuchungen und von Beschlagnahmen sowie Beschränkungen des Eigentums auch außerhalb der sonst hierfür bestimmten gesetzlichen Grenzen zulässig.

§ 2

Werden in einem Lande die zur Wiederherstellung der öffentlichen Sicherheit und Ordnung nötigen Maßnahmen nicht getroffen, so kann die Reichsregierung insoweit die Befugnisse der obersten Landesbehörde vorübergehend wahrnehmen […]

§ 5

[1] Mit dem Tode sind die Verbrechen zu bestrafen, die das Strafgesetzbuch in den §§ 81 (Hochverrat), 229 (Giftbeibringung), 307 (Brandstiftung), 311 (Explosion), 312 (Überschwemmung), 315 Abs. 2 (Beschädigung von Eisenbahnanlagen), 324 (gemeingefährliche Vergiftung) mit lebenslangem Zuchthaus bedroht […].

Berlin, den 28. Februar 1933.

Der Reichspräsident
von Hindenburg

Der Reichskanzler
Adolf Hitler

Der Reichsminister des Innern
Frick

Der Reichsminister der Justiz
Dr. Gürtner

5.

5. März 1933. Während die verkohlten Trümmer des ehemaligen Reichstagsgebäudes von Reinigungstrupps beseitigt werden, findet eine Wahl statt.

Vor sechs Tagen hat Hitler die Weimarer Verfassung außer Kraft gesetzt. Er hat das ganz legal getan, unter den Augen der Öffentlichkeit und ohne Blut oder Kanonen. Die Deutschen haben fast alle Rechte eingebüßt – alle bis auf eines. Sie besitzen immer noch das Wahlrecht. Noch ist Deutschland eine Demokratie und keine Diktatur. Die Abgeordneten des Reichstages werden weiterhin gewählt, und der Reichstag fungiert immer noch als Deutschlands Parlament, das die Macht besitzt, den Staatshaushalt oder Gesetze zu verabschieden.

In den Tagen vor der Wahl unternimmt Goebbels eine gewaltige Werbekampagne. »Rundfunk und Presse stehen uns zur Verfügung«, notiert er in seinem Tagebuch. »Wir werden ein Meisterstück der Agitation liefern.«

Das Radio verbreitet Hitlers Versprechen im gesamten Land. Den ganzen Morgen und den ganzen Nachmittag lang fahren mit Lautsprechern versehene Lastwagen durch die Straßen in der Stadt und auf dem Land umher und lassen Hitlers Stimme auf quirligen Plätzen und in ruhigen Vierteln ertönen. Der Amtliche Preußische Pressedienst kündigt die Offenlegung von Dokumenten an, die »ein System maßlosen kommunistischen Terrors« beweisen und enthüllen sollen, dass Kommunisten nicht nur den Angriff auf den Reichstag geplant hätten, sondern auch »Mordanschläge gegen einzelne Führer des Volkes und Staates, Attentate gegen Eisenbahnen, lebenswichtige Betriebe und öffentliche Gebäude«.

An den Wahllokalen sind überall Hakenkreuze zu sehen – auf Armbinden, Plakaten, Flaggen, Bannern. Die SA, die SS und ein paramilitärischer Wehrverband namens Stahlhelm überwachen die Wahllokale. Wer wählen möchte, muss an Reihen bewaffneter Nazis vorbei.

Trotz all dieser Einschüchterung und Angstmacherei erscheinen die Deutschen in Scharen an den Wahlurnen. Die Wahlbeteiligung liegt bei 89 Prozent.

6.

Es ist nicht der Wahlsieg, auf den Hitler gehofft hat.

Die NSDAP erhält 44 Prozent aller Stimmen. 56 Prozent der Stimmen gehen an andere Parteien.

Um ein neues Gesetz im Reichstag zu verabschieden, bedarf es einer absoluten Mehrheit, was Hitler in eine schwierige Lage versetzt. Jeder die Agenda der Nazis stützende Gesetzesentwurf wird sehr wahrscheinlich abgelehnt werden.

7.

Dreizehn Tage später bittet Hitler den Reichstag um die Verabschiedung eines neuen Gesetzes.

Er bringt diese Bitte auf der großen Bühne der Kroll-Oper vor, wo der Reichstag sich versammelt, seitdem das Reichstagsgebäude in verkohlten Trümmern liegt. 525 Abgeordnete sind zugegen. Sie sitzen in roten Samtsesseln. Über ihnen hängen Kristallleuchter an goldenen Ketten. Ins Holz geschnitzte Cherubim schauen auf die Gänge hinab, in denen SA-Männer mit »derbe[n] Gesichter[n]« dicht gedrängt strammstehen, schreibt der amerikanische Journalist William Shirer, der hinten im Saal Platz genommen hat. Die Kulisse ist erstaunlich genug, doch noch erstaunlicher ist das vorgeschlagene Gesetz selbst. Es wird die Reichstagsabgeordneten arbeitslos machen.

Nur vorübergehend, versichert ihnen Hitler. Bloß für vier Jahre. Im Wesentlichen bittet er den Reichstag darum, in sehr lange Ferien zu gehen.

Die Reichstagsabgeordneten in ihren roten Samtsesseln denken über die Bitte nach, die eine Änderung der Weimarer Verfassung verlangt. Jede Verfassungsänderung benötigt zur Umsetzung eine Zweidrittelmehrheit im Reichstag.

Ein Abgeordneter erhebt sich. Es ist Otto Wels, Vorsitzender der Sozialdemokratischen Partei. Viele seiner Kollegen und Freunde wurden nach dem Reichstagsbrand verhaftet. Er spricht »[r]uhig und mit großer Würde«, so Shirer.

> Wir deutschen Sozialdemokraten bekennen uns in dieser historischen Stunde feierlich zu den Grundsätzen der Menschlichkeit und Gerechtigkeit, der Freiheit und des Sozialismus.

Wels lehnt es ab, Hitlers Gesetz zu unterstützen. Er mahnt seine Kollegen, es ihm gleich zu tun. Kein Gesetz, sagt er an Hitler gewandt, könne ihm »die Macht geben, Ideen zu zerstören, die ewig und unzerstörbar sind«. Wels setzt sich.

Die Reichstagsabgeordneten geben ihre Stimmen ab: 441 dafür, 84 dagegen. Die Nazis erhalten sehr viel mehr als eine Zweidrittelmehrheit. In einem spektakulären Schauspiel der Feigheit und des politischen Opportunismus stützen die Abgeordneten Hitler und verabschieden das neue Gesetz.

Hitler nennt es »Gesetz zur Behebung der Not von Volk und Reich«. Es wird als »Ermächtigungsgesetz« in die Geschichte eingehen. In fünf kurzen Artikeln wird es die Reste der Weimarer Verfassung aushebeln und aus Deutschland eine Diktatur machen. Und das alles völlig legal. Nicht durch einen bewaffneten Umsturz oder einen blutigen Putsch, sondern in einem Opernhaus inmitten von Cherubim.

Ein Sabotageakt

1933–1934

1.

Mildred ist schwanger.

Seit zwei Jahren macht sie Bauchmuskelübungen, um ihren Körper auf die Schwangerschaft vorzubereiten. Das Buch, das sie gekauft hat, schildert genau, auf welche Weise sie bei Rumpfbeugen ihre Arme und ihren Oberkörper heben muss. Das Buch hat sie nicht darauf vorbereitet, was sie nun tun soll.

2.

Es sei die Aufgabe der Frau, Deutschland mit guten Deutschen zu bevölkern.

So verkündet es der Reichsminister für Volksaufklärung und Propaganda Joseph Goebbels in einer Rede, die er vor vollem Saal in Berlin hält. Die Rede hat einen langweiligen Titel – »Deutsches Frauentum« –, doch trägt er sie mit Enthusiasmus vor.

In der Weimarer Republik seien den Frauen zu viele Rechte eingeräumt worden, klärt Goebbels das Publikum auf. Frauen sollten keine öffentlichen Ämter bekleiden oder am Arbeitsplatz mit Männern konkurrieren. »Eine Verweiblichung des Mannes zieht immer eine Vermännlichung des Weibes nach sich«, erläutert er, und das habe »niederschmetternde« Folgen für beide Geschlechter.

»Da muß grundsätzlich Wandel geschaffen werden«, bellt er ins Mikrofon.

> Den ersten, besten und ihr gemäßesten Platz hat die Frau in der Familie, und die wunderbarste Aufgabe, die sie erfüllen kann, ist die, ihrem Land und Volk Kinder zu schenken, Kinder, die Geschlechterfolgen fortsetzen und die Unsterblichkeit der Nation verbürgen.

Im Grunde ist es unmöglich geworden, irgendwo in Berlin oder Deutschland Kondome aufzutreiben. Zum Ende der Weimarer Republik waren Verhütungsmittel in den Großstädten überall erhältlich. Es gab Kondomautomaten in öffentlichen Herrentoiletten. Krankenhäuser stellten Präservative kostenlos zur Verfügung. Jetzt sind sie illegal.

3.

Hitler erklärt den Vertreterinnen der NS-Frauenschaft, die Welt der Frau sei »ihr Mann, ihre Familie, ihre Kinder und ihr Haus«. Das »Wort von der Frauen-Emanzipation« sei »nur ein vom jüdischen Intellekt erfundenes Wort«.

Als der donnernde Applaus abebbt, fährt er fort:

> Wir empfinden es nicht als richtig, wenn das Weib in die Welt des Mannes, in sein Hauptgebiet eindringt, sondern wir empfinden es als natürlich, wenn diese beiden Welten geschieden bleiben […] So war die Frau zu allen Zeiten die Gehilfin des Mannes und damit seine treueste Freundin, und der Mann war zu allen Zeiten der Hüter seines Weibes und damit ihr bester Freund.

4.

In ganz Deutschland verlieren Frauen ihre Arbeit.

Über 19.000 Frauen auf Führungspositionen in den Ministerien und den regionalen und lokalen Ämtern werden sofort entlassen. Anwältinnen werden von ihren Kanzleien gefeuert. Ärztinnen werden von Kliniken und Krankenhäusern vor die Tür gesetzt. Restaurantbesitzer werden von der Polizei bedroht, wenn sie ihre Kellnerinnen nicht rausschmeißen und durch Männer ersetzen.

Frauen, denen nicht gekündigt wird, drängt man dazu, selbst ihre Stelle aufzugeben, um Raum für arbeitslose Männer zu schaffen. Goebbels initiiert eine gewaltige Propagandakampagne gegen die sogenannten »Doppelverdiener« – also Familien, bei denen Frauen und Männer arbeiten gehen.

5.

Junge Frauen hält man vom Besuch einer Hochschule ab. Eine neu eingeführte Quote beschränkt den Anteil der an den deutschen Universitäten immatrikulierten Frauen auf 10 Prozent. Vor Hitlers Machtergreifung gab es über 18.000 Studentinnen in Deutschland, doch diese Zahl sinkt bald schon schlagartig auf 5.447.

Der Stundenplan an deutschen Schulen wird umgestellt. Mädchen müssen nun Unterricht im Kochen, Putzen und Nähen erhalten. Das einzige Ziel der Erziehung einer jungen Frau ist die Vorbereitung auf das Leben als Mutter.

Hitler verlegt den Muttertag auf den Geburtstag seiner Mutter und macht ihn zu einem nationalen Feiertag.

6.

Mildred nimmt den Zug nach Grunewald, um Arvids Cousine Agnes von Zahn-Harnack zu besuchen. Mildred bewundert Agnes. Agnes ist eine glühende Kämpferin für die Rechte der Frau und war bis vor Kurzem Vorsitzende des einflussreichen Bundes Deutscher Frauenvereine (BDF) mit seinen über 500.000 Mitgliedern. Agnes ist entsetzt, dass Frauen in ganz Deutschland ihre Arbeit verlieren, Arbeit, die seitdem »in Männerhände gelegt worden« sei.

Im Jahr 1908 schrieb sich Agnes von Zahn-Harnack als erste Studentin an der Universität Berlin ein. In der Weimarer Republik gründete sie gemeinsam mit anderen Frauen den Deutschen Akademikerinnenbund. Sie brachte ein Mädchen zur Welt, das inzwischen fünfzehn Jahre alt ist und Mildred sowie jedem anderen Besucher gerne erzählt, dass sie Ärztin werden möchte, wenn sie erwachsen ist.

Im Augenblick wirkt das wie ein Luftschloss.

7.

»Keine Pariser Modelle mehr!«, befiehlt Hitler der Moderedakteurin Hela Strehl. Von nun an müssten deutsche Zeitschriften deutsche Frauen abbilden, die nicht von Einflüssen aus Frankreich oder anderswo aus dem Ausland verdorben seien. Hitler möchte, dass die Modelle auf eindeutig deutsche Art und Weise gekleidet sind.

»Die deutschen Männer aber wollen, und das mit Recht, auch wieder *deutsche* Frauen haben«, heißt es 1933 in einem Handbuch der Nazis. Die Bauersfrau wird als Ideal der Weiblichkeit gefeiert: gesund und stark und nicht von Parfum oder Schminke besudelt. Sonnengebräunte Haut wird zum Fetisch, ebenso wie die alte traditionelle Volkstracht der Landbevölkerung in den Alpenregionen Bayerns und Österreichs.

Deutsche Frauen sollen ihren Lippenstift, ihre Haarfärbemittel und ihre Stöckelschuhe wegwerfen.

Hitler ruft das Deutsche Modeamt ins Leben und ernennt Goebbels' Frau Magda zur Ehrenvorsitzenden. Die blonde, blauäugige Magda Goebbels scheint wie für die Stellung gemacht zu sein, ein Vorbild arischer Schönheit und Fruchtbarkeit, das kürzlich eine Tochter namens Helga geboren hat. (Von 1934 bis 1940 bringt Magda fünf weitere Kinder zur Welt: Hildegard, Helmut, Holdine, Hedwig und Heidrun.)

Hitler mag von ihrer Treue gegenüber dem Buchstaben »H« geschmeichelt sein, aber von ihrer Leistung als Ehrenvorsitzende ist er enttäuscht. Magda ist in ihrer neuen Rolle besorgniserregend unkooperativ, stolziert in Haute Couture umher (sie trägt Pumps von Ferragamo) und gibt ihre eigenen Ansichten zum Besten, während sie, einen Zigarettenhalter mit goldener Spitze in der Hand, eine dünne Zigarette nach der anderen raucht. Nachdem sie einem Journalisten erklärt, »[d]ie deutsche Frau der Zukunft soll schick sein, schön und klug«, wird Magda Goebbels ihrer Stellung am Deutschen Modeamt enthoben.

Das Deutsche Modeamt erhält einen neuen Namen: Deutsches Mode-Institut. Reichspropagandaminister Goebbels wird dafür sorgen, dass Moderedakteurin Hela Strehl – wie es der Zufall will, eine seiner unzähligen Geliebten – zur Leiterin des Deutschen Mode-Instituts ernannt wird.

8.

Deutsche Frauen sollen so viele Kinder wie möglich gebären. Bringt eine Frau ihr viertes Kind zur Welt, verleiht man ihr eine Bronzemedaille mit dem Schriftzug »Ehrenzeichen der Deutschen Mutter«. Für das sechste Kind gibt es eine Silbermedaille, für das achte Kind Gold.

Frauen mit *Kindersegen* werden als Nationalheldinnen gefeiert. Man sieht sie überall, auf Plakaten, in Zeitschriften: Bilder von lächelnden jungen blonden Frauen, die engelhafte Säuglinge an sich drücken.

Es wird ein »Gesetz über die Förderung der Eheschließung« erlassen. Heiraten ein Mann und eine Frau, gewährt man ihnen ein staatliches Darlehen von 1.000 Reichsmark, was einem Fünftel des durchschnittlichen Jahreseinkommens eines Arbeiters entspricht, sofern die Frau »ihre Tätigkeit als Arbeitnehmerin spätestens im Zeitpunkt der Eheschließung aufgibt«. Gebärt sie ein Kind, erhält das Ehepaar einen Kredit von 250 Reichsmark; bringt sie ein zweites Kind zur Welt, sind es 500 Reichsmark; bei einem dritten steigt das Darlehen auf 750 Reichsmark. Mit der Geburt des vierten Kindes wird der gesamte Kredit erlassen.

Verheiratete Paare mit Kindern werden bei der Einkommenssteuer entlastet. Eltern von vier Kindern können 60 Prozent von ihrem steuerpflichtigen Bruttoverdienst abziehen. Eltern von sechs Kindern zahlen gar keine Einkommenssteuer mehr.

In den Zeitungen erscheinen Artikel über deutsche Gynäkologen, die strafrechtlich belangt werden. Wird ein Gynäkologe des Abbruchs einer ungewollten Schwangerschaft für schuldig befunden, kann er dafür zum Tode verurteilt werden, doch gilt das nur, wenn die Frau Arierin und damit *rasserein* ist.

Schwangerschaftsabbrüche bei einer *rassisch minderwertigen* Frau werden nicht geahndet.

9.

Mildred fährt für ein paar Tage heimlich nach London, wo sie einen Termin hat. Abtreibungen gelten als Sabotageakt gegen die Zukunft des *Dritten Reiches*. Sie kann jedoch kein Kind bekommen. Jetzt nicht. Sie erzählt keinem davon – keinem bis auf ihre Mutter. Georgina Fish schickt dem Londoner Arzt einen Scheck über 56 Dollar. Wie sie das Geld aufgetrieben hat, ist ein Rätsel.

Mildred tippt auf der Schreibmaschine einen Brief an ihre Mutter.

Ich bin Dir dankbar für das, was Du nach England geschickt hast. Alles ist gut.
Es ist nicht nötig, darüber Worte zu verlieren. Bitte schreibe nichts mehr dazu.

Mildreds Rekruten

1933–1934

… Pädagogik, Psy-
chologie und Geschichte in Berlin.
32. *Johanna Schulze*, Buchhalterin, studiert nicht.
33. *Käthe Stombierek*, Bücherrevisorin, studiert nicht.
34. *Richard Theus*, Fernmeldemonteur, jetzt ohne Beruf, studiert Elektrotechnik in Berlin.
35. *Paul Thomas*, Schmied, z. Zt. arbeitslos, studiert Mathematik in Berlin.
36. *Martluise Tollert*, Kontoristin, studiert Medizin in Berlin.

1.

1933 ist der Kreis nicht groß. Er hat etwa ein Dutzend Mitglieder. Bald wird die Zahl derer, die zu den Treffen erscheinen, wachsen.

2.

Mildred wirbt Wilhelm Utech für den Kreis an.

Er ist arbeitslos und besucht seit 1932 den Unterricht am BAG. Zunächst verbirgt er seine Beteiligung vor seiner Frau. Er macht sich Sorgen, dass sie wütend werden könnte – oder schlimmer noch: ihn an die Behörden verrät. Wenn er sich zu einem Treffen aufmacht, erzählt er ihr, er gehe zum »Englisch-Nachhilfeunterricht«.

Eines Tages wird Wilhelm Utech verhaftet und in ein Konzentrationslager geworfen. Sein Vergehen besteht darin, Flugblätter verteilt zu haben, die Hitlers Regime kritisieren. Er wird verhört und geschlagen. Ein Jahr lang schmachtet er dort. Als man ihn endlich entlässt, kehrt er nach Hause zurück und erzählt seiner Frau alles. Martha Utech verrät ihn nicht. Sie schließt sich dem Kreis an.

3.

Mildred wirbt Paul Thomas für den Kreis an.

Paul Thomas hat als Jugendlicher im Ersten Weltkrieg gekämpft und seinen rechten Arm verloren. Ein Teil seines Gesichts ist von hervortretenden Narben überzogen. Er ist mit einem ehemaligen

Studenten Mildreds von der Universität Berlin befreundet. Nach Mildreds letzter Vorlesung lädt sie ihn zu ihrem Unterricht am BAG ein.

Im Schülerverzeichnis taucht Paul Thomas unter der Nummer 35 auf. Er ist arbeitslos, wie so viele seiner Freunde in Berlin.

4.

Mildred wirbt Bodo Schlösinger für den Kreis an.

Bodo hat blondes Haar, ist von Beruf Schneider und besitzt ein Talent für Sprachen. Nach einem langen Tag, den er damit verbringt, mit zusammengekniffenen Augen auf Nähte zu starren, schleppt er sich in Mildreds Unterricht am BAG.

Bodo wird nicht für immer auf Nähte starren. Bald schon wird ihm sein Abschluss vom BAG zu einer sehr viel besseren Arbeitsstelle verhelfen. Bodo spricht fließend Russisch und Englisch, was sich als enormer Vorteil für den Kreis herausstellen wird. Noch weiß er das aber nicht. Seine zukünftige Ehefrau, eine Sekretärin namens Rose, die in einer Fabrik in Chemnitz arbeitet, wird ebenfalls dem Kreis beitreten.

5.

Der Kreis kann sich nicht mehr in der Wohnung von Mildred und Arvid treffen. Die Wände und Decken sind zu dünn, und die Möglichkeit, dass einer der Nachbarn sie belauscht, ist zu groß. Ein junger Mann mit einer runden Nickelbrille auf der Nase bietet sein Zuhause für zukünftige Zusammenkünfte an. Sein Name ist Karl Behrens. Er gehört zu den eifrigsten Mitgliedern des Kreises.

Karl hat eine aristokratische Haltung und das lange schmale Gesicht eines Windhundes, obwohl er nicht von edler Abstammung ist. Er ist nicht mit reichen Leuten zur Schule gegangen oder in ihrem Umfeld aufgewachsen. Er hat nicht einmal einen Volksschulabschluss.

Mit siebzehn Jahren trat er der Hitlerjugend bei. Der volle Name dieser Organisation – Hitlerjugend, Bund der deutschen Arbeiterjugend – betont die Ursprünge vieler ihrer Mitglieder im armen Arbeitermilieu. Karl marschierte auf Kundgebungen und trug dabei eine Uniform, die der von SA-Männern ähnelt: braunes Hemd, schwarze kurze Hosen, ein Hakenkreuz auf der Armbinde. Ein weißer Querstreifen unterscheidet die Binde der Hitlerjugend von der Armbinde der SA.

Mit achtzehn trat er in die SA ein.

Mit zweiundzwanzig unternahm er einen radikalen Schritt. Er verließ die SA und ging stattdessen wieder zur Schule. Nach einem anstrengenden Arbeitstag in einer Fabrik für die Herstellung von Gaslampen erschien er zum ersten Mal zum Unterricht am BAG. Mildred weckte den Revolutionär in ihm.

Nun schmuggelt er Hitler kritisierende Flugblätter in die Fabrik. Er legt sie in Stapeln in der Nähe der Maschinen ab, wirft sie in Briefkästen oder schiebt sie unter Türen hindurch.

6.

Mildred beginnt, auch außerhalb des BAG nach Rekruten zu suchen. Es ist ein heikles und gefährliches Unterfangen.

Oft beginnt es mit einem Buch. Mildred leiht dieses Buch jedem, auf den sie ein Auge geworfen hat. Auf diese Weise kann sie ein weiteres Treffen vorschlagen, bei dem sie dem angehenden neuen Mitglied ein oder zwei harmlose Fragen über das Werk stellt und so den Grundstein für ein Gespräch legt, das sich schon bald der Politik zuwendet.

Manchmal fängt es mit einer Plauderei über alles Mögliche an, eine Unterhaltung über dies und das, die in der Öffentlichkeit oder im Privaten, in einem vollen Restaurant oder in der Wohnung eines Nachbarn stattfinden kann. Mildred weiß genau, dass Spitzel der Gestapo sich überall verbergen: Sie sitzen neben ihr in der U-Bahn, stehen an Zeitungsständen herum, riechen im Blumenladen an den Rosen oder halten sich zum Teetrinken in der Küche eines Nachbarn auf. Gefahren gibt es viele. Enthüllt sie zu schnell, dass sie im Widerstand aktiv ist, könnte sie verhaftet werden. Verbirgt sie ihre politischen Ansichten zu lang, verliert sie möglicherweise einen wertvollen Rekruten.

Also entwickelt sie eine gewiefte Strategie. Andere im Kreis wenden diese Taktik ebenfalls an. Mildred gibt vor, ein Nazi zu sein. Sie redet nicht drumherum. Sie erzählt dem Ladenbesitzer oder dem Fabrikarbeiter oder dem Freund eines Freundes, dass sie eine Maßnahme Hitlers zutiefst bewundere oder dem Vorgehen der Nationalsozialisten auf andere Weise positiv gesinnt sei, und beobachtet dann die Reaktion des Gegenübers. »Damit sollte erreicht werden, dass der Diskussionsteilnehmer seine politische Einstellung für oder gegen den Faschismus offenbart«, erinnerte sich ihr Rekrut Wilhelm Utech. »Dieses ›Prüfen‹ sollte sehr sorgfältig geschehen, um uns nicht vorzeitig zu offenbaren und unsere Arbeit dadurch zu gefährden.«

Diese kluge Strategie konnte natürlich zu gewaltigen Missverständnissen führen. Auf einer Reise nach London versucht es Mildred mit der Anwerbung der Schriftstellerin Rebecca West, die ihr mit Verachtung begegnet, als Mildred ihr mit ernster Miene erzählt, Hitler sei ein großer Bewunderer ihrer Werke. »Ich habe sie zur Tür hinaus befördert«, erinnert sich West in einem Brief.

Sie fallen wie die Dominosteine

1933

1.

Am 1. April 1933 wird zum landesweiten Boykott aller jüdischen Geschäfte aufgerufen. SA- und SS-Männer beziehen vor den Läden Stellung und hindern jeden daran, einzutreten.

Das »Gesetz zur Wiederherstellung des Berufsbeamtentums« vom 7. April 1933 schließt Juden von öffentlichen Ämtern aus und sorgt dafür, dass »Beamte, die nach ihrer bisherigen politischen Betätigung nicht die Gewähr dafür bieten, daß sie jederzeit rückhaltlos für den nationalen Staat eintreten«, nicht mehr an Universitäten oder Schulen lehren oder als Richter tätig sein dürfen.

Das »Gesetz gegen die Überfüllung deutscher Schulen und Hochschulen« vom 25. April 1933 schränkt die Zahl jüdischer Schüler und Studenten im öffentlichen Schulwesen ein. Nicht mehr als fünf Prozent aller Schüler oder Studenten an einer Schule oder Hochschule dürfen Juden sein.

2.

Das »Gesetz zur Verhütung erbkranken Nachwuchses« vom 14. Juli 1933 macht Zwangssterilisationen von Menschen legal, die man für geisteskrank oder körperlich behindert hält. Schätzungsweise 400.000 Deutsche werden sterilisiert, die meisten davon zwischen zwanzig und vierzig Jahre alt. Ebenso viele Männer wie Frauen werden zwangsoperiert. Männer unterzieht man einer Vasektomie, Frauen einer Tubenligatur – ihre Eierstöcke werden operativ entfernt, abgebunden oder zertrümmert.

3.

Inzwischen gilt jede Kritik am nationalsozialistischen Staat als Verbrechen. Die »Verordnung des Reichspräsidenten zur Abwehr heimtückischer Angriffe gegen die Regierung der nationalen Erhebung« verbietet es den Deutschen, Ablehnung gegenüber Hitlers Worten oder Taten zu zeigen. Selbst ein Scherz kann dafür sorgen, dass die Gestapo vor der Tür steht.

Zeitungen und Zeitschriften, die einst die NSDAP verhöhnten, verstummen. Die Herausgeber des *Simplicissimus* entgehen der Verhaftung, indem sie in einer Beilage zur Ausgabe vom 1. April 1933 eine »loyale Haltung« zu Hitler versprechen. In der Ausgabe vom 16. April schreiben die Herausgeber in einer »Erklärung«, die Zeitschrift habe bewiesen, dass sie »nicht bloß kritisch und negativ, sondern sehr nachdrücklich positiv sein kann«.

Die *Münchener Post* veröffentlicht Artikel mit dringlichen Schlagzeilen wie DEUTSCHLAND UNTER DER HITLER-REGIERUNG. POLITISCHER MORD UND TERROR SIND TRUMPF, bis die SA die Verlagsräume stürmt und alle ins Gefängnis wirft. Einer der Journalisten, Fritz Gerlich, wird in ein Konzentrationslager gebracht und dort von der SS ermordet.

4.

Für die festgenommenen und eingesperrten Regimegegner dürfen die üblichen polizeirechtlichen Begriffe nicht mehr verwendet werden. Stattdessen spricht man im Jargon des nationalsozialistischen Staates von »Schutzhaft«.

Deutschen in *Schutzhaft* stehen keine Rechtsmittel zur Verfügung. Kein Anwalt darf eingeschaltet werden, weil man sich strenggenommen gar nicht in Arrest befindet. Wird man aus dem Bett gezerrt und niedergeknüppelt, ohne Rechtsbeistand in eine Zelle geworfen und schmachtet dort blutend auf unbestimmte Zeit vor sich hin, geschieht dies zum eigenen Schutze und zum Schutze von Ruhe und Frieden in Deutschland.

5.

Es wird immer schwerer, die Deutschen davon zu überzeugen, sich zu wehren. Das systematische Verbot jedweder Opposition – ob auf Flugblättern und Plakaten, bei Kundgebungen, Demonstrationen oder Treffen – ist überaus effektiv. Viele werfen die Flinte ins Korn und erklären, es sei *nichts dagegen zu machen*.

6.

»Aber die meisten fielen wirklich um wie die Dominosteine«, erklärt Emmi Bonhoeffer viele Jahre später in einem Interview. Mildred besucht Emmi und die anderen Bonhoeffers sehr gern. Emmi ist mit Dietrich Bonhoeffers Bruder Klaus verheiratet. Ihr Haus in der Bendlerstraße liegt in einer wohlhabendenden Berliner Gegend, nur ein paar Schritte vom Tiergarten entfernt. Beim Abendessen werden lautstark und fröhlich Meinungen über Politik und Philosophie, Musik und Kunst ausgetauscht. Die Bonhoeffers halten mit ihrer Verachtung für Hitler nicht hinterm Berg.

Im April hat Dietrich Bonhoeffer einen Essay geschrieben, in dem er die Kirchenführer kritisierte, die sich weigerten, die Juden zu schützen. Ein paar Wochen später beging er Hochverrat, als er den Rabbi Stephen Wise in New York kontaktierte und den jüdischen Religionsführer dringend darum bat, US-Präsident Roosevelt über Hitlers Umgang mit den Juden zu informieren. Dietrich lässt sich nicht zum Schweigen bringen.

Gleiches gilt für Dietrichs Großmutter, die den Boykott am 1. April brach, um ein Viertel Pfund Butter zu besorgen. Als ein SA-Mann, der vor dem Eingang des Ladens stand, sie davor warnte, bei Juden zu kaufen, stieß sie mit ihrem Stock gegen seine Schaftstiefel und rief: »Ich kauf mei Butter, wo ich mei Butter immer kauf.«

Mildred fühlt sich in ihren eigenen vier Wänden immer unwohler. Bis zu Emmis Haus ist es nicht weit, keine fünf Kilometer trennen die beiden, doch könnten sie genauso gut in verschiedenen Welten leben. Laute, fröhliche Abendessen sind in der Hasenheide 61 unmöglich. Die Wände, Decken und Böden sind zu dünn, um zu verhindern, dass jemand mithört. Im vierten Stock lebt noch ein weiteres Paar, dessen Wohnung nur durch eine einzige Flügeltür von Mildreds und Arvids Zuhause getrennt ist. Ist ihnen zu trauen?

Mildreds Ängste sind nicht unbegründet. Geschichten über Nachbarn, die Nachbarn denunzieren, sind bereits im Umlauf.

7.

Im Frühjahr 1933 kommt eine Gruppe Insassen in einer Gefängniseinrichtung etwa 15 Kilometer nördlich von München an. Die Einrichtung war früher einmal eine Pulverfabrik. Auf dem Gelände stehen 20 Gebäude, von denen viele bis zu 200 Personen aufnehmen können. Manche sind größer und bieten Platz für 250 Insassen. Die Gebäude sind aus Backstein und baufällig, die Steine zerfallen, der Putz bröckelt. Schon bald werden sie auf Vordermann gebracht. Die Insassen werden die gesamte Arbeit erledigen. Einhundert Beamte der Landespolizei bewachen die Einrichtung. Ein Stacheldrahtzaun aus drei im gleichen Abstand angebrachten Drahtreihen spannt sich um das Areal, um eine Flucht zu verhindern.

Diese Informationen erhalten die Reporter, die zu einer Pressekonferenz eingeladen wurden. Es ist Montag und damit der Anfang einer geschäftigen Arbeitswoche für die Journalisten und vielleicht noch mehr für den sanftmütigen Mann, der vor ihnen steht. Er wirkt wie ein Gelehrter und trägt eine Brille mit schwarzem Gestell. Er ist Leiter der Einrichtung, die er »Lager« nennt.

Das Lager befindet sich in der Nähe einer malerischen Stadt namens Dachau. Es sei das erste Lager seiner Art unter Hitlers Regierung, erklärt er den Reportern. Es werde als Vorbild für andere Lager dienen.

Die Journalisten stellen Fragen und notieren die Antworten in ihren Notizbüchern, während sie diesem vernünftigen Mann zuhören, der sich als Heinrich Himmler vorstellt, Chef der SS.

Himmler ist zweiunddreißig Jahre alt. Er hat an der Hochschule Landwirtschaft studiert und kurze Zeit auf einem Hühnerhof gearbeitet. Inzwischen setzt er sein Gespür für die Einordnung von Flora und Fauna bei den SS-Offizieren ein, die sich um eine Stelle in seinem Konzentrationslager bewerben. Die Anforderungen sind streng. Reines deutsches Blut ist unbedingte Voraussetzung.

Im Augenblick sitzen in Dachau etwa 120 Kommunisten, Sozialdemokraten und andere linke politische Gegner der NSDAP ein, die nach dem Reichstagsbrand verhaftet worden waren. Zunächst hatte man sie in Gerichtsgefängnisse gesperrt. Ihr dortiger Aufenthalt sei jedoch für das Strafjustizsystem eine zu große finanzielle Belastung gewesen, erklärt Himmler, und es sei nicht angemessen, sie einfach freizulassen.

Deshalb sei also das Konzentrationslager in Dachau gegründet worden. Die Einrichtung werde »Konzentrationslager« genannt, weil alle, die die Sicherheit Deutschlands gefährdeten, hier konzentriert werden könnten.

Ein bei der Pressekonferenz anwesender Reporter reicht bei seiner Zeitung, dem *Dachauer Volksblatt*, einen Bericht über die Anlage ein. Am 6. April erscheint der Artikel unter der Überschrift DIE EHEMALIGE PULVERFABRIK EIN KONZENTRATIONSLAGER FÜR POLITISCHE GEFANGENE: Der Journalist beschreibt Dachau als Arbeitslager und versichert, dass »die Schutzhaft in den einzelnen Fällen nicht länger aufrechterhalten werde, als notwendig«. Nachdem die Gefangenen die heruntergekommenen Steinbauten wiederhergerichtet haben, so schreibt er,

> wird man sie in kleineren Trupps von vielleicht 50 Mann ins Moos hinausführen, wo umfangreiche Kultivierungsarbeiten der Durchführung harren. Hier wird sich später vielleicht einem Teil der Lagerinsassen auch die Möglichkeit eigenen Siedelns bieten.

Natürlich wird niemand, der nach Dachau kommt, je dort siedeln wollen. Im Laufe der nächsten zwölf Jahre werden mehr als 200.000 Gefangene in Dachau inhaftiert werden. Schätzungsweise 40.000 Insassen werden dort ums Leben kommen.

8.

Dachau ist das erste Konzentrationslager in Nazi-Deutschland und dient als Vorbild für andere große Lager, die schon bald errichtet werden. Im Frühjahr und Sommer 1933 entstehen Hunderte kleinerer improvisierter Lager in den Städten und Dörfern des Deutschen Reichs. Diese frühen Lager dienen als Gefängnisse für Menschen in *Schutzhaft* außerhalb der Jurisdiktion der ordentlichen Gerichtsbarkeit und gleichen sich keineswegs. Hotels, Restaurants und Pensionen werden in Lager umfunktioniert. Selbst in Kneipen oder alten Schlössern bringt man Insassen unter. Die Gefängnisse werden von SA- und SS-Offizieren betreut und fungieren als »Nazifolterhöhlen«, wie es ein Kommunist nennt. Allein in Berlin existieren im Jahr 1933 170 provisorische Lager, vor allem in Arbeiterbezirken wie Kreuzberg und Wedding.

1936 wird ein weiteres großes Konzentrationslager gebaut: Sachsenhausen. 1937 folgt noch eines: Buchenwald. Zwei weitere, Mauthausen and Flossenbürg, werden 1938 in Betrieb genommen, 1939 gefolgt von Ravensbrück, einem Konzentrationslager für Frauen.

Im Zweiten Weltkrieg schießt die Zahl der Lager auf 27 Hauptlager und mehr als 1.100 Außenlager in ganz Deutschland und den von den Nazis besetzten Gebieten hoch, darunter Österreich, Polen, die Tschechoslowakei, Frankreich, Belgien, die Niederlande, Litauen, Lettland und Estland. 1940 wird Ausschwitz eröffnet. 1942 beginnt die massenhafte Deportation der Juden. Ein tödliches Gas, Zyklon B, wird zu ihrer Ermordung eingesetzt. Auschwitz und andere Lager, die auf den Massenmord ausgelegt sind, spielen bei der von den Nazis so genannten »Endlösung«, der als *Holocaust* bekannten Auslöschung aller europäischen Juden, eine zentrale Rolle.

9.

Am 22. März 1933, dem Tag, an dem Dachau seine Tore öffnet, grassiert der Antisemitismus. Die Juden unter den in Dachau inhaftierten Kommunisten und Sozialdemokraten werden von den Nazi-Wachleuten herausgegriffen und niedergeknüppelt. In sechs Wochen von April bis Mai des Jahres machen Juden acht von zwölf ermordeten Insassen aus.

Als ein Münchner Staatsanwalt in Dachau erscheint, um die Morde zu untersuchen, hält Himmler eine Pressekonferenz ab. Er trägt seine schwarze SS-Uniform. Er gibt weniger das Bild des militaristischen Führers eines sadistischen Offizierskorps als das eines sanftmütigen Intellektuellen ab. Hinter seinen runden, schwarz gerahmten Brillengläsern blinzelt er nachdenklich und erzeugt den Eindruck des abstrakt denkenden Agrarwissenschaftlers, der er einmal werden wollte.

Es seien keine vorsätzlich geplanten Morde gewesen, erklärt er den Reportern. Die Gefangenen seien »auf der Flucht erschossen«

worden, eine Phrase, die bald schon zu einem abgegriffenen Euphemismus der Nazis für Mord werden wird.

10.

1933 treibt man Juden nicht in großer Zahl zusammen und sperrt sie weg – noch nicht. Zu Beginn des Naziregimes hat es Hitler zunächst auf seine politischen Gegner abgesehen.

Im März 1933 sitzen 200.000 politische Gefangene ein. Bis zum Ende des Jahres werden mehr als 200.000 Kommunisten, Sozialdemokraten und Gewerkschaftler in Konzentrationslagern unter *Schutzhaft* stehen. Der Kreis diskutiert und debattiert – oft leidenschaftlich – die zentrale Frage: gehen oder bleiben? Bleiben und Verhaftung, Gefängnis, Tod riskieren? Gehen und Deutschland den Nazis überlassen, die auf Teufel komm raus darauf bedacht sind, das Land zu zerstören?

Mildred sieht Hakenkreuze auf Zigarettenpackungen, Kaffeedosen, Kuchenformen. Tag für Tag spuckt die Propagandamaschinerie der Nationalsozialisten falsche Informationen und Versprechungen aus. Tag für Tag gewinnt Hitler mehr deutsche Herzen und Gemüter.

Und alles geht so schnell.

Abgefackelt

1933

1.

Es ist der 10. Mai 1933 – dreieinhalb Monate nach Hitlers Ernennung zum Reichskanzler.

Zuerst schütten sie ein Bett aus Sand auf. Darauf stapeln sie sorgfältig Holzscheite, in Lagen um 180 Grad gegeneinander versetzt. Ein bloßer Holzhaufen wäre hier nicht genug. Die Zwischenräume zwischen den Scheiten sorgen für eine ordentliche Luftzirkulation. So entsteht ein Stapel von gut vier mal vier Metern Grundfläche und eineinhalb Metern Höhe.

Um 23 Uhr abends entzünden sie Fackeln. Ihre Reihen schwellen an, als sie durch die Berliner Straßen marschieren, bis sie einen Platz gegenüber der Universität erreichen. Ihre Fackeln tauchen ihre Gesichter in helles Licht. Ihre Wangen sind glatt oder von Pickeln übersät. Ihre Stirn faltenfrei. Es sind junge Leute. Sie werfen ein Buch nach dem anderen auf das Holz und halten ihre Fackeln daran. Die Seiten fangen Feuer.

Goebbels tritt vergnügt auf ein mit Hakenkreuzen geschmücktes Podium. Er wendet sich an die Studenten und bellt ins Mikrofon:

> Das Zeitalter eines überspitzten jüdischen Intellektualismus ist nun zu Ende [...]; so ersuche ich Euch, in diesen Flammen nicht nur das Symbol des *Niedergangs* der *alten* Epoche, sondern auch des *Aufstiegs* der *neuen* Epoche zu erkennen.

Einen solchen Anblick hat »die westliche Welt [...] seit Ausgang des Mittelalters nicht mehr erlebt«, schreibt der amerikanische Journalist William Shirer. Er beobachtet, wie das Feuer grauenhaft prasselt und 25.000 Bücher zu Asche zerfallen.

Bücher von amerikanischen Autorinnen und Autoren wie Ernest Hemingway, Upton Sinclair, Sinclair Lewis, Theodore Dreiser, Jack London, John Dos Passos und Helen Keller.

Bücher von britischen Schriftstellern wie Joseph Conrad, Aldous Huxley, D. H. Lawrence und H. G. Wells.
Von französischen Autoren wie André Gide und Victor Hugo.
Von irischen Schriftstellern wie James Joyce.
Von russischen Autoren wie Isaac Babel, Fjodor Dostojewski, Maxim Gorki, Vladimir Nabokov und Leo Tolstoi.

Und von einer ganzen Reihe deutschsprachiger Schriftstellerinnen und Schriftsteller: Vicki Baum, Walter Benjamin, Ernst Bloch, Bertolt Brecht, Max Brod, Otto Dix, Alfred Döblin, Albert Einstein, Friedrich Engels, Lion Feuchtwanger, Marieluise Fleißer, Leonhard Frank, Sigmund Freud, Iwan Goll, George Grosz, Jaroslav Hašek, Werner Hegemann, Heinrich Heine, Magnus Hirschfeld, Ödon von Horváth, Heinrich Eduard Jacob, Franz Kafka, Georg Kaiser, Erich Kästner, Alfred Kerr, Egon Erwin Kisch, Siegfried Kracauer, Karl Kraus, Theodor Lessing, Alexander Lernet-Holenia, Karl Liebknecht, Georg Lukács, Rosa Luxemburg, Heinrich Mann, Klaus Mann, Thomas Mann, Ludwig Marcuse, Karl Marx, Robert Musil, Carl von Ossietzky, Erwin Piscator, Alfred Polgar, Gertrud von Puttkamer, Erich Maria Remarque, Ludwig Renn, Joachim Ringelnatz, Joseph Roth, Nelly Sachs, Felix Salten, Anna Seghers, Arthur Schnitzler, Carl Sternheim, Bertha von Suttner, Ernst Toller, Kurt Tucholsky, Jakob Wassermann, Frank Wedekind, Grete Weiskopf, Franz Werfel, Arnold Zweig, Stefan Zweig.

2.

Der NS-Studentenbund, der all diese Bücher den Flammen übergibt, mobilisiert Mitglieder an vierunddreißig Hochschulen, die am selben Abend die gleichen Bücherverbrennungen abhalten. Pressemitteilungen verkünden, es handele sich um eine Säuberung, die zum Wohle des deutschen Volkes die deutsche Sprache und Literatur symbolisch von »undeutschen« Elementen bereinige. Die Nazi-

Burschenschaft verwendet den Begriff »Volk« so, wie Hitler ihn benutzt: zum Ausschluss aller, die nicht zur arischen Rasse und damit zu ihrem Verständnis des »Volkes« gehören.

Junge Leute laufen mit Eimern voll Kleister durch die Straßen der Stadt und hängen Plakate auf, die eine Botschaft verbreiten. Jedes Plakat umfasst zwölf Thesen, darunter:

REINHEIT VON SPRACHE UND SCHRIFTTUM LIEGT AN *DIR*! DEIN VOLK HAT *DIR* DIE SPRACHE ZUR TREUEN BEWAHRUNG ÜBERGEBEN.

Und:

UNSER GEFÄHRLICHSTER WIDERSACHER IST DER JUDE, UND DER, DER IHM HÖRIG IST.

Und:

DER JUDE KANN NUR JÜDISCH DENKEN. SCHREIBT ER DEUTSCH, DANN LÜGT ER. DER DEUTSCHE, DER DEUTSCH SCHREIBT, ABER UNDEUTSCH DENKT, IST EIN *VERRÄTER*!

3.

Junge Leute im geheimen Widerstand laufen durch die Straßen und über die Hochschulgelände und hängen eigene Plakate auf, die ebenfalls zwölf Thesen umfassen, darunter:

ALLE ANTISEMITISCHEN STUDENTEN SIND ARSCHLÖCHER!

Und:

ARSCHLÖCHER GEHÖREN NICHT IN DIE UNIVERSITÄT, SONDERN INS SCHEISSHAUS!

Und:

JEDER ANSTÄNDIGE MENSCH SCHÄMT SICH, DASS DIESE ART DEUTSCH SEIN SOLL.

Dietrich im Kampf gegen den »Arierparagraphen«

1933–1934

1.

Bei einer internationalen ökumenischen Tagung im bulgarischen Sofia drängt Dietrich Bonhoeffer auf die Verabschiedung einer Resolution zur Verurteilung des »Arierparagraphen«, der in der nationalsozialistischen Gesetzgebung im April aufgetaucht ist und von der Deutschen Evangelischen Kirche unterstützt wird. Mithilfe dieses Paragrafen werden die Juden rasch aus allen Berufen, Gewerkschaften, Unternehmen, Vereinigungen und Organisationen in Deutschland verdrängt. Die von Dietrich vorgeschlagene Resolution beginnt wie folgt:

> Ganz besonders beklagen wir die Tatsache, dass die Maßnahmen des Reichs gegen die Juden in Deutschland sich in der öffentlichen Meinung in der Weise auswirken, dass manche Kreise die jüdische Rasse für minderwertig halten.

Geistliche aus den USA, Frankreich, Großbritannien und anderen Ländern diskutieren Dietrichs Resolution.

Sie wird verabschiedet. Als Dietrich jedoch nach Deutschland zurückkehrt, stößt er dort auf einflussreichen Widerstand.

2.

Dietrich schreibt ein Manifest, das die Deutsche Evangelische Kirche dazu aufruft, den »Arierparagraphen« zu verwerfen. Er findet einen Drucker, der das Manifest auf Flugblättern vervielfältigt. Dietrich verteilt sie gemeinsam mit einigen gleichgesinnten Pastoren an Geistliche und heftet sie mit Reißzwecken an Bäume.

Die Flugblätter bewirken rein gar nichts.

Die Deutsche Evangelische Kirche beharrt auf ihrer Unterstützung des »Arierparagraphen«. Achtzehn Pastoren jüdischer Abstammung werden ihrer Posten enthoben.

3.

Der Vatikan unterzeichnet einen Staatskirchenvertrag mit dem Deutschen Reich. Er beginnt wie folgt:

> Seine Heiligkeit Papst Pius XI. und der Deutsche Reichspräsident, von dem gemeinsamen Wunsche geleitet, die zwischen dem Heiligen Stuhl und dem Deutschen Reich bestehenden freundschaftlichen Beziehungen zu festigen und zu fördern, gewillt, das Verhältnis zwischen der katholischen Kirche und dem Staat für den Gesamtbereich des Deutschen Reiches in einer beide Teile befriedigenden Weise dauernd zu regeln, haben beschlossen, eine feierliche Übereinkunft zu treffen.

Er endet mit einem geheimen Anhang, der die Rolle der Priester und anderer Geistlicher darlegt, sollte der nationalsozialistische Staat eine allgemeine Wehrpflicht einführen.

Der Vertrag, offiziell »Reichskonkordat« genannt, räumt Katholiken verschiedene Rechte im nationalsozialistischen Deutschland ein und garantiert ihnen unter anderem die Freiheit des religiösen Bekenntnisses. Im Gegenzug müssen die katholischen Bischöfe folgenden Treueschwur ablegen:

> Vor Gott und auf die heiligen Evangelien schwöre und verspreche ich, so wie es einem Bischof geziemt, dem Deutschen Reich und dem Lande [...] Treue.

Bei der Zeremonie zur Unterzeichnung des Konkordats am 20. Juli 1933 vertritt Vizekanzler von Papen das Deutsche Reich. Kardinal Eugenio Pacelli – der 1939 als Papst Pius XII. den Heiligen Stuhl besteigen wird – ist als Gesandter von Papst Pius XI. anwesend.

Mit einem Federstrich verleiht der Vatikan Hitler moralische Legimitation.

4.

Nun, da Hitler die Katholiken kontrolliert, wendet er sich den Protestanten zu.

Er führt die unterschiedlichen Gruppierungen in einer einzigen Reichskirche zusammen und empfiehlt die Ernennung eines relativ unbekannten, streng antisemitischen Pastors zum Reichsbischof. Am 27. September 1933 wird Ludwig Müller, ein Mann mit dem Kreuz auf der Brust und dem Hakenkreuz im Herzen, von der Kirchenführung auf der Nationalsynode einstimmig zum Reichsbischof gewählt.

5.

Dietrich Bonhoeffer ist in der Schlosskirche Wittenberg zugegen und hört Reichsbischof Müller dabei zu, wie der von der Herrlichkeit Hitlers palavert. Im Jahr 1517 nagelte ein dreiunddreißigjähriger deutscher Mönch namens Martin Luther seine 95 Thesen an die Tür dieser Kirche und setzte damit die Reformation in Gang. Luther liegt unter der Kanzel begraben, wo Reichsbischof Müller nun steht, die Arme zum Himmel hebt und mit feierlicher Stimme seine Worte in der Kirche widerhallen lässt:

> Der Herr hat uns als seine Soldaten in die Bresche gerufen. Wir betrachten die deutsche Freiheitsbewegung und seinen Führer, unseren Reichskanzler, als Geschenk Gottes.

Dietrich sitzt stumm da und ist entsetzt.

6.

Einen Monat später lehnt Dietrich eine ihm angebotene Gemeindepfarrstelle in Berlin ab.

Er setzt sich an seinen Tisch und verfasst einen Brief an seinen Mentor, den Schweizer evangelischen Theologen Karl Barth.

Ich fühlte, daß ich mich unbegreiflicherweise gegen alle meine Freunde in einer radikalen Opposition befände, ich geriet mit meinen Ansichten über die Sache immer mehr in die Isolierung […], und das alles machte mir Angst, machte mich unsicher.

Im Oktober 1933 beschließt Dietrich, Deutschland zu verlassen. Er nimmt eine Stelle als Pfarrer in London an.

Arvid verbrennt seine eigenen Bücher

1933–1934

1.

Hier sehen wir Mildred, wie sie nach dem Unterricht nach Hause geht, den Kopf voller Fragen. Es ist spät. Sie ist müde. Vorauszusehen, was als Nächstes geschieht, ist ebenso erschreckend wie unvorstellbar. Eine Reihe ihrer Schüler am BAG sind Juden. Wenn sie aus Deutschland zu fliehen versuchen, werden sie die korrekten Dokumente mit allen richtigen Stempeln benötigen. Mildred wird ihr Bestes geben, um ihnen zu helfen. Sie hat Kontakte zur US-Botschaft.

Sie steigt die vier Treppen bis zu ihrer Wohnung hinauf und schließt die Tür auf. Vielleicht ist Arvid zu Hause, vielleicht auch nicht.

2.

Die ARPLAN gibt es nicht mehr. Mehrere Jahre lang war Arvid Erster Sekretär der Studiengesellschaft gewesen. Ihre Mitglieder, darunter deutsche Wissenschaftler, Schriftsteller, Politiker und Bühnenautoren, waren in Berlin und Moskau zusammengekommen und hatten leidenschaftlich darüber diskutiert, warum der Kapitalismus für so viele in der Weimarer Republik zu Hunger und Obdachlosigkeit geführt hatte. Der amerikanische Kapitalismus schien ebenso mangelhaft zu sein, da die Vereinigten Staaten im Augenblick tief in einer Großen Depression steckten. Daraus schlossen viele Mitglieder der ARPLAN, dass Deutschland und andere Demokratien für die Lösung ihrer Probleme auf die Sowjetunion schauen sollten. Friedrich Lenz, Vorsitzender der ARPLAN, warb für den Gedanken, Deutschlands Wirtschaft nach dem Vorbild sowjetischer Planwirtschaft umzugestalten. Lenz war Arvids Doktorvater. Letzte Woche stürmte die Gestapo seine Wohnung, und die Justus-Liebig-Universität setzte ihn vor die Tür.

Arvid kann sich für keine Stelle an der Justus-Liebig-Universität oder der Universität Berlin oder irgendeiner anderen Hochschule in Deutschland bewerben. Seine Fachgebiete, die Arbeiterbewegung in den USA und die politische Theorie der Sowjetunion, sind zu kontrovers. Wie Lenz könnte er als einer der Beamten gebrandmarkt werden, »die nach ihrer bisherigen politischen Betätigung nicht die Gewähr dafür bieten, daß sie jederzeit rückhaltlos für den nationalen Staat eintreten«.

3.

Arvid verbrennt seine eigenen Bücher. Hastig stopft er Manuskriptseite um Manuskriptseite in den Kohleofen. In gerade einmal ein paar Tagen hätte sein dicker Wälzer über die sowjetische Wirtschaft beim Rowohlt Verlag erscheinen sollen. Nun würde ihn das Werk als Kommunisten brandmarken. Er schiebt die Asche in einen Kübel und stürzt aus der Tür.

Der Landwehrkanal glitzert in der Sonne. Arvid wirft die Asche ins Wasser und macht sich sofort auf den Weg zu seinem Verlag, dort angekommen, schlägt er die Druckplatten in Stücke. Er will kein Risiko eingehen. Eine einzige Seite in den Händen der Gestapo könnte ihn nach Dachau befördern.

All die Arbeit. All die Zeit.

4.

Bevor er sich mit seinem Kübel Asche zum Rowohlt Verlag aufgemacht hat, wollte er eigentlich noch ein anderes Buch verbrennen. Doch die Seiten fingen einfach nicht Feuer. Vielleicht war die Kohle nicht heiß genug. Er musste beim Verlag sein, bevor die Büros schlossen. Mildred versprach, das Buch einzuäschern, und so stürmte Arvid aus der Tür.

Das Buch ist Arvids Doktorarbeit: *Die vormarxistische Arbeiterbewegung in den Vereinigten Staaten*. Allein schon der Titel könnte die Gestapo ins Haus bringen. Das Manuskript wurde noch nicht gesetzt – es gibt also noch keine Druckplatten zum Zerschlagen. Es gibt nur einen Stapel Blätter im Regal neben seinem Schreibtisch.

Mildred stopft Arvids Dissertation in eine Tasche und eilt damit zur Amerikanischen Kirche in Berlin. Die Pfarrersfrau nimmt die Tasche entgegen und verspricht, Arvids Doktorarbeit sicher aufzubewahren.

Wo wird sie die Arbeit verstecken? Im Keller der Kirche? Hoch oben im Gebälk? Sie verrät es nicht. Sie ist eine gläubige junge Frau, deren Lippen sich eisern verschließen. Kein Geheimnis dringt durch – so ist es besser für alle.

Sie heißt Martha Turner. Ihr Ehemann Ewart und sie sind 1930 nach Berlin gezogen. Nächstes Jahr werden sie aus Deutschland fliehen und sich in Dracut, einem kleinen Ort im Norden von Boston, Massachusetts, niederlassen. Sie wird Arvids Manuskript mitnehmen und auf dem Dachboden ihres Holzhauses verstecken. Jahre später wird sich Martha im Zuge eines Interviews daran erinnern, dass Mildred und Arvid »große Angst« gehabt hätten und »vorsichtig« gewesen seien.

5.

Jeden Sonntag marschieren zwei uniformierte Nazis durch die Tür der Kirche und setzen sich auf eine der Bänke. Man kann sie unmöglich übersehen. Was tun sie hier? Deutschland ist so schnell zu einem Polizeistaat geworden, dass es scheint, als könnte sich alles am nächsten Tag bereits wieder ändern und so werden wie zuvor. Auf den Bänken nehmen Menschen im besten Sonntagsstaat mit gebügelten Gehfalten und glänzend polierten Schuhen Platz. Vielleicht fallen ihnen Freunde oder Bekannte ins Auge, vielleicht nicken oder lächeln sie sich zu so wie immer, aber nun ist der wortlose Gruß vom Wissen erfüllt, dass sie beobachtet werden.

DER JUNGE
III

Amerikaner in Berlin

1938–1939

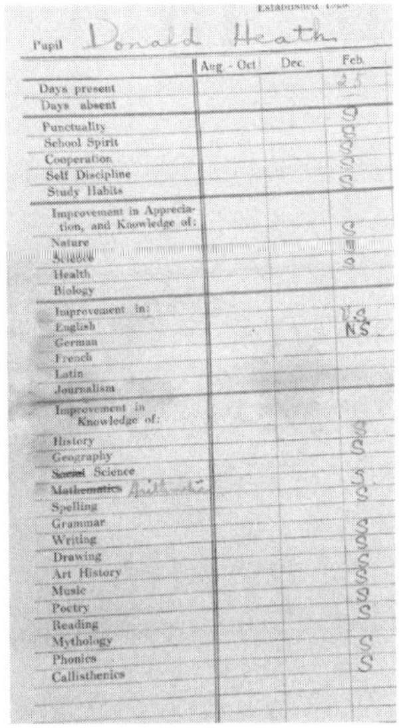

Pupil Donald Heath

	Aug - Oct	Dec.	Feb.
Days present			25
Days absent			
Punctuality			S
School Spirit			S
Cooperation			S
Self Discipline			S
Study Habits			S
Improvement in Appreciation, and Knowledge of:			
Nature			S
Science			S
Health			S
Biology			
Improvement in:			S
English			NS
German			
French			
Latin			
Journalism			
Improvement in Knowledge of:			
History			S
Geography			S
~~Social~~ Science			S
~~Mathematics~~ Arithmetic			S
Spelling			
Grammar			S
Writing			S
Drawing			S
Art History			S
Music			S
Poetry			S
Reading			
Mythology			S
Phonics			S
Callisthenics			

1.

Der Junge heißt Don, kurz für Donald. Sein voller Name ist Donald Read Heath jr. Sein Vater heißt Donald Read Heath sen.

In seinen Briefen nennt Donald Heath sen. den Knaben »junger Don«.

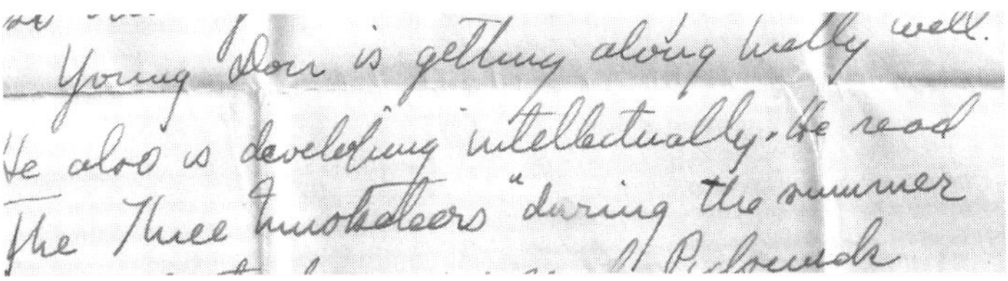

Young Don is getting along really well.
He also is developing intellectually. He read
"The Three Musketeers" during the summer

So macht das auch seine Mutter, Louise.

Young Don has begun music lessons – twice a

Als Kind fühlt Don sich immer zu klein, weil er stets die Arme strecken oder den Hals recken muss, um etwas zu sehen oder zu erreichen, das viel zu weit weg oder viel zu weit oben ist. Seine sieben Jahre ältere Schwester Sue nennt ihn ihren »Babybruder« und lässt ihn dastehen, als würde er noch in die Hosen machen, obwohl er ein Kind in kurzen Hosen ist. Die Sommersprossen auf seiner Nase machen es noch schlimmer. Sein Held ist John Wayne, der tapfere und schroffe Cowboy, hünenhaft in Ansehen und Statur. Dons Sommersprossen kennzeichnen ihn allerdings nicht als tapfer oder schroff oder hünenhaft. Für die meisten, denen er begegnet, machen sie ihn bezaubernd.

Das bringt ihm einen deutlichen Vorteil ein, das wird er eines Tages erkennen. Er kann einen blauen Ranzen durch Berlin tragen, ohne Verdacht zu erregen. Er ist bloß ein bezaubernder Junge auf dem Weg zur Schule, mag man bei seinem Anblick denken.

Stellen wir ihn uns vor: Sommersprossig und schlitzohrig verlässt er Mildreds Wohnung mit seiner Schulmappe. Er geht denselben Weg zum U-Bahnhof Nollendorfplatz zurück, den er gekommen ist. Dort sieht er zwei SS-Offiziere, ihre Totenkopfabzeichen am Revers grinsen ihn an. Er weiß, dass die Deutschen die SS »Schutzstaffel« nennen. Hinter verschlossenen Türen hat sein Vater ganz andere Namen für sie.

Don zieht den Kopf ein und huscht flink an den Männern vorbei. Er rennt die Treppen hinab. Läuft schnell ans andere Bahnsteigende. Und wartet. Jeden Augenblick wird die U-Bahn einfahren. Nollendorfplatz, denkt er. Der nächste Halt ist Viktoria-Luise-Platz, dann kommt Bayerischer Platz, dann Stadtpark. Sein Vater hat dafür gesorgt, dass er sich die Strecke ganz genau einprägt. Sein Vater ist gerade an der US-Botschaft und steckt bis zum Hals in den Vorbereitungen für eine geheime Reise nach Washington, die er in ein paar Wochen antreten wird. Die Botschaft residiert im riesigen und imposanten Palais Blücher, das vor ein paar Jahren bei einem Feuer ausgebrannt und erst vor Kurzem aufwendig restauriert worden ist. Seine Kalksteinfassade ist honiggelb und grenzt an einer Seite ans Brandenburger Tor, zwischen dessen geriffelten Säulen Automobile und Fahrräder hindurchströmen. Hinter dem Palais Blücher liegen eine Eisbahn, die im Frühjahr nach der Schneeschmelze zu einem matschigen Tennisplatz wird, und eine von einer Mauer umgebene Villa, in der Reichsminister für Volksaufklärung und Propaganda Joseph Goebbels wohnt. Einmal begleitete Don seinen Vater zu einer Teegesellschaft in der Botschaft, die von hohen Nazifunktionären besucht wurde, darunter auch Goebbels. Auf den elfjährigen Don wirkte der wie ein Schwächling mit Hinkebein. Goebbels schmunzelte, tätschelte Don den Kopf und lobte sein Deutsch. *Du klingst gar nicht wie ein amerikanischer Knabe!*, tönte er.

Etwas später sitzt Don in der Oper und entdeckt Hitler keine drei Meter von ihm entfernt auf dem Balkon. Die Staatsoper Unter den Linden zieren vier Balkone mit korinthischen Säulen, purpurrotem Samt und vergoldeten Statuen (oder wie seine Mutter Louise in einem Brief schreibt: »Unmengen Plüsch und nackte Figuren, die an gut sichtbaren Stellen an den Seiten hängen, vielen goldfarbenen Rosen etc.«). Wie alle deutschen Kulturreinrichtungen wird auch die Staatsoper von den Nazis kontrolliert. Die Heaths haben Dauerkarten und kommen einmal im Monat sonntagabends her. Louise Heath liebt die Oper. Donald Heath tut das nicht, doch verlangt seine Arbeit, dass er den Kontakt zu hohen Nazifunktionären pflegt, die die Oper schätzen.

Schau mal!, flüstert Don. *Auf dem Balkon.*

Louise sitzt zu seiner Linken, nickt und hält den Finger an die Lippen.

Donald sitzt zu seiner Rechten und flüstert: *Schließ deine Augen!*

Don tut, wie geheißen.

Nun konzentriere dich! Fest! Noch fester!

Es ist ein Spiel, das Vater und Sohn gerne spielen. Eine Art Zauberei. Wenn Sie nur fest genug daran denken, können sie Hitlers Atem anhalten.

2.

Don kam am Neujahrstag 1928 in einem Schweizer Spital eineinhalb Kilometer von der US-Botschaft entfernt in Bern zur Welt. Aus der Schweiz zog er mit seiner Familie nach Port-au-Prince auf

Haiti. Nach Haiti lebte er in Topeka, Kansas. Auf Topeka folgte Silver Spring in Maryland. Und nun Deutschland.

Just nach seinem zehnten Geburtstag trifft er auf einem Dampfschiff hier ein. Er macht sich Sorgen, dass er nicht schnell genug Deutsch lernt, aber schon nach einer Woche kann er »Mutter« und »Vater« und »Schwester« wie ein einheimischer Berliner sagen. Seine Schwester Sue, inzwischen siebzehn Jahre alt, hat mit der Sprache so ihre Probleme – durch eine Scharlacherkrankung in ihrer Kindheit ist sie schwerhörig. Deshalb wird sie in die Obhut ihrer Großeltern in Topeka gegeben, die sie an einer Mädchenschule in Colorado anmelden. Sie schickt ihrer Familie reizende aufgedrehte Briefe nach Berlin, in denen sie von ihren neuen Freundinnen erzählt oder von den Pferden berichtet, auf denen sie reitet. Don wünscht sich, er könnte auf einem Pferd reiten. Außerdem vermisst er seine Freunde. Davon hatte er in Silver Spring ein ganzes Bataillon.

Am Sonntagmorgen besucht Don die Amerikanische Kirche in Berlin nahe dem Nollendorfplatz. Vor der Messe drängeln sich in der Eingangshalle gutbetuchte Eltern und deren Kinder, die meisten sind Briten oder Amerikaner. Seine Eltern stehen mittendrin, schütteln Hände und stellen sich vor. *Topeka,* hört er Louise Heath sagen, als eine Dame ihre weiß behandschuhte Hand ausstreckt und sich mit hoher Stimme danach erkundigt, woher sie denn stammten.

Als die Frau ihn nach seinem Namen fragt, ist er zu schüchtern, um zu antworten. Alle wohlhabenden Kinder starren ihn an, manche mit offenen Mündern, andere kichernd, und nehmen den Anblick seiner Kordknickerbocker, seiner abgewetzten Kniestiefel und seines Flanellmantels in sich auf. Am nächsten steht ein Mädchen in einem perlfarbenen Mantel mit passendem Muff für ihre Hände und passenden Ohrenschützern für ihre Ohren. Sie hält seinen Flanellmantel für wirklich sehr komisch. In Silver Spring kann man das ganze Jahr mit seinen Freunden Blödsinn machen, und niemand verzieht beim Anblick eines Flanellmantels das Gesicht, selbst wenn man ihn zur Kirche trägt. Hier an der Amerikanischen Kirche in Berlin sind die Kinder anders.

Später setzt sich sein Vater mit ihm hin und erinnert ihn daran, dass die Söhne und Töchter von Diplomaten meistens reich sind.

Manche seien sogar *stinkreich*, Sprösslinge von Ölmagnaten oder Eisenbahnbonzen oder Medienmogulen. Zu Hause in den Vereinigten Staaten wütet die Große Depression, doch würde man das nicht ahnen, wenn man sieht, dass die Diplomaten hier weitermachen wie gehabt. Der Reichtum mache etwas mit den Leuten, erklärt sein Vater. *Er macht sie trunken.*

Montagmorgen ist Dons erster Schultag. Die erniedrigende Erfahrung vom Vortag noch im Kopf, fürchtet er das Schlimmste. Die Amerikanische Schule liegt im Westen des Tiergartens, auf der Platanenallee, einer Straße, die von hageren Platanen gesäumt wird. Als er durch das schmiedeeiserne Schultor geht, erkennt er ein paar Jungen aus der Amerikanischen Kirche, die meisten der Schüler sind jedoch keine wohlhabenden Nachkömmlinge von Diplomaten, sondern ganz normale Kinder aus der Umgebung.

Bis zum Ende der Woche hat er ein paar neue Freundschaften geschlossen: mit zwei Jungen und einem Mädchen. Die Jungs sprechen Deutsch, das Mädchen Polnisch. Die Eltern der Kinder haben sie an der Amerikanischen Schule angemeldet, damit sie Englisch lernen. Schon bald sind das Mädchen und einer der Jungen gesetzlich dazu verpflichtet, einen gelben Stern aus Stoff an der Kleidung zu tragen.

30 Prozent der Schüler an der Amerikanischen Schule sind Juden. An der Schule arbeiten auch jüdische Lehrer, das Gebäude gehört einer Jüdin. Vor zehn Jahren war die Schule von einem amerikanischen Ehepaar, Gregor und Edna Ziemer, gegründet worden. Heute stehen die Ziemers unter ständiger Beobachtung durch die Gestapo. Die Schulen in Deutschland müssen ihren Lehrplan laut Gesetz nach einem Handbuch mit dem gewichtigen Titel *Erziehung und Unterricht in der Höheren Schule: Amtliche Ausgabe des Reichs und Preußischen Ministeriums für Wissenschaft, Erziehung, und Volksbildung* richten. Dort heißt es etwa:

> Der rassenkundliche Gedanke wird am stärksten in einer lebendigen Germanenkunde hervortreten.

Als Stoff für den Musikunterricht der 3. Klasse werden Landsknechts-, Soldaten- und Fahrtenlieder verfügt, für den der 5. Klasse Volkslieder sowie eine Oper von Wagner.

Aber Gregor und Edna Ziemer ignorieren die behördlichen Weisungen. Sie schließen die Schule nicht, ein Erfolg, den sie vor allem ihren Kontakten zu US-amerikanischen Diplomaten in Berlin zu verdanken haben.

In jenem Winter knöpft Don allmorgendlich seinen Flanellmantel zu und stapft durch die schneebedeckten Berliner Straßen zum Eisentor der Schule. Im Februar verpasst er keinen einzigen Unterrichtstag. Er verbessert sein Wissen in Geschichte, Geografie und Mathematik sowie sein Können in Malerei, Musik und Poesie. Laut Edna Ziemers Einschätzung ist seine Beherrschung der englischen Sprache »sehr befriedigend«. Bei seinem Deutsch ist das nicht ganz so. Dennoch arbeitet er gut mit und zeigt ein Maß an Selbstdisziplin, dass Frau Ziemer für »befriedigend« hält.

3.

Das Leben in Berlin ist anders als das in Silver Spring, das findet Don schnell heraus. Patsy, die zehnjährige Tochter der Ziemers, stellt eine Liste all der in Deutschland *verbotenen* Dinge zusammen:

In Deutschland verboten

Ein Feuer im eigenen Garten zu machen
Holz im Wald zu sammeln
Russland im Radio zuzuhören
Eine kommunistische Zeitung nach Deutschland zu bringen
Den Zahnarzt um Goldzähne zu bitten
Die Nazis nur im Geringsten zu kritisieren
Mehr als ein Ei zu essen oder mehr als die eigene Butterration kaufen zu wollen
Deutschland ohne Erlaubnis zu verlassen
Eine Kirche zu besuchen, wo die Geistlichen keine Nazis sind
Geld aus dem Land zu bringen

Blechbüchsen oder Zahnpastatuben oder Alufolie oder Papier zu entsorgen
Altes Essen wegzuwerfen
Ausländische Fahnen zu hissen
Große Zusammenkünfte mit Juden abzuhalten
Ausländisches Geld im Haus zu haben
Jüdische Dienstboten anzustellen
Die Tür nach 20 Uhr abends nicht zu schließen
Zwischen 14 und 16 Uhr oder nach 22 Uhr abends Klavier zu spielen oder sonst irgendwie Lärm zu machen
Bücher von Autoren zu lesen, die keine Nazis sind
Den Rasen in Parks zu betreten

Patsy fertigt auch eine Liste aller Uniformen an, die sie in Deutschland sieht:

Uniformen in Deutschland

Die normale graugrüne Armeeuniform mit Hunderten verschiedenen Zahlen und Tressen und Quasten und Epauletten und Knöpfen und Kappen
Die Uniform der SA (Sturmabteilung) mit Hunderten verschiedenen Nummern und Streifen […] runde Kappen mit großen Schirmen, schwarze Stiefel und Armbinden mit Hakenkreuz […] braune Hemden
Die Uniform der SS (Schutzstaffel) ganz in Schwarz, aber manchmal mit weißen Gürteln und weißen Handschuhen und vielen verschiedenen Zahlen auf dem Arm
Die normale Polizeiuniform in Blau, manchmal mit Kappe, manchmal mit Helm
Die Panzerfahrer, ganz in Schwarz, mit Stiefelhosen und Barett auf dem Kopf
Die Waldsoldaten ganz in Grün
Die Hitlerjugend, die Hemden wie die SA trägt, aber die Nummer ihrer Division auf dem Arm hat

Der Bund Deutscher Mädchen mit blauen Röcken, taillierten weißen Blusen, ebenfalls mit vielen verschiedenen Zahlen und Streifen
Die Soldaten von Goering, die beinahe jeden Monat eine andere Uniform tragen
Die Männer von Ribbentrop in strahlend blauen Uniformen

Don wird sich bald eines Gefühls bewusst, irgendwo auf halber Strecke zwischen Schmerz und Reiz, das er nicht einzuordnen vermag und das sich unmöglich ignorieren lässt. Er spürt Unruhe in der Luft, hört ein Flüstern über Krieg. In der Schule still zu sitzen, ist schon schwer genug, doch sobald es Frühling wird, kann er kaum den Stift in der Hand halten. Hitler befiehlt den deutschen Truppen die Überquerung der Grenze zu Österreich und verkündet dann den *Anschluss* des Landes. Daraufhin fasst er sein nächstes Ziel ins Auge: die Tschechoslowakei.

Davon hört Don jedes Mal sehr viel, wenn sein Vater aus der Botschaft nach Hause zurückkehrt und das Radio anstellt, ein tornisterförmiges Gerät, das knackt und knirscht, wenn der Vater das Rad über die Bereiche dichten Rauschens hinweg bis zur Übertragung der BBC dreht. Donald Heath macht das Radio stets leise und weist Don an, seinen deutschen Freunden nicht zu erzählen, was er in den Sendungen der BBC hört.

4.

Im Sommer 1938 verfügt ein Berliner Gericht die Schließung der Amerikanischen Schule. Nazifunktionäre stören sich daran, dass sie nicht zwischen ihren jüdischen und ihren anderen Schülern unterscheidet. Beamte der US-Botschaft schalten sich ein, so dass die deutschen Behörden der Schule mit einigem Zögern gestatten, ab September wieder zu öffnen. Mit Kriegsausbruch im folgenden Jahr werden die Ziemers nach Minnesota fliehen, und die Amerikanische Schule wird für immer dichtmachen, aber das weiß der zehnjährige Don natürlich nicht, als er am Morgen seines ersten Schultages als Fünftklässler die Platanenallee entlanggeht. Ein paar

Meter vom schmiedeeiseren Schultor entfernt trifft ihn etwas Hartes am Kopf.

Ein Stein.

Don sieht einen blonden Jungen unter einem Baum stehen. Schwarze Schuhe, schwarze Socken, schwarze kurze Hosen, braunes Hemd. Das Hemd ist mit einem Hakenkreuz versehen. Er ist Schüler an der deutschen Schule, die direkt gegenüber auf der anderen Straßenseite liegt und voller Jungen in HJ-Uniformen ist.

Der Junge wirft einen zweiten Stein auf Don. Dann einen dritten.

Don stürzt sich auf einen Stein und schleudert ihn. Gregor Ziemer taucht auf und zerrt Don hinter das schmiedeeiserne Tor. *Wehr dich nicht!*, warnt er Don scharf. *Sonst schließen sie wieder unsere Schule.*

Nach der Schule steigt Don gelangweilt und ruhelos auf das Dach seines Hauses und schießt von dort mit seinem Luftgewehr. Er lädt es mit Stücken Kartoffeln, die er aus der Küche klaut, wenn die Mamsell nicht hinschaut. Eines Tages erwischt ihn die Mamsell und marschiert mit ihm zu seiner Mutter. Louise Heath seufzt beim Anblick des Luftgewehrs, nimmt es ihm aus der Hand und sagt ihm, er solle mit seinen Freunden Dampf ablassen gehen. Don füllt seine Taschen mit Pfennigen und geht in den Park. Er läuft umher und bewirft Eichhörnchen. Als er damit fertig ist, sucht er im Dreck nach den Münzen. Eichhörnchen jagt er alleine. Er hat keine Freunde, mit denen er im Stadtpark Schöneberg spielen könnte. Sein Freund Mole lebt in einem anderen Bezirk. Mole ist in einer Bande, die »Trencks Panduren« heißt. Don sieht sie manchmal zusammen, ein Haufen rauflustiger deutscher Jungs, die in einer Umgebung wohnen, die sich so sehr von seiner unterscheidet, dass sie ebenso gut in einem anderen Land liegen könnte. Don lebt in der Innsbrucker Straße, die von eleganten Wohnhäusern und Gebäuden gesäumt wird. Er wünscht sich, auch in einer Bande zu sein.

Jemand von der US-Botschaft hat Don das Gewehr geschenkt – vielleicht war es die Sekretärin seines Vaters, Fräulein Ulrich, vielleicht war es jemand anderes. Alle Jungen bei Trencks Panduren haben ein Luftgewehr. Dons Büchse wurde von einer Firma namens Diana hergestellt, die dafür bekannt ist, Läufe zu produzieren, die mit allem geladen werden können, was ein Bub so hineinsteckt. Manchmal schießt Don mit echten Kugeln statt mit Kartoffelstücken. Manchmal tut er so, als würde er auf Goebbels schießen. Manchmal tut er so, als würde er auf Hitler schießen.

Nicht trödeln!

1939

1.

Don steht am Bahnsteig, wippt mit den Beinen und schaut zu, wie der Zug einfährt. Zwei Lichter in der Entfernung, die immer größer werden.

In der Bahn findet er einen Sitzplatz, lässt den Ranzen von seinen Schultern gleiten und stellt ihn auf seinem Schoß ab. Er möchte seinem Freund Mole von Mildred erzählen, über die Aufgabe sprechen, die er für seinen Vater erledigt, davon berichten, was sich in seinem Ranzen befindet. Mole läuft irgendwo durch die Straßen und trägt die Hosen eines alten Mannes, die an der Hüfte zusammengezurrt sind, damit sie nicht zu Boden fallen. Wenn Don könnte, würde er aus der U-Bahn aussteigen und Mole finden, aber das geht nicht.

Nicht trödeln, nachdem du bei Mildred warst!, ermahnt ihn sein Vater. *Und mach keinen Blödsinn mit Mole! Geh auf direktem Weg nach Hause!*

Sein Zuhause ist die Innsbrucker Straße 44, ein sechsstöckiges Wohnhaus, das auf einen Ententeich im Stadtpark Schöneberg blickt. Die Heaths bewohnen die obersten beiden Etagen mit einer Reihe von Zimmern.

Es gibt ein Musikzimmer mit einem Klavier.

Es gibt ein Wohnzimmer mit einem Bücherregal, einem Chippendaletisch und mehreren gepolsterten Sesseln.

Es gibt ein Esszimmer mit Spiegelwänden.

Die Schlafzimmer liegen im sechsten Geschoss. Im Sommer wachsen Tomaten auf einer rundum verlaufenden Panoramaveranda – Dons Mutter nennt sie »die Sonnenterrasse«. Nur dort kann man in der Wohnung ein vertrauliches Gespräch führen, da die Innenräume mit Wanzen versehen sind und die Telefone abgehört werden. Zunächst war da nur ein Verdacht, den Louise Heath hegte, doch inzwischen ist sie davon überzeugt. Alle paar Monate taucht unangekündigt eine Schar Deutscher an der Wohnungstür auf, die behauptet, von der Stromgesellschaft zu sein. Louise wendet dann ein, sie habe niemanden von der Stromgesellschaft bestellt, aber die Männer beharren darauf, dass ihr Besuch berechtigt sei. Zu Reparaturzwecken, sagen sie.

Das Gebäude gehört Hela Strehl, einer der unzähligen Geliebten von Goebbels. Hela ist die bereits erwähnte ehemalige Moderedakteurin, die nun als Leiterin des von Hitler ausgeheckten Deutschen Mode-Instituts fungiert. Das Institut soll das Idealbild der deutschen Frau propagieren, die unzählige Kinder bekommt, um das Land mit einer *Herrenrasse* zu bevölkern. Laut Hitlers Vorgaben hat eine solche Frau arische Gesichtszüge, meidet Schminke, betätigt sich regelmäßig körperlich und trägt ein Dirndl.

Hela trägt kein Dirndl und scheut auch keine Schminke. Ihre Scheinheiligkeit entgeht auch den anderen Mietern im Haus nicht. Wenn man ihr im Flur begegnet, hebt sie ihre bleistiftstrichdünnen Augenbrauen auf ganz bestimmte Art und Weise und verzieht ihre bemalten Lippen zu einem aufgesetzten Lächeln, das suggeriert, sie vertraut keinem. Selbstverständlich beruht dieses Gefühl auf Gegenseitigkeit.

2.

Die Bahn saust weiter, von Bahnhof zu Bahnhof.

Viktoria-Luise-Platz.

Bayerischer Platz.

Stadtpark.

Die Tür öffnet sich. Don springt heraus. Der Ranzen liegt schwer auf seinem Rücken, er springt die Treppen hinauf und aus dem U-Bahnhof hinaus. Er läuft den ganzen Weg bis zur Innsbrucker Straße und sieht sein Wohnhaus. Keiner ist draußen.

Er reißt die Tür auf, erreicht die Treppe, eilt in den ersten Stock, dann in den zweiten und dritten – und rennt direkt in Hela Strehl hinein, die das sagt, was sie immer sagt, wenn sie jemandem im Flur begegnet.

Heil Hitler!

Don senkt den Kopf und schweigt. Das ist ein Fehler.

In jedem Wohnhaus lebt ein Spitzel der Gestapo. In der Innsbrucker Straße 44 ist das sehr wahrscheinlich Goebbels' Geliebte. Mildred hat Don darüber informiert und darauf bestanden, er solle bei Hela Strehl wirklich sehr vorsichtig sein. Ja, er ist Amerikaner und der entzückende Sohn eines Diplomaten der US-Botschaft, doch ist die Immunität des Amtes in einer Diktatur nicht zwangsläufig viel wert.

Hela geht weiter. Don wartet darauf, dass sie anhält, sich umdreht, ihn zurechtweist, ihm droht, ihn den Behörden zu melden. Das tut sie nicht.

Erleichterung.

Er läuft in den fünften Stock, der Ranzen schlägt ihm gegen den Rücken. Er reißt die Wohnungstür auf, geht schnurstracks in sein Zimmer. Wirft die Tür hinter sich zu und schleudert den Ranzen zu Boden. Er ist voller Bücher.

In einem der Bücher steckt ein Stück Papier. Mildred hat es doppelt gefaltet, wie einen Brief.

MILDRED
IV

Wie unsere Kakteen gepflegt werden müssen

1933–1935

1.

Hitler prahlt absurderweise, das *Dritte Reich* werde »tausend Jahre« bestehen.

Mildred und Arvid und alle anderen Mitglieder des Kreises gehen weiterhin davon aus, dass es innerhalb von ein oder zwei, allerhöchstens drei Jahren in sich zusammenfallen wird. Die Deutschen müssten nur weiter Druck machen und *Widerstand leisten.*

2.

In den Berliner Arbeiterbezirken produzieren im Verborgenen tätige Widerstandskämpfer Flugblätter, Handzettel und Broschüren, die Lokalnachrichten und Umsturzaufrufe verbreiten. Eines dieser Flugblätter berichtet von einem Scharmützel mit der Polizei in Folge einer Lebensmittelknappheit auf einem Markt, ein anderes beschreibt detailliert die unterdrückerischen Arbeitsbedingungen in einer Telefonfabrik. Satirische Verse und einfach gezeichnete Karikaturen mischen sich mit Tiraden gegen Hitler. Manche Pamphlete werden auf Matrizen getippt und im Umdruckverfahren vervielfältigt, manche auch von Hand geschrieben. Die Herstellung von einem Dutzend Kopien ist eine mühevolle Arbeit.

3.

Die verbotene Zeitung *Rote Fahne* erreicht im März 1933 eine Auflagenstärke von 300.000 Exemplaren, was etwa ein Jahr lang zwei oder drei Mal im Monat gelingt. Im Frühjahr 1934 werden die Produktionsstätten von der Gestapo durchsucht, die Zeitungen konfisziert und alle Redakteure und Drucker ins Konzentrationslager gesteckt. Ein paar Monate später nehmen Drucker in Düsseldorf, Köln und Solingen-Ohligs die Herstellung wieder auf. Der Drucker in Solingen-Ohligs, ein Mann namens Georg, schickt mehrmals im Monat Kisten mit 5.000 Exemplaren nach Berlin, bis die Gestapo ihn Anfang 1935 aufspürt.

4.

Die inzwischen illegale Kommunistische Partei Deutschlands (KPD) geht in den Untergrund und lässt von dort aus Pamphlete produzieren, die zum Putsch gegen Hitler aufrufen. Nachdem die Gestapo einen Haufen Kellerdruckereien von KPD-Zellen in Deutschland dicht macht, wird die Herstellung an geheime Stätten nach Frankreich, in die Tschechoslowakei, die Niederlande und die Schweiz verlagert. Von 1933 bis 1935 lässt die KPD über eine Million Pamphlete im Jahr drucken.

Die Sozialdemokratische Partei Deutschlands nennt sich nun SoPaDe und zieht ins Exil nach Prag (1938 wird sie ihren Sitz nach Paris verlegen und 1940 nach London). Die auf grünem Durchschlagpapier gedruckten Bekanntmachungen der Parteimitglieder enthalten Mitteilungen von Kundschaftern in Berlin, Hamburg und anderen Städten. In diesen sogenannten »grünen Berichten« werden die Lebensumstände im nationalsozialistischen Deutschen Reich beschrieben, darunter der ausufernde Antisemitismus, der Juden dort täglich begegnet.

Die Kuriere, die solche Broschüren und Berichte nach Deutschland schmuggeln, haben eine grauenhafte Reise vor sich. Manche fahren mit dem Auto, andere nehmen den Zug. Eine Gruppe, die sich »Transportkolonne Otto« nennt, lädt bündelweise in der Schweiz gedruckte verbotene Zeitungen auf Boote und steuert diese heimlich den Rhein hinauf.

Die Gestapo setzt Spione auf die Kuriere an. Erschreckend oft kommt es zu Verhaftungen und Morden. 1934 konfisziert die Gestapo 1.238.202 Druckerzeugnisse, 1935 sind es 1.670.300.

5.

Die Opposition versucht die Gestapo hinters Licht zu führen. Die Deckblätter der Untergrundbroschüren versieht man mit irreführenden Titeln wie »Kochbuch mit 70 erprobten Rezepten«

und »Wie unsere Kakteen gepflegt werden müssen«. »Skifahren im Schwarzwald« ist eine Sammlung von Reden linksgerichteter Politiker, »Elektrowärme im Haushalt« ein Auszug aus dem 1933 in Paris erschienenen *Braunbuch über Reichstagsbrand und Hitlerterror*, in dem eine umstrittene These vertreten wird: Die Nazis haben den Reichstag in Brand gesetzt.

Hell strahlend durchscheinend

1933–1934

landscape. She used to write unsigned postcards to me from all parts of the country. In a ~~beautiful~~ ~~small clear~~ hand, ~~as simple and pure as her personality~~, she wrote exquisite poetic lines as singingly lovely as her voice. She and Arvid were both nature lovers of the sort one finds only in Germany, not ashamed of a passion for physical beauty ~~that was almosy~~

He wore, of course, the Nazi uniform.

Mildred could have made friends very easily but she ~~chose to do it~~ slowly as caution was absolutely essential to her work. She was slow to speak or express opinions; she listened quietly, weighing and evaluating the words, thoughts and ~~implications~~ motivations in conversation. She was

Therefore when she did speak she commanded attention; her words were thoughtful, sometimes ambiguous when it was necessary to feel people out, persuasive and charged with an unobtrusive logic. It was fascinating to watch her subtle~~, probing~~ approach to people whose sympathy she wanted to enlist in the underground.

1.

Und dann lernt Mildred eine neue Freundin kennen.

Jahre später wird diese Freundin ihren ersten Eindruck Mildreds niederschreiben und sich daran erinnern, dass Mildreds Haut »hell strahlend durchscheinend« und ihre Kleidung »simpel« war.

fair bright transparent skin – small head, feet + hands – simple dress

Mildred schickt ihrer Freundin aus allen Ecken und Enden des Landes Ansichtskarten. Sie schreibt nicht viel, bloß die eine oder andere poetische Zeile. Sie unterzeichnet die Karten nicht, weil sie ihre neue Freundin mit einer anonymen Nachricht überraschen möchte, außerdem gewöhnt sie sich langsam an die Heimlichtuerei.

2.

Mildred schließt Freundschaften lieber langsam und gemächlich. Ihre neue Freundin erlebt das mit eigenen Augen, als sie Mildred mit anderen Leuten beobachtet. Mildred ist vorsichtig. Den Grund wird ihre Freundin erst erfahren, als sie sich schon eine Weile kennen. Manchmal unterhält Mildred sich mit anderen Menschen bewusst »mehrdeutig«, wählt ihre Worte mit Bedacht und wartet ab, um herauszufinden, was ihr Gegenüber denkt und fühlt. Sie unterzieht die Menschen nicht etwa einem Verhör, sondern entlockt ihnen vielmehr Informationen.

»Es war faszinierend«, schreibt ihre Freundin, »ihr dabei zuzuschauen, wie sie geschickt auf die Leute zuging, deren Sympathie sie für den Widerstand gewinnen wollte.«

3.

Mildreds Freundin heißt Martha Dodd. Am 13. Juli 1933 trifft Martha gemeinsam mit ihren Eltern und ihrem älteren Bruder in Berlin ein.

Sie ist vierundzwanzig Jahre alt. Sie hat die Universität von Chicago besucht, an der ihr Vater Amerikanische Geschichte lehrte. Kurzzeitig war sie bei der *Chicago Tribune* als Redaktionsassistentin tätig, wo sie für die Buchkritiken zuständig war. Sie träumt davon, einmal Schriftstellerin zu sein – und nicht bloß irgendeine Schriftstellerin, sondern eine große berühmte amerikanische Autorin.

Martha ist bereits mit einigen großen berühmten amerikanischen Autoren befreundet: dem Dichter Carl Sandburg sowie dem Dramatiker und Romancier Thornton Wilder. Das überrascht Mildred. Mildred hält Vorträge über berühmte amerikanische Schriftsteller, kennt aber keinen einzigen davon persönlich. Sie führt kein solch glamouröses Leben.

Das schätzt Martha so an ihr. Mildred »ist sehr arm und echt und gut«, schreibt sie in einem Brief an Thornton Wilder.

Die Freundschaft zwischen Mildred und Martha erblüht auf den Straßen Berlins im hellen, pollenerfüllten Spätsommerlicht.

Gemeinsam spazieren sie Unter den Linden entlang und atmen den belebenden Zitronenduft der Lindenbäume ein; sie nehmen in

Cafés Platz und trinken in der ventilatorgekühlten Luft kalte Getränke; sie treffen sich im American Women's Club, wo Mildred zur Mittagszeit Vorträge über zeitgenössische amerikanische Romanciers hält. Im Publikum sitzen Frauen und Töchter von Diplomaten in den mit Walnussholz getäfelten vornehmen Sälen des Klubs, um Mildred zu lauschen, und sie alle wollen ihre neue Freundin kennenlernen, die Tochter von Botschafter William Dodd. Von Dodd aus ist es kaum ein Schritt hin zu Franklin D. Roosevelt selbst, der Dodd zum Botschafter in Berlin ernannt hat, nachdem er im letzten November die Präsidentschaftswahl in einem Erdrutschsieg gewann.

4.

Mildred trifft William Dodd schon sehr bald. Ihm fällt es schwer, sich an sein Dasein als Botschafter zu gewöhnen. Seine Kollegen an der US-Botschaft verkehren mit der Washingtoner Elite, obszön reichen Männern, die eher an Cocktailpartys als einem Tag ehrlicher Arbeit interessiert zu sein scheinen.

Botschafter Dodds Eltern sind Farmer. Das muss er Mildred nicht erklären. Sie kennt Farmer und erkennt in dem Botschafter die bodenständige Bescheidenheit des Mittleren Westens. Sie kann sie praktisch riechen, so wie man riechen kann, ob Milch sauer geworden ist oder nicht.

Er zeigt Mildred das handgeschriebene Manuskript, an dem er gerade arbeitet, ein enormes Opus mit dem Titel *Aufstieg und Fall des Alten Südens*. Wird sie es für ihn abtippen? Er könne ihr ein kleines Gehalt zahlen.

Mildred stimmt zu. Arvid hat immer noch keine Anstellung gefunden, weshalb sie im Augenblick nur von ihrem Lohn als Lektorin leben. Nach Abzug der Miete und der Beträge für Kaffee, Dosenwurst und ein wenig Gemüse bleibt ihnen kaum etwas übrig, bloß ein paar Pfennig für eine Nachbarin, die sie einmal in der Woche mit einem Laib Brot versorgt, den sie, in ein Küchenhandtuch gewickelt, an die Türklinke der Wohnungstür hängt. Das Kleid, in dem Mildred gerne ihre Vorträge hält, ist alt und »löst sich in Fetzen auf«, wie sie es nennt. Ihre Schüler am BAG stören sich nicht an diesem Anblick, denn ihre Kleidung ist sogar noch abgewetzter. Doch die gut angezogenen Mitglieder des American Women's Club heben ihre gezupften Augenbrauen, wenn sie das Kleid sehen.

»Bitte verzeih, dass ich es erwähne«, schreibt sie ihrer Mutter, »aber ich frage mich, ob irgendwer in der Familie Kleidung hat, die sie nicht mehr braucht.«

Etwa einen Monat später kommt ein Päckchen an. Die abgetragenen, unförmigen Kleider, die ihre Mutter erbettelt hat, sind falsch, wirklich ganz falsch. Da könnte Mildred genauso gut einen alten Vorhang anziehen.

5.

Martha erzählt Mildred, dass sie einen Kontakt zu einer Zeitung in Berlin besitzt, die Goebbels noch nicht angerührt hat.

Es steht also fest: Martha und Mildred werden sich zusammentun und eine Buchkolumne verfassen.

Martha setzt sofort einen Brief an Thornton Wilder auf. Die Zeitung heißt *Berlin Topics.* »Sie ist lausig«, teilt sie ihm launenhaft mit.

> *Aber vielleicht schaffen wir es, eine kleine Gemeinschaft aufzubauen […] Ich meine, ein kleines Publikum.*
> *Leute zusammenzubringen, die Bücher und Schriftsteller mögen.*

Martha möchte nicht, dass ihr richtiger Name in der Kolumne erscheint. Also denkt sie sich ein Pseudonym aus: Mr. Wesley Repor. Mildred beschließt, ihren eigenen Namen zur Veröffentlichung zu verwenden. Andere Facetten ihres Lebens müssen verborgen bleiben, diese jedoch nicht.

Über welche Bücher sollen sie schreiben? Mildred bewundert die Hogarth Press, ein kleines Verlagshaus, das von Virginia Woolf und ihrem Ehemann Leonard aus deren Londoner Esszimmer betrieben wird. 1932 veröffentlichten die beiden *A Letter to Adolf Hitler* von Louis Golding, eine vernichtende Kritik am deutschen Antisemitismus. Außerdem ist dort *Saturday Night at the Greyhound* erschienen, ein Roman von John Hampson, in dem es um Bergarbeiter geht – vielleicht nicht so gewagt wie *A Letter to Adolf Hit-*

ler, doch könnte der Roman den Zensoren der Nazis die Nackenhaare zu Berge stehen lassen, die jede Figur aus der Arbeiterklasse als einen verräterischen Wink in Richtung Kommunismus begreifen.

Martha ist verzückt. Wie immer ist die Tochter von Botschafter Dodd begeistert von dem Gedanken, etwas Subversives zu tun.

6.

Die High Society liegt der jungen Frau.

Martha lebt mit ihren Eltern und ihrem Bruder auf der Tiergartenstraße in einer prunkvollen Villa mit Ballsaal und Dienstbotenkammern, die mit ihrem langweiligen alten Haus in Chicago nichts gemein hat. Beinahe täglich trifft eine neue Karte mit Prägeschrift ein, die Martha zum Tee, zum Mittagessen, zum Abendessen oder zu einer Tanzveranstaltung einlädt. Martha spricht kaum ein Wort Deutsch, Russisch oder Französisch, doch stellt sie sich trotzdem den ausländischen Gesandten und Diplomaten vor und kommt mit Mumm alleine zurecht. Sie hat ein reizendes Lächeln, das schnell ins Kesse übergeht, anziehende mandelförmige Augen und kinnlanges Haar, das sie mit Lockenwicklern bezaubernd eindreht. Sie ist zierlich und dennoch eine eindrucksvolle Erscheinung. Auf Partys ist sie ein Hitzkopf, und sie liebt das Diskutieren beinahe so sehr wie das Tanzen.

Wenn sie aufgeregt ist, gerät sie in endloses Quasseln. Ihre Ausgelassenheit ist ansteckend. Mühelos gleitet Mildred mit ihr in fesselnde Gespräche über. Sie reden über Bücher. Sie sprechen über Berlin. Martha verrät ihr, dass Carl Sandburg und sie nicht bloß Freunde waren: Sie hatten eine heiße Affäre. Mildred, die normalerweise zurückhaltend mit ihrem Privatleben ist, öffnet sich in der Gegenwart ihrer neuen Freundin. Martha ist sechs Jahre jünger – kein großer Altersunterschied, obwohl er für Mildred deutlicher wird, als ihre Freundschaft sich weiterentwickelt.

Dieses Mal ist Mildred nicht auf der Suche nach einem neuen Mitglied. Sie sehnt sich nach einer Vertrauten. Sie ist so viel allein.

7.

Mildred sitzt an ihrem Schreibtisch und nimmt einen Stift in die Hand.

»Mutter«, schreibt sie. »Diesen Nachmittag habe ich mit Martha verbracht.«

Es war beinahe schon Abend, als Mildred Marthas Villa verließ und einen gewundenen Pfad durch den Tiergarten zu ihrer Wohnung zurückging. Ihr Herz schlug nach den gemeinsamen Gesprächen noch bis zum Hals. Stundenlang hatten sie sich über Männer unterhalten. Wie kann sie das alles erklären, damit ihre Mutter sie versteht?

Sie setzt die Spitze des Stifts auf das vor ihr liegende Papier. Das Licht einer roten Kerze flackert im Raum. In einer Vase stehen drei Christrosen. Durch das Rundbogenfenster kann sie den Nachthimmel sehen, so schwarz wie die Tinte, die aus ihrem Füllfederhalter fließt.

Sie schreibt über Arvid, über das Wunder, einen Mann zu lieben, der die Welt so sieht wie sie, einen Mann, »der sich ebenso danach sehnt, seine Finger gefühlvoll ins Leben auszustrecken«. Sie schreibt, bis sie nichts mehr zu sagen hat.

Zeit, zu Bett zu gehen.

Im Schlafzimmer ist es kalt. Sie schlüpft unter die dünne Bettdecke. Schon bald wird Arvid sich neben sie legen. Draußen fällt Schnee.

Zwei unterschiedliche Feiern

1933–1935

1.

Es ist der 12. November 1933. Ein Sonntagnachmittag. Heute erscheint die *Berlin Topics* mit der Buchkolumne an den Zeitungsständen. Zur Feier des Tages gibt Mildred eine Party in ihrer Wohnung. Das Tageslicht strömt durch das Rundbogenfenster, und auf jeder Fläche, auf der keine Bücher stehen, brennen festliche Kerzen. Mildred setzt Teewasser auf. Sie stellt ein Tablett mit Brot, Käse und Leberwurst hin.

Martha hätte lieber Champagner als Tee und lieber Kaviar als Leberwurst, aber jetzt kann man nichts mehr machen. Während sie ihre Runden dreht, Freunde begrüßt und deren Komplimente entgegennimmt, betrachtet sie die Dekoration. Mildreds von Büchern übersätes Heim besitzt durchaus einen gewissen Charme. Martha entdeckt eine Vase mit Weidenkätzchen, deren schlanke braune Äste in alle Richtungen abstehen. Ein Kuriosum. Hinter die Vase hat Mildred eine Kerze gestellt. Im Schein der Flamme tanzen die Schatten der Weidekätzchen an der Wand.

Ist das »sinnvoll oder sinnlos«? Martha kann sich nicht entscheiden.

2.

Vor ein paar Wochen hat Martha ihre eigene Feier abgehalten. Es gab Cocktails, Canapés und, das war am besten, einen spektakulären Gast, einen echten *Kriminellen*: den deutschen Schriftsteller Ernst von Salomon, der für seine Beteiligung am Attentat auf Reichsaußenminister Walter Rathenau von 1922 eine fünfjährige Haftstrafe absitzen musste. Die Feier war pickepacke voll mit amerikanischen Diplomaten und deren Ehefrauen – genau den Typen Mensch, die Martha mit Skandalen zu schockieren liebte.

Später schrieb sie an Thornton Wilder, »zur Erschütterung des korrekten diplomatischen Anstandes habe ich Ernst von Salomon(!)

eingeladen (auf dem ach so anständigen Treffen schnappte man ein wenig leise nach Luft und tuschelte hinter vorgehaltener Hand), der Beihilfe zum Mord an Rathenau geleistet hatte […] Er war die Mühe wirklich wert«.

3.

Irgendwie kann Martha sich nicht helfen, sie hat sich in einen Nazi verliebt.

Rudolf Diels, der gutaussehende Gestapochef, stellt ihr nach und schleicht unter ihrem Schlafzimmerfenster umher. In einem Brief an Thornton schwärmt sie:

> *Der Schnee liegt hier weich und tief – tagsüber hängt kupferner Nebel über Berlin, nachts geht der Mond glänzend über der Stadt unter. Nachts knirscht der Kies unter meinem Fenster – der hagere Diels mit seinem düsteren Gesicht und seinen schönen Lippen […] wird mich wieder beobachten.*

Sie traut sich allerdings nicht, ein Sterbenswörtchen über die Affäre gegenüber Mildred zu verlieren. Sie weiß, dass Mildred zu einer Art Widerstandsorganisation gehört und deshalb überaus vorsichtig ist, weshalb sie ihre Freundschaft womöglich beenden wird, sollte sie den Verdacht hegen, dass Martha mit Diels romantisch verbandelt ist.

Die Narben auf Rudolf Diels Wangen und Mund stammen vom Fechten, einer Aktivität, der junge Männer an Hochschulen im Deutschen Reich gerne nachgehen, um ihren Mut zu beweisen. Deshalb nennt man diese Narben »Renommierschmisse«. In ihren Memoiren schreibt Martha über Diels: »Hochgewachsen und elastisch, mit pechschwarzem, dichtem Haar, besaß er das düsterste Äußere, das ich jemals gesehen habe. Seine Augen waren schwarz, grausam und durchdringend.« Er ging nicht, sondern »schlich«, ganz so »wie eine Katze«.

Verwanzt

1933–1935

1.

Rudolf Diels vertraut sich Martha an und erzählt ihr alles über die Nazis, die er kennt, und »über Parteiintrigen, Zwistigkeiten und Unstimmigkeiten«.

Offenbar bereitet es ihm Vergnügen, ihr Angst zu machen.

Die amerikanische Botschaft werde abgehört, sagt er ihr. Ebenso die Wohnung. Die Telefone seien angezapft, die Dienstboten seien Spione, und nichts sei geheim.

2.

Marthas Vater leitet Vorsichtsmaßnahmen ein. Der Tiergarten, bei den Berlinern als das grüne Herz der Stadt beliebt, ist populäres Ziel für Menschen zu Pferd oder mit Hund und für Leute, die Vögel beobachten oder ihre Kleidung zur Schau stellen oder Kinderwagen schieben oder als Liebespaare flanieren möchten. Botschafter Dodd und seine Kollegen zieht es dorthin, wenn sie ein vertrauliches Gespräch führen wollen.

Martha weiß das. Mit dem Gedanken, dass ihr Zuhause verwanzt ist, kommt sie jedoch nicht zurecht.

Der Wohnzimmerlüster strahlt nun eine düstere Aura aus. Verbergen sich irgendwo zwischen den Kristallen Mikrofone? Und was ist mit der Küche? Könnte vielleicht eine Art Aufnahmegerät im Ofen versteckt sein? Oder im Schlafzimmer? In der Matratzenfüllung? Hat man überhaupt *irgendwelche* Privatsphäre? Bei den ängstlichen, fiebrigen Fantasien in Marthas Kopf erscheint ihr nichts als zu grotesk.

Martha verdeckt alle Telefone mit Kissen, aber das genügt nicht. Als ihr Vater nach Hause zurückkehrt, überzeugt sie Botschafter Dodd davon, die Telefonhörer in Pappfutterale zu legen, die mit Watte ausgestopft sind.

Sie erfährt von einem geheimnisvollen neuen Gerät, mit dem man Gespräche von Personen in einem Raum abhören kann, »wenn man es an die Wand des Nebenzimmers drückt«. Vielleicht gibt es in ihrem Haus Dutzende solcher Apparate. Und angebracht wurden diese Geräte unter Umständen »mit Hilfe des Dienstpersonals, dem [...] [die Familienmitglieder] bereits nach den ersten Monaten nicht mehr trauten«.

Martha befindet sich »in einem anormalen Zustand, der an Hysterie grenzte«.

3.

Mildred zeigt sich vollkommen unbeeindruckt.

Hin und wieder besucht sie die Villa und lässt einen großen Umschlag da. Darin stecken Manuskriptseiten, die sie für Marthas Vater abgetippt hat – ein oder zwei Kapitel von *Aufstieg und Fall des Alten Südens*. Sie steht im Eingangsbereich und plaudert so nichtssagend wie möglich.

Manchmal legt Mildred jedoch den Finger an die Lippen und gibt Martha ein Zeichen, ihr die Treppe hinauf ins Badezimmer zu folgen, wo sie ihr beinahe lautlos ins Ohr flüstert. Badezimmer seien nur schwer abzuhören, sagt Mildred. Noch mehr mag sie laute Restaurants und offene Wiesen.

Martha schwirrt der Kopf. Irgendwie akzeptiert Mildred die erschreckende Möglichkeit, dass ihr Heim verwanzt sein könnte, auf dieselbe Art und Weise, wie sie die Nachricht aufgenommen hat, dass überall in Deutschland Bücher auf Scheiterhaufen verbrannt wurden – als eine Tatsache, mit der man umzugehen hat.

4.

Es ist merkwürdig, wie Mildred immer wieder verschwindet. Ganz plötzlich bricht sie auf zu einer Reise nach irgendwohin in Deutschland oder an einen weiter entfernten Ort, in die Schweiz oder nach England oder Russland. Dann schickt sie eine Postkarte. So gut wie nie unterschreibt sie die Karte.

Eines Tages trifft ein Brief ein. Martha erkennt die Handschrift.

Magst Du Bier aus alten Steinkrügen auf einem großen geschrubbten Holztisch mit Wurst oder Frankfurtern und Blumen aus dem Garten und Licht von Kerzen in alten Leuchtern aus gehämmertem Messingblech? Magst Du Tee unter Obstbäumen im Garten? Magst Du Schafe mit dreieckigen scharfhörnigen Köpfen und Kühe und Pferde?

Mildred lädt sie zu einem Wochenendausflug ein. Nur die beiden werden teilnehmen – sie werden ein Haus ganz für sich allein haben. Das Haus gehört einem Freund. Am Ende des Briefes fügt Mildred hinzu: »Niemand braucht von dem Ausflug zu erfahren.«

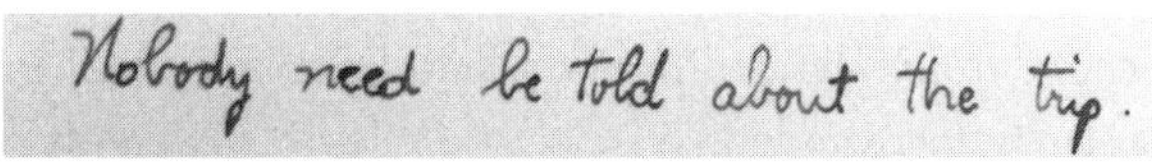
Nobody need be told about the trip.

Esthonia und andere Fantasiefrauen

1934–1935

1.

Emmi Bonhoeffer verschickt auf cremefarbenem Briefpapier in Prägeschrift gedruckte Einladungen. In eleganter Schrift steht dort, dass Mildred drei Vorträge an drei Samstagen im Frühjahr halten wird. Veranstaltungsort wird die Bendlerstraße 36 sein, wo Mildreds Verwandte Emmi und Klaus Bonhoeffer wohnen, »im Anschluss folgt eine informelle Debatte«. Außerdem heißt es dort, dass die Vorträge »unter der Schirmherrschaft der amerikanischen Botschaft« stattfinden werden.

Am Samstag, den 21. April 1934, steht Mildred um 17 Uhr nachmittags vor einer lebhaften Gruppe Kritiker, Journalisten und Dozenten und stellt sich vor. Im Publikum sind auch Juden und Linke. Manche haben ihre Arbeit verloren. Manche werden sie bald verlieren. Der Schwerpunkt ihrer Vortragsreihe, erläutert Mildred, sei der amerikanische Süden. Vor zwei Wochen hat sie über den in Mississippi geborenen Schriftsteller William Faulkner gesprochen. In der nächsten Woche wird sie den jungen Romancier Thomas Wolfe aus North Carolina behandeln. Heute Abend möchte sie die Aufmerksamkeit auf Julia Peterkin lenken, eine Autorin aus South Carolina und die erste Südstaatlerin, die den Pulitzer-Preis erhielt. Mit hoher Wahrscheinlichkeit hat noch nie jemand im Saal von Julia Peterkin und noch viel weniger von ihrem 1928 erschienen Roman gehört, *Scarlet Sister Mary*, in dem es um eine junge Schwarze in den Südstaaten der USA geht, wo Rassentrennung herrscht. Mildred möchte, dass die Anwesenden verstehen, wie die Jim-Crow-Gesetzgebung sich auf jeden Bereich des täglichen Lebens auswirkt. In den Schulen und Kirchen, den Bussen und an den Trinkwasserbrunnen, in den Toiletten und den Restaurants – überall, wo man im Süden hinblickt, sieht man Schilder mit der Aufschrift *»Colored«* oder *»Whites Only«*, eine ständige Erinnerung an die Rassentrennung, aufrechterhalten durch Gewalttaten von ganz normalen amerikanischen Bürgern, der Polizei in Uniform und den Mitgliedern des Ku Klux Klan mit ihren weißen Kapuzen.

Die Parallele zum Deutschen Reich liegt auf der Hand. In Berlin und überall in Deutschland tauchen Schilder auf: »Juden sind hier nicht erwünscht«, »Für Juden verboten!«, »Juden betreten den Ort auf eigene Gefahr«.

2.

Nach der Veranstaltung schreibt Mildred ihrer Mutter und erzählt ihr davon. Bevor sie die Einladung in einen Umschlag steckt, kritzelt sie in schwarzer Tinte eine elliptische Botschaft:

Seitdem hält die Gruppe auf interessante Weise zusammen.

3.

Auf welche *interessante Weise* genau?

Mildreds Briefe werden immer undeutlicher. Sie gibt versteckte Hinweise auf politische Zusammenkünfte. Sie bedient sich einer verschlüsselten Sprache und hofft, dass der Empfänger sie dechiffrieren kann. Worte müssen im Zusammenhang gelesen werden, weil sie weiß, dass die Zensoren der Nazis ihre Post überprüfen.

Eine ihrer Taktiken besteht darin, das Gegenteil dessen zu sagen, was sie tatsächlich meint. Der Anblick der Hitlerjugend, die zur Parade am 1. Mai durch die Straßen marschiert, löst bei ihr Entsetzen aus, doch ihrer Mutter schreibt sie stattdessen in einem Brief:

Wie schön das war! Abertausende Menschen marschieren in Reih und Glied singend und musizierend durch die majestätischen Straßen […] Nun, es war eine sehr schöne und ernste Sache – so ernst wie der Tod – und ich hoffe, sie wird nie mehr verdreht werden. Bitte denk darüber nach, denn ich möchte, dass Du mich verstehst.

4.

Vor ihrem Umzug nach Deutschland hat Mildred einen kleinen Betrag ihrer Ersparnisse investiert. Wenn sie wissen möchte, wie es um diese Investition steht, schreibt sie ihrer Mutter und fragt:

> *Wie geht es Esthonia? Geht es ihr gesundheitlich gut oder haben die harten Zeiten auch sie getroffen? Wir denken an sie und hoffen, im Januar etwas über sie zu erfahren. Die gute alte Katze. Früher hatte sie regelmäßig Kätzchen. Wie sieht es dieses Jahr aus?*

»Esthonia« ist weder eine Frau noch eine Katze, sondern eine Staatsanleihe. Mit »Kätzchen« meint Mildred nicht Katzenkinder, sondern Zinsen.

Mildred ist nicht die Einzige, die eine verschlüsselte Sprache nutzt. Die ganze Familie Harnack tut das, die Bonhoeffers, Delbrücks und Dohnanyis ebenso.

Sie sind vorsichtig, wenn jemand an der Wohnungstür klopft. Eine bestimmte Zahl Klopfzeichen teilt denen in der Wohnung mit, wer draußen steht. In Telefongesprächen wird die wahre Bedeutung der Worte unter einem Dickicht harmloser Bemerkungen über das Essen oder das Wetter verborgen. Sagt man: »Ich muss jetzt zum Gebet«, heißt das, man plant, mit dem Blaupunktradio einen verbotenen ausländischen Sender zu hören. Sagt man: »Sie ist im Krankenhaus«, bedeutet das, dass sie verhaftet wurde. Sagt man: »Er ist verreist«, heißt das, er wurde ins Konzentrationslager gesteckt.

Und was dann? Wenn jemand aus der Familie verhaftet und ins Konzentrationslager gesteckt wurde, wie kommuniziert man dann mit dem Gefangenen? Diese Frage wird mit viel Bedacht erörtert. Hin und wieder dürfen Familienangehörige den Insassen ein oder zwei Bücher mitbringen, deshalb, entscheidet die Familie, kann man Bücher dazu nutzen, Nachrichten zu überbringen und Anweisungen zu geben. Indem man winzige Punkte unter Buchstaben setzt, lässt sich über mehrere Seiten hinweg ein Wort und über noch viel mehr Seiten ein Satz bilden.

Es gibt noch andere Mittel und Wege, Botschaften zu verstecken. In manchen Gefängnissen dürfen Familienangehörige Lebensmittel und Kleidung vorbeibringen. Briefe werden in die Säume von Hosen und Kleidern genäht. Klitzekleine Papierstücke kann man unter ein Glas getrockneter Bohnen mischen. Die Familienmitglieder üben das Schreiben in winziger Schrift.

Arvid erhält eine Anstellung

1934–1935

1.

Mildred ist nun offiziell die Hauptverdienerin. Jeden Morgen wacht sie mit diesem Wissen auf und spürt sein Gewicht auf ihren Schultern. Das Geld, das sie als Lektorin am BAG verdient, reicht kaum zur Begleichung der Rechnungen. Sie spart, wo sie kann. Sie trinkt günstigen Ersatzkaffee aus Getreide und lässt Mahlzeiten aus, wenn die Regale leer sind. Arvid ist entmutigt. Er weiß nicht, wie es mit seiner Karriere weitergehen soll. Das Manuskript, das in der Amerikanischen Kirche versteckt ist, wird vielleicht eines Tages publiziert und vielleicht auch nicht. So oder so bleibt ihm eine akademische Laufbahn auf absehbare Zeit verwehrt. Er wird immer reizbarer. Mildred schreibt eine Kurzgeschichte über ihre Streitgespräche und legt sie in ihrer Schreibtischschublade ab. Sie möchte die Geschichte nicht veröffentlichen – zumindest jetzt noch nicht.

Arvid schleicht in der Wohnung umher und schnauzt Mildred an. Er verliert beim geringsten Anlass die Nerven. »Wie oft muss ich dir noch sagen, deine Bücher im Badezimmer wegzuräumen?«, ruft er. »Oder muss ich das selbst machen?«

Um die Wohnung ordentlich zu halten, haben sie sich ein System ausgedacht. Sie ist für ein Zimmer zuständig und er für das andere. Er zündet die Kohlen im Kachelofen an, sie hält die Küche sauber. Aber die Spüle füllt sich mit Geschirr. Die Arbeitsflächen sind voller Krümel. Sie vergisst, die große Platte zurückzugeben, die sie sich von der Vermieterin geliehen hat. »Du tust einfach rein gar nichts«, stöhnt Arvid. Manchmal versäumt Mildred, das Abendessen zu kochen. Mit ihren Sachen ist sie achtlos. Sie lässt ihre Bücher überall in Stapeln herumliegen, während Arvid seine Bücher schon zwanghaft ordentlich aufreiht.

Am schlimmsten ist, dass der Mann, der einmal so großzügig mit seiner Zuneigung gewesen ist und so gerne alles geteilt hat, das Wohnzimmer nun *sein* Zimmer nennt.

»Es ist auch meines«, beharrt sie. »Deins ist meins und meins ist deins.«

»Es ist meins allein und ich möchte keinen dort sehen«, blafft er sie an.

Fassungslos greift Mildred sich die Platte, zieht Mantel und Hut über und marschiert aus der Tür.

Arvid folgt ihr in den Hausflur. Mittlerweile tut ihm die Sache leid. Er möchte nicht, dass sie alleine hinausgeht. Sie könnten die Platte gemeinsam zurückgeben.

»Nein«, erwidert Mildred. »Ich möchte alleine sein.«

2.

Inzwischen sind Tausende Frauen im Gefängnis gelandet, und es werden ständig mehr. Viele haben in der Zeit der Weimarer Republik vor zehn Jahren die Freiheit entdeckt, als sie Arbeit als Sekretärinnen, Journalistinnen, Fabrikarbeiterinnen, Anwältinnen, Ärztinnen oder Professorinnen fanden. Jetzt werden sie wegen ihrer Verbindungen zu linken Parteien verhaftet. Haben sie Kinder, landen diese in Heimen, die von den nationalsozialistischen Behörden betreut werden. Viele der Frauen sehen ihre Kinder nie wieder.

Eine Deutsche kommt in das Frauenlager Moringen in der Nähe von Hannover. Einst war ihr Ehemann ein respektierter Reichstagsabgeordneter. Weil er der Kommunistischen Partei angehörte, wurde er mit allen anderen Kommunisten zusammengetrieben, in Dachau gefoltert und dem Tod überlassen. Als man die Frau verhaftete, riss man ihr die Kinder aus den Armen. Nun schreibt sie ihrer Schwester und bittet um Unterstützung:

Leider geht es uns schlecht. Der Theodor, mein guter Mann, ist in Dachau vor vier Monaten plötzlich gestorben. Unsere drei Kinder sind in dem Münchener staatlichen Fürsorgeheim untergebracht, ich befinde mich in dem Frauenlager von Moringen. Ich besitze keinen Pfennig mehr.

Der Zensor gibt ihr den Brief zurück, damit sie ihn umformuliert und von verfänglichen Mitteilungen säubert:

Uns geht es leider nicht nach Wunsch. Der Theodor, mein guter Mann, ist vor vier Monaten gestorben. Unsere drei Kinder wohnen in München, Brienner Straße 37. Ich lebe in Moringen, nahe Hannover, Breite Straße 32. Für die Übersendung einer kleinen Geldsumme wäre ich Dir dankbar.

3.

Aus Arvids Familie gibt es gute und schlechte Nachrichten.

Die schlechten Nachrichten: Arvids Cousin Ernst von Harnack wurde verhaftet.

Bis vor Kurzem war Ernst Bürgermeister von Merseburg. Er führte die Familientradition der Harnacks weiter und kritisierte geltendes Dogma, indem er sich leidenschaftlich gegen die NSDAP engagierte und einen Strudel an Kontroversen auslöste, weshalb er seines Postens enthoben wurde. Nun steht er im Verdacht, ein Staatsfeind zu sein, nachdem er mehreren in Konzentrationslagern inhaftierten und gefolterten Sozialdemokraten und Gewerkschaftlern seine Unterstützung ausgesprochen hat. Die Familie ist entsetzt. Niemand weiß, ob man auch Ernst in ein Lager bringen und foltern wird.

Die guten Nachrichten lauten: Arvids Cousin Klaus Bonhoeffer hat endlich eine Anstellung für Arvid gefunden. Nicht an der Universität, aber das ist Arvid egal. Klaus ist als Syndikus bei der Lufthansa tätig und hat eine Stelle als Fachangestellter für Arvid organisiert. Die Anstellung wird Arvid dringend benötigten Lohn einbringen, aber das Geld ist nicht das einzige Argument. Die Lufthansa fliegt regelmäßig verschiedene Länder in ganz Europa an. Arvid hat noch keine klare Strategie ausgearbeitet, erkennt aber eine Möglichkeit, Verbindungen zu anderen Ländern aufzubauen, die dem Widerstand helfen.

4.

Arvid macht Überstunden im Büro und widmet sich vollkommen seiner neuen Stelle.

Meistens kehrt Mildred abends in eine leere Wohnung zurück und nimmt ihr Nachtmahl alleine ein. Sie füllt die einsamen Stunden mit Arbeit. Es gibt immer Vorlesungen, die vorbereitet werden müssen, und sie ist mit ihrer Dissertation hoffnungslos hintendran, ein Quell ständiger Sorge, inzwischen sollte sie *längst fertig* sein.

Hin und wieder tauchen Männer und Frauen mit Büchern auf, die sie in Handtaschen verstaut oder in Hosenbünde gesteckt haben. Durch die Besprechung von Werken, die Grundsätze der Nazis in Frage stellen, können sie sich auf deren Sturz vorbereiten – Mildred und Arvid und alle anderen Mitglieder des Kreises sind weiterhin fest davon überzeugt, dass dieser kurz bevorsteht.

Sobald die Besucher gegangen sind, kehrt wieder Stille in der Wohnung ein.

Mildred liest ein Buch, schreibt einen Brief. Sie legt sich auf den Fußboden, macht ein paar Rumpfbeugen. Kocht Wasser für Tee. Je länger Arvid im Büro bleibt, desto größer wird die Sorge, er könnte verhaftet worden sein.

Dann, endlich: das sanfte metallene Kratzen eines Schlüssels im Türschloss. *Erleichterung*. Er ist zu Hause.

Diebe, Betrüger, Lügner, Verräter

1934–1935

1.

Mildred leitet mittlerweile mehr Treffen, während der Kreis immer weiterwächst. Im Laufe der nächsten vier Jahre wird er sich mit einer Widerstandsorganisation nach der anderen zusammentun, zunächst mit dem Tat-Kreis, dann mit dem Gegner-Kreis und schließlich dem Rittmeister-Kreis, bis eine ineinandergreifende Kette entsteht.

2.

»Viele in der Gruppe, die im Laufe der Jahre entstand, waren jung und fröhlich, voller Tatendrang und Enthusiasmus«, erinnerte sich eines der Gruppenmitglieder, der jüdische Schriftsteller Günther Weisenborn, dessen Werke 1933 verboten wurden.

Die wichtigste Waffe in ihrem Arsenal sind Flugblätter.

Es ist nicht einfach, genug Papier aufzutreiben, um diese Flugblätter zu drucken. Gleiches gilt für Schreibmaschinenfarbbänder, Durchschlagpapier, Umschläge und Briefmarken. Als die Kontrollen im nationalsozialistischen Polizeistaat immer schärfer werden, verlegen sich die Mitglieder auf Diebstahl.

»Natürlich waren wir vorsichtig, haben Handschuhe getragen, unterschiedliche Schreibmaschinen genutzt und das Durchschlagpapier sorgfältig vernichtet«, entsann sich Weisenborn.

Stapelweise legen sie die Handzettel in Telefonzellen, öffentlichen Toiletten, Grünanlagen und an Bahnhöfen ab. Sie senden die Blätter an vollkommen Fremde, die sie im Berliner Telefonbuch ausfindig machen. Sie können nicht einfach mit einem Haufen Umschläge in ein Postamt marschieren, ohne Verdacht zu erregen, weshalb sie den großen Stapel in kleinere aufteilen und sich dabei abwechseln, sie überall in Berlin einzuwerfen.

Die Flugblätter drängen die Deutschen zum *Widerstand, Widerstand, Widerstand.*

Die zügellose Gewalt der Nazis bestärkt die Mitglieder nur in ihrer Auffassung, kontinuierlich, eifrig und ohne Zögern zurückschlagen zu müssen. Sie richten geheime Unterschlüpfe ein und helfen Juden bei der Flucht aus Deutschland. Sie fälschen Lebensmittelkarten, Pässe und Ausreisepapiere. So werden aus einfachen Deutschen im Widerstand Diebe und Fälscher.

Und Verräter. Das Heimatland zu bekämpfen, gilt als Hochverrat. Und was passiert, wenn Freunde oder Familie die persönlichen politischen Ansichten nicht teilen? Was geschieht, wenn der eigene Ehemann oder die eigene Ehefrau sich vor dem Staat fürchtet oder ihn, schlimmer noch, sogar bewundert? Wer dem Zirkel beitritt, muss Ausreden für sein plötzliches Verschwinden erfinden und sich ohne Erklärung mitten in der Nacht in Luft auflösen. Man hat sich an Halbwahrheiten und Irreführung zu gewöhnen, daran, andere wieder und wieder zu belügen, selbst geliebte Menschen. Man wird vorsichtig und misstrauisch. Man sucht bei Bekanntschaften nach Hinweisen, dass sie Gestapospitzel sind. Geschichten über Kinder, die ihre eigenen Eltern verraten, machen die Runde. Die Mitglieder des Kreises werden ängstlich und paranoid.

Mildred dagegen hält sich nicht für besonders ängstlich. Sie hält sich auch nicht für eine Verräterin. Sie hat eine einfache Aufgabe: so viele Deutsche wie möglich davon zu überzeugen, sich dem Widerstand anzuschließen.

Rudolf Ditzen, auch bekannt als Hans Fallada

1934

1.

Der deutsche Schriftsteller Rudolf Ditzen kauft mit dem Geld, das er mit seinem sehr erfolgreichen Roman verdient, ein Bauernhaus in einem abgelegenen Dorf an der Mecklenburgischen Seenplatte. Mildred ist noch nie dort gewesen und kennt Ditzen auch nicht persönlich, ist aber mit seinem Verlagslektor bekannt, der den Vorschlag macht, die beiden einander vorzustellen.

Mildred ist auf Rudolf gespannt. Sein Roman hat bei seinem Erscheinen im Jahr 1932 einen Nerv getroffen, und sie kann nachvollziehen, warum dem so ist. Es geht darin um einen Buchhalter und eine Verkäuferin, die bedingt durch die Geburt ihres Sohnes mit finanziellen Sorgen und der ständigen Gefahr kämpfen, den Arbeitsplatz zu verlieren. Sie sind das Ebenbild von Mildreds Schülern am BAG, die in einer Abwärtsspirale aus Armut und Scham gefangen sind. Die Deutschen kauften den Roman *Kleiner Mann, was nun?* in Scharen, auch wenn sie das Geld dafür zusammenkratzen mussten. Bis März 1933 waren 42.000 Exemplare über die deutschen Ladentische gegangen. Rudolf veröffentlichte sein Werk unter einem Pseudonym: Hans Fallada.

Trotz seines jüngsten Erfolgs geht es Rudolf nicht gut. Ständig macht er sich Sorgen um seine Karriere. Im vergangenen Jahr stand er vor einer Entscheidung: Sollte er dem Reichsverband Deutscher Schriftsteller beitreten? Autoren, die das nicht taten, liefen Gefahr, nie mehr in Deutschland veröffentlichen zu dürfen. Also wurde er Mitglied. Er sah keine andere Möglichkeit.

Seitdem hat er zwei Bücher geschrieben: einen 580 Seiten starken Roman mit dem Titel *Wir hatten mal ein Kind*, den er in einer fieberhaften Geschwindigkeit, bei der ihm vor Erschöpfung die Puste ausging, in gerade einmal drei Monaten zu Papier brachte. An seinem Gaumen bildeten sich Abszesse, so dass er dreimal operiert werden musste. Seine beiden Kinder erkrankten an Keuchhusten. Das größte Leid löst jedoch der zweite Roman aus. In *Wer einmal aus dem Blechnapf frißt* geht es um einen Mann, der ins Gefängnis muss. Das Werk ist eine schonungslose Kritik an der deutschen Strafjustiz. Rudolf ist sich bewusst, dass sein Buch Kontroversen auslösen wird, nicht zuletzt, weil darin eine homosexuelle Beziehung vorkommt und das Leben einer alleinstehenden Mutter mitfühlend geschildert wird. Um die Nazis zu beschwichtigen, schreibt Rudolf ein Vorwort, in dem er seine Dankbarkeit für die gesellschaftlichen Veränderungen anspricht, die das Land durchgemacht hat, seit Hitler Reichskanzler ist. »[D]er sogenannte humane Strafvollzug, dessen lächerliche, wie groteske, wie beklagenswerte Folgen auf seinen Seiten dargestellt werden, ist nicht mehr.«

Seinem Lektor gefällt die Vorrede gar nicht. Sie sei »zu entgegenkommend«. *Lass sie fort!*, rät er Rudolf. Ernst Rowohlt ist ein Titan des deutschen Verlagswesens, Chef des Rowohlt Verlags, in dem auch weiterhin Bücher von jüdischen Autoren und Autorinnen erscheinen und jüdische Lektoren und Lektorinnen angestellt sind. Rowohlt lässt sich nicht so leicht kleinkriegen.

Doch Rudolf weigert sich. Er hat eine Frau, einen Sohn und ein kleines Baby. Er hat einen Punkt in seiner Karriere erreicht, an dem er es sich nicht leisten kann, ein Risiko einzugehen. Die Vorrede bleibt. Er wird kein Wort daran ändern.

Letztes Frühjahr war er verhaftet worden, nachdem ihm ein Fremder vorgeworfen hatte, an einem Komplott zur Ermordung Hitlers beteiligt gewesen zu sein. Drei Stunden lang wurde sein Bauernhaus von der SA durchsucht. Sie konnten nichts finden und steckten ihn dennoch ins Gefängnis. Dort schmachtete er zehn Tage lang. Dieses Erlebnis hat ihn aus der Spur gebracht, deshalb möchte er so etwas nie wieder durchmachen.

Verlass Deutschland!, drängt ihn Rowohlt. *Verkauf dein Bauernhaus!* Aber Rudolf lehnt ab. Er könne und werde das nicht tun. Das Bauernhaus sei sein ganzer Stolz. Deshalb werde er »in den bitteren Apfel beißen«.

Der bittere Apfel macht ihn krank, jedenfalls hat Rowohlt diesen Eindruck, der viele Schriftsteller kennt, die in Deutschland geblieben sind, und viele, die Deutschland verlassen haben. Autorinnen und Autoren aus der ersten Kategorie geben an, auf den Zusammenbruch von Hitlers Regime zu warten und sich in der Zwischenzeit bedeckt zu halten, sich in ein behagliches Familienleben zurückzuziehen und es zu vermeiden, sich mit den Nazis anzulegen. Autorinnen und Autoren aus der zweiten Kategorie halten diejenigen aus der ersten für speichelleckende Narren.

Thomas Mann, der den Nobelpreis für Literatur gewinnen wird, gehört in die zweite Kategorie. Mann liest *Wer einmal aus dem Blechnapf frißt* in der Schweiz, wo er im freiwilligen Exil lebt und nach eigenen Bedingungen weiterhin Romane veröffentlicht, ohne Unterwürfigkeit und Speichellecken. Er findet die Vorrede abstoßend. Am 14. März 1934 notiert er wutentbrannt in sein Tagebuch:

> *Um in Deutschland möglich zu sein, muß ein Buch seine menschenfreundliche Gesinnung in einer Einleitung verleugnen und in den Boden treten.*

2.

Am 27. Mai 1934 stattet Mildred Rudolf Ditzen einen Besuch ab. Ernst Rowohlt ist verhindert, aber sein sechsundzwanzig Jahre alter Sohn, Heinrich Ledig-Rowohlt, hat Zeit.

Mildred lädt Martha Dodd dazu ein, sich ihnen anzuschließen.

Die Freundschaft der beiden hat einen Rückschlag erlitten, als Mildred herausfinden musste, dass Martha eine Affäre mit dem Chef der Gestapo hatte. Seitdem ist Martha allem Anschein nach wieder zu Sinnen gekommen. Ihre Obsession für den düsteren Schönling Rudolf Diels sei ein kindischer Fehler gewesen, das gibt sie inzwischen zu. Mildred nimmt diese dramatische Kehrtwende mit gelassener Akzeptanz hin.

Marthas neuer Verehrer, ein Russe namens Boris Winogradow, bietet sich galant als Chauffeur an. Mildred, Martha und Heinrich quetschen sich auf den Rücksitz eines Ford Cabriolet mit abnehmbarem Verdeck, und Boris fährt sie nach Norden, hinaus aus der Stadt mit ihren verkehrsüberfüllten Prachtstraßen. Es geht nach Carwitz, einem idyllischen Örtchen in Mecklenburg, einer Gegend, die übersät ist mit unberührten blauen Seen. Die Fahrt dauert drei Stunden. Nach etwa einer Stunde verengt sich die Landstraße. Auf beiden Seiten der Allee schießen Akazien in die Höhe, an deren Ästen Blütentrauben herabhängen, die die Luft mit ihrem Duft erfüllen. Die Kastanienbäume tragen blühende weiße Kerzen, die zapfenförmig nach oben durch die Blätter ragen. Das Gespräch wendet sich Rudolf und seinem bedauerlichen Vorwort zu, doch ein plötzlicher Wetterumschwung bringt die Reisenden zum Schweigen. Sie hören Donnergrollen und sehen Blitze am Himmel. Ein Frühjahrssturm. Der Regen fällt warm und schwer zu Boden, während ein starker Wind die Bäume zum Schwanken bringt.

Boris rast unerschrocken weiter. Zur Freude seiner Passagiere weigert er sich, das Verdeck des Cabrios zu schließen. Sie heben ihre Gesichter in den prasselnden Regen und lachen. Als sie Carwitz erreichen, sind sie vollkommen durchnässt.

Es hört auf zu regnen. Die Sonne bricht durch. Ein Hund erscheint und bellt sie an.

Rudolf Ditzen kommt aus dem Bauernhaus und geht einen gewundenen Pfad auf seine Gäste zu, um sie zu begrüßen. Sein vierjähriger Sohn und seine Frau Suse folgen ihm, sie trägt einen Säugling auf dem Arm. Das Landleben scheint ihnen gutzutun, denn alle strahlen Zufriedenheit aus.

Er schlägt vor, die Besucher herumzuzuführen. Ihre nasse Kleidung könne in der Sonne trocknen. Er zeigt ihnen das Bauernhaus. Es gibt einen stattlichen Gemüsegarten. Dahinter glitzert ein blauer See. Mildred sagt, sie möchte zum See spazieren. Sie wolle nicht alleine gehen, Rudolf solle sie begleiten. Er nimmt ihre Einladung an, die anderen kehren zum Bauernhaus zurück.

Nebeneinander schlendern Mildred und Rudolf weiter. Sie erzählt ihm vom Lake Michigan. Als Kind habe sie ihre Schuhe von den Füßen geschleudert und sei barfuß im Sand gelaufen. Stundenlang sei sie im Sonnenschein durch den See geschwommen, bis ihre Haut verbrannt gewesen sei.

»Es muss schwer für Sie sein, in einem fremden Land zu leben«, stellt Rudolf fest.

Mildred stimmt zu.

Er zündet sich eine Zigarette an und nimmt einen Zug. Eine Rauchwolke steigt auf. »Ich könnte wohl nie in einer anderen Sprache schreiben«, sagt er, »also auch nirgendwo sonst als in Deutschland leben.«

»Vielleicht ist es weniger wichtig, wo man lebt, als vielmehr, *wie* man lebt.« Auf dem Land, umgeben von Kühen, könne man in Ruhe schreiben.

Rudolf sagt das zu Mildred, die ihm unverwandt ins Gesicht blickt.

»Kann man hier und heute noch schreiben, wie man es möchte?«

»Es kommt darauf an, was man darunter versteht«, erklärt er. Er erzählt ihr von den Schwierigkeiten und den Vorschriften, denen Schriftsteller in Deutschland begegnen.

Sie müssen mir nichts erklären, könnte sie darauf erwidern, *Sie erzählen mir nichts, was ich nicht ohnehin schon weiß.* Aber sie schweigt. Er soll sagen, was er möchte. Und so spricht er immer weiter, darüber, wie die Behörden dieses oder jenes Wort verbieten könnten, aber die Sprache an sich nicht verboten werden könne, da Sprache etwas Lebendiges sei, etwas, das zu den Menschen in Deutschland gehöre. Sie lässt ihn weiter über diese Menschen reden. Über das *Volk.*

»Ja«, schließt er, »ich glaube, man kann auch hier und heute noch schreiben, wenn man die geltenden Spielregeln beachtet und nur ein klein wenig nachgibt. Nicht in den wichtigen Dingen, versteht sich.«

»Was ist wichtig, was unwichtig?«, fragt Mildred.

Er nimmt einen weiteren Zug an seiner Zigarette. Eine Rauchwolke steigt auf.

Am späten Nachmittag serviert Rudolfs Frau ein einfaches Abendbrot. Das Gespräch plätschert angenehm dahin.

Marthas russischer Geliebter macht keinen Mucks. Hin und wieder lächelt Boris Winogradow Martha an, und sie lächelt zurück. Ihre Kommunikation scheint einzig und allein aus Lächeln und Handzeichen zu bestehen.

Nach dem Abendessen gehen Mildred und Martha spazieren, den Hund im Schlepptau. Die Männer bleiben zurück und spielen Schach. Boris schaut zu, Rudolf und Heinrich treten gegeneinander an. Heinrich stört sich an der Vorrede von *Wer einmal aus dem Blechnapf frißt* und sagt das Rudolf auch. Rudolf wird wütend.

Auf der Rückfahrt nach Berlin spricht kaum jemand ein Wort. Boris steuert den Ford Cabriolet vom Bauernhaus weg auf die gewundene Landstraße. Seine Passagiere hängen ihren Gedanken nach. Als Mildred das Schweigen bricht, redet sie über den gequälten, feigen Schriftsteller, der ihre Aufmerksamkeit für den Großteil des Tages in Anspruch genommen hat. An einer Stelle habe sie Rudolf gefragt, warum er aufgegeben habe. Sein Gesicht sei dunkelrot geworden. Dann sei er verstummt.

Mildred wird ihn nicht für den Kreis anwerben. Niemand weiß, dass sie das eigentlich vorhatte. Weder Heinrich noch Martha noch deren russischer Verehrer sind sich darüber im Klaren.

Boris Winogradow hält das Steuer in der Hand und rast an einsamen Hütten und leeren Feldern vorbei. Die Scheinwerfer strahlen gelb in der Dunkelheit.

Die Nacht der langen Messer

1934

1.

Einige Tage vor Beginn der Massaker kommen drei Männer in einem gut beleuchteten Arbeitszimmer zusammen.

Sie sind Hitlers loyalste Lakaien. Der jüngste von ihnen ist gerade einmal dreißig Jahre alt. Letzten Monat wurde er zum neuen Chef der Gestapo ernannt. Neben ihm hat der dreiunddreißigjährige Anführer der SS und Baumeister des Konzentrationslagersystems Platz genommen. Der dritte Mann sitzt nicht, sondern geht auf und ab. Das gut beleuchtete Arbeitszimmer ist sein Büro. Er ist einundvierzig Jahre alt und den beiden anderen in Rang und Alter überlegen. Er ist Reichskommissar für das preußische Innenministerium und Reichskommissar für den Luftverkehr. Letztes Jahr hat er die Gründung der Gestapo federführend geplant und als ihr erster Leiter fungiert.

Die drei Männer sind Reinhard Heydrich, Heinrich Himmler und Hermann Göring. Jeder von ihnen wird in den kommenden Jahren spektakulär Karriere machen und Amtstitel sowie Ministerposten anhäufen wie kleine Buben Murmeln.

Hitler ist nun seit beinahe eineinhalb Jahren Reichskanzler, und manche Deutsche werden skeptisch. Manche beschweren sich, die neuen Gesetze seien zu streng. Eine lautstarke Gruppe wohlhabender Rechtskonservativer verlangt, dass die willkürlichen Verhaftungen und die Gewalt auf den Straßen ein Ende haben. Es gibt Anzeichen für eine deutliche Verbesserung der wirtschaftlichen Lage: Bis Juni 1934 ist die Arbeitslosigkeit um mehr als 50 Prozent gesunken. Doch die Brutalität der Nazis gefährdet die Stabilität. Die Angst wabert durch ganz Deutschland. Ein Flüstern über eine zweite Revolution hängt in der Luft. In manchen Ortschaften treibt die Furcht vor einer weiteren lähmenden Rezession die Menschen zu Panik- und Hamsterkäufen.

Die drei loyalen Lakaien Hitlers wissen, dass es mehrere Möglichkeiten gibt, diese Probleme zu lösen.

Erstens könnten sie verlauten lassen, dass es den Deutschen viel besser gehe als noch vor anderthalb Jahren. Aber das tun sie ja bereits.

Zweitens könnten sie die Opposition verhaften lassen. Jeder, der Hitlers Politik in Frage stellt, gilt als oppositionell, Rechtskonservative und Nationalsozialisten bilden da keine Ausnahme. Aber sie zu verhaften heißt noch nicht, dass man sie damit auch zum Schweigen bringt.

Was die Drei zur dritten Möglichkeit bringt: die Opposition zu erschießen.

2.

Ein Mann fehlt im gut beleuchteten Arbeitszimmer. Er heißt Ernst Röhm. Seit vierzehn Jahren ist er Hitlers politischer Verbündeter und enger Freund. Als Hitler noch ein Emporkömmling auf der politischen Bühne war und Reden in Bierkellern hielt, war Röhm da, um ihn zu beschützen und neue Anhänger anzuwerben. Jeder andere muss Hitler mit »Mein Führer« ansprechen. Röhm nennt ihn »Adolf«. Manchmal ist Röhm sogar noch kecker. Manchmal sagt er »Adi« zu ihm.

Hitler und Röhm – Adi und Ernst – sind wie siamesische Zwillinge. Jeder weiß das. Und viele, darunter die drei Männer im gut beleuchteten Arbeitszimmer, verabscheuen diesen Umstand.

Röhm ist Anführer der SA. Unter seinem Kommando stehen drei Millionen Männer, zählt man die ehemaligen Soldaten des Stahlhelms hinzu, eines Wehrverbands aus Kriegsveteranen, sind es sogar siebeneinhalb Millionen Männer. Die bloßen Zahlen sind schwindelerregend. Röhms Streitmacht entspricht der eines ganzen Heeres. Im Vergleich dazu besteht die SS aus mageren 50.000 Mann.

Als Reichsführer SS fühlt Himmler sich unterlegen. Gleiches gilt für Heydrich, da die Gestapo nie auch nur in die Nähe dieser Zahlen gelangen wird. Auch Göring macht Röhms Beliebtheit nervös.

Selbst Hitler wird es zunehmend mulmig zumute. Was passiert, wenn Röhm den Entschluss fasst, sich gegen ihn zu wenden, und er einen Umsturz anführt? Allein schon der Gedanke löst bei Hitler paranoide Zustände aus.

Ernst muss weg.

3.

Am 30. Juni 1934 wird Ernst Röhm verhaftet und ins Gefängnis geworfen.

Am nächsten Morgen betreten zwei SS-Offiziere seine Zelle. Selbstmord, erläutern sie, sei sein gutes Recht. Sie geben ihm eine Waffe.

Röhm nimmt die Waffe, eine geladene Browning-Pistole, verweigert jedoch die Selbsttötung. Also erschießen sie ihn.

4.

Das Massaker dauert drei Tage. Es wird als Röhm-Putsch in die Geschichte eingehen. Außerdem wird das Massaker unter einem anderen Namen bekannt: die Nacht der langen Messer.

Die SS ermordet eine ganze Reihe Politiker, darunter einige Männer, die für Vizekanzler von Papen tätig sind. Der Pressechef des Vizekanzlers, Herbert von Bose, wird erschossen. Der Redenschreiber von Papens wird erschossen. Ein Freund des Vizekanzlers wird erschossen. Von Papen selbst entgeht nur knapp dem Tod und erhält stattdessen Hausarrest.

In Berlin werden 150 SA-Männer an die Wand gestellt und erschossen.

In München spielt ein Mann im Arbeitszimmer seiner Wohnung Cello, während seine Frau das Abendessen zubereitet und ihre drei Kinder im Alter von zwei, acht und neun Jahren spielen. Es klingelt an der Tür. Vier SS-Männer marschieren in die Wohnung und nehmen den Mann fest. Später schießen sie ihn tot und liefern seinen Sarg mit einer Entschuldigung an seine Frau aus. Der Mann sei nicht der gewesen, für den sie ihn gehalten hätten. Sie hatten den Musiker Willi Schmid mit dem SA-Offizier Willi Schmidt verwechselt.

Über 1.000 Personen werden verhaftet.

Hitler befiehlt dem Reichsjustizministerium die nachträgliche Legalisierung der Geschehnisse. Er verspricht, eine Rede zu halten, die alles erklärt.

5.

Gesetz über Maßnahmen der Staatsnotwehr vom 3. Juli 1934

Die Reichsregierung hat das folgende Gesetz beschlossen, das hiermit verkündet wird:

Die zur Niederschlagung hoch- und landesverräterischer Angriffe am 30. Juni, 1. und 2. Juli 1934 vollzogenen Maßnahmen sind als Staatsnotwehr rechtens.

Berlin, den 3. Juli 1934

Der Reichskanzler
Adolf Hitler

Der Reichsminister des Innern
Frick

Der Reichsminister der Justiz
Dr. Gürtner

6.

Hitlers Rede wird im Radio übertragen. Er schimpft darin über eine Bande Verräter, die mit Hilfe eines nicht näher genannten Landes einen Staatsstreich geplant hätten. Er spielt düster auf seinen Freund Röhm an und behauptet, dieser habe ein Komplott zu seiner Ermordung geschmiedet.

> Die Nation muss wissen, dass ihre Existenz – und diese wird garantiert durch die innere Ordnung und Sicherheit – von niemandem ungestraft bedroht wird. Und es soll jeder für alle Zukunft wissen, dass, wenn er die Hand zum Schlag gegen den Staat erhebt, der sichere Tod sein Los ist.

7.

Hitlers Drohung ist klar und deutlich und hart wie ein Hammerschlag. *Der sichere Tod.*

Mildred und Arvid entscheiden, dass es Zeit für einen Umzug ist. Sie finden eine kleine Wohnung in einem abgelegenen Eck von Wannsee, einem Vorort Berlins. Ihr altes Zuhause ist nicht weit weg, gerade einmal knapp 25 Kilometer, doch mag die neue Wohnung ebenso gut in einer anderen Welt liegen, einer Welt, die aus dichten, moosbewachsenen Wäldern und zwei Seen besteht, einem großen und einem kleinen. Im Kleinen Wannsee sind Mildred und Arvid früher sonntags schwimmen gegangen. Sie saßen auf ihren Handtüchern und aßen belegte Brote in der Sonne, die das Wasser auf ihrer Haut trocknete. Ausgeruht und für eine weitere Arbeitswoche bereit, kehrten sie nach Berlin zurück.

Die Zeiten haben sich geändert. Ein blutiges Massaker fand am helllichten Tage statt. Unzählige Menschen wurden in den Rücken, ins Gesicht oder in die Brust geschossen und ihre Leichen in Gräben geworfen oder in Särge gesteckt und an ihre Ehefrauen ausgeliefert. In manchen Fällen wurden die Ehefrauen gleich mit umgebracht.

Verbrecher. Deutschland wird von Verbrechern regiert.

8.

Mildred muss nachdenken, um sich über das beste Vorgehen klarzuwerden.

Jeden Morgen vor dem Frühstück gehen Arvid und sie spazieren und unterhalten sich darüber, was sie tun sollen. Nachmittags schreibt sie. Im Augenblick empfindet sie das Schreiben als zutiefst befriedigend, weil es ihr dabei hilft, nicht immer an Verbrecher zu denken, zumindest für eine kleine Weile.

Die Buchkolumne mit Martha Dodd gibt es nicht mehr. Nach drei Monaten und einem halben Dutzend Kolumnen hat Martha das Interesse verloren und vage auf andere zeitliche Verpflichtungen hingewiesen. Es ist wahrscheinlich besser so. Martha hatte es nicht so mit der Zusammenarbeit, Mildred hat die meisten Artikel selbst verfasst. In ihrer letzten Kolumne, es ging darin um Hervey Allens epischen Roman *Antonio Adverso*, tat Mildred nicht mehr so, als gäbe es eine Co-Autorin, sondern unterzeichnete ihn nur mit ihren eigenen Initialen.

9.

Mildred setzt einen Brief an Martha auf. In der Eile, mit der sie Berlin verlassen hat, hat sie sich nicht verabschiedet.

Sie erwähnt, dass sie gerade ein Buch über einen Mann liest, der einsam ist, sich über die zerstörerischen Kräfte in seinem Land Sorgen macht und darüber den Verstand verliert.

Mildred verliert nicht den Verstand, doch fordern die Belastungen des Lebens in Deutschland langsam ihren Tribut.

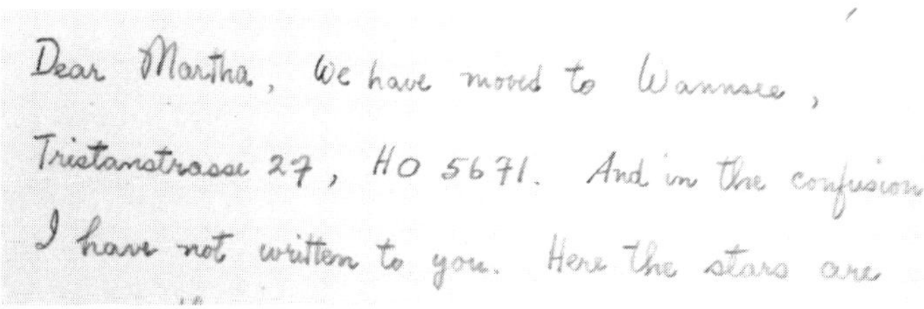
Dear Martha, We have moved to Wannsee,
Tristanstrasse 27, HO 5671. And in the confusion
I have not written to you. Here the stars are

Es handelt sich nicht um eine von Mildreds anonymen Ansichtskarten. Dieses Mal unterschreibt sie mit ihrem Namen.

Love from Mildred

10.

Es ist der 2. August 1934, 9 Uhr morgens. Reichspräsident Paul von Hindenburg ist tot. Nach längerer Krankheit hat das sechsundachtzigjährige Staatsoberhaupt seinen letzten Atemzug getan.

Drei Stunden später veröffentlicht die Reichsregierung eine Erklärung.

Das Amt des Reichspräsidenten wird abgeschafft. Das Amt des Vizekanzlers gehört der Vergangenheit an. Adolf Hitler ist nun das einzige Staatsoberhaupt des Deutschen Reichs.

Mildred hört die Nachricht im Radio. Arvid ist auch da und geht im Zimmer auf und ab.

DER JUNGE
V

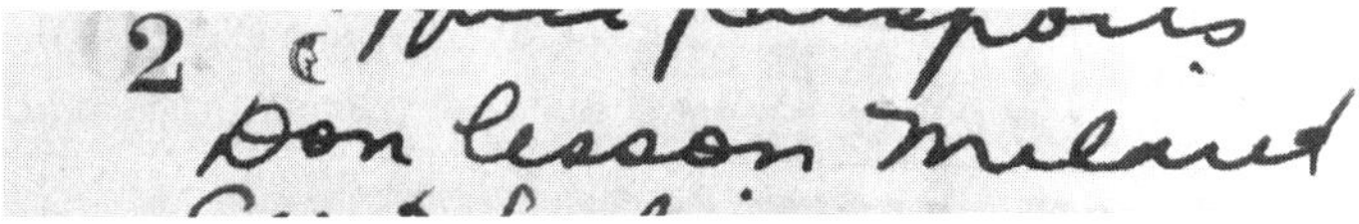

Ein Molekül und andere kleine Dinge

1939

1.

Als Don zum ersten Mal bei Mildred zu Besuch war, fiel ihm nicht auf, ob es in ihrer Wohnung laut oder leise, dunkel oder hell, warm oder kalt war. Nun weiß er: Es ist leise, hell und kalt.

Er hört ein Knistern. Sein Blick fällt auf den Kachelofen in der Zimmerecke. Darin brennt Kohle. Einige schwelende Brocken liegen in einem Haufen hinter einer mit Öffnungen versehenen Tür. Ein dickes Rohr reicht bis unter die Decke und führt den Rauch nach draußen in die eisige graue Luft. Draußen ist es kälter als drinnen, wenn auch nicht viel.

Er zieht seinen Ranzen aus, der vom Schnee ganz durchgeweicht ist.

Mildred hängt seinen Mantel an einen Holzstuhl neben den Ofen. *Leg deinen Ranzen da ab*, sagt sie zu ihm und zeigt auf das Sofa. Es ist gepolstert und hat Armlehnen aus Holz. Zum Lesen sitzt sie dort am liebsten, wird er in den nächsten anderthalb Jahren feststellen. Außerdem wird er herausfinden, dass Orangen ihr Lieblingsobst sind und dass sie fast nichts so sehr liebt auf der Welt wie Blumen. Er setzt sich neben sie.

Nun hol dein Buch heraus, bittet sie ihn.

Don tut, wie geheißen, und öffnet seinen Ranzen.

Sie zeigt auf einen Textabschnitt. Ihr Finger sieht nicht so aus wie der seiner Mutter. Die Nägel seiner Mutter sind rot lackiert und glänzen. Mildreds nicht.

Die Sätze auf dem Papier bringen ihn mit ihren Punkten und Kommata, die wie Kieselsteine auf dem Weg verstreut liegen, zum Straucheln. Er gerät ins Stolpern, kämpft sich voran, stolpert wieder. Er kennt das Buch nicht und weiß nicht, warum sie möchte, dass er daraus vorliest. Lieber würde er *Antonio Adverso* lesen. Das hat er auf einem Tisch im American Women's Club gefunden, wo seine Mutter gerne zu Mittag isst. *Antonio Adverso* ist ein dicker

Wälzer und 1224 Seiten lang – zählt man das Inhaltsverzeichnis mit, laut dem das Werk aus neun Büchern besteht, sind es sogar noch mehr. Das erste Buch hat den Untertitel: »Worin der Samen in den Zauberwald fällt«. Das zweite: »Worin die Wurzeln des Baums freigelegt werden«. Das dritte: »Worin die Wurzeln des Baums losgerissen werden«. Und so setzt es sich fort bis zum neunten Buch, das überschrieben ist: »Worin der Baum gefällt wird«. In dem Werk, das Mildred ihm zur Lektüre aufgetragen hat, geht es um arme Leute aus Oklahoma. Beim Titel – *Früchte des Zorns* – denkt er an Obst und nicht an Menschen.

Er hat den Abschnitt fertiggelesen. Er sagt, er ist müde. Er schaut auf seine Füße. Wippt mit den Beinen. Mildred trinkt einen Schluck Tee.

Nun, erklärt sie schließlich. *Der Unterricht muss heute nicht lang dauern.*

Sie steht vom Sofa auf und sagt ihm, er solle sein Buch zurück in den Ranzen packen. Bevor er ihn schließt, lässt sie einen Zettel hineingleiten. Zu Hause wird er den Zettel seiner Mutter übergeben. Später, wenn sein Vater aus der Botschaft heimkehrt, wird Louise den Zettel an ihn weiterreichen.

Vergiss deinen Mantel nicht.

Don erinnert sich, dass sie seinen Mantel auf den Stuhl am Ofen gelegt hat. Sie hilft ihm hinein. Der Mantel ist jetzt warm.

2.

Nach dem Unterricht geht Don zur Hauptstraße und sucht nach Mole.

»Mole« ist die Abkürzung von »Molekül«. Etwas Kleines. Vor ein paar Jahren, als Mole mit ein paar älteren und größeren Jungen auf der Hauptstraße spielte, wurde ihm dieser Spitzname verpasst, den er bis heute trägt.

Eigentlich heißt Mole Günther Möllmann. Seine Familie ist arm. Seine Kleidung ist gebraucht und zu groß. Moles älterer Bruder ist beim Militär. Er wurde eingezogen. Er wollte ohnehin zur Armee, also hätte er sich freiwillig gemeldet, wäre er nicht eingezogen worden. Das hat Mole Don erklärt, als die beiden sich kennenlernten.

Mole und Don sind im selben Alter. Mole ist zu jung, um es seinem großen Bruder gleichzutun, doch sollte er eines Tages ebenfalls eingezogen werden, will er sich nicht weigern, weil ihm wohl nichts anderes übrigbleibt. *Aber ich werde dich nicht erschießen*, versichert er Don.

Ich werde dich auch nicht erschießen, verspricht Don seinem Freund.

Im Großen Krieg haben ihre Väter auf zwei Seiten gekämpft. Don und Mole fragen sich, ob ihre Väter heute wohl Freunde wären. Der Gedanke ist so unvorstellbar, dass sie schon beim bloßen Versuch lachen müssen.

3.

Eines Tages macht Don im Park ein Foto von Mole.

Er richtet die Kamera so aus, wie es ihm sein Vater gezeigt hat, und achtet darauf, dass Mole sich genau in der Mitte des Bildes befindet. Die Sonne steht tief, so dass Dons Schatten lang und breit auf Mole fällt und dessen Bein vom Knie abwärts ins Dunkle taucht.

4.

Vier andere Jungs gehören zu Moles Bande. Einer heißt Achim, der andere Peter und der dritte Siggi. Achim heißt eigentlich Joachim Steinberg. Peter heißt Peter Muenzberg. Siggi ist die Abkürzung von Siegfried. Dann gibt es da noch Pladik. Sie sind alle arm und wohnen in der Hauptstraße. Zunächst wollten Achim, Peter, Siggi und Pladik keinen amerikanischen Jungen in ihrer Bande haben, doch sie überlegten es sich anders, als sie Don eines Tages auf seinem Flexible-Flyer-Schlitten sahen.

An jenem Tag war es eiskalt, es lag frischgefallener Schnee. Don war im Park und fuhr mit seinem Schlitten einen steilen, schneebedeckten Abhang hinunter. Moles Bande entdeckte ihn, den einsamen amerikanischen Jungen, der auf einem Holzschlitten mit roten Kufen den Berg hinabsauste. Auf dem Schlitten war ein herrliches Bild von einem Adler mit ausgebreiteten Flügeln und einem roten Spruchband im Schnabel aufgemalt. Auf dem Band stand in prächtigen Lettern FLEXIBLE FLYER.

Als Don unten ankam, eilten die Jungs zu ihm hinüber. Sie wollten alle mit seinem Schlitten fahren. Mole trat vor und teilte ihnen mit, das dürften sie nicht. Zuerst müssten sie Don in ihre Bande aufnehmen.

Dafür mochte Don Mole umso mehr.

Früher hieß die Bande »Trencks Panduren«, aber nach Dons Beitritt änderten die Jungen den Namen. Jetzt nennen sie sich »Die Kansas-Jack-Gang«.

Die Kansas-Jack-Gang

1939

1.

Natürlich kommt Don gar nicht aus Kansas. Er wurde in der Schweiz geboren, aber das ist nur eine Formsache, die er Mole nicht erklärt. Don hält Kansas für sein Zuhause, weil dort seine Mutter und sein Vater zur Welt gekommen und aufgewachsen sind.

Mole liebt Kansas. Achim, Peter, Siggi und Pladik tun das auch. Sie alle kennen Kansas aus den Büchern von Karl May, dem deutschen Schriftsteller, der über den Wilden Westen, Cowboys, Indianer und den Apachenhäuptling Winnetou geschrieben hat.

2.

In seinen Hosentaschen hat Don ein paar Pfennige, eine Packung Wackelpuddingpulver von Dr. Oetker und vielleicht eine oder zwei Murmeln.

Die Pfennige sind für Nüsse. Ein Mann an der Ecke auf der anderen Straßenseite von Mildreds Wohnung verkauft sie aus einem Karren heraus. Das Puddingpulver ist eine weitere Leckerei, die man am besten verspeist, indem man die Tüte oben aufreißt und die Zunge hineinsteckt. Die Murmeln kann man gegen Pfennige oder Puddingpulver oder Schrauben oder Blechstücke oder so gut wie sonst alles eintauschen, was deutsche Buben auf den Straßen Berlins so in ihren Taschen haben.

Don sammelt ebenso viele verschiedene Dinge als Zahlungsmittel, wie er unterschiedliche Routen zu Mildreds Wohnung einschlägt. *Der Wolf wusste genau, dass er Rotkäppchen abfangen konnte, weil sie immer denselben Weg zum Haus ihrer Großmutter wählte*, erinnerte ihn sein Vater. Manchmal geht Don die Bülowstraße bis zur Amerikanischen Kirche hinab, wo er die Stufen zum Kirchturm erklimmt, um sich einen Überblick zu verschaffen. Manchmal läuft er den ganzen Weg bis zum Kanal. Manchmal nimmt er einen Umweg über den Berliner Zoo. Dort schaut er sich die See-Elefanten durch das mit Fingerabdrücken verschmierte Glas des Aquariums an und prüft im Spiegelbild genau, ob ihm jemand folgt.

3.

Du hast ein gutes Gedächtnis, sagt Mildred zu ihm, wenn er die Namen aller Figuren aus Karl Mays Büchern herunterrattert und alle Tiere aufzählt, die er im Berliner Zoo gesehen hat. Sie fragt ihn, welchen Weg er zu ihrer Wohnung gegangen ist. Er nennt die Straßennamen und U-Bahnhöfe. Ist ihr Unterricht vorüber, lässt sie einen Zettel in seinen Ranzen gleiten.

Ein gutes Gedächtnis ist in der Spionage essentiell, obwohl Don erst in vielen Jahren erfahren wird, was »Spionage« bedeutet.

MILDRED
VI

Fragment

Fragebogen
Strafanstalt Berlin-Plötzensee
16. Februar 1943

Haben Sie besonders starke Leidenschaften?
(Trinken, Spielen, Rauchen, geschlechtliche Ausschweifungen) Nein.

Eine neue Strategie

1935

1.

Im Februar 1935 kehren Mildred und Arvid nach Berlin zurück und beziehen eine Wohnung in der Woyrschstraße 46. Sie haben einen neuen Plan ausgearbeitet. Es ist ein radikaler Strategiewechsel.

Der Kreis ist zu klein und zu schwach. Den Faschismus mit Büchern und Flugblättern zu bekämpfen, genügt nicht. Papier ist eine armselige Waffe gegen Deutschlands allmächtigen Führer. Es bedarf einer stärkeren Waffe, einer, die ins Innerste der Naziregierung eindringt und sie von innen her zerstört.

2.

Jeden Morgen können die Nachbarn sehen, wie Arvid mit einer Aktentasche in der Hand aus dem vierten Stock die Treppen hinuntergeht und aus der Haustür tritt.

Was sich in der Aktentasche befindet, können die Nachbarn nur vermuten. Arvid hat eine Stelle im Wirtschaftsministerium bekommen. Die Dokumente, mit denen er hantiert, sind streng vertraulich. Er muss Berichte schreiben, die sein Chef, Hjalmar Schacht, bei Besprechungen Hitler vorlegen wird. Arvid hofft, sich ebenfalls den Ruf eines glänzenden Analytikers der ökonomischen Verhältnisse zu erwerben. Sein Auftreten als ein pflichtbewusster Diener des *Dritten Reiches* und seine Diskretion in Wort und Tat haben ihm bereits die Bewunderung seiner Kollegen im Wirtschaftsministerium verschafft, die ihn jeden Morgen, wenn er das Gebäude betritt, mit hochgestrecktem rechtem Arm und einem »Heil Hitler!« begrüßen.

»Heil Hitler!«, erwidert Arvid, der ebenfalls seinen Arm zum Deutschen Gruß erhebt.

3.

Arvid steht nun täglich im Kontakt mit hochrangigen Nazis und lernt ihre Geheimnisse kennen, indem er ihre Dokumente liest.

Seine nackte Angst verbirgt er hinter einem ausdruckslosen Gesicht. Er setzt eine »fast langweilige Miene« auf, wie sein Neffe Wolfgang es ausdrückt. Hinter den runden Brillengläsern wirken seine Augen weich und unkonzentriert, was ihn professoral und gedankenverloren wirken lässt. Der halbstarke Raufbold, der vor vielen Jahren einen Stock in sein Auge stieß, erwies ihm, ohne es zu wissen, einen Dienst. Arvids blindes Auge ist eine Art von Tarnung.

Die Nazis um ihn herum sind indes noch blinder als er. Es wird fünf Jahre dauern, bis einer von ihnen den Verdacht schöpft, dass Arvid Harnack im Widerstand ist.

4.

Mildred macht sich Sorgen um Arvid.

Jeder Nazibürokrat, der auch nur einen Blick auf Arvids Vergangenheit und seine jetzigen Verbindungen wirft, könnte seine Verhaftung fordern. Sein früheres Mitwirken bei der ARPLAN wäre schon Grund genug.

Arvid versichert Mildred, dass Bürokraten ebenso oft wichtige Details übersähen, wie sie diese entdeckten, und dass ein eindrucksvoller Familienname in einer faschistischen Diktatur genauso Türen öffne wie in einer liberalen Demokratie. Im Lauf der Jahre haben sich in Arvids sozialem und beruflichem Umfeld zahlreiche Türen für ihn geöffnet, sobald er nur erwähnt, dass er der Neffe des großen Adolf von Harnack ist. Manchmal muss er dies nicht mal erwähnen; allein schon seinen Namen erkennt man.

1851 geboren, war Adolf von Harnack ein ideenreicher Theologe, der nach dem Ersten Weltkrieg an der Ausarbeitung der Weimarer Verfassung mitwirkte. Mit seinen provokativen Lehren eckte er bei den rückwärtsgewandten Gruppierungen der Kirche an. Er pochte darauf, dass nichts tabu sein dürfe; jedes Wort der Bibel müsse geprüft werden. Onkel Adolf, wie Arvid ihn nannte, wohnte im Grunewald, einem wohlhabenden Berliner Vorort mit einem dichten Birkenbestand, in einem dreistöckigen Haus in der Kunz-

Buntschuhstraße, das groß genug für eine Frau und sieben Kinder war. Hans Delbrück, ein Historiker und Mitglied des Reichstags, lebte mit seiner Frau und ebenfalls sieben Kindern in derselben Straße. Und um die Ecke, in einem großen gelben Haus in der Wangenheimstraße, wohnte ein Professor der Psychiatrie namens Karl Bonhoeffer mit seiner Frau und acht Kindern.

Die Harnacks, Delbrücks und Bonhoeffers waren alle durch Heirat miteinander verbunden. Eine Schar von Kleinkindern, Kindern und Jugendlichen strömte aus ihren Häusern. Als Arvid zwölf wurde, lernte er sie gut kennen. Die Zugfahrt von seinem Jenaer Zuhause in den Grunewald dauerte fast einen ganzen Vormittag, aber der Schwarm von Cousins und Cousinen, der ihn bei seiner Ankunft begrüßte, entschädigte ihn dafür. Er freundete sich mit den Cousins an, die ihm altersmäßig am nächsten standen. Klaus Bonhoeffer war auch zwölf, Justus Delbrück war ein Jahr jünger, Emmi Delbrück war vier Jahre jünger, und sowohl Max Delbrück als auch Dietrich Bonhoeffer waren fünf Jahre jünger. (Die Bonhoeffer-Buben gingen mit einem Jungen namens Hans von Dohnanyi zur Schule, der ebenfalls in die Familie einheiraten sollte.)

Seit seinem Tod im Jahr 1930 ist Adolf von Harnacks Ruhm in Deutschland nur noch gewachsen. Bei dem großen Gedenkgottesdienst, zu dem der Außenminister, der Innenminister und der Kulturminister ebenso gekommen waren wie eine Vielzahl von Harnacks, Delbrücks, Dohnanyis und Bonhoeffers, hielt der gerade mal vierundzwanzig Jahre alte Dietrich Bonhoeffer eine ergreifende Trauerrede. Mildred saß neben Arvid in der ersten Reihe und hielt seine Hand. Gegen Ende seiner Rede rühmte Dietrich Adolf von Harnack als einen Mann,

> der sein freies Urteil je und je neu bildete und es ungeachtet der ängstlichen Gebundenheit der vielen je wieder deutlich zum Ausdruck brachte.

Das Gedenken fand im Harnack-Haus statt, das man im Jahr zuvor mit Mitteln des preußischen Staates als Treffpunkt für angesehene Wissenschaftler, Künstler, Botschafter und Intellektuelle errichtet hatte. Ein Gästebuch konnte sich im Laufe der Jahre der Namen mehrerer Nobelpreisträger rühmen: des indischen Dichters Rabindranath Tagore, der deutschen Physiker Albert Einstein, Max Planck und Werner Heisenberg. Hier, in einem nach Goethe benannten Prunksaal, trug Einstein zum ersten Mal seine Relativitätstheorie vor.

Wie viel sich seitdem verändert hat – und wie *rasch*.

Am 4. Februar 1935 versammelten sich im Harnack-Haus hochrangige Nationalsozialisten, darunter Goebbels und Hitler höchstpersönlich, um der Eröffnung des Reichsfilmarchivs beizuwohnen, des ersten Archivs seiner Art und ein Triumph der Nazis.

Arvid war entsetzt.

Doch all das wird ihm helfen, seine neue Strategie umzusetzen: sich direkt unter der Nase des Führers in Stellung zu bringen.

Bye-bye, Vertrag von Versailles

1935

1.

Am 16. März 1935 verkündet Hitler ein neues Gesetz: Für alle deutschen Männer im Alter von achtzehn bis fünfundvierzig gilt von nun an die Wehrpflicht. Das Gesetz ist ein eklatanter Verstoß gegen den Versailler Vertrag, der nach dem Ersten Weltkrieg von den Siegermachten – den Vereinigten Staaten, dem Vereinigten Königreich, Frankreich und Italien – aufgesetzt worden war und den Deutschen verbietet, Panzer, Militärflugzeuge sowie U-Boote zu bauen und der die Größe der deutschen Armee auf hunderttausend Freiwillige begrenzt. Eine allgemeine Wehrpflicht ist nicht erlaubt, aber Hitler hofft, dass die Welt darüber hinwegsehen wird, zumal, wenn er ans Mikrofon tritt und allen versichert, *Frieden* zu wollen.

Am 17. März sagt er:

> Das deutsche Volk will keinen Krieg. Wir wollen friedlich und glücklich sein.

Am 1. Mai sagt er:

> Die Deutschen wollen ausschließlich Frieden mit dem Rest der Welt.

Am 21. Mai sagt er:

> Deutschland braucht den Frieden, und es wünscht den Frieden.

Am 11. August sagt er:

> Wir wollen den Frieden.

Am 28. August sagt er:

Wir haben hundertmal erklärt, dass wir den Frieden wollen.

Hitler ist sich wohlbewusst, dass der Erste Weltkrieg für die Deutschen, die sich an ihre Volksempfänger drängen, um ihn zu hören, ein wunder Punkt ist. Er weiß, dass die bloße Erwähnung des Versailler Vertrags sie kollektiv zusammenzucken lässt.

Im Sommer 1919 unterzeichnet, verlangte der Versailler Vertrag von den Deutschen, die volle Verantwortung für den Beginn des Krieges zu übernehmen. Der Kaiser des Deutschen Reiches, Wilhelm II., der den ersten Schuss befohlen hatte, dankte ab und floh nach Holland, wo er sich abermals in einem prachtvollen Schloss niederließ. Das Schloss verfügte über eine zahlreiche Dienerschaft, bot einen entzückenden Blick auf die ländliche Gegend und trug einen Namen mit einem Zischlaut, »Huis Doorn«. Während Wilhelm II. unter einem gewaltigen Kronleuchter Wein aus goldenen Bechern in sich hineinkippte, mussten die gewöhnlichen Deutschen mit den Folgen des Vertrags leben, der ihr Land schwächen sollte, damit es nie mehr zu einer Bedrohung für die Welt werden würde. Den größten Effekt hatte dabei eine Bestimmung, die von Deutschland eine kolossale Summe an Reparationszahlungen forderte. (Deutschland hätte neunzig Jahre – bis Oktober 2010 – gebraucht, um die Schulden abzuzahlen.)

Die erste Zahlung war 1921 fällig. Deutschlands neue demokratische Regierung hatte Mühe, die Summe aufzubringen, und sie versuchte das Problem zu lösen, indem sie mehr Geld drucken ließ. Zweitausend Druckerpressen produzierten eine scheinbar endlose Menge von Banknoten. Die Inflation schoss in den Himmel. Die Wirtschaft war derartigen Schwankungen ausgesetzt, dass die Preise oftmals an einem einzigen Nachmittag sprunghaft anstiegen. Eine Tasse Kaffee, die um 13 Uhr 5.000 Mark kostete, sollte ein paar Stunden später 14.000 Mark kosten. Mit dem Absturz der deutschen Währung geriet jeder Einkauf zu etwas Aberwitzigem. Für eine Schubkarre Geld konnte man nicht einmal eine Zeitung kaufen. Die deutsche Journalistin Bella Fromm schrieb in ihr Tagebuch:

> Wenn man einkaufen geht, muss man seine Banknoten in Reisekoffern mitnehmen. [...] Um einen Brief innerhalb Deutschlands mit der Post zu befördern, musste ich einige Millionen Mark Porto bezahlen.

Menschen mit einer Pension oder einem Bankkonto verloren beinahe ihr ganzes Geld. Grassierender Diebstahl, Obdachlosigkeit und Hunger waren die Folge. Die Anzahl von Suiziden stieg steil an und erreichte ein Rekordniveau. Zeitungen veröffentlichten Listen der Toten; Magazine druckten Artikel, deren Thema die allgemeine Verzweiflung war. »Man hat nicht viel zuzusetzen«, beginnt ein solcher Artikel.

> Das trommelt täglich auf die Nerven: der Zahlenwahnsinn, die ungewisse Zukunft, das über Nacht wieder fraglich gewordene Heute und Morgen. Epidemie der Angst, der nacktesten Not: dem Blick längst entwöhnt gewesene Käuferschlangen stehen wieder vor den Läden, erst vor einem, dann vor allen. Keine Krankheit ist so ansteckend wie diese. Die Anstellschlangen haben etwas Suggestives: der Blick der Frauen, ihre hastig angetanen Küchenkleider, ihre vergrämten geduldigen Gesichter. Die Anstehschlangen sind immer wieder das gleiche Fanal: Die Stadt, die große steinerne Stadt wird wieder einmal leergekauft. Reis, gestern noch das Pfund 80 000 Mark, kostet heute 160 000 Mark, morgen vielleicht das Doppelte, übermorgen zuckt der Mann hinterm Ladentisch die Achseln: ›Reis ist alle.‹ Also Nudeln! ›Nudeln sind alle.‹

Bis zum Winter 1923 waren 42 Milliarden Mark nur einen amerikanischen Cent wert.

Die Malerin Käthe Kollwitz streifte in den von Müll übersäten Berliner Straßen umher und klebte Plakate an Wände und Litfaßsäulen. Ihre Plakate waren Schreie der Verzweiflung. Über einer Gestalt mit offenem Mund stehen in großen schwarzen Buchstaben die Worte »Nie wieder Krieg!«. Es war ein Gefühl, das von vielen geteilt wurde.

2.

Die Kunstwerke von Kollwitz hat man aus den Museen entfernt. Sie gehört zu den Künstlern, deren Werk als anstößig, subversiv, *entartet* gilt. Ihre Plakate wurden abgerissen, und die Berliner Straßen wurden sauber geschrubbt, aber die Erinnerung an den verheerenden wirtschaftlichen Zusammenbruch lebt fort. Die Mittelklasse, die Arbeiterklasse und wohlhabende Aristokraten, alle haben sie den Zusammenbruch gespürt; niemand war ausgenommen.

Oder *fast* niemand. Die deutschen Großindustriellen haben die Hyperinflation nicht nur überlebt, sie haben von ihr sogar profitiert. In den 1920er Jahren wussten die Industriemagnaten an der Spitze des gewaltigen I. G.-Farben-Konzerns und des Waffenherstellers Friedrich Krupp sehr wohl, dass die Hyperinflation die deutschen Industrieprodukte billiger machte und leichter zu exportieren. Während der Großteil der Bevölkerung in Deutschland schwer zu leiden hatte, häuften diese Magnaten sogar noch größere Vermögen an. Sie gehörten auch zu jenen Industriellen, die die nationalsozialistische Partei unmittelbar nach Hitlers Machtergreifung 1933 finanziell unterstützten und für die die Wiederbewaffnung nun einen stattlichen Profit abwirft.

Tommy

1935

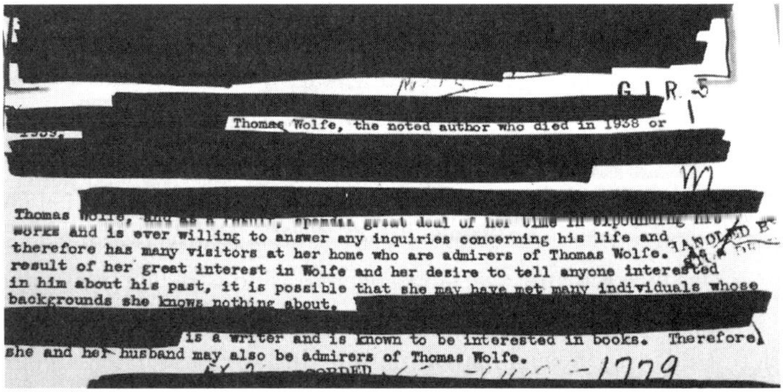
[redacted]

[redacted] Thomas Wolfe, the noted author who died in 1938 or 1939. [redacted]

Thomas [redacted] works and is ever willing to answer any inquiries concerning his life and therefore has many visitors at her home who are admirers of Thomas Wolfe. As a result of her great interest in Wolfe and her desire to tell anyone interested in him about his past, it is possible that she may have met many individuals whose backgrounds she knows nothing about. [redacted]

[redacted] is a writer and is known to be interested in books. Therefore she and her husband may also be admirers of Thomas Wolfe.

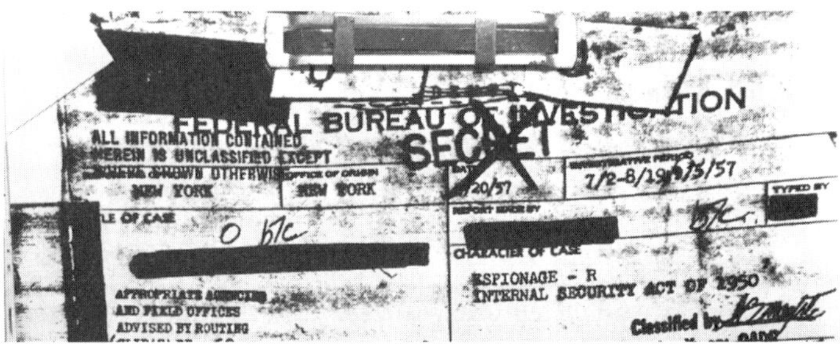
FEDERAL BUREAU OF INVESTIGATION

SECRET

ALL INFORMATION CONTAINED HEREIN IS UNCLASSIFIED EXCEPT WHERE SHOWN OTHERWISE

NEW YORK	OFFICE OF ORIGIN: NEW YORK	20/57	INVESTIGATIVE PERIOD: 7/2-8/19 5/57	TYPED BY: [redacted]
TITLE OF CASE: [redacted]		REPORT MADE BY: [redacted]		
		CHARACTER OF CASE: ESPIONAGE - R INTERNAL SECURITY ACT OF 1950		

APPROPRIATE AGENCIES AND FIELD OFFICES ADVISED BY ROUTING

Classified by

1.

Auf den mit Gin getränkten Seiten von Thomas Wolfes Tagebuch ist sie immer »Mrs. Harnack«, niemals »Mildred«. Bei ihrem ersten Treffen und in den folgenden Jahren hält sie freundliche Distanz zu ihm. Sie ist lieber ein Rätsel, als dass sie riskiert, sich eine Blöße zu geben.

Die St.-Pauli-Bar befindet sich in der Rankestraße, zehn Minuten von Mildreds Wohnung entfernt. Wolfe weiß nichts über sie, nur dass sie eine Amerikanerin ist, die ihn interviewen möchte.

Wolfe kommt einen Tag später als geplant. Er sollte am 6. Mai ankommen, es gab aber irgendwelche Schwierigkeiten, die ihn daran hinderten. Egal. Nun sitzen sie einander in der St.-Pauli-

Bar gegenüber, er mit ausgestreckten Beinen, auf einem für ihn viel zu kleinen Stuhl. Es ist unmöglich, nicht aufzufallen, wenn man mit Thomas Wolfe zusammen ist. Er ist ein Riesenkerl, zwei Meter groß. Wenn er in einen Raum stapft, lässt er seine Schultern nach vorne hängen; er überragt auch dann noch einen jeden. Er hat einen dichten, etwas wirren Haarschopf, der ihn noch größer erscheinen lässt, und dunkle, ungewöhnlich durchdringende Augen.

Mildred erkundigt sich nach seiner Heimatstadt. Das ist doch ein guter Anfang. Sie ist noch nie in Asheville oder irgendwo sonst in North Carolina gewesen. Der südlichste Ort, den sie je besucht hat, ist Chevy Chase, Maryland, wo ihre Schwester Harriette lebt, aber das lässt sie unerwähnt.

»Ich habe es nicht mehr gewagt, nach Hause, zurück in den Süden zu gehen, seitdem ich mein erstes Buch geschrieben habe«, sagt Wolfe, und dann hält ihn nichts mehr. Er redet schrecklich gerne, fast so gerne, wie er schreibt. Vielleicht sogar lieber. Er schreibt so schnell er kann, als sei er vom Teufel besessen. Stets in fieberhafter Eile, seine Gedanken zu Papier zu bringen, füllt er Seite um Seite, schreibt Tage und Wochen ohne Unterbrechung, bis seine Hand schmerzt und seine Augen brennen, bis der Papierstapel sich zu einem Berg auftürmt.

»Ich schrieb und schrieb und schrieb«, erzählt Wolfe Mildred. »Jedes Mal, wenn ich einen Stapel von hunderttausend Seiten geschafft hatte, brachte ich sie zu meinem Freund Max Perkins von Scribner. Und jedes Mal sagte er, ›Das ist gut, das ist authentisch. Aber es ist nur das Kniegelenk.‹ Oder: ›Es ist nur ein Arm.‹« Wolfe hatte das Gefühl, sein Buch wäre eine Statue und er schaffte es einfach nicht, alle Teile richtig zusammenzusetzen. Dafür benötigte er Perkins.

Schau heimwärts, Engel ist Wolfes erster Roman. 1929 erschienen, wurde er in den Vereinigten Staaten als Meisterwerk gefeiert. Auch in Deutschland war das Buch wahnsinnig erfolgreich. Da ist alles drin, das ganze Amerika: die Lehrer und Prediger und Geschäftsleute; die Eisenbahnzüge, die großen und kleinen Städte, die weiten Prärien und Sternenhimmel, der Wunsch nach mehr,

mehr und mehr. Über jede Seite ergießt sich ein Strom von Wörtern. *Schau heimwärts, Engel* ist so gewaltig und bombastisch wie Thomas Wolfe selbst; und seine deutschen Leser können nicht genug von ihm bekommen.

Das Gefühl ist gegenseitig. Thomas kann nicht genug von Deutschland bekommen. Wohin er auch geht, scheinen die Menschen von ihm bezaubert – die Taxifahrer, die Straßenbahnschaffner, die Verkäuferinnen, die Kellner. Sogar die Schriftsteller, diejenigen, die noch nicht aus dem Land geflohen sind, begegnen ihm mit warmherzigem Respekt. Er liebt die Berliner Straßen und Parks. Er ist verrückt nach den Straßenbahnen, den Lebkuchenhäusern, den üppigen Blumenkästen. Er hat vor, so lange zu bleiben, bis ihm das Geld ausgeht oder man ihn loswerden will, was beides nicht so schnell passieren wird. Fast jeden Tag sieht man ihn irgendwo auf einem Gehweg dahinstiefeln, entspannt und wild gestikulierend, vertieft in ein Gespräch mit einem Begleiter. Schon bald gehört er zum Inventar des Romanischen Cafés. Seine mächtige Größe und kindliche Ausgelassenheit erwecken bei den Deutschen, die er trifft, so etwas wie Ehrfurcht. Wolfe ist, wie sein deutscher Lektor Heinrich Ledig-Rowohlt es ausdrückt, »die Verkörperung der freien Welt, nach der wir uns in unserem Hitlergefängnis sehnten«.

Das Interview in der St.-Pauli-Bar läuft gut.

Wolf bestellt sich beim Barkeeper noch einen Drink, dann noch einen. Gegen Ende des Interviews wird er nachdenklich und erzählt Mildred, dass er als Jugendlicher Verletzungen davongetragen hat. »Wie so viele Amerikaner«, fügt er hinzu.

Mildred nickt. Sie ist fast so alt wie Thomas Wolfe, sie 32, er 34 – und er ist nicht der Einzige, der eine schwierige Kindheit hatte. Ihre Mutter führte eine Pension, genauso wie Wolfes Mutter. Ihr Vater war Alkoholiker, genauso wie Wolfes Vater. Aber davon erzählt ihm Mildred nichts.

Wolfe leert sein Glas mit Gusto. Es ist Zeit für ihn, sich zu trollen. Morgen gibt Martha Dodd in ihrer Villa eine große Party, und er ist der Ehrengast. Wird er Mildred dort treffen? Gewiss, versichert sie ihm.

Wolfe drückt sich vom Tisch weg, erhebt sich zu seiner vollen Größe und stapft auf liebenswürdige Weise davon. Das Interview hat ungefähr eine Stunde gedauert. Mildred hat eine ganze Menge über ihn erfahren, und er hat fast nichts über sie erfahren, ganz wie sie es möchte.

Mildreds Notizbuch ist vollgekritzelt. Sie lässt es in ihre Ledertasche gleiten. Nun muss sie nur nach Hause gehen und aus dem Ganzen schlau werden. Sie tritt aus der Bar. Es ist ein warmer Frühlingsabend. Die Rankestraße ist bunt und belebt, vom Abendlicht überströmt. Morgen wird sie um diese Zeit auf der Party sein, inmitten eines lebhaften Schwarms von Journalisten, Verlegern und Romanschriftstellern. Neben ihr, mit gewinnendem Lächeln, wird ein ziemlich betrunkener Thomas Wolfe stehen, der fröhlich jedermanns Aufmerksamkeit genießt. Oder Tommy, wie Martha Dodd ihn zu nennen beliebt.

2.

Martha hat ihn noch gar nicht getroffen, und schon hat sie ihm einen Spitznamen verpasst. Tommy dies, Tommy das. Er ist das einzige, worüber sie in den Wochen der Planung des Festes – sie nennt es einen »Tee« – gesprochen hat. Die Feier soll von 5 bis 8 Uhr dauern, aber Martha stellt sich eine viel geräuschvollere Veranstaltung vor, als es das Wort »Tee« nahelegt. Es wird großzügig Alkohol fließen, und die Party wird gewiss länger dauern als bis 8 Uhr, wenn nicht in dem herrschaftlichen Saal der amerikanischen Botschaft, dann in der Taverne, mit deren Besitzer sie befreundet ist und den sie überreden kann, diese bis in die frühen Morgenstunden geöffnet zu halten. Auf dem edlen Briefpapier der Botschaft schreibt Martha eilig eine Mitteilung an ihren Ehrengast.

Es ist ein so großes Ereignis, wenn ein Schriftsteller die Stadt besucht, dass wir darüber ganz hysterisch werden. Wie ein Pack verrücktgewordener wilder Hunde ist das ganze literarische Berlin auf Ihren Spuren. Ich sollte erwähnen, dass ich selbst eine Schriftstellerin bin. Mein Bruder, Bill, und mein Vater sind

Historiker, und nicht Diplomaten im herkömmlichen Sinne. Es wäre mir eine große Freude, wenn ich irgendetwas für Sie tun könnte, einschließlich Sie zum Tanzen, Trinken, Sonnen oder zu einem Autoausflug zu begleiten. Mein Vater wird alles vorbereiten, was Sie als Tourist benötigen. Ich erwarte sehnsüchtig, Sie kennenzulernen, vor allem natürlich, weil ich Ihr Werk so immens bewundere.

Boris Winogradow ist noch immer nicht nach Berlin zurückgekehrt. Marthas russischer Liebhaber war für ein paar Monate in Moskau, aber im Augenblick hält er sich irgendwo in Rumänien auf. Boris zieht sie auf, nein, er quält sie mit Andeutungen über eine Heirat, aber er hat ihr noch keinen Antrag gemacht oder so etwas wie einen konkreten Plan vorgelegt. Wie lange wird er in Rumänien bleiben? Wann wird er nach Berlin zurückkommen? Boris weiß es nicht. Ihm scheinen die Hände gebunden, durch Mächte, die er nicht kontrollieren kann. Die Tinte, die Martha in ihren Briefen vergießt, bringt ihre tiefe, immerwährende Liebe und unauslöschliche Leidenschaft für ihn zum Ausdruck. Bald werden sie wieder vereint sein, und in der Zwischenzeit wird sie von keinem anderen träumen.

Aber Wolfes bevorstehende Ankunft verbannt Boris aus ihren Träumen.

3.

Irgendwann vor der Party bittet Martha Mildred, sich der Gästeliste anzunehmen. Die Gäste müssten alle prominent sein und aus der Literaturszene kommen, lässt Martha sie wissen, die Art von Leuten, die Tommy gerne kennenlernen würde. Tommys New Yorker Lektor, Maxwell Perkins von Scribner, kann nicht kommen, aber das macht nichts. Donald Klopfer, der Verleger von Random House, ist zufällig gerade in Berlin zu Besuch und sollte auch auf die Liste, ebenso wie Tommys deutscher Verleger, Ernst Rowohlt vom Rowohlt Verlag. Der größte Verleger in Amerika und der größte Verleger in Deutschland werden gewiss wie Motten das Licht alle möglichen Dichter, Schriftsteller und Journalisten anziehen. Es wird das größte literarische Ereignis des Jahres werden, hofft Martha.

4.

8. Mai 1935. Um 5 Uhr am Nachmittag strömen die ersten Gäste in den Bankettsaal im Erdgeschoss des herrschaftlichen Wohnsitzes der Dodds. Donald Klopfer trifft ein, eine gepflegte, eindrucksvolle Erscheinung. Journalisten von der *New York Times*, des *Herald Tribune*, der *Chicago Daily News*, des *Christian Science Monitor* und der Hearst-Presse treffen mit ihren Frauen an der Seite ein. Sigrid Schulz von der *Chicago Tribune* schreitet herein, zierlich und unbeugsam. Der bebrillte Louis Lochner, Dienststellenleiter der Associated Press in Berlin, schlurft in den Saal. Die Amerikaner sind da.

Was die Deutschen angeht, so ist die junge Margret Boveri vom *Berliner Tageblatt* zugegen, mit ihrem kastanienfarbigen Haar. Die unerschütterliche Bella Fromm ist auch hier. Sie schreibt jetzt eine Klatschkolumne in der englischsprachigen *Continental Post*, seitdem die *Vossische Zeitung* keine Juden mehr beschäftigt. Ernst Rowohlt, mit seiner lauten, dröhnenden Stimme, bewegt sich auffällig durch den Raum, neben ihm sein schweigsamerer Sohn Heinrich Ledig-Rowohlt, der im Stillen die Handvoll deutscher Autoren zur Kenntnis nimmt. Es ist unmöglich, das Offensichtliche zu ignorieren. Die Abwesenheit anderer »zeigte ganz klar, wie sehr der Baum unserer Literatur entblättert war«, schrieb Heinrich einige Jahre später. »Alle große Namen der deutschen Literatur waren emigriert.«

In einem festlichen Kleid flattert Martha im Bankettsaal umher und begrüßt alle. In der Mitte des Raums steht ein deutscher Dichter. Er hat »ein starkes, leidendes Gesicht«, bemerkt sie. Vor einigen Monaten war die Frau des Dichters verhaftet und ins Konzentrationslager gesteckt worden. Martha kommt nicht umhin festzustellen: »Der Rest der Gäste stand herum, trank heftig und verschlang plattenweise das Essen.« Sie sieht, dass viele von ihnen »arm und wirklich unterernährt« sind. Einige von ihnen sind Juden; sie scheinen sich »unsicher und unwohl zu fühlen«.

Mildred ist da, sie läuft im Saal hin und her und beäugt die Gäste. Sie versucht, »die Verbindung mit möglichst vielen Gästen aufzunehmen«, es geht »um den Zuwachs von Informationsquellen«.

Thomas Wolfe platzt herein und zieht rasch alle Aufmerksamkeit auf sich. Vielleicht ist er von allen am meisten betrunken. Er schlägt ein Gesellschaftsspiel vor. Wer entpuppt sich als Nazi? Er sagt, das Ziel sei, die Nazis im Saal zu finden.

Wolfe torkelt herum. Mit zusammengekniffenen Augen taxiert er die Gäste. »Dem trau ich nicht über den Weg!«, ruft er plötzlich aus und zeigt mit seinem Finger auf einen Mann.

Einige Gäste sind amüsiert. Andere sind peinlich berührt und verbergen dies hinter ihrem Gelächter. Einige sind geradezu entgeistert.

5.

Innerhalb kurzer Zeit schreibt Mildred zwei Artikel über Thomas Wolfe, einen für die *Continental Post*, den anderen für das *Berliner Tageblatt*. Sie möchte, dass Martha sie liest.

Aber Martha ist möglicherweise zu abgelenkt, nun, da Tommy und sie offiziell ein Paar sind. Weit nach Mitternacht hat man die beiden beim Cocktailtrinken im Romanischen Café erspäht. Und man hat sie auch gesehen, wie sie beim ersten Tageslicht torkelnd aus der Taverne kamen.

Thomas Wolfe beschreibt Martha als »eine kleine Kokette aus dem mittleren Westen – mit winzigen glänzenden, vorstehenden Zähnen und kieksiger Stimme«. »Sie ist«, schreibt er, »ein Schmetterling, der meinen Penis umflattert.«

6.

Mildred lädt Wolfe zu einem gemeinsamen Spaziergang im Tiergarten ein. Alleine ist es vielleicht möglich, ein längeres und ernsthafteres Gespräch zu führen. Er amüsiert sich blendend in Deutschland und scheint nicht zu erkennen, wie ernst die Lage ist.

Sie möchte ihm sagen, dass er die Augen aufmachen soll. Aber er denkt nur an *Partys, Partys und Partys*, an *Mädchen, Mädchen und Mädchen*.

7.
Thomas Wolfes Tagebuch

Telegramm von Perkins – lasse Rowohlt noch nicht ran – die Rechte für Kontinentaleuropa in Amerika verkauft usw., […] Taxi zum Hotel – Ledig […] Gulasch – Wein usw. – gut – ein verträumter Sommernachmittag – das hübsche verträumte Schimmern der Bäume am Kurfürstendamm – die hübschen Mädchen – in sommerlichen Frühlingskleidern […] Erdbeeren reif reif reif […] verließ Ledig um 17:30 – […] angerufen – bat sie ins Hotel [2-mal] – bemerkte beunruhigende Symptome am Penis – aber alles in Ordnung – also um 20:00 Uhr ins Taxi zu Martha Dodd – verabschiedete mich – schickte sie heim – dann zum Essen bei Dodds – später allein mit Martha, reden, streiten, schreien – dann um zwei Uhr früh mit Martha ins *Romanische Café* – kaum Leute da – 2 Drinks auf der Terrasse (Weinbrand u.s.w.) mit Blick auf den hellen blassen westlichen Himmel – dann zur *Taverne*, nachdem hier alles zu – nach Geschäftsschluss auf Einladung noch geblieben – dort österreichische Musik gehört bis 4:30 oder 5 Uhr – dann per Droschke nach Hause zur Botschaft – Eisschrank in der großen Küche geplündert – dann in die Bibliothek – aß Sandwiches […] Aufgestanden um eins – gebadet, angezogen – dann mit Martha den ganzen Nachmittag geredet – 3 oder 4 Drinks (Whiskys) […] dann Martha angerufen und mitgeteilt, ich sei durch Gespräche mit äußerst wichtigen Leuten verhindert – dann rasiert – Penis untersucht – mich in grauen groben Tweed geschmissen – dann raus auf die Straße […] die lieblichen Bäume auf dem Kurfürstendamm – die Autos – die Busse – die vorbeiströmenden Menschen – und die Deutschen und Nacht – jetzt Nacht.

8.

Ein Amerikaner in Berlin zu sein, bedeutet, die Augen vor den Gräueln zu verschließen.

Wolfe ist nicht der Einzige. Die meisten im Ausland lebenden Amerikaner, die Mildred in Berlin kennenlernt, bleiben von dem, was um sie herum geschieht, weitgehend unberührt. Bei einem üppigen Dinner im Hotel Adlon können sie sich in ein Gespräch über einen Artikel vertiefen, den sie in einer in New York, Paris, London oder Zürich erscheinenden Zeitung gelesen haben, die in Berlin erst ein oder zwei Tage später eintrifft. Angesichts dieser Unannehmlichkeit können sie aufseufzen und dann das Thema wechseln, hin zu einer Radiosendung, die sie in der BBC gehört haben – ein Livekonzert im Londoner Palladium, bei dem kein geringerer mitwirkte als Duke Ellington und sein Jazzorchester. Einen solchen Luxus haben die Deutschen am Nebentisch und die sie bedienenden polnischen Kellner nicht; wenn sie Ellington und seiner *Negermusik* zuhören, bekommen sie Besuch von der Gestapo.

9.

Am Abend des 21. Mai 1935 hält Hitler im vollbesetzten Reichstag eine Rede. Das ganze diplomatische Korps ist anwesend. Botschafter aus Frankreich, England, Italien, Japan und Polen sitzen in vorderster Reihe. Botschafter Dodds sitzt in der dritten Reihe. Von den für die Presse reservierten Plätzen aus beobachtet der amerikanische Journalist William Shirer das Geschehen. Er nimmt »die sechshundert stiernackigen, kahlköpfigen, braungekleideten Jasager« zur Kenntnis, »die fast jedesmal, wenn Hitler eine Pause zum Luftholen einlegt, aufspringen und frenetisch Beifall brüllen«.

Die Anwesenheit der SA ist keine Überraschung; was Shirer jedoch in Staunen versetzt, ist das Thema von Hitlers Rede: Frieden.

»Deutschland wünscht Frieden«, schreit Hitler, »keiner von uns will irgendeinen anderen bedrohen.«

Die Journalisten, die um Shirer herumsitzen, trauen ihren Ohren nicht. Hitler gelobt, Polen nicht angreifen zu wollen.

> Wir anerkennen den polnischen Staat als die Heimstätte eines großen nationalfühlenden Volkes.

Er schwört, dass er sein militärisches Arsenal begrenzen werde.

> Deutschland erklärt sich bereit, jeder Begrenzung der Kaliberstärken der Artillerie, der Schlachtschiffe, Kreuzer und Torpedoboote zuzustimmen.

Und er entwirft ein Dreizehn-Punkte-Programm für die Aufrechterhaltung des Friedens.

Hitler hat schon früher die Stimme für den Frieden erhoben, aber niemals in dieser Weise. Seine Rede besticht vor allem durch ihre Genauigkeit und Länge. Sein Dreizehn-Punkte-Programm überzeugt nicht nur die Deutschen davon, dass er die Wahrheit sagt, sondern auch Menschen in anderen Ländern, einschließlich derer, die er angreifen wird.

Ein gutgläubiger Journalist der Londoner *Times*, die als eine der einflussreichsten Zeitungen Großbritanniens gilt, schreibt, dass Hitlers Rede »maßvoll, aufrichtig und umfassend ist. [...] Es ist zu hoffen, dass die Rede überall als eine aufrichtige und wohlerwogene Äußerung aufgenommen wird, die genau meint, was sie besagt«.

Thomas Wolfe hört Hitlers Rede im Radio, in Marthas Haus. Er hat mit ihr den Nachmittag verbracht – ein feuchtfröhliches Mittagessen bei Schlichter, danach einige Cocktails im Hotel Adlon. Um 5 Uhr, am nächsten Morgen, füllt er ein paar unleserliche Seiten in seinem Tagebuch. Er wird sich an »die massive Pracht des Hauses« erinnern, »sogar in der Unterkunft des Portiers«, und an »die grünen Bäume des Gartens im Dämmerlicht«. Er wird sich daran erinnern, dass er mit Martha »geredet und gestritten« hat, und an die Drinks, die sie nachher zu sich genommen haben. Von Hitlers Rede dagegen wird ihm kein einziges Wort in Erinnerung bleiben.

Affentheater

1935

1.

Auf den herrschaftlichen Fluren der amerikanischen Botschaft in Berlin machen Geschichten über Martha Dodds Eskapaden die Runde. Mehrere Botschaftsangehörige haben Spitzenbeamte des Außenministeriums in Washington auf Martha aufmerksam gemacht. In lebhaften Farben schilderte der Erste Sekretär Raymond Geist ihre Indiskretionen gegenüber dem Direktor des konsularischen Dienstes, Wilbur Carr. In einem als »persönlich und vertraulich« gekennzeichneten Brief erzählte Generalkonsul George Messersmith dem Chef der Abteilung für Westeuropa Jay Pierrepont Moffat von Marthas Beziehung mit dem Harvard-Absolventen und deutschen Geschäftsmann Ernst Hanfstaengl. Dabei äußerte er den Verdacht, dass diese Liaison »unerwünscht« sei. Marthas Flirt mit dem großen, muskulären deutschen Offizier Fritz Wiedemann hat bei den Diplomaten für Stirnrunzeln gesorgt, und es gibt Spekulationen, sie habe auch mit Ernst Udet, dem für seine Spiralsturzflüge berühmten Fliegerass, etwas angefangen.

Marthas Liebelei mit dem Gestapochef Rudolf Diels ist natürlich ebenfalls niemandem entgangen, ebenso wenig wie ihre Affäre mit dem russischen Diplomaten Boris Winogradow. Wie es scheint, gabelt sie Männer auf und lässt sie dann wieder fallen, ohne sie sich vorher genauer anzusehen. (Erst einen Nazi, dann einen Kommunisten!)

Und nun knutscht sie mit einem berühmten amerikanischen Romanschriftsteller herum. Wie lange wird ihr Abenteuer mit Thomas Wolfe dauern?

2.

Die Wahrheit ist, Martha hat Boris Winogradow nicht vergessen. Obwohl sie kein Russisch spricht und nur dürftiges Deutsch, und sein Englisch schrecklich ist, macht das nichts. Sie haben andere Möglichkeiten gefunden, sich einander mitzuteilen. Boris ist groß und breitschultrig und hat volles Haar, durch das sie mit ihrer Hand streichen kann. Wenn es absolut notwendig ist, etwas zu sagen, schlagen sie sich mit seinen paar Brocken Englisch und Deutschkauderwelsch durch. Boris beherrscht eine Art »Diplomaten-Deutsch«. Sein Vokabular beschränkt sich auf Fragen, die ein Mann auf einer Dinner-Party oder beim Tanzen stellen mag. Manche sagen, sie hätten sich auf einer Feier von Sigrid Schultz kennengelernt, und er habe ihr einige Wochen später beim Tanzen den Hof gemacht.

»Ich arbeite in der sowjetischen Botschaft«, erklärte Boris. *»Haben Sie Angst?«*

Das verwegene Funkeln in seinen Augen verriet ihr, dass sie keine Angst haben müsse ... oder vielleicht doch. Etwas benommen und mit pochendem Herz gab sie ihm ihre Hand. Auf der Tanzfläche war er nicht zu gebrauchen, aber als er mit seinen Lippen ihr Ohr berührte und flüsterte »Ich möchte Sie wiedersehen«, empfand sie einen köstlichen Schauder, der ihr durch und durch ging.

Sie fuhren nach Paris. Dann, aus einer Laune heraus, flog sie nach Russland, um durch das Heimatland ihres Liebhabers zu touren, ein Trip, der »fast einen Skandal« verursacht hätte. Auf der Rollbahn warteten Fotografen auf sie. Sie erschien in einer gepunkteten Bluse und einem Schwingrock und mit einem Hut, den sie schräg trug wie Marlene Dietrich. Blitzlichter leuchteten auf, und Martha lächelte einnehmend, als sie vor der Flugzeugtür der kleinen Junkers-Maschine posierte.

Erster Halt war Leningrad. Dann Moskau. Dann eine Bootsfahrt die Wolga hinab, mit Aufenthalten in Städten, die reizend alliterierende Namen trugen: Samara, Saratow und Stalingrad. Sie war bezaubert von dem, was sie sah. Die Fabriken waren Wunderwerke. Früher hatten sich die Armen an schier endlosen Arbeitstagen abgerackert und wurden von reichen Aristokraten unterdrückt; jetzt werkelten sie in perfekter Harmonie.

Sie arbeiten sieben Stunden am Tag, haben eine Stunde Pause, in der sie essen und sich ausruhen, bekommen zwei bis drei Wochen Urlaub im Jahr, und der sechste Tag in der Woche ist frei. Ehemalige Paläste und Anwesen mit ihren dazugehörigen Parks werden zu Kulturstätten und Erholungsheimen umgebaut oder in Spielplätze, medizinische Zentren, Grundschulen oder Ferienheime umgewandelt. All dies tun Arbeiter für Arbeiter, sie regieren das Land, und man beginnt, die Privilegien und Möglichkeiten zu bieten, die sie verdienen, denn sie erarbeiten den Reichtum der Nation.

Geblendet, wie sie war, bemerkte Martha nicht, dass ihre Reiseführerin, »ein hübsches Mädchen mit rosigem Gesicht«, den Auftrag hatte, ihr ein sorgfältig zurechtgemachtes Bild von Russland zu präsentieren, bei jedem Halt ein potemkinsches Dorf.

In Leningrad aß sie mit einem amerikanischen Diplomaten zu Mittag und erfuhr etwas Schockierendes. Er behauptete, Stalin sei in den Jahren zwischen 1932 und 1933 für die Ermordung von Millionen von Ukrainern verantwortlich gewesen. Bei dem Diplomaten handelte es sich um William Bullitt, den US-Botschafter in der Sowjetunion. Er war »attraktiv«, befand sie, »mit intensiven, hellen Augen«, obwohl er »glatzköpfig« war und ein »glänzendes Gesicht« hatte. In den Zeitungen stand nichts von einem ukrainischen »Genozid«. Der Botschafter Bullitt, so urteilte sie, war »ein Mann, bei dem man Verdacht schöpft und dem man nicht trauen darf«.

In Marthas großen, himmelblauen Augen war Russland eine friedliche Nation. »Was mir am besten gefiel«, schrieb sie, »war die völlige Abwesenheit militärischer Zurschaustellungen. Ich sah ein paar Soldaten der Roten Armee, sogar eine kleine Parade, aber sie waren alle so einfach, so unauffällig gekleidet, dass ich kaum glauben konnte, dass sie Teil der furchterregenden sowjetischen Armee waren.«

Alle Russen, Männer und Frauen, Kinder und Babys, sogar die alten Menschen schienen ausgesprochen glücklich zu sein.

Sie konnte nicht umhin festzustellen, dass »überall eine Art überschäumender Vitalität und Lebenslust zu herrschen schien«.

Stalin war kein Mörder, befand Martha. Der Mörder war Hitler.

3.

Nach Marthas Russlandreise gewann ihre Beziehung zu Boris an Ernsthaftigkeit. Eine herzergreifende Szene spielte sich ab, als er sie zu einem Mittagessen in die sowjetische Botschaft einlud und lallend einen Trinkspruch auf sie ausbrachte: »Auf Martha, meine Frau!«

Sie und Boris haben schon so viel zusammen durchgemacht.

Schließlich war Boris an dem vielleicht fürchterlichsten Abend, den sie jemals erlebt hat, bei ihr. Den ganzen Nachmittag hatten sie mit einem Sonnenbad an einem abgelegenen See in der Nähe von Wannsee verbracht. Bei ihrer Rückfahrt nach Berlin musste Boris, der ein besonderes Faible für schnelles Fahren hatte, zu seinem Missfallen feststellen, dass ungewöhnlich starker Verkehr herrschte. Ganze Fahrstreifen waren verstopft. Fußgängerwege, auf denen es sonst am Samstagabend vor Menschen nur so wimmelte, waren leergefegt. Als er sein Cabrio Richtung Tiergarten steuerte, waren plötzlich Militärfahrzeuge zu sehen, Lastwagen voller Soldaten und Panzer, aus deren Lafetten Maschinengewehre herausragten. In den Straßen schwärmten grünuniformierte Polizisten und SS-Offiziere in schwarzer Uniform aus.

Die Nacht der langen Messer hinterließ bei Martha einen unauslöschlichen Eindruck und bestärkte sie in der Überzeugung, dass man Hitler aufhalten müsse. Allein schon die Tatsache, dass alle diese SA-Männer hingemetzelt wurden, war schockierend genug. Aber es war geradezu unfassbar, dass Hitler den Mord an hochrangigen Nationalsozialisten befohlen hatte, sogar an Ernst Röhm, der angeblich sein bester Freund war. »Hitler kann doch wohl nicht alle Leute erschießen, die gegen ihn sind«, hatte sie damals gedacht.

Nun gut, jetzt ist sie klüger. Ganz gleich, welche Prüfungen noch auf sie zukommen mögen, solange Boris an ihrer Seite ist, wird sie diese Herausforderungen mit Mut und Bravour bestehen.

Er ist bloß nicht an ihrer Seite, schon seit Monaten nicht.

4.

Die Briefe, die Boris ihr sendet, triefen vor Sentimentalität, und sie wimmeln von Ausrufezeichen.

Martha! Ich möchte Dich sehen, ich muss Dir sagen, dass ich meine hinreißende, entzückende kleine Martha nicht vergessen habe!

Ich liebe Dich, Martha!

Es ist wahr, manchmal haben sie sich gezankt. In einem Moment der Huldigung sandte er Martha drei kleine Affen aus Keramik. In einem Augenblick des Zorns schickte Martha die Affen zurück. Die Affen waren wie ihre Kinder, die zwischen zwei Ehegatten gefangen sind.

Ein kleiner Affe bedeckte seine Augen, ein anderer bedeckte seine Ohren, der dritte seinen Mund – nichts Schlechtes sehen, nichts Schlechtes hören, nichts Schlechtes sagen. Verstand Boris, was die Affen bedeuteten?

Er schickte sie wieder zurück, mit einem kurzen Kommentar.

Deine drei Affen sind gewachsen (sie sind jetzt groß) und möchten bei Dir sein … Ich muss Dir ganz ehrlich sagen: Die drei Affen haben sich nach Dir gesehnt.

Nun hat Martha die Affen also wieder, und sie und Boris sind abermals die zwei sich zankenden Ehegatten, und ihre Kinder sind zwischen ihnen gefangen. Nur sind sie nicht verheiratet. Wird ihr russischer Liebhaber ihr jemals einen Heiratsantrag machen?

5.

Thomas Wolfe war eine willkommene Ablenkung von dem Affentheater, aber jetzt ist auch er fort. Er wollte eine kleine Reise nach Russland unternehmen; offenbar haben ihre begeisterten Berichte über ihr neues Lieblingsland seine Neugierde geweckt. Aus irgendeinem Grund wandte sich Tommy dann aber abrupt von diesem

Plan ab – und von ihr. Nach einem flüchtigen Lebewohl verließ er Berlin und machte sich auf den Weg nach Kopenhagen. Mit Leichtigkeit hätte Boris ihr gebrochenes Herz wieder heilen können.

Aber Boris ist verschwunden.

Die sowjetische Botschaft hat ihn praktisch über Nacht aus Berlin verbannt. Die Geschichte, die er ihr erzählt, ist vage. Er werde in Moskau gebraucht, das sei alles.

Rindersteak-Nazi

1935

1.

Im Spätfrühling 1935 laden Mildred und Arvid Greta Lorke zu einem Abendessen in ihrer neuen Wohnung ein. Greta kommt mit ihrem neuen Freund, einem grüblerischen Mann mit buschigen Augenbrauen. Sein Name ist Adam Kuckhoff. Früher war er der Herausgeber eines politischen Magazins mit dem Titel *Die Tat*; er hat mehrere Theaterstücke und einen Roman geschrieben. Gerade arbeitet er an seinem zweiten Roman. Mit einem provokativen Thema: Deutschland hat einen brutalen, blutigen Krieg begonnen, und der Protagonist muss sich entscheiden, ob er ein Held oder ein Aufständischer werden will. Höchstwahrscheinlich wird man das Buch verbieten.

Adam Kuckhoff hat seine eigene Widerstandsgruppe in Berlin, den Tat-Kreis. Es ist eine kleine Gruppe, bestehend aus sieben Männern, von denen Adam einige kennengelernt hat, als er Herausgeber der *Tat* war. Es wäre von Vorteil, wenn der Harnack-Kreis mit Adams Gruppe zusammenarbeiten würde.

Mildred »hatte den Tisch festlich mit dem alten Familiensilber gedeckt«, erinnert sich Greta in ihren Memoiren. Sie geht nicht näher darauf ein, aber inzwischen kennen wir Mildred gut genug, so dass wir die leeren Stellen füllen können: Kerzenlicht, eine einfache Vase gefüllt mit Blumen und ein Essen, das höchst wahrscheinlich nach nichts schmeckt oder verbrannt ist oder beides.

Arvid arbeitet nun schon lange genug im Reichswirtschaftsministerium, um sich ein Bild von den Dokumenten machen zu können, die aus den Händen seiner Nazikollegen auf seinen Schreibtisch wandern, aber er wartet, bis sie fertiggegessen haben, bevor er erkennen lässt, dass er das Thema anschneiden möchte.

Zunächst sucht er die Wohnung nach Wanzen ab. Dann klettert er in das Speicherabteil des Nachbarn, »das mit Gerümpel vollgestellt war«, wie Greta bemerkt, »so dass man kaum durchkam«.

Nachdem er sich überzeugt hat, dass »nichts von [dem] Gespräch« von den Nachbarn gehört werden kann, beginnt er zu sprechen, wenn auch leise, eindringlich flüsternd.

Hitlers »Friedensrede« sei eine Finte, eine reine Show, das Werk eines unverbesserlichen Lügners. Die Dokumente, die Arvid gesehen habe, zeigten die Wahrheit, sie bewiesen ohne jeden Zweifel, dass Frieden in Deutschlands Zukunft keine Rolle spiele. Hitler, sagt er, »bereitet sich auf den Krieg vor«.

2.

Hjalmar Schacht ist ein gerissener Macher, der sich nur schwer durchschauen lässt. Unterstützt er Hitlers Kriegspläne? Während Arvid seiner Arbeit im Reichswirtschaftsministerium nachgeht, denkt er über diese Frage nach; immer wieder tastet er sich an sie heran, wie mit der Zunge an einen wackeligen Zahn.

Vielleicht weiß Arvid nicht, dass sein Chef nach Hitlers Machtergreifung von Deutschlands führenden Industriellen drei Millionen Reichsmark eingesammelt hat, aber zweifellos ist er sich der Auszeichnungen des Mannes bewusst. Im Jahre 1923 wurde Hjalmar Schacht Reichsbankpräsident, und man rühmt ihm nach, er habe Deutschland von der Hyperinflation befreit, was ihm die internationale Anerkennung einbrachte, ein »Finanzzauberer« zu sein. 1930 trat er von diesem Amt zurück. Ungefähr einen Monat nach dem Treffen mit Industriellen am 20. Januar 1933 machte ihn Hitler erneut zum Reichsbankpräsidenten. Es ist schwer zu sagen, wo Schachts Loyalitäten liegen. Er bewundert den britischen Ökonomen John Maynard Keynes, und er lobt bestimmte Seiten von Präsident Roosevelts Politik des New Deal. Hitler hat er sogar dazu ermutigt, öffentliche Arbeitsprogramme wie die von Roosevelt aufzulegen. Kurz gesagt, Schacht ist undurchschaubar. Manchmal, so scheint es, ist er ein entschiedener Unterstützer von Hitler; manchmal indes wirkt sein Lob für den Führer unaufrichtig.

Schacht hat Arvid mit den deutsch-amerikanischen Handelsbeziehungen betraut. In dieser Rolle muss Arvid seine sozialen Verbindungen zu den Diplomaten der amerikanischen Botschaft festigen. Es ist eine perfekte Tarnung. Er kann die Nähe von Männern suchen, die, wie er hofft, zu wertvollen Verbündeten bei der Beseitigung Hitlers werden.

In Klausurtagungen sitzt er Schacht gegenüber. Er stapelt Papiere, steckt sich eine Pfeife an. In der Luft kringelt sich der Rauch. Wie durch einen Dunst studiert Arvid das Gesicht von Schacht und achtet dabei auf jedes Zucken seiner Muskeln.

3.

Schacht ist ein Mitglied des Deutschen Klubs, eines elitären Vereins, in dem es von Nazis nur so wimmelt. Arvid überlegt, ob er selbst auch beitreten sollte. Zu den Mitgliedern zählen wohlhabende Industrielle und hochrangige Offiziere der deutschen Wehrmacht. Der Reichsführer SS Heinrich Himmler sitzt im Vorstand. Falls Arvid ihrem Klub beitritt, wird das dem Schein, ein strammer Nationalsozialist zu sein, Glanz verleihen. Besser noch, es wird ihm einen besseren Zugang zu Militärgeheimnissen geben. Wie weit sollte er damit gehen, die Identität einer Person anzunehmen, die er verachtet?

Es gibt einen Begriff für das, was Arvid ist: ein Rindersteak-Nazi. Außen braun wie ein Nazi, innen rot wie ein Linker. Diese Verstellung gibt ihm die Rechtfertigung, Mitglied des Deutschen Klubs zu werden. Der NSDAP wird er jedoch nicht beitreten. Das ist eine Linie, die er nicht überschreiten will, ja nicht überschreiten *kann*.

4.

Nach drei Monaten im Reichswirtschaftsministerium ist Arvid auf dem besten Weg, seine Maskerade zu perfektionieren. Er spielt die Rolle des Nazis überzeugend. Er beherrscht den deutschen Gruß und unterschreibt seine Briefe, ohne mit der Wimper zu zucken, mit »Heil Hitler!«. Regelmäßig besucht er die Treffen des Deutschen Klubs, wo er sich mit Offizieren der Wehrmacht und Industriellen anfreundet, die enorm davon profitieren werden, wenn Hitler einen Krieg anfängt.

Es ist der 15. Juli 1935. Als Arvid an diesem Morgen durch das höhlenartige Gebäude zu seinem Büro geht und den Widerhall seiner Schritte auf dem Marmorboden hört, glaubt er, es wäre ein gewöhnlicher Tag.

Vielleicht ist dem auch so.

Wenn da nicht Artur Artusow wäre, dessen Büro ungefähr 1.600 Kilometer nordöstlich von Berlin liegt. Artusow ist der stellvertretende Direktor des NKWD, Stalins Geheimpolizei und Auslandsgeheimdienst, die ihr Hauptquartier in Moskau haben. Artusow, ein Mann mit stählernen Augen und dem Körperbau und der eingedrückten Nase eines Boxers, weiß seit Längerem von Arvid und hat nur auf den rechten Zeitpunkt zum Zuschlagen gewartet. Dieser Zeitpunkt ist nun gekommen.

Artusow beraumt eine Sitzung an und erteilt seinen Kollegen die Anweisung, »die Vorbereitungen für Harnacks Anwerbung zu beschleunigen«.

Ein alter Kumpel aus der ARPLAN

1935

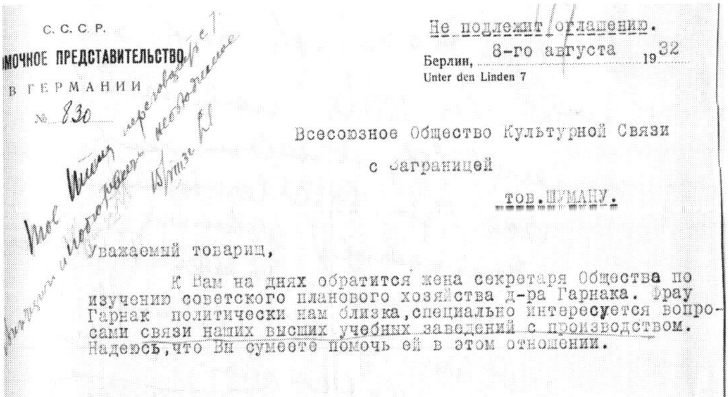

С. С. С. Р.
МОЧНОЕ ПРЕДСТАВИТЕЛЬСТВО
В ГЕРМАНИИ
№ 830

Не подлежит оглашению.
Берлин, 8-го августа 1932
Unter den Linden 7

Всесоюзное Общество Культурной Связи
с заграницей
тов. ШУМАНУ.

Уважаемый товарищ,

К Вам на днях обратится жена секретаря Общества по изучению советского планового хозяйства д-ра Гарнака. Фрау Гарнак политически нам близка, специально интересуется вопросами связи наших высших учебных заведений с производством. Надеюсь, что Вы сумеете помочь ей в этом отношении.

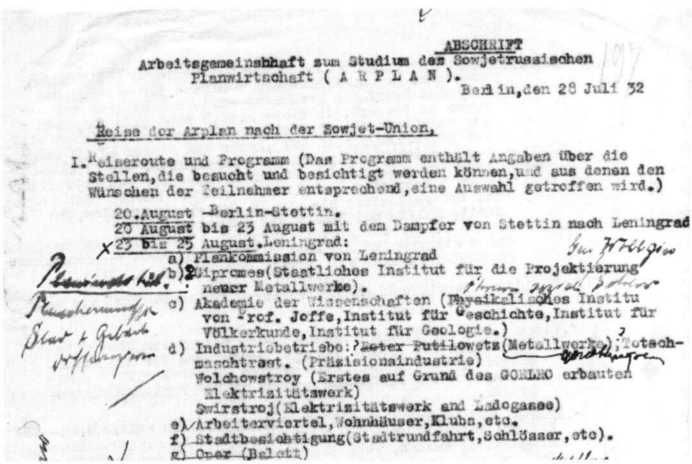

ABSCHRIFT

Arbeitsgemeinschaft zum Studium der Sowjetrussischen Planwirtschaft (A R P L A N).

Berlin, den 28 Juli 32

Reise der Arplan nach der Sowjet-Union.

I. Reiseroute und Programm (Das Programm enthält Angaben über die Stellen, die besucht und besichtigt werden können, und aus denen den Wünschen der Teilnehmer entsprechend, eine Auswahl getroffen wird.)

20. August Berlin-Stettin.
20 August bis 23 August mit dem Dampfer von Stettin nach Leningrad
23 bis 25 August. Leningrad:
a) Plankommission von Leningrad
b) Giprames (Staatliches Institut für die Projektierung neuer Metallwerke).
c) Akademie der Wissenschaften (Physikalisches Institut von Prof. Joffe, Institut für Geschichte, Institut für Völkerkunde, Institut für Geologie.)
d) Industriebetriebe: ?Roter Putilowetz (Metallwerke); Totschmaschtrest. (Präzisionsindustrie)
Wolchowstroy (Erstes auf Grund des GOELRO erbauten Elektrizitätswerk)
Swirstroj (Elektrizitätswerk and Ladogasee)
e) Arbeiterviertel, Wohnhäuser, Klubs, etc.
f) Stadtbesichtigung (Stadtrundfahrt, Schlösser, etc).
g) Oper (Ballett)

1.

Zwei Monate später, am 8. August 1935, tritt ein Russe namens Alexander Hirschfeld an Arvid heran. Ob er wohl einen Moment Zeit hätte zu reden?

Der Moment dauert drei Stunden.

2.

Alexander Hirschfeld ist ein liebenswürdiger, gebildeter Mann, der sich Arvid irgendwann gegen Ende des Jahres 1931 vorstellte. Arvid war damals gerade dabei, die ARPLAN aufzubauen, und Hirschfeld bot seine Hilfe dabei an. Er stellte eine Liste prominenter Leute auf, die für die ARPLAN rekrutiert werden könnten, und lud Arvid zu Veranstaltungen in der sowjetischen Botschaft ein, wo er ihn mit einer ganzen Reihe von russischen Diplomaten und Amtsträgern bekannt machte. Hirschfeld hatte den Verstand eines Wissenschaftlers – er sollte eine Doktorarbeit über den Versailler Vertrag schreiben – und erwarb sich rasch Arvids Bewunderung. Dieser schöpfte keine Sekunde lang Verdacht, dass Hirschfeld etwas im Schilde führte.

Im Sommer 1932 reiste Arvid nach Moskau, gemeinsam mit dem Vorsitzenden der ARPLAN, Friedrich Lenz, und einer handverlesenen Delegation von fünfundzwanzig deutschen Gelehrten, Wissenschaftlern, Schriftstellern und Politikern. In ideologischer Hinsicht war es eine bunt gemischte Truppe, die sowohl die politische Linke als auch die Rechte repräsentierte. Sie saßen in einem Konferenzraum und diskutierten über den verheerenden Zustand der deutschen Wirtschaft. Die sowjetische Planwirtschaft war ein revolutionäres Modell, das dem Anschein nach Erfolg hatte. Konnte Deutschland gewisse Aspekte dieses Modells übernehmen? Hirschfeld organisierte die dreiwöchige Tagung und schickte Arvid und die anderen auf streng überwachte Besichtigungstouren, bei denen sie sich Wohnsiedlungen, Farmen und Kraftwerke ansahen. Zur Abrundung gab es einen Ausflug zu einem Seebadeort bei Odessa.

Aus Bewunderung erwuchs Vertrauen. Arvid fing an, Hirschfeld Vertrauliches mitzuteilen.

Hirschfeld half auch beim Aufbau einer weiteren Organisation, die ihren Stützpunkt in Berlin hatte, des Bundes Geistiger Berufe oder BGB. Nach außen hin präsentierte sich der BGB als ein Verein für Akademiker, Wissenschaftler und andere Berufsgruppen, der die Freundschaft zwischen Deutschen und Russen förderte und an keine bestimmte politische Partei gebunden war, obwohl viele seiner Mitglieder mit der Linken sympathisierten. In den Worten von Hirschfeld bemühte sich der BGB darum, »radikale Intellektuelle nach Berufsgruppen […] unter dem Kampfbanner zu vereinigen«. Umgehend trat Arvid dem BGB bei.

Aus Vertrauen erwuchs Freundschaft. Arvid bemerkte die ganze Zeit nicht, dass sich Hirschfeld sorgfältige Notizen machte.

Der BGB war keineswegs unpolitisch. Er war in Wirklichkeit eine von der Kommunistischen Partei gegründete Tarnorganisation, die einem geheimen Zweck diente: »ideologischen Einfluss auf jene intellektuellen Kreise zu gewinnen, die, aus verschiedenen Gründen, zögerten, sich einer Massenbewegung anzuschließen«. Hirschfeld beobachtete die Gruppe ganz genau und schickte Mitgliederlisten, Sitzungsprotokolle und Mitgliederprofile nach Moskau. Arvid »steht uns sehr nahe«, schrieb er, »und sollte *um jeden Preis* in die Sowjetunion eingeladen werden«.

Mit seiner Freundschaft zu Arvid legte Hirschfeld die Saat, die er später zu ernten hoffte. Dieser Tag war nun gekommen.

Spione operieren häufig unter diplomatischem Deckmantel, und Alexander Hirschfeld ist da keine Ausnahme. Seine offizielle Stelle ist die des ersten Sekretärs der sowjetischen Botschaft in Berlin. Daneben ist er bevollmächtigter Vertreter eines sowjetischen »Freundschaftsbunds«, der sich »Allunionsgesellschaft für kulturelle Verbindung mit dem Ausland« nennt, auch bekannt unter der Abkürzung VOKS. In beiden Rollen kann er Beziehungen zu Deutschen wie Arvid pflegen, die für den sowjetischen Nachrichtendienst von Interesse sein könnten, und damit auf raffinierte Weise verbergen, dass er ein Agent des Militärgeheimdienstes der Roten Armee ist.

Im kumpelhaften Jargon der sowjetischen Spionage sind die Rote Armee und das NKWD *sosedi*, Nachbarn. Da sich die Zuständigkeitsbereiche der Roten Armee und des NKWD überlappen, nämlich die des militärischen und die des Auslandsnachrichtendienstes, können die beiden Behörden miteinander wetteifern wie Geschwister um die Gunst der Eltern. In diesem Fall haben sie zusammengearbeitet. Arvid wäre ein wertvoller Agent, und wenn sie sich streiten, erreichen sie gar nichts.

3.

Die beiden Männer finden einen Ort, wo sie sich ungestört unterhalten können. Hirschfeld warnt Arvid, dass er sich durch seine Arbeit im Kreis in Gefahr bringe. So offen gegen Hitler zu agitieren, sei viel zu gefährlich. Würde Arvid mit dem sowjetischen Geheimdienst zusammenarbeiten, könnte er Hitler viel wirksamer bekämpfen.

Hirschfeld begründet seine Sache gut. Arvid ist dennoch nicht überzeugt. Er ist ein deutscher Antifaschist und kein Spion für Moskau. Zu blindem Gehorsam ist er nicht bereit.

Hirschfeld erklärt geduldig, dass es Regeln gebe, an die sich Arvid halten müsse. Sie seien zu seinem eigenen Schutz da. Zum Beispiel müsse Arvid von linken Gruppen Abstand nehmen. Verbindungen, die auch nur entfernt etwas mit kommunistischer Ideologie zu tun hätten, müssten rücksichtslos abgebrochen werden.

Arvid weiß nicht, ob er damit einverstanden sein kann. Er müsste sich von vielen alten Freunden und Bekannten distanzieren und ebenso von neuen Freunden wie Adam Kuckhoff. Aber selbst wenn er, rein theoretisch, diese Verbindungen abbräche, wüsste er nicht, wie er Nachrichten nach Russland übermitteln sollte, ohne aufzufliegen. Er wisse nicht, wie man so etwas macht. Er habe ja keinerlei Ausbildung zu einem Spion.

Wir werden dich ausbilden, erklärt ihm Alexander Hirschfeld. Nach dem Treffen schreibt Hirschfeld eine ausführliche Aktennotiz, die er an die Moskauer Geheimdienstzentrale schickt. Hirschfeld ist fraglos ein guter Spion. Arvid sieht in ihm einen alten Kumpel aus der guten alten Zeit der ARPLAN, jemanden, dem er vertrauen kann. Das ist genau der Grund, weshalb die Moskauer Zentrale ihn ausgeschickt hat, um Arvid anzuwerben.

4.

Arvid erhält einen Führungsoffizier namens Naum Bjelkin. Bjelkin, der fließend Arabisch, Deutsch, Französisch und Spanisch spricht, ist ein erfahrener Spion, der überall herumgekommen ist und als Geheimagent im Jemen, im Iran, in Saudi-Arabien, Uruguay und Spanien gearbeitet hat. Er besitzt die Hochnäsigkeit eines Aristokraten. Wenn er sich für ein Foto in Pose setzt, hebt er sein Kinn und hält seine schmale Nase in die Höhe.

Bjelkin erklärt die Regeln der Geheimhaltung – der *konspiratsia* –, die Arvid befolgen muss. Arvid beharrt darauf, dass er nicht als Spion behandelt werden möchte. Als Vertreter des antifaschistischen Untergrunds werde er Moskau Geheimnisse zuflüstern, mehr nicht. Er werde kein Geld annehmen. Er werde keinen Treueeid gegenüber dem sowjetischen Nachrichtendienst ablegen.

Viele Männer finden Arvids Kompromisslosigkeit bewundernswert. Bjelkin gehört nicht zu ihnen. Ein Treueeid ist unverzichtbar für die Beziehung zwischen einem Spion und dem Chef eines Spionagerings. Ohne diesen Eid geht die Moskauer Zentrale hohe Risiken ein. Die Einwände, die Bjelkin haben mag, halten ihn indes nicht davon ab, der Moskauer Zentrale unter dem Decknamen »Kadi« eine verschlüsselte Nachricht zukommen zu lassen, um zu bestätigen, dass er bei der Rekrutierung seines Zielobjekts, des leitenden Beamten im Reichswirtschaftsministerium, Arvid Harnack, erfolgreich war.

Die Moskauer Zentrale legt daraufhin eine Akte an und gibt Arvid einen Decknamen: »Balte«.

Spione unter uns

1935–1936

1.

Zwei Jahre sind vergangen, seit Martha Dodd Berliner Boden betreten hat, gerade mal sechs Monate nach Hitlers Ernennung zum Kanzler. Unter dröhnendem Lärm fuhr ein imposanter Zug in einen imposanten Bahnhof ein, der so groß war wie ein Palast, mit einem hoch aufsteigenden, tonnengewölbten Dach, einem Wunder aus Stahl. Um den Namen des Bahnhofs – »Lehrter Bahnhof« – richtig auszusprechen, musste sie die flachen, nasalen Vokale ablegen, die sie sich in Chicago angewöhnt hatte. Nun, sie würde sich alle Mühe geben. Sie hatte eine neue Rolle zu spielen. In dem Augenblick, in dem sie dem Zug entstieg, verwandelte sie sich in ein höheres Wesen. Sie war nicht mehr die Tochter von Professor Dodd, einem staubtrockenen Wissenschaftler, der an der Universität von Chicago lehrte, sondern von *Botschafter* Dodd. In der Welt der Diplomatie stand ihr Vater an der Spitze der Hierarchie. Eine Menschenmenge drängte sich auf dem Bahnsteig heran, um sie zu begrüßen – ihr eigenes Gefolge von Diplomaten, Zeitungsleuten und Fotografen. Blitzlichter »blendeten« sie »in einem stetigen Strom«, und sie posierte mit Orchideen in ihren Armen. In ihren eigenen Augen war sie eine Prinzessin. Der kleine Hut, den sie trug, hätte auch eine Tiara sein können.

Zwei Jahre. Für Martha bedeuteten sie ein extravagantes Dinner nach dem anderen und elegante Teegesellschaften mit einigen der mächtigsten und einflussreichsten politischen Persönlichkeiten in Deutschland, darunter Hjalmar Schacht, Hermann Göring, Joseph Goebbels und, einmal sogar, Hitler selbst. Wie eine Fliege an den prächtigen Wänden des herrschaftlichen Wohnsitzes, den sie ihr Zuhause nennt – mit einem Raum in smaragdgrünem Damast, einem anderen mit rubinroten Wandteppichen und einem dritten in rosa Satin – überblickt Martha die politische Bühne. Sie hört zufällig Fetzen eines Gesprächs zwischen ihrem Vater und seinen Kollegen aus dem Außenministerium, die zum Abendessen gekommen sind.

»Man erzählt mir Staatsgeheimnisse«, schreibt sie in einem Brief an Thornton Wilder. Ein Jahr später hat sie sogar noch mehr zu prahlen.

> Vor nicht einmal zwei Wochen habe ich Schacht Dinge sagen hören, die eine gewaltige Schlagzeile hergäben und vermutlich das System zum Einsturz bringen würden (was natürlich sowieso passieren wird). [...] Ich weiß von einigen der schmutzigsten Tricks, die von den Engländern auf dem internationalen Schachbrett gespielt werden, Schweinehunde von A bis Z. [...] Mir schwillt der Kopf vor Stolz, darüber dass es mir gelingt, nicht weniger anmutig auf der Nadelspitze der Europäischen Sicherheit zu balancieren als 400000 Engel.

Die Dramatik des Ganzen ist für sie wie perlender, köstlicher Champagner, den sie schlürft, in dem sie badet.

Boris wird immer noch in Moskau aufgehalten, und sie ist immer noch wahnsinnig verliebt in ihn. In seinen Briefen macht er Andeutungen, dass er sie heiraten möchte. Martha ahnt nicht, dass ihr Liebhaber bereits verheiratet ist, mit einer Frau und einem Kind in Moskau. Genauso wenig ahnt sie, dass Boris ein Spion ist.

2.

Am 5. Juni 1935, zwei Wochen nach Hitlers »Friedensrede«, sendet Boris Winogradow (Deckname »Alex«) ein verschlüsseltes Telegramm an das NKWD.

> Die Situation mit der amerikanischen Frau (Martha Dodd) sieht im Augenblick folgendermaßen aus: Sie ist zurzeit in B., und ich habe von ihr einen Brief erhalten, in dem sie schreibt, dass sie mich immer noch liebt und davon träumt, mich zu heiraten.

3.

Sechs Monate später läuft Martha bei einem aufwendigen Empfang in der sowjetischen Botschaft einem dunkelhaarigen Mann mit einem starken russischen Akzent in die Arme. Er fängt ein Gespräch mit ihr an und stellt sich als Dimitri Bucharzew vor. Er sagt, er sei ein Journalist, der für die Zeitung *Iswestija* arbeite.

Die Arbeit für *Iswestija* ist seine Tarnung. Er ist in Wirklichkeit ein Spion, sein Deckname ist »Emir«.

Dimitri hat ein schwaches Kinn und einen festen Blick. Seine Karriere als Journalist ist beeindruckend. Er hat bei der *Komsomolskaja Prawda* gearbeitet und als Büroleiter der russischen Nachrichtenagentur TASS. Martha findet ihn liebenswürdig. Sie erzählt ihm von Botschafter Bullitts »rüpelhaftem Benehmen«. Sie halte ihn als amerikanischen Botschafter in der Sowjetunion für ungeeignet. Auch von ihrem Vater berichtet sie ihm, spricht über vertrauliche Details einen Brief betreffend, den Botschafter Dodd an das Außenministerium in Washington, D.C., schrieb. Sie lässt erkennen, dass sie als Tochter eines Diplomaten in zahlreiche derartige Geheimnisse eingeweiht ist. Dimitri weiß das natürlich. Es ist genau der Grund, weshalb der NKWD ihn auf sie angesetzt hat.

4.

Es ist nicht allzu schwer, Martha davon zu überzeugen, Spionin zu werden. Dimitri erklärt ihr, dass er ihr Führungsoffizier sein werde. Martha weiß nicht, was ein Führungsoffizier ist, aber sie lernt schnell und sie wird alles lernen, was sie lernen muss. Sie erzählt ihm, sie studiere gerade »intensiv« ein Buch von Stalin. Es handele sich um eine englische Übersetzung aus dem Russischen, und ihr Lehrer sei äußerst kenntnisreich. Dimitri notiert sich den Namen – »Harnack«. Dimitri schickt ein Telegramm mit einer geheimen Mitteilung an die Moskauer Zentrale:

> Martha sagt, es sei ihr Hauptinteresse im Leben, im Geheimen der Sache der Revolution zu dienen. Sie ist einverstanden, ihre Stellung dazu zu benutzen, in dieser Richtung tätig zu sein, sofern die Möglichkeit, dass ihre Tarnung auffliegt oder ihr Vater diskreditiert wird, ausgeschlossen wird.

Es wird wieder geköpft

1935–1936

1.

Es ist ungeheuerlich, aber wahr: Es wird wieder geköpft.

Hitlers Regime hat diese grausame Strafe, die in der Weimarer Republik nurmehr selten verhängt worden war, zu neuem Leben erweckt. 1935 ist die Todesstrafe für 47 Verbrechen vorgeschrieben und für 2.539 weitere empfohlen. Die Definition eines Verbrechens wurde erweitert, um auch »Angriffe auf die Volksgemeinschaft« einzubeziehen, und die Definition eines Angriffs wurde ausgeweitet, damit das Wort praktisch alles umfasst, was irgendjemand tut, der sich Hitler widersetzt.

Vollstreckt werden die Hinrichtungen in der Berliner Strafanstalt Plötzensee. Der dortige Henker heißt Karl Gröpler; er ist sechsundfünfzig Jahre alt und hat ansonsten ein bescheidenes Auskommen als Besitzer einer Wäscherei. Gröplers Vertrag mit dem Reichsjustizministerium verlangt von ihm, Richtblock, Richtbank und Richtbeil selbst zu den Enthauptungen mitzubringen, die er mit chirurgischer Präzision im Hof des Gefängnisses vollzieht. Gewöhnlich sind bei der Hinrichtung mehrere Gerichtsbeamte, ein Vertreter der Staatsanwaltschaft, ein Geistlicher, ein Arzt, ein Strafvollzugsbeamter von Plötzensee und eine Reihe von Zeugen anwesend, die Gröpler dabei zusehen, wie er, angetan mit einem schwarzen Zylinder, einem Frack und makellosen weißen Handschuhen, in das helle Scheinwerferlicht schreitet. Drei junge Männer, Gröplers Assistenten, führen den Gefangenen zur Richtbank und positionieren den Richtblock unter dem Kopf des Gefangenen. Der Staatsanwalt liest das Urteil laut vor, und ein Gerichtsbeamter ordnet an: »Scharfrichter, walten Sie Ihres Amtes!« Gröpler hebt das Richtbeil und lässt es herabsausen.

Im Jahr 1935 werden siebenundneunzig Männer und neun Frauen von Gröpler geköpft.

Die Enthauptungen in Plötzensee sind kein Geheimnis. Blutrünstige Details finden sich als Aufmacher in deutschen Zeitungen und sorgen für Schlagzeilen in den Vereinigten Staaten.

Die Enthauptungen von zwei wegen Landesverrats verurteilten jungen Frauen schockierten die Leser der *Washington Times*, die am 24. Februar 1935 einen Artikel mit der einer Boulevardzeitung würdigen Schlagzeile HERR HITLER WETZT SEINE MESSER veröffentlichte. Auch die *New York Times*, die *Chicago Daily Tribune* und das *Time Magazine* berichteten darüber. Die amerikanischen Leser kamen in den Genuss der Beschreibungen von Gröplers makabrem Kostüm, seiner weißen Handschuhe, mit denen er die Axt ergreift. Ein Gefängniswärter, der die Enthauptung beobachtet hatte, beschrieb die Frauen im Detail: wie sie, eine nach der anderen in ihrer blauen Gefängnisuniform, die Hände hinter dem Rücken gefesselt, ruhig zum Richtblock gingen; wie sie nicht zu ihrer Hinrichtungsstätte geschleift werden mussten, wie dies oft bei Männern der Fall sei. »Am meisten hat uns beeindruckt, dass keine der beiden ein einziges Wort gemurmelt hat«, sagte der Wärter.

Die Namen der beiden jungen Frauen, Baroness Benita von Falkenhayn und Renate von Natzmer, kennt in Deutschland jeder Leser des *Völkischen Beobachters*, der eine reißerische Titelgeschichte über das angebliche Verbrechen herausbrachte. Die Frauen waren festgenommen worden, so der Artikel, als sie einem gutaussehenden polnischen Diplomaten Militärgeheimnisse zuflüsterten, Geheimnisse über einen neuen deutschen Flugzeugtyp, der in einer Berliner Fabrik produziert werde. Hitler selbst wies ihr Gnadengesuch zurück. Landesverrat, so warnte er, werde man nicht tolerieren.

2.

Am BAG singt Mildred ihren Studenten immer noch amerikanische Protestsongs vor. »John Brown's Body« findet gerade besonderen Anklang. John Brown wurde auf dieselbe Weise hingerichtet wie einige deutsche Männer im Widerstand: durch langsame Strangulierung an einem mit sadistischer Sorgfalt errichteten Galgen. Was haben sie verbrochen? Dasselbe wie John Brown, nämlich Landesverrat.

Viele Frauen im Widerstand werden auf eine ähnlich barbarische Weise hingerichtet, durch die Guillotine. Warum werden diese Frauen nicht gehängt? Aus der Sicht der Nazis muss der geschmeidige Hals des schwächeren Geschlechts anders behandelt werden, und eine Klinge tötet schneller als ein Strick. Eine solche Unterscheidung zu treffen, das Abtrennen eines Kopfes als humaner anzusehen als das Hängen, ist eine besondere Perversität der Nazis.

Sie sind grausig, diese Geschichten, und sie scheinen um Mildred zu kreisen. Geschichten über Landesverrat, Tod durch Erhängen – oder auch durch Enthauptung.

3.

Ein Mann ohne Kopf. Mildred erschauderte, als sie diese Geschichte hörte. Arvids Cousin Ernst von Harnack erzählte sie ihr vor ein paar Jahren, als sie zu einem kurzen Besuch vorbeischaute.

Dass Ernst und Anne von Harnack in einem Schloss wohnten, das etwas von einer Burg hat, mit einem mittelalterlichen Verlies, machte die Sache nicht besser. Der einem Labyrinth gleichende Flur ließ ein unheilverheißendes Echo vernehmen, als Ernst sie in das Zimmer brachte, in dem sie schlafen sollte. Vom Fenster aus konnte sie die Saale sehen, die sich ihren Weg durch die Hügel von Merseburg bahnte, ein Städtchen, das nachts so still war, dass man hören konnte, wie die Mäuse umherhuschten.

Vor Jahrhunderten, so erzählte Ernst, sei ein Page, der im Schloss arbeitete, in Schwierigkeiten geraten. Hatte er das Missfallen eines Fürsten erregt? Wahrscheinlich. War seine Bestrafung gerecht? Wahrscheinlich nicht. Was auch immer er verbrochen hatte, das Schwert fuhr auf ihn nieder und enthauptete ihn. Nun spukt ein Geist ohne Kopf in den Zimmern des Schlosses. *Besonders in deinem Zimmer*, sagte Ernst.

Mildred hatte lange genug in Deutschland gelebt, um ein Gespür für das zu entwickeln, was als deutscher Humor gilt. Sie wusste, dass Ernst sie auf den Arm nahm. Dennoch lag sie noch lange, nachdem sie ihm Gute Nacht gesagt hatte, wach in dem Schlafzimmer mit der niederen Decke, als plötzlich eine kopflose Erscheinung durch die steinerne Wand trat und über ihrem Bett schwebte. Ernst hatte ihr das Bild in den Kopf gesetzt, nun konnte sie es nicht mehr loswerden.

Im frühen Morgenlicht schrieb Mildred einen Brief an ihre Mutter und gestand, dass sie nie mehr in der Burg von Ernst und Anne Harnack übernachten wolle.

4.

An einem Frühlingsabend nach ihrem Unterricht am BAG geht Mildred mit ihrem Schüler Emil die Tauentzienstraße entlang, einen breiten Boulevard in der Nähe des Tiergartens. Sie sind auf dem Weg zum S-Bahnhof Zoologischer Garten. Unter dem Pseudonym »Emko« hat Emil für die Kommunisten Flugblätter gegen die Nazis verfasst, und bei der Vernehmung durch die Gestapo wurde er mit dem Knüppel geschlagen. Er fürchtet, dass die Gestapo ihn überwacht. Trotzdem wird er nicht aufhören, gegen Hitler zu kämpfen. Emil möchte dem Kreis helfen. Er kennt die Besitzer von zwei Buchläden mit Verstecken für verbotene Bücher.

Mildred und er sind so in ein Gespräch vertieft, schreibt Emil später, dass sie den Tumult vor ihren Augen gar nicht bemerken. Eine Menschenmenge drängt sich vor dem Eingang eines Filmtheaters. Die riesigen Türen öffnen sich und ein Mann tritt hervor. Die Menge bricht in Jubel aus, als handelte es sich um einen Filmstar.

Es ist Hitler. Sein unheimlicher Schnurrbart. Seine erstaunlich blauen Augen.

Eine Frau mittleren Alters gerät in Verzückung. »Welch ein historischer Moment«, ruft sie aus.

Mildred und Emil gehen schweigend weiter. Sie erreichen den S-Bahnhof. Sie verabschieden sich. *Wir haben noch so viel Arbeit vor uns*, denkt Emil. Und er weiß, dass Mildred dasselbe denkt. Worte sind unnötig.

5.

Die Nazis schließen das BAG. Damit verliert Mildred ihre wichtigste Rekrutierungsstelle.

Eine Reihe von Schülern fragt, ob sie mit ihr in Kontakt bleiben können. Manchmal drängen sie sich in ein Café hinein. Manchmal kommen sie in Mildreds Wohnung zusammen. Sie kocht für alle Tee, indem sie das Wasser auf ihrem weißen Kachelofen zum Kochen bringt. Sie sitzen im Wohnzimmer und reden stundenlang miteinander. Hin und wieder springt Mildred von ihrem Sofa auf, um wieder Teewasser aufzusetzen oder eine Passage aus einem der amerikanischen Romane vorzulesen, die von Goebbels Zensoren verboten wurden.

Sie möchte, dass sie alle »die neuen Entwicklungen in Deutschland mit anderen Augen« sehen.

Widerstand

1935–1937

1.

Es gibt zwei Formen des Widerstands: passiven und aktiven.

Einen Akt passiven Widerstands nennt man »Resistenz«. Ein Beispiel ist die Weigerung, die Hakenkreuzfahne zu hissen. Sich zu weigern, »Heil Hitler!« zu sagen, ein anderes. Unabhängig davon, ob man eine Bahnfahrkarte kauft oder einen Laden betritt, auf jedem Geschäftsvorgang lastet die Erwartung, dass man ihn mit diesen Worten einleitet oder beendet. Manche nehmen das Risiko auf sich und bezahlen den Preis dafür: eine Zeit hinter Gittern oder Schlimmeres. Andere finden eine Alternative. »Grüß Gott!« zu sagen ist ein Trick, mit dem man »Heil Hitler!« umgehen kann.

Nur einen Akt aktiven Widerstands nennt man »Widerstand«. Wenn man einem jüdischen Freund bei der Flucht hilft, begeht man einen Akt des Widerstands. Wenn man ein Flugblatt verfasst, das Hitler kritisiert, es jemandem in den Briefkasten oder in die Manteltasche steckt, oder wenn man ein paar davon in einen Bahnhof schmuggelt, leistet man Widerstand. Diese Verbrechen werden mit ein bis zwei Jahren Konzentrationslager bestraft.

Ein anderes Beispiel für Widerstand ist Arvids Spionagetätigkeit.

2.

Seit einem Jahr leitet Mildred nun schon die Sitzungen des Kreises. Arvid hat hierzu im Augenblick wenig Zeit, aber selbst wenn er eine Sitzung einschieben könnte, wäre er angesichts der Regeln der *konspiratsia* in einer Zwickmühle. Der Verkehr mit Kommunisten und Sozialisten ist ihm verboten. Und wer im Kreis ist kein Kommunist oder Sozialist?

Wenn Mildred zu tun hat, springt ihr ergebener Rekrut aus dem BAG, Karl Behrens, ein. Karls Drahtgestellbrille und sein intelligenter Blick ähneln denen von Arvid, aber ansonsten ist er ganz anders. Sein Leben war härter. Er kann sich keines Familienstammbaums rühmen, der ihm den Weg in die Klubs und inneren Zirkel der Elite ebnet.

Karl hat seine Arbeit in der Gaslampenfabrik aufgegeben. Jetzt arbeitet er als Schlosser bei der AEG, einem Unternehmen, das Elektromotoren, Dampfturbinen, Kabel, Schalter und Sicherungen herstellt. Karl weiß nicht, dass die AEG bei dem Industriellentreffen mit Hitler, einen Monat nach seiner Ernennung zum Kanzler, der NSDAP 60.000 Reichsmark gespendet hat. Er weiß aber, dass die Geschäfte gut zu laufen scheinen. Er schmuggelt Exemplare einer nazifeindlichen Untergrundzeitung namens *Der Gegen-Angriff* in die Fabrik. Ihr Name ist eine direkte Erwiderung auf die Nazizeitung *Der Angriff*.

Nach einem Treffen schaltet Mildred ihr Blaupunktradio an, sorgsam darauf achtend, dass es leise gestellt ist. Sie drückt ihr Ohr an den Lautsprecher. Durch das Knacken und Piepsen hindurch kann sie eine Sendung der BBC hören. Präsident Roosevelt hält eine Rede. Mildred macht sich dabei wie wild Notizen. Sie übersetzt das Geschriebene ins Deutsche, tippt die Worte ab auf ein Blatt Papier, das sich sodann in Flugblätter verwandelt. Der Kreis schmuggelt sie in Berliner Fabriken und stapelt sie zu Haufen, damit sie von den Arbeitern entdeckt werden.

3.

Am 15. September 1935 wird das »Gesetz zum Schutze des deutschen Blutes und der deutschen Ehre« erlassen. Sex zwischen Juden und Nichtjuden ist jetzt illegal. Illegal ist auch, wenn Juden Nichtjuden heiraten. Eine Frau mit »deutschem Blut«, die jünger ist als fünfundvierzig, darf nicht in einem jüdischen Haushalt arbeiten, da sie einen jüdischen Mann zum Geschlechtsverkehr verführen könnte, dessen Ergebnis vielleicht ein Baby von »gemischtem Blut« wäre, ein »Mischling«. Juden, die gegen dieses Gesetz verstoßen, müssen damit rechnen, zu Zwangsarbeit, Gefängnishaft und Geldstrafen verurteilt zu werden.

Am selben Tag wird auch das »Reichsbürgergesetz« erlassen. Es schließt die Juden ausdrücklich von der Staatsbürgerschaft aus.

Diese beiden Gesetze werden als »Nürnberger Gesetze« bekannt. Deutschland hat nun einen genauen Gesetzesrahmen für die Marginalisierung der Juden, für die Absonderung der Juden, für den Ausschluss der Juden und, letztlich, für die Vernichtung der Juden.

4.

Mildred wird Juden bei der Flucht helfen. Der Entschluss fällt ihr nicht schwer. Sie weiß, durch ihre Beziehungen zu dem früheren Konsul General Messersmith und zu Botschafter Dodd sowie durch geschicktes und raffiniertes Manövrieren kann sie ihre Verbindungen zur amerikanischen Botschaft für die Beschaffung von Visa nutzen, die Juden benötigen, um über die deutsche Grenze zu gelangen.

Ein jüdischer Lektor namens Max Tau fragt, ob sie auch für ihn etwas tun könne. Mildred organisiert Taus Flucht nach Norwegen. Ein jüdischer Schüler am BAG bleibt nach dem Unterricht noch da. Samson Knoll möchte in die Vereinigten Staaten entkommen. Er hat auch noch einen Verwandten, der jemanden kennt, der aus Deutschland fliehen möchte. Diskret trifft Mildred auch hierfür die notwendigen Vorbereitungen.

5.

In Berlin werden in den Jahren 1935 und 1936 innerhalb von vierzehn Monaten 2.197 in Widerstandsgruppen aktive Personen verhaftet. In ganz Deutschland werden 1936 über 12.000 Personen für die Verbreitung von Flugblättern verhaftet.

Zwei von Mildreds BAG-Rekruten werden verhaftet.

Karl Behrens wird der Verbreitung des *Gegen-Angriffs* beschuldigt. Im Gefängnis wird er geschlagen, verhört, wieder geschlagen, dann entlassen. Der Gestapobeamte, der ihn vernimmt und sich genau an das ordnungsgemäße Protokoll hält, findet keine Beweise. Behrens gesteht nichts.

Wilhelm Utech wird auf frischer Tat ertappt. Die Gestapo konfisziert seine Flugblätter und steckt ihn in ein Konzentrationslager, in dem er ein Jahr lang schmachtet.

6.

Die anderen machen weiter. Sie schmuggeln Flugblätter in Telefonzellen und U-Bahn-Stationen, stecken sie anderen Leuten in die Manteltaschen, stecken sie gefaltet in Umschläge. Der eine schreibt Adressen, ein anderer klebt Briefmarken auf die Umschläge. Die Adressen gehören Journalisten, Politikern, Professoren, Mitgliedern der katholischen Kirche.

»Wir hielten strenge Disziplin und Geheimhaltung«, erinnerte sich Günther Weisenborn, ein Mitglied des Gegner-Kreises, einer Widerstandgruppe, die bald mit dem Kreis zusammenarbeiten wird. »Wir waren in eine Reihe von Untergruppen aufgeteilt, die in vielen Fabriken Flugblätter verteilten.« In den Berliner Fabriken wimmelt es nur so von eingefleischten Kommunisten und Nazis. Extrem Linke und extrem Rechte arbeiten Schulter an Schulter. Überall sind Spitzel. Wenn Weisenborn ein Flugblatt in die falschen Hände drückt, dann erfährt die Gestapo davon.

»Unsere Arbeit war sowohl aufregend als auch nervenaufreibend«, gab Weisenborn zu.

Sie tarnen ihre Treffen als Cocktailempfänge, als Abendessen, zu denen jeder etwas mitbringt, und als Geburtstagspartys. »Jedem Fremden vermittelte unsere Runde den Eindruck zwangloser Geselligkeit«, erinnerte sich eine Ärztin namens Elfriede Paul. »Der eine kam auch mal später, ein anderer ging früher. Bis spät in die Nacht wurde ohnehin nur beraten, wenn eine besondere Frage zu Ende diskutiert werden musste oder eine spezielle Aktion vorzubereiten war.«

Elfriede Paul erklärt sich damit einverstanden, auch in ihrer Praxis Treffen abzuhalten, nach der Sprechzeit. Andere halten in Kellern, Speichern und Wohnzimmern Zusammenkünfte ab.

7.

1936 kassiert die Gestapo 1.643.000 Flugblätter ein, auf denen das Naziregime denunziert wird. Die Anzahl ist in den Akten peinlich genau vermerkt. Sie ist der Beweis für einen im Untergrund aktiven Widerstand, den Hitler unterdrücken will. Die Gestapo bekommt die Flugblätter auf unterschiedliche Weise in die Hände: indem sie diese den Gegnern entreißt, Hausdurchsuchungen durchführt, bei denen sie sie in Kommoden, hinter Wänden oder unter Fußbodendielen entdeckt, oder mit hinterhältigeren Methoden.

Jeder Bürger, der in seinem Briefkasten ein Flugblatt findet, kann das Vergehen auf dem nächsten Polizeirevier melden. Auf die Mithilfe solcher Bürger verlässt sich die Gestapo, wenn sie Stadtviertel überwacht und den Widerstand aufspürt. Da es immer mehr Spitzel, Schwätzer, Schnüffler und Denunzianten gibt, entwickelt die Gestapo ein Klassifikationssystem, das zwischen einer »Informationsperson«, einem »Wahrmann«, einem »Gewährsmann«, einem »Gegnermann«, einer »Zuverlässigkeitsperson« und einem »Auskunftsmann« unterscheidet. Ganz oben in der Hierarchie stehen Spitzeninformanten, die sogenannten »Vertrauensmänner«, die in Gestapoberichten als »VM« bezeichnet werden. VMs sind bezahlte Gestapospione, die verschlüsselte Berichte schreiben und sie in gekennzeichneten Postkästen deponieren. Häufig tarnen sie sich als Feinde von Hitler. Im Spionagejargon sind sie »Maulwürfe«. Die geschicktesten VMs dringen bis in den inneren Kern einer Widerstandsgruppe ein und freunden sich mit deren Mitgliedern an, erwerben ihr Vertrauen, bringen ihre Geheimnisse in Erfahrung und berichten alles der Gestapo.

8.

In den ersten drei Monaten von 1936 teilt Hitler der Welt ein ums andere Mal mit, dass er *Frieden* möchte.

Am 10. Januar sagt er:

> Es gibt keinen einzigen Deutschen, der Krieg will.

Am 30. Januar sagt er:

> Wir wollen zugleich aber auch, so wie wir im Innern stets den Frieden in unserem Volke gepredigt haben, ein friedliebendes Element unter den anderen Völkern sein. Wir können das nicht oft genug wiederholen.

Am 16. März sagt er:

Mein Ziel ist der Frieden.

9.

Am 7. März 1936 gibt Hitler 3.000 Soldaten den Befehl, ins Rheinland einzumarschieren. Das Manöver ist eine eklatante Verletzung des Versailler Vertrags, der die Region zu einer demilitarisierten Zone erklärt hat. Es ist Deutschland nicht gestattet, dort Befestigungen zu errichten oder Truppen auszubilden. Streng genommen wäre es schon ein Vertragsbruch, wenn ein einziger Soldat, mit geschultertem Mauserkarabiner, einen einzigen Stiefel ins Rheinland setzt.

An diesem Tag fällt kein einziger Schuss. Das Manöver hat etwas von einem Schauspiel, es ist ein mitreißendes Spektakel. Hitler teilt der Welt mit, dass sich Deutschland von einem als Bestrafung gedachten Vertrag nicht mehr lähmen lässt. Er spekuliert darauf, dass er damit durchkommen wird.

Und er wird damit durchkommen.

10.

In diesem Sommer bricht der Spanische Bürgerkrieg aus.

Franco, dem Anführer eines faschistischen Militärstaatsstreichs gegen Spaniens neugewählte demokratische Regierung, schickt Hitler deutsche Soldaten und Munition. Göring ist entzückt von dieser Abmachung, liefert sie ihm doch eine erstklassige Gelegenheit, seine brandneue Luftwaffe zu testen. Wenn die Deutschen eine der zensierten Tageszeitungen lesen oder ihrem Volksempfänger lauschen, erfahren sie davon nichts. Deshalb stellt der Gegner-Kreis eine Menge Flugblätter her.

Eine jüdische Künstlerin namens Elisabeth Schumacher entwirft sie. Sie verbringt unzählige Stunden damit, sich raffinierte Methoden auszudenken, wie man Flugblätter unterschiedlicher Größe herstellt und Wörter und Fotografien so klein druckt, dass sie auf ein Blatt Papier, so winzig wie eine Briefmarke, passen. »Nächtelang«, erinnerte sich Elfriede Paul, »fotokopierte sie Bilder aus dem

Spanienkrieg, verkleinerte Texte, auch Gedichte.« Die Flugblätter enthalten Einzelheiten über die Anzahl von Truppen, Panzern, U-Booten und Flugzeugen, die Franco von Hitler erhält. Diese Details sind aus streng geheimen Dokumenten geklaut, und zwar von einem Beamten des Reichsluftfahrtministeriums, der wie Arvid so tut, als wäre er ein Nazi, und Geheimnisse stiehlt. Es ist Harro Schulze-Boysen, der sechsundzwanzigjährige Anführer des Gegner-Kreises.

11.

Harro Schulze-Boysen besucht Mildred und Arvid in ihrer Wohnung. In dem mit Büchern vollgestellten Wohnzimmer in der Woyrschstraße 46 führen die drei eine lebhafte Diskussion über den Widerstand. Harro ist groß, blond und hager. Er war schon im Konzentrationslager. Narben an seinem kantigen Kinn und den Wangenknochen sind ein Beleg, dass er gefoltert wurde. Ein Ohr ist verstümmelt, mehr als die Hälfte davon ist abgehackt. Sein Verbrechen: »Vorbereitung zum Hochverrat«. Er hatte eine nazifeindliche Untergrundzeitung mit dem Titel *Gegner* herausgegeben, bis SS-Offiziere sein Büro stürmten und die Druckerpresse zerschlugen. Sie zerrten Harro und noch einen anderen Autor des *Gegners* in ein Konzentrationslager in einem Berliner Vorort, wo sie nackt ausgezogen und mit bleibeschwerten Peitschen ausgepeitscht wurden. Nach Harros Entlassung hatte er so starke Nierenschmerzen, dass er ins Krankenhaus eingeliefert werden musste. Die Verletzungen seines Freundes waren noch schwerer. Er starb.

Harro Schulze-Boysen ist zweifellos ein leidenschaftlicher und charismatischer Antifaschist, aber Mildred und Arvid fühlen sich in seiner Gegenwart unwohl. Seine hellblauen Augen funkeln zu sehr, es sind die Augen eines Draufgängers auf einem Rachefeldzug. Sie kommen zu dem Schluss, dass eine Allianz mit Harro »zu gefährlich« wäre.

Ernst und Ernst

1935–1937

1.

»Ich habe meine Rache auf Eis gelegt«, erzählte Harro Schulze-Boysen Ernst von Salomon kurz nach seiner Entlassung aus dem Konzentrationslager. Harro war ihm zufällig auf einem belebten Gehsteig in Berlin begegnet. Harros Gesicht war so entstellt, dass Ernst seinen Freund zunächst gar nicht wiedererkannte. »Sein Gesicht war sehr verändert«, sinnierte Ernst Jahre später in seinen Erinnerungen. »Ihm fehlte ein halbes Ohr, sein Antlitz war von rötlichen, kaum vernarbten Wunden gezeichnet.«

2.

Ernst von Salomon hat einige Zeit hinter Gittern verbracht, obschon aus völlig anderen Gründen als Schulze-Boysen. Er fuhr das Fluchtauto für die Männer, die 1922 Außenminister Walther Rathenau ermordeten, 1922 einen Mordversuch begingen und 1929 den Versuch unternahmen, den Reichstag in die Luft zu sprengen. Seitdem hat er vier Romane geschrieben. Sein Verleger ist Ernst Rowohlt, der Großverleger und Gründer des Rowohlt Verlags. Er steht im Mittelpunkt eines Netzwerks geselliger und beruflicher Beziehungen, die Ernst von Salomon mit Mildred verbinden. Zu diesen Verbindungen gehören Thomas Wolfe und Hans Fallada (alias Rudolf Ditzen), die beide von Rowohlt verlegt werden, und Martha Dodd, die Ernst Rowohlt und Ernst von Salomon zu unzähligen Partys eingeladen hat, in der Hoffnung, sich bei Männern des Verlagswesens einzuschmeicheln, die ihr weiterhelfen können, wenn sie selbst einmal ein Buch schreibt.

3.

»Martha Dodd lud mich zu ihren Empfängen«, schrieb Salomon in seinen Memoiren, »bei denen würdige Diener mit weißen Handschuhen milde opalisierende und genauso schmeckende Cocktails sowie kleine Weißbrotschnitten reichten.« Ihre Gäste waren

> schmucke junge Männer von vollendeten Umgangsformen und mit unvollendeten Sprachkenntnissen in der kleidsamen Uniform des Auswärtigen Amtes, die so verzweifelt der schwarzen Uniform der ss glich, aber es waren auch ss-Leute in hinreichender Anzahl da.

Es war eine äußerst befremdliche Versammlung. Nirgendwo sonst als in Berlin konnte man Männer aus Hitlers Ministerien und ss-Schläger finden, die sich unter amerikanische, französische und russische Diplomaten mischten. Ernst von Salomon stand gewöhnlich alleine herum und beobachtete die »verbindlich lächelnden jungen Lichtgestalten, welche Martha Dodd manches klingende Gelächter entlockten«. Er »gab sich dem Kummer der Betrachtung hin«, dass Marthas Verehrer »eine schönere Statur« hatten als er.

Ernst von Salomon hat eine frappierende Ähnlichkeit mit Alfred Hitchcock. Wie dieser hat er ein Doppelkinn und raucht Calabash-Pfeife. Auch jetzt noch sorgen seine vier Romane und sein Ruf als Mörder dafür, dass sein Briefkasten von »großkalibrige[n] Briefe[n] aus feinstem Büttenpapier« überquillt, mit »kunstvoll lithographierte[n] Einladungen zu gesellschaftlichen Veranstaltungen hochgestellter Persönlichkeiten, mächtiger Gönner der schönen Künste, überschäumend revolutionärer Organisationen und angesehener Körperschaften des In- und Auslands«. Er mag den »klaren Wodka«, den »Kaviar« und die »Forellen in Aspik«, die bei Abendgesellschaften der russischen Botschaft serviert werden, sehr viel lieber als die »dünnblütigen Cocktails« und faden Häppchen, die er bei Veranstaltungen in der amerikanischen Botschaft hinunterwürgt. »Ich kann beteuern, dass ich […] mich nur ganz unauffällig betrank«, erinnerte sich Ernst von Salomon, »im Gegensatz zu Rowohlt.«

4.

Ernst Rowohlt befindet sich im Belagerungszustand. Zu keinem Zeitpunkt seit seiner Gründung des Rowohlt Verlags im Jahr 1908 war er so gefährdet, pleite zu gehen. Die Liste der Autoren, die sein Verlag nicht mehr herausgeben kann, ist erschreckend lang und wird immer noch länger. Jeder Schriftsteller, der einer linken Partei auch nur nahesteht, kommt auf die Liste, genauso wie alle jüdischen Autoren oder Autoren mit einer Sympathie für Juden. Ernst Rowohlt ist stolz darauf, dass der große Hemingway zu seinen amerikanischen Autoren gehört, aber auch Hemingway wurde von den Nazis verboten, denen sein Roman *In einem anderen Land* zu kriegsfeindlich ist, das Werk eines gefährlichen Pazifisten. Rowohlt ist begierig darauf, Verträge mit Autoren auszuhandeln, die aus Deutschland geflohen sind und jetzt in anderen Ländern im Exil leben, oftmals in der Schweiz, in Frankreich oder Amerika; und er zermartert sein Gehirn, wie man der skrupellosen Nazizensur entgehen kann.

Am Eingang erscheinen zwei Männer mit missbilligendem Stirnrunzeln. Sie tragen keine Uniform, aber sie sind eindeutig von der Gestapo.

Ernst Rowohlt, ein großer Mann mit dröhnender Stimme, lädt sie in sein Büro und bietet ihnen, mit einer Liebenswürdigkeit, mit der er sonst nur seinen vertrautesten Freunden begegnet, Zigarren an. Sie lehnen ab.

»Was bringen Sie Gutes?«, donnert Rowohlt.

Einer der Beamten antwortet mit abgehackter, monotoner Stimme, dass sie gekommen seien, um alle Exemplare von *Babbitt* zu beschlagnahmen. Aus seinem Mund hört sich der Titel des Romans an wie »Bahbiet«.

Ernst Rowohlt öffnet eine Flasche Schnaps, schenkt sich selbst ein Gläschen ein, nicht aber den Gestapobeamten, und lehnt sich behaglich in seinem Stuhl zurück. »Ein Verlag ist kein Unternehmen, in welchem Bücher geschrieben, gesetzt, gedruckt, gebunden, gelagert und verkauft werden«, sagt er, »sondern sozusagen nur die Verwaltung des Vorgangs, die Dachorganisation dieser verschiedenen Produktionsvorgänge.« Er nimmt einen Schluck von dem Schnaps und fährt versonnen fort: »Wenn Sie also den ›Bahbiet‹ beschlagnahmen wollen, dann müssen Sie dahin gehen, wo er gerade ist, in die Druckerei [...] oder in die Buchhandlung, nicht zu mir. Außerdem wird der ›Bahbiet‹ gar nicht bei mir verlegt, sondern im Transmare-Verlag, und der ist schon seit einigen Jahren aufgelöst. Und übrigens wollen Sie gar nicht den ›Bahbiet‹, der ist nämlich von Sinclair Lewis, den meinen sie aber nicht, sondern Sie meinen Upton Sinclair, der ist auch nicht bei mir, sondern wird schon lange nicht mehr in Deutschland verlegt.«

Auf den Gesichtern der Beamten breitet sich Verwirrung aus. Einer von ihnen sagt: »Da müssen wir erst noch einmal telefonieren.«

Als sie gegangen sind, tritt Ernst Rowohlt mit einem breiten Grinsen aus seinem Büro. Die Lektoren, die das Gespräch belauscht haben, blicken ihren Chef erstaunt an, da sie natürlich wissen, dass Rowohlt der Gestapo gleich zweimal einen Bären aufgebunden hat. Upton Sinclair ist nicht der Autor von *Babbitt*, sondern Sinclair Lewis. Und Rowohlt *hat* die Romane von Sinclair Lewis verlegt, dem 1930 die Ehre zuteilwurde, als erster Amerikaner den Literaturnobelpreis zu erhalten. Rowohlt ist ausnehmend stolz darauf, dass er so vorausschauend war, die Rechte an allen Romanen von Sinclair Lewis zu erwerben. Die Verantwortung für sie hat er seinem Sohn, Heinrich Ledig-Rowohlt, übertragen.

5.

Es ist nun ein Jahr her, dass sich Mildred, Heinrich Ledig-Rowohlt, Martha Dodd und Boris Winogradow in ein Ford-Cabriolet pferchten und aufs Land fuhren, um Rudolf Ditzen, alias Hans Fallada, zu besuchen. Nach dem Ausflug fragte sich Mildred, ob ihre Gespräche mit Rudolf auf diesen wohl einen positiven Einfluss haben würden. Zunächst schien es so. Er biederte sich bei den Nazizensoren nicht mehr an und erklärte mit neuer Entschlossenheit: »Es gibt nichts zu verstecken und nicht die Augen zuzumachen.«

Am 29. April 1935 verkündet Ditzen: »[I]ch kann nicht mehr produzieren, wie ich möchte«, und er erleidet einen Nervenzusammenbruch. Seine Frau, Suse, packt seinen Koffer und bringt ihn in die Berliner Charité, wo er nun wegen seiner Halluzinationen behandelt wird. Der Psychiater, der Ditzens Behandlung leitet, ist Karl Bonhoeffer, der Vater von Arvids Cousins Dietrich und Klaus.

6.

Eines Abends 1936 steht Ernst von Salomon im Hausflur von Mildreds und Arvids Wohnung. Ernst ist nicht alleine da. Neben ihm stehen seine Lebensgefährtin Ille und Harro Schulze-Boysen. Harro ist der Grund, weshalb sie hier sind. Er erhielt eine Einladung zu der kleinen Feier, die Mildred und Arvid heute Abend veranstalten, und er hat Ernst und Ille gebeten, ihn zu begleiten. Hinter der Tür hört man gedämpfte Partygeräusche.

Mehr als ein Jahr ist vergangen, seit Harro das letzte Mal hier war. Auf den Schlachtfeldern des Spanischen Bürgerkriegs hat Hitler die Militärhilfe für Franco verstärkt, und Harro hat derweil seine Versuche der Sabotage gegen den Führer verstärkt. Aber über den Gegner-Kreis oder die von ihnen hergestellten Flugblätter sagt Harro zu dem politisch schwer einzuschätzenden Ernst von Salomon kein Sterbenswörtchen. Harro weiß, dass Ernst die Nazis hasst, obwohl er kein Kommunist oder Sozialdemokrat ist. Er liebäugelt mit konservativen Ansichten und hat früher für eine Zeitung des rechten politischen Spektrums geschrieben.

Ernst und Ille wohnen in demselben Viertel wie Harro, der ein altes, aber schnittiges Automobil fährt und seine Sonntage auf seinem Segelboot verbringt, mit dem er über den Kleinen und Großen Wannsee schippert. Harro hat durchdringende blaue Augen, weizenblonde Haare und ein gewinnendes Lächeln. Seine Narben stehen ihm gut. Er ist ebenso attraktiv wie verschlossen. Ernst spürt, dass Harro im Reichsluftfahrtministerium etwas im Schilde führt, und bedrängt ihn.

»Ich stecke Fähnchen, lauter hübsche, kleine, bunte Fähnchen in hässliche alte Landkarten«, versichert ihm Harro mit trockenem Humor.

Schwungvoll öffnet sich die Wohnungstür. Mildred stellt sich vor und bittet sie herein.

Ernst ist ihr schon ein paar Mal bei irgendwelchen geselligen Treffen begegnet, auch bei Veranstaltungen in der russischen und amerikanischen Botschaft. Er weiß, dass Mildred und Arvid »sich mit Sicherheit in diplomatischen Kreisen« bewegen.

Er nimmt seine Umgebung in sich auf wie ein Romancier. Er achtet auf die Einrichtung, auf die Größe des Raumes, in dem die Gäste miteinander plaudern. Er betrachtet den Kaminsims, sieht zu, wie Mildred und Arvid sich im Gespräch dagegen lehnen. Es sind vielleicht ein Dutzend Leute da, ein zusammengewürfelter Haufen, bestehend aus Diplomaten, Schriftstellern, Geschäftsleuten und Bürokraten aus Hitlers Ministerien.

Nach etwa einer Stunde verabschieden sich Ernst und Ille und bewegen sich zum Ausgang.

Ille kann kaum an sich halten. Gewöhnlich wartet sie, bis sie draußen auf der Straße ist, bevor sie anfängt zu tratschen. Aber sobald die Tür zufällt, platzt sie heraus: »Ich habe gar kein gutes Gefühl! Ich habe ein ganz schlechtes Gefühl!«

Ille beschreibt, wie Mildred und Arvid »so ganz beiläufig Sachen« erzählen, »Sachen«, die »sie den Kopf kosten« können.

Ernst sagt nichts. Sie steigen die vier Treppen hinunter. »Versprich mir: Wir gehen da nie wieder hin«, fordert Ille.

Draußen ist es dunkel. Sie gehen die Woyrschstraße entlang nach Hause.

»Da stehen da so Leute herum, gutangezogene, gutaussehende Leute und plaudern von ›Querverbindungen‹ – weißt du, was das ist?« Ille macht eine Pause, fassungslos. »Da sprechen sie von Hitler und Himmler«, sagt sie weiter, »als seien das ausgemachte Trottel.«

Zufällig hat Ille gehört, wie einer der Partygäste von einer »Quelle« in Zürich sprach. Sie beobachtete, wie er einem anderen Mann ein »gelbes Kuvert« reichte, der ihr einen Blick zuwarf und mit einem Augenzwinkern sagte: »Streng vertraulich!«

War das ein Witz? Oder enthielt der gelbe Briefumschlag tatsächlich Geheimnisse? Als Ille sich diesen Männern zögernd vorstellte, erfuhr sie, dass einer ein »Ministerialrat« und der andere ein »Adjutant« war. Prompt stellten sie sie ihrem Freund vor, der »in der SS« war, und einem anderen Mann, einem »Diplomaten«.

Ille ringt nach Luft und starrt Ernst an: »Nun sag mal, verstehst du das?«.

»Ja, ja, das ist so«, sagt Ernst.

»Und Harro, der gute Harro«, stöhnt sie. »Ich höre, wie er zu einem anderen von einem Dritten sagt: ›Das ist auch so ein trüber Geselle, den wir dann erschießen müssen!‹ Harro! Unser guter Harro betut sich mit Erschießen. [...] Aber ich will nichts mehr von Erschießen hören. Ich will nicht! Ich will nicht, dass es so weitergeht, hier wird erschossen und dort, und wer erschießt wen? Ich will nicht!«

»Ich auch nicht«, sagt Ernst. Er möchte jetzt nach Hause gehen. Er möchte nicht hier auf der Straße stehen und übers Schießen reden.

»Weißt du, was das ist, was die betreiben? Das ist die Revolution.«

Ernst und Ille sind in der Friedrichstraße angekommen. Er drängt sie zum Weitergehen, aber sie rührt sich nicht vom Platz. In der Dunkelheit ruft sie: »Ich habe genug von Revolutionen!«

7.

Ernst von Salomon beschließt, seine Beziehung zu Harro Schulze-Boysen abzubrechen. Er verspricht Ille, dass er niemals wieder mit seinem Freund vom Reichsluftfahrtministerium auf dem Wannsee zum Segeln gehen werde, und ebenfalls nicht zum Kanufahren im Spreewald. Ja, er werde sogar nicht mehr mit ihm reden.

Aber vorher möchte er sich verabschieden.

Ernst und Harro tauschen ein paar humorvolle Bemerkungen aus. Dann wird Ernst nachdenklich. Er sagt Harro, dass seine Tätigkeit im Widerstand gefährlich sei. Ja, mehr noch – sie sei hochverräterisch. Er begehe ein »Verbrechen«.

Harros gewinnendes Lächeln verschwindet. Sein Blick verhärtet sich.

»Nichtstun«, sagt Harro, sei »das größte aller Verbrechen«.

8.

1937 sind nur sechs Männer in Harro Schulze-Boysens Widerstandsgruppe. Würden der Gegner-Kreis und der Harnack-Kreis zusammenarbeiten, könnten sie ihren Wirkungsbereich ausdehnen.

Aber Mildred und Arvid sind immer noch zögerlich. Für den Augenblick kämpfen die beiden Gruppen für sich alleine gegen den Faschismus.

Dennoch, eine Verbindung ist im Entstehen.

1937 wird Greta Lorke schwanger und heiratet ihren Freund, Adam Kuckhoff, und schmiedet dadurch ein Glied in der Kette, die seine Widerstandsgruppe, den Tat-Kreis, mit dem Kreis der Harnacks verbindet.

Der Gegner-Kreis wird drei Jahre später, wenn die Welt in Brand ist, das dritte Glied dieser in der Kette bilden.

Identitätskrise

1936–1937

1.

Mildred und Arvid packen ihre Habseligkeiten in der Woyrschstraße 46. Sie ziehen erneut um. Die Straße ist dieselbe. Das Wohnhaus befindet sich nur ein paar Blöcke weiter nördlich, einen Steinwurf entfernt. Mildred schreibt ihre neue Adresse auf einen Briefumschlag – Woyrschstraße 16 – und schickt den Brief an ihre Mutter.

Die Nähe zum Gestapohauptquartier ist beunruhigend. Nur eineinhalb Kilometer beträgt die Entfernung. Mildred sieht häufig Gestapobeamte in ihrem Viertel herumfahren. Manchmal sind die Männer in Uniform, manchmal nicht. Sie sind leicht zu erkennen in ihren schwarzen, auf Hochglanz polierten Mercedeslimousinen, die in den Straßen herumkriechen wie bösartige Käfer.

2.

Die Berliner wissen genau, dass die Gestapo über jeden Unruhestifter oder der Unruhestiftung Verdächtigen, der für Hitlers Regime bedrohlich sein könnte, karteiführt. Ob ihr eigener Name wohl auch in einer Kartei steht, fragt sich Mildred. Das ist durchaus möglich.

Jederzeit könnte sie jetzt hören, wie Gestapofäuste an ihre Wohnungstür hämmern. Oder sie könnte ihren Briefkasten öffnen und einen Brief darin finden, der sie in Kenntnis setzt, dass sie sich in der Prinz-Albrecht-Straße 8 zu melden hat, für eine Befragung. Der Brief würde sie in eine entsetzliche Zwickmühle bringen. Würde sie sich in der Gestapozentrale melden, könnte man sie verhaften. Würde sie sich nicht melden, könnte sie auch verhaftet werden.

Jeder Häuserblock hat einen »Blockwart«, der ein überzeugter Nazi ist. Mildred erspäht ihn, wie er in seiner braunen Uniform, geschmückt mit goldenen Tressen und roten Epauletten, das Trottoir auf- und abgeht. Wenn er sie dabei beobachtet, wie sie ein Flugblatt in einer Telefonzelle verschwinden lässt, oder zufällig mitbekommt, wie sie Hitler kritisiert, wird er sie melden. Die Blockwarte sind die Augen und Ohren der Gestapo. Es gibt jetzt über zweihunderttausend Blockwarte, bald werden es zwei Millionen sein. In den Berliner Fabriken übernehmen die Vorarbeiter die Rolle der Blockwarte. Ein Arbeiter bei dem Waffenproduzenten Friedrich Krupp erinnerte sich: »Man hatte nichts zu sagen, dahinter stand immer der Obmann.«

Mildreds Freunde verschwinden von der Bildfläche. Sind sie untergetaucht und warten ab, wie weit das Netz reicht, welches die Gestapo auswerfen wird? Oder hat man sie verhaftet? Würden sie irgendwo in einer Gefängniszelle schmachten, könnte Mildred dies nicht in Erfahrung bringen. Wenn jemand aus dem Kreis nicht bei einem Treffen auftaucht, hat sie allen Grund, das Schlimmste zu vermuten.

3.

Himmler, der sadistische ehemalige Hühnerzüchter, der sich als Reichsführer SS und durch die Federführung beim Bau der Konzentrationslager hervorgetan hat, waltet über die rasche Expansion des nationalsozialistischen Polizeistaats. Der SD, der Sicherheitsdienst des Reichsführers SS, ist eine Abteilung der SS, die zu einem riesigen Nachrichtendienst anwachsen wird. Die Gestapo und die Kriminalpolizei oder Kripo werden unter dem Namen SiPo, dem Kürzel für Sicherheitspolizei, in eine Behörde integriert werden. Letztendlich werden der SD und die SiPo dann zu einer zentralen Behörde mit dem Kürzel RSHA zusammengelegt werden, dem Reichssicherheitshauptamt, einem immer weiter um sich greifenden Beamtenapparat, der sich in sieben verschiedene Ämter und in mindestens hundert Abteilungen und Unterabteilungen gliedert, die alle das Ziel verfolgen, die Feinde des Deutschen Reiches zur Strecke zu bringen, innerhalb und außerhalb seiner Grenzen.

Göring hat eine ganze Reihe von neuen Zuständigkeiten. Seine Sammlung von offiziellen Titeln ist bereits beträchtlich, er ist unter anderem preußischer Ministerpräsident, Reichsminister der Luftfahrt und Reichswirtschaftsminister, Oberkommandierender der

Luftwaffe und Reichsjägermeister. Am 18. Oktober 1936 überträgt ihm Hitler die Verantwortung für den Vierjahresplan, ein ehrgeiziges Programm mit dem Ziel, Arbeitsplätze zu schaffen, die Kohleproduktion anzukurbeln, große Vorräte an Kautschuk, Metallen und Treibstoff anzulegen, um die deutsche Wirtschaft innerhalb von vier Jahren autark zu machen. Göring beraumt umgehend ein Treffen an, zu dem er Beamte aus Hitlers Ministerien und eine Gruppe von Industriemagnaten einlädt, die Deutschlands größte Firmen einschließlich der I.G. Farben leiten.

> Die Auseinandersetzung, der wir entgegengehen, verlangt ein riesiges Ausmaß an Leistungsfähigkeit. [...] Wir stehen bereits in der Mobilmachung und im Krieg, es wird nur noch nicht geschossen.

Das Hauptziel des Vierjahresplans besteht darin, Deutschland auf den Krieg vorzubereiten. In einer geheimen Denkschrift schreibt Hitler:

> Genauso, wie wir zurzeit 7 oder 800.000 Tonnen Benzin produzieren, könnten wir 3 Millionen Tonnen produzieren. Genauso, wie wir heute einige tausend Tonnen Gummi fabrizieren, könnten wir schon jährlich 70 und 80.000 Tonnen erzeugen. Genauso, wie wir von 2 1/2 Millionen Tonnen Eisenerz-Erzeugung auf 7 Millionen Tonnen stiegen, könnten wir 20 oder 25 Millionen Tonnen deutsches Eisenerz verarbeiten, und wenn notwendig auch 30. [...]
>
> Ich stelle damit folgende Aufgabe:
> I. Die deutsche Armee muß in 4 Jahren einsatzfähig sein.
> II. Die deutsche Wirtschaft muß in 4 Jahren kriegsfähig sein.

4.

Nach langem Hin-und-Herüberlegen tritt Arvid der NSDAP bei, er wird Mitglied Nummer 4153569. Seine Tarnung ist nunmehr komplett.

Dutzende von Männern des Deutschen Klubs betrachten Arvid als ihren Freund. Einige von ihnen sind fanatische Anhänger des Nationalsozialismus, andere sind blauäugige Opportunisten, wieder andere gehören dem im Untergrund aktiven Widerstand an.

Das NKWD ist entsprechend beeindruckt. Der Deutsche, der sich standhaft geweigert hatte, als Spion zu gelten, erweist sich als ebenso gerissen und effektiv wie ein erfahrener Agent. Die Berichte in Arvids Kartei legen offen, dass er der Moskauer Zentrale regelmäßig hochwertige Informationen liefert, darunter

> wertvolles dokumentarisches Material über die deutsche Währungs- und Wirtschaftspolitik, geheime Tabellen aller deutschen Investitionen im Ausland, die deutschen Auslandsdefizite, geheime Listen von Waren, die nach Deutschland importiert werden sollen.

5.

Unterdessen spielt Mildred überzeugend die Rolle der Nazigattin und setzt ihre eigene Verstellung fort.

Damit sie ihre Arbeit am BAG behalten konnte, musste sie einer nationalsozialistischen Lehrergewerkschaft beitreten, eine Anordnung, die das Naziregime 1933 erlassen hatte. Jetzt versucht sie, ihre Beglaubigung als Arierin zu festigen, indem sie den Daughters of the American Revolution beitritt – wofür sie einen Familienstammbaum nachweisen muss – und eine Führungsposition in dem Berliner Ortsverband der Organisation übernimmt. Bei sozialen Veranstaltungen mit Arvids Kollegen schlüpft sie nahtlos in die Rolle derjenigen Art von Gattin, die deren Billigung findet, indem sie so tut, als wäre sie eine amerikanische Frau, die ebenso loyal zu den Zielen der Nazis steht wie ihr deutscher Ehemann.

Allem Anschein nach lassen sich die Nazis täuschen. Sogar Moskau erkennt an, wie effektiv sie ihre Rolle spielt. In einer Notiz, die sich in den NKWD-Akten findet, wird sie beschrieben als

> blond, groß und blauäugig […]; sieht aus wie eine typische Deutsche.

Mildred scheint die perfekte Ergänzung zu Arvid, der

> ebenfalls blond und blauäugig [ist], Brillenträger, [und] gleichfalls sehr nordisch wirkt.

Als Ehepaar haben Mildred und Arvid »gute Beziehungen zu männlichen und weiblichen Nazis«.

Sie ist Mildred Harnack. Manchmal ist sie Mildred Fish-Harnack. Manchmal ist sie Mildred Harnack-Fish.

Sie ist eine Frau.

Sie ist eine Ehefrau.

Sie ist eine Amerikanerin.

Manchmal ist sie eine amerikanische Anführerin einer deutschen Widerstandsgruppe. Manchmal ist sie die amerikanische Ehefrau eines Deutschen im Widerstand. Manchmal ist sie die amerikanische Frau eines Nazis.

Früher einmal wusste Mildred, wer sie ist. Jetzt nicht mehr.

Es geschieht langsam, ganz allmählich. Sie wäre nicht in der Lage, den genauen Moment anzugeben, in dem sie in den Spiegel sah und eine andere Frau zurückblickte. Sie ist dieselbe, mehr oder weniger, dieselben Haare, dieselbe Haut, dieselbe Nase, dasselbe Kinn. Aber verraten sie ihre Augen? Leuchten sie etwas zu hell und verraten einen furchtsamen Blick? Nicht immer, aber gelegentlich, wenn sie sich unbeobachtet fühlt.

Vielleicht ist es ebendieser Seelenzustand, in dem Mildred ein Dampfschiff besteigt und nach Hause zurückkehrt.

VII

Heimkehr

1937

1.

Die Mili, die sie sehen, ist nicht die Mili, an die sie sich erinnern. Sie ist nervös, schreckhaft. Wenn sie in Milwaukee herumläuft, sieht sie nicht aus wie jemand, der hier einmal gelebt hat. Sie sieht aus wie eine Fremde. Bevor sie mit jemandem spricht, blickt sie über ihre Schulter und dann von der einen zur anderen Seite. In Berlin nennt man es den *deutschen Blick*, aber das weiß hier keiner. Sie wissen nur, dass Mili sich seltsam benimmt.

Es ist nun schon mehr als sechs Jahre her, seitdem sie Mili das letzte Mal sahen. Sie kann nicht lange bleiben. Sie ist auf einer Vortragsreise, wie sie es nennt; das bedeutet, dass sie bald wieder aufbrechen wird. Sie erwähnt einige Städte: Chicago, Philadelphia, New York. Schon das Wort »Vortrag« klingt für die Familie Fish überheblich. *Vortrag.* Als würde sie den Leuten sagen, was sie zu tun haben. *Vortrag.* Als wäre sie total eingebildet.

Marbeau Fish, den alle Bob nennen, führt sie auf dem Milchbauernhof herum, wo er ein Stück Land hält. Bob erinnert sich an den Tag, an dem sie hier geheiratet hat. Alle in der Familie haben sich damals für Mili gefreut, obwohl sie es für möglich hielten, dass die Heirat mit Arvid nicht das Richtige für sie war. Nun denkt Bob, dass sie möglicherweise recht hatten. Das seltsame Verhalten seiner Schwester wird immer seltsamer. Sie scheint sich zu Hause nicht wohl zu fühlen. Früher hat sie viel gescherzt. Jetzt lächelt sie nicht einmal.

Warum Mili so lange gewartet hat mit ihrem Besuch, weiß niemand. Aber vielleicht haben sie erraten, warum sie gerade jetzt hier ist: Sie vermisst ihre Mutter. Mildred ist vierunddreißig und hat keine Kinder. Das ist in den Augen der Familie Fish die größte Tragödie von allen. Mildred hat immer ihren eigenen Kopf gehabt, aber das sollte sie doch nicht daran hindern, schwanger zu werden. Sieh dir Harriette an! Sieh dir Marion an! Mildreds ältere Schwestern haben auch ihren eigenen Kopf, und sie haben insgesamt sechs Kinder. Und sieh dir Georgina an, die sie alle großgezogen hat, eine Frau, die so eigenwillig ist, dass sie sich trotz ihrer Schmerzen weigert, Medikamente einzunehmen.

Mildred verbringt mehrere Tage in Bobs Haus in Evansville, »die meiste Zeit im vertraulichen Gespräch«. Am letzten Abend ängstigt sie ihn ziemlich, als sie in einem kaum hörbaren Flüsterton murmelt, dass »sie wusste, dass man ihr von Deutschland aus nachgestellt hat & sie sogar unter Beobachtung steht«. Jetzt gerade. In diesem Moment, vor dem Haus. Bob Fish wirft einen Blick aus dem Fenster und denkt, dass seine Schwester möglicherweise verrückt ist.

2.

Francis Bird ist verwundert, als Mildred nicht am Bahnhof erscheint. Sie hatte ihn angerufen, um ihn wissen zu lassen, wann sie in Cambridge, Massachusetts, ankommt, und gefragt, ob es ihm und seiner Frau etwas ausmachen würde, wenn sie bei ihnen übernachte. Natürlich nicht, hatte er gesagt.

In der Western High war Francis ein heimlicher Verehrer von Mildred. In ihrem letzten Schuljahr verbrachten sie unzählige Stunden miteinander. Sie waren beide in Miss Merrills Journalismus-Kurs; sie schrieben beide für die Schulzeitung, die *Western Breeze*; und sie meldeten sich beide als Herausgeber des Jahrbuchs. Manchmal saßen sie am selben Tisch in der Mensa, wo er sie dabei beobachtete, wie sie sich den Kopf darüber zerbrach, welche Gabel man für den Salat nimmt. Sie war anders als die wohlhabenden Mädchen, die er kannte, Mädchen mit tadellosen Tischmanieren. Mildreds Artikel für die *Western Breeze* befassten sich mit zahlreichen Themen. Auch die Gespräche, die sie führten, behandelten alles Mögliche. Francis fand es bewundernswert, dass sie »nach innen gekehrt« war und »sich mit Dingen beschäftigte«. Francis hatte sich immer für die Naturwissenschaften interessiert; später wird er in Harvard seinen Doktor in Physik machen, mit einer Dissertation über die Thermodynamik von Quecksilber.

Der Zug kommt an und fährt wieder ab, wobei er riesige Dampfwolken ausstößt. Francis geht den Bahnsteig auf und ab und hält

Ausschau nach Mildred. Sie hatte ihm ein kürzlich entstandenes Foto geschickt, damit er sie erkennen würde. Sie hatte sich nicht allzu sehr verändert, dasselbe weizenblonde Haar, dieselben graublauen Augen, ihr Blick eine Mischung aus Sanftheit und eiserner Entschlossenheit.

Er geht wieder nach Hause und wartet bis zum späten Abend darauf, dass das Telefon klingelt, ganz sicher, dass sie anrufen und sich entschuldigen würde, sie habe irgendwie den Fahrplan durcheinandergebracht. Aber sie ruft nicht an, weder an diesem Abend, noch am nächsten, oder sonst irgendwann. »Das war sehr seltsam und passte überhaupt nicht zu ihr«, erinnerte er sich später.

3.

In New York wohnt Mildred bei einer Freundin, die sie von der Hochschule kennt. Vor mehr als zehn Jahren saßen sie und Clara Leiser in demselben Seminarraum an der Universität von Wisconsin und machten sich während der Vorlesungen von Professor William Ellery Leonard Notizen.

Nun wohnt Clara in einem schmalen vierstöckigen Reihenhaus im West Village. Clara arbeitet an einer Biografie über Leonard, ein Buch, das sie vor zwölf Jahren begonnen hat. Sie ist ebenso akribisch, wie sie zerstreut ist, und füllt Schubläden und Schuhschachteln mit all den Briefen, Gedichten, Essays und Papierfetzen, die ihr Leonhard zusendet. Auf Mildreds Besuch hat sich Clara wochenlang vorbereitet. In einem Brief an Leonard schreibt sie:

> *Habe ich Ihnen erzählt, dass Mildred Fish geschrieben hat, sie komme im Januar herüber, und sie hat darum gebeten, bei mir wohnen zu dürfen, sie könne nämlich kein Geld mitnehmen und wisse nicht, wo sie schlafen solle?*

Als Mildred am St. Luke's Place 16 ankommt, merkt Clara sofort, dass irgendetwas nicht stimmt. Mildred ist ausgesprochen nervös, aber nicht nur ihre Nervosität bringt Clara durcheinander. Mildred mache »geradezu fanatisch jeden Morgen und jeden Abend ihre Leibesübungen«. Die junge Frau, die sie von der Hochschule kannte, gibt es nicht mehr. Sie fragt sich, was Leonhard über die »Mildred Fish von 1937« denken würde, und gibt zu:

> *Ich beneide sie um ihre Willenskraft, ja beinahe auch um eine gewisse Rücksichtslosigkeit, die sie beim Verfolgen eigener Interessen und Pläne entwickelt hat, ohne darauf Rücksicht zu nehmen, wie unverschämt das wirken mag.*

Ein paar Tage nach ihrer Ankunft hält Mildred einen Vortrag an der New York University und ruft Thomas Wolfe von Claras Telefon aus an. Clara weiß, dass Mildred einen Artikel über ihn im *Berliner Tageblatt* veröffentlicht hat und einen weiteren in der *Continental Post*. Sie weiß, dass Mildred Wolfe auch Martha Dodd vorgestellt hat, der Tochter des amerikanischen Botschafters in Berlin, und dass die drei zusammen Partys besucht haben und mit Schriftstellern und Lektoren ausgegangen sind. Sie weiß, dass Mildred jetzt Wolfes Lektor kennt, den hochgeschätzten Maxwell Perkins von Scribner, der auch der Lektor von Hemingway und Fitzgerald ist, und sie weiß, dass Mildred vorhat, Maxwells Büro aufzusuchen, solange sie in New York ist.

All das möchte Clara gar nicht hören. Sie hat ihre eigenen literarischen Ambitionen.

Vierzehn lange Tage bleibt Mildred bei Clara. Die Seiten ihrer Briefe an William Ellery Leonard füllt Clara mit Tratsch und herabsetzenden Bemerkungen. Mildred, klagt sie, sei herablassend, »vollkommen sicher, dass jeder, den sie wegen eines ›Vortrags‹ anspricht, höchst erfreut sein und bereits das Zusammentreffen mit ihr als großen Gewinn betrachten wird«.

Trotz ihrer Bedenken gibt Clara eine große New-York-Party für Mildred, zu der sie fünfzig Leute von der Universität von Wisconsin einlädt, von denen viele sogar aus anderen Bundesstaaten anreisen.

4.

Mildred hat sich verändert. Aber wie, das weiß niemand genau zu sagen. Sie spricht fließend Deutsch und ist eine Art von Wissenschaftlerin geworden, so viel wissen sie. Trotz dieser Erfolge wirkt Mildred nicht glücklich. Nicht im Geringsten. Aus der unbekümmerten, strahlenden Mildred ist eine andere, sprödere, härtere geworden. Ihre Ausstrahlung ist dahin, das Licht in ihr erloschen. Mady Emmerling findet, sie sei »äußerst furchtsam, vorsichtig und zurückhaltend, als schaute ihr ständig jemand über die Schulter«. Dorothy Meyer versucht, Mildred in ein freundliches Gespräch zu verwickeln. Sie hat von irgendjemandem gehört, Mildred habe eine Reise nach Russland gemacht. Sie erkundigt sich bei Mildred nach der Reise. »Darüber sprechen wir nicht«, gibt Mildred zur Antwort.

Später, nachdem Mildred sie zum Abschied geküsst hat, wendet Dorothy sich an ihren Mann und sagt: »Ich habe das Gefühl, mich hat gerade eine Nationalsozialistin geküsst.«

Sie ist nicht die Einzige, die so denkt. Andere kommen zu demselben Schluss.

5.

Harriette lädt Mildred ein, ein paar Tage in Maryland zu verbringen. Sie und Fred wohnen in der Brookville Road in Chevy Chase, wo Mildred ihr Abschlussjahr der High School verbracht hat.

Mildred erscheint an der Haustür, mit einem Koffer in der Hand. Das Zimmer, in dem sie schlafen wird, hat sie auch damals bewohnt, es hat braune Tapeten und ein Fenster mit Aussicht. Von hier aus kann sie eine Rasenfläche sehen und die Ulme, die einmal ein schmaler Setzling war und jetzt viel breiter und größer ist. Sie stellt ihren Koffer ab und setzt sich zu ihrer Familie an den Esstisch. Harriettes Töchter sind nun alle erwachsen. Marion ist zweiundzwanzig, und Janey, die jetzt »Jane« bevorzugt, ist fast einundzwanzig.

Marion bemerkt, dass sich Tante Mili verändert hat. Sie war »irgendwie angespannt, ruppig«, erinnerte sie sich Jahre später. Früher hatte das, was sie sagte, Hand und Fuß. Jetzt wirkt sie »ein bisschen abwesend«. Auch Harriette beobachtet Mili. Die seltsame Steifheit, die Strenge in ihrem Gesichtsausdruck – das alles lässt nur einen Schluss zu: Sie ist ein *Nazi*. Harriette weiß überhaupt nicht, wie sie mit der Situation umgehen soll, und ihr Ehemann ist auch keine große Hilfe. Mit der strengen Stimme, die er aufsetzt, wenn er die Kinder maßregelt, sagt er immer wieder zu Mili: *Geh nicht mehr nach Deutschland zurück! Bleib bei uns!*

Dann sagt Mili etwas Rätselhaftes. »Ich halte Arvids Kopf in meinen Händen.«

6.

Am Tag von Mildreds Abreise ist Harriette froh, dass sie wegfährt. Beinahe froh, jedenfalls. Mildred hat zu viel Reibung in der Familie verursacht und, was noch schlimmer ist, Jane ist ganz und gar verzaubert von ihr. Die ganze Zeit war Harriette gereizt, da sie mitansehen musste, wie ihre fast einundzwanzigjährige Tochter an Mildreds Lippen hing.

Georginas große und kleine Erschütterungen

1937–1938

1.

Sie fühlt sich nicht mehr zuhause in Amerika. Während ihres Aufenthalts fällt Mildred auf, dass Freunde und sogar Familienangehörige sie anders behandeln als früher. Wohin sie auch fährt, nach New York, Pennsylvania, Maryland, ja sogar Wisconsin, es ist überall dasselbe. Alle finden sie seltsam. Ihre Jahre im Ausland haben sie verändert. Keiner versteht, warum sie überhaupt aus Wisconsin weggegangen ist und warum sie nicht zurückkommen will. Die Amerikaner können nicht begreifen, was gerade in Deutschland passiert. Wie sollen sie auch?

Wir lesen die Zeitung, behauptet Harriette. *Wir wissen, was los ist.*

Aus der Zeitung erfahrt ihr gar nichts, belehrt Mildred ihre ältere Schwester. Dabei belässt sie es. Mehr kann sie nicht sagen.

2.

Jane bleibt in der Tür stehen und sieht Mildred beim Packen ihres Koffers zu. Sie will alles über Berlin wissen, *alles*. Mildred ist müde, die Reise hat an ihren Kräften gezehrt, aber die leidenschaftliche Neugier ihrer Nichte erweckt etwas in ihr. Vielleicht fühlt sie sich an ihr früheres Ich erinnert.

3.

Bevor Mildred nach Deutschland zurückkehrt, stattet sie ihrer Mutter einen Besuch ab. Was genau dabei passiert ist, weiß niemand.

Das aber weiß man: Georgina Fish hat sich in einem kleinen Zimmer in einem Ort namens Wauwatosa verkrochen, nur einen Steinwurf von Milwaukee entfernt.

Und das: Sie liegt im Sterben.

4.

Mildred ist jetzt zurück in Berlin. Wo sie auch hingeht, spürt sie den stummen Blick von Fremden. So gut es geht, versucht sie, nicht aufzufallen; doch sie fällt auf. Zwar spricht sie ausgezeichnet Deutsch, aber ihre Aussprache verrät sie immer.

Warum bleibst du in Deutschland?

Unzählige Male hat man sie das schon gefragt. Unzählige Male kann es die Person, die ihr diese Frage stellt – ein Ladenbesitzer oder ein Fremder auf der Straße – nicht glauben, wenn sie antwortet: *Weil mein Leben hier ist.*

Arvid ist hier, der Kreis ist hier, aber sie muss sich eingestehen, dass Deutschland nicht mehr das Land ist, das sie einmal geliebt hat. Die Grausamkeit, das Barbarische, der unverhohlene Sadismus sind schrecklich. Dennoch hält sie weiter an der Hoffnung fest, dass der Faschismus bekämpft werden kann. Alle diese Nazis, die im Gleichschritt über die Flure in den Ministerien marschieren, können besiegt werden, man kann ihnen die Macht entreißen. Wenn man Deutschland nur die Chance dazu gäbe, könnte es zu einem Vorbild für Länder überall auf der Welt werden, ein Modell der Fairness, Anständigkeit und Gleichheit. Davon ist Mildred fest überzeugt.

5.

Auf der Hochschule wurde Mildred allmählich klar, dass die politische Linke die Lösung für das Problem der Armut hat. Was an der UW als eine lebhafte Debatte mit Friday Niters begann, festigte sich bald zu der tiefempfundenen Überzeugung, dass die Reichen in Amerika zu reich waren und die Armen zu arm.

»Wenn sich der Kapitalismus so weiterentwickelt wie bisher«, schrieb sie, »werden die kommenden Jahre ganz wenigen großen Wohlstand bringen und den meisten Menschen Not und Mangel.«

Der Kapitalismus war am Ende. Der Black Tuesday und die darauffolgende Große Depression überzeugten sie davon erst recht. Amerika war dem Untergang geweiht, und Deutschland ging es nicht besser. Die Massen von arbeitslosen Menschen, die sie in Berlin sah, die zerlumpten Bettler, die verarmten Kinder, sie brachten

Mildred zur Verzweiflung. »Sechsundneunzig Prozent der Deutschen besitzen nichts und leben von der Hand in den Mund«, schrieb sie im Februar 1931. Und sechs Monate später: »In Berlin vergisst man niemals die bleichen Gesichter.« Bei ihnen musste sie immer an Georgina denken. Manchmal »ging [ich] nachts durch die Straßen und sah eine Frau, deren Gesicht genauso abgekämpft aussah wie Deines«, gestand sie ihrer Mutter. »Ich hätte mich hinknien und ihr Kleid küssen können.«

Hoffnung, so schien es, kam aus Russland. Lenins Schriften über die Gleichheit zwischen den Geschlechtern gaben ihr Mut. Wenn Studenten sie in ihrer Wohnung besuchten, stürmte sie zu ihren Bücherregalen, um ein abgewetztes Buch herauszunehmen und daraus vorzulesen. Lenin ereiferte sich gegen »die alte bürgerliche Erniedrigung der Frauen«. Diese Botschaft war so viel aufgeklärter als die Ansicht der Nazis, nach denen Frauen ihr Betätigungsfeld einschränken und sich nur um drei Dinge kümmern sollten: Kinder, Küche und Kirche.

Fünf Monate vor Hitlers Machtergreifung besuchte Mildred Moskau. »Für eine Frau ist es gut, allein auf Reisen zu gehen«, schrieb sie. Sie war neunundzwanzig Jahre alt und tief inspiriert von Lenins Vision für die Frauen der Zukunft:

> *Frauen dürfen sich aussuchen, auf welchem Feld sie arbeiten wollen. Für die gleiche Arbeit erhalten sie den gleichen Lohn wie Männer. Wenn sie schwanger sind, wird ihnen die Arbeit zwar erleichtert, aber sie bleibt ihnen erhalten. Sie bekommen zwei Monate bezahlten Urlaub und die nötige Versorgung vor der Niederkunft und zwei Monate nach der Entbindung. Sie werden nicht gezwungen, Kinder zu kriegen, sondern ermutigt, Verhütungsmittel zu verwenden, und sie können in gewissen Grenzen abtreiben lassen.*

Ihr war bewusst, dass ihre Mutter nichts über Lenin wusste, also nahm sie es auf sich, Georgina zu belehren. Lenin, erklärte sie, sei ein Linksrevolutionär gewesen, der 1917 einen Aufstand gegen die Monarchie angeführt und damit Jahrhunderte imperialer Herrschaft beendet habe. Das Land sei nun nicht länger das alleinige Eigentum reicher Aristokraten. Man habe es den Bauern zurückgegeben, und Lenin sei von vielen als Held gefeiert worden. Mildred hoffte, ihre Mutter – die von der Hand in den Mund lebte und immer so leben würde, die ein mühseliges Leben erduldet hatte und immer noch erduldete und die zweifellos immer das Gefühl hatte, nicht genug geschätzt zu werden – würde Lenin auch als einen Helden betrachten.

Georgina tat nichts dergleichen.

Georgina war damals Ende sechzig. Sie konnte immer noch kaum davon leben, dass sie für Männer Briefe abtippte, wie sie es schon getan hatte, als Mildred ein kleines Mädchen war. Jeder Tag zehrte ihre schwächer werdenden Kräfte noch mehr auf. In früheren Briefen hatte sie zugegeben, dass sie sich in letzter Zeit nicht gut fühlte, dass sie nicht mehr die alte Energie hatte. Sie nahm nun alle Kraft zusammen, um einen neuen Brief abzufassen, mit dem Ziel, ihre Besorgtheit zu äußern. Es beunruhigte sie, dass Mildred sich von irgendeiner Strömung habe mitreißen lassen oder auf den falschen Weg geraten sei. Sie verstehe vor allem nicht, weshalb Mildred so viel über die *Roten* schreibe.

Mildred versuchte es aufs Neue. »Es tut mir so leid, dass ich Dich beunruhigt habe«, schrieb sie.

> *Ich kann nicht alles in einem Brief oder sogar mehreren erklären, aber ich werde tun, was ich kann, damit Du siehst, dass ich auf einem guten Weg bin. Ich kann sagen, dass die besten Kräfte der Liebe, Stärke, Ausdauer, Gewissenhaftigkeit und Rücksichtnahme, die in mir existierten und schlummerten, nun still und zielstrebig erwachen und sich entwickeln, als Reaktion auf etwas, das Lernen, Nachdenken und Erfahrung mir als wertvoll erwiesen haben und täglich erweisen.*

Studium, Nachdenken und Erfahrung hatten Mildred davon überzeugt, dass Deutschland an demselben moralischen Gebrechen leide wie Amerika. Die Mächtigen dachten »nur an den Einzelnen und an die Seele der Reichen« und ignorierten die Armen.

Folglich müsse der Faschismus bekämpft werden und auch der Kapitalismus.

Die Vergleiche, die Mildred zwischen Amerika und Russland anstellte, führten zu noch größeren Missverständnissen.

»Du hast ganz recht, wenn Du sagst, dass Amerika nicht demselben Weg folgen könne wie Russland«, schrieb Mildred.

Jedes Land hat seine eigenen Voraussetzungen. Es geht nur darum, dass die Prinzipien in beiden Fällen dieselben sein müssten, nämlich die des allgemeinen Wohls.

Je mehr Mildred das, was sie ausdrücken wollte, in einfache Worte kleidete, umso verrückter klang es für Georgina. In der Familie Fish kannte man Georgina als eine wortkarge Frau, aber immer, wenn sie einen Brief von Mildred erhielt, bekam jeder etwas zu hören.

6.

Eine Zeit lang ist es Georginas Sohn, der das meiste zu hören bekommt. Als sich ihr Gesundheitszustand verschlechtert, zieht Georgina in Bobs bescheidene Hütte auf dem Milchbauernhof. Als das Zittern in ihren Händen und Füßen stärker wird, zieht sie zu ihrer Tochter Marion. Auch ihre Stimme fängt an zu zittern. Genau genommen ergibt das, was sie sagt, keinen Sinn. An welcher Krankheit sie auch leidet, sie verweigert sich jeder Behandlung. Eine eifrige und stoische Anhängerin der christlichen Wissenschaft wie Georgina wird nichts einnehmen. Ihr genügt ein Glas klares, kaltes Wasser.

7.

Am 22. Februar 1938 tut Georgina ihren letzten Atemzug.

Wie oft Mildred auch daran denkt, dass ihre Mutter tot ist, ihr Kummer ist immer noch genauso heftig wie damals, als sie die Todesnachricht erhielt. Er ist unermesslich.

Mildred reist alleine nach Paris. Irgendwo nördlich der Seine verläuft sie sich. Sie geht auf eine Frau zu, die ungefähr so alt wie sie aussieht, und bittet sie mit den wenigen französischen Wörtern, die sie kennt, um eine Wegbeschreibung.

Die Frau antwortet auf Deutsch. »Sie sind doch Frau Harnack?«

Mona Wollheim. Sie waren Kommilitoninnen an der Justus-Liebig-Universität in Gießen. Aber Mildred scheint sich nicht daran zu erinnern oder sie versteht etwas nicht. Mona ist durch ihr Verhalten so verunsichert, dass sie sich noch Jahre später daran erinnert.

Jane ist verliebt

1937–1938

1.

Zwei Monate, gibt Harriette Jane zu verstehen. Mehr nicht. Dann besteigst du das Schiff und kommst nach Amerika zurück. Harriette hat sich schon um einen Job für Jane gekümmert, im September, um ganz sicherzugehen.

2.

Am 17. Juni 1937 geht Jane Esch im Alter von einundzwanzig Jahren an Bord der *SS St. Louis*, die auf dem Weg nach Hamburg ist. In einem Brief an ihre Eltern schreibt sie das Datum, wie es in Deutschland üblich ist: erst den Tag, dann den Monat, dann das Jahr. Sie schaltet also schon auf eine neue Ordnung um, probiert etwas Neues aus. Sie legt die Menükarte für den heutigen Tag bei (»Seht Ihr die Menükarte, ich meine die *Speisekarte*?«). Schon stellt sie ihr Deutsch zur Schau.

3.

Den nächsten Brief verfasst Jane im Zug. Sie ist ganz bezaubert von den ländlichen Gegenden in Deutschland. »Die Kühe sehen genauso aus wie bei uns«, schreibt sie.

> *Die Erde ist sehr fruchtbar und schwarz. […] Alles ist so kleinteilig angelegt, alles so sorgfältig bewirtschaftet und genau geplant. Gepflegte Bauernhäuser aus Stein, viel mehr geschmückt als unsere, und gemauerte Scheunen. Alle nichtasphaltierten Straßen werden von Bäumen gesäumt, ganz akkurat, wie eine Landschaft, die man für Kinder mit Spielzeugsteinen angelegt hat.*

Der Zug kommt in Berlin an und entlässt seine Passagiere. Außer einem gelegentlichen Ausflug nach Washington, D.C., wohin ihr Vater zur Arbeit pendelt, ist sie nie aus Chevy Chase herausgekommen. Ihre Haare sind kurzgeschnitten, sie gehen genau bis zum Kinn. Mit einem Eisen hat sie die Haarenden gewellt, so dass sie sich nach oben drehen.

4.

In ihren Briefen gibt sie sich alle Mühe, einen gewaltigen Kulturschock in Worte zu fassen.

26. Juni 1937

Die letzten paar Tage bin ich in Berlin herumgelaufen, um mich vertraut zu machen. Die Stadt ist sehr interessant, und es macht riesigen Spaß, sie kennenzulernen. Die Frauen hier sind plumper und schlampiger gekleidet. Ihre Schuhe und Strümpfe sehen schrecklich aus. Es gibt viele Blonde, viel mehr als in Washington.

9. Juli 1937

Das Schöne an den Cafés hier ist, dass man draußen so lange an den Tischen sitzen kann, wie man will, und dort schreiben oder lesen oder plaudern kann. Man scheint zu erwarten, dass das jeder tut. […] Überall wohin man geht, wird statt Limonade oder Punch Bowle serviert, was man wie Bohle ausspricht.

9. August 1937

Die letzten paar Tage war es furchtbar heiß hier. Sie sagen, die Hitze käme aus Amerika, wie das Rauchen der Frauen auf der Straße & das Tragen von Shorts und das ausgelassene Feiern in Bierlokalen. Überhaupt, welche Vorstellung die meisten von den Amerikanern haben! Verantwortungslose Kinder mit zu viel Geld und einer schrecklichen Aussprache, die zu viel Lärm machen und zu viel Make-up tragen. […] Wenn ich wieder nach Hause komme, gebt mir bitte keine gekochten Kartoffeln zum Essen. Bitte!

Ein einziger Biss in Mildreds wässrige Kartoffeln veranlasst Jane zu der gutgelaunten Ankündigung, von nun an werde sie sich um das Essen kümmern. Ebenso munter erledigt sie auch die Einkäufe. »Es gelingt mir immer besser, auf Deutsch einen guten Preis auszuhandeln«, schreibt sie. »Heute war ich sehr stolz auf mich, weil ich zwei Schweinekoteletts für 60 statt für 70 Pfennige bekommen habe (2 ½ Pfennige sind ein Cent). Dann koche ich für Mildred und mich und mache den Abwasch.«

Arvid arbeitet so lange im Ministerium, dass er die meisten Mahlzeiten verpasst.

Mildred hat sich daran gewöhnt, etwas aus der Dose aufzuwärmen und es dann allein zu verspeisen, doch jetzt kann sie sich an der reizenden, fröhlichen Gesellschaft ihrer einundzwanzigjährigen Nichte erfreuen. Jane macht alles leichter.

5.

In jedem Brief, den Jane an ihre Eltern schreibt, finden sich schwärmerische Berichte über die Zeit, die sie mit Mildred und Arvid verbringt – die Symphonien, die Opern, die faszinierenden Diskussionen, die Sonntagsspaziergänge mit Freunden und Verwandten auf dem Land.

»Vor ein paar Tagen haben wir am Abend Freunde von Arvid besucht, die Delbrücks«, notiert Jane. »Die ganze Familie war da, eine alte Mutter, ungefähr sieben erwachsene Kinder mit ihren Ehemännern und Frauen, etc. Ich habe sie alle durcheinandergebracht.«

Einer der Sieben fällt ihr besonders auf. Er heißt Max. Er ist nicht nur Arvids Freund; er ist sein Cousin. Max sitzt neben Jane und erklärt ihr den Familienstammbaum. Sie tut so, als verstünde sie alles. Sie ist so hingerissen, dass sie sich gar nicht konzentrieren kann. Max Delbrück ist einunddreißig und sieht umwerfend gut aus. Er hat einen Doktor in Physik und gerade ein Rockefeller-Stipendium verliehen bekommen. Er erzählt Jane, er habe in Kopenhagen bei dem bedeutenden dänischen Physiker Niels Bohr studiert. Im September zieht Max nach Kalifornien, wo er am Caltech wichtigen Forschungen nachgehen wird.

Janes Herz fängt an zu hüpfen, als Max sie fragt: »Darf ich Sie zum Konzert ausführen?«

Das Konzert findet in einer höhlenartigen Kirche statt, die vor einer Ewigkeit, vor Martin Luthers Geburt, erbaut wurde. Mit dem Anschwellen wehmütiger Orgeltöne in Brahms' *Ein deutsches Requiem* schwillt auch Jane das Herz. Neben ihr auf der Kirchenbank sitzt Max Delbrück. Als die Violinen mit der Orgel verschmelzen und ein Crescendo erreichen, beben Max Delbrücks Lippen. Vielleicht ist sie verliebt, denkt sie.

6.

Das Datum auf Janes Rückfahrkarte ist der 22. August. Bis dahin wird sie so viel in sich aufnehmen, wie sie nur kann. Max möchte sie zum Tanzen ausführen. Ein anderer Bewunderer möchte ihr das Schloss von Friedrich dem Großen vorführen. Mildred möchte ihr jeden Fluss, See und Kanal in Berlin zeigen.

Am 12. August fährt Mildred mit ihr aufs Land nach Thüringen. Jane bewundert die »gelbbraunen Felder der Getreideernte, grün gestreift und kariert. […] Und am Horizont blau dunstige Berge.«

Am 13. August fährt Mildred mit ihr nach Weimar. Beim Anblick der Häuser von Goethe, Schiller und Liszt gerät Jane ins Schwärmen. Man wird ihr vermutlich nicht erlauben, sich an Liszts Klavier zu setzen und darauf zu spielen, mit ihren Fingern dieselben elfenbeinernen Tasten zu berühren, auf denen der große Komponist gespielt hat. In einem Brief an ihre Eltern erklärt sie:

> *Morgen in einer Woche bin ich bereits auf dem Schiff. Wenn ich vorher nicht noch einmal schreibe, dann deshalb, weil ich in letzter Minute noch alles sehen möchte.*

7.

Aber sie ist nicht auf dem Schiff. Sie beschließt zu bleiben. Eine Woche später macht sie einen Sonntagsspaziergang und verliebt sich.

Der Mann, der auf einem von Blättern beschatteten Wanderweg neben ihr hergeht, ist fünfunddreißig, genauso alt wie Mildred. Sie sind auf dem Weg zum Wannsee, wo Mildred und Arvid früher einmal gewohnt haben. Er ist ein Ökonom, wie Arvid, und spricht Englisch mit Ehrerbietigkeit, wie Arvid – stockend, sanft, das W in Wannsee wie ein weiches V betonend.

Die Art und Weise, wie er sie ansieht, lässt sie Max Delbrück völlig vergessen. Er ist groß und breitschultrig, und seine Augen sind so blau wie der wolkenlose Himmel.

Er heißt Otto. Sie hat noch keinen Mann kennengelernt, der Otto heißt. Immer wieder spricht sie seinen Namen aus – *Ot-to, Ot-to, Ot-to* – und ist ganz entzückt davon, wie sich dabei ihre Lippen spitzen, wie bei einem Kuss.

8.

Der Brief, den Jane ihren Eltern schreibt, ist mehrere Seiten lang. Sie skizziert ihre Pläne. Sie wird Deutsch lernen und Englisch unterrichten. Sie will sich an der Universität von Berlin immatrikulieren und Geschichte und Musik studieren. Nach sechs Monaten wird sie dann das Dampfschiff zurück nach Amerika nehmen.

9.

Am 3. September geht sie mit Otto zum Schwimmen. Der See glitzert, und es sind Schwäne zu sehen. Deutsche Schwäne sehen irgendwie anders aus als amerikanische, aber sie kann nicht genau sagen, wie. Die Unterschiede zwischen deutschen und amerikanischen jungen Frauen sind leichter zu erkennen. Jane möchte lieber so sein wie eine deutsche junge Frau.

> *Wenn Du schwimmen gehen willst, windest Du Dich irgendwie aus Deiner Unterwäsche heraus und schlüpfst ungeniert in Deinen Badeanzug, alles unter Deinem Kleid. Es spielt keine Rolle, ob andere Leute dabei sind oder nicht.*

Nach dem Schwimmen trocknet sich Jane mit einem Handtuch ab und legt sich neben Otto. Ihn in ihrem Brief zu erwähnen, traut sie sich nicht.

10.

»Ich bin mit einem Freund von Arvid aus dem Wirtschaftsministerium ausgegangen«, schreibt sie zwei Monate später.

Er ist ein Ökonom und hat mehrere Bücher verfasst, in diesem Semester leitet er einen Statistikkurs an der Universität von Berlin, und nächstes Semester gibt er ein Seminar zur ökonomischen Lage in Europa.

Vor kurzem führte Otto sie zu einem Ball aus im Hotel Esplanade, einem prachtvollen Gebäude mit barocken Schnörkeln.

In den Sälen hängen Kristallkronleuchter, große glitzernde Trümmer. Die Wände sehen aus wie Hochzeitskuchen.

Jane muss die ganze Zeit an Hochzeiten denken. Neun Tage später schickt sie ihren Eltern einen weiteren Brief.

Das beiliegende Bild ist von Otto Donner, über den ich im letzten Brief gesprochen habe. Er und ich, wir lieben uns sehr, und wir haben uns verlobt.

Mein kleines Mädchen

1937–1938

Saturday, Nov. 27, 1937

My Little Girl,

I wish I could avoid hurting you. My first reaction, upon reading your letter last night, was to wait a week before replying, but after one of the most wretched nights of my life, this morning it seems to me that this is one of the

It is not that I have any objection to Otto personally – I know that any man you might choose is bound to be worthy. But marriage involves so very much more than one single man!

I know you and that you are impulsive and have powerful emotions. And I know that, married or single, you are going to be in love a good many times in your lifetime. I wonder if

~~RESTRICTED~~

OFFICE OF U.S. CHIEF OF COUNSEL FOR WAR CRIMES
APO 696 A
EVIDENCE DIVISION
INTERROGATION BRANCH

Restricted Classification Removed Per Executive Order 10501

INTERROGATION SUMMARY NO. 1755

Interrogation of : Otto DONNER, Chief of the Research Office for War Economy

Shortly before the outbreak of the war informant got a position with the Ministry of Economics, where HARNACK, a friend of subject, was working. In the house of HARNACK, subject met his future wife, an American. In 1938 DONNER went to the States

1.

Harriette ist wütend. Mildred ist euphorisch.

2.

Harriette schreibt Jane einen Brief. »Mein kleines Mädchen«, beginnt sie.

Nach einer der schlimmsten Nächte meines Lebens habe ich heute Morgen das Gefühl, dass ich Klartext sprechen sollte. Ich kenne Dich und weiß, dass Du impulsiv und leidenschaftlich bist. Und ich weiß, dass Du, ob verheiratet oder alleinstehend, noch oft in Deinem Leben verliebt sein wirst. […]

Entweder musst Du Dich entscheiden, keine Kinder zu haben, wie Mildred, und damit auf die größte Befriedigung verzichten, die es im Leben gibt, oder Du musst Dich damit abfinden, dass Du Deine Liebe an Söhne vergeudest, die den Kriegen zum Opfer fallen werden, die unvermeidlich auf uns zukommen.

Ich habe Mildred ausdrücklich gebeten, Dich nicht zu drängen, nach Berlin zu kommen, ehe Du zu Dir selbst gefunden hast. Schließlich gibt es eine Menge ausgezeichneter amerikanischer Männer, die ebenso gute Voraussetzungen mitbringen wie irgendein Europäer […].

Also, mein warmherziges und heißblütiges Kind, wenn Du jemals in Deinem Leben auf das hörst, was ich zu sagen habe, dann hör mir bitte jetzt zu. Komm bitte nach Hause, bevor Du heiratest.

3.

Jane kehrt nicht nach Hause zurück. Sie ist einundzwanzig und verliebt. An einem Frühlingsabend im Jahr 1938 wird sie Otto heiraten.

4.

In einem Brief an Max Delbrück teilt sie ihm die guten Nachrichten mit.

Max hält sich in Kalifornien auf und studiert dort die Chromosomen der Fruchtfliege. Seine Faszination für die Physik weicht einer Faszination für die Biologie. Er wird Hitler gänzlich entkommen und Karriere in den Vereinigten Staaten machen, wo er Forschungen betreibt, für die er den Nobelpreis bekommen wird.

Der jüngere Bruder von Max, Justus Delbrück, schlägt einen anderen Weg ein. Er bleibt in Deutschland.

1938 ist er als Jurist tätig und heckt verschiedene Pläne zum Sturz der Naziregierung aus. Einer davon erhält den Vorzug. 1944 wird sich Justus Delbrück Ernst von Harnack, Dietrich Bonhoeffer, Klaus Bonhoeffer und Hans von Dohnanyi anschließen, die ein Komplott zur Ermordung Hitlers schmieden.

Jane wird sie alle treffen, Justus, Ernst, Dietrich, Klaus und Hans, aber sie wird nicht wissen, dass sie im Widerstand sind. Sie hat nicht die geringste Ahnung, dass es überhaupt so etwas wie einen Widerstand gibt. Kein einziges Mal kommt ihr der Verdacht, dass die Sonntagsspaziergänge einem geheimen Zweck dienen könnten: Mildred und Arvid dienen sie als Tarnung, um Botschaften entgegenzunehmen und streng geheime Nachrichten zu übergeben, die aus Hitlers Ministerien herausgeschmuggelt wurden.

An einem Sonntag machen sich Mildred, Arvid, Jane und Otto mit ihren Rucksäcken auf den Weg zum Wannsee. Sie machen eine Rundwanderung um einen kleinen See – Jane übt sich an der Aussprache des Namens »Kleiner Wannsee« –, bis sie ein Fleckchen finden, wo sie eine Picknickdecke ausbreiten können. Jane wirft einen Blick auf ihren Ehering, der immer noch ungewohnt aussieht.

In der Sonne essen sie belegte Brote.

Ottos Vater ist Schlosser. Seine Wurzeln im Arbeitermilieu beeindrucken Mildred und Arvid. Nicht ein einziges Mal kommt Jane der Verdacht, dass Otto Donner eine ihrer Quellen ist.

Ein Kreis in einem Kreis

1937–1938

1934 г. вторично с [illegible] визой ездила в Москву для переговоров с т.КУССЕНЕНОМ, который по рекомендации немецких партийцев имел намерение использоват ее для Коминтерновской работы в Финляндии, поскольку она наряду с немецким имеет еще американскийпаспорт

DECLASSIFIED AND RELEASED BY
CENTRAL INTELLIGENCE AGENCY
SOURCES METHODS EXEMPTION 3B2B
NAZI WAR CRIMES DISCLOSURE ACT
DATE 2004 2006

SECRET

Rote Kapelle (FINCK Study)

1.

Wolfgang Havemann hat den Abend nicht vergessen, an dem er mit Onkel Arvid den Fackelzug beobachtete. Inzwischen hat er sich dem Kreis angeschlossen. In seinem Jurastudium verhält er sich unauffällig und sitzt neben Studenten, die glühende Nazis sind. Er plaudert mit ihnen, lacht über ihre Witze. Niemand ahnt, dass er im Untergrund aktiv ist. Nicht die Studenten, nicht die Professoren und nicht einmal sein eigener, den Nationalsozialisten hündisch ergebener Vater.

Als der Kreis wächst, entwickeln sie strenge Verhaltensregeln, um der Festnahme zu entgehen. »Jeder wusste, dass eine Verhaftung den Tod bedeuten konnte«, erinnerte sich Wolfgang.

> Oft kannten wir den echten Namen der Leute nicht. Wir verwendeten Tarnnamen, selbst wenn wir verhaftet wurden, konnten wir dann nicht sagen, ob wir etwa ›mit Kurt‹ zusammen gewesen waren. Und daher konnten sie ihn auch nicht finden.

Arvid fragt sich, ob Wolfgang für die Spionagetätigkeit geeignet wäre. Mildred fragt sich das auch.

Wolfgang erklärt sich bereit, die Schreibmaschine, die Mildred für Flugblätter verwendet, in seiner Wohnung zu verstecken, aber was die Spionage angeht, so ist er sich unsicher. Zur rechten Zeit wird er sich dafür entscheiden, und die Moskauer Zentrale wird ihm einen Decknamen geben: »Italiener«.

So geschieht es, dass sich innerhalb des Kreises ein Spionagekreis bildet.

2.

Zwei von Mildreds BAG-Rekruten verpflichten sich als Spione.

Karl Behrens hat eine Beförderung in der AEG-Fabrik erhalten. Als frischgebackener Maschinenbauingenieur ist Karl nun in der idealen Position, Blaupausen herauszuschmuggeln, die die AEG bei der Produktion von Elektromotoren und Dampfturbinen für Hitlers Kriegsmaschine verwendet. Die Moskauer Zentrale gibt ihm den Decknamen »Strahlender«.

Im Konzentrationslager muss Wilhelm Utech eine Reihe von Verhören über sich ergehen lassen. Die Verteilung von Flugblättern ist ein Verbrechen, das darauf hindeutet, dass er einer Widerstandsgruppe angehört, aber die SS-Wächter, die die Wahrheit aus ihm herausprügeln sollen, haben damit keinen Erfolg. Nach seiner Entlassung sucht er Mildred auf und versichert ihr, dass er nichts über den Kreis verraten habe. Die in der Haft erlebte Brutalität habe ihn davon überzeugt, dass sie sich jeder nur möglichen Waffe gegen Hitler bedienen sollten. Moskau gibt ihm den Decknamen »Arbeiter«.

3.

Mittlerweile hat Arvid sich im Deutschen Klub mit einer Reihe von Männern angefreundet, die ihm als Informationsquellen dienen. Zu ihnen gehören ein Mann namens Titzien (Deckname »Albanier«), ein Unternehmer mit Kontakten zum deutschen Militär, und Hans Rupp (Deckname »Türke«), einer der Chefökonomen bei der I.G. Farben. Arvid hat auch Baron von Wohlzogen-Neuhaus (Deckname »Grieche«) angezapft, einen alten Bekannten aus seinen Tagen bei der ARPLAN, der in der technischen Abteilung des Oberkommandos der Wehrmacht arbeitet. Durch seine Quellen aus dem Deutschen Klub wird Arvid reichhaltig mit Informationen versorgt über Hitlers Kriegsvorbereitungen, wie sie im Vierjahresplan entworfen wurden.

Naum Bjelkin, Arvids Führungsoffizier, wurde 1936 nach Spanien abkommandiert. Deshalb hat nun der Spionageringchef Boris Gordon direkt die Aufsicht über Arvid.

4.

Auch auf Mildred hat Boris Gordon ein Auge geworfen.

Mildred ist zur Präsidentin des American Women's Club gewählt worden, eines Etablissements, in dem viele wohlhabende Diplomatengattinnen verkehren. Als Gast, der zu formellen Afternoon Teas und Partys eingeladen ist, wie sie von verschiedenen Auslandsvertretungen veranstaltet werden, kommt sie häufig mit Botschaftern und hochrangigen Beamten zusammen. Vor allem Mildreds Kontakte zur US-Botschaft machen sie im höchsten Maße attraktiv. Das gilt ebenso für ihre Kontakte zu den höchsten Rängen in Hitlers Regierung, pflichtbewussten, leichtgläubigen Nazis, die sich ihrer wahren Gefühle ihnen gegenüber nicht bewusst sind. Seit den Tagen von ARPLAN, als Mildred viermal nach Moskau fuhr, führt die Moskauer Zentrale eine Akte über sie. Zweimal reiste sie alleine. In ihrer Umhängetasche hatte sie eine Adressenliste, mit der sie sich auf den Weg zu Freunden machte, die ihre Ankunft erwarteten. Einer war ein führender Funktionär der Komintern, der mit der GRU kooperierte und plante, sie zur »Arbeit in Finnland« zu »verwenden«. Ob Mildred diese Arbeit tatsächlich ausführte, ist nicht bekannt. Ihre Akte ist größtenteils immer noch unter Verschluss.

Gordon gibt Mildred einen Decknamen: »Japonka«. Die Moskauer Zentrale fügt ihrer Akte ein Foto von ihr bei.

Ob Mildred Gordon jemals getroffen hat oder ob sie wusste, dass er ihr einen Decknamen gegeben hatte, bleibt im Dunkeln. Nach allem, was uns bekannt ist, lässt sie sich nicht sofort auf das NKWD ein. Sie konzentriert sich auf den Kreis.

5.

Der Kreis ist optimistisch. Hitler mag einen Krieg vom Zaun brechen wollen, aber man kann ihn stoppen, ehe der erste Schuss fällt. Die Kooperation anderer Länder ist dabei von essentieller Bedeutung.

Beinahe ein Kind

1937–1938

1.

Während Arvid Moskau Militärgeheimnisse zuflüstert, wird Mildred bei dem Berliner Verlagshaus Rütten und Loening als Literaturagentin angestellt. Die Arbeit ist ihre Tarnung. Auf diese Weise kann sie geschickt ins Ausland reisen und Kontaktleute treffen, ohne dass die Gestapo Verdacht schöpft.

Sie fährt nach Norwegen, Dänemark, Frankreich, England und in die Schweiz.

Manchmal reist sie alleine, manchmal mit Arvid. Manchmal, nach ihrer Ankunft, spürt sie Arvid auf.

Dann sitzt sie in einem Raum. Als einzige Amerikanerin. Auf den anderen Stühlen Europäer, die sich als Antifaschisten oder Genossen oder Revolutionäre verstehen und an einem, wie sie es nennen, internationalen Kampf gegen den Faschismus beteiligen. Hitler ist nicht die einzige Gefahr. In ganz Europa ist der Faschismus auf dem Vormarsch. Mussolini unterdrückt Italien, und Franco lässt im Spanischen Bürgerkrieg Zivilisten niedermetzeln. Anscheinend stürzen überall Demokratien, und Diktatoren regieren mit eiserner Faust.

In Paris sitzt Mildred mit Arvid und einer Schar von Kommunisten zusammen. Indem er mit ihnen verkehrt, verstößt er dreist gegen die Regeln der *konspiratsia*. Es ist ihm gleichgültig; er nimmt das Risiko auf sich. Aus seiner Sicht ist er ein Anführer im deutschen Widerstand und kein Spion für das NKWD.

Arvids Entwicklung findet direkt vor Mildreds Augen statt. Der vorsichtige Doktorand, den sie geheiratet hat, verwandelt sich in einen mutigeren Mann. Sogar ein Motorrad kauft er sich.

2.

Arvids Cousins verstärken ihre Aktivität im Widerstand.

Als deutscher Pastor, der engagiert gegen Hitler Stellung bezieht, findet Dietrich Bonhoeffer zunehmend Anerkennung in anderen Ländern. Mahatma Gandhi hat ihn eingeladen, sich mit ihm in Indien zu treffen. In Deutschland hat er eine Gruppe von zweitausend Pastoren auf die Beine gestellt, die sich »Bekennende Kirche« nennt und gegen die Nazifizierung der protestantischen Kirchen wehrt. Mehr als achthundert dieser Geistlichen werden von der Gestapo verhaftet.

Klaus Bonhoeffer ist zum Direktor der Rechtsabteilung der Lufthansa befördert worden und hilft Arvid, Mildred und mindestens einem Dutzend anderer Widerstandskämpfer dabei, ihre Kontakte über Deutschlands Grenzen hinaus zu erweitern. Auf dem Flugplan der Lufthansa stehen Routineflüge in zahlreiche europäische Länder. Unter dem Deckmantel des geschäftlichen Flugverkehrs ermöglichen sie häufige Kuriergänge.

3.

Seit 1934 sammelt der mit der Schwester von Dietrich und Klaus Bonhoeffer verheiratete Hans von Dohnanyi akribisch Beweise für Naziverbrechen und registriert sie in einer Kartei, einer »Skandalchronik«, die er in einem Safe fünfzig Kilometer von Berlin entfernt aufbewahrt. Seine Arbeit im Justizministerium erlaubt ihm den Zugang zu Tausenden von Seiten an Belegen, darunter die geheimen Aufzeichnungen von Gefangenen- und Konzentrationslagern. Damit verfügt er über all die nötigen Dokumente, um Hitler, Himmler und Göring und andere hochrangige Nationalsozialisten vor Gericht zu bringen, falls sie durch einen Staatsstreich gestürzt werden sollten.

Lange Zeit weist 1937 nichts darauf hin, dass irgendjemand in Hitlers innerem Zirkel ernsthaft einen Staatsstreich ins Auge fasst.

Als aber ein Hauptmann in Dohnanyis Netzwerk vertraulicher Quellen von einer Kriegstirade berichtet, die Hitler am 5. November 1937 vor den wichtigsten Vertretern der Wehrmacht losließ, stellt Dohnanyi fest, dass sich etwas verändert hat. Der Krieg rücke näher, berichtet ihm die Quelle und bestätigt damit, was Arvid von seinen eigenen Quellen erfahren hat.

Aber Hans erfährt noch etwas anderes: Zwei Generäle haben sich vehement gegen Hitlers Wunsch gewandt, in Europa einen Krieg zu beginnen. Im Februar 1938 werden die beiden Generäle ihres Postens enthoben. Der eine wird als Homosexueller diffamiert, dem anderen wird zur Last gelegt, eine ehemalige Prostituierte geheiratet zu haben. Danach übernimmt Hitler selbst den Oberbefehl über die Wehrmacht und verkündet eine massive Neuorganisation der Wehrmachtsführung. Vierzehn Generäle werden zwangsweise in den Ruhestand versetzt und durch Generäle ersetzt, die den Treueid auf ihren neuen Oberbefehlshaber leisten.

Auf diese Weise kommt es 1938 zu einer Verschwörung gegen Hitler.

Daran beteiligt sind Hans Oster, Leiter der Zentralabteilung im Amt Abwehr, Admiral Canaris, der Chef der deutschen Abwehr, Generaloberst Ludwig Beck, der Generalstabschef des Heeres, und eine kleine Gruppe von Offizieren, Politikern und Diplomaten. Der Plan ist täuschend einfach: Eine Gruppe bewaffneter Offiziere wird in die Reichskanzlei eindringen und Hitler erschießen. Er wird als »Septemberverschwörung« bekannt.

Im August und September 1938 treffen sich mehrere Verschwörer mit dem britischen Außenminister Lord Halifax und anderen britischen Staatsmännern und berichten ihnen von ihrem Plan, das Naziregime zu stürzen. Sie haben die Absicht, ein Attentat auf Hitler zu verüben, sobald Hitler in die Tschechoslowakei einmarschiert, was ihrer Ansicht nach unmittelbar bevorsteht. Hitler hat an der tschechischen Grenze Truppen stationiert und droht mit dem Angriff, sofern die Tschechoslowakei das Sudetenland nicht an Deutschland abtritt.

Aber Premierminister Neville Chamberlain bemüht sich stattdessen um Verhandlungen mit Hitler, in der Hoffnung, dadurch einen bewaffneten Konflikt zu vermeiden. In einer Radiosendung der BBC am 27. September bezeichnet Chamberlain Hitlers Kriegstreiberei als einen »Streit in einem fernen Land, zwischen Völkern, von denen wir nichts wissen«.

Am Morgen des 28. September 1938 versammeln sich die Verschwörer im Hauptquartier des Heeres und verteilen Waffen und Munition für den Sturm auf die Reichskanzlei. Aber der Staatsstreich wird abrupt abgebrochen. In einer überraschenden Wende der Ereignisse treffen sich am 29. September Neville Chamberlain, der französische Premierminister Édouard Daladier und Italiens Diktator Benito Mussolini mit Hitler in München, um ein Dokument zu unterzeichnen, mit dem Hitler das bekommt, was er möchte: das Sudentenland.

Die Neuigkeiten sind ein Rückschlag für Hans Oster, Wilhelm Canaris, Ludwig Beck und die anderen Beteiligten an der Septemberverschwörung. Ihnen ist klar, dass ihr Staatsstreich nunmehr keinen Rückhalt finden würde. Das Münchner Abkommen wird weithin als ein Sieg der Diplomatie gefeiert. Nach seiner Rückkehr aus München verkündet Chamberlain der jubelnden Menge, die sich auf dem Heston Airport in Westlondon versammelt hat, das mit Hitler unterzeichnete Abkommen verspreche »Frieden in unserer Zeit«.

4.

Der Widerstand beginnt, neue Allianzen zu schmieden, die so zerbrechlich und fein wie Spinnweben miteinander verknüpft sind.

Im Winter 1938 stoßen Arvids Cousins Ernst von Harnack und Klaus Bonhoeffer zu einer kleinen Gruppe von Deutschen, um mit ihnen zu diskutieren, wie man Hitler stürzen könnte. Die Männer versammeln sich hinter den Steinmauern von Ernsts mittelalterlichem Schloss in Merseburg. Eine »Einheitsfront«, so glauben sie, könnte die Spaltung zwischen der rechten und der linken Opposition gegen Hitler beenden. Dank Hans von Dohnanyi wissen Ernst und Klaus, dass es im Innersten des *Dritten Reiches* konservative Offiziere gibt, die sich Hitler widersetzen.

Dieses Treffen markiert den Beginn von Bestrebungen des Widerstands, die ihren Höhepunkt erreichen werden, wenn sich Ernst von Harnack, Klaus Bonhoeffer, Dietrich Bonhoeffer, Justus Delbrück und Hans von Dohnanyi mit Oster, Canaris, Beck und anderen hochrangigen Offizieren verbünden. Die Verschwörung zu einem Umsturz des nationalsozialistischen Regimes unter dem Decknamen Walküre wird mit dem historisch bekanntesten Anschlag auf Hitler am 20. Juli 1944 enden.

5.

Unterdessen tobt der Spanische Bürgerkrieg weiter, und Hitler verstärkt die Militärhilfe für Francos Armee. Als Gegenleistung erhält er nicht Geld, sondern Mineralien, Eisen, Kupfer und Schwefel, also Rohstoffe, die Hitler für seine eigene Aufrüstung benötigt. Wenn Franco den Krieg gewinnt, so weiß Hitler, wird das dem Deutschen Reich noch einen weiteren militärischen Vorteil einbringen, nämlich U-Boot-Stützpunkte an der Atlantikküste.

Eine antifaschistische deutsche Radiostation namens Deutscher Freiheitssender berichtet täglich vom Krieg und appelliert an die Deutschen, sich Hitlers Unterstützung für Franco zu widersetzen. Deutsche Widerstandskämpfer können sich auf ihrem Blaupunktradio zuschalten, um Anleitungen zu erhalten, wie sie die deutschen Rüstungsbetriebe sabotieren und damit die Rüstungslieferungen nach Spanien verhindern können.

Mildred ist nun zu größeren Risiken bereit. Bei einem Treffen des Kreises beauftragt sie die Mitglieder, nach Möglichkeiten Ausschau zu halten, wie man die Antifaschisten in Spanien unterstützen und die deutsche Militärhilfe sabotieren könne. Falls sie genug Sprengstoff besorgen, könnten sie wichtige Kommunikationszentren in die Luft jagen.

6.

Und dann, urplötzlich, findet Mildred heraus, dass sie schwanger ist.

7.

Zwei Freunde laden sie in den Kurort Gremsmühlen zu einem zweiwöchigen Urlaub ein. Franziska und Rudolf Heberle kennen Mildred schon seit über einem Jahrzehnt. Als Mildred ankommt, stellen sie fest, dass Mildred fast nichts eingepackt und nur eine weiße Bluse dabeihat. Außerdem bemerken sie, dass Mildred krank zu sein scheint, oder traurig oder beides.

Gremsmühlen ist einer dieser pittoresken deutschen Orte, die sie als Frischverheiratete so entzückend fand. Er befindet sich in der Nähe eines Sees. Vielleicht geht sie schwimmen, vielleicht auch nicht. Sie vermisst Arvid, der gerade auf einer offiziellen Geschäftsreise für das Reichswirtschaftsministerium in Washington, D.C., ist. Jeder amerikanische Beamte, den Arvid im Außenministerium trifft, hält ihn für einen überzeugten Nazi. Aber der Mann, als der er sich ausgibt, ist reine Fiktion.

Auch aus Mildreds Mund kommen Lügen.

Zu Franziska sagt sie, sie sei nicht krank und auch nicht traurig. Beinahe die ganze Zeit ihres Aufenthalts hält sie ihre Verstellung aufrecht. Ganz am Ende bekennt sie, dass sie eine Fehlgeburt hatte.

»Ihr Kummer erstaunte mich«, erinnerte sich Franziska später in einem Brief, »ich war nämlich der Ansicht, dass sie der politischen Arbeit wegen bewusst keine Kinder habe.«

8.

»A. war nicht da«, schreibt Mildred an ihren Bruder, Bob, »deshalb war es ein bisschen einsam.«

Die Flut von Briefen, die Mildred nach Hause zu schicken pflegte, ist zu einem Rinnsal verkümmert. Es gibt keinen, dem sie sich wirklich anvertrauen kann.

Stalin und der Zwerg

1937–1938

1.

Martha Dodd muss ständig an Boris denken. Er ist nicht mehr in Moskau – er ist in Warschau. »Darling«, schreibt sie.

> *Du kannst Dir nicht vorstellen, Darling, wie oft Du bei mir warst, wie ich ständig an Dich gedacht habe, mich um Dich gesorgt habe.*

Sie heckt einen Plan aus. Sie könnte nach Warschau fliegen. Sie könnte sich in einem »kleinen Hotel« ein Zimmer nehmen, und sie könnten dort ein geheimes Rendezvous haben – sie würde es keiner Menschenseele erzählen.

> *Vielleicht könnten wir für ein oder zwei Tage Warschau verlassen und aufs Land fahren. Ich könnte natürlich allein kommen, und meine Eltern sind vollkommen einverstanden damit, dass ich tue, was ich tun will – schließlich bin ich 28 Jahre alt und ich bin sehr selbstständig.*

Martha verfasst einen weiteren Brief, den sie dieses Mal an »die sowjetische Regierung« adressiert.

> *Ich, Martha Dodd, US-Bürgerin, kenne Boris Winogradow seit Jahren von Berlin und anderen Orten her, und wir sind übereingekommen, nach der offiziellen Heiratserlaubnis zu ersuchen.*

2.

Martha fliegt nach Warschau. Pflichtgemäß flüstert ihr Boris süße Nichtigkeiten ins Ohr und bleibt bei der Finte, sie bald heiraten zu wollen, bald, sehr bald. Vor Monaten schickte Boris eine vertrauliche Mitteilung an die Moskauer Zentrale:

> Ich verstehe nicht ganz, warum Sie gegenüber unserer Hochzeit so eine billigende Haltung eingenommen haben. Ich bat Sie, ihr mitzuteilen, dass das ganz unmöglich ist und auf keinen Fall funktionieren wird.

Es half aber nichts. Seine Bitte wurde ignoriert.

Natürlich hat Boris keinerlei Absicht, Martha zu ehelichen. Er war schon zweimal verheiratet, das erste Mal mit einer Frau namens Tatjana, das zweite Mal mit Wassa, seiner gegenwärtigen Frau.

3.

Von der Moskauer Zentrale wird Martha angewiesen, den Kontakt zu allen Kommunisten oder kommunistischen Sympathisanten abzubrechen. Es sind die gleichen Instruktionen, die auch Arvid, Karl und Wilhelm bei ihrer Rekrutierung erhielten. In einer unterzeichneten Erklärung verspricht Martha, streng geheime Informationen über die Vereinigten Staaten zu liefern.

> Im Augenblick habe ich hauptsächlich Zugang zu der privaten Korrespondenz meines Vaters mit dem Außenministerium und dem Präsidenten der Vereinigten Staaten. Was militärische und die Marine sowie die Luftfahrt betreffende Angelegenheiten angeht, so besteht meine Informationsquelle allein in dem persönlichen Kontakt zum Personal unserer Botschaft.

Sie weist darauf hin, dass ihr Vater »großen Einfluss« auf Präsident Roosevelt und den Außenminister Cordell Hull habe, und verrät, dass er nicht mehr lange Botschafter sein werde, da »er selbst aufhören möchte«. Sie wäre durchaus bereit, sich für jeden einzusetzen, den sich die Moskauer Zentrale als nächsten US-Botschafter in Berlin erhoffe, und fragt: »Haben Sie jemanden im Auge?«

Marthas Bereitschaft, ihren Vater auszuspionieren und seine Entscheidungen zu beeinflussen, beeindruckt die Führung des NKWD so gehörig, dass Stalin selbst in einer als »STRENG GEHEIM« markierten Mitteilung von ihrer Rekrutierung benachrichtigt wird. Die

Mitteilung stammt von Nikolai Iwanowitsch Jeschow, dem Leiter des NKWD und Kommissar für Staatssicherheit, der bei seinen Kollegen unter seinem Spitznamen »der Zwerg« bekannt ist. »Genosse Stalin«, notierte er.

> Martha Dodd, die Tochter des amerikanischen Botschafters in Berlin [...] beschrieb in ihrer Erklärung ihre soziale Stellung, die Stellung ihres Vaters und die Aussichten ihrer weiteren Arbeit für uns. Ich lege eine Kopie ihres Briefes bei und erwarte Instruktionen über Martha Dodds Verwendung.

4.

Der Zwerg ist kleingewachsen und hinkt beim Gehen, zwei Eigenschaften, die ihm eine unheimliche Ähnlichkeit mit seinem deutschen Feind Goebbels verleihen. Der Zwerg ist keinesfalls träge. Vor einigen Jahren hat ihn Stalin der Säuberungskommission zugeteilt, die in regelmäßigen Abständen Russen aus der Kommunistischen Partei ausstößt. Aus einer unblutigen Säuberung ist eine blutige geworden. Gegenwärtig ist der Zwerg mit mörderischem Hausputz beschäftigt. Am selben Tag, an dem der Zwerg Stalin fragt, wie man Martha Dodd am besten als NKWD-Spionin verwenden könnte, wird eine große Anzahl von Offizieren der Roten Armee verhaftet und in den Gulag geschickt. Was als Stalins Vergeltung gegen (reale oder, zumeist, bloß eingebildete) politische Feinde begann, richtet sich nun auch gegen die Zivilbevölkerung. Menschen werden in den Wald geschleppt und dort erschossen. Allein in Leningrad werden 1937 über 40.000 Bewohner ermordet, 1938 sind es sogar 60.000. Mehr als ein halbes Jahrhundert später werden ihre Gebeine aus einem Massengrab exhumiert. Bei fast allen Schädeln findet sich ein Einschussloch am Hinterkopf.

Während der Großen Säuberung von 1936 bis 1938 werden im Durchschnitt täglich 1000 Menschen ermordet. Da die Exekutionen nachts stattfinden und die Massengräber verborgen sind, erfährt ein Großteil der Bevölkerung nichts von Stalins Blutrausch.

1937 sieht Stalin im Zwerg einen ihm treu ergebenen Genossen – eine nur schwer zu erringende, aber leicht zu verlierende

Auszeichnung. Nur wenige sind besser vertraut mit Stalins launischem und rachsüchtigen Herz als der Zwerg, der seine Ergebenheit gegenüber dem Diktator damit beweist, dass er die Vorhänge in seinem eigenen Büro mit Quecksilber besprüht und daraufhin Genrich Jagoda, den damaligen Leiter des NKWD, dieser Tat beschuldigt. Jagoda wird verhaftet, des Hochverrats angeklagt und 1938, im letzten von drei Moskauer Schauprozessen, vor ein Richtergremium gezerrt. Dabei präsentierte man die mit Quecksilber vergifteten Vorhänge als schlüssige Beweise dafür, dass Jagoda ein deutscher Spion sei, der geplant habe, den Zwerg und vielleicht auch Stalin zu vergiften. Nachdem die Richter ihn schuldig gesprochen hatten, erhielt Jagoda einen Kopfschuss. Der Zwerg schätzte sich glücklich, als neuer Leiter des NKWD die Nachfolge von Jagoda anzutreten.

5.

Die Moskauer Zentrale erteilt Boris Winogradow die Anweisung, Warschau zu verlassen und sich bei der sowjetischen Botschaft in Berlin zu melden. Während eines Trinkgelages mit dem amerikanischen Journalisten H. R. Knickerbocker, den Boris »Knick« nennt, vertraut er diesem an, dass er nach Moskau zurückkehren müsse. In dem von dem Zwerg verwendeten Euphemismus ist Boris »zurückgerufen« worden. In Moskau wird er verhört werden, aber Boris gibt Knickerbocker zu verstehen, dass er sich keine Sorgen mache. Er sei ein loyaler Kommunist, er habe in der Roten Armee gekämpft; die ihn Vernehmenden kämen niemals zu dem Schluss, dass er ein Feind Russlands sei. Die beiden Männer führen ihr Gespräch auf Russisch, Knick spricht es beinahe fließend. Knick fragt Boris ohne Umschweife: »Wenn du Grund hast zu glauben, dass man dich fälschlich beschuldigt hat, wirst du dann zurückgehen oder dich für ein Exil im Westen entscheiden?«

In den Augen von Boris ist das Exil keine Option. Das Gleiche gilt für die Weigerung, nach Moskau zurückzukehren, wo der Zwerg auf ihn wartet.

6.

Martha trifft sich mit ihrem Führungsoffizier, der sie beauftragt, sich ins Büro ihres Vaters zu schleichen, seine Berichte an Präsident Roosevelt zu lesen und »eine kurze Zusammenfassung« ihres Inhalts zu schreiben. Ihre sowjetischen Führer sind vor allem an »Informationen über Deutschland, Japan und Polen« interessiert.

Martha erhält »200 amerikanische Dollar, 10 Rubel und Geschenke für 500 Rubel« sowie die verbindliche Anweisung, jeden Telefonkontakt zu Boris Winogradow abzubrechen. Sie darf ihrem russischen Liebhaber Briefe schreiben, aber die Briefe können nicht auf dem üblichen Postweg verschickt werden. Als Alternative wird ein Kurier vorgeschlagen. Eine Notiz in ihrer Akte deutet darauf hin, dass alle Liebesbriefe, die sie von jetzt an aufsetzt, vom NKWD abgefangen werden und dass ein unbekannter russischer Agent die Antworten von Boris verfassen wird.

7.

Boris kehrt nach Moskau zurück und nimmt sich im Hotel Moskwa, neben dem Roten Platz, ein Zimmer mit der Nummer 925. Er wird verhaftet, gefoltert und in eine Gefängniszelle geworfen. Am 28. August 1938 wird er von einem sowjetischen Militärgericht zum Tode verurteilt, zu einer Massenexekutionsstätte des NKWD geschleppt und dort erschossen.

Boris' letzter Brief

1937–1938

1.

Mildred und Martha treffen sich in einem vollen Restaurant in Berlin. Sie finden einen Tisch in einer Ecke.

Mildred ist auf der Hut. Mit gesenkter Stimme erzählt sie Martha, der Kreis habe sich erweitert.

Jahre später wird Martha über ihr Gespräch schreiben. Mildred sei »selten überschwänglich« gewesen, aber am späteren Abend, als sie nach dem Essen in den Tiergarten gingen, habe Mildred Martha »rasch« auf die Wange geküsst und sei dann davongegangen.

2.

Botschafter Dodd tritt zurück. Seine viereinhalb Jahre in Berlin haben ihn zermürbt. Seit 1934 hat er das Außenministerium davor gewarnt, dass Hitler eine Gefahr für Deutschland und die Welt sei, und er ist darüber entrüstet, dass seine Warnungen auf die amerikanische Außenpolitik so gut wie keinen Einfluss hatten. Dodd weiß, dass er bei seinen Kollegen vom Außenministerium unbeliebt ist, und er verdächtigt den Staatssekretär des Außenministers Sumner Welles, seit Monaten hinter den Kulissen auf seinen Hinauswurf hingearbeitet zu haben.

Am 29. Dezember 1937 beendet William Dodd seine, wie er sie beschreibt, »traurigen Jahre in Berlin« und geht an Bord der *SS Washington*.

Als die *SS Washington* in den Hafen von New York einläuft, wartet am Kai ein Reporter der *New York Times*. Der Reporter notiert sich, Dodd werde »von seiner Tochter Martha begrüßt, die vor ein paar Wochen aus Deutschland zurückkehrte«.

3.

In New York bezieht Martha ein Apartment in einem von Bäumen umsäumten Wohnblock in der Nähe des Gramercy Parks.

Am 8. Januar 1938 erhält ein Spion namens Ishak Akhmerow (Deckname »Jung«) einen Befehl aus Moskau:

> Wir setzen Sie in Kenntnis, dass unsere Quelle […] Martha Dodd, die Tochter des früheren amerik. Botschafters in Deutschland, gerade in Ihrer Stadt ist.
>
> Nach Erhalt eines diesbezüglichen Telegramms müssen Sie Kontakt zu ihr aufnehmen. Ihre Adresse: Irving Place, New York. Am frühen Morgen zwischen 8 und 9 Uhr müssen Sie ihre Wohnung aufsuchen und sagen: *Ich möchte Ihnen Grüße von Bob Norman ausrichten.*

Martha erhält einen neuen Führungsoffizier mit dem Decknamen »Igor«.

Rasch erregt ein Harvard-Absolvent und Millionär ihre Aufmerksamkeit. Nach kurzer Brautwerbung heiraten sie. Ein Spion telegrafiert die Neuigkeit nach Moskau:

> Sie wohnt in einem prächtigen Apartment in der 57th Street, hat zwei Bedienstete, einen Fahrer und einen Privatsekretär.

Eines Tages findet Martha in ihrem Briefkasten einen Brief. Er ist von Boris.

> *Ich liebe Dich, ich denke nur an Dich, ich träume von Dir und uns.*

Tief berührt, liest Martha den Satz wieder und wieder.

»Es war ein trauriger, trauriger Brief«, wird sie viele Jahre später schreiben, »und ein sehr ergebener (ich habe ihn immer noch). Ich nehme an, es war sein Lebewohl an mich und an das Leben. Man sagt, er sei danach erschossen worden.«

Martha wird nie auch nur ahnen, dass der Brief von einem Spion geschrieben wurde, der sich als Boris ausgab, nachdem man Boris erschossen hatte.

4.

Marthas neuer Ehemann versucht, sich einen Botschafterposten zu erkaufen, indem er der Demokratischen Partei 50.000 Dollar anbietet. Er hofft, als US-Botschafter in Moskau nominiert zu werden. Ein in New York stationierter NKWD-Spion sendet ein Telegramm an die Moskauer Zentrale:

> Sie ist sehr begeistert von ihrem Plan, als Frau des amerikanischen Botschafters nach Moskau zu gehen.

Sein Angebot wird zurückgewiesen.

5.

Martha spioniert weiter für die Moskauer Zentrale.

In künftigen Jahren wird sie sich angewöhnen, sich als jemanden zu sehen, der dem Deutschen Widerstand angehört hat, und das Ausspionieren ihres eigenen Vaters mit der Beihilfe zum Widerstand gleichsetzen. In einer ebenso selbststilisierenden wie unwahren Passage wird sie schreiben: »Wir alle waren von 1933 bis 1943 im deutschen Untergrund. Ich bin die letzte, die noch übrig ist.«

Auf der Suche nach Verbündeten

1938–1939

1.

Stalin ordnet weitere Massenmorde an.

Der Zwerg waltet über Tausende von Exekutionen. Bald gerät er selbst unter Verdacht, und im Frühjahr 1938 wird er verhaftet. Später wird er mit einem Kopfschuss getötet.

2.

Die russische Botschaft in Berlin ist auf geradezu gespenstische Weise menschenleer. Von den zehn Kontaktpersonen, die Arvid dort hatte, wurden fünf hingerichtet.

Arvids NKWD-Führungsoffizier, Boris Gordon, wird ebenfalls exekutiert.

Stalins Überzeugung, trotzkistische Feinde und ausländische Spione hätten es auf ihn abgesehen, lähmt seine nachrichtendienstlichen Operationen. Gerade in dem Moment, in dem er genaue, hochkarätige Informationen über Hitler bräuchte, lässt er all die Spione ermorden, die sie ihm liefern könnten.

Der Zwerg wird durch einen NKWD-Offizier mit sehr viel geringerer Erfahrung ersetzt. Anfänger mit Milchgesichtern bemühen sich, die ausgetretenen Schuhe der gerade Getöteten zu tragen. Einem verärgerten sowjetischen Agenten zufolge ist das die Regel:

> Es kamen neue Leute, die die Büros übernehmen sollten – jung, glücklich und davon überzeugt, dass sie ein Recht darauf hatten, hier zu sein. Die Obrigkeit hat nicht dabei gespart, Seelen und Loyalität zu kaufen. Ein junger Mann mit zwei Sternchen auf seiner Uniform konnte innerhalb von ein paar Tagen dazu befördert werden, Rauten zu tragen, dem Äquivalent des alten Generalrangs, und er konnte in ein Büro einziehen, in dem man noch den Lieblingstabak des Vorgängers riechen konnte.

Die nächsten beiden Jahre wird Arvid nichts von den Russen hören, keinen Laut.

3.

Was jetzt?

In den letzten drei Jahren hat Arvid den Sowjets Geheiminformationen über Deutschlands Handelsvereinbarungen und Investitionen zukommen lassen, die darauf hindeuten, dass Hitler Deutschland in die vollständige wirtschaftliche Unabhängigkeit gelenkt hat. Auch sein Militär hat Hitler rasant aufgerüstet, mit dem Ziel, die Größe des Heeres zu verdreifachen und eine Flotte von Jagdbombern zu bauen. Damit hat er die Grundlagen für einen Krieg gelegt.

An wen kann Arvid jetzt Informationen weitergeben?

Mildred hat ihre Kontakte in der US-Botschaft gepflegt, aber aus den Gesprächen mit Messersmith oder Botschafter Dodd hat sich nichts Konkretes ergeben, und jetzt sind beide fort. Der neue Botschafter in Berlin, ein Diplomat namens Hugh Wilson, der in Yale studiert hat, ist ganz anders als Dodd, der aus seinem Hass auf Hitler niemals einen Hehl machte. Botschafter Wilson glaubt, die amerikanische Presse werde »von Juden beherrscht«, und er lobt Hitler als »den Mann, der die Menschen aus der moralischen und wirtschaftlichen Verzweiflung gerissen hat«.

Auch im Reichswirtschaftsministerium fand ein Führungswechsel statt. Arvids Chef Hjalmar Schacht, der mit Göring in einen Machtkampf um den Vierjahresplan verwickelt war, nahm entrüstet seinen Hut, aus Protest gegen Deutschlands Aufrüstung, welche Schacht, der niemals ein Blatt vor den Mund nimmt, für eine Dummheit und Verschwendung hält.

Schachts Nachfolger ist Walther Funk, ein übler Nazi, der nichts einzuwenden hat gegen die Aufrüstung und völlig darin aufgeht, einen ausgeklügelten Plan zur Beschlagnahmung jüdischen Eigentums zu schmieden.

Arvids Verachtung für Funk kennt keine Grenzen.

Mildred. Milwaukee, Wisconsin, 1916.

Arvid.
Jena, 1917.

Mildred mit ihrer Mutter Georgina Fish, die als Stenografin arbeitete. Die Kurzschrift hatte sie sich selbst beigebracht.

Als junges Mädchen ließ Mildred sich von der Suffragettenbewegung Wisconsins inspirieren, dem ersten US-Staat, der den 19. Zusatzartikel zur amerikanischen Verfassung ratifizierte und somit den Frauen das Wahlrecht zugestand.

1925 erwarb Mildred an der Universität von Wisconsin den Bachelorabschluss im Bereich Geisteswissenschaften. An der Universität von Wisconsin konnten Bürgerinnen und Bürger des Bundesstaates Wisconsin kostenlos studieren.

Mildred und Arvid lernten sich kennen, als sie schon ihren ersten Studienabschluss hatten. Beide standen politisch links und engagierten sich für gesellschaftliche Veränderungen und Wirtschaftsreformen. Nachdem sie 1926 in Wisconsin geheiratet hatten, fuhren sie per Anhalter nach Colorado, um sich mit dort streikenden Grubenarbeitern zu solidarisieren und sich den Streikketten anzuschließen.

1926 machte Mildred an der Universität von Wisconsin ihren Masterabschluss. 1929 ging sie nach Deutschland, um dort ihre Doktorarbeit zu schreiben.

Mildred und Arvid hatten vor, nach der Beendigung ihrer Dissertationen an Universitäten in Deutschland und den USA zu lehren.

Mildred im Kreise von Arvids Familie in Jena. Von links nach rechts: Wulf Auerbach, Clara Harnack, Falk Harnack, Angela Harnack, Inge Auerbach, Mildred Harnack, Johannes Auerbach, Arvid Harnack, Claus Auerbach. Inges Ehemann Johannes war Jude, Wulf und Claus galten daher in der Nazizeit als *jüdische Mischlinge.*

1932 begannen Mildred und Arvid in ihrer Berliner Wohnung heimliche Treffen abzuhalten, um über mögliche Formen des Widerstands gegen die Nazis zu diskutieren. Mildred rekrutierte für diesen »Kreis«, wie sie ihn nannte, deutsche Nazigegner.

Aus der US-Botschaft in Berlin verschickte der aus Kansas stammende Donald Heath 1938 und 1939 unter strengster Geheimhaltung Telegramme ans amerikanische Außenministerium, in denen er über Hitlers Vorbereitungen für den Krieg berichtete. Seine geheimdienstlichen Informationen erhielt er unter anderem von Mildred und Arvid Harnack.

Nachdem Deutschland in Polen eingefallen war, unterstützten Louise und Donald Heath die deutsche Widerstandsbewegung, indem sie ihren Sohn als Kurier benutzten.

Donald Heath jr. im Jahr 1939.

Mitglieder der Widerstandsbewegung in Berlin. Erkennungsdienstliche Fotos

Karl Behrens

Cato Bontjes van Beek

Erika von Brockdorff

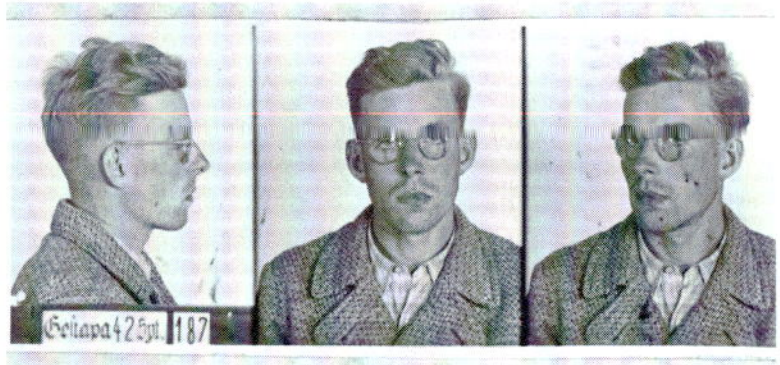

Hans Coppi

Hilde Coppi

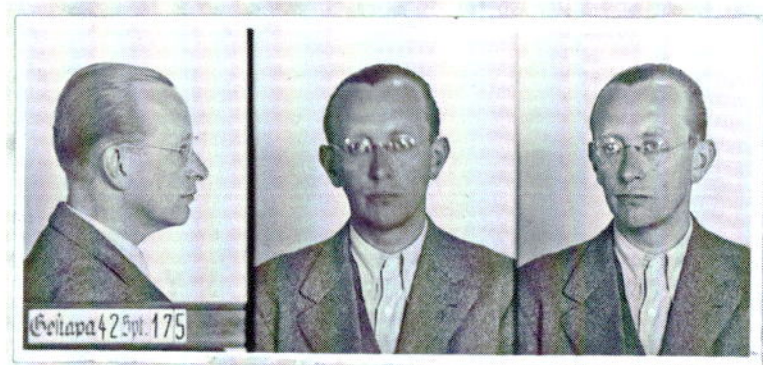

Arvid Harnack

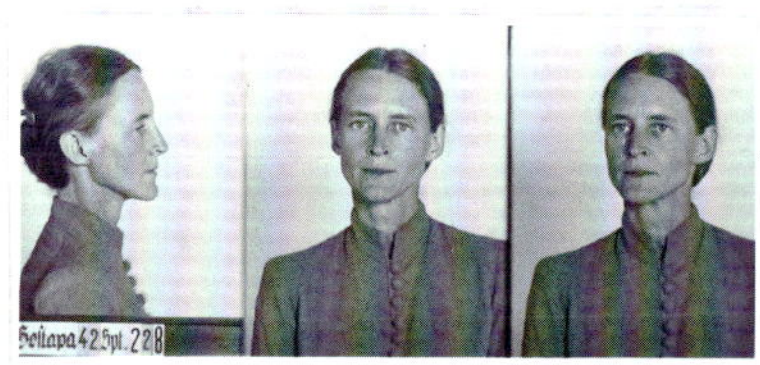

Mildred Harnack

Wolfgang Havemann

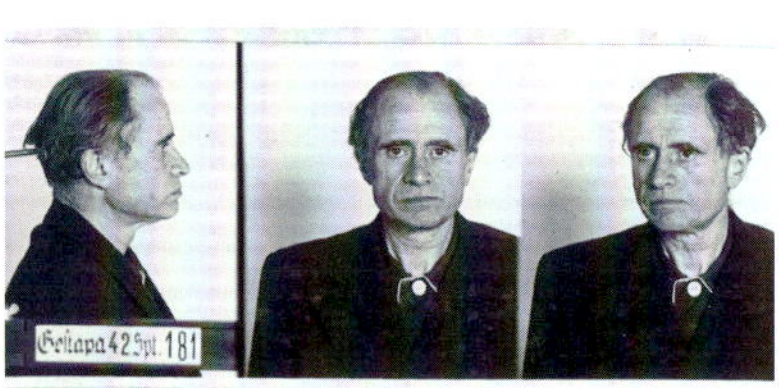

Adam Kuckhoff

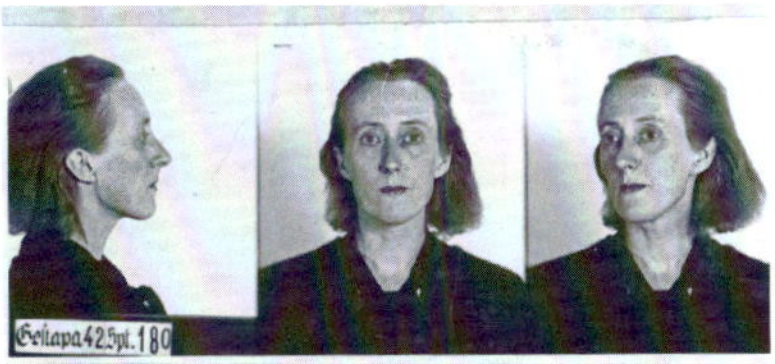

Greta Kuckhoff

Elfriede Paul

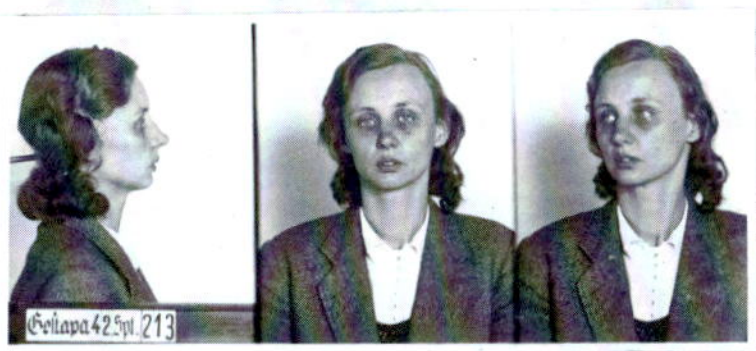

Rose Schlösinger

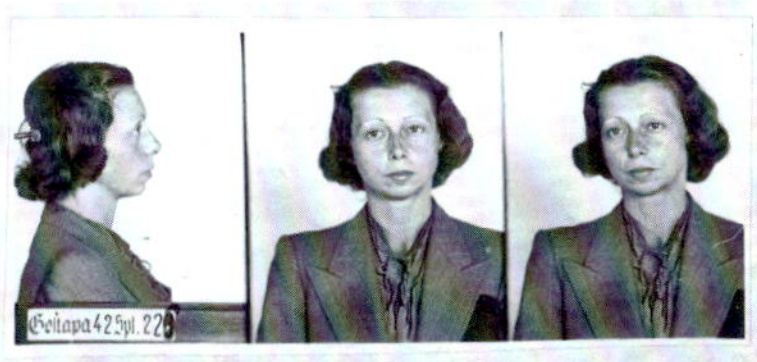

Oda Schottmüller

Harro Schulze-Boysen

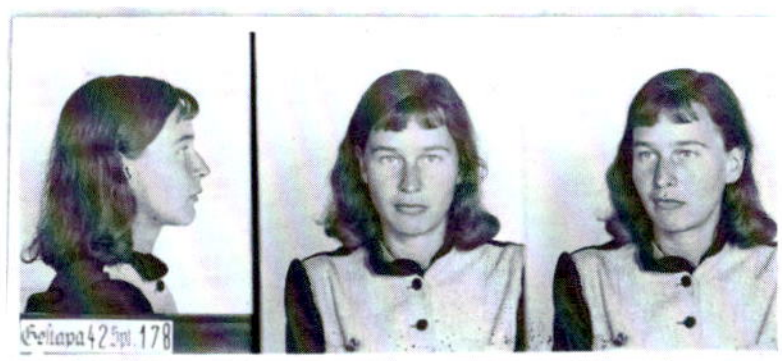

Libertas Schulze-Boysen

Elisabeth Schumacher

Kurt Schumacher

Günther Weisenborn

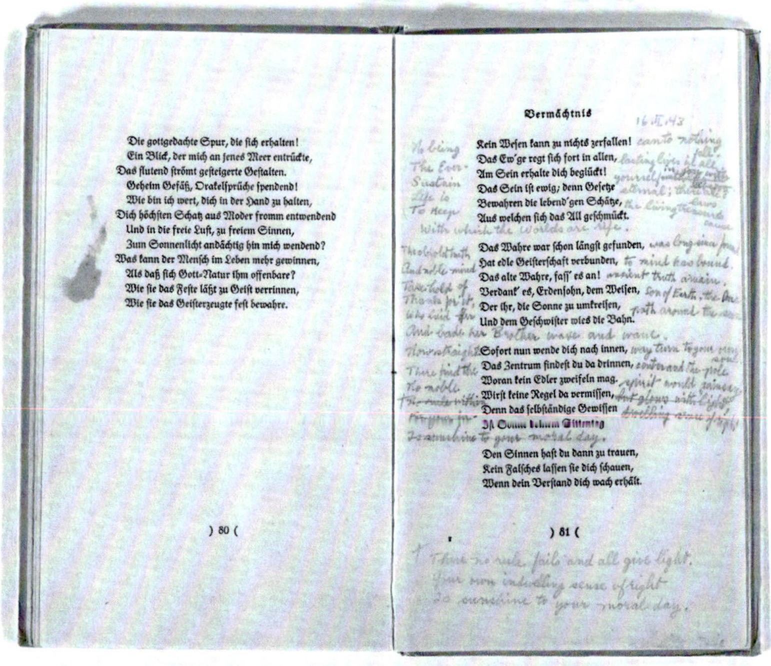

In der Strafanstalt Berlin-Plötzensee übersetzte Mildred einen Band mit Goethe-Gedichten. Das Buch wurde von dem heimlich für den Widerstand tätigen Gefängnispfarrer Harald Poelchau hinausgeschmuggelt.

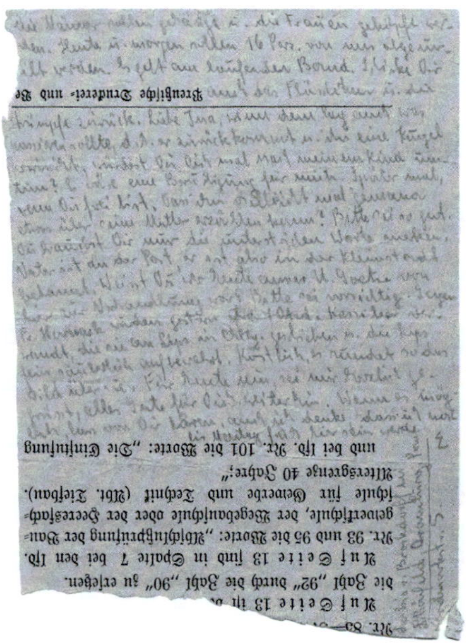

Ein heimlich aus dem Gefängnis Charlottenburg hinausgeschmuggeltes Kassiber einer jungen Frau aus dem Widerstand, die drei Monate nach Mildred hingerichtet wurde.

4.

In den letzten Jahren war die politische Situation in Deutschland kompliziert. Jetzt, im August 1939, erscheint sie geradezu widersinnig. In einem Manöver, das nicht nur Arvid und Mildred, sondern alle anderen Menschen auf diesem Planeten verblüfft hat, machen die Sowjetunion und das Deutsche Reich plötzlich gemeinsame Sache.

In einem Raum vollgepackt mit Fotografen unterzeichnen ein stämmiger, schnauzbärtiger und ein schlanker, glattrasierter Mann einen Nichtangriffspakt. Es sind Stalins und Hitlers Außenminister, Molotow und Ribbentrop, die für die Kamera lächeln. Das Kriegsbeil ist begraben. Mit dem Molotow-Ribbentrop-Pakt sind Stalin und Hitler keine bitteren Feinde mehr. Kommunismus und Faschismus reichen sich die Hand.

5.

Ein paar Tage vor Weihnachten sendet Hitler Stalin einen Gruß:

> Beste Wünsche für Ihr persönliches Wohlergehen ebenso wie für die gedeihliche Zukunft der Völker der befreundeten Sowjetunion.

Stalin sendet ein Dankeschön:

> Bitte nehmen Sie meine Dankbarkeit für die Glückwünsche und freundlichen Wünsche für die Völker der Sowjetunion an.

Und er sendet eine Mitteilung an Hitlers Außenminister Ribbentrop:

> Die durch Blut gefestigte Freundschaft zwischen den Völkern Deutschlands und der Sowjetunion hat alle Aussicht, dauerhaft und fest zu werden.

6.

Was jetzt? Was jetzt?

DER JUNGE
VIII

Morgenthaus Mann

1937–1939

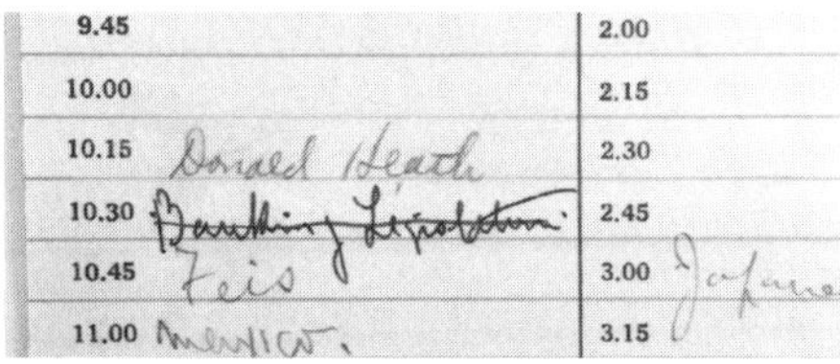

1.

Donald Heath hatte nicht vorgehabt, seinen Sohn mit hineinzuziehen. Zunächst nicht.

Während der letzten fünfzehn Jahre hatte er sich von einer mittelmäßigen konsularischen Aufgabe zur nächsten geschleppt, in der Hoffnung, einmal einen der Ränge des diplomatischen Dienstes zu ergattern. Dass es ihm überhaupt gelungen war, in den konsularischen Dienst aufgenommen zu werden, war zwar ein Erfolg. Heath war der Erste in seiner Familie, der studierte. Er stand zweieinhalb Jahre an der Washburn University in Topeka durch, bevor er die United Press davon überzeugen konnte, ihn als Journalisten zu beschäftigen.

Was ihm an körperlicher Statur fehlte – er war gerade mal 1.65 m groß – machte er durch sein Charisma wett. Auf Partys fand er großen Anklang. In einem überfüllten Raum konnte er sich jeden Namen merken. Er verfügte über einen unerschöpflichen Vorrat an komischen Geschichten und lachte lauthals über witzige Pointen. Wenn ein Klavier in der Nähe war, begann er darauf zu spielen, und wenn er nicht die richtigen Tasten traf, lachte er noch lauter. Er sei nun mal kein Irving Berlin. Als Reporter hatte er eine gute Nase für eine gute Geschichte und ein Geschick, zugeknöpften Quellen Informationen zu entlocken.

Dennoch hatte Donald Heath größere Ambitionen. Bei Ausbruch des Ersten Weltkriegs kämpfte er in Frankreich in der Infanterie und beschloss, sein Leben zu ändern, falls er das Glück haben sollte, zu überleben. Ob es daran lag, dass er einfach Glück hatte, oder ob es ihm vorbestimmt war, wusste er nicht zu sagen, aber er überlebte tatsächlich. Kurz nach seiner Entlassung ging er vor einem Mädchen aus Topeka galant auf die Knie und versprach ihr, eines Tages Botschafter zu werden. *Steh doch auf*, erklärte Louise Bell. Sie heirateten. Einen Monat später lebten sie in Rumänien, wo Heath beim Außenministerium eine Beschäftigung als Vizekonsul herausgeschlagen hatte.

Während der nächsten zehn Jahre tat er im konsularischen Dienst seine Schuldigkeit und ließ sich nach Polen, in die Schweiz und nach Haiti versetzen, wobei er sich den Respekt und die Bewunderung seiner Kollegen verdiente, aber nie über den Rang eines Konsuls hinausgelangte. Botschafter zu sein, hieß, einer exklusiven Sphäre anzugehören, in der Ivy-League-Absolventen aus vermögenden Familien mit machtvollen sozialen Beziehungen dominierten, einer Sphäre, von der ein früherer Journalist aus Topeka so gut wie ausgeschlossen war. Heath wusste, dass das Außenministerium unvermögenden Männern davon abriet, sich für eine Stellung im diplomatischen Dienst zu bewerben, aber er legte trotzdem ohne große Mühe die dafür erforderliche schriftliche Prüfung ab. Bei Heaths mündlicher Prüfung bewertete ein Ausschuss von Beamten des Auswärtigen Dienstes seine Eignung für eine solche Stellung mithilfe von Kriterien wie »Stil, Anmut, sicheres Auftreten und, vor allem,

Herkunft«. Heath ließ sich davon nicht abschrecken. Er war lang genug mit Diplomaten zusammen gewesen, um zu wissen, wie man sich in ihrem Club benahm. Wenn Stil, Anmut und sicheres Auftreten wichtiger sein konnten als Herkunft, würde er schon bald Botschafter sein.

Beschwingt kam er aus der mündlichen Prüfung. Aber die erhoffte Beförderung ließ auf sich warten.

Also veränderte Heath seine Taktik. Er gab die Arbeit im Konsulat auf und zog einen Job in der Abteilung für Lateinamerikanische Angelegenheiten in Washington, D.C., an Land. Dort arbeitete er an der Seite von Präsident Roosevelts rechter Hand, Sumner Welles. 1937 leitete Welles die gewaltige Neuorganisation des Außenministeriums, und er war hinreichend beeindruckt von Heath, um ihn für eine neue Position vorzuschlagen – im Auswärtigen Dienst.

Auf diesen Durchbruch hatte Heath gewartet.

Heath war 43. Welles war 45. Beide Männer hatten hart für ihre Karriere gearbeitet, seit sie 20 waren, aber Welles hatte einen großen Vorsprung. Er war gerade mal 28, als er Leiter der Abteilung für Lateinamerikanische Angelegenheiten wurde, und er hatte den Stammbaum, der Heath fehlte. Wie Präsident Roosevelt war er in eine außergewöhnlich reiche New Yorker Familie geboren worden und wie dieser in Groton zur Schule und in Harvard auf die Universität gegangen. Er diente als Botschafter in Kuba – ein äußerst schmeichelhaftes Porträt der *New York Times* bezeichnete ihn als »denjenigen Diplomaten im Dienst der Regierung der Vereinigten Staaten, über den am meisten gesprochen wird« – und als Assistant Secretary of State, bevor Präsident Roosevelt ihn in sein gegenwärtiges Amt berief, das eines Undersecretary of State. Mit seinen 1.90 m überragte Welles Heath auch im wörtlichen Sinne. Welles ließ sich seine Anzüge in London maßschneidern und ging immer mit einem Gehstock mit Elfenbeinspitze in der Hand, obwohl seinen Beinen nichts fehlte. Heath betrachtete ihn mit einer potenten Mischung aus Ärger, Neid und immenser Dankbarkeit.

Ein Kollege von mir braucht jemanden wie Sie, erzählte ihm Welles. *Jemand anderen.*

Welles musste Heath nicht erklären, was er damit meinte. Er fragte ihn, wo der Posten wäre. Welles, der für seine kurze und prägnante Sprechweise bekannt war, sagte: *In Deutschland. Er ist nicht ganz ungefährlich.*

Heath erinnerte Roosevelts Undersecretary of State daran, dass er am Grabenkrieg in Frankreich teilgenommen hatte. Ganz gleich, um was es sich handele, er sei der Mann für diesen Job.

Donald Heaths neue Mission wurde am 6. November 1937 offiziell verkündet und in der Dezemberausgabe des *American Foreign Service Journal* bekanntgegeben:

> Donald R. Heath aus Topeka, Kansas, der im Außenministerium diente, wird nach Berlin, Deutschland, entsandt.

Die Ausgabe landete bereits in Heaths Briefkasten, bevor er noch alle Einzelheiten mit Welles' Kollegen ausgehandelt hatte, einem Mann, den man zu den engsten Vertrauten von Präsident Roosevelt zählte.

2.

Am 14. Dezember 1937 betrat Donald Heath um 10:15 Uhr ein holzgetäfeltes Eckbüro. Die Adresse: 1500 Pennsylvania Avenue. Der Anlass: sein erstes offizielles Treffen mit dem Finanzminister Henry Morgenthau jr. An Morgenthaus Vormittagen folgte normalerweise ein Termin dem nächsten, heute aber war sein Terminkalender deutlich weniger überladen. Er hatte eine ganze halbe Stunde Zeit für Heath.

Die beiden Männer sprachen über Heaths neue Position. Die Aufgabenbeschreibung war, wenn man es ganz genau nahm, nicht eindeutig. Heath übernahm nämlich nicht nur eine Aufgabe, sondern zwei.

Als Erster Sekretär der amerikanischen Botschaft in Berlin würde er unter den Auspizien des Außenministeriums arbeiten. Das sollte ihm nicht schwerfallen. Seit 1920 hatte Heath konsularische Stellen bekleidet, und mit den Aufgaben eines Ersten Sekretärs war er wohlvertraut. Aber hier wurde die Lage verzwickt: Es gab schon jemanden, der diese Stelle innehatte. Der ausgesprochen fähige Raymond Geist, ein Harvard-Absolvent, war schon seit fast zehn Jahren Erster Sekretär. Und Morgenthau hatte nicht vor, Geists Entlassung zu bewirken. Er wollte, dass Geist weiterhin tat, was er immer getan hatte, während Heath ihm etwas davon abnehmen sollte. *Etwas*, aber nicht zu viel, da Heath sich die meiste Zeit einer zweiten Aufgabe widmen sollte, die der inoffizielle Grund war, weshalb man Heath nach Berlin entsandt hatte. Dieser zweite Tätigkeitsbereich war nicht innerhalb des Außenministeriums angesiedelt. Er hatte nicht einmal einen Namen.

Auf der anderen Seite des Atlantiks bereitete der Mann, der am 30. Januar 1933 zum deutschen Kanzler ernannt worden war, ohne Unterlass und mit großer Entschlossenheit einen wahnwitzigen Feldzug vor, mit dem Ziel, das jüdische Volk auszurotten und einen großen Teil West- und Osteuropas zu regieren, wenn nicht gar der ganzen Welt. Andere Großmächte verfügten über Institutionen, die nachrichtendienstliche Informationen über innere und äußere Bedrohungen ihrer nationalen Sicherheit sammelten und analysierten. Die Briten hatten den MI5 und den MI6. Die Sowjets hatten das NKWD und die GRU. Die Deutschen hatten die Abwehr.

Und was hatten die Vereinigten Staaten? Einen Mischmasch.

Das Außenministerium, das FBI, die U.S. Army, die U.S. Navy und das Finanzministerium operierten als unabhängige, isolierte Behörden, die miteinander um die Gunst des Präsidenten konkurrierten. Jede Behörde verschaffte sich auf ihre eigene Weise geheimdienstliche Informationen, und es gab unter ihnen so gut wie keinen Austausch. Es würde noch dreieinhalb Jahre dauern, bevor Präsident Roosevelt die Schaffung des ersten zentralen Geheimdiensts der Vereinigten Staaten genehmigen sollte, der auf den Namen Office of the Coordinator of Strategic Information getauft wurde. Zu seinem Leiter mit militärischer Autorität ernannte Roosevelt den charismatischen William »Wild Bill« Donovan. Die oberen Ränge des Militärs und der Strafvollzugsbehörden reagierten darauf mit erbitterter Kritik. Sie verbündeten sich gegen die neue Behörde, in der Hoffnung, »den unerwünschten Neuling bei seiner Geburt zu strangulieren«. In einem schwachen Versuch, sie zu beschwichtigen, strich Roosevelt aus dem Namen der Behörde das Wort »strategisch«, und am 11. Juli 1941 wurde sie zum Office of the Coordinator of Information umbenannt. Elf Monate später, nach heftigen internen Spannungen und politischem Zank – FBI-Direktor J. Edgar Hoover nannte den COI »Roosevelts Torheit« – wurde die Behörde wieder ausgemustert und das Office of Strategic Services aus der Taufe gehoben. Es entstanden noch zwei weitere Behörden, 1945 das Strategic Services Unit und 1946 die Central Intelligence Group, bevor 1947 die Central Intelligence Agency das Licht der Welt erblickt.

Assistant Secretary of State George Messersmith war sich 1937 des ausgeprägten Mangels an US-nachrichtendienstlichen Operationen in Deutschland wohlbewusst. »Wir könnten auf stürmische See zusteuern«, schrieb er in einem zehnseitigen Brief an einen Kollegen, in dem er die Notwendigkeit umfassender nachrichtendienstlicher Informationen über die deutsche Regierung betonte, insbesondere solcher die Wirtschaft betreffend. »Wir brauchen das beste Ministerium und den besten Auswärtigen Dienst, die wir haben können.«

Unterdessen entwarf der Finanzminister einen eigenen kühnen Plan. Morgenthau war schon lange zu dem Schluss gekommen, dass die von Diplomaten und Attachés in Berlin nach Washington gesandten Berichte für ihn beinahe nutzlos waren. Er wollte keine Zusammenfassungen von Zeitungsartikeln oder Straßentratsch. Er wollte Zahlen. Er wollte Tatsachen. Er wollte realistische nachrichtendienstliche Informationen. Und er war fassungslos darüber, dass er sie nicht bekommen konnte.

Er wollte herausfinden, ob Hitler sich auf einen Krieg vorbereitete und wie er diesen zu finanzieren gedachte. Er wollte wissen, ob Deutschland seine Kredite an die amerikanischen Gläubiger zurückzahlen würde oder nicht. Er wollte eine Aufschlüsselung der deutschen Positionen am Geld- und Devisenmarkt und der Goldreserven des Deutschen Reiches. Er brauchte einen Mann, der sich bei hochrangigen Nazis einschmeicheln und ihnen Geheimnisse entlocken konnte, einen Mann, den er nicht mit zig anderen Kollegen im Außenministerium teilen musste, einen Mann, der ihm, und nur ihm, gehörte. Der Finanzminister wollte seinen eigenen persönlichen Spion.

So kam es, dass Donald Heath zu einem ungewöhnlichen Zeitpunkt in der Geschichte der amerikanischen Spionage ein Geheimdienstagent wurde. Am Rande eines zweiten Weltkriegs waren die Vereinigten Staaten die einzige Weltmacht ohne einen zentralen Nachrichtendienst. Soweit sie überhaupt existierte, war die Beschaffung geheimdienstlicher Informationen im Ausland angewiesen auf Diplomaten und Attachés. Von Januar 1938 bis November 1941 operierte Donald Heath in einem Niemandsland, einem Territorium, das irgendwo in dem Geflecht zwischen Finanzministerium, Außenministerium und dem bald entstehenden Office of the Coordinator of Information angesiedelt war.

Der Titel, den sich Morgenthau für Heath ausgedacht hatte, war der eines Finanzattachés. Im informellen Gespräch nannten Heaths Kollegen ihn »Morgenthaus Mann«. Keiner der beiden Titel erschien im *American Foreign Service Journal.*

3.

Am 15. Januar 1938, seinem ersten Arbeitstag, stellte Heath eine Liste von Männern zusammen. Er bewahrte sie in der obersten Schublade seines Schreibtischs auf. Ab und an sollte er der Liste einen weiteren Namen hinzufügen oder einen ausstreichen.

Ganz oben auf seiner Liste: Hjalmar Schacht.

Hjalmar Schacht ist Präsident der Reichsbank, der deutschen Zentralbank. Bis vor Kurzem war Schacht auch Leiter des Reichswirtschaftsministeriums. Von internationalen Zeitungen als Zauberer des internationalen Finanzwesens gepriesen, schrieb man ihm die Rettung Deutschlands aus der Hyperinflation zu; Mitte der 1930er Jahre wurde er zu Hitlers Liebling. Von da an wuchs bei Deutschlands mächtigstem Ökonomen die Enttäuschung über den Führer, und 1937 trat er als Reichswirtschaftsminister zurück.

Schacht kann man nicht vertrauen. Das war die Meinung, die im Außenministerium vertreten wurde, von Außenminister Cordell Hull und Undersecretary of State Sumner Welles. Auch Präsident

Roosevelt selbst war dieser Meinung. Botschafter William Dodd war anderer Ansicht – es hieß, dass er Schacht sogar *mochte* – aber Dodd war nicht mehr da, er war zurückgetreten, bevor Heath die Botschaft zum ersten Mal betrat.

Heath wusste, dass er auf sich allein gestellt war. Er erhielt ein Büro mit einem großen Schreibtisch aus Walnussholz. Er bekam eine ausgesprochen tüchtige Sekretärin zugewiesen, Fräulein Ulrich. Und abgesehen von Morgenthaus Anweisung, Berichte zu schreiben und sie ihm nach Washington zu senden, erhielt er so gut wie keine Unterweisung bezüglich dessen, was er zu tun und wie er es zu tun hatte. Als er an seinem ersten Arbeitstag zur Arbeit ging, kam er an einer langen, scheinbar endlosen Menschenschlange vorbei, die sich den ganzen Weg vom Tiergarten bis zum Eingang der Botschaft und weiter hinein bis zur Konsularabteilung hinzog.

Männer und Frauen, junge und alte, reiche und arme, versuchten verzweifelt zu entkommen, und sie flehten um ein Visum, das viele nie erhalten sollten. Restriktive Einwanderungsquoten beschränkten die Anzahl der Deutschen, die auf legale Weise Zuflucht in den Vereinigten Staaten suchen konnten, und die Regeln bevorzugten die Reichen. Unaufhörlich klingelten die Telefone. Das Klappern der Schreibmaschinen erinnerte an den Klang von Artilleriefeuer. Das Spektakel war nervenaufreibend, so etwas hatte Heath als Konsul noch nicht erlebt.

Die Botschaftsabteilung war ruhiger. Eine breite, elegante Treppe führte hinauf zu einem Balkon, auf dem die Diplomaten rauchten, scherzten und beobachteten, wie die Nazis im Stechschritt über den Pariser Platz marschierten.

Den Leuten, mit denen Donald Heath zusammenarbeitete, war nicht ganz klar, was dieser im Schilde führte, angefangen von den Sekretärinnen bis hinauf zum Botschafter, der einen vorsichtig formulierten, mit der Kennzeichnung *persönlich* und *vertraulich* versehenen Protestbrief an den Assistant Secretary of State Messersmith sandte. Ein paar Wochen später sandte er einen zweiten Brief an Messersmith, in dem er ihn daran erinnerte, dass »niemand mit mir besprochen hat, welcher Arbeit Heath nachgehen sollte«.

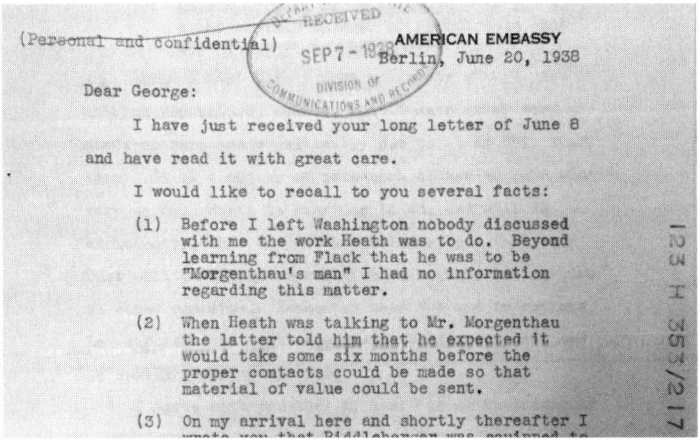

(confidential)

RECEIVED SEP 7 - 1938 DIVISION OF COMMUNICATIONS AND RECORDS

AMERICAN EMBASSY
Berlin, June 20, 1938

Dear George:

I have just received your long letter of June 8 and have read it with great care.

I would like to recall to you several facts:

(1) Before I left Washington nobody discussed with me the work Heath was to do. Beyond learning from Flack that he was to be "Morgenthau's man" I had no information regarding this matter.

(2) When Heath was talking to Mr. Morgenthau the latter told him that he expected it would take some six months before the proper contacts could be made so that material of value could be sent.

(3) On my arrival here and shortly thereafter I

123 H 353/217

4.

Unterdessen hat Heath Kontakt zu Hjalmar Schacht aufgenommen.

Heath und Schacht treffen sich zum Mittagessen im Hotel Adlon, sie machen nach der Arbeit einen Spaziergang durch den Tiergarten, und zumindest einmal lässt sich Heath bei Schacht zu Hause sehen. Bis Juni hat Heath dem Präsidenten der Reichsbank genug Informationen entlockt, um seinen ersten Bericht an Morgenthau schreiben zu können.

Ungefähr einmal in der Woche erreicht telegrafisch ein detaillierter Bericht mit der Betreffzeile »Von Heath an das Finanzministerium« Washington. Wenn Heaths Bericht streng vertraulich ist, gibt Fräulein Ullrich ihn in die Diplomatenpost, die per Kurier überbracht wird, normalerweise mit dem Dampfschiff und bisweilen mit dem Flugzeug. Die Informationen mit dem höchsten Vertraulichkeitsgrad werden niemals Telegrafen oder Kurieren anvertraut. Heath muss sie persönlich mitteilen. Das bedeutet häufige Reisen von Berlin nach Washington, D.C.

Manchmal ist Heaths Trip geheim, und es wird nicht darüber berichtet. Manchmal wird darüber im *American Foreign Service Journal* berichtet, wobei der Zweck der Reise nur vage beschrieben wird als »hauptsächlich in Geschäften des Finanzministeriums«.

Donald R. Heath

Donald R. Heath, First Secretary at Berlin, arrived in New York City on February 18 on the S.S. *Aquitania* and subsequently divided his time between New York and Washington, principally on business connected with the Treasury Department. He sailed for his post on March 15 on the S.S. *President Harding*.

Vergnügungsfahrt

1938

1.

Louise Heath, die Tochter sanftmütiger Farmer aus dem Mittleren Westen, geht Auseinandersetzungen oftmals aus dem Weg. Sie presst die Lippen zusammen, um nicht Dinge zu sagen, die sie später bereuen würde. Aber nach sechs Wochen in Berlin fällt es ihr allmählich schwer, weiter zu schweigen. Wenn Donald erschöpft aus der Botschaft zurückkommt und fragt, wie ihr Tag war, antwortet sie ihm »gut, gut« und behält dabei die Mamsell im Auge, die herumfuhrwerkt, das Abendessen aufträgt, Teller abräumt, immer in Hörweite. Sobald die Mamsell weg ist, zieht Louise ihren Mann auf die Sonnenterrasse und wartet mit einem ausführlichen Bericht auf über all das, was es an diesem Tag an Intrigen und Treuebrüchen gegeben hat. Sie kann nicht anders – es sprudelt nur so aus ihr heraus. Vorhin hat sie die Mamsell dabei ertappt, wie sie in einer Schublade im Musikzimmer herumsuchte. Nach einem Löffel habe sie gesucht, behauptete die Mamsell.

Die Blumenfrau mit dem Geschäft im Erdgeschoss glaubt, die Mamsell sei eine Gestapospionin. Im gleichen Atemzug verrät die Frau, dass die Gestapo von ihr eine Liste der Namen und Adressen der Leute verlange, denen Louise Blumen schickt.

In dieser paranoiden Atmosphäre entdeckt Louise, dass die Gestapo ihr nachstellt. Als sie die Wohnung verlässt, um mit dem von der Botschaft gestellten Auto etwas zu erledigen, sieht sie im Rückspiegel, wie ihr ein schwarzes Fahrzeug folgt.

2.

Eines Morgens beschließt Louise, sich einen Mittagsvortrag im American Women's Club anzuhören. Den kleinen Don nimmt sie mit. *Da wirst du was lernen*, sagt sie zu ihm.

Sie sitzen im Botschaftswagen. Louise blickt in den Rückspiegel. Ihnen folgt ein Volkswagen, vollgepackt mit Gestapolehrlingen, von denen einige aussehen wie sechzehn. Louise drückt aufs Gaspedal. Der Volkswagen bleibt auf Tuchfühlung. Sie hat einen vollen Tank, die Halbwüchsigen hinter ihr vermutlich nicht. Sie reiht sich in den Verkehr ein und gelangt auf die Autobahn, die Gestapo auf ihren Fersen.

Don, der sich auf dem Beifahrersitz windet, wirft heimlich besorgte Blicke auf den Volkswagen im Rückspiegel.

Mit zusammengepressten Lippen fährt Louise weiter, ihre Augen fixieren die Straße, als wolle sie diese zum Kampf herausfordern. Ihr Lippenstift ist blutrot. Ihre Nase ist frisch gepudert. Ihr Haar ist zu einem Dutt gebunden. Irgendwann fährt sie von der Autobahn herunter, auf die Landstraße, bis die Gestapolehrlinge endlich kein Benzin mehr haben.

Ha!, ruft sie aus und macht eine abrupte Kehrtwendung.

Ehrfürchtig schaut Don seiner Mutter dabei zu, wie sie sich aus dem Fenster lehnt und den jungen Nazis zuwinkt, während sie mit quietschenden Reifen an dem festsitzenden Volkswagen vorbeifährt.

Goodbye, boys!

3.

An den meisten Tagen bemüht sich Louise, ihre Haltung zu bewahren. Sie eilt leichtfüßig durch die Wohnung in der Innsbrucker Straße 44, kümmert sich mit scheinbarer Mühelosigkeit um Haushalt und soziale Verpflichtungen. In ihrem Kalender wimmelt es nur so von Terminen, zum Mittagessen in der Botschaft, zu Teeveranstaltungen, Dinners und Cocktail-Partys, sowie den vielen Verpflichtungen, denen sie als Mrs. Donald Heath nachkommen muss.

Mamsell, die Köchin, ist ihr treu ergeben, zumindest behauptet sie das.

Das Gleiche gilt für Aladar Weigal, den ungarischen Fahrer, der die Aufgabe hat, Donald zur Botschaft zu bringen. Wenn Louise bei ihnen zu Hause eine Einladung gibt, hilft Aladar auch als Butler aus. Er hat ihr bereits verraten, dass er der Gestapo einmal im Monat alles berichten muss, was er in der Innsbrucker Straße 44 gehört und gesehen hat.

Aladar schwört, niemals etwas zu sagen, was sie belasten könnte.

Die Blumenfrau im Erdgeschoss versichert Louise, dass man Aladar vertrauen könne.

4.

Sobald Louise Hela Strehls Wohnung betritt, wird sie nervös.

Don kann es in den Augen seiner Mutter sehen, ihr Blick huscht im Zimmer umher, vom Klavier zu der Lampe, dann zu Hela selbst.

Würden Sie ein Foto von uns machen?, fragt sie die Geliebte von Goebbels. Ihr ist nicht danach, etwas zu zelebrieren, sie möchte etwas dokumentieren. *Natürlich*, sagt Hela. Viele Fotos zeigen Louise mit einem warmen Lächeln, dieses nicht.

Nachher steckt sie das Foto in einen Briefumschlag und schickt es ihrer Mutter in Topeka. Sie möchte ihrer Mutter einen Eindruck von ihrem Leben in Berlin vermitteln. Sie möchte ihr zeigen, wie groß der kleine Don geworden ist.

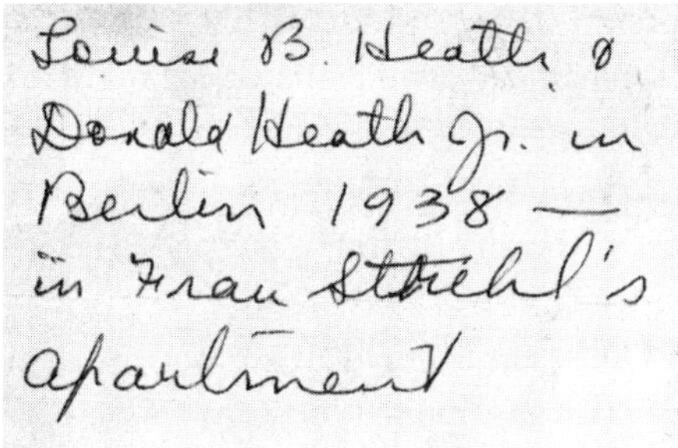

5.

Louise macht sich auf den Weg zu einem weiteren Lunch im American Women's Club, und dieses Mal lässt die Gestapo sie glücklicherweise in Ruhe. Sie fährt in die etwas südlich vom Tiergarten gelegene Bellevuestraße und parkt ihren Wagen am Straßenrand.

Beim Betreten des Clubs fällt ihr eine Frau auf, die sich durch die prunkvoll möblierten Räume mit einer Ungezwungenheit bewegt, als wäre sie hier zu Hause, die hier und da haltmacht, um ein Wort mit der einen oder anderen Bekannten zu wechseln, und dabei jedem ein respektvolles Kopfnicken, Lächeln oder eine Umarmung entlockt. Die Frau ist die Präsidentin des American Women's Club. Sie ist blond, aber überhaupt nicht glamourös. Sie trägt weder Schminke noch Schmuck. Ihr Kleid ist schlicht, ihr Haar zu einem zweckdienlichen Dutt gebunden.

Bereits zwei Mal zuvor ist Mildred Harnack Louise in einem überfüllten Raum aufgefallen, einmal in der Amerikanischen Kirche und einmal bei der Feier eines Diplomaten. Mildred scheint so gut wie alle in Berlin lebenden Amerikaner – die Journalisten, die Diplomaten und ihre Frauen – persönlich oder vom Grüßen her zu kennen. Obwohl sie sich Mildred noch nicht vorgestellt hat, hat sie von den Clubmitgliedern schon viel über die Präsidentin des American Women's Club gehört. Sie versammeln sich hier, um Mildreds Lunchtime-Vorträge über Thomas Wolfe, Theodore Dreiser, Willa Cather und andere amerikanische Schriftsteller und Schriftstellerinnen zu hören, die Louise noch nie gelesen hat.

Donald brennt darauf, Mildreds Ehemann kennenzulernen, einen Deutschen namens Arvid Harnack, der im Reichswirtschaftsministerium arbeitet, bis vor Kurzem noch unter Hjalmar Schacht, einer von Donalds besten Quellen. Donald möchte auch Arvid als Quelle gewinnen, aber der ist ihm bisher ausgewichen und hat kein einziges Mal zurückgerufen.

Nun geht Louise auf Mildred zu und stellt sich vor. Louise beherrscht die Kunst der Diplomatie, und sie weiß ganz genau, dass man einen unerreichbaren Mann am besten über seine Frau erreicht.

Mittagessen vor der ›Kristallnacht‹

1938

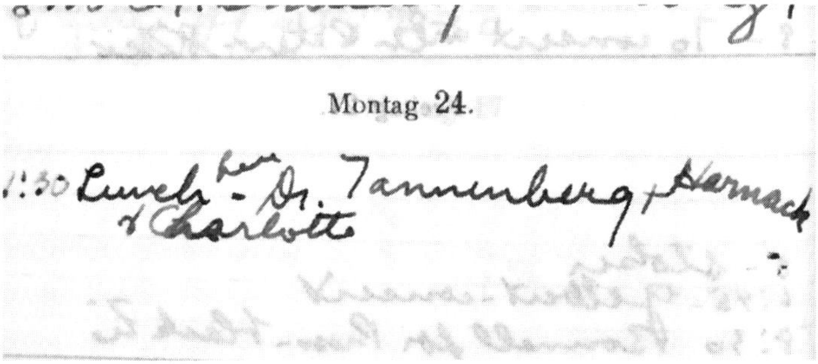

1.

Am 24. Oktober 1938 um 13 Uhr essen Mildred und Arvid Harnack mit den Heaths zu Mittag. Zu den anderen Gästen gehören Charlotte Gilbert, die Frau von Konsul Prentiss Gilbert, und Wilhelm Tannenberg, der Erste Sekretär der Deutschen Botschaft in Washington, D.C. Das Mittagessen findet in der Wohnung der Heaths im fünften Stock statt, in einem kleinen, in Zimtfarbe gehaltenen Esszimmer. Eine Wand ist verspiegelt, was den dunklen Raum größer erscheinen lässt. Ein von der Decke herabhängender Kronleuchter lässt sein Licht auf einen für sechs Personen gedeckten Tisch fallen.

Das Gespräch während der Mahlzeit ist, wie wir annehmen dürfen, eine höfliche, gefällige Plauderei. Und doch markiert es gewissermaßen den Beginn eines gegenseitigen Umwerbens der Heaths und der Harnacks. Sie sind einander sympathisch und bei einer Reihe von zwanglosen Begegnungen werden sie prüfen, ob sie einander nützlich sein können. Donald und Arvid werden sich von nun an regelmäßig in dem von Lüstern beleuchteten Speisesaal des Hotel Adlon am Pariser Platz, schräg gegenüber von der US-Botschaft, treffen. Und Louise wird Mildred im American Women's Club oder in den Bänken der Amerikanischen Kirche treffen.

2.

Zwei Wochen nach dem Mittagessen veröffentlicht Louis Lochner, Journalist der Associated Press, eine Reportage, die so beginnt:

> Die größte Welle von Gewalt gegen Juden seit Hitlers Machtergreifung 1933 hat heute Deutschland überschwemmt.

Lochners Bericht ist einer der ersten, die die englischsprachige Welt über die Orgie an Brutalität informieren, die am Abend des 9. November 1938 und bis in die frühen Morgenstunden des 10. November in ganz Deutschland, Österreich und im Sudetenland ausbricht. In größeren Städten, Vorstädten und Dörfern auf dem Land wüten Horden von Nazis, zünden Synagogen an, brechen in Wohnungen und Geschäfte von Juden ein und zerstören alles, was sie greifen können. Das zerbrochene Glas auf den Straßen und Gehwegen wird dem entsetzlichen Ereignis seinen Namen leihen: *Kristallnacht*.

Die Journalistin Sigrid Schultz schreibt einen Artikel, der in der *Chicago Tribune* erscheint, mit der Überschrift BRENNENDE HÄUSER, GEPLÜNDERTE GESCHÄFTE: DER MOB LÄUFT IN DEUTSCHEN STRASSEN AMOK. Sie berichtet:

> In Berlin sah ein Amerikaner, der den Kurfürstendamm, eine der bedeutendsten Verkehrsstraßen der Stadt, hinabging, wie ein Mob einen Juden aus einem Geschäft zerrte, ihn zusammenschlug und auf ihm herumtrampelte, bis er aufhörte zu schreien.

Und:

> Junge Männer in Lederjacken näherten sich mit Brechstangen jüdischen Geschäften.

Und:

> In den ärmlichsten jüdischen Straßen nicht weit vom Alexanderplatz wurden Küchenschränke und andere Möbel

jüdischer Bewohner aus den Fenstern gehievt, und überall auf der Straße lag Geschirr. Die Möbel wurden zu Haufen gestapelt und angezündet.

In einer Ortschaft im Schwarzwald fährt ein jüdischer Mann vor Schreck hoch, als zehn Gestapobeamte, gefolgt von einem Offizier der SS und einem Polizeibeamten, seine Haustür aufbrechen und in die Wohnung stürmen.

»Der Polizist warf meine Frau zu Boden«, erinnerte sich Simon Ackermann später, »während der SS-Mann wie ein Verrückter auf mich einprügelte. Der Polizist wollte meine dreijährige Tochter aus dem Fenster werfen, aber ich habe sie festgehalten.« Simon wurde hinausgezerrt und gezwungen, sich einem Zug anderer Juden durch die Nachbarschaft anzuschließen. »Der ganze Ort war auf den Straßen. Manche schrien herum wie Betrunkene, sie brüllten ›Schlagt die Juden tot‹.«

In Deutschland werden insgesamt 267 Synagogen und 7.500 jüdische Läden zerstört. 91 Juden werden ermordet. Zahllose jüdische Frauen werden vergewaltigt. Geschätzte 20.000 bis 30.000 jüdische Männer werden verhaftet und nach Dachau, Buchenwald und Sachsenhausen gebracht.

Dank ausländischer Korrespondenten wie Lochner und Schultz werden die Schrecken der *Kristallnacht* in der ganzen Welt bekannt gemacht. Es ist das erste Mal, dass das Nazi-Regime vor aller Augen eine Massenverhaftung von Juden durchführt, und zwar nur deshalb, weil sie Juden sind.

3.

Goebbels hält eine Pressekonferenz ab, um Lochner, Schultz und andere ausländische Korrespondenten dafür zu geißeln, dass sie Geschichten veröffentlichen, die nicht der Wahrheit entsprächen. Es seien gar keine Läden geplündert worden. Es seien auch keine Juden getötet worden. Die Gewalt sei eine »spontane Reaktion« gewöhnlicher Bürger gewesen, die aufgebracht waren, nachdem sie in der Zeitung über den siebzehn Jahre alten polnischen Juden Herschel Grynszpan gelesen hatten, der ein paar Tage zuvor in der

Deutschen Botschaft in Paris den deutschen Diplomaten Ernst von Rath getötet hatte.

Natürlich war die Gewalt der *Kristallnacht* nicht »spontan«. Sie war von Goebbels und Heydrich, dem Chef der Gestapo, geplant worden, die das Verbrechen des jungen Mannes als einen willkommenen Vorwand benutzten, um zur Gewalt aufzuhetzen. Unter den nach dem Krieg beschlagnahmten Nazi-Dokumenten befand sich ein Fernschreiben, das Heydrich am 10. November um 1:20 Uhr an alle Stellen der Staatspolizei sandte. Es erläuterte, wie die Polizeibeamten bei den geplanten Ereignissen vorgehen sollten. Die Mitteilung endete mit der genauen Anordnung, so viele gesunde männliche Juden wie möglich zu verhaften und in Konzentrationslager zu befördern.

Die *Kristallnacht* markiert das Ende von etwas Altem und den Beginn von etwas Neuem. Wovon es der Beginn ist, weiß in der Botschaft niemand so genau. Auf den Gängen laufen Konsuln und Diplomaten aneinander vorbei, sprachlos und bis ins Mark erschüttert. Botschafter Wilson wurde »zur Beratung nach Washington zurückgerufen«, wie es offiziell heißt. Aber jeder in der Botschaft weiß, dass es ein Euphemismus für »hat sich davongemacht« ist.

Er kehrt nicht wieder zurück.

Das Außenministerium bemüht sich, die Lücke zu füllen, und befördert Konsul Prentiss Gilbert hastig zum Chargé d'Affaires, einen Rang unterhalb des Botschafters. Gilbert stirbt fünf Monate später an Herzversagen.

Es ist eine schrecklich chaotische Zeit in der Botschaft und vor ihren Toren. Die Schlange der Menschen, die aus dem Deutschen Reich fliehen wollen, ist scheinbar endlos und wird wahrscheinlich auch im nächsten Jahr nicht abreißen. »In allen Ecken und Winkeln des Gebäudes konnte man Flüchtlinge finden, von denen viele darum flehten, die Nacht hier verbringen zu dürfen«, erinnerte sich einer von Heaths Kollegen in der Berliner Botschaft, Konsul William Russell.

> Es gab kein europäisches Land, das einen deutschen oder polnischen Flüchtling aufnahm, wenn er nicht vorweisen

konnte, dass er am amerikanischen Konsulat ein Auswanderungsvisum beantragt hatte. Es gab Zeiten, da die Menschenmassen einfach zu groß für uns wurden – besonders damals, als sie sich den Weg durch die zwei schweren Glas- und Messingtüren bahnten.

Inmitten des Chaos schreibt Donald Heath weiter seine Berichte. Nach der *Kristallnacht* wird seine Liste von Quellen immer länger; zu ihnen gehört nun auch Arvid Harnack.

Eine ziemliche Verbesserung

1938–1939

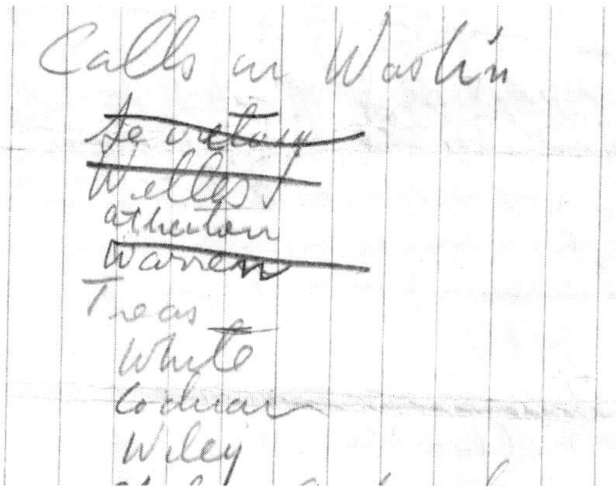

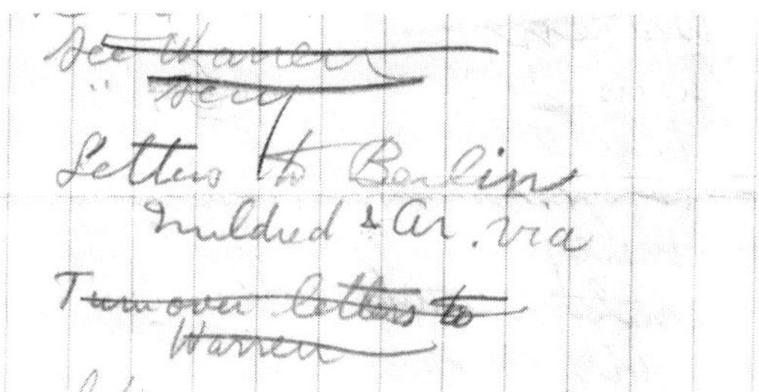

1.

Am 13. Dezember 1938 – genau ein Jahr, nachdem Donald Heath sich mit Henry Morgenthau getroffen hatte, um über seine neue Stelle zu sprechen – beraumt Morgenthau eine Sitzung in seinem Büro an. Es ist 9:30 Uhr am Morgen. In dem Raum befinden sich zehn Männer und eine Frau (Miss Chauncey, eine Sekretärin). Die Sitzung wird aufgezeichnet und von der Aufzeichnung wird später eine sorgfältige Abschrift angefertigt.

Nach etwa zehn Minuten erklärt Harry White, der kürzlich zum Direktor der Abteilung für Währungsforschung ernannt worden ist:

I don't know whether you have noticed, but Heath, the man who went over for the State Department to Germany - his cables are getting to be pretty good. There was a long time when we got nothing, but they are beginning now.

Morgenthau stimmt zu; er möchte Heath persönlich sprechen.

Am 4. Februar 1939 sendet Außenminister Cordell Hull ein Telegramm an Donald Heath mit der Anweisung, nach Washington, D.C., zu kommen. Heath geht an Bord der *SS Aquitania* und trifft am 17. Februar dort ein.

In D.C. überreicht Heath Morgenthau eine abgetippte Zusammenfassung der nachrichtendienstlich relevanten Informationen, die er von seinen Hauptquellen Hjalmar Schacht und Arvid Harnack über Hitlers Rüstungsprogramm erhalten hat.

»Heath hat das ganze Material«, teilt Morgenthau seinem Kollegen vom Finanzministerium mit.

2.

Zurück in Berlin schreibt Heath einen Brief an Morgenthau und schildert darin einen Wochenendspaziergang mit Arvid, der für »eine unmissverständlich feste Haltung gegenüber Hitler« eintritt.

3.

Arvid weiß alles über die gewaltigen Profite der I.G. Farben, dank seiner vertraulichen Quelle dort, die Einsicht in alle Bilanzen hat. Gegenwärtig stellt der Chemiekonzern riesige Mengen von synthetischen Kraftstoffen, Öle, Gummi und Plastik her, da sich Hitler auf den Krieg vorbereitet. Während eines Wochenendspaziergangs berichtet Arvid Donald Heath von Deutschlands strategischen Rohstoffreserven, einschließlich Petroleum.

Beschwichtigung werde Hitler nicht aufhalten. Wieder und wieder betont Arvid diesen Punkt in seinem Gespräch mit Heath.

Am 24. April 1939 telegrafiert Heath an Morgenthau:

> Die Botschaft hat verlässliche Informationen darüber erhalten, dass die deutsche Botschaft in London von Chamber-

lain in Kenntnis gesetzt wurde, Großbritannien sei bereit, den größten Teil der tschechischen Goldreserven, die in London aufbewahrt werden, an das Reich freizugeben […]. Diese Neuigkeit kommt überraschend für die Beamten des Reichs, die auf sie mit amüsierter Geringschätzung blicken. Sie deuten sie als ein Zeichen dafür, dass Chamberlain immer noch zu »Beschwichtigungsgesten« neige und zu der Überzeugung, dass man finanzielle Anreize benutzen könne, um das Reich zu bestechen.

4.

Die US-Botschaft ist in einem chaotischen Zustand. Nach dem Tod von Chargé d'Affaires Prentiss Gilbert bemüht sich das Außenministerium, einen Diplomaten als seinen Nachfolger zu finden. Im Mai 1939 wird die Stelle an Alexander Kirk vergeben, den Yale- und Harvard-Absolventen und Erben des Waschmittelvermögens.

Chargé d'Affaires Kirk kommt in Berlin an, wie aus dem Ei gepellt. Er stellt sich Donald Heath und anderen führenden Botschaftsangehörigen vor. Danach widmet er sich der Aufgabe, eine standesgemäße Villa zu finden.

5.

Es ist Sommer. Arvid verreist nach D.C. Er reist unter den Auspizien des Wirtschaftsministeriums, um über ein deutsch-amerikanisches Handelsabkommen zu sprechen, nutzt aber die Gelegenheit für ein Treffen mit mehreren Kollegen von Donald Heath im Finanzministerium.

Man müsse Hitler aufhalten, mahnt er.

Arvid erwähnt seine Quelle bei der I. G. Farben, die die verborgenen Vermögenswerte des Unternehmens in Amerika kennt. Wenn Hitler diesen Krieg beginnt – nicht *falls* er dies tut, sondern *dann, wenn* – müsse die US-Regierung diese Vermögenswerte beschlagnahmen. Auf diesem Punkt beharrt Arvid ganz besonders.

Aber es hat keinen Zweck. Arvid kehrt nach Deutschland zurück, überzeugt, dass er von den Männern im Finanzministerium nicht ernstgenommen wurde.

6.

Es ist ein Muster, das sich stets aufs Neue wiederholt. Bereits 1937 hatten Abgesandte aus dem deutschen Widerstand versucht, zu den amerikanischen und britischen Behörden Kontakt aufzunehmen und sie vor der Bedrohung zu warnen, die Hitler für die ganze Welt darstellte. Doch die Staatsmänner im Westen hatten große Zweifel, ob es überhaupt einen deutschen Widerstand gibt.

Man kann das an einer von einem Beamten des britischen Außenministeriums verfassten Aktennotiz sehen, in der dieser fragt: »Sind die Geschichten, die uns von der Existenz von Dissidentengruppen in Deutschland erreichen, glaubwürdig?«

7.

Die Archive verraten uns eine Menge. In den Jahrzehnten nach dem Zweiten Weltkrieg haben sich die Historiker, die die Geschichte des deutschen Widerstands, oder zumindest einen Teil dieser Geschichte, rekonstruierten, auf diese Archive verlassen.

Doch es gibt vieles, was sich nicht in ihnen findet.

Die umfangreichen Sammlungen in den National Archives, der Library of Congress und der Franklin D. Roosevelt Presidential Library erzählen uns beispielsweise nicht, dass Donald Heath im Sommer 1939 den Chargé d'Affaires Kirk von Informationen unterrichtete, die er erhalten hatte und die darauf hindeuteten, dass »die Nazi-Militäraggression bald stattfinden würde«; oder dass Kirk ihm »einen mitleidsvollen« Blick zuwarf und sagte: »Mein lieber Don, selbst jemand, der so dumm ist wie ich, weiß, dass es keinen Krieg geben wird.«

Die Archive verraten uns zwar, dass Donald Heath Finanzminister Morgenthau, Außenminister Hull und dem Undersecretary of State Welles Berichte von vertraulichen Gesprächen mit Reichsbankpräsident Hjalmar Schacht überbrachte. Aber sie lassen nicht erkennen, dass Schacht Heath bat, diese Berichte nicht »zu telegrafieren, weil die Nazis die amerikanischen Codes ›geknackt‹ haben«, oder dass sie Heath trotzdem telegrafierte –

recounted I had an unusual dual assignment. On the one hand I had been directed to keep in touch with Schacht who was head of the Reichsbank and to report under my own name any important information received from him by Diplomatic Pouch to the State Department. Schacht had asked that my conversations with him not be reported by cable because the Nazis had "broken" the American Codes. On this occasion

– weil er »dachte, die Information wäre zu dringlich, um sie mit dem Diplomatengepäck zu senden«. Die Archive verraten uns nicht, dass Beamte des Außenministeriums Arvid Harnacks Angebot, vertrauliche Informationen über Hitlers Kriegsvorbereitungen zu beschaffen, zurückwiesen, oder dass sie glaubten, er log, als er behauptete, im Widerstand zu sein.

Viele Geschichten bleiben also im Dunkeln.

8.

Unmittelbar nach seiner Rückkehr aus D.C. besuchen Arvid und Mildred Donald und Louise Heath, bei denen sie bis zum späten Abend bleiben. Sie sprechen darüber, was man tun könnte. Am 26. August besuchen sie die Heaths erneut und öffnen eine Flasche Wein. Sie beschließen, den Rest des Abends einmal nicht an Hitler zu denken. In einem Augenblick beschwipster Heiterkeit stürzt sich Donald auf das Klavier, und Mildred streckt theatralisch ihre Arme aus, wie sie es früher einmal bei Theateraufführungen in der High School getan hat, und wirbelt im Walzerschritt umher. Da tanzt sie, immer weiter dreht sie sich und fängt zu singen an – ja, Mildred fängt zu singen an, und sie ist »so lustig, wenn sie singt«, wird Louise später in ihr Tagebuch schreiben.

Auch die siebzehnjährige Tochter der Heaths, Sue, ist dabei; sie ist ganz fasziniert von Mildred, die sich immer schneller dreht und ihre Stimme in eine »Opernstimmlage« hebt, während sich Sues Eltern vor Lachen kugeln.

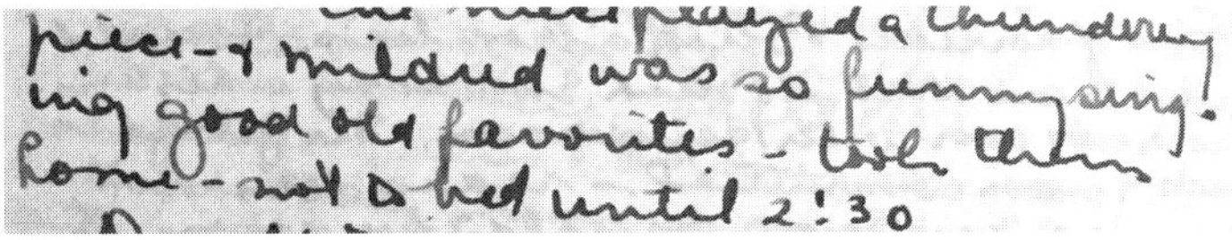

… played a thundering
piece - & Mildred was so funny sing-
ing good old favorites - took Arvid
home - not to bed until 2:30

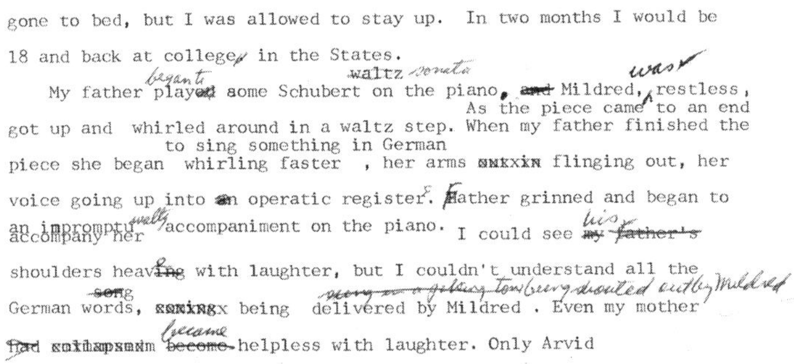

gone to bed, but I was allowed to stay up. In two months I would be
18 and back at college, in the States.
My father played some Schubert on the piano, and Mildred, restless,
got up and whirled around in a waltz step. When my father finished the
piece she began whirling faster, her arms flinging out, her
voice going up into an operatic register. Father grinned and began to
accompany her on the piano. I could see my father's
shoulders heaving with laughter, but I couldn't understand all the
German words, being delivered by Mildred. Even my mother
had become helpless with laughter. Only Arvid

Ihr Bruder schläft oben in seinem Kinderzimmer. Er ist noch zu klein, um irgendetwas davon zu verstehen.

Eine schicksalhafte Entscheidung

1939

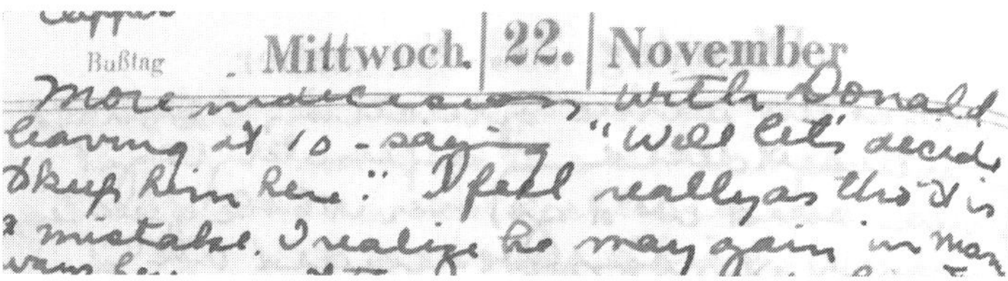
Bußtag Mittwoch. 22. November
More indecision, with Donald
leaving at 10 - saying "Well let's decide
to keep him here." I feel really as tho' it is
a mistake. I realize he may gain in many

1.

Im Sommer 1939 verbringt Don die meiste Zeit in einem deutschen Ort nahe der polnischen Grenze, bei einer Familie namens Zitzewitz, die dort ein Schloss besitzt. Ein Junge, dem Don den Spitznamen »Bubi« gibt, nimmt ihn auf die Spatzenjagd mit, und fast jeden Tag geht er in einem See schwimmen.

Ein Gummireifen hält ihn über Wasser. Während er so strampelt und planscht, bilden sich weiße Schaumflecken und die Seetaucher bleiben auf Distanz. Gerne sieht er ihnen dabei zu, wie sie ruhig und gelassen in einer Linie schwimmen, ein träumerischer kleiner Festzug. Er jagt ihnen auch gerne nach. Einmal scheuchen die Zitzewitzer und Don mit dem Motorboot ein paar Seetaucher auf dem See herum. Ganz aufgekratzt ist er von dem Anblick der herumwirbelnden Federn. Auch Hummer und Eis gibt es bei den Zitzewitzern. Don schafft es, vier Portionen auf einmal zu verdrücken. Einmal schwimmt Don in der majestätischen Ostsee und überrascht sich selbst: Er kann ohne Schwimmreifen schwimmen.

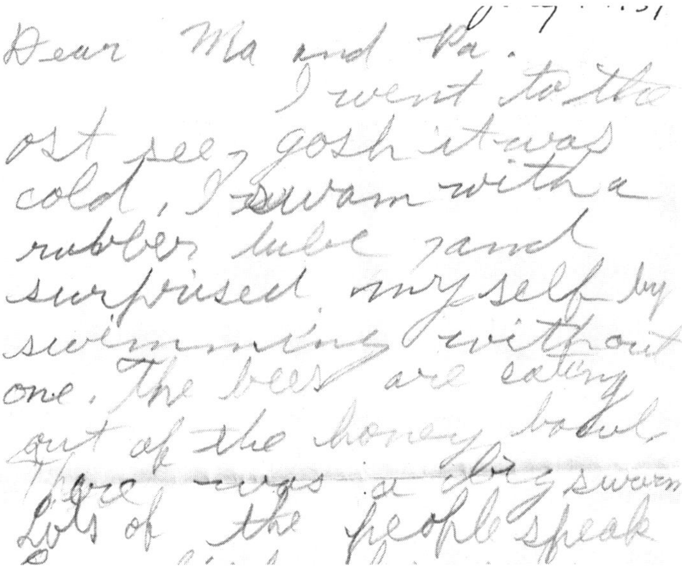
Dear Ma and Pa.
I went to the ost see, gosh it was cold, I swam with a rubber tube and surprised myself by swimming without one. The bees are eating out of the honey bowl. There was a big swarm Lots of the people speak

Das Schloss, welches die Zitzewitzer ihr Zuhause nennen, ist kalt und mächtig. Im Innern gibt es viele Gänge, und auf dem Gut, auf dem es steht, endlose Reihen von Gemüsebeeten. Am meisten beeindrucken Don aber die Bienen.

Don mag es, wenn er schon vor Tagesanbruch erwacht und nach draußen läuft, um einem Bauern in seiner zerknitterten Arbeitskleidung dabei zuzusehen, wie er sich um die Bienen kümmert. Don hilft ihm, die Bienenwaben abzuschaben und den Honig in einen Topf fließen zu lassen, den der Bauer mit seinen verschmutzten Händen festhält. Die Laterne wirft ein sanftes gelbes Licht auf die Erde.

2.

Die Zitzewitzer teilen Don mit, dass es Zeit ist, nach Berlin zurückzukehren. Am Morgen seiner Abreise flitzt er hinaus, um die Bienen noch einmal zu sehen, und hört ein gewaltiges Dröhnen. Dann wieder und wieder.

Es donnert.

Auch zwei Wochen später hört es nicht auf zu dröhnen. Aber dieses Mal ist es kein Donner. Der Zweite Weltkrieg hat begonnen.

3.

Während die Bomben auf Polen herabregnen, arbeitet Donald Heath sechzehn Stunden am Tag in der US-Botschaft. Nur eine Notbesetzung ist zurückgeblieben. Das Außenministerium hat fast das ganze Personal, sofern es nicht unbedingt gebraucht wurde, angewiesen, Deutschland zu verlassen. Sachbearbeiter und Sekretärinnen verstauen ihr Hab und Gut in Überseekoffern. Die Frauen und Kinder der Diplomaten werden nach Norwegen verfrachtet, wo sie warten, bis Vorbereitungen für ihren sicheren Transport zurück in die Staaten getroffen werden können.

4.

Die Straßen in der Stadt sind unheimlich leer. Ganz anders der Bahnhof: Hier ist die Hölle los. Das ist Louise Heaths erster Eindruck, als sie den kleinen Don durch das prachtvolle bogenförmige Eingangsportal des Anhalter Bahnhofs schiebt, vor dem in Panik geratene Menschen Schlange stehen. Die Ausdünstungen der Menschen, eine Mischung aus Schweiß und Furcht, findet Louise fast unerträglich. Sie besticht den Schaffner, sie in den Zug nach Warnemünde einsteigen zu lassen.

In Warnemünde kauft sie zwei Fahrkarten für die Fähre nach Kopenhagen.

In Kopenhagen steigen Louise und Don in den Zug nach Oslo.

In Oslo suchen sie nach einem Hotel. Die ersten beiden sind belegt. Das dritte, Hotel Bristol, hat ein freies Zimmer. (»Haben ein Einzelzimmer im Bristol bekommen«, kritzelt sie in ihr Tagebuch.) Nach einer unruhigen Nacht und einem kalten Frühstück besichtigt sie mit Don die Stadt. Unter den Ablenkungen ist eine kleine Flotte von Wikingerschiffen und eine Kirche aus dem zwölften Jahrhundert »mit blasser Farbe an den Wänden«. Der Tag endet mit dem Besuch eines Museums, in dem die *Fram* ausgestellt ist, ein Schiff, das eine Reise zum Südpol hinter sich hat. Don ist entzückt von der *Fram*, aber ansonsten ist er lustlos und gereizt.

5.

Sie verbringen den ganzen Sommer in Oslo.

Der kleine Don freundet sich mit ein paar Kindern im Hotel Bristol an, und seine Mutter schließt Kontakt zu ihren Müttern. Sie wird sich immer an diese seltsame, sorgenvolle Zeit erinnern. Die kalten nordischen Vormittage, die glitzernden Fische auf Eis, das Gefühl, den Atem anzuhalten. In allen Zeitungen, die sie findet, verfolgt sie die Neuigkeiten vom Krieg. An glücklichen Tagen in der *London Times*. An anderen Tagen muss sie sich mit der *Deutschen Allgemeinen Zeitung* begnügen, deren Inhalt sie mit einem abgewetzten deutsch-englischen Wörterbuch zu entschlüsseln versucht. In ihrem Tagebuch macht sie sich Notizen:

> Am 5. September: »schreckliche Bombardierungen in Warschau.«
> Am 14. September: »Gerüchte russischer Mobilmachung.«
> Am 24. September: »Warschau endgültig eingenommen.«
> Am 29. September: »Warschau nun tatsächlich eingenommen.«

Im Oktober ist die *London Times* noch schwerer zu finden. Mit ihrem Wörterbuch in der Hand, blättert Louise entsetzt die deutschen Zeitungen durch. Es gibt »nichts als die ständige Wiederholung großer Kriegserfolge […] die deutschen Zeitungen sind voll von den ekelhaftesten Anschuldigungen – jeden Tag beschimpfen sie Churchill«.

Am 4. November erhält Louise ein Telegramm von Donald:

KOMMT ZURÜCK NACH BERLIN.

Donald hat endlich einen Plan. Auf dieses Telegramm hat sie schon den ganzen Monat gewartet.

»Den ganzen Tag furchtbare Hektik«, schreibt Louise in ihr Tagebuch. »Im Zug gewaltiges Schweigen – kein Mensch sagte etwas [...] Gerüchte von schwerem Blutvergießen in der Tschechoslowakei.«

6.

In Berlin diskutieren Louise und Donald Heath, was sie mit dem kleinen Don machen sollen. Die Amerikanische Schule ist einstweilen geschlossen – die Ziemers sind geflohen – und die Diplomaten in der US-Botschaft haben ihre Kinder in Schweizer Internate oder zurück in die Staaten geschickt. Donald sagt, er habe einen Plan für den kleinen Don. Er ist so abwegig, dass Louise ihn nicht wirklich begreift.

Am 15. November sucht sie den American Women's Club auf, um sich einen Vortrag von Mildred anzuhören. Mildred spricht über »die Idee der Hoffnung bei Emerson und Walt Whitman«.

Hoffnung. Vielleicht ist Louise für einen kurzen Moment beruhigt.

7.

19. November:
Am Abend sind wir nochmal die Frage durchgegangen, was wir mit Don machen sollen [...] irgendwie kann ich ihn nicht gehen lassen.

20. November:
Ich musste einfach weinen, als ich ihn zudeckte und beten hörte. Donald und ich redeten bis spät in die Nacht, wir schwankten, ob dies oder das die weiseste Entscheidung wäre.

21. November:
In der Früh wieder bei derselben Frage. Donald ging, ohne eine Entscheidung zu treffen [...] sagte, wir würden mittags noch-

mal darüber reden & am Mittag beschlossen wir, mindestens noch einen Tag zu warten.

8.

Am 22. November 1939 kommen Donald und Louise zu einer Entscheidung. Don wird in Berlin bleiben. Louise hört sich den Grund an, weshalb ihr Mann ihren Sohn als Kurier für Mildred einsetzen möchte. Später schreibt sie in ihr Tagebuch: »Ich habe wirklich das Gefühl, dass das ein Fehler ist.«

Luftangriff

1940

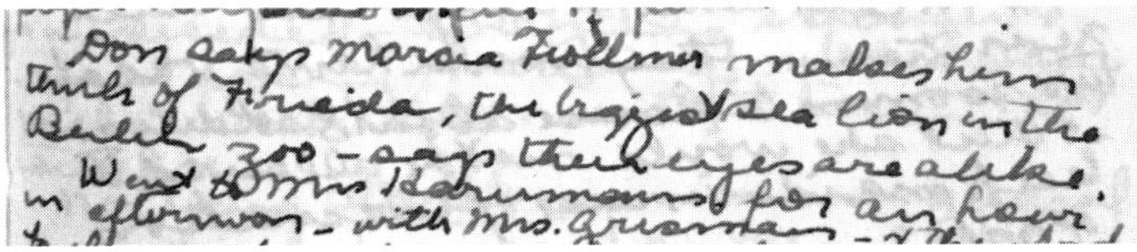

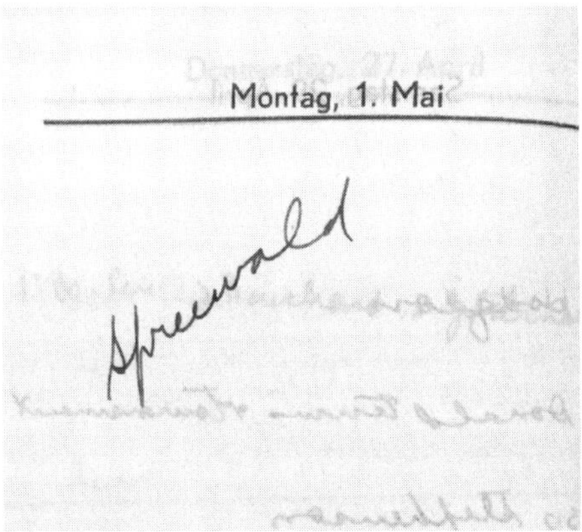

1.

Manchmal nimmt Don die S-Bahn zum Zoologischen Garten. Der größte See-Elefant im Berliner Zoo heißt Frieda. Don sieht ihr gerne beim Schwimmen zu. Frieda hat lange Schnurrhaare und traurige Augen.

Manchmal nimmt er die U-Bahn zum Nollendorfplatz.

Manchmal nimmt er die zum Stadtpark.

Ganz gleich, welche Route zu Mildreds Wohnung er einschlägt, stets geht er an der verkohlten Ruine der niedergebrannten Synagoge vorbei. Die Erinnerung an die *Kristallnacht* lässt sich nicht auslöschen.

2.

Don vermisst seine Freunde von der Amerikanischen Schule. Auf einem Klassenfoto vom Vorjahr stand er mit seinen Armen um die Schultern eines jüdischen Jungen gelegt. Dieser Junge ist jetzt nicht mehr da.

3.

Das Blatt, das Mildred in Dons Ranzen steckt, sieht aus wie ein Brief.

Liebe Louise, beginnt es. *Wie geht es Dir heute? Ich hoffe, bei Dir und Don ist alles in Ordnung.* Mehrere Sätze lang geht es auf diese fade Weise weiter. *Es ist so kalt gewesen, nicht wahr? Seit gestern haben wir keine Kohlen mehr.*

Am Ende des Briefes eine Einladung, ebenso nichtssagend. *Arvid und ich würden uns freuen, wenn Du und Donald uns zu einem Spaziergang im Spreewald begleiten würdet,* könnte es heißen. *Wir können einen Picknickkorb fürs Mittagessen packen.*

4.

Der Spreewald ist eine dichtbewaldete Gegend etwa achtzig Kilometer südöstlich von Berlin, weit genug entfernt also, um einigermaßen sicher sein zu können, dass ihnen niemand folgt. Sie treffen sich an einem Sonntag, damit es so aussieht, als hätte ihre Verabredung etwas von einem gemütlichen Ausflug.

Mildred und Arvid fahren mit dem Zug dorthin, Louise und Donald mit dem Auto. Der kleine Don sitzt auf der Rückbank. Don wartet, bis sein Vater den Wagen anhält, dann springt er hinaus. Er ist der Wachposten und dementsprechend gekleidet. Schwarze kurze Hosen, hellbraune Kniestrümpfe, hellbraunes Hemd und eine schwarze Kappe – die Uniform des Deutschen Jungvolks in der Hitlerjugend, der Abteilung für Jungen zwischen zehn und vierzehn Jahren. Die Uniform ist Dons eigene Idee. Mole hat die Uniform für ihn geklaut.

Don läuft tief in den Wald hinein. Auf einem von Bäumen gesäumten Pfad warten Mildred und Arvid. Don findet sie, macht kehrt und rennt zu seinen Eltern, dann führt er sie zurück zu Mildred und Arvid.

Bei ihrem Spaziergang durch den Spreewald lässt Arvid Donald vertrauliche Informationen aus dem Wirtschaftsministerium zukommen. Sie aufzuschreiben, wäre ein zu großes Risiko für ihn. Don läuft voraus und hält Ausschau nach anderen Leuten auf dem Pfad. Wenn er jemanden entdeckt, beginnt er, das Horst-Wessel-Lied zu singen, eine Warnung an seinen Vater und Arvid, nicht weiterzureden.

Sie treffen sich abermals, oft an Sonntagen, manchmal hier, manchmal am Schiffshebewerk in Lüneburg, wo sie an riesigen hydraulischen Hebevorrichtungen vorbeigehen, mit der Schiffe aus dem Wasser gehievt werden.

Manchmal ist ein Mann namens Otto Donner mit von der Partie. Otto arbeitet mit Arvid im Wirtschaftsministerium.

Don läuft in seiner Jungvolk-Uniform voraus. Er ist immer der Wachposten, eine wichtige Aufgabe, das weiß er, aber manchmal würde er lieber ihrer Unterhaltung lauschen. Er hört, wie Otto brüllt und Arvid zurückbrüllt. Sogar seinen Vater hört er brüllen, alle drei streiten sich heftig. Worüber nur, fragt sich Don.

Einen Augenblick später entdeckt er, wie zwei Deutsche in Uniform auf dem Pfad auf sie zugehen. Mit klopfendem Herz stimmt er das Lied an:

Die Fahne hoch! Die Reihen fest geschlossen!
SA marschiert mit ruhig festem Schritt!

5.

Bald fängt der Krieg an, hört Don Mildred sagen. Sie ist mit seinen Eltern im Wohnzimmer, und bei ihr ist Arvid. Es ist spät am Abend. Es ist die einzige Tageszeit, zu der Mildred und Arvid zu Besuch kommen – wenn Mamsell, die Köchin, gegangen ist.

6.

Seid vorsichtig!, sagen die Berliner. Überall sind Nazispitzel. Sie beobachten. Sie horchen. *Pass auf, was du sagst, wenn du mit Nachbarn sprichst.* Und mit Freunden? Man weiß nie. Bündnisse wechseln. Dein Freund könnte zu deinem Feind werden, dein Feind zu deinem Freund.

Deutschland und Russland sind Freunde geworden. Das hat Don von seinem Vater erfahren, der ihm erklärt, dass die beiden Länder das Versprechen abgegeben haben, sich in den nächsten zehn Jahren nicht anzugreifen. Sein Vater ist entgeistert. Im Zweiten Weltkrieg waren Deutschland und Russland bittere Feinde. *Jetzt haben sie das Kriegsbeil begraben?*, ruft sein Vater aus.

7.

Manchmal sucht Don Mildreds Wohnung am späten Nachmittag auf, und wenn er sie wieder verlässt, ist es fast schon Abend. Der Gehweg ist vereist und rutschig, und er wirft einen langen Schatten, so schwarz wie Kohlen. Der Kohlegeruch sticht ihm in die Nase. Aus den Schornsteinen steigt Rauch, Rauchwolken ballen sich über den Wohnhäusern. Hin und wieder sieht er keinen Rauch, das bedeutet, die Kohlen sind aus. In den eiskalten Wohnungen schmiegen sich die frierenden Menschen in ihren schäbigen Mänteln aneinander. Hitler hat vorausgeplant für diesen Krieg. Die Männer in seinen Ministerien haben ausgerechnet, wie viel Brot und Kartoffeln die Deutschen brauchen würden, aber eine solche Kälte haben sie nicht bedacht.

Die Lastwagen liefern keine Kohle mehr aus. Es gibt nicht genug Lastwagen und es gibt zu wenig Benzin. Wenn man Kohle möchte, muss man zu den Eisenbahngleisen gehen. Dort stapelt sich die Kohle. Die Frauen stapfen dorthin, sie schleppen Koffer und schieben leere Kinderwagen. Kinder ziehen leere Spielzeugautos hinter sich her. Sie packen so viel sie können in ihre Koffer und Kinderwagen und Spielzeugautos, und dann trotten sie nach Hause zurück.

Manchmal gibt es auch dort keine Kohle. Das bedeutet, kein heißes Wasser. Deswegen badet Don jetzt seltener. Das ist eine Befreiung. Baden hat Don noch nie gemocht. Sein Vater ist dazu übergegangen, an seinem Arbeitsplatz zu baden.

»In der Botschaft wurden im Obergeschoss zwei große Zinnbadewannen installiert«, schreibt Donald Heaths Kollege William Russell in seinem Erinnerungsbuch,

> eine für Männer und eine für Frauen. Weibliche Angestellte müssen eine der Stenografinnen einen Tag vorher anrufen, wenn sie einen Termin für die Badewanne haben wollen. Sie haben zwanzig Minuten für ihr Bad. Wir Männer stehen nicht auf der Badeliste, da es praktisch unmöglich ist, einem Mann zu sagen, was er für eine Zeitung lesen oder zu welcher Stunde er ein Bad nehmen soll.

Während Donald Heath und William Russell Privilegien genießen, die ihre weiblichen Kolleginnen nicht haben, gibt es andere Entbehrungen, an die auch sie sich gewöhnen müssen. In den Geschäften gibt es keine Rasiercreme mehr zu kaufen, auch keine Rasierklingen und Zigarren. Das Toilettenpapier ist nicht mehr weiß – es ist braun und heißt »Einheitspapier«. Louise Heath verabscheut es genauso wie ihr Mann; sie weiß nicht, wie eine ganze Familie mit »einer Rolle Toilettenpapier (oder eigentlich Schmirgelpapier) alle zehn Tage« auskommen kann. Auch Seife hat einen neuen Namen, sie heißt jetzt »Einheitsseife«. Familien haben Anspruch auf ein Stück Seife pro Monat, die »dafür reichen sollte, sich das Gesicht zu waschen, Geschirr zu spülen, zu baden und alles andere zu reinigen«. Einkäufe sind streng rationiert. Es werden Eintopfsonntage eingeführt. Deutsche Frauen werden angewiesen, für das Sonntagsessen einen Topf mit altem Gemüse und Fleischresten zu füllen und auszurechnen, wie viel Geld sie damit sparen können. Wenn ein Nazifunktionär an der Tür klopft, müssen sie das Geld in eine Dose stecken.

Unterdessen stellen Geschäfte in Berlin Pyramiden von Konservendosen aus, die nicht zum Verkauf stehen, um die Illusion zu vermitteln, »dass es im Reich unbegrenzte Vorräte gab«.

8.

Als die Lebensmittelknappheit schlimmer wird, erzählen sich die Berliner einen schlechten Witz:

> Was ist der Unterschied zwischen Indien und Deutschland?
>
> In Indien hungert ein Mann für alle, in Deutschland hungern alle für einen Mann.

9.

Auf den Straßen hört man das Geräusch von Holzschuhen. *Klack-klack, klack-klack*. In Berlin hat keiner mehr Gummisohlen. Gummi wird für den Krieg gebraucht.

10.

Im April 1940 überfällt Hitler Dänemark und Norwegen.

Im Mai überfällt Hitler Belgien, Holland und Luxemburg.

Im Juni überfällt Hitler Frankreich.

Die Buben spielen blutige Schlachten nach. Man sieht sie auf den Berliner Straßen, mit unsichtbaren Gewehren unter dem Arm. Manche fahren imaginäre Panzer, mit flatternden Lippen ahmen sie Maschinengeräusche nach, *bbbbbbbbrrrrrr*, und versprühen dabei feine Speichelfäden.

Sechs Wochen später kapituliert Frankreich.

11.

Ein schriller Ton, der die Luft durchdringt.

Als Don ihn zum ersten Mal hört, hat er keine Angst. Er stellt sich vor, dass ein Feuerwehrauto über die Berliner Straßen rast. Wo es auch brennt, die Feuerwehrleute sind bereit, das Feuer zu bekämpfen. Sie halten den Verkehr an. Die Nachbarn drängen sich auf dem Gehsteig zusammen, dankbar, dass die vielen großgewachsenen Feuerwehrmänner zu ihrer Rettung kommen. Eingeschlossene Kinder werden aus qualmenden Räumen gerettet, und gerade noch rechtzeitig entkommt ein wimmerndes Kätzchen der Glut, mit versengtem Fell, aber ansonsten unversehrt. Es wird von einem Feuerwehrmann in der hohlen Hand herausgetragen.

Aber in Wirklichkeit brennt es gar nicht.

Der schrille Ton ist ein Alarm. Die Alliierten könnten Berlin bombardieren. Man muss vorbereitet sein, sagt seine Mutter, die ihn einen »Bombenalarm« nennt. Sein Vater nennt ihn einen »Fliegeralarm«. Insgeheim hofft Don, dass er ihn noch einmal zu hören bekommt.

12.

Als er den Alarm das zweite Mal hört, hat er immer noch keine Angst.

Sobald sie den schrillen Ton vernehmen, eilen alle Leute aus der Innsbrucker Straße 44 in den Luftschutzkeller. Sie geraten in Hektik, ihre Augen sind voller Panik, aber sie versuchen, ruhig zu bleiben.

Die Mamsell hasst den Bombenalarm. Seine Mutter auch. Im Luftschutzraum sitzt Don neben den beiden in der Hocke, in seiner Brust spürt er ein heftiges, ausgelassenes Herzklopfen.

13.

Hitler hat beinahe ganz Westeuropa erobert. Die Luftwaffe ist nun die größte Luftstreitkraft in Europa. Großbritannien bereitet sich auf Bombenangriffe vor.

Der »Blitz« beginnt im September 1940. Siebenundfünfzig Nächte lang bombardiert die Luftwaffe London und lässt den ansonsten so trostlos grauen Himmel über der Stadt hell aufleuchten. Ein Mann mit buschigen Augenbrauen, der aus North Carolina stammt und Edward Murrow heißt, trifft in der qualmenden Stadt ein. CBS Radio hat ihn angeheuert, damit er den Amerikanern in täglichen Sendungen vom Krieg berichtet.

»Hier ist London«, so beginnt Murrow, mit der Betonung auf »hier«. Er hebt sein Mikrofon hoch über seinen Kopf, damit die Zuhörer hören können, wie der Krieg klingt. Er stellt das Mikrofon auf den Boden. Der Klang von Schritten: Londoner, die sich in die Luftschutzkeller zurückziehen. Er klettert auf das Hausdach: »Aus Gründen der nationalen und persönlichen Sicherheit«, sagt er, »kann ich Ihnen nicht genau sagen, von wo ich zu Ihnen spreche.« Murrows Sendungen sollen nicht nur die Ohren der Amerikaner ansprechen, sondern auch ihre Vorstellungskraft.

> Zu meiner Linken kann ich in großer Entfernung am stahlblauen Himmel die wütenden roten Salven der Flugabwehr sehen. […] Jetzt werden Sie gleich zwei Salven aus größerer Nähe hören. Da sind sie. Dieser harte, steinerne Klang.

Murrows Radioberichte vom Blitzkrieg lassen jeden Amerikaner an den Kampfhandlungen teilnehmen, sie bringen den Krieg bis zu ihnen nach Hause. Noch aber will Präsident Roosevelt nicht, dass die Vereinigten Staaten in den Krieg hineingezogen werden, den er für einen europäischen Krieg hält. Mehr als ein Jahr kämpft Großbritannien allein gegen Deutschland.

14.

An Berliner Zeitungskiosken grelle Schlagzeilen in schwarzen Lettern. Eine Zeitung fragt: SIND DIE ROOSEVELTS JUDEN?

15.

Unweit der Wohnung der Heaths detoniert eine britische Bombe. Louise Heath trägt das Datum in ihrem Tagebuch ein: 11. September 1940.

Am 12. September schlägt in der Nähe der US-Botschaft eine Bombe ein, ungefähr fünfzig Meter vom Brandenburger Tor entfernt, so schätzt William Shirer, der darüber in seinem *Berliner Tagebuch* schreibt:

> Ein Splitter dieser Bombe war zweihundert Meter durch die Luft gezischt bis zur amerikanischen Botschaft, wo er die Doppelfenster im Büro des Ersten Botschaftssekretärs, Donald Heath, durchschlagen hatte. Er riss ein hübsches Loch in die beiden Scheiben, sauste weiter direkt über Dons Schreibtisch und bohrte sich zentimetertief in die dahinterliegende Zimmerwand.

Am selben Tag notiert ein jüdischer Professor, den man gezwungen hat, in einem »Judenhaus« zu wohnen, in sein Tagebuch:

> Seit drei Wochen sitzen die Berliner Nacht für Nacht im Keller; gestern sind sie sehr schwer getroffen worden.

16.

Ein lang anhaltender schriller Ton durchdringt die Luft.

Wenn Don jetzt diesen Ton hört, klopft sein Herz nicht mehr vor Begeisterung, es klopft vor Angst.

Louise Heaths Tagebuch

1940

1.

Der Einband von Louise Heaths Tagebuch ist aus derbem schwarzen Leder. Sie schreibt fast jeden Tag darin. Manchmal, wenn sie nicht zu Hause ist, blättert Don in seinen Seiten und stellt sich vor, was wohl passieren würde, wenn sie plötzlich hereinkäme und ihn beim Lesen überraschen würde. Die drohende Strafe löst ein mulmiges Gefühl bei ihm aus, eine Mischung aus Erregung und Scham.

Louise Heaths Handschrift ist gedrungen und sauber, die Buchstaben neigen sich immer nach vorne, sie lassen an eine Frau von erfrischendem Optimismus denken, eine Ehefrau und Mutter, die sich den Herausforderungen des Lebens stellt, indem sie ihnen vernünftigerweise etwas Positives abgewinnt. Don sieht sie sich an, und er ist beruhigt. Es ist alles in Ordnung. Würde er umblättern und die Handschrift wäre gewunden und ungleichmäßig, die Buchstaben einmal nach vorne, das andere Mal nach hinten geneigt, wäre er vielleicht verunsichert, als hätte sich seine Mutter plötzlich einen ausländischen Akzent angeeignet oder als trüge sie nicht ihre bequemen Pumps mit niedrigen Absätzen, sondern die Schuhe eines Clowns.

Louise Heath führt auch einen Terminkalender. Wenn sie den Wagen in die Werkstatt fahren, zum Friseur oder zu einer Cocktail-Party in der Russischen Botschaft muss, wo sie mit Hermann Göring und Joachim von Ribbentrop plaudern soll, hält sie das fest.

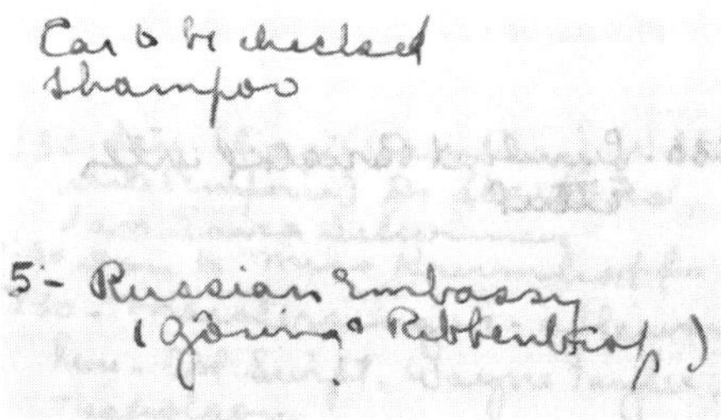
Car to be checked
shampoo
5 - Russian Embassy
(Göring & Ribbentrop)

Manchmal stößt Don auf seinen eigenen Namen. An den ersten beiden Tagen des Jahres 1940 taucht sein Name zweimal auf.

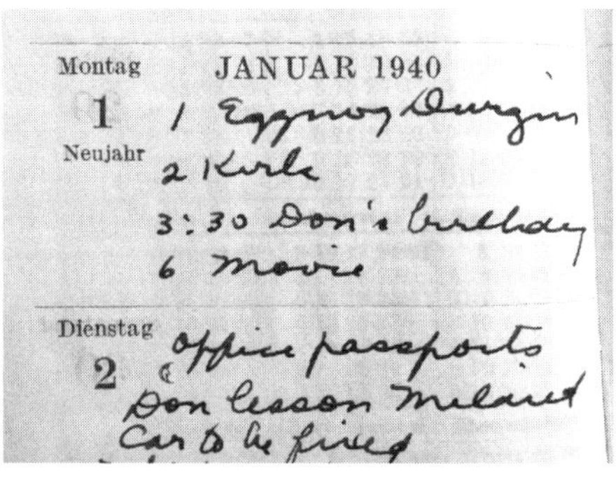
Montag JANUAR 1940
1 Neujahr
1 Eggnog Dungan
2 Kirk
3:30 Don's birthday
6 movie
Dienstag 2
Office passports
Don lesson
Car to be fixed

Am 1. Januar, nach dem Eierpunsch und bevor Don auf seinem Geburtstagskuchen zwölf Kerzen ausbläst, nehmen Louise und Donald Heath zusammen mit Chargé d'Affaires Alexander Kirk ein spätes Mittagessen zu sich. Ein Chargé d'Affaires steht einen Rang unter dem Botschafter. Diplomatische Türen, die dem Botschafter offenstehen, bleiben dem Chargé d'Affaires verschlossen. Mit hochrangigen deutschen Amtsträgern kann sich Kirk nicht zum Mittagessen oder zu sonst irgendetwas treffen. Die US-Botschaft nimmt eine »Grauzone zwischen diplomatischer Normalität und Nichtanerkennung« ein.

Der kleine Don versteht nicht, was der Unterschied zwischen einem Botschafter und einem Chargé d'Affaires ist, oder warum die Türen, die einmal offen waren und jetzt geschlossen sind, in einem Weltkrieg ein Problem für die amerikanische Regierung darstellen. Er weiß aber, dass sein Vater Kirk nicht leiden kann und umgekehrt, obwohl man es den beiden nicht anmerken würde, wenn man sie zusammen sähe, lachend, nickend und schulterklopfend. Seine Mutter mag Kirk auch nicht, aber ihr fällt es schwerer, ihre Gefühle zu verbergen. Wenn Louise in Kirks Gegenwart ist, bekommt ihr Gesicht einen säuerlichen Ausdruck, als hätte sie in eine Zitrone gebissen.

Eine x-beliebige Villa zu bewohnen, kommt für Kirk nicht infrage. Es dauert Monate, ehe er eine findet, die seinen Anforderungen genügt. Louise steckt ein Foto von dem Haus in einen Umschlag und schickt es an ihre Familie in Topeka.

»Mr. Kirks Residenz hier«, schreibt sie mit offenem Sarkasmus, »hat nur vierzig Räume.«

Mamsell und Mildred und Mole

1940

1.

Mamsells Gebäckstücke sind geformt wie Sterne und aufgehende Monde, die goldene, fettige Krümel an Dons Händen hinterlassen. Sie wurde in Frankreich geboren und hat es gerne, wenn man sie »Mademoiselle« nennt. Don kann es nicht richtig aussprechen, deshalb nennt er sie »Mamsell«.

Mamsell wird von der US-Botschaft dafür bezahlt, für die Familie Heath zu kochen. Sie erhält Vorräte für die Diplomaten der Botschaft, die mit dänischen Molkereien »eine wöchentliche Lieferung von kanadischem Speck, Käse, Eiern und Butter« vereinbart hat.

Du hast großes Glück, dass du Amerikaner bist, erklärt sie Don. *Deutsche Jungen essen keine echte Butter.*

Nachdem sie am Abend den Abwasch gemacht hat, ruft sie beim Rausgehen immer *Bonsoir! Bonsoir!*

2.

Eines Tages zeigt die Mamsell Don eine deutsche Zeitung mit grausigen Bildern von Polen. Die Polen haben an einem Ort namens Bromberg schreckliche Gräueltaten begangen, so erzählt sie ihm, sie haben den deutschen Bauern die Beine und Arme abgehackt und die Zungen herausgeschnitten. Die Mamsell behauptet, dies sei die Schuld von zwei Briten, Premierminister Winston Churchill und Außenminister Anthony Eden.

Der Mamsell macht es Spaß, Don zu verwöhnen, ihm Gebäck in die Hosentasche zu stecken und ihn mit Eiscreme zu füttern. Sie lässt ihn die Schale zum Mund heben und die geschmolzene Eiscreme darin auslecken, was seine Mutter nie erlauben würde. Die Mamsell fragt ihn: *Wer sind die Freunde deiner Mutter? Wer sind die Freunde deines Vaters?* Wenn Don eine Unterrichtsstunde bei Mildred hat, gibt sie ihm zwei Gebäckstücke. *Eins ist für deine Lehrerin*, sagt sie.

3.

Sag mir, wie du hergekommen bist.

Don nennt die Namen der Straßen und der U-Bahn-Stationen.

Du hast ein gutes Gedächtnis, meint Mildred.

Immer wieder sagt sie ihm das. Don kann nicht glauben, was er da hört. Seine Lehrerin daheim in Silver Spring hat ihn als leicht ablenkbar und schwer von Begriff abgestempelt.

Hat dich jemand angesprochen?, fragt Mildred.

Don schüttelt den Kopf. Er hängt seinen Mantel über den Stuhl. *Hier*, sagt er, und entnimmt seinem Ranzen einen kleinen Stoffbeutel. Er enthält zwei sternförmige Gebäckstücke. Er greift nochmal in seinen Ranzen und zieht eine braune Papiertüte heraus. Sie enthält eine Orange. *Von meiner Mutter*, erklärt er ihr. Orangen sind sogar noch schwerer zu bekommen als Butter. Mildred hält die Orange an ihre Nase und schnuppert lange und dankbar.

Am nächsten Tag löchert die Mamsell ihn mit Fragen. *Wo wohnt deine Lehrerin? Was erzählt sie dir?*

Don führt die Schüssel mit Eiscreme zum Mund und tut so, als würde er sich nicht erinnern. Die süße Eiscreme schmilzt auf seiner Zunge.

4.

Eines Tages zeigt Mildred Don eine Karte. Sie will in einen Park in Potsdam gehen und möchte wissen, ob Don dort hinkommen kann.

Don nimmt die S-Bahn nach Potsdam. Mildred holt ihn an der Station ab. Sie umarmt ihn. Sie sieht müde aus. Zusammen gehen sie zu dem Park.

Sie erzählt ihm, dass sie dort eine Dame aus Leipzig treffe. Sie möchte, dass Don ihnen hinterherläuft. Wenn er jemanden sieht, der ihnen folgt, muss er das gefährliche Lied pfeifen. Wenn er niemanden sieht, muss er das sichere Lied pfeifen.

Das gefährliche Lied ist, wie immer, das Horst-Wessel-Lied. Das sichere Lied ist »Der Jäger und sein Hund«.

Für diesen Anlass trägt Don seine Jungvolk-Uniform. Seine geliebte Büchse hat er über seine Schulter geschlungen, und er hat eine Tasche voll Schrot dabei. Als seine Mutter sah, wie er aus dem

Haus ging, runzelte sie die Stirn und sagte: *Das brauchst du doch nicht alles.*

Als er beobachtet, wie Mildred mit einer Umhängetasche in ihrer Hand an eine Frau herantritt, spürt er, wie sich sein Puls beschleunigt. Sie begrüßen sich wie alte Freunde.

Don geht ihnen mit einem gewissen Abstand hinterher. Es riecht nach Erde und Regen. Es ist Frühling. Eichhörnchen springen auf Bäume und über den Weg, und an jedem anderen Tag würde er mit Schrot auf sie schießen. Aber Don hält Ausschau nach Leuten von der Gestapo. Manchmal tragen sie Uniform, manchmal nicht.

Don pfeift das sichere Lied.

Einen Augenblick später tauschen Mildred und die Dame aus Leipzig ihre Taschen.

5.

Am 31. Oktober 1940 verliert Deutschland die Luftschlacht um England.

Don ist begeistert. Er rennt die Treppen hinauf bis zum Hausdach, lädt seine Büchse mit rohen Kartoffelstücken und schießt in den Himmel, wo sich eine vorbeifliegende Krähe in eine Messerschmitt Bf 109 verwandelt. Als ihm die Kartoffeln ausgehen, lädt er die Büchse mit Bleimunition und schießt auf Blechdosen, dann wirft er das Gewehr beiseite, breitet die Arme aus und verwandelt sich in eine Spitfire mit einem tapferen RAF-Piloten im Cockpit.

Das nächste Mal, als er Mole trifft, schießt er ihn an.

Mole schreit auf und taumelt, in seinem Gesicht steht der Schock geschrieben.

Don lässt sein Luftgewehr fallen. Dann hebt er es wieder auf. Er weiß nicht, was er tun soll.

Eine Schrotkugel ist keine echte Kugel. Mole wird wieder gesund werden. Dennoch sieht er schrecklich aus. Speichel sickert aus seinem Mundwinkel und seine Augen füllen sich mit Tränen.

MILDRED
IX

Fragment

Fragebogen
Strafanstalt Berlin-Plötzensee
16. Februar 1943

Letzte Wohnung?	Berlin, Woyrschstrasse 16
Wo haben Sie zuletzt länger als eine Woche in Arbeit gestanden?	Universität Berlin
Wie oft sind Sie vorbestraft?	Nie.
Wieviel Kinder haben Sie?	Keine.

Foreign Excellent Trench Coats

1940

1.

1940 wird der traute Handschlag zwischen Stalin und Hitler fester. Sie lassen ihrem Nichtangriffspakt einen Wirtschaftsvertrag folgen, was sie nicht nur im Krieg, sondern auch in Handelsangelegenheiten zu Bündnispartnern macht. Stalin schickt Hitler Weizen, Baumwolle, Kautschuk, Eisen, Nickel, Zinn, Platin, Kobalt und Mineralöl. Im Austausch für diese kriegswichtigen Rohstoffe schickt Hitler Stalin Artillerie und Kampfflugzeuge, darunter Deutschlands brandneuen Bomber Junkers Ju 88, die Jäger und Schlachtflieger Messerschmitt Bf 109 und Bf 110 sowie diverse Turbinen, Generatoren, Dieselmotoren und Sprengstoffe.

Für Hitler ist das Öl aus Russland enorm wichtig. Öl ist die Lebensader der deutschen Militärmaschinerie. Stalin schickt ihm 1940 606.600 Tonnen davon. Es ist russisches Öl, mit dem die deutschen Panzerdivisionen durch Frankreich und bis hin zur Küste am Ärmelkanal rollen. Es ist russisches Öl, mit dem die deutschen Kampfflieger betankt werden, die den Sommer, Herbst und Winter hindurch Großbritannien mit Bomben übersäen.

2.

In der Zwischenzeit heckt Hitler einen Plan aus, wie er Stalin hintergehen und in die Sowjetunion einfallen kann.

Zuerst muss er Großbritannien einnehmen. Danach kann er seine Aufmerksamkeit den ungeheuren Weiten im Osten zuwenden und Anspruch auf die Sowjetunion erheben – oder einen Teil davon. Es ist ein gewagter Plan, nicht zuletzt, weil Hitler Stalin all die Messerschmitts und Junkers geliefert hat, wohlwissend, dass die russischen Truppen, wenn er die Sowjetunion angreift, diese einsetzen werden, um Deutsche zu töten.

3.

Stalin schmiedet natürlich seinen eigenen Plan.

Er hat in der Großen Hungersnot von 1932–33 und der Großen Säuberung von 1936–38 bereits Millionen Angehörige seines eigenen Volkes ums Leben gebracht. Viele seiner besten Spione gehören nun zu denjenigen, deren Leichen in Massengräbern in Moskau und Moskaus Vororten vergraben sind. Stalin hat Hitler versprochen, dass er Deutschland nicht ausspionieren wird, eine der Bedingungen im Vorfeld ihres trauten Handschlags, doch hat Stalin nicht vor, sein Versprechen zu halten.

Prompt ordnet er an, in den Nachbarländern Deutschlands ein weitverzweigtes Spionagenetzwerk zu aktivieren, mit Operationsbasen in den jeweiligen Hauptstädten. Agenten, Techniker, Verbindungsleute, Kuriere, Chiffrierfachleute und Funker werden eilig nach Brüssel, Amsterdam, Kopenhagen, Genf und Paris entsandt.

In Brüssel bauen zwei in Moskau ausgebildete Agenten ein Import-Export-Handelsunternehmen auf, das als Deckfirma für ihre Spionagetätigkeiten dienen soll. Das Unternehmen nennen sie »Foreign Excellent Trench Coats«.

Als das Jahr 1940 beginnt, ist Foreign Excellent Trench Coats bereits seit über einem Jahr voll funktionsfähig. Die Firma verfügt über eine Funkanlage, über die codierte Nachrichten gesendet und empfangen werden können, über ein Schlüsselbuch sowie Chiffrierblocks, mit denen sich Nachrichten decodieren lassen. Ein Kamin im Büro erfüllt zweierlei Zwecke: Er hält die Agenten im Winter warm und eignet sich fürs Verbrennen von Nachrichten.

4.

Eine geheime Symphonie strömt durch den Äther, als Funker bei Foreign Excellent Trench Coats und anderen sowjetischen Zellen, verstreut in den an Deutschland angrenzenden Ländern, Funksprüche an die Zentrale in Moskau tippen.

Die Deutschen hören die Symphonie 1940 nicht. Sie wissen nicht einmal, dass es sie gibt.

»Korse« lässt eine Bombe platzen

1940

1.

Am Morgen des 17. September 1940 hört Arvid ein Klopfen an der Haustür. Er erwartet niemanden. Mildred ist alleine in die Tschechoslowakei gereist und wird einige Tage fort sein.

Arvid mag keine Fremden an seiner Tür. Misstrauisch macht er auf.

Der Fremde nennt Arvid seinen Namen: Alexander Erdberg. Seine Vokale sind von einem leichten Akzent gefärbt. Arvid betrachtet ihn sich genauer. Er hat dunkle Haare und ein kantiges Kinn. Er erklärt, dass er Alexander Hirschfeld, Arvids alten Freund aus ARPLAN-Tagen, kennt. Arvid hat seit über zwei Jahren niemanden mehr Hirschfelds Namen aussprechen hören – nicht, seit Stalins blutige Säuberungsaktionen die sowjetische Botschaft in Berlin leergefegt haben. Hirschfeld lebt, er ist einer der wenigen Glücklichen, die der Verfolgung entkommen sind. Zumindest behauptet Alexander Erdberg dies und sagt eindringlich: *Wir brauchen Ihre Hilfe*. Im März waren die Fremden, die an die Tür geklopft hatten, von der Gestapo gewesen. Sie hatten von einem von Arvids Kollegen im Reichswirtschaftsministerium – wem, das weiß er nicht genau – einen Hinweis erhalten. Mit pochendem Herzen hatte Arvid den Beamten dabei zugesehen, wie sie die Wohnung durchsuchten, den Inhalt einer jeden Schublade auf dem Boden ausleerten, die Schränke durchwühlten, auf der Suche nach Flugblättern, gestohlenen Dokumenten, irgendetwas, wofür man ihn verhaften konnte. Die Gestapo war mit leeren Händen wieder abgezogen. Seither ist er dauernd in Habachtstellung.

Alexander Erdberg schlägt vor, dass man sich bald wieder treffen solle, und lässt Arvid mit der drängenden Frage zurück, ob er tatsächlich der ist, der zu sein er behauptet. Er könnte ebenfalls von der Gestapo sein.

2.

Alexander Erdberg ist ein Deckname. In Wirklichkeit heißt er Alexander Michailowitsch Korotkow. Mit neunzehn war er Fahrstuhlführer in einem Moskauer Gebäude am Lubjanka-Platz, der Zentrale des Staatssicherheitsdienstes, bekannt unter dem Namen GPU. Einem hohen Tier der GPU fiel Korotkow auf der Tennisanlage des noblen Sportclubs der GPU auf, er bewunderte seine athletische Gestalt. Korotkow wurde auf einen Angestelltenposten befördert und kletterte daraufhin auf der Karriereleiter des sowjetischen Geheimdienstes rasant nach oben.

Nun, mit einunddreißig, ist Korotkow mit legaler Deckung für das NKWD tätig, als Dritter Sekretär der sowjetischen Botschaft. Dorthin begibt er sich sofort, nachdem er Arvid aufgesucht hat, und schickt eine verschlüsselte Nachricht an die Zentrale in Moskau, mit der er bestätigt, dass er den Kontakt mit »Balte« wiederhergestellt hat.

3.

Sechs Tage später hört Arvid es erneut an der Tür klopfen.

Dieses Mal fährt Korotkow ihn zur sowjetischen Botschaft, wo sie reden können, ohne sich wegen der Gestapo Gedanken machen zu müssen. In der Zeit, die seit ihrer ersten Begegnung und der jetzigen vergangen ist, hat Arvid sich entschlossen, Korotkow zu trauen. Er nennt noch einmal seine Bedingungen. Er wird sich keine Weisungen erteilen lassen – und er wird kein Geld annehmen.

Korotkow hört ihm mit der teilnahmsvollen Geduld eines erfahrenen Agenten zu. Er erkundigt sich bei Arvid, wie seine Widerstandsgruppe strukturiert ist. Wie viele Mitglieder hat sie? Wie werden diese rekrutiert? Arvid erzählt ihm, dass Mildred sich maßgeblich daran beteiligt, »sorgfältig neue Rekruten auszuwählen«, und beschreibt die Kreise innerhalb der Kreise, aus denen sich ihr Kreis zusammensetzt, der inzwischen auf sechzig Mitglieder angewachsen ist.

Nach dem Treffen setzt Korotkow eine verschlüsselte Nachricht an die Zentrale in Moskau ab:

Gegenwärtig haben sich innerhalb des großen Kreises Zentralen herausgebildet, von denen sich jede um die Ausbildung einer kleinen Gruppe kümmert […]. KORSES Angaben zufolge führen sie ihre Operationen so durch, daß nicht alle Mitglieder ihres Zirkels einander kennen, aber doch eine Art Kette existiert.

4.

In der Zentrale in Moskau ist man nicht begeistert. Eines der Grundprinzipien der *konspiratsia* ist es, die einzelnen Zellen strikt voneinander isoliert zu halten. Zu viele Leute innerhalb des Kreises kennen einander. Die Gestapo würde leicht das gesamte Netzwerk ausheben können, wenn sie einige wenige Mitglieder verhaftete und ihnen unter Folter die Namen weiterer Mitglieder abpresste.

Gleichwohl möchte Pawel Fitin, der zweiunddreißigjährige Chef der sowjetischen Auslandsaufklärung, das Spionagenetz, das unter einer blutigen Säuberungsaktion gelitten hat, wiederaufstocken. Fitin ist schrecklich unerfahren. Diejenigen Agenten, denen es gelungen ist, ihrer Exekution zu entgehen, sind eingeschüchtert und demoralisiert. Fitin hat bereits zweihundert eilig ausgebildete Agenten in andere Länder geschickt, in der Hoffnung, so die dezimierten Netzwerke wiederzubeleben. Eine Gruppe von sechzig Deutschen, die entschlossen sind, ihr Leben zu riskieren und Verrat zu begehen, kann ihm nützen, vorausgesetzt, Arvid ist sowohl vertrauenswürdig als auch bereit, ihnen zu vertrauen. Korotkow versichert seinen Vorgesetzten, dass Arvid »den Eindruck eines aufrichtigen Menschen gemacht hat, der wirklich so eingestellt ist, wie er spricht«. Die Zentrale in Moskau genehmigt das Arrangement, wobei Korotkow geraten wird, »Harnack sehr vorsichtig zu behandeln, damit keine Mauer des Mißtrauens wischen ihm und seinem Führungsoffizier entsteht«.

Korotkow weist Arvid einen neuen Decknamen zu. Den »Balten« gibt es nicht mehr. Er heißt jetzt »Korse«.

5.

Drei Tage später, am 26. September 1940, liefert Arvid Korotkow seinen ersten Bericht mit Informationen. Und lässt damit eine Bombe platzen. Korotkow schickt unverzüglich ein Kryptogramm an die Zentrale in Moskau, mit dem er die leitenden Stellen warnt, ein Offizier des Oberkommandos der Wehrmacht habe

> KORSE erzählt, daß Deutschland Anfang nächsten Jahres zu einem Krieg mit der Sowjetunion bereit sein wird.

Libs und Mildred zwischen Geschirr und Besteck

1940

TOP SECRET

M.1.

executed.

SCHULZE-BOYSEN, Libertas.

nee HAAS-HEYE.

ESPIONAGE: Deeply implicated in her husband's intelligence work from 1936 onwards, and his deputy during the war years.

PERSONAL PARTICULARS:

Nationality:	German
Description:	Extremely attractive, wealthy.
Occupation:	Writer, art and film critic.
Relatives:	Daughter of a Swedish countess, nee EULENBERG, related to Count DOUGLAS. Parents owned estate at Giebenburg, at which GOERING was a frequent visitor.

ADDRESSES: 2, Weitzstrasse, Berlin-Charlottenburg.
119, Altenburger Allee, Berlin-Charlottenburg.

1.

Harro Schulze-Boysens Ehefrau ist siebenundzwanzig. Sie hat dunkelblondes Haar, auf Kinnlänge geschnitten, und eine Stupsnase. Ihr Name ist Libertas. Harro nennt sie Libs.

Libs demonstriert gern, dass sie reich ist, oder zumindest hat Greta Kuckhoff diesen Eindruck. Als sich die beiden zum ersten Mal begegnen, zeigt ihr Libs eine Fotografie von einem riesigen Schloss in Liebenberg, das ihrem Großvater gehört. Unbeeindruckt gibt Greta ihr die Fotografie zurück. Ihr missfällt Harros Ehefrau – die verhätschelt in diesem Schloss aufgewachsen ist, um anschließend auf einem Mädchenpensionat in der Schweiz den letzten Schliff zu erhalten – und auch Harro, der ihr als ein unangenehm hedonistischer junger Mann erscheint. Greta hat einen Spitznamen für ihn: »Schu-Boy«.

Greta ist inzwischen Mutter geworden. Ihr Sohn, Ule, ist drei Jahre alt. »Es gab so selten einmal in unserem Kreis ein Kind«, schrieb sie, »Libertas hatte keins« und »Harnacks hatten keine, obwohl Mildred es sich so von Herzen wünschte«.

Ungeachtet ihrer Vorbehalte hilft Greta, ein Treffen zwischen Mildred und Libertas in Hohnstein, einem etwa 250 Kilometer südlich von Berlin gelegenen Städtchen, zu arrangieren. Ein kleines Haus mit einer schmalen Küche, »geschützt vor aller Ohren und Blicke«, wird als der perfekte Ort für eine Zusammenkunft dienen. Sie überlässt Mildred einen Schlüssel für einen gesonderten Eingang.

Später, als Greta mit Ule allein ist, schlingt sie ihre Arme um ihn. »Ich hatte das Bedürfnis, das Kind fest an mich zu drücken«, erinnerte sie sich. »Mir stand mit aller Schärfe vor Augen: Von jetzt ab steht der Tod in unserer Nähe.«

2.

Mildred trifft Libertas in der schmalen Küche. Sie möchte sich ein klares Bild von ihr machen, bevor sich ihre Ehemänner wiedertreffen. Ihr ist bekannt, dass Harros Frau eine Aristokratin ist, die Enkeltochter eines Prinzen.

Da gibt es so viel, was Mildred nicht weiß.

Das Schloss von Libertas' Familie in Liebenberg befindet sich in der Nähe von Görings Landsitz – nur gut 30 Kilometer entfernt. Göring hält Löwenjunge als Haustiere, und es befindet sich eine große Sammlung geraubter Kunst auf dem Anwesen, das zwischen zwei Seen in einem schönen Waldareal liegt und seinen Namen – Carinhall – zum Gedenken an Görings schwedische erste Frau trägt, die jung verstarb. Nun lebt seine zweite Frau, eine Schauspielerin namens Emmy, dort. Der Architekt, der Carinhall 1934 entworfen hat, entwarf anschließend das Stadion, in dem 1936 die olympischen Sommerspiele in Berlin stattfanden. Für sein Anwesen auf dem Land hat Göring keinen Pfennig bezahlt: Die Naziregierung übernahm die komplette Rechnung.

Libertas' Nähe zum Architekten der Gestapo mag schreckenerregend sein, war aber von gesellschaftlichem Nutzen. Als Libertas zweiundzwanzig war, lud Göring sie zu einer extravaganten Jagdgesellschaft nach Carinhall ein, wo sie Prinzen und ausländischen Würdenträgern dabei zusehen konnte, wie sie gemeinsam mit dem selbsternannten Reichsjägermeister mit Gewehren auf Hirschjagd gingen. Libertas war zu der Zeit Mitglied der NSDAP.

Ihre Gesinnung wandelte sich, nachdem sie sich in Harro verliebte.

Inzwischen sieht sich Libertas als ebenso hingebungsvoll dem Widerstandskampf verpflichtet wie er. Göring ist dabei kein Hindernis; tatsächlich hat der Oberbefehlshaber der Luftwaffe geholfen, Harro den Weg zum beruflichen Aufstieg zu ebnen. Göring war Gast auf Libertas' und Harros Hochzeit, die in der Schlosskapelle auf dem Familienanwesen stattfand. Harros zügige Beförderung ließ nicht lange auf sich warten. Göring ahnt überhaupt nicht, dass Harro ihn verabscheut. Görings Vorliebe für Libertas' Ehemann ist unter den Leutnanten der Luftwaffe so bekannt, dass er mit streng geheimen Plänen und Karten mit Bombenangriffszielen einfach so zur Tür hinausspazieren kann, ohne dass irgendwer nur eine Augenbraue hebt.

Mildred ist sich bei Harro immer noch nicht sicher. Und auch bei seiner Frau nicht. An diesem Nachmittag in der Küche, zwischen Geschirr und Besteck, hört Mildred bei Libertas ganz genau hin, um ihre politischen Überzeugungen einschätzen zu können.

AGIS und andere Agitationen

1940–1942

1.

Nachdem Mildred sich mit Libertas getroffen hat, trifft Arvid sich mit Harro.

Harros Widerstandsgruppe, der Gegner-Kreis, ist gewachsen, seit Mildred und Arvid fünf Jahre zuvor mit Harro in ihrem Wohnzimmer zusammengesessen haben. Es gibt nun an die zwanzig Mitglieder.

An Arvids Urteil über Harro hat sich nicht viel geändert. Er hält Harro weiterhin für zu »leidenschaftlich«. Doch die Umstände haben sich verschärft. Die Welt ist in einem so viel schlechteren Zustand.

2.

Der Kreis erweitert sich.

1940 bildet Harro Schulze-Boysens Gegner-Kreis ein drittes Glied in der Kette, zusammen mit Adam Kuckhoffs Tat-Kreis.

3.

1941 verbindet sich der Gegner-Kreis mit dem Rittmeister-Kreis, einer kleinen Widerstandsgruppe, in deren Zentrum ein Neurologe namens John Rittmeister steht. Er ist der Direktor einer Klinik in Berlin und beschreibt sich selbst als »Humanist«. Er willigt ein, Harro bei einer neuen Flugblattkampagne zu helfen.

Die Flugblätter sind mit »AGIS« unterzeichnet. Das ist John Rittmeisters Idee, eine Anspielung auf Agis IV., den von hohen Idealen geleiteten König von Sparta, der die Ungleichheit abschaffen und das im Besitz der Reichen befindliche Land neu verteilen wollte. Die Flugblätter sind ein Aufruf zum Handeln, der dringend an die Deutschen appelliert, sich gegen Hitlers Regime zu stellen. Quer über die Seite prangen über einem der Blätter die Worte »Aufruf zum Widerstand!«.

Die nächsten zwei Jahre hindurch kollaborieren die Mitglieder des Kreises, des Gegner-Kreises, des Tat-Kreises und des Rittmeister-Kreises und produzieren eine Reihe von Flugblättern mit Titeln wie

Was bedeutet Stimmenmehrheit?
Warum der Krieg verloren ist
Freiheit und Gewalt
Entlarvendes Gutachten der norddeutschen Industrie über die zum Kriege führenden Verhältnisse
Aufruf an die Arbeiter der Stirn und der Faust
Aufruf zum Widerstand aller Berufe und Organisationen gegen die Regierung
Organisiert den revolutionären Massenkampf

Einige der AGIS-Flugblätter entstehen in einer Wohnung in der Waitzstraße 2. Dort wohnt Cato Bontjes van Beek. Mit zwanzig Jahren ist sie das jüngste Mitglied des Rittmeister-Kreises. Ihr Wunsch ist es, Pilotin zu werden. Ihre Nase und Wangen sind mit Sommersprossen übersät. Bevor sie zum Rittmeister-Kreis gestoßen ist, hat sie Essen zu versteckten Juden geschmuggelt. Eines Tages beobachtete sie, wie SS-Offiziere ihre jüdischen Nachbarn – eine junge Mutter, den Vater und ihren fünfjährigen Sohn – aus ihrer Wohnung schleppten. Sie sah die drei nie wieder.

Nun bleibt Cato bis spät in der Nacht wach und vervielfältigt Flugschriften, wobei sie Matrizen und Papier verwendet, die Harro ihr in die Wohnung bringt. Sie geht von Postamt zu Postamt und kauft immer nur zwanzig Briefmarken auf einmal (mehr zu kaufen könnte Misstrauen erregen), dann versendet sie die Flugblätter an Fremde. Sie steckt die Flugblätter an Kiosken in die Zeitungsstapel. Sie bringt sie heimlich in die U-Bahn-Stationen.

Einige der AGIS-Flugschriften werden in Annie Krauß' Wohnung hergestellt. Annie hat früher eine kleine Nähwerkstatt, aber auch schon einen Großhandel für Farben und Lacke betrieben, jetzt arbeitet sie als Wahrsagerin. Unter den Deutschen, die an ihrer Türschwelle auftauchen und ihr die Handflächen entgegenstrecken, sind auch Offiziere. Sie verfolgt die Linien in deren Händen mit ihrer

Fingerspitze und murmelt etwas Hellseherisches. Manche der Offiziere wünschen sich eine Geliebte. Manche machen sich Sorgen wegen des Krieges. Sie bringt sie dazu, ihr zu sagen, wo sie stationiert sein werden und was sie vorhaben. Die Offiziere wissen nicht, dass Annie zwei Vervielfältiger in ihrer Wohnung versteckt und dass die Einzelheiten, die sie ihr verraten, den Weg in die Flugblätter finden, die sie auf diesen Geräten abziehen wird.

4.

Am 15. Februar 1942 gehen in Abteilung IV des Reichssicherheitshauptamtes zahlreiche Telegramme aus verschiedenen Polizeirevieren ein, die ein bestimmtes Flugblatt betreffen. Ein Nazi-Beamter verfasst einen ausführlichen Bericht, in dem er festhält, dass das Flugblatt an Vertreter der Presse, der katholischen Kirche und der Intelligenz verschickt worden sei. Auch Angestellte in Goebbels Reichsministerium für Volksaufklärung und Propaganda sind unter den Empfängern. Der Beamte beschreibt das Flugblatt. Es handelt sich nicht nur um einen Bogen Papier – es sind sechs engbeschriebene Seiten. Ganz oben stehen die Worte »Die Sorge um Deutschlands Zukunft geht durch das Volk«. Der erste Satz lautet »Vergeblich müht sich Minister Goebbels, uns immer neuen Sand in die Augen zu streuen.« Und es geht damit weiter, dass das Nazi-Regime angeprangert wird.

> Im Namen des Reiches werden die scheusslichsten Quälereien und Grausamkeiten an Zivilpersonen und Gefangenen begangen. Noch nie in der Geschichte ist ein Mann so gehasst worden wie Adolf Hitler. Der Hass der gequälten Menschheit belastet das ganze deutsche Volk. […] Seht Euch die Zeitung, die Wochenschau mit Verstand an! Bedenkt, daß man alles tut, um Euch ein gefärbtes Bild von der Lage zu geben. Protestiert immer lauter, wenn Ihr an allen Ecken und Enden Schlange stehen müßt! Hört auf damit, Euch alles gefallen und bieten zu lassen. Laßt Euch nicht länger einschüchtern!

Die letzte Seite ist unterzeichnet mit AGIS.

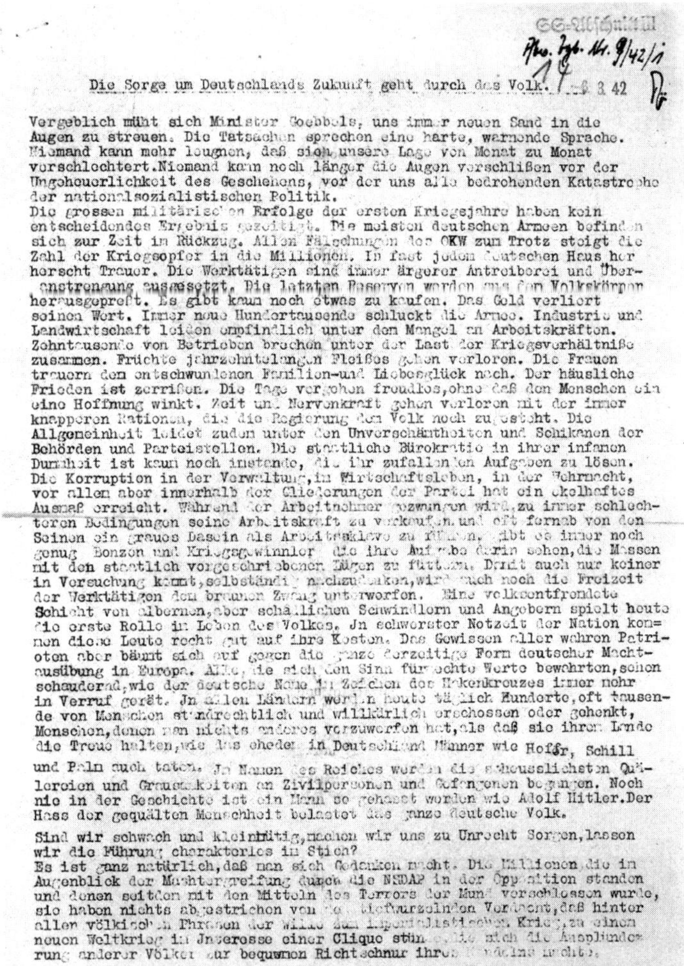
SS-Abschnitt III

Abw. Tgb. Nr. 9/42/1

14

Die Sorge um Deutschlands Zukunft geht durch das Volk. /..6 3 42

Vergeblich müht sich Minister Goebbels, uns immer neuen Sand in die Augen zu streuen. Die Tatsachen sprechen eine harte, warnende Sprache. Niemand kann mehr leugnen, daß sich unsere Lage von Monat zu Monat verschlechtert. Niemand kann noch länger die Augen verschlißen vor der Ungeheuerlichkeit des Geschehens, vor der uns alle bedrohenden Katastrophe der nationalsozialistischen Politik.
Die grossen militärischen Erfolge der ersten Kriegsjahre haben kein entscheidendes Ergebnis gezeitigt. Die meisten deutschen Armeen befinden sich zur Zeit im Rückzug. Allen Fälschungen des OKW zum Trotz steigt die Zahl der Kriegsopfer in die Millionen. In fast jedem deutschen Haus herrscht Trauer. Die Werktätigen sind immer ärgerer Antreiberei und Überanstrengung ausgesetzt. Die letzten Reserven werden aus dem Volkskörper herausgepreßt. Es gibt kaum noch etwas zu kaufen. Das Geld verliert seinen Wert. Immer neue Hunderttausende schluckt die Armee. Industrie und Landwirtschaft leiden empfindlich unter dem Mangel an Arbeitskräften. Zehntausende von Betrieben brechen unter der Last der Kriegsverhältniße zusammen. Früchte jahrzehntelangen Fleißes gehen verloren. Die Frauen trauern dem entschwundenen Familien-und Liebesglück nach. Der häusliche Frieden ist zerrißen. Die Tage vergehen freudlos, ohne daß den Menschen ein eine Hoffnung winkt. Zeit und Nervenkraft gehen verloren mit der immer knapperen Rationen, die die Regierung dem Volk noch zugesteht. Die Allgemeinheit leidet zudem unter den Unverschämtheiten und Schikanen der Behörden und Parteistellen. Die staatliche Bürokratie in ihrer infamen Dummheit ist kaum noch instande, die ihr zufallenden Aufgaben zu lösen. Die Korruption in der Verwaltung, im Wirtschaftsleben, in der Wehrmacht, vor allen aber innerhalb der Gliederungen der Partei hat ein ekelhaftes Ausmaß erreicht. Während der Arbeitnehmer gezwungen wird, zu immer schlechteren Bedingungen seine Arbeitskraft zu verkaufen und oft fernab von den Seinen ein graues Dasein als Arbeitssklave zu führen, gibt es immer noch genug Bonzen und Kriegsgewinnler die ihre Aufgabe darin sehen, die Massen mit den staatlich vorgeschriebenen Lügen zu füttern. Damit auch nur keiner in Versuchung kommt, selbständig nachzudenken, wird auch noch die Freizeit der Werktätigen dem braunen Zwang unterworfen. Eine volksentfremdete Schicht von albernen, aber schädlichen Schwindlern und Angebern spielt heute die erste Rolle im Leben des Volkes. Jn schwerster Notzeit der Nation kommen diese Leute recht gut auf ihre Kosten. Das Gewissen aller wahren Patrioten aber bäumt sich auf gegen die ganze derzeitige Form deutscher Machtausübung in Europa. Alle, die sich den Sinn für echte Werte bewahrten, sehen schaudernd, wie der deutsche Name im Zeichen des Hakenkreuzes immer mehr in Verruf gerät. Jn allen Ländern werden heute täglich Hunderte, oft tausende von Menschen standrechtlich und willkürlich erschossen oder gehenkt, Menschen, denen man nichts anderes vorzuwerfen hat, als daß sie ihrem Lande die Treue halten, wie das ehedem in Deutschland Männer wie Hofer, Schill und Palm auch taten. Jm Namen des Reiches werden die scheusslichsten Quälereien und Grausamkeiten an Zivilpersonen und Gefangenen begangen. Noch nie in der Geschichte ist ein Mann so gehasst worden wie Adolf Hitler. Der Hass der gequälten Menschheit belastet das ganze deutsche Volk.

Sind wir schwach und kleinmütig, machen wir uns zu Unrecht Sorgen, lassen wir die Führung charakterlos im Stich?
Es ist ganz natürlich, daß man sich Gedanken macht. Die Millionen die im Augenblick der Machtergreifung durch die NSDAP in der Opposition standen und denen seitdem mit den Mitteln des Terrors der Mund verschlossen wurde, sie haben nichts abgestrichen von dem tiefwurzelnden Verdacht, daß hinter allen völkischen Phrasen der Wille zum imperialistischen Krieg, zu einem neuen Weltkrieg im Interesse einer Clique stünde, die sich die Ausplünderung anderer Völker zur bequemen Richtschnur ihres Handelns machte.

5.

Mitglieder des Gegner-Kreises gelangen auf Posten, über die sie in Goebbels' Ministerium für Volkssaufklärung und Propaganda vordringen.

Der Schriftsteller Günther Weisenborn erhält eine Stelle beim Großdeutschen Rundfunk, der das im Deutschen Reich einheitliche Hörfunkprogramm sendet. In einer Erinnerung beschreibt er, wie er Kopien der Reden ausländischer Staatsmänner, die in der Rundfunkanstalt als geheimes Material durch seine Hände gingen, mit nach Hause nahm. Er und seine Frau Joy tippen die Reden abends auf zwei Schreibmaschinen ab. Am Morgen holt ein weiteres Mitglied des Gegner-Kreises die getippten Seiten ab, aus denen im Anschluss dann Flugblätter entstehen.

Libertas Schulze-Boysen erhält eine Anstellung bei der Deutschen Kulturfilm-Zentrale, wo es zu ihren Aufgaben gehört, zu entscheiden, welche Filme zensiert werden sollen. Durch ihre Arbeit bekommt sie Zugang zu Fotografien, die die Gräueltaten an den Kampfschauplätzen in Europa dokumentieren. Wenn sie am Ende des Tages die Kulturfilm-Zentrale verlässt, schmuggelt sie diese Fotografien hinaus, damit sie Eingang in Flugblätter finden können.

6.

Mitglieder des Harnack-Kreises, des Tat-Kreises und des Gegner-Kreises stellen eine Untergrundzeitung mit dem Titel *Die innere Front* her. Sie verfassen Artikel, in denen entlarvt wird, wie die I.G. Farben vom Krieg profitiert, beschreiben die entsetzlichen Zustände, denen die Arbeiter in den Rüstungsfabriken ausgesetzt sind, und drängen die Deutschen dazu, aktiv Widerstand zu leisten. Sie rufen die Arbeiter in den deutschen Rüstungsfabriken dazu auf, die Produktion von Bomben und Munition zu sabotieren.

Die innere Front stellt den Versuch dieser drei Widerstandsgruppen dar, auch über die Grenzen Deutschlands hinaus Wirkung zu zeigen. Mitglieder übersetzen die deutschen Artikel ins Französische, Polnische, Italienische, Tschechische und Russische und verteilen die übersetzten Ausgaben der Zeitung an Soldaten, Fabrikarbeiter und Zwangsarbeiter.

7.

Offene Briefe an die Ostfront ist eine weitere Reihe von Flugblättern. Der achte Brief aus der Reihe zeigt ein grauenhaftes Foto eines zweijährigen russischen Mädchens, das auf dem Bauernhof seiner Eltern zusammen mit seiner Mutter, seinem Vater, dem sechs Jahre alten Bruder und einer Schwester im Säuglingsalter ermordet wurde. Libertas hat das Foto in der Kulturfilm-Zentrale gefunden und hofft, dass es die Leser dazu bewegen wird, die Gräuel, die von deutschen Soldaten beim Einfall in die Sowjetunion verübt wurden, zu verurteilen. Darüber hinaus hat sie deutsche Soldaten auf Heimaturlaub befragt, die zugaben, Zeugen von Kriegsverbrechen geworden zu sein; ihre Aussagen sind in den Text der Flugschrift eingegangen.

8.

»Manchmal sind wir nachts zu ›Zettelaktionen‹ ausgezogen und haben Wände und Gebäude mit Handzetteln beklebt, die zur Beendigung des Krieges aufriefen«, erinnert sich Günther Weisenborn. Eine der größten Klebezettelaktionen, an denen Weisenborn teilnimmt, findet im Frühjahr 1942 statt. Mit ihm unterwegs sind mehrere Dutzend Mitverschwörer, unter ihnen Hans und Hilde Coppi, die mit Bürsten und Pötten voll Kleister aus der Eingangstür ihrer Wohnung kommen. Goebbels hat im Lustgarten, einem Park mitten in Berlin, wo häufig Nazikundgebungen stattfinden, eine grelle Propagandaschau organisiert.

Mit Harro Schulze-Boysen treffen sie sich an einer Straßenecke, gemeinsam mit anderen aus dem Gegner- und dem Rittmeister-Kreis. Im Schutze der Nacht überkleben sie nationalsozialistische Plakate, die die Ausstellung bewerben, mit ihren eigenen Zettelstreifen:

Ständige Ausstellung
Das NAZI-PARADIES
Krieg Hunger Lüge Gestapo
Wie lange noch?

In der darauffolgenden Nacht trifft sich eine andere Widerstandsgruppe aus dem Untergrund im Lustgarten. Nahezu alle Mitglieder der Herbert-Baum-Gruppe sind Juden. Sie werden einen noch kühneren Akt des Widerstands durchführen. Sie sind für einen Brandanschlag ausgerüstet.

Soja Iwanowna Rybkinas elfseitige Aufstellung

1941

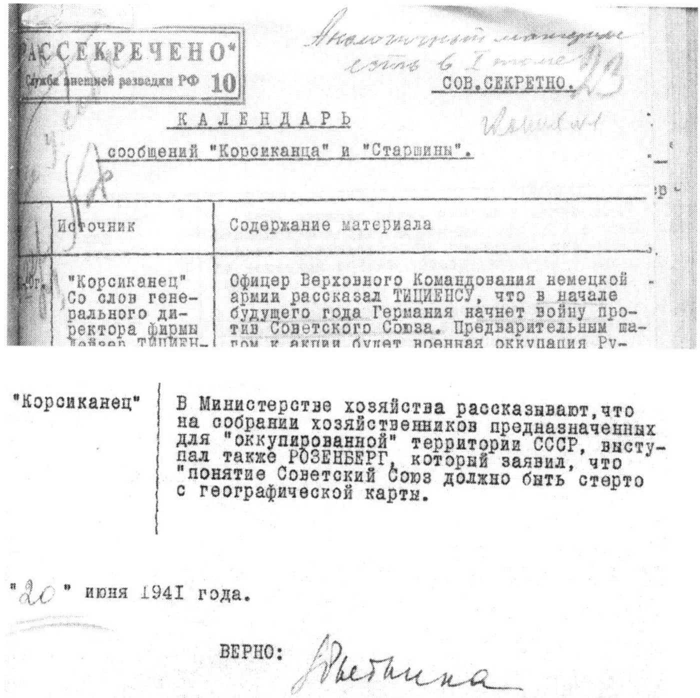

"РАССЕКРЕЧЕНО"
Служба внешней разведки РФ 10

СОВ.СЕКРЕТНО.

КАЛЕНДАРЬ

сообщений "Корсиканца" и "Старшины".

Источник	Содержание материала
"Корсиканец" Со слов генерального директора фирмы …	Офицер Верховного Командования немецкой армии рассказал ТИЦИЕНСУ, что в начале будущего года Германия начнет войну против Советского Союза. Предварительным шагом к акции будет военная оккупация Ру-
"Корсиканец"	В Министерстве хозяйства рассказывают, что на собрании хозяйственников предназначенных для "оккупированной" территории СССР, выступал также РОЗЕНБЕРГ, который заявил, что "понятие Советский Союз должно быть стерто с географической карты.

"20" июня 1941 года.

ВЕРНО: Рыбкина

1.

Die Zentrale in Moskau muss von Arvid die Namen derjenigen Zuträger wissen, von denen die Informationen stammen, die schließlich in seinen Geheimberichten landen. Während der ersten Monate des Jahres 1941 ist eine von Arvids besten Quellen Harro Schulze-Boysen. Um dessen Identität zu schützen, gibt die Zentrale in Moskau Harro einen Decknamen: *Starschina* (»Senior«).

Zwei weitere Informationsquellen von Arvid haben keinen Decknamen: Otto Donner, der die Forschungsstelle für Wehrwirtschaft der Dienststelle Vierjahresplan leitet, und Oberst Blau beim Oberkommando der Wehrmacht. Das bedeutet ein Risiko. Sollten Mitglieder der Funkabwehr Arvids Funkübermittlungen an die Zentrale in Moskau abfangen, könnten Donner und Blau verhaftet werden. Die Nachricht von ihrer Hinrichtung würde vor dem Gerichtsgebäude ausgehängt werden, als Warnung für jeden Deutschen, der sich vielleicht mit dem Gedanken trägt, Verrat zu begehen.

2.

Von Januar bis April 1941 trifft fast wöchentlich ein Bericht mit Informationen von Arvid in der Moskauer Zentrale ein. Eine Frau namens Soja Iwanowna Rybkina analysiert die Berichte und tippt eine Aufstellung der wichtigsten Punkte und Informanten in die Schreibmaschine.

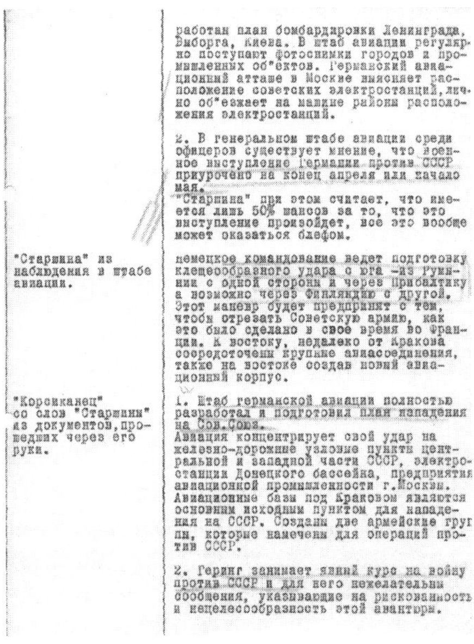

	работан план бомбардировки Ленинграда, Выборга, Киева. В штаб авиации регулярно поступают фотоснимки городов и промышленных об"ектов. Германский авиационный атташе в Москве выясняет расположение советских электростанций, лично об"езжает на машине районы расположения электростанций.
	2. В генеральном штабе авиации среди офицеров существует мнение, что военное выступление Германии против СССР приурочено на конец апреля или начало мая. "Старшина" при этом считает, что имеется лишь 50% шансов за то, что это выступление произойдет, все это вообще может оказаться блефом.
"Старшина" из наблюдения в штабе авиации.	немецкое командование ведет подготовку клещеобразного удара с юга -из Румынии с одной стороны и через Прибалтику а возможно через Финляндию с другой. Этот маневр будет предпринят с тем, чтобы отрезать Советскую армию, как это было сделано в свое время во Франции. К востоку, недалеко от Кракова сосредоточены крупные авиасоединения, также на востоке создан новый авиационный корпус.
"Корсиканец" со слов "Старшины" из документов, прошедших через его руки.	1. Штаб германской авиации полностью разработал и подготовил план нападения на Сов.Союза. Авиация концентрирует свой удар на железно-дорожные узловые пункты центральной и западной части СССР, электростанции Донецкого бассейна, предприятия авиационной промышленности г.Москвы. Авиационные базы под Краковом являются основным исходным пунктом для нападения на СССР. Созданы две армейские группы, которые намечены для операций против СССР.
	2. Геринг занимает явный курс на войну против СССР и для него нежелательны сообщения, указывающие на рискованность и нецелесообразность этой авантюры.

In die Spalte für Januar tippt Soja:

Im Generalstab der deutschen Luftwaffe wurde angeordnet, mit umfangreichen Aufklärungsflügen über sowjetischem Territorium zu beginnen …

Quelle: Korse, nach mündlichen Informationen durch Starschina.

In die Spalte für Februar tippt Soja:

Ein deutscher Angriff auf den Balkan steht an.

Quelle: Korse, nach mündlichen Informationen durch OKW Blau.

In die Spalte für März tippt Soja:

Die Vierjahresplan-Geschäftsgruppe hat ihre Berechnungen zur wirtschaftlichen Effektivität einer antisowjetischen Unternehmung vollendet.

Quelle: Korse, nach mündlichen Informationen des Ausschussmitglieds der Vierjahresplan-Geschäftsgruppe Donner, Otto.

3.

In der Zentrale in Moskau ist man mit Arvids Berichten sehr zufrieden. Am 15. März 1941 erhält Korotkow Anweisungen, einen direkten Kontakt zu Arvids Quelle *»Starschina«* aufzubauen.

Eine Woche später schütteln sich Korotkow und Harro Schulze-Boysen die Hand.

Ihr Treffen ist ein Erfolg. Harro hat zahlreiche eigene Informanten, die ihm deutsche Militärgeheimnisse ins Ohr flüstern, darunter einen Verbindungsoffizier Görings, einen ranghohen Spionageabwehrchef im Reichsluftfahrtministerium und einen Hauptmann der Wehrmacht, der Adjutant von Wilhelm von List ist, einem Generalfeldmarschall, der die 12. Armee bei der Invasion in Frankreich angeführt hat (und noch im selben Frühjahr seine Truppen nach Jugoslawien und Griechenland führen wird). Korotkow schickt umgehend ein Kryptogramm an die Zentrale in Moskau:

> Senior … erweckte den Eindruck, daß er voll und ganz bereit ist, mir alles zu erzählen, was er weiß. Meine Fragen beantwortete er, ohne auszuweichen … Mehr noch: Er hatte sich auf unser Treffen gut vorbereitet und auf einem Blatt Papier gewisse Punkte notiert, die an uns zu übermitteln seien.

4.

Nun, da Korotkow den direkten Kontakt zu Harro hergestellt hat, nimmt er weitere Mitglieder von Arvids Netzwerk ins Visier.

Er arrangiert ein Treffen mit Adam Kuckhoff, der, wie er herausfindet, eine Reihe von Kontakten hat, die über den Tat-Kreis hinausgehen und in andere Widerstandsgruppen im Untergrund hineinreichen. Die Verbindungen untereinander ergeben ein komplexes Netz, das sich über ganz Berlin erstreckt. Arvids und Adams gemeinsamer Freund Adolf Grimme kennt einen Mann namens John Sieg, und der kennt einen Mann namens Wilhelm Guddorf, der wiederum einen Mann namens Franz Jacob kennt, und der kennt einen Mann namens Julius Leber, der einen Mann namens Helmuth James Graf von Moltke kennt. Auf diese Weise ist in dem Netzwerk der Harnack-Kreis mit dem Tat-Kreis, der Bästlein-Jacob-Abshagen-Gruppe und dem Kreisauer Kreis verbunden.

Adam Kuckhoff erhält den Decknamen »Alter Mann«.

5.

Korotkow beginnt, Arvid zum illegalen *rezident* des NKWD aufzubauen, auch wenn Arvid noch nichts davon weiß. Gemeint ist damit ein verdeckter Mitarbeiter, einer, der nicht offiziell und ohne diplomatische Deckung für eine ausländische Botschaft arbeitet und somit keine Immunität beanspruchen kann, wenn er verhaftet wird. Die Anweisungen, die Korotkow Arvid gibt, sind im Grunde eine Einführung in die operativen Techniken – das Handwerk – eines Spions.

Arvid weiß, dass er zu einem geheimen Treffen kommen soll, als eine Ausgabe der *Börsen-Zeitung* in seinem Briefkasten liegt. Das Treffen findet sieben Tage nach dem Erscheinungsdatum der Zeitung statt. Ein roter Strich über dem Datum hätte bedeutet, dass das Treffen große Dringlichkeit hat und noch am selben Tag stattfinden muss. Die Uhrzeit und der Treffpunkt sind immer dieselben: 8 Uhr abends am S-Bahnhof Tiergarten.

Arvid steht vor dem Ausgang und wartet. Bald schon tritt ein Fremder auf ihn zu und fragt: *Können Sie mir sagen, wie man zur Woyrschstraße kommt?* Der Fremde ist ein »Kontakt«, wie ein Mittelsmann im Agentenjargon heißt. Arvid wird dem Kontakt heimlich seinen Bericht zustecken. Dieser wird den Bericht später Korotkow übergeben, der ihn verschlüsselt und ihn in der Berliner Sowjetbotschaft an einen Funker übergibt. Der Funker sendet den codierten Bericht im Morsealphabet an die Zentrale in Moskau.

Manchmal benutzt Arvid auch einen toten Briefkasten und hinterlässt seine Informationen im Handschuhfach eines Autos. Manchmal benutzt Arvid einen Kurier, dann händigt er den geheimen Bericht einem vertrauenswürdigen Mitglied seines Kreises aus, das ihn zu einem Kontakt bringt.

6.

Im April 1941 marschieren Deutschland, Italien und Ungarn in Jugoslawien ein, wo eilig mobilgemachte Soldaten diesem Blitzkrieg chancenlos gegenüberstehen. Die Luftwaffe belegt Belgrad mit Bomben und lässt die Hauptstadt in Trümmern zurück. Jugoslawien ergibt sich nach nur elf Tagen. Als Nächstes ist Griechenland dran.

In diesem Monat wird Korotkow von Moskau instruiert, Arvids Ausbildung zu vollenden. Korotkow selbst wird fortan nicht mehr daran beteiligt sein, Arvids Geheimberichte zu überbringen. Arvid muss die Berichte selbst an die Moskauer Zentrale versenden und soll dafür ein transportables Funkgerät, ein Schlüsselbuch und eine Chiffrierliste verwenden. Das Memo trägt das Datum vom 12. April:

> Korse wird dann unser illegaler Resident … Dies ist von höchster Dringlichkeit …

Arvid tut sich mit der Entscheidung schwer. Er ist ein deutscher Antifaschist, kein Spion in Diensten Stalins. Andererseits unterminiert er, wenn er es zu dogmatisch angeht – ein Urteil, zu dem andere aus seinem Kreis bereits gekommen sind – am Ende noch seine eigenen Ziele. Wenn er sich weigert, die Geheimberichte selbst zu übermitteln, heißt das, dass sie die Zentrale in Moskau eventuell nicht erreichen. Schließlich befindet man sich in einem Krieg, und es besteht die Möglichkeit, dass sein Austausch mit Korotkow über Kontaktpersonen mit einem Mal abbricht. Korotkow könnte versetzt werden oder befördert – oder getötet. Arvid weiß, dass seine geheimen Berichte von entscheidender Wichtigkeit sind, jetzt mehr denn je. Hitler scheint unaufhaltsam. Ende April ist Athen gefallen. Kreta steht nach der ersten Maiwoche kurz vor dem Zusammenbruch.

Schließlich, und mit großem Zögern, lenkt Arvid ein. Korotkow steckt ihm ein Bündel Banknoten zu.

7.

Eine rote Linie ist überschritten.

Seit 1935 hat Arvid gegenüber seinen sowjetischen Führungsoffizieren darauf bestanden, dass er ein deutscher Antifaschist sei, kein Agent. Dass Spionage für ihn nur infrage komme, solange sie zu seinem Ziel beitrage, Hitler zu bekämpfen. Nie zuvor hat er von der Moskauer Zentrale Geld angenommen.

Es lässt sich nun nicht mehr leugnen. Arvids Wandlung ist abgeschlossen: Er ist ein Spion.

Zurück zu Hause in der Woyrschstraße 16 zählt Arvid die Scheine: 13.500 Reichsmark. Er macht vier Stapel. Drei sind zur sofortigen Verwendung. Er wird 3.500 Greta und Adam Kuckhoff geben, 5.000 Karl Behrens und 3.000 Karls Freund Leo Skrzypezinski, der kürzlich zu dem Kreis hinzugestoßen ist. Im letzten Stapel verbleiben die übrigen 2.000.

8.

Die Moskauer Zentrale schickt zwei Funkgeräte nach Berlin. Das eine ein tragbares kleines mit Batteriebetrieb, das andere muss ans

Stromnetz angeschlossen werden und ist so voluminös und wuchtig, dass es in einem Koffer transportiert werden muss.

Greta Kuckhoff erklärt sich bereit, eines der Funkgeräte abzuholen. Sie erscheint an der U-Bahn-Station Thielplatz in einem knallgelben Regenmantel.

Viele Jahre danach wird Greta in ihren Memoiren bekennen, dass es ihr Kopfzerbrechen bereitet habe, ob es klug sei, so ein Ding zu tragen. Schließlich hatte sie vor, einen Spion zu treffen, es galt also, geschickt vorzugehen. Ein dunkler Regenmantel, das wusste sie, würde es ihr ermöglichen, in der Menge zu verschwinden, aber Greta entschied sich, auf den genau gegenteiligen psychologischen Effekt zu setzen: Vielleicht war der beste Weg, bei der Gestapo keine Aufmerksamkeit zu erregen, wenn man so aussah, als würde man eben *nicht* versuchen, bei der Gestapo keine Aufmerksamkeit zu erregen. So kam es also zu dem knallgelben Regenmantel.

Ein dunkelhaariger junger Mann mit einem Koffer in der Hand nähert sich ihr. Greta weiß, wer das ist: Korotkow. Für eine Weile laufen sie nebeneinander her. Er tut so, als wären sie gute Freunde und keine komplett Fremden. Sie gibt sich die größte Mühe, gut mitzuspielen. In der Bahnstation wimmelt es von Leuten, viele davon Männer in Uniform mit Hakenkreuzen auf den Armbinden. Greta spürt, wie ihr Herz rast, ein wildes Pochen.

Korotkow lässt den Koffer fallen.

Lässt ihn fallen. Greta ist entgeistert.

Korotkow fasst sich schnell wieder, er nimmt den Griff des Koffers wieder auf und setzt den Weg fort, alldieweil sie nicht aufhören kann, daran zu denken, was sich darin befindet: ein Funkgerät mit Steckern und Kabeln und zahlreichen anderen Teilen, die sehr leicht beschädigt werden können.

Einige Häuserblocks später setzt er den Koffer ab, dieses Mal vorsichtig. Greta nimmt ihn auf. Er ist schwerer als erwartet.

9.

Zwei Männer finden sich für die Bedienung der Funkgeräte bereit: der von Mildred am Berliner Abendgymnasium rekrutierte Karl Behrens (Deckname »Strahlmann«) und ein Bildhauer aus dem Gegner-Kreis namens Kurt Schumacher (»Tenor«). Sie erhalten einen Schnellkurs, wie man Funkstationen bedient, während Arvid und Harro Chiffrierlisten und einen Schnellkurs im Codieren erhalten.

Nach wenigen Wochen wird Kurt zur Armee einberufen.

Ein junger Mann bietet an, seinen Platz zu übernehmen, ein Mitglied des Gegner-Kreises, der bereits voller Eifer bei mehreren Flugblatt- und Klebezettelaktionen mitgemacht hat. Sein Name ist Hans Coppi (Deckname ebenfalls »Strahlmann«).

10.

Das Funkgerät funktioniert nicht.

Als Greta sicher ihre Wohnung erreicht hat, öffnet sie den Koffer, entrollt ein langes, dickes Kabel und steckt den Stecker in die Wandsteckdose. Keine blinkenden Lämpchen, kein elektronisches Piepsen. Nichts.

Was soll sie tun? Was *könnte* sie tun?

Korotkow müsste umgehend in Kenntnis gesetzt werden, dass das Funkgerät kaputt ist, bloß *wie*? Greta weiß nicht, welches Vorgehen jetzt angeraten ist; sie hat keine Agentenausbildung. Das drängende Problem macht sie ganz konfus, auch gibt es da noch anderes zu tun, ebenfalls dringend: Ule muss gefüttert und beruhigt und ins Bett gesteckt werden.

11.

Im Frühjahr häufen sich in der Zentrale in Moskau Geheimdienstberichte, nach denen Hitler eine Invasion in die Sowjetunion plane. Soja Iwanowna Rybkinas Auflistung enthält zusätzlich zu den Zusammenfassungen von Arvids Berichten auch die von Harros Berichten, und beide müssen sorgfältig ausgewertet werden. Soja Iwanowna Rybkina arbeitet mit mehreren Auswertern zusammen, die die Glaubwürdigkeit der Informationen und die Verlässlichkeit der Informanten beurteilen. Soja hat im zarten Alter von vierzehn Jahren zu arbeiten begonnen, damals konnte sie eine Stelle als Bibliothekarin bei der Tscheka, der sowjetrussischen Geheimpolizei und Vorgängerorganisation der GPU, ergattern. Inzwischen ist sie dreiunddreißig. Sie hat ihre Jugend und ihr gesamtes berufliches Dasein als Erwachsene unter Männern in einem Raum voller Geheimnisse verbracht.

Sie analysiert die Berichte Satz für Satz, Wort für Wort. Ihr Arbeitszimmer steht voller Aktenordner, die überquellen mit alten Meldungen von Agenten, die sie sich wieder und wieder vornimmt, um herauszufinden, ob darin Ereignisse korrekt angekündigt waren oder sich als falsch erwiesen haben.

Die von Arvid und Harro übermittelten Berichte sind bis Mitte Juni zu einem ganzen Stapel angewachsen. Soja Iwanowna Rybkinas Aufstellung reduziert den Stapel auf elf gehaltvolle Seiten. Jahre später wird sie sich erinnern: »Es war uns außerordentlich wichtig, sicherzustellen, dass nur gründlich überprüfte und wohlerwogene Fakten festgehalten wurden.«

Stalin greift zu Obszönitäten

1941

1.

In den sechs Monaten vor dem Angriff des Deutschen Reichs auf die Sowjetunion wird Stalin mit Warnungen Arvids und Harros überschüttet, etwa diesen:

> Man entwirft bereits Pläne für eine Bombardierung der wichtigsten Ziele. Die Pläne für Luftangriffe gegen Leningrad, Wyborg und Kiew sind soeben fertig geworden. Die Luftwaffe liefert laufend Luftaufnahmen von Städten und Industrieanlagen. Der deutsche Luftwaffenattaché in Moskau kundschaftet persönlich mit seinem Wagen die Lage der sowjetischen Kraftwerke aus.

Und:

> Der Stab der deutschen Luftwaffe hat die Vorbereitungen für die Luftangriffe gegen die Sowjetunion abgeschlossen. Die Luftwaffe soll vor allem Eisenbahnknotenpunkte im mittleren und westlichen Teil der UDSSR, die Kraftwerke in den Kohlenrevieren bei Donezk sowie Flugzeugfabriken in Moskau angreifen.

Und:

> Wir müssen Moskau eindringlich darauf hinweisen, dass der Angriff gegen die Sowjetunion beschlossene Sache ist. Der Angriff soll in allernächster Zeit erfolgen. Im Generalstab der deutschen Luftwaffe werden die Vorbereitungen von Operationen gegen die UDSSR mit größter Eile vorangetrieben. In Gesprächen mit Stabsoffizieren wird häufig der 20. Mai

als Datum des Kriegsbeginns genannt. Andere meinen, der Angriff sei für Juni geplant.

Stalin ignoriert die Warnungen, Arvids und Harros Berichte verwirft er als gezielte Desinformation.

Stalin erhält weitere warnende Hinweise, aus Großbritannien, den Vereinigten Staaten und von einem sowjetischen Agenten in Tokio mit Namen Richard Sorge (Deckname »Ramsay«), doch er ist überzeugt, dass die westlichen Demokratien geschickt versuchen, Zwietracht zwischen Diktaturen zu säen, und ihn dazu anstacheln wollen, Hitler zu misstrauen.

Zum Ende des Frühjahrs 1941 erreicht Stalins Paranoia epische Ausmaße. Während deutsche Panzerdivisionen und Kriegsflugzeuge sich bereitmachen für die Invasion in sein Land, tut Stalin alles, was die Zentrale in Moskau ihm an Informationen dazu vorlegt, als falsch ab, als ein Fantasiegebilde, entworfen von Lügnern, Doppelagenten oder feindlichen Verschwörern, die ihn vernichten wollen. Erstaunlicherweise ist der Einzige, dem der russische Diktator traut, Deutschlands Diktator. Nichtangriffspakt und Handelsabkommen haben ihr Band gefestigt. Stalin kann nicht glauben, dass Hitler es je zerreißen wird.

2.

Eines Tages erreicht ein Päckchen von einem geheimen Informanten aus Süddeutschland die sowjetische Botschaft in Berlin. Ob Arvid Harnack und Harro Schulze-Boysen etwas damit zu tun haben, ist nicht bekannt. Es enthält eine Broschüre mit Redewendungen, die an deutsche Soldaten ausgegeben wird, um sie für eine anstehende Invasion vorzubereiten, mit russischen Sätzen in phonetischer Umschrift, wie etwa

Hände hoch!

Und:

Ich schieße!

Und:

Bist du ein Kommunist?

3.

Am 17. Juni 1941 beordert Stalin Pawel Fitin, den Leiter der Auslandsaufklärung des NKWD, in sein Büro. Jahre später wird Fitin das Treffen in seinen Memoiren beschreiben. Ein langer rechteckiger Tisch beherrscht den Raum. Fitin sieht zu, wie Stalin vor dem langen Tisch unruhig auf und ab geht, rauchend, an seiner Pfeife ziehend. Dann und wann stößt er eine Wolke grauen Rauchs aus.

»Erklären Sie mir«, sagt Stalin schließlich. »Wie kommt Ihr Informant an seine Informationen?« Der Bericht, den er in der Hand hält, ist vom 16. Juni 1941. Die Informanten hinter diesem Bericht sind Arvid Harnack und Harro Schulze-Boysen. Die Nachricht, die sie an die Zentrale in Moskau übermittelt haben, ist der bisher dringlichste und triftigste Beweis, dass Hitler die Sowjetunion demnächst angreifen wird, schon in wenigen Tagen.

Fitin tut sein Bestes, um es zu erklären, aber Stalin ist unbeirrbar. Insbesondere auf Informationen von Harro über einen Angriffsbefehl der Luftwaffe hat er sich versteift. Seine Wut reißt ihn zu Obszönitäten hin. Resolut schreibt Stalin quer über den Bericht: »Der Hurensohn von ›Informant‹ aus dem Stab der deutschen Luftwaffe gehört zur Hölle geschickt.«

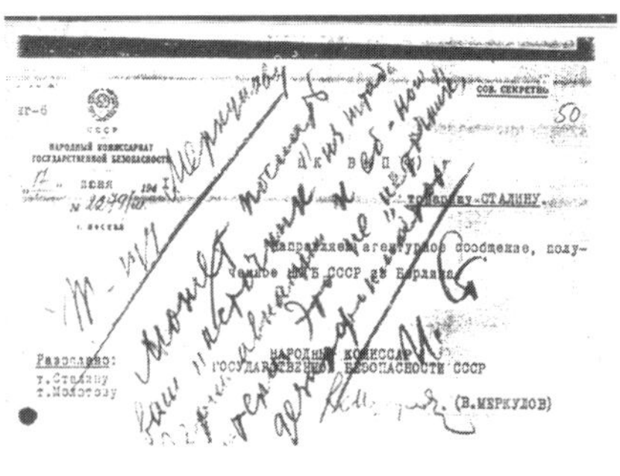
СОВ. СЕКРЕТНО
СССР
НАРОДНЫЙ КОМИССАРИАТ ГОСУДАРСТВЕННОЙ БЕЗОПАСНОСТИ
НАРОДНЫЙ КОМИССАР ГОСУДАРСТВЕННОЙ БЕЗОПАСНОСТИ СССР
(В.МЕРКУЛОВ)

Sechs Tage danach, am 22. Juni 1941, fällt Hitler in die Sowjetunion ein.

Hans Coppis erste Nachricht

1941

1.

Um 3 Uhr früh am 22. Juni 1941 greifen drei Millionen deutsche Soldaten auf einem sich über 2.000 Kilometer von der Ostsee bis zum Schwarzen Meer erstreckenden Landstrich die Sowjetunion an. Unter dem Decknamen »Unternehmen Barbarossa« laufend, wird diese Invasion als eine der brutalsten und tödlichsten in die Geschichte eingehen.

Der Überraschungsangriff verschafft Deutschland einen enormen taktischen Vorteil. Die sowjetische Luftstreitmacht – zu der Zeit die größte der Welt – ist so wenig vorbereitet, dass ihre Piloten noch im Bett liegen und schlafen, als die Luftwaffe die erste Brandbombe abwirft. Innerhalb von 48 Stunden zerstört die Luftwaffe 2.000 sowjetische Kampfflugzeuge, die meisten davon sind in Hangars oder auf Außenstellplätzen an den Flughäfen abgestellt, mit kalten Motoren. Deutsche Panzerdivisionen preschen erbarmungslos voran und feuern um sich. Innerhalb einer Woche werden über 600.000 Truppenangehörige der Roten Armee gefangen genommen oder getötet – zumeist Letzteres. Ein deutscher Soldat formuliert es so: »Der Russe ist ein zäher Gegner. Wir tun jetzt fast keine Gefangenen machen, sondern erschießen alle.«

SS-Kommandoeinheiten, die »Einsatzgruppen« genannt werden, folgen den an vorderster Front stehenden Truppen nach. Sie haben dieselbe Order erhalten wie schon 1939, als Deutschland in Polen einmarschiert ist: so viele Juden wie möglich ausfindig zu machen und zu töten. Nach einigen Monaten sendet der Kommandeur einer Einsatzgruppe seinen ersten Bericht vom Schlachtfeld nach Berlin, in dem er stolz verkündet, dass seine Männer 229.052 russische Juden ermordet haben. In schneller Folge treffen kurz darauf zwei weitere Berichte ein: Weitere 140.467 sind eliminiert worden. Unter ihnen sind 34.000 Männer, Frauen und Kinder aus Kiew, die man zu einer malerischen Schlucht mit Namen Babi Jar laufen lässt, wo man ihnen befiehlt, sich die Kleider auszuziehen, und sie dann erschießt. Das Massaker von Babi Jar kündigt an, was noch kommen wird.

2.

Das Unternehmen Barbarossa ist so ein Schock für Stalin, dass er drei Stunden nach Beginn der Invasion weiterhin auf seiner Überzeugung beharrt, dass Hitler nichts damit zu tun hätte. Er glaubt, ihr Handelsabkommen sei weiterhin in Kraft. Zugladungen voll Kautschuk, Eisen und anderen Rohstoffen rattern Richtung Deutschland, während deutsche Truppen russische Soldaten niedermachen.

Als am Morgen die Sonne über Berlin aufgeht, ist die sowjetische Botschaft von der ss umstellt. Rauchgeruch füllt die prunkvoll ausgestatteten Räume, während die russischen Diplomaten in panischer Hast mit Streichhölzern herumfummeln, um Chiffriertabellen und Dokumente der höchsten Geheimhaltungsstufe zu verbrennen.

Eine Woche später, nachdem ein ss-Offizier sich hat bestechen lassen, sitzt Korotkow in einem Zug gen Süden, Richtung Türkei. Vielleicht findet Korotkow darin ein wenig Trost, seinem Berliner Netzwerk in letzter Sekunde zwei Funkapparate geliefert zu haben.

3.

Hans Coppi sitzt über ein Funkgerät gebeugt da und versucht, testweise eine Nachricht zur Moskauer Zentrale zu senden. Es ist das zweite Funkgerät, mit dem er es probiert. Das erste war kleiner und batteriebetrieben, das Signal nicht annähernd stark genug, um Moskau zu erreichen. Nach einer Reihe verwirrender Transaktionen mit russischsprechenden Fremden – Hans kann Kuriere, Kontakte, Führungsoffiziere und Agenten nicht voneinander unterscheiden – hatte er zuletzt an einer Bahnstation an der Deutschlandhalle auf einen Russen gewartet, der ihm in einem Koffer einen Funkübermittler aushändigte, den man zuvor von Greta und Adam Kuckhoffs Wohnung in einen Schuppen in Spandau gebracht hatte, wo er wohl repariert worden war. Der Apparat erweist sich als ein einschüchterndes, voluminöses Teil.

Hans Coppi ist fünfundzwanzig Jahre alt und verdient sein Geld als Dreher in einer Fabrik. Mit siebzehn, ungefähr einen Monat nachdem Hitler an die Macht gekommen war, haben er und seine Freunde »Nieder mit Hitler!« auf Hunderte Zigarettenpapiere geschrieben und sind dann durch die Straßen Berlins gelaufen, um die Papiere wie Konfetti zu werfen. Er wurde prompt festgenommen und verbüßte eine einjährige Gefängnisstrafe. Kurz nach seiner Entlassung wurde er in ein Konzentrationslager gesteckt, weil er Flugblätter verbreitet hatte. Sein Haftstrafregister hat es ihm schwergemacht, Arbeit zu finden. Gerade erst vor zwölf Tagen hat er seine Freundin geheiratet, Hilde Rake, die als Sachbearbeiterin bei der Reichsversicherungsanstalt für Angestellte arbeitet.

Irgendwann endlich, genau vier Tage nachdem das Unternehmen Barbarossa begonnen hat, schafft Hans Coppi es, probehalber eine Botschaft zu übermitteln – und sie ist voller Überschwang, möglicherweise, weil er frisch verheiratet und verliebt ist: »Tausend Grüße an alle Freunde.«

Anatoli Gurewitsch, auch bekannt als Kent, auch bekannt als Vincente Sierra, auch bekannt als Viktor Sukulow

1941

S.51

PF 69.073.

[SUKOLOV, Victor.]

PF 69073

ALIAS: KENT (W/T traffic)
SIERRA, Vincente (cover-name in Belgium)
ARTHUR. (in OZOL's network)
FRITZ. (Germans' cover-name)
BARCZA, Arthur.
URWITH, Simon.
Petit Chef (to members of Belgian network)

(?) MANOLO (q.v.) (to RADO network)
(?) CLEMENT (q.v.)

ESPIONAGE: Red Army intelligence agent of long standing. Leader of group in Belgium 1940-1941 and in Marseilles 1942.
Had received intensive training in Leningrad in subjects including W/T, secret writing and sabotage.

(?) September 1941: Visited Germany, where gave W/T set to HARNACK group, a cypher to Ilse STOEBE for von ... and renewed contact with

1.

Und weiter: nichts. Die Zentrale in Moskau weist die sowjetischen Botschaften in London und Stockholm an, die vereinbarten Frequenzen abzuhören, aber auch sie vernehmen nichts als Stille.

2.

Ein Punkt und ein Strich – die Sprache des Morsecodes ist trügerisch einfach. Wenn Hans Coppi einen Strich statt eines Punktes eingibt, oder Punkt–Punkt–Strich statt Strich–Strich–Punkt, ist das Wort nicht mehr verständlich. Selbst jemandem, der darin sehr versiert ist, unterlaufen Fehler. Hans gibt sein Bestes, die Striche und Punkte in der richtigen Kombination zu tippen, wobei er dieselbe Fingerfertigkeit und Präzision an den Tag legt, die er auch bei seiner Arbeit als Dreher im Fabrikgebäude benötigt.

Es sind die Vorgaben, die für den Funkverkehr zu beachten sind, die für die meiste Verwirrung sorgen.

Hans Coppi ist eilig ausgebildet worden. Er weiß, dass er seine Botschaften an die Zentrale in Moskau mit einem bestimmten Funkrufzeichen auf einer bestimmten Wellenlänge übermitteln muss, die sich beide nach einem festgelegten Plan immer wieder ändern. Aber der namenlose Russe, der ihm eine Liste mit sechs Wellenlängen gegeben hat, die in Kombination mit dreißig Funkrufzeichen zu benutzen sind – einem für jeden Tag des Monats –, hat ihm nicht erklärt, was zu tun ist, wenn der Monat einunddreißig Tage hat. Oder vielleicht hat er es auch erklärt, aber Hans ist zu erschöpft gewesen nach seiner zehnstündigen Schicht in der Fabrik, oder zu aufgeregt, weil er mit dem NKWD zusammenarbeitet, oder zu verängstigt, dass die Gestapo alles zu ihm zurückverfolgen und mitlesen könnte.

Am 31. Juli 1941 verwendet Hans das erste Funkrufzeichen auf der Liste. Damit macht er einen Fehler. Er hätte diesen Tag auslassen und sich erst am 1. August wieder melden sollen. Die Wellenlänge, die er verwendet, ist die falsche, und die Zentrale in Moskau kann das Signal nicht empfangen. London und Stockholm ebenso wenig. Der verschlüsselte Bericht, den Hans Coppi im Morsealphabet übermittelt, geht im Äther verloren, eine bedeutungslose Folge von kurzen und langen Zeichen.

3.

Die Zentrale in Moskau hat beiden Funkgeräten in Berlin Stationsnummern zugewiesen. Hans Coppis Apparat ist Station D6. Es gibt ein zweites Gerät, Station D5, von dem angenommen wird, dass Karl Behrens es betreibt, aber auch dieses bleibt stumm. Die Zentrale in Moskau kann kein einziges Signal auffangen.

Pawel Fitin ist verzweifelt. Als Chef der Auslandsaufklärung beim NKWD weiß er ganz genau, was passiert, wenn Stalin etwas missfällt. Seinen Vorgänger auf diesem Posten sind sie mit einem Kopfschuss losgeworden.

Es gibt jemanden, der helfen kann, einen Agenten, der als »absolut verläßlicher« und »vertrauenswürdiger« Mann gilt. Er gehört nicht dem NKWD an, sondern arbeitet für den Militärgeheimdienst der Roten Armee, auch als GRU bekannt. Unter anderen Umständen würde Fitin sich scheuen, einen Rivalen um einen Gefallen zu bitten – im der von heftiger Konkurrenz geprägten und oft mörderischen Atmosphäre in Stalins Geheimdienstbürokratie stehen sich NKWD und GRU häufig als Gegenspieler gegenüber –, doch Fitin überwindet seine wie auch immer gearteten Bedenken und reicht ein förmliches Gesuch ein. Am 11. September 1941 unterzeichnen das NKWD und die GRU einen Befehl, der zum Ziel hat, mit gemeinschaftlichen Bemühungen den Kontakt mit den Stationen D5 und D6 wiederherzustellen, indem ein achtundzwanzigjähriger GRU-Agent mit Decknamen »Kent« nach Berlin entsendet wird.

4.

Im Alter von achtzehn Jahren hat Anatoli Markowitsch Gurewitsch den Spionage-Thriller *Tagebuch des Spions Edward Kent* von N. G. Smirnoff gelesen und daraufhin beschlossen, in die Fußstapfen des furchtlosen und gewandten Protagonisten zu treten, eines britischen Agenten namens Edward Kent. Gurewitsch ist ein Spion, der sich nach einem Spion aus einem Roman benannt hat.

Gurewitsch operiert unter vielen Decknamen (Vincente Sierra, Arthur Barcza, Simon Urwith, Viktor Sukulow) und besitzt mindestens vier falsche Pässe, er gibt sich als mexikanischer Tourist und uruguayischer Student aus, hat aber auch noch andere Identitäten parat. Er hält sich seit 1939 in Belgien auf, dem Jahr, in dem er verdeckt bei Foreign Excellent Trench Coats zu arbeiten begann. Als nicht legal abgedeckter Resident führt er ein Netzwerk von Agenten. Er hat eine gewaltige Gier auf Essen und ein Faible für Luxusgüter. In einem Restaurant bestellt er »den Fleischgang zweimal oder dreimal« und beim Wodka »gleich eine halbe Flasche oder mehr«, wie ein Agentenkollege berichtet. Der große Schrank in seiner weitläufigen Wohnung enthält »mehr als fünfzig« elegante Anzüge. In einem anderen Schrank lagert er fünftausend Zigarren.

Foreign Excellent Trench Coats gibt es nicht mehr; eine neue Import-Export-Firma ist zur Tarnung entstanden, Simexco, an der Rue des Atrébates 101 gelegen. Hier hat Gurewitsch angeblich als Geschäftsmann seinen Sitz. Am 26. August 1941 erreicht ihn ein Kryptogramm aus der Moskauer Zentrale.

> An Kent. Begeben Sie sich sofort zu den drei angegebenen Adressen in Berlin und stellen sie fest, weshalb Funkverbindung ständig versagt. Falls Unterbrechungen sich wiederholen, übernehmen Sie Funkübermittlung. Arbeit der Berliner Gruppen und Nachrichtenübermittlung von größter Wichtigkeit.

Die Adressen, die dann folgen, sind die von Arvid Harnack, Harro Schulze-Boysen und Adam Kuckhoff. In der kurzen Mitteilung erscheinen ihre echten Namen, nicht die Decknamen.

Der Funkspruch stammt aus Pawel Fitins Büro. Es hat sich schon mehrfach gezeigt, dass der junge Direktor der Auslandsaufklärung beim NKWD weniger erfahren ist als viele seiner früheren Genossen, die Stalins blutigen Säuberungsaktionen zum Opfer gefallen sind. Auch eine Reihe von Agenten, die unter seiner Führung stehen – Agenten wie Korotkow – haben sich bei ihrer Spionagearbeit Fehltritte geleistet, aber der Funkspruch, den er Gurewitsch am 26. August 1941 schickt, ist ein so schwerwiegender Fehler, dass er all die anderen auf gefährliche Weise in den Schatten stellt. Tatsächlich wird Fitins Botschaft als einer der folgenschwersten Schnitzer im Spionagewesen des Zweiten Weltkriegs in die Geschichte eingehen.

5.

Gurewitsch befolgt Fitins Anweisungen und reist nach Berlin. Er trifft sich mit Arvid, Harro und Adam. Alle Funkapparate, die die Moskauer Zentrale dieser Gruppe deutscher Antifaschisten geschickt hat, sind kaputt. Er bleibt zwei Wochen lang in Berlin, versucht ohne Erfolg, die Kurzwellensender zu reparieren, und kehrt dann mit einem Stapel geheimer Berichte von Arvid und Harro nach Brüssel zurück. Hinter verschlossenen Türen in seinem Simexco-Büro dauert es noch eine Woche, bis Gurewitsch die Informationen verschlüsselt hat und sie ein gut ausgebildeter sowjetischer Geheimagent namens Michail Makarow an die Moskauer Zentrale sendet, mit einem Funkgerät, das voll funktionstüchtig ist.

Gurewitsch beordert aus der Zentrale in Moskau mehr Funkgeräte für Berlin. Mitten in einem schonungslosen Krieg ist das einzig und allein mit Fallschirmen möglich.

Alarmstufe Rot

1941

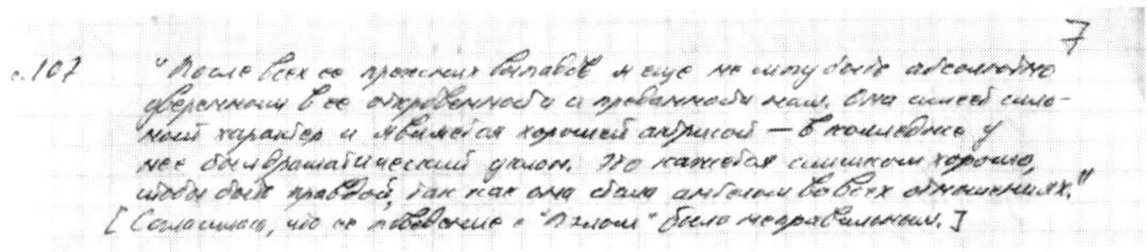

1.

In den Monaten vor Gurewitschs Ankunft in Berlin machen sowohl die alten wie auch die neu gelieferten Funkgeräte die Runde. Sie sind empfindlich und benötigen stetige Pflege. Als der Transformator in Hans Coppis Gerät kaputtgeht, erklärt sich eine Stenotypistin namens Erika von Brockdorff bereit, es in ihrer Wohnung zu verwahren, bis irgendwer es reparieren kann. Eine andere Frau erklärt sich ebenfalls bereit, ein Funkgerät zu verstecken – die Tänzerin Oda Schottmüller, die es in ihrem Tanzstudio verstaut. Für einige Zeit verstecken Mildred und Arvid ein Gerät in ihrer Wohnung. Einen Kurzwellensender zu transportieren ist ein gefährliches Unternehmen. Mut und Einfallsreichtum sind dabei unerlässlich. Frauen des Kreises spazieren also mitten am Tag über die Trottoirs von Berlin und schieben in Kinderwagen, unter Decken und Spielzeug verborgen, Funkanlagen vor sich her.

Wolfgang Havemann erhält von Arvid ein Radiogerät, das dieser zu einem Kurzwellensender umfunktioniert und über ein Loch in der Wand seines Mansardenzimmers mit einer Antenne auf dem Dachboden verbindet.

Wolfgang ist zum Armeedienst eingezogen worden, genau wie es Arvid so viele Jahre zuvor bei Hitlers Fackelzug vorhergesehen hatte. Er arbeitet bei der Marineaufklärung. Sein Arbeitsplatz befindet sich in der Nähe von Mildreds und Arvids Wohnung, fünf Minuten entfernt. Manchmal geht er nach der Arbeit dorthin, und die drei sitzen miteinander um das Blaupunktradio herum und hören feindliche Sender, um Neues von der Ostfront zu erfahren. Die Nachrichten sind fast immer die gleichen: ein Sieg nach dem anderen für Hitler. Minsk, Kiew – als Nächstes ist Moskau dran.

Mildred und Arvid laden Wolfgang auf eine sonntägliche Wanderung im Grunewald ein. Es ist ein prächtiger Herbsttag. Sie erreichen einen See mitten im Wald. Der Schlachtensee ist tiefblau und glitzert im gedämpften Sonnenlicht.

Arvid dreht sich zu Wolfgang: *Bist du denn jetzt bereit, dich für die Beendigung der Hitlerherrschaft einzusetzen?* Wolfgang ist mittlerweile Vater. Im Jahr zuvor ist er sechsundzwanzig geworden und hat seine Freundin Ursel geheiratet, die eben erst ihre Tochter auf die Welt gebracht hat. Er hat doch schon eine Schreibmaschine und ein Funkgerät versteckt. Was will Arvid denn noch von ihm?

2.

Karl Behrens hat sich entschieden, kein Funkgerät bedienen zu wollen.

Er stellt sich stattdessen freiwillig als Kurier zur Verfügung. Er holt die verschlüsselten Berichte aus der Woyrschstraße 16 ab und bringt sie zu Hans Coppi, der Stunden über einen Kurzwellensender gebeugt mit dem Tickern verbringt.

Dann wird Karl Behrens zum Armeedienst berufen. Wenn er sich weigert, den Dienst anzutreten, wird er vor ein Kriegsgericht gestellt. Während er fort ist, muss irgendwer seine Kuriertätigkeit übernehmen.

Rose Schlösinger meldet sich freiwillig dafür.

Rose ist erst vor einigen Jahren zum Kreis dazugestoßen, nachdem sie den von Mildred aus ihren BAG-Schülern rekrutierten Bodo Schlösinger geheiratet hat. Rose lebt allein, mit dem Baby, das die beiden haben – Bodo ist eingezogen worden, – und arbeitet tagsüber als Sekretärin in einer Fabrik. Nachts, nachdem sie ihr Kind ins Bett gebracht hat, verschlüsselt sie Geheiminformationen.

3.

Harro, Mildred und Arvid erledigen den Großteil der Verschlüsselungsarbeit – ein komplizierter und zeitraubender Vorgang.

Der sowjetische Code basiert auf einem Schachbrettsystem.

	1	2	3	4	5
1	a	b	c	d	e
2	f	g	h	ij	k
3	l	m	n	o	p
4	q	r	s	t	u
5	v	w	x	y	z

Jeder Buchstabe des Alphabets wird durch eine Nummer aus der vertikalen Reihe (1, 2, 3, 4, 5) und einer Nummer der horizontalen Reihe (1, 2, 3, 4, 5) dargestellt. Der Buchstabe R ist zum Beispiel 42, der Buchstabe O ist 34 und der Buchstabe T ist 44. Das Wort »rot« ist eine Reihe aus drei zweistelligen Zahlen: 42-34-44. Dann kommt ein Schlüsselwort zum Einsatz.

Wenn zum Beispiel das Schlüsselwort »Paris« verwendet wird, um das Wort »Warnung« zu codieren, werden beide Wörter in zweistellige Zahlen umgewandelt, dann werden die Zahlen addiert, und man kommt zu der Ziffernreihe 87–22–84–57–88–68–33.

Ausgangstext	W	a	r	n	u	n	g
Schachbrett	52	11	42	33	45	33	22
Schlüsselwort	35	11	42	24	43	35	11
Verschlüsselter Text	87	22	84	57	88	68	33

Das ist die vereinfachte Version einer komplizierteren Abfolge von Rechenschritten mit fünfstelligen Ziffern, die Mildred mithilfe einer Chiffrierliste und einer Reihe von Schlüsselwörtern, die aus einem entlegenen Roman stammen, durchführt. Das Ergebnis ist eine lange Zahlenreihe, die Hans Coppi in Morsezeichen umwandelt und in sein Funkgerät eingibt.

Ein einziger Fehler

1941

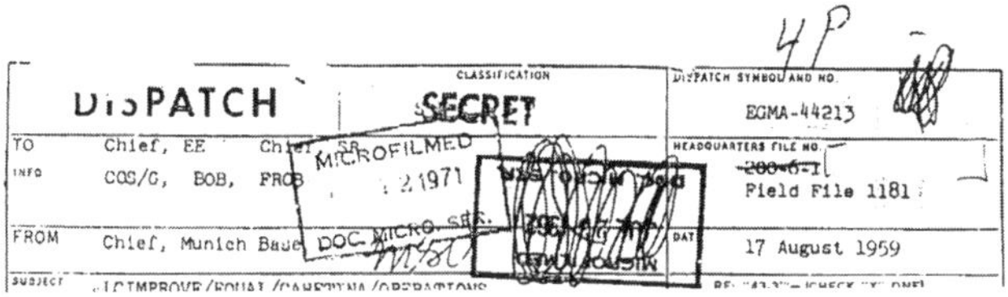

therefore undoubtedly belonging to the enemy. We knew the radio peculiarities and style of the English radio transmitters and thus deduced that the new radio transmitters must be working for Moscow. The unknown radio links were monitored and the messages recorded without, in the beginning, being able to decode them.

1.

Am 26. Juni 1941 um 3:58 Uhr fangen Nachrichtensoldaten der Abwehr, die in der Funküberwachungsstelle in Cranz, einem nördlich von Königsberg gelegenen Küstenstädtchen, stationiert sind, einen verschlüsselten Funkspruch ab, der von einem Kurzwellensender stammt. Die Funküberwacher leiten die Nachricht an die Funkabwehr weiter, diejenige Abteilung, die unerlaubte Funksendungen nachverfolgt und Funksprüche der Alliierten entschlüsselt. Die Spezialisten der Funkabwehr, die in einem nur wenige Häuserreihen von Mildreds und Arvids Wohnung entfernten Gebäude sitzen, können nicht ermitteln, woher die Nachricht kommt und für welchen Empfänger sie vorgesehen ist.

Zwei Monate später, am 26. August 1941, fängt die Funkabwehr eine zweite Nachricht ab.

> An Kent. Begeben Sie sich sofort zu den drei angegebenen Adressen in Berlin und stellen Sie fest, weshalb Funkverbindung ständig versagt. Falls Unterbrechungen sich wiederholen, übernehmen Sie Funkübermittlung. Arbeit der Berliner Gruppen und Nachrichtenübermittlung von größter Wichtigkeit.

Dem Funkspruch folgt ein weiterer:

> Suchen Sie bei Ihrer geplanten Fahrt nach Berlin Adam Kuckhoff oder seine Frau in der Wilhelmhochstraße 18, Telefon 83-52-61 auf; sie wohnen im zweiten Treppenhaus links im Obergeschoß. Sagen Sie, ein Freund von Arvid schicke Sie. Erinnern Sie Kuckhoff an ein Buch, das er Erdberg kurz vor dem Krieg geschenkt hat, und an sein Stück *Till Eulenspiegel*. Schlagen Sie Kuckhoff vor, Ihr Treffen mit Arvid und Harro zu arrangieren; falls das nicht machbar sein sollte, fragen Sie Kuckhoff: Wann wird die Kommunikation beginnen, und was ist geschehen? Wo und in welcher Situation befinden sich unsere Freunde, besonders die Arvid bekannten ITALIENER, STRAHLMANN, LEON, KARO. Eruieren Sie detaillierte Informationen zur Übermittlung an Erdberg. Schlagen Sie vor, jemanden zur persönlichen Kontaktaufnahme nach Istanbul zu schicken oder jemanden auszuwählen, der den Handelsrepräsentanten am [sowjetischen] Konsulat in Stockholm persönlich kontaktieren kann. Bitten Sie Kuckhoff, ein [sicheres] Haus auszusuchen, in dem Leute Unterschlupf finden können. Falls Kuckhoff nicht anzutreffen ist, gehen Sie zu Harros Frau Libertas Schulze-Boysen, Altenburger Allee 19, Telefon 99-58-47.

Auch diese Botschaften sind verschlüsselt. Was die Funkabwehr-Agenten sehen, ist lediglich der Morsecode, ein Chaos aus Strichen und Punkten.

2.

Kryptoanalytiker der Funkabwehr erhalten den Auftrag, die Nachrichten zu entschlüsseln. Die Leitung hat ein Mathematiker in mittleren Jahren namens Wilhelm Vauck inne, der ins Oberkommando der Wehrmacht abkommandiert und mit dem Rang eines Oberleutnants ausgestattet worden ist. Vaucks Arbeitsgruppe besteht aus fünfzehn jungen Mathematikern und Philologen, die ebenfalls zum Kriegsdienst eingezogen wurden. Sie sehen wie Soldaten aus, obwohl sie nie eine Kampfhandlung erleben oder eine Waffe anfassen werden. Stunde um Stunde, Tag für Tag, Monat für Monat sitzen fünfzehn korrekt uniformierte Männer in einem Zimmer, starren auf die verschlüsselten Nachrichten und kritzeln Wahrscheinlichkeitsrechnungen vor sich hin, ausgehend von den im Deutschen am häufigsten auftretenden Buchstaben. Die Häufigkeit des Buchstabens »e« beträgt 18,7 Prozent, bei »n« sind es 11,3 Prozent, bei »i« 7,9 Prozent. Die Funksprüche bleiben ihnen ein Rätsel. Die Sowjets sind berühmt für ihre kaum je zu durchdringenden Verschlüsselungsverfahren, und aus dem Chaos aus Punkten und Strichen lässt sich einfach kein erkennbares Muster ablesen.

Und doch gibt es einen Schwachpunkt bei diesem Code. Wenn sie es schaffen, das Schlüsselwort zu finden oder den schwer zugänglichen Roman, aus dem das Schlüsselwort stammt, können sie den Code knacken.

3.

Bisher ist das Unternehmen Barbarossa ein grandioser Erfolg für Hitler. Im Herbst preschen die deutschen Truppen durch die Ukraine und nehmen die Hafenstadt Rostow am Don ein, womit sie sich das Einfallstor zum Kaukasus erschließen, einer Region, die reich ist an Ölvorkommen. Es ist ein monumentaler Sieg. Hitler plant, Russlands Hauptstadt noch vor dem Einbruch des Winters dem Erdboden gleichzumachen.

Moskau ist von Panik ergriffen. Stalin weist die Regierung an, nach Kuibyschew, 860 Kilometer östlich von Moskau, umzuziehen. Der Kasaner Bahnhof quillt über vor Menschen. Auf den Bahnsteigen wimmelt es von Leuten, die verzweifelt versuchen, aus der Stadt herauszukommen, ihren Besitz auf dem Rücken festgeschnallt. Plünderer zertrümmern die Scheiben verlassener Ladengeschäfte. Hunde, die von ihren Besitzern zurückgelassen wurden, heulen in die Nacht hinein.

Die Zentrale in Moskau macht sich bereit, sich ebenfalls der Evakuierung anzuschließen. Ein Raum voller sowjetischer Kryptologen hat vergeblich auf Funksprüche von Hans Coppi aus Berlin gewartet. »Tausend Grüße an alle Freunde« bleibt die einzige Nachricht, die bei ihnen ankam.

Gollnow

1941

16.) Herbert Gollnow,
Beamtenanwärter bei der Reichsbahn,
Konsulatssekretär im Auswärtigen Amt,
Studium an der Auslandswissenschaftlichen
Fakultät der Universität Berlin,
Oberleutnant der Luftwaffe,
Referent für Luftlande-Truppen und Fall-
schirmspringer beim OKW -Abwehrabteilung-.

1.

Am 20. November 1941 erhält Mildred ihren Doktortitel.

Sie ist über zehn Jahre lang Doktorandin in Deutschland gewesen, hat ihre Dissertation stoßweise und in Schüben geschrieben, zerstreut von dem ganzen Trubel um sie herum. Der Titel der Doktorarbeit lautet *Die Entwicklung der amerikanischen Literatur der Gegenwart in einigen Hauptvertretern des Romans und der Kurzgeschichte.*

2.

Mildred kehrt an die Hochschule in Berlin zurück. Sie lehrt dort wieder, dieses Mal in einer anderen Abteilung. Die Verwaltung hat eine »Auslandswissenschaftliche Fakultät« eingerichtet und ein »Deutsches Auslandswissenschaftliches Institut« angegliedert, das auf die Schulung von SS-Offizieren und anderen Offizieren zugeschnitten ist, die Englisch lernen möchten.

Am ersten Unterrichtstag geht sie mit großen Schritten auf das Pult zu, ihre Ledermappe hält sie fest umklammert. Es hat sich so viel verändert, seit sie hier zuletzt gelehrt hat. Was denkt sie jetzt, beim reihenweisen Anblick von Nazis, die sie anstarren?

Einer davon ist Herbert Gollnow, ein einunddreißigjähriger Leutnant der Abwehr. Er ist in vielerlei Hinsicht das Gegenteil von

Arvid. Sein Haar ist dunkel, auch seine Augen. Er ist nicht verheiratet. Vielleicht sorgt er dafür, dass Mildred das weiß.

Sitzt er gleich ganz vorne oder in der zweiten oder dritten Reihe? Macht er seine Notizen mit einem Bleistift oder einem Füllfederhalter? Vielleicht sitzt er da mit gefalteten Händen, still, und schaut Mildred beim Vortrag zu, lässt den Klang ihrer Worte auf sich wirken.

3.

Zwei Jahre zuvor hat Herbert Gollnow bei Mildreds Nichte Jane damit begonnen, private Englischstunden zu nehmen, auf ein Inserat hin, das Jane in einer Berliner Tageszeitung veröffentlichte, in der Hoffnung, sich so etwas dazuverdienen zu können. Im Jahr 1941 bat Mildred Jane, mit den Stunden für Gollnow aufzuhören, und schlug vor, dass er stattdessen Stunden bei ihr nehmen könnte. Jane hatte keine Einwände.

4.

Jane und Otto Donner haben kürzlich ihren zweiten Hochzeitstag gefeiert. Jane ist mit ihrem zweiten Kind schwanger; das erste hat sie im Dunkeln, während eines Fliegeralarms, zur Welt gebracht. Mildred erschien mit einem riesigen Strauß aus rosaroten Rosen, weißen Lilien und Zyklamen, deren Blüten »wie Schmetterlinge« flatterten.

Jane fängt an, sich Gedanken zu machen, ob Mildred ihr nicht etwas verheimlicht. Eines Morgens, als sie ihren kleinen Sohn stillt, fragt sie Otto, ob er meint, dass Mildred eine Art Spionin sein könnte.

Otto schürzt die Lippen und schüttelt, seine Ungläubigkeit theatralisch zur Schau stellend, resolut den Kopf.

5.

Gollnow hatte seine Lehrerin nicht wechseln wollen, aber Jane war unnachgiebig geblieben. Also hatte sich Gollnow in Mildreds Kurs an der Universität Berlin eingeschrieben.

Nachdem der Kurs einige Male stattgefunden hatte, tauchte Gollnow in der Woyrschstraße 16 auf, um Privatunterricht zu nehmen.

Mildred macht eine Kanne Pfefferminztee, so, wie sie es früher auch für Don getan hat. Der kleine Junge, der einst auf ihrem Sofa saß und sich stockend durch die erste Stunde gestottert hat, ist inzwischen ein Halbwüchsiger. Und hier auf dem Sofa, auf Dons Platz, sitzt jetzt ein ausgewachsener Mann.

6.

Mildred vermisst Don.

Die Heaths haben Berlin im Juni verlassen, unmittelbar vor dem Unternehmen Barbarossa. Eine Vorwarnung hatte es nicht gegeben. Eines Morgens kam Don zu seiner Stunde und sagte, das sei seine letzte. Er umarmte sie fest. Mildred wiegte ihn hin und her. Vielleicht hoffte sie, sich damit selbst ebenso trösten zu können wie den schluchzenden Dreizehnjährigen in ihren Armen.

Später an diesem Nachmittag stand Mildred am Anhalter Bahnhof auf dem Bahnsteig, wenige Augenblicke, bevor die Heaths den Zug bestiegen. Louise sagte zu ihr, dass das Außenministerium Donald nach Chile sende. Sie erklärte nicht, weshalb er so abrupt versetzt wurde, so weit weg von Deutschland.

Mildred gab Louise einen Umschlag. Darin befanden sich ein Abschiedsbrief und ein Gedicht.

Das Gedicht war für Don.

Ein Leid unter so vielen

1941–1942

1.

Gollnow ist ganz anders als Mildreds Schüler aus dem BAG. Er ist eher durchschnittlich begabt und macht gern große Worte, aber Mildred kann diese beiden Eigenschaften für ihre Zwecke nutzen. Gollnows Stellung bei der Abwehr verschafft ihm Zugang zu streng geheimen Informationen über deutsche Militärtaktiken in der Sowjetunion.

Wie leicht es ist, seine Tasse mit Pfefferminztee zu füllen und ihn unter dem Vorwand, ihm Englischunterricht zu geben, zu befragen. Zu sagen:

Erzählen Sie, was Sie beruflich machen.
Erzählen Sie, wie Sie das machen.
Erzählen Sie, auf Englisch.

2.

Die Schlacht um Moskau beginnt vielversprechend für Deutschland. Aber als die Temperaturen unter null fallen, kommen die deutschen Truppen schon bald ins Straucheln. Alles gefriert – der Boden, auf dem sie stehen, die Gewehre, die sie halten, das Brot, das sie essen und mit einer Säge zerteilen müssen. Auf den schneebedeckten Straßen kommen die Fahrzeuge, die ihnen Munition und Nachschub liefern sollen, nicht durch. Soldaten, die keine Knobelbecher oder Handschuhe tragen, holen sich Erfrierungen. Erfrierungen führen zu Wundbrand. Feldärzte amputieren Gliedmaßen. Eine nicht geringe Zahl der bewegungsunfähig Gewordenen fasst den Entschluss, sich zu erschießen. Ein eisiger, schneidender Wind dringt den ostwärts stapfenden Soldaten bis in die Knochen, sie brechen vor Hunger und Erschöpfung zusammen.

Am 4. Dezember 1941 fallen die Temperaturen auf 22 Grad unter null. Am nächsten Tag startet die Rote Armee einen Gegenangriff.

Die Sowjets sind auf arktische Temperaturen eingestellt. Sie tarnen sich mit weißer Kleidung. Ihre Jacken sind gefüttert. Die Waffen, die sie tragen, sind auf besondere Weise eingeölt, so dass sie nicht einfrieren. Die Panzer, die sie fahren, haben breite Ketten und starke Dieselmotoren, die sie über Schneeverwehungen hinwegtragen. Die Kampfflugzeuge, die sie fliegen, sind ebenfalls so gebaut, dass sie mit Frost zurechtkommen. Die deutsche Luftwaffe indes muss am Boden bleiben. Erstmals seit dem Beginn von Unternehmen Barbarossa ist die Sowjetunion gegenüber Deutschland im Vorteil.

Harro Schulze-Boysen ist auf einer Militärbasis an der Havel stationiert, nicht weit von Potsdam entfernt. Die Last der Verantwortung, die er als Leutnant hat, ist größer geworden, sie droht ihn zu erdrücken, als die Luftwaffe nun große Verluste zu erleiden beginnt. In einem Geheimbericht erklärt Harro, wie sie sowohl mit Treibstoffknappheit als auch mit schwindender Moral zu kämpfen haben:

> Der Treibstoff der deutschen Armee reicht voraussichtlich nur bis Februar oder März nächsten Jahres. […] Die deutsche Luftwaffe hat schwere Verluste erlitten und verfügt nur noch über etwa 500 einsatzfähige Flugzeuge. Die Hoffnung auf einen schnellen deutschen Sieg ist verflogen, was ganz besonders die höheren Ebenen des Offizierskorps schwer getroffen hat.

Harro fehlt jetzt die Zeit fürs Verschlüsseln.

3.

Mildred arbeitet bis spät in die Nacht hinein an der Verschlüsselung von geheimen Informationen. Das Geld ist so knapp geworden, dass sie sich an Hungerattacken gewöhnt.

Am 3. Dezember 1941 schreibt sie an Arvids Mutter, Clara Harnack.

Könntest Du uns Kartoffeln schicken? Es ist ein beunruhigendes Gefühl, nicht zu wissen, ob der Hunger nicht doch zu weitgehend entkräftet. Wir essen Kartoffeln jetzt jeden Abend. Heute Abend hatten wir köstliche kleine Kartoffeln, die nun wie ein Wunder nach Kastanien schmeckten.

4.

Mit der Schwäche wird es immer schlimmer. Die Schmerzen in ihrem Bauch nehmen an Heftigkeit zu.

Das ist gar nicht der Hunger, wird ihr klar.

Mildred unterzieht sich einem chirurgischen Noteingriff. Sie war allein, als sie in die Klinik gekommen ist, und sie ist allein, als sie aus der Narkose erwacht. Eine Krankenschwester erklärt ihr, dass sie schwanger war, allerdings mit einer Bauchhöhlenschwangerschaft. Der chirurgische Eingriff hat langanhaltende Folgen: Durch die Vernarbungen an ihrem Eileiter wird sie nie ein Kind haben können.

5.

Um 7:55 Uhr am 7. Dezember 1941 bricht ein Sturzkampfbomber durch die Wolken, die sich über der hawaiianischen Insel Oahu türmen, gefolgt von Hunderten weiteren, alle mit blutroten Kreisen auf ihren Flügeln. Unter ihnen befinden sich Nakajima-Bomber, Aichi-Bomber, Torpedobomber und Trägerjagdflugzeuge vom Typ Zero. Jeder der Piloten trägt denselben roten Kreis auf seinem Stirnband, ein Symbol für die aufgehende Sonne.

Eine Stunde und fünfzehn Minuten lang attackieren die Kaiserlich Japanischen Marineluftstreitkräfte Pearl Harbour. Während die Treibstoffdepots noch brennen – es sollte zwei Wochen dauern, die Flammen zu löschen –, bittet Präsident Roosevelt den Kongress, Japan den Krieg zu erklären, und nennt dabei den 7. Dezember einen »Tag der Schande, den wir nie vergessen werden«. Die sechsminütige Ansprache wird live übers Radio übertragen. Über 81 Prozent der Haushalte in den Vereinigten Staaten hören zu, es ist die größte Zuhörerzahl in der amerikanischen Rundfunkgeschichte.

Nach zwei Jahren des Blutvergießens in Europa treten die Vereinigten Staaten in den Zweiten Weltkrieg ein.

6.

Sechs Wochen später, am 20. Januar 1942, kommt Reinhard Heydrich in einer Villa auf einem Seegrundstück am Wannsee an. Die Todesschwadronen der Einsatzgruppen, denen er vorsteht, schicken ihm immer weitere Berichte darüber, wie viele Juden sie in der Sowjetunion erschossen haben; inzwischen ist die Zahl siebenhunderttausend erreicht. Heute zur Mittagszeit wird er eine Konferenz abhalten. Heydrichs Gäste sind fünfzehn hochrangige SS-Offiziere und Regierungsmitglieder, die die Villa aufgesucht haben, um zu hören, wie der siebenunddreißigjährige Nazi seine »Endlösung der Judenfrage« vorstellt.

Heydrich ist großgewachsen und schlank, mit blonden Haaren und eng stehenden eisblauen Augen. Als Sohn eines Opernsängers und Komponisten spielt er sehr gut Violine, beim Vortragen einer Sonate sollen ihm die Tränen gekommen sein. In anderen Bereichen des Lebens hält er seine Gefühle unter Kontrolle. Er hat sich eine strikte tägliche Routine auferlegt. Seine Ehefrau Lina beschreibt ihn als Mann, der nicht viel redet, doch heute, bei der Zusammenkunft, die als Wannseekonferenz bekannt werden wird, ist er um Worte nicht verlegen.

Er bombardiert die Anwesenden mit ein paar länderspezifischen statistischen Angaben. In der Sowjetunion gibt es 5.000.000 Juden, in Frankreich 750.000, in England 330.000. Heydrich will, dass die im Raum versammelten Männer ihm dabei helfen, sein Ziel zu verwirklichen: die systematische Vernichtung aller Juden in Europa.

Es wird erörtert, wie dafür vorgegangen werden müsste. Eine Stenotypistin, die anwesend ist, verfolgt die Diskussion genau, ihre Finger fliegen über die Tasten. Als die Besprechung zu Ende ist, hat sie fünfzehn Seiten gefüllt.

Heydrichs Vorgesetzter Himmler ist heute nicht dabei. Er ist mit zahlreichen Aufgaben befasst, die der Krieg mit sich bringt, wozu auch die Entwicklung eines mobilen Vergasungswagens zählt, in dem man bis zu vierzig Menschen auf einmal ersticken kann. Während die Wannseekonferenz noch läuft, fahren die Einsatztruppen mit solchen Fahrzeugen durch russische Dörfer, auf der Jagd nach Juden.

Öl im Kaukasus

1942

1.

Amerikanische Truppen in Europa stellen eine gewaltige Herausforderung für die Deutschen dar. Mehr denn je ist Hitler jetzt darauf angewiesen, Russlands Ölfelder im Kaukasus einzunehmen. »Wenn ich das Öl von Maikop und Grozny nicht bekomme«, sagt er zu einem seiner Generäle, »dann muß ich diesen Krieg liquidieren«. General Friedrich Paulus befehligt die 6. Armee. Diesen Sommer wird er mit seinen Truppen nach Stalingrad marschieren. Es ist Hitlers Hoffnung – und auch die von Paulus –, dass Stalingrad leicht zu zerstören ist, womit der Weg Richtung Kaukasus frei wäre, wo sie sich mit so viel Öl versorgen könnten, wie sie brauchen, um Hitlers Kriegsmaschinerie in Gang zu halten.

2.

Wie viele Privatstunden Mildred Herbert Gollnow gibt, ist nicht bekannt. Bekannt ist jedoch, dass Gollnow im Laufe einiger aufeinander folgender Stunden im Frühjahr 1942 Mildred alles über Hitlers Vorbereitungen für die Invasion in den Kaukasus und die Einnahme der dortigen Ölquellen erzählt.

3.

Bei einer Razzia der Gestapo in Brüssel werden Chiffrierlisten und mit Codezeichen beschriebenes Papier gefunden. Das Papier ist angekokelt – ein Spion hatte versucht, es während der Razzia schnell zu verbrennen –, aber genug davon ist noch lesbar, lange Zahlenreihen. In einem Verhör gibt die Haushälterin Geheimnisse preis. Darunter den Namen des entlegenen Romans, der verwendet wurde, um die Nachrichten zu verschlüsseln: *Le miracle du Professeur Wolmar* von Guy de Téramond. Im Jahr 1910 hatten Abonnenten von *Le Monde Illustré* diesen Roman als kostenlose Beigabe erhalten.

Ein deutscher Agent macht ein Exemplar in einem Antiquariat in Paris ausfindig.

4.

Gleich am folgenden Tag ist das Buch in den Händen von Dr. Vauck und seiner Gruppe von Kryptologen der Funkabwehr, die ein Schlüsselwort, das sie darin entdecken – den Namen »Proctor« –, dazu benutzen, nach und nach die Verschlüsselung aufzubrechen.

Am Ende der Woche haben sie drei Wörter entschlüsselt.

Am 14. Juli 1942 ist der Code weitgehend geknackt.

5.

Die Gestapo hat jetzt drei Adressen.

Die von Arvid und Mildred Harnack.
Die von Adam und Greta Kuckhoff.
Die von Harro und Libertas Schulze-Boysen.

6.

In einem Verhör in der Nachkriegszeit sagt ein Gestapobeamter:

> Über das Polizeipräsidium Berlin erhielten wir Fotografien dieser Personen und ordneten für sie eine sorgfältige Außenbeobachtung an, die ergab, dass diese Personen untereinander in Verbindung standen.

Ahnen Mildred und Arvid, dass sie unter Beobachtung stehen?

Der letzte Brief, den Mildred an ihre Familie schreibt, datiert vom 14. August 1942. Otto Donner schmuggelt ihn aus Deutschland in die Schweiz, wo er ihn nach Chevy Chase, Maryland, abschickt.

Der Umschlag, den Harriette öffnet, trägt eine Schweizer Briefmarke. Der Inhalt des Briefes ist vorsichtig formuliert.

Ich hoffe, wir bleiben alle möglichst gesund, damit wir einander glücklich wieder sehen. Obwohl wir voneinander getrennt sind, wollen wir nicht besorgt oder ängstlich sein.

Zwei Wochen später fliehen Mildred und Arvid aus Deutschland.

7.

Am 5. September 1942 treffen Mildred und Arvid in Preil, einer Ortschaft auf der Kurischen Nehrung im von den Nazis besetzten Litauen, ein. Ihr Plan: per Boot nach Schweden zu fliehen.

Ein Freund von ihnen, ein Historiker namens Egmont Zechlin, wird später über die zwei Tage berichten, die er und seine Frau Anneliese mit Mildred und Arvid in Preil verbrachten.

X

Fragment

Fragebogen
Strafanstalt Berlin-Plötzensee
16. Februar 1943

Welche schweren Krankheiten haben Sie erlitten?	Bauchhöhlenschwangerschaft
Haben Sie irgendwelche nachteiligen Folgen davon zurückbehalten?	Ja. Schwäche, Schmerzen, Schwächeanfälle.

Verhaftung

1942

which was on the rear side of the hut, to the front side across
the garden. On opening the door of Harnack's room after a
short knock with the word:"After these exciting events we
will......." I saw both of them packing among three men. Harnack approached me and calmly said:"We shall accompany the
gentlemen to Berlin. I am needed there by my ministry".....

1.

Sie geht durch die Dünen an diesem Abend, Arvid an ihrer Seite. Egmont und Anneliese Zechlin einige Schritte hinter ihnen. Die Dünen ziehen sich die Küste entlang, so weit der Blick reicht. Von den deutschen Truppen ist nichts zu sehen. Panzer donnern über die Straßen von Klaipeda auf dem litauischen Festland. Die Dünen verschonen sie glücklicherweise.

Es hat sich viel verändert, seit Hitler Litauen vierzehn Monate zuvor annektiert hat. Zunächst begrüßten die Litauer die deutschen Soldaten, die im Stechschritt durch ihre Straßen marschierten, und sahen sie als ihre Befreier an. Das ist vorbei. Die Litauer erleben jetzt, dass der deutsche Reichskanzler genauso blutrünstig ist wie ihr sowjetischer Unterdrücker. Hitler hat sie aus Stalins Würgegriff befreit, dann hat er seine eigene Schlinge zugezogen.

Die Ostsee ist am schönsten in einer schnell vergehenden Zeit am Abend, dem kurzen Hauch zwischen Dämmerung und Nacht. Mildred streift ihre Sandalen ab und läuft auf eine Düne zu. Das gefällt Arvid. Er krempelt seine Hosen hoch und rennt ihr hinterher.

Egmont sagt, sie seien wohl närrisch. Anneliese schüttelt den Kopf in gespieltem Missfallen, bevor sie Egmont bei der Schulter packt und auch sie beide frohgemut den Sandhügel hinaufstapfen.

Sie kommen oben an.

Kalt und majestätisch liegt die Ostsee da, tiefviolett die Farbe, so dunkel, dass sie fast schon schwarz ist.

Morgen wird ein Fischerboot Mildred und Arvid nach Schweden bringen. Die Harnacks kennen mehrere Leute, die auf diesem Weg die Flucht unternommen haben. Es ist eine gefährliche Überfahrt. Deutsche Schiffe patrouillieren auf der Ostsee. Selbst wenn es ihrem kleinen Boot gelingt, diese zu umfahren, gibt es noch die Luftüberwachung, vor der man sich in Acht nehmen muss. Doch sie und Arvid werden es versuchen. Sie können nicht nach Berlin zurück. Die Gestapo hat sie eingekreist.

Sechs Tage zuvor, am 31. August, ist Harro Schulze-Boysen verhaftet worden. Libertas hat so viele wie möglich von ihnen gewarnt.

Der Geruch von Regen. Er vermischt sich mit dem brackigen Salzgeruch, der in großen Schüben über die Dünung hinweg an Land getragen wird. Anneliese meint, sie sollten lieber sofort zurückgehen, wenn sie nicht nass werden wollen.

Ein Blitz. Ein Donnerschlag.

Der Regen kommt wie aus Kübeln, durchnässt sie bis auf die Knochen. Die vier kraxeln von der Düne herunter und rennen lachend zu Zechlins Häuschen.

2.

»Er schien etwas besonderes auf dem Herzen zu haben«, schrieb Egmont Zechlin, als er sich Arvids Verhalten an jenem Abend wieder in Erinnerung rief.

Egmont ist Professor für Geschichte an der Universität Marburg, wo Mildred im Jahr 1931 eine ihrer ersten Vorlesungen gehalten hat. Sie widmete die eine Hälfte Carl Sandburg, die andere Theodore Dreiser und Sinclair Lewis und brachte als Sujets die windgepeitschte Prärie des mittleren Westens mit den ungerechten politischen und gesellschaftlichen Kräften zusammen, die dem einfachen Mann zuwiderarbeiteten. Ihre Vorlesung, von leichtem Trotz durchzogen, beeindruckte ihn.

Seitdem sind Egmont und seine Ehefrau Anneliese gute Freunde von Mildred und Arvid geworden.

»Wie schön, einmal so frei in der Natur zu sein, endlich einmal frei von allen Intrigen«, sagte Arvid auf den Dünen zu Egmont, »wie sehr freue ich mich auf die kommenden Tage.«

Egmont Zechlins kleine Schrift ist der einzige Augenzeugenbericht von Mildreds und Arvids Verhaftung. Zechlin richtet darin sein Hauptaugenmerk auf Arvid, hält fest, was er gesagt hat, wie er es gesagt hat, geht so weit, sich vorzustellen, was er wohl dabei gedacht hat. Was Mildred wohl gedacht hat, bleibt unserer Fantasie überlassen.

3.

Es ist jetzt der nächste Morgen, und mehrere Männer stehen draußen vor dem Häuschen. Mildred sieht sie vom Schlafzimmerfenster aus. Eins, zwei, drei, vier.

Soll sie das Fenster aufschieben? Nein. Das würde ein Geräusch machen. Nicht, während Arvid mit den Männern spricht, die sich in einem lockeren Kreis um ihn herum aufgestellt haben, mit vor der Brust verschränkten Armen. Eins, zwei, drei, vier. Als ob sie Tänzer wären. Als würden sie sich gleich jeden Moment bei den Händen fassen. *Einmal hin, einmal her.* Und Arvid immer noch in ihrer Mitte, mit ihnen redend.

Was sagt er da?

Er trägt ein kurzärmeliges Hemd, obwohl es schon September ist, der Wind bringt eine leichte Ahnung von Fisch und Frost. Er bläst von Norden her, kommt von über der Ostsee. Die Männer tragen Wollmäntel. Drei schwarze Mäntel und einen in der Farbe grober Holzkohle. Aber keine Abzeichen. Keine Medaillen. Keine Armbinden.

Arvid redet immer weiter. Vielleicht nickt der Mann in dem dunkelgrauen Mantel und schürzt die Lippen, als würde er sich für einen Kuss bereitmachen, obwohl aus seinen Augen, mit denen er Arvid fixiert, Verachtung glimmt.

Die Männer ziehen fast alle gleichzeitig ihren Kreis um Arvid enger. Eins, zwei, drei, vier. Vielleicht denkt sie noch einmal an Tänzer. Gestapobeamte in Tutus, die eine makabre Choreografie aufführen. Ein Moment der Perversion. Der Hysterie.

Nein. Es ist wichtig, ruhig zu bleiben.

Arvids Gesichtsausdruck bleibt ganz gelassen. Hinter rund eingefassten Brillengläsern ruhen seine Augen auf dem Mann, der ihn befragt. Ganz unbeschwert. Dann und wann nickt er oder legt seinen Kopf leicht zur Seite, so dass derjenige, der ihn befragt, sehen kann, wie gewissenhaft er über die Frage nachdenkt, die man ihm gestellt hat.

Arvid presst die Handflächen aneinander, erläutert dem Mann in dem dunkelgrauen Mantel, der der Chef zu sein scheint, etwas. Arvid spricht ruhig, geduldig, mit professoraler Leichtigkeit, als stünde er hinter einem Rednerpult, Herr Professor Harnack bei seinen Ausführungen vor einer Vierergruppe Studenten. Studenten, die den Kreis nun vergrößern, es Arvid erlauben, aus ihrer Mitte zu treten, weder schnell noch langsam.

Vielleicht versucht sie seinen Gesichtsausdruck zu deuten, der weder ruhig noch angsterfüllt ist. Unergründlich.

Die vier Männer wechseln einige Worte, scheinen zu einer Art Übereinkunft zu kommen, und die Gruppe löst sich auf. Zwei der Männer gehen auf die Südseite des Hauses, durch Annelieses Garten. Ein anderer zur Nordseite. Der Mann in dem dunkelgrauen Mantel vergräbt seine Hände in den Manteltaschen und sieht zu, wie Arvid die Treppen zur Eingangstür hinaufgeht.

Dann, mit kaltem Kalkül, setzt er sich in Bewegung und folgt Arvid ins Haus.

4.

Durch die Seeluft ist die Tapete ganz wellig. Über dem Fensterrahmen beginnt sich ein geblümter Streifen zu lösen. Mildred bemerkt es nicht. Vielleicht ist es die Tür zum Schlafzimmer, die ihr in den Blick fällt.

Die Tür steht leicht offen.

Mildred lässt ihren Körper zu Boden sinken. Schnell – sie hat keine Sekunde zu verlieren – krabbelt sie unter dem Fensterbrett entlang zur Schlafzimmertür und schließt sie in dem Moment, als Arvid mit Schwung die Eingangstür öffnet.

Arvids Stimme. *Hallo!*

Schritte aus dem hinteren Teil des Häuschens. Anneliese und Egmont, die *Hallo! Hallo!* rufen.

Fußstapfen von einem weiteren Paar Füße: Die schweren Schritte des Mannes, der der Anführer ist.

Egmont sagt etwas zu Arvid, er klingt verwundert. Der Mann mit dem dunkelgrauen Mantel sagt etwas zu Egmont, fällt ihm ins Wort.

»Da will ich doch gleich mal unsere Ausweise holen!«, erklärt Egmont schnell.

Sie bleiben hier.

Macht doch gar keine Umstände, sagt Egmont.

Sie bleiben hier, Herr Zechlin.

Stiefeltritte auf den Dielen. Die anderen Männer kommen jetzt rein, einer durch die vordere Eingangstür und zwei durch den Hintereingang.

Der Herr hier hat mich informiert, dass ich nach Berlin muss, meint Arvid, bemüht, seine Stimme fest klingen zu lassen.

Warum?, will Egmont wissen, verwirrt.

Ich werde im Wirtschaftsministerium gebraucht.

»Aber da brauchen die doch bloß zu telegrafieren!«, sagt Anneliese und klingt leicht alarmiert. Der Mann im dunkelgrauen Mantel hat sich nicht offiziell vorgestellt, und die anderen auch nicht, aber sie brauchen sich Anneliese eigentlich auch nicht vorzustellen. Sie weiß, sie sind von der Gestapo.

Und Egmont weiß es auch.

Er spricht zu laut. *Aber Arvid hat noch gar nicht gefrühstückt! Ihr dürft noch nicht los! Anneliese wird etwas zu essen machen, Sie müssen alle etwas essen, bevor Sie losfahren! Anneliese?*

Ja?

Kaffee für die Herren und …

Kaffee, ja, wir haben jede Menge Kaffee!

Und etwas zu essen für …

Natürlich, ja, ja.

Hinter der verschlossenen Schlafzimmertür findet Mildred einen Bleistiftstummel auf dem Nachtisch. Sie durchwühlt die Schubladen der Kommode, auf der Suche nach Papier. Sie möchte Egmont und Anneliese eine Nachricht hinterlassen.

Kein Papier.

Der Papierkorb ist leer. In der Hutschachtel sind nur Federn. Sie geht auf die Knie und kriecht unters Bett, wo sie nichts als Staubflusen findet. Sie kommt wieder hervor, hustend.

Und dann sieht sie es. Über dem Fensterflügel: Ein Stück geblümte Tapete hängt herunter. Das könnte sie abreißen und eine Nachricht darauf schreiben.

Aber es ist zu spät – viel zu spät.

Das Fotoalbum der Gestapo

1942

1.

Mildred und Arvid sind in ein Fahrzeug eingeschlossen, das nach Süden rast, von Preil nach Berlin, eine über 800 Kilometer weite Strecke. Als sie in Berlin in der Gestapo-Zentrale in der Prinz-Albrecht-Straße 8 ankommen, ist es Nacht.

Mildred hat nie zuvor einen Fuß in dieses Gebäude gesetzt. Flankiert von den Gestapobeamten werden sie und Arvid eine Treppe hinunter in den Keller geführt. Arvid wird in eine Zelle gestoßen, Mildred in eine andere. In jeder ist ein eisernes Bett, ein Blechnapf, ein Blechlöffel. Kleine, dreckige Fenster unter der Decke erlauben notdürftig den ein oder anderen eingeschränkten Blick auf den Gefängnishof.

Eine Woche vergeht.

Der Keller ist kalt und feucht und hallt vom scharfen Stiefelklackern der patrouillierenden Gefängnisaufseher wider. Es ist eine »dunkle Katakombe«, wie einer von Mildreds Mitverschwörern sich später erinnern wird. Mildred liegt auf dem Eisenbett und wacht um 6 Uhr früh auf, wenn ein Bewacher mit einem Schlagstock an die Gitterstäbe schlägt, während er einen engen Korridor auf und ab geht, der sich zwischen zwei langen Reihen Einzelzellen erstreckt. Mildred erhebt sich, setzt zuerst einen, dann den anderen nackten Fuß auf den Betonfußboden. Der Unterschied zwischen Tag und Nacht ist hier im Keller kaum zu erkennen, doch wenn er mit einem Mal lichtdurchflutet wäre, würde sie die Gesichter all ihrer Freunde sehen.

2.

Harro und Libertas Schulze-Boysen sind hier. Greta und Adam Kuckhoff sind hier. Hans und Hilde Coppi sind hier. Und Mildreds Rekruten aus dem BAG, Karl Behrens und Wilhelm Utech. All die Glieder der Kette, die den Harnack-Kreis, den Gegner-Kreis, den Tat-Kreis und den Rittmeister-Kreis verbinden, sind hier, darunter

Rose Schlösinger, Elisabeth Schumacher, Cato Bontjes van Beek, Erika von Brockdorff, Oda Schottmüller und Elfriede Paul. Einige der Frauen hat Mildred nie persönlich getroffen; sie kennt sie nur über das, was sie getan haben – die, die ein Funkgerät in ihrer Wohnung versteckt hat, die, die Kurier war, die, die Geheimberichte verschlüsselt hat, dic, die in ihrer Arztpraxis nach den Sprechzeiten Treffen abgehalten hat, die, die Flugblätter hergestellt hat, die, die sie verteilt hat.

Ende Oktober wird ein Nazi in eine der Zellen geworfen. Mildred kennt ihn gut. Es ist Herbert Gollnow, der Oberleutnant der Abwehr, der ihr Militärgeheimnisse ins Ohr geflüstert hat.

3.

Mildred betritt einen dunklen Raum.

Sie sieht drei Dinge: eine Boxkamera auf einem Ständer, einen Hocker, eine Metallstange. Ein Gefängnisbeamter weist sie an, sich zu setzen und stillzuhalten. Die Stange soll dafür sorgen, dass sie aufrecht sitzt, falls sie sich hängen lassen will. Er drückt sie ihr hinten an den Schädel.

Er macht drei Aufnahmen:

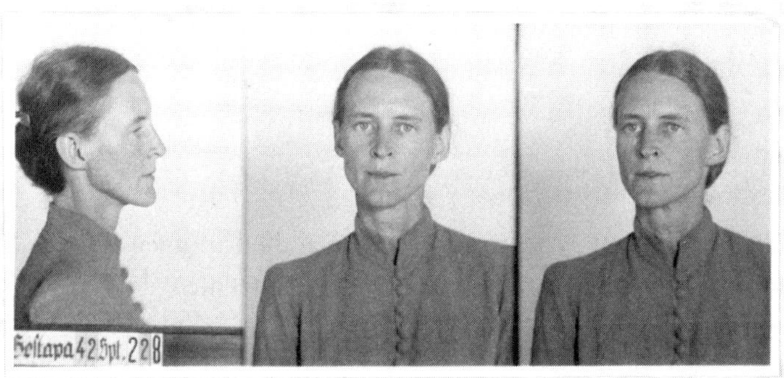

Sie werden in ein Album geklebt.

In den folgenden Monaten wird das Album der Gestapo den nationalsozialistischen Beamten dazu dienen, sich einen Überblick über all diejenigen zu verschaffen, die die Gestapo aus der Widerstandsbewegung festnimmt. Notizen, die in schwarzer Tinte unter

Mildreds Fotos gekritzelt sind, identifizieren sie als Amerikanerin, Kommunistin, Ehefrau.

4.

Bei allen Gefangenen wird dieselbe Prozedur angewandt. Ein Gestapobeamter drückt die Fingerspitzen, eine nach der anderen, in einer Rollbewegung auf einen mit Tinte getränkten Schwamm, dann presst er sie mit methodischer Akribie auf Papier. Ein anderer Gefängnisbeamter nimmt die Fotos der Gefangenen auf.

Einige Häftlinge blicken mit kaum verhohlenem kummervollen Gesichtsausdruck in die Kamera.

Manche, wie Hilde Coppi, blicken trotzig hinein. Hilde ist im siebten Monat schwanger.

5.

Die Gestapo-Zentrale war früher einmal die Kunstgewerbeschule. Der Keller war voll mit Studentinnen und Studenten, die Ton schlugen und Pinsel in Aquarellfarbe stippten. Die Schule erlebte während der Hochphase der Weimarer Republik eine Blütezeit. Nun gibt es hier 38 Einzelzellen und eine Gemeinschaftszelle, in der bis zu 20 Häftlinge untergebracht werden können.

Die Vernehmungsräume liegen in den oberen Etagen des Gebäudes.

Als Greta Kuckhoff in Handschellen in einen Verhörraum geführt wird, ist sie überrascht, wie normal dieser aussieht, sich in nichts unterscheidet von »üblichen Behördenräumen«. Sie sieht einen Tisch und drei Stühle: einen für den Mann, der sie verhört, einen für eine Schreibkraft und einen für sie. Der Vernehmungsbeamte weiß bereits Bescheid über das Funkgerät, das Korotkow ihr an der U-Bahn-Station übergeben hat, obwohl Greta sich nicht vorstellen kann, woher.

Die Finger der Schreibkraft liegen abwartend auf den Tasten. Alles, was von Greta erwartet wird, ist, dass sie ihr Verbrechen gesteht und ein paar Namen nennt.

Sie weigert sich.

Der Vernehmungsbeamte ist sichtlich verärgert. »Nachdem Ihr Mann und Arvid Harnack nichts dazu beigetragen haben, den Fall zu klären, haben wir jetzt die richtigen Mittel angewandt, sie zum Sprechen zu bringen.«

»Leben sie noch?«, fragt Greta.

Der Beamte nickt, und sie wird von einer Welle der Erleichterung durchflutet.

Was er als Nächstes sagt, ist kryptisch – »Ja, aber es wird von Ihnen abhängen, ob sie das nächste Mal überstehen« –, aber sie versteht genau, was er meint.

6.

Jeden Tag wirft die Gestapo ihr Netz weiter aus, und bald hat sie 119 Personen in Haft genommen. Es gibt nicht genug Platz für sie alle, daher wird es so geregelt, dass andere Gefängnisse den Überhang übernehmen. Die Männer werden in Männergefängnisse gebracht, die Frauen in Frauengefängnisse.

Greta kommt in »den Alex«, ein Gefängnis am Alexanderplatz. Jeden Morgen fährt ein grüner Polizeitransporter sie in Handschellen zur Gestapo-Zentrale zum Verhör. Der Transport von Gefangenen ist von Himmler strengstens reglementiert; die Dienststellen sind verpflichtet zur Einreichung

> eines in zweifacher Ausfertigung zu erteilenden Anforderungsscheines […]. Die Anforderungsscheine für Gefangene, die mit dem ersten Tagestransport abzuholen sind,

müssen am Vortage und zwar Wochentags bis spätestens 16:30 Uhr und Sonn- und Feiertages bis spätestens 11 Uhr dem Gefängnis der Gestapa zugestellt sein.

Nach ihrem ersten Verhör – es dauert dreizehn Stunden – wird Greta zurück zum Alexanderplatz befördert, wo sie in ihrer Zelle zusammenbricht. Das Mauerwerk ist von unzähligen Rissen überzogen. Im Morgenlicht erkennt Greta, dass da Worte an der Wand stehen. Ein früherer Gefangener hat eine Botschaft hineingeritzt: »Geduld ist die Haupttugend eines Revolutionärs.«

7.

Ein Wachmann stößt Greta in den Polizeitransporter. Während er Richtung Gestapo-Zentrale rumpelt, wandern ihre Gedanken zu Mildred. Sie plant, ihrem Vernehmer zu erzählen, dass sie lediglich »gut befreundet« sind, an der Universität von Wisconsin »zusammen Shakespeare gelesen« und keinerlei Interesse an Politik haben. Sie wird von Mildred das Bild einer Amerikanerin zeichnen, die häufig »Heimweh nach ihrer anmutigen Heimat und nach der Mutter« hat. Wenn der Beamte fragt, warum Mildred Greta so oft besucht, wird sie ihm erzählen, dass Mildred keine Kinder hat und deshalb so gern mit dem kleinen Ule scherzt.

Greta ist sich sicher, dass Mildred nichts sagen wird, was sie belastet. Aber sie macht sich Sorgen wegen der anderen – besonders wegen Libertas.

»Besorgt machten mich Libertas' Nerven«, gab Greta in ihren Memoiren zu.

8.

Es ist ein großangelegter Sammelprozess in Vorbereitung, und Geständnisse, die den Angeklagten in Verhören abgepresst wurden, sind für die Beweisführung zugelassen, aber weder Greta noch sonst wer weiß das zu diesem Zeitpunkt.

Hitler hat zwei hochrangige Offiziere der SS dafür abgestellt: Obersturmbannführer Friedrich Panzinger und Hauptsturmbannführer Horst Kopkow – was den militärischen Dienstgraden eines

Oberstleutnants und eines Hauptmanns entspricht. Panzinger leitet das gesamte Ermittlungsverfahren und Kopkow hat die Aufsicht über die täglichen Vernehmungen. Ihr Vorgesetzter ist Heinrich Müller, Chef der Geheimen Staatspolizei, der direkt an Himmler berichtet.

Kopkow ist zweiunddreißig und sehr agil. Er hat sich als Nazi hervorgetan, der seine Arbeit mit Eifer und Fleiß angeht, und hat es sich nicht nehmen lassen, Harro Schulze-Boysen, Arvid Harnack und Mildred Harnack persönlich festzunehmen. Harro saß in seinem Büro im Stabsquartier des Reichsluftfahrtministeriums in der Nähe von Potsdam, als er Kopkows Klopfen an der Tür hörte. Libertas befand sich auf der Flucht aus Berlin heraus in einem überfüllten Zug, als sie Kopkows Mitarbeiter Strübing im selben Waggon entdeckte; im nächsten Moment kam dieser schon mit großen Schritten auf sie zu. Und Kopkow war so darauf erpicht, Mildred und Arvid Harnack die Handschellen selbst anzulegen, dass er mit einem Dreigespann von Gestapomännern fast 1.300 Kilometer fuhr, durch Polen bis nach Litauen, um sie dort aufzuspüren.

Panzinger erledigt seine Aufgaben mit ähnlicher Hingabe. Er hat unter seinen Nazi-Kollegen einen Ruf als Experte für das Aufstöbern von Widerstandsgruppen, die in den Untergrund gegangen sind. Zu seinen Triumphen gehört die Liquidierung der Kommunistischen Partei Deutschlands. Panzinger, der ehemals als Polizeibeamter in Bayern tätig war und nebenbei das Juraexamen machte, wollte sich unbedingt im Reichshauptsicherheitsamt bewähren, wo er von 1939 an eingesetzt wurde und auf einem Leitungsposten für die Verhaftung von Kommunisten und anderen politischen Gegnern zuständig war. Bei manchen von ihnen sorgte er dafür, dass sie ins KZ kamen und dort ermordet wurden, während er bei anderen geschickt einfädelte, dass sie freikamen, damit sie ihm anschließend als Köder dienen konnten. Deutsche Kommunisten, fand er heraus, waren leicht zu kriegen. Die meisten von ihnen hatten keine Ahnung, wie sie ihre oppositionelle Arbeit heimlich weiterführen sollten. Sie redeten frei heraus am Telefon, ohne auf die Idee zu kommen, dass die Verbindungen abgehört wurden. Sie schrieben belastende Briefe, die sie ganz normal in Briefkästen einwarfen. Nur wenige konnten in Gestapoverhören den Mund halten.

In der nun stattfindenden Untersuchung hat Panzinger in kurzer Zeit beachtliche Fortschritte erzielt. Jetzt, wo Kopkow die Harnacks und die Schulze-Boysens verhaftet hat und die Gestapo alle Übrigen, ist alles, was noch zu tun bleibt, die Verhöre der Gefangenen unter Dach und Fach zu bringen und sie in den Gerichtssaal zu führen. Panzingers Ziel ist es, den Anschein eines fairen Gerichtsverfahrens zu wahren. Ein Gremium aus mehreren Richtern wird jeden Fall anhören. Zu den Beweisen, die zur Verurteilung eines Gefangenen führen, gehören ein Geständnis und unterschriebene eidesstattliche Erklärungen von zwei Mitgefangenen, die während deren eigener Befragung abgegeben wurden.

Panzinger führt anhand täglicher Arbeitsberichte von Kopkow genau Buch über die Vernehmungen. Bislang ist es den Vernehmern mit nur wenigen Ausnahmen gelungen, Geständnisse zu erhalten, und einen Stapel unterschriebener eidesstattlicher Erklärungen haben sie noch dazu.

9.

Manche verraten gleich beim allerersten Verhör die Namen ihrer Freunde. Manche brechen nach dem zweiten oder fünften oder zehnten ein.

Manche weigern sich, Namen zu nennen. Für diesen Fall hat Himmler Kopkow freigestellt, überzeugendere Methoden als Einschüchterung, Lügen, Drohungen und Erpressung anzuwenden, und befürwortet damit die Anwendung der »verschärften Vernehmung«.

Kopkow setzt in den oberen Stockwerken der Gestapo-Zentrale fünf Vernehmungsbeamte ein. Am gefürchtetsten ist Walter Habecker, ein glatzköpfiger Nazi mit einer Knollennase und einem Bart wie dem von Hitler: ein schwarzer, unheilverkündender Fleck. Habecker ist für seinen geschickten Umgang mit der Peitsche bekannt und hat ein Faible für Daumenschrauben.

Im Keller der Gestapo-Zentrale kursieren Geschichten über Habecker. Wenn die Häftlinge die Treppe hinaufgehen, kommen sie an einem großen Fenster vorbei. Manche springen aus dem Fenster in den Tod, sie ziehen den Freitod Habeckers Sadismus vor.

10.

Neun Tage nach ihrer Verhaftung verbringt Mildred ihren vierzigsten Geburtstag im Keller der Gestapo-Zentrale.

Jede Zelle trägt eine Nummer. Mildred ist in Zelle 25.

11.

Eine Gefangene namens Marie Luise von Scheliha befindet sich zusammen mit zwei Dutzend anderen Frauen auf dem Gefängnishof, sie schlurfen an seinen Mauern entlang »wie welkes Laub«.

Gefängnisaufseher, die um das Areal Aufstellung genommen haben, beobachten die Frauen mit Adleraugen. Sprechen ist verboten. Sie bewegen sich schweigend, in Vierergruppen. Zehn kostbare Minuten lang ist es ihnen jeden Tag erlaubt, das Tageslicht zu sehen.

»Manche Frauen heben die Arme wie Ertrinkende«, erinnerte sich Marie Luise, »beinah wie mit Tanzgebärden« breiten sie »der frischen Luft und dem freien Raum die Arme entgegen«.

Eine kommt flink auf Marie Luise zu. Ihr Haar ist nach hinten gebunden, in einen Dutt in der Farbe dreckigen Strohs. Ihr Blick fesselt sie.

»Ich bin in der Zelle 25«, flüstert sie. »Vergessen Sie mich nicht, wenn Sie wieder freikommen.«

Wie heißen Sie?, will Marie Luise fragen, aber Mildred ist schon weg, verloren inmitten der anderen.

12.

Arvids Cousin Axel weiß nicht, warum man ihn in die Gestapo-Zentrale bestellt hat. Er nähert sich der Prinz-Albrecht-Straße 8 »mit Unbehagen«.

Nachdem Axel das Gebäude betreten hat, führt ein Nazi ihn in ein elegant möbliertes Büro und bittet ihn höflich, Platz zu nehmen. Die Streifen, Sterne und Abzeichen, die die schwarze Uniform schmücken, weisen ihn als ranghohen SS-Offizier aus. Über der Randbiese seiner Schirmmütze trägt ein winziger Adler ein

Hakenkreuz in seinen Krallen. Der Mann hat eine feine Nickelbrille, die fast so aussieht wie die von Himmler. Er stellt sich als ss-Obersturmbannführer Friedrich Panzinger vor und beginnt mit einer einfachen Frage: Weiß Axel, warum man ihn einbestellt hat?

Axel von Harnack führt ein braves, relativ ereignisloses Leben als Historiker und Bibliothekar an der Preußischen Staatsbibliothek. Er schüttelt den Kopf.

Panzinger fragt Axel, ob er »einen Verwandten [...], der sich politisch betätige«, habe.

Axel muss instinktiv an seinen Bruder Ernst von Harnack denken und er wird von »Unruhe« ergriffen. Aber als Panzinger seine enervierend freundliche Befragung fortsetzt, dämmert es Axel, dass der fragliche Verwandte sein Cousin Arvid sein muss.

»Ich teile Ihnen mit: Der ist bei *uns*«, sagt Panzinger sanft, fast zärtlich.

Während Axel diese Neuigkeit noch verkraften muss, informiert Panzinger ihn, dass das Geschehen »vollständig geheim« bleiben müsse. Würden Axel oder irgendwer sonst aus der Familie auch nur ein Wort über Arvids Verhaftung verlieren, kämen auch sie in Haft.

Erschrocken beteuert Axel, dass er und seine Familie nicht darüber reden werden. Doch was sollten sie ihren Freunden erzählen? Und was Arvids Arbeitskollegen? Es würden doch bestimmt alle bemerken, dass Arvid mit einem Mal nicht mehr da war, und sich fragen, wo er geblieben sei.

Panzinger nickt nachdenklich. Die Erklärung, sagt er, sei ganz einfach: Arvids Abwesenheit sei als »Dienstreise ins Ausland von unbestimmter Dauer« zu bezeichnen. So haben man es auch dem Vermieter in der Woyrschstraße 16 zu erklären.

Das ist der Moment, in dem Axel klar wird, dass auch Mildred verhaftet wurde.

Axel trifft sich recht häufig mit Mildred. Sie liebt es, sich in der Preußischen Staatsbibliothek zu verkriechen, um an ihrer Dissertation zu arbeiten. Manchmal essen sie im Erfrischungsraum der Bibliothek zusammen zu Mittag. Er muss an »ihr strahlendes, klares Auge« denken, die Art und Weise, wie sie ihn mit ihrem Blick fixiert, hochkonzentriert zuhört. Er ruft sich ihr Auftreten in Erinnerung, das Bild, wie sie einen Raum betritt und als jemand wahrgenommen wird, der ein edles Ziel verfolgt.

Es schmerzt ihn, sich Mildred im Gefängnis vorzustellen.

13.

Zwischen Oktober und Dezember meldet sich Axel von Harnack fast jede Woche in der Prinz-Albrecht-Straße 8. Ein Gestapobeamter, der am Eingang Dienst tut, notiert die »Stunde des Eintritts« in das Gebäude. Beim Gang über einen mit Teppich ausgelegten Flur zu Obersturmbannführer Panzingers Büro nimmt Axel »raffinierte Telefonapparate« und zahlreiche Türen zur Kenntnis. Schwarzuniformierte SS-Offiziere gehen an ihm vorbei, fixieren ihn, und Axel spürt, wie Angst in ihm aufwallt. Die Angst wird nicht weniger, als er Panzingers Tür öffnet.

Als er sitzt, lässt er seinen Blick vom glänzenden Parkettboden über die exquisiten Läufer und die opulenten Vorhänge hin zu dem Ring an Panzingers Hand schweifen: ein Silberband, verziert mit Eichenlaub und einem grinsenden Schädel. Ein Totenkopfring. Himmler trägt auch einen.

Panzinger fixiert ihn mit kaltem Blick und verlangt, dass Axel ihm die Wahrheit über Arvid und Mildred erzählen solle. Die Freundlichkeit ist verschwunden.

Axel bleibt standhaft. Er hofft, Panzinger davon überzeugen zu können, die Anklage gegen Arvid und Mildred fallenzulassen, oder ihn zumindest zu überreden, dafür zu sorgen, dass sie während ihrer Haft einigermaßen anständig behandelt werden.

Tatsächlich, sagt er, sei es doch so, dass Arvid und Mildred »wertvolle Menschen« und eben »selbständige Köpfe« seien.

Panzinger, fällt Axel auf, scheint »solchen Erwägungen zeitweise zugänglich« zu sein.

Panzinger sagt Axel, dass er Arvid mehrmals persönlich verhört habe, und bekennt, er habe »lange politische Gespräche mit Dr. Harnack geführt«, die bei ihm »ein gewisses Gefühl von Achtung« aufkommen ließen.

Zum Zeitpunkt des dritten Besuchs glaubt Axel, inzwischen etwas erreicht zu haben. Er bringt Päckchen mit Büchern und Essen für Mildred und Arvid mit. Später wird er herausfinden, dass die Lieferungen nur Arvid ausgehändigt wurden. Mildred erhält nichts. Als Axel sich erkundigt, warum das so ist, weigert Panzinger sich, es zu erklären, seine Verachtung für Arvids amerikanische Frau ist allerdings unübersehbar. Wochen danach sagt Panzinger, Mildred »lüge so viel«.

14.

Eine Gefangene in Handschellen sitzt in einem großen Raum in einem der oberen Stockwerke und wartet darauf, verhört zu werden. Ihr Name ist Maria Grimme. Sie und ihr Ehemann, Adolf, sind Mitglieder des Tat-Kreises.

Die Tür zu einem Vernehmungsraum schwingt auf. Zwei Gestapobeamte kommen heraus, die eine blasse, ausgezehrte Frau auf einer Bahre tragen. Ihre Augen sind tief in die Augenhöhlen eingesunken, glasig in ihrem Elend. Jahre später wird Maria ihren »wunderbaren Ausdruck« beschreiben.

Die Gestapobeamten setzen die Bahre im Flur ab und verschwinden. Maria starrt die Frau an, kann sich vor Entsetzen nicht regen. Die Frau auf der Bahre regt sich ebenfalls nicht. Sie atmet kaum. Maria fragt sich, ob sie tot ist.

Die Gestapobeamten kommen zurück. Einer ist betont fröhlich und grausam. Er packt die Handgelenke der bewusstlosen Frau und reißt sie mit einem Ruck hoch.

»Na, Frau Harnack!«, ruft er. »Jetzt geht's wohl schon wieder?«

Klopf-klopf

1942

1.

Um 5 Uhr früh am 26. September, einem Samstag, werden Günther und Joy Weisenborn von einem Klopfen an der Tür geweckt.

Günther öffnet und sieht vier Männer in dunklen Mänteln. Sie sehen nicht nach der Gestapo aus. Sie tragen keine Uniformen oder Abzeichen. Sie stehen dort – »ominös«, erinnert sich Günther Jahre später – mit den Händen in den Manteltaschen.

»Sie müssen beide mitkommen«, sagt einer von ihnen. »Packen Sie einen Koffer – es kann etwas länger dauern.«

Joy holt einen Handkoffer und wirft ein paar Blusen und Günthers Hosen hinein, mit zitternden Händen greift sie in die Schubfächer.

»Sie denken wohl, Sie kommen in eine Gemeinschaftszelle«, höhnt der Beamte. »Packen Sie zwei Koffer!«

Zitternd verbringt Günther die Nacht in seiner Zelle. Am nächsten Tag wird er in Handschellen eine Treppe hinaufgeführt und in ein Zimmer gestoßen. Ein glatzköpfiger Mann sitzt hinter einem Tisch und spitzt »sehr langsam und fast genießerisch einen Bleistift haarscharf« an. Sein Name ist Habecker. Sein Teint ist »grau« und seine Nase »schweißig«. Am widerwärtigsten ist sein Bärtchen, die »Hitlerfliege«.

»Sagen Sie mal«, beginnt Habecker, »was haben Sie eigentlich für Bekannte?«

Manchmal ist der Vernehmungsraum eiskalt. Manchmal ist er höllisch heiß. Manchmal wird Günther gefoltert.

2.

John Sieg, ein Mitglied des Gegner-Kreises, betritt Habeckers Verhörraum mit der festen Absicht, nicht einen einzigen Namen zu nennen. Habecker foltert ihn erbarmungslos.

Später, in seiner Gefängniszelle, erhängt sich John Sieg.

Sein Freund Herbert Grasse stürzt sich aus einem Fenster im fünften Stock.

Die Nachricht von den Selbstmorden verbreitet sich im Keller der Gestapo-Zentrale, wo in Einzelzellen eingeschlossene Gefangene voller Angst auf ihre Verhöre warten. Es ist ihnen untersagt, miteinander zu sprechen, also denken sie sich andere Wege aus, wie sie kommunizieren können.

3.

Spät nachts tippt Günther Weisenborn mit der Rückseite eines Bleistifts an die Wand seiner Gefängniszelle. Er versucht mit seinem Freund Kurt Schumacher in Kontakt zu treten, der sich in der Zelle nebenan befindet.

»Die letzten Aussichten für mich waren dahin«, notierte Günther in seiner Autobiografie.

Vor Kurzem hat ein Mitglied des Gegner-Kreises ein Geständnis unterschrieben, das Günther belastet. Heute hat er herausgefunden, dass Kurt seinen Namen herausgeschrien hat, als er von Habecker gefoltert wurde. Wenn Kurt seine Aussage nicht zurückzieht, droht Günther die Hinrichtung.

> Ich begann als Eröffnung mit gleichmäßigen Takten. Er erwiderte es genauso. Die Töne waren fein und leise wie sehr entfernt. Ich klopfte einmal = a, zweimal = b, dreimal = c. Er klopfte unregelmäßig zurück. Er verstand nicht. Ich wiederholte, er verstand nicht. Ich wiederholte. Er verstand nicht. Ich wiederholte hundertmal, er verstand nicht. Ich wischte mir den Schweiß ab, um meine Verzweiflung zu bezwingen […]. Ratlosigkeit. Er betonte einige Töne, denen leisere folgten. Ob es Morse war? Ich kannte nicht Morse.

»Als ich abends gegen zehn Uhr um mein Leben klopfte, lag ich auf der Pritsche und schlug mit dem Bleistiftende unter der Wolldecke gegen die Mauer«, erinnerte sich Günther. »Jeden Augenblick flammte das Licht in der Zelle auf und der Posten blickte durch das Guckloch. Dann lag ich still.«

Um 2 Uhr früh gibt Günther auf, erschöpft, und verfällt in unruhigen Schlaf.

Am nächsten Morgen und den ganzen Tag über ist er in einem verzweifelten Dämmerzustand. Er hat bereits über Selbstmord nachgedacht. Letzte Woche hat er mit einer gestohlenen Schere zwei dünne Bahnen Stoff von seinem Bettlaken abgeschnitten. Er kann sich die Streifen um den Hals wickeln und sich erhängen. Er würde eher sterben, als sich von den Nazis hinrichten lassen.

> In der nächsten Nacht jedoch kam es plötzlich herüber, ganz leise und sicher: […] zweiundzwanzig gleiche Klopftöne. Ich zählte mit, das musste der Buchstabe v sein. Dann fünf Töne. Es folgte ein r, das ich mit atemlos kalter Präzision auszählte. Danach ein s, ein t, ein e, ein h, ein e! … *verstehe* … Ich lag starr und glücklich unter der Wolldecke. […] Ich war nass vor Schweiß.

Später klopft Günther:

> Du musst … deine … Aussage … zurücknehmen …

Kurt klopft:

> Warum?

Günther klopft:

> Ist … zweite … Aussage … gegen … mich … bedeutet … Todesurteil …

4.

Andere Gefangene hören das Klopfen. Manche von ihnen lernen Günthers Klopfzeichen. Manche entwickeln ihre eigenen.

Sie klopfen, um Informationen über ihre Verhöre weiterzugeben. Sie klopfen, um vor Gefängniswärtern und Spitzeln zu warnen. Sie klopfen, um Nachrichten über die Welt weiterzugeben, gewonnene und verlorene Schlachten zu vermelden. Sie klopfen, um ihren Schergen zu trotzen, einen Witz zu erzählen, Freundschaft zu schließen, sich mit jemandem anzulegen, ihr Leid hinauszuschreien. Sie klopfen, um ein anderes menschliches Wesen klopfen zu hören.

Tief in der Nacht ist eine ganze Symphonie aus Klopfzeichen zu hören.

Falk tut, was er kann

1942

1.

Falk Harnack ist zur Armee eingezogen worden und in Chemnitz stationiert. Seinen älteren Bruder Arvid hat er zuletzt am 24. August 1942 gesehen, am Tag, nachdem die Luftwaffe begonnen hat, Stalingrad mit einem Bombenteppich zu belegen.

Arvid hatte zutiefst erregt gewirkt. Er wollte ein ernstes Gespräch mit Falk führen, doch war er zuerst durch die Wohnung geschlichen, hatte unter Möbelstücke geschaut, Drähte, die aus Lampen hervorstanden, angestupst. Als er sich ausreichend versichert hatte, dass die Woyrschstraße 16 nicht verwanzt war, zog er Falk nah an sich heran. Mit einer Stimme, die kaum mehr als ein Flüstern war, schüttete er ihm sein Herz aus.

Er befand sich in einem schrecklichen Zwiespalt. In Deutschland zu bleiben erschien ihm unerlässlich und zugleich selbstmörderisch. Er überlegte, den Kreis in ein anderes Land zu verlegen, aber damit war kaum etwas gewonnen. Er musste Zeuge dessen sein, was im Deutschen Reich passierte – wie sollte er das aus der Ferne tun? Dann ging es noch darum, wie man den Einflussbereich des Kreises vergrößern konnte. Er fragte sich, ob ein besserer Name die Anziehungskraft erhöhen würde.

Falk gehört einer Widerstandsgruppe mit einem klingenderen Namen an: die Weiße Rose. Im Zentrum der Gruppe stehen Sophie und Hans Scholl, die wie Falk an der Universität München studiert haben.

Die Weiße Rose hat ihre erste Reihe Flugblätter im Juni 1942 hergestellt. Falk ist seit 1934 im Widerstand aktiv. Der Rat, der Falk den Scholls gegeben hat – auf eine größere Bandbreite der Deutschen abzuzielen, von Kommunisten über Sozialdemokraten hin zu konservativen Aristokraten -, hätte auch von Arvid stammen können.

2.

Mitte Oktober 1942 geht Falk durch das prächtige Eingangsportal der Gestapo-Zentrale, um Arvid zu besuchen, der ihn in einem kleinen Zimmer in einer der oberen Etagen des Gebäudes erwartet und ihn »fest und zart« umarmt. Falk fällt auf, dass sein Bruder viel älter wirkt als noch im August.

Sie sitzen sich an einem Holztisch gegenüber. Ein Gefängniswärter steht in der Nähe und überwacht ihr Gespräch, das sie unter starker Anspannung führen. Arvid erzählt, dass er seine Zeit hinter Gittern produktiv nutzt – er hat mit dem Schreiben eines neuen Buches begonnen -, und möchte wissen, wie ihre Mutter mit allem zurechtkommt. Falk versichert ihm, dass Clara Harnack »gesund und tapfer« ist. Arvid sagt nichts über die Verhöre, die er hat durchstehen müssen.

Einen Monat danach wird Falk ein weiterer Besuch gewährt.

Dieses Mal erzählt Arvid ihm mehr. Er beschreibt seine Gefängniszelle (er kann, wenn er auf einen Stuhl steigt, »etwas Himmel«, durch das kleine, vergitterte Fenster sehen) und das Brot, aus dem seine Morgen- und Abendmahlzeiten bestehen (trocken wie Stroh). Als der Gefängniswärter, der ihr Gespräch überwacht, sich einem Tumult am anderen Ende des Raumes zuwendet, lehnt Arvid sich vor und flüstert schnell: »Sie haben mich gemartert.«

3.

Arvids Folterknecht ist Habecker, derselbe Mann, der auch Mildred gefoltert hat.

Habecker wird noch viele andere Widerstandskämpfer foltern. Nahezu alle von ihnen werden hingerichtet. Einer der seltenen Berichte aus erster Hand über Habeckers Foltermethoden stammt von Fabian von Schlabrendorff, einem Juristen, der mit Arvids Cousins Hans von Dohnanyi und Dietrich Bonhoeffer Pläne für ein Attentat auf Hitler entworfen hatte. Die Folter durchläuft vier Phasen:

> Die erste Stufe bestand darin, daß meine Hände gefesselt wurden. Dann wurde über beide Hände eine Vorrichtung ge-

schoben, die alle zehn Finger einzeln umfaßte. An der Innenseite dieser Vorrichtung waren eiserne Dornen angebracht, die auf die Fingerwurzeln einwirkten. Mittels einer Schaube wurde die ganze Maschinerie zusammengepreßt, so daß sich die Dornen in die Finger einbohrten.

Die zweite Stufe war folgende: Ich wurde auf eine Vorrichtung gebunden, die einem Bettgestell glich, und zwar mit dem Gesicht nach unten. Eine Decke wurde mir über den Kopf gelegt. Dann wurde über jedes der bloßen Beine eine Art Ofenrohr gestülpt. An der Innenseite dieser beiden Röhren waren Nägel befestigt. Wiederum war es durch eine Schraubvorrichtung möglich, die Wände der Röhren zusammenzupressen, so daß sich die Nägel in Ober- und Unterschenkel einbohrten.

Für die dritte Stufe diente als Hauptvorrichtung das »Bettgestell«. Ich war, wie vorher, auf dieses gefesselt, während der Kopf mit einer Decke zugedeckt war. Dann wurde das Gestell mittels einer Vorrichtung entweder ruckartig oder langsam auseinandergezogen, so daß der gefesselte Körper gezwungen war, die Bewegung dieses Prokustesbettes mitzumachen.

In der vierten Stufe wurde ich mittels einer besonderen Fesselung krumm zusammengebunden und zwar so, daß der Körper sich weder rückwärts noch seitwärts bewegen konnte. Dann schlugen der Kriminalassistent und der Wachtmeister mit dicken Knüppeln von rückwärts auf mich ein, so daß ich bei jedem Schlag nach vorne überfiel und infolge der auf dem Rücken gefesselten Hände mit aller Gewalt auf Gesicht und Kopf schlug. Während dieser Prozedur gefielen sich alle Beteiligten in höhnenden Zurufen. Die erste Folterung endete mit einer Ohnmacht.

Ich habe mich durch keine der geschilderten Gewaltmaßnahmen dazu verleiten lassen ein Wort des Geständnisses oder den Namen eines meiner Gesinnungsfreunde zu nennen. […] Am folgenden Tage war ich nicht imstande, mich zu erheben, so daß ich nicht einmal die Wäsche wechseln konnte, die voller Blut war. Obwohl ich immer kerngesund gewesen war, bekam ich im Laufe dieses Tages eine schwere Herzattacke.

4.

Arvid fragt Falk, ob er etwas von Mildred weiß.

Falk weiß nichts.

Arvid bittet ihn um ein Foto von Mildred. Schmuggle es an den Gefängniswärtern vorbei, sagt er.

Falk sagt, er wird tun, was er kann.

Bisher ist jeglicher Versuch von ihm, Mildred etwas zu schicken, fehlgeschlagen.

5.

Mildred befindet sich in strikter Einzelhaft.

Arvid bekommt Stifte und Papier. Er darf schreiben und Briefe empfangen. Axel schickt ihm Werke von Platon, Hegel und Adam Smith. Er schreibt ein neues Buch, eines, in dem er eine Wirtschaftstheorie entwickelt, die all seine früheren Theorien vereint.

Mildred erhält keines dieser Privilegien: keine Stifte, kein Papier, keine Briefe, keine Bücher.

Arvids Cousin Axel bittet bei einem Gefängnisbeamten flehentlich darum, dass er Mildred besuchen darf. Der Beamte lehnt ab. »Die Erlaubnis, Frau Mildred Harnack zu sprechen, hat nie jemand erhalten«, wird Axel später notieren. »Auch mein immer wiederholter Vorschlag, einem weiblichen Familienmitglied einmal Sprecherlaubnis zu gewähren, fand keine Annahme.«

Auch Falk probiert es – ohne Erfolg.

6.

Falk versucht einen Anwalt zu finden. Er kennt vier hervorragende Rechtsanwälte in seiner weiteren Verwandtschaft: Klaus Bonhoeffer, Ernst von Harnack, Justus Delbrück und Hans von Dohnanyi.

Aber Anwälte, die Teil der Familie sind, können nicht vor Gericht erscheinen und Arvid und Mildred verteidigen. Sie sind selbst im Widerstand aktiv – und können genauso leicht ins Visier der Verfolger geraten.

7.

Hans von Dohnanyi, Justus Delbrück und Dietrich Bonhoeffer haben Posten bei der Abwehr erhalten und befinden sich somit am Glutkern des deutschen militärischen Geheimdienstes. Ernst von Harnack und Klaus Bonhoeffer arbeiten eng mit ihnen zusammen.

Innerhalb der Abwehr nimmt langsam der Plan eines Attentats auf Hitler Form an. Er hat bisher noch keinen Namen. Ein ehemaliger Bürgermeister von Leipzig, Carl Goerdeler, ist daran beteiligt. Ebenso eine Reihe hochrangiger Offiziere der Wehrmacht, darunter Generaloberst Ludwig Beck, Generalmajor Hans Oster und Admiral Wilhelm Canaris.

Admiral Canaris ist Leiter der Abwehr und Generalmajor Oster sein Stellvertreter. Den Staatsstreich, den beide Männer bereits 1938 zu organisieren versucht hatten – bekannt als Septemberverschwörung – war teilweise daran gescheitert, dass Premierminister Neville Chamberlain eine Politik verfolgte, die Hitler durch Zugeständnisse besänftigen sollte. Dieses Mal hoffen sie, bei Großbritanniens neuem Premierminister Winston Churchill starken Rückhalt zu finden.

Am 1. Juni 1942 schickte Canaris Dietrich Bonhoeffer in geheimer Mission los, um die Briten darauf aufmerksam zu machen, dass das deutsche Oberkommando Pläne für ein Attentat auf Hitler schmiedete. Dietrich traf sich mit dem Bischof von Chichester, George Bell, einem Mitglied des Oberhauses. Dietrich hatte Bischof Bell zehn Jahre zuvor während seiner Zeit als Pastor in London kennengelernt, und die beiden verband seither eine tiefe und beständige Freundschaft.

Bischof Bell versicherte Dietrich, er werde tun, was immer in seiner Macht stehe, um seine Mission zu unterstützen. Er verfasste einen langen Brief an Außenminister Anthony Eden, den viele für Premierminister Churchills engsten politischen Verbündeten und Vertrauten hielten. »Wenn es Menschen in Deutschland gibt, die ebenfalls bereit sind, gegen diese ungeheuerliche Tyrannei von innen Krieg zu führen«, schrieb Bischof Bell, »ist es dann recht, sie zu entmutigen oder zu übersehen?«

Eden wies ihn scharf zurecht. Die Widerstandsbewegung in Deutschland, darauf beharrte er, habe »bislang wenig Beweise ihres Vorhandenseins geliefert«.

Wolfgangs siebtes Verhör

1942

1.

Wolfgang Havemann ist in Flensburg stationiert, einer Hafenstadt an der Grenze zu Dänemark – so weit nördlich, dass die Gestapo fast 480 Kilometer zurücklegen muss, um ihn zu verhaften. Dem Oberleutnant seiner Einheit beim Marinenachrichtendienst geben sie keine Erklärung. Sie geben nur zu verstehen, dass Wolfgangs Anwesenheit in Berlin vonnöten sei – der Krieg wird ohne ihn weitergehen müssen.

In der Gestapo-Zentrale wird Wolfgang fotografiert, man nimmt seine Fingerabdrücke und steckt ihn in eine Zelle im Keller.

Bei seinem ersten Verhör wird er über Onkel Arvid befragt.

Bei seinem zweiten über Tante Mildred.

Bei seinem dritten wird er über den Rest des Kreises befragt.

Wolfgang tut, als ob er nichts weiß.

»Sie brauchen sich gar keine Mühe zu geben, Ihren Verwandten zu decken. Der ist schon so belastet, dass Sie nichts mehr für ihn tun können.«

2.

Bei Wolfgangs viertem Verhör betritt ein anderer Mann den Raum. Er hat eine Glatze, ist deutlich älter als der vorherige Vernehmer, ungefähr fünfzig. Er hat einen spärlichen Bart. Seine Augen sind von einem stumpfen Blau. Er zieht ein Messer hervor und schneidet eine Zigarette in zwei Hälften.

Habecker.

Auf dem Tisch liegt ein Album mit Fotografien. Habecker blättert beiläufig durch die Seiten, als wäre das Gestapoalbum eine Sammlung von Schnappschüssen von Leuten im Urlaub. Er möchte wissen, ob Wolfgang jemanden erkennt.

Wolfgang kennt fast alle, auf die Habecker zeigt. Die Schreibkraft, die ihm gegenübersitzt, wartet mit über den Tasten gekrümmten Fingern auf seine Antwort.

Wolfgang schüttelt den Kopf.

3.

Habecker führt auch das vierte und fünfte Verhör mit Wolfgang durch.

Beim fünften muss Wolfgang noch mehr Fragen zu Arvid über sich ergehen lassen.

Beim sechsten spielt Wolfgang ihnen noch viel mehr vor als beim vierten, indem er einen »Tränenausbruch vor moralischer Entrüstung« hinlegt.

4.

Bei Wolfgangs siebtem Verhör ist Habecker nicht mehr da, sondern wieder der Vernehmer, der die ersten drei geführt hat. Er gibt sich einen freundlichen Anstrich, schlägt vor, dass Wolfgang ihn zu einem Spaziergang draußen begleiten könne.

Es ist das erste Mal seit seiner Verhaftung, dass Wolfgang im Freien ist.

Sein Vernehmer geht mit ihm einen Pfad entlang, der durch einen gepflegten Garten mit Frühblühern führt. Wolfgang, vom Sonnenlicht ganz geblendet, saugt die dufterfüllte Luft tief in die Lungen ein, während er neben diesem Nazi herläuft – dessen Name, wie er nun erfährt, Büchert lautet und in dessen Macht es steht zu entscheiden, ob er am Leben bleibt oder stirbt.

Büchert schlägt einen lockeren Ton an. Er erzählt Wolfgang, dass er noch nie zuvor einen Fall zu bearbeiten hatte wie diesen. »Das gäbe einen wunderbaren Roman«, sagt er, »wenn es nicht so traurig und verboten wäre.«

Kassiber

1942

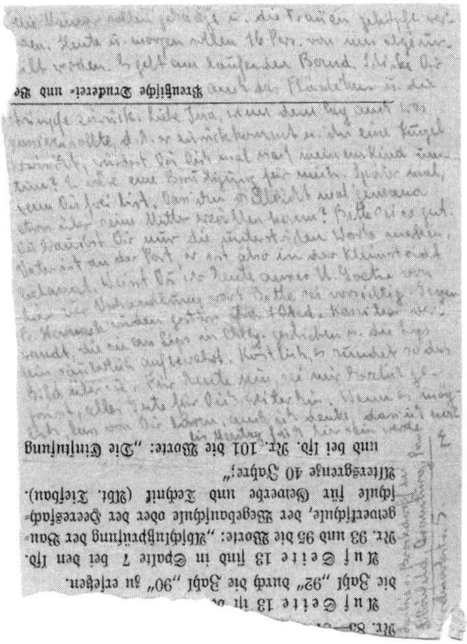

1.

»Schau immer in den Saum meiner Schlafanzughosen«, flüstert Cato Bontjes van Beek ihrer Mutter zu. Sie sitzen an den gegenüberliegenden Seiten eines Tisches in einem Raum in einer der oberen Etagen der Gestapo-Zentrale.

Cato ist einundzwanzig. Am 14. November 1942 wird sie zweiundzwanzig. Sie hat zwei Wochen mit gefesselten Händen im finsteren Zwielicht des Kellers verbracht. Oben, unter der Zellendecke, erlaubt ihr ein kleines Fenster einen Blick auf einen schmalen Ausschnitt des Gefängnishofes, wo Männer und Frauen zehn Minuten lang ihre Runden drehen dürfen. Manche von ihnen erkennt Cato, manche nicht. Es spielt keine Rolle. Viele sind im Untergrund im Widerstand, sie sind so fest miteinander verbunden wie die Eisenstangen vor diesem Fenster. Jeden Tag steht Cato auf dem kleinen Tisch neben ihrer Pritsche und lugt aus dem Fenster, sie singt ihnen was vor, während sie vorbeischlurfen.

Einen der Wärter berührt Catos Gesang. Das ist der Grund, warum Catos Mutter, Olga, die Erlaubnis zu einem Besuch erhält. Sie hat Glück – andere Mütter bekommen die Erlaubnis nicht.

Der Besuch dauert nicht lange. Olga kommt aus dem prächtigen Eingangsportal der Gestapo-Zentrale mit dem, was Cato ihr zugeflüstert hat, und mit einem Armvoll Wäsche. Manche Familien von Gefangenen dürfen die Wäsche der Inhaftierten waschen. Andere Strafanstalten in Berlin übernehmen diese Praxis ebenfalls. Die Entscheidung, welcher Familie es gestattet ist, die Wäsche eines Gefangenen zu waschen, hängt von der Laune der zuständigen Beamten ab.

Die umgenähten Säume frischgewaschener Wäsche werden schnell zu Verstecken für Botschaften, die heimlich zwischen den Inhaftierten und ihren Familien ausgetauscht werden. Geheime Nachrichten dieser Art werden »Kassiber« genannt.

Manchmal stecken sich die Gefangenen während ihres täglichen Freigangs im Hof des Gefängnisses Kassiber zu. Manchmal verstecken sie Kassiber im losen Mörtel zwischen den Steinen oder in den Spalten und Rissen der Wände, damit andere Häftlinge sie finden.

2.

Mildred und Libertas werden vom Hausgefängnis im Kellergeschoss der Gestapo-Zentrale in das dem Polizeipräsidium Charlottenburg angegliederte Frauengefängnis verlegt, wo sie gefesselt in getrennte Einzelzellen kommen. Das rote Backsteingebäude liegt unauffällig hinter einem ummauerten Hof an der Kantstraße. Berliner, die an dem Gefängnis vorübergehen, wissen vielleicht gar nichts von seiner Existenz.

Mildred und Libertas stecken sich gegenseitig Kassiber zu.

Jeden Morgen werden sie für ihre Verhöre in einem Polizeitransporter zur Gestapo-Zentrale gebracht. Libertas wird nicht von Habecker verhört, sie wird von einem Polizeibeamten vernommen, der davon absieht, sie zu quälen. Libertas hat Glück. Sie versteht aber trotzdem nicht, warum der Beamte ihr nicht die Fesseln abnimmt und sie freilässt, wo ihre Familie doch so gute Beziehungen zu Göring hat.

3.

Göring zögert.

Er war Gast bei Libertas' und Harros Hochzeitsfeier. Er hat für Harros Beförderung zum Oberleutnant gesorgt – dem höchsten Dienstgrad eines Leutnants bei den Luftwaffenoffizieren –, und ihm ist schmerzhaft bewusst, dass er Harro Zugang zu streng vertraulichen militärischen Geheimunterlagen verschafft hat.

Ein Admiral, der Hitler als Adjutant dient, bemerkt, dass Göring sich von der ganzen Prozedur gedemütigt sieht. Es will Göring nicht in den Kopf, dass sich in einer im Untergrund operierenden Widerstandsgruppe in Deutschland auch »Offiziere und Aristokraten« betätigen. Auch Hitler ist schockiert, dass einige Mitglieder dieser Widerstandsgruppe »der Elite« entstammen.

4.

Libertas versucht sich zu retten. Als eines Nachmittags ihr Vernehmer den Raum verlässt, verwickelt sie die Schreibkraft, eine Frau namens Fräulein Breiter, in ein Gespräch. Libertas macht ihr deutlich, dass sie die Enkelin von Philipp Friedrich Alexander, Fürst zu Eulenburg und Hertefeld und Graf von Sandels, ist, und gibt vor, sich für Fräulein Breiters eigenen Hintergrund zu interessieren. Sie fragt sich, wie Fräulein Breiter hier gelandet sein mag, so dass sie nun für einen Polizeibeamten in der Gestapo-Zentrale Tipparbeiten erledigt. Dann lenkt sie das Gespräch auf ihre eigene missliche Lage.

»Ich bitte Sie nur um eines«, sagt Libertas.

5.

An diesem Nachmittag raunt Libertas Fräulein Breiter einen einzigen Namen ins Ohr: Hans Coppi.

Am nächsten Nachmittag flüstert sie ihr einen weiteren zu.

Und am übernächsten noch einen.

Im Laufe von insgesamt 25 Vernehmungen flüstert Libertas den Namen von jedem, den sie im Harnack-Kreis, im Gegner-Kreis, im Tat-Kreis und im Rittmeister-Kreis kennt. Fräulein Breiter eilt anschließend dienstbeflissen hoch in den dritten Stock und meldet die Namen ss-Hauptsturmführer Kopkow, später wird sie sagen, dass sie dabei »ganz aufgeregt« gewesen sei.

Kopkow ist überrascht. Viele dieser Namen sind ihm nie zuvor untergekommen. Er leitet die Neuigkeiten umgehend an Göring weiter, der dafür sorgt, dass Fräulein Breiter 5.000 Reichsmark und ein persönliches Anerkennungsschreiben von Himmler erhält.

Kopkow erhält eine noch größere Belohnung von Göring: 30.000 Reichsmark.

6.

Ein wenig später setzt sich die Enkelin von Philipp Friedrich Alexander, Fürst zu Eulenburg und Hertefeld und Graf von Sandels, in ihrer Gefängniszelle hin und verfasst einen Brief an ihre Mutter.

»Ich«, schreibt Libertas, »habe aus Egoismus Freunde verraten.«

Die Rote Kapelle ist weder vollkommen rot noch besonders musikalisch

1942

1.

Die Neuigkeit von Libertas' Verrat verbreitet sich wie ein Lauffeuer durch die Frauengefängnisse. In einem Kassiber schreibt Rose Schlösinger:

> *Die neuen Verhaftungen sollen Frau Schulze-Boysen [...] zuzuschreiben sein. Sie ist eine geborene Fürstin von Schulenburg oder Eulenburg oder so – und mit Göring verwandt oder bekannt. Ihr Mann war durch G. protegiert und wohl das Haupt dieser ganzen Sache [...].*

Oda Schottmüller schreibt einen Kassiber über die Panik »so vor Toresschluss«, die Libertas dazu getrieben habe, »zum Denunzianten« zu werden.

Erika von Brockdorff schreibt einen Kassiber über das Plappermaul »Lips«, die einen weiteren Verrat begangen habe, indem sie bei einem Verhör mit mindestens einem Dutzend Kassibern aufgetaucht ist, alle von Mildred verfasst.

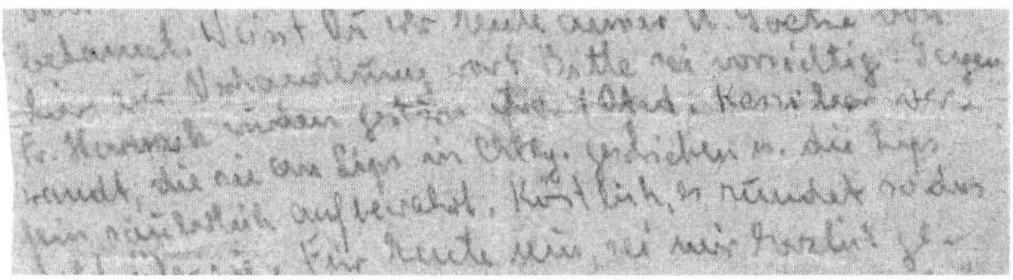

2.

Gestapobeamte sammeln konfiszierte Kassiber und Vernehmungsprotokolle in Heftmappen, um sie als Belastungsmaterial vor Gericht gegen die Angeklagten zu verwenden.

Bis Dezember 1942 sind dreißig sich dick wölbende Hefter zusammengekommen. Es sind 19 Teilprozesse angesetzt für eine Gruppe aus 75 Deutschen und einer Amerikanerin.

3.

Die Gruppe hat nun einen Namen: die Rote Kapelle. Es ist kein Name, den sie sich selbst gegeben hat. Ursprünglich stammt er aus dem Jargon des deutschen Nachrichtendienstes. Die Abwehr verwendet das Wort »Kapelle«, um damit generell eine Funkgruppe feindlicher Geheimdienste zu bezeichnen. Kurzwellensender sind »Pianos«, diejenigen, die sie bedienen, sind »Pianisten«. Als die Abwehr 1941 entdeckte, dass deutsche »Pianisten« ihre Botschaften nach Moskau übermittelten, taufte man die Kapelle »Rote Kapelle«.

Die Abwehr, die Gestapo und Hitler selbst gehen davon aus, dass die Rote Kapelle ein großes, einheitliches Netz aus erfahrenen Agenten ist, die in Moskau, Paris, Genf, Brüssel und Berlin sitzen.

Ist sie nicht.

Viele der im Keller der Gestapo-Zentrale Inhaftierten sind höchst erstaunt, als sie erfahren, dass sie Beklagte in einem großangelegten Gerichtsverfahren sind, das gegen einen sowjetischen Spionagering angestrengt wurde.

4.

Der Prozess wird am höchsten Militärgericht in Nazi-Deutschland abgehalten, dem Reichskriegsgericht. Ein Senat aus fünf Richtern verhandelt jeden Fall. Strafverteidiger werden die Verhafteten vertreten, und ein Ankläger vertritt das Reich.

Diese Einzelheiten werden Falk Harnack vom Ankläger selbst mitgeteilt, der auf Görings Weisung hin eine 800-seitige Anklageschrift vorbereitet.

5.

Falk beruft ein Familientreffen ein.

Die Harnacks haben noch immer keinen Strafverteidiger gefunden. Es muss unbedingt jemand damit beauftragt werden, der couragiert genug ist, sich einem Ankläger entgegenzustellen, der seine Weisungen direkt von Göring entgegennimmt. Bisher haben sich alle von ihnen kontaktierten Rechtsanwälte rundweg geweigert, mit Mildred und Arvid etwas zu tun zu haben. Privat drücken sie ihr Mitgefühl aus, aber sie haben viel zu viel Angst, ihren eigenen Kopf zu riskieren, indem sie öffentlich jemanden aus dem Widerstand verteidigen.

Schließlich findet Arvids Schwester Inge gerade mal zwei Wochen vor dem Prozess jemanden, der bereit ist, den Fall anzunehmen.

6.

Es ist ein klirrend kalter Morgen im Dezember, als Falk und seine Cousins Axel und Ernst von Harnack dem Rechtsanwalt in seiner vollgestopften, mit Büchern übersäten Kanzlei in Berlin einen Besuch abstatten. Er stellt sich als Herr Schwarz vor und schüttelt ihnen herzlich die Hand.

Als sie alle sitzen, teilt Schwarz ihnen mit, dass man ihm lediglich einen oberflächlichen Blick auf die 800-seitige Anklageschrift gewährt hat. Die zuständigen Beamten der Nazis haben sich geweigert, ihm eine Kopie der Seiten auszuhändigen, die Mildred und Arvid betreffen. Tatsächlich war ihm nicht einmal erlaubt worden, sich auch nur eine einzige Notiz zu machen.

Falk, Axel und Ernst tauschen Blicke aus, sie sind entsetzt. Wie kann Schwarz Mildred und Arvid auch nur annähernd kompetent verteidigen, wenn er keine klare Vorstellung davon hat, was ihnen vorgeworfen wird?

Ernst von Harnack erhebt sich. Als erfahrener Anwalt und ehemaliger Bürgermeister von Merseburg hat er sich fast zwanzig Jahre lang mit den Prinzipien der Jurisprudenz auseinandergesetzt und in jüngster Zeit ihre Korrumpierung durch Nazis in einer Häufigkeit erlebt, die mit schwindelerregendem Tempo zunimmt. Er versucht darzulegen, wie Schwarz an den Fall herangehen könnte, und erläutert in einer längeren Ausführung Arvids politische Ziele und sein Bemühen, eine gerechte, humane Welt zu schaffen.

Schwarz dankt ihm. Es bleibt völlig offen, ob er Ernsts Anregung im Prozess tatsächlich folgen wird. Nach einer weiteren Runde

Händeschütteln ist die Unterredung beendet. Ernst tritt in den eisigen Morgen hinaus und fragt sich, was er sonst noch tun kann.

Er nimmt Kontakt zu einem Gestapobeamten auf, von dem es heißt, er bringe dem Widerstand Verständnis entgegen, und bittet ihn, einen Blick in die Akte zu werfen, um etwas über den Fall herauszufinden. Der Beamte will oder kann das nicht tun. Alles, was er sagen kann, ist, dass es sich um »ein sehr ausgedehntes Verfahren gegen einen größeren Personenkreis« handle, das »mit tiefem Geheimnis umgeben sei, und das die darin Verwickelten in Lebensgefahr bringe«.

7.

»Von Mildred nie Antwort«, schreibt Falk in einem Brief an seine Mutter Clara. Der Brief ist auf den 7. Dezember 1942 datiert. In acht Tagen soll der Prozess beginnen.

8.

Über Mildred gehen jetzt Gerüchte herum.

In einem Kassiber schreibt Rose Schlösinger:

Ich habe von Mildred gehört, die in Charlottenburg ist oder war. Sie sei zuletzt geistig sehr heruntergekommen gewesen – habe so eine Art Verfolgungswahn.

Jemand schwört, dass Mildred an Selbstmord denke und mindestens zweimal versucht habe, eine Handvoll Nadeln zu schlucken.

Jemand anderer sieht Mildred in einer Rangelei mit einem Gefängniswärter. Es wird gemunkelt, sie habe ihn verletzt.

9.

Mildred erhält die Erlaubnis, einen einzigen Brief zu schreiben.

Sie hat seit Monaten keinen Stift in der Hand gehalten. Sie hat sich Tuberkulose eingefangen, erwähnt aber nichts von ihrer Krankheit in dem Brief, den sie an Axel, Falk und Clara Harnack adressiert.

Sie bittet diese, ihr ein »graues Kostüm« zu schicken, das noch beim Änderungsschneider in der Tauentzienstraße, in der Nähe der Kaiser-Wilhelm-Gedächtniskirche, sei. Das Kostüm wird sie besser aussehen lassen, wenn sei beim Prozess aussagt. Sie muss sich vorbereiten, so stark und gesund aussehen wie möglich.

Sie bittet um »Vitamine und Hefe«. Die Behälter, erklärt sie, sind in der Woyrschstraße 16 »oben in der Speisekammer« und »im Eingangsflur vorn in der Kommode (unten)«.

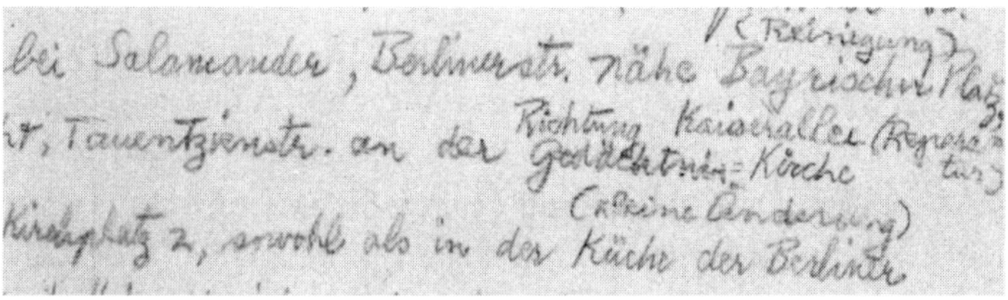
bei Salamander, Berlinerstr. nähe Bayrischer Platz (Reinigung)
r, Tauentzienstr. an der Richtung Kaiserallee Gedächtnis-Kirche (Reparatur) (kleine Änderung)
Kirchplatz 2, sowohl als in der Küche der Berliner

Mildred weiß nicht, dass die Gestapo die Woyrschstraße 16 vor einigen Tagen in einer Razzia durchsucht und all ihren Besitz beschlagnahmt hat, und auch nicht, dass schon bald ein SS-Offizier mit seiner Frau und seinen Kindern in ihr ehemaliges Zuhause einziehen wird.

Anneliese und Hexenknochen

1942–1943

1.

Früh am Morgen. Mildred öffnet die Augen. Schwaches Sonnenlicht sickert durch ein vergittertes Fenster oben, fast unter der Decke ihrer Zelle. Die Decke kennt sie so gut, wie sie die Innenseite ihrer Hand kennt: die feinen Risse, die durch glatte Stellen verlaufen, die kleinen Kerben wie Sternbilder. Ein Augenblick führt zum nächsten, und wieder zum nächsten, und im langsamen Zuwachs vergeht die Zeit. Die Zahl der Stunden, die sie an die Decke gestarrt hat, ist nicht zu bemessen. Die klaren Einteilungen, die früher einmal ihre Tage geregelt haben, sind weggebrochen in ein endlos weites Nichts, das vom hellen Geklapper von Schlüsseln, dem gewaltsamen Schlagen einer zugeworfenen Zellentür widerhallt. Sie hat keine Vorlesungen vorzubereiten, keine Kurse zu unterrichten, keine Besprechungen abzuhalten. Sie erkennt die Uhrzeit an dem Tablett, das dreimal täglich gebracht wird. Eine Gefängniswärterin setzt es ab, mit Wucht.

Das Frühstück ist ein Kanten trockenes Brot, eine Tasse lauwarmes Wasser, schmutzigfarben – was hier als Kaffee durchgeht ist aus gekochtem Getreide hergestellt. Sie kaut und schluckt und hustet. Ihre Lungen schmerzen von dem vielen Husten.

Die Matratze ist mit Holzspänen und Stroh gefüllt.

Wanzen und Läuse krabbeln ihr über die Haut und den Kopf. Mäuse huschen über den Steinboden.

Eine Toilette gibt es nicht, bloß einen Eimer in der Ecke ihrer Zelle. Dieser Gestank.

Eines Morgens wird sie ihre Augen öffnen, und etwas wird anders sein. Sie wird sich von der Matratze erheben und ihr graues Kostüm anziehen und aus dieser einsamen Zelle hinaustreten. Draußen wird ein Polizeitransporter mit laufendem Motor warten, um sie vom Gefängnis in Charlottenburg zu einem Gerichtssaal zu fahren. Sie wird die Hände in Handschellen haben. Trotzdem wird es eine Art von Freiheit sein.

2.

Rose Schlösinger schreibt, in ihre Zelle eingeschlossen, einen weiteren Kassiber. Es hat ihr das Herz gebrochen: Bodo ist tot. Erfahren hat sie von seinem Tod am Tag, bevor sich ihre Verlobung jährt, die Nachricht hat im verstohlenen Flüsterton ihren Weg von der Ostfront in die Korridore des Gefängnisses am Alexanderplatz genommen.

> *Ich kann Dir leider jetzt nicht erklären, was für Gedanken und Gefühle diese Nachricht bei mir ausgelöst hat. […] Es häuft sich soviel Unglück auf mich, daß ich mein Herz stumpf machen muß, um alles zu ertragen.*

Bodo Schlösinger ist nicht im Kampf gestorben, er starb von eigener Hand. Kurz nachdem er gehört hat, dass die Gestapo alle aus dem Kreis verhaftet habe, auch Rose, ist er in Russland irgendwo auf dem Land in ein Bauernhaus gegangen und hat sich erschossen.

3.

Elfriede Paul näht eine Bluse, eingeschlossen in eine Gemeinschaftszelle, zusammen mit einer Gruppe anderer Gefangener. Sie leistet Zwangsarbeit, überwacht von einer Wärterin. Bisher hat sie noch nie etwas genäht, außer in ihrer Praxis in Berlin, wo sie Wundnähte gesetzt hat. Damals hat sie eine Armbanduhr getragen, jetzt ist ihr Handgelenk blank. Dass neun Stunden vergangen sind, weiß sie dadurch, dass das Wachpersonal brüllt: »Die Schere ins Loch!«

Elfriede und die anderen Inhaftierten werfen ihre Scheren durch ein Loch in der Wand, neben dem gleich ein Heizungsrohr verläuft. Sie haben es »das heiße Loch« getauft.

Zurück in ihrer Zelle, schreibt Elfriede einen Kassiber:

> *Mir ist sehr elend. Und ich möchte nicht allein sein.*

Glücklicherweise ist sie das nicht. Sie teilt eine Zelle mit Erika von Brockdorff, die einen verschlagenen Humor hat. »Mit Erika verstehe ich mich gut«, schreibt Elfriede.

> *Abends erzählen wir uns gegenseitig Stückchen aus unserem Leben, meistens unsere Männererlebnisse.*

Wenn Elfriede Hunger hat, »kocht« Erika für sie, sie beschreibt in allen Einzelheiten ein üppiges Menü, dass einem das Wasser im Munde zusammenläuft, mit einer Flasche Wein für sie beide – »dann schlafen wir herrlich«, schreibt sie.

Wenn Elfriede betrübt ist, pfeift oder singt Erika schmissige Lieder oder macht anzügliche Witze, bis Elfriede lächeln muss. Erika nennt sich selbst einen Eulenspiegel.

4.

Erika von Brockdorff schreibt einen Kassiber –

> *Nie habe ich das Leben so intensiv gelebt wie im vergangenen Jahr […] Nun will ich Dir auch noch den Traum schreiben, den ich hatte.*

– und steckt ihn einer Wärterin zu.

5.

Die Wärterin heißt Anneliese Kühn, und sie wird nach dem Krieg eine Erklärung zu ihrer Begegnung mit diesen Frauen abgeben.

Anfangs ist Anneliese nicht sicher, was sie von ihnen halten soll. Anneliese ist da, weil sie Geld verdienen will, nicht mehr. Kassiber sind im Gefängnis am Alexanderplatz verboten. Wer als Inhaftierter dabei erwischt wird, wie er einen weitergibt, wird streng bestraft. Sie und andere vom Wachpersonal haben die Aufgabe, die Zellen zu filzen und mehrmals täglich Körperkontrollen durchzuführen. Sie erhalten fünf Reichsmark für jeden Kassiber, den sie konfiszieren.

Eines Tages erzählt Erika von Brockdorff Anneliese während einer Körperkontrolle, dass einmal ein SS-Mann versucht habe, sie zu vergewaltigen. Als sie das hört, packt Anneliese das Mitleid.

Von da an beobachtet sie Erika und ihre Freundinnen aus der Widerstandsgruppe aufmerksamer und bemerkt, dass sie »nichts unversucht ließen, in Verbindung zu bleiben«. Manchmal werfen sie Kassiber durchs Fenster zu den Häftlingen auf dem Hof. Manchmal stecken sie sie durch eine Belüftungsklappe.

Anneliese stellt »mit Hochachtung [...] fest, daß die Widerstandskämpfer selbst unter diesen für sie äußert harten Bedingungen der Haft ihren Kampf nicht aufgaben«.

6.

Während eines Luftangriffs schlüpft Oda Schottmüller einmal aus ihrer Zelle und rennt den Flur entlang. Hinter einer der Türen befindet sich eine Toilette. Der stinkende Kübel in ihrer Zelle ist entwürdigend, endlich kann sie ihm entfliehen, wenn auch nur dieses eine Mal.

Sie reißt die Tür auf, zieht sich den Rock hoch und uriniert in die Toilettenschüssel, ein Luxus, den sie seit Monaten nicht genossen hat.

Ihre Freude währt nur kurz.

Eine Gefängniswärterin, die sie ohnehin verabscheut, platzt herein und staucht sie zusammen: »So eine Unverschämtheit!«

»Sie sind ja wohl meschugge«, gibt Oda zurück.

»Das werde ich melden!«

Oda weiß ganz genau, dass man sie dafür bestrafen wird, dass sie jemanden vom Wachpersonal auf Jiddisch für verrückt erklärt hat, aber das ist ihr egal. In einem Kassiber schildert sie die Episode, die Wächterin nennt sie einen »Hexenknochen«.

7.

Der Hexenknochen ist ganz anders als Anneliese Kühn.

Der Hexenknochen hat Schelte parat für Gefangene, die sagen, dass sie Hunger haben und mehr Brot wollen. »Ach«, sagt sie höhnisch, »das ist ja unser Vielfraß!« Sie verspürt ganz gewiss kein Mitleid mit den Frauen, die sie bewacht.

Aber Anneliese Kühn schon. Sie beginnt, Stifte, Papier, Kerzen, Streichhölzer einzuschleusen, und steckt sie den Häftlingen zu, wenn sie deren Zellen durchsucht. Statt ihre Kassiber zu konfiszieren, bringt sie sie zu den Empfängern, für die sie bestimmt sind, innerhalb der Gefängnismauern und auch draußen in der Stadt. Wenn Fliegeralarm ist, lässt sie die Gefangenen aus ihren Zellen in die ihrer Nachbarn schlüpfen, damit sie miteinander reden können.

8.

In der Gemeinschaftszelle fertigt Elfriede Paul Blumen aus Stoff. Eine Gefängnisbeamtin zeigt ihr, wie man sie zusammennäht, damit es gut hält. Es darf nicht irgendeine x-beliebige Blume werden. Es muss eine Wicke sein.

»Wir machen«, schreibt Elfriede in einem Kassiber,

heute wieder Blumen und schaffen 37 Kästen mit je 60 Blumen = 2220 Stck. Neulich zarte Wickenfarben, heute schreiende laute Farben.

»Heute«, schreibt sie in einem anderen Kassiber,

saßen 2 Tauben auf d. Dach des Hauses II. Ganz nah u. groß sah ich sie und ihr schönes buntes Gefieder glänzte in der Abendsonne.

Elfriede hat ein Auge für schöne Dinge. Bewundernd beschreibt sie, wie ein »langer Eiszapfen an meiner Fensterklappe funkelt und glitzert in der Mittagssonne«.

Es ist die Art von Beobachtung, die auch Mildred in einem Kassiber hätte machen können, hätte man ihr Papier und einen Stift zugestanden. Nach dem einzigen Brief, den sie an Clara, Falk und Axel geschrieben hat, hat ihr die Aufsicht ihren Stift weggenommen. In Charlottenburg gibt es keine Aufseherinnen wie Anneliese Kühn.

9.

Früh am Morgen. Mildred öffnet die Augen. Nichts hat sich verändert. Das Gitter vor ihrem Fenster, die Decke mit ihren Rissen und Kerben, die Wanzen und Läuse und Mäuse.

Nein. Heute wird etwas anders sein.

Mildred erhebt sich von ihrer Pritsche, steht mit bloßen Füßen auf dem Steinboden. Am heutigen Morgen wird sie ihre Häftlingskleidung ablegen und ihr graues Kostüm anziehen. Sie wird aus der Zelle hinausgehen, aus dem Gefängnis hinausgehen.

Raus hier.

Sie kann nicht vorhersehen, was im Gerichtssaal geschehen wird. Aber eines weiß sie: Arvid wird dort sein.

Hitlers Bluthund

1942–1943

1.

Das Reichskriegsgericht ist ein Organ des Oberkommandos der Wehrmacht. Drei hochrangige Offiziere der Wehrmacht und zwei zivile Richter entscheiden über die Schuld oder Unschuld der Angeklagten, die vor ihnen stehen, üblicherweise Soldaten, die sich wegen Desertierens verantworten müssen, oder Generäle, die der Befehlsverweigerung beschuldigt werden, weil sie Görings Erlassen zuwidergehandelt haben.

Mildred Harnack und ihren Mitverschwörern wird Verrat vorgeworfen.

Das deutsche Strafrecht unterscheidet zwei Arten von Verrat: Verrat, der sich gegen die Regierung richtet (Hochverrat), und Verrat, der sich gegen das ganze Land richtet (Landesverrat). Ein Angeklagter, der des Hochverrates schuldig befunden wird, bekommt normalerweise eine Gefängnisstrafe von drei bis fünf Jahren. Ein Angeklagter, der für Landesverrat verurteilt wird, erhält die Todesstrafe.

Der Mann, den Göring als Vertreter der Anklage speziell ausgesucht hat, heißt Manfred Roeder – ein zweiundvierzigjähriger Jurist mit der Amtsbezeichnung Oberstkriegsgerichtsrat. Roeder hat sich über die Jahre einen Ruf als unreifer Grobian, der schnell laut wird, erworben, zudem soll er nur über durchschnittliche Kenntnisse der juristischen Materie verfügen. Als er unlängst von der Luftwaffe mit den Ermittlungen zum Suizid von Fliegerlegende Ernst Udet beauftragt war, hat er kurzerhand jeden, der mit Udet in Kontakt gestanden hatte, und sei es noch so entfernt, festnehmen lassen, neben vielen andren, die keinerlei Kontakt gehabt hatten. Ein Kollege, der dieses Vorgehen missbilligte, bemerkte daraufhin: »Wir müssen den Roeder aus der Untersuchung herausnehmen, er ist imstande und verhaftet uns noch den Papst.« Roeder hatte bereits zahlreiche Dienstaufsichtsbeschwerden und Disziplinarverfahren am Hals und ist bei seinen Kollegen nicht gerade angesehen. Ein Richter merkt an, Roeder besitze »nicht das normale Gefühl für das Leiden anderer Menschen«. Ein anderer nennt Roeder »zu kalt und zu einseitig«. Der Richter, der das sagt, ist Alexander Kraell, Präsident des 2. Senats am Reichskriegsgericht und somit zufälligerweise der vorsitzende Richter bei Mildreds Prozess.

Richter Kraell mag keine hohe Meinung von dem Ankläger haben, der sich den Spitznamen »Hitlers Bluthund« erworben hat, doch die beiden Männer sind sich in einem einig: Nach Kraells wie auch Roeders Überzeugung ist Widerstand gegen Hitler ein entsetzliches Verbrechen, insbesondere in Kriegszeiten. Als deutscher Bürger ist man in ihren Augen rechtlich verpflichtet, sich loyal zu verhalten, selbst wenn die parlamentarische Demokratie in Deutschland inzwischen einer faschistischen Diktatur gewichen ist. Selbst wenn der Diktator Millionen Menschen ermordet, die in eine Kategorie fallen, von der der Führer befindet, sie sei unerwünscht.

2.

In dem Sammelprozess gegen die Rote Kapelle hat Hitlers Bluthund ein einziges Ziel: dass jeder Einzelne der Angeklagten zum Tode verurteilt wird.

Irgendwo in Manfred Roeders dreißig dicken Aktenmappen befinden sich die Protokolle der zahlreichen Vernehmungen, die jeder von ihnen durchzustehen hatte. Was auch immer sie unter Folterqualen ausgestoßen haben, wird als Beweis gegen sie verwendet. Roeder hat zudem das Glück, dass Libertas Schulze-Boysen freiwillig eine ganze Reihe von Leuten aus ihrem Freundeskreis verraten und eine Fülle von belastenden Informationen über sie preisgegeben hat. Roeder weiß etwas damit anzufangen.

Zwölf Männer und Frauen sollen am Morgen des 15. Dezember 1942 vor Gericht erscheinen. Unter ihnen sind Mildred und Arvid Harnack und Libertas und Harro Schulze-Boysen. Der Sammelprozess soll bis Anfang Januar 1943 dauern, so lange, bis alle 76 Beklagten verurteilt sind.

An Hitler wird täglich schriftlich Bericht erstattet. Zum ersten Mal in der Geschichte werden die Richter des Reichskriegsgerichts nicht das letzte Wort haben. Jedes Urteil und jede Strafzumessung müssen vom Führer bestätigt werden.

3.

Mildreds Mitverschworene schreiben in ihren Kassibern über Manfred Roeder. Auf diese Weise verbreiten sich Nachrichten über den Mann, der ihrer aller Ankläger ist, von Zelle zu Zelle und von Gefängnis zu Gefängnis. Er ist bekannt dafür, während Zeugenaussagen herumzustolzieren und höhnisch aufzutrumpfen. Oda Schottmüller schreibt, er sei »ein unbeschreiblich eitler Gockel«. Erika von Brockdorff nennt den Sammelprozess einen »Hexenkessel«.

4.

Es gibt keine Kassiber, in denen Mildreds Eindruck von Manfred Roeder festgehalten ist. In strikter Einzelhaft, ohne die Erlaubnis zu schreiben oder zu sprechen, war es ihr nicht möglich, ihre Gedanken irgendwem mitzuteilen.

Die erste von vielen Verhandlungen

1942

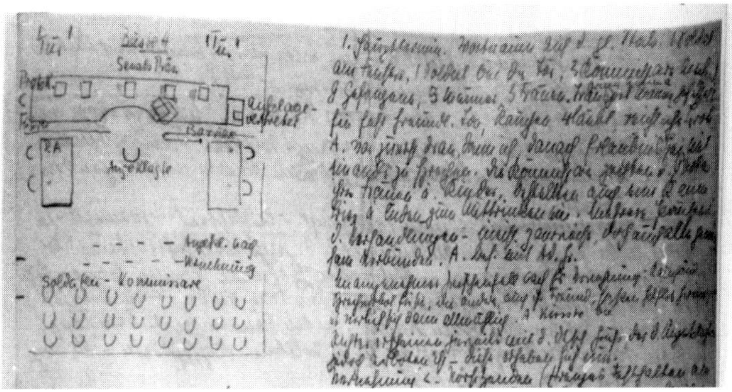

1.

Kurz vor 9 Uhr morgens am 15. Dezember 1942 betritt Mildred den Gerichtssaal. Wenige Augenblicke zuvor hat sie, draußen auf dem Gang, ihren Verteidiger Schwarz zum ersten Mal gesehen. Er erklärt, es sei ihm in jeglicher Form untersagt, ihr beratend beizustehen. Er darf nicht einmal in ihrer Nähe sitzen.

Ein Wachtmeister führt Mildred in den rückwärtigen Teil des Raumes, wo in drei ordentlichen Reihen Holzstühle aufgestellt sind, und weist sie an, sich zu setzen.

Sie trägt ihr graues Kostüm. Ihr Haar ist straff nach hinten zu einem Knoten gebunden. Sie hat versucht, sich ordentlich herzurichten, aber das Kostüm sitzt nicht mehr wie früher. Es hängt formlos um ihren ausgezehrten Körper, als hätte sie es von einer Frau ausgeborgt, die besser beieinander ist.

Einer nach dem anderen kommen die anderen Angeklagten herein, flankiert von Wachbeamten.

Arvid betritt den Saal. Harro und Libertas Schulze-Boysen betreten den Saal, Hans Coppi betritt den Saal, Oberleutnant Gollner, Mildreds ehemaliger Schüler, der bei der Abwehr ist, betritt den Saal. Vielleicht überrascht es sie, ihn zu sehen, vielleicht auch nicht. Sechs weitere – zwei Frauen und vier Männer – betreten den Saal, von denen sie einige noch nie zuvor gesehen hat. Es ist anzunehmen, dass ihre Augen nicht lange auf ihnen allen ruhen.

Es ist anzunehmen, dass sie Arvid anstarrt.

2.

Mildred und Arvid können kein einziges Wort miteinander wechseln, geschweige denn sich in die Arme fallen. Die Regeln, die für den Sammelprozess am Reichskriegsgericht festgelegt wurden, lassen Gespräche unter den Angeklagten nicht zu. Nach drei Monaten pausenloser Isolation und zeitweiliger Folter ist alles, was Mildred und Arvid jetzt tun können, sich stumm anzublicken.

3.

Fünf Richter betreten den Gerichtssaal und nehmen ihre Plätze vorne auf einem Podium ein. Richter Kraell ruft die Namen der zwölf Angeklagten auf. An der Wand hinter ihm, von einem ungeübten Bildhauer grob und wenig gelungen ausgeführt, Hitlers Gesicht als Basrelief.

Innerhalb dieser vier Wände wird sich eine Farce von einem Gerichtsverfahren abspielen.

Manfred Roeder ruft die Angeklagten in den Zeugenstand, einen nach dem anderen. Er führt sich theatralisch und abstoßend auf. Er höhnt und brüllt, wirft sich in die Brust und frohlockt voller Häme.

Als Mildred an der Reihe ist, erhebt sie sich von dem Holzstuhl und geht auf den Zeugenstand zu. Er hämmert mit Fragen auf sie ein.

Sie fixiert ihn mit ruhigem Blick und lügt. Nein, sie kann keine Namen nennen und nicht mit dem Finger auf bestimmte Personen zeigen. Nein, sie weiß nichts von irgendwelchen Spionagetätigkeiten. Nein, die Treffen, die sie abgehalten hat, dienten nicht zu Verschwörungszwecken; sie waren einzig und allein der Diskussion amerikanischer Romane gewidmet.

4.

Die Verhandlung dauert vier Tage. Am 19. Dezember werden die Urteile gesprochen.

Axel von Harnack schickt ein Telegramm an Falk:

BUCH NICHT LIEFERBAR, ABER SECHS BILDER

»Buch« heißt Arvid, »nicht lieferbar« heißt Todesstrafe, »Bilder« heißt Mildred. Die verschlüsselte Nachricht informiert Falk darüber, dass Arvid zum Tode verurteilt wurde und Mildred sechs Jahre Gefängnis bekommen hat.

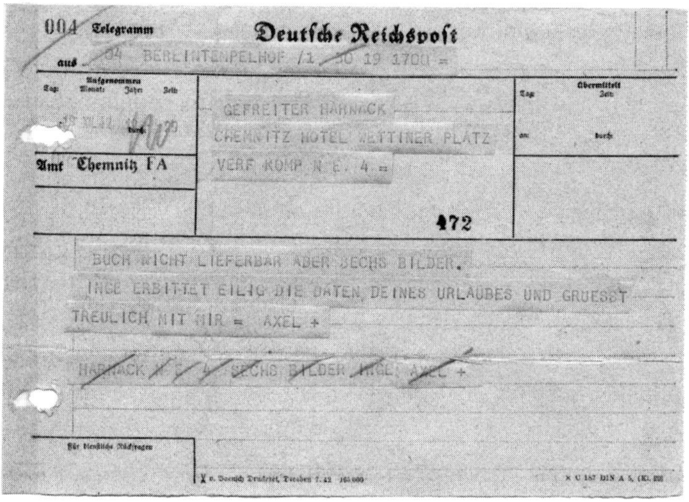
004 Telegramm
Deutsche Reichspost
aus 004 BERLINTEMPELHOF /1 30 19 1700 =
Aufgenommen Tag: Monat: Jahr: Zeit
durch
Amt Chemnitz FA
GEFREITER HARNACK
CHEMNITZ HOTEL WETTINER PLATZ
VERF KOMP N E. 4 =
472
Übermittelt Tag: Zeit:
an: durch
BUCH NICHT LIEFERBAR ABER SECHS BILDER.
INGE ERBITTET EILIG DIE DATEN DEINES URLAUBES UND GRUESST
TREULICH MIT MIR = AXEL +
HARNACK N E 4 SECHS BILDER INGE AXEL +
Für dienstliche Rückfragen

5.

Harro und Libertas Schulze-Boysen werden zum Tode verurteilt.

Hans Coppi wird zum Tode verurteilt.

In den noch folgenden Verhandlungen werden nahezu alle Mitglieder des Harnack-Kreises, des Gegner-Kreises, des Tat-Kreises und des Rittmeister-Kreises zum Tode verurteilt.

Mildreds Zellengenossin

1942–1943

1.

Es schneit, als Gertrud Klapputh ins Frauengefängnis in Charlottenburg eingeliefert wird.

Sie ist neunundzwanzig Jahre alt. Aufgewachsen ist sie in Leopoldshall, einem ärmlichen Dorf, wo ihr Vater im Kalibergbau tätig war. Sie ist seit ihrem zweiundzwanzigsten Lebensjahr im Untergrund im Widerstand aktiv, damals hat sie sich von Nazi-Deutschland losgesagt und wollte lieber Exilantin sein. 1934 ging sie nach Moskau, 1935 ging sie nach Paris. 1938 ging sie nach Brüssel, wo sie »zunächst illegal [...] bei einer Holländerin gewohnt« haben soll, wie in ihrer Gestapoakte vermerkt ist.

Die sechs Seiten ihrer Akte bieten eine trockene, penible Aufzählung ihrer Straftaten. Sie hat mit Kommunisten verkehrt. Sie war Mitglied der Roten Hilfe, die sich der Unterstützung inhaftierter Kommunisten verschrieben hat, und sie war unter dem Decknamen »Hertha« an umstürzlerischen Aktivitäten beteiligt.

Im Jahr 1940 hat die Gestapo sie zurück nach Berlin befördert und für ein halbes Jahr ins Gefängnis gesteckt. Zehn Monate nach ihrer Entlassung hat die Gestapo sie nun wieder festgenommen.

Gertrud hat keine Ahnung, wie lange sie dieses Mal in Haft sein wird. Bisher hat sie insgesamt ein Jahr und drei Monate hinter Gittern verbracht, zuerst in Moabit, dann am Alexanderplatz und jetzt hier, in Charlottenburg, wo sie mit zwanzig anderen Frauen eine Zelle teilt.

2.

Zum ersten Mal sieht Gertrud Klapputh Mildred am 10. Dezember 1942 im Gefängnishof der Charlottenburger Strafanstalt. Schnee fällt in dicken, nassen Flocken aus einem farblosen Himmel. Die Gefangenen müssen hier nach dem Mittagessen für genau dreißig Minuten an der Mauer entlang Runden drehen. Sie gehen jeweils zu zweit, Seite an Seite, in einem großen Kreis. Es ist ihnen untersagt, miteinander zu sprechen. »Bärentanz« nennen es die Häftlinge. Gertrud ist neu dazugekommen, sie muss sich mit der Sprache hier erst noch vertraut machen.

Im Flüsterton wandern Gerüchte von Zelle zu Zelle. Auf diesem Weg erfährt sie, dass Mildred eine amerikanische Antifaschistin ist, die in strikter Einzelhaft gehalten wird. Gertrud ist fasziniert. Jeden Tag während des Bärentanzes suchen ihre Augen die Frauenrunde ab, sie will Mildred sehen. Dann und wann treffen sich ihre Blicke.

»Wir haben uns im Gefängnishof immer nur ansehen können«, schrieb Getrud.

3.

Am 20. Dezember 1942 erklärt die diensthabende Wachtmeisterin Gertrud, dass sie jetzt in eine kleinere Zelle kommt. Als Gertrud eintritt, schaut die dort sitzende Gefangene auf. Ihre Blicke treffen sich.

Es ist Mildred.

Nachdem die Zellentür zugeschlagen und die Wärterin gegangen ist, fallen sie sich »spontan in die Arme«, erinnert sich Gertrud. »So gross war unsere gegenseitige Sympathie, die wir bisher nur in unseren Blicken ausdrücken konnten.«

4.

Bei Mildred besteht die Gefahr, dass sie sich das Leben nimmt. Das ist der Grund, warum sie nach drei Monaten strikter Einzelhaft eine Zellengenossin bekommt.

»Mildred besass einen großen Schatz«, erinnert sich Gertrud, »nämlich einen Bleistift«. Irgendwann im Laufe ihres viertätigen Prozesses hat Mildred diesen Schatz zufällig entdeckt und ihn an sich genommen. Sie erzählt Gertrud, dass sie zu sechs Jahren Zuchthaus verurteilt wurde. Sie wird schon bald in ein Arbeitslager verlegt werden. Bis dahin möchte sie ihre Zeit so gut wie möglich nutzen.

»Nach dem Aufstehen machten wir Gymnastik, soweit es der äusserst schmale Raum zuliess«, schrieb Gertrud.

Dann wurde Toillette gemacht bis das frugale Frühstück, ein Stück trocken Brot und ein Becher »Kaffee« kam.

Der ist dünn und schmeckt nach nichts, aber sie sind das schon gewöhnt, beide.

Dann lernten wir oder erzählten uns etwas bis zum Mittagessen.

Das gemeinsame Lernen, das Mildred und Gertrud sich vornehmen, ist improvisiert. Sie haben keine Bücher. Aber Gertrud schafft es, ein Stück Papier aufzutreiben, und Mildred holt fröhlich den Bleistift aus dem Loch hervor, in dem sie ihn verborgen hält. »Damit schrieb sie mir Verse von Goethe auf«, erinnert sich Gertrud.

Auch amerikanische Lieder lernte ich von ihr. […] Von mir lernte sie ebenfalls Lieder und Gedichte. Am liebsten hörte sie »O Täler weit, o Höhen …«.

Sie hören Schlüssel klappern. Die Tür schwingt auf. Eine Aufseherin stellt unsanft ein Tablett mit dem Mittagessen ab. Wieder ein kärgliches Mahl. Und anschließend: der Bärentanz. Und so geht es jeden Tag.

Leider erhielt Mildred keine Post, weder von ihrem Mann noch von anderen Angehörigen. Sie weinte manchmal, wenn sie von Arvid sprach […]. Ich habe sie getröstet so gut ich konnte. Viel Sorge machte sie sich darüber, wie sie die 6 Jahre Zuchthaus überstehen würde.

5.

Den letzten, flüchtigen Blick konnte Mildred Arvid im Gerichtssaal zuwerfen, nachdem ihre Urteile verkündet waren.

Arvid fing ihren Blick auf und »strahlte«, hochgestimmt, weil ihr Leben gerettet war. Sie hielt seinen Blick, so lange es ging, und legte ihre ganze schmerzvolle Liebe in ihren.

Mildred klammert sich an die Hoffnung, dass sie sich wiedersehen werden.

Vielleicht lässt sich Arvids Urteil anfechten, sagt sie zu Gertrud. Vielleicht wird ein anderer, fähigerer Anwalt anstelle von Schwarz eingesetzt und kann das Gericht überzeugen, dass die Hinrichtung aufgeschoben wird. Vielleicht ist der Krieg zu Ende, bevor Arvids Hinrichtung vollzogen wird. Vielleicht gelingt Leuten aus dem Widerstand ein Attentat auf Hitler. Mildred redet sich ein, dass sie an diese Möglichkeiten, so unwahrscheinlich sie auch sein mögen, glauben muss.

Aber manchmal verliert sie die Hoffnung auch. Gertrud wird sich später daran erinnern, dass sie »traurig wurde und manchmal verzweifeln wollte«.

6.

Es ist Januar 1943, der zweite oder dritte Tag des neuen Jahres – Gertrud weiß es nicht genau –, da erscheint eine Aufseherin. Mildreds Rechtsanwalt möchte sie sprechen.

Mildred versteht nicht. Sie ist doch bereits verurteilt. Vielleicht ist das eine Verwechslung.

Mildred erhebt sich. Schlüssel klirren, die Zellentür schwingt auf und schließt sich wieder. Nochmal klirren die Schlüssel. Und sie ist weg.

Später, als Mildred zurückkehrt, hat sie furchtbare Neuigkeiten. Aus irgendeinem Grund ist ihr Urteil gekippt worden. Mildreds Anwalt hat ihr gesagt, sie habe »eine härtere Strafe zu erwarten«.

Gertrud versucht Mildred zu trösten, aber sie ist untröstlich. Schwarz hat ihr noch etwas anderes mitgeteilt.

Arvid ist tot.

Kurz vor 8 Uhr abends am 22. Dezember 1942 ist Arvid gehängt worden, zusammen mit sechs anderen Männern aus dem Rote-Kapelle-Verfahren, darunter Harro Schulze-Boysen, Hans Coppi und Kurt Schumacher. Arvid hat die letzte Stunde seines Lebens damit verbracht, in seiner Zelle einen Brief an Mildred zu schreiben. Sie hat den Brief jetzt, Schwarz hat ihn ihr gegeben. Sie hat ihn unzählige Male gelesen und kann doch noch immer nicht glauben, dass Arvid tot ist. Das kann nicht sein. Es kann nicht sein, dass sie jetzt Witwe sein soll.

Es kann nicht sein, dass Harro und Hans und Kurt tot sind.

Und sie kann auch nicht noch einmal in diesen Gerichtssaal gehen.

Aber sie muss.

Göring »explodierte«, als er erfuhr, dass Mildred kein Todesurteil erhalten hatte. Beim Wort »Freiheitsstrafe« habe er einen Tobsuchtsanfall bekommen, erinnerte sich ein hoher Justizfunktionär in einer Befragung nach dem Krieg. Göring schrie, er sei »vom Führer beauftragt, ›dieses Geschwür auszubrennen‹«, und dass der Führer niemals damit einverstanden sein werde.

Am nächsten Tag weigerte sich Hitler prompt, Mildreds Urteil zu bestätigen, und befahl ihre Hinrichtung. Um den Anschein juristischer Ordnung zu wahren, verfügte er, dass der Fall vor einem anderen Senat noch einmal zu verhandeln sei.

Das größte Unglück

1943

1.

Am 13. Januar betritt Mildred erneut das Reichskriegsgericht, sie trägt wieder ihr graues Kostüm. In ihrer Tasche steckt Arvids Abschiedsbrief. Der Gerichtssaal ist viel leerer als das letzte Mal, als sie hier war.

Da sitzen jetzt andere Richter, sieht sie. Aber der Anklagevertreter ist derselbe.

Heute ruft Manfred Roeder Mildreds Studenten Herbert Gollnow in den Zeugenstand.

Der Abwehroffizier bezeugt, dass er Mildred im vergangenen Frühjahr militärische Dienstgeheimnisse anvertraut hat – insbesondere über Hitlers geplanten Vorstoß auf den Kaukasus, um an die dortigen Ölvorkommen zu gelangen, und über »ungefähr zwölf« Sabotageunternehmen der Abwehr hinter den sowjetischen Linien.

Warum haben Sie ihr diese geheimen Informationen verraten?, fragt Hitlers Bluthund ihn.

Gollnow gibt an, Mildred habe ihn unter Druck gesetzt.

Welcher Art war Ihre Beziehung zu Arvid Harnacks Ehefrau?

Herbert Gollnow stellt ihre Beziehung als »Verhältnis sexueller Hörigkeit« dar – oder zumindest will sich sein Vernehmer Jahre nach dem Krieg daran erinnern, es angeblich so von ihm gehört zu haben.

Gollnows pikante Zeugenaussage wird als Beweis angeführt, als Mildreds neues Urteil verkündet wird: Tod.

2.

»Das größte Unglück kam dann«, erinnerte sich Gertrud,

> *ich musste […] Mildred verlassen […] Ich hatte Mildred so lieb gewonnen, wie eine liebe gute Schwester. Und sie brauchte mich gerade jetzt am dringendsten.*

Am 15. Januar 1943 wird Gertrud aus Charlottenburg verlegt. Sie weiß nicht, wohin es gehen soll. Mildred bittet sie, Arvids Abschiedsbrief hinauszuschmuggeln.

Gertrud sagt, sie will es versuchen. Falls sie in einem anderen Gefängnis landet, könnte das gelingen. Falls sie in einem Konzentrationslager landet, eher nicht.

Und dann ist sie fort. Mildred ist wieder allein.

3.

Aber nicht lange. Am nächsten Morgen wird eine neue Gefangene in Mildreds Zelle gebracht. Sie ist vielleicht Anfang zwanzig. Ihren Namen weiß man nicht – die anderen Häftlinge nennen sie »die Neue«.

Die Armbinde, die sie trug

1943

1.

Der Bärentanz.

Am 12. Februar 1943 stößt Häftling Irmgard Kamlah auf dem Gefängnishof zu den anderen, die schon paarweise an der rechteckigen Mauer englanggehen. Jahre später beschrieb sie diesen Tag in einem Brief.

Beim Heraustreten aus der Gefängnistür hörte ich die uns begleitende Beamtin mit einem Blick auf Mildred zu dem aufsichtsführenden Wachtmeister sagen: »Sie wissen ja, nicht sprechen und immer alleine gehen lassen.«

Mildred trägt einen grauen Mantel mit Kapuze. »Da sie die Kapuze ziemlich tief über den Kopf gezogen hatte, konnte ich ihre Haare nicht sehen«, schrieb Irmgard. Mildred trägt außerdem eine Armbinde, auf der zwei Buchstaben aufgedruckt sind: TK – für »Todeskandidatin«.

Ab und zu werfen die Häftlinge Mildred verstohlene Blicke zu. »[I]n einer gewissen Scheu liessen wir ihr immer einen Zwischenraum frei, um nur nicht den Verdacht auf sie zu lenken, sie könne mit einer von uns sprechen«, schrieb Irmgard. Heute sieht Mildred

erschreckend zart und leidend aus, so als hielte sie sich nur mühsam aufrecht. Dabei aber rannte sie wie gehetzt mit grossen Schritten von einer Ecke des Hofes in die andere, mit einem starren Blick immer an uns vorbeisehend.

Sie ist die erste TK, die Irmgard sieht.

2.

Spät in der Nacht hört Irmgard Schritte. Sie liegt in ihrer Schlafkoje unter einer dünnen Decke und zittert. Sie ist nicht allein, sie teilt die Zelle mit mehreren anderen zitternden Frauen. In der Dunkelheit kann sie die Umrisse einer Aufseherin und eines Mädchens erkennen. Das Mädchen ist »halb entkleidet« und weint heftig. Die Beamtin schiebt das Mädchen in die Zelle.

Die Frauen liegen still auf ihren Pritschen und hören das Mädchen schluchzen. Das kann nur eines bedeuten. Mildred ist fort.

> *Nach längerer Zeit unterhielten wir uns dann flüsternd mit der »Neuen«, die die Zellengenossin von Mildred gewesen war, bis sie am gleichen Abend zu Hinrichtung abgeholt worden ist.*

In den folgenden Monaten wird Irmgard noch andere TKs auf dem Gefängnishof sehen. Während des Bärentanzes ist dann eine Frau dabei, die alleine geht und ihr Gesicht unter einer Kapuze versteckt hält. Ihre Tage sind gezählt. Es dauert nie lange.

In ihrer Zelle liegt Irmgard zitternd im Dunkeln, hört das Gefängnistor aufschwingen, das Tuckern eines Motors.

> *Damals habe ich erfahren, was es bedeutet, wenn in einen totenstillen Gefängnishof gegen 9 Uhr abends ein Auto hereinfährt und nach einer Viertelstunde wieder hinaus.*

Das Fahrzeug ist unterwegs in die Strafanstalt Plötzensee, wo Frauen enthauptet werden.

Die Mannhardt-Guillotine

1943

1.

Mitte des 19. Jahrhunderts hatte ein Münchner Uhrmacher namens Johann Mannhardt den Ehrgeiz, eine Apparatur zu verbessern, die hundert Jahre vorher von den Franzosen gebaut worden war, um damit Menschen effizient zu ermorden.

Die französische Guillotine war über vier Meter hoch und wog über eine Tonne – ein furchteinflößendes Gerät, mit dem während der Französischen Revolution Schätzungen zufolge 17.000 Menschen in nur einem einzigen Jahr geköpft wurden. Der Mechanismus, mit dem man ein schweres Messerblatt zum oberen Querbalken hochzog und dann fallen ließ, war rudimentär und grob, viel kruder als das fein justierte Zusammenspiel von Gewichten, Räderwerk und Pendeln, durch das Johanns Turmuhren zum Laufen gebracht wurden. Die französische Guillotine bestand komplett aus Holz. Johann entwarf eine Version aus Eisen und Stahl. Bei der französischen Guillotine gab es ein dickes Seil aus Hanf und einen Flaschenzug. Bei Johanns Version war es ein langlebiges Stahlseil und eine arretierbare Handkurbel. Bei der französischen Guillotine musste ein Scharfrichter das Seil mit seinem Schwert durchtrennen, damit das Messer fiel. Ein Scharfrichter an Johanns Version konnte den Mechanismus für das Lösen des Fallbeils mit einem einzigen Knopfdruck in Gang setzen.

Die Firma Johann Mannhardt stellte bis 1860 sechs Guillotinen her. Eine fand ihren Weg ins Zuchthaus Bruchsal, war aber nicht sehr lange in Benutzung; bei den anderen war es ebenso. Mit einer Mannhardt-Guillotine mochten sich Menschen noch effizienter umbringen lassen, zu diesem Zeitpunkt der Weltgeschichte gab es jedoch für ein solches Instrument keinen großen Bedarf. Johann wandte sich lieber wieder seiner Uhrmacherei zu. Er starb 1878.

2.

Über ein halbes Jahrhundert später stieg die Zahl der Hinrichtungen in Deutschland exponentiell an. So effizient verhängten Richter inzwischen die Todesstrafe für Verräter, Saboteure und andere politische Straftäter, dass die Gefängnisse bis an ihre Grenzen ausgelastet waren. Das stellte ein Problem dar. Hinrichtungen durch Erhängen benötigten Zeit. Hinrichtungen mit dem Handbeil waren mühselig. Das vordringlichste Problem war aber, dass es nur drei ordentlich ausgebildete Scharfrichter in ganz Deutschland gab.

Am 28. Dezember 1936 erließ Hitlers Reichsjustizminister eine Reihe neuer Bestimmungen, von denen er sich effizientere Abläufe erhoffte. Er teilte Deutschland in drei Zuständigkeitsbereiche für Hinrichtungen auf und wies jedem Scharfrichter einen davon zu. Elf Strafanstalten sollten fortan als zentrale Hinrichtungsstätten dienen. Er schaffte das Schafott und das Handbeil als veraltete Mittel ab. Von nun an würden Hinrichtungen nur noch mit dem »Fallbeil« vollzogen werden.

Das Gefängnis in Berlin besaß keine Guillotine, was ein Problem darstellte, aber der Reichsjustizminister ersann eine schnelle, einfache Lösung. Statt eine neue Guillotine bauen zu lassen, würde er eine wenig benutzte in einem kleineren Gefängnis suchen und nach Berlin transportieren lassen.

3.

Am 8. Februar 1937 baute eine Gruppe Männer im Zuchthaus Bruchsal die dortige Mannhardt-Guillotine ab, verstaute die einzelnen Teile in einer Reihe von Holzkisten und verlud diese auf einen Lastwagen mit dem Ziel Berlin.

Der Lastwagen rumpelte Richtung Nordosten los.

Er folgte dem Verlauf des Rheins, wo Mildred bei warmem Wetter so gerne geschwommen war.

Er fuhr an Jena vorbei, wo Mildred ihr erstes Jahr in Deutschland verbracht und, stundenlang in der Universitätsbibliothek vergraben, für ihre Doktorarbeit recherchiert hatte.

Er fuhr durch den Thüringer Wald und am Harz vorbei, wo Mildred sonntags mit Arvid wandern gegangen war, die Rucksäcke voll mit belegten Broten und Büchern.

Manche Straßen waren zugeschneit, manche eisglatt. Als der Lastwagen schließlich die Strafanstalt Berlin-Plötzensee erreichte, war es schon tiefe Nacht. Der Lastwagen hielt vor einem Zellentrakt, der »Haus III« genannt wurde. Das war der Ort, wo die Todeskandidaten eingesperrt waren.

Am nächsten Morgen packte eine Gruppe Wachleute die Kisten unter der Aufsicht des Leiters des Strafgefängnisses Plötzensee aus, einem Mann mit dem Namen Paul Vacano. Ein Umschlag an der Innenseite einer der Kisten enthielt genaue Anweisungen, wie das Mannhardt-Fallbeil aufzubauen war. Vacano entschied, dass ein ungenutzter Schuppen hinter Haus III der ideale Ort für so eine Vorrichtung war, »durchaus geräumig und geeignet«.

4.

Paul Vacano hat sich nicht wenig Gedanken über die Frage gemacht, wie die Hinrichtungen am besten durchzuführen wären. Eine lange interne Mitteilung drückt seine Besorgnis aus, dass ein Häftling sich dagegen wehren könnte, auf der Apparatur festgeschnallt zu werden, wodurch der Scharfrichter Scherereien hätte, so dass Zeit verloren gehe. Er ist daher zu dem Schluss gekommen, dass ein schwarzer Vorhang das Fallbeil bis zur allerletzten Sekunde verhüllen sollte. »Ein glatter Verlauf wäre so sichergestellt«, schrieb er.

Zu unsres Lebens oft getrübten Tagen

1943

1.

Harald Poelchau begann am 1. April 1933 seine Laufbahn als Gefängnisseelsorger. Er war neunundzwanzig, der Sohn eines Pastors. Ein Jahr darauf wurde er Zeuge seiner ersten Hinrichtung.

> Die Henkersknechte warfen [den Verurteilten] blitzschnell zu Boden, drückten ihn über den Block, und der Scharfrichter enthauptete ihn mit dem Handbeil. Ich sah nicht hin. Eine starke Übelkeit überfiel mich […]

Er war so entsetzt von dieser »Blasphemie«, dass er daran dachte, sein Amt niederzulegen. Nach qualvollen Überlegungen entschied er sich, doch zu bleiben.

Die offizielle Aufgabe von Gefängnispfarrer Poelchau ist es, in der Strafanstalt Plötzensee Männern und Frauen kurz vor ihrer Hinrichtung Seelsorge zu leisten. Er darf sich auf dem Gefängnisgelände frei bewegen. Das Wachpersonal grüßt ihn, wenn er vorbeigeht, und schließt ihm nach Wunsch jegliche Tore und Türen auf. Er betritt die Zellen mit voller Billigung des Gefängnisleiters Paul Vacano, der nicht den leisesten Schimmer hat, dass Pfarrer Poelchau, der ihm vom Reichsjustizministerium zugewiesen wurde, ein Mitglied der Widerstandsbewegung ist.

Poelchau schmuggelt Nachrichten zu den Insassen, betätigt sich als Kurier zwischen Familienmitgliedern und anderen Widerstandskämpfern. Er besucht heimliche Treffen des Kreisauer Kreises, der Helmuth James Graf von Moltke und Adam von Trott zu Solz zu seinen Mitgliedern zählt. Moltke und Trott zu Solz gehören – zusammen mit Ernst von Harnack, Hans von Dohnanyi, Dietrich Bonhoeffer, Klaus Bonhoeffer und Justus Delbrück – zu den Verschwörern, die hingerichtet werden, weil sie am Unternehmen Walküre beteiligt waren, mit dem Hitler gestürzt werden sollte.

2.

Am 16. Februar 1943 betritt Harald Poelchau Haus III und findet Mildred mit angelegten Handschellen über ein Buch gebeugt in ihrer Zelle vor.

Axel von Harnack hatte es schließlich geschafft, einen Justizbeamten zu überreden, dass er ihr das Buch hineinschmuggelt. Arvids Schwester Inge hat den Seelsorger Poelchau gebeten, eine Orange und ein Foto einzuschleusen. Es ist strengstens verboten, dass ein Pfarrer sich der Familie eines Todeskandidaten als Kurier zur Verfügung stellt, aber Harald Poelchau geht das Risiko ein.

Das Buch, stellt er fest, ist ein Band mit Goethe-Gedichten. In ihrer Hand hält sie einen Bleistiftstummel. Sie übersetzt die Gedichte ins Englische. Die Ränder der Buchseiten hat sie in ihrer Handschrift beschrieben. Auf Seite 74 hat Mildred notiert:

In all the frequent troubles of our days
A God gave compensation – more his praise –
In looking sky- and heavenward as duty
In sunshine and in virtue and in beauty.

Es ist offensichtlich, dass sie gelitten hat. Ihr Haar ist dünn geworden, es sind nur noch Büschel. Sie ist ausgemergelt. Ihr Atem geht schwer, die Lungen sind von Tuberkulose stark angegriffen. Ihre Schultern sind nach vorn gekrümmt, ihre Wirbelsäule hat die Form eines Fragezeichens angenommen.

Pastor Poelchau setzt sich neben sie.

Aus der Tasche seiner Robe zieht er die Orange und das Foto hervor. Es ist ein Bild von Georgina Fish.

Mildred betrachtet es wortlos. Sie greift nach ihrem Bleistiftstummel und schreibt etwas auf die Rückseite:

Das Gesicht meiner Mutter drückt alles aus, was ich in diesem Augenblick sagen möchte. Mildred. Dieses Gesicht war bei mir all die Monate hindurch.

Bald schon wird ein Aufseher Poelchau bitten zu gehen. Ein anderer Mann wird in die Zelle kommen und Mildreds Mund nach Goldplomben durchsuchen, ihr das Haar abschneiden. Er wird Holzpantinen über ihre bloßen Füße streifen. Von zwei Gefängnisbeamten flankiert, wird Mildred zum Hinrichtungsschuppen gehen, mit dem hohlen Klappern der Holzschuhe auf dem Asphalt im Ohr. Sie wird ihren Kopf auf einen Block legen.

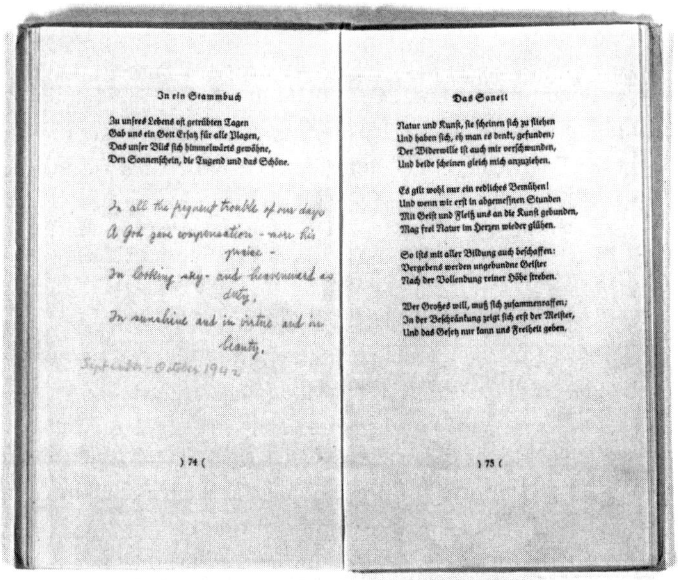

In ein Stammbuch

Zu unsres Lebens oft getrübten Tagen
Gab uns ein Gott Ersatz für alle Plagen,
Das unser Blick sich himmelwärts gewöhne,
Den Sonnenschein, die Tugend und das Schöne.

In all the poignant trouble of our days
A God gave compensation - more his praise -
In looking sky- and heavenward as duty,
In sunshine and in virtue and in beauty.

September - October 1942

) 74 (

Das Sonett

Natur und Kunst, sie scheinen sich zu fliehen
Und haben sich, eh man es denkt, gefunden;
Der Widerwille ist auch mir verschwunden,
Und beide scheinen gleich mich anzuziehen.

Es gilt wohl nur ein redliches Bemühen!
Und wenn wir erst in abgemessnen Stunden
Mit Geist und Fleiß uns an die Kunst gebunden,
Mag frei Natur im Herzen wieder glühen.

So ists mit aller Bildung auch beschaffen:
Vergebens werden ungebundne Geister
Nach der Vollendung reiner Höhe streben.

Wer Großes will, muß sich zusammenraffen;
In der Beschränkung zeigt sich erst der Meister,
Und das Gesetz nur kann uns Freiheit geben.

) 75 (

Stieves Liste

1943–1945

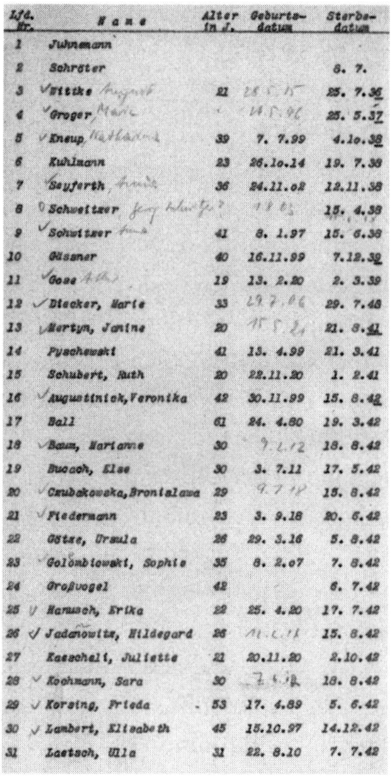

Lfd. Nr.	Name	Alter in J.	Geburts-datum	Sterbe-datum
1	Juhnemann			
2	Schröter			8. 7.
3	Wittke	21		25. 7.36
4	Groger,			25. 5.37
5	Kneup,	39	7. 7.99	4.1o.38
6	Kuhlmann	23	26.1o.14	19. 7.38
7	Seyferth,	36	24.11.o2	12.11.38
8	Schweitzer,			15. 4.38
9	Schwitzer	41	8. 1.97	15. 6.38
10	Güssner	40	16.11.99	7.12.39
11	Gose	19	13. 2.20	2. 3.39
12	Diecker, Marie	33		29. 7.40
13	Mertyn, Janine	20		21. 8.41
14	Pyschewski	41	13. 4.99	21. 3.41
15	Schubert, Ruth	20	22.11.20	1. 2.41
16	Augustiniok, Veronika	42	30.11.99	15. 8.42
17	Ball	61	24. 4.80	19. 3.42
18	Baum, Marianne	30		18. 8.42
19	Busch, Else	30	3. 7.11	17. 5.42
20	Czubakowska, Bronislawa	29		15. 8.42
21	Fiedermann	23	3. 9.18	20. 6.42
22	Götze, Ursula	26	29. 3.16	5. 8.42
23	Golombiowski, Sophie	35	8. 2.o7	7. 8.42
24	Großvogel	42		6. 7.42
25	Harnisch, Erika	22	25. 4.20	17. 7.42
26	Jadanowitz, Hildegard	26		15. 8.42
27	Kaschell, Juliette	21	20.11.20	2.10.42
28	Kochmann, Sara	30		18. 8.42
29	Korsing, Frieda	53	17. 4.89	5. 6.42
30	Lambert, Elisabeth	45	15.10.97	14.12.42
31	Laetsch, Ulla	31	22. 8.10	7. 7.42

1.

Margarete von Zahn-Harnack ist eine junge Frau, die an der Universität Berlin Medizin studiert. Eines Tages lässt ein Professor sie in sein Büro bitten. Warum, ist ihr schleierhaft. Sie kennt Professor Hermann Stieve, den Leiter des Anatomischen Instituts, nur aus dem Auditorium. Professor Stieve ist bekannt dafür, dass er seine anspruchsvollen Vorlesungen mit Verve hält. Er trägt einen schwarzen Talar mit weiten Ärmeln. Eine imposante Erscheinung, eine Autorität, wenn er ausführlich über Themen wie die Funktion der Adrenaldrüse im endokrinen System des Menschen doziert. Offenbar nicht nur Rechts-, sondern auch Linkshänder, unterlegt er seine Ausführungen mit Zeichnungen an der Tafel, wobei er erstaunlicherweise mit beiden kreidebestäubten Händen gleichzeitig die Follikelepithelzellen des Eierstocks anmalt. Auch jetzt, hinter seinem mächtigen Schreibtisch sitzend, im Rücken eine Wand voller Medizinbücher, hat er etwas Imponierendes. Er weist auf einen Stuhl und sagt Magarete, sie solle sich hinsetzen.

Perplex nimmt sie Platz.

Arvids Nichte ist niemand, die immer macht, was man ihr sagt. Als sie aufwuchs, hat man ihr beigebracht, dass es sich lohnt zu rebellieren. Mitglieder ihrer Familie haben durch eigenes Beispiel gezeigt, wie wichtig es ist, Dogmen und verkrustete gesellschaftliche Normen zu hinterfragen. Ihr Großvater Adolf von Harnack hat mit seinen unorthodoxen Auslegungen der Bibel in der protestantischen Kirche ebenso viele Bewunderer wie Gegner gefunden. Ihre Mutter, Agnes von Zahn-Harnack, eine Frauenrechtlerin, war die erste Frau gewesen, die an der Universität Berlin zugelassen wurde (Margarete kann das Jahr ihrer Immatrikulation – 1908 – genauso im Schlaf aufsagen wir ihren eigenen Geburtstag). Fast vierzig Jahre später sitzt Margarete nun in Vorlesungssälen, die noch immer vorwiegend mit Männern belegt sind.

Prof. Stieve erklärt Margarete, dass er etwas hat, das er ihrer Familie gerne zurückgeben würde. Er stellt eine Vase auf den Tisch.

Margarete dankt ihm und nimmt die Vase an sich. Wieso ihr Anatomie-Professor etwas besitzt, das ihrer Familie gehört, ist ihr ein Rätsel. Sie ist ratlos – bis sie merkt, dass der Gegenstand in ihren Händen keine Vase ist. Es ist eine Urne. Darin befindet sich Mildred Harnacks Asche.

»Ich habe sie während der Hitlerzeit vor dem Sezieren bewahrt«, erklärt Stieve.

2.

Wie betäubt tappt Margarete über den Campus, die Urne in den Händen.

Sie will noch so viel wissen. Wie kommt es, dass Professor Stieve weiß, dass Mildred zu ihrer Familie gehört hat? Warum und wie hat er sie vor dem Sezieren bewahrt?

Neun Mitglieder ihrer Familie sind vor noch nicht langer Zeit für ihren Widerstand gegen das Hitlerregime hingerichtet worden. Margarete bewundert Mildred. Dass sie enthauptet wurde – ein unsagbares Grauen. Die Urne ist ein Geschenk, ein Akt der Großzügigkeit, mit dem den Harnacks ein klein wenig Trost gewährt wird. Nun kann Mildred zumindest ordentlich beerdigt werden.

Nachdem sie ihren Abschluss gemacht hat, eröffnet Dr. Margarete von Zahn-Harnack eine Praxis in Berlin, wo sie über dreißig Jahre lang Patienten behandelt. In all diesen Jahren spricht sie von ihrem ehemaligen Professor in den höchsten Tönen, im Glauben, dass er »sich damals in Lebensgefahr gebracht hat«, als er dafür sorgte, dass Mildred nicht seziert wurde. Margarete wird erst in den späten 1980er Jahren erfahren, dass Hermann Stieve sie angelogen hat. Er hat gar niemanden vor der Sektion bewahrt.

3.

Dr. Stieve führt eine Liste über alle Frauen, die er seziert.

Die Liste umfasst 182 Namen. Neben jedem Namen steht das Alter der Frau zum Zeitpunkt ihres Todes.

Nummer 84 ist Mildred Harnack, Alter in J.: 40.

Nummer 37 ist Libertas Schulze-Boysen, Alter in J.: 29.

Nummer 103 ist Erika von Brockdorff, Alter in J.: 32.

Nummer 102 ist Rose Schlösinger, Alter in J.: 36.

Nummer 104 ist Oda Schottmüller, Alter in J.: 38.

Nummer 44 ist Cato Bonjes van Beek, Alter in J.: 22.

Und so weiter.

Frauen aus dem Widerstand sichern die kontinuierliche Versorgung mit Leichen. Wenn Professor Stieve zu Studenten und mit Laborassistenten spricht, bezeichnet er sie als Leichen von »Verbrechern«. Mit dem Leiter der Strafanstalt Plötzensee hat er eine spezielle Vereinbarung getroffen, die seinen Wunsch bedient, dass die Leichen der hingerichteten Frauen direkt in sein Labor geliefert werden.

4.

»Es ist ungemein schwer, Eierstöcke von wirklich gesunden Mädchen aufzutreiben«, bemerkte Stieve 1931, als er die Auswirkung von Stress auf die Fortpflanzungsorgane untersuchte. Zur damaligen Zeit beschränkten sich seine weiblichen Untersuchungsobjekte noch auf Hühner.

Nachdem Hitler Reichskanzler geworden war, nahm die Zahl der in den Gerichtssälen verhängten Todesurteile stark zu. Zwischen 1933 und 1944 sprachen Richter 17.383 Todesurteile aus, von denen die überwältigende Mehrheit auf politische Straftaten, darunter Hoch und Landesverrat zurückging. Wie viele Leichen genau an anatomische Institute in ganz Deutschland geliefert wurden, ist unbekannt.

Die Zahl der medizinischen Zeitschriften, in denen Stieve seine Forschungsergebnisse publiziert, nimmt mit der wachsenden Zahl von Leichen zu. Er wird eine anerkannte Autorität auf dem Gebiet plötzlich eingetretener Tode und dafür, wie sich der extreme Stress bei Inhaftierung und Hinrichtung auf die weiblichen Geschlechtsorgane auswirkt. In seinem Labor hat er eine große Uterus-Sammlung menschlicher Herkunft, die in Glasgefäßen präpariert sind, einige davon in den unterschiedlichen Stadien einer Schwangerschaft.

Im Jahr 1943 erhält Professor Stieve den enthaupteten Leichnam einer Frau, die vor nicht allzu langer Zeit in der Entbindungsstation des Frauengefängnisses Barnimstraße ein Kind geboren hat.

Es ist Hilde Coppi, Nummer 53, Alter in J.: 34.

5.

Hilde hat ihr Kind Hans genannt, nach seinem Vater, dem ein einziger Besuch genehmigt wurde, bevor man ihn im Gefängnis Plötzensee hängte. Hilde stillte ihr Baby in ihrer Zelle bis zu dem Tag, an dem eine Aufseherin erschien, um ihr den kleinen Hans Coppi wegzunehmen.

Am folgenden Tag wurde Hilde Coppi enthauptet.

6.

Greta Kuckhoff steht nicht auf Stieves Liste. Sie ist ins Zuchthaus Waldheim geschickt worden.

Sie überlebt und wird die Patentante von Hans Coppi jr.

Die Endlösung

1943–1945

1.

1943 schießt die Zahl der Häftlinge in Konzentrationslagern massiv in die Höhe.

Zwei Jahre zuvor waren es 53.000. Im letzten Jahre waren es 80.000. Bis zum Winter 1943 sind es 315.000 KZ-Häftlinge. In Auschwitz ist die Zahl der Häftlinge am größten, über 85.000. Dachau, Buchenwald, Sachsenhausen, Mauthausen und Ravensbrück haben zwischen 24.000 und 37.000 Häftlinge.

Manche Lager sind Arbeitslager. Manche sind Vernichtungslager. Manche sind beides in einem.

2.

Menschen mit psychischen Krankheiten oder körperlichen Beeinträchtigungen werden vergast. Sinti und Roma – für die man den abwertenden Begriff »Zigeuner« verwendet – werden vergast. Zwangsarbeiter aus Polen, der Sowjetunion und anderen Ländern, die nicht mehr arbeiten können, weil sie zu schwach oder krank geworden sind, werden vergast.

3.

In Auschwitz wird die systematische Vernichtung der Juden mit dem Giftgas Zyklon B vorangetrieben; produziert wird es von der I.G. Farben, einem Zusammenschluss von Unternehmen der chemischen Industrie. Zwischen 1943 und 1944 werden in Auschwitz jeden Tag geschätzt 6.000 Juden ermordet. Eine genaue Angabe zu den Todeszahlen in den Konzentrationslagern ist nicht möglich. Die verfügbaren Zeugnisse lassen darauf schließen, dass zwei Drittel der jüdischen Bevölkerung Europas – oder sechs Millionen Juden – ermordet wurden.

Gertrud

1943–1945

1.

Die Häftlinge im Konzentrationslager tragen gestreifte Kittel mit aufgenähten Filzdreiecken über der linken Brust. Das ss-Wachpersonal weiß so auf einen Blick, warum man hier ist. Rote Winkel sind für Kommunisten, Sozialdemokraten und andere politische Gegner; grüne sind für gemeine Kriminelle; lilafarbene für Zeugen Jehovas und schwarze für sogenannte Asoziale – Lesbierinnen und Prostituierte. Gelbe Winkel sind für Juden, bei denen noch weiter unterschieden wird: Wenn man Jüdin und dazu Kommunistin ist, trägt man über dem gelben Winkel noch einen roten. Wenn man Jüdin und dazu Lesbierin ist, trägt man über dem gelben Winkel noch einen schwarzen.

2.

In eine Reihe stellen! Die Kleider ausziehen! Auch die Unterwäsche!

Gertrud Klapputh gehorcht den Wachleuten, streift sich ein verschmutztes Kleid ab. Sie ist jetzt nackt, und ihr ist kalt. Schnee bedeckt den Boden hier im Freien, Eiszapfen hängen von den Dachsparren, mitten im Tropfen gefroren.

Beine auseinander!

Gertrud tut, wie man ihr befiehlt. Die mit den Rasiergeräten sind jetzt da, pflügen sich bei jeder durch die Schamhaare, auf der Suche nach Läusen. Sie spürt, wie die Finger dieses Fremden ihre

Vulva befühlen, dann den Nacken, hinter den Ohren. Gertrud hat rabenschwarzes Haar. Läuse würde man sofort sehen. Die mit den Rasiergeräten ziehen die Rasierer über die Haut und das Kopfhaar der verlausten Frauen. *Ravensbrück ist ein sauberes Lager, hier dulden wir keinen Schmutz.* Das ist eine Lüge. Für ihre Füße erhält sie ein dreckiges Paar Holzpantinen. Um sich zu waschen, ein kleines Stückchen Seife. Sie wird Zellenblock 1 zugeteilt, in dem Frauen untergebracht sind, die etwas gegen Hitler haben – die »politischen« Häftlinge. Sie bekommt eine Nadel und einen Faden und soll ein rotes Abzeichen auf ihren Kittel nähen. Sie ist Häftling Nummer 16277.

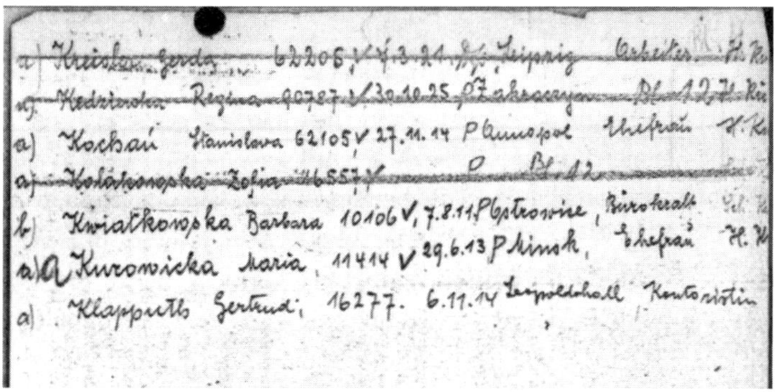
a) Kochan Stanislava 62105 V 27.11.14 P ... Ehefrau H.K
b) Kwiatkowska Barbara 10106 V, 7.8.11 P Ostrowiec, Bürokraft
a) Kurowicka Maria, 11414 V 29.6.13 P Minsk, Ehefrau H.W
a) Klapputh Gertrud, 16277. 6.11.14 Leopoldshall Kontoristin

Sie ist neunundzwanzig Jahre alt. Ob sie wohl die Dreißig erlebt? Einunddreißig? Sie weiß nicht, ob sie den morgigen Tag noch erlebt. Sie hat Arvids Brief hier reingeschmuggelt und ihn an einem Ort versteckt, wo die Aufseher hoffentlich nicht suchen. Sie hat Mildred versprochen, gut auf den Brief aufzupassen. Wenn sie etwas versprochen hat, dann hält sie es auch.

3.

Ravensbrück ist das einzige KZ, das eigens für Frauen gebaut wurde. Es befindet sich 80 Kilometer nördlich von Berlin, tief in den Wald geduckt. Drei Seen liegen unberührt mitten in der Landschaft. Himmler hat diesen Ort wegen seiner Schönheit ausgewählt. Er glaubt, dass die Reinhaltung des deutschen Blutes am besten in der Natur zu erreichen ist. Inmitten der Obstwiesen, Blumengärten und

Stachelbeersträucher, die Ravensbrücks Schönheit ausmachen, wird ein Krematorium errichtet.

Die ersten Frauen, die man hierherschickt, sind Deutsche, die Hitler ablehnen. Es kommt schon bald eine Schar von Prostituierten, Lesbierinnen, Kriminellen, Zeuginnen Jehovas sowie Sinti und Roma hinzu. Im Laufe des Krieges beginnen auch Frauen aus von den Nazis besetzten Ländern – darunter Polinnen, Französinnen, Tschechinnen und Frauen aus der Sowjetunion – die Zellenblöcke zu füllen. 1944 treffen 12.000 jüdische Frauen ein, viele von ihnen gehören der polnischen Widerstandsbewegung im Untergrund an.

4.

Jeden Morgen um Punkt 4 Uhr tritt Gertrud zum Appell an. Der dauert drei Stunden, manchmal vier. Hier gibt es Tausende Frauen, und von denen darf keine fehlen, bevor man sie zur Arbeit schickt.

Eine in der Nähe befindliche Fabrik von Siemens beschäftigt Häftlinge aus Ravensbrück, sie fertigen elektronische Komponenten für Waffen. Zwölf Stunden am Tag wickeln sie hellen Kupferdraht auf Spulen. Nur junge Frauen mit guten Augen werden fürs Spulenwickeln ausgewählt. »Ihre Haut mußte trocken und die Finger möglichst schlank sein.« Die Frauen erhalten keinen Lohn für ihre Arbeit. Siemens zahlt die Vergütung direkt an die SS, ungefähr 40 Pfennig pro Stunde für jede Spulenwicklerin. Es sind jedoch Anreize und Abschreckungsmaßnahmen in die Abläufe eingebaut: Wenn eine Spulenwicklerin mehr Spulen als ihr tägliches Soll schafft, erhält sie einen geldwerten Gutschein, den sie im Gefängnisladen in Ravensbrück einlösen kann. Wenn sie weniger Spulen als ihr tägliches Soll schafft, wird sie ausgepeitscht – 25 Peitschenhiebe.

Ein SS-eigenes Unternehmen, die Gesellschaft für Textil- und Lederverwertung mbH (Texled), zieht ebenfalls Profit aus der kostenlosen Arbeitsleistung aus Ravensbrück und treibt einen blühenden Handel mit Militäruniformen und Häftlingskleidung. Auch hier gibt es ein tägliches Produktionssoll. Ein Hemd muss in zweieinhalb Minuten fertig sein. Damit sowohl die Qualität stimmt als auch die Rentabilität gewährleistet ist, stolziert ein specknackiger Österreicher durch die Reihen der über die Nähmaschinen gebeugten Häftlinge und hält an, wenn er eine krumme Naht oder eine ruhende Hand sieht. Er trägt eine Stoppuhr. Wenn eine Frau ein Hemd nicht in der bemessenen Zeit fertigbekommt, schlägt er sie. Wenn ihm etwas besonders missfällt, stößt er ihr einen mit Nadeln gespickten Schuh ins Gesicht. In nur acht Monaten fertigen die Häftlinge aus Ravensbrück 73.000 Hemden.

Die Frauen, die man weder zum Spulenwickeln noch zum Kleidernähen ausgesucht hat, haben zwölf Stunden körperliche Arbeit zu durchstehen und müssen Gräben ausheben, Kohle schaufeln, Baracken bauen. Frauen, die für körperliche Arbeit zu schwach sind, kriegen den Auftrag, sich durch einen Berg von Uniformen zu wühlen, die davor getöteten oder gefangengenommenen Soldaten gehört haben, und diese in verschiedene Haufen zu sortieren. Die Uniformen starren vor getrocknetem Blut und sind übersät mit Läusen.

Frauen, die »hübsch [sind], gute Zähne haben«, werden in die Bordelle von Dachau, Buchenwald, Mauthausen und Flossenbürg gefahren, wo sie an Tausenden ausgehungerten männlichen Gefangenen vorbeigeführt und als Belohnung für ein paar auserwählte Wenige angeboten werden. In einem Brief an einen Parteigenossen drückt Himmler seine Hoffnung aus, dass, wenn »den fleißig arbeitenden Gefangenen Weiber in Bordellen zugeführt werden […], die Arbeitsleistung enorm steigen« werde.

Und manche der Frauen werden für sadistische Experimente benutzt.

5.

Überall sind Kaninchen. Man kann sie an den Narben an ihren Beinen erkennen, an der Art, wie sie humpeln. Manchen fehlt ein Bein. Kaninchen werden in verschlossene Räume geschleppt, ausgezogen, aufgeschlitzt. Ihre Wadenbeine und Schienbeine werden entnommen. Die Muskeln an ihren Waden werden rausgeschnitten. In ihre Wunden werden Glassplitter und Holzspäne gedrückt. Man injiziert ihnen rätselhafte Flüssigkeiten.

Kaninchen sind meist Frauen aus dem polnischen Widerstand. Sie können nicht laufen. Sie können nur hoppeln und humpeln.

Die Gruppe ss-Ärzte, die diese Experimente durchführt, arbeitet unter der Leitung von Dr. Karl Gebhard, dem Leibarzt von Himmler. Unter seinen Medizinerkollegen gilt Dr. Gebhardt weder als Psychopath noch als Quacksalber. Er hat eine Professur für Orthopädie an der Universität Berlin und ist Leiter des namhaften ehemaligen Sanatoriums Hohenlychen, wo er die erste Klinik für Sportmedizin in Deutschland einrichtete. Als Dr. Gebhardt später vor Gericht behauptet, er sei Präsident des Deutschen Roten Kreuze, wird ihm das ohne Weiteres geglaubt.

»Ich hatte große Schmerzen«, erinnerte sich eine Frau mit Namen Wladislawa, eine der ganz wenigen, die die Experimente überlebten.

Wochenlang liegt Wladislawa in einem ihr fremden Zimmer, es fehlt ihr ein Bein. Sie hat keine Ahnung davon, dass die ss-Ärzte die Wirksamkeit von Sulfonamiden bei der Behandlung von Gasbrand, einer Infektionskrankheit, die gerade massenhaft deutsche Soldaten an der Front dahinrafft, an ihr ausprobieren. Die Ärzte haben Textilfasern und Schmutz zusammen mit Glassplittern und Holzspänen in Einschnitte an ihrer Wade eingebracht, um Trümmer und Dreck wie bei einem Kampfeinsatz zu simulieren.

Manchmal wacht eines der Kaninchen in so einem fremden Zimmer auf, und ein Bein fehlt. Die Frau weiß nicht, dass die ss-Ärzte ein Knochenverpflanzungsexperiment durchführen und das amputierte Bein, »sorgfältig in sterilen Gazeverband gewickelt« schnell in die Klinik Hohenlychen gebracht wird, wo ein anderes ss-Ärzteteam das Ansinnen verfolgt, es einem deutschen Soldaten zu transplantieren, der seine Beine verloren hat.

»Alle waren von diesen Experimenten schockiert«, erinnerte sich eine Überlebende aus Ravensbrück, »und hatten Angst, ihnen könnte das Gleiche passieren«.

6.

Gertrud kennt viele Kaninchen in Ravensbrück und sie will nicht selber eines werden. Sie wird auch nicht als Spulenwicklerin, Näherin, fürs Gräbenausheben, Kohleschaufeln oder den Bau von Baracken ausgewählt.

Der Posten, für den man sie auswählt, ist der einer Sekretärin eines SS-Offiziers. Sie kann stenografieren und sie kann Schreibmaschine schreiben. Fortan muss sie eine Armbinde tragen, die sie als »Kapo« ausweist.

Jedes Konzentrationslager ist auf Kapos angewiesen, die die täglich anfallenden organisatorischen Aufgaben übernehmen. Manche Kapos werden dazu eingesetzt, Häftlinge in den Zellenblöcken zu beaufsichtigen. Diese Aufseherinnen werden »Blockovas« genannt – und werden auch dazu aufgefordert, sich genauso gemein wie die Bewacher der SS zu verhalten. Andere Kapos, wie Gertrud, bekommen Aufgaben in der Verwaltung zugewiesen.

Jeden Morgen nach dem Appell werden Gertrud und elf weitere Frauen mit einem Lastwagen abgeholt, der sie aus dem Gelände hinaus, hinter den Stacheldraht, in ein Büro fährt. Gertrud erhält eine Extrazuteilung Seife für ihre Arbeit, und der SS-Offizier, für den sie arbeitet, ein Mann namens Artur Conrad, schlägt sie nicht.

Gut möglich, dass Gertrud von den anderen Häftlingen in Ravensbrück tiefer Argwohn entgegenschlägt, weil sie keine Kapos sind und keine dieser Privilegien haben.

Das Kapo-System ist ein Weg, Kosten zu sparen, indem man Lagerinsassen ausbeutet und umsonst arbeiten lässt, aber es hat noch eine viel tückischere Funktion. Wie der Kommandant von Auschwitz, SS-Obersturmbannführer Rudolf Höß, es ausgedrückt hat:

> Je zahlreicher die Gegnerschaften und je heftiger die Machtkämpfe unter ihnen, umso leichter lässt sich das Lager führen. Divide et impera! [Teile und herrsche!] – ist nicht nur der hohen Politik, sondern auch im Leben eines KL ein wichtiger, nicht zu unterschätzender Faktor.

7.

Dorothea Binz kommt auf dem Fahrrad an, ihr schwarzes Cape bauscht sich hinter ihr wie ein Segel. Eine Honigblonde mit einer markanten Nase – die neue Oberaufseherin ist zweiundzwanzig und trägt eine Peitsche bei sich. Ihr Hund – ein Deutscher Schäferhund – trottet gehorsam beim Appell um 4 Uhr früh neben ihr her. Dann und wann befiehlt Dorothea ihrem Hund, eine Gefangene zu attackieren. Sie ergötzt sich auch daran, mit dem Absatz auf Finger zu stampfen, Frauen ins Gesicht zu schlagen, auf Rücken einzupeitschen, in die Bäuche zu treten.

Doch das sind nur äußere Verletzungen. Jeden Tag sterben Frauen in Ravensbrück, viele während des Appells. Diejenigen, die den Appell überstehen, werden möglicherweise vor ein Hinrichtungskommando gezerrt.

Zu ihrem großen Entsetzen stellt Gertrud fest, dass der ss-Offizier, für den sie arbeitet, Teil des Hinrichtungskommandos ist. Artur Conrad brüstet sich, wie gut es ihm gelingt, Frauen mit einer 7.65-mm-Pistole zu erschießen.

8.

Ravensbrück war ursprünglich dafür ausgelegt, 3.000 Frauen aufzunehmen; zum Zeitpunkt des Jahres 1942 sind es 18.000, und jede Woche treffen mehr Lastwagen ein, in denen dichtgedrängt Gefangene hertransportiert werden. Es kommt der Tag, an dem keine gestreiften Kittel mehr übrig sind. Eine Besprechung wird abgehalten, und das Problem ist geklärt. Der gestreifte Kittel wird aufgegeben. Von jetzt an werden die Frauen in Ravensbrück die Kleider der Toten tragen. Im Sommer 1943 erreichen die ersten mit Kleidern vollgestopften Lastwagen aus Auschwitz das Lager.

Dorothea Binz kurvt mit ihrem Fahrrad übers Gelände, ihr schwarzes Cape flattert hinter ihr her. Die Häftlinge wissen, dass sie erst vor wenigen Jahren in Ravensbrück angefangen hat, als sie neunzehn war, und dass sie für kurze Zeit als Hausmädchen gearbeitet hat. Besonders wurde sie für ihren Sadismus geschätzt, und so ist sie schnell auf ihre jetzige Position aufgestiegen.

Eine der in Ravensbrück Inhaftierten schreibt ein Gedicht:

»Eine schöne Blondine«
Du bist so schön,
mit leuchtend blauen Augen und langen Locken,

Doch wenn wir könnten, würden wir das Innere deiner
Seele zerreißen
Und dein blutrünstiges Herz erdrosseln.
Erinnerst du dich an das Mädchen, das du ausgepeitscht
hast, Jacqueline?
Wie du nach Wanda tratest, dem polnischen Mädchen?
Wie du das russische Mädchen Veronicka quältest?
Du und der Hund.

Dorotheas Hund stirbt 1944. Sie begräbt ihn neben einem Zellentrakt. Später stehlen mehrmals Häftlinge die Blumen, die sie ihm aufs Grab legt.

Im Februar 1945 wird in Ravensbrück eine Gaskammer errichtet.

9.

Und jetzt ist es Frühling, aber Gertrud bemerkt es nicht. Sie hat aufgehört, darüber nachzudenken, welcher Tag es ist.

10.

Deutschland wird in diesem Frühling kapitulieren.

Während die Alliierten immer weiter nach Deutschland hinein vorrücken, beginnen die ss-Offiziere und die Lageraufseher zu fliehen. Manche treiben Häftlinge zusammen und schicken sie nach Süden, ins Konzentrationslager Mauthausen, oder nach Westen, ins Konzentrationslager Bergen-Belsen. Ende April zwingen ss-Offiziere 20.000 Frauen in zerlumpter Gefängniskleidung, einen Marsch nach Norden anzutreten, nach Mecklenburg.

Im entstehenden Tumult verstecken sich einige Gefangene, bleiben hinter Türen kauernd zurück, krabbeln unter Betten. Eine Frau in einem der Außenlager klettert in einen leeren Holzverschlag, ihre Freundin auch. Sie erinnerte sich:

> Morgens hörten wir die ss-Männer rufen: »Raus, raus, schnell, schnell!« […] Dann gingen sie, aber ein Mann kam mit seinem Hund zurück. Mein Ohr war an die Brust meiner

> Freundin gequetscht, und ich hörte, wie ihr Herz »bumm-bumm« machte. Ich dachte, mein Gott, die ganze Welt kann das hören, aber dann ging er und ließ uns und all die Kranken zurück. Wir warteten ein paar Stunden, während die kranken Frauen in allen Sprachen nach Wasser riefen [...].

11.

Am 30. April 1945, dem Tag, an dem Hitler Selbstmord begeht, erreicht ein Aufklärungsbataillon der Roten Armee Ravensbrück.

Zuerst wissen die russischen Soldaten nicht, was da vor ihnen liegt. Da ist eine lange, hohe Mauer mit einem Gewirr aus Stacheldraht. Ein Soldat springt von seinem Motorrad und berührt versehentlich den Draht. Der steht unter Strom. Der Schlag wirft ihn zu Boden.

Einige Minuten später kommt ein Panzer herangerollte. Darin sitzt Oberst Mikhail Stachnow. Hinter ihm folgen weitere Panzer. »Wir fuhren in unseren Panzern über den Stacheldraht und brachen die Lagertore auf«, erinnert sich Oberst Stachnow.

> Und dann blieben wir stehen. Wir konnten nicht weiterfahren, weil die Menschenmasse die Panzer einkreiste; Frauen kletterten auf und unter unsere Panzer, sie schrien und weinten. Sie wollten nicht aufhören. Sie sahen furchtbar aus, trugen Overalls, waren abgemagert; sie wirkten nicht wie menschliche Wesen.

Der Spähtrupp drängt weiter voran, versichert den Frauen aber, dass die nachfolgenden Einheiten ihnen Essen und Medizin bringen werden. Während die Frauen warten, hängen sie ein rotes Banner über die Mauer, um ihre Retter willkommen zu heißen.

Die Einheiten der Roten Armee, die nun ankommen, sind ganz anders als die Männer des Spähtrupps. Sie fahren auf ihren Geländewagen und Panzern ins Lager Ravensbrück hinein – betrunken. »Und dann kam das schlimmste Ende«, erinnerte sich eine Insassin namens Ilse.

> Und dann ging das los. Und ich habe immer nur gedacht, ich will sterben, ich will sterben. […] Das war das Schlimmste, halbtot, wie ich war.

Es gibt keine offiziellen Schätzungen, wie viele Frauen bei der Befreiung von Ravensbrück vergewaltigt worden sind. Viele haben nicht lange genug überlebt, um irgendwem davon zu erzählen. Diejenigen, die überlebten, wollten ungern darüber reden.

12.

Gertrud und mehrere andere Frauen verstecken sich zwei Tage lang im Wald. In einem Text, den Gertrud Jahrzehnte nach dem Krieg schreibt, als sie zweiundsiebzig ist, erwähnt sie die Vergewaltigungen nicht.

13.

Ungefähr 130.000 Frauen waren zwischen 1939 und 1945 in Ravensbrück inhaftiert. Die Zahl derer, die dort starben, wird auf zwischen 30.000 und 90.000 geschätzt. Die Frauen wurden erschossen, man ließ sie verhungern, vergiftete sie und prügelte sie tot. Nahezu alle, die medizinischen Experimenten ausgesetzt wurden, starben. Ungefähr 6.000 wurden vergast.

Eine präzise Zahl zu nennen ist nicht möglich.

Tage bevor das Lager befreit wurde, schafften die SS-Offiziere Waggonladungen mit Dokumenten ins Krematorium und verbrannten die Beweise.

14.

Gegen Ende des Jahres 1945 geht Gertrud Klapputh durch die im Krieg zerstörten Straßen von Berlin, klopft an Türen, sucht nach Freunden und Familienmitgliedern. Die meisten Wohnungen und Häuser liegen in Trümmern.

Schließlich findet sie einen Ort, wo sie bleiben kann. Sie besitzt nichts, wirklich gar nichts. Sie hat Ravensbrück mit nichts als dem verdreckten Kleid, das sie am Leibe trägt, verlassen, und mit zwei gefalteten Blatt Papier: Arvids letztem Brief an Mildred.

XI

Harriettes Zorn

1942–1945

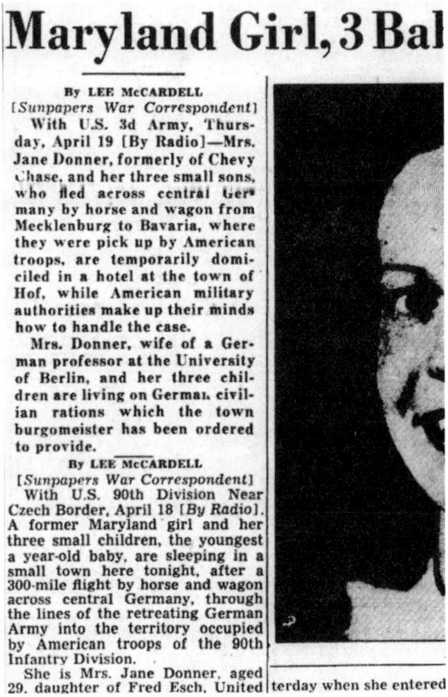

Maryland Girl, 3 Bal

By LEE McCARDELL
[*Sunpapers War Correspondent*]
With U.S. 3d Army, Thursday, April 19 [By Radio]—Mrs. Jane Donner, formerly of Chevy Chase, and her three small sons, who fled across central Germany by horse and wagon from Mecklenburg to Bavaria, where they were pick up by American troops, are temporarily domiciled in a hotel at the town of Hof, while American military authorities make up their minds how to handle the case.

Mrs. Donner, wife of a German professor at the University of Berlin, and her three children are living on German civilian rations which the town burgomeister has been ordered to provide.

By LEE McCARDELL
[*Sunpapers War Correspondent*]
With U.S. 90th Division Near Czech Border, April 18 [*By Radio*]. A former Maryland girl and her three small children, the youngest a year-old baby, are sleeping in a small town here tonight, after a 300-mile flight by horse and wagon across central Germany, through the lines of the retreating German Army into the territory occupied by American troops of the 90th Infantry Division.

She is Mrs. Jane Donner, aged 29, daughter of Fred Esch, United

terday when she entered

1.

Harriette hört so gar nichts mehr von ihrer Schwester.

Nach ihren Vermutungen liegt irgendwo in einem Postamt in Berlin ein Berg von Briefen in einem Postsack, der seinen Weg über den Atlantik in ihren Briefkasten in Chevy Chase finden wird, sobald die Kämpfe ein Ende haben. Aber als Weihnachten kommt und vergeht, wird Harriette langsam unruhig.

Es trifft der Brief einer Fremden ein. Franziska Heberle wohnt in Baton Rouge, sie ist 1938 aus Deutschland geflohen. Sie will sich erkundigen, wo ihre Freundin Mildred sich befindet. Sie rühmt Mildred als »couragierte Antifaschistin«.

Harriette ist dieser Brief lästig.

Wo meine Schwester sich aufhält, ist nicht sicher, antwortet Harriette und belässt es dabei.

2.

Das Rote Kreuz ist keine Hilfe. Harriette schreibt unzählige Male an die Organisation, erhält aber kein einziges Mal Antwort.

Ein weiteres Weihnachtsfest kommt und vergeht.

3.

Am 15. Mai 1943 veröffentlicht die *New York Times* einen Artikel mit der Überschrift NAZIS KONFISZIEREN BESITZ: EHEFRAU VON GEHÄNGTEM REGIERUNGSBERATER DES KOMMUNISMUS ANGEKLAGT. In dem Artikel steht, Arvid sei »einer von einem Dutzend oder mehr Deutschen, die dieses Jahr wegen Hoch- und Landesverrats gehängt worden sein sollen«. Harriette durchsucht den Artikel nach weiteren Hinweisen zu Mildred, findet aber keine. Lediglich, dass sie »in eine spektakuläre Verschwörung verwickelt« sei, die »weiterer Aufklärung bedarf«.

Am nächsten Tag berichtet auch das *Milwaukee Journal*, die Zeitung in Mildreds Heimatstadt, in einem Artikel, dass Mildred »Teil einer spektakulären Verschwörung« sei. Noch am selben Tag schreibt Harriettes Schwester Marion einen Brief:

> *Heute Morgen, als ich gerade dabei war, die Sonntagspfannkuchen zu machen, kam eine von den Nachbarinnen zur Tür rein, und ich wusste schon von der Art, wie sie geschaut hat, dass was nicht stimmte. Sie hatte das »Milwaukee Journal« dabei und hat uns den beiliegenden Artikel über Mildred gezeigt. Was für ein Jammer, dass Arvid nicht mehr lebt, und ich frage mich, was aus Mildred geworden ist.*

4.

Der letzte Brief, der Harriette von Mildred erreicht hat, stammte vom 14. August 1942; der Umschlag ist mit einer Briefmarke aus der Schweiz frankiert. Harriette hält sich nicht für sentimental, aber dann und wann gibt sie sich dem Ritual hin, den Brief aus seinem Umschlag zu nehmen und zu lesen, und dann ruht ihr Blick auf der letzten Zeile:

> *Obwohl wir voneinander getrennt sind, wollen wir nicht besorgt oder ängstlich sein.*

Harriette ist natürlich besorgt, und sie ist ängstlich. Aber was sie in diesen Tagen überkommt, ist Zorn.

Zorn auf Mildred, weil sie nach Deutschland abgehauen ist.

Zorn auf Jane, weil sie ihr hinterhergelaufen ist.

Im Jahr 1944 ist Jane mit einem Mal verschollen. Sie ist mit ihren drei Jungs irgendwo in Deutschland – im *Feindesland*. Harriette versucht sich auszudenken, was passiert sein könnte, und fürchtet das Schlimmste. Sie schreibt Brief um Brief – ans Rote Kreuz, an Janes Ehemann Otto, an Ottos Familie -, aber sie hört nichts, kein einziges Word.

Jetzt hat Harriette auch noch ihre eigene Tochter verloren, an die drei Enkelkinder will sie gar nicht erst denken – und an all dem ist Mildred schuld. An allem.

5.

Ein schlichtes Schwarzweißfoto zeigt Mildred in locker sitzenden Hosen und einem übergroßen weißen Hemd mit hochgekrempelten Ärmeln. Männerkleidung. Ihr langes, honigfarbenes Haar? Ab. Sie hat es abgeschnitten, jedenfalls einen Großteil davon. Ein Männerhaarschnitt.

Auf dem Foto blickt Mildred, den Kopf etwas geneigt, mit erhobenem Kinn direkt in die Kamera, als wollte sie die Person, die das Foto aufnimmt, herausfordern, sich ihr bei dem, was sie vorhat, in den Weg zu stellen. *Komm ruhig*, scheint sie zu sagen. *Versuch's doch.*

Das Foto ist im Jahr 1927 aufgenommen. Mildred war damals frisch verheiratet und Mitte zwanzig, überwältigt von den unzähligen Möglichkeiten, die nur auf sie warteten, reif und dazu da, gepflückt zu werden wie Pflaumen. Sie sprach davon, eine Weltbürgerin zu werden und mit Arvid von Land zu Land zu reisen, und sich für die mittellose Arbeiterschaft einzusetzen. Sie hatten vor, nach Mexiko zu gehen und alle, die Tag für Tag unzählige Stunden in der sengenden Sonne auf Feldern schufteten, aufzufordern, sich zusammenzuschließen und Gewerkschaften zu gründen. Bis nach Mexiko hatten sie es nie geschafft. Aber in einem Anfall von Idealismus waren die Neuverheirateten per Anhalter von Madison in eine kleine Stadt in Colorado gefahren, wo ein Streik in bisher ungekannten Ausmaßen in vollem Gang war. Grubenarbeiter hatten Streikketten gebildet – im ganzen Bundesstaat hatten über 8.000 die Arbeit niedergelegt –, um gegen schlechte Behandlung und schlechte Bezahlung zu protestieren. Mildred und Arvid schlossen sich den Streikketten vor dem Grubengelände an und besuchten das Gefängnis der Stadt, um mit Streikenden zu sprechen, die festgenommen worden waren. Sie fuhren wieder per Anhalter zurück nach Madison, voll neuer Energie, radikalisiert und, in Harriettes Augen, »angezogen wie Landstreicher«.

Harriette fühlt neuen Zorn in sich aufwallen, wenn sie an all das denkt.

6.

Ein Berichterstatter der *Baltimore Sun*, der mit der US-Armee in der Nähe der tschechischen Grenze unterwegs ist, trifft am 18. April 1945 auf Jane und schreibt eine Story unter der Überschrift MÄDCHEN AUS MARYLAND, 3 BABYS, AUF FLUCHT AUS DEM REICH ENDLICH YANKS ERREICHT.

> Eine eigentlich aus Maryland stammende junge Frau und ihre drei kleinen Kinder, das jüngste gerade ein Jahr alt, sind heute Nacht in einer kleinen Stadt hier untergekommen, nachdem sie mit einem Pferdegespann 300 Meilen quer durch Deutschland geflohen sind, durch die Linien des

zurückweichenden deutschen Heeres hindurch in von amerikanischen Truppen der 90. Infanteriedivision besetztes Territorium.

»Nach Deutschland bin ich gekommen, um die Schwester meiner Mutter zu besuchen, Mrs. Mildred Harnack«, erzählt Jane dem Reporter.

Harriette liest den Artikel am Frühstückstisch beim Teetrinken.

Damit wäre Jane also in Sicherheit. Wie absurd es ist, das aus der *Baltimore Sun* zu erfahren, ist Harriette durchaus bewusst.

7.

Ein paar Wochen später, am 10. Juni 1945, trifft ein Brief vom Roten Kreuz ein. *Endlich!* Harriette öffnet den Umschlag. Er ist an ihren Mann adressiert, obwohl keiner der Briefe an das Rote Kreuz von Fred stammte.

Er beginnt mit »Sehr geehrter Herr ...«. Im Weiteren beschreibt der Brief, was mit Mildred passiert ist. Harriette ist so von Gefühlen überwältigt, dass sie es kaum über den ersten Abschnitt hinaus schafft.

Harriettes Zorn ist so allübergreifend wie ihre schmerzliche Trauer.

Sie befiehlt allen in der Familie, sich der Briefe, Fotos und aller sonstigen Dinge, die sie von Mildred besitzen und die sie an Mildred erinnern könnten, zu entledigen. Es ist unbedingt nötig, sagt sie zu ihrem Bruder, dass »jegliche Dokumente, die dieses spezielle Thema berühren, in voller Gänze zerstört werden, denn je eher wir diese traurige Episode hinter uns gebracht & ein für alle Mal vergessen haben, desto besser für alle Beteiligten«. Als erneut Weihnachten vor der Tür steht, weiß Harriette immerhin eines: Sie hat sich wieder berappelt.

Harriette stirbt im Jahr 1987 im Alter von 94 Jahren, in seliger Ahnungslosigkeit hinsichtlich eines Bündels Briefe, das ungefähr 50 Jahre vorher von ihrer eigenen Mutter, Georgina Fish, auf dem Dachboden aufbewahrt worden war.

Walküre

1942–1945

1.

Die Vereinigten Staaten von Amerika und Großbritannien werden die deutsche Widerstandsbewegung nicht unterstützen. Der Chef der CIA, Allen Dulles, wird später festhalten, dass Widerstandsbewegungen in Frankreich und anderen von den Deutschen okkupierten Ländern

> gewaltige Unterstützungen von mächtigen Verbündeten [bekamen]. Waffen und Material wurden ihnen zugeschmuggelt, sie hatten mehr oder weniger gut organisierte Verbindungen mit ausländischen Mächten oder mit ihren eigenen Exilregierungen, die ihnen helfen konnten, sich zu organisieren, zu informieren und zu belehren, und die ihnen finanzielle Hilfe zukommen lassen konnten. Vor allem aber erhielten sie moralische Unterstützung, konnten Hoffnungen schöpfen, die es ihnen ermöglichten, ihren Glauben an die endliche Befreiung aufrechtzuerhalten.

Dulles bekannte: »Vor dem Krieg nahm man im Westen die Hilferufe der deutschen Antinazi, die bemüht waren, zu warnen und aufzuklären, nicht allzu ernst.«

2.

Dietrich Bonhoeffer hatte bisher die Hoffnung nicht aufgegeben, dass es möglich ist, sich Unterstützung zu sichern. Jetzt ist er sich nicht mehr so sicher. Nachdem sein über Bischof George Bell vorgebrachter Appell an die britische Regierung gescheitert ist, beschließt Dietrich, dass er kaum eine Wahl hat, als weithin innerhalb der Abwehr Umsturzpläne zu schmieden.

Manchmal begegnet Dietrich in den Gängen der Zentrale des Amtes Abwehr, die in einem mächtigen Gebäudekomplex in der

Nähe des Tiergartens untergebracht ist, seinem Schwager Hans von Dohnanyi. Hans findet es zunehmend schwierig, sein Einverständnis mit dem Naziregime vorzutäuschen und gleichzeitig heimlich an dessen Unterminierung zu arbeiten, wie er Dietrich bekümmert anvertraut.

Auch Dietrich fällt es schwer, sich moralisch und spirituell arrangieren zu müssen, um jeden Morgen das Gebäude der Abwehr zu betreten. Als Theologe hat er sich eingehend damit auseinandergesetzt, ob er eine Sünde begeht, wenn er sich an Attentatsplänen auf Hitler beteiligt. Er hat, so beschließt er, »in voller Klarheit und mit bestem Gewissen« gehandelt. Für ihn gilt es zu bedenken, »wie eine kommende Generation weiterleben soll«. Zu Weihnachten verfasst Dietrich eine Abhandlung, die er Hans von Dohnanyi und ihrem Mitverschwörer aus dem Kreis der Abwehr, Generalmajor Hans Oster, zu lesen gibt:

> Wir sind stumme Zeugen böser Taten gewesen, wir sind mit vielen Wassern gewaschen, wir haben die Künste der Verstellung und der mehrdeutigen Rede gelernt, wir sind durch Erfahrung mißtrauisch gegen die Menschen geworden und mußten ihnen die Wahrheit und das freie Wort oft schuldig bleiben, wir sind durch unerträgliche Konflikte mürbe oder vielleicht sogar zynisch geworden […]. Wird unsere innere Widerstandskraft gegen das uns Aufgezwungene stark genug […] sein […]?

3.

Am 12. März 1943 besteigen Hans von Dohnanyi und der Leiter der Abwehr, Admiral Canaris, ein Flugzeug nach Smolensk, einer Stadt westlich von Moskau, wo Hitler eine aufpeitschende Rede vor den Truppen halten soll.

Hans verstaut eine kleine Bombe unter seinem Sitz.

Nachdem das Flugzeug gelandet ist, steckt er die Bombe seinem Mitverschwörer Oberst Henning von Tresckow zu, der sie wiederum an Leutnant Fabian von Schlabrendorff weitergibt. Schlabrendorff aktiviert den Zünder und schmuggelt die Bombe in Form einer

Geschenkpackung, die vorgeblich zwei Flaschen Cointreau enthält, in das Flugzeug, das Hitler nach Deutschland zurückbringen wird. Eine halbe Stunde nach dem Start soll die Bombe hochgehen.

Tut sie aber nicht.

Das Flugzeug landet sicher, und Hitler kommt unversehrt heraus.

4.

Drei Wochen später werden Dietrich Bonhoeffer und Hans von Dohnanyi verhaftet.

Die Gestapo weiß nichts von dem versuchten Anschlag. Bonhoeffer und Dohnanyi sind eventuell durch ihre familiären Verbindungen zu den Harnack-Brüdern unter Verdacht geraten, möglicherweise einen Verrat zu planen. Arvid Harnack ist inzwischen als hochrangiger Ministerialbeamter, den man wegen Verrats gehängt hat, berüchtigt. Falk Harnack ist der Gestapo als Mitglied der Weißen Rose bekannt. Auch er ist verhaftet worden und wird in nur wenigen Wochen vor dem Volksgerichtshof angeklagt.

Dietrich Bonhoeffer und Hans von Dohnanyi werden in unterschiedlichen Gefängnissen inhaftiert und keinem anderen als Manfred Roeder, dem Chefankläger beim Rote-Kapelle-Prozess, zum Verhör vorgeführt.

5.

Während sie im Gefängnis sitzen, gelingt es Dietrich und Hans über geschmuggelte Botschaften mit ihren Mitverschwörern in der Abwehr und auch mit ihren Familien zu kommunizieren.

Dietrich sendet seine Nachrichten clever in einem dicken Buch des Theologen Karl Holl verborgen. Von hinten beginnend, setzt er alle zehn Seiten eine schwache Markierung unter jeweils einen Buchstaben. Als die Familie Bonhoeffer das Buch erhält, verbringt sie Stunden mit der genauen Durchsicht der Seiten, um die Nachricht zu rekonstruieren.

Emmi Bonhoeffer steckt eine Botschaft »in den doppelten Deckel eines Joghurts«, den sie einem inhaftierten Mitverschwörer Dietrichs schickt. Wenn sie Ernst von Harnack zu sich nach Hause bestellen muss, damit er sich heimlich mit ihrem Mann Klaus treffen kann, ruft sie ihn an und fragt ihn, ob er denn »zum Musizieren« komme. Sie sagt ihm dann, er solle »die Flöte« mitbringen.

Einige der Nachrichten, die Dietrich in seinem Buch übermittelt, sind für den Leiter der Abwehr, Admiral Canaris, bestimmt. Ein weiterer Anschlagsplan nimmt Form an.

6.

Am Morgen des 20. Juli 1944 erscheint Oberst Claus von Stauffenberg in Hitlers Hauptquartier an der Ostfront, stiehlt sich in einen leeren Raum und versucht zwei Sprengsätze mit Plastiksprengstoff zu aktivieren. Mithilfe einer Zange zerdrückt er eine Glasampulle am Ende eines dünnen, bleistiftartigen Zünders, der am ersten Sprengsatz angebracht ist, und setzt so eine Säure frei, die langsam einen Draht zersetzt, der stramm mit einer Schraubenfeder samt Schlagbolzen am Zündhütchen verbunden ist. Die Dicke des Drahtes ist ausschlaggebend dafür, wie lange es bis zur Explosion der Bombe dauert; in diesem Fall ungefähr 30 Minuten, nachdem Stauffenberg das Glas mit der Zange zerdrückt hat. Es ist eine schwierige, kniffelige Aufgabe für Stauffenberg, der vor einiger Zeit auf dem Feld verwundet wurde, was ihn ein Auge gekostet hat und ihm nur eine Hand mit drei Fingern gelassen hat. Wo sein rechter Arm war, ist nur noch ein Stummel.

Ein Offizier klopft an die Tür und meldet Stauffenberg, er solle unverzüglich zu einer Besprechung erscheinen, mit der Hitler bereits begonnen habe.

In Panik aktiviert Stauffenberg lediglich die erste Bombe.

Er betritt den Bunker und stellt die Aktentasche nahe bei Hitler ab. Der ist umringt von zwei Dutzend Offizieren, die mit ihm eine Karte vom Verlauf der Ostfront betrachten.

Einige Minuten später schlüpft Stauffenberg aus dem Raum. Um 12:42 Uhr explodiert die Bombe, sie tötet drei Offiziere und eine Stenotypistin. Hitler hat nur ein paar Schnittwunden und ein geplatztes Trommelfell.

7.

Am 9. April 1945 werden Dietrich Bonhoeffer und Hans von Dohnanyi gehängt.

Klaus Bonhoeffer wird erschossen.

Ernst von Harnack wird gehängt.

Justus Delbrück stirbt im Gefängnis.

Tresckow begeht Selbstmord. Canaris, Oster, Stauffenberg und ungefähr 5.000 Weitere – darunter die Familien der Verschwörer und Menschen, die nur ganz entfernt mit ihnen in Verbindung standen – werden hingerichtet.

8.

Falk Harnack entgeht knapp dem Tod.

Er steht wegen seiner Beteiligung an den Aktivitäten der Weißen Rose vor Gericht und wird freigelassen. Hans Scholl, Sophie Scholl und vier andere aus der Gruppe werden 1943 hingerichtet. Falk vermutet, dass man mit seinem Freispruch Übles bezweckt; vielleicht plant die Gestapo, ihn zu beschatten, in der Hoffnung, dass er sie zu weiteren Deutschen führt, die im Widerstand tätig sind.

Falk wird abkommandiert, in Wehrmachtsuniform in Griechenland zu kämpfen, von wo er jedoch flieht, um sich der griechischen Partisanenbewegung anzuschließen. Gemeinsam mit einem Freund baut er eine Widerstandsgruppierung auf, die sich »Antifaschistisches Komitee Freies Deutschland« nennt und aus deutschen Wehrmachtssoldaten besteht, die von ihren Einheiten desertiert sind.

Als der Krieg vorüber ist, geht Falk Harnack zu Fuß nach Deutschland zurück.

Rekrutiert

1945–1948

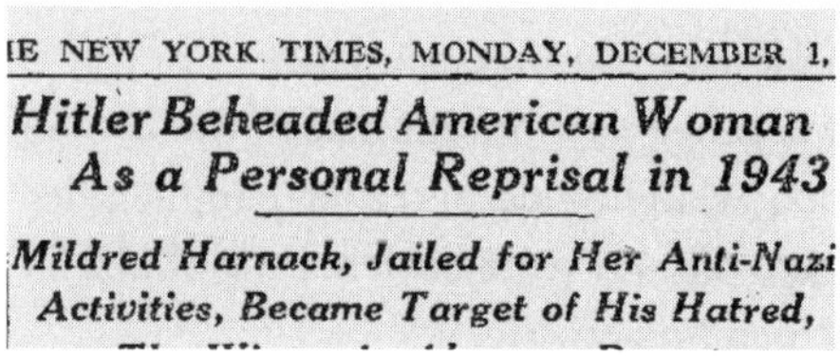
IE NEW YORK TIMES, MONDAY, DECEMBER 1,

Hitler Beheaded American Woman As a Personal Reprisal in 1943

Mildred Harnack, Jailed for Her Anti-Nazi Activities, Became Target of His Hatred,

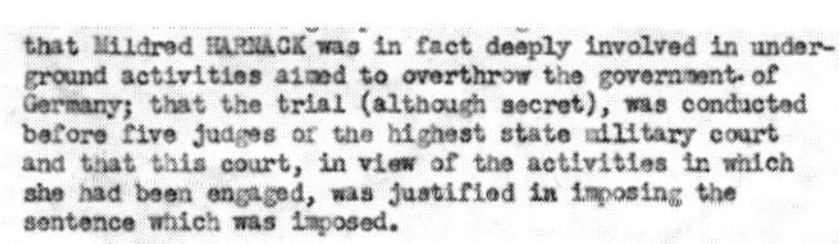
that Mildred HARNACK was in fact deeply involved in underground activities aimed to overthrow the government of Germany; that the trial (although secret), was conducted before five judges of the highest state military court and that this court, in view of the activities in which she had been engaged, was justified in imposing the sentence which was imposed.

1.

Manche, die sich unter dem Hitlerregime Kriegsverbrechen schuldig gemacht haben, werden nicht bei den Nürnberger Prozessen angeklagt, sie werden von den Geheimdiensten der Alliierten umworben.

2.

Am 29. Mai 1945, einen Monat nachdem Hitler Selbstmord begangen hat, fassen britische Soldaten Horst Kopkow, den Nazi, der Mildred Harnack unbedingt persönlich festnehmen wollte und unter dessen Ägide sie all ihre Torturen erlitten hatte. Im Laufe einer sich recht lange hinziehenden Reihe von streng geheimen Befragungen durch britische Geheimagenten brüstet sich Kopkow, dass er als SS-Hauptsturmführer die Rote Kapelle auf Anweisung Heinrich Himmlers, des Architekten des Konzentrationslagersystems, ausradiert hat. Himmler ist tot – er hat kürzlich, schon in britischer Gefangenschaft, eine Zyanid-Kapsel geschluckt –, aber der vierunddreißigjährige Kopkow ist eindeutig am Leben und will auch, dass das so bleibt. Kopkow überzeugt die Briten, dass er ihnen wertvolle Informationen über sowjetische Spionage liefern kann, darunter »russische Pläne gegen britische Interessen«. Der MI6 täuscht daraufhin Kopkows Tod vor – angeblich stirbt er an Sauerstoffmangel infolge einer schweren Lungenentzündung – und verschafft dem Nazi eine neue Identität als Geschäftsführer einer Textilfabrik, als der er nun »Peter Cordes« heißt.

Die War Crimes Commission in London lässt die Anklage gegen Kopkow fallen, nachdem dort von einem MI6-Agenten eine gefälschte Sterbeurkunde vorgelegt wurde, angeheftet an einen Brief, in dem erklärt wird, man habe Kopkow mit »hohem Fieber« vorgefunden, so dass er »zwei Tage später in ein Krankenhaus eingeliefert wurde, wo er bedauerlicherweise an Bronchopneumonie verstarb, bevor von ihm Erkenntnisse gewonnen werden konnten«.

3.

Im selben Monat, in dem Kopkow in britischen Gewahrsam genommen wird, fassen US-Soldaten Manfred Roeder. Der Chefankläger des Rote-Kapelle-Prozesses steht kurz davor, als Kriegsverbrecher angeklagt zu werden, als Agenten des US-Spionageabwehrkorps (CIC) einschreiten, Roeder umgehend an einen streng geheimen Ort verbringen und seine Identität mit dem Decknamen »Othello« verschleiern. Benjamin Gorby, Special Agent des CIC, ist überzeugt, dass Roeder über »eine Unmenge Informationen« verfügt, die für die Vereinigten Staaten wertvoll sein könnten – die sich inzwischen, da das Deutsche Reich nun besiegt ist, einem neuen Feind zuwenden: der Sowjetunion.

Roeder verschafft sich die Position eines Experten für kommunistische Komplotte und beliefert das CIC mit genau solchen Lügen, mit denen er in Nürnberg fein raus sein wird. Hitlers Bluthund besteht darauf, kein Kriegsverbrecher zu sein. Die Verbrecher waren Mildred Harnack und die anderen Mitglieder der Roten Kapelle, eines weitverzweigten Netzwerks, das in zahlreichen Ländern weiterhin lebendig und aktiv sei – unter anderem auch in den Vereinigten Staaten.

Special Agent Gorby will Namen hören. *Wer genau ist weiterhin lebendig und aktiv?*

Roeder rattert eine Liste von Namen herunter, auch Greta Kuckhoffs Name ist dabei.

Greta und ihr neun Jahre alter Sohn Ule leben in einer kleinen Wohnung in der Wilhelmhöher Straße 18 in Berlin. Zwei CIC-Agenten, die sich als »überzeugte Linke« ausgeben, klopfen bei ihr an.

Sie erklärt den beiden, dass ihr Mann Adam von den Nazis hingerichtet worden ist.

Die Agenten täuschen Mitgefühl vor und bestürmen Greta, ihnen alles über ihre Freunde im Untergrund zu erzählen, die so tapfer gegen das Naziregime gekämpft haben. Gretas »Vertrauen war schon bald gewonnen«, wie einer der Agenten später zu Protokoll gab.

Das CIC produziert große Papierberge über die deutsche Witwe, von der sie hoffen, dass sie ihnen den Zugang zu einem weitläufigen Netzwerk kommunistischer Spione liefern wird; ihr Telefon wird angezapft und Agenten werden dazu abgestellt, Greta zu beschatten, wenn sie in Berlin unterwegs ist, um Ule zur Schule zu bringen oder zur Arbeit zu gehen.

Manfred Roeder spinnt weiterhin Geschichten von subversiven Umtrieben, weiterhin darauf beharrend, dass die Rote Kapelle eine gefährliche Bedrohung für die Demokratie darstelle.

Mitarbeiter der Anklagebehörde im Nürnberger Prozess sind erstaunt über das Vorgehen des CIC. Manfred Roeder »würde ohne Weiteres als Staatsfeind Nummer 1 in jeder deutschen Demokratie durchgehen«, bemerkt der stellvertretende Leiter der Beweisabteilung und rügt den US-Geheimdienst heftig, weil er einen »notorischen, skrupellosen, opportunistischen Nazi« rekrutiert hat.

4.

Die War Crimes Group der US-Armee lässt den Fall Mildred Harnack fallen.

»Mildred Harnack war tatsächlich maßgeblich in die Untergrundaktivitäten eingebunden, die darauf abzielten, die deutsche Regierung zu stürzen«, schreibt ein Mitarbeiter in einem Memo. Er kommt zu dem Schluss, dass ihre Hinrichtung »gerechtfertigt« war.

Durch einen Zufall

1952

1.

Gertrud braucht viele Jahre, bis sie an Clara Harnack schreibt. An das Schreckliche, das sie überlebt hat, möchte sie nicht denken.

Am 8. Oktober 1952 entscheidet sie, dass es Zeit ist. Inzwischen heißt Gertrud Klapputh Gertrud Lichtenstein. 1946 hat sie einen Journalisten namens Kurt Lichtenstein geheiratet, den Sohn eines jüdischen Schusters. Kurts Eltern und seine Schwester sind in Auschwitz umgekommen. Gertrud und Kurt haben zwei Töchter, geboren 1946 und 1948, und einen Sohn, geboren 1947.

2.

»Sehr verehrte, liebe Frau Harnack!«, schreibt Gertrud.

> *Durch einen Artikel in der Zeitung »Die Tat« erhielt ich davon Kenntnis, dass Sie, die Mutter Arvid Harnacks, noch am Leben sind.*

Sie schreibt weiter, dass sie im Dezember 1942 als *Schutzgefangene* im Frauengefängnis in Charlottenburg inhaftiert war. »Durch einen Zufall – oder war es keiner? – kam ich zu Mildred in die Zelle.« Sie berichtet Clara von dem Brief, den Arvid Mildred geschrieben hat, und wie Mildred sie damals gebeten hat, ihn sicher aufzubewahren. Sie erzählt Clara, durch »alle die schönen und schweren Stunden, die ich mit Mildred verbrachte«, sei es ihr »noch heute fast unmöglich, davon zu schreiben«.

Ihr Brief ist eine eng getippte Seite lang.

Einen Monat später, am 9. November 1952, verfasst Gertrud einen weiteren Brief. Sie unterbricht ihn nach anderthalb Seiten und schreibt einige Tage später weiter, nachdem sie wieder Kraft gefunden hat.

Sie berichtet von der Zeit, die sie mit Mildred verbracht hat. Manchmal habe Mildred Lieder gesungen. Amerikanische Lieder – Gertrud erinnert sich an manche Textbruchstücke. Manchmal habe Mildred Gedichte rezitiert. Und manchmal von Arvid gesprochen,

der für sie ein unerschöpfliches Thema war, von ihrer gemeinsamen Studienzeit, von der Arbeit in Deutschland, von der Angst, die sie ständig um ihn hatte, davon, wie sie selbst in die illegale Arbeit mit einbezogen wurde, und schliesslich sprachen wir von Gott und der Welt.

Am Ende ihres Briefes bittet sie Clara, ihr ein Foto von Mildred zu schicken.

Wenn meine Kinder einmal gross sind, werde ich ihnen aus dieser Zeit meines Lebens erzählen.

Sie faltet den Brief und steckt ihn in einen Umschlag. Arvids Abschiedsbrief steckt sie auch mit hinein.

3.

Das Foto von Mildred existiert nicht mehr. Aber Arvids Brief.

Arvids Brief

1942

Mein inniggeliebtes Herz

Wenn ich in den vergangenen Monaten die Kraft hatte, innerlich ruhig und gefasst zu sein, und wenn ich den kommenden Dingen ruhig und gefasst entgegensehe, so verdanke ich dies vor allem dem, dass ich mich mit dem Guten und Schönen in dieser Welt verbunden fühle und dass ich das Gefühl, das aus dem Dichter Whitman singt, der ganzen Erde gegenüber habe. Soweit Menschen in Frage kommen, waren es die mir Nahestehenden und vor allem Du, die mir dieses beides verkörperten.

Trotz allem Schweren sehe ich auf mein bisheriges Leben gern zurück. Das Lichte überwog das Dunkle. Und dafür war großen Teils unsere Ehe der Grund. Ich habe mir in der letzten Nacht viele der schönen Augenblicke in unserer Ehe durch den Kopf gehen lassen, und je mehr ich darüber nachdachte, desto mehr wurden es. Es war, als ob ich in einen Sternenhimmel sah, bei dem ja auch die Zahl der Sterne stetig wächst, je genauer man hinsieht. Erinnerst Du Dich noch an Picnic Point, als wir uns verlobten? Ich sang vor Freude frühmorgens im Club. Und noch vorher an unser erstes Gespräch beim Mittagessen im Restaurant in State Street? Dieses Gespräch wurde mein Leitstern und ist es geblieben. Wie oft haben wir in den folgenden Jahren den Kopf einander auf die Schulter gelegt, des Nachts, wenn das Leben uns müde gemacht hatte, entweder Du mir oder ich Dir; und dann war alles gut. Das habe ich in Gedanken in den vergangenen Wochen auch getan und werde es in den kommenden ebenfalls tun. Ausserdem habe ich regelmässig morgens um 8 und abends um 9 Uhr an Dich und alle meine Lieben gedacht. Sie denken zur gleichen Zeit an uns beide. Tu das auch; dann weiss man, dass das Gefühl der Liebe in der Welt ineinander fliesst. [ein Satz unleserlich] *Unsere angespannte Arbeit machte uns das Leben nicht leicht, u. die Gefahr des Erdrücktwerdens war nicht klein, aber trotzdem blieben wir lebendige Menschen. Das wurde mir ganz klar bei unserem Erlebnis am Grossglockner und als wir in diesem Jahr den grossen Elch vor uns auftauchen sahen – vorher warst Du wie eine Göttin aus dem Meer gestiegen. –*

Du bist in meinem Herzen: »Du sollst immer drinnen sein.« – Mein grösster Wunsch ist, dass Du, wenn Du an mich denkst, glücklich bist. Wenn ich an Dich denke, bin ich es.

Viele, viele Küsse! Ich umarme Dich fest.

Dein A.

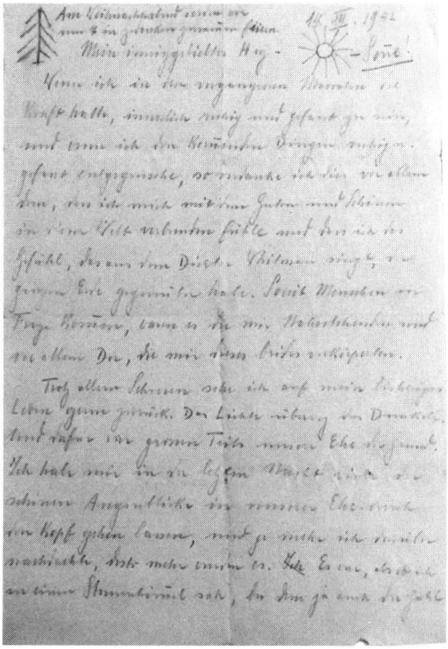

Am Weihnachtsabend werden wir uns 8 in Gedanken zusammen fühlen.

19. XII. 1942

Mein inniggeliebtes Herz – [illegible] – Sonne!

Wenn ich in den vergangenen Monaten die Kraft hatte, innerlich ruhig und gefasst zu sein, und wenn ich den kommenden Dingen ruhig gefasst entgegensehe, so verdanke ich Dir vor allem dem, dass ich mich mit dem Guten und Schönen in dieser Welt verbunden fühle und dass ich das Gefühl, dessen Dein Dichter Whitman singt, [illegible] ganzen Erde gegenüber habe. Soviel Menschen [illegible] Freude bereiten, wenn es die mir Nahestehenden und vor allem Du, die mir dieses Gefühl verkörperten.

Trotz allem Schweren sehe ich auf mein bisheriges Leben gern zurück. Das Licht überwog das Dunkel, und daher [illegible] grossen Teile unserer Ehe [illegible]. Ich habe mir in der letzten Nacht viele der schönen Augenblicke in unserer Ehe durch den Kopf gehen lassen, und je mehr ich darüber nachdachte, desto mehr waren es. Es war, als ob ich zu einem Sternenhimmel sah, bei dem ja auch die Zahl

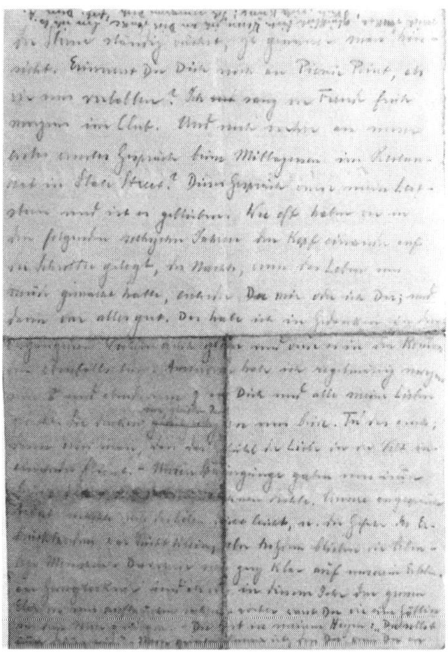

der Sterne ständig wächst, je genauer man hinsieht. Erinnerst Du Dich noch an Picnic Point, als wir uns verlobten? Ich [illegible] ein Freund früh morgens im Club. Und dann [illegible] an unser erstes ernstes Gespräch beim Mittagessen im Restaurant in State Street? Dieses Gespräch war mein Leitstern und ist es geblieben. Wie oft haben wir in den folgenden schweren Jahren den Kopf einander auf die Schulter gelegt, des Nachts, wenn das Leben uns müde gemacht hatte, entweder Du mir oder ich Dir; und dann war alles gut. Das habe ich in Gedanken [illegible]

[illegible] Dich und alle meine Lieben [illegible]

DER JUNGE
XII

Don kehrt zurück

1946

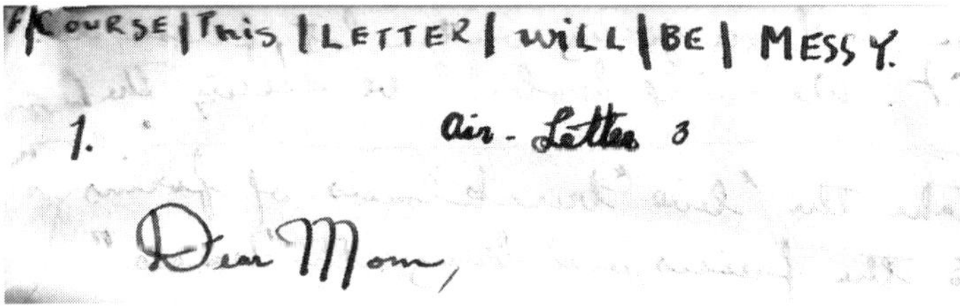
COURSE | THIS | LETTER | WILL | BE | MESSY.

1. Air - Letter 3

Dear Mom,

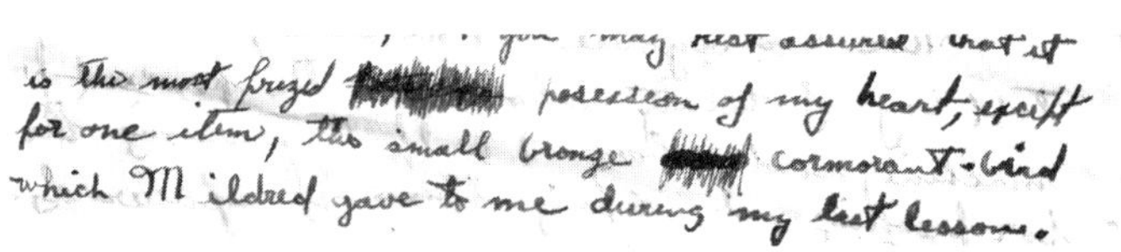
… you may rest assured that it is the most prized [redacted] possession of my heart, except for one item, the small bronze [redacted] cormorant-bird which Mildred gave to me during my last lessons.

1.

Don ist achtzehn, als er nach Berlin zurückkehrt.

Er steht jetzt viel aufrechter da, und nicht nur, weil er gerade seinen Schulabschluss gemacht hat. Er ist gewachsen. Er ist größer als sein Vater.

Er ist sich nicht sicher, was ihn hierher zurückzieht. Er weiß nicht, wie er das alles entwirren soll.

Er erinnert sich, wie er auf der Straße stand, und die Mutter von jemand anderem schluchzte. Ihr Mann war tot. Eine britische Bombe war in das Haus eingeschlagen. Ein Krankenwagen kam angefahren, und zwei Männer sprangen heraus und nahmen den Jungen mit, in ein Waisenhaus. Pladik.

Wie ist es Achim, Peter und Siggi ergangen? Was ist mit Mole geschehen?

2.

Don geht alleine durch Berlin. Trümmer und Schutt. So viel davon. Was er sieht, ist ein Angriff auf seine Erinnerung. Er läuft herum und versucht sich zu erinnern, wie die Gebäude ausgesehen haben.

Moles Viertel: zerbombt.

Innsbrucker Straße 44: zerbombt.

Die Amerikanische Schule, die Amerikanische Kirche: auch zu Trümmern und Schutt zerbombt.

Er steigt in die U-Bahn. Er steigt am Nollendorfplatz aus, geht zur Woyrschstraße 16.

Er steht lange Zeit auf dem Bürgersteig, die Hände in den Taschen vergraben, und schaut auf das Mietshaus, wo Mildred einst gewohnt hat, sein Blick sucht die Etagen, ihre Geister – eins, zwei, drei.

Die vierte Etage, wo er einst Unterricht hatte. Wo er einst auf einem Sofa mit Armlehnen aus Holz neben Mildred gesessen hat.

Er muss daran denken, wie er ihr von der *Fram* erzählt hat, einem Schiff für die Erforschung der Antarktis. *Fram* heißt »vorwärts«, auf Norwegisch. Ende des 19. Jahrhunderts gebaut, soll die *Fram* das stabilste Holzschiff der Welt sein.

Erzähl mir mehr, sagte Mildred.

Don machte weiter, ließ kein Detail aus. Die *Fram* war so gebaut, dass sie den rauen, eisigen Bedingungen in der Antarktis trotzen konnte. Die Seeleute auf der *Fram* haben Hunde gegessen. *Hunde!*

So konnten sie die zwei Jahre dauernde Expedition durchstehen.

Du hast ein gutes Gedächtnis, sagte Mildred. Das tat sie oft.

Einmal hatte er vergessen, das zu lesen, was er lesen sollte. *Du hast da drin ein Gehirn*, sagte sie, *und das muss man benutzen. Sonst bleibt am Ende davon nicht mehr als ein fauler Apfel.* Sie sagte es mit freundlicher Stimme, aber streng. Er schämte sich, sah auf sein geöffnetes Buch. Seine Augen wurden feucht, die Worte verschwammen auf der Seite.

Vergiss das nicht, ermahnte sie ihn.

Die gottgedachte Spur, die sich erhalten!
Ein Blick, der mich an jenes Meer entrückte,
Das flutend strömt gesteigerte Gestalten.
Geheim Gefäß, Orakelsprüche spendend!
Wie bin ich wert, dich in der Hand zu halten,
Dich höchsten Schatz aus Moder fromm entwendend
Und in die freie Luft, zu freiem Sinnen,
Zum Sonnenlicht andächtig hin mich wendend?
Was kann der Mensch im Leben mehr gewinnen,
Als daß sich Gott=Natur ihm offenbare?
Wie sie das Feste läßt zu Geist verrinnen,
Wie sie das Geisterzeugte fest bewahre.

) 80 (

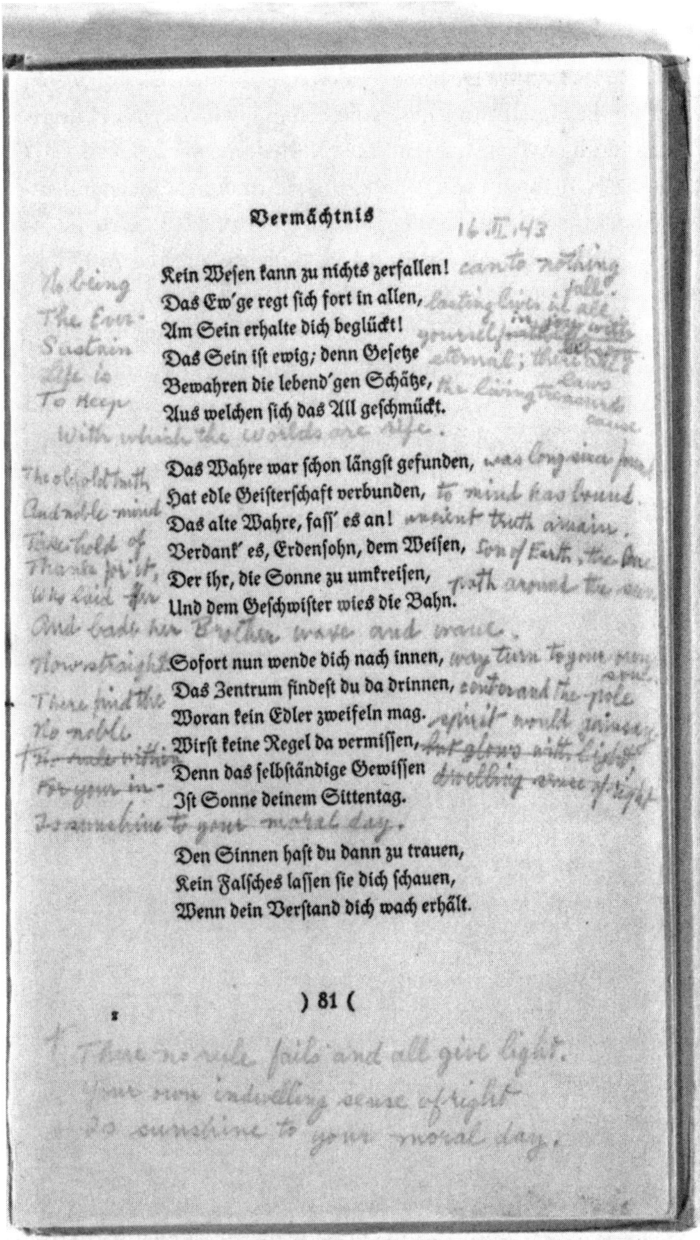

Vermächtnis

16.II.43

Kein Wesen kann zu nichts zerfallen!
Das Ew'ge regt sich fort in allen,
Am Sein erhalte dich beglückt!
Das Sein ist ewig; denn Gesetze
Bewahren die lebend'gen Schätze,
Aus welchen sich das All geschmückt.

Das Wahre war schon längst gefunden,
Hat edle Geisterschaft verbunden,
Das alte Wahre, faß' es an!
Verdank' es, Erdensohn, dem Weisen,
Der ihr, die Sonne zu umkreisen,
Und dem Geschwister wies die Bahn.

Sofort nun wende dich nach innen,
Das Zentrum findest du da drinnen,
Woran kein Edler zweifeln mag.
Wirst keine Regel da vermissen,
Denn das selbständige Gewissen
Ist Sonne deinem Sittentag.

Den Sinnen hast du dann zu trauen,
Kein Falsches lassen sie dich schauen,
Wenn dein Verstand dich wach erhält.

) 81 (

† There no rule fails and all give light.
Your own indwelling sense of right
Is sunshine to your moral day.

Danksagung

Das Wissen, dass viele Deutsche Hitler unterstützten, lässt oft wenig Raum für die Geschichten derer, die sich ihm widersetzten. Für die Unterstützung beim Erzählen von Mildred Harnacks Geschichte und der Geschichten von Deutschen, die sich dem Widerstand anschlossen, bin ich Dr. Johannes Tuchel von der Gedenkstätte Deutscher Widerstand und insbesondere Dr. Hans Coppi, dem Direktor der Sammlung Rote Kapelle, dankbar.

Dr. Coppi war ein kleines Kind, als seine Eltern Hans und Hilde Coppi für ihre Beteiligung am Widerstand hingerichtet wurden. Seit ich ihn zum ersten Mal traf, habe ich von Dr. Coppis Expertise und seinem festen Glauben an dieses Buch außerordentlich profitiert.

2018 und 2019 war ich *biography fellow* am Leon Levy Centre für Biografie, das mich bei meiner Forschung im beträchtlichen Maße unterstützte und die Abschrift meiner Interviews mit Quellen finanzierte. Mein Dank geht an Kai Bird und Thad Ziolkowski für ihre Mentorschaft und an meine ausgezeichneten Kollegen Stephen Hyman, Jennifer Homans und Samanth Subramanian, die alle die anfänglichen Kapitel lasen. Eine besondere Erwähnung verdient das Women Writing Women's Lives Biography Seminar an der City University of New York, das mich in ihre Gemeinschaft herausragender Biografen einlud, inspirierte und professionell unterstützte. Die Corporation of Yaddo gewährte mit zweimal Zeit und Raum zum Schreiben. Die Ucross Foundation verlieh mir ebenfalls Aufenthaltsstipendien, eines, als ich anfing, dieses Buch zu schreiben, und ein weiteres, als ich seine erste Fassung beendete. Ich danke Elaina Richardson und Candace Wait von Yaddo sowie Sharon Dynak, Tracey Kikut und Ruthie Salvatore von der Ucross Foundation dafür, dass sie mir das Gefühl gaben, willkommen zu sein.

Mehr als fünf Jahre lang habe ich mir bei Archivaren und Archivarinnen in den Vereinigten Staaten, England und Deutschland Rat geholt; ohne sie wäre mein Buch nicht möglich gewesen. Im Bundesarchiv in Berlin hat Ulf Rathje rasch Dokumente für mich ausfindig gemacht, und das trotz einer globalen Pandemie. In den National Archives kümmerte sich freundlicherweise Wanda Williams um meine *Freedom-of-Information*-Gesuche, und Paul Bow und Cate Brennan reagierten auf meine zahlreichen Anfragen zu Dokumenten bereitwillig und geduldig. Die fabelhaften Mitarbeiter der Arolsen Archives und des Internationalen Suchdienstes spürten Unterlagen über Gertrud Klapputh aus der Zeit des Zweiten Weltkriegs und der Nachkriegszeit auf. Mit Dankbarkeit erwähnen möchte ich Susan Evans vom United States Holocaust Memorial Museum, Holocaust Survivors and Victims Resource Centre; Carol Leadenham und Sarah Patton von den Hoover Institution Archives; Aleksandra Pawliczek vom Archiv der Humboldt-Universität zu Berlin; Olaf Schneider vom Archiv der Justus-Liebig-Universität Gießen; Antje Schröpfer vom Niedersächsischen Landesarchiv; Bastian Fillner vom Landesarchiv Nordrhein-Westfalen; Paul Friedman von der New York Public Library; David Null von den University of Wisconsin Archives; Kevin Abing vom Milwaukee County Historical Centre; und Lee Cristopher Grady, Laura Hemming und Jonathan Nelson von der Wisconsin Historical Society.

Ich bin Sarah Helm dafür dankbar, dass sie mir Informationen von wesentlicher Bedeutung über Mildreds Zellengenossin Gertrud Klapputh bereitstellte, und Dr. Joanne Sayner danke ich für Rat und Ermutigung. Einen unvergesslichen Nachmittag war ich zu Gast bei Christiane Grüner und dem Kollegium der Peter-A.-Silbermann-Schule (ehemals das Berliner Städtische Abendgymnasium für Erwachsene). Sie erlaubten mir zudem, Seiten aus dem Schulhandbuch von 1934 abzufotografieren. Andreas Sander, der frühere Kurator der Topographie des Terrors in Berlin, half mir zu verstehen, wie sich ein Gefangener in der Kellerzelle des Gestapo-Hauptquartiers gefühlt haben musste.

Ohne die hervorragende Mitwirkung von Dr. Svetlana Chervonnaya, die in Moskau umfangreiche Archivforschung betrieb, zahlreiche Dokumente übersetzte, anfängliche Fassungen auf Fakten überprüfte und auf meine immer neuen Fragen mit Humor und akribischen Antworten reagierte, wäre es mir in den Abschnitten über sowjetische Spionage nicht gelungen, die nötige Gründlichkeit und Differenziertheit aufzubringen. Ferner schulde ich dem unvergleichlichen Dr. Robert G. Waite Dank, einem Historiker, der an der Gedenkstätte Deutscher Widerstand forscht und seit zwanzig Jahren als *senior historian* im US-Justizministerium arbeitet. Ich habe ihn in Berlin über sein momentanes Projekt befragt, eine zweibändige Geschichte der Strafanstalt Plötzensee. Dr. Waite gab mir stets prägnante Rückmeldungen zu mehreren Manuskriptfassungen, teilte mit mir seine originären Forschungsergebnisse, leitete meine Nachforschungen und spornte mich an.

Unermesslich dankbar bin ich Jude Vachon, die als Übersetzerin und Forschungsassistentin beträchtlich zu diesem Buch beitrug. Sie half mir dabei, Tausende von Seiten deutscher Dokumente durchzusehen, übersetzte brüchige, fast unleserliche Zeugnisse der Nachkriegszeit und las zahlreiche Buchfassungen. Ihre leidenschaftliche Anteilnahme an der hier erzählten Geschichte hat mir all die Jahre, die ich an diesem Buch geschrieben habe, Kraft gegeben. Kathryn Kelly, Doktorandin an der CUNY, spürte Artikel und Buchrezensionen auf, und Dr. Irene Fliter und Jennifer Petzen begleiteten mich bei meinen Besuchen in deutschen Archiven.

Ich möchte auch Shareen Blair Brysac würdigen, dafür, dass sie vor zwei Jahrzehnten die erste Biografie über Mildred Harnack veröffentlicht hat. Brysacs Forschungen und Interviews mit inzwischen verstorbenen Quellen waren wertvoll für mich, als ich selbst zu forschen begann. Profitiert hat mein Buch von dem Werk der Historiker und Historikerinnen Thomas Childers, Peter Hoffmann, Claudia Koonz, Dónal O'Sullivan, Corina Petrescu und Nikolaus Wachsmann.

Dankbar für entscheidende Unterstützung in der Anfangsphase bin ich Michael Cunningham, Ruth Franklin, David Gates, Jonathan Lethem, David Means, David Remnick, Dr. Susanne Rohr, Dan Shapiro und James Wood.

Ein Dankeschön der Fotografin Beowulf Sheehan für die Dokumentation meiner Interviews mit wichtigen Quellen. Bedanken möchte ich mich ferner bei Cami Anderson, Robert Baertsch, Michael Bilton, Aletheia Black, Jill Blakeway, Charles Bock, Amy Braunschweiger, Eric Carlson, Rammonn Clarke, Dana Czapnik, Ann-Kristin Grimm, Sharon Guskin, Arthur Heitzer, Bokyun Kim, Adrian Kinloch, Gerd Klamandt, Stephan Krannich, Jan Kucharzewski, Vanessa Manko, Michèle Menzies-Abrash, Robin Morgan, Claudia Mustafa, Katrin Reichelt, Janelle Robinson, Adrian Schriel, Cindy Spiegel, Elizabeth Thompson und Wendy Weisman.

Ich danke meinem Literaturagenten Jim Rutman dafür, dass er sich für dieses Buch eingesetzt und mich ermutigt hat, meinen künstlerischen Überzeugungen treu zu bleiben. Dankbar bin ich auch einem anderen frühen Fürsprecher, Lee Boudreaux, der dieses Buch für Little, Brown erworben hat, als es gerade mal aus einem Prolog und zwei Kapiteln bestand. Asya Muchnick hat das Buch übernommen und als ihr eigenes adoptiert, sie hat sich des Textes mit Einfühlsamkeit angenommen und ihm Kohärenz und Prägnanz verliehen. Danke an Asyas Kollegen und Kolleginnen bei Little, Brown: Evan Hansen-Bundy, Jayne Yaffe Kemp, Alyssa Persons und Tracy Roe. Allison Saltzman verwandelte ein Chaos von Archivdokumenten und Bildern in einen herrlichen Buchumschlag. Ich schätze mich glücklich, die umwerfende Kimberly Burns von Broadside auf meiner Seite zu haben.

Dieses Buch handelt ebenso von einer gefundenen Familie, wie es von einer verlorenen Familie handelt. Während ich in den National Archives in London meinen Forschungen nachging, bot mir Arvids Großnichte Jilly Allenby-Ryan freundlicherweise an, mich in ihrem Haus wohnen zu lassen, und sie teilte mit mir Erinnerungen an Angehörige der Familie Harnack; ihrer liebenswürdigen Gastfreundlichkeit bin ich immer noch dankbar. In Düsseldorf beantwortete Jürgen Havemann einfühlsam und verständnisvoll alle meine Fragen über seinen Vater Wolfgang. Rainer von Harnack bin ich dankbar dafür, dass er mit mir seine Erinnerungen an Falk Harnack teilte, Robin Esch, dass er mich an seinen Erinnerungen an Mildred Harnack teilnehmen ließ, und Neal Donner für die Kopien von Briefen der Familie.

Besondere Dankbarkeit schulde ich Mildred Harnacks Nichte, Jane Donner Sweeney. Jane ist meine Großmutter. Mehrere Jahre bevor sie verstarb, gab sie mir Kopien von Mildreds Briefen und erzählte mir, dass ein amerikanischer Junge, der Sohn eines Diplomaten der US-Botschaft in Berlin, Mildreds Kurier war. Sein Name, sagte sie, sei Don gewesen.

Als ich ihn schließlich in North Carolina aufspürte, war Don neunundachtzig. Es besaß immer noch lebhafte Erinnerungen an seine Kindheit. Ich bleibe ihm in tiefer Dankbarkeit verbunden.

Nach Dons Tod erlaubte mir seine Frau, Julie Heath, den Inhalt von zwölf mit Briefen, Tagebüchern, Terminkalendern, unvollendeten Memoiren und Fotografien vollgepackten Überseekoffern durchzusehen. Dons Neffe Richard Brown sortierte alles gewissenhaft und legte für mich Dropbox-Files an, damit ich auf die darin enthaltenen Tausenden von Seiten zugreifen konnte. Richard erwies sich als ein glänzender Brieffreund, der mir Erinnerungen, eben erst aufgestöberte Dokumente und Ermutigungen zuteilwerden ließ. Ich entbiete der Familie Heath meine tief empfundene Dankbarkeit.

Anmerkungen

Quellen

Im November und Dezember 2016 führte ich eine Reihe von Interviews mit Donald Heath jr. Sie werden in den folgenden Anmerkungen als »Interviews der Autorin mit Donald Heath jr.« zitiert.

Die Familie Heath erteilte mir die Erlaubnis, den Inhalt von zwölf Überseekoffern durchzusehen, die Primärquellenmaterial von 1937 bis 1946 enthielten, darunter Familienbriefe, Fotografien, Louise Heaths Tagebücher und den Briefwechsel von Donald Heath sen. mit Finanzminister Henry Morgenthau jr. Durchgesehen habe ich auch die unveröffentlichten Erinnerungen, Briefe und E-Mail-Korrespondenz von Donald Heath jr. (circa 1981–2006); die Notizen und Erinnerungen seiner Schwester, Sue Heath Brown (circa 1985–1989), und ein unveröffentlichtes Erinnerungsbuch, geschrieben von Donald R. Heath sen. Diese Materialien werden gerade von der Hoover Institution archiviert.

Beim Erzählen der Kindheitsgeschichte von Donald Heath jr. und bei der Rekonstruktion von Mildred Harnacks Begegnungen mit ihm, Louise Heath und Donald Heath sen. sowie ihrer wechselseitigen Beziehungen, stütze ich mich auf seine in unseren Interviews erwähnten Erinnerungen und auf die erwähnten Primärquellen-Dokumente.

Bei der Wiedergabe von Mildreds Kindheit und in einem Abschnitt des Buchs, der die Geschichte der von Jane bei Mildred und Arvid in Berlin verbrachten Zeit erzählt, stütze ich mich auf Jane Donners Erinnerungen.

Mildred Harnacks Briefe lieferten mir die konkreten Einzelheiten und Schilderungen, von denen ich für die Erzählung ihrer Geschichte und der der Familie Heath durchweg Gebrauch gemacht habe. Nicht alle Briefe sind überliefert. Nach Mildreds Hinrichtung drängte ihre Schwester Harriette Esch die Familie dazu, die Briefe, Fotografien und andere sie betreffende Dokumente zu vernichten. Viele Jahre später entdeckte Jane Donner eine Reihe von verborgenen Briefen, die seitdem der Wisconsin Historical Society vermacht wurden.

Zusätzlich zu diesen Interviews, Erinnerungen, Briefen, Tagebüchern und unveröffentlichten Memoiren habe ich eine große Auswahl an Primärquellenmaterialien herangezogen, die aus Archiven und Institutionen in den Vereinigten Staaten, Deutschland, dem Vereinigten Königreich und Russland stammen.

Archive

Vereinigtes Königreich

TNA	The National Archives, Kew

Deutschland

BArch	Bundesarchiv, Berlin
BADH	Bundesarchiv, Dahlwitz-Hoppegarten
GDW	Gedenkstätte Deutscher Widerstand, Berlin
JLU	Justus-Liebig-Universität Gießen
HU	Universitätsarchiv der Humboldt-Universität zu Berlin
LAV NRW	Landesarchiv Nordrhein-Westfalen
NLB	Niedersächsische Landesbibliothek, Hannover

Russland

APRF	Archiv des Präsidenten der Russischen Föderation
GARF	Staatsarchiv der Russischen Föderation
RGASPI	Russisches Staatsarchiv für sozio-politische Geschichte
SVRA	Archiv des Auslandsnachrichtendienstes der Russischen Föderation

ZAMO	Zentralarchiv des Verteidigungsministeriums der Russischen Föderation

Vereinigte Staaten

DEL	University of Delaware, Special Collections, Newark, DE
FDRL	Franklin D. Roosevelt Presidential Library, Hyde Park, NY
HUA	Harvard University Archives, Cambridge, MA
HIA	Hoover Institution Archives, Stanford, CA
LOC	Library of Congress, Washington, D.C.
MHC	Milwaukee County Historical Centre, Milwaukee, WI
NARA	National Archives and Records Administration College Park, MD
NYPL	New York Public Library Archives, New York, NY
USHMM	United States Holocaust Memorial Museum, Washington, D.C.
UWA	University of Wisconsin Archives, Madison, WI
WHS	Wisconsin Historical Society, Madison, WI
YUA	Yale University Archives, New Haven, CT

Private Sammlungen

Nachlass der Familie Donner
(Nachlass von Mildred Harnack und Jane Donner)
Nachlass der Familie Heath
(Nachlass von Donald Heath sen., Louise Heath, Donald Heath jr., Sue Heath Brown)

Quellennachweise

Anmerkung der Autorin

»Über das, was wirklich ihr Herz bewegte«: Ingeborg Havemann, »Mildred Harnack. Eine Erinnerung«, in: *Heute und Morgen* 2 (1950), S. 77–78, hier S. 78.

»Sie hörte ruhig zu«: Martha Dodd, »In Memory«, Nachlass von Martha Dodd, Kiste 13, LOC.

FRAGMENT

Fragebogen: Strafanstalt Berlin-Plötzensee, 16. Februar 1943, Dokumente zu Mildred Harnack, SgY/4, BArch. Fragen und Antworten wurden zur Verdeutlichung und für die Prägnanz aufbereitet.

Einleitung

Sie stand auf erschütternde Weise im Zentrum: Petrescu, *Against All Odds,* S. 194; Abschlussbericht der Gestapo, RG 319, ZA 020253, NARA. Man muss sich vor Augen halten, dass Historiker, die über die Rote Kapelle schreiben, Mildred Harnack häufig ignorieren oder sie bloß als Arvid Harnacks Ehefrau nennen. Richard J. Evans (*Das Dritte Reich, Krieg,* Bd. III, S. 783) erläutert: »Frauen spielten in ihr [der Roten Kapelle] eine besonders bedeutende Rolle, vor allem Harnacks amerikanische Ehefrau Mildred Harnack-Fish.« Im Anschluss übergeht er ihren Anteil allerdings vollkommen. Nach Ansicht David Dallins (*Die Sowjetspionage,* S. 280) war Mildred »im Grunde ein unpolitischer Mensch und nur an Literatur und Sprachen interessiert«. Auch in den Augen Heinz Höhnes (*Kennwort: Direktor,* S. 149) war Mildred »im Grunde ein unpolitischer Mensch«. Siehe ebenso Bourgeois, *La Véritable Histoire de L'Orchestre Rouge* sowie Perrault, *Auf den Spuren der Roten Kapelle.* In »Choice and Courage« merkt Claudia Koonz an: »Die meisten geschichtlichen Darstellungen des Widerstands ignorieren die Beteiligung von Frauen oder spielen sie herunter. Darstellungen der Roten Kapelle […] übergehen Mildred Harnack.«

»Einarmiger«, »Funker«, »Arbeiter«: Brysac, *Mildred Harnack,* S. 343.

zur größten geheimen Widerstandsorganisation Berlins: Nachdem die Gestapo so gut wie alle Mitglieder von Mildreds Kreis (historisch als Harnack-Schulze-Boysen-Gruppe bekannt) gefasst und hingerichtet hatte, formte sich die Saefkow-Jacob-Bästlein-Gruppe in Berlin; sie wuchs auf ungefähr 500 Mitglieder an.

»Hitlers Bluthund«: Breitman et al., *U.S. Intelligence and the Nazis,* S. 298.

faustdicke Lügen: Haase, *Das Reichskriegsgericht,* Berlin 1993, S. 109 f. Die Prozessakten sollen 1945 von Heinz Pannwitz verbrannt worden sein, dem SS-Hauptsturmführers, der das Geheimdienst-Sonderkommando gegen die Rote Kapelle geleitet hatte. Die Urteile und ihre Begründungen sind erhalten geblieben; vgl. Höhne, *Kennwort: Direktor*, S. 14 f. Die Verhandlung wird außerdem von einem Augenzeugen beschrieben, Axel von Harnack (Cousin von Arvid Harnack), der im Artikel »Arvid und Mildred Harnack« davon berichtet.

»Mildred Harnacks Taten sind lobenswert«: D. P. Hervey an Lt. Col. Bruton, 21. Februar 1946, RG 153, Akte 12-2262, NARA.

»Es ist durchaus wahrscheinlich«: A. R. Perry jr. an Captain Sloan, 21. November 1946, ebd.

»Dieser Fall wird als *S/R* eingestuft«: Lt. Col. Ellis an Lt. Col. Herte, 15. Januar 1947, ebd.

HITLER LÄSST 1943 AMERIKANERIN AUS POLITISCHER VERGELTUNG KÖPFEN: »Hitler Beheaded American Woman as Personal Reprisal in 1943«, *The New York Times*, 1. Dezember 1947.

»eine der Anführerinnen des gegen die Nazis tätigen Untergrunds«: Charles Yarbrough, »Victim of Nazi Ax Lived Here«, *Washington Post*, 3. Dezember 1947.

fehlenden dokumentarischen Belege: Höhne, *Kennwort: Direktor*, S. 15.

in den ostdeutschen Archiven: 1990 wurden die Urteilssprüche der Verhandlungen gegen die Rote Kapelle in den Archiven des Instituts für Marxismus-Leninismus entdeckt, das in der ehemaligen Deutschen Demokratischen Republik lag.

Einige Jahre später gestattete Russland Historikern einen Blick: Costello und Zarew, *Der Superagent*, S. 8.

mit der Freigabe einst streng vertraulicher Aufzeichnungen: Die Berichte wurden von der Nazi War Crimes Interagency Working Group (IWG) freigegeben; siehe Breitman et al., *U.S. Intelligence and the Nazis*, S. 293.

knöcheldicke Geheimdienstordner: Dokumente des britischen, US-amerikanischen (Spionagekorps der U.S. Army, CIA, FBI) und des sowjetischen Geheimdienstes (NKWD, Volkskommissariat für Innere Angelegenheiten; GRU, Hauptverwaltung für Aufklärung oder Hauptverwaltung des Militärischen Geheimdienstes der Roten Armee). Die meisten Akten der deutschen Geheimen Staatspolizei wurden 1945 von den Geheimdiensten der Alliierten konfisziert. Der britische Geheimdienst führte die umfassendsten Ermittlungen zur Roten Kapelle durch und fertigte zwischen 1945 und 1949 drei ausführliche Berichte an; siehe Breitman et al., *U.S. Intelligence and the Nazis*, S. 293 f.

Der Junge mit dem blauen Ranzen (1939)

Pass gut auf: Interviews der Autorin mit Donald Heath jr.

ALLE ENGLISCHEN LUFTANGRIFFE WAREN ZUM SCHEITERN VERURTEILT: »Alle englischen Luftangriffe waren zum Scheitern verurteilt«, *Der Führer*, 20. Dezember 1939; »Judenplage in Belgien«, Deutsches Nachrichtenbüro, 12. Dezember 1939; »Der Sieg ist uns gewiß!«, *Rheinsberger Zeitung*, 23. Dezember 1939.

einem Mann im Auslandsdienst: H. Merle Cochran, von 1927 bis 1941 U.S. State Department Consular und Financial Secretary in Europa.

Eine wichtige Aufgabe: Interviews der Autorin mit Donald Heath jr.

an der US-amerikanischen Botschaft in Berlin: Donald Heath sen. war First Secretary an der amerikanischen Botschaft in Berlin, seine Ernennung auf diesen Posten wurde am 12. Dezember 1937 im *American Foreign Service Journal* 732 bekanntgegeben. Außerdem war er durch ein vertrauliches Arrangement zwischen dem Finanzminister Henry Morgenthau, dem Assistant Secretary of State George Messersmith und dem Undersecretary of State Sumner Wells zu »Morgenthaus Mann« geworden. In Berlin war Heath von Januar 1938 bis Juni 1941 als ad-hoc-Geheimdienstbeamter der US-Regierung tätig und operierte an der Schnittstelle zwischen Finanz- und Außenministerium sowie dem in Bälde entstehenden Office of the Coordinator of Information (COI), einem von William »Wild Bill« Donovan geleiteten Geheimdienst, den dieser dem britischen Secret Intelligence Service (MI6) nachempfunden hatte. Heath wurde als vom COI angestellter Beamter von eben diesem bezahlt. Im Juni 1942 wurde das COI umstrukturiert und in »Office of Strategic Services« (OSS) umbenannt, den Vorgänger der Central Intelligence Agency.

Wie helfen: Interviews der Autorin mit Donald Heath jr.

Pass auf, dass keiner dir folgt: Ebd.

Erzähle mir, worum es in diesem Buch geht: Ebd.

Wir müssen diese Verhältnisse so schnell wie möglich ändern (1932)

Universität Berlin: Die Hochschule war auch als Friedrich-Wilhelms-Universität bekannt. 1949 wurde sie in Humboldt-Universität zu Berlin umbenannt.

spricht sie: Brief von Mildred Harnack an Georgina Fish, 15. März 1931.

»Deutschland macht solch schwere Zeiten durch«: Brief von Mildred Harnack an Georgina Fish, 14. Februar 1932, Nachlass der Familie Donner.

»sehr viel mehr Elend und Unterdrückung«: Brief von Mildred Harnack an Georgina Fish, 2. April 1932, Nachlass der Familie Donner.

»*Es gibt hier eine große Menge Menschen*«: Brief von Mildred Harnack an Georgina Fish, 18. Oktober 1932, Nachlass der Familie Donner.

eine Petition: Mildred erwähnt in einem Brief, dass »beinahe einhundert« Studenten der Universität unterzeichnet hätten. Brief von Mildred Harnack an Georgina Fish, 8. Mai 1931 Nachlass der Familie Donner.

Das ist so hoch, ich kann Ihre Gesichter ja gar nicht sehen: Paraphrase von Mildreds Beschreibung eines Scherzes, den sie gegenüber ihren Studenten machte, sie erwähnte ebenfalls die lavendel- und goldfarbenen Blüten. Brief von Mildred Harnack an Georgina Fish, 8. August 1932, Nachlass der Familie Donner.

einer Nazi-Burschenschaft: Es handelte sich um den Nationalsozialistischen Deutschen Studentenbund. Mitglieder dieser Vereinigung nahmen in etwa 34 Städten in ganz Deutschland an den Bücherverbrennungen des 19. Mai 1933 teil.

»undeutsch«: Rabinbach und Gilman (Hg.), *The Third Reich Sourcebook*, S. 449.

Es gibt sehr viel mehr linke Politiker als Nazis: Ian Kershaw, *Hitler*, S. 485.

»Arbeit! Freiheit! Brot!«: Wahlplakat von 1932. Ausgestellt 2008–2009 im United States Holocaust Memorial Museum, Washington, D.C.; Abteilung für Propaganda, Drucke und Fotografien der Nazis, LOC.

Die NSDAP erhält 37 Prozent aller Stimmen: »Die Ergebnisse der Reichstagwahl«, *Senstenberger Anzeiger,* Jg. 59, 1. August 1932; »Volksmehrheit gegen Diktatur«, *Vossische Zeitung,* Heft 366, Abendausgabe vom 1. August 1932.

»Radikaler Mittelstand«: Kerwin, »The German Reichstag Elections«, in: *American Political Science Review* 26, 5 (Oktober 1932), S. 921–922.

Eine englische Übersetzung: Eine gekürzte englische Fassung von *Mein Kampf* erschien 1933, die erste vollständige englische Übertragung wurde 1939 veröffentlicht.

»vollends [...] erledigt«: »Erledigung Hitlers«, *Frankfurter Zeitung und Handelsblatt,* 11. November 1925; zitiert nach Plöckinger (Hg.), *Quellen und Dokumente zur Geschichte von »Mein Kampf«,* S. 250.

»Verirrung dieses krausen Kopfes«: »Hitlers Abrechnung«, *Neue Zürcher Zeitung,* 8. November 1925; zitiert nach ebd., S. 243.

»unsachliches Schimpfen«: Otto Bonhard, »Das Hitler-Buch ›Mein Mampf‹«, *Deutsche Zeitung,* 9. September 1925; zitiert nach ebd., S. 200.

»Man sucht nach Geist«: »Redner und Schriftsteller«, *Neue Preußische Zeitung,* 1. Oktober 1925; zitiert nach ebd., S. 222.

»[O] wie bescheiden!«: »O mein!«, *Das Bayerische Vaterland,* 29. Juli 1925; zitiert nach ebd., S. 171.

auf dem Titelblatt ein verächtliches Schmähbild Hitlers: *Simplicissimus* Jg. 30, Heft 22 (31. August 1925).

Sein rhetorischer Stil: Kershaw, *Hitler,* S. 191.

»Unsere Parole«: Zitiert nach ebd., S. 191.

die bis Ende 1921 auf 3.300 Mitglieder anwuchs: Ebd., S. 195.

einen neuen Titel: Bis zu diesem Zeitpunkt war die NSDAP von einem Vorsitzenden an der Spitze eines Präsidiums geleitet worden. Als neuer Parteiführer verfasste Hitler eine neue Satzung, die ihm diktatorische Vollmachten verlieh.

Eine Karikatur von 1930 verspottete ihn: *Simplicissimus,* Jg. 35, Heft 33 (10. November 1930), S. 388.

Ein weiteres Bild zeigte zwei Polizisten: Die Bildunterschrift dazu lautet: »Merkwürdig, mit wie geringen Mitteln sich viel Unheil anrichten lässt«, *Simplicissimus,* Jg. 35, Heft 2 (7. April 1930), S. 23.

»Hitler hat kein Geheimnis vor uns«: »Hitler gegen die Münchener Post«, *Münchener Post,* 7. Dezember 1921; zitiert nach Rosenbaum, *Die Hitler-Debatte,* S. 141.

»Ganz gleich«: Zitiert nach Kershaw, *Hitler,* S. 192; Hitler, *Mein Kampf,* S. 544.

DIE JUDEN IM DRITTEN REICH: *Münchener Post,* 9. Dezember 1931; zitiert nach Rosenbaum, *Die Hitler-Debatte,* S. 145.

»Zelle G«: »Tscheka-Organisation im Braunen Haus«, *Münchener Post,* 8., 12. und 19. April 1932; zitiert nach Rosenbaum, *Die Hitler-Debatte,* S. 142 und 630, Anm. 6.

»Wir haben Hunger«: Brief von Mildred Harnack an Georgina Fish, 23. Januar 1932, Nachlass der Familie Donner.

400.000: Siemens, *Sturmabteilung,* S. 208. Bis April 1934 stieg die Zahl der SA-Mitglieder auf 4 Millionen.

»*Vielen der Arbeitslosen* [...]; *Tag für Tag essen sie Kartoffeln* [...]; *Die Lage wird immer* [...]; *im scharfen Wind an der Straßenecke* [...]«: Brief von Mildred Harnack an Georgina Fish, 23. Januar 1932; 13. Februar 1932; 3. Juli 1932; Brief von Mildred Harnack an Jane Donner, 1. Februar 1932, Nachlass der Familie Donner.

Guten Morgen, Sonne (1932)

Weil die Wohnung große, breite Fester hat: Die Beschreibungen in diesem Kapitel stammen aus einem Brief, den Mildred 1932 an Georgina Fish schrieb. Mildred erwähnte »zwei Teppiche« in der Antwort auf die Frage nach ihren Besitztümern auf dem langen Fragebogen, den sie vor ihrer Hinrichtung in der Strafanstalt Berlin-Plötzensee ausfüllen musste; SgY/4, BArch.

wo Arvid in den falschen Vorlesungssaal spaziert war: Arvid machte den ebenso zufälligen wie glücklichen Fehler, die beiden beinahe nebeneinander gelegenen Gebäude Sterling Hall und Bascom Hall auf dem Campus der Universität von Wisconsin miteinander zu verwechseln.

»Einen großen Strauß dicker, weißer, duftender Blüten«: Diese Szene ist mit Hilfe einer von Mildred Harnack verfassten unveröffentlichten autobiografischen Kurzgeschichte rekonstruiert, die den Titel »Prothalamion« trägt, Box 2.4, Signatur 30, HU. Alle Dialoge sind wortwörtlich übernommen.

»Männer von der Nordsee«: Ebd.

»dem großartigsten aller Seen«: Ebd.

»Wir waren so glücklich miteinander«: Brief von Mildred Harnack an Georgina Fish, 3. Dezember 1931, Nachlass der Familie Donner.

(ARPLAN): Die ARPLAN saß in Berlin, wo vom 3. bis 4. Januar 1932 auch die erste Tagung stattfand. Mildred erwähnte die Tagung in einem Brief an ihre Mutter; Brief von Mildred Harnack an Georgina Fish, 1. Januar 1932, Nachlass der Familie Donner.

»Die meisten Übungen«: Brief von Mildred Harnack an Georgina Fish, 22. November 1931, Nachlass der Familie Donner.

Drehkreuz Europas: Large, *Biographie einer Stadt*, S. 38–41.

Zensur ist in Deutschland verboten: Stackelberg und Winkle (Hg.), *The Nazi Germany Sourcebook*. S. 62.

Weimarer Verfassung: »Die Verfassung des Deutschen Reichs. Vom 11. August 1919« [Weimarer Verfassung, Artikel 118], *Reichs-Gesetzblatt*, Jahrgang 1919, Nr. 152, S. 1405.

sind voller Deutscher: Mildred beschreibt diesen Eindruck in einem Brief: »Überall um mich herum sind Menschen, die Bücher oder Zeitungen lesen. Oft beobachte ich Frauen und Männer bei der Lektüre klassischer Romane oder philosophischer Werke.« Brief von Mildred Harnack an Georgina Fish, 16. April 1931, Nachlass der Familie Donner.

4.700 Tages- und Wochenzeitungen: »Propaganda: Writing the News«, *Holocaust Encyclopedia*, USHMM.

Ullstein: »The Press in the Third Reich«, *Holocaust Encyclopedia*, USHMM.

»Das Leben erschien mir freier«: Shirer, *Aufstieg und Fall des Dritten Reiches*, S. 116. Shirer schrieb außerdem *Berliner Tagebuch. Aufzeichnungen 1934–41*.

»Vielen meiner Freunde und auch mir«: Spender, *Der Tempel*, S. 296 f. Spender und seine Freunde W. H. Auden und Christopher Isherwood wurden später als »die Oxforder Dichter« bekannt.

»In den Straßen Berlins«: Noah Isenberg, »Voluptuous Panic«, in: *New York Review of Books*, 28. April 2018, S. 1. Das Zitat stammt von Siegfried Kracauer; siehe ders., »Kult der Zerstreuung. Über Berliner Lichtspielhäuser« [1926], in: Ders., *Das Ornament der Masse*, S. 314.

Das BAG (1932–1933)

Das BAG: Die Schüler am BAG hatten Montag bis Freitag von 19 bis 22 Uhr Unterricht. Es gab vier Kurzstunden, jede 45 Minuten lang. Das Handbuch des BAG aus dem Jahr 1934 enthält umfassende Listen der von 1931 bis 1934 dort angemeldeten Schülerinnen und Schüler, siehe *Handbuch des Berliner Abend Gymnasiums*, S. 82. Einzelheiten zu Mildreds Vorlesungen und Stundenplänen stammen aus dieser Quelle und aus ihren Briefen.

»sind hier, weil sie hoffen«: Brief von Mildred Harnack an Georgina Fish, 2. Mai 1933, Nachlass der Familie Donner.

»Nie hörte man sie kommen«: Maria-Dorothea Beck, »Erinnerungen an Mildred Harnack«, *Die Andere Zeitung*, 14. September 1967, S. 6.

»Hitler soll Kanzler werden?«: Taschenkalender von Samson B. Knoll, Unterlagen zu Mildred Harnack, Akte 3, Signatur 41, HU.

»ein Fluss aus kleinen Lichtern«: Brief von Mildred Harnack an Georgina Fish, 23. Mai 1932, Nachlass der Familie Donner.

Der Englischklub konzentriert sich: *Handbuch des Berliner Abend Gymnasiums*, S. 110. Mildred beschreibt den Vortrag von Generalkonsul George Messersmith in einem Brief an Georgina Fish, 23. Januar 1932.

»Mit wenigen Ausnahmen«: Messersmith an Undersecretary of State William Phillips, 26. Juni 1933, aus den Akten zu George S. Messersmith.

»Clementine«: Brief von Mildred Harnack an Georgina Fish, 29. Oktober 1932 und 6. November 1932, Nachlass der Familie Donner.

»peinlich«: Beck, »Erinnerungen an Mildred Harnack«, S. 6.

liebevoller Respekt: Ebd.

Otto Harnack: »Auf der einen Seite liebte er Goethe so sehr, auf der anderen war er in seinem persönlichen Leben in manchem Professor in negativem Sinne«, schrieb Arvid in einem Brief. Brief von Arvid Harnack an Clara Harnack, 20. Februar 1929, Nachlass von Falk Harnack, GDW.

»*Es gibt heutzutage so viel*«: Brief von Mildred Harnack an Georgina Fish, 29. Januar 1933, Nachlass der Familie Donner.

Reichskanzler Hitler (1933)

»wie aus Bronze gegossen«: Fromm, *Als Hitler mir die Hand küsste*, S. 91.

»vor Aufregung und Freude außer sich«: Shirer, *Aufstieg und Fall des Dritten Reiches*, S. 5. In seinem Tagebuch notiert Goebbels: »Aber seine Augen stehen voll Wasser.« Goebbels, *Vom Kaiserhof zur Reichskanzlei*, S. 252.

»Das sind Schlächtertypen«: Wolfgang Havemann, »Über die notwendige Einheit von Theorie und Praxis bei der Anwendung des Marxismus-Leninismus (Erinnerungen an Arvid Harnack aus den Jahren 1931–1942)«, 2. März 1983, S. 7, Sammlung Rote Kapelle, GDW; zitiert nach Brysac, *Mildred Harnack*, S. 164.

»zu weich und sinnlich«: Hass, *Forbidden Music*, S. 209.

»Du wirst noch erleben«: Havemann, »Über die notwendige Einheit«, S. 7, Sammlung Rote Kapelle, GDW; zitiert nach Brysac, *Mildred Harnack*, S. 164.

»Eine Nacht des Schreckens«: Fromm, *Als Hitler mir die Hand küsste*, S. 90.

»Deutschland ist erwacht«: Goebbels, *Vom Kaiserhof zur Reichskanzlei*, S. 358.

»*Die steilen Dächer*«: Brief von Mildred Harnack an Georgina Fish, 1. Februar 1933, Nachlass der Familie Donner.

»*Ausguck*«: In früheren Briefen hat sie die großen Rundbogenfenster bereits erwähnt. Diese nun als »Ausguck« zu bezeichnen, bringt sie einen Schritt näher an die Wahrheit.

einem »Führer« und einem »Verführer«: Der Titel von Dietrich Bonhoeffers Rundfunkvortrag lautete: »Wandlungen des Führerbegriffes in der jungen Generation«. Vgl. Sifton und Stern, *Keine gewöhnlichen Männer*, S. 52; Bethge, *Dietrich Bonhoeffer*, S. 307–308; Hoffmann (Hg.), *Behind Valkyrie*, S. 13–19.

Zwei Nazi-Minister (1933)

erste Kabinettssitzung: Das Protokoll und die Teilnehmerliste dieser Sitzung blieben bis nach dem Zweiten Weltkrieg geheim, als konfiszierte deutsche Dokumente für die Nürnberger Prozesse zugänglich gemacht wurden.

»höflich«, »ruhig«: So wird es nicht bleiben. Ab April 1933 wird Hitler seinen Autoritarismus in Kabinettssitzungen deutlich machen. Zitiert nach Krosigk, *Staatsbankrott*, S. 185.

die NSDAP möge mit der DNVP und dem Zentrum koalieren: 1931 versuchte sich die DNVP an einem kurzlebigen Bündnis mit der NSDAP, das »Harzburger Front« genannt wurde.

»man könne vielleicht«: Internationaler Militärgerichtshof Nürnberg, *Der Prozeß gegen die Hauptkriegsverbrecher vor dem Internationalen Gerichtshof Nürnberg*, Bd. 2, S. 215.

»Ich habe gestern«: Zitiert nach Ritter, *Carl Goerdeler und die deutsche Widerstandsbewegung*, S. 60. Manche Historiker halten das Zitat möglicherweise für apokryph; siehe Jones, »Die Tage vor Hitlers Machtübernahme«, in: *Vierteljahrshefte für Zeitgeschichte*, Jahrgang 37 (Oktober 1989), Heft 4, S. 759–774, hier S. 759.

»aber das Kabinett ist Alfred Hugenberg«: zitiert nach Kershaw, *Hitler*, S. 548. Der Sozialdemokrat heißt Kurt Schumacher, er wurde 1933 von der Gestapo verhaftet und verbrachte die nächsten zehn Jahre im Konzentrationslager.

»Sitzt Hitler im Sattel«: Zitiert nach Jones, »Die Tage vor Hitlers Machtübernahme«, S. 766. Der Tagebuchschreiber heißt Reinhold Quaatz, er war Politiker, enger Vertrauter Hugenbergs und 1924 bis 1933 Reichstagabgeordneter der DNVP. Der Eintrag stammt vom 17. Januar 1933.

»den gewieften Kapitalisten«: Laut einem Artikel in der *New York Times* stammt das Zitat aus einem Bulletin der Democratic Party; siehe Guido Enderis, »Group formed by Papen, Hitler is named Reich Chancellor«, 31. Januar 1933, in: New York Times Company (Hg.), *Adolf Hitler*, S. 40.

»nie seine Gefühle«: »Sees Hitler Facing Fall: *Le Temps* Believes Responsibility May Bare His Weaknesses«, *The New York Times*, 1. Februar 1933.

»zweimal abgelehnt«: »Nationalists to Dominate in Government Led by National Socialist«, *The New York Times*, 31. Januar 1933.

»Zwietracht und Haß«: Aus der Proklamation der Reichsregierung an das deutsche Volk, Rundfunkansprache am 1. Februar 1933; hier zitiert nach *Völkischer Beobachter*, 2. Februar 1933. Der vollständige Text der Rundfunkansprache findet sich in: Max Domarus (Hg.), *Hitler. Reden und Proklamationen*, Bd. 1, S. 191–194.

in gerade einmal sechs Monaten: Siehe Shirer, *Aufstieg und Fall des Dritten Reiches*, S. 185 ff.

Ein Flüstern, ein Nicken (1933)

Kreis: Zwar nannten Mildred und Arvid ihre Gruppe unter sich »Kreis«, doch wurde diese Bezeichnung von vielen Widerstandskämpfern für ihre jeweiligen Gruppierungen verwendet, sie wird heute auch von Historikern genutzt: Kreisauer Kreis, Bonhoeffer-Kreis, Goerdeler-Kreis usw. Siehe Klemperer, *Die verlassenen Verschwörer*, S. 56–63.

»forschenden Blick«: Greta Kuckhoff, *Vom Rosenkranz zur Roten Kapelle*, S. 200.

»bröckelnd[e] Helden«: Ebd., S. 201.

»ausnehmend schön«: Nachlass von Greta Kuckhoff, S. 202, BArch.

»Das Schönste aber waren ihre großen blauen Augen«: Ebd.

»Niemand schien zu erwarten«: Ebd.

»Es war keine Freundschaft«: Kuckhoff, *Vom Rosenkranz zur Roten Kapelle*, S. 54.

»Mir war es fatal«: Nachlass von Greta Kuckhoff, S. 201, BArch.

»Ich musste mich überwinden«: Ebd., S. 202.

»weil sie ungeschickt war in allen praktischen Dingen des Lebens«: Ebd.

Wolle sie nicht die Betriebe von Ford und Chevrolet ansehen: Ebd.

»Immer der Nase nach«: Kuckhoff, *Vom Rosenkranz zur Roten Kapelle*, S. 55 f.

Später wird sie sich fragen: Ebd., S. 124.

»Einen Kreis von Bekannten«: Ebd.

»in einem kleinen Reihenhäuschen«: Ebd., S. 132.

Der Volksempfänger (1933–1934)

muss er daran festhalten: Hitlers Parole lautete: »Gebt mir vier Jahre Zeit!« [»Nun, deutsches Volk, gib uns die Zeit von vier Jahren, und dann urteile und richte uns!«, aus der Proklamation der Reichsregierung an das deutsche Volk, Rundfunkansprache am 1. Februar 1933; hier zitiert nach *Völkischer Beobachter*, 2. Februar 1933]; siehe Lochner, *What About Germany?*, S. 25.

Reichsministerium für Volksaufklärung und Propaganda: In einer Pressekonferenz versicherte Goebbels den Journalisten, das Ministerium wolle die Deutschen »einen«. »Diese Regierung ist im wahrsten Sinne des Wortes eine Volksregierung. Sie ist aus dem Volke hervorgegangen und wird immer die Vollstreckerin des Volkswillens sein. Ich verwahre mich auf das leidenschaftlichste dagegen, daß diese Regierung der Ausdruck irgendeines reaktionären Wollens sei, daß wir Reaktionäre wären.« Rede vor der Presse über die Errichtung des Reichspropagandaministeriums (15. März 1933), in: Goebbels, *Revolution der Deutschen*, S. 135–150.

verfasste einen Roman: Irving, *Goebbels*, S. 29.

»Genie«: Eintrag in Goebbels Tagebuch vom 13. April 1926; zitiert nach Shirer, *Aufstieg und Fall des Dritten Reiches*, S. 124.

Goebbels verliert keine Zeit: Die Reichskulturkammer wird am 22. September 1933 gegründet.

Aus den deutschen Museen werden alle Kunstwerke entfernt: In den nächsten Jahren werden mehr als 20.000 Kunstwerke aus den deutschen Museen verschwinden. 1937 wird die verunglimpfende Ausstellung »Entartete Kunst« zur »Aufklärung« der Öffentlichkeit über »die Kunst des Verfalls« in München eröffnet; vgl. Childers, *The Third Reich*, S. 295.
»unvergleichlich und unnachahmbar«: Zitiert nach Shirer, *Aufstieg und Fall des Dritten Reiches*, S. 238.
sechs Millionen Apparate: Bis 1938 gab es im Deutschen Reich mehr als neun Millionen Volksempfänger, etwa einen für jeden zweiten Haushalt. Die Seriennummer des Volksempfängers begann mit VE 301 (»301« stand für den 30. Januar). Siehe »Propaganda«, *Holocaust Encyclopedia*, USHMM.
»Sowohl die Eroberung als auch«: Joseph Goebbels, »Der Rundfunk als achte Großmacht«, Rede am 18. August 1933, in: Ders., *Signale der neuen Zeit*, S. 197–207.
davon ist Mildred überzeugt: Petrescu, *Against All Odds*, S. 196.

Der Reichstagsbrand (1933)

»Nun ist es leicht«: Tagebucheintrag zum 3. Februar 1933, Goebbels, *Vom Kaiserhof zur Reichskanzlei*, S. 256.
»Privatwirtschaft im Zeitalter der Demokratie ist nicht aufrechtzuerhalten«: *Der Prozeß gegen die Hauptkriegsverbrecher vor dem Internationalen Gerichtshof Nürnberg*, Internationaler Militärgerichtshof Nürnberg, Bd. 35, S. 42.
»Das ist, wenn wir alle Kräfte einsetzen, nicht unmöglich«: Ebd., S. 46.
drei Millionen Reichsmark: Shirer, *Aufstieg und Fall des Dritten Reiches*, S. 187.
»Mit nacktem, verschmiertem und schwitzendem Oberkörper«: »Der Chef der preußischen politischen Polizei, Rudolf Diels, über den Reichstagsbrand am 27. Februar 1933 (Rückblick, 1949)«, in: Deutsche Geschichte in Dokumenten und Bildern (DGDB, engl. GHDI), zitiert nach der elektronischen Ausgabe; Auszug aus Diels, *Lucifer ante portas*, o. S.
»mit seinem brennenden Hemd«: Ebd.
»in hohen Landsknecht-Lederstiefeln«: Schacht, *76 Jahre meines Lebens*, S. 462.
»Beginn des kommunistischen Aufstandes«: Zitiert nach Shirer, *Aufstieg und Fall des Dritten Reiches*, S. 189.
»Es gibt jetzt kein Erbarmen«: Zitiert nach Hett, *Der Reichstagsbrand*, S. 25.
Mehr als 4.000: Evans, *Das Dritte Reich, Diktatur*, Bd. II/1, S. 17; *Völkischer Beobachter*, Berliner Ausgabe, 28. Februar 1933.
»Verordnung des Reichspräsidenten zum Schutz von Volk und Staat«: Drei von insgesamt sechs Artikeln der Verordnung; *Reichsgesetzblatt*, Teil I (1933), Nr. 17, S. 83.
»Rundfunk und Presse stehen uns zur Verfügung«: Zitiert nach Shirer, *Aufstieg und Fall des Deutschen Reiches*, S. 186.
»ein System maßlosen kommunistischen Terrors«: Zitiert nach ebd., S. 191.
89 Prozent: Hoffmann, *Widerstand, Staatsstreich, Attentat*, S. 16.

44 Prozent: Childers, *The Third Reich*, S. 248. 41 Prozent der Stimmen gingen an andere Parteien: Die SPD erhielt 18 Prozent, die KPD 12 Prozent und das katholische Zentrum 11 Prozent. Die übrigen 15 Prozent verteilten sich auf zehn sonstige Parteien. Obwohl die Nazis keine absolute Mehrheit erhielten, veranlasste das Ergebnis Goebbels dennoch zu folgender großmäuligen Behauptung: »Wir sind die Herren im Reich [...] alle anderen sind geschlagen zu Boden gesunken.« Siehe Tagebucheintrag zum 5. März 1933, Goebbels, *Vom Kaiserhof zur Reichskanzlei*, S. 275.

»derbe[n] Gesichter[n]«: Shirer, *Aufstieg und Fall des Dritten Reiches*, S. 195.

»[r]uhig und mit großer Würde«: Ebd., S. 195 f.

441 dafür: Ebd.

»Gesetz zur Behebung der Not von Volk und Reich«: *Reichsgesetzblatt*, Teil I (1933), Nr. 25, S. 141.

Ein Sabotageakt (1933–1934)

»Da muß grundsätzlich Wandel geschaffen werden«: Joseph Goebbels, »Deutsches Frauentum«, Rede zur Eröffnung der Ausstellung »Die Frau« am 18. März 1933 in Berlin, in: Ders., *Signale der neuen Zeit*, S. 118 ff.

waren Verhütungsmittel in den Großstädten überall erhältlich: Um 1928 verkaufte der Kondomhersteller Fromm täglich 144.000 Präservative; siehe Usborne, *Frauenkörper – Volkskörper*, S. 148.

»ihr Mann, ihre Familie«: Adolf Hitler, *Reden an die deutsche Frau. Reichsparteitag, Nürnberg, 8. September 1934*, S. 3 ff.

Über 19.000 Frauen: Koonz, *Mütter im Vaterland*, S. 164 f.

Anwältinnen: 1935 verloren Ärztinnen in Deutschland ihre Kassenzulassung, und ab 1936 durften Frauen nicht mehr als Richterinnen oder Staatsanwältinnen amtieren. Vgl. Koonz, *Mütter im Vaterland*, S. 165.

Restaurantbesitzer werden von der Polizei bedroht: Clifford Kirkpatrick. »Recent Changes in the Status of Women and the Family in Germany«, in: *American Sociological Review* 2, 5 (Oktober 1937), S. 656.

»Doppelverdiener«: Evans, *Das Dritte Reich, Diktatur*, Bd. II/1, S. 403 f.

10 Prozent: Michelle Mouton, »From Adventure to Advancement to Derailment and Demotion. Effects of Nazi Gender Policy on Women's Careers and Lives«, in: *Journal of Social History* 43, 4 (Sommer 2010).

sinkt bald schon schlagartig auf 5.447: Said, »Zur Situation der Lehrerinnen in der Zeit des Nationalsozialismus«, in: *Frauengruppe Faschismusforschung, Mutterkreuz und Arbeitsbuch*, S. 110.

Das einzige Ziel: Rabinbach und Gilman, *The Third Reich Sourcebook*, S. 313.

Hitler verlegt den Muttertag: Koonz, *Mütter im Vaterland*, S. 221 f.

Agnes von Zahn-Harnack: Als noch ein Kaiser über das Deutsche Reich herrschte, signalisierte das Präfix »von« vor dem Nachnamen einen Adelstitel, nun stand der Name für die Leistungen von Agnes' Vater, Adolf von Harnack. Sie hatte zwei Brüder, Ernst von Harnack und Axel von Harnack. Nach ihrer Heirat verband sie ihren Mädchennamen mit dem ihres Ehemannes und stellte ihn hinter seinen Familiennamen. Von Agnes inspiriert, bezeichnete Mildred sich häufig als »Mildred Harnack-Fish«.

Mildred bewundert Agnes: Mildred beschrieb in einem Brief eines ihrer ersten Treffen mit Agnes von Zahn-Harnack bei einem gemeinsamen Mittagessen im Hause Harnack, sie charakterisierte Agnes als »gutherzig«, »kompetent« und »klug«. Brief von Mildred Harnack an Georgina Fish, 25. Januar 1930, Nachlass der Familie Donner.

500.000 Mitgliedern: Koonz, *Mütter im Vaterland*, S. 162. 1933 schloss Vorsitzende Agnes von Zahn-Harnack den Bund Deutscher Frauenvereine aus Protest gegen die Übernahmeversuche der Nazis.

»in Männerhände gelegt worden«: Zahn-Harnack, »Frauenbewegung und Nationale Revolution«, *Deutsche Allgemeine Zeitung*, 30. April 1933; zitiert nach Koonz, *Mütter im Vaterland*, S. 166.

wie ein Luftschloss: Ebd., S. 165.

»Keine Pariser Modelle mehr!«: Fromm, *Als Hitler mir die Hand küsste*, S. 137.

»Die deutschen Männer aber wollen«: Rosten, *Das ABC des Nationalsozialismus*, S. 199. Das im Januar 1933 erstmals erschienene 288 Seiten starke Handbuch war im September 1933 bereits in der 5. Auflage.

»[d]ie deutsche Frau der Zukunft«: Magda Goebbels, zitiert nach Wagner, »Das Deutsche Mode-Institut, in: *Waffen- und Kostümkunde* 39, 1/2 (1997), S. 84 f.

»Gesetz über die Förderung der Eheschließung«: Koonz, *Mütter im Vaterland*, S. 221. Bis Ende 1933 werden schätzungsweise 100.000 Darlehen zur Förderung der Eheschließung gewährt. Vgl. Friedrich Baerwald, »How Germany Reduced Unemployment«, in: *American Economic Review* 24, 4 (Dezember 1934), S. 627; Kirkpatrick, »Recent Changes in the Status of Women«, S. 653.

einem Fünftel: Koonz, *Mütter im Vaterland*, S. 171.

»ihre Tätigkeit als Arbeitnehmerin spätestens im Zeitpunkt der Eheschließung aufgibt«: Abschnitt V (Förderung der Eheschließung), § 1b des »Gesetzes zur Verminderung der Arbeitslosigkeit« vom 1. Juni 1933, *Reichsgesetzblatt*, Teil 1 (1933), Nr. 60, S. 327.

60 Prozent: Koonz, *Mütter im Vaterland*, S. 221.

»*Ich bin Dir dankbar*«: Brief von Mildred Harnack an Georgina Fish, 1. August 1933. Es ist nicht bekannt, ob Mildred Arvid davon erzählte.

Mildreds Rekruten (1933–1934)

etwa ein Dutzend Mitglieder: Es gibt keine verlässlichen Schätzungen der damaligen Mitgliederzahl. In einer vertraulichen CIA-Akte vom 23. Juni 1967 (die später als geheim eingestuft wurde) steht, zum Schluss hätten die Berliner Gruppe (der Kreis) 283 Mitglieder und Harro Schulze-Boysens Gruppe (Gegner-Kreis), die sich 1940 dem Kreis anschloss, 600 Mitglieder gezählt.

»Englisch-Nachhilfeunterricht«: Wilhelm Utech, Protokoll, S. 7, Sammlung Rote Kapelle, GDW.

Nummer 35: *Handbuch des Berliner Abend Gymnasiums*, S. 69.

Bodo Schlösinger: Griebel, Coburger und Scheel, *Erfasst?*, Halle 1992, S. 136 f.

Der Kreis kann sich nicht mehr: Wilhelm Utech, Protokoll, S. 16, Sammlung Rote Kapelle, GDW.

Karl Behrens: Griebel, Coburger und Scheel, *Erfasst?*, S. 166–167; Juchler, *Mildred Harnack und die Rote Kapelle in Berlin*, S. 111–121.

Mit achtzehn trat er in die SA ein: Damit gehörte Karl zu den etwa 5.000 Burschen, die 1926 auf Hitlers Kundgebungen marschierten. Ende 1933 zählte die Hitlerjugend über zwei Millionen Mitglieder. Drei Jahre später mussten ab dem 1. Dezember 1936 laut Gesetz alle Jungen im Alter von zehn bis achtzehn Jahren der Hitlerjugend beitreten.

»Damit sollte erreicht werden«: Wilhelm Utech, Protokoll, S. 12, Sammlung Rote Kapelle, GDW.

»Ich habe sie zur Tür hinaus befördert«: Empfänger von Frau Wests Brief war Allen Dulles, ehemaliger Direktor der CIA, der sich kurz zuvor zur Ruhe gesetzt hatte; siehe West, *Selected Letters of Rebecca West*, S. 395.

Sie fallen wie die Dominosteine (1933)

»Gesetz zur Wiederherstellung des Berufsbeamtentums« vom 7. April 1933: *Reichsgesetzblatt*, Teil 1 (1933), Nr. 34, S. 175 ff.

»Gesetz gegen die Überfüllung deutscher Schulen und Hochschulen«: *Reichsgesetzblatt*, Teil 1 (1933), Nr. 43, S. 225. 1933 waren 75 Prozent aller jüdischen Schüler an öffentlichen Schulen angemeldet; siehe »Law Limits Jews in Public Schools«, *Holocaust Encyclopedia*, USHMM.

Deutsche werden sterilisiert: Das Gesetz wurde 1933 verabschiedet; die Zwangssterilisationen begannen im Januar 1934; siehe »Forced Sterilization«, *Holocaust Encyclopedia*, USHMM.

Selbst ein Scherz: Boehm, *We Survived*, S. xii. »Die Bemerkung ›Ich werde alt genug werden, um Hitlers Tausendjähriges Reich zu überleben‹ reichte aus, um vor Gericht oder direkt im Konzentrationslager zu landen«, erinnerte sich der jüdische Schriftsteller Eric Boehm, der im Alter von sechzehn Jahren aus Deutschland floh und bei Verwandten in Youngstown, Ohio, unterkam.

»loyale Haltung«: *Simplicissimus*, Jg. 38, Heft 1 (1. April 1933), Beilage; *Simplicissimus*, Jg. 38, Heft 3 (16. April 1933), S. 26. Franz Schoenberner, der die Zeitschrift seit 1929 herausgab, war mit dieser Neuausrichtung nicht einverstanden. Er floh im April 1933 in die Schweiz.

Münchener Post: Rosenbaum, *Die Hitler-Debatte*, S. 163.

»Schutzhaft«: Hoffmann, *German Resistance to Hitler*, S. 25.

nichts dagegen zu machen: Mayer, *They Thought They Were Free*, S. 75.

»Aber die meisten fielen wirklich um wie die Dominosteine«: Meding, *Mit dem Mut des Herzens*, S. 44. Emmi war die Tochter von Hans Delbrück. Zu ihren Geschwistern gehörte Justus Delbrück, der am Unternehmen Walküre zur Ermordung Hitlers beteiligt war.

einen Essay geschrieben, in dem er die Kirchenführer kritisierte: Bethge, *Dietrich Bonhoeffer*, S. 322–325.

Rabbi Stephen Wise: Ebd., S. 316.

»Ich kauf mei Butter«: Ebd.; Meding, *Mit dem Mut des Herzens*, S. 46.

Die Anforderungen sind streng: »Wir gingen so wie der Saatzüchter, der eine alte, gute Sorte, die vermischt und abgebaut ist, wieder rein züchten soll, zuerst über das Feld zur sogenannten Staudenauslese geht, zunächst daran, rein äußerlich die Menschen abzusieben, die wir glaubten für den Aufbau der Schutzstaffel nicht brauchen zu können.« Heinrich Himmler, »Die Schutzstaffel«, Vortrag am 18. Januar 1943; zitiert nach Höhne, *Der Orden unter dem Totenkopf*, S. 53. Mit seiner Sehschwäche und seiner schlechten Gesundheit hätte Himmler selbst nicht den Auswahlkriterien der SS entsprochen; siehe Pringle, *The Master Plan*, S. 41.

120: Wachsmann, *KL*, S. 10. Die meisten Insassen waren in München festgenommene Kommunisten.

nicht angemessen, sie einfach freizulassen: »Die ehemalige Pulverfabrik ein Konzentrationslager für politische Gefangene«, *Dachauer Volksblatt*, 6. April 1933.

»Konzentrationslager«: Der Begriff »Konzentrationslager« wurde »KL« abgekürzt; Wachsmann, *KL*, S. 11.

Schätzungsweise 40.000: Ebd. Eine genaue Schätzung aller in Dachau eingesperrten und ermordeten Insassen ist nicht möglich, da die Akten unvollständig sind und viele vor der Befreiung des Lagers im Jahr 1945 vernichtet wurden. Laut 22 sogenannten »Zugangsbüchern« aus Dachau waren es um die 33.000 Personen. Siehe »Concentration Camp Dachau Entry Registers (Zugangsbücher), 1933–1945«, Publikationsnummer M1938, 2004, RG 238, NARA.

»Nazifolterhöhlen«: Wachsmann, *KL*, S. 48. Die vorhandenen Nachweise legen nahe, dass Todesfälle während der Haft noch relativ selten waren, was sich deutlich von den Massenmorden unterschied, die während des Zweiten Weltkriegs in den Konzentrationslagern stattfanden.

170 provisorische Lager: Ebd., S. 49.

Sachsenhausen: Ebd., S. 227. 1939 sitzen in diesen sechs großen Hauptlagern insgesamt 21.400 Gefangene ein.

mehr als 1.100 Außenlager: Ebd., S. 11.

In sechs Wochen: Ebd., S. 71. Es geht um die Zeit vom 12. April bis zum 26. Mai 1933.

»auf der Flucht erschossen«: Ebd., S. 72.

200.000: Ebd., S. 41. Die Angabe ist eine Schätzung der Gesamtzahl aller 1933 inhaftierten politischen Gefangenen. Manche Insassen sind prominent, beispielsweise der Vorsitzende der KPD, Ernst Thälmann, die meisten sind junge Männer aus der Arbeiterklasse, die den Grundpfeiler der kommunistischen Bewegung im Deutschen Reich bilden.

Abgefackelt (1933)

»Das Zeitalter eines überspitzten jüdischen Intellektualismus«: Joseph Goebbels, Rede auf dem Berliner Opernplatz am 10. Mai 1933 anlässlich der sog. »Bücherverbrennung«; zitiert nach Heiber (Hg.), *Goebbels Reden 1932–1945*, S. 108, S. 111.

»die westliche Welt«: Shirer, *Aufstieg und Fall des Dritten Reiches*, S. 235.

25.000 Bücher: »Book Burning«, *Holocaust Encyclopedia*, USHMM.

»Volk«: Hitler definiert den Begriff auf sieben Seiten in *Mein Kampf*. William Shirer erklärt den Ausdruck und seine Bedeutung wie folgt: »Das deutsche Wort *Volk* läßt sich nicht genau ins Englische übersetzen. Gewöhnlich gibt man es mit ›nation‹ oder ›people‹ wieder, aber es hat im Deutschen eine tiefere und insofern andere Bedeutung, als damit gleichzeitig eine aus Blut und Boden kommende urtümliche Stammesgemeinschaft zum Ausdruck gebracht wird.« Shirer, *Aufstieg und Fall des Dritten Reiches*, S. 85 f.

Jedes Plakat umfasst zwölf Thesen: Sauder (Hg.), *Die Bücherverbrennung*, S. 94. Die zwölf Punkte des Plakats sollten bewusst an Luthers 95 Thesen erinnern. Das Plakat trug den Titel: »Wider den undeutschen Geist!«

ALLE ANTISEMITISCHEN STUDENTEN SIND ARSCHLÖCHER: Ebd., S. 94 f.

Dietrich im Kampf gegen den »Arierparagraphen« (1933–1934)

internationalen ökumenischen Tagung: Die Tagung wurde vom Weltbund für Freundschaftsarbeit der Kirchen abgehalten, der 1914 in Deutschland gegründet worden war.

»Arierparagraphen«: Das »Gesetz zur Wiederherstellung des Berufsbeamtentums« vom 7. April 1933 bestimmte in § 3, dass Beamte, »die nicht arischer Abstammung sind«, in den Ruhestand versetzt oder entlassen werden mussten. *Reichsgesetzblatt*, Teil I (1933), Nr. 34, S. 175.

»Ganz besonders beklagen«: Bethge, *Dietrich Bonhoeffer*, S. 369, dort im englischen Original zitiert.

Dietrich verteilt sie: Ebd., S. 373. Die Flugblätter waren »An die Nationalsynode« gerichtet.

Achtzehn Pastoren: Evans, *Das Dritte Reich, Diktatur*, Bd. II/1, S. 282.

verleiht der Vatikan Hitler moralische Legitimation: Die Implikationen des Reichskonkordats werden von Historikern kontrovers diskutiert, ebenso wie die Reaktion von Papst Pius XII. auf die Nazis und den Holocaust. Die Akten aus der Amtszeit von Papst Pius XII. waren bis zum 2. März 2020 in den Vatikanischen Geheimarchiven verschlossen.

seine 95 Thesen: Heute halten es Geschichtswissenschaftler für fraglich, ob Luther tatsächlich seine Thesen an die Tür der Kirche nagelte. Vgl. Marshall, *1517. Martin Luther and the Invention of the Reformation*.

»Der Herr hat uns als seine Soldaten in die Bresche gerufen«: »Pastors Protest Nazi Domination«, *The New York Times*, 28. September 1933.

»*Ich fühlte*«: Bethge, *Dietrich Bonhoeffer*, S. 379.

Arvid verbrennt seine eigenen Bücher (1933–1934)

»große Angst«: Brysac, *Mildred Harnack*, S. 169. Nach Ewart Turners Tod im Jahr 1987 warf Martha Turner Arvids Manuskript weg. Ewart Turner wurde an der Amerikanischen Kirche Berlin von Stewart Herman abgelöst, der von 1936 bis 1941 dort als Pastor tätig war. In einer selbst herausgegebenen Autobiografie beschreibt Herman die Deutschen und die Amerikaner, die zu den kirchlich organisierten Veranstaltungen kamen, wie folgt: »Selbst in der amerikanischen Kolonie, der die Kirche dienen sollte, gab es Nazi-Befürworter, Nazi-Gegner und solche, beispielsweise von der Botschaft, die sich um diplomatische Neutralität bemühten.« Herman, *American Church in Berlin*, S. 56 f.

Amerikaner in Berlin (1938–1939)

Stadtpark: Nach dem Zweiten Weltkrieg wurde der U-Bahnhof Stadtpark in »U-Bahnhof Rathaus Schöneberg« umbenannt.

die Amerikanische Kirche: Von 1938 bis 1943 gehörten unter anderem Botschafter Hugh Wilson, Chargé d'Affaires Alexander Kirk und eine Reihe weiterer wohlhabender Diplomaten zur Gemeinde. Die Journalisten Sigrid Schultz, Louis Lochner und William Shirer nahmen regelmäßig an den Gottesdiensten teil. Don verfasste einen Aufsatz über seine Erlebnisse an der Amerikanischen Kirche; die Beschreibungen stammen aus diesem Text mit dem Titel »The American Church in Berlin« und aus Interviews mit der Autorin.

»Der rassenkundliche Gedanke«: Reichsministerium für Wissenschaft, Erziehung, und Volksbildung, *Erziehung und Unterricht in der Höheren Schule*, Berlin 1938, S. 51 f., S. 137 f.

»sehr befriedigend«: Amerikanische Schule in Berlin, Zeugnis von Donald Heath jr., Nachlass von Donald R. Heath, HIA.

»In Deutschland verboten«: Patsy Ziemer, *Two Thousand and Ten Days of Hitler*, S. 58 ff. 1939 flohen die Ziemers aus Berlin und ließen sich in Lake City, Minnesota, nieder. Ein Jahr später veröffentlichte die zwölfjährige Patsy Ziemer ihre Erinnerungen an die Zeit in der Stadt. Die Liste der »Verbote« und die Aufzählung der »Uniformen« sind recht lang, weshalb sie hier gekürzt wiedergeben werden.

weist Don an, seinen deutschen Freunden nicht zu erzählen: Interviews der Autorin mit Donald Heath jr.

verfügt ein Berliner Gericht: »American School in Berlin Dispossession from Building Owned by Jews«, Jewish Telegraphic Agency, 5. Juli 1938.

Trencks Panduren: Der Name bezieht sich auf einen rauflustigen Haufen Soldaten, die von Franz Freiherr von der Trenck angeführt wurden, der im Österreichischen Erbfolgekrieg (1740–1748) auf Seiten der Habsburger kämpfte. 1747 veröffentlichte Franz Freiherr von der Trenck seine Autobiografie mit dem erschöpfend langen Titel *Merckwürdiges Leben und Thaten Des Weltberühmten Herrn Francisci Frey-Herrns von der Trenck, Ihro Römisch-Kayserl. und Königl. Majestät in Ungarn und Böhmen etc. etc. würklichen Obristen und Inhaber eines Sclavonischen Banduren-Regiments von den Herrschafften Vellika, Prestovatz, Pleterniza, Pakratz und Nostar, Von Ihm selbst bis zu Ende des Jahrs 1747. fortgesetzt.*

Nicht trödeln! (1939)

einer der unzähligen Geliebten von Goebbels: Fromm, *Als Hitler mir die Hand küsste*, S. 133.

Wie unsere Kakteen gepflegt werden müssen (1933–1935)

»tausend Jahre«: Äußerung Hitlers bei einer Kundgebung der Nazis am 5. September 1934 in Nürnberg; siehe Shirer, *Aufstieg und Fall des Dritten Reiches*, S. 5.
produzieren im Verborgenen tätige Widerstandskämpfer: Merson, *Kommunistischer Widerstand in Nazideutschland*, S. 120–123.
Der Drucker in Solingen-Ohligs: Ebd., S. 120. Mit vollem Namen hieß der Drucker Georg Haberer. Seine Druckerei wurde von der Gestapo geschlossen, aber es gelang ihm, der Verhaftung zu entgehen und ins Ausland zu fliehen.
über eine Million Pamphlete: Ebd., S. 119.
»grünen Berichten«: Peukert, *Volksgenossen und Gemeinschaftsfremde*, S. 58 f. Die »grünen Berichte« der SoPaDe wurden später noch einmal nachgedruckt: Behnken (Hg.), *Deutschland-Berichte der Sozialdemokratischen Partei Deutschlands (Sopade) 1934–1940*, 7 Jahrgangsbände.
»Transportkolonne Otto«: Anführer der Kolonne war Willi Bohn. Siehe Bohn, *Transportkolonne Otto.*
1934 konfisziert die Gestapo: Duhnke, *Die KPD von 1933 bis 1945*, S. 117.
»Kochbuch mit 70 erprobten Rezepten«: Merson, *Kommunistischer Widerstand*, S. 118, 122 f.

Hell strahlend durchscheinend (1933–1934)

»hell strahlend durchscheinend«: Martha Dodd, Essay ohne Titel, Nachlass von Martha Dodd, Box 13, LOC. Eine andere Fassung des Essays trägt den Titel »In Memory«.
»mehrdeutig«: Ebd.
»ist sehr arm«: Brief von Martha Dodd an Thornton Wilder, 14. Dezember 1933, Nachlass von Thornton Wilder, YUA.
»löst sich in Fetzen auf«: Brief von Mildred Harnack an Georgina Fish, 27. Juli 1934, Nachlass der Familie Donner.
»Bitte verzeih«: Brief von Mildred Harnack an Georgina Fish, 12. November 1933, Nachlass der Familie Donner.
»Sie ist lausig«: Brief von Martha Dodd an Thornton Wilder, 25. September 1933, Nachlass von Thornton Wilder, YUA.
Sie hatten eine heiße Affäre: In einem von Carl Sandburg in freiem Versmaß gehaltenen Gedicht heißt es: »Ich liebe dich mehr, als ich es mit Shenandoah-Schreien und gedämpften blauen Regenflüssen ausdrücken könnte.« Siehe Larson, – *Tiergarten – In the Garden of Beasts*, S. 43.
»Mutter«, schreibt sie: Brief von Mildred Harnack an Georgina Fish, 11. Dezember 1933, Nachlass der Familie Donner.

Zwei unterschiedliche Feiern (1933–1935)

»sinnvoll oder sinnlos«: Brief von Martha Dodd an Thornton Wilder, 14. Dezember 1933, Nachlass von Thornton Wilder, YUA.
»habe ich Ernst von Salomon(!) eingeladen«: Ebd.
»*Der Schnee liegt hier weich*«: Ebd.
»besaß er das düsterste Äußere«: Dodd, *Aus dem Fenster der Botschaft*, S. 25 f.

Verwanzt (1933–1935)

»über Parteiintrigen«: Ebd., S. 26 f.
»wenn man es an die Wand des Nebenzimmers drückt«: Ebd., S. 29.
schwer abzuhören: Ebd., S. 114
»*Magst Du Bier*«: Brief von Mildred Harnack an Martha Dodd, 14. Mai 1934, Nachlass von Martha Dodd, Box 13, LOC. Ob Martha und Mildred den von Mildred vorgeschlagenen Ausflug unternahmen oder nicht, ist nicht bekannt.

Esthonia und andere Fantasiefrauen (1934–1935)

Einladungen: Nachlass der Familie Donner.
»Juden sind hier nicht erwünscht«: Evans, *Das Dritte Reich, Diktatur*, Bd. II/2, S. 654 f.
»*Seitdem hält die Gruppe*«: Brief von Mildred Harnack an Georgina Fish, ohne Datum, wahrscheinlich von April 1934, Nachlass der Familie Donner.
»*Wie schön das war*«: Brief von Mildred Harnack an Georgina Fish, 2. Mai 1933, Nachlass der Familie Donner.
»*Wie geht es Esthonia*«: Ebd.
die eine verschlüsselte Sprache nutzt: Boehm, *We Survived*, S. xiii; Meding, *Mit dem Mut des Herzens*, S. 49 f.
Klitzekleine Papierstücke: Sifton und Stern, *Keine gewöhnlichen Männer*, S. 72 f.

Arvid erhält eine Anstellung (1934–1935)

»Wie oft muss ich dir noch sagen«: Diese Szene ist mithilfe einer unveröffentlichten autobiografischen Kurzgeschichte rekonstruiert, die den Titel trägt »The New Apartment«, Box 2.4, Signatur 29, HU. Alle Dialoge sind wortwörtlich übernommen.
»*Leider geht es uns schlecht*«: Helm, *Ohne Haar und ohne Namen*, S. 14 f.
seines Postens enthoben wurde: Vizekanzler Franz von Papen entließ Ernst von Harnack am 20. Juli 1932.
die dem Widerstand helfen: 1937 wurde Otto John als Mitarbeiter des Syndikus der Lufthansa eingestellt, ein paar Jahre später schloss er sich Klaus Bonhoeffer und anderen beim Unternehmen Walküre an, deren Ziel die Ermordung Hitlers war.

sie ist mit ihrer Dissertation hoffnungslos hintendran: Mildred legte ihre Doktorarbeit (*Die Entwicklung der amerikanischen Literatur der Gegenwart in einigen Hauptvertretern der Romane und der Kurzgeschichten*) 1941 vor und erhielt den Doktorgrad am 20. November 1941.

Diebe, Betrüger, Lügner, Verräter (1934–1935)

»Viele in der Gruppe«: Boehm, *We Survived*, S. 193. Weisenborn musste unter den Pseudonymen W. Bohr, Christian Munk und Eberhard Förster veröffentlichen. Nach dem Krieg schrieb er zusammen mit Arvids Bruder Falk Harnack das Drehbuch für den Film *Der 20. Juli. Das Attentat auf Hitler*, bei dem Falk Harnack außerdem die Regie übernahm.

Rudolf Ditzen, auch bekannt als Hans Fallada (1934)

stand er vor einer Entscheidung: Williams, *Mehr Leben als eins*, S. 197 f.

»dessen lächerliche, wie groteske«: Zitiert nach ebd., S. 210.

»in den bitteren Apfel beißen«: Ebd.

der zweiten Kategorie: So gut wie alle international bekannten deutschen Schriftsteller hatten Deutschland inzwischen verlassen und lebten im Exil. Viele versuchten, den Rest der Welt durch ihre Werke vor Hitler zu warnen. Vgl. Bertolt Brecht, *Der aufhaltbare Aufstieg des Arturo Ui*; Lion Feuchtwanger, *Die Geschwister Oppermann*; Arnold Zweig, *Das Beil von Wandsbek*; siehe Evans, *Das Dritte Reich, Diktatur*, Bd. II/1, S. 188.

»*Um in Deutschland möglich zu sein*«: Mann, *Tagebücher 1933–1934*, S. 356 f.

Boris Winogradow: Boris' Nachname wird in der Literatur auf vier verschiedene Weisen geschrieben: Winogradow, Winogradov, Vinogradov und Vinogradow.

»Es muss schwer für Sie sein«: Diese Szene ist rekonstruiert und zitiert nach Metcalfe, *Berlin 1933*, S. 224 f.; Crepon, *Leben und Tode des Hans Fallada*, S. 189 f.

Sein Gesicht sei dunkelrot geworden: Dodd, »In Memory«, Nachlass von Martha Dodd, Box 13, LOC.

Die Nacht der langen Messer (1934)

um mehr als 50 Prozent: Von Januar 1933 bis 1934 fiel die Zahl der Arbeitslosen in Deutschland von sechs auf zweieinhalb Millionen (Baerwald, »How Germany Reduced Unemployment«, S. 621). Die Reduzierung der Arbeitslosenzahlen wurde »als Wunder gepriesen« (Shirer, *Aufstieg und Fall des Dritten Reiches*, S. 251).

Der Pressechef des Vizekanzlers: Der Redenschreiber hieß Edgar Jung, der Freund Erich Klausener.

150 SA-Männer: Shirer, *Aufstieg und Fall des Dritten Reiches*, S. 219.

Über 1.000 Personen: Historikern ist eine genaue Schätzung der Verhaftungen und Morde nicht gelungen. In einer Rede vor dem Reichstag behauptete Hitler am 13. Juli 1934, 1.000 Menschen seien verhaftet und 74 erschossen worden (Evans, *Das Dritte Reich, Diktatur*, Bd. II/1, S. 51). Ein von deutschen Emigranten 1935 in Paris herausgegebenes Buch (*Weißbuch über die Erschießungen des 30. Juni 1934*) spricht von 401 ermordeten Personen (Shirer, *Aufstieg und Fall des Dritten Reiches*, S. 220).

Gesetz über Maßnahmen der Staatsnotwehr: *Reichsgesetzblatt*, Teil I (1934), Nr. 71, S. 529.

»Die Nation muss wissen«: Domarus, *Hitler Reden und Proklamationen*, S. 409. Zitiert nach Kienast (Hg.), *Verhandlungen des Reichstags*, Bd. 458, IX. Wahlperiode 1933, Berlin 1936, S. 30.

unterzeichnete ihn nur mit ihren eigenen Initialen: »Brief Reviews«, *Berlin Topics*, 18. Februar 1934.

Mildred setzt einen Brief: Ohne Datum, wahrscheinlich Sommer 1934, Nachlass von Martha Dodd, LOC.

Ein Molekül und andere kleine Dinge (1939)

ein Foto von Mole: Nachlass von Donald R. Heath, HIA.

Kansas-Jack-Gang: Interviews der Autorin mit Donald Heath jr.

Die Kansas-Jack-Gang (1939)

Der Wolf wusste genau: Donald Heath jr., »Remembering Arvid and Mildred Harnack«, S. 7, Nachlass von Donald R. Heath, HIA.

FRAGMENT

Fragebogen: Strafanstalt Berlin-Plötzensee, 16. Februar 1943, SgY/4, BArch.

Eine neue Strategie (1935)

Hjalmar Schacht: Nachdem Schacht 1937 seines Postens enthoben worden war, unterstand Arvid Schachts Nachfolger, Walther Funk. Schachts vollständiger Name lautete Horace Greeley Hjalmar Schacht; angeblich benannte sein Vater ihn nach dem Herausgeber der *New York Times*, Horace Greeley, den er bewunderte (siehe Smith, *Paper Money*, S. 74).

»fast langweilige Miene«: Wolfgang Havemann, Protokoll, Sammlung Falk Harnack, GDW.

»der sein freies Urteil bildete«: zitiert nach Bethge, *Dietrich Bonhoeffer*, S. 175.

Bye-bye, Vertrag von Versailles (1935)

Der Versailler Vertrag: Der Vertrag wurde am 28. Juni 1919 unterzeichnet. Der britische Ökonom John Maynard Keynes schrieb 1920: »Von allen anderen Aspekten abgesehen glaube ich, daß die Kampagne, Deutschland die Kosten des Krieges aufzubürden, eine der gravierendsten Torheiten war, für welche unsere Politiker je verantwortlich waren« (Keynes, *Die wirtschaftlichen Folgen*, S. 93).

»friedlich und glücklich«: zitiert nach Domarus, *Hitler. Reden und Proklamationen*, S. 496, 502.

Zweitausend Druckerpressen: Ferguson, *Das Ende des Geldes*, S. 248.

Die Inflation schoss in den Himmel: 1914 entsprach der Wert der deutschen Mark dem des britischen Schillings, des französischen Francs und der italienischen Lira. Der Wechselkurs für einen Dollar war 1/4 oder 1/5. 1921 kostete ein Dollar bereits 75 Mark und 1922 400 Mark. Anfang 1923 war er 18.000 Mark wert, im August eine Million und im November eine Milliarde. Siehe Shirer, *Aufstieg und Fall des Dritten Reiches*, S. 60 f. Smith, *Paper Money*, S. 67 f. 1924 wurde die Mark durch die Reichsmark ersetzt.

Eine Tasse Kaffee: Smith, *Paper Money*, S. 71.

»Wenn man einkaufen geht«: Fromm, *Als Hitler mir die Hand küßte*, S. 18. Die Anzahl von Suiziden schnellte in die Höhe: Bei Frauen war die Suizidrate am höchsten bei Fünfzehn- bis Dreißigjährigen. Bei den Männern war sie am höchsten bei den Dreißig- bis Sechzigjährigen. Siehe Goeschel, *Selbstmord im Dritten Reich*, S. 29.

»Man hat nicht viel zuzusetzen«: Friedrich Kroner, »Überreizte Nerven«, *Berliner Illustrirte Zeitung*, 26. August 1923. Die von Ullstein verlegte Zeitung leistete Pionierarbeit mit dem Nachrichtenmagazinformat, in dem Bilder, Fotografien und Fotoreportagen abgedruckt waren. 1934 wurde die Zeitung »arisiert« und zu einem wichtigen Instrument der Nazipropaganda.

Käthe Kollwitz: Kollwitz stellte eine Reihe von sechs Drucken mit dem Titel *Ein Weberaufstand* her. Sie waren von einer Gruppe bäuerlicher Weber inspiriert, die 1844 revoltiert hatten, um gegen niedrige Fabriklöhne zu protestieren. Dieses 1898 ausgestellte Werk »kam so gut an, dass Kollwitz sofort zu einer der bedeutendsten Künstlerinnen Deutschlands avancierte«. Dennoch gewann es auf der Großen Berliner Kunstausstellung nicht die Goldmedaille, vielleicht weil Kaiser Wilhelm II. bemerkte: »Ich bitte sie, meine Herren, eine Medaille für eine Frau, das ginge dann doch zu weit. […] Orden und Ehrenzeichen gehören an die Brust verdienter Männer!« Siehe Knafo, »The Dead Mother«, S. 27.

»Nie wieder Krieg«: Käthe Kollwitz schuf die Lithographie 1924.

entartet: Die Werke von Käthe Kollwitz gehörten zu denen, die in der vom 19. Juli bis 30. November 1937 stattfindenden Ausstellung »Entartete Kunst« gezeigt wurden.

Die deutschen Großindustriellen: Siehe Shirer, *Aufstieg und Fall des Dritten Reiches*, S. 272. Evans, *Das Dritte Reich. Diktatur*, Bd. II/1, S. 451 f.

Tommy (1935)

»Mrs. Harnack«: Kennedy und Reeves, *The Notebooks of Thomas Wolfe*, S. 748.

»Ich habe es nicht mehr gewagt«: Der ganze Dialog findet sich in Mildreds Artikel; siehe Mildred Harnack-Fish, »One of the Greatest of Younger American Authors in Berlin«, *Continental Post*, 12. Mai 1935.

»die Verkörperung«: Ledig-Rowohlt, »Thomas Wolfe in Berlin«, S. 192.

Es ist ein so großes Ereignis: Brief von Martha Dodd an Thomas Wolfe, Sammlung William B. Wisdom, bMS Am 1883.1, Houghton Library, HUA.

Gästeliste: Mildred lud »ungefähr vierzig Leute« ein, »Schriftsteller, Dichter, Verleger und Herausgeber von Zeitschriften« (Dodd, *Meine Jahre in Deutschland*, S. 100).

»zeigte ganz klar«: Ledig-Rowohlt, »Thomas Wolfe in Berlin«, S. 197.

»Der Rest der Gäste stand herum«: Dodd, *Meine Jahre in Deutschland*, S. 100 f.

»mit möglichst vielen Gästen«: Kuckhoff, *Vom Rosenkranz zur Roten Kapelle*, S. 189 f.

Wer entpuppt sich als Nazi?: Siehe Thompson, »Who Goes Nazi?«. Thompson war eine amerikanische Journalistin. Sie schrieb das 1932 erschienene Buch *I Saw Hitler*, das auf ihrem ein Jahr zuvor durchgeführten Interview mit Hitler basierte.

»Dem trau ich nicht über den Weg«: Tau, *Das Land das ich verlassen musste*, S. 251.

zwei Artikel: Mildred Harnack-Fish, »One of the Greatest of Younger American Authors«, »Thomas Wolfe«, *Berliner Tageblatt*.

»ein Schmetterling«: Kennedy and Reeves, *The Notebooks of Thomas Wolfe*, S. 749.

ein längeres und ernsthafteres Gespräch: In ihren Erinnerungen stellt Martha Dodd fest, dass sich Mildred darum bemüht hatte, »Wolfes späteres Verständnis für politische Dinge« entwickeln zu helfen.

»Telegramm von Perkins«: zitiert nach Kennedy und Reeves, *The Notebooks of Thomas Wolfe*, S. 748 f. Siehe auch Thomas Wolfe, *Eine Deutschlandreise*, S. 190 f.

»die sechshundert«: Shirer, *Berliner Tagebuch*, S. 42.

»Deutschland wünscht Frieden«: Über diese Rede schreibt William Shirer sowohl im *Berliner Tagebuch* (S. 42 f.) als auch in *Aufstieg und Fall des Dritten Reiches* (S. 275 ff.).

»maßvoll, aufrichtig und umfassend«: zitiert nach Shirer, *Aufstieg und Fall des Dritten Reiches*, S. 277.

»die massive Pracht des Hauses«: zitiert nach Kennedy und Reeves, *The Notebooks of Thomas Wolfe*, S. 747.

wird ihm kein einziges Wort in Erinnerung bleiben: Nach seinem zweiten Berlinaufenthalt fing er an, die Dinge etwas anders zu sehen. In einem Abschnitt seines Romans *Es führt kein Weg zurück* schrieb er über seine veränderte Haltung. Er wurde 1937 als Auszug in der Zeitschrift *New Republic* mit dem Titel »Ich muss Ihnen etwas erzählen« veröffentlicht. Heinrich Ledig-Rowohlt schrieb über diese Verwandlung von Thomas Wolfe und zitierte einen Auszug aus dem Buch: »Es war die schleichende Lähmung des Misstrauens, die alle menschlichen Beziehungen verkrüppelte und infizierte […]. Es war ein Gift, für das es kein Gegengift gab, von dem keine Erlösung zu finden war« (Ledig-Rowohlt, »Thomas Wolfe in Berlin«, S. 198).

Affentheater (1935)

Geist schilderte ihre Indiskretionen: Brief von Raymond Geist an Wilbur Carr vom 5. Juni 1933, Nachlass von Wilbur Carr, Box 12, LOC.

Ernst Hanfstaengl: Martha und jeder andere nannte Ernst bei seinem Spitznamen »Putzi«. Nach dem Spanischen Bürgerkrieg floh Hanfstaengl aus Deutschland und arbeitete für Franklin D. Roosevelts S-Projekt, wobei er Informationen über ungefähr vierhundert Nazis lieferte. Hanfstaengl stellte Martha Hitler bei einer Teegesellschaft vor, einem Treffen, über das sie in ihren Erinnerungen schrieb; siehe Dodd, *Meine Jahre in Deutschland*, S. 74 ff.

»unerwünscht«: Brief von George Messersmith an Jay Pierrepont Moffat vom 13. Juni 1934, Nachlass von George S. Messersmith, Box 4, F24, DEL.

Sein Englisch ist schrecklich: Auf einem von ihm unterzeichneten und auf den 22. Juni 1936 datierten Mitgliederformular der Kommunistischen Partei schrieb Boris Winogradow, dass er »Deutsch (Französisch weniger gut) beherrscht«. Boris Dimitrijewitsch Winogradow, fond 17, op. 97, Akte 258, S. 6, RGASPI. Offensichtlich sprachen Boris und Martha eine Art von deutschem Kauderwelsch, da sie, und nicht er, die Sprache so schlecht beherrschte. In ihren Erinnerungen schrieb sie, dass sie »damals kaum Deutsch« konnte (Dodd, *Meine Jahre in Deutschland*, S. 76).

auf einer Feier von Sigrid Schultz: Das war zumindest zu einem Zeitpunkt Marthas Erinnerung, wurde aber von Sigrid Schultz bestritten (Brief von Martha Dodd an Agnes Knickerbocker vom 16. Juli 1969; Brief von Sigrid Schultz an Martha Dodd vom 14. März 1970, Nachlass von Martha Dodd, Box 6, 9, LOC). Zu einem anderen Zeitpunkt schrieb Martha, dass sie Boris in einer Kneipe kennenlernte.

»Ich arbeite in der sowjetischen Botschaft«: Martha schrieb über das Treffen in einem nichtveröffentlichten autobiografischen Essay, »Bright Journey into Darkness«, Nachlass von Martha Dodd, Box 14, LOC.

»fast einen Skandal«: Dodd, *Meine Jahre in Deutschland*, S. 191.

eine gepunktete Bluse: Ein Foto von Martha Dodd, die neben der Junkers-Maschine posiert, findet sich in der amerikanischen Originalausgabe ihrer Erinnerungen. Siehe Martha Dodd, *Through Embassy Eyes*, S. 199.

»Sie arbeiten sieben Stunden am Tag«: Dodd, *Meine Jahre in Deutschland*, S. 194.

»ein hübsches Mädchen mit rosigem Gesicht«: Ebd., S. 192.

die Ermordung von Millionen von Ukrainern: Ebd., S. 201. Die Hungersnot, die als »die sowjetische Hungersnot von 1932–33«, aber auch als »der Hungerterror« und als »Holodomor« (dt. Tötung durch Hunger) bezeichnet wird, war nicht auf die Ukraine beschränkt. Sie grassierte auch im nördlichen Kaukasus und der unteren und mittleren Wolgaregion. Bullit berichtete Martha, dass fünf Millionen Ukrainer ermordet worden waren. Eine gemeinsame, von fünfundzwanzig Ländern unterzeichnete Erklärung der Vereinten Nationen von 2003 schätzte die Anzahl der Todesopfer auf sieben bis zehn Millionen (Digitale Bibliothek der Vereinten Nationen, Brief des Ständigen Vertreters der Ukraine an den Generalsekretär der Vereinten Nationen vom 7. November 2003). Diese Schätzung ist immer noch Gegenstand wissenschaftlicher Debatten.

»glänzendes Gesicht«: Dodd, *Meine Jahre in Deutschland*, S. 200.

»Was mir am besten gefiel«: Ebd., S. 197 ff.

»überall … zu herrschen schien«: Ebd., S. 198.

»Auf Martha, meine Frau!«: Brief von Martha Dodd an Agnes Knickerbocker vom 16. Juli 1969, Nachlass von Martha Dodd, Box. 6, LOC. Zu den anderen Gästen bei dem Mittagessen zählten der amerikanische Journalist H. R. Knickerbocker und seine Frau Agnes.

»Hitler kann doch nicht alle Leute erschießen«: Dodd, *Meine Jahre in Deutschland*, S. 163.

Martha: Brief von Boris Winogradow an Martha Dodd vom 7. Juni 1934, Box 10, Nachlass von Martha Dodds, LOC.

Deine drei Affen: Ebd.

wandte sich abrupt von dem Plan ab: Kennedy und Reeves, *The Notebooks of Thomas Wolfe*, S. 749. Wolfe verließ Berlin im Juli 1935.

Er werde in Moskau gebraucht: Laut einem Dokument in Boris Winogradows Akte verließ Boris Berlin im Dezember 1934, um nach Bukarest zu reisen. Dort blieb er bis Juni 1936 (Boris Dimitrijewitsch Winogradow, fond 17, op. 97, Akte 258, RGASPI).

Rindersteak-Nazi (1935)

»den Tisch gedeckt«: Kuckhoff, *Vom Rosenkranz zur Roten Kapelle*, S. 183.

»Finanzzauberer«: »Walther Funk ersetzt Schacht als Reichsfinanzminister«, *Jewish Telegraphic Agency*, 28. November 1937.

Deutscher Klub: Der Deutsche Herrenklub wurde 1933 in den Deutschen Klub umbenannt.

Rindersteak-Nazi: Der Ausdruck wurde auch auf deutsche Karrieristen angewandt, die ihre Posten als Beamte im Staatsdienst behalten wollten. Am 26. Januar 1937 ermächtigte ein neues Gesetz zur Entlassung von Beamten, die es an hinreichender Loyalität zur nationalsozialistischen Idee fehlen ließen.

NKWD: Ein Akronym für das 1934 gegründete Narodny Kommissariat Wnutrennich Del (Volkskommissariat für innere Angelegenheiten).

Artur Artusow: Im August 1931 wurde Artusow zum Leiter der auslandsnachrichtendienstlichen Abteilung der Vereinigten staatlichen politischen Verwaltung (OGPU) ernannt. Im Juli 1934 wurde er Chef der auslandsnachrichtendienstlichen Abteilung des Staatssicherheitsdienstes (GUGB) des NKWD.

»die Vorbereitungen zu beschleunigen«: Akte »Korse«, Nr. 34118, Bd. 1, S. 12, zitiert in Costello und Zarew, S. 117. Man beachte, dass die Akte »Korse« bis heute unter Verschluss ist. Alle Zitate sind dem Buch *Der Superagent. Der Mann der Stalin erpreßte* von Costello und Zarew entnommen.

Ein alter Kumpel aus der ARPLAN (1935)

Hirschfeld: Sein Nachname erscheint in den Archiven auch als »Girshfeld« (Гиршфельд). Costello und Zarew bezeichnen Hirschfeld fälschlicherweise als »Diplomaten in Berlin«, der »möglicherweise kein professioneller Geheimdienstoffizier war« (siehe *Der Superagent*, S. 116 f.), obwohl er in Wirklichkeit ein sowjetischer Agent des Militärgeheimdienstes war, der als Diplomat getarnt arbeitete.

Hirschfeld bot seine Hilfe an: In einer Aktennotiz vom 13. Januar 1932 schrieb Lew Chintschuk an die neue stellvertretende Vorsitzende der VOKS, Elena Ossipowna Lerner (mit Kopie an den NKID): »Wir haben ARPLAN geschaffen«. Das legt nahe, dass die Rolle der Russen nicht nur eine beratende war (GARF, fond 5283, op. 1a, Akte 218, S. 43). David-Fox behauptet, dass Hirschfelds Hauptziel gewesen sei, mithilfe von »wohlplatzierten Agenten« wie Arvid Harnack Kontakte zum radikalen rechten Flügel in Deutschland zu pflegen. Der rechte Flügel stellte ungefähr fünfzig Mitglieder der ARPLAN. Siehe David-Fox, *Showcasing the Great Experiment*, S. 253 f.

lud Arvid zu Veranstaltungen in der sowjetischen Botschaft ein: Es ist wahrscheinlich, dass Mildred auch mitging.

im Schilde führte: In seinen eigenen Worten wollte Hirschfeld »die deutsche Öffentlichkeit [...] mit den sowjetischen Methoden der Planwirtschaft« und der »Volkswirtschaft als Ganzer« vertraut machen (Brief Hirschfeld an die Abteilung für Mitteleuropa der VOKS vom 14. August 1931, GARF, fond 5283, op. 1a, Akte 181, S. 164). In zwei Aktennotizen betonte Hirschfeld, dass die ARPLAN »der Welt gegenüber als vollkommen deutsch« erscheinen und Moskaus Einfluss »tief und verlässlich hinter den Kulissen verborgen bleiben muss« (Brief von Hirschfeld an Lerner vom 18. November 1932, GARF, fond 5283, op. 1a, Akte 196, S. 198; Brief von Hirschfeld an Sheinin vom 27. Oktober 1932, GARF, fond 5283, op. 1a, Akte 196, S. 193). Siehe David-Fox, *Showcasing the Great Experiment*, S. 253.

handverlesene Delegation: Die sogenannte Studiendelegation fand zwischen dem 20. August und dem 12. September 1932 statt; siehe David-Fox, *Showcasing the Great Experiment*, S. 259.

Hirschfeld organisierte: VOKS war an der Planung der Besichtigungstouren und Aktivitäten für die ARPLAN-Delegation beteiligt.

»radikale Intellektuelle zu vereinigen«: Brief von Hirschfeld an den VOKS-Vorsitzenden Petrow vom 5. Februar 1932 (mit Kopie an das NKWD, GARF, fond 5238, op. 1a, Akte 196, S. 156).

Umgehend trat Arvid dem BGB bei: Nach Georgi Dimitroff, dem Generalsekretär der Komintern von 1934 bis 1943, »nahm [Mildred] an der Arbeit des Bundes der Geistesarbeiter [...] teil«; siehe Coppi, Danyel und Tuchel, *Die Rote Kapelle*, S. 119.

sorgfältige Notizen: Hirschfeld war drei Behörden unterstellt – unter einem diplomatischen Deckmantel dem NKWD, unter einem kulturellen Deckmantel der VOKS und dem sowjetischen Militärgeheimdienst. Mein Kapitel basiert auf Dokumenten in den APRF- und GARF-Archiven. Zu den Archiven des sowjetischen Militärgeheimdienstes gibt es bisher keinen Zugang.

»ideologischen Einfluss«: Costello und Zarew, *Der Superagent*, S. 116.

»steht uns sehr nahe«: Brief von Alexander Hirschfeld an Nikolai Nikolajewitsch [Krstinski], NKWD, vom 12. März 1932 (mit Kopie an Schumann), GARF, fond 5283, op. 1a, Akte 196, S. 163–64; Brief von Alexander Hirschfeld an die Abteilung Mitteleuropa der VOKS vom 29. Februar 1932 (mit Kopie an das NKWD), GARF, fond 5283, op. 1a., Akte 196, S. 112. Die Worte »um jeden Preis« sind rot unterstrichen.

wetteifern wie Geschwister: Die Rote Armee und die »legalen« Stationen des NKWD operierten unter demselben Botschaftsdach und benutzen denselben Chiffrierraum.
Die beiden Männer: Pescherski zufolge begleitete der Spionageringchef Boris Gordon Hirschfeld bei seinem ersten Besuch von Arvid. Pescherski, »Krasnaia Kapella 1935–1941«, S. 417.
Eine ausführliche Aktennotiz: Akte »Korse«, Nr. 34118, Bd. 1, S. 9 f., zitiert in Costello und Zarew, S. 117.
Naum Bjelkin: Bjelkin war von 1935 bis 1936 Arvids Führungsoffizier. In Brysacs *Mildred Harnack* und Costello und Zarews *Der Superagent* wird er fälschlicherweise als »Alexander Bjelkin« identifiziert.
konspiratsia: Pescherski, »Krasnaia Kapella«, S. 17 (zitiert aus der elektronischen Ausgabe).
Treueeid: Ebd.
bei der Rekrutierung des Zielobjekts erfolgreich: Die bei der Rekrutierung eines Spions für den sowjetischen Geheimdienst gewöhnlich anfallenden Dokumente, ein Bericht und eine unterzeichnete Verpflichtung (*obiazatel'stvo*), finden sich in Arvids NKWD-Akte nicht, was darauf hindeutet, dass er sich der formellen Rekrutierung für den sowjetischen Geheimdienst erfolgreich widersetzte.

Spione unter uns (1935–1936)

ein imposanter Zug: Martha ärgerte sich, dass der Zug nicht der berühmte Fliegende Hamburger war, den sie in ihren Erinnerungen als »den schnellsten und teuersten Sonderzug« beschrieb; Dodd, *Meine Jahre in Deutschland*, S. 27.
»in einem stetigen Strom«: Diese und andere Details bezüglich der Ankunft von Martha Dodd in Berlin sind ihrem Erinnerungsbuch entnommen; siehe Dodd, *Meine Jahre in Deutschland*, S. 27 f.
»Man erzählt mir Staatsgeheimnisse«: Brief von Martha Dodd an Thornton Wilder vom 25. September 1933, Nachlass von Thornton Wilder, YUA.
»ich habe Schacht Dinge sagen hören«: Ebd., 10. November 1934.
mit einer Frau und einem Kind in Moskau: 1922 heiratete Boris Winogradow Tatjana Wassiljewna Izwekowa; sie hatten eine Tochter. Seine zweite Frau, Wassa Konstantinowna Sneltsowa, ehelichte er 1928; Boris Dmitrijewitsch Winogradow, fond 17, op. 97, Akte 258, S. 7. RGASPI.
(Deckname »Alex«): Das ist die in Wassiljews Notizbüchern verwendete Abkürzung für »Alexander«; Weißes Notizbuch # 2, 14, Nachlass von Alexander Wassiljew, LOC.
»Die Situation«: Ebd., S. 15.
Dimitri Bucharzew: Ebd., S. 16 f.
Er ist in Wirklichkeit ein Spion: Dimitri Bucharzew war in der Tat ein Journalist und ein Gelehrter – seine wichtigsten Beschäftigungen. Es ließe sich sagen, dass er mit einigen Aufträgen für die INO der OGPU einer Nebenbeschäftigung nachging. Im Jargon des sowjetischen Geheimdiensts war Bucharzew ein »Kooptierter«; Dimitri Bucharzew, fond 17, op. 171, Akte 228, S. 236, 265. RGASPI.
»rüpelhaftes Benehmen«: Weißes Notizbuch # 2, 14. Nachlass von Alexander Wassiljew, LOC.

»intensiv«: Ebd. Das Buch ist Stalins *Probleme des Leninismus* (*Voprosy leninizma*), das ursprünglich 1926 veröffentlicht wurde.
»Harnack«: Weißes Notizbuch # 2, 14, Nachlass von Alexander Wassiljew, LOC.
»Martha sagt«: Ebd., S. 25.

Es wird wieder geköpft (1935–1936)

47 Verbrechen: Waite, »*Rote Plötze*«; Hollweck, *Die Todesstrafe*, S. 52 f. Am Tag von Hitlers Machtergreifung sah das Strafgesetzbuch bei acht Verbrechen die Todesstrafe vor und empfahl diese für 206 weitere. Deutsche, die wegen Landesverrat verurteilt waren, wurden häufiger zum Richtblock geführt als diejenigen, die wegen anderer Verbrechen verurteilt waren.
angetan mit einem schwarzen Zylinder: Im Juni 1935 befragte das Justizministerium Gröpler nach seiner Bekleidung. Gröpler erklärte, dass der Frack praktischer sei als die von Gefängnisbeamten getragene Standarduniform, die »zu sehr spannt«; der Frack ermögliche ihm, seine Axt zu schwingen und mit größerer Genauigkeit den Kopf abzutrennen. (Schreiben des Generalstaatsanwalts von Naumburg an den Reichsminister der Justiz vom 12. Juni 1935 zum Vertrag mit dem Scharfrichter, R22/1323, S. 55–58, BArch).
»Scharfrichter, walten Sie Ihres Amtes!«: The State Journal, »Women Go to Death by Axe Without Show of Emotion«, 19. Februar 1935.
neunundsiebzig Männer und neun Frauen: *Zur Anzahl der Todesurteile und der Hinrichtungen 1934*, in: *Kriminalstatistik für die Jahre 1935 und 1936*, S. 13, 16.
Berichteten darüber: »Nazis Behead Two Women: ›Betrayed Military Secrets‹« (»Nazis köpfen zwei Frauen wegen Verrat von Militärgeheimnissen«), *The New York Times*, 19. Februar 1935. »Germany Beheads Woman for Murder of Neighbor« (»Deutschland köpft zwei Frauen für Mord an Nachbarn«), *The New York Times*, 24. Februar 1935; »Hitler Beheads Another Woman: Third in a Week« (»Hitler köpft noch eine Frau: die Dritte in einer Woche«), *Chicago Daily Tribune*, 24. Februar 1935; »Foreign News: Stoogettes & Neuter«, *Time*, 4. März 1935.
HERR HITLER WETZT SEINE MESSER: Im englischen Original lautet die Schlagzeile: HERR HITLER HAD AXES TO GRIND, womit eigentlich gemeint ist, dass Hitler Rechnungen offen hatte.
»Am meisten hat uns beeindruckt«: »Eighteen Witnesses at Execution. Nazis to Behead Two Men; Women Faced Axe Calmly«(»Achtzehn Zeugen bei der Hinrichtung. Frauen gehen gelassen in den Tod«), *The New York Times*, 20. Februar 1935.
durch die Guillotine: auch männliche Widerstandskämpfer wurden durch die Guillotine exekutiert, aber die meisten von ihnen wurden erschossen oder, in manchen Fällen, erhängt. Arvid Harnack, Harro Schulze-Boysen, Dietrich Bonhoeffer, Hans von Dohnany, Wilhelm Canaris und Hans Oster wurden alle erhängt.
einen Brief: Brief von Mildred Harnack an Georgina Fish, undatiert, wahrscheinlich vom Sommer 1930; Nachlass der Familie Donner.
»Welch ein historischer Moment«: Dialog und Beschreibungen sind einem Artikel von Emil Kortmann entnommen, »Zusammenarbeit mit Mildred und Arvid Harnack«, Sammlung Falk Harnack, GDW.
»die neuen Entwicklungen«: Kuckhoff, *Vom Rosenkranz zur Roten Kapelle*, S. 200.

Widerstand (1935–1937)

»Heil Hitler!«: Hoffmann, *Widerstand, Staatsstreich, Attentat,* S. 37.

das Gesetz zum Schutze des deutschen Blutes und der deutschen Ehre: Rabinach und Gilman, *The Third Reich Sourcebook*, S. 209 f.

Nürnberger Gesetze: Die Gesetze wurden als die Nürnberger Gesetze bekannt, da sie während des alljährlichen Parteitags der Nationalsozialisten in Nürnberg verkündet wurden. Die Nürnberger Gesetze gehörten zu den wichtigsten Beweisen, die bei den Nürnberger Prozessen vorgelegt wurden. *Reichsgesetzblatt* 1, Nr. 100 (1935): S. 1146 f.

Mildred wird Juden bei der Flucht helfen: Max Tau und Samson Knoll schrieben beide über Mildreds Hilfe für jüdische Familienangehörige bei der Flucht aus Deutschland. Tau, *Ein Flüchtling findet sein Land*, zitiert in Brysac, *Mildred Harnack*, S. 109, 308; Samson Knoll, Protokoll, Sammlung Rote Kapelle, GDW. Es wurden keine weiteren Dokumente gefunden, die belegen, dass Mildred noch andere Versuche unternommen hat, Juden bei der Flucht aus Deutschland zu helfen.

zwölftausend Personen: Boehm, *We Survived*, S. viii.

»Wir hielten strenge Disziplin«: Ebd., S. 193, 194.

»Jedem Fremden«: Paul, *Ein Sprechzimmer*, S. 97.

1.643.000 Flugblätter: 1937 betrug die Anzahl 927.430; siehe Hoffmann, *Widerstand, Staatsstreich, Attentat,* S. 32.

Klassifikationssystem: Hall, »An Army of Spies«, S. 255.

»VM«: Ebd., S. 256, 260.

»Es gibt keinen einzigen Deutschen«: zitiert nach Domarus, *Hitlers Redenund Proklamationen*, S. 563, 571.

3.000 Soldaten: siehe Evans, *Das Dritte Reich. Diktatur*, Bd. II/1, S. 770.

»Nächtelang«: Paul, *Ein Sprechzimmer*, S. 97.

Harro Schulze-Boysen besucht Mildred und Arvid in ihrer Wohnung: Sie trafen sich irgendwann 1935. Vorgestellt wurden sie einander von Rudolf Heberle, der zu selben Zeit an der Universität von Wisconsin studierte wie Mildred und Arvid. Wie Arvid war auch Heberle ein deutscher Austauschstudent mit einem Rockefeller-Stipendium.

Die Verletzungen seines Freundes: Sein Freund war Henry Erlanger; siehe Höhne, *Kennwort: Direktor*, S. 135.

»zu gefährlich«: zitiert nach Brysac, *Mildred Harnack*, S. 292.

Ernst und Ernst (1935–1937)

»Ich habe meine Rache auf Eis gelegt«: zitiert nach von Salomon, *Fragebogen*, S. 622.

»schmucke junge Männer«: Ebd., S. 436.

»verbindlich lächelnden«: Ebd.

»Briefe aus feinstem Büttenpapier«: Ebd., S. 300.

»klaren Wodka«: Ebd.

»›Was bringen Sie Gutes?‹«: Ebd., S. 423. Franz Hessel, der Zeuge der ganzen Begegnung war, berichtete Ernst von Salomon von ihr.

Babbiet: Ebd.

»Ein Verlag«: Ebd.

»Ich habe nichts zu verbergen«: Williams, *Mehr Leben als eins*, S. 226.
»Ich kann nicht mehr produzieren«: Ebd., S. 230.
»Ich stecke Fähnchen«: zitiert nach von Salomon, *Fragebogen*, S. 625.
»mit Sicherheit«: Ebd.
»Ich habe genug von Revolutionen!«: Ebd.
»das größte aller Verbrechen«: Ebd., S. 629.

Identitätskrise (1936–1937)

zwei Millionen: Evans, *Das Dritte Reich. Diktatur*, Bd. II/1, S. 134 f. 1939 erreichte die Anzahl der Blockwarte in Deutschland zwei Millionen.
»Man hatte nichts zu sagen«: Ebd., S. 135.
zu einer zentralen Behörde zusammengelegt: Das geschah einundzwanzig Tage nach dem Beginn des Zweiten Weltkriegs.
I.G. Farben: Das Unternehmen hatte für Deutschlands Kriegsvorbereitungen eine so herausragende Bedeutung, dass einige Historiker Hitlers Vierjahresplan auch als »I.G. Farben Plan« bezeichneten; siehe »The I.G. Farben Company Presents its Synthetic Rubber (›Buna‹)«, GHDL.
»Die Auseinandersetzung, der wir entgegengehen«: zitiert nach Shirer, *Aufstieg und Fall des Dritten Reiches*, S. 290.
»Genauso, wie wir zurzeit«: zitiert nach Treue, »Dokumentation: Hitlers Denkschrift zum Vierjahresplan 1936«, S. 210.
»wertvolles dokumentarisches Material«: Zusammenfassung von Informationen, die von 1935 bis Juni 1938 erhalten wurden. Akte »Korse«, Nr. 34118, Bd. 1, S. 37, zitiert in Costello und Zarew, *Der Superagent*, S. 119.
»blond, groß und blauäugig«: Akte »Korse«, Nr. 34118, Bd. 2, S. 118, zitiert in Costello und Zarew, *Der Superagent*. Die Aktennotiz wurde von Martha Dodd, unter ihrem Decknamen Liza, verfasst.

Heimkehr (1937)

den alle Bob nennen: Als kleines Kind fiel es Mildred schwer, den Namen »Marbeau« auszusprechen, weshalb sie ihn »Bobo« nannte. Der Spitzname ist ihm geblieben.
»unter Beobachtung«: Brief von Bob Fish jr. an Sue Heath vom 4. Oktober 1988. Nachlass von Donald R. Heath, HIA.
Francis Birch: Birch arbeitete später mit am Manhattan Project in Los Alamos, New Mexico; für seine Mitarbeit am Bau von Little Boy, der am 6. August 1949 auf Hiroshima abgeworfenen Atombombe wurde ihm der Legion of Merit verliehen.
»nach innen gekehrt«: zitiert nach Brysac, *Mildred Harnack*, S. 50.
»Das war sehr seltsam«: Ebd., S. 260.
eine Biographie über Leonhard: Das Projekt dauerte sechzig Jahre.
Habe ich Ihnen erzählt: Brief von Clara Leiser an William Ellery vom 11. Januar 1937, Nachlass der Familie Leiser, zitiert nach Brysac, *Mildred Harnack*, S. 255.
Ich beneide sie: Brief von Clara Leiser an William Ellery vom 18. Januar 1937, Nachlass der Familie Leiser, zitiert nach Brysac, *Mildred Harnack*, S. 256.

Mildred hält einen Vortrag: In einem Brief lobte sie der Leiter des Fachbereichs Englisch an der New York University für ihre »außergewöhnlich erhellenden« Einsichten (Oscar Cargill an Mildred Harnack, 29. März 1937, HU).
ihre eigenen literarischen Ambitionen: Clara hatte ein Buch über einen polnischen Tenor des 19. Jahrhunderts geschrieben, mit dem Titel *Jean de Reszke and the Great Days of Opera* (New York 1934).
»jeder, den sie wegen eines ›Vortrags‹ anspricht«: Brief von Clara Leiser an William Ellery vom 18. Januar 1937, Nachlass der Familie Leiser.
»äußerst furchtsam«: zitiert nach Brysac, *Mildred Harnack,* S. 257.
»Ich habe das Gefühl«: Ebd., S. 259.
»irgendwie angespannt«: Von Arthur Heitzer im Mai 1987 geführtes Interview mit Harriette Esch, Marion Potter und Jane Donner, Nachlass der Familie Donner.

Georginas große und kleine Erschütterungen (1937–1938)

»Wenn sich der Kapitalismus so weiterentwickelt«: Brief von Mildred Harnack an Georgina Fish vom 4. Juni 1931, Nachlass der Familie Donner.
»Sechsundneunzig Prozent«: Brief von Mildred Harnack an Georgina Fish vom 13. Februar 1931, Nachlass der Familie Donner.
»In Berlin vergisst man niemals«: Ebd., 15. August 1931.
»ging [ich] nachts durch die Straßen«: Ebd., 4. Juni 1931.
»die alte bürgerliche Erniedrigung«: Lenin, *Werke*, Bd. 30, Berlin 1961, S. 364. Zunächst veröffentlicht in *Prawda*, 22. Februar 1920.
»Für eine Frau ist es gut«: Brief von Mildred Harnack an Georgina Fish vom 8. August 1931, Nachlass der Familie Donner.
Frauen dürfen sich aussuchen: Ebd., 3. September 1932.
Georgina war damals Ende sechzig: Georgina Fish wurde 1865 geboren und starb im Alter von dreiundsiebzig Jahren.
»Es tut mir so leid«: Ebd., 8. Februar 1933.
»nur an den Einzelnen«: Ebd.
»Du hast ganz recht«: Ebd., 28. April 1932.
An welcher Krankheit: Jane Donner glaubte, dass sie an einer Grippe gestorben sei. Bob Fish jr. vermutete, dass Georgina an der Parkinson-Krankheit litt. (Brief von Bob Fish jr. an Sue Heath vom 4. Oktober 1988, Nachlass von Donald R. Heath, HIA).
»Sie sind doch Frau Harnack?«: Mona Wollheim: »Gießen zu Beginn der dreißiger Jahre«, in: »Hessische Heimat« (Heimatbeilage der *Gießener Allgemeinen Zeitung*), Nr. 4, 1972.

Jane ist verliebt (1937–1938)

»Seht Ihr die Menükarte?«: Brief von Jane Esch an die Familie Esch vom 17. Juni 1937, Nachlass der Familie Esch.
»Die Kühe sehen genauso aus«: Ebd., 26. Juni 1937.
»Es gelingt mir immer besser »: Ebd., 26. August 1937.
»Vor ein paar Tagen«: Ebd., 26. Juni 1937.
»die gelbbraunen Felder«: Ebd., 12. August 1937.

Morgen in einer Woche: Ebd., 13. August 1937.
Der Brief, den Jane an ihre Eltern schreibt: Ebd., 19. August 1937.
Wenn Du schwimmen gehen willst: Ebd.
In den Sälen hängen Kristallkronleuchter: Ebd., 7. November 1937.
Das beiliegende Bild: Ebd., 16. November 1937.

Mein kleines Mädchen (1937–1938)

Harriette ist wütend: Die Briefe, die Harriette während dieser Zeit an Jane sendet, »triefen vor Gift«, wird sich Jane Jahre später erinnern; Interview mit Jane Donner Sweeney und Sue Heath Brown, Nachlass von Donald R. Heath, HIA.
»Mein kleines Mädchen«: Brief von Harriette Esch an Jane Esch, 27. November 1937, Nachlass der Familie Donner.
Faszination für die Biologie: Niels Bohrs Vortrag »Licht und Leben«, den dieser am 15. August 1932 in Kopenhagen hielt, hatte auf den fünfundzwanzigjährigen Max Delbrück einen nachhaltigen Einfluss. Siehe »Interview mit Max Delbrück«, 1979, Caltech Oral Histories, Caltech Institute Archives.
Nobelpreis: Delbrück teilte sich den Nobelpreis von 1969 mit Salvador Luria und Alfred Hershey »für ihre Entdeckungen des Vermehrungsmechanismus und der genetischen Struktur der Viren«.

Ein Kreis in einem Kreis (1937–1938)

»Jeder wusste«: Wolfgang Havemann, »Erinnerungen an Arvid Harnack« (1931–1942), Sammlung Rote Kapelle, GDW.
Wolfgang erklärt sich bereit, die Schreibmaschine zu verstecken: Wolfgang Havemann, Protokoll, Sammlung Rote Kapelle, GDW.
»Strahlender«: Behrens erhielt den russischen Decknamen *Lutschisti*, was auf Deutsch »Strahlender« bedeutet. In Büchern über die Rote Kapelle ist der Deckname jedoch unterschiedlich übersetzt, so dass auch »Strahlmann« und »Funker« als Decknamen für Behrens kursieren.
Deckname »Türke«: Hans Rupp ist ein Beispiel für eine Quelle, die einen Decknamen erhielt, um ihre Identität in Arvids Nachrichtenaustausch mit Moskau zu verbergen; Arvid Harnack, Harro Schulze-Boysen und Adam Kuckhoff erhielten Decknamen, um es ihnen zu ermöglichen, direkt mit einem Führungsoffizier zu kommunizieren.
aus seinen Tagen bei der ARPLAN: Baron Wohlzogen-Neuhaus und Arvid waren beide Mitglieder des Bundes Geistiger Berufe (BGB).
Auch auf Mildred hat Boris Gordon ein Auge geworfen: Gordon wird nachgesagt, Arvid und Mildred Harnack geführt zu haben. Abramov, *Jewrej vs KGB: Palachi izhertvy*, S. 165; Peschersky, »Krasnaja Kapella 1935–1941«, S. 416 ff.
im höchsten Maße attraktiv: In einem auf den 23. Juni 1967 datierten CIA-Dokument wird Mildred als »eine der prominentesten amerikanischen Frauen der Berliner Gesellschaft« identifiziert (»East German Postage Stamps Honor Rote Kapelle Agents«, RG 263, NARA).

»verwenden«: 2018 erhielt die Verfasserin von der Russischen Botschaft in den Vereinigten Staaten aus dieser (in den SVRA liegenden) Akte ein Exzerpt, aus dem hervorgeht, dass Mildred Moskau 1933 und 1934 besuchte, »um mit Kuusinen zu sprechen«. Otto Kuusinen war ein Führer der Komintern, der die kurzlebige Sozialistische Arbeiterpartei Finnlands organisierte.

Japonka: Gladkow, *Lift vs razvedku*, S. 51 (zitiert aus der elektronischen Ausgabe). Die deutsche Übersetzung ist »Japanerin«.

Beinahe ein Kind (1937–1938)

Sogar ein Motorrad kauft er sich: Wilhelm Utech, Protokoll, Sammlung Rote Kapelle, GDW.

»Skandalchronik«: zitiert nach Bethge, *Dietrich Bonhoeffer*, S. 703. Der Safe befindet sich in einem Büro auf einem Militärstützpunkt in Zossen.

ein Hauptmann: Es handelt sich um Hauptmann Fritz Wiedemann. Ebd., S. 706.

Zwei Generäle: Hoffmann, *Widerstand. Staatsstreich. Attentat*, S. 56. Nach den Aufzeichnungen, die später unter den Akten des Kriegsministeriums entdeckt wurden, nahm der Streit zwischen den beiden Generälen und Göring »zeitweilig sehr scharfe Formen an«. Die Aufzeichnungen wurden von Oberst Friedrich Hoßbach erstellt und sind als Hoßbach-Niederschrift oder Protokoll bekannt. Die Generäle sind Generalfeldmarschall von Blomberg, der in Hitlers Kabinett als Kriegsminister diente, und Generaloberst Werner Freiherr von Fritsch, der Oberbefehlshaber des Heeres.

»Frieden in unserer Zeit«: zitiert nach »Neville Chamberlain«, *Holocaust Encyclopedia*, USHMM.

»Einheitsfront«: zitiert nach Hoffmann, *Widerstand. Staatsstreich. Attentat*, S. 135. Anwesend waren Julius Leber, Wilhelm Leuschner, Otto John und Richard Künzer.

Hitler verstärkt die Militärhilfe: Hochschild, *Spain in Our Hearts*, S. 48.

Deutsche Freiheitssender: Palmier, *Weimar in Exile*, S. 357. Deutsche und amerikanische Autoren, unter ihnen Thomas Mann und Ernest Hemingway, traten in diesem Rundfunkprogramm als Gäste auf. Der Sender lud deutsche Zuhörer dazu ein, Briefe mit Informationen über das politische und soziale Klima in Deutschland an eine Pariser Adresse zu senden.

genug Sprengstoff: Martha Utech, Protokoll, Sammlung Rote Kapelle, GDW. Bisher ist nicht bekannt, ob es ihnen gelang, derartige Sabotagepläne auszuführen.

»Ihr Kummer erstaunte mich«: Brief von Franziska Heberle an Renate Dörner vom 22. März 1965, Sammlung Renate Dörner, GDW.

»A. ist vereist«: Brief von Mildred Harnack an Marbeau Fish vom 7. Juni 1938, Nachlass der Familie Donner.

Stalin und der Zwerg (1937–1938)

»Darling«: Brief von Martha Dodd an Boris Winogradow vom 29. Januar 1937, Weißes Notizbuch # 2, 30, Nachlass von Alexander Wassiljew, LOC.

»die sowjetische Regierung«: Brief von Martha Dodd an »die sowjetische Regierung« vom 14. März 1937, Weißes Notizbuch # 2, 37, Nachlass von Alexander Wassiljew, LOC.

Ich verstehe nicht ganz: 21. März 1937, Weißes Notizbuch # 2, 45, Nachlass von Alexander Wassiljew, LOC.
seiner gegenwärtigen Frau: Boris Winogradows Akte vermerkt nicht ausdrücklich, ob er weiterhin mit Wassa Konstantinowna Sneltsowa verheiratet war; Boris Dimitrijewitsch Winogradow, fond 19, op. 97, Akte 258, S. 7, RGASPI.
»Im Augenblick«: Weißes Notizbuch # 2, 39, Nachlass von Alexander Wassiljew, LOC.
»STRENG GEHEIM«: Ebd., 29. März 1937, 48.
Der Zwerg: Ex post facto war er als der »blutige Zwerg« bekannt, siehe Montefiore, *Stalin*, S. 194.
60.000: 2002 wurden Beweise für ein Massengrab in einem Wald außerhalb von St. Petersburg gefunden; siehe Ben Aris, »Forest Skulls May Tell Where 30.000 Stalin Victims Lie« (»Im Wald gefundene Schädel könnten zeigen, wo die 30.000 Opfer von Stalin liegen«), *Telegraph*, 26. September 2002.
täglich tausend Menschen: Während der Großen Säuberung bzw. des Großen Terrors wurden geschätzte 12,5 Millionen Menschen hingerichtet; siehe Sophia Kischkowski, »Moscow Ceremony Remembers People Killed in Soviet Purge«, *The New York Times*, 26. September 2007.
Moskauer Schauprozesse: Bei den Prozessen wurden einundzwanzig Angeklagte vorgeführt, von denen neunzehn hingerichtet wurden.
die mit Quecksilber vergifteten Vorhänge: Montefiore, *Stalin*, S. 250.
»Wenn Du Grund hast zu glauben«: Brief von Agnes Knickerbocker an Martha Dodd vom 29. Juli 1969, LOC.
»eine kurze Zusammenfassung«: Weißes Notizbuch # 2, 34, Nachlass von Alexander Wassiljew, LOC.
»200 amerikanische Dollar«: Ebd.
Eine Notiz in ihrer Akte: Ebd., 33.
Massenexekutionsstätte: Sie wird »Kommunarka« genannt.

Boris' letzter Brief (1937–1938)

»selten überschwänglich«: Martha Dodd, »In Memory«, Nachlass von Martha Dodd, Box 13, LOC.
Dodd weiß, dass er unbeliebt ist: Dallek, *Democrat and Diplomat*, S. 313.
»traurige Jahre«: Brief von William E. Dodd an Franklin D. Roosevelt vom 26. August 1937, President's Secretary File PSF, Safe Files, State Department, 1941, Franklin D. Roosevelt Presidential Library and Museum Digital Archives.
»von seiner Tochter Martha begrüßt«: »Dodd Back, Bitter on Dictatorships« (»Dodd zurück: Verbittert über Diktaturen«), *The New York Times*, 7. Januar 1938.
»Wir setzen Sie in Kenntnis«: Brief der Moskauer Zentrale an Jung vom 8. Januar 1938, Weißes Notizbuch # 2, 52, Nachlass von Alexander Wassiljew, LOC.
»Sie wohnt in einem prächtigen Apartment«: zitiert nach Weinstein und Vassiliew, *The Haunted Wood*, S. 61.
»Es war ein trauriger Brief«: Brief von Martha Dodd an Ilja Ehrenburg vom 29. Oktober 1957, Nachlass von Martha Dodd, Box 5, LOC.
»Sie ist sehr begeistert«: zitiert nach Weinstein und Vassiliew, *The Haunted Wood*, S. 61.
»Wir alle«: Martha Dodd, Essay ohne Titel, Nachlass von Martha Dodd, Box 13, LOC.

Auf der Suche nach Verbündeten (1938–1939)

Der Zwerg lässt Tausende von Exekutionen ausführen: Jeschow bestand darauf, selbst Zeuge von vielen Hinrichtungen zu sein. Er wurde am 10. April 1939 im Büro seines Nachfolgers, Lawrenti Beria, verhaftet. Am 3. Februar 1940 wurde Jeschow zum Tode verurteilt; am Tag darauf wurde er von einem Henker namens Blochin mit einem Schuss in den Hinterkopf hingerichtet.

»Es kamen neue Leute«: zitiert nach O'Sullivan, *Dealing with the Devil*, S. 21.

»den Mann, der die Menschen aus der moralischen und wirtschaftlichen Verzweiflung gerissen hat«: zitiert nach Larson, *Tiergarten*, S. 430.

»Beste Wünsche«: Die Noten wurden als Telegramme verschickt und erschienen in zwei Ausgaben der russischen Tageszeitung *Prawda* (am 23. und 25. Dezember 1939). Stalins Note an Ribbentrop wurde von William Shirer in seinem *Berliner Tagebuch* (S. 249) fälschlicherweise als eine an Hitler adressierte Note bezeichnet.

Morgenthaus Mann (1937–1939)

Steh doch auf: Interviews der Autorin mit Donald Heath jr.

»Stil, Anmut, sicheres Auftreten«: Weil, *A Pretty Good Club*, S. 47.

»denjenigen Diplomaten«: Harold Hinton, »Welles: Our Man of the Hour in Cuba«, *The New York Times*, 20. August 1933.

Ein Kollege von mir: Nicht anderweitig zitierte Einzelheiten in diesem Bericht stammen aus Interviews der Autorin mit Donald Heath jr.

»Donald Heath aus Topeka, Kansas«: *American Foreign Service Journal*, Dezember 1937.

folgte normalerweise ein Termin dem anderen: »Morgenthau Correspondence: Appointments of HM jr. [1937–1938]«, Box 14, Nachlass von Henry Morgenthau jr., FDRL.

William »Wild Bill« Donovan: »The Legend of Wild Bill: How Donovan Got His Nickname«, Central Intelligence Agency, 11. November 2020, http://cia.gov.

»bei seiner Geburt zu strangulieren«: zitiert nach Smith, *OSS*, S. 19.

»Roosevelts Torheit«: zitiert nach MacDonald, »The OSS and Its Records«, S. 83.

Es entstanden noch zwei weitere Behörden: Im Juli 1946 schuf die Central Intelligence Group (CIG) eine operative Einheit mit dem Namen Office of Special Operations (OSO) und gab ihr die Zuständigkeit über den Auslandsnachrichtendienst.

»Wir könnten auf stürmische See zusteuern«: Messersmith kennzeichnete den Brief als »persönlich und vertraulich« und sandte ihn am 25. Oktober 1937 an Konsul Gilbert. Am nächsten Tag schickte Messersmith eine Kopie des persönlichen und vertraulichen Briefes an den ersten Sekretär Raymond Geist. Die beigelegte Note beginnt folgendermaßen: »Ich sende Ihnen hiermit zu ihrer privaten und vertraulichen Information einen Brief, den ich an Gilbert adressiert habe […]. Vielleicht ist es besser, wenn Sie ihn nicht wissen lassen, dass ich Ihnen eine Kopie des Briefs geschickt habe.« (Brief von George Messersmith an Prentiss Gilbert vom 25. Oktober 1937, Box 8, F57; George Messersmith an Raymond Geist, 26. Oktober 1937, Box 8, F57, Nachlass von George S. Messersmith, DEL).

»Morgenthaus Mann«: Brief von Hugh Wilson an George Messersmith vom 20. Juni 1938, RG 59, vertrauliche Akte 123, H 353/217, NARA; Brief von George Messersmith an Raymond Geist vom 15. April 1938, Nachlass von George S. Messersmith, Box 9, F61, DEL.

Schacht kann man nicht vertrauen: Brief von George Messersmith an den Außenminister [Cordell Hull] vom 14. Januar 1939, Nachlass von George S. Messersmith, Box 21, F168, DEL. Messersmith bemerkt: »Dr. Schacht ist so ein komplizierter Charakter, dass eine jede wirkliche Analyse der Rolle, die er gespielt hat, recht ausführlich wäre [...]. Ich könnte noch hinzufügen, dass es weitere umfangreiche Belege für seine vollkommene Skrupellosigkeit gibt.«

einen vorsichtig formulierten Protestbrief: Als Antwort darauf schrieb Messersmith einen Brief an Wilson und sandte insgeheim eine Kopie davon an zwei Kollegen im Außenministerium. In einem beigelegten Vermerk teilte Messersmith seinen Kollegen mit, dass Wilsons Brief »darauf hinzuweisen scheint, dass ihm der Hintergrund von Heaths Aufgabe in der Botschaft und die Finanzberichterstattung, an der wir in diesem Ministerium interessiert sind und die er für das Finanzministerium leistet, nicht, wie wir dachten, vollständig bekannt ist« (Brief von George Messersmith an Mr. Shaw und Dr. Freis vom 10. Juni 1938, Nachlass von George S. Messersmith, Box 20, F154, DEL).

»Von Heath an das Finanzministerium«: Nachlass von Henry Morgenthau jr., Telegramme des Außenministeriums, Box 521–23, FDRL.

Die Informationen mit dem höchsten Vertraulichkeitsgrad: Donald Heath und seine Kollegen in der US-Botschaft waren äußerst vorsichtig und führten ihre Gespräche außerhalb des Büros (Brief von Hugh Wilson an George Messersmith vom 17. März 1938, Nachlass von George S. Messersmith, Box 20, F154, DEL.

»hauptsächlich in Geschäften«: »Foreign Services Officers«, *American Foreign Service Journal.*

Vergnügungsfahrt (1938)

Da wirst Du was lernen: Interviews der Autorin mit Donald Heath jr.

Goodbye, boys!: Ebd.

Würden Sie ein Foto von uns machen?: Ebd.

Mittagessen vor der ›Kristallnacht‹ (1938)

Kristallnacht: Der problematische Begriff wird hier verwendet, um den Wortlaut der damaligen Zeit abzubilden.

24. Oktober 1938: Louise Heaths Tagebuch, Nachlass von Donald R. Heath, HIA.

»Die größte Welle«: Lochner, »Nazis Burn, Pillage«.

BRENNENDE HÄUSER: Im englischen Original lautet die Schlagzeile: HOMES BURNED; STORES LOOTED; TERROR REIGNS: MOBS RUN WILD IN GERMAN STREETS.

»In Berlin sah ein Amerikaner«: Schultz, »Homes Burned«.

»Der Polizist warf meine Frau«: zitiert nach Childers, *The Third Reich*, S. 364.

91 Juden: Ebd., S. 365. Shirer, *Aufstieg und Fall des Dritten Reiches*, S. 401. »Kristallnacht«, *Holocaust Encyclopedia*, USHMM. Die Polizeiakten dokumentieren während dieser Zeit auch eine Zunahme von Suiziden unter Juden. Dem neueren Forschungsstand zufolge könnte sich die Anzahl der Juden, die starben, auf mehrere Hundert belaufen.

Es ist das erste Mal: »Kristallnacht«, *Holocaust Encyclopedia*, USHMM.

»zur Beratung nach Washington zurückgerufen«: zitiert nach Shirer, *Aufstieg und Fall des Dritten Reiches*, S. 404, Fußnote 8.

»konnte man Flüchtlinge finden«: Russell, *Berlin Embassy*, S. 23.

Eine ziemliche Verbesserung (1938–1939)

eine sorgfältige Abschrift: Morgenthau sorgt dafür, dass während seiner gesamten Amtszeit als US-Finanzminister von allen seinen Vormittagssitzungen eine Abschrift angefertigt wird. Mit Blick auf sein Vermächtnis stellte er selbst ein Team von Leuten ein, die diese Arbeit verrichteten.

»I don't know whether«: »Ich weiß nicht, ob Sie es bemerkt haben, aber Heath, der Mann, der im Auftrag des Außenministeriums nach Deutschland gegangen ist – seine Telegramme sind eine ziemliche Verbesserung. Lange Zeit haben wir gar nichts bekommen, aber das wird jetzt anders.« 1948 wurde Harry White beschuldigt, für die Sowjetunion spioniert zu haben, was er leugnete. Jahrzehnte später deutete die Entdeckung geheimer Telegramme durch ein US-Gegenspionageprogramm (das Venona-Projekt) darauf hin, dass er dies tatsächlich getan hatte (13. Dezember 1938, Nachlass von Henry Morgenthau jr., Tagebücher, Bd. 156, FDRL).

ein Telegramm: Telegramm Nummer 21 von Cordell Hull an die amerikanische Botschaft, Berlin, Deutschland vom 4. Februar 1939, Nachlass von Henry Morgenthau jr., Telegramme des Außenministeriums, Box 521, FDRL.

»Heath hat das ganze Material«: Sitzungstranskript, 27. Februar 1939, Nachlass von Henry Morgenthau jr., Tagebücher, Bd. 166, FDRL.

»eine unmissverständlich feste Haltung«: Brief von Donald R. Heath an Henry Morgenthau jr. vom 2. Mai 1939, Nachlass von Henry Morgenthau jr., Tagebücher, Bd. 187, FDRL.

Deutschlands strategische Rohstoffreserven: Brief von Donald Heath an William C. Bullitt vom 8. April 1939, Nachlass von Donald R. Heath, HIA. Wie auch sonst bei seiner Korrespondenz achtet Heath darauf, Arvids Identität geheim zu halten. Siehe Brysac, *Mildred Harnack*, S. 314 f.

»verlässliche Informationen«: Telegramm von Heath an das Finanzministerium vom 24. April 1939, Nachlass von Henry Morgenthau jr., Telegramme des Außenministeriums, Box 522, FDRL.

Bereits 1937: Hoffmann, *Widerstand. Staatsstreich. Attentat*, S. 76, 135–46; Dulles, *Germany's Underground*, S. 22. Zu diesen Gesandten gehören Carl Goerdeler, der sich im Mai 1939 mit Churchill traf; Adam Trott zu Solz, der sich im Juni 1939 mit Chamberlain und Mitgliedern des House of Lords traf; und Fabian von Schlabrendorff und Helmuth James Graf von Moltke, der sich im Sommer 1937 ebenfalls mit Mitgliedern des House of Lords traf.

»Sind die Geschichten«: 8. Juni 1944, Public Record Office, London, FO 371/39087/ C8865/180/18. Für eine ausführlichere Diskussion dieses Punkts siehe von Klemperer, *Die verlassenen Verschwörer* und Hoffmann, *Widerstand. Staatsstreich. Attentat.*

»die Nazi-Militäraggression«: Unveröffentlichte Erinnerung, Donald Heath sen., Nachlass von Donald R. Heath, HIA.

»so lustig, wenn sie singt«: Tagebuch von Louise Heath vom 26. August 1939, Nachlass von Donald R. Heath, HIA.

»Opernstimmlage«: Nicht datierte vermischte Notizen von Sue Heath Brown, Nachlass von Donald R. Heath, HIA. Sue plante, ein Buch über Mildred Harnack zu schreiben und häufte kartonweise Forschungsmaterial an. Sie starb, bevor sie ihr Manuskript beginnen konnte.

Eine schicksalhafte Entscheidung (1939)

Ein Junge, dem Don den Spitznamen »Bubi« gibt: Die Details in diesem Kapitel sind einem Brief von Don an seine Eltern entnommen (Brief von Don Heath jr. an Louise Heath und Donald Heath sen. vom 7. Juli 1939, Nachlass von Donald R. Heath, HIA).

»mit blasser Farbe an den Wänden«: Louise Heaths Tagebuch vom 29. August 1939, Nachlass von Donald R. Heath, HIA.

»schreckliche Bombardierungen«: Ebd., 5. September 1939, 14. September, 24. September, 29. September.

»nichts als die ständige Wiederholung«: Ebd., 4. November 1939.

»Den ganzen Tag furchtbare Hektik«: Ebd.

»die Idee der Hoffnung«: Ebd., 15. November 1939.

Am Abend; Ich musste einfach weinen; In der Früh: Ebd., 19. November 1939, 20. November, 21. November.

»Ich habe wirklich das Gefühl«: Ebd., 22. November 1939.

Luftangriff (1940)

Don sieht ihr gerne beim Schwimmen zu: Interviews der Autorin mit Donald Heath jr.

Don vermisst seine Freunde: Ebd.

Liebe Louise: Ebd.

Jetzt haben sie das Kriegsbeil begraben?: Ebd.

Wenn man Kohle möchte: Russell, *Berlin Embassy*, S. 138.

»In der Botschaft«: Ebd.

»einer Rolle Toilettenpapier«: Louise Heaths Tagebuch vom 8. November 1939, Nachlass von Donald R. Heath, HIA.

Eintopfsonntage: Ebd., S. 138.

»unbegrenzte Vorräte«: Ebd., S. 146.

Was ist der Unterschied: Ebd., S. 140.

»Luftangriff«: Interviews der Autorin mit Donald Heath jr.

ein heftiges, ausgelassenes Herzklopfen: Ebd.

»Aus Gründen«: Murrow beendet seine Sendung mit den berühmten Worten »Gute Nacht und viel Glück«. »Murrow, the Blitz, and the Race to War«, NPR, 22. Mai 2006.

»SIND DIE ROOSEVELTS JUDEN?«: zitiert nach Russell, *Berlin Embassy*, S. 151. Im englischen Original lautet die Schlagzeile: »ARE THE ROOSEVELTS JEWS?«

»durch die Luft gezischt«: zitiert nach Shirer, *Berliner Tagebuch*, S. 474. Das *Berliner Tagebuch* wurde 1941 veröffentlicht, neunzehn Jahre vor der Veröffentlichung des Riesenwälzers *Aufstieg und Fall des Dritten Reiches.*

»Seit drei Wochen«: Klemperer, *Tagebücher 1933–1941*, Bd. 1, S. 551. Klemperer führte von 1933 bis 1945 Tagebuch.

Louise Heaths Tagebuch (1940)

erscheint sein Name zweimal: Louise Heaths Terminkalender vom 1. Januar 1940, Nachlass von Donald R. Heath, HIA.

»Grauzone«: Mayers, »Neither War nor Peace«, S. 60.

»Mr. Kirks Residenz hier«: Undatierte Postkarte von Louise Heath, Nachlass von Donald R. Heath, HIA. Das Hotel, von dem sie spricht, ist wahrscheinlich das Hotel Adlon.

Mamsell und Mildred und Mole (1940)

»eine wöchentliche Lieferung«: Russell, *Berlin Embassy*, S. 138.

Du hast großes Glück … Hat Dich jemand angesprochen: Interviews der Autorin mit Donald Heath jr.

Wer sind die Freunde Deiner Mutter?: Ebd.

Sag mir, wie Du hergekommen bist: Ebd.

Wo wohnt Deine Lehrerin?: In einem 1987 von Dons Schwester Sue geführten Interview erklärte Don, er sei »gut geschult« gewesen und habe »niemals irgendwelche Namen erwähnt … [und] so getan, als würde er nicht zuhören«. Sue Heath Browns Interview mit Donald Heath jr., 4. September 1987, Nachlass von Donald R. Heath, HIA.

eine Dame aus Leipzig: Interviews der Autorin mit Donald Heath jr. Durch Arvids Cousin Ernst von Harnack hatte der Kreis Beziehungen zu Carl Goerdeler, dem Leipziger Oberbürgermeister von 1930 bis 1937. Goerdeler war einer der Mitverschwörer des Attentatsversuchs vom 20. Juli 1944. Während des Interviews stellte Don die Vermutung an, dass »die Dame aus Leipzig« eine Verbindung zu Goerdeler hatte; es gibt keine Dokumente, die ihre Identität bestätigen würde.

schießt er ihn an: Interviews der Autorin mit Donald Heath jr.

FRAGMENT

Fragebogen: Strafanstalt Berlin-Plötzensee, Berlin, 16. Februar 1943, SgY/4, BArch.

Foreign Excellent Trench Coats (1940)

606.600 Tonnen: Fond 500, op. 12463, Akte 190, 40, TsAMO. Nach sowjetischen Angaben schickte Stalin 267.500 Tonnen in der ersten Hälfte des Jahres 1941. Zudem trieb auch rumänisches Öl die deutsche Kriegsmaschinerie an.

Massengräber in Moskau und dessen Vororten: Auf dem Donskoi-Friedhof, mitten in Moskau gelegen, gab es ein Krematorium. Die Massenhinrichtungsstätten Butowo und Kommunarka befanden sich südwestlich von Moskau.

Foreign Excellent Trench Coats: Trepper, *Die Wahrheit*, S. 94.

»Korse« lässt eine Bombe platzen (1940)

Mildred ist alleine ...: Es ist nicht bekannt, aus welchem Grund sie die Reise machte. Mildred schickte Clara Harnack eine Postkarte, während sie dort war.

Wir brauchen Ihre Hilfe: Akte »Korse« Nr. 34118, Band 1, S. 108; vgl. Costello und Zarew, *Der Superagent*, S. 121 f. In diesem Bericht an die Zentrale in Moskau vermerkt Korotkow, dass Arvid ihm mit beträchtlichem Misstrauen begegnet.

»sorgfältig neue Rekruten auszuwählen«: Ebd., S. 123.

zweihundert eilig ausgebildete: O'Sullivan, Dónal: *Dealing with the Devil*, S. 38.

»den Eindruck eines aufrichtigen Menschen gemacht«: Akte »Korse«, Nr. 34118, Band 1, S. 112; zitiert nach Brysac, *Mildred Harnack*, S. 333.

»Harnack sehr vorsichtig zu behandeln«: Akte »Korse«, Nr. 34118, Band 1, S. 63; zitiert nach Costello und Zarew, *Der Superagent*, S. 124.

»Korse erzählt«: Akte »Korse«, Nr. 34118, Band 1, S. 62; zitiert nach Costello und Zarew, *Der Superagent*, S. 124.

Libs und Mildred zwischen Geschirr und Besteck (1940)

»Es gab so selten einmal«: Kuckhoff, *Vom Rosenkranz zur Roten Kapelle*, S. 259.

»geschützt vor aller Ohren und Blicke«: Ebd., S. 232.

»Ich hatte das Bedürfnis«: Ebd.

AGIS und andere Agitationen (1940–1941)

»leidenschaftlich«: Bericht von Korotkow an die Zentrale in Moskau, 31. März 1942, Akte »Korse«, Nr. 34118, Band 1, S. 217; zitiert nach Costello und Zarew, *Der Superagent*, S. 127.

»humanist«: Friedmann: »The Red Orchestra«, S. 156.

»Aufruf zum Widerstand«: R 58/4105, BADH.

»Was bedeutet Stimmenmehrheit?«: Petrescu, *Against All Odds*, S. 199; Friedman, »The Red Orchestra«, S. 156 f. Petrescu nennt als Verfasser der AGIS-Flugblätter Arvid Harnack, Harro Schulze-Boysen, Adam Kuckhoff, Wilhelm Guddorf und John Sieg. Friedman geht davon aus, dass auch Frauen am Formulieren der Flugschriften beteiligt waren und beschreibt in einer Episode, dass Harro Schulze-Boysen Cato Bontjes van Beek aufträgt, einen Flugblatttext zu verfassen, in dem zu Sabotageakten aufgerufen wird. Was an Informationen über die Verfasser oder Verfasserinnen der Flugblätter verfügbar ist, beschränkt sich auf das, was Mitglieder der jeweiligen Widerstandsgruppen in Gestapoverhören gestanden haben. Es ist ungeklärt, ob Mildred Harnack an der Entstehung der AGIS-Flugblätter beteiligt war. Während seines Prozesses versuchte Arvid Harnack ihr Leben zu retten, indem er ihr Mitwirken am Widerstand kleinredete und log, was ihre Beteiligung an der Spionage und anderen Aktivitäten anging.

Waitzstraße 2: Dies ist die Wohnadresse von Cato Bontjes van Beek. Höhne bezieht sich auf Cato als die »Freundin« eines anderen Mitglieds und erwähnt, dass die Flugblätter in Harros Wohnung hergestellt wurden (und nicht in Catos). Höhne bezeichnet außerdem Eva-Maria Buch, von der die Flugblätter ins Französische übersetzt wurden, um sie an Mitglieder der Résistance weiterzuleiten, als »Geliebte« eines weiteren Mitglieds. Nach Höhne bestimmten nur Harro und John Rittmeister den Inhalt der Flugblätter. Höhne: *Kennwort: Direktor*, S. 165.

dann versendet sie: Alle Details aus Friedman, »The Red Orchestra«, S. 153 ff.

Annie Krauß: Krauß arbeitet gemeinsam mit ihrem Nachbarn John Graudenz an der Herstellung der Flugblätter. Beide gehören dem Gegner-Kreis an.

unter den Empfängern: Bis zum 20. Mai 1942 erreicht die Anzahl der Flugblätter, die auf dem Amt eingehen, 260 Exemplare; siehe Petrescu, *Against All Odds*, S. 219 f.

»Die Sorge um Deutschlands Zukunft«: R 58/4105, BADH.

Großdeutscher Rundfunk: 1939 wurde die Reichs-Rundfunk-Gesellschaft (RRG) umbenannt zu Großdeutscher Rundfunk.

Kopien der Reden ausländischer Staatsmänner: Boehm, *We Survived*, S. 195.

Mitglieder übersetzen: Petrescu, *Against All Odds*, S. 215 ff.

Offene Briefe: Ebd., S. 217 ff.; Sieg, *Einer von Millionen*, S. 131 ff.; R 3018/NJ 2, BADH.

»Manchmal sind wir nachts«: Boehm, *We Survived*, S. 194.

eine grelle Propagandaschau: Die antisowjetische Ausstellung »Das Sowjet-Paradies« eröffnete am 8. Mai 1942.

»Ständige Ausstellung«: »Meldung wichtiger staatspolizeilicher Ereignisse Nr. 9 vom 20. Mai 1942«, in: Pikarski/Warning (Hrsg.): *Gestapo-Berichte über den antifaschistischen Widerstandskampf*, S. 227.

Herbert-Baum-Gruppe: Mit den von der Herbert-Baum-Gruppe gezündeten Brandsätzen gelang es nicht, die Ausstellung niederzubrennen. Die Gestapo verhaftete fast dreißig Mitglieder der Gruppe. Herbert Baum nahm sich im Juni 1942 im Gefängnis Moabit das Leben. Marianne Baum wurde im August 1942 hingerichtet.

Soja Iwanowna Rybkinas elfseitige Aufstellung (1941)

Soja Iwanowna Rybkina: Nachdem sie 1965 in den Ruhestand getreten war, wurde aus ihr unter ihrem Mädchennamen Soja Voskresenskaja (auch: Woskresenskaja) eine beliebte Kinderbuchautorin. Über ihre Geheimdiensttätigkeit schrieb sie ein Erinnerungsbuch mit dem Titel *Taĭna Zoi Voskresenskoĭ* (»Nun kann ich die Wahrheit sagen«), das nach ihrem Tod in einem russischen Verlag veröffentlicht wurde.

tippt eine Aufstellung: Akte »Korse«, Nr. 34118, Band 2, S. 23–33; zitiert nach Costello und Zarew, *Der Superagent*, S. 129 ff.

Adjutant: Costello und Zarew, *Der Superagent*, S. 126. Der Name dieses Informanten ist nicht bekannt, sein Deckname war »Schwed(e)«.

»Senior ... erweckte den Eindruck«: Akte »Korse«, Nr. 34118, Band 1, S. 217; zitiert nach Costello und Zarew, *Der Superagent*, S. 126.

ein Treffen mit Adam Kuckhoff: Akte »Korse«, Nr. 34118, Band 1, S. 347; zitiert nach Costello und Zarew, *Der Superagent*, S. 127. Das Treffen findet am 19. April 1941 statt.

»Korse wird dann unser«: Akte »Korse«, Nr. 34118, Band 1, S. 249; zitiert nach Costello und Zarew, *Der Superagent*, S. 137.

zu dogmatisch: Kuckhoff, *Vom Rosenkranz zur Roten Kapelle*, S. 130 f.

13.500 Reichsmark: Brysac, *Mildred Harnack*, S. 333.

Greta Kuckhoff erklärt sich bereit: Kuckhoff, *Vom Rosenkranz zur Roten Kapelle*, S. 281.

Kurt Schumacher: Kurts Ehefrau ist Elisabeth Schumacher, ebenfalls ein Mitglied des Gegner-Kreises.

Deckname »Strahlmann«: In der englischen Ausgabe von Costello und Zarews Buch *Der Superagent* lautet der Deckname »Clean«; in der deutschsprachigen Ausgabe fehlt die Angabe des Decknamens jedoch. Die deutsche Übersetzung »Strahlmann« findet sich bei Höhne, *Kennwort: Direktor*, S. 158. Vgl. auch den Hinweis zu Behrens' Decknamen in den Anmerkungen zu Kapitel »Ein Kreis in einem Kreis«.

Was soll sie tun?: Greta entscheidet sich schließlich, Arvid zu kontaktieren, der dafür sorgt, dass das Gerät nach Spandau gebracht wird, wo Freunde es in einem Schuppen verstecken.

»Es war uns außerordentlich wichtig«: Peschersky, »Krasnaia Kapella 1935–1941«, S. 452.

Stalin greift zu Obszönitäten (1941)

»Man entwirft bereits Pläne«: Es handelt sich um Auszüge aus Berichten, die Soja Iwanowna Rybkina in ihre elfseitige Aufstellung aufgenommen hat (Akte »Korse«, Nr. 34118, Band 2, S. 25, 26 und 30; zitiert nach Costello und Zarew, *Der Superagent*, S. 130 f.)

gezielte Desinformation: O'Sullivan, *Dealing with the Devil*, S. 38.

andere Warnhinweise: Childers, *The Third Reich*, S. 481.

»Hände hoch!«: Beevor, *Der Zweite Weltkrieg*, S. 221.

»Erklären Sie mir«: Peschersky, »Krasnaia Kapella 1935–1941«, S. 493. Das Gespräch führte Stalin größtenteils mit Fitin. An dem Treffen nahm auch der Volkskommissar für Staatssicherheit Wsewolod Merkulow teil.

»Der Hurensohn von ›Informant‹«: W. Merkulow an Genosse Stalin, 17. Juni 1941, Fond 3, op. 50, Akte 45, S. 50, APRF; zitiert nach den Dmitry Volkogonov Papers, reel 19, box 29, folder 15, Manuscript Division, LOC. – Stalins hier sinngemäß übersetzter Kommentar ist im Russischen in der Vulgärsprache Mat formuliert; wörtlich steht dort in etwa: »Eure ›Quelle‹ aus dem Stab könnt ihr zur gefickten Mutter schicken«. Der Verlag dankt Andreas Tretner für diesen Hinweis.

Hans Coppis erste Nachricht (1941)

eine der brutalsten und tödlichsten: Childers, *The Third Reich*, S. 481.
»Der Russe ist ein zäher Gegner«: Beevor, *Der Zweite Weltkrieg*, S. 228.
In schneller Folge: Childers, *The Third Reich*, S. 483.
beharrt er weiterhin auf seiner Überzeugung: Beevor, *Der Zweite Weltkrieg*, S. 225. Nach Shevyakov überquerte der letzte Zug, der sowjetisches Getreide transportierte, eine Stunde und fünfzehn Minuten bevor Deutschland die Sowjetunion angriff, den Westlichen Bug. Shevyakov, A. A.: »Sovetsko-germanskie economicheskie svyazi v predvoennye gody«, in: *Sotsiologicheskie issledovaniia* 5 (1995), S. 13–25.
»Nieder mit Hitler!«: Finck report, CIA, declassified 2004/2006, S. 27.
»Tausend Grüße«: Costello und Zarew, *Der Superagent*, S. 139.

Anatoli Gurewitsch, auch bekannt als Kent, auch bekannt als Vincente Sierra, auch bekannt als Viktor Sukulow (1941)

D6: Costello und Zarew, *Der Superagent*, S. 139.
»absolut verläßlicher« und »vertrauenswürdiger«: Ebd., S. 140.
Er hat eine gewaltige Gier auf Essen: Eine CIA-Akte hält fest: »Gurewitsch hortete, als er erstmals im Westen ankam, Lederschuhe und Zigaretten auf eine Weise, dass er sich damit lächerlich machte, weil er überzeugt war, dass diese Artikel nur an dem Tag erhältlich sein würden, an dem er sie in einem Geschäft sah. Das war eine typisch sowjetische Reaktion, d. h. so viel wie möglich zu kaufen, wenn die Waren einmal erhältlich waren.« Siehe Heinz Pannwitz, vol. 2, RG 263, 14, NARA.
»mehr als fünfzig«: Perrault, *Auf den Spuren der Roten Kapelle*, S. 42.
26. August 1941: Die Quellen widersprechen sich beim Datum. Costello und Zarew nennen als das Datum, an dem die Nachricht an Kent gefunkt wurde, den 10. Oktober 1941, »wie es in einem von der GRU nach dem Kriege an das NKWD gerichteten Report heißt« (S. 141), außerdem habe es »ein zusätzliches Kryptogramm« gegeben, das Einzelheiten darüber enthielt, was Kent von Arvid, Harro und Adam erfragen sollte.
An KENT: O'Sullivan, *Dealing with the Devil*, S. 251. Die Mitteilung ist sowohl von GRU-Kommissar Ilytschow wie auch von General Panfilow, dem Chef der Hauptverwaltung des Geheimdienstes der Roten Armee, unterzeichnet und zudem mit einem Vermerk von NKWD-Geheimdienstchef Pawel Fitin versehen. – Deutsche Übersetzung des Textes zitiert nach Höhne S. 91.
einer der folgenschwersten Schnitzer: O'Sullivan, *Dealing with the Devil*, S. 251.

Alarmstufe Rot (1941)

Arvid bittet seinen Neffen: Wolfgang Havemann berichtete dies laut einem Protokoll bei einer Befragung durch Mitarbeiter des Ministeriums für Staatssicherheit der DDR, GDW. Brysac schreibt irrtümlicherweise, dass Wolfgang Havemann sich geweigert habe, einen Apparat in seiner Wohnung zu verstecken. Brysac, *Mildred Harnack*, S. 370.

Bist du denn jetzt bereit: Wolfgang Havemann, Protokoll, GDW.

verschlüsselt sie geheime Berichte: »The Rote Kapelle« (Finck Study), RG 319, 66, NARA.

erledigen den Großteil der Verschlüsselungsarbeit: Gestapo Final Report, RG 319, 22, NARA.

Schachbrettsystem: Ein Teil der Beschreibung ist übernommen aus Höhne, *Kennwort: Direktor*, S. 115 ff. sowie aus Tarrant, *The Red Orchestra*, S. 53 ff. Die Beschreibung liefert eine vereinfachte Version eines außerordentlich komplizierten Codierungsverfahrens.

Das ist die vereinfachte Version: Der sowjetische Geheimdienst verwendete ein zweischrittiges Verfahren: Zunächst wurde eine Codierung mittels eines Schlüsselbuches angewandt, und danach noch eine Verschlüsselung über eine Chiffrierliste (*pereshifrovochnye gammy* genannt), die mit einer identischen Liste in der Zentrale in Moskau korrespondierte. Um noch eine Sicherheitsstufe hinzuzufügen, durfte eine Chiffrierung aus der Liste jeweils nur einmal benutzt werden.

Ein einziger Fehler (1941)

»An Kent«: Kryptogramm der GRU an »Kent«, 26. September 1941, Akte Nr. 93621, Band 1, S. 26, ARG; zitiert nach Höhne, *Kennwort: Direktor*, S. 91 .

»Suchen Sie bei Ihrer geplanten Fahrt«: Zitiert nach Costello und Zarew, *Der Superagent*, S. 141. Behrens' russischer Deckname *»Lutschisti«* (eigentlich »der Strahlende«) ist hier als »STRAHLMANN« übersetzt; vgl. die Anm. zum Kapitel »Ein Kreis in einem Kreis«.

18,7 Prozent: nach Höhne, *Kennwort: Direktor*, S. 117.

ein monumentaler Sieg: Evans, *Das Dritte Reich, Krieg*, Band III, S. 259.

bleibt die einzige Nachricht: Dies wird im Abschlussbericht der Gestapo bestritten, der angibt, es seien im Zeitraum vom 14. Juni 1941 bis 30. August 1942 500 Funksprüche nach Moskau übermittelt worden.

Gollnow (1941)

»wie Schmetterlinge«: Brief von Arvid Harnack an Clara Harnack vom 12. Oktober 1940, Nachlass von Falk Harnack, GDW.

ein Brief und ein Gedicht: Louise persönlich ausgehändigt am 10. Juni 1941. Bei dem Gedicht handelt es sich um eine Übersetzung eines Goethe-Gedichts mit dem Titel »Gegenwart« (Nachlass von Donald R. Heath, HIA).

Ein Leid unter so vielen (1941–1942)

fasst den Entschluss, sich zu erschießen: Beevor, *Der Zweite Weltkrieg*, S. 284.

»Der Treibstoff der deutschen Armee«: Harro übergab diesen Bericht eigenhändig Kent während dessen zweiwöchigen Besuchs. Kent übermittelte ihn nach seiner Rückkehr aus Berlin von Brüssel aus an Pawel Fitin im vorübergehenden Hauptquartier des NKWD und der GRU (man hatte die Zentrale in Moskau evakuiert, als die Wehrmacht auf Moskau marschierte). Kryptogramm von Kent an die GRU, November 1941, Akte »Korse« Nr. 34118, Band 2, S. 64–66, ARG; zitiert nach Costello und Zarew, *Der Superagent*, S. 142 f.

»Könntest Du uns Kartoffeln schicken?«: Mildred Harnack an Clara Harnack, 3. Dezember 1941, Nachlass von Falk Harnack, GDW.

die größte Zuhörerschaft: Brown, *Manipulating the Ether*, S. 118.

siebenhunderttausend: Childers, *The Third Reich*, S. 485.

beim Vortragen einer Sonate: Evans, *The Third Reich in Power*, Band II, S. 53; die Stelle findet sich so nur in der englischen Ausgabe.

Mann, der nicht viel redet: Lina Heydrich an Jean Vaughan am 12. Dezember 1951; siehe https://spartacus-educational.com/Lina_Heydrich.htm.

länderspezifischen statistischen Angaben: Shirer, *Aufstieg und Fall des Dritten Reiches,* S. 882.

fünfzehn Seiten: Wannseeprotokoll vom 20. Januar 1942, vgl. Internationaler Militärgerichtshof Nürnberg, *Der Prozeß gegen die Hauptkriegsverbrecher vor dem Internationalen Gerichtshof Nürnberg*, Bd. 13, S. 210–219.

Öl im Kaukasus (1942)

»Wenn ich das Öl«: Zeugenaussage von Paulus vor dem internationalen Militärgerichtshof in Nürnberg; vgl. Bellamy, *Absolute War*, S. 497. – Deutsches Originalzitat zitiert nach Kershaw, *Hitler* 1936–1945, S. 677.

entlegener Roman: Dr. Vauck und sein Kryptologen-Team wussten nicht, dass zusätzlich zu *Le Miracle du Professeur Wolmar* noch ein weiteres, weniger entlegenes Buch benutzt wurde: Balzacs *La Femme de Trente Ans.*

»Über das Polizeipräsidium«: Zitiert nach Brysac, *Mildred Harnack*, S. 392 f.

»Ich hoffe, wir bleiben«: Mildred Harnack an die Familie Esch, 14. August 1942, Nachlass der Familie Donner.

per Boot nach Schweden: In zahlreichen Büchern wird fälschlich davon ausgegangen, dass Mildred und Arvid in »Ferien« waren; so auch Höhne, Kennwort: Direktor, S. 189.

FRAGMENT

Fragebogen: Strafanstalt Berlin-Plötzensee, Berlin, 16. Februar 1943, SgY/4, BArch.

Verhaftung (1942)

Sie geht durch die Dünen: Dieses Kapitel basiert auf dem von Zechlin veröffentlichen Bericht von Mildreds und Arvids Verhaftung; die als Zitate gekennzeichneten Dialoge erscheinen genau so in dieser Quelle aus erster Hand. Siehe Zechlin, »Erinnerung«, S. 395–404.

»Er schien etwas besonderes auf dem Herzen zu haben«: Ebd., S. 396.

Das Fotoalbum der Gestapo (1942)

»dunkle Katakombe«: So hat Georgi Dimitroff, Generalsekretär der Komintern, seine Einzelzelle im Keller der Gestapo-Zentrale beschrieben; siehe Stiftung Topographie des Terrors (Hg.), *Das »Hausgefängnis«*, S. 43.

38 Einzelzellen: 1933 gab es zwanzig Zellen; 1935 entstand ein zweiter Zellentrakt mit 18 Einzel- und einer Gemeinschaftszelle. »Vor den Zellen jeweils ein Gang, dazwischen eine Schleuse und ein Luftschutzraum, der zugleich als Warteraum diente« (Rürup, *Topographie des Terrors*, S. 87).

»üblichen Behördenräumen«: Stiftung Topographie des Terrors (Hg.), *Das »Hausgefängnis«*, S. 53.

»Nachdem Ihr Mann«: Zitiert nach Höhne, *Kennwort: Direktor*, S. 200 f., und Brysac, *Mildred Harnack*, S. 417.

119 Personen: Breitman et al., *U.S. Intelligence and the Nazis*, S. 294.

»eines in zweifacher Ausfertigung zu erteilenden Anforderungsscheines«: Rürup, *Topographie des Terrors*, S. 83.

»Geduld ist die Haupttugend«: Kuckhoff, *Vom Rosenkranz zur Roten Kapelle*, S. 334.

»gut befreundet«: Ebd., S. 333.

»Besorgt machten mich«: Ebd.

deutsche Kommunisten: Perrault, *Auf den Spuren der Roten Kapelle*, S. 196.

verschärfte Vernehmung: O'Sullivan, Dealing with the Devil, S. 256. – Der Begriff »verschärfte Vernehmung« wurde von der Gestapo beschönigend für psychische und körperliche Folter im Zuge einer Vernehmung verwendet.

fünf Vernehmungsbeamte: Beschlagnahmte Akten offenbaren, dass Walter Habecker, Johannes Strübing, K. K. Büchert, Alfred Göpfert und Hans Henze die Vernehmer waren.

»Wenn die Gefangenen die Treppe hinaufgehen«: 1936 wurde in der Gestapo-Zentrale ein Aufzug eingebaut, um dem entgegenzuwirken; siehe Stiftung Topographie des Terrors (Hg.), *Das »Hausgefängnis«*, S. 50.

»wie welkes Laub«: Marie Luise von Scheliha überlebte die Gefangenschaft und erinnerte sich an die Begegnung in Sahm, *Rudolf von Scheliha*, S. 197.

»mit Unbehagen«: Die Dialoge und die Beschreibung dieser Szene gehen auf den Artikel »Arvid und Mildred Harnack. Erinnerungen an ihren Prozeß 1942/43« von Axel von Harnack zurück.

Maria Grimme: Maria war die Frau von Adolf Grimme, einem Mitglied des Tat-Kreises. Es ist nicht geklärt, ob sie sich am Widerstand beteiligt hat; in den Unterlagen im Archiv wird sie lediglich als »Ehefrau« geführt. (RG 319/63, Befragung von Alexander Kraell, 9. Juli 1946, S. 5).

»wunderbaren Ausdruck«: Zeugenaussage von Maria Grimme, Prozessakten der Staatsanwaltschaft Lüneburg, Band 8, S. 210, NLB; N/2506/68/51, BArch.

Klopf-klopf (1942)

»ominös«: Die Dialoge und Beschreibungen in dieser Szene stammen aus Günther Weisenborns Aufsatz »Reich Secret« in Boehms Band *We survived* (S. 192–211). Auf Deutsch finden sich die hier verwendeten Beschreibungen und Zitate in Günther Weisenborns autobiografischem Text *Memorial.*

»Packen Sie zwei Koffer«: Boehm, *We survived,* S. 197; Weisenborn, *Memorial,* S. 4.

»Hitlerfliege«: Boehm, *We survived,* S. 200; Weisenborn, *Memorial,* S. 7.

»Die letzten Aussichten«: Boehm, *We survived,* S. 200; Weisenborn, *Memorial,* S. 5.

»Ich begann als Eröffnung«: Boehm, *We survived,* S. 201; Weisenborn, *Memorial,* S. 5.

»Du mußt ... deine ...«: Boehm, *We survived,* S. 202; Weisenborn, *Memorial,* S. 5.

Falk tut, was er kann (1942)

Der Rat, der Falk den Scholls gegeben hat: Falk Harnack traf sich mit Hans Scholl und Alex Schmorell im November 1942 (Dumbach und Newborn, *Wir sind euer Gewissen,* S. 19–28).

»fest und zart«: Brief von Falk Harnack an Clara Harnack und Ansa Harnack vom 26. Oktober 1942, Sammlung Falk Harnack, GDW.

»Die erste Stufe bestand darin«: Zitiert nach Stiftung Topographie des Terrors, *Das »Hausgefängnis«,* S. 172 ff.

Arvid fragt Falk: Falks Gespräch mit Arvid ist übernommen aus einem unveröffentlichten Text Falk Harnacks mit dem Titel »Vom anderen Deutschland« aus dem Jahr 1947 (Sammlung Falk Harnack, GDW); siehe auch in Johannes Tuchel und Reinhold Schattenfroh, S. 239 ff.

»Die Erlaubnis, Frau Mildred Harnack zu sprechen«: Axel von Harnack, »Arvid und Mildred Harnack«, S. 16.

Den Staatsstreich, den beide Männer 1938 zu organisieren versucht hatten: Der Plan sah vor, die Reichskanzlei zu stürmen und Hitler entweder festzunehmen oder einen Anschlag auf ihn zu verüben. Hjalmar Schacht, Präsident der Reichsbank, gehörte zu den Verschwörern. Siehe Hoffmann, *Widerstand, Staatsstreich, Attentat,* S. 69 ff., 110 ff. und 121 ff.

»Wenn es Menschen in Deutschland gibt«: Brief von George K. A. Bell an Anthony Eden vom 25. Juli 1942 und Brief von Anthony Eden an George K. A. Bell vom 17. August 1942, Public Record Office, London, Foreign Office 3471/30/913/C 4425/489/18. Das britische Außenministerium nahm George Bell gegenüber eine herablassende Haltung an und tat den aus Großbritannien stammenden Bischof von Chichester spöttisch als »unseren guten deutschen Bischof« ab (Foreign Office 371/34415/C8903/29/18); zitiert nach Metaxas, *Bonhoeffer,* S. 486 und 499.

Wolfgangs siebtes Verhör (1942)

»Sie brauchen sich gar keine Mühe geben«: Wolfgang Havemann, Vernehmung, S. 33, Sammlung Rote Kapelle, GDW. Wolfgang wurde 1944 von der Roten Armee gefangen genommen. Dieses Kapitel geht auf ein Verhörprotokoll der Russen zurück, die ihn zu seiner Rolle bei der Roten Kapelle befragten. Im Jahr 1994 entdeckte Hans Coppi, Sohn von Hans und Hilde Coppi und kurz vor deren Hinrichtung im Gefängnis geboren, das Protokoll in einem russischen Archiv.

»Tränenausbruch«: Ebd., 13. Februar 1944.

»Das gäbe einen wunderbaren Roman«: Ebd.

Kassiber (1942)

»Schau immer in den Saum«: Friedman, »The Red Orchestra«, S. 158.

Einen Wärter berührt Catos Gesang: Ebd.

von einem Polizeibeamten: Kriminalsekretär Alfred Göpfert.

»gedemütigt«: Zeugenaussage von Admiral Karl-Jesko von Puttkamers, 30. September 1948, Prozessakten der Staatsanwaltschaft Lüneburg, Band 4, NLB.

»der Elite«: Zeugenaussage von Werner Krauss, Prozessakten der Staatsanwaltschaft Lüneburg, Band 10, NLB.

»Ich bitte Sie nur um eines«: Höhne, *Kennwort: Direktor*, S. 191.

»ganz aufgeregt«: Ebd.

»aus Egoismus«: Libertas Schulze-Boysen an Thora Eulenburg, 22. Dezember 1942, Sammlung Renate Dörner, GDW. – In der Literatur über die Rote Kapelle wird Libertas' Rolle unterschiedlich bewertet (vgl. auch Greta Kuckhoffs Einschätzung S. 426). Bekannt ist, dass Gertrud Breiter gezielt von ihren Vorgesetzten dazu eingesetzt wurde, sich das Vertrauen von Inhaftierten zu erschleichen. In dem betreffenden Brief an ihre Mutter beteuert Libertas, getäuscht worden zu sein und ihren Verrat zu bereuen: »Ich hatte noch den bitteren Kelch zu trinken, daß ein Mensch, dem ich mein volles Vertrauen geschenkt hatte, Gertrud Breiter, mich (und Dich) verraten hat, aber ›nun iß die Früchte Deiner Taten, denn wer verrät, wird selbst verraten …‹ Auch ich habe aus Egoismus Freunde verraten, ich wollte frei werden und zu Dir kommen. – Aber glaube mir, ich hätte an dieser Schuld unsagbar schwer getragen. Jetzt haben mir alle verziehen und in einer Gemeinsamkeit, die nur angesichts des Todes möglich ist, gehen wir dem Ende entgegen. Ohne Leid, ohne Bitterkeit.«

Die Rote Kapelle ist weder vollkommen rot noch besonders musikalisch (1942)

»Die neuen Verhaftungen«: Kassiber von Rose Schlösinger, Sammlung Marianne Siderie-Heinemann, GDW.

»so vor Toresschluss«: Kassiber von Oda Schottmüller, Sammlung Rote Kapelle, GDW.

»Lips«: Kassiber von Erika von Brockdorff, Sammlung Rote Kapelle, GDW.

»Pianisten«: O'Sullivan, *Dealing with the Devil*, S. 252, und Höhne, *Kennwort: Direktor*, S. 11 und 111.

»ein sehr ausgedehntes Verfahren«: Harnack, »Arvid und Mildred Harnack«, S. 16.

»Von Mildred nie Antwort«: Falk Harnack an Clara Harnack und Ansa Harnack, 7. Dezember 1942, GDW.
»Ich habe von Mildred gehört«: Kassiber von Rose Schlösinger, Marianne Siderie-Heinemann, GDW.
»Vitamine und Hefe«: Mildred Harnack an Axel von Harnack, Clara Harnack und Falk Harnack, 7. Dezember 1942, Sammlung Falk Harnack, GDW.

Anneliese und Hexenknochen (1942–1943)

mit Holzspänen und Stroh gefüllt: Die Beschreibungen von Mildreds Zelle basieren auf den Einzelheiten, die ihre Mitverschworenen in Kassibern überliefert haben.
»*Ich kann Dir leider*«: Kassiber von Rose Schlösinger, Sammlung Marianne Siderie-Heinemann, GDW.
»Die Schere ins Loch!«: Kassiber von Elfriede Paul, Sammlung Rote Kapelle, GDW.
»das heiße Loch«: Ebd.
»*dann schlafen wir herrlich*«: Ebd.
Eulenspiegel: Kassiber von Erika von Brockdorff, Sammlung Rote Kapelle, GDW.
Nie habe ich das Leben so intensiv gelebt: Ebd.
»nichts unversucht ließen, in Verbindung zu bleiben«: Protokoll von Anneliese Kühn, Sammlung Rote Kapelle, GDW.
»mit Hochachtung«: Ebd.
»So eine Unverschämtheit!«: Kassiber von Oda Schottmüller, Sammlung Rote Kapelle, GDW.
»Hexenknochen«: Ebd.
»das ist ja unser Vielfraß!«: Ebd.
Aber Anneliese Kühn schon: Protokoll von Anneliese Kühn, Sammlung Rote Kapelle, GDW.
heute wieder Blumen: Kassiber von Elfriede Paul, Sammlung Rote Kapelle, GDW.
»[e]in langer Eiszapfen an meiner Fensterklappe«: Ebd.

Hitlers Bluthund (1942–1943)

»Wir müssen den Roeder aus der Untersuchung herausnehmen«: Höhne, *Kennwort: Direktor*, S. 211
»nicht das normale Gefühl«: Ebd., S. 209.
»zu kalt und zu einseitig«: Ebd., S. 210.
»Hitlers Bluthund«: Breitman, *U.S. Intelligence and the Nazis*, S. 298.
bis Anfang Januar 1943: Nachdem er gegen 79 Männer und Frauen der Roten Kapelle Anklage erhoben hatte, wurde Anklagevertreter Manfred Roeder Mitte Februar von einem anderen Anklagevertreter ersetzt. Höhne, S. 231.
»ein unbeschreiblich eitler Gockel«: Kassiber von Oda Schottmüller, Sammlung Rote Kapelle, GDW.
»Hexenkessel«: Kassiber von Erika von Brockdorff, Sammlung Rote Kapelle, GDW. Erika von Brockdorff wurde in einem zweiten Prozess zum Tode verurteilt.

Die erste von vielen Verhandlungen (1942)

BUCH NICHT LIEFERBAR: Telegramm von Axel an Falk von Harnack im Nachlass von Falk Harnack, GDW.

Mildreds Zellengenossin (1942–1943)

»zunächst illegal […] bei einer Holländerin gewohnt«: Vielleicht eine Anspielung auf eine lesbische Beziehung. Gestapoakte von Gertrud Klapputh, 1942, RW58/21723, LAV NRW.

»Bärentanz«: Brief von Gertrud Lichtenstein (geb. Kapputh) an Clara Harnack vom 9. November 1952, Sammlung Falk Harnack, GDW.

»wir haben uns im Gefängnishof«: Ebd.

»spontan in die Arme«: Ebd.

»Mildred besass einen grossen Schatz«: Ebd.

»Verse von Goethe«: Ebd. Getrud erinnert sich nicht ganz richtig, der Goethe-Vers lautet tatsächlich »Edel sei der Mensch, hilfreich und gut.«

»strahlte«: Harnack: »Arvid und Mildred Harnack«, S. 17. Mildreds Anwalt, Leonhard Schwarz, hat Axel von Harnack dies berichtet.

»traurig wurde und manchmal verzweifeln wollte«: Brief von Gertrud Lichtenstein (geb. Kapputh) an Clara Harnack vom 9. November 1952, Sammlung Falk Harnack, GDW.

»eine härtere Strafe«: Ebd.

Arvid ist tot: Ebd. Der protestantische Pfarrer Harald Poelchau, der Mildred am 16. Februar 1943, dem Tag ihrer Hinrichtung, aufsuchte, glaubte, er sei der Erste gewesen, der Mildred darüber in Kenntnis setzte, dass Arvids Hinrichtung vollzogen worden war. Gertruds Brief lässt darauf schließen, dass Mildreds Anwalt Schwarz sie bereits im Januar 1943 informiert hat.

»explodierte«: Zeugenaussage von Rudolf Lehmann, 28. September 1948. Prozessakten der Staatsanwaltschaft Lüneburg, Band 4, Blatt 527, NLB.

dass der Fall vor einem anderen Senat zu verhandeln sei: Memo zu Hitlers Entscheidung am 21. Dezember 1942, Oberkommando der Wehrmacht, 23. Dezember 1942. BArch. Die Richter in Mildreds wiederaufgerolltem Verfahren gehörten der 3. Kammer des Reichskriegsgerichts an.

Das größte Unglück (1943)

»ungefähr zwölf«: Zeugenaussage von Karl Schmauser vom 9. September 1950. Prozessakten der Staatsanwaltschaft Lüneburg, Band 12, NLB.

Warum haben Sie ihr: SS-Offizier Heinz Pannwitz soll angeblich die Prozessunterlagen verbrannt haben; die Unterlagen zum Urteil aus dem ersten Prozess existieren noch. Siehe Höhne: *Kennwort: Direktor*, S. 14 f.

»Verhältnis sexueller Hörigkeit«: Zeugenaussage von Johannes Strübing in den Prozessakten der Staatsanwaltschaft Lüneburg, Band 10, S. 198, NLB; siehe auch Dokumente von David Dallin, D papers, NYPL.

»Das größte Unglück kam dann«: Brief von Gertrud Lichtenstein (geb. Kapputh) an Clara Harnack vom 9. November 1952, Sammlung Falk Harnack, GDW.

»die Neue«: Brief von Irmgard Kamlah an Axel von Harnack, 14. Februar 1947, Nachlass von Falk Harnack, GDW.

Die Armbinde, die sie trug (1943)

»Beim Heraustreten aus der Gefängnistür«: Brief von Irmgard Kamlah an Axel von Harnack, 14. Februar 1947, im Nachlass von Falk Harnack, GDW.

»Nach längerer Zeit«: Ebd.

»Damals habe ich erfahren«: Ebd.

Die Mannhardt-Guillotine (1943)

17.000: Die Morde fanden von 1793 bis 1794 statt.

So effizient verhängten Richter inzwischen die Todesstrafe: 1934 wurde zur Aburteilung politischer Straftaten, darunter Hoch- und Landesverrat, der Volksgerichtshof eingerichtet.

eine Reihe neuer Bestimmungen: Schreiben des Reichsministers der Justiz vom 28. Dezember 1936 zur Vollziehung der Todesstrafe. R22/1314, 216, BArch.

wo Mildred bei warmem Wetter so gerne geschwommen war: In einem Brief an ihre Mutter schrieb Mildred über das Schwimmen im Rhein »beim Anblick von Weinbergen im herrlichsten Sonnenschein«; Brief von Mildred Harnack an Georgina Fish vom 28. August 1930, Nachlass der Familie Donner.

genaue Anweisungen: Schreiben des Reichsjustizministers vom 12. Januar 1937 an den Generalstaatsanwalt in Karlsruhe zur Vollziehung der Todesstrafe und Schreiben an den Generalstaatsanwalt beim Kammergericht, R22/1314, 216, BArch.

»durchaus geräumig und geeignet«: Schreiben des Strafanstaltsoberdirektors der Strafanstalt Plötzensee vom 22. Februar 1937 zur Vollziehung der Todesstrafe« R22/1314, 255, BArch.

»Ein glatter Verlauf wäre so sichergestellt«: Ebd.

Zu unsres Lebens oft getrübten Tagen (1943)

»Die Henkersknechte«: Poelchau, *Die letzten Stunden*, S. 16. Die Hinrichtung wurde am 17. April 1934 im Strafgefängnis Tegel vollzogen.

Er besucht heimliche Treffen: Hoffmann, *Widerstand, Staatsstreich, Attentat*, S. 52.

16. Februar 1943: Harald Poelchau hat diese Begegnung in einem 1949 erschienenen Band mit seinen Erinnerungen beschrieben; siehe Poelchau, *Die letzten Stunden*, S. 62–65. Einzelheiten in diesem Kapitel stammen zudem aus den 1954 erschienenen Erinnerungen ihres Mitverschworenen Günther Weisenborn, der im August 1946 mit Poelchau zusammentraf und bat, ihm das, was er von der letzten Stunde vor Mildreds Hinrichtung berichten könne, mitzuteilen. Weisenborn behielt aus Poelchaus mündlichem Bericht über Mildreds Zustand in Erinnerung, dass Mildred von ihren Vernehmern körperlich misshandelt worden sei. Sie habe an fortgeschrittener Tuberkulose gelitten und sei »völlig verwirrt« gewesen. Siehe Weisenborn, *Der lautlose Aufstand*, S. 211.

»In all the frequent troubles of our days«: Es handelt sich um das Gedicht »In ein Stammbuch«, enthalten in der im Verlag Rütten und Loening erschienenen Goethe-Gedichtausgabe mit dem Titel *Das Göttliche. Gedichte.* Das Buch mit Mildreds handschriftlichen Übersetzungen befindet sich in der GDW. [»Zu unsres Lebens oft getrübten Tagen / Gab uns ein Gott Ersatz für alle Plagen, / Daß unser Blick sich himmelwärts gewöhne, / Den Sonnenschein, die Tugend und das Schöne.«]

die Orange und das Foto: Falk Harnack, Protokoll, Sammlung Falk Harnack, GDW.

Das Gesicht meiner Mutter: Fotografie von Georgina Fish, Sammlung Rote Kapelle, GDW.

Sie wird ihren Kopf auf einen Block legen: Mildred Harnack wurde am 16. Februar 1943 um 18:57 Uhr hingerichtet. Über die Zeit und Art von Mildred Harnacks Hinrichtung wird in verschiedenen Büchern Unterschiedliches berichtet, darunter auch Falsches.

Stieves Liste (1943–1945)

dass es sich lohnt zu rebellieren: Alle Zitate und anderen Informationen über Margarete von Zahns Begegnung mit Hermann Stieve basieren auf einem Radiointerview, das sie 2005 im Alter von 85 Jahren gab (Wonschik, *Mildreds Asche*, 2005), hier zitiert nach Tatjana Wulferts Artikel »Margarete von Zahn«.

Prof. Stieve führt eine Liste: Hildebrandt, *The Anatomy of Murder*, S. 18 ff. Eine Kopie von Stieves Liste findet sich unter der Signatur DP1/6490 im BArch.

Leichen von »Verbrechern«: Hildebrandt, *The Anatomy of Murder*, S. 152; dort zitiert nach Böhm u. Haase, *Täterschaft*, S. 31 u. 33.

eine spezielle Vereinbarung: Zur medizinischen Forschung von Stieve siehe Johannes Tuchels 2019 erschienene Studie *Hinrichtungen im Strafgefängnis Berlin-Plötzensee 1933–1945 und der Anatom Hermann Stieve.*

»Es ist ungemein schwer«: Wonschik, *Mildreds Asche*.

17.383 Hinrichtungen: Hildebrandt, *The Anatomy of Murder*, S. 16.

Wie viele Leichen genau: Ebd., 187. Eine konservative Schätzung geht von 35.000 bis 40.000 aus; der Anteil politischer Dissidenten an dieser Zahl ist nicht bekannt.

eine anerkannte Autorität: Winkelmann und Schagen, »Hermann Stieve's Clinical-Anatomical Research«.

In seinem Labor hat er eine große Sammlung: Siehe H. Stieve, *Der Einfluss des Nervensystems auf Bau und Tätigkeit der Geschlechtsorgane des Menschen* (Stuttgart: Thieme, 1952).

Die Endlösung (1943–1945)

die Zahl der Häftlinge: Wachsmann, *KL*, S. 192 u. 415.

6.000 Juden: »Gassing Operations«, *Holocaust Encyclopedia*, USHMM.

zwei Drittel der jüdischen Bevölkerung Europas: Ebd.

Gertrud (1943–1945)

Häftling Nummer 16277: Häftlingsnummernverzeichnis Ravensbrück, 1.1.35.1 / 3768233, Klapputh – Blockbuch Block 1 KZ Ravensbrück, Arolsen Archives. Viele Einzelheiten zu dem, was Gertrud Klapputh in Ravensbrück erlebt hat, stammen aus ihrer nach dem Krieg entstandenen Aufzeichnung »So war mein Leben! So wurde ich Antifaschistin«, Nachlass von Falk Harnack, GDW.

Er glaubt, dass die Reinhaltung: Helm, *Ohne Haar und ohne Namen*, S. 23.

12.000 jüdische Frauen: Megargee, *Encyclopedia of Camps and Ghettos*, S. 1188.

»Ihre Haut mußte trocken und die Finger möglichst schlank sein«: Helm, *Ohne Haar und ohne Namen*, S. 267.

73.000 Hemden: Zugrundegelegt ist der Zeitraum von Juli 1940 bis März 1941. Wachsmann, *KL*, S. 227.

übersät mit Läusen: Ein Mitglied des französischen Widerstands, das Ravensbrück überlebt hat, erinnerte sich in einem 1945 gegebenen Interview, dass viele der Frauen, die diese mit Läusen verseuchten Uniformen sortieren mussten, sich mit Typhus ansteckten; siehe Flanner, »Letter from Paris«.

»hübsch [sind], gute Zähne haben«: Eidesstattliche Aussage von Dr. Gerhard Schiedlausky vom 7. August 1945; zitiert nach Helm, *Ohne Haar und ohne Namen*, S. 222.

ein paar auserwählte Wenige: Beispielsweise besuchten täglich durchschnittlich 53 Männer das Lagerbordell von Buchenwald; siehe Wachsmann, *KL*, S. 413.

»den fleißig arbeitenden Gefangenen«: Brief von Heinrich Himmler an Oswald Pohl vom 23. März 1942; zitiert nach Helm, *Ohne Haar und ohne Namen*, S. 222.

sadistische Experimente: Internationaler Militärgerichtshof Nürnberg, *Der Prozeß gegen die Hauptkriegsverbrecher vor dem Internationalen Gerichtshof Nürnberg*, Bd. 1, S. 367–376, 381–387, 391–417; siehe auch Bagatur, »Nazi Medicine«, S. 1899–1905.

»Die Schmerzen im Bein waren sehr stark«: Zeugenaussage von Wladislawa Karolewska, Mitscherlich und Mielke: *Medizin ohne Menschlichkeit*, S.141 f.

»sorgfältig in sterilen Gazeverband gewickelt«: Transkript der Zeugenaussage von Dr. Zdenka Nedvědová-Nejedlá am 6. September 1946 während der Nürnberger Prozesse. RG 238, NARA.

»Alle waren von diesen Experimenten schockiert«: Helm, *Ohne Haar und ohne Namen*, S. 251.

»Blockovas«: Ebd.

die täglich anfallenden organisatorischen Aufgaben: Gertrud war eine von zwölf Frauen, die in Ravensbrück als Sekretärinnen für SS-Offiziere arbeiteten. Es ist möglich, dass sie auch als Blockova gearbeitet hat; dokumentiert wurde dies nur unzureichend. Wie bei Helm zu lesen ist, »verbrannte« die SS »alle Dokumente über die Ernennung von Kapos oder anderem Häftlingspersonal« (Helm, *Ohne Haar und ohne Namen*, S. 69).

»Je zahlreicher die Gegnerschaften«: Ebd., S. 61. Rudolf Höß wurde bei den Nürnberger Prozessen als Kriegsverbrecher zum Tod durch Erhängen verurteilt. Auf Bitten der polnischen Behörden verfasste Höß vor seiner Hinrichtung eine Autobiografie (*Kommandant in Auschwitz*).

18.000: Ebd., S. 308.

»Eine schöne Blondine«: Ebd. S. 311.

eine Gaskammer: Die Gaskammer war aus Holz konstruiert und wurde in der Nähe des Krematoriums errichtet. Gertrud hat über den Geruch der brennenden Körper und die »constant meter-high flames«, die aus dem hohen Kamin des 1943 erbauten Krematoriums schlugen, schriftlich berichtet (Lichtenstein, »So war mein Leben!«). Einige Ravensbrück-Überlebende weigerten sich, über die Gaskammer und das Krematorium zu sprechen (Flanner, »Letter from Paris«, S. 55).

»Morgens hörten wir die SS-Männer rufen«: Helm, *Ohne Haar und ohne Namen*, S. 669. Der Name der Gefangenen war Maria Bielicka.

»Und dann blieben wir stehen«: Ebd., S. 675 f.

»Und dann kam das schlimmste Ende«: Ebd., S. 677.

In einem Text: Lichtenstein, »So war mein Leben!«.

zwischen 30.000 und 90.000: Helm, *Ohne Haar und ohne Namen*, S. xviii.

6.000 wurden vergast: Rydén, »When bereaved of everything«, S. 514.

Harriettes Zorn (1942–1945)

»couragierte Antifaschistin«: Der Brief war eigentlich an Mildreds Mutter adressiert; Franziska wusste nicht, dass Georgina Fish bereits verstorben war. (Brief von Franziska Heberle an Mrs. Fish vom 21. Dezember 1943; Nachlass von Mildred Harnack, MHC).

»Teil einer spektakulären Verschwörung«: »Nazis Seized Estate, Word: Former Milwaukeean's Goods Confiscated, Husband Hanged. Report.« *Milwaukee Journal* vom 16. Mai 1943.

Heute Morgen: Brief von Marion Carlson an Harriette Esch vom 16. Mai 1943; Nachlass der Familie Donner. In einem Artikel, der am 6. Oktober 1943 im *Milwaukee Journal* erschien (»Woman Dead, a Nazi Victim: Native of Milwaukee«), wird ohne irgendeinen Hinweis auf die Quelle Mildreds Tod verkündet. Mildreds Schwager Albert Carlson vermutete, dass Mildred »in einem Konzentrationslager« gestorben sei. Harriette meinte: »Sieht mir nach einem Werk der Gestapo aus.«

Ein schlichtes Schwarzweißfoto: Nachlass der Familie Donner.

»angezogen wie Landstreicher«: Memoiren von Harriette Esch, ebd.

Baltimore Sun: »Maryland Girl, 3 Babies, Flee Reich, Reach Yanks«. *Baltimore Sun* vom 19. April 1945.

»Sehr geehrter Herr …«: Brief von John Schwertman, Bereichsleiter beim Amerikanischen Roten Kreuz, an Fred Esch vom 10. Juni 1945. Nachlass von Mildred Harnack, MHC.

»jegliche Dokumente, die dieses spezielle Thema berühren«: Brief von Bob Fish an Sue Heath vom 14. Oktober 1988. Nachlass von Donald R. Heath, HIA. Bob Fish ist der Sohn von Marbeau »Bob« Fish.

Walküre (1942–1945)

»gewaltige Unterstützungen von mächtigen Verbündeten«: Dulles, *Verschwörung in Deutschland*, S. 40.

»in voller Klarheit«: Bethge, *Dietrich Bonhoeffer*, S. 889 u. 895.

»Wir sind stumme Zeugen«: Ebd., S. 896. Dietrich Bonhoeffer gab dem Aufsatz den Titel »Nach zehn Jahren« (in: *Widerstand und Ergebung. Briefe und Aufzeichnungen aus der Haft*, hrsg. von Eberhard Bethge, München: Kaiser, 1951). Seine Eltern versteckten ein Exemplar des Textes unter einem Dachbalken ihres Hauses in der Marienburger Allee 43 in Berlin.

Dietrich sendet seine Nachrichten clever: Beispiele für solche Nachrichten finden sich in Bethge, *Dietrich Bonhoeffer*, S. 912.

»in den doppelten Deckel eines Joghurts«: Meding, *Mit dem Mut des Herzens*, S. 50. Emmi Bonhoeffer schickt die Nachricht im Winter 1944 an Hans John. Sowohl Hans John wie auch sein Bruder Otto John waren maßgeblich am Walküre-Komplott beteiligt.

»Musikgesellschaft«: Ebd., S. 53.

Justus Delbrück stirbt im Gefängnis: Justus Delbrück kam ins Gefängnis, wurde aber von den Alliierten befreit. Wenige Tage später wurde er von der sowjetischen Geheimpolizei festgenommen. Er starb im Oktober 1945 in einem sowjetischen Gefangenenlager.

Rekrutiert (1945–1948)

»russische Pläne gegen britische Interessen«: O'Sullivan, *Dealing with the Devil*, S. 271.

man habe Kopkow mit »hohem Fieber« vorgefunden: Helm, »The Gestapo Killer who lived twice«, *Sunday Times* vom 7. August 2005.

»eine Unmenge Informationen«: Memo von Benjamin Gorby, Special Agent des Counter Intelligence Corps (CIC) an Lt. Kirkpatrick vom 31. Dezember 1947, RG 319, NARA.

»Vertrauen war schon bald gewonnen«: Memo von Major Earl S. Browning vom Counter Intelligence Corps (CIC) vom 20. Mai 1948, RG 319, NARA.

Greta zu beschatten: Greta Kuckhoff war von 1950 bis 1958 Präsidentin der Deutschen Notenbank und damit die erste Frau, die eine deutsche Staatsbank leitete.

»würde ohne Weiteres als Staatsfeind Nummer 1 in jeder deutschen Demokratie durchgehen«: Benno Selke, Deputy Director, Evidence Division, an den Commanding General, Office of the Deputy Director for Intelligence, am 4. August 1948, RG 319, NARA.

»notorischen, skrupellosen, opportunistischen Nazi«: Ebd.

»Mildred Harnack war tatsächlich maßgeblich in die Untergrundaktivitäten eingebunden«: Memo von Albert R. Perry jr. an Captain H. H. Sloane, RG 152, NARA.

Durch einen Zufall (1952)

»Sehr verehrte, liebe Frau Harnack!«: Brief von Gertrud Lichtenstein (geb. Kapputh) an Clara Harnack vom 8. Oktober 1952, GDW.

der für sie ein unerschöpfliches Thema war: Brief von Gertrud Lichtenstein (geb. Kapputh) an Clara Harnack vom 9. November 1952, GDW.

Arvids Brief (1942)

Mein inniggeliebtes Herz: Brief von Arvid Harnack an Mildred Harnack vom 22. Dezember 1942. Nachlass von Falk Harnack, GDW.

Don kehrt zurück (1946)

Er erinnert sich, wie er auf der Straße stand: Die Einzelheiten und Beschreibungen in diesem Kapitel gehen zurück auf Interviews, die die Autorin mit Donald Heath jr. geführt hat.

Was ist mit Mole geschehen?: Don erfuhr später, dass Mole irgendwann 1945 beim Einsturz eines Gebäudes getötet wurde.

Du hast da drin ein Gehirn: Interviews der Autorin mit Donald Heath jr.

Bibliografie

Unveröffentlichtes Material

Akten der Staatsanwaltschaft Lüneburg I Js 16/49 betr. Ermittlungen gegen Dr. Manfred Roeder. Niedersächsisches Hauptstaatsarchiv, Nds. 721 Lbg. Acc. 69/76, 15 Bände; darin Zeugenaussagen von Maria Grimme, Werner Krauss, Rudolf Lehmann, Karl-Jesko von Puttkamer, Karl Schmauser und Johannes Strübing.

Akten der Staatsanwaltschaft Lüneburg I Js 16/49 betr. Bericht über das Ermittlungsverfahren gegen Dr. Manfred Roeder, Schlussbericht von Staatsanwalt Dr. Hans-Jürgen Finck. Niedersächsisches Hauptstaatsarchiv, Nds. 721 Lbg. Acc 52/87 (verfasst im Jahr 1951).

Brown, Sue Heath: »Autobiography«. Nachlass von Donald R. Heath, HIA.

Cargill, Oscar: Brief an Mildred Harnack, 29. März 1937, HU.

Foto von Georgina Fish mit handschriftlicher Notiz von Mildred Harnack, Sammlung Rote Kapelle, GDW.

Fragebogen: Strafanstalt Berlin-Plötzensee, 16. Februar 1943, Dokumente zu Mildred Harnack, SgY/4, BArch.

Gestapo-Akte von Gertrud Klapputh, 1942, RW58/21723, LAV NRW.

Harnack, Arvid: Briefe an Clara Harnack, Nachlass von Falk Harnack, GDW.

Harnack, Mildred: »The New Apartment.« HU.

Dies.: »Prothamalion«. HU.

Dies.: Brief an Clara Harnack vom 3. Dezember 1941, Nachlass von Falk Harnack, GDW.

Havemann, Wolfgang: »Erinnerungen an Arvid Harnack« (1931–1942), Sammlung Rote Kapelle, GDW.

– Ders.: Protokoll einer Befragung durch Mitarbeiter des Ministeriums für Staatssicherheit der DDR, Sammlung Falk Harnack, GDW.

– Ders.: »Über die notwendige Einheit von Theorie und Praxis bei der Anwendung des Marxismus-Leninismus (Erinnerungen an Arvid Harnack aus den Jahren 1931–1942)« (2. März 1983). Sammlung Rote Kapelle, Gedenkstätte Deutscher Widerstand.

– Ders.: Vernehmung, Sammlung Rote Kapelle, GDW.

Harnack, Falk: »Vom anderen Deutschland«, 1947, Sammlung Falk Harnack, GDW.

Heath, Donald jr.: »The American Church in Berlin: January 1938–June 1941.« Nachlass von Donald R. Heath, HIA.

– Ders.: »Remembering Arvid and Mildred Harnack.« Nachlass von Donald R. Heath, HIA.

»Walking with Janey.« Nachlass von Donald R. Heath, HIA.

Heath, Donald R. sen.: »Education of a Foreign Service Officer.« Nachlass von Donald R. Heath, HIA.

Heath, Louise: Terminkalender 1938–1941. Nachlass von Donald R. Heath, HIA.

– Dies.: Tagebücher 1938–1941. Nachlass von Donald R. Heath.

Heberle, Franziska: Brief an Renate Dörner vom 22. März 1965, Sammlung Renate Dörner, GDW.

Kamlah, Irmgard: Brief an Axel von Harnack, 14. Februar 1947, Nachlass von Falk Harnack, GDW.

Kassibertexte von Erika von Brockdorff, Elfriede Paul, Oda Schottmüller, Sammlung Rote Kapelle, GDW.
Knoll, Samson B.: Taschenkalender, Unterlagen zu Mildred Harnack, Akte 3, Signatur 41, HU.
Kortmann, Emil: »Zusammenarbeit mit Mildred und Arvid Harnack«, Sammlung Falk Harnack, GDW.
Kühn, Anneliese: Protokoll, Sammlung Rote Kapelle, GDW.
Lichtenstein, Gertrud (geb. Klapputh): Briefe an Clara Harnack vom 8. Oktober und 9. November 1952, Sammlung Falk Harnack, GDW.
- Dies.: »So war mein Leben! So wurde ich Antifaschistin«, Nachlass von Falk Harnack, GDW.
Protokoll Samson Knoll, Sammlung Rote Kapelle, GDW.
Protokoll Martha Utech, Sammlung Rote Kapelle, GDW.
Protokoll Wilhelm Utech, Sammlung Rote Kapelle, GDW.
Schlösinger, Rose: Kassiber, Sammlung Marianne Siderie-Heinemann, GDW.
Schreiben des Generalstaatsanwalts von Naumburg an den Reichsminister der Justiz vom 12. Juni 1935 zum Vertrag mit dem Scharfrichter, R22/1323, S. 55–58, BArch.
Schreiben des Reichsministers der Justiz vom 28. Dezember 1936 zur Vollziehung der Todesstrafe. R22/1314, 216, BArch.
Unterlagen zu Mildred Harnack im Universitätsarchiv der Humboldt-Universität zu Berlin (HU); darunter eine Abschrift des von Mildred Harnack in der Strafanstalt Plötzensee ausgefüllten Fragebogens (AdW der DDR, Vizepräsident Prof. Dr. Dr. h.c. H. Scheel an Universitätsarchiv, Dr. Kossack, 1 B, 18.9.1980 in Ablichtung; Akte 3, Nr. 40).

Bücher und Aufsätze

Abramov, Vadim: *Jevrei v KGB: Palachi izhertvy*. Moskau: Jauza, EKSMO, 2005.
»Alle englischen Luftangriffe waren zum Scheitern verurteilt.« *Der Führer*, 20. Dezember 1939.
Baerwald, Friedrich: »How Germany Reduced Unemployment.« In: *American Economic Review* 24, Nr. 4 (Dezember 1934).
Bagatur, Erdem: »Nazi Medicine – Part 1: Musculoskeletal Experimentation on Concentration Camp Prisoners During World War II«. In: *Clinical Orthopaedics and Related Research* 476 (2018).
Beck, Maria-Dorothea: »Erinnerungen an Mildred Harnack.« Die Andere Zeitung, 14. September 1967.
Beevor, Antony: *Der Zweite Weltkrieg*. Aus dem Englischen von Helmut Ettinger. München: Bertelsmann, 2014.
Behnken, Klaus (Hg.): *Deutschland-Berichte der Sozialdemokratischen Partei Deutschlands (Sopade) 1934–1940*. 7 Jahrgangsbände, Salzhausen und Frankfurt a. M.: Petra Nettelbeck und Zweitausendeins, 1980.
Bellamy, Chris: *Absolute War. Soviet Russia in the Second World War*. New York: Vintage, 2008.
Bethge, Eberhard: *Dietrich Bonhoeffer. Theologe – Christ – Zeitgenosse. Eine Biographie*. 8., korrigierte Aufl. Gütersloh: Gütersloher Verl.-Haus, 2004 [erstmals München: Ch. Kaiser, 1967].

Boehm, Eric H.: *We Survived. The Stories of Fourteen of the Hidden and Hunted of Nazi Germany.* New Haven, CT: Yale University Press, 1949.

Böhm, Boris / Haase, Norbert (Hgg.): *Täterschaft. Strafverfolgung. Schuldentlastung. Ärztebiografien zwischen nationalsozialistischer Gewaltherrschaft und deutscher Nachkriegsgeschichte.* Leipzig: Leipziger Universitätsverlag, 2007.

Bohn, Willi: *Transportkolonne Otto. Bibliothek des Widerstandes.* Frankfurt a. M.: Röderberg, 1970.

Bonhard, Otto: »Das Hitler-Buch ›Mein Mampf‹«. *Deutsche Zeitung*, 9. September 1925.

Bourgeois, Guillaume: *La Véritable Histoire de L'Orchestre Rouge.* Paris: Nouveau Monde, 2015.

Breitman, Richard; Goda, Norman J. W.; Naftali, Timothy; Wolfe, Robert: *U.S. Intelligence and the Nazis.* Cambridge: Cambridge University Press, 2005.

Brown, Robert J.: *Manipulating the Ether. The Power of Broadcast Radio in Thirties America.* Jefferson, NC: Mc Farland, 1998.

Brüning, Eberhard: *Mildred Harnack-Fish. Variationen über das Thema Amerika: Studien zur Literatur der USA.* Berlin: Aufbau, 1988.

Brysac, Shareen Blair: *Mildred Harnack und die Rote Kapelle. Die Geschichte einer ungewöhnlichen Frau und einer Widerstandsbewegung.* Aus dem Amerikanischen von Klaus Kochmann. Bern: Scherz, 2003.

Buchanan, Andrew: *World War II in Global Perspective. 1939–1952.* New York: John Wiley, 2019.

Central Intelligence Agency: *The Rote Kapelle. The CIA's History of Soviet Intelligence and Espionage Networks in Western Europe, 1936–1945.* Washington, D.C.: University Publications of America, 1979.

Chalou, George C. (Hg.): *The Secrets War. The Office of Strategic Services in World War II.* Washington, D.C.: National Archives and Records Administration, 2002.

Childers, Thomas: *The Third Reich. A History of Nazi Germany.* New York: Simon and Schuster, 2017.

Coppi, Hans: *Harro Schulze-Boysen – Wege in den Widerstand.* Eine biographische Studie. Mit einem Vorwort von Robert Jungk. 2., durchges. Aufl. Koblenz: Fölbach, 1995.

Coppi, Hans / Danyel, Jürgen / Tuchel, Johannes (Hgg.): *Die Rote Kapelle im Widerstand gegen den Nationalsozialismus.* Berlin: Gedenkstätte Deutscher Widerstand, 1994.

Costello, John / Zarew, Oleg: *Der Superagent. Der Mann, der Stalin erpreßte.* Aus dem Amerikanischen von Joachim Peters. Wien: Zsolnay, 1993.

Crepon, Tom: *Leben und Tode des Hans Fallada.* Hamburg: Hoffmann und Campe, 1981.

Dallek, Robert: *Democrat and Diplomat. The Life of William E. Dodd.* New York: Oxford University Press, 1968.

Dallin, David: *Die Sowjetspionage. Prinzipien und Praktiken.* Aus d. Engl. von Franz Wördemann. Köln: Verlag für Politik und Wirtschaft, 1956.

David-Fox, Michael: *Showcasing the Great Experiment. Cultural Diplomacy and Western Visitors to the Soviet Union 1921–1941.* New York: Oxford University Press, 2012.

»Der Sieg ist uns gewiß!« *Rheinsberger Zeitung*, 23. Dezember 1939.

»Die ehemalige Pulverfabrik ein Konzentrationslager für politische Gefangene«. *Dachauer Volksblatt*, 6. April 1933.
»Die Ergebnisse der Reichstagwahl«. *Senstenberger Anzeiger*, Jg. 59, 1. August 1932.
»Die Juden im Dritten Reich«, *Münchener Post*, 9. Dezember 1931; zitiert nach Rosenbaum, *Die Hitler-Debatte.*
Diels, Rudolf: *Lucifer ante portas.* Zürich: Interverlag, 1949.
Dodd, Martha: *Aus dem Fenster der Botschaft.* Berlin: Verlag der Sowjetischen Militärverwaltung in Deutschland, 1946.
– Dies.: *Meine Jahre in Deutschland 1933 bis 1937 – nice to meet you, Mr. Hitler!.* Übers. von Ursula Locke-Gross und Sabine Hübner. Frankfurt a. M.: Eichborn, 2005.
Domarus, Max (Hg.): Hitler. *Reden und Proklamationen 1932–1945.* Band 1, Zweiter Halbband 1935–1938. Löwit: Wiesbaden, 1973.
Duhnke, Horst: *Die KPD von 1933 bis 1945.* Köln: Kiepenheuer und Witsch, 1972.
Dulles, Allen Welsh: *Verschwörung in Deutschland.* Aus dem Amerikanischen von Wolfgang von Eckardt. Kassel: Schleben, 1949.
Dumbach, Annette E.; Newborn, Jud: *Wir sind euer Gewissen. Die Geschichte d. Weißen Rose.* Aus dem Amerikanischen übersetzt von Annerose Gierlichs. Stuttgart: Kreuz, 1988.
»Erledigung Hitlers«. *Frankfurter Zeitung und Handelsblatt*, 11. November 1925; zitiert nach Plöckinger, *Quellen und Dokumente zur Geschichte von »Mein Kampf«.*
Evans, Jedidiah. *Look Abroad, Angel. Thomas Wolfe and the Geographies of Longing.* Athens: University of Georgia Press, 2020.
Evans, Richard J.: *Das Dritte Reich.*
Band I: *Aufstieg.* Aus dem Englischen von Holger Fliessbach und Udo Rennert. München: Deutsche Verlags-Anstalt, 2004.
Band II/1 u. II/2: *Diktatur.* Aus dem Englischen von Udo Rennert. München: Deutsche Verlags-Anstalt, 2006. (Engl. Titel: *The Third Reich in Power*)
Band III: *Krieg.* Aus dem Englischen von Udo Rennert und Martin Pfeiffer. München: Deutsche Verlags-Anstalt, 2009.
Fergusson, Adam: *Das Ende des Geldes: Hyperinflation und ihre Folgen für die Menschen am Beispiel der Weimarer Republik.* Hrsg. von Max Otte. Aus dem Engl. von Almuth Braun. München: FinanzBuch Verlag, 2011.
Flanner, Janet: »Letter from Paris: Inside Ravensbrück. A survivor shares her experiences.« In: *The New Yorker*, 5. Mai 1945.
»Foreign Service Changes«. *American Foreign Service Journal* 14, Nr. 12 (Dezember 1937).
»Foreign Service Changes«. *American Foreign Service Journal* 16, Nr. 4 (April 1939).
Friedman, Ina: »The Red Orchestra and Cato Bontjes van Beek.« In: *Confront! Resistance in Nazi Germany.* Edited by John J. Michalczyk. New York: Peter Lang, 2004.
Fromm, Bella: *Als Hitler mir die Hand küsste.* Berlin: Rowohlt, 1993.
Gladkov, Teodor Kirillovich. *Lift v razvedku. »Korol Nelegalov« Aleksandr Korotkov.* Moskau: Tsentrpoligraph, 2002.
Goebbels, Joseph: *Revolution der Deutschen: 14 Jahre Nationalsozialismus.* Oldenburg: Stalling, 1933.
– Ders.: *Signale der neuen Zeit: 25 Reden von Dr. Jospeh Goebbels.* München: Eher, 1938.

– Ders.: *Vom Kaiserhof zur Reichskanzlei: eine historische Darstellung in Tagebuchblättern.* München: Eher, 1942.
Goeschel, Christian: *Suicide in Nazi Germany.* New York: Oxford University Press, 2009.
Griebel, Regina / Coburger, Marlies / Scheel, Heinrich: *Erfasst? Das Gestapo-Album zur Roten Kapelle. Eine Foto-Dokumentation.* Hrsg. in Verbindung mit der Gedenkstätte Deutscher Widerstand. Halle: Audioscop, 1992.
Grimme, Adolf: *Briefe.* Hrsg. von Dieter Sauberzweig unter Mitw. von Ludwig Fischer. Heidelberg: L. Schneider, 1967.
Guenther, Irene: *Nazi chic? Fashioning Women in the Third Reich.* Oxford: Berg, 2004.
Haase, Norbert: *Das Reichskriegsgericht und der Widerstand gegen die nationalsozialistische Herrschaft.* In Zusammenarbeit mit der Neuen Richtervereinigung hrsg. von der Gedenkstätte Deutscher Widerstand. Berlin: Gedenkstätte Deutscher Widerstand, 1993.
Hall, Claire M.: *»An Army of Spies? The Gestapo Spy Network 1933–1945.«* In: *Journal of Contemporary History* 44, Nr. 2 (April 2009).
Handbuch des Berliner Abend Gymnasiums. 2. Ausgabe. Berlin: C. Heymann, 1934.
Harnack, Axel von: »Arvid und Mildred Harnack. Erinnerungen an ihren Prozeß 1942/43«. In: *Die Gegenwart* 2 (1947), S. 15–17.
Harnack, Clara: »Unermüdlicher Streit für die Menschenrechte. Die Mutter Arvid Harnacks über ihren Sohn und die Schwiegertochter Mildred.« *Neues Deutschland* 1977.
Harnack-Fisch, Mildred: »Thomas Wolfe.« *Berliner Tageblatt*, 26. Mai 1935.
Harpprecht, Klaus: *Harald Poelchau. Ein Leben im Widerstand.* Berlin: Rowohlt, 2004.
Hass, Michael: *Forbidden Music. The Jewish Composers Banned by the Nazis.* New Haven, CT: Yale University Press, 2013.
Havemann, Ingeborg: »Mildred Harnack. Eine Erinnerung«. In: *Heute und Morgen* 2 (1950), S. 77–78.
Heiber, Helmut (Hg.): *Goebbels Reden 1932–1945.* Bindlach: Gondrom, 1991.
Helm, Sarah: *Ohne Haar und ohne Namen. Im Frauen-Konzentrationslager Ravensbrück.* Übersetzt von Martin Richter, Annabel Zettel und Michael Sailer. Darmstadt: wbg Theiss, 2016.
– Dies.: »The Gestapo Killer who lived twice.« *Sunday Times*, 7. August 2005.
Herman, Stewart W.: *American Church in Berlin. A History.* Überarbeitete Ausgabe. Privatdruck, 2001.
Hett, Benjamin Carter: *Der Reichstagsbrand. Wiederaufnahme eines Verfahrens*, Reinbek bei Hamburg: Rowohlt, 2016.
Hildebrandt, Sabine: *The Anatomy of Murder. Ethical Transgressions and Anatomical Science during the Third Reich.* New York: Berghahn, 2016.
Hitler, Adolf: *Mein Kampf. Zwei Bände in einem Band.* 851.-855. Aufl., München: Zentralverl. der NSDAP, Eher, 1943.
– Ders.: *Reden an die deutsche Frau. Reichsparteitag, Nürnberg, 8. September 1934*, Berlin 1934.
»Hitlers Abrechnung«. Neue Zürcher Zeitung, 8. November 1925; zitiert nach Plöckinger, *Quellen und Dokumente zur Geschichte von »Mein Kampf«.*
»Hitler gegen die Münchener Post«, Münchener Post, 7. Dezember 1921; zitiert nach Rosenbaum, *Die Hitler-Debatte.*

Hochschild, Adam: *Spain in Our Hearts. Americans in the Spanish Civil War, 1936–1939*. Boston: Mariner, 2017.
Höhne, Heinz: *Der Orden unter dem Totenkopf. Die Geschichte der SS*. München: Goldmann, 1978.
– Ders.: *Kennwort: Direktor. Die Geschichte der Roten Kapelle*. Frankfurt a. M.: S. Fischer, 1970.
Hoffmann, Peter: *German Resistance to Hitler*. Cambridge, MA: Harvard University Press, 1988.
– Ders.: *Widerstand gegen Hitler. Probleme des Umsturzes*, München: Piper, 1979.
– Ders.: *Widerstand, Staatsstreich, Attentat. Der Kampf der Opposition gegen Hitler*. 4., neu überarb. u. erg. Aufl., Neuausg. München: Piper, 1985.
Hollweck, Joseph: *Die Todesstrafe im neuen Reich*. Juristische Dissertation zur Erlangung der Doktorwürde an der Universität Erlangen. Würzburg: R. Mayr, 1935.
Internationaler Militärgerichtshof Nürnberg, *Der Prozeß gegen die Hauptkriegsverbrecher vor dem Internationalen Gerichtshof Nürnberg*, 23 Bände, Nürnberg 1947.
Irving, David: *Goebbels. Macht und Magie*. Kiel: Arndt, 1997.
Isenberg, Noah: »Voluptuous Panic«. In: *New York Review of Books*, 28. April 2018.
»Judenplage in Belgien«. Deutsches Nachrichtenbüro, 12. Dezember 1939.
Jones, Larry Eugene: »Die Tage vor Hitlers Machtübernahme. Aufzeichnungen des Deutschnationalen Reinhold Quaatz.« In: *Vierteljahrshefte für Zeitgeschichte*, Jg. 37 (1989), Heft 4.
– Ders.: »›The Greatest Stupidity of My Life‹. Alfred Hugenberg and the Formation of the Hitler Cabinet.« In: *Journal of Contemporary History* 27, Nr. 1 (Januar 1992).
Juchler, Ingo: *Mildred Harnack und die Rote Kapelle in Berlin*. Potsdam: Universitätsverlag Potsdam, 2017.
Kennedy, Richard S./Reeves, Paschal (Hgg.): *The Notebooks of Thomas Wolfe*. Bd. 2. Chapel Hill: University of North Carolina Press, 2011.
Kershaw, Ian: *Hitler*.
Band 1: *1889–1936*. Aus dem Englischen von Jürgen Peter Krause und Jörg W. Rademacher. Stuttgart, Deutsche Verlagsanstalt, 1998.
Band 2: *1936–1945*. Aus dem Englischen von Klaus Kochmann. Stuttgart und München, Deutsche Verlagsanstalt, 2000.
– Ders.: *Popular Opinion and Political Dissent in the Third Reich Bavaria 1933–1945*. New York: Oxford University Press, 1993.
Kerwin, Jerome G.: »The German Reichstag Elections of July 31, 1932.« In: *American Political Science Review* 26, Nr. 5 (Oktober 1932).
Keynes, John Maynard: *Krieg und Frieden. Die wirtschaftlichen Folgen des Vertrags von Versailles*. Aus dem Engl. von M. J. Bonn und C. Brinkmann. Hrsg. und mit einer Einl. von Dorothea Hauser. 2. Auflage. Berlin: Berenberg, 2018.
Kienast, Ernst (Hg.): *Verhandlungen des Reichstags*, Bd. 458, IX. Wahlperiode 1933. Berlin, 1936.
Kirkpatrick, Clifford: »Recent Changes in the Status of Women and the Family in Germany.« In: *American Sociological Review* 2, Nr. 5 (Oktober 1937).
Klemperer, Klemens von: *Die verlassenen Verschwörer. Der deutsche Widerstand auf der Suche nach Verbündeten 1938–1945*. Aus dem Engl. von Klaus Kochmann. Berlin: Siedler, 1994.

Klemperer, Victor: *Ich will Zeugnis ablegen bis zum letzten. Tagebücher 1933–1945*. Hrsg. von Walter Nowojski. Unter Mitarb. von Hadwig Klemperer. Berlin: Aufbau, 1995 ff.
Knafo, Danielle: »The Dead Mother in Käthe Kollwitz«. In: *Art Criticism* 13 (1998), S. 24–36.
Koonz, Claudia: »Choice and Courage.« In: *Contending with Hitler. Varieties of German Resistance in the Third Reich*. Hg. von David Clay Large. New York: Cambridge University Press, 1991.
– Dies.: *Mütter im Vaterland. Frauen im Dritten Reich*. Reinbek bei Hamburg: Rowohlt, 1994.
Kracauer, Siegfried: »Kult der Zerstreuung. Über Berliner Lichtspielhäuser« [1926]. In: Ders., *Das Ornament der Masse. Essays*. Frankfurt a. M.: Suhrkamp, 1963
Kuckhoff, Greta: *Adam Kuckhoff zum Gedenken. Novellen, Gedichte, Briefe*. Berlin: Aufbau, 1946.
– Dies.: *Vom Rosenkranz zur Roten Kapelle. Ein Lebensbericht*. Berlin: Verlag Neues Leben, 1972.
Large, David Clay: *Berlin. Biographie einer Stadt*. München 2002.
– Ders. (Hg.): *Contending with Hitler. Varieties of German Resistance in the Third Reich*. New York: Cambridge University Press, 1991.
Larson, Erik: *Tiergarten - In the Garden of Beasts. Ein amerikanischer Botschafter in Nazi-Deutschland*. Aus dem Amerikan. von Werner Löcher-Lawrence. Hamburg: Hoffmann und Campe, 2013.
Ledig-Rowohlt, Heinrich: »Thomas Wolfe in Berlin.« In: *American Scholar* 22, Nr. 2 (Frühjahr 1953).
Lenin, Wladimir Ilyitsch: *Werke*. Bd. 30 (September 1919–April 1920). Ins Dt. übertr. nach d. 4. russ. Ausg. Besorgung der dt. Ausg. vom Inst. für Marxismus-Leninismus beim Zentralkomitee d. SED Berlin: Dietz, 1961.
Lochner, Louis Paul: »Nazis Burn Pillage.« *Washington Post*, 11. November 1938.
– Ders.: *What about Germany?* London: Hodder and Stoughton, 1943.
– Ders. (Hg.): *Goebbels Tagebücher. Aus den Jahren 1942–43, mit anderen Dokumenten*. Zürich: Atlantis, 1948.
MacDonald, Lawrence H.: »The OSS and Its Records.« In: Chalou, George C. (Hg.): *The Secrets War. The Office of Strategic Services in World War II*. Washington, D.C.: National Archives and Records Administration, 2002.
Mann, Thomas, *Tagebücher 1933–1934*. Hg. von P. de Mendelssohn, Frankfurt a. M.: Fischer, 1977.
Mayer, Milton: *They Thought They Were Free. The Germans 1933–1945*. Chicago: University of Chicago Press, 1955.
Mayers, David: »Neither War nor Peace. FDR's Ambassadors in Embassy Berlin and Policy towards Germany *1933–1945*. In: *Diplomacy and Statecraft* 20, Nr. 1 (2009).
Meding, Dorothee von: *Mit dem Mut des Herzens. Die Frauen des 20. Juli*. Berlin: Siedler, 1992.
Megargee, Geoffrey P. (Hg.): *Encyclopedia of Camps and Ghettos, 1933–1945*. Bd. 1. Bloomington: Indiana University Press, 2009.
Merson, Allen: *Kommunistischer Widerstand in Nazideutschland*. Vorw. von Peter Gingold. Übersetzt von Irmhild und Otto Brandstädter. Bonn: Pahl-Rugenstein, 1999.

Metaxas, Eric: *Bonhoeffer. Pastor, Agent, Märtyrer und Prophet.* Aus dem Englischen von Friedemann Lux. Deutsche Fassung bearbeitet von Rainer Mayer. 2., durchges. Ausgabe. Holzgerlingen: SCM Hänssler, 2011.

Metcalfe, Philip: *Berlin 1933. Das Jahr der Machtergreifung. Lebensläufe zu Beginn des Nationalsozialismus.* Aus dem Amerikan. übertr. von Marie-Luise Gutbrodt unter Mitarb. von Gabriele Dick. Stuttgart: Bonn-Aktuell und Landsberg am Lech: Moderne Verl.-Ges., 1993.

Mitscherlich, Alexander / Mielke, Fred (Hgg.): *Medizin ohne Menschlichkeit. Dokumente des Nürnberger Ärzteprozesses.* Frankfurt: Fischer, 1962.

Montefiore, Simon Sebag: *Stalin. Am Hof des Roten Zaren.* Übers. von Hans Günter Holl. Frankfurt a. M.: Fischer, 2005.

Mouton, Michelle: »From Adventure to Advancement to Derailment and Demotion: Effects of Nazi Gender Policy on Women's Careers and Lives.« In: *Journal of Social History* 43, Nr. 4 (Sommer 2010).

Moynahan, Brian: *Leningrad. Siege and Symphony. The Story of a Great City Terrorized by Stalin, Starved by Hitler, Immortalized by Shostakovich.* New York: Atlantic Monthly Press, 2013.

»News from the Department«. *American Foreign Service Journal* 17, Nr. 3 (März 1940).

New York Times Company (Hg.): *Public Profiles: Adolf Hitler.* New York: 2018.

»O mein!« *Das Bayerische Vaterland*, 29. Juli 1925; zitiert nach Plöckinger, *Quellen und Dokumente zur Geschichte von »Mein Kampf«.*

O'Sullivan, Dónal: *Dealing with the Devil. Anglo-Soviet Intelligence Cooperation During the Second World War.* New York: Peter Lang, 2000.

Page, Norman: *Auden and Isherwood. The Berlin Years.* New York: St. Martin's Press, 1998.

Palmier, Jean-Michel: *Weimar in Exile. The Antifascist Emigration in Europe and America.* London: Verso, 2017.

Paul, Elfriede: *Ein Sprechzimmer der Roten Kapelle.* Berlin: Militärverlag der DDR, 1981.

Perrault, Gilles: *Auf den Spuren der Roten Kapelle.* Aus d. Franz. übertr. von E. u. R. Thomsen. Reinbek b. Hamburg: Rowohlt, 1969.

Petscherski, Wladimir: »Krasnaia Kapella 1935–1941.« In: *Ocherki istorii rossiiskoi vneshnei razvedki*, tom 3 (1933–1941). Moskva: Mezhdunarodnye otnosheniia, 2003.

– Ders.: *»Krasnaia Kapella«: Sovetskaia razvedka protiv abvera i gestapo.* Moskau: Tsentrpoligraf, 2000.

Petrescu, Corina L.: *Against All Odds. Models of Subversive Spaces in National Socialist Germany.* Bern: Peter Lang, 2010.

Peukert, Detlev: *Volksgenossen und Gemeinschaftsfremde. Anpassung, Ausmerze und Aufbegehren unter dem Nationalsozialismus.* Köln: Bund, 1982.

Pikarski, Margot / Warning, Elke (Hrsg.): *Gestapo-Berichte über den antifaschistischen Widerstandskampf der KPD 1933–1943. Band 2: September 1939 bis August 1943.* Berlin: Dietz, 1989.

Plöckinger, Othmar (Hg.): *Quellen und Dokumente zur Geschichte von »Mein Kampf« 1924–1945*, Stuttgart: Franz Steiner, 2016.

Poelchau, Harald: *Die letzten Stunden. Erinnerungen eines Gefängnispfarrers.* Aufgezeichnet von Graf Alexander Stenbock-Fermor. Berlin: Volk und Welt, 1949.

Pringle, Heather: *The Master Plan. Himmler's Scholars and the Holocaust.* New York: Hyperion, 2006.
Rabinbach, Anson / Gilman, Sander (Hg.): *The Third Reich Sourcebook.* Berkeley: University of California Press, 2013.
»Redner und Schriftsteller«, *Neue Preußische Zeitung*, 1. Oktober 1925; zitiert nach Plöckinger, *Quellen und Dokumente zur Geschichte von »Mein Kampf«.*
Reichs- und preußisches Ministerium für Wissenschaft, Erziehung, und Volksbildung: *Erziehung und Unterricht in der Höheren Schule.* Amtliche Ausgabe. Berlin: Weidmann, 1938.
Ritter, Gerhard: *Carl Goerdeler und die deutsche Widerstandsbewegung.* Stuttgart: Deutsche Verlagsanstalt, 1954.
Roeder, Manfred: *Die Rote Kapelle.* Hamburg: Verlag Hans Siep, 1952.
Rosenbaum, Ron: *Die Hitler-Debatte. Auf der Suche nach dem Ursprung des Bösen.* Aus dem Amerikan. von Suzanne Gangloff und Holger Fliessbach. München: Europa, 1999.
Rosten, Curt [eigentlich: Brandner, Egon]: *Das ABC des Nationalsozialismus.* Berlin: Schmidt & Co., 1933.
Rürup, Reinhard (Hg.): *Topographie des Terrors. Gestapo,* SS *und Reichssicherheitshauptamt auf dem »Prinz-Albrecht-Gelände«. Eine Dokumentation.* 10. verbesserte Auflage. Berlin: Willmuth Arenhövel, 1995.
Russell, William: *Berlin Embassy.* London: Michael Joseph, 1942.
Rydén, Johanna Bergqvist: »When bereaved of everything. Objects from the Concentration Camp of Ravensbrück as Expressions of Resistance, Memory, and Identity.« In: *International Journal of Historical Archaeology* 22 (2018).
Sahm, Ulrich: *Rudolf von Scheliha, 1897 – 1942. Ein Deutscher Diplomat gegen Hitler.* München: C. H. Beck, 1990.
Said, Erika: »Zur Situation der Lehrerinnen in der Zeit des Nationalsozialismus«. In: Frauengruppe Faschismusforschung (Hg.): *Mutterkreuz und Arbeitsbuch. Zur Geschichte der Frauen in der Weimarer Republik und im Nationalsozialismus.* Frankfurt a. M.: Fischer, 1981.
Salomon, Ernst von: *Der Fragebogen.* 22. Aufl. Reinbek: Rowohlt, 2021.
Sauder, Gerhard (Hg.): *Die Bücherverbrennung. Zum 10. Mai 1933.* München, Wien: Hanser, 1983.
Sayner, Joanne: *Reframing Antifascism. Memory, Genre, and the Life Writings of Greta Kuckhoff.* New York, Palgrave Macmillan, 2013.
Schacht, Hjalmar: *76 Jahre meines Lebens.* Bad Wörishofen: Kindler & Schiermeyer, 1953.
Schikorra, Christa: »Jeder Mensch hat den Wunsch, daß ihm das, was er gerne arbeiten möchte, gelingt.« Interview mit Ilse Heinrich. *Informationen.* Zeitschrift des Studienkreises Deutscher Widerstand, Nr. 43, Mai 1996, S. 4–8, hier: S. 5.
Schlabrendorff, Fabian von: *Offiziere gegen Hitler.* Neue, durchgesehene und erweiterte Ausgabe von Walter Bußmann. Nach der Edition von Gero v. Gaevernitz. Berlin: Siedler, 1984, S. 138 f.
Schultz, Sigrid: »Homes Burned; Stores Looted; Terror Reigns: Mobs Run Wild in German Streets.« *Chicago Tribune*, 11. November 1938.
Schwerin von Krosigk, Johann Graf: *Staatsbankrott.* Göttingen: Musterschmidt, 1974.
Shirer, William L.: *Aufstieg und Fall des Dritten Reiches.* Aus d. Amerikanischen von Wilhelm u. Modeste Pferdekamp. Köln, Berlin: Kiepenheuer & Witsch, 1961.

– Ders.: *Berliner Tagebuch. Aufzeichnungen 1934–1941.* Leipzig, Weimar: Kiepenheuer, 1991 und [Taschenbuchausgabe in 2 Bd.] Berlin: Aufbau, 1999.
Sieg, John: *Einer von Millionen spricht: Skizzen, Erzählungen, Reportagen, Flugschriften.* Berlin: Dietz, 1989.
Siemens, Daniel: *Sturmabteilung. Die Geschichte der SA.* Aus dem Englischen von Karl Heinz Siber. München: Siedler, 2019.
Sifton, Elisabeth / Stern, Fritz: *Keine gewöhnlichen Männer: Dietrich Bonhoeffer und Hans von Dohnanyi im Widerstand gegen Hitler.* Aus dem Engl. von Ruth Keen und Erhard Stölting. München: C. H. Beck, 2013.
Simplicissimus. Illustrierte Wochenschrift. München: Simplicissimus-Verlag.
Jg. 30, Heft 22 (31. August 1925).
Jg. 35, Heft 2 (7. April 1930) und Heft 33 (10. November 1930).
Jg. 38, Beilage zu Heft 1 (1. April 1933) und Heft 3 (16. April 1933).
Smith, Adam: *Der Wert des Geldes – Paper money.* Die Hintergründe der weltweiten Inflation. Übers. von Gerti v. Rabenau. Düsseldorf, Wien: Econ, 1982.
Speer, Albert: *Erinnerungen.* Berlin: Propyläen, 1969.
Spender, Stephen: *Der Tempel.* Aus dem Engl. von Sylvia List-Beisler. Hamburg: Männerschwarm, 2012.
Stackelberg, Roderick / Winkle, Sally A. (Hgg.): *The Nazi Germany Sourcebook. An Anthology of Texts.* New York: Routledge, 2002.
Stibbe, Matthew: *Women in the Third Reich.* London: Hodder Education, 2003.
Stiftung Topographie des Terrors: *Das »Hausgefängnis« der Gestapo-Zentrale in Berlin. Terror und Widerstand 1933–1945.* Wiss. Bearb. und Red. Erika Bucholtz. Berlin: Stiftung Topographie des Terrors, 2005.
Strebel, Bernhard: *Das KZ Ravensbrück. Geschichte eines Lagerkomplexes.* Mit einem Geleitwort von Germaine Tillion. Paderborn, München, Wien, Zürich: Schöningh, 2003.
Sudoplatov, Viktor: *Inside Soviet Military Intelligence.* New York: Macmillan, 1984.
Tarrant, V. E.: *The Red Orchestra. The Sovjet Spy Network Inside Nazi Europe.* London: Arms and Armour, 1995.
Tau, Max: *Das Land, das ich verlassen mußte.* Hamburg: Hoffmann und Campe, 1961.
– Ders.: *Ein Flüchtling findet sein Land.* Hamburg Hoffmann und Campe, 1964.
Thompson, Dorothy: »Who Goes Nazi?« In: *Harper's,* August 1941.
Trepper, Leopold: *Die Wahrheit. Autobiographie.* Aus dem Französischen übertragen von Emmi Heimann, Wilhelm Thaler, Gerhard Vorkamp und Ursula von Wiese. München: Kindler, 1975.
Trenck, Franz Freiherr von der: *Merckwürdiges Leben und Thaten Des Weltberühmten Herrn Francisci Frey-Herrns von der Trenck, Ihro Römisch-Kayserl. und Königl. Majestät in Ungarn und Böhmen etc. etc. würklichen Obristen und Inhaber eines Sclavonischen Banduren-Regiments von den Herrschafften Vellika, Prestovatz, Pleterniza, Pakratz und Nostar, Von Ihm selbst bis zu Ende des Jahrs 1747. fortgesetzt,* Franckfurth und Leipzig 1748.
Treue, Wilhelm (Hg.): »Dokumentation: Hitlers Denkschrift zum Vierjahresplan 1936«. In: *Vierteljahreshefte für Zeitgeschichte,* Jg. 3 (1955), Heft 2, S. 210.
»Tscheka-Organisation im Braunen Haus«. *Münchener Post,* 8., 12. und 19. April 1932; zitiert nach Rosenbaum, *Die Hitler-Debatte.*
Tuchel, Johannes: *Hinrichtungen im Strafgefängnis Berlin-Plötzensee 1933–1945 und der Anatom Hermann Stieve.* Berlin: Gedenkstätte Deutscher Widerstand, 2019.

Tuchel, Johannes / Schattenfroh, Reinhold: *Zentrale des Terrors: Prinz-Albrecht-Strasse 8: Hauptquartier der Gestapo.* Berlin: Sieder, 1987.

Usborne, Cornelie: *Frauenkörper – Volkskörper. Geburtenregelung und Bevölkerungspolitik in der Weimarer Republik.* Aus dem Engl. übers. von Juliane Gräbener-Müller und Cornelie Usborne. Münster: Westfälisches Dampfboot, 1994.

»Volksmehrheit gegen Diktatur«. In: *Vossische Zeitung,* Heft 366, Abendausgabe vom 1. August 1932.

Völkischer Beobachter, Berliner Ausgabe, 28. Februar 1933.

Voskresenskaja, Zoja / Sharapov, Eduard: *Taĭna Zoi Voskresenskoĭ.* Moskau: Olma, 1998.

Wachsmann, Nikolaus: *KL. Die Geschichte der nationalsozialistischen Konzentrationslager.* München: Siedler, 2016.

Wagner, Gretel: »Das Deutsche Mode-Institut.« In: *Waffen- und Kostümkunde* 39, 1/2 (1997).

Waite, Robert G.: *»Rote Plötze«. Die Geschichte der Strafanstalt Plötzensee* (Arbeitstitel; in Vorbereitung).

Weil, Martin: *A Pretty Good Club: The Founding Fathers of the U.S. Foreign Service.* New York: Norton, 1978.

Weinstein, Allen / Vassiliev, Alexander: *The Haunted Wood. Soviet Espionage in America – the Stalin Era.* New York: Modern Library, 1999.

Weisenborn, Günther: *Der lautlose Aufstand. Bericht über die Widerstandsbewegung des deutschen Volkes 1933–1945.* Hamburg: Rowohlt, 1954

– Ders.: *Memorial.* Herausgegeben und mit einem biographischen Anhang versehen von Carsten Ramm, Ingar Solty und Enno Stahl. Berlin: Verbrecher Verlag 2019.

Welles, Benjamin: *Sumner Welles. FDR's Global Strategist.* New York: St. Martin's, 1997.

West, Rebecca: *Selected Letters of Rebecca West.* Edited by Bonnie Kime Scott. New Haven, CT: Yale University Press, 2000.

Williams, Jenny: *Mehr Leben als eins. Hans Fallada. Biographie.* Aus dem Engl. von Hans-Christian Oeser. Erw. und aktualisierte Neusausgabe. Berlin: Aufbau, 2011.

Winkelmann, Andreas; Schagen, Udo: »Hermann Stieve's clinical-anatomical research on executed women during the ›Third Reich‹«. In: Clinical Anatomy 22 (2009), S. 163–171.

»Wisconsin Girl Beheaded by Hitler, Magazine Says.« *Washington Post,* 2. Dezember 1947.

Wolfe, Thomas: *Eine Deutschlandreise in sechs Etappen. Literarische Zeitbilder 1926–1936.* Hrsg. von Oliver Lubrich. Übers. von Renate Haen, Barbara von Treskow und Irma Wehrli. München: Manesse, 2020.

Wulfert, Tatjana: »Margarete von Zahn (Geb. 1924)«. *Der Tagesspiegel,* 18.11.2010.

Zahn-Harnack, Agnes von, »Frauenbewegung und Nationale Revolution«, *Deutsche Allgemeine Zeitung,* 30. April 1933 [hier zitiert nach Koonz, *Mütter im Vaterland*].

Zechlin, Egmont: »Erinnerung an Arvid und Mildred Harnack.« In: Geschichte in Wissenschaft und Unterricht 33 (1982), S. 395–404.

Ziemer, Gregor: *Education for Death. The Making of a Nazi.* New York: Oxford University Press, 1941.

Ziemer, Patsy: *Two Thousand and Ten Days of Hitler.* New York: Harper, 1940.

Radio und Film

Wonschik, Helmut: *Mildreds Asche.* Interview. Südwestdeutscher Rundfunk, 2005.

Gesetzestexte und Bekanntmachungen

Die Verfassung des Deutschen Reichs vom 11. August 1919 [Weimarer Verfassung, Artikel 118], *Reichs-Gesetzblatt,* Jahrgang 1919, Nr. 152.

Gesetz zur Wiederherstellung des Berufsbeamtentums vom 7. April 1933, *Reichsgesetzblatt,* Teil 1 (1933), Nr. 34.

Gesetz gegen die Überfüllung deutscher Schulen und Hochschulen vom 25. April 1933, *Reichsgesetzblatt,* Teil 1 (1933), Nr. 43.

Gesetz zur Verminderung der Arbeitslosigkeit vom 1. Juni 1933, *Reichsgesetzblatt,* Teil 1 (1933), Nr. 60.

Gesetz über die Förderung der Eheschließung vom 5. Juli 1933, *Reichsgesetzblatt* (1933), Nr. 41.

Gesetz zur Verhütung erbranken Nachwuchses vom 14. Juli 1933, *Reichsgesetzblatt,* Teil 1 (1933), Nr. 86.

Gesetz über Maßnahmen der Staatsnotwehr vom 3. Juli 1934, *Reichsgesetzblatt,* Teil 1 (1934), Nr. 71.

Gesetz zum Schutze des deutschen Blutes und der deutschen Ehre und Reichsbürgergesetz, beide vom 15. September 1935, *Reichsgesetzblatt,* Teil 1 (1935), Nr. 100.

Gesetz zur Behebung der Not von Volk und Reich vom 24. März 1944, *Reichsgesetzblatt,* Teil 1 (1933), Nr. 25.

Proklamation der Reichsregierung an das deutsche Volk, Rundfunkansprache am 1. Februar 1933, hier zitiert nach *Völkischer Beobachter,* 2. Februar 1933.

Verordnung des Reichspräsidenten zum Schutz von Volk und Staat vom 28. Februar 1933, *Reichsgesetzblatt,* Teil 1 (1933), Nr. 17.

Verordnung des Reichspräsidenten zur Abwehr heimtückischer Angriffe gegen die Regierung der nationalen Erhebung vom 22. März 1933, *Reichsgesetzblatt,* Teil 1 (1933), Nr. 24.

Elektronische Quellen

Central Intelligence Agency (CIA): www.cia.gov

Deutsche Geschichte in Dokumenten und Bildern (DGDB, engl. GHDI), https://ghdi.ghi-dc.org/sub_document.cfm?document_id=1494&language=german

Law Reports of Trials of War Criminals. Selected and prepared by the United Nations War Crimes; einsehbar u. a. in der Library of Congress unter https://www.loc.gov/collections/military-legal-resources/?q=law-reports-trials-war-criminals.html

Abbildungsnachweise

Die Autorin dankt den folgenden Einzelpersonen und Institutionen für die Bereitstellung von Bildmaterial und für die Genehmigung, es in diesem Werk abbilden zu dürfen.

Seite

17	Abdruck mit freundlicher Genehmigung des Bundesarchivs: SgY 4/12.
22	Abdruck mit freundlicher Genehmigung der Hoover Institution Archives aus den Donald R. Heath papers.
29	Abdruck mit freundlicher Genehmigung der Gedenkstätte Deutscher Widerstand.
30, 32	Abdruck mit freundlicher Genehmigung der Familie Donner.
38	Karikatur von Thomas Theodor Heine aus der Zeitschrift *Simplicissimus* vom 31. August 1925 (Nr. 22).
41 oben	Fotografie der Autorin.
41 unten	Abdruck mit freundlicher Genehmigung der Familie Donner.
46	Abdruck mit freundlicher Genehmigung der National Archives and Records Administration, College Park, MD, USA.
48	Abdruck mit freundlicher Genehmigung der Familie Donner.
49 links	Gedenkstätte Deutscher Widerstand
49 rechts	Abdruck mit freundlicher Genehmigung der Familie Donner.
55	Bundesarchiv: B145/P046291 (Fotografie von Carl Weinrother aus dem Jahr 1932).
58	Mit freundlicher Genehmigung der Peter-A.-Silbermann-Schule, Berlin.
60, 66	Mit freundlicher Genehmigung des Universitätsarchivs der Humboldt-Universität zu Berlin: Unterlagen zu Mildred Harnack, Akte 3, Signatur 41.
112	Mit freundlicher Genehmigung der Peter-A.-Silbermann-Schule, Berlin.
135, 136, 145	Hoover Institution Archives: Donald R. Heath papers
151	Abdruck mit freundlicher Genehmigung aus Privatbesitz.
155, 165, 187	Abdruck mit freundlicher Genehmigung der Library of Congress: Martha Dodd papers, box 13.
189, 192	Hoover Institution Archives: Donald R. Heath papers
208	National Archives and Records Administration
228	Abdruck mit freundlicher Genehmigung des Staatsarchivs der Russischen Föderation (GARF): 5283-6-1727-177; 5283-6-1727-197
282 oben	Abdruck mit freundlicher Genehmigung der Familie Donner.
282 unten	National Archives and Records Administration

285 oben	Abdruck mit freundlicher Genehmigung des Archivs des Auslandsnachrichtendienstes der Russischen Föderation (SVRA)
285 unten	National Archives and Records Administration
288	Archiv des Auslandsnachrichtendienstes der Russischen Föderation (SVRA)
308 oben	Hoover Institution Archives: Donald R. Heath papers
308 unten	Abdruck mit freundlicher Genehmigung von Franklin Delano Roosevelt Presidential Library & Museum, Henry Morgenthau Jr. papers, Morgenthau Correspondence, Appointments of HM Jr. (1937–38), box 14.
316	National Archives and Records Administration
317	Abdruck mit freundlicher Genehmigung des *American Foreign Service Journal* aus Bd. 16, Nr. 4, April 1939.
320, 321, 323, 328	Hoover Institution Archives: Donald R. Heath papers
329	Franklin Delano Roosevelt Presidential Library & Museum, Henry Morgenthau Jr. papers, Diaries, Book 156 (13.–18. Dezember 1938; hier: Eintrag vom 13. Dezember, S. 15)
332, 333 oben	Hoover Institution Archives: Donald R. Heath papers
333 unten	Abdruck mit freundlicher Genehmigung von Richard E. Brown.
334, 335, 340, 341, 349–351	Hoover Institution Archives: Donald R. Heath papers
366	The National Archives: »The Case of the Rote Kapelle«, KV 3/350
372	Bundesarchiv: R 58/4105
375, 376	Archiv des Auslandsnachrichtendienstes der Russischen Föderation (SVRA): Seite 11 der kalendarischen Auflistung zu »Korse«, Akte »Korse« Nr. 34118, Band 2, S. 23–33.
386	Archiv des Präsidenten der Russischen Föderation (APRF): V. Merkulow an Genosse Stalin am 17. Juni 1941; Fond 3, op. 50, file 45, S. 50.
390	The National Archives: »The Case of the Rote Kapelle«, KV 3/350
395 oben	National Archives and Records Administration
395 unten	»Notizbuch von Vassiliev White #2«, S. 4 des handschriftlichen Dokuments; Abdruck mit freundlicher Genehmigung des History and Public Policy Program Digital Archive, Alexander Vassiliev Papers, Manuskript Division, Library of Congress, USA.
399	National Archives and Records Administration
402	The National Archives: »The Case of the Rote Kapelle«, KV 3/350
416 oben	Gedenkstätte Deutscher Widerstand
416 unten	Abdruck mit freundlicher Genehmigung der Familie Donner.
423	Bundesarchiv: R 58/03191-228

424	Bundesarchiv: R 58/03191-179
445, 449	Gedenkstätte Deutscher Widerstand
453	Abdruck mit freundlicher Genehmigung der Familie Donner.
463	Bundesarchiv: N 2506/50
465, 480	Gedenkstätte Deutscher Widerstand
481	Landesarchiv Nordrhein-Westfalen: RW 58/21723
486, 487	Abdruck mit freundlicher Genehmigung des ITS Digital Archive, Arolsen Archives: Klapputh – Blockbuch Block 1 KZ Ravensbrück, 1.1.35.1/3768233.
498	Abdruck mit freundlicher Genehmigung von Baltimore Sun Media. Alle Rechte vorbehalten.
508 oben	Abdruck mit freundlicher Genehmigung der New York Times © 1947 The New York Times Company. Alle Rechte vorbehalten. Unter Lizenz verwendet.
508 unten	National Archives and Records Administration
515	Gedenkstätte Deutscher Widerstand
518	Hoover Institution Archives: Donald R. Heath papers
520, 521	Gedenkstätte Deutscher Widerstand

Bildstrecke

Seite 1	Alle Abbildungen mit freundlicher Genehmigung der Gedenkstätte Deutscher Widerstand.
Seite 2	Abbildung von Mildred: Gedenkstätte Deutscher Widerstand. Abdruck des Fotos von Mildred und Arvid mit freundlicher Genehmigung der Familie Donner.
Seite 3	Abbildung von Mildred: Privatbesitz. Abdruck des Fotos von Mildred und Arvid mit freundlicher Genehmigung der Familie Donner.
Seite 4	Alle Abbildungen mit freundlicher Genehmigung der Gedenkstätte Deutscher Widerstand.
Seite 5	Abdruck aller Fotos aus dem Nachlass von Donald R. Heath mit freundlicher Genehmigung der Hoover Institution Archives.
Seite 6	Abdruck aller Fotos mit freundlicher Genehmigung des Bundesarchivs: R58 Bild 03191-229; 03191-227; 03191-225; 03191-187; 03191-179; 03191-175; 03191-228; 03191-215; 03191-181.
Seite 7	Abdruck aller Fotos mit freundlicher Genehmigung des Bundesarchivs: R58 Bild 03191-180; 03191-195; 03191-226; 03191-213; 03191-173; 03191-178; 03191-196; 03191-210; 03191-230.
Seite 8	Alle Abbildungen mit freundlicher Genehmigung der Gedenkstätte Deutscher Widerstand.

Abdruckgenehmigungen

Der Verlag dankt für die freundliche Genehmigung zum Abdruck von Auszügen aus den folgenden Werken:

Eberhard Bethge: Dietrich Bonhoeffer. Theologe – Christ – Zeitgenosse. Eine Biographie. Gütersloher Verl.-Haus (2004) in der Penguin Random House Verlagsgruppe GmbH, München.

Martha Dodd: Meine Jahre in Deutschland 1933 bis 1937 – nice to meet you, Mr. Hitler! Eichborn, (2005); die Rechte an der deutschen Übersetzung von Ursula Locke-Gross und Sabine Hübner liegen bei Dr. Holger Lessing, Bad Homburg v. d. Höhe.

Sarah Helm: Ohne Haar und ohne Namen. Im Frauen-Konzentrationslager Ravensbrück. wbg Theiss (2016). Die Rechte an der deutschen Übersetzung von Martin Richter, Annabel Zettel und Michael Sailer liegen bei der Wissenschaftlichen Buchgesellschaft (wbg Theiss), Darmstadt.

Fabian von Schlabrendorff: Offiziere gegen Hitler. Siedler Verlag (1984) in der Penguin Random House Verlagsgruppe GmbH, München.

Günther Weisenborn: Memorial. Herausgegeben und mit einem biographischen Anhang versehen von Carsten Ramm, Ingar Solty und Enno Stahl. Verbrecher Verlag (2019).

Thomas Wolfe: Eine Deutschlandreise in sechs Etappen. Literarische Zeitbilder 1926-1936. Die Rechte an der deutschen Übersetzung von Renate Haen, Irma Wehrli und Barbara von Treskow liegen beim Manesse Verlag, Zürich, in der Penguin Random House Verlagsgruppe GmbH, München.

Register

Fettgedruckte Seitenzahlen beziehen sich auf Abbildungen; mit BS gekennzeichnete Seitenzahlen beziehen sich auf die Bildstrecke.